SCHÄFFER
POESCHEL

Kai-Uwe Marten/Reiner Quick/Klaus Ruhnke

Lexikon der Wirtschaftsprüfung

Nach nationalen und internationalen Normen

2006
Schäffer-Poeschel Verlag Stuttgart

Professor Dr. Kai-Uwe Marten, Abteilung Rechnungswesen und Wirtschaftsprüfung, Universität Ulm
Professor Dr. Reiner Quick, Lehrstuhl für Rechnungswesen, Controlling und Wirtschaftsprüfung, Technische Universität Darmstadt
Professor Dr. Klaus Ruhnke, Lehrstuhl für Unternehmensrechnung und Wirtschaftsprüfung, Freie Universität Berlin

Bibliografische Information Der Deutschen Bibliothek
Die Deutsche Bibliothek verzeichnet diese Publikation in der Deutschen Nationalbibliografie; detaillierte bibliografische Daten sind im Internet über <http://dnb.ddb.de> abrufbar

Gedruckt auf chlorfrei gebleichtem, säurefreiem und alterungsbeständigem Papier

ISBN-10: 3-7910-2103-6
ISBN-13: 978-3-7910-2103-4

Dieses Werk einschließlich aller seiner Teile ist urheberrechtlich geschützt. Jede Verwertung außerhalb der engen Grenzen des Urheberrechtsgesetzes ist ohne Zustimmung des Verlages unzulässig und strafbar. Das gilt insbesondere für Vervielfältigungen, Übersetzungen, Mikroverfilmungen und die Einspeicherung und Verarbeitung in elektronischen Systemen.

© 2006 Schäffer-Poeschel Verlag für Wirtschaft · Steuern · Recht GmbH
www.schaeffer-poeschel.de
info@schaeffer-poeschel.de

Einbandgestaltung: Willy Löffelhardt
Satz: DTP + TEXT Eva Burri, Stuttgart
www.dtp-text.de
Druck und Bindung: CH Beck, Nördlingen
Printed in Germany
Februar/2006

Schäffer-Poeschel Verlag Stuttgart
Ein Tochterunternehmen der Verlagsgruppe Handelsblatt

Vorwort und Konzeption des Lexikons

Das Lexikon der Wirtschaftsprüfung informiert in mehr als 500 Stichwörtern knapp, präzise und aktuell über die wichtigsten Begriffe der Wirtschaftsprüfung im nationalen und internationalen Kontext. Hierzu gehören auch die Schlagworte der aktuellen Diskussion. Behandelt werden neben der Abschlussprüfung auch andere gesetzliche und freiwillige Prüfungsleistungen nebst den im Prüfungskontext relevanten berufsständischen Institutionen und Gremien sowie angrenzende Bereiche, wie z. B. Berufsaufsicht, Balanced Scorecard, Beratung und Prüfung, Erwartungslücke, kontinuierliche Prüfung, Qualitätssicherung, Unternehmensbewertung oder die Prüfung von Börsenprospekten, Energieversorgungsunternehmen, Genossenschaften, Kreditinstituten und Versicherungsunternehmen.

Eine umfassende Querverweistechnik (→) innerhalb der Stichwörter sowie weitere 600 Begriffe, die auf vorhandene Stichwörter verweisen, erleichtern dem Benutzer die Orientierung. Einzelne Stichwörter höherer Komplexität werden in abgeschlossenen Kurzbeiträgen behandelt, welche auch weiterführende Literaturhinweise beinhalten. Ein Wesensmerkmal ist die strukturierte Behandlung zentraler Abschlussposten und Konsolidierungsvorgänge nach einem festen Bearbeitungsschema, das dem Leser regelmäßig zunächst die relevanten Rechnungslegungs- und Prüfungsnormen nennt, das Stichwort definiert, den zu behandelnden Bereich aus dem Blickwinkel der IFRS und des HGB kurz darstellt und anschließend die Prüfung insbesondere nach ISA und IDW PS erläutert. Bei der Benutzung des Lexikons ist Folgendes zu beachten: Das Abkürzungsverzeichnis beinhaltet regelmäßig nur die Abkürzungen, die sich nicht im Duden finden. Verweise innerhalb der Stichwörter und bei den Verweisstichwörtern nehmen auf die abgekürzte Fassung eines Stichwortes Bezug (z. B. → *Ethics* und nicht → *Code of Ethics for Professional Accountants*). Der entsprechende Stichwort-Eintrag findet sich an der Stelle, an der das ausgeschriebene Stichwort im Alphabet einzuordnen ist (z. B. Code of Ethics for Professional Accountants).

Die genannten Merkmale machen das Lexikon zu einem wertvollen Nachschlagewerk für Praktiker und Studierende sowie für an Forschungsfragen interessierte Personen. Dabei verfolgt das Lexikon das Ziel, vorhandene Kommentierungen, Prüfungshandbücher und Lehrbücher mit der Zielrichtung zu ergänzen, dem Leser in der von hoher

Komplexität und Dynamik gekennzeichneten Welt der Wirtschaftsprüfung eine rasche Orientierung zu ermöglichen. Bei der Bearbeitung der Stichwörter wurde der Normenstand bis zum Mai 2005 berücksichtigt; wesentliche Änderungen bis zum Oktober 2005 wurden ergänzt.

Die Herausgeber des Lexikons danken allen Autoren für ihre Mitarbeit und für die konstruktiven Hinweise, Ergänzungen und Anregungen. Die Herausgeber blicken zudem auf einen umfassenden internen review-Prozess, der wesentlich zur Qualität des Werkes beigetragen hat. Alle größeren Stichwörter sind namentlich gekennzeichnet.

Im Umfeld der Freien Universität Berlin haben Dipl.-Kfm. StB Christian Huschke, Dipl.-Kfm. Kay Lubitzsch, Dipl.-Kfm. Frederik Mielke, Dipl.-Kfm. Christoph Nerlich, Dr. Martin Schmidt, Dipl.-Kfm. Thorsten Seidel und Dipl.-Kfm. Alexander von Torklus mitgewirkt. Von der Technischen Universität Darmstadt waren Dipl.-Kffr. Silke Adam, Dipl.-Kffr. Daniela Wiemann, Dipl.-Kfm. Engin Kayadelen, Dipl.-Kfm. Martin Knocinski, Dipl.-Kfm. Thorsten Klöckner, Dipl.-Kfm. Rasmus Koprivica und Dipl.-Kfm. Christian Storzer beteiligt. An der Universität Ulm wurden Beiträge von Dipl.-WiWi Rolf Ailinger, Dr. Jörn Grothe, Dipl.-Kffr. Amélie E. Koecke, Dipl.-Ök. Michael Mathea, Dr. Stephanie Meyer, Dr. Ulf Meyer, CPA Dr. Guido Neubeck, Dr. Sebastian Papst, Dipl.-WiWi Patrick Paulitschek, Dipl.-Ök. Torsten Pütz, Dipl.-WiWi Albert M. Riedl, Dipl.-WiWi Marco Wagner, Dipl.-Kfm. M. Felix Weiser, Dipl.-WiWi Roland Wiese, Dipl.-Ök. Michael Wittekindt und Dipl.-Kfm. Achim Wittich verfasst. Weiterhin haben Prof. Dr. Annette G. Köhler (Handelshochschule Leipzig) und Prof. Dr. Matthias Wolz sowie Dipl.-Kffr. Jessica Donato (beide Universität Dortmund) Stichwörter beigetragen. Gedankt sei an dieser Stelle auch Frau Alexandra Lohr und Herrn Dipl.-Kfm. M. Felix Weiser, die gewissenhaft sowie mit wachem Auge und hohem Engagement wesentliche redaktionelle Arbeiten übernommen haben.

Berlin, Darmstadt und Ulm im September 2005

Kai-Uwe Marten, Universität Ulm
Reiner Quick, Technische Universität Darmstadt
Klaus Ruhnke, Freie Universität Berlin

Autorenverzeichnis

Dipl.-Kffr. Silke Adam
Dipl.-WiWi Rolf Ailinger
Dipl.-Kffr. Jessica Donato
Dr. Jörn Grothe
Dipl.-Kfm. StB Christian Huschke
Dipl.-Kfm. Engin Kayadelen
Dipl.-Kfm. Thorsten Klöckner
Dipl.-Kfm. Martin Knocinski
Dipl.-Kffr. Amélie E. Koecke
Professor Dr. Annette G. Köhler
Dipl.-Kfm. Rasmus Koprivica
Dipl.-Kfm. Kay Lubitzsch
Professor Dr. Kai-Uwe Marten
Dipl.-Ök. Michael Mathea
Dr. Stephanie Meyer
Dr. Ulf Meyer
Dipl.-Kfm. Frederik Mielke
Dipl.-Kfm. Christoph Nerlich
Dr. Guido Neubeck, CPA
Dr. Sebastian Papst
Dipl.-WiWi Patrick Paulitschek
Dipl.-Ök. Torsten Pütz
Professor Dr. Reiner Quick
Dipl.-WiWi Albert M. Riedl
Professor Dr. Klaus Ruhnke
Dr. Martin Schmidt
Dipl.-Kfm. Thorsten Seidel
Dipl.-Kfm. StB Christian Storzer
Dipl.-Kfm. Alexander von Torklus
Dipl.-WiWi Marco Wagner
Dipl.-Kfm. M. Felix Weiser
Dipl.-Kffr. Daniela Wiemann
Dipl.-WiWi Roland Wiese
Dipl.-Ök. Michael Wittekindt
Dipl.-Kfm. Achim Wittich
Prof. Dr. Matthias Wolz

Abkürzungsverzeichnis

a. F.	alte Fassung
AAF	Ausschuss für Aus- und Fortbildung
ACL	Audit Command Language
AICPA	American Institute of Certified Public Accountants
AIS	Audit Information System
AK	Arbeitskreis
AktG	Aktiengesetz
APAG	Abschlussprüferaufsichtsgesetz
APAK	Abschlussprüferaufsichtskommission
AR	Audit risk
ARR	Analytical review risk
AS	Auditing Standard
ASB	Auditing Standards Board
AU	Auditing
BAB	Betriebsabrechnungsbogen
BaFin	Bundesanstalt für Finanzdienstleistungsaufsicht
BaKred	Bundesaufsichtsamt für das Kreditwesen
BAV	Bundesaufsichtsamt für das Versicherungswesen
BAWe	Bundesaufsichtsamt für den Wertpapierhandel
BBR	Baetge-Bilanz-Rating
Berufssatzung	Berufssatzung für Wirtschaftsprüfer/vereidigte Buchprüfer
BFH	Bundesfinanzhof
BGH	Bundesgerichtshof
BilKoG	Bilanzkontrollgesetz
BilKoUmV	Bilanzkontrollkosten-Umlageverordnung
BilReG	Bilanzrechtsreformgesetz
BMF	Bundesministerium der Finanzen
BMJ	Bundesministerium der Justiz
BMWi	Bundesministerium für Wirtschaft und Technologie
BörsG	Börsengesetz
BörsO FWB	Börsenordnung der Frankfurter Wertpapierbörse
BörsZulV	Börsenzulassungsverordnung
BPG	Buchprüfungsgesellschaft
BSpKG	Bausparkassengesetz
Bst.	Buchstabe
BvB	Bundesverband der vereidigten Buchprüfer e.V.
BVerfG	Bundesverfassungsgericht

CAAT	Computer-Assisted Audit Techniques
CAP	Compliance Advisory Panel
CF	Cashflow
CG	Corporate Governance
CICA	Canadian Institute of Chartered Accountants
COSO	Committee of Sponsoring Organizations of the Treadway Commission
CPA	Certified Public Accountant
CR	Control risk
DBV	Deutscher Buchprüferverband e.V.
DCF	Discounted cashflow
DCGK	Deutscher Corporate Governance Kodex
DPR	Deutsche Prüfstelle für Rechnungslegung DPR e.V.
DR	Detection risk
DRSC	Deutsches Rechnungslegungs Standards Committee e.V.
DSR	Deutscher Standardisierungsrat
DUS	Dollar Unit Sampling
DVFA/SG	Deutsche Vereinigung für Finanzanalyse und Asset Management e.V. / Schmalenbach-Gesellschaft für Betriebswirtschaft e.V.
EBIT	Earnings before interest and taxes
EBITDA	Earnings before interest, taxes, depreciation and amortization
E-Commerce	Electronic Commerce
ED	Exposure Draft
EDI	Electronic Data Interchange
EDIFACT	Electronic Data Interchange for Administration, Commerce and Transport
EDP	Electronic Data Processing
EGHGB	Einführungsgesetz zum Handelsgesetzbuch
EGAktG	Einführungsgesetz zum Aktiengesetz
EMAS II	Eco-Management and Audit Scheme
EnWG	Energiewirtschaftsgesetz
EPS	Earnings per Share
ERP	Enterprise Resource Planning
EStG	Einkommensteuergesetz
EStR	Einkommensteuerrichtlinien
Ethics	Code of Ethics for Professional Accountants
FAIT	Fachausschuss für Informationstechnologie
FAMA	Fachausschuss für moderne Abrechnungssysteme

FAR	Fachausschuss Recht
FASB	Financial Accounting Standards Board
FEE	Fédération des Experts Comptables Européens
Fifo	First in first out
FinDAG	Finanzdienstleistungsaufsichtsgesetz
FMAC	Financial and Management Accounting Committee
FoF	Forum of Firms
FRRP	Financial Reporting Review Panel
GAAS	Generally Accepted Auditing Standard
gem.	gemäß
GenG	Genossenschaftsgesetz
GmbHG	Gesetz betreffend die Gesellschaften mit beschränkter Haftung
GoA	Grundsätze ordnungsmäßiger Abschlussprüfung
GoB	Grundsätze ordnungsmäßiger Buchführung; Grundsätze ordnungsmäßiger Buchführung und Bilanzierung
GoI	Grundsätze ordnungsmäßiger Inventur
GRI	Global Reporting Initiative
GuV	Gewinn- und Verlustrechnung
HB	Handelsbilanz
HFA	Hauptfachausschuss
HGrG	Haushaltsgrundsätzegesetz
h.M.	herrschende Meinung
http	hypertext transfer protocol
i.d.R.	in der Regel
i.e.S.	im engeren Sinne
i.S.d.	im Sinne des
i.S.v.	im Sinne von
i.V.m.	in Verbindung mit
i.w.S.	im weiteren Sinne
IAASB	International Auditing and Assurance Standards Board
IAPC	International Auditing Practices Committee
IAPS	International Auditing Practice Statement
IAS	International Accounting Standard
IASB	International Accounting Standards Board
IASB Framework	Framework for the Preparation and Presentation of Financial Statements
IASC	International Accounting Standards Committee

IASCF	International Accounting Standards Committee Foundation
IBM	International Business Machines
IDEA	Interactive Data Extraction and Analysis
IDW	Institut der Wirtschaftsprüfer in Deutschland e.V.
IDW IPS	IDW PS zur ISA-Ergänzung
IDW PH	IDW Prüfungshinweis
IDW PS	IDW Prüfungsstandard
IDW RS	IDW Stellungnahme zur Rechnungslegung
IEG	International Education Guideline
IES	International Education Standard
IFAC	International Federation of Accountants
IFAC Framework	International Framework for Assurance Engagements
IFAD	International Forum on Accountancy Development
IFRIC	International Financial Reporting Interpretations Committee
IFRS	International Financial Reporting Standard
IFRS Preface	Preface to International Financial Reporting Standards
IIR	Deutsches Institut für Interne Revision e.V.
IKS	Internes Kontrollsystem
InsO	Insolvenzordnung
IOSCO	International Organization of Securities Commissions
IPPS	International Professional Practice Statement
IPSASB	International Public Sector Accounting Standards Board
IR	Inherent risk
ISA	International Standard on Auditing
ISAE	International Standard on Assurance Engagements
ISB	Independence Standard Board
ISQC	International Standard on Quality Control
ISRE	International Standard on Review Engagements
ISRS	International Standard on Related Services
ITG	Information Technology Guideline
JKomG	Justizkommunikationsgesetz
KAGG	Gesetz über Kapitalanlagegesellschaften
KamG	Kammergericht
KfQK	Kommission für Qualitätskontrolle

Abkürzungsverzeichnis

KMU	Kleine und mittelgroße Unternehmen
KNN	Künstliches Neuronales Netz
KNNA	Künstliche Neuronale Netzanalyse
Kom	Kommentierung
KonTraG	Kontroll- und Transparenzgesetz
KWG	Kreditwesengesetz
Lifo	Last in first out
LISREL	Linear Structural Relationships
MaH	Mindestanforderungen an das Betreiben von Handelsgeschäften der Kreditinstitute
MaIR	Mindestanforderungen an die Ausgestaltung der Internen Revision der Kreditinstitute
MaK	Mindestanforderungen an das Kreditgeschäft
MitbestG	Mitbestimmungsgesetz
MS	Microsoft
MVS/ESA	Multiple Virtual Storage/Enterprise Systems Architecture
n. F.	neue Fassung
ÖFA	Fachausschuss für öffentliche Unternehmen und Verwaltungen des IDW
OHG	Offene Handelsgesellschaft
OWiG	Ordnungswidrigkeitengesetz
PCAOB	Public Company Accounting Oversight Board
PEST-Analyse	Analysis of political-legal forces, economic forces, sociocultural forces und technological forces
PfQK	Prüfer für Qualitätskontrolle
PH	Prüfungshinweis
POB	Public Oversight Board
PrüfbV	Prüfungsberichtsverordnung
PS	Prüfungsstandard
PSC	Public Sector Committee
PublG	Publizitätsgesetz
QMF	Query Management Facility
RechKredV	Verordnung über die Rechnungslegung der Kreditinstitute
RechVersV	Verordnung über die Rechnungslegung von Versicherungsunternehmen
RefE	Referentenentwurf
RegE	Regierungsentwurf
RegTP	Regulierungsbehörde für Telekommunikation und Post

RIC	Rechnungslegungs Interpretations Committee
RS	Rechnungslegungsstandard
RSW	Rechnergestützte Stichprobenverfahren für die Wirtschaftsprüfung
Rz	Randziffer
SA	Securities Act of 1993
SABI	Sonderausschuss Bilanzrichtlinien-Gesetz des IDW
SAP	Systeme, Anwendungen, Produkte in der Datenverarbeitung
SAP R/3	SAP Realtime 3
SAS	Statement on Auditing Standards
SCAS	Special Committee on Assurance Services
SEA	Securities Exchange Act of 1934
SEC	Securities and Exchange Commission
SECPS	SEC Practice Section
SIC	Standing Interpretations Committee
SMF	System Management Facilities
SMO	Statement of Membership Obligations
SN	Stellungnahme
SOA	Sarbanes-Oxley Act of 2002
SQL	Structured Query Language
StBerG	Steuerberatungsgesetz
StiftG	Stiftungsgesetz
SWOT-Analyse	Analysis of strengths, weaknesses, opportunities and threats
TAC	Transnational Auditor Committee
TR	Test risk
TransPuG	Transparenz- und Publizitätsgesetz
UAG	Umweltauditgesetz
UmwG	Umwandlungsgesetz
US-GAAP	United States Generally Accepted Accounting Principles
US-GAAS	United States Generally Accepted Auditing Standards
UWG	Gesetz gegen den unlauteren Wettbewerb
VAG	Versicherungsaufsichtsgesetz
vBP	vereidigter Buchprüfer
VO	Stellungnahme des Vorstands des IDW; Stellungnahme des Vorstands der WPK; gemeinsame Stellungnahme der Vorstände des IDW und der WPK
VorstOG	Vorstandsvergütungs-Offenlegungsgesetz

WiPrPrüfV	Wirtschaftsprüferprüfungsverordnung
WP	Wirtschaftsprüfer
WPAnrV	Wirtschaftsprüfungsexamens-Anrechnungsverordnung
WPG	Wirtschaftsprüfungsgesellschaft
WpHG	Wertpapierhandelsgesetz
WPK	Wirtschaftsprüferkammer
WPO	Wirtschaftsprüferordnung
WpPG	Wertpapierprospektgesetz
WpÜG	Wertpapiererwerbs- und Übernahmegesetz
www	world wide web

A priori-Risikomodell → Risikomodell

Abberufung des Abschlussprüfers

Die Abberufung des →*Abschlussprüfers* kann nur durch ein Gericht vollzogen werden. Für die Abberufung eines gewählten Abschlussprüfers durch einen Gerichtsbeschluss müssen gem. § 318 Abs. 3 Satz 1 HGB die gesetzlichen Vertreter, der →*Aufsichtsrat* oder die Gesellschafter einen entsprechenden Antrag stellen. Unterliegt die Gesellschaft einer staatlichen Aufsicht, kann auch die Aufsichtsbehörde einen solchen Antrag stellen. Bei →*AG* und →*KGaA* müssen die Anteile der Antrag stellenden Gesellschafter zusammen 5 % des Grundkapitals oder einen Börsenwert von 0,5 Mio. € erreichen. Nach § 318 Abs. 3 Satz 2 HGB ist der Antrag innerhalb von zwei Wochen nach dem Tag der Wahl des Abschlussprüfers zu stellen. Aktionäre müssen gegen die Wahl des Abschlussprüfers bei der Beschlussfassung Widerspruch erklärt haben und mindestens drei Monate vor dem Tage der Hauptversammlung Inhaber der Aktien sein. Durch diese Zusatzbedingungen soll das Antragsrecht auf eine qualifizierte Aktionärsminderheit beschränkt werden. Nach Antragstellung führt das Gericht eine Anhörung der Beteiligten und des Abschlussprüfers durch und kann, sofern der Abberufungsgrund in der Person des Abschlussprüfers liegt, einen anderen Abschlussprüfer bestellen. Hierbei kann es den Vorschlägen der Antragsteller folgen. Als Grund für eine Abberufung gilt insbesondere die Besorgnis der Befangenheit (→*Unabhängigkeit*). Eine unzureichende Qualifikation, mangelnde Branchenkenntnis sowie gegen den Abschlussprüfer anhängige berufsrechtliche Verfahren können ebenfalls eine Ersetzung des Abschlussprüfers begründen.

Abhängigkeitsbericht, Prüfung

Nach § 17 Abs. 1 AktG sind abhängige Unternehmen rechtlich selbständige Unternehmen, auf die ein anderes Unternehmen (herrschendes Unternehmen) unmittelbar oder mittelbar einen *beherrschenden Einfluss* ausüben kann. Zusammen mit dem herrschenden Unternehmen bildet das abhängige Unternehmen einen faktischen →*Konzern*, wenn die Unternehmensverbindung nicht durch konzernvertragliche Rechtsbeziehungen begründet ist. Ein herrschendes Unternehmen darf gem.

§ 311 Abs. 1 AktG seinen Einfluss nicht dazu benutzen, eine abhängige AG oder KGaA zu veranlassen, ein für sie nachteiliges Rechtsgeschäft vorzunehmen oder Maßnahmen zu ihrem Nachteil zu treffen oder zu unterlassen, es sei denn, dass die Nachteile ausgeglichen werden. Diese Regelung soll verdeckte Schädigungen, d.h. ein Handeln der Konzernleitung zum Nachteil der abhängigen Gesellschaft und deren Minderheitsgesellschafter vermeiden.

Zur *Darlegung der Nachteile und ihres Ausgleichs* hat der Vorstand der abhängigen Gesellschaft einen *Bericht über Beziehungen zu verbundenen Unternehmen* (Abhängigkeitsbericht) aufzustellen (§ 312 Abs. 1 AktG). Ein Abhängigkeitsbericht ist nicht zu erstellen, wenn die Abhängigkeit auf einem Beherrschungsvertrag (§ 311 Abs. 1 Satz 1 AktG), einem Gewinnabführungsvertrag (§ 316 AktG) oder einer Eingliederung (§ 323 Abs. 1 Satz 1 AktG) beruht. Durch den Abhängigkeitsbericht soll der *Ausgleich nachteiliger Veranlassungen* ermöglicht und durchgesetzt werden. Damit soll die abhängige Gesellschaft vermögensmäßig so gestellt werden, als sei sie unabhängig. Diese Sicherungsfunktion wird durch eine Prüfungspflicht ergänzt.

Neben der Prüfung des Abhängigkeitsberichts durch den Aufsichtsrat (§ 314 Abs. 2 AktG) fordert § 313 AktG auch eine Prüfung durch den Abschlussprüfer der abhängigen Gesellschaft. Die Prüfungspflicht ist an die Prüfungspflicht des Jahresabschlusses gebunden, d.h., sie entfällt z.B. bei kleinen AG i.S.d. § 267 Abs. 1 HGB. Der Abhängigkeitsbericht ist nach § 313 Abs. 1 Satz 1 AktG gleichzeitig mit dem Jahresabschluss und dem Lagebericht dem Abschlussprüfer der abhängigen Gesellschaft vorzulegen. Eine gesonderte Bestellung des Prüfers für den Abhängigkeitsbericht entfällt somit.

Wurde vom Vorstand einer prüfungspflichtigen AG oder KGaA kein Abhängigkeitsbericht vorgelegt, ist vom Abschlussprüfer festzustellen, ob die Erstellung unzulässigerweise unterlassen wurde. Daher ist zu prüfen, ob ein *Abhängigkeitsverhältnis* vorliegt.

Der Abhängigkeitsbericht ist daraufhin zu prüfen, ob die aufgeführten Vorgänge *richtig dargestellt* sind (§ 313 Abs. 1 Satz 2 Nr. 1 AktG). In diesem Zusammenhang muss der Prüfer insbesondere auf die vollständige Darstellung der für die Beurteilung wesentlichen Merkmale der aufgeführten Sachverhalte und auf die Übereinstimmung der Angaben mit den Büchern und sonstigen Unterlagen achten. Eine *Prüfung der Vollständigkeit* der im Abhängigkeitsbericht aufgeführten Maßnahmen und Rechtsgeschäfte ist dagegen nach h.M. nicht erforderlich, denn die Unvollständigkeit des Berichts ist i.d.R. von außen nicht erkennbar. Allerdings sind die von der abhängigen Gesellschaft getroffenen Vorkehrungen zur Sicherstellung der vollständigen Erfassung solcher Vorgänge zu prüfen (→ *Systemprüfung*).

Bei den im Abhängigkeitsbericht aufgeführten *Rechtsgeschäften* hat der Prüfer festzustellen und zu beurteilen, inwieweit der abhängigen Gesellschaft nach den Umständen, die zum Zeitpunkt der Vornahme der Rechtsgeschäfte bekannt waren, aus diesen Rechtsgeschäften Nachteile erwachsen sind. War dies der Fall, hat der Prüfer des Weiteren festzustellen, ob die Nachteile ausgeglichen wurden und ob der Ausgleich angemessen war (§ 313 Abs. 1 Satz 2 Nr. 2 AktG). Hinsichtlich der im Abhängigkeitsbericht aufgeführten *Maßnahmen* ist zu prüfen, ob keine Umstände für eine wesentlich andere Beurteilung als die des Vorstands sprechen (§ 313 Abs. 1 Satz 2 Nr. 3 AktG).

Nach § 313 Abs. 2 AktG hat der Prüfer über das Ergebnis der Prüfung schriftlich zu berichten. Der → *Prüfungsbericht* ist dem Aufsichtsrat vorzulegen, wobei dem Vorstand vor der Zuleitung Gelegenheit zur Stellungnahme zu geben ist. Sind nach dem abschließenden Ergebnis der Prüfung keine Einwendungen zu erheben, so hat der Prüfer einen uneingeschränkten → *Bestätigungsvermerk* zu erteilen (§ 313 Abs. 3 AktG). Sind Einwendungen zu erheben oder hat der Abschlussprüfer die Unvollständigkeit des Abhängigkeitsberichts festgestellt, so hat er die Bestätigung einzuschränken oder zu versagen (§ 313 Abs. 4 AktG). Dies eröffnet jedem Aktionär die Möglichkeit, eine → *Sonderprüfung* nach § 315 AktG zu beantragen.

Ablehnungsgründe bei der Annahme eines Prüfungsauftrags
→ Prüfungsauftrag

Abschluss → Jahresabschluss

Abschlussanalyse → Jahresabschlussanalyse

Abschlussaussagen

1 Normen

IDW PS 300, ISA 500.

2 Definition

Es obliegt der Unternehmensleitung, einen Jahresabschluss zu erstellen, der den angewandten Rechnungslegungsnormen entspricht. Mit der

Erstellung des Jahresabschlusses und dessen Vorlage beim → *Abschlussprüfer* gibt die Unternehmensleitung vor, die ökonomische Realität normenkonform abgebildet zu haben. In diesem Sinn enthält der Jahresabschluss eine Reihe von Behauptungen. Diese Behauptungen werden auch als Aussagen (assertions, früher: »Abschlussaussagen« oder »Aussagen in der Rechnungslegung« bzw. »financial statement assertions«) bezeichnet. So beinhaltet bspw. ein Posten »Vorräte« mit einem Wertansatz in Höhe von »575.001 €« in der Bilanz u. a. die Behauptungen, dass

- die betreffenden Gegenstände am Bilanzstichtag tatsächlich *vorhanden* sind (und ihre Existenz nicht etwa frei erfunden ist);
- die Gegenstände in Übereinstimmung mit den Rechnungslegungsnormen mit 575.001 € zu *bewerten* sind (also nicht etwa nur zu einem Bruchteil dieses Betrages veräußert werden könnten) und
- die entsprechenden Gegenstände der Bilanzposition »Vorräte« korrekt *zugeordnet* wurden (und nicht etwa Betriebs- oder Geschäftsausstattung darstellen).

3 Systematisierung

3.1 Internationale Prüfungsnorm: ISA 500 (Prüfungsnachweise)

ISA 500.17 enthält eine Systematisierung der Aussagen. Unterschieden werden drei Kategorien von Aussagen:

a) Aussagen über eine Klasse von Geschäftsvorfällen und Ereignissen der Periode, deren Abschluss zu prüfen ist (assertions about classes of transactions and events for the period under audit);
b) Aussagen über Abschlusssalden am Periodenende (assertions about account balances at the period end);
c) Aussagen über die Darstellung und Offenlegung (assertions about presentation and disclosure).

Dabei umfasst die *erste Kategorie* Aussagen, die sich auf die laufende Buchführung (→ *Buchführung, Prüfung der*) der Berichtsperiode beziehen, wie

- *Eintritt (occurrence)*: Das Ereignis oder der Geschäftsvorfall ist eingetreten;
- *Vollständigkeit (completeness)*: Alle Geschäftsvorfälle oder Ereignisse, die zu verbuchen waren, wurden verbucht;
- *Genauigkeit (accuracy)*: Beträge und andere Angaben in Bezug auf die verbuchten Geschäftsvorfälle oder Ereignisse wurden angemessen aufgezeichnet;

- *Abgrenzung (cut-off)*: Die Periodenabgrenzung der Ein- und Auszahlungen in Bezug auf die Berichtsperiode wurde korrekt vorgenommen;
- *Klassifikation (classification)*: Die Geschäftvorfälle oder Ereignisse wurden auf den richtigen Konten verbucht.

Während nach deutschen →*Prüfungsnormen* ohnehin eine Verpflichtung zur Prüfung der Buchführung besteht (§ 317 Abs. 1 Satz 1 HGB), beinhalten die internationalen Prüfungs- und Rechnungslegungsnormen keine ausdrückliche Pflicht zur Prüfung der Buchführung. Da der Jahresabschluss direkt auf die laufende Buchführung aufbaut, ist es jedoch unmöglich, ohne eine korrekte Erfassung der laufenden Geschäftsvorfälle einen normenkonformen Jahresabschluss zu erstellen. Eine Vielzahl von Geschäftsvorfällen findet unmittelbaren Eingang in den Jahresabschluss. Daraus folgt auch, dass der Prüfer faktisch die Buchführung in seine Prüfung mit einzubeziehen hat, da er andernfalls nicht zu allen Aussagen des Jahresabschlusses ausreichende und angemessene →*Prüfungsnachweise* erlangen kann.

Die Aussagen der *zweiten Gruppe* beziehen sich auf Konten(salden) zum Jahresende und umfassen

- *Vorhandensein (existence)*: Die ausgewiesenen Aktiva und Passiva sind tatsächlich existent;
- *Rechte und Verpflichtungen (rights and obligations)*: Die Aktiva stehen im wirtschaftlichen Eigentum des Unternehmens, die Passiva stellen Verpflichtungen des Unternehmens dar;
- *Vollständigkeit (completeness)*: Aktiva und Passiva sind vollständig in der Bilanz enthalten;
- *Bewertung und Zuordnung (valuation and allocation)*: Aktiva und Passiva sind korrekt bewertet, Wertänderungen wurden korrekt erfasst.

Die Aussagen der dritten Gruppe betreffen Angaben im Anhang (→*Anhang, Prüfung*) bzw. den notes sowie die Darstellung im Jahresabschluss insgesamt:

- *Eintritt, Rechte und Verpflichtungen (occurrence, rights and obligations)*: Die dargestellten Ereignisse oder Geschäftsvorfälle sind tatsächlich eingetreten und sind dem Unternehmen im Sinne des wirtschaftlichen Eigentums zuzuordnen;
- *Vollständigkeit (completeness)*: Alle seitens der Rechnungslegungsnormen geforderten Angaben sind getätigt worden;
- *Klassifikation und Transparenz (classification and understandability)*: Die Informationen sind angemessen klar und verständlich dargestellt;

- *Genauigkeit und Bewertung (accuracy and valuation)*: Die Informationen vermitteln ein den tatsächlichen Verhältnisses entsprechendes Bild; die Werte sind korrekt.

3.2 Deutsche Prüfungsnorm: IDW PS 300 (Prüfungsnachweise im Rahmen der Abschussprüfung)

Auch die deutschen Prüfungsnormen enthalten in IDW PS 300.7 eine Aufzählung der Aussagen in der Rechnungslegung. Dieser →*IDW PS* datiert vom 2.7.2001 und setzt damit den ursprünglichen ISA vor der Überarbeitung im Jahr 2003 um, so dass bis zur Umsetzung auch eine direkte Anwendung des ISA in Betracht kommen könnte. Zwar unterscheiden sich die Aussagen in IDW PS 300 nicht grundsätzlich. IDW PS 300 enthält aber (wie der ISA vor der Überarbeitung) lediglich eine Aufzählung von möglichen Abschlussaussagen ohne Systematisierung. Genannt werden Vorhandensein, Zuordnung, Eintritt, Vollständigkeit, Bewertung, Erfassung und Abgrenzung, Darstellung und Berichterstattung.

4 Zusammenhang zum prüferischen Vorgehen

Da der Prüfer ein Urteil über die Konformität des Jahresabschlusses im Hinblick auf die angewandten Rechnungslegungsnormen abgeben muss, wird er sein Vorgehen auch an den Aussagen ausrichten müssen, um letztlich alle im zu prüfenden Abschluss enthaltenen Aussagen beurteilen zu können. Hierzu dienen zum einen vorrangig die →*aussagebezogenen Prüfungshandlungen*; mit ihnen kann sich der Prüfer eine hinreichende →*Prüfungssicherheit* darüber verschaffen, ob die Aussagen den in den Rechnungslegungsnormen festgelegten Anforderungen entsprechen. Dabei sind nicht alle möglichen Prüfungshandlungen für alle Abschlussaussagen gleichermaßen geeignet.

Bspw. erfordert die Aussage »Vorhandensein« bei wesentlichen körperlichen Posten eine Inaugenscheinnahme des Prüfers oder eine Inventurbeobachtung (→*Inventur, Prüfung*). Dagegen ist eine Bestätigung durch Dritte empfehlenswert, wenn es sich etwa um Forderungen (→*Saldenbestätigungen*) oder Wertpapiere (Depotauszug des verwahrenden/kontoführenden Kreditinstitutes) handelt. Die Aussage »Bewertung« erfordert oft auch eine (eigene) Berechnung des Prüfers; bspw. kann die Höhe einer Pauschalwertberichtigung oder eines geschätzten fair values (→*Fair values, Prüfung*) nur durch (Neu-)Berechnung nachvollzogen werden.

Die Aussage »Vollständigkeit« dürfte regelmäßig eine Ausnahme darstellen, da über sie allein mit aussagebezogenen Prüfungshandlungen i. d. R. keine hinreichende Prüfungssicherheit gewonnen werden kann. Während ein Vorhandensein stets durch eine → *Einzelfallprüfung* nachvollzogen werden kann, geht es bei der Aussage Vollständigkeit um das Gegenteil, nämlich um die Beurteilung, ob alle berücksichtigungspflichtigen Geschäftsvorfälle und Ereignisse auch erfasst wurden. Es ist also auszuschließen, dass es Geschäftsvorfälle oder Ereignisse gibt, die im Abschluss zu berücksichtigen gewesen wären, es aber nicht wurden. Hierzu bietet sich in erster Linie eine → *progressive Prüfung* an. Dabei erfasst der Prüfer zunächst die im Abschluss abzubildende ökonomische Realität und verfolgt ausgehend von dieser die Abbildung über den Beleg und die Journale/Konten bis zum Abschluss. Auf diese Weise kann der Prüfer sicherstellen, dass alle ihm bekannten abbildungspflichtigen Sachverhalte normenkonform im Abschluss abgebildet wurden. Letztlich ist es dem Prüfer aber nicht möglich, allein über ein progressives Vorgehen eine hinreichende Prüfungssicherheit zu erlangen. Wenn sich im zu prüfenden Abschluss keine Buchung, kein Beleg oder kein sonstiger Anhaltspunkt findet, ist die Existenz dieses berücksichtigungspflichtigen Ereignisses oder Geschäftsvorfalles dem Prüfer auch nicht bekannt. Dagegen dürfte eine → *retrograde Prüfung* nur ausnahmsweise bei der Prüfung der Aussage »Vollständigkeit« zu Prüfungsnachweisen führen: Denkbar ist etwa, dass der Prüfer zufällig auf ungewöhnliche Geschäftvorfälle oder Zahlungsvorgänge stößt, diese dann gezielter untersucht und dabei auf nicht berücksichtigte Geschäftsvorfälle oder Ereignisse stößt. Die Vollständigkeit lässt sich dagegen im Rahmen der → *Systemprüfung* besser beurteilen. Bspw. bietet eine ordnungsmäßige Buchführung nebst einem funktionierenden → *IKS* bereits eine gewisse Prüfungssicherheit dafür, dass keine berücksichtigungspflichtigen Geschäftsvorfälle und Ereignisse übersehen wurden.

Durch die Überarbeitung von ISA 500 und die Unterscheidung von drei verschiedenen Kategorien erhoffte sich die → *IFAC*, dem Prüfer die Einschätzung des Fehlerrisikos (→ *Prüfungsrisiko*; → *Risikomodell*) zu erleichtern, denn nun lassen sich verschiedene Arten von Falschdarstellungen (→ *Fehler*) in Bezug auf die unterschiedlichen Teile des Jahresabschlusses (Kategorien (b) und (c)) bzw. der Abschlusserstellung (Buchführung, Kategorie (a)) differenziert einschätzen. Zudem soll einer verstärkten Ausrichtung der Prüfungsnormen in Richtung einer → *geschäftsrisikoorientierten Prüfung* Rechnung getragen werden.

5 Der Zusammenhang zwischen Aussagen und Prüfungshandlungen: Forderungen aus Lieferung und Leistung – ein Beispiel

Im Hinblick auf die Aussage *Vorhandensein* wird der Prüfer eine Saldenbestätigung des Schuldners einholen; auf diese Weise erlangt er einen Nachweis, dass die Forderung (→ *Forderungen, Prüfung*) existiert. Er erlangt gleichzeitig einen Nachweis, ob die Forderung mit dem korrekten Betrag in der Buchführung *erfasst* wurde. Dagegen hat der Prüfer noch keine ausreichenden Nachweise zur *Bewertung* der Forderung erlangt: Denkbar ist etwa, dass sich zwischen Erfassung der Forderung in der Buchhaltung und dem → *Abschlussstichtag* die Bonität des Schuldners derart verschlechtert hat, dass eine Einzelwertberichtigung auf die Forderung zu bilden ist – darüber kann die Saldenbestätigung des Schuldners naturgemäß nicht informieren. Der Prüfer könnte daher die Bonität des Schuldners prüfen, um sich zu vergewissern, dass die Forderung nicht abgeschrieben werden muss. Weitere Erkenntnisse in Bezug auf die Aussage Bewertung lassen sich durch die Verwertung von werterhellenden → *Ereignissen nach dem Abschlussstichtag* gewinnen. Bspw. deutet eine zwischen Abschlussstichtag und Erstellung des Jahresabschlusses erfolgte Zahlung (Tilgung) darauf hin, dass die getilgte Forderung auch am Abschlussstichtag werthaltig war. *Martin Schmidt*

Literatur: *Arens, A.A./Elder, R.J./Beasley, M.S.*, Auditing and Assurance Services, 2005, S. 144–146; *Messier, W.F.*, Auditing & Assurance Services, 2005, S. 142–144; *Ruhnke, K./Lubitzsch, K.*, Abschlussprüfung und das neue Aussagen-Konzept der IFAC, erscheint in: Die Wirtschaftsprüfung 2006.

Abschlusskennzahlen → Kennzahlen

Abschlussmanipulation → Fraud, Prüfung

Abschlusspolitik

1 Definition

Abschlusspolitik ist die bewusste Gestaltung des Jahres- oder Konzernabschlusses zur Erreichung von Unternehmenszielen im Rahmen der bilanzrechtlich zulässigen Möglichkeiten. Der häufig verwendete Begriff »*Bilanzpolitik*« greift zu kurz, da z.B. auch GuV sowie Anhang Gegenstand der Abschlusspolitik sein können. Bei der Abschlussmanipulation werden hingegen die Rechnungslegungsnormen missachtet.

2 Ziele

Die Ziele der von der Unternehmensleitung verfolgten Abschlusspolitik ergeben sich aus den Zwecken der angewandten Rechnungslegungskonzeption. So besitzt der handelsrechtliche →*Einzelabschluss* eine Ausschüttungsbemessungs-, Informations- und Steuerbemessungsfunktion. Die aus der →*Maßgeblichkeit der HB für die Steuerbilanz* resultierende Steuerbemessungsfunktion steht angesichts der oftmals als (zu) hoch empfundenen Steuerbelastung häufig im Vordergrund. Mit dem Ziel der Steuerbarwertminimierung grundsätzlich vereinbar ist eine restriktive Ausschüttungspolitik, die zur Sicherung von Liquidität und Kreditwürdigkeit betrieben wird.

Abschlusspolitische Maßnahmen können auch im Hinblick auf die Informationsfunktion, die dem handelsrechtlichen Konzernabschluss sowie den IFRS-Abschlüssen zugrunde liegt (IAS 1.7), getätigt werden. Dabei soll die Lage des Unternehmens so dargestellt werden, dass die wirtschaftlichen Entscheidungen der Abschlussadressaten in der von der Unternehmensleitung gewünschten Weise beeinflusst werden. Für die einzelnen →*stakeholder* (z.B. Arbeitnehmer, Banken) sind häufig unterschiedliche Signale erforderlich. So ist ein hoher Ergebnisausweis relevant, wenn eine Kapitalerhöhung durchgeführt werden soll oder ein ausscheidender Manager seine Karriere mit einem sehr guten Ergebnis krönen möchte. Ein niedriges Ergebnis ist bspw. dann das relevante Ziel, wenn nach Ergebnisveröffentlichung Haustarifverhandlungen anstehen oder Manager beabsichtigen, das Unternehmen zu kaufen.

Da diese Ziele nicht gleichzeitig erreicht werden können, bietet sich als generelle Strategie eine Ergebnisglättung (income smoothing) an. Denn ein einmalig hoher Gewinnausweis weckt dauerhaft höhere Ausschüttungs- bzw. Gehaltserwartungen. Außerdem führt die verringerte Volatilität des Ergebnisausweises zu niedrigeren Eigenkapitalkosten.

3 Instrumente

Im Gegensatz zu den formellen Instrumenten (Gliederungs-, Ausweis- und Erläuterungsspielräume) beeinflussen die materiellen Instrumente die Höhe des Eigenkapitals. Dazu gehören Wahlrechte und Ermessensspielräume, die jeweils an der bilanziellen Abbildung ansetzen, sowie Sachverhaltsgestaltungen.

Bei den Letzteren werden die Sachverhalte so verändert, dass sie bestimmte Tatbestände mit gewünschten Rechtsfolgen erfüllen. So können z. B. Umsatzakte oder die Fertigstellung von Anlagen beschleunigt oder verzögert werden. Sachverhaltsgestaltungen sind für den Abschlussadressaten nur schwer erkennbar und es existiert keine Bindungswirkung für analoge Fälle.

Ansatz- und → *Bewertungswahlrechte* liegen vor, wenn in einer Rechnungslegungsnorm explizit mehrere Vorgehensweisen der Abbildung eines Sachverhalts erlaubt werden. Wahlrechte in den IFRS sind abschlusspolitisch weniger interessant, da ihre Ausübung in der Abschlussanalyse aufgrund entsprechender Angabepflichten oftmals herausgerechnet werden kann. Dagegen stellt die Vielzahl von Wahlrechten in einem HGB-Abschluss (z. B. § 255 Abs. 2 HGB → *Herstellungskosten*, § 249 Abs. 2 HGB Aufwandsrückstellungen) einen erheblichen Spielraum für den Bilanzierenden dar. Das → *Stetigkeitsprinzip* schränkt die Ausübung von Wahlrechten ein.

Ermessensspielräume resultieren daraus, dass Tatbestand oder Rechtsfolge von Rechnungslegungsnormen nur allgemein normiert sind. Bei einem ungenauen Tatbestand (z. B. unbestimmte Rechtsbegriffe) ergibt sich ein Subsumtionsspielraum (z. B. IAS 38.45 Aktivierungskriterien für Entwicklungskosten). Wenn die Rechtsfolge nicht vollständig geregelt ist, entsteht ein Konklusionsspielraum (z. B. IAS 16.50–59 bzw. § 253 Abs. 2 Satz 1 f. HGB Bestimmung der Nutzungsdauer von → *Anlagevermögen*). Die Ausnutzung von Ermessensspielräumen stellt ein wichtiges abschlusspolitisches Instrument dar, zumal ihre Ausübung in der Abschlussanalyse meist nicht erkannt wird.

Abschlusspostenorientierte Prüfung

Gem. IDW PS 260.37 handelt es sich bei der abschlusspostenorientierten Prüfung (balance sheet audit) wie auch bei der → *tätigkeitskreisorientierten* Prüfung und der → *geschäftsrisikoorientierten Prüfung* um mögliche Ansatzpunkte für die Ausgestaltung des risikoorientierten Prüfungsansatzes (→ *Risikoorientierte Abschlussprüfung*).

Bei einer geschäftsrisikoorientierten Prüfung wird im Sinne eines → *top down-Ansatzes*, ausgehend von dem Geschäft des Mandanten (top) und den identifizierten Geschäftsrisiken, der Bezug zum Jahresabschluss und den darin enthaltenen Abschlussposten (down) hergestellt.

Bei einer tätigkeitskreisorientierten Prüfung ist letztendlich zu prüfen, ob und in welchem Umfang tätigkeitskreisbezogene Teilurteile positionsbezogene →*Abschlussaussagen* stützen; demnach gehen Positions- und Tätigkeitskreisorientierung teilweise ineinander über. Beide Ansätze enthalten entsprechend abschlusspostenorientierte Elemente.

Im Vergleich zu einer tätigkeitskreisorientierten bzw. geschäftsrisikoorientierten Prüfung steht bei einer abschlusspostenorientierten Prüfung nicht die Analyse von Geschäftsrisiken oder Prozessen im Mittelpunkt. Vielmehr setzt die abschlusspostenorientierte Prüfung definitionsgemäß an den zu prüfenden Abschlussposten an. Im Idealfall gleicht die abschlusspostenorientierte Prüfung, anders als die geschäftsrisikoorientierte Prüfung, nicht einem top down-Ansatz, sondern vollzieht sich im Zuge eines reduktionistischen Vorgehens, im Sinne eines bottom up-Verfahrens. Durch die Aggregation der verschiedenen Teilurteile bildet sich der Abschlussprüfer ein Gesamturteil.

Der Prüfer geht bei der abschlusspostenorientierten Prüfung zumeist retrograd (→*Retrograde Prüfung*) vor und vergleicht die sich im vorläufigen Jahresabschluss niederschlagenden Ist-Posten mit den vom Prüfer konstruierten normenkonformen Soll-Posten (→*Soll-Ist-Vergleich*). Durch Beurteilung der Abweichungen und unter Berücksichtigung der zu definierenden materiality-Grenzen (→*Materiality*) soll eine Aussage über die Normenkonformität des Ist-Objektes getroffen werden.

Bei der *Durchführung der Prüfung* von Abschlussposten orientiert sich der Prüfer an den Abschlussaussagen. Diese dienen dem Prüfer als Orientierungshilfe bei der Erlangung ausreichender und geeigneter →*Prüfungsnachweise*. Demnach muss der Prüfer anhand der in den Abschlussaussagen genannten Kategorien postenbezogen der Frage nachgehen, ob die Angaben der Unternehmensleitung zur Abbildung der ökonomischen Realität den zugrunde gelegten Rechnungslegungsnormen entsprechen. Aus den Abschlussaussagen lassen sich abschlusspostenorientierte Prüfungsziele ableiten, die anschließend mittels postenspezifischer →*Prüfungshandlungen* untersucht werden. Bei einer abschlusspostenorientierten Prüfung stehen zwar stärker als bei einer geschäftsrisikoorientierten Prüfung →*Einzelfallprüfungen* im Vordergrund, dennoch sind auch bei einer abschlusspostenorientierten Prüfung →*Systemprüfungen* und →*analytische Prüfungen* zwingend durchzuführen. Bei wesentlichen Abschlussposten sind zunächst →*inhärente Risiken* festzulegen und durch die Prüfung des →*IKS* das →*Kontrollrisiko* zu bestimmen. Weiterhin sind analytische Prüfungshandlungen durchzuführen. Anschließend wird die bereits erlangte →*Prüfungssicherheit* durch weitergehende Einzelfallprüfungen abgesichert.

In der Praxis werden oftmals IT-gestützte (→ *IT-gestützte Prüfungstechniken*) abschlusspostenbezogene Standardprüfungsprogramme in Form von → *Checklisten* verwendet. Sie bieten den Vorteil, dass sie dem Prüfer Anregungen für einzelne Prüfungshandlungen liefern. Nachteile einer Anwendung solcher Standardprüfungsprogramme sind, dass sie zu schematisch und kreativitätshemmend vorgehen und vor allem aus diesem Grunde lediglich eine geringe Fehleraufdeckungswahrscheinlichkeit besitzen.

Abschlussprüfer

Abschlussprüfer führen Prüfungen der → *Jahresabschlüsse* und Lageberichte (→ *Lagebericht, Prüfung*) von Konzernen und Einzelunternehmen durch. Gem. § 319 Abs. 1 Satz 1 HGB kommt → *WP* und → *WPG* die Vorbehaltsaufgabe der Durchführung gesetzlich vorgeschriebener → *Jahresabschlussprüfungen* zu. Die Prüfung der Jahresabschlüsse und Lageberichte mittelgroßer → *GmbH* i.S.d. § 267 Abs. 2 HGB und mittelgroßer haftungsbeschränkter → *Personenhandelsgesellschaften* i.S.d. § 264a Abs. 1 HGB (→ *Kapitalgesellschaften & Co.*) darf auch von → *vBP* und → *BPG* durchgeführt werden (§ 319 Abs. 1 Satz 2 HGB). Darüber hinaus erlauben Sonderregelungen bspw. die Beauftragung genossenschaftlicher Prüfungsverbände (→ *Genossenschaftsprüfung*).

Durch die Regulierung des → *Zugangs zum Beruf des WP* soll die persönliche und fachliche Eignung des Abschlussprüfers sowohl hinsichtlich dessen Vorbildung als auch seiner praktischen Berufserfahrung sichergestellt werden. Die Zuständigkeit für die → *Wahl des Abschlussprüfers* ist abhängig von der Rechtsform des zu prüfenden Unternehmens, wobei die Bestellung mittels → *Prüfungsauftrag* grundsätzlich durch den → *Aufsichtsrat* bzw. bei Unternehmen ohne Aufsichtsrat durch den/die Geschäftsführer erfolgt. Eine → *Abberufung des Abschlussprüfers* oder eine → *Kündigung des Prüfungsauftrags* sind nur aus wichtigem Grund möglich.

Die Prüfung der Jahresabschlüsse und Lageberichte ist vom Abschlussprüfer eigenverantwortlich, gewissenhaft und unparteiisch unter Berücksichtigung der → *Prüfungsnormen* durchzuführen. Die Tätigkeit als Abschlussprüfer ist untersagt, wenn gesetzliche → *Ausschlussgründe* vorliegen, also insbesondere → *Unabhängigkeit* und Unbefangenheit des Prüfers in Frage zu stellen sind.

Da die Regelung der Tätigkeit als Abschlussprüfer grundsätzlich auf nationaler Ebene erfolgt, sind in diesem Zusammenhang internationale Normen nicht zu berücksichtigen.

Abschlussprüferaufsichtskommission

Durch das am 1.1.2005 in Kraft getretene APAG wurde die in diesem Zuge neu eingerichtete Abschlussprüferaufsichtskommission (APAK; http://www.apak-aoc.de) mit der letztverantwortlichen öffentlichen Fachaufsicht über die → *WPK* betraut. Die Aufsichtsfunktion erstreckt sich auf die Aufgaben gem. § 4 Abs. 1 Satz 1 WPO (Prüfung und Eignungsprüfung, Bestellung, Anerkennung, Widerruf und Registrierung, Berufsaufsicht und Qualitätskontrolle sowie die Annahme von Berufsgrundsätzen), welche die WPK gegenüber den gesetzliche Abschlussprüfungen durchführenden Berufsangehörigen in mittelbarer Staatsverwaltung wahrnimmt. Die Letztverantwortlichkeit der APAK umfasst ein Recht zur Zweitprüfung, also des Zurückverweises von Vorentscheidungen an die WPK, sowie die sog. Letztentscheidung, d.h. die Aufhebung einer Vorentscheidung der WPK und die Anweisung an diese, in ihrem eigenen Namen die Entscheidung der APAK umzusetzen. Ungeachtet dessen verbleibt die erstinstanzliche Zuständigkeit für die Berufsaufsicht bei der WPK. Um ihre Aufgaben angemessen wahrnehmen zu können, hat die APAK ein Informations- und Einsichtsrecht gegenüber der WPK sowie das Recht, an deren Sitzungen beratend teilzunehmen.

Die APAK besteht aus sechs bis zehn vom Bundesminister für Wirtschaft und Arbeit für eine Amtszeit von vier Jahren ernannten berufsfremden, ehrenamtlich tätigen Mitgliedern, die von der WPK unabhängig und weisungsungebunden sind. In den der Berufung vorangegangenen fünf Jahren darf keine persönliche Mitgliedschaft der APAK-Mitglieder in der WPK bestanden haben.

Abschlussprüfung → Jahresabschlussprüfung

Abschlussstichtag

Nach § 242 Abs. 1 Satz 1 HGB hat ein Kaufmann zu Beginn seines Handelsgewerbes sowie zum Ende eines jeden Geschäftsjahres einen das Verhältnis seines Vermögens und seiner Schulden darstellenden Abschluss aufzustellen. Zugleich hat er gem. § 242 Abs. 2 HGB für das Ende eines jeden Geschäftsjahres eine Gegenüberstellung der Aufwendungen und Erträge des Geschäftsjahres zu erstellen. Das Ende eines Geschäftsjahres wird als Abschlussstichtag (synonym oftmals auch »Bilanzstichtag«) bezeichnet, wobei dieses Ende nicht zwangsläufig mit dem Ende des Kalenderjahres identisch sein muss. Die Wahl des Stichtags des →*Einzelabschlusses* steht einem Unternehmen frei. Die Wahl des →*Konzernabschlussstichtags* hat sich gem. § 299 Abs. 1 HGB an dem Stichtag des Einzelabschlusses des Mutterunternehmens zu orientieren. Nach IAS 27.19 ist der →*Konzernabschluss* eines Unternehmens ebenfalls zum Abschlussstichtag des Mutterunternehmens aufzustellen.

Abschreibungen

Ziel der Abschreibung ist die Ermittlung des Werteverzehrs eines Vermögenspostens sowie dessen periodengerechte Erfassung in der GuV oder direkt im Eigenkapital.

Die *planmäßige Abschreibung* nach HGB dient der Verteilung der Anschaffungs- oder Herstellungskosten auf die Nutzungsdauer. Sie wird nur auf Gegenstände des →*Anlagevermögens* mit zeitlich begrenzter Nutzung vorgenommen (§ 253 Abs. 2 Satz 1 HGB). Zulässig sind leistungsbedingte, lineare, degressive und in seltenen Ausnahmefällen progressive Abschreibungsmethoden. Die →*IFRS* stellen hinsichtlich der planmäßigen Abschreibung in einer dynamischen Sicht vornehmlich auf den Nutzenverbrauch ab. Dies erfolgt vor dem Hintergrund, dass die historischen Kosten von Anlagegütern denjenigen Rechnungsperioden zugeordnet werden sollen, in denen der Nutzen aus diesen Vermögenswerten gezogen wird. Der durch die Abschreibung zu mindernde Buchwert soll den Verbrauch des ökonomischen Nutzens des betreffenden Vermögenswertes widerspiegeln und zwar auch, wenn der beizulegende Wert (→*Fair values, Prüfung*) den Buchwert übersteigt.

Die *außerplanmäßige Abschreibung* nach HGB berücksichtigt Wertminderungen aufgrund außerordentlicher Ereignisse bspw. infolge technischer, marktmäßiger, wirtschaftlicher oder gesetzlicher Veränderungen. Dies gilt für Gegenstände des Anlagevermögens (§ 253 Abs. 2 Satz 3 HGB) sowie des →*Umlaufvermögens* (§ 253 Abs. 3 HGB). Bei voraussichtlich dauernder Wertminderung ist die außerplanmäßige Abschreibung handelsrechtlich sowohl für Vermögensgegenstände des Anlagevermögens (§ 253 Abs. 2 Satz 3 HGB) als auch des Umlaufvermögens (§ 253 Abs. 3 HGB) zwingend vorgeschrieben. Bei nur vorübergehender Wertminderung besteht für Vermögensgegenstände des Umlaufvermögens die Pflicht zur Vornahme einer außerplanmäßigen Abschreibung, während bei Vermögensgegenständen des Anlagevermögens gem. § 253 Abs. 2 Satz 3 HGB ein Wahlrecht besteht. Dieses Wahlrecht ist für → *Kapitalgesellschaften* gem. § 279 Abs. 1 HGB auf das Finanzanlagevermögen (→ *Finanzinstrumente, Prüfung*) beschränkt, d. h., für alle anderen Vermögensgegenstände besteht ein Abschreibungsgebot. Entfällt der Grund einer außerplanmäßigen Abschreibung, so ist gem. § 280 HGB eine → *Wertaufholung* vorzunehmen. Nach IFRS werden *außerplanmäßige Wertminderungen* für alle Vermögenswerte mit einer Reihe von Ausnahmen (z. B. Vorräte, IAS 2) in IAS 36 geregelt. Danach kommt es zu einer Wertminderung eines Vermögenswertes, wenn der Buchwert über dem erzielbaren Betrag (recoverable amount) liegt. Der erzielbare Betrag ergibt sich dabei gem. IAS 36.6 aus dem höheren Betrag aus Nutzungswert und Veräußerungswert abzüglich der zur Veräußerung notwendigen Kosten. Nach Durchführung einer außerplanmäßigen Wertminderung ist gem. IAS 36.110 zu jedem Bilanzstichtag eine Überprüfung dahingehend vorzunehmen, ob der Wertverlust immer noch besteht. Ist dies nicht mehr der Fall, so ist eine neue Ermittlung des erzielbaren Betrages vorzunehmen.

Abweichungen → Soll-Ist-Vergleich

Accountant

Der Begriff des accountant stellt einen Oberbegriff für alle mit dem → *Rechnungswesen* betrauten Personen dar. Innerhalb des Unternehmens umfasst er sowohl die Mitarbeiter des externen Rechnungswesens, wie bspw. den Finanzbuchhalter (financial accountant), als auch des internen Rechnungswesens (cost accountant). Des Weiteren fallen die Mitarbeiter der Internen Revision (internal auditor) unter den Oberbegriff.

Außerhalb des Unternehmens werden vielfach → *WP* als accountant bezeichnet. Diesem Umstand wird auch durch die ausländischen Berufsbezeichnungen, wie bspw. bei dem US-amerikanischen → *CPA* oder dem britischen → *Chartered Accountant*, Rechnung getragen. Zudem fallen Steuerberater unter diesen Oberbegriff (tax accountant).

Auch die → *IFAC* verwendet als internationale Berufsorganisation der WP allgemein den Begriff des → *professional accountant*. Hierunter werden alle Berufsangehörigen einer IFAC-Mitgliedsorganisation verstanden. Die IFAC unterscheidet die professional accountants wiederum in zwei Gruppen. Zum einen beinhalten sie die Berufsangehörigen, die den Beruf des WP selbständig oder als → *Partner* oder Angestellter einer → *WPG* ausüben (→ *Professional accountant in public practice*). Zum anderen umfassen sie auch diejenigen Berufsangehörigen, welche den Prüferberuf nicht ausüben und in einem Angestelltenverhältnis in der Industrie, im Handel, im öffentlichen Dienst oder im Bildungswesen beschäftigt sind. Die → *ethischen Prüfungsnormen* der IFAC (→ *Ethics*) enthalten Berufsgrundsätze sowohl für alle → *professional accountants* (Teil A Ethics), spezielle Vorschriften für professional accountants in public practice (Teil B Ethics) sowie spezielle Vorschriften für Berufsangehörige, die den Prüferberuf nicht ausüben (Teil C Ethics).

Accounting estimates → Geschätzte Werte, Prüfung

Accruals

Accruals (abgegrenzte Schulden) gehören gem. IAS 37.11 zu den *other liabilities*, die neben *provisions* (→ *Rückstellungen, Prüfung*) und contingent liabilities (→ *Contingent liabilities, Prüfung*) eine weitere Untergruppe der → *liabilities* bilden. Sie werden als Schulden definiert, die aus der Lieferung von Gütern oder der Erbringung von Dienstleistungen resultieren. Der Leistungsaustausch ist bereits erfolgt. Die Rechnungsstellung bzw. die abschließende Einigung mit dem Leistungserbringer über das Entgelt steht jedoch noch aus. Accruals unterscheiden sich durch ihren wesentlich höheren Grad der Sicherheit hinsichtlich Höhe und Zeitpunkt der Erfüllung der Verpflichtung von provisions. Als Anwendungsbeispiele sind u. a. Rückstellungen für ausstehenden Urlaub, für externe Jahresabschlusskosten sowie Jubiläumszuwendungen zu nennen.

Audit Command Language → Prüfsoftware, generelle

Ad hoc-Publizität, Prüfung

Emittenten börsennotierter Finanzinstrumente (→ *Finanzinstrumente, Prüfung*) sind dazu verpflichtet, Insiderinformationen mit Eignung zur erheblichen Kursbeeinflussung unverzüglich zu veröffentlichen (§ 15 Abs. 1 i. V. m. § 13 Abs. 1 WpHG). Insofern bildet die Ad hoc-Publizität eine Ergänzung zur Regelpublizität (→ *Jahresabschluss*; → *Lagebericht*,

Prüfung; → *Unterjähriger Bericht, Prüfung*). Die Ad hoc-Publizität unterliegt keiner Prüfungspflicht. Gleichwohl kann eine freiwillige Prüfung auf Grundlage von ISAE 3000 vereinbart werden (→ *Prüfungsdienstleistungen, freiwillige*).

Ein Schwerpunkt einer solchen Prüfung ist das vom berichtspflichtigen Unternehmen einzurichtende System der Informationsgewinnung und -weiterleitung. Dabei hat der Prüfer festzustellen, ob das Unternehmen alle Maßnahmen ergriffen hat, die relevanten Informationen in allen Bereichen des Unternehmens zu erkennen und diese an eine Clearing-Stelle weiterzuleiten, welche dann die Eignung zur Kursbeeinflussung beurteilt. Anhaltspunkte für das prüferische Vorgehen finden sich in den Prüfungsnormen zur → *Systemprüfung* (→ *Aufbauprüfung*, → *Funktionsprüfung*; vgl. hierzu z. B. ISA 315, 330). Die Entscheidungsnützlichkeit von Ad hoc-Meldungen liegt insbesondere in der Zeitnähe der veröffentlichten Informationen begründet. Um die Veröffentlichung nicht durch Prüfungshandlungen zu verzögern, liegt eine Konzentration auf den Bereich der Systemprüfung nahe. Dabei könnte es sich als sachgerecht erweisen, die Prüfung in weiten Teilen als → *kontinuierliche Prüfung* anzulegen. Bspw. könnte der Prüfer feststellen, ob der Mandant in Bezug auf vermutlich relevante Tatbestände (z. B. eingegangene Großaufträge) Schwellenwerte definiert hat, bei deren Überschreitung die Clearing-Stelle automatisch informiert wird.

Weiterhin bietet es sich an, vor Veröffentlichung (ex ante-Prüfung) die seitens des Unternehmens hergeleitete Prognose zu beurteilen. Prüferische Handlungen können sich auf die folgenden Aspekte beziehen: Die empirisch feststellbaren Daten (angesprochen sind die Insiderinformationen i. S. des WpHG) sind im Hinblick auf ihre Existenz, die Prämissen und die Gesetzmäßigkeit auf ihre Plausibilität und die Prognoseaussage (Aussage hinsichtlich der Eignung zur Kursbeeinflussung) auf ihre logische Stringenz zu prüfen (→ *Prognoseprüfung*). Anhaltspunkte für das prüferische Vorgehen finden sich z. B. in ISA 545 und ISAE 3400. Um die Güte des eingerichteten Systems zu beurteilen, könnte der Prüfer nachträglich feststellen, ob und inwieweit der Kapitalmarkt auf veröffentlichte Ad hoc-Meldungen reagiert hat (ex post-Prüfung).

Literatur: *Ruhnke, K.*, in: Die Wirtschaftsprüfung 2001, S. 440–452.

Adverse opinion → Bestätigungsvermerk

AFIZ → Ausschuss für internationale Zusammenarbeit

Agencytheoretischer Ansatz

1 Hintergrund und Definition

Ressourcenallokation basiert i. Allg. auf vertraglich festgelegten Transaktionen zwischen Wirtschaftssubjekten. Die Ausgestaltung von Verträgen erfolgt in Abhängigkeit von den Nutzenfunktionen der Vertragspartner, deren anfänglicher Ressourcenausstattung sowie den vorliegenden Rahmenbedingungen. Der agencytheoretische Ansatz (auch: Prinzipal-Agenten-Theorie) beschreibt und erklärt das Verhalten von Transaktionspartnern, die sich durch verschiedene Nutzenfunktionen und Informationsausstattungen auszeichnen. Vertragsgegenstand in Prinzipal-Agenten-Modellen ist die Übertragung von Verfügungsrechten über Ressourcen zur betrieblichen Leistungserstellung von einer Vertragspartei (Prinzipal) an eine andere (Agent) und die Vereinbarung der Distribution der durch den Ressourceneinsatz entstehenden Rückflüsse.

2 Charakteristika

Prinzipal-Agenten-Beziehungen liegen folgende Annahmen zugrunde:

- Der Nutzen des Prinzipals ist eine positive Funktion des Ertrags aus dem Arbeitseinsatz des Agenten. Der Ertrag entspricht dabei dem vom Agenten erwirtschafteten Gewinn abzüglich dessen Entlohnung.
- Der Nutzen des Agenten wird positiv durch dessen Entlohnung und negativ durch den hierfür notwendigen Arbeitseinsatz determiniert.
- Die Befugnis zur Vertragsausgestaltung obliegt dem Prinzipal; der Agent entscheidet über die Vertragsannahme.
- Alle Vertragsgrößen sind grundsätzlich durch einen unabhängigen Dritten überprüfbar.
- Der Agent ist in der Lage, dem Prinzipal Information über seinen wahren Arbeitseinsatz und damit über den wahren Ertrag vorzuenthalten (Informationsasymmetrie).

Informationsasymmetrien vor Vertragsabschluss beziehen sich auf *Eigenschaften* (hidden characteristics), Informationsasymmetrien nach Vertragsabschluss beziehen sich auf konkrete *Verhaltensweisen* (hidden effort) des Agenten, die dem Prinzipal vorenthalten werden können und für diesen zu relativen Nutzeneinbußen führen können. Bei hidden characteristics kommt es auf der Seite des Agenten zu einer Verhaltensdisposition, die als adverse Selektion bezeichnet wird. Dabei zieht der

Prinzipal mit Vertragsangeboten systematisch Personen an, die angesichts der Informationsasymmetrie einen relativ niedrigen Arbeitseinsatz leisten wollen und damit Nutzeneinbußen für den Prinzipal verursachen. Hidden effort führt zur Verhaltensdisposition des moral hazard. Dabei weicht der Agent zu Lasten des Prinzipals nach Vertragsabschluss vom vereinbarten Arbeitseinsatz ab. Die Summe der individuellen Nutzeneinbußen in einer Prinzipal-Agenten-Beziehung bezogen auf eine Transaktion ohne die beschriebenen Marktunvollkommenheiten wird als agency costs bezeichnet.

3 Erklärungsgehalt im Kontext der Abschlussprüfung

Der agencytheoretische Ansatz kann als → *Prüfungstheorie* zur Rechtfertigung und Erklärung von Abschlussprüfungen herangezogen werden. Dabei trägt der Abschlussprüfer zunächst als unabhängige dritte Partei zum Abbau der Informationsasymmetrie zwischen Prinzipal und Agent bei. Alternativ kann das Beziehungsgeflecht zwischen Prinzipal und Agent jedoch explizit um einen weiteren Transaktionspartner »Abschlussprüfer« ergänzt werden, der ebenfalls Informationsasymmetrien aufbauen kann und/oder diesen unterliegt.

3.1 Erklärung der Nachfrage nach Abschlussprüfungen

Eine typische Prinzipal-Agenten-Konstellation ergibt sich bei Eigentümern oder Anteilseignern eines Unternehmens (Prinzipale), die die Unternehmensführung an ein Management wie z. B. den → *Vorstand* einer → *AG* (Agent) übertragen. Der Abschluss eines Unternehmens stellt in diesem Kontext eine Möglichkeit der indirekten Berichterstattung an Anteilseigner über den Arbeitseinsatz des Managements dar. Sowohl die Anteilseigner als auch das Management können den Verhaltensdispositionen moral hazard und adverse selection entgegen wirken, indem sie einen unabhängigen und sachkundigen Dritten (→ *Abschlussprüfer*) mit der Prüfung der publizierten Informationen hinsichtlich deren Normenkonformität beauftragen, da diesbezügliche Normen den Spielraum der Berichterstattung einschränken und damit die Wahrscheinlichkeit einer realitätsnahen Ertragsdarstellung erhöhen. Entsprechende Prüfungsleistungen stellen aus Sicht des Managements Maßnahmen zum → *Signalling* und aus Sicht der Anteilseigner Maßnahmen zum → *monitoring* dar.

3.2 Der Abschlussprüfer als Prinzipal

Ebenso wie dem Eigentümer ist auch dem Abschlussprüfer zu Beginn der Prüfungshandlungen die Normenkonformität der vorgelegten Informationen unbekannt. Diese Informationsasymmetrie wird zwar im Prüfungsverlauf verringert, aber nicht vollständig abgebaut. Der Abschlussprüfer kann gegenüber dem Management folglich auch als Prinzipal betrachtet werden.

3.3 Der Abschlussprüfer als Agent

In dem unter 3.1 dargestellten Bezugsrahmen hat auch der Abschlussprüfer grundsätzlich die Möglichkeit zu hidden characteristics und hidden effort, d.h., auch er kann gegenüber dem Management und dem Aufsichtsgremium, das ihn mit der Abschlussprüfung beauftragt hat (bei AG: der → *Aufsichtsrat* als Repräsentant u.a. der Eigentümer), seinen tatsächlichen Arbeitseinsatz verbergen. Dies ist umso mehr von Bedeutung, als der Abschlussprüfer sein Handeln nicht nur an → *Prüfungsnormen*, insbes. → *ethischen Prüfungsnormen*, sondern auch an ökonomischen Zielen auszurichten hat. Der WP als Anbieter von Prüfungsleistungen im o.g. Sinne kann folglich auch als Agent gegenüber den Eigentümern betrachtet werden. D.h., dass auch seitens eines Abschlussprüfers grundsätzlich moral hazard in Form einer Abweichung von relevanten Normen auftreten kann. Folglich ist erneut eine unabhängige dritte Institution notwendig, der das monitoring des Abschlussprüfers obliegt (→ *Qualitätskontrolle, externe*).

Literatur: *Antle, R.,* in: Journal of Accounting Research 1982, S. 503–527; *Ewert, R./ Stefani, U.,* Wirtschaftsprüfung, in: Jost, P.-J. (Hrsg.), Die Prinzipal-Agenten-Theorie in der Betriebswirtschaftslehre, 2001, S. 147–182; *Jensen, M.C./Meckling, W.H.,* in: Journal of Financial Economics 1976, S. 305–360.

Aggregation der Einzelurteile zu einem Gesamturteil → Urteilsbildungsprozess

Agreed-upon procedures

Bei den agreed-upon procedures handelt es sich um zwischen dem Mandanten und dem → *WP* freiwillig vereinbarte prüfungsnahe Handlungen. Diese stellen neben den → *compilations* verwandte Dienstleistungen (related services) im Rahmen der internationalen Prüfungsnormen dar (vgl. Structure of Pronouncements → *IAASB*). Im Unterschied zu den Prüfungsdienstleistungen (→ *Prüfungsdienstleistungen, freiwillige;* → *Prüfungsdienstleistungen, gesetzliche*) werden agreed-upon procedures ohne → *Prüfungssicherheit* erbracht. Bspw. stellt eine Vereinbarung zur Einholung von Saldenbestätigungen anhand einer vom Unternehmen angefertigten Liste wichtiger Lieferanten (ISRS 4400.appendix 2) eine agreed-upon procedure dar. Hierbei wird vom WP lediglich über die vorgefundene Tatsache berichtet (factural finding). Die Schlussfolgerungen sind durch den Empfänger zu ziehen.

Aktiengesellschaft

Bei der AG handelt es sich um eine → *Kapitalgesellschaft* mit eigener Rechtspersönlichkeit (juristische Person), deren Recht im → *AktG* geregelt ist. Der Mindestnennbetrag des in einzelne Anteilsscheine (Aktien) zerlegten Grundkapitals beträgt 50.000 €. Der Anteil am Grundkapital beträgt sowohl für Stück- als auch Nennbetragsaktien mindestens ein Euro. Für Verbindlichkeiten der Gesellschaft haftet nach § 1 Abs. 1 Satz 2 AktG nur das Gesellschaftsvermögen. Die Organe der AG sind → *Vorstand*, → *Aufsichtsrat* und Hauptversammlung. Dem Vorstand obliegt die eigenverantwortliche Leitung der Gesellschaft. Er wird durch den Aufsichtsrat bestellt, überwacht und ggf. abberufen. Über die Verwendung des Bilanzgewinns beschließt die Hauptversammlung. Der → *Abschlussprüfer* wird durch die Hauptversammlung gewählt. Die Erteilung des → *Prüfungsauftrags* nach § 111 Abs. 2 Satz 3 AktG erfolgt dagegen durch den Aufsichtsrat. Die AG unterliegt, sofern sie nicht als klein i. S. d. § 267 Abs. 1 HGB gilt, der → *Prüfungspflicht* (§ 316 Abs. 1 Satz 1 HGB).

Aktiengesetz

Das Aktiengesetz (AktG) vom 6.9.1965, ergänzt durch das Einführungsgesetz zum AktG vom 6.9.1965, zuletzt geändert durch das Gesetz vom 22.9.2005, gliedert sich in vier Bücher. Das erste Buch beinhaltet Vorschriften für die → *AG*, insbesondere zur Gründung, zu den Rechtsverhältnissen zwischen der AG und ihren Aktionären, zur Verfassung, zur Rechnungslegung und Gewinnverwendung, zu Satzungsänderungen sowie zur Auflösung der Gesellschaft (§§ 1–277). Im zweiten Buch sind ergänzend zum ersten Buch Vorschriften enthalten, die sich auf die → *KGaA* beziehen (§§ 278–290). Das dritte Buch enthält Regelungen zur Behandlung von verbundenen Unternehmen, insbesondere zu Unternehmensverträgen, zur Leitungsmacht und Verantwortlichkeit bei Abhängigkeit (§§ 291–328). Weiterhin enthielt das dritte Buch Vorschriften zur Rechnungslegung im Konzern, die zwischenzeitlich aufgehoben wurden (§§ 329–393). Die Sonder-, Straf- und Bußgeldvorschriften umfasst das vierte Buch (§§ 394–410).

Aktionär

Der Begriff Aktionär (shareholder) bezeichnet den Anteilseigner einer → *AG*. Die Beteiligung des Anteilseigners an der Gesellschaft wird durch Aktien (shares) verkörpert, die von ihm gehalten werden und seinen Anteilsbesitz am Grundkapital der Gesellschaft darstellen. Der Aktionär hat sowohl Rechte als auch Pflichten. Zu den Rechten, die von der gehaltenen Aktienart und -anzahl abhängig sind, gehören üblicherweise das Stimmrecht in der Hauptversammlung, das Recht auf Dividende und Liquidationserlös oder Bezugsrechte bei Kapitalerhöhungen. Die Hauptpflicht des Aktionärs ist die Erbringung der Einlage als Bar- oder Sacheinlage. Daneben kann die Gesellschaft dem Aktionär auch Nebenpflichten auferlegen (siehe hierzu § 55 AktG). Der Einfluss des Aktionärs auf die Gesellschaft richtet sich nach der relativen Größe seiner Beteiligung. Aktionäre können natürliche und juristische Personen sowie vermögensfähige Personengemeinschaften (wie z. B. die → *OHG*) sein.

Aktive Rechnungsabgrenzung → Rechnungsabgrenzungsposten, Prüfung

Allowed alternative treatment

Die IFRS geben zur Bilanzierung vereinzelt eine bevorzugte Methode (→ *Benchmark treatment*) sowie eine alternativ zulässige Methode (allowed alternative treatment) vor. Da beide Behandlungsweisen ohne Einschränkungen zulässig sind, handelt es sich um ein echtes Wahlrecht (IASB Preface.12), wobei bei Anwendung des allowed alternative treatments Angaben in den notes zur Überleitung auf das Ergebnis unter Anwendung des benchmark treatments zu tätigen sind. Infolge einer grundlegenden Überarbeitung im Rahmen des Improvements Projects, die u. a. die Eliminierung von Wahlrechten vorsah (IASB Preface.13), ist lediglich IAS 23.10–29 als allowed alternative treatment in den IFRS verblieben. Das →*IASB* hat im November 2003 zudem beschlossen, künftig auf eine Unterscheidung zwischen benchmark treatment und allowed alternative treatment zu verzichten.

Alpha-Fehler

Da vom Prüfer nur eine hinreichende Urteilssicherheit (→ *Prüfungssicherheit*, →*Zielgrößen im Prüfungsprozess*) verlangt wird, besteht die Gefahr von Fehlurteilen. Diese können in zweierlei Richtung gehen. Zum einen kann ein Prüffeld irrtümlich abgelehnt und zum anderen irrtümlich angenommen werden. Ein Alpha-Fehler oder Fehler erster Art liegt vor, wenn eine Hypothese zutrifft, diese aber dennoch verworfen wird. Es handelt sich demnach um die Wahrscheinlichkeit, ein normenkonformes Prüffeld abzulehnen. Die Höhe des Alpha-Fehlers determiniert die → *Prüfungsqualität*. Je niedriger der vorgegebene Alpha-Fehler, umso größer ist der notwendige Stichprobenumfang. Ein Alpha-Fehler wird üblicherweise vom Mandanten beanstandet, führt deshalb zu weiteren Prüfungshandlungen und wird durch diese Ausdehnung des Prüfungsumfangs vermutlich entdeckt. Er betrifft damit eher die Effizienz der Prüfung. Bei gegebenem Stichprobenumfang (→ *Stichprobe*) lässt sich der Alpha-Fehler nur bei gleichzeitiger Erhöhung des → *Beta-Fehlers* reduzieren.

Alternativ zulässige Methode → Allowed alternative treatment

Alternative Prüfungshandlungen → Prüfungshandlungen

American Accounting Association

Die American Accounting Association (AAA; http://aaahq.org) ist eine private Organisation von Hochschullehrern aus dem Bereich »Accounting« sowie von wissenschaftlich interessierten Praktikern, die 1916 als American Association of University Instructors in Auditing gegründet worden ist. Seit 1936 trägt sie den heutigen Namen. Die Organisation richtet sich an Personen, die an der Ausbildung und der Forschung auf dem Gebiet des Rechnungswesens interessiert sind. Eine Mitgliedschaft ist freiwillig. Die Arbeit des AAA wird derzeit in 15 verschiedenen sections (sog. Forschungsgruppen) unterteilt, in die sich die Mitglieder einbringen und gegenseitig austauschen können. Dem executive committee obliegt die Leitung der AAA. Die Veröffentlichung von Fachzeitschriften durch die AAA (u.a. The Accounting Review) und durch mehrere sections soll der Verbreitung von Forschungsergebnissen dienen, Fragen der Lehre behandeln sowie Theorie und Praxis verbinden.

American Institute of Certified Public Accountants

Das American Institute of Certified Public Accountants (AICPA; http://www.aicpa.org) ist die nationale Dachorganisation des US-amerikanischen accountancy-Berufsstandes. Die Mitgliedschaft ist freiwillig. Wichtigstes Organ mit Leitungsbefugnis ist der Rat (council). Die Facharbeit kann an senior committees, boards und devisions delegiert werden. Dem permanent eingerichteten →*ASB* obliegt die Herausgabe von Prüfungsnormen für nicht bei der →*SEC* registrierte Unternehmen. Als Aufgaben des AICPA sind die Regelung des Berufszuganges, die ständige Weiterentwicklung der Ausbildung des Berufsstandes, die Interessenvertretung der →*CPA* sowie die Förderung der Beziehungen zu →*accountants* in anderen Ländern zu nennen. Die Kompetenz zur Entwicklung von Normen für die Prüfung SEC-registrierter Unternehmen hat das AICPA durch den SOA verloren. Hierfür ist das neu eingerichtete PCAOB zuständig. Die Aufgaben des AICPA ähneln denen des →*IDW*.

Analytical risk → Risiko aus analytischen Prüfungshandlungen

Analytische Prüfungen

1 Prüfungsnormen

IDW PS 312, ISA 520.

2 Definition

Mit der →*Systemprüfung* und den →*aussagebezogenen Prüfungshandlungen* sind zwei grundsätzliche Prüfungshandlungen zur Erlangung von →*Prüfungsnachweisen* voneinander zu unterscheiden. Letztere dienen dem Prüfer dazu, sich eine hinreichende →*Prüfungssicherheit* darüber zu verschaffen, ob die →*Abschlussaussagen* den in den Rechnungslegungsnormen festgelegten Anforderungen entsprechen. Abschlussaussagen stellen in der Rechnungslegung enthaltene Erklärungen und Einschätzungen der gesetzlichen Vertreter des zu prüfenden Unternehmens dar und beziehen sich auf das *Vorhandensein*, die *Zuordnung*, den *Eintritt*, die *Vollständigkeit*, *Bewertung* sowie *Darstellung und Berichterstattung* in der Rechnungslegung der Gesellschaft (IDW PS 300.7, ISA 500.17). Aussagebezogene Prüfungshandlungen können in →*Einzelfallprüfungen*, d. h. der Prüfung von einzelnen Geschäftsvorfällen und Beständen, und analytische Prüfungen unterteilt werden.

Analytische Prüfungen, mitunter auch als Plausibilitätsbeurteilungen bezeichnet, untersuchen aggregierte Größen. Sie beinhalten lediglich eine pauschale Prüfung von Gesamtheiten von Geschäftsvorfällen oder Bestandsgrößen und nicht die Prüfung einzelner Geschäftsvorfälle oder Bestandselemente. Dementsprechend lassen sich mit Hilfe von analytischen Prüfungen auch keine Aussagen über Einzelsachverhalte treffen. Sie dienen vielmehr dazu, die Konsistenz und die wirtschaftliche Plausibilität einer Gesamtheit von Geschäftsvorfällen oder Bestandsgrößen zu beurteilen, indem versucht wird, auffällige Abweichungen der im Jahresabschluss ausgewiesenen Beträge von erwarteten Größen oder ungewöhnliche Veränderungen dieser Beträge im Zeitablauf festzustellen (IDW PS 312.5, ISA 520.3).

Analytische Prüfungen zählen zu den →*indirekten Prüfungen*. Während bei →*direkten Prüfungen* unmittelbare Vergleiche zwischen den Aufzeichnungen der Buchführung und den Belegen vorgenommen werden, sind indirekte Prüfungsmethoden dadurch gekennzeichnet, dass aus bekannten oder erwarteten Zusammenhängen zwischen dem Prüfungsobjekt und einem *Ersatztatbestand* Rückschlüsse auf den normgerechten Zustand des Prüfungsgegenstands gezogen werden. Dabei kann der Abschlussprüfer sowohl auf Zusammenhänge zwischen einzelnen Jahresabschlusspositionen untereinander als auch auf Zusammenhänge zwischen Jahresabschlusspositionen und wichtigen betrieblichen Daten zurückgreifen, wie etwa die Beziehung zwischen der Zahl der Beschäftigten und der Höhe der Lohnaufwendungen eines Geschäftsjahres (IDW PS 312.8, ISA 520.5). Somit wird lediglich überprüft, ob der ausgewiesene Betrag des Prüfungsobjektes in Anbetracht der Höhe des Ersatztatbestandes plausibel ist. Diese Vorgehensweise setzt die Existenz von sachlogischen Beziehungen zwischen dem Prüfungsgegenstand und dem Ersatztatbestand voraus. Dabei kann der Abschlussprüfer solange vom Vorliegen eines derartigen Zusammenhanges ausgehen, bis ihm etwas Gegenteiliges bekannt geworden ist. Bestätigt sich ein erwarteter Zusammenhang im zu prüfenden Sachverhalt, kann dies als ein Prüfungsnachweis für die Vollständigkeit, Genauigkeit und Richtigkeit der Daten des Rechnungswesens herangezogen werden (IDW PS 312.6).

3 Einsatzmöglichkeiten im Rahmen des Prüfungsprozesses

Analytische Prüfungen sind vom Abschlussprüfer in allen Phasen der Jahresabschlussprüfung anzuwenden (IDW PS 312.16). Im Rahmen der → *Prüfungsplanung* dienen sie der Festlegung von → *Prüfungsschwerpunkten*, da sie kritische Prüfungsgebiete identifizieren können. Darüber hinaus können sie auch zur allgemeinen Risikobeurteilung herangezogen werden, indem sie dem Abschlussprüfer eine Beurteilung der Geschäftstätigkeit und des wirtschaftlichen Umfeldes des Mandanten ermöglichen. Dadurch wird die Planung der Art, des Umfangs und des zeitlichen Ablaufs weiterer Prüfungshandlungen unterstützt (IDW PS 312.19, ISA 520.8).

Im Rahmen der Prüfungsdurchführung dienen analytische Prüfungen der Erlangung verlässlicher Prüfungsnachweise. Somit kann der Prüfer neben Detailprüfungen von Geschäftsvorfällen und Beständen auch analytische Prüfungen oder eine Kombination aus beiden einsetzen. Welche Prüfungsmethode bzw. Kombination von Prüfungsmethoden zur Herleitung eines hinreichend sicheren → *Prüfungsurteils* zum Einsatz kommt, liegt in der eigenverantwortlichen Beurteilung des Abschlussprüfers (IDW PS 312.20). Durch die Feststellung ungewöhnlicher oder unerwarteter Beträge machen analytische Prüfungen den Abschlussprüfer auf mögliche Falschdarstellungen aufmerksam und ermöglichen dadurch einen zielgerichteten Einsatz von Detailprüfungen. Falls keine Anzeichen für Mängel entdeckt werden, können sie das Vertrauen des Prüfers in die Normenkonformität des Prüfungsgegenstands stärken, und die Anwendung weiterer Einzelfallprüfungen kann anschließend eingeschränkt oder vollständig ausgelassen werden (IDW PS 312.11).

Im Rahmen der abschließenden Gesamtdurchsicht dienen analytische Prüfungen dazu, die während der Prüfung gewonnenen Erkenntnisse mit dem Gesamteindruck, den die aggregierten Größen des Jahresabschlusses vermitteln, zu vergleichen. Somit unterstützen analytische Prüfungen den Abschlussprüfer bei der Beurteilung der Angemessenheit der Prüfungshandlungen sowie der Stichhaltigkeit der Einzelurteile und des Gesamturteils über den Jahresabschluss (→ *Urteilsbildungsprozess*), indem sie entweder bestätigende Beweise dafür liefern, dass der geprüfte Jahresabschluss keine wesentlichen → *Fehler* enthält, oder einen Bedarf an zusätzlichen Prüfungshandlungen signalisieren.

4 Ablaufmodell des Urteilsbildungsprozesses bei analytischen Prüfungen

Abbildung 1 zeigt die Ablaufstruktur von analytischen Prüfungen. Diese beginnen mit der Entwicklung von Erwartungswerten für die zu prüfende Jahresabschlussposition. Hierzu muss der Abschlussprüfer sein Wissen über den Mandanten und die Branche, in der der Mandant tätig ist, abrufen und auswerten. Parallel zur Entwicklung von Erwartungen legt der Prüfer auch materiality-Bandbreiten (→ *Materiality*) fest, die benötigt werden, um akzeptable Abweichungen von erwarteten Werten festzustellen.

Anschließend vergleicht der Abschlussprüfer die tatsächlichen Jahresabschlusswerte mit den für diese Prüffelder entwickelten Erwartungen. Wurden keine bedeutsamen Abweichungen festgestellt, könnte der Prüfer entscheiden, dass die analytischen Prüfungen eine ausreichende Beweisgrundlage darstellen, so dass das Prüffeld als normenkonform angenommen wird. Allerdings ist hier zu beachten, dass bei wesentlichen Posten das Prüfungsurteil nicht ausschließlich auf den Ergebnissen analytischer Prüfungen basieren darf. Das Ergebnis der analytischen Prüfungen könnte aber auch zur Reduzierung weiterer Prüfungshandlungen in dem entsprechenden Prüffeld herangezogen werden. Schließlich könnte sich der Prüfer auch dafür entscheiden, das geplante → *Prüfungsprogramm* nicht zu ändern, da es sich z.B. bereits um einen »Minimalplan« handelt, so dass der Prüfer zu einer weiteren Verringerung des Prüfungsumfangs nicht bereit ist, oder da der Prüfer ein mangelndes Vertrauen in das Ergebnis der analytischen Prüfung aufbringt.

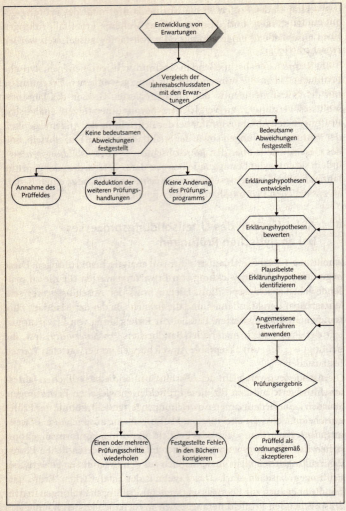

Abb. 1: Ablaufmodell des Urteilsbildungsprozesses bei analytischen Prüfungen

Stellt der Prüfer dagegen eine bedeutsame Abweichung fest, kann damit ein fehlerhaftes Prüffeld signalisiert werden. Der Prüfer muss dann eine Erklärungshypothese für diese Abweichung entwickeln. Dabei kann zwischen Nicht-Fehler-Hypothesen, etwa zufällige Schwankungen, eine Änderung des Geschäftsfeldes oder ungewöhnliche Transaktionen und Ereignisse des Mandanten, und Fehler-Hypothesen, wie etwa eine fehlerhafte Kalkulation bei der Vorratsbewertung oder der fehlerhaften Abgrenzung von Forderungen und Verbindlichkeiten zum Geschäftsjahresende, differenziert werden.

Nach der Entwicklung der Erklärungshypothesen muss der Abschlussprüfer jede einzelne darauf überprüfen, ob sie für die Abweichung verantwortlich sein kann. Im Anschluss an die Bewertung der Erklärungshypothesen nutzt der Abschlussprüfer sein Wissen über den Mandanten, um aus den verbliebenen Erklärungshypothesen die plausibelsten herauszufiltern. Bezüglich dieser Erklärungshypothesen plant der Prüfer dann andere, i. d. R. einzelfallbezogene Prüfungshandlungen, die wesentliche Beweise für die Abweichungsursache liefern sollen.

Abschließend wertet der Abschlussprüfer die Ergebnisse aus und entscheidet, ob zusätzliche analytische oder andere Prüfungshandlungen wegen nicht schlüssiger Ergebnisse vorzunehmen sind, ob ein wesentlicher Fehler identifiziert wurde, so dass entsprechende Korrekturen im Jahresabschluss vorzunehmen sind, oder ob eine Ursache vorliegt, die keinen Fehler darstellt.

5 Verfahren

Die Effektivität und Effizienz von analytischen Prüfungen hängt entscheidend davon ab, welchen Wert der Prüfer für eine Jahresabschlussposition oder eine auf Jahresabschlussdaten basierende Kennzahl *erwartet* (vgl. Schritt 1) und anschließend mit den zu prüfenden Daten *vergleicht* (vgl. Schritt 2). Zur Bildung dieses sog. Erwartungswertes stehen dem Prüfer unterschiedliche Arten von Informationen zur Verfügung. In Abhängigkeit von den herangezogenen Informationen lassen sich zwei grundsätzliche Verfahren analytischer Prüfungen unterscheiden. Zum einen kann der Erwartungswert aus den *Jahresabschlussdaten des Vorjahres bzw. der Vorjahre* entwickelt werden und zum anderen können *sonstige Daten* herangezogen werden.

5.1 Entwicklung des Erwartungswertes aus vergangenen Jahresabschlüssen

Bei der Entwicklung des Erwartungswertes auf Grundlage vergangener Jahresabschlüsse kann zwischen folgenden Verfahren unterschieden werden:

- *Einfacher Vorjahresvergleich.* Bei dem in der Prüfungspraxis häufig eingesetzten Vorjahresvergleich wird eine bestimmte Jahresabschlussposition des zu prüfenden Geschäftsjahres dem entsprechenden Wert des Vorjahres gegenübergestellt und auf signifikante Abweichungen hin untersucht. Stößt der Prüfer dabei auf eine Position, die im Vergleich zum Vorjahr erheblich gestiegen bzw. gesunken ist und liegen keine Einflüsse aus der Unternehmensumwelt vor, die diese Abweichung erklären könnten, so erhält der Prüfer einen ersten Hinweis auf einen potenziellen Fehler in der entsprechenden Jahresabschlussposition.
- *Kennzahlenanalyse.* Die Kennzahlenanalyse (→ *Kennzahlen*) stellt Verhältniszahlen aufeinander folgender Geschäftsjahre gegenüber und untersucht auf diese Weise, ob bestimmte Beziehungen zwischen den Jahresabschlusszahlen des geprüften Unternehmens über die Zeit stabil bleiben. Abweichungen könnten ein Anzeichen für Fehler sein. Der Einsatz von Kennzahlenanalysen ist optimal, wenn die zu prüfende Größe nur durch eine andere Größe determiniert wird und das Verhältnis zwischen beiden Größen konstant ist. Solche monokausalen und zugleich linearen Zusammenhänge liegen aber im Bereich des Jahresabschlusses selten vor, so dass Kennzahlenanalysen i.d.R. eine relativ geringe Beweiskraft für die Normenkonformität eines Prüffeldes haben und keine tief greifende Analyse der zu beurteilenden Größen erlauben. Ihre Bedeutung liegt vor allem in der Identifizierung von Prüfungsschwerpunkten.
- *Trendanalyse.* Bei der Anwendung von → *Trendanalysen* werden im Gegensatz zu den beiden vorangegangenen Verfahren nicht nur die Daten der beiden letzten Geschäftsjahre herangezogen. Vielmehr berücksichtigt der Prüfer hier eine Vielzahl von vorangegangen Perioden, um einen Erwartungswert zu ermitteln. Somit ist er in der Lage, festzustellen, ob bestimmte Jahresabschlussdaten aufgrund der Entwicklung der entsprechenden Beträge im Zeitablauf plausibel erscheinen. Durch die Extrapolation dieser Entwicklung in die Zukunft ermittelt er einen Erwartungswert für die aktuelle Jahresabschlussgröße, der als Vergleichsmaßstab für den zu prüfenden Betrag dient.
- *Regressionsanalyse.* Die → *Regressionsanalyse* spezifiziert einen funktionalen Zusammenhang zwischen einer abhängigen und einer oder

mehreren unabhängigen Variablen. Auf der Grundlage von Beobachtungswerten wird die stochastische Abhängigkeit zwischen Jahresabschlussgrößen durch eine Regressionsfunktion approximiert, mit deren Hilfe die zu prüfende Jahresabschlussgröße in Abhängigkeit von den Ausprägungen der berücksichtigten Einflussfaktoren prognostiziert werden kann.

5.2 Entwicklung des Erwartungswertes aus sonstigen Daten

Bei diesen Verfahren analytischer Prüfungen können die Erwartungswerte aus drei unterschiedlichen Quellen generiert werden: Branchenwerte, Planzahlen oder betriebliche Daten des Mandanten.

Bei Branchenwerten kommen zwei alternative Vergleichswerte in Betracht. Bei der ersten Alternative vergleicht der Prüfer die Jahresabschlussdaten mit einfachen Branchendurchschnittswerten. Bei der zweiten Alternative werden die Jahresabschlussdaten nicht einem weit gestreuten Durchschnittswert gegenübergestellt, sondern mit den Daten eines einzelnen, dem zu prüfenden Unternehmen in Größe und Struktur möglichst ähnlichen Unternehmens (sog. benchmark-Unternehmen; →*Benchmarking*). Weichen einzelne Jahresabschlusspositionen oder Kennzahlen des zu prüfenden Unternehmens signifikant von den Branchendurchschnittswerten oder vom benchmark-Unternehmen ab, so könnte dies auf einen potenziellen Fehler hindeuten, der vom Prüfer weiter zu eruieren ist.

Planzahlen stellen Erwartungen des Mandanten für die unterschiedlichen Perioden dar. Wesentliche Abweichungen zwischen Plan- und tatsächlichen, ausgewiesenen Werten können Hinweise auf potenzielle Fehler liefern. Liegen hingegen keine wesentlichen Abweichungen vor, so kann dies auf eine geringe Fehlerwahrscheinlichkeit hindeuten.

Bei betrieblichen Daten zieht der Prüfer Daten aus dem internen Rechnungswesen des Mandanten heran, die nicht in den Jahresabschluss einfließen. Aufgrund von funktionalen sowie anderen allgemeinen oder stochastischen Zusammenhängen zwischen betrieblichen und Jahresabschlussdaten eignet sich diese Vorgehensweise zur Bildung eines Erwartungswertes häufig besser als die separate Betrachtung von Jahresabschlussdaten. *Engin Kayadelen*

Literatur: *Biggs, S./Mock, T./Quick, R.*, in: Die Wirtschaftsprüfung 2000, S. 169–178; *Biggs, S./Mock, T./Watkins, P.*, Analytical Review Procedures and Processes in Auditing, 1989; *Gärtner, M.*, Analytische Prüfungshandlungen im Rahmen der Jahresabschlussprüfung, 1994.

Analytische Prüfungshandlungen → Analytische Prüfungen

Änderung des Jahresabschlusses

1 Normen

a) Deutsche Normen: § 4 Abs. 2 EStG, R 15 EStR, §§ 153, 172–177 AO, 316 Abs. 3 HGB, IDW RS HFA 6; b) Internationale Normen: IAS 8.41–53.

2 Definitionen

Unter den Oberbegriff »Änderung des Jahresabschlusses« fallen mehrere, im Schrifttum zum Teil unterschiedlich bezeichnete Vorgänge. Zunächst ist grundsätzlich zu unterscheiden zwischen einer Änderung mit dem Ziel, → *Fehler* zu korrigieren (= Berichtigung), und einer Änderung, die ohne das Vorliegen von Fehlern erfolgen soll (= Änderung i. e. S.). Während bei der Berichtigung ein falscher Wert durch einen richtigen im Sinne der angewandten Rechnungslegungsnormen ersetzt wird, geht es bei der Änderung darum, einen zulässigen Wert durch einen anderen zulässigen Wert zu ersetzen.

3 Handelsrechtlicher Jahresabschluss

3.1 Berichtigung des Jahresabschlusses

Ein deutscher Jahresabschluss ist uneingeschränkt berichtigungsfähig und -pflichtig. Strittig ist, ob es bei einem HGB-Jahresabschluss bei weniger gravierenden Fehlern ausreicht, die Bilanzberichtigung im auf die Entdeckung des Fehlers folgenden Jahresabschluss vorzunehmen. In jedem Fall ist es bei erheblichen Fehlern unverzichtbar, einen berichtigten Jahresabschluss aufzustellen und offen zu legen. Da ein Fehler nur dann vorliegt, wenn gegen zwingende handelsrechtliche Normen verstoßen wurde, zieht eine Berichtigung des handelsrechtlichen Jahresabschlusses wegen der → *Maßgeblichkeit der HB für die Steuerbilanz* oft (wenn sich der Fehler auf den ertragsteuerlichen Gewinn ausgewirkt hat) auch eine Berichtigung der Steuerbilanz nach sich.

Da eine Berichtigung infolge eines erst später entdeckten Fehlers u. U. zeitlich nach der → *Feststellung des Jahresabschlusses* (Einzelabschluss) bzw. Billigung (Konzernabschluss, Einzelabschluss nach § 325 Abs. 2a

HGB) vorgenommen wird, ist dann auch eine erneute Vornahme dieser Rechtsakte erforderlich. Im Gegensatz zur Steuerbilanz muss sich ein Fehler nicht zwingend auf das Ergebnis ausgewirkt haben (Beispiel: Fehler in der Gliederung von Bilanz oder GuV). Dies hat zur Folge, dass die vorzunehmende Storno- oder Berichtigungsbuchung in Abhängigkeit des zu korrigierenden Fehlers sowohl ergebnisneutral als auch ergebniswirksam sein kann.

3.2 Änderung des Jahresabschlusses

Handelt es sich nicht um die Korrektur eines Fehlers, so spricht man von einer Änderung des Jahresabschlusses (= Änderung i. e. S.). Eine solche Änderung ist bis zur Feststellung bzw. Billigung des Jahresabschlusses jederzeit möglich.

4 Steuerrecht

4.1 Bilanzberichtigung

Das steuerrechtliche Schrifttum verwendet zumeist die Begriffe Bilanzänderung und Bilanzberichtigung. Ob ein Fehler vorliegt, hängt von den Rechnungslegungsnormen ab, nach denen die Steuerbilanz (oder wegen der Maßgeblichkeit für die Steuerbilanz der ihr zugrunde liegende handelsrechtliche Jahresabschluss) aufgestellt wurde. Im Fall der Steuerbilanz können Fehler daher zurückzuführen sein auf

- einen Verstoß gegen die → *GoB*. Diese gelten wegen der Maßgeblichkeit der Handels- für die Steuerbilanz auch im Einkommensteuerrecht (§ 5 Abs. 1 Satz 1 EStG), sofern nicht zwingende steuerliche Normen dies ausschließen;
- einen Verstoß gegen zwingende steuerrechtliche Vorschriften.

Dabei ist zu beachten, dass aus steuerrechtlicher Sicht ein Fehler nur dann vorliegt, wenn gegen zwingende Normen verstoßen wird. Unbeachtlich ist dagegen, wenn die steuerlichen Folgen einer gewählten Vorgehensweise nicht den Erwartungen des Steuerpflichtigen entsprechen. Ungewollte Folgen einer (an sich zulässigen) steuerlichen Sachverhaltsgestaltung rechtfertigen daher keine Bilanzberichtigung. Als Fehler kommen insbesondere falsche bilanzielle Wertansätze (Fehlbewertungen) oder eine falsche oder fehlende Erfassung von Geschäftsvorfällen in der dem Jahresabschluss und damit auch der Steuerbilanz zugrunde liegenden Buchführung in Betracht.

Entdeckt der Steuerpflichtige den Fehler, so ist zu unterscheiden, ob es durch den Fehler zu einer Verkürzung der Steuer gekommen ist oder gekommen sein könnte oder nicht. Bei einer Steuerverkürzung hat der Steuerpflichtige der Finanzverwaltung den Fehler unverzüglich anzuzeigen und »die erforderliche Richtigstellung« vorzunehmen (§ 153 Abs. 1 AO). Kam es durch den Fehler nicht zu einer Steuerverkürzung, so *kann* der Steuerpflichtige die Bilanzberichtigung vornehmen; er ist hierzu aber nicht verpflichtet (§ 4 Abs. 2 Satz 1 EStG). Wird die Bilanzberichtigung vorgenommen, so ist ggf. als Folge der Steuerbescheid zu ändern (§ 177 AO). Ein Bilanzberichtigungsbedarf kann sich auch im Rahmen des Besteuerungsverfahrens, insbesondere als Folge einer steuerlichen Betriebsprüfung ergeben.

Die Bilanzberichtigung ist grundsätzlich ergebniswirksam vorzunehmen. Dies gilt deshalb, weil eine Bilanzberichtigung nur dann zwingend ist (§ 153 Abs. 1 AO), wenn sie eine Steuerverkürzung zur Folge hat. Der Fehler ist grundsätzlich bis zur Quelle, d.h. bis zur ersten fehlerhaften Bilanz zu berichtigen (sog. Rückwärtsberichtigung), es sei denn, eine Bilanz kann nach den Verfahrensvorschriften der AO (§§ 164 Abs. 1, 172–177 AO) nicht mehr geändert werden, weil sie einer bestandskräftigen Veranlagung zugrunde liegt. In diesem Fall wird die Berichtigung in der zeitlich ersten Bilanz vorgenommen, für die das Veranlagungsverfahren noch nicht abgeschlossen ist.

4.2 Bilanzänderung

Eine Änderung der Steuerbilanz, die nicht auf Fehler zurückzuführen ist, ist nach der Einreichung der Steuerbilanz grundsätzlich nicht mehr zulässig. Eine Ausnahme gilt lediglich dann, wenn sie in engem zeitlichen und sachlichen Zusammenhang zu einer Bilanzberichtigung steht (§ 4 Abs. 2 Satz 2 EStG). Der zeitliche Zusammenhang ist gewahrt, wenn der Steuerpflichtige die Änderung unmittelbar im Anschluss an eine Berichtigung vornimmt. Ein sachlicher Zusammenhang liegt vor, wenn der Steuerpflichtige ohne den Bilanzierungsfehler ein Wahlrecht ebenfalls anders ausgeübt hätte. Der Steuerpflichtige hat demnach bestenfalls die Möglichkeit, die Erhöhung der Steuerschuld infolge des Fehlers zu kompensieren.

5 IFRS

5.1 Berichtigung

Die Berichtigung eines IFRS-Abschlusses ist in IAS 8 geregelt; eine Berichtigung kommt dann in Betracht, wenn der Abschluss Fehler enthält. Unter einem Fehler ist nach IAS 8.5 jede Art der fehlerhaften Darstellung im Jahresabschluss zu verstehen, die die Entscheidungen der Abschlussadressaten bei vernünftiger Beurteilung beeinflusst haben könnte. Der Fehler kann damit in jedem Bestandteil eines IFRS-Abschlusses, bspw. auch den notes (→ *Anhang, Prüfung*) oder der Kapitalflussrechnung (→ *Kapitalflussrechnung, Prüfung*) vorliegen und ist ausdrücklich nicht nur auf die Bilanz beschränkt. Als Ursache des oder der Fehler kommen Rechenfehler, Fehler in der Anwendung der IFRS, das Übersehen oder die Falschbeurteilung von Sachverhalten oder Betrug (→ *Fraud, Prüfung*) in Betracht (IAS 8.5).

Die IFRS sehen eine Berichtigung des fehlerhaften Jahresabschlusses selbst nicht vor, d.h., für ein vergangenes Geschäftsjahr wird kein neuer Abschluss aufgestellt und offen gelegt. Der Fehler ist vielmehr in dem Jahresabschluss zu berücksichtigen, der der Entdeckung des Fehlers folgt. Die Erfassung erfolgt grundsätzlich retrospektiv – die Darstellung erfolgt so, als hätte der Fehler nie vorgelegen. Dabei ist zu unterscheiden, ob der Fehler in einer Periode auftrat, für die der aktuelle Jahresabschluss noch Vergleichswerte enthält oder nicht. Betrifft der Fehler eine Periode, für die noch Vergleichsinformationen im aktuellen Jahresabschluss enthalten sind, so sind die Vergleichsinformationen für die Periode anzupassen, der der Fehler zeitlich zuzuordnen ist (IAS 8.42a). Trat der Fehler bereits in einem Geschäftsjahr auf, für das der aktuelle Jahresabschluss keine Vergleichsinformationen mehr enthält, ist der Eröffnungsbilanzwert der retained earnings (→ *Rücklagen, Prüfung*) für die älteste Periode anzupassen, für die der Jahresabschluss noch Vergleichswerte enthält; außerdem sind die Vergleichswerte aller anderen Perioden entsprechend anzupassen (IAS 8.42b). Auf die Anpassung der Vergleichswerte kann verzichtet werden, wenn dies einen unangemessen hohen Aufwand bedeuten würde (IAS 8.43–53). Die Korrektur des Fehlers erfolgt in jedem Fall ergebnisneutral; eine ergebniswirksame Berichtigung ist ausgeschlossen (IAS 8.46). Zusätzlich sind zur Art des Fehlers selbst und zu seinen Auswirkungen ausführliche Angaben in den notes zu tätigen (IAS 8.49).

5.2 Änderung

Die IFRS sehen die Änderung eines bereits veröffentlichten Jahresabschlusses nicht vor. Die Bezeichnung von IAS 8 (Accounting policies, changes in accounting estimates and errors) ist insofern missverständlich, denn die Regelungen zu den accounting policies beziehen sich auf die angewandten Bilanzansatz- und Bewertungsmethoden und betreffen die Beachtung des → *Stetigkeitsprinzips*. Demnach sind angewandte accounting policies grundsätzlich beizubehalten und können nur in Ausnahmefällen geändert werden (IAS 8.13). Werden ausnahmsweise in einem Jahresabschluss accounting policies gegenüber dem Vorjahresabschluss geändert, so ist die Änderung, ähnlich wie bei der Berichtigung, retrospektiv vorzunehmen. Eine Änderung des Jahresabschlusses des Vorjahres selbst ist damit nicht gemeint und von den IFRS auch nicht vorgesehen.

Die Änderung eines IFRS-Jahresabschlusses ist daher nur in den Grenzen denkbar, in denen auch ein Jahresabschluss nach deutschen Normen geändert werden kann.

6 Nachtragsprüfung als Folge der Berichtigung oder Änderung

Jede Änderung oder Berichtigung des handelsrechtlichen Jahresabschlusses löst, sofern dieser einer → *Prüfungspflicht* unterliegt, nach § 316 Abs. 3 HGB eine erneute → *Jahresabschlussprüfung*, die sog. Nachtragsprüfung (→ *Änderung des Jahresabschlusses*) aus, wenn zum Zeitpunkt der Berichtigung oder Änderung die Prüfung bereits abgeschlossen war.

Eine solche Nachtragsprüfung ist auch bei IFRS-Abschlüssen erforderlich, wenn für sie eine Prüfungspflicht besteht. Angesprochen sind ein verpflichtender IFRS-Konzernabschluss nach § 315a Abs. 1, Abs. 2 HGB, ein freiwilliger IFRS-Konzernabschluss nach § 315a Abs. 3 HGB sowie ein freiwilliger IFRS-Einzelabschluss zu Informationszwecken nach § 325 Abs. 2a HGB. Alle zuvor genannten IFRS-Abschlüsse unterliegen dem Erfordernis einer Billigung (§§ 171 Abs. 2, Abs. 4 AktG, 46 Nr. 1a, Nr. 1b GmbHG). Eine Änderung nach der Billigung löst eine Nachtragsprüfung aus.

7 Verantwortlichkeit für die Berichtigung oder Änderung

Vorgenommen wird die Berichtigung oder Änderung von dem auch für die Aufstellung des Jahresabschlusses zuständigen Organ (→ *Vorstand*,

Geschäftsführer, persönlich haftender Gesellschafter, (eingetragener) Einzelkaufmann).

Bei einer steuerrechtlichen Bilanzberichtigung hat der Steuerpflichtige die Berichtigung selbst vorzunehmen, nicht die Finanzverwaltung. Die Finanzverwaltung muss vielmehr, wenn sie die eingereichte Bilanz für fehlerhaft hält, eine eigene Gewinnermittlung durch Betriebsvermögensvergleich mit ggf. berichtigten Werten vornehmen. Die berichtigten Werte kommen aber nur beim Betriebsvermögensvergleich zum Tragen; die eingereichte Bilanz selbst wird durch die Finanzverwaltung nicht berichtigt (R 15 EStR). *Martin Schmidt*

Literatur: *Ellrott, H./Ring, M.*, Exkurs zu § 253 HGB, in: Ellrott, H./Förschle, G./Hoyos, M./Winkeljohann, N. (Hrsg.), Beck'scher Bilanz-Kommentar, 2005, S. 1998–2037; *Heinicke, W.*, § 4 EStG, in: Schmidt, L. (Hrsg.), Einkommensteuergesetz, 2005, S. 145–305; *Simon, P./Göhring, H.*, Bilanzberichtigungen, 2001.

Anerkennung von Wirtschaftsprüfungsgesellschaften →WPG

Anhang, Prüfung

1 Rechnungslegungsnormen

a1) Deutsche Normen in Bezug auf den Einzelabschluss: §§ 242, 264 Abs. 1 u. 2, 268, 284–288, 316 Abs. 1 u. 2, 317 Abs. 1, 325–327 HGB, § 42 Abs. 3 GmbHG, § 160 AktG, IDW RH HFA 1.006; a2) Deutsche Normen in Bezug auf den Konzernabschluss: §§ 290 Abs. 1 u. 2, 291, 292a, 297, 298 Abs. 1 u. 3, 299 Abs. 3, 300 Abs. 2, 301 Abs. 2 u. 3, 302 Abs. 3, 306, 308, 310, 312 Abs. 3 u. 5, 313, 314, 325 Abs. 3 HGB, § 13 Abs. 2 PublG, IDW RH HFA 1.006; b) Internationale Norm: IAS 1.

2 Definition

Der Anhang (notes) bildet zusammen mit der →*Bilanz* und der GuV (→*GuV, Prüfung*) eine Einheit und soll diese beiden Instrumente so ergänzen, dass der →*Jahresabschluss* ein den tatsächlichen Verhältnissen entsprechendes Bild der Vermögens-, Finanz- und Ertragslage der Kapitalgesellschaft vermittelt (fair presentation).

3 Prüfungs- und Aufstellungspflicht

Die Pflicht zur Aufstellung eines Anhangs resultiert für →*Kapitalgesellschaften* aus § 264 Abs. 1 Satz 1 HGB. Sofern Unternehmen dieser Aufstellungspflicht nicht unterliegen, ist dies freiwillig möglich. Die Pflicht zur Aufstellung eines Konzernanhangs richtet sich nach § 290 Abs. 1 u. 2 HGB, § 13 Abs. 2 PublG oder § 291 HGB. Nach internationalen Normen resultiert eine Aufstellungspflicht aus IAS 1.8.

Da der Anhang mit der Bilanz und der GuV den Jahresabschluss bildet, kann die →*Prüfungspflicht* aus § 316 Abs. 1 Satz 1 HGB entnommen werden. Diese Prüfungspflicht gilt jedoch nicht für kleine Kapitalgesellschaften i. S. d. § 267 Abs. 1 HGB. Der Anhang muss als gesonderter Teil des Jahresabschlusses erkennbar sein. Der Konzernanhang ist nach § 316 Abs. 2 HGB ebenfalls prüfungspflichtig.

4 Funktionen

Die Informationsfunktion des Anhangs wird unterteilt. Die Ergänzungsfunktion ist für solche Informationen von Bedeutung, die sich nicht aus den Sachverhalten des Geschäftsjahres ableiten lassen (Pflichtangabe der durchschnittlichen Zahl der während des Geschäftsjahrs beschäftigten Arbeitnehmer getrennt nach Gruppen gem. § 285 Satz 1 Nr. 7 HGB). Als Interpretationshilfe ist der Anhang ebenfalls anzusehen, da er erläuternde und ergänzende Informationen zu Tatbeständen aus der Bilanz und der GuV enthält (Angabe der angewandten Bilanzansatz- und Bewertungsmethoden). Der Anhang beinhaltet Erläuterungen, die die Vergleichbarkeit der Jahresabschlüsse stärken und Fehlinterpretationen vermeiden sollen (Korrekturfunktion). Damit sind u. a. die Angaben über geänderte Bilanzansatz- und Bewertungsmethoden, deren Begründung sowie deren Einfluss auf die Vermögens-, Finanz- und Ertragslage des Unternehmens gemeint. Als letzte Aufgabe ist die Entlastungsfunktion zu nennen. In den Anhang werden detaillierte Informationen zu verschiedenen Bilanz- sowie GuV-Positionen ausgelagert, um die Klarheit und Übersichtlichkeit zu gewährleisten.

5 Prüfungsziele

Der Prüfer hat sich zu vergewissern, ob die im Anhang getroffenen →*Abschlussaussagen* des Unternehmens mit den relevanten Rechnungslegungsnormen übereinstimmen. Als *Soll-Vorgaben* für die Ableitung von Abschlussaussagen sind gem. ISA 500.17c *Aussagen über*

Darstellung und Offenlegung (assertions about presentation and disclosure) heranzuziehen. In diese Kategorie fallen die Aussagen Eintritt und Zuordnung, Vollständigkeit, Klassifizierung und Verständlichkeit sowie Genauigkeit und Bewertung.

Die Aussage *Eintritt und Zuordnung* zielt auf die Richtigkeit der Angaben ab. Hier gilt es zu überprüfen, ob die angegebenen Geschäftsvorfälle oder Ereignisse in dem zu prüfenden Geschäftsjahr eingetreten und die ausgewiesenen Vermögenswerte und Schulden aufgrund rechtlicher und wirtschaftlicher Verhältnisse dem Unternehmen zuzuordnen sind.

Als nächste Aussage sollte die *Vollständigkeit* der verpflichtenden und freiwillig gemachten Anhangangaben überprüft werden. Hierbei ist stets der Grundsatz der Wesentlichkeit (→ *Materiality*) einzubeziehen. Größenabhängige Erleichterungen für KMU (→ *KMU, Prüfung*) nach § 267 Abs. 1 bzw. Abs. 2 in Bezug auf die Pflichtangaben sind in § 288 HGB geregelt. Der Prüfer hat zu untersuchen, ob eventuell in Anspruch genommene größenabhängige Erleichterungen rechtmäßig sind. Schwierigkeiten bei der Überprüfung der Vollständigkeit resultieren insbesondere daraus, dass sich viele berichtspflichtige Sachverhalte nicht aus der Buchführung ableiten lassen und auch sonst selten dokumentiert sind, so dass die Gefahr von (un-)beabsichtigten → *Fehlern* im Anhang groß ist.

Die Aussage *Klassifizierung und Übersichtlichkeit* ist auf die Gliederung des Anhangs anzuwenden. Da die handelsrechtlichen Bestimmungen keine bestimmte Form des Anhangs vorgeschrieben haben, ist insbesondere auch der Grundsatz der Darstellungsstetigkeit in die Prüfung einzubeziehen (§ 265 Abs. 1 HGB). Für IFRS-Abschlüsse sieht IAS 1.105 vor, dass der Anhang zu Beginn eine Erklärung über die Übereinstimmung mit den IFRS und eine Zusammenfassung der wesentlichen Bilanzansatz- und Bewertungsmethoden umfassen sollte. Anschließend sollten detaillierte Ausführungen zu den einzelnen Posten der Bilanz und der GuV in postennummerischer Abfolge vorgenommen werden. Abschließend sollten Angaben zu Eventualschulden und nicht bilanzierten vertraglichen Verpflichtungen sowie nicht finanzielle Aspekte, wie z.B. die Risikomanagementziele und -methoden des Unternehmens, getätigt werden.

Der Aussage *Genauigkeit und Bewertung* zufolge sollten die Anhangangaben ordentlich (»fairly«) und zu angemessenen Beträgen ausgewiesen werden. Bspw. sollte bei einem Vermögenswert oder einer Schuld der Wert angesetzt werden, der nach den Rechnungslegungsnormen zulässig ist. So ist etwa nach § 255 Abs. 2 u. 3 HGB bei der Ermittlung der

Herstellungskosten ein Teilkostenansatz zulässig, während nach IAS 2 die produktionsbezogenen Vollkosten anzusetzen sind.

6 Prüfungsplanung

In der Praxis legt der Mandant sehr häufig einen ersten Entwurf des Anhangs erst gegen Ende der →*Jahresabschlussprüfung* vor. Der Prüfer hat im Rahmen seiner →*Prüfungsplanung* dafür Sorge zu tragen, dass wenigstens eine Vorabinformation der beabsichtigten Einzelangaben durch den Mandanten zur Verfügung gestellt wird, damit die Qualität und die Intensität der Prüfung nicht beeinträchtigt wird.

7 Prüfung der Anhangangaben

Nach HGB enthält der Anhang sowohl Pflicht- als auch Wahlpflichtangaben. Pflichtangaben können nur im Anhang aufgenommen werden. Bei Wahlpflichtangaben handelt es sich um Sachverhalte, die ebenfalls verpflichtend anzugeben sind. Dies kann jedoch wahlweise in der Bilanz bzw. GuV oder im Anhang geschehen (§ 284 Abs. 1 HGB). Neben diesen gesetzlich vorgeschriebenen Angaben dürfen freiwillige Zusatzangaben aufgenommen werden, sofern die Klarheit und Übersichtlichkeit des Anhangs nicht eingeschränkt wird. Als Maßstab ist die Generalnorm des § 264 Abs. 2 Satz 1 HGB bzw. § 297 Abs. 2 HGB heranzuziehen. Vorschriften zum Konzernanhang sind den spezifischen Vorgaben zum →*Konzernabschluss* (§§ 313 f. HGB) sowie den Angabe- und Erläuterungspflichten in den Vorschriften zum Konzernabschluss (§§ 290–312 HGB) zu entnehmen. Gem. § 298 Abs. 1 HGB stehen insbesondere einzelabschlussspezifische Angaben im Zusammenhang mit der Gliederung und Bewertung im Vordergrund.

Pflicht- und Wahlpflichtangaben sind lückenlos zu prüfen. Bei freiwilligen Angaben ist eine stichprobenartige Prüfung angemessen, sofern die Klarheit und Übersichtlichkeit des Anhangs nicht beeinträchtigt worden ist.

Die Regelungen der →*IFRS* kennen eine derartige Unterteilung nicht. Nach IAS 1.103 hat der Anhang aktuelle Informationen über die Grundlagen der Aufstellung des Jahresabschlusses und die besonderen Ansatz- und Bewertungsmethoden zu umfassen. Darüber hinaus sind die nach den IFRS erforderlichen Informationen zu veröffentlichen, die nicht bereits in der Bilanz, GuV, Eigenkapitalveränderungsrechnung (→*Eigenkapitalveränderungsrechnung, Prüfung*) oder Kapitalflussrechnung (→*Kapitalflussrechnung, Prüfung*) ausgewiesen sind, sowie zusätzliche Informationen, die zum Verständnis derselbigen relevant sind. Als relevant gelten gem. IAS 1.110 insbesondere Angaben über spezifische Bilanzansatz- und Bewertungsmethoden, die dem Adressaten zu verstehen helfen, auf welche Art und Weise Geschäftsvorfälle und sonstige Ereignisse in der dargestellten Vermögens-, Finanz und Ertragslage wiedergegeben werden. Die Angabe ist besonders dann relevant, wenn die Methoden aus den in den Standards und Interpretationen zugelassenen Alternativen ausgewählt wurden. Anzugeben sind nach IAS 1.113 ebenfalls die bei der Anwendung der Bilanzansatz- und Bewertungsmethoden ausgenutzten Ermessensspielräume des Managements, die die Beträge im Abschluss am wesentlichsten beeinflussen. Weiterhin hat das Unternehmen die wichtigsten zukunftsbezogenen Annahmen sowie die sonstigen wesentlichen Quellen von Schätzunsicherheiten offen zu legen, durch die ein beträchtliches Risiko entstehen kann (IAS 1.116).

Die Prüfung der Pflichtangaben sollte bereits in die Prüfung der inhaltlich zugehörigen →*Prüffelder* der Bilanz und GuV eingebunden werden, indem die für die Prüfung des Anhangs notwendigen Prüfungshandlungen gleichzeitig durchgeführt werden (→*Abschlusspostenorientierte Prüfung*, →*Tätigkeitskreisorientierte Prüfung*). So können mögliche berichtspflichtige Angaben früh erkannt und beurteilt werden. Doppelte Informationsbeschaffungsaktivitäten lassen sich auf diese Weise vermeiden. Durch die Erkenntnisse aus der Prüfung der einzelnen korrespondierenden Prüffelder kann der Prüfer bereits beurteilen, ob Inhalt und Form der Angaben geeignet sind, den Grundsätzen der Klarheit und Übersichtlichkeit zu entsprechen.

Die Pflichtangaben können sowohl Aufgliederungen, Erläuterungen, Darstellungen oder Begründungen darstellen. Der Prüfer hat für jede Angabe zu prüfen, ob die vom Mandanten gewählte Ansicht geeignet ist, einem sachverständigen Dritten den geforderten Einblick in die tatsächlichen Verhältnisse des Unternehmens zu ermöglichen.

Pflichtangaben sind in jedem Jahr erneut anzuführen, auch wenn es keine Änderung diesbezüglich gegeben hat, d.h., ein Verweis auf die Anhangangaben im Vorjahr ist nicht zulässig.

Im Rahmen der Erstellung eines Anhangs nach den Vorschriften des HGB dürfen nur freiwillige Angaben über Sachverhalte gemacht werden, die in einem sachlichen Zusammenhang zum Jahresabschluss und dem zu prüfenden Geschäftsjahr stehen. Ansonsten würde das zu vermittelnde Bild der Vermögens-, Finanz- und Ertragslage nicht zutreffend dargestellt werden. Daraus lässt sich folgern, dass die freiwillig getätigten Angaben den Pflichtangaben gleichgestellt sind, d.h., sie müssen den gleichen Anforderungen genügen.

Der Umfang der Prüfungshandlungen bestimmt sich durch die Menge der zusätzlichen Angaben und den bereits bei den anderen Angaben durchgeführten Tätigkeiten.

Der Prüfer hat in seinen → *Arbeitspapieren* die freiwilligen Angaben und die diesbezüglichen Prüfungsergebnisse aufzunehmen. Für die Prüfung der Darstellungsstetigkeit können diese Aufzeichnungen im Folgejahr herangezogen werden.

Die Prüfung der Angaben zu Einzelposten der Bilanz und der GuV umfasst Prüfungshandlungen zur Feststellung des Mindestinhalts der Angaben, Prüfungen der rechnerischen Richtigkeit von quantitativen Angaben sowie Bewertungsprüfungen. Der Mindestinhalt der Angaben wird durch das Gesetz bestimmt. Es gilt hier zu klären, ob eine bloße Nennung ausreichend ist oder ob eine Aufgliederung, zusätzliche Erläuterungen oder Begründungen notwendig sind. Mit Hilfe rechnerischer Prüfungen wird die Richtigkeit der quantitativen Angaben untersucht. Bei verbalen Ausführungen ist die Plausibilität zu überprüfen. Wird die Anwendung von Bewertungsvorschriften bei bestimmten Angaben vorausgesetzt, so sind diese nachzuvollziehen.

Bevor die Bilanzansatz- und Bewertungsmethoden der Prüfung unterzogen werden, hat sich der Prüfer nach Abschluss der Prüfungen für die Einzelposten einen Überblick über sämtliche zur Anwendung gekommenen Methoden zu verschaffen. Eventuelle Änderungen zum Vorjahr sind ebenfalls zu analysieren.

Der Prüfer hat sich zu vergewissern, dass die angewandten Bilanzansatz- und Bewertungsmethoden vollständig und verständlich dargestellt sind und dass die Erläuterungen ein den tatsächlichen Verhältnissen entsprechendes Bild der Vermögens-, Finanz- und Ertragslage vermitteln. Des Weiteren ist sicherzustellen, dass sich ein Leser auf Grundlage dieser Angaben eine zutreffende eigene Meinung über die verwendeten Grundsätze bilden kann.

Zusätzlich muss sich der Prüfer darüber Gewissheit verschaffen, dass eventuelle Abweichungen zulässig waren sowie entsprechend angegeben und ausreichend begründet worden sind. Ferner sind die Ausführungen über den Einfluss der Abweichungen auf die Vermögens-, Finanz- und Ertragslage zu analysieren. Es ist zu klären, ob verbale Ausführungen ausreichend sind oder quantitative Angaben bei wesentlichen Abweichungen geboten sind.

Als zentrale → *Prüfungstechnik* kommen i.d.R. standardisierte Anweisungen, sog. → *Checklisten*, zum Einsatz, welche die Durchführung strukturieren, Zeit ersparen und das Risiko, etwas zu übersehen, minimieren.

Silke Adam/Engin Kayadelen

Literatur: *Farr, W.-M./Keitz, I.v.*, Checkliste für die Aufstellung und Prüfung des Anhangs nach IFRS (Notes), 2005; *IDW* (Hrsg.), WP-Handbuch 2000, Band I, 2000, R 519–532; *Kupsch, P.*, Der Anhang, in: Wysocki, K.v./Schulze-Osterloh, J./Hennrichs, J./Kuhner, C. (Hrsg.), Handbuch des Jahresabschlusses, 2005, Abt. IV/4.

Anlagespiegel, Prüfung

1 Normen

1.1 Rechnungslegungsnormen

a1) Deutsche Normen in Bezug auf den Einzelabschluss: §§ 268 Abs. 2 Satz 1, 274a Nr. 1, 340a, 341a HGB, § 5 Abs. 1 PublG; a2) Deutsche Normen in Bezug auf den Konzernabschluss: Nach § 298 Abs. 1 HGB sind die Regelungen zum Einzelabschluss im Konzernabschluss entsprechend anzuwenden; b) Internationale Normen: IAS 16.73–79, 38.118.

1.2 Prüfungsnormen

a) Deutsche Normen: IDW PS 260, 300; b) Internationale Normen: ISA 400, 500, ISRE 2400.appendix 2.51–60.

2 Aufbau des Anlagespiegels

Der Anlagespiegel, auch als Anlagengitter bezeichnet, wird in Tabellenform aufgestellt und sieht sowohl eine *horizontale* als auch eine *vertikale Gliederung* vor.

Die *horizontale Gliederung* ergibt sich aus § 268 Abs. 2 HGB. Demgemäß sind ausgehend von den gesamten → *Anschaffungs*- oder → *Herstellungskosten* die Zugänge, Abgänge, Umbuchungen und Zuschreibungen des Geschäftsjahres sowie die kumulierten → *Abschreibungen* darzustellen. Darüber hinaus sind die Buchwerte zum Ende des Vorjahres und zum Ende des Geschäftsjahres anzugeben. Gemäß IFRS hat der Anlagespiegel die Bruttobuchwerte und kumulierten Abschreibungen zu Beginn und zum Ende des Geschäftsjahres sowie eine Überleitungsrechnung des Buchwertes von Beginn bis zum Ende des Geschäftsjahres zu enthalten (IAS 16.73).

Die *vertikale Gliederung* richtet sich nach dem Bilanzgliederungsschema gem. § 266 Abs. 2 A. I.–III. HGB. Somit ist die Entwicklung der einzelnen Posten des → *Anlagevermögens* nach dem oben beschriebenen horizontalen Gliederungsschema aufzuschlüsseln. Neben den Posten des Anlagevermögens ist die Entwicklung des Postens Aufwendungen für die Ingangsetzung und Erweiterung des Geschäftsbetriebs (→ *Aufwendungen für die Ingangsetzung und Erweiterung des Geschäftsbetriebs, Prüfung*) gesondert darzustellen. Gem. IAS 16.73 sind für jede Gruppe der Sachanlagen die Angaben im Rahmen der obigen horizontalen Gliederung erforderlich. Die vertikale Mindestgliederung ergibt sich dabei aus IAS 1.68.

3 Prüferisches Vorgehen

Die Prüfung des Anlagespiegels erfolgt grundsätzlich im Rahmen der Prüfung des Anlagevermögens. Ausgangspunkt der Prüfung ist zunächst die Identifikation vorhandener →*inhärenter Risiken*. Faktoren, die bei der Prüfung des Anlagespiegels zur Beurteilung der inhärenten Risiken herangezogen werden können, sind bspw. der Umfang bestehender Bewertungsspielräume, die Komplexität zugrunde liegender Berechnungen sowie Zusammensetzung und Größe der einzelnen Posten des Anlagevermögens. Um eine Einschätzung der →*Kontrollrisiken* vornehmen zu können, muss sich der Prüfer vom Vorhandensein und der Wirksamkeit des →*IKS* überzeugen (IDW PS 260, 301.7, ISA 400). Im Rahmen der Prüfung des Anlagespiegels ist hier insbesondere die Überprüfung der ordnungsmäßigen Führung der Anlagenkartei und deren regelmäßiger Abstimmung mit den Konten der Finanzbuchhaltung von Bedeutung. Ferner ist zu untersuchen, inwieweit ein Genehmigungsverfahren für Anlagenzugänge und -abgänge existiert. Ebenso ist die →*Funktionstrennung* im Hinblick auf bearbeitende, verwaltende und buchhalterische Arbeitsbereiche zu überprüfen. Weiterhin hat der Prüfer unter Berücksichtigung der inhärenten und der Kontrollrisiken die Beurteilung des →*Entdeckungsrisikos* vorzunehmen. Hierauf aufbauend sind die zur Erlangung der geforderten →*Prüfungssicherheit* notwendigen →*Prüfungshandlungen* zu bestimmen. Hierbei sind insbesondere auch die Wesentlichkeitsgrenzen (→*Materiality*) zu berücksichtigen. Die im Folgenden aufgezeigten Prüfungshandlungen für den Anlagespiegel des Einzelabschlusses sind für den Konzernanlagespiegel grundsätzlich entsprechend anzuwenden.

a. In der ersten Spalte des Anlagespiegels sind die gesamten *historischen Anschaffungs- oder Herstellungskosten* der Vermögensposten auszuweisen, die zum Beginn des Geschäftsjahres aktiviert sind. Ebenso sind vorhandene Aufwendungen für die Ingangsetzung und Erweiterung des Geschäftsbetriebs aufzuführen. Die Prüfung der historischen Anschaffungs- und Herstellungskosten beschränkt sich i.d.R. auf die rechnerische Abstimmung mit den Vorjahreswerten, d. h., es ist zu prüfen, ob sich die Beträge der historischen Anschaffungs- oder Herstellungskosten des Geschäftsjahres aus denen des Vorjahres ermitteln lassen. Die historischen Anschaffungs- oder Herstellungskosten des Geschäftsjahres ermitteln sich aus den historischen Anschaffungs- oder Herstellungskosten des Vorjahres zuzüglich der Zugänge des Vorjahres, abzüglich der Abgänge des Vorjahres und unter Berücksichtigung der Umbuchungen des Vorjahres. Gem. IAS 16.73d hat der Anlagespiegel die Bruttobuchwerte (*gross carrying amounts*) zu Beginn und zum Ende des Geschäftsjahres auszuweisen.

b. Unter *Zugängen* sind sämtliche im Geschäftsjahr erfolgten mengenmäßigen Erhöhungen des Bestands des Anlagevermögens zu verstehen. Ein Zugang wird in dem Geschäftsjahr ausgewiesen, in dem das Anlagevermögen tatsächlich die Ausweitung erfahren hat. Entscheidendes Kriterium für den Zugangszeitpunkt ist somit die wirtschaftliche Verfügungsgewalt. Ebenfalls als Zugang zu erfassen sind nachträgliche Anschaffungs- oder Herstellungskosten früherer Zugänge. Sämtliche Zugänge sind mit ihren gesamten Anschaffungs- oder Herstellungskosten auszuweisen. Die Zugänge und deren Anschaffungs- oder Herstellungskosten sollten unter Berücksichtigung der jeweiligen Geschäftstätigkeit auf ihre Plausibilität hin untersucht werden. Eine solche Plausibilitätsprüfung (→ *Analytische Prüfungen*) kann erfolgen, indem man die Anschaffungs- oder Herstellungskosten der Zugänge mit denen des Vorjahres vergleicht. Ferner lässt sich die Plausibilität der Zugänge und deren Anschaffungs- oder Herstellungskosten überprüfen, indem die entsprechenden Anschaffungs- oder Herstellungskosten in Relation zum Buchwert oder zu den historischen Anschaffungs- oder Herstellungskosten des gesamten Anlagevermögens gesetzt werden. Auch die Relation der Anschaffungs- oder Herstellungskosten der Zugänge zu den im Geschäftsjahr vorgenommenen Abschreibungen dient der Beurteilung der Plausibilität. Hierbei lässt sich insbesondere feststellen, ob die im Geschäftsjahr getätigten Investitionen den Werteverzehr überkompensieren. Im Rahmen der Prüfung des *Vorhandenseins* ist zu prüfen, ob der Anlagenzugang genehmigt wurde und auch tatsächlich erfolgt ist. Die wesentlichen Zugänge sind hierbei anhand von Unterlagen, wie Kaufverträgen, Rechnungen, Lieferscheinen sowie Wareneingangsmeldungen, zu überprüfen. Bei Grundstückszugängen erfolgt eine Prüfung anhand der Grundbuchauszüge und der Kaufverträge. Bei immateriellen Vermögensposten (→ *Immaterielle Vermögensposten*,

Prüfung) sind durch Einsicht in Konzessions- und Lizenzverträge sowie Patenturkunden die Eigentumsrechte an den immateriellen Vermögensposten zu prüfen. Hinsichtlich des richtigen *Ausweises* ist zu prüfen, ob alle als Zugang des Anlagevermögens erfassten Anlagegegenstände tatsächlich dazu bestimmt sind, dauernd dem Geschäftsbetrieb zu dienen (§ 247 Abs. 2 HGB), und ob sie jeweils der korrekten Anlagenklasse zugeordnet wurden. Dies erfolgt bei den wesentlichen Zugängen durch Einsichtnahme in die entsprechenden Unterlagen, wie Kaufverträge, Abnahmeprotokolle oder Investitionsanträge. Liegt ein Zugang geringwertiger Wirtschaftsgüter vor, so ist zu prüfen, ob diese auch als Zugänge im Anlagespiegel erfasst wurden. Weiterhin ist festzustellen, ob sie im Geschäftsjahr voll abgeschrieben wurden. Im Rahmen der Prüfung der korrekten (Perioden-)*Abgrenzung* ist zu prüfen, ob der Zugangszeitpunkt im betrachteten Geschäftsjahr liegt. Bei der Prüfung der *Bewertung* der Zugänge ist festzustellen, ob die Rechnungslegungsnormen zu den Anschaffungs- oder Herstellungskosten berücksichtigt wurden. Hierzu sind die unternehmensinternen Bilanzierungsrichtlinien für das Anlagevermögen auf Konformität mit handelsrechtlichen Regelungen zu prüfen. Weiterhin ist die richtige Umsetzung der Bilanzierungsrichtlinien sicherzustellen. Ferner ist bei den Anschaffungskosten der Zugänge zu prüfen, ob sämtliche Anschaffungsnebenkosten sowie Anschaffungspreisminderungen ordnungsgemäß berücksichtigt wurden. Bei den Herstellungskosten ist sicherzustellen, dass neben den aktivierungspflichtigen Einzelkosten nur die gem. § 255 Abs. 2 HGB zulässigen Gemeinkosten aktiviert wurden. Die korrekte Bewertung ist bei den wesentlichen Zugängen wiederum durch Einsichtnahme in die entsprechenden Unterlagen, wie z. B. die Eingangsrechnungen, zu prüfen. Nach IAS 16.73e ist neben den Zugängen (*additions*) zusätzlich die Angabe von Erwerben durch Unternehmenszusammenschlüsse (*acquisitions through business combinations*) erforderlich. Aufgrund der Möglichkeit, bei der Folgebewertung gem. IAS 16.31–42 eine Neubewertung auf den fair value (→ *Fair values, Prüfung*) durchzuführen, sind im Anlagespiegel nach IFRS ferner Erhöhungen oder Verminderungen aufgrund von Neubewertungen anzugeben.

c. Unter den *Abgängen* sind sämtliche im Geschäftsjahr erfolgten mengenmäßigen Verminderungen des Bestands des Anlagevermögens zu erfassen. Abgänge können in Form von Verkäufen, Verschrottungen, Entnahmen oder Untergängen von Vermögensgegenständen, aber auch durch Ablauf zeitlich befristeter Konzessionen oder Lizenzen erfolgen. Ein Abgang wird in dem Geschäftsjahr ausgewiesen, in dem der Vermögensgegenstand bzw. Vermögenswert tatsächlich ausscheidet. Maßgebender Zeitpunkt für den Abgang ist das wirtschaftliche Ausscheiden aus dem Betriebsprozess bzw. der Übergang der Verfügungsgewalt auf den Käufer. Aufgrund des Bruttoprinzips sind die Abgänge mit ihren gesamten Anschaffungs- oder Herstellungskosten auszuweisen. Hier ist zu prüfen, ob der Anlagenabgang genehmigt und die Buchhaltung von dem Abgang in Kenntnis gesetzt wurde. Die wesentlichen Abgänge sind hierbei anhand von Unterlagen, wie Ausgangsrechnungen, Verschrottungsbelegen oder Unterlagen über die Beendigung von Konzessionen oder Lizenzen, zu prüfen. Ferner ist zu überprüfen, ob alle Anlagenabgänge im Anlagespiegel auch tatsächlich als solche erfasst wurden. Auch ist sicherzustellen, dass der Abgangszeitpunkt im betrachteten Geschäftsjahr liegt. Es ist zu prüfen, ob die Abgänge tatsächlich mit ihren Anschaffungs- oder Herstellungskosten erfasst wurden. Außerdem muss geprüft werden, ob die Abgänge auch bei den historischen Anschaffungs- oder Herstellungskosten sowie bei den kumulierten Abschreibungen korrekt erfasst wurden. Abgänge (*disposals*) sind nach IFRS ebenfalls Bestandteil des Anlagespiegels. Gem. IAS 16.73e sind ferner Vermögensposten gesondert anzugeben sind, die einer disposal group zugeordnet sind, die als held for sale klassifiziert ist.

d. Bei den *Umbuchungen* handelt es sich um Umgliederungen zwischen verschiedenen Bilanzpositionen innerhalb des Anlagevermögens, aber auch zwischen Anlage- und →*Umlaufvermögen*. Sie stellen weder Mengen- noch Wertänderungen dar. Die Umbuchungen betreffen ausschließlich das jeweilige Geschäftsjahr und müssen mit den gesamten historischen Anschaffungs- oder Herstellungskosten ausgewiesen werden (Bruttoprinzip). Im Rahmen der Prüfung der Umbuchungen ist festzustellen, ob bei den vorgenommenen Umbuchungen des Anlagevermögens die Zuordnung zu den korrekten Anlageposten erfolgt ist. Nach IFRS sind die Regelungen zum Ansatz der Sachanlagen in IAS 16.7–14 zu beachten. Bei der Zuordnung von Grundstücken und Gebäuden, die vorrangig als Kapitalanlage gehalten werden (investment properties), ist sicherzustellen, dass diese gem. IAS 40.5–7 nicht in den Sachanlagen, sondern im Rahmen der Finanzanlagen (→*Finanzinstrumente, Prüfung*) als *long-term investment* ausgewiesen werden. Bei Umbuchungen von Anlagen im Bau auf fertige Sachanlagen ist zu prüfen, ob die Umbuchungen zeitgerecht vorgenommen wurden. Relevanter Zeitpunkt ist die Fertigstellung des Anlagegegenstandes, d.h. die Herstellung der Betriebsbereitschaft. Weiterhin ist zu prüfen, ob bei vorgenommenen Umbuchungen auch die Umbuchung der historischen Anschaffungs-

oder Herstellungskosten sowie die kumulierten Abschreibungen berücksichtigt wurden.

e. Unter den *Zuschreibungen* (→ *Wertaufholung*) werden Wert erhöhende Korrekturen bereits bilanzierter Anlagegegenstände ausgewiesen. I. d. R. handelt es sich hier um Korrekturen zuvor vorgenommener außerplanmäßiger Abschreibungen. Gem. § 280 Abs. 1 HGB besteht ein Zuschreibungsgebot für → *Kapitalgesellschaften*, soweit die Gründe für eine zuvor vorgenommene außerplanmäßige Abschreibung entfallen. Für Nicht-Kapitalgesellschaften besteht gem. § 253 Abs. 5 HGB ein Zuschreibungswahlrecht. Bei der Prüfung der Zuschreibungen ist zunächst zu prüfen, ob tatsächlich alle vorgenommenen Zuschreibungen im Anlagespiegel ausgewiesen werden. Außerdem ist zu prüfen, ob bei allen Anlagegegenständen, bei denen eine Zuschreibungspflicht besteht, entsprechende Zuschreibungen tatsächlich vorgenommen wurden. Die vorgenommenen Zuschreibungen sind auf Zulässigkeit hinsichtlich Art und Höhe zu prüfen. Hinsichtlich der zulässigen Höhe der Zuschreibungen ist zu berücksichtigen, dass die ursprünglichen Anschaffungs- oder Herstellungskosten abzüglich der fortgeführten planmäßigen Abschreibungen die Obergrenze darstellen. Gem. IAS 16.73e hat der Anlagespiegel Angaben über Verminderungen des Buchwertes aufgrund von *impairment losses* zu enthalten. Nach Durchführung einer außerplanmäßigen Wertminderung ist gem. IAS 36.110 zu jedem Bilanzstichtag eine Überprüfung dahingehend vorzunehmen, ob der Wertverlust immer noch besteht. Soweit sich hieraus das Erfordernis von Wertaufholungen aufgrund der Aufholung von Wertminderungsverlusten nach IAS 36 ergibt, sind diese gem. IAS 16.73e ebenfalls im Anlagespiegel aufzuführen.

f. Unter den *Abschreibungen* wird der Werteverzehr eines Vermögensgegenstandes erfasst. Die planmäßige Abschreibung wird nur auf Anlagegegenstände mit zeitlich begrenzter Nutzung vorgenommen (§ 253 Abs. 2 Satz 1 HGB) und dient der Verteilung der Anschaffungs- bzw. Herstellungskosten auf die Nutzungsdauer. Die außerplanmäßige Abschreibung (§ 253 Abs. 2 Satz 3 HGB) berücksichtigt außerordentliche Ereignisse oder Wertminderungen bspw. infolge technischer, marktmäßiger, wirtschaftlicher oder gesetzlicher Veränderungen. Die im Anlagespiegel ausgewiesenen *kumulierten Abschreibungen* erfassen alle in den Vorjahren und im betrachteten Geschäftsjahr vorgenommenen Abschreibungen auf jene Anlagegüter, die zum Ende des Geschäftsjahres noch aktiviert sind. Sie beinhalten sowohl planmäßige als auch außerplanmäßige Wertminderungen. Die kumulierten Abschreibungen des betrachteten Geschäftsjahres ergeben sich aus den kumulierten Abschreibungen des Vorjahres abzüglich der Zuschreibungen des Vorjahres zuzüglich der Abschreibungen des Geschäftsjahres abzüglich kumulierter Abschreibungen, die auf Anlageabgänge entfallen. Bei der Prüfung der planmäßigen Wertminderungen ist insbesondere auf das Vorliegen eines Abschreibungsplans zu achten. Ausgangspunkt der Prüfung der Abschreibungen ist die Anlagenkartei sowie die i.d.R. vorhandene Abschreibungsliste. Die Richtigkeit der Abschreibungsgrundlage ist jeweils nur im Zugangsjahr oder bei Veränderungen der Abschreibungsgrundlage bspw. durch Werterhöhungen aufgrund einer Erweiterung des Anlagegegenstandes, durch Zuschreibungen oder durch außerplanmäßige Wertminderungen zu prüfen. Ebenfalls auf ihre Angemessenheit hin zu überprüfen ist die Abschreibungsdauer. Bei den vorgenommenen außerplanmäßigen Wertminderungen sind die Gründe sowie die Angemessenheit zu beurteilen. Nach IAS 16.73d sind zum einen die kumulierten Abschreibungen (*accumulated depreciations*) zu Beginn und zum Ende des Geschäftsjahres aufzuführen. Zum anderen sind im Rahmen der Überleitungsrechnung der Buchwerte vom Beginn bis zum Ende des Geschäftsjahres die Abschreibungen des Geschäftsjahres anzugeben (IAS 16.73e).

g. Die *Restbuchwerte* zum Ende des Geschäftsjahres ergeben sich aus der Queraddition der vorgenannten Spalten des Anlagespiegels. Sie ergeben sich somit aus den historischen Anschaffungs- oder Herstellungskosten zuzüglich der Zugänge und Zuschreibungen, abzüglich der Abgänge und kumulierten Abschreibungen und unter Berücksichtigung der Umbuchungen. Neben der Angabe der Restbuchwerte zum Ende des Geschäftsjahres ergibt sich aus § 265 Abs. 2 Satz 1 HGB die Pflicht zur Angabe der Restbuchwerte zum Ende des Vorjahres. Im Rahmen der Prüfung der Restbuchwerte ist zum einen deren materielle Richtigkeit zu prüfen. Darüber hinaus hat die Sicherstellung der rechnerischen Richtigkeit des Anlagespiegels zu erfolgen, um zum Ausweis der korrekten Restbuchwerte zu gelangen.

Der Anlagespiegel nach IFRS verfügt über weitere Bestandteile. Entsprechende Regelungen hierzu finden sich in IAS 16.73e.

Achim Wittich

Literatur: *Niemann, W./Peusquens, H./Wohlgemuth, M.*, Sachanlagen, in: Pelka, J./Niemann, W. (Gesamtverantwortung), Beck'sches Steuerberater-Handbuch 2004/2005, 2004, S. 227–262; *Penné, G./Schwed, F./Janßen, S.*, Bilanzprüfung, 2000, S. 39–43; *Schäfer, B.*, Anlagespiegel, in: Ballwieser, W./Coenenberg, A.G./Wysocki, K.v. (Hrsg.), Handwörterbuch der Rechnungslegung und Prüfung, 2002, Sp. 69–77.

Anlagevermögen

→ *Vermögensgegenstände* gehören zum Anlagevermögen, wenn sie dazu »bestimmt sind, dauernd dem Geschäftsbetrieb zu dienen« (§ 247 Abs. 2 HGB). Nach diesem Kriterium der wirtschaftlichen Zweckbestimmung liegt kein Anlagevermögen vor, wenn Vermögensgegenstände zur Weiterverarbeitung oder zum Verkauf bestimmt sind (→ *Umlaufvermögen*). Im Zweifel ist auf den Willen des Kaufmanns abzustellen. Die Verweildauer im Unternehmen besitzt nur für Finanzanlagen eine entscheidende Bedeutung.

In der Bilanz wird das Anlagevermögen gem. § 266 Abs. 2 A. HGB in immaterielle Vermögensgegenstände (→ *Immaterielle Vermögensposten, Prüfung*), Sachanlagen (→ *Sachanlagen, Prüfung*) sowie Finanzanlagen (→ *Finanzinstrumente, Prüfung*) gegliedert. Der korrespondierende IFRS-Begriff lautet → *non-current assets*.

Annahmestichprobe

Mit der Annahmestichprobe, die mitunter auch als Annahmetest oder Annahmeprüfung bezeichnet wird, wird die Struktur der Ausprägungen der Elemente der Grundgesamtheit anhand einer Stichprobe untersucht. Das Urteil des Prüfers über die Grundgesamtheit soll auf diese Weise formalisiert werden. I. d. R. werden zwei Hypothesen über den Fehleranteil in der Grundgesamtheit formuliert (sog. *Null-* und *Gegenhypothese*; → *Testverfahren*), um anschließend zu überprüfen, welche der beiden Hypothesen aufgrund des Ergebnisses einer → *Stichprobe* angenommen bzw. verworfen werden kann. Ist eine Höchstfehlerzahl für die Grundgesamtheit vorgegeben, so kann unter Berücksichtigung eines festgelegten Sicherheits- und Genauigkeitsgrads diejenige Anzahl der fehlerhaften Elemente der Stichprobe berechnet werden, die die Annahme der Grundgesamtheit gestattet. Die Höchstfehleranzahl wird auch Annahmezahl genannt. Spezialfälle der Annahmestichprobe sind die → *Entdeckungsstichprobe* und der → *Sequentialtest*.

Annual report → Jahresabschluss

Anschaffungskosten

1 Rechnungslegungsnormen

§ 255 Abs. 1 HGB, IAS 2.10–20, 16.16 f., 23.11 f., 38.

2 Definition

Anschaffungskosten sind Aufwendungen, die geleistet werden, um einen → *Vermögensgegenstand* zu erwerben und ihn in einen betriebsbereiten Zustand zu versetzen, soweit sie dem Vermögensgegenstand einzeln zugeordnet werden können (§ 255 Abs. 1 HGB). Unter »Erwerb« ist die Erlangung der wirtschaftlichen Verfügungsgewalt über den Vermögensgegenstand zu verstehen. Einzelzurechenbarkeit von Aufwendungen ist dann gegeben, wenn sie Einzelkostencharakter haben. Die Anschaffungskosten stellen den originären Wertmaßstab für alle von einem Dritten erworbenen Vermögensgegenstände dar, die vom Unternehmen nicht weiter bearbeitet wurden (z. B. Sachanlagevermögen oder Roh-, Hilfs- und Betriebsstoffe). Durch die Bewertung von Vermögensgegenständen zu Anschaffungskosten wird ihr Zugang erfolgsneutral erfasst. Die Anschaffungskosten bilden nach handelsrechtlichen Bestimmungen die Wertobergrenze für den Wertansatz in der → *Bilanz* (→ *Anschaffungskostenprinzip*).

Während § 255 Abs. 1 HGB den Begriffsinhalt der Anschaffungskosten rechtsformunabhängig und für alle Vermögensgegenstände verbindlich normiert, gibt es im Rahmen der → *IFRS* keinen übergeordneten Standard. Vielmehr finden sich entsprechende Bestimmungen in den IFRS, die zu einzelnen Aktivposten erlassen wurden. Dies sind vor allem IAS 2, 16 und 38.

3 Bestandteile der Anschaffungskosten

Komponenten der Anschaffungskosten nach HGB sind:

```
  Anschaffungspreis (Kaufpreis, Rechnungsbetrag ohne Umsatzsteuer)
+ Anschaffungsnebenkosten (z. B. Transportkosten)
+ nachträgliche Anschaffungskosten
− Anschaffungspreisminderungen (z. B. Skonti, Rabatte)
= Anschaffungskosten
```

In den *Anschaffungspreis*, der sich i.d.R. aus der Eingangsrechnung ergibt, geht der Nettopreis ein, sofern der Erwerber zum Vorsteuerabzug berechtigt ist.

Anschaffungsnebenkosten entstehen dem Erwerber anlässlich des Erwerbs (z.B. Provisionen) sowie der Versetzung des Vermögensgegenstandes in einen betriebsbereiten Zustand (z.B. Transport- oder Fundamentierungskosten). Die Nebenkosten können externer (z.B. bei Anlieferung des erworbenen Gegenstandes) oder interner (z.B. Montagearbeiten durch unternehmensinterne Mitarbeiter) Natur sein. Bei den internen Nebenkosten werden aus Vereinfachungs- und Objektivierungsgründen nur solche Aufwendungen zu den Anschaffungskosten gezählt, die dem erworbenen Gegenstand einzeln zugeordnet werden können.

Bei den *nachträglichen Anschaffungskosten* handelt es sich um Aufwendungen, die einen bereits angeschafften Vermögensgegenstand betreffen. Dabei kann es sich zum einen um nachträgliche Aufwendungen handeln, sofern sie auf dem Erwerb durch Dritte beruhen und den Vermögensgegenstand erweitern (z.B. ein zusätzliches Stockwerk eines Bürogebäudes) oder ihn über seinen ursprünglichen Zustand hinaus wesentlich verbessern. Zum anderen kann eine nachträgliche Anschaffungspreiserhöhung (z.B. im Zuge einer Nachkalkulation) vorliegen.

Im Zuge der *Anschaffungspreisminderungen* sind nicht nur Minderungen des Anschaffungspreises, sondern auch der Anschaffungsnebenkosten und der nachträglichen Anschaffungskosten abzusetzen. Dabei kann es sich um Nachlässe in Form von Skonti, Boni oder Rabatte oder um nicht rückzahlbare Zuwendungen Dritter (z.B. Investitionszulagen) handeln. Bei einem gewährten Nachlass in Form eines Bonus (Umsatzrabatt am Jahresende) ist speziell darauf zu achten, dass dieser ggf. nur anteilig abzuziehen ist.

Auch nach IFRS zählen zu den Anschaffungskosten der Kaufpreis sowie alle direkt zurechenbaren Kosten, die anfallen, um den Vermögenswert (→*Asset*) an den Standort und in den vom Management beabsichtigten betriebsbereiten Zustand zu bringen (IAS 2.10, 16.16). Direkt zurechenbare Kosten sind z.B. Kosten der Standortvorbereitung oder Montagekosten (IAS 16.17). Im Unterschied zum HGB zählen zu den direkt zurechenbaren Kosten auch geschätzte Kosten für den Abbruch und das Abräumen des Vermögenswertes und die Wiederherstellung des Standortes (IAS 16.16c). Wie nach § 255 Abs. 1 HGB sind alle Rabatte, Boni und Skonti vom Kaufpreis abzuziehen (IAS 2.11, 16.16a). Handelt es sich bei dem Vermögenswert um ein sog. qualified asset i.S. v. IAS 23.4, so können Fremdkapitalkosten, die direkt dem Erwerb zugeordnet werden können und welche die Anforderungen des IAS 23.12 erfüllen, nach dem →*allowed alternative treatment* gem. IAS 23.11 als Teil der Anschaffungskosten aktiviert werden.

Anschaffungskostenprinzip

Bei der Bilanzierung entgeltlich erworbener Vermögensposten werden die →*Anschaffungskosten* als Bewertungsmaßstab herangezogen. Die Anschaffungskosten stellen nach deutschem Recht die Wertobergrenze für alle von Dritten erworbenen Güter dar (§ 253 Abs. 1 Satz 1 HGB). Diese Begrenzung in der Bewertung von Aktiva wird als Anschaffungskostenprinzip bezeichnet. Es ist Ausfluss des Realisationsprinzips, welches wiederum eine Ausprägung des →*Vorsichtsprinzips* darstellt. Das Realisationsprinzip besagt, dass nur realisierte Gewinne in der Bilanz ausgewiesen werden dürfen. Würde bspw. ein Vermögensposten in der Bilanz mit einem höheren Wert als die Anschaffungskosten angesetzt, so könnte dies zu einer Ausschüttung von nicht realisierten Gewinnen führen, was wiederum gemeinhin dem Gedanken des Gläubigerschutzes widerspräche. Die Regelungen des HGB entsprechen teilweise den IFRS. Ausnahmen bilden hierbei bspw. IAS 39 (financial instruments) und IAS 40 (investment properties) sowie die zulässige Neubewertung des Sachanlagevermögens gem. IAS 16.31–42 und der immateriellen Vermögenswerte gem. IAS 38.75–87.

Anschaffungswertprinzip → Anschaffungskostenprinzip

Aperiodische Prüfungen

Prüfungen, die nicht in regelmäßigen Abständen anfallen, bezeichnet man als aperiodische Prüfungen, welche sowohl freiwillige als auch gesetzliche Prüfungsdienstleistungen darstellen (→*Prüfungsdienstleistungen, freiwillige;* →*Prüfungsdienstleistungen, gesetzliche*). Prüfungsanlässe sind dabei regelmäßig nicht vorherige Prüfungen, auf die sie aufbauen oder an die sie sich anschließen, sondern sie fallen eigenständig zu besonderen Sachverhalten und Vorgängen in einem Unternehmen an (z. B. →*Gründungsprüfung,* →*Umwandlungsprüfung,* Liquidationsprüfung, →*Kreditwürdigkeitsprüfung,* →*Gesetzmäßigkeitsprüfung,* →*Satzungsmäßigkeitsprüfung*). Es wird nach gesetzlich vorgeschriebenen, gesetzlich vorgesehenen, freiwilligen und vertraglich vereinbarten aperiodischen Prüfungen differenziert, innerhalb derer die → *Sonderprüfungen* eine wichtige Gruppe darstellen.

Arbeitsgemeinschaft für das wirtschaftliche Prüfungswesen

Für Fragen des wirtschaftlichen Prüfungs- und Treuhandwesens, welche gemeinsame Belange der Wirtschaft und der Berufe der → *WP* bzw. → *vBP* berühren, wurde gem. § 65 WPO vom Deutschen Industrie- und Handelstag (DIHT) und der → *WPK* eine nicht rechtsfähige Arbeitsgemeinschaft für das wirtschaftliche Prüfungswesen geschaffen. Die Arbeitsgemeinschaft besteht aus jeweils vier Delegierten des DIHT und des Berufsstandes der WP sowie dem Präsidenten der WPK und dem Referent für WP-Sachen des BMWi als ständige Gäste. Die Arbeitsgemeinschaft ist nach § 57 Abs. 3 WPO z.B. vor Erlass oder Änderung der → *Berufssatzung* durch die WPK anzuhören. Ihre Mitglieder sind nach § 59 Abs. 4 Satz 1 WPO berechtigt, zur fachlichen Beratung an den Sitzungen des WPK-Beirates teilzunehmen. Sie trägt damit zur Wahrnehmung öffentlicher Interessen (»public interest«) bei.

Arbeitskreise des IDW

Neben dem → *HFA* des → *IDW* und den weiteren Fachausschüssen des IDW vollzieht sich die Facharbeit in sog. Arbeitskreisen (AK). Diese werden in Form von »permanenten« oder »weiteren« AK für bestimmte Fragestellungen eingerichtet. Die permanenten AK (z.B. AK Unternehmensbewertung, AK internationale Prüfungsfragen) bestehen auch bei abschließender Bearbeitung bestimmter Fragestellungen weiter, wohingegen die weiteren AK (z.B. AK Haftung des Abschlussprüfers) die Arbeit einstellen, sobald ihr Gründungszweck erreicht ist.

Arbeitspapiere

1 Normen

IDW PS 460, ISA 230.

2 Definition

Arbeitspapiere (*working papers*) sind gem. IDW PS 460.1 alle Aufzeichnungen und Unterlagen, die der →*Abschlussprüfer* im Zusammenhang mit der Abschlussprüfung (→*Jahresabschlussprüfung*) selbst erstellt, sowie alle Schriftstücke und Unterlagen, die er von dem geprüften Unternehmen oder von Dritten als Ergänzung seiner eigenen Unterlagen zum Verbleib erhält. Arbeitspapiere dienen zur Organisation und Leitung der Prüfung sowie als Nachweis der Prüfungsergebnisse. In den Arbeitspapieren sind sämtliche →*Prüfungsfeststellungen* zu dokumentieren, die →*Prüfungsnachweise* zur Stützung des →*Prüfungsurteils* liefern. Dabei müssen die Arbeitspapiere zusammen mit dem →*Prüfungsbericht* sämtliche Informationen enthalten, um sowohl das Prüfungsergebnis als auch die einzelnen Prüfungsfeststellungen nachvollziehen zu können (IDW PS 460.9). Arbeitspapiere sind für den internen Gebrauch und grundsätzlich nicht zur Weitergabe an Dritte bestimmt.

Arbeitspapiere sind gem. IDW PS 460.24 Eigentum des Abschlussprüfers. Sie gehören zu den Handakten des Abschlussprüfers i.S.v. § 51b Abs. 1 WPO. Die gesetzliche Aufbewahrungsfrist von sieben Jahren gilt jedoch nur für diejenigen Arbeitspapiere, die Handakten nach § 51b Abs. 4 WPO sind. Für selbst erstellte Arbeitspapiere besteht keine Aufbewahrungsfrist, wobei der Abschlussprüfer die Arbeitspapiere nach Berufsübung sieben Jahre aufbewahrt (IDW PS 460.23). Selbsterstellte Arbeitspapiere unterliegen dem Zeugnisverweigerungsrecht (§ 53 Abs. 1 Nr. 3 StPO) und dem Auskunftsverweigerungsrecht des WP (§ 55 Abs. 1 StPO).

3 Funktion von Arbeitspapieren

Die Arbeitspapiere erfüllen eine Nachweisfunktion für die Übereinstimmung einer durchgeführten Abschlussprüfung mit den →*GoA*. Die Arbeitspapiere sollen hierbei gem. IDW PS 460.7 insbesondere die folgenden Zwecke erfüllen: Arbeitspapiere sollen die Planung, Durchführung und Überwachung der Abschlussprüfung unterstützen, sie dienen der Dokumentation gewonnener Prüfungsnachweise zur Stützung der

Prüfungsaussagen (→ *Abschlussaussagen*) im Prüfungsbericht sowie im → *Bestätigungsvermerk* und bilden somit die Grundlage für die Erstellung des Prüfungsberichtes. Arbeitspapiere sollen ferner der Beantwortung von Rückfragen dienlich sein, die Vorbereitung von → *Folgeprüfungen* erleichtern sowie den Nachweis in Regressfällen ermöglichen. Zudem dienen sie als Grundlage für die Ergreifung von Maßnahmen zur Qualitätssicherung in der Wirtschaftsprüfung.

4 Form und Inhalt von Arbeitspapieren

Arbeitspapiere können gem. § 51b Abs. 5 WPO in Papierform sowie auf elektronischen Medien erstellt und gespeichert werden. Die Dokumentation der Abschlussprüfung innerhalb der Arbeitspapiere hat klar und übersichtlich zu erfolgen, so dass ein sachverständiger Dritter, der nicht mit der Prüfung befasst war, in der Lage ist, sich ein Bild über die Abwicklung der Prüfung zu machen (IDW PS 460.10). Arbeitspapiere sollen leserlich sein und einer bestimmten Ordnungsstruktur entsprechen. Sie müssen u. a. das Handzeichen des Verfassers sowie das Datum der Erstellung aufweisen. Arbeitspapiere haben Informationen über die Art, den Umfang und das Ergebnis von → *Prüfungshandlungen* zu geben. Hierbei sind die einzelnen Prüfungsschritte nachvollziehbar zu dokumentieren und Angaben zu den Informationsquellen zu machen (IDW PS 460.15). Die Nachvollziehbarkeit der Prüfungsaussagen kann durch Querverweise innerhalb der Arbeitspapiere erhöht werden (IDW PS 460.15).

Gem. IDW PS 460.12 haben Arbeitspapiere Informationen zur → *Prüfungsplanung* zu enthalten, die Art, den Umfang und den zeitlichen Ablauf durchgeführter Prüfungshandlungen zu dokumentieren und die Ergebnisse der Prüfung festzuhalten. Arbeitspapiere sollen ferner Informationen über die Branche und das wirtschaftliche Umfeld sowie über die Rechtsform und die Organisationsstruktur des Mandanten enthalten. Sie haben Nachweise zur Beurteilung des → *inhärenten Risikos* und des → *Kontrollrisikos* sowie Analysen bedeutender → *Kennzahlen* und Angaben zu wesentlichen Trends zu enthalten. Zu den Arbeitspapieren gehören die → *Auftragsbedingungen des WP*, das → *Prüfungsprogramm*, die → *Vollständigkeitserklärung* des Mandanten sowie Kopien des Abschlusses, des Lageberichts und des Bestätigungsvermerks.

Bei wiederkehrenden Prüfungsaufträgen hat sich eine Trennung der Arbeitspapiere in → *Dauerakte* und laufende Arbeitspapiere bewährt (IDW PS 460.19).

Literatur: *Bischof, S.*, Arbeitspapiere, in: Ballwieser, W./Coenenberg, A.G./Wysocki, K.v. (Hrsg.), Handwörterbuch der Rechnungslegung und Prüfung, 2002, Sp. 96–101; *IDW* (Hrsg.), WP-Handbuch 2000, Band I, 2000, R 681–692.

Arbeitstagung des IDW

Das →*IDW* veranstaltet jährlich eine dreitägige Arbeitstagung in Baden-Baden, an der dessen Mitglieder teilnehmen können. Die Arbeitstagung dient dem Meinungs- und Erfahrungsaustausch der Berufsangehörigen zu Fragen von allgemeinem Interesse sowie Spezialgebieten der Berufsarbeit. Sie beinhaltet sowohl Vorträge zu aktuellen Themen wie auch intensive Diskussionen in kleineren Gruppen von jeweils ca. 15–25 Teilnehmern. Die Aussprecheergebnisse der Arbeitstagungen werden jeweils in einem Tagungsband festgehalten.

Assertions → Abschlussaussagen

Asset

Gem. IASB Framework.49a ist ein Vermögenswert (asset) eine Ressource, die in der Verfügungsmacht des Unternehmens steht, ein Ergebnis von Ereignissen der Vergangenheit darstellt und von der ein Zufluss künftigen wirtschaftlichen Nutzens erwartet wird. Als Ressource kommen sämtliche Güter, auch immaterielle (IASB Framework.56), in Frage. Die Zuordnung erfolgt nach wirtschaftlichen Gesichtspunkten (z.B. Leasing, IASB Framework.57). Die bloße Absicht, wirtschaftlich vorteilhafte Transaktionen durchzuführen, reicht nicht aus (IASB Framework.58).

Als künftiger wirtschaftlicher Nutzen wird der direkte oder indirekte Zufluss von Zahlungsmitteln oder Zahlungsmitteläquivalenten angesehen (IASB Framework.53). Ausgaben stellen lediglich ein Indiz für das Vorhandensein von assets dar (IASB Framework.59). Das Abstellen auf das künftige Nutzenpotenzial verdeutlicht den dynamischen Charakter der asset-Definition im Gegensatz zum handelsrechtlichen Begriff des → *Vermögensgegenstandes*.

In der Bilanz wird ein asset erst dann angesetzt, wenn der Zufluss künftigen wirtschaftlichen Nutzens wahrscheinlich ist und seine Werthöhe verlässlich ermittelt werden kann (IASB Framework.89) oder Einzelvorschriften bestehen.

Assurance engagements

Die IFAC unterscheidet in ihrer neuen Systematisierung zwischen Prüfungsdienstleistungen (assurance engagements) und verwandten Dienstleistungen (→ *Related services*) (vgl. Structure of Pronouncements; → *IAASB*). Unter den Prüfungsdienstleistungen erfolgt eine weitere Untergliederung in eine Prüfung und Durchsicht von historischen Finanzinformationen sowie in andere (freiwillige) Prüfungsdienstleistungen (→ *Prüfungsdienstleistungen, freiwillige*). Die für die Prüfung bzw. Durchsicht der historischen Finanzinformationen relevanten Normen werden wiederum in die → *ISA* und die International Standards on Review Engagements (ISRE) unterteilt. Die bisherige Kategorie → *examination* entfällt und wird den anderen Prüfungsdienstleistungen zugeordnet.

Assurance service → Prüfungsdienstleistungen, freiwillige

Audit → Jahresabschlussprüfung

Audit Agent → Standardprogramme, prüfungsspezifische

Audit approach → Prüfungsansatz

Audit assertions → Abschlussaussagen

Audit Command Language → Prüfsoftware, generelle

Audit committee → Prüfungsausschuss

Audit evidence → Prüfungsnachweis

Audit Information System

Das Audit Information System (AIS) ist als mandantensoftwarespezifische → *IT-gestützte Prüfungstechnik* auf die Prüfung im SAP R/3-System ausgerichtet. Als Bestandteil des SAP R/3-Systems stellt AIS eine Sammlung, Strukturierung und Voreinstellung von SAP-Auswertungsprogrammen dar. Unterstützt wird der Prüfer primär bei der → *Systemprüfung* (Strukturbaum System-Audit), aber auch bei sog. kaufmännischen Prüfungen (Strukturbaum Kaufmännisches Audit). AIS erlaubt es dem Prüfer, u.a. verschiedene Auswertungen (z.B. Einstellungen der Systemparameter, der Customizing-Umgebung, Berechtigungsverwaltung und Stammdatenauswertung) sowie Belegeinzelprüfungen durchzuführen. Neben diesem einstufigen Verfahren lassen sich Bilanzdaten, Salden und Einzelbeleginformationen anhand vorhandener Schnittstellen an andere Werkzeuge wie generelle Prüfsoftware (→ *Prüfsoftware, generelle*) weiterleiten (zweistufige Verfahren).

Audit manual → Prüfungshandbuch

Audit procedures → Prüfungshandlungen

Audit risk → Prüfungsrisiko

Audit sampling → Auswahlprüfung

Audit trail → Prüfungspfad

Auditing Standards Board

Das Auditing Standards Board (ASB) ist der →*HFA* des →*AICPA*. Derzeit besteht das ASB aus 19 Mitgliedern. Vor Umsetzung des SOA war das ASB die in den USA zuständige Institution für die Erarbeitung von Grundsätzen für Abschlussprüfungen sowohl von kapitalmarktorientierten als auch nicht kapitalmarktorientierten Unternehmen. Bis dahin wurden vom ASB zehn Prüfungsgrundsätze (→ *US-GAAS*) sowie zahlreiche Interpretationen dieser Standards, die SAS, herausgegeben. Die US-GAAS begründen das grundsätzliche Vorgehen bei der ordnungsmäßigen Durchführung einer →*Abschlussprüfung*, während die SAS maßgebliche berufsständische Richtlinien darstellen. Die Inhalte der SAS finden sich in den AU-Normen. Im Zuge der Umsetzung des SOA wurde das PCAOB (http://www.pcaobus.org) geschaffen, das nunmehr US-amerikanische Grundsätze für Abschlussprüfungen von kapitalmarktorientierten Unternehmen aufstellt und überarbeitet (Sec. 101c SOA). Zurzeit besteht das PCAOB aus fünf Mitgliedern. Im Jahr 2003 wurden vom PCAOB die Grundsätze für Abschlussprüfungen vom ASB als *Interim Auditing Standards* übernommen. Das PCAOB hat seit Gründung den AS No. 1 *References in Auditors' Reports to the Standards of the Public Company Accounting Oversight Board*, AS No. 2 *An Audit of Internal Control Over Financial Reporting Performed in Conjunction with an Audit of Financial Statements*, AS No. 3 *Audit Documentation* und AS No. 4 *Reporting on Whether a Previously Reported Material Weakness Continues to Exist* herausgegeben. Der Aufgabenbereich des ASB hat sich insoweit verändert, als dass vom ASB nur noch Grundsätze für Abschlussprüfungen von nicht kapitalmarktorientierten Unternehmen erarbeitet werden.

Auditor → Accountant

Auditors opinion → Bestätigungsvermerk

Aufbauprüfung

Die Aufbauprüfung (IDW PS 260.41–64, ISA 315.41–99) ist ein Bestandteil der →*Systemprüfung* und sollte sich an der konkreten Ausgestaltung des →*IKS* durch die Unternehmensleitung orientieren. Ziel der Aufbauprüfung ist eine vorläufige Systembeurteilung. Dazu sind folgende Komponenten zu prüfen:

- *Kontrollumfeld.* Feststellung der Einstellungen, des Problembewusstseins und des Verhaltens der Unternehmensleitung und der leitenden sowie der mit der Überwachung des Unternehmens betrauten Mitarbeiter hinsichtlich des IKS. Das Kontrollumfeld wird durch viele Faktoren bestimmt (z. B. Integrität und ethische Werte im Unternehmen, Unternehmenskultur und Unternehmensphilosophie, Führungsstil der Unternehmensleitung, Überwachungstätigkeit des Aufsichtsrates bzw. der Gesellschafterversammlung).
- *Risikobeurteilungen.* Gewinnung eines Verständnisses, wie im Unternehmen Risiken identifiziert werden, die sich auf die Rechnungslegung auswirken können, und wie deren Tragweite in Bezug auf die Eintrittswahrscheinlichkeit und auf die quantitativen Auswirkungen beurteilt wird (→*Risikomanagementsystem, Prüfung*).
- *Kontrollaktivitäten.* Überprüfung, ob die vom Unternehmen durchgeführten Kontrollaktivitäten in der Lage sind, wesentliche Fehler in der Rechnungslegung zu verhindern oder aufzudecken und zu korrigieren.
- *Information und Kommunikation.* Beurteilung des betrieblichen Informationssystems im Hinblick darauf, ob alle rechnungslegungsrelevanten Informationen erfasst und verarbeitet werden. Analyse der Kommunikationsprozesse, die den Mitarbeitern ein Verständnis für ihre Aufgaben und Verantwortlichkeiten im Rahmen der Erfassung und Verarbeitung von Geschäftsvorfällen in der Rechnungslegung vermitteln.

- *Überwachung des IKS.* Beurteilung der wesentlichen, auf die Überwachung des IKS bezogenen Maßnahmen (z.B. Prüfung des IKS durch die → *Interne Revision*, durch externe Prüfer oder durch die Unternehmensleitung).

Die Aufbauprüfung beinhaltet die *Systemerfassung* und eine vorläufige Systembeurteilung. Die zur Erfassung erforderlichen Prüfungsnachweise kann der Prüfer zum einen durch eigene *Beobachtungen* von Aktivitäten und Arbeitsabläufen erlangen, zum anderen sind auch *Befragungen* von Mitgliedern der Unternehmensleitung, Personen mit Überwachungsfunktionen sowie sonstigen Mitarbeitern (Interview), die *Durchsicht der Systemdokumentationen*, wie z.B. Organisationspläne und Dienstanweisungen, sowie *Einsichtnahmen in Unterlagen*, die durch das IKS generiert werden, möglich.

Die Techniken zur Systemerfassung sind sehr unterschiedlich. Weit verbreitet ist in der Praxis die Erfassung des IKS mit Hilfe von → *Checklisten*. Um die Rüstzeit für die Erstellung eines Fragebogens und die Gefahr einer falschen oder unvollständigen Systemerfassung zu vermindern, werden die wesentlichen Systemkomponenten mittels eines Standardfragebogens erfasst, der während der Prüfung entsprechend den Unternehmensgegebenheiten durch den Prüfer reduziert und/oder um ergänzende Fragen erweitert wird.

Da eine rein verbale Erfassung und Dokumentation des IKS meist unübersichtlich und unzureichend ist, werden häufig zusätzliche *Ablaufdiagramme* mit genormten Symbolen erarbeitet, die netzwerkanalytisch, umfassend und überschaubar über die Grundbedingungen der Rechnungslegung und deren Fehlerrisiko informieren.

Im Rahmen einer *vorläufigen Beurteilung* müssen Fehlermöglichkeiten identifiziert und angemessene Kontrollmechanismen bestimmt werden. Durch den Vergleich der in einem System als notwendig erachteten Kontrollen mit dem festgestellten IKS lassen sich Systemschwächen und -stärken identifizieren und die erwartete Zuverlässigkeit des IKS beurteilen (reliance test).

Anschließend wird eine *vorläufige Prüfungsstrategie* formuliert, bei der die festgestellten Stärken und Schwächen als Informationsbasis zur Planung des weiteren Prüfungsverlaufes, einschließlich der noch zu verrichtenden systemorientierten und → *aussagebezogenen Prüfungshandlungen*, dienen.

Die Aufbauprüfung reicht für eine abschließende IKS-Beurteilung nicht aus und muss durch eine → *Funktionsprüfung* ergänzt werden.

Aufdeckungsrisiko → Entdeckungsrisiko

Aufgaben des Wirtschaftsprüfers → WP

Aufgaben- und Widerspruchskommission für das Wirtschaftsprüfungsexamen

Für die Festlegung der Prüfungsaufgaben im Rahmen des schriftlichen Teils des → *Wirtschaftsprüfungsexamens* und für die Entscheidung über die zugelassenen Hilfsmittel ist bei der → *Prüfungsstelle für das Wirtschaftsprüfungsexamen bei der WPK* eine Aufgabenkommission eingerichtet (§ 8 Abs. 1 WiPrPrüfV). Den Vorsitz der Aufgabenkommission hat eine Person inne, die eine oberste Landesbehörde vertritt. Dadurch wird der Einfluss des Staates gesichert. Folgende weitere Mitglieder gehören nach § 8 Abs. 2 WiPrPrüfV der Aufgabenkommission an: die Leitung der Prüfungsstelle, ein Vertreter der Wirtschaft, ein Mitglied mit der Befähigung zum Richteramt, zwei Hochschullehrer der Betriebswirtschaftslehre, zwei WP und ein Vertreter der Finanzverwaltung. Sie werden i. d. R. für die Dauer von drei Jahren berufen. Die Aufgabenkommission trifft ihre Entscheidungen mit Zweidrittelmehrheit. Über Widersprüche gegen Bescheide, die im Rahmen des Zulassungs- und Prüfungsverfahrens erlassen worden sind, entscheidet gem. § 5 Abs. 5 WPO die Widerspruchskommission. Diese ist personell mit der Aufgabenkommission identisch (§ 9 WiPrPrüfV), sie entscheidet mit Stimmenmehrheit.

Aufsichtsrat

1 Definition

Der Aufsichtsrat (AR) ist ein für →*AG*, →*KGaA* und →*Genossenschaften* sowie für →*GmbH* mit mehr als 500 Beschäftigten gesetzlich vorgeschriebenes Kontrollorgan. Die folgenden Aussagen beziehen sich auf den AR einer AG, wobei Überschneidungen zu anderen Rechtsformen möglich sind.

2 Zusammensetzung

Der AR besteht aus mindestens drei Mitgliedern und fasst Beschlüsse mit einfacher Stimmenmehrheit. Zudem ist ein Aufsichtsratsvorsitzender zu wählen, der als direktes Bindeglied zwischen AR und → *Vorstand* fungiert. Die Aufsichtsratsmitglieder werden von der Hauptversammlung (→ *Hauptversammlung, Teilnahme des Abschlussprüfers*) gewählt. Die Mitbestimmung für → *Kapitalgesellschaften* des Bergbaus und der Stahl erzeugenden Industrie mit mehr als 1.000 Beschäftigten ist im Montan-MitbestG von 1951 geregelt. Der AR im Montan-Bereich setzt sich paritätisch aus Arbeitnehmer- und Arbeitgebervertretern sowie einem neutralen Mitglied zusammen, welches bei Stimmengleichheit entscheidet (§ 4 Montan-MitbestG). In AG mit 500 bis 2.000 Beschäftigten gilt das Betriebsverfassungsgesetz (BetrVG) von 1952 in der Fassung der Bekanntmachung vom 25.9.2001. Der AR ist hier zu einem Drittel mit Arbeitnehmervertretern zu besetzen (§ 76 BetrVG). AG mit mehr als 2.000 Beschäftigten fallen unter den Regelungsbereich des MitbestG von 1976. Hier wird der AR zur Hälfte mit Vertretern der Arbeitnehmer besetzt (§ 7 MitbestG). Bei Stimmengleichheit zählt die Stimme des Aufsichtsratsvorsitzenden doppelt.

3 Aufgaben

Der AR ist das Organ der AG, dem die Überwachung der Geschäftsführung des Vorstands obliegt (§ 111 AktG). Er bestellt den Vorstand und hat eine Kontroll- bzw. Mitsprachefunktion, greift jedoch nicht aktiv in die Unternehmensführung ein.

Die Schwerpunkte der Kontrolltätigkeit liegen auf der Prüfung von → *Jahresabschluss* und Lagebericht (→ *Lagebericht, Prüfung*) (§ 171 AktG) sowie der Prüfung von Vorstandsberichten, die sich primär mit der Planung künftiger Unternehmenspolitik und wesentlichen Fragen der Geschäftsführung beschäftigen (§ 90 Abs. 1 AktG). Die Überwachung bezieht sich auf Recht-, Ordnungs- und Zweckmäßigkeit sowie Wirtschaftlichkeit der Geschäftsführung. Des Weiteren fällt auch das Risikofrüherkennungssystem gem. § 91 Abs. 2 AktG in den Überwachungsbereich des AR. Die Überwachungsaufgabe des AR ist jedoch nicht nur vergangenheitsorientiert zu interpretieren. So hat der AR den Vorstand bspw. nach Ziffer 5.1.1 des → *DCGK* zudem begleitend in übergeordneten Fragen der Unternehmensführung zu beraten.

Im Gegensatz zum angloamerikanischen → *board of directors* ist der AR nicht aktiv in die Geschäftsführung eingebunden, sodass er zur Verringerung von Informationsasymmetrien zeitnah mit verlässlichen Informationen zu versorgen ist. Diese Aufgabe obliegt primär dem Vorstand (§ 90 AktG), wobei der AR auch über das unmittelbare Recht verfügt, Einsichtnahme in die Bücher des Unternehmens zu verlangen (§ 111 Abs. 2 AktG). Eine bedeutende Rolle nimmt dabei auch der → *Prüfungsbericht* des → *Abschlussprüfers* als Informationsquelle ein (§ 321 HGB) (→ *Prüfung des Jahresabschlusses durch den Aufsichtsrat*). Das bedeutet jedoch nicht, dass der AR von seiner Pflicht zur Überprüfung von Jahresabschluss und Lagebericht befreit wird. Vielmehr dient der Prüfungsbericht als Informationsgrundlage, auf dessen Gültigkeit der AR vertrauen kann. Zur besseren Wahrnehmung der Überwachungsfunktion kann der AR Ausschüsse bilden. Hier ist der → *Prüfungsausschuss* hervorzuheben, der sich insbesondere mit Fragen des → *Rechnungswesens* auseinandersetzt.

Literatur: *Lutter, M.*, Aufsichtsrat, Prüfungsbefugnisse, in: Ballwieser, W./Coenenberg, A.G./Wysocki, K.v. (Hrsg.), Handwörterbuch der Rechnungslegung und Prüfung, 2002, Sp. 120–132; *Potthoff, E./Trescher, K.*, Das Aufsichtsratsmitglied, 2003.

Auftraggeberhaftung

Die gesetzlichen Abschlussprüfer, ihre Gehilfen und die bei der Prüfung mitwirkenden gesetzlichen Vertreter einer Prüfungsgesellschaft haften im Fall einer nicht normenkonformen Prüfung für den hieraus entstandenen Schaden nach § 323 Abs. 1 HGB für jede vorsätzliche oder fahrlässige Pflichtverletzung nur gegenüber dem geprüften Unternehmen und verbundenen Unternehmen i. S. d. § 271 Abs. 2 HGB (Auftraggeberhaftung). Gegenüber dritten Personen, wie z. B. Aktionären oder Gläubigern des Auftraggebers, haftet der Abschlussprüfer nach § 323 HGB nicht.

Für eine Haftung nach § 323 HGB müssen folgende vier Voraussetzungen erfüllt sein:

- **Pflichtverletzung**
Darunter fallen Verstöße gegen die gesetzlichen Vorschriften über die Abschlussprüfung (→ *Prüfungsnormen*), die anerkannten → *GoA*, die Berichtspflicht (→ *Berichtspflicht, Verletzung der*) sowie gegen alle im Zusammenhang mit der Prüfung stehenden Berufspflichten des WP (→ *Ethische Prüfungsnormen*). Zum Teil wird auch die vermeintlich engere Auffassung vertreten, dass nur Verstöße gegen die gesetzlichen

Pflichten des Abschlussprüfers bzw. sogar lediglich eine Verletzung der in § 323 HGB genannten Pflichten (→ *Gewissenhaftigkeit*; → *Unparteilichkeit*; → *Verschwiegenheit*, Verwertungsverbot) als Pflichtverletzung zu klassifizieren sind. Bei näherer Betrachtung unterscheiden sich diese Auffassungen jedoch nur in formeller Hinsicht, denn ein Prüfer, der z. B. gegen anerkannte GoA verstößt, verletzt auch die Forderung nach Gewissenhaftigkeit.

- **Verschulden**

Des Weiteren ist die Haftung nur bei schuldhaftem Verhalten des Abschlussprüfers gegeben. Schuldhaft ist vorsätzliches und fahrlässiges Verhalten, wobei leichte Fahrlässigkeit genügt. Beim *Vorsatz* ist zwischen dem *direkten Vorsatz*, d.h., der Abschlussprüfer verletzt seine Pflichten mit Wissen und Wollen, und dem *bedingten Vorsatz*, d.h., der Abschlussprüfer hat die Möglichkeit einer Pflichtverletzung erkannt und nimmt sie billigend in Kauf, zu unterscheiden. *Fahrlässigkeit* liegt vor, wenn die im Verkehr erforderliche Sorgfalt außer Acht gelassen wird. Im Zusammenhang mit der Anwendungsvoraussetzung »Verschulden« stellt sich die Frage, inwieweit sich der Abschlussprüfer auf ein *Mitverschulden des Mandanten* nach § 254 BGB berufen kann. Dies ist jedoch nur bei vorsätzlichem Verhalten des Mandanten möglich. Wenn also der Auftraggeber den Jahresabschluss fälscht und der Prüfer bemerkt dies aufgrund von fahrlässigem Fehlverhalten nicht, so wäre es unbillig, wenn dem Mandanten auch noch Schadenersatzansprüche zukommen würden. Handeln sowohl der Prüfer als auch sein Auftraggeber vorsätzlich, so kommt im Zweifel eine Schadensteilung in Betracht. Bei fahrlässigem Mitverschulden des Mandanten kann jedoch der Abschlussprüfer nicht auf den § 254 BGB zurückgreifen, denn die Aufgabe der Jahresabschlussprüfung besteht ja gerade darin, fahrlässig entstandene Fehler in der Rechnungslegung aufzudecken.

- **Schaden**

Dem Auftraggeber muss aus dem Pflichtverstoß des Prüfers ein Schaden entstanden sein. Beruhend auf der *Differenzhypothese* ist ein Schaden die Differenz zweier Güter- und Vermögenslagen einer Person zu verschiedenen Zeitpunkten. Stellt sich z.B. heraus, dass die Abschlussprüfung nicht normenkonform durchgeführt wurde, kann es für den Mandanten notwendig werden, die Abschlussprüfung durch einen anderen Prüfer wiederholen zu lassen, um das Vertrauen der Kapitalmärkte zurück zu gewinnen. Der Schaden bestünde dann in dem zusätzlich anfallenden Prüfungshonorar.

Auftraggeberhaftung

- **Kausalität**

Der Schaden muss durch die pflichtwidrige Handlung des Abschlussprüfers verursacht worden sein. Um sich im Streitfall zu entlasten (Exkulpation), kann der beklagte Abschlussprüfer einwenden, dass der Schaden ganz oder teilweise ebenso eingetreten wäre, wenn er die gebotene Handlung vorgenommen und daraufhin den → *Bestätigungsvermerk* eingeschränkt oder versagt oder den Prüfungsbericht anders formuliert hätte (*rechtmäßiges Alternativverhalten*). Des Weiteren kann der Abschlussprüfer geltend machen, dass der Schaden früher oder später aufgrund eines anderen Ereignisses ebenso eingetreten wäre (*Reserveursache*).

Die *Darlegungs- und Beweislast* hinsichtlich dieser Anwendungsvoraussetzungen liegt beim Kläger, d. h. beim geschädigten Auftraggeber. Das Vorliegen von anspruchshemmenden bzw. anspruchsverneinenden Gründen (z. B. vorsätzliches Mitverschulden des Mandanten oder rechtmäßiges Alternativverhalten) muss dagegen vom Abschlussprüfer nachgewiesen werden.

Soweit sich der Abschlussprüfer zur Erfüllung des ihm erteilten Prüfungsauftrags der Mitwirkung von *Prüfungsgehilfen* bedient, hat er nach § 278 HGB (Haftung für den Erfüllungsgehilfen) für deren Verschulden in gleichem Umfang wie für eigenes Verschulden einzutreten. Darüber hinaus haftet er bei Pflichtverletzungen seiner Prüfungsgehilfen, unabhängig von deren Verschulden, für eigenes Verschulden bei deren Auswahl, Leitung, Überwachung und Fortbildung (Haftung für den Verrichtungsgehilfen gem. § 831 BGB). Die unmittelbare Haftung des Abschlussprüfers auch für Pflichtverstöße seiner Prüfungsgehilfen lässt deren eigene Einstandspflicht nicht entfallen. Alle Ersatzpflichtigen haften nach § 323 Abs. 1 Satz 4 HGB als Gesamtschuldner.

Die Ersatzpflicht von Personen, die fahrlässig gehandelt haben, ist gem. § 323 Abs. 2 HGB auf eine Mio. € bzw. bei der Prüfung kapitalmarktorientierter Gesellschaften auf vier Mio. € begrenzt. Dabei ist zu berücksichtigen, dass diese Haftungsbegrenzung (→ *Haftungsbeschränkung des Abschlussprüfers*) unabhängig von der Höhe des Schadens, der Anzahl der begangenen Pflichtverstöße, der Anzahl der an der Prüfung beteiligten Personen und der Zahl der geschädigten Unternehmen gilt. Selbständige WP und WPG sind nach § 54 WPO verpflichtet, eine → *Berufshaftpflichtversicherung* zur Deckung der sich aus ihrer Berufstätigkeit ergebenden Haftpflichtgefahren für Vermögensschäden abzuschließen und die Versicherung während der Dauer ihrer Bestellung oder Anerkennung aufrecht zu erhalten. Die Mindestversicherungssumme für den einzelnen Deckungsfall entspricht der Haftungsgrenze des § 323 HGB bei Fahrlässigkeit.

Die Ersatzpflicht nach den Vorschriften des § 323 Abs. 2 HGB kann durch Vertrag weder ausgeschlossen noch beschränkt werden (§ 323 Abs. 4 HGB). Eine vertragliche Erhöhung der Haftungssumme wird durch das Gesetz nicht ausgeschlossen. Berufsrechtlich ist es jedoch unzulässig, abweichend von § 323 Abs. 2 Satz 1 HGB eine höhere Haftung anzubieten oder zuzusagen. Ein derartiger Wettbewerb um Pflichtprüfungsaufträge ist als unlauter und daher berufswidrig anzusehen. Er würde wirtschaftlich stärkere Abschlussprüfer bevorteilen.

Auftragsannahme → Prüfungsauftrag

Auftragsbedingungen des Wirtschaftsprüfers

Die allgemeinen Auftragsbedingungen gelten für das gesamte Leistungsangebot des WP (derzeitiger Stand: 1.1.2002). Herausgeber der Auftragsbedingungen ist das →*IDW*. Darin werden u.a. Umfang und Ausführung des Auftrages, Sicherung der →*Unabhängigkeit* des WP, Mängelbeseitigung, Schweigepflicht des WP gegenüber Dritten, Aufklärungspflicht und unterlassene Mitwirkung des Auftraggebers sowie Aufbewahrung und Herausgabe von Unterlagen festgelegt. Die Wirksamkeit der allgemeinen Auftragsbedingungen gegenüber dem Mandanten erfolgt durch die ausdrückliche Vereinbarung mit diesem bei Vertragsabschluss.

Auftragsbestätigungsschreiben

Nimmt ein Abschlussprüfer den →*Prüfungsauftrag* an, dann sollte dies in einem Auftragsbestätigungsschreiben (engagement letter) dokumentiert werden. Ein solches Schreiben fixiert die Vereinbarungen zwischen dem Abschlussprüfer und dem zu prüfenden Unternehmen. Eine gesetzliche Verpflichtung hierfür besteht zwar nicht, dennoch empfiehlt IDW PS 220.14 das Auftragsbestätigungsschreiben. Ein Auftragsbestätigungsschreiben ist im Falle eines Rechtsstreits mit einem Mandanten als Nachweis für den Abschlussprüfer insofern hilfreich, als in ihm einerseits der Gegenstand des Auftrags festgehalten wird und andererseits – im Falle einer freiwilligen Abschlussprüfung – die Höhe der Haftungssumme geregelt wird. Die Form des Schreibens ist frei wählbar. Nach IDW PS 220.19 sollte das Auftragsbestätigungsschreiben die folgenden Punkte ansprechen: die Zielsetzung der Abschlussprüfung, die Verantwortlichkeit der gesetzlichen Vertreter für den Jahresabschluss, Art und Umfang der Abschlussprüfung, Art und Umfang der Berichterstattung und Bestätigung, Verweis auf das Risiko, dass wesentliche falsche Angaben unentdeckt bleiben, das Erfordernis des unbeschränkten Zugangs zu den für die Prüfung benötigten Dokumenten und Hinweis auf die Auskunftspflichten der gesetzlichen Vertreter, das Erfordernis der rechtzeitigen Vorlage zusätzlicher Informationen, die von der Gesellschaft mit dem Jahresabschluss veröffentlicht werden, Grundlagen der Vergütung, Vereinbarungen über Haftungsbeschränkungen (bei freiwilligen Jahresabschlussprüfungen) sowie die Verpflichtung der zu prüfenden Gesellschaft, eine → *Vollständigkeitserklärung* abzugeben. Als Arbeitshilfe liegt beim IDW ein Musterauftragsbestätigungsschreiben vor.

Auftragserteilung an den Abschlussprüfer

Bei Unternehmen, die keine → *AG* sind, erfolgt die Auftragserteilung an den gewählten → *Abschlussprüfer* grundsätzlich gem. § 318 Abs. 1 Satz 4 HGB durch die gesetzlichen Vertreter, während bei AG und → *KGaA* nach § 111 Abs. 2 Satz 3 AktG i.V.m. § 318 Abs. 1 Satz 4 HGB der → *Aufsichtsrat* dem gewählten Abschlussprüfer den Auftrag erteilt. Sofern bei einer → *GmbH* nach dem Gesellschaftsvertrag ein Aufsichtsrat zu bestellen ist, erteilt dieser dem Abschlussprüfer nach § 52 Abs. 1 GmbHG i.V.m. § 111 Abs. 2 Satz 3 AktG den → *Prüfungsauftrag*, soweit nicht im Gesellschaftsvertrag ein anderes bestimmt ist. Sowohl die Vergütungsvereinbarung (→ *Prüfungsgebühren*) als auch die Festlegung von → *Prüfungsschwerpunkten* sowie ergänzenden → *Prüfungshandlungen* sind Bestandteil der Erteilung des Prüfungsauftrags. Die Annahme des Prüfungsauftrags durch den Abschlussprüfer sollte sich grundsätzlich nach IDW PS 220.14 in einem → *Auftragsbestätigungsschreiben* niederschlagen. In bestimmten Fällen hat der Abschlussprüfer den Prüfungsauftrag abzulehnen. Die grundsätzliche Regelung dazu findet sich in § 319 Abs. 2 HGB sowie in § 43 WPO. Darüber hinaus sind spezielle Regelungen zur Auftragsablehnung in §§ 319 Abs. 3 u. 4 sowie 319a HGB, in IDW PS 220.11 sowie in §§ 4 Abs. 2, 21–24 Berufssatzung enthalten. Einen angenommenen Prüfungsauftrag kann ein Abschlussprüfer gem. § 318

Abs. 6 Satz 1 HGB nur bei Vorliegen eines wichtigen Grundes kündigen (→ *Kündigung des Prüfungsauftrags*). Dem zu prüfenden Unternehmen selbst steht kein Kündigungsrecht zu. Es verfügt lediglich über die Möglichkeit der Beantragung eines gerichtlichen Ersetzungsverfahrens gem. § 318 Abs. 3 HGB (→ *Abberufung des Abschlussprüfers*).

Auftragserweiterung

Bei der Erteilung eines → *Prüfungsauftrags* an den Abschlussprüfer werden die Vergütungsvereinbarung (→ *Prüfungsgebühren*), die → *Prüfungsschwerpunkte* und ergänzenden → *Prüfungshandlungen* schriftlich fixiert, auf die sich der Abschlussprüfer und das zu prüfende Unternehmen zuvor geeinigt haben. Im Verlauf einer Abschlussprüfung können sich gleichwohl Erkenntnisse ergeben, die das zu prüfende Unternehmen dazu veranlassen, den ursprünglich vereinbarten Umfang und Gegenstand der Prüfung erweitern zu wollen. In einem solchen Fall ist der bisher bestehende Prüfungsauftrag etwa durch Aufnahme weiterer Prüfungshandlungen zu erweitern und das Prüfungshonorar entsprechend anzupassen. Sollte sich aus der Prüfungsdurchführung heraus der Wunsch des zu prüfenden Unternehmens nach einer Beratung durch den Abschlussprüfer ergeben, dann ist zwischen dem Abschlussprüfer und dem zu prüfenden Unternehmen unabhängig vom Prüfungsauftrag ein separater Beratungsvertrag (→ *Beratung und Prüfung*) abzuschließen. Derartige Beratungsaufträge sind aus berufsrechtlicher Sicht mit einem Prüfungsauftrag vereinbar, sofern nicht bei der Durchführung des Prüfungsauftrags die Besorgnis der Befangenheit (→ *Ausschlussgründe*) besteht (§§ 21, 23a Berufssatzung) (→ *Unabhängigkeit*).

Auftragsfertigung, Prüfung

1 Rechnungslegungsnormen

a) Deutsche Normen: §§ 252, 255 HGB, IDW RS HFA 2, 4; b) Internationale Norm: IAS 11.

2 Definition

Unter Auftragsfertigung wird der gesamte Fertigungsprozess zur Erfüllung eines kundenspezifischen Auftrags über die Erstellung eines Gegenstands oder mehrerer Gegenstände verstanden, die im Hinblick auf Design, Technologie, Funktion oder Verwendung aufeinander abgestimmt oder voneinander abhängig sind (z. B. im Großanlagenbau). Die Aufträge zeichnen sich durch einen Vertragsabschluss vor Aufnahme der Herstellung, einen hohen Komplexitätsgrad, eine für das einzelne Unternehmen hohe Wertigkeit und eine vielfach mehrjährige Fertigungsdauer aus.

3 Prüferisches Vorgehen

Zur Prüfung der Rechnungslegung im Rahmen der Auftragsfertigung finden sich weder für handelsrechtliche Jahresabschlüsse noch für Abschlüsse nach IFRS spezielle Prüfungsnormen. Im Rahmen der Jahresabschlussprüfung ist bei der Prüfung der Auftragsfertigung festzustellen, ob die Darstellungen der Unternehmensleitung im vorläufigen Jahresabschluss den Erfordernissen der angewandten Rechnungslegungsnormen entsprechen (§ 317 Abs. 1 HGB i.V.m. IDW PS 200.8 sowie ISA 200.2). Das im Rahmen der →*risikoorientierten Abschlussprüfung* gewählte Vorgehen muss die Einhaltung der geforderten →*Prüfungssicherheit* gewährleisten. Dabei ist eine Orientierung an der Systematik der Rechnungslegung (→*Abschlusspostenorientierte Prüfung*), den betrieblichen Funktionsbereichen des Mandanten (→*Tätigkeitskreisorientierte Prüfung*) oder den Geschäftsrisiken und den hiermit in einem engen Zusammenhang stehenden Geschäftsprozessen (→*Geschäftsrisikoorientierte Prüfung*) möglich.

Die übliche Vorgehensweise ist es, zunächst die →*inhärenten Risiken* zu identifizieren. Im Rahmen der Auftragsfertigung sind in diesem Zusammenhang insbesondere die zahlreichen Unsicherheiten hinsichtlich der langfristigen Kalkulationen sowie die vielfach notwendigen Schätzungen und die damit in Verbindung stehenden Ermessensentscheidungen als Einflussfaktoren zu nennen. Um die →*Kontrollrisiken* einschätzen zu können, muss der Prüfer einen Überblick darüber erlangen, ob das Unternehmen ein geeignetes →*IKS* eingerichtet hat und inwieweit dieses System wirksam ist (IDW PS 260, 301.7, ISA 400). Dabei sind überwiegend Prüfungshandlungen im Hinblick auf ein detailliertes und funktionsfähiges Projektcontrolling notwendig, das an die besonderen Anforderungen der Auftragsfertigung angepasst sein muss. Das

Risikomanagementsystem (→ *Risikomanagementsystem, Prüfung*) des Unternehmens muss die Projekte bereits vor Vertragsabschluss erfassen. So ist die Vertragsprüfung aufgrund der den Aufträgen innewohnenden Risiken (z. B. Gewährleistungs- oder Gesamtfunktionsrisiken) als wesentlicher Bestandteil des IKS anzusehen.

In Abhängigkeit von der Einschätzung der inhärenten Risiken und der Kontrollrisiken muss der Prüfer das → *Entdeckungsrisiko* beurteilen und die für die Erlangung der geforderten Prüfungssicherheit notwendigen → *aussagebezogenen Prüfungshandlungen* vornehmen. Im Folgenden werden zentrale Prüfungshandlungen entlang der → *Abschlussaussagen* (IDW PS 300.7) kategorisiert.

a. Zur Prüfung des *Vorhandenseins* und der *Vollständigkeit* von Vermögensposten und Schulden ist zu entscheiden, ob entweder aus dem Vertrag bereits aktivierungs- bzw. passivierungspflichtige Sachverhalte hervorgegangen sind oder aber ein nicht in die Bilanz aufzunehmendes schwebendes Geschäft vorliegt. Die handelsrechtlich vorherrschende Methode der Gewinnrealisation zum Zeitpunkt der Abrechnungsfähigkeit impliziert zuvor einen Ansatz zu aktivierungsfähigen → *Herstellungskosten* als unfertige Erzeugnisse unter den Vorräten (§ 266 Abs. 2 HGB). Somit hat eine Prüfung der Position Vorräte (→ *Vorräte, Prüfung*) und der hierauf bezogenen Inventur (→ *Inventur, Prüfung*) (IDW PS 301) zu erfolgen. Im Zusammenhang mit Fertigungsaufträgen werden regelmäßig vom Kunden zu leistende Anzahlungen vereinbart. Zur Prüfung dieser Position werden Saldenlisten sowie u. U. auch → *Saldenbestätigungen* herangezogen. Die mit der Auftragsfertigung insbesondere bei langfristiger Fertigungsdauer verbundenen umfangreichen Risiken sind ggf. durch die Bildung von Rückstellungen (→ *Rückstellungen, Prüfung*) im Hinblick auf Vertragsstrafen, Gewährleistungen oder drohende Verluste zu berücksichtigen, sofern eine vollständige Wertminderung auf der Aktivseite berücksichtigt wurde.

b. Die Komplexität der kundenspezifischen Fertigungsaufträge bedingt vielfach den Einsatz von Subunternehmen. In diesem Zusammenhang ist bei der Prüfung der *Zuordnung* von Vermögensposten und Schulden zum Unternehmen auf die wirtschaftliche Zugehörigkeit zu achten. Es ist zu prüfen, welches beteiligte Unternehmen die jeweiligen Vermögensposten oder Schulden im Jahresabschluss auszuweisen hat; Gleiches gilt hinsichtlich der Beziehung zwischen Auftraggeber und Auftragnehmer. Sind mehrere Unternehmen eines Konzerns an der Durchführung beteiligt, so ist bei der Erstellung des Konzernabschlusses zusätzlich die erfolgte Konsolidierung konzerninterner Leistungen zu prüfen (→ *Zwischenergebniseliminierung, Prüfung*).

c. Die Prüfung von im Unternehmen im abgelaufenen Geschäftsjahr *eingetretenen Ereignissen* gewinnt in Anbetracht der Prüfung des Realisationskriteriums an Bedeutung. Gemäß der *completed contract method*, dem nach handelsrechtlichen Vorschriften einzig zulässigen Verfahren, ist i.V.m. § 252 Abs. 1 Nr. 4 HGB der Ausweis von Gewinnen nur dann möglich, wenn diese als realisiert gelten. Die Realisation ist in diesem Fall anzunehmen, wenn die Abnahme durch den Kunden erfolgt ist und damit ein Gefahrenübergang stattgefunden hat. Nach den deutschen → *GoB* ist unter restriktiven Voraussetzungen auch eine sog. echte Teilgewinnrealisation zulässig. Sind aus dem jeweiligen Projekt abgrenzbare, in sich geschlossene und für sich funktionsfähige Projektteile separierbar, so kann durch die Abnahme des Teilprojekts durch den Auftraggeber eine Forderung an die Stelle der aktivierten Aufwendungen treten. Auch in diesem Fall gilt jedoch eine Realisation erst dann als erfolgt, wenn mit der Abnahme durch den Kunden ein Gefahrenübergang stattgefunden hat. Zudem ist zu beachten, dass die Gewährleistung der Funktionsfähigkeit sich lediglich auf das abgenommene Teilprojekt erstrecken darf. Wurde eine Zusage der Gesamtfunktionalität getroffen, wird die Realisation von Teilgewinnen nach h.M. als unzulässig angesehen.

Des Weiteren ist die Prüfung der *Bewertung* von Vermögensgegenständen und Schulden vorzunehmen. Bis zur Fertigstellung werden bei Anwendung der *completed contract method* die Herstellungskosten aktiviert. Der Wertansatz muss frei von nicht aktivierungsfähigen Kosten sein, die ihrerseits das Ergebnis der jeweiligen Periode belasten. Während Fremdkapitalzinsen grundsätzlich nicht als Bestandteile der Herstellungskosten zu rechnen sind, dürfen sie gem. § 255 Abs. 3 Satz 2 HGB aktiviert werden, sofern die Aufnahme des Fremdkapitals in einem direkten Zusammenhang mit der Herstellung eines Gegenstands steht.

Nach IFRS werden Zinsen für Fremdkapital regelmäßig als Aufwand der jeweiligen Abrechnungsperiode gebucht. Alternativ ist nach IAS 23.11 auch die Aktivierung als Teile der Herstellungskosten zulässig, sofern die direkte Zurechnung zur Herstellung eines qualifizierten Vermögenswertes (sog. *qualifying asset*) möglich ist. Als *qualifying asset* wird ein → *asset* bezeichnet, dessen Herstellung notwendigerweise eine längere Zeit in Anspruch nimmt (IAS 23.4). Wird aus einem Fertigungsauftrag ein Gesamtverlust erwartet, so ist die antizipierte Wertminderung entweder durch → *Abschreibungen* von bereits aktivierten Vermögensposten zu erfassen oder, sofern keine Aktivposition vorhanden ist, durch die Bildung einer Rückstellung in den Jahresabschluss aufzunehmen (IDW RS HFA 4.15 f.). Weiterhin ist die Plausibilität der bei Auftragsfertigung, und hier insbesondere im Rahmen der IFRS-Bilanzierung, verstärkt notwendigen Schätzverfahren und Schätzungen (IDW PS 314, ISA 540) sowie der zukunftsbezogenen Daten (ISAE 3400) zu beurteilen (→ *Prognoseprüfung*).

d. Die Zuordnung von Aufwendungen und Erträgen im Rahmen der (Perioden-)*Abgrenzung* stellt sich im Hinblick auf die Prüfung von Fertigungsaufträgen insbesondere bei der Gewinnrealisation als bedeutsam dar. Bei der Auftragsfertigung erstrecken sich die Durchführungszeiträume regelmäßig über mehrere Perioden und stellen die bilanzierenden Unternehmen vor das Problem der periodengerechten Zuordnung von Aufwendungen und Erträgen. Die Regelungen nach den deutschen → *GoB* unterscheiden sich deutlich von denen nach IFRS. Die nach Handelsrecht anzuwendende completed contract method ist in dieser Form nicht innerhalb der IFRS zu finden. Die IFRS sehen eine Gewinnrealisation entsprechend dem Grad der Fertigstellung des Projekts (*percentage of completion method*) vor. In beiden Fällen ist allerdings ein erwarteter Verlust aus dem Gesamtauftrag in der Periode, in der er bekannt wird, als Aufwand zu buchen.

Der gesamte Auftragsgewinn ist im Rahmen der completed contract method im Jahresabschluss der Periode der Fertigstellung und Abnahme auszuweisen. Zudem ist ein zusätzlicher Überschuss in Höhe der etwaigen vorigen Zwischenverluste auszuweisen. Buchungstechnisch sind die zwischenzeitlichen Verlustbuchungen somit nach Auftragsfertigstellung kompensiert.

Im Rahmen der Rechnungslegung nach IFRS ist ausschließlich die Methode der Gewinnrealisation entsprechend dem Fertigstellungsgrad anzuwenden. Die Gewinnvereinnahmung nach der percentage of completion method ist jedoch an explizit aufgeführte Voraussetzungen (IAS 11.23–29) gebunden, die je nach zugrunde liegendem Vertragstyp unterschiedlich ausgeprägt sind. Die Kriterien für Festpreisverträge sind deutlich restriktiver als die Voraussetzungen bei Kostenzuschlagsverträgen. Die Anwendung ist bei Ersteren immer dann vorgesehen, wenn der erwartete Nutzenzufluss dem bilanzierenden Unternehmen zu Gute kommt und sobald die Auftragserlöse, die Auftragskosten sowie der Fertigstellungsgrad verlässlich geschätzt werden können. Ist eine verlässliche Schätzung nicht möglich, so ist nach IAS 11.32 eine Umsatzrealisation in Höhe der voraussichtlich einbringbaren Kosten vorgesehen (sog. zero profit method), so dass kein anteiliger Gewinn erfasst wird.

Die Prüfung der Erfüllung der Anwendungsvoraussetzungen stellt einen wichtigen Prüfungsschritt im Zusammenhang mit Fertigungsaufträgen dar. Bei Kostenzuschlagsverträgen kann eine Teilgewinnrealisierung durchgeführt werden, wenn es wahrscheinlich ist, dass der wirtschaftliche Nutzen aus dem Vertrag dem Unternehmen zufließt und die dem Vertrag zurechenbaren Auftragskosten eindeutig bestimmt und verlässlich bewertet werden können.

Die percentage of completion method nach IFRS stellt eine im Interesse einer periodengerechten Ergebnisermittlung explizit vorgesehene Ausnahme vom Realisationsprinzip dar. Auf diese Weise wird der Ausweis von nach HGB als noch nicht realisiert geltenden Gewinnen möglich. Das auszuweisende Ergebnis aus dem laufenden Projekt ergibt sich aus der Multiplikation des Fertigstellungsgrades mit dem erwarteten Gesamterlös. Die Methoden zur Ermittlung des Fertigstellungsgrades lassen sich in inputorientierte Verfahren und outputorientierte Verfahren unterscheiden. Dabei unterstellen inputorientierte Methoden eine Verbindung zwischen der erreichten Leistung und den zur Erstellung eingesetzten Ressourcen. Die in der Praxis gängige cost-to-cost method setzt bspw. die zum Abschlussstichtag angefallenen Kosten in Relation zu den geschätzten Gesamtkosten. Outputorientierte Methoden beurteilen die zum Abschlussstichtag erbrachte Leistung in Relation zur vereinbarten Gesamtleistung. So setzt z.B. die units-of-delivery method zur Ermittlung des Fertigstellungsgrades die fertiggestellten Teile des Projekts ins Verhältnis zum Gesamtoutput.

Sobald die Voraussetzungen für eine Gewinnrealisation erfüllt sind, ist darauf zu achten, dass kein doppelter Ausweis von zu Herstellungskosten bewerteten unfertigen Erzeugnissen in den Vorräten und den regelmäßig unter den *Forderungen* (→ *Forderungen, Prüfung*) auszuweisenden Posten der Fertigungsaufträge in Bearbeitung erfolgt. Dieser Vermögensposten enthält im Gegensatz zu den unfertigen Erzeugnissen den bereits realisierten anteiligen Ergebnisbeitrag.

e. Bei der Prüfung der *Berichterstattung* und *Darstellung* ist insbesondere auf die nach internationalen Normen geforderten zusätzlichen Erläuterungspflichten bzw. Anhangangaben, z.B. im Hinblick auf die aus dem Vertrag erwachsenden Risiken, zu achten (vgl. IAS 11.39). Auch die Möglichkeit der Deckung der Auftragskosten ist hier von besonderer Bedeutung. Die besondere Komplexität der Fertigungsaufträge sowie die oftmals kundenspezifischen Ausprägungen und technischen Neuerungen machen ggf. die Beratung durch einen Experten (IDW PS 322, ISA 620) notwendig. *Sebastian Papst*

Literatur: *ADS*, § 246 HGB, 1998, Tz. 385–395; *Mansch, H.*, Langfristige Fertigung, in: Ballwieser, W./Coenenberg, A.G./Wysocki, K.v. (Hrsg.), Handwörterbuch der Rechnungslegung und Prüfung, 2002, Sp. 1447–1461; *Pottgießer, G./Velte, P./Weber, S.*, in: Zeitschrift für internationale und kapitalmarktorientierte Rechnungslegung 2005, S. 310–318.

Auftragsfortführung → Prüfungsauftrag

Auftragsrisiko des Wirtschaftsprüfers → Berufsrisiken des WP

Auftragsspezifische Prüfungsplanung

Die Planung auf der Ebene eines einzelnen →*Prüfungsauftrags* wird als auftragsspezifische Prüfungsplanung bezeichnet und ist Ausgangspunkt für die →*Gesamtplanung von Prüfungsaufträgen*. Die auftragsspezifische Prüfungsplanung beinhaltet alle Maßnahmen, die zur Vorbereitung und Durchführung der Prüfung eines Unternehmens vorgesehen sind. Es ist eine →*Prüfungsstrategie* zu entwickeln und darauf aufbauend ein →*Prüfungsprogramm* zu erstellen. Gem. IDW PS 240.20 hat die Erstellung des Prüfungsprogramms nach sachlichen, personellen und zeitlichen Gesichtspunkten zu erfolgen. Die sachliche Planung beinhaltet insbesondere die Festlegung von Art und Umfang der geplanten →*Prüfungshandlungen* unter Beachtung des erwarteten Fehlerrisikos und des annehmbaren →*Entdeckungsrisikos*. In personeller Hinsicht sollten insbesondere die Qualifikation der Mitarbeiter nach Ausbildung, Erfahrung und ggf. Spezialkenntnissen sowie die Unabhängigkeit der Mitarbeiter gegenüber dem zu prüfenden Unternehmen berücksichtigt werden. Im Rahmen der zeitlichen Planung ist darauf zu achten, dass die Zeitvorgaben zur Ausführung der Prüfungstätigkeiten ausreichend sind und Zeitreserven für unerwartet erforderliche Änderungen des Prüfungsvorgehens existieren. Die auftragsspezifische Prüfungsplanung ist jedoch nur eine vorläufige Richtschnur, nach der die Prüfung unter Beachtung der Zielsetzung zu erfolgen hat. Sie hat stets die während der Prüfung gewonnenen Erkenntnisse zu berücksichtigen und muss ggf. entsprechend angepasst werden.

Aufwand

Aufwendungen sind periodisierte Auszahlungen, die Güterverbrauch, Werteverzehr oder sonstige Reinvermögensminderungen zwischen zwei Bilanzstichtagen gemäß den handelsrechtlichen Vorschriften darstellen. Aufwendungen gehören zu den Stromgrößen. Sie sind unabhängig vom Zahlungszeitpunkt (§ 252 Abs. 1 Nr. 5 HGB).

Die Differenz aus →*Erträgen* und Aufwendungen ergibt den Jahresüberschuss bzw. -fehlbetrag der Rechnungsperiode. Ihre einzelnen Bestandteile können in der GuV nach dem Gesamt- oder Umsatzkostenverfahren gegliedert werden (§ 275 HGB, →*GuV, Prüfung*). Es werden hinsichtlich der Herkunft betriebliche und betriebsfremde sowie nach Häufigkeit regelmäßige und außerordentliche Aufwendungen unterschieden. Der korrespondierende Begriff in den IFRS lautet →*expenses*.

Aufwands- und Ertragskonsolidierung, Prüfung

1 Normen

1.1 Rechnungslegungsnormen

a) Deutsche Normen: § 305 HGB, DRS 9.10–12; b) Internationale Normen: IASB Framework.29 f., .44, IAS 21.34, 27.24 f., 28.20, 31.48 f., SIC-13.

1.2 Prüfungsnormen

a) Deutsche Normen: § 316 Abs. 2 HGB, IDW PS 320; b) Internationale Normen: ISA 600 a.F., ED ISA 600 n.F.

2 Definition

Da gemäß der Fiktion der rechtlichen Einheit des →*Konzerns* in der Konzern-GuV keine Erträge und Aufwendungen aus konzerninternen Transaktionen ausgewiesen werden dürfen (§ 297 Abs. 3 Satz 1 HGB, IAS 27.4), sind Umsatzerlöse und andere Erträge aus Lieferungen und Leistungen zwischen Konzernunternehmen mit den entsprechenden

Aufwendungen zu verrechnen oder in eine Bestandserhöhung oder andere aktivierte Eigenleistungen umzugliedern (§ 305 Abs. 1 HGB, IAS 27.24 f.).

3 Anwendungsbereich

Beim Mutterunternehmen sowie voll konsolidierten Tochterunternehmen sind die Erträge aus Innenumsätzen vollumfänglich zu eliminieren (§ 305 Abs. 1 HGB, IAS 27.24 f., → *Konsolidierungskreis, Prüfung*). Dagegen sind bei Lieferbeziehungen zwischen voll einbezogenen Unternehmen und Gemeinschaftsunternehmen, die anteilmäßig konsolidiert werden, nur anteilmäßige Konsolidierungen vorzunehmen (§§ 310 i.V.m. 305 Abs. 1 HGB, DRS 9.10 f., IAS 31.48 f., → *Quotenkonsolidierung, Prüfung*). Während die Umsatzerlöse oder anderen Erträge zwischen voll einbezogenen Unternehmen und assoziierten Unternehmen nach Handelsrecht wohl auf freiwilliger Basis korrigiert werden können (Umkehrschluss aus § 312 Abs. 5 HGB), sind entsprechende Korrekturen nach den internationalen Rechnungslegungsnormen anteilmäßig vorzunehmen (IAS 28.20, → *Equity-Methode, Prüfung*).

4 Prüferisches Vorgehen

Der Prüfer muss sich im Rahmen einer → *Systemprüfung* davon überzeugen, ob die für eine richtige Abbildung konzerninterner Vorgänge in der GuV erforderlichen Sachverhaltsbestandteile vollständig erfasst werden. Dabei handelt es sich bspw. um Anschaffungs- und Herstellungskosten sowie Umsatzerlöse konzerninterner Lieferungen und Leistungen. Ein besonderes Problem für den Prüfer resultiert daraus, dass bei Vorliegen konzerninterner Lieferungen und Leistungen aus vier möglichen Varianten die jeweils sachgerechte Vorgehensweise abgeleitet werden muss. Denn konzerninterne Umsatzerlöse oder andere Erträge können wie folgt behandelt werden: Umgliederung in den Posten Bestandserhöhung, Umgliederung in den Posten andere aktivierte Eigenleistungen, Verrechnung mit den Aufwendungen des liefernden oder leistenden Konzernunternehmens oder Verrechnung mit den Aufwendungen des empfangenden Konzernunternehmens. Bei der Anwendung des Umsatzkostenverfahrens entfallen allerdings die ersten beiden Möglichkeiten.

Ausgangspunkt der Prüfung ist eine Aufgliederung nach Innen- und Außenumsatzerlösen durch die einzelnen Konzernunternehmen, die der Abschlussprüfer kritisch würdigen muss. Um die einzelnen Fälle abgrenzen zu können, muss die Konsolidierungsrichtlinie (→ *Konzernrichtlinie, interne*) in Bezug auf die Aufwands- und Ertragskonsolidierung die Erfassung folgender Aspekte vorsehen:

- Erstellung der Lieferung oder Leistung durch das liefernde oder leistende Konzernunternehmen selbst oder Kauf von Konzernfremden;
- Erstellung durch Konzernunternehmen in derselben Periode oder in einer Vorperiode;
- Umsatzerlöse oder sonstige betriebliche Erträge beim liefernden oder leistenden Konzernunternehmen;
- Lieferung oder Leistung ins Anlagevermögen oder Umlaufvermögen;
- Verbrauch oder Weiterveräußerung bis zum Bilanzstichtag durch das empfangende Konzernunternehmen oder Bilanzausweis.

Der Konzernabschlussprüfer hat festzustellen, ob die Konsolidierungsrichtlinie diesbezüglich vollständig ist und umgesetzt wird. Diese umfangreichen Informationsbedürfnisse erfordern ein differenziertes Berichtssystem, das ausreichend detailliert ist, um alle erforderlichen Aspekte zu erfassen. Ein solches System ist auch deswegen erforderlich, um nicht jeden konzerninternen Vorgang einzeln betrachten zu müssen, sondern summarische Korrekturen vornehmen zu können.

Bei der Prüfung muss beachtet werden, dass entsprechend dem Grundsatz der Wesentlichkeit sowie dem Grundsatz der Wirtschaftlichkeit der Bilanzierung die komplizierten Verrechnungen bzw. Umgliederungen unterbleiben können, »wenn die wegzulassenden Beträge für die Vermittlung eines den tatsächlichen Verhältnissen entsprechenden Bildes der Vermögens-, Finanz- und Ertragslage des Konzerns nur von untergeordneter Bedeutung sind« (§ 305 Abs. 2 HGB). Diese Aussage gilt auch für die IFRS, obgleich eine spezifische Normierung für die Aufwands- und Ertragskonsolidierung fehlt (IAS 1.31, IASB Framework.29 f.).

Aufwendungen für die Ingangsetzung und Erweiterung des Geschäftsbetriebs, Prüfung

1 Rechnungslegungsnormen

§§ 248 Abs. 1, 269, 282 HGB, IAS 32.35, 38.69a.

2 Definition

Aufwendungen für die Ingangsetzung und Erweiterung des Geschäftsbetriebs beziehen sich auf die Schaffung der wirtschaftlichen Voraussetzungen eines Unternehmens und umfassen Aufwendungen für den Auf- und Ausbau der Innen- und Außenorganisation, soweit sie nicht bilanzierbar sind (z.B. Aufwendungen für Personalbeschaffung, Aufbau von Beschaffungs- und Absatzwegen, Marktanalysen, Einführungswerbung), d.h. nicht als immaterielle Vermögensposten (→ *Immaterielle Vermögensposten, Prüfung*), Sachanlagen (→ *Sachanlagen, Prüfung*) oder Rechnungsabgrenzungsposten (→ *Rechnungsabgrenzungsposten, Prüfung*) aktiviert werden können.

Von den Ingangsetzungsaufwendungen abzugrenzen sind für die Herbeiführung der rechtlichen Existenz des Unternehmens angefallene Gründungsaufwendungen, wie z.B. Beratungshonorare, Notariatskosten, Eintragungs- und Veröffentlichungskosten.

3 Prüferisches Vorgehen

Bei der Prüfung der Ingangsetzungs- und Erweiterungsaufwendungen ist festzustellen, ob die Darstellungen der Unternehmensleitung im vorläufigen Jahresabschluss den Erfordernissen der angewandten Rechnungslegungsnormen entsprechen (§ 317 Abs. 1 HGB i.V.m. IDW PS 200.8f., ISA 200.2). Durch die Aktivierung von Ingangsetzungs- und Erweiterungsaufwendungen kann insbesondere in der Anlaufphase der Ausweis eines Verlustes und damit die (buchmäßige) Überschuldung eines Unternehmens vermieden werden. Der Abschlussprüfer hat die Unternehmensvorgaben (Buchungsanweisungen und Bilanzierungsrichtlinien) und deren Umsetzung im Hinblick auf die Aktivierbarkeit der geltend gemachten Aufwendungen kritisch zu würdigen.

Im Folgenden werden zentrale Prüfungshandlungen entlang der → *Abschlussaussagen* kategorisiert.

a. Die Prüfung des tatsächlichen *Vorhandenseins* und der *Vollständigkeit* umfasst die Prüfung, ob die in der Berichtsperiode angefallenen Aufwendungen die Kriterien für eine Aktivierung erfüllen und ihre Verteilung auf zukünftige Perioden gerechtfertigt ist. Insbesondere ist die Abgrenzung zu nicht aktivierungsfähigen Gründungs- und Kapitalbeschaffungskosten und Kosten einer Betriebsverlagerung zu prüfen. Die aktivierten Aufwendungen sind durch die Sachkonten, das Bestandsverzeichnis und ggf. den Anlagespiegel (→ *Anlagespiegel, Prüfung*) nachzuweisen.

Handelsrechtlich besteht für Aufwendungen, die im Zusammenhang mit der Ingangsetzung und Erweiterung des Geschäftsbetriebs anfallen, gem. § 269 HGB für → *Kapitalgesellschaften* und für → *Personenhandelsgesellschaften*, die die Kriterien des § 264a HGB erfüllen (→ *Kapitalgesellschaften & Co.*), ein Aktivierungswahlrecht in Form einer Bilanzierungshilfe. Voraussetzung für eine Aktivierung ist, dass die künftigen Erträge die Abschreibungen auf die aktivierten Beträge voraussichtlich decken werden oder der Posten durch frei verfügbare *Rücklagen* (→ *Rücklagen, Prüfung*) gedeckt ist. Eine Gewinnausschüttung ist nach § 269 Satz 2 HGB nur zulässig, wenn nach der Ausschüttung die jederzeit auflösbaren Gewinnrücklagen unter Berücksichtigung von Ergebnisvorträgen mindestens dem Betrag der aktivierten Bilanzierungshilfe entsprechen (*Ausschüttungssperre*). Kosten für die Gründung des Unternehmens und für die Beschaffung des Eigenkapitals (z.B. Kosten für eine Börseneinführung) unterliegen nach § 248 Abs. 1 HGB einem Aktivierungsverbot.

Mit Ausnahme von Ausgaben, die in den → *Anschaffungs*- oder → *Herstellungskosten* eines Gegenstands der Sachanlagen gem. IAS 16 enthalten sind, sieht IAS 38.69a entgegen den handelsrechtlichen Vorschriften für jede Art von Anlaufkosten (start-up-costs) ein Aktivierungsverbot und die sofortige ergebniswirksame Erfassung vor. Eigenkapitalbeschaffungskosten sind mit den Einzahlungen aus der Kapitalaufnahme zu verrechnen (IAS 32.35).

b. Für die *Zuordnung* der aktivierten Ingangsetzungs- und Erweiterungsaufwendungen ist zu prüfen, ob die ausgewiesenen Vermögenswerte dem bilanzierenden Unternehmen zuzurechnen sind.

c. Bei der Prüfung der (Perioden-)*Abgrenzung* ist sicherzustellen, dass es sich bei den aktivierten Beträgen um Aufwendungen des Berichtsjahres handelt. Abgänge sind darauf zu überprüfen, dass nach Vollabschreibung ihr mengenmäßiger Abgang fiktiv unterstellt werden kann.

d. Für die Prüfung der *Bewertung* ist festzustellen, ob die Aufwendungen mit angemessenen Werten ausgewiesen werden. Bei Inanspruchnahme von Leistungen Dritter ist in entsprechende Eingangsrechnungen Einsicht zu nehmen. Bei eigenen Leistungen können die Aufwendungen anhand der Kostenrechnung (Materialkosten, Lohnkosten, Sondereinzelkosten und Gemeinkosten) überprüft werden. Im Rahmen der Folgebewertung ist zu überprüfen, ob die Anschaffungskosten mit mindestens 25 % pro Jahr über maximal vier Jahre abgeschrieben werden. Zu beachten ist, dass die Abschreibung der aktivierten Beträge bereits ab dem der Aktivierung folgenden Geschäftsjahr unabhängig von der Vollendung der Ingangsetzung bzw. Erweiterung des Geschäftsbetriebs beginnt.

e. Die Prüfung der *Darstellung* und *Offenlegung* erstreckt sich auf die im Jahresabschluss enthaltenen Angaben zu den Ingangsetzungs- und Erweiterungsaufwendungen und ob diese den gesetzlichen Vorschriften entsprechend dargestellt, ausgewiesen und erläutert werden. Die Angaben im Anhang (→ *Anhang, Prüfung*) sollten eine Erläuterung der durchgeführten Maßnahme, der Art und des Umfangs des angefallenen Aufwands, die Erfolgsaussichten der Maßnahme und die vorgenommene Abschreibung umfassen.

Ausbildung des Wirtschaftsprüfers → Fortbildung des WP;
→ Zugang zum Beruf des WP

Ausbildungsnormen

Ausbildungsnormen regeln die Zulassung zum → *Wirtschaftsprüfungsexamen*, das Prüfungsverfahren, die Bestellung sowie die Aus- und Weiterbildungserfordernisse (→ *Fortbildung des WP*), die sich durch die Berufsausübung ergeben. National relevante Ausbildungsnormen zur Regelung des → *Zugangs zum Beruf des WP* sind die §§ 5–14 und 131 der WPO sowie die §§ 1–24 und §§ 25–34 der WiPrPrüfV. Die Aus- und Weiterbildungserfordernisse sind in § 43 WPO, § 61 der → *Berufssatzung* sowie in VO 1/1993 und VO 1/1995 (E-VO 1/2005) geregelt.

International existieren mit den → *IES* ebenfalls eigenständige Ausbildungsnormen, welche jedoch unter Berücksichtigung des nationalen Umfelds von den jeweiligen Mitgliedsorganisationen umgesetzt werden sollen. Ziel des Education Committee der → *IFAC* ist eine Verbesserung und Vereinheitlichung der internationalen Ausbildungsnormen auf Grundlage dieser Standards. Ergänzend zu den IES existieren mit dem Framework for International Education Standards (IES Framework) und den →*IEG* Leitsätze, in deren Kontext die IES von den Mitgliedsorganisationen umzusetzen sind (IES Framework.6). Dabei gehen die internationalen Normen sowohl beim Zugang zum Beruf des WP als auch bei der Weiterbildung weiter als die nationalen Normen und erfassen auch ethische Aspekte der Prüferausbildung (IEG 10.16–19).

Ausdruckbereitschaft

Die Ausdruckbereitschaft bezeichnet die Möglichkeit, im Rahmen →*IT-gestützter Rechnungslegung* jederzeit einen Ausdruck gespeicherter Daten der →*Buchführung* vornehmen zu können (vgl. IDW RS FAIT 1.29). Im Unterschied zum vollständigen Ausdruck aller Buchungen ermöglicht eine lediglich bei Bedarf erfolgende Printauswertung relevanter Daten eine effizientere Buchführung.

Auskunftsrechte der Wirtschaftsprüferkammer

Auskunftsrechte der →*WPK* bestehen im Rahmen der Führung des →*Berufsregisters*, der Qualitätskontrolle (→*Qualitätskontrolle, externe*), der →*berufsrechtlichen Ahndung*, der Verträge über eine gemeinsame Berufsausübung sowie über die →*Berufshaftpflichtversicherung*.

Gem. § 40 WPO hat die WPK im Rahmen des gem. § 37 WPO zu führenden Berufsregisters das Recht, alle Informationen, die eine Eintragung, ihre Veränderung oder eine Löschung notwendig machen, *unverzüglich* zu erhalten.

Nach § 57a Abs. 6 Satz 6 WPO hat der PfQK nach Abschluss der Prüfung unverzüglich eine Ausfertigung des Qualitätskontrollberichtes an die WPK zu leiten. Weiterhin ist die WPK gem. § 57e Abs. 4 Satz 1 WPO von der KfQK über Tatsachen in Kenntnis zu setzen, die einen Widerruf der Bestellung als WP oder der Anerkennung als WPG rechtfertigen. Jedoch darf die WPK diese Tatsachen nicht im Rahmen eines berufsaufsichtsrechtlichen Verfahrens verwerten (§ 57e Abs. 4 Satz 2 WPO).

Nach § 62 WPO ist die WPK befugt, ihre persönlichen Mitglieder in Disziplinaraufsichtssachen zu einer Anhörung zu laden, um bestimmte *Auskünfte* und/oder die Handakten (→*Arbeitspapiere*) zu erlangen. Die Berufsangehörigen haben allerdings das Recht, die Auskunft zu *verwei-*

gern, falls sie dadurch Gefahr laufen würden, wegen einer Straftat, einer Ordnungswidrigkeit oder einer Berufspflichtverletzung verfolgt zu werden, und sie sich hierauf berufen. Die WPK hat gem. § 62a WPO die Möglichkeit, nach vorheriger *schriftlicher Androhung*, ggf. auch mehrfach, ein *Zwangsgeld* von bis zu 1.000 € festzusetzen, um Berufsangehörige zur Erfüllung ihrer Pflichten anzuhalten. Gegen die Androhung und Festsetzung eines Zwangsgeldes kann binnen eines Monats die Entscheidung des KamG (→ *Berufsgerichtsbarkeit*) beantragt werden. Darüber hinaus ist es der WPK gem. § 64 Abs. 4 WPO explizit gestattet, zur Durchführung von Ermittlungen *Dritte* um Auskunft zu bitten. Diese sind jedoch nicht zur Auskunft verpflichtet. Allerdings ist mit der siebten WPO-Novelle diesbezüglich eine Stärkung der berufsaufsichtsrechtlichen Regelungen, etwa in Form von weitergehenden Ermittlungs- und Maßnahmebefugnissen der WPK, zu erwarten.

Nach § 17 der Berufssatzung hat die WPK das Recht, Informationen über die Beendigung, Kündigung sowie jede Änderung des Berufshaftpflicht-Versicherungsvertrages *unverzüglich* zu erfahren.

Auskunftsvertrag, stillschweigender → Dritthaftung

Aussagebezogene Prüfungshandlungen

Unter aussagebezogenen Prüfungshandlungen werden → *Einzelfallprüfungen* und → *analytische Prüfungen* verstanden, die dazu dienen, dass das unter Berücksichtigung des festgestellten inhärenten (→ *Inhärentes Risiko*) und → *Kontrollrisikos* bestimmte, maximal zulässige → *Entdeckungsrisiko* nicht überschritten und damit das vorgegebene → *Prüfungsrisiko* eingehalten wird. Während die Risikoanalyse der Abschätzung des allgemeinen Unternehmensrisikos dient und die → *Systemprüfung* die Wirksamkeit und Funktionsfähigkeit des → *IKS* untersucht, zielen die aussagebezogenen Prüfungshandlungen auf die Prüfung mehrerer oder aller → *Abschlussaussagen* ab. Hierbei werden die einzelnen Bestandteile des Jahresabschlusses des Unternehmens (z.B. eine Bilanzposition) überprüft. Die Literatur spricht deshalb bei aussagebezogenen Prüfungshandlungen auch von einer Ergebnisprüfung.

Aussagen → Abschlussaussagen

Aussagesicherheit → Prüfungssicherheit

Ausschlussgründe

Vertrauenswürdige →*Prüfungsurteile* bedingen Urteilsfähigkeit und Urteilsfreiheit des Prüfers sowie eine sachgerechte Urteilsbildung (→*Urteilsbildungsprozess*). Urteilsfreiheit ist gegeben, wenn der Abschlussprüfer sein Urteil frei von jeglichen Einflüssen, d.h. unabhängig (→*Unabhängigkeit*) abgeben kann. §§ 319 Abs. 2–4, 319a HGB nennen Ausschlussgründe, d.h. Tatbestände, bei deren Vorliegen der Prüfer bzw. die Prüfungsgesellschaft unwiderlegbar als abhängig gelten und daher den Prüfungsauftrag ablehnen müssen. Zunächst einmal ist ein Prüfer nach § 319 Abs. 2 HGB ausgeschlossen, wenn Gründe vorliegen, nach denen die Besorgnis der Befangenheit besteht, insbesondere Beziehungen geschäftlicher, finanzieller oder persönlicher Art. Besorgnis der Befangenheit liegt vor, wenn Umstände gegeben sind, die aus Sicht eines verständigen Dritten geeignet sind, an der Unabhängigkeit des Abschlussprüfers zu zweifeln.

§ 319 Abs. 3 HGB nennt dann konkrete Situationen, bei denen ein WP bzw. ein vBP nicht Abschlussprüfer sein darf:

- *Besitz von Anteilen* oder andere wesentliche finanzielle Interessen an der zu prüfenden Gesellschaft oder Besitz einer Beteiligung an einem Unternehmen, das mit der zu prüfenden Kapitalgesellschaft verbunden ist oder von dieser mehr als 20 % der Anteile hält.
- *Personelle Verflechtung*, d.h., der Prüfer ist gesetzlicher Vertreter, Aufsichtsratsmitglied oder Arbeitnehmer der zu prüfenden Gesellschaft oder eines anderen Unternehmens, das mit der zu prüfenden Gesellschaft verbunden ist oder von dieser mehr als 20 % der Anteile hält.
- Beratungstätigkeiten (→*Beratung und Prüfung*) i.S.v.
  - Mitwirkung an der Buchführung und der Jahresabschlusserstellung,
  - Mitwirkung bei der Durchführung der →*Internen Revision* in verantwortlicher Position,
  - Erbringung von Unternehmensleitungs- oder Finanzdienstleistungen oder
  - Erbringung von eigenständigen versicherungsmathematischen oder Bewertungsleistungen, die sich auf den Jahresabschluss wesentlich auswirken,

sofern die Tätigkeiten über die Prüfungstätigkeit hinausgehen und sich wesentlich auf den Jahresabschluss auswirken. Auch die indirekte

Mitwirkung, d. h. der Prüfer ist gesetzlicher Vertreter, Arbeitnehmer, Aufsichtsratsmitglied oder Gesellschafter (mit mindestens 20 % der Stimmrechte) eines Unternehmens, welches die unvereinbare Beratungstätigkeit ausübt, stellt einen Ausschlussgrund dar.
- *Umsatzabhängigkeit*, d. h., der Prüfer hat in den letzten fünf Jahren jeweils mehr als 30 % seiner Gesamteinnahmen aus seiner beruflichen Tätigkeit von der zu prüfenden Gesellschaft und von Unternehmen, an denen diese mehr als 20 % der Anteile besitzt, bezogen und dies ist auch im laufenden Geschäftsjahr zu erwarten.

Ein Ausschlussgrund ist auch dann gegeben, wenn eine Person, mit welcher der Prüfer seinen Beruf gemeinsam ausübt, oder eine Person, die der Prüfer bei der Prüfung einsetzt, einen der angeführten Ausschlusstatbestände erfüllen.

Für *Prüfungsgesellschaften* gelten nach § 319 Abs. 4 HGB analoge Ausschlusstatbestände, d. h., sie sind von der Prüfung ausgeschlossen, wenn sie selbst, einer ihrer gesetzlichen Vertreter, ein Gesellschafter, der mindestens 20 % der Stimmrechte besitzt, ein verbundenes Unternehmen, ein bei der Prüfung in verantwortlicher Position beschäftigter Gesellschafter oder eine andere von ihr beschäftigte Person, die das Ergebnis der Prüfung beeinflussen kann, die angeführten Ausschlussgründe erfüllt. Zudem sind Prüfungsgesellschaften von der Prüfung ausgeschlossen, wenn ein Mitglied des Aufsichtsrats das Merkmal der personellen Verflechtung erfüllt.

Besondere Ausschlussgründe gelten darüber hinaus nach § 319a HGB für die Abschlussprüfung eines Unternehmens, das einen organisierten Markt i. S. d. § 2 Abs. 5 des WpHG in Anspruch nimmt (→ *Kapitalmarktorientierte Unternehmen*). Ein WP ist von der Abschlussprüfung eines solchen Unternehmens auch in folgenden Situationen ausgeschlossen:

- *Umsatzabhängigkeit*, d. h., der Prüfer hat in den letzten fünf Jahren jeweils mehr als 15 % der Gesamteinnahmen aus seiner beruflichen Tätigkeit von der zu prüfenden Gesellschaft und von Unternehmen, an denen diese mehr als 20 % der Anteile besitzt, bezogen und dies ist auch im laufenden Geschäftsjahr zu erwarten.
- Erbringung von über die Prüfungstätigkeit hinausgehenden *Rechts-* und *Steuerberatungsleistungen* (→ *Steuerberatung*) in dem zu prüfenden Geschäftsjahr, die über das Aufzeigen von Gestaltungsalternativen hinausgehen und die sich auf die Darstellung der wirtschaftlichen Lage in dem zu prüfenden Unternehmen unmittelbar und wesentlich auswirken.
- Über die Prüfungstätigkeit hinausgehende Mitwirkung an der Entwicklung, Einrichtung und Einführung von *Rechnungslegungsinfor-*

mationssystemen in dem zu prüfenden Geschäftsjahr, sofern diese Tätigkeit nicht von untergeordneter Bedeutung ist.
- Zeichnung des →*Bestätigungsvermerks* über die Prüfung des Jahresabschlusses des Unternehmens in bereits sieben oder mehr Fällen (→*Prüferrotation*).

Auch hier stellt die *indirekte Mitwirkung*, d.h., der Prüfer ist gesetzlicher Vertreter, Arbeitnehmer, Aufsichtsratsmitglied oder Gesellschafter (mit mindestens 20% der Stimmrechte) eines Unternehmens, welches die unvereinbare Tätigkeit ausübt, einen Ausschlussgrund dar.

Für Prüfungsgesellschaften gelten wiederum diese besonderen Ausschlussgründe analog. Für sie wird jedoch nur eine interne Pflichtrotation verlangt, d.h., eine Prüfungsgesellschaft darf nicht Abschlussprüfer sein, wenn sie bei der Abschlussprüfung einen WP beschäftigt, der bereits mindestens sieben Mal den Bestätigungsvermerk gezeichnet hat. Im Gegensatz zu einem Einzelprüfer kann demnach eine WPG trotz der Rotationspflicht das Prüfungsmandat beibehalten, indem sie den mit der Abschlussprüfung betrauten WP austauscht.

Gem. §§ 319 Abs. 5, 319a Abs. 2 HGB sind die genannten Ausschlussgründe auch auf den Abschlussprüfer des Konzernabschlusses entsprechend anzuwenden.

Auch § 49 WPO stellt fest, dass der WP seine Tätigkeit zu versagen hat, wenn die Besorgnis der Befangenheit besteht. Insofern finden sich auch in den §§ 23–24 Berufssatzung, die den § 49 WPO konkretisieren, Ausschlussregeln. Nach § 21 Abs. 2 Satz 2 Berufssatzung kann die Unbefangenheit insbesondere durch Eigeninteressen (§ 23 Berufssatzung), Selbstprüfung (§ 23a Berufssatzung), Interessenvertretung (§ 23b Berufssatzung) und persönliche Vertrautheit (§ 24 Berufssatzung) beeinträchtigt werden:

- *Eigeninteressen* können finanzieller (kapitalmäßige oder sonstige finanzielle Bindungen, übermäßige Umsatzabhängigkeit, über das Normale hinausgehende Leistungsbeziehungen, Forderungen gegen den Mandanten oder offen stehende Honorarforderungen) oder sonstiger Art sein.
- Eine *Selbstprüfung* liegt gem. § 23a Abs. 1 Berufssatzung vor, wenn der WP einen Sachverhalt zu beurteilen hat, an dessen Entstehung er selbst unmittelbar beteiligt und diese Beteiligung nicht von nur untergeordneter Bedeutung war. Zudem verweist § 22a Berufssatzung auf die Ausschlussgründe der §§ 319 Abs. 3, 319a HGB und stellt klar, dass bei Verwirklichung dieser Tatbestände auch berufsrechtlich die Besorgnis der Befangenheit unwiderlegbar vermutet wird. In § 23a

Abs. 3–8 Berufssatzung werden die angeführten Ausschlussgründe des HGB (Mitwirkung an der Buchführung und der Jahresabschlusserstellung, Innenrevision, Unternehmensleitung, Erbringung von Finanzdienstleistungen, versicherungsmathematische Leistungen und Bewertungsleistungen, Rechts- und Steuerberatungsleistungen, Rechnungslegungsinformationssysteme) näher diskutiert.

- Die Unbefangenheit kann wegen *Interessenvertretung* gefährdet sein, wenn der WP in anderer Angelegenheit beauftragt war, Interessen für oder gegen das zu prüfende Unternehmen zu vertreten.
- *Persönliche Vertrautheit* liegt vor, wenn ein Prüfer enge persönliche Beziehungen zu dem zu prüfenden Unternehmen, den Mitgliedern der Unternehmensleitung oder Personen, die auf den Prüfungsgegenstand Einfluss haben, unterhält.

Ausschuss für Aus- und Fortbildung

Bei dem Ausschuss für Aus- und Fortbildung (AAF) handelt es sich um einen Fachausschuss des →*IDW* mit branchenunabhängigem Bezug zur Abschlussprüfung. Ziel des AAF ist die Behandlung aktueller Fragen der Aus- und Fortbildung in Bezug auf den Berufsstand der WP. Zu diesem Zweck werden durch den AAF die Ausbildungsinhalte für WP überwacht und ggf. angepasst. Hinsichtlich der Fortbildung berät der AAF über die Inhalte von Arbeits- und Fachtagungen, Seminaren und anderen Veranstaltungen des IDW.

Ausschuss für internationale Zusammenarbeit

Der Ausschuss für internationale Zusammenarbeit (AFIZ) berät und koordiniert die Aktivitäten von deutschen Delegierten in der →*FEE*, der →*IFAC* und im →*IASB*, um einen einheitlichen Standpunkt in diesen Institutionen zu gewährleisten. Im AFIZ sind der Präsident der →*WPK*, der Vorstandssprecher des →*IDW*, der Vorsitzende des →*HFA* sowie die jeweiligen deutschen Vertreter in den o.g. internationalen Institutionen vertreten.

Außenprüfung → Steuerliche Außenprüfung

Auswahl aufs Geratewohl → Willkürauswahl

Auswahl bewusster Fälle → Bewusste Auswahl

Auswahl des Abschlussprüfers → Wahl des Abschlussprüfers

Auswahl nach dem Konzentrationsprinzip → Bewusste Auswahl

Auswahl typischer Fälle → Bewusste Auswahl

Auswahlprüfung

Eine → *Vollprüfung* von → *Prüffeldern* ist im Rahmen einer Abschlussprüfung nicht immer möglich, da zu viele mögliche Prüffelder bestehen und die Prüffelder selbst zu umfangreich sind. Darüber hinaus steigt bei zunehmendem Umfang der Prüfungshandlungen die Fehleranfälligkeit des prüferischen Vorgehens infolge des Ermüdungseffekts. Durchführbarkeits- sowie Zeit- und Kostengründe sprechen folglich für eine nicht lückenlose Prüfung (Auswahlprüfung), bei der in Kauf genommen wird, dass → *Fehler* unentdeckt bleiben. Die Zielsetzung der Abschlussprüfung erfordert, dass das Prüfungsurteil nicht mit maximaler, sondern mit hinreichender → *Prüfungssicherheit* abgegeben wird. Im Rahmen der Auswahlprüfung ist zwischen der → *bewussten Auswahl*, der → *Zufallsauswahl* und der Auswahl aufs Geratewohl (→ *Willkürauswahl*) zu unterscheiden.

Ausweis → Abschlussaussagen

Automatisierte Prüfung → IT-gestützte Prüfungstechniken

Baetge-Bilanz-Rating

Das Baetge-Bilanz-Rating® (BBR) wurde mit Hilfe der KNNA entwickelt. KNN stellen ein Abbild biologischer neuronaler Netze dar und bilden ein Informationsverarbeitungssystem, das insbesondere zur Lösung von Klassifikationsaufgaben geeignet ist. Im Rahmen der Bilanzbonitätsbeurteilung erfolgt die Klassifikation der Unternehmen (gesundes Unternehmen und krankes Unternehmen) anhand von Kennzahlenwerten (→ *Kennzahlen*) aus den Jahresabschlussdaten der zu klassifizierenden Unternehmen. Diese Werte werden zu einem einzigen Wert, dem sog. N-Wert (Neuronaler Netzwert) zusammengefasst (vgl. hierzu auch → *Diskriminanzanalyse*). Um eine richtige Beurteilung einer hohen Anzahl von Unternehmen zu gewährleisten, lernt das KNN anhand einer großen und repräsentativen Zahl von Beispielfällen, welche Kennzahlen in diesen Wert eingehen und wie diese zu gewichten und zusammenzufassen sind. Für die Entwicklung des Netzes beim BBR fanden über 11.000 Jahresabschlüsse von solventen sowie von später insolventen Unternehmen Verwendung und aus 259 Kennzahlen wurden die relevanten Kennzahlen von dem KNN herausgesucht. Grafisch lässt sich das Ergebnis der KNNA wie folgt veranschaulichen:

Das BBR enthält 14 Kennzahlen, die sich der Vermögens-, Finanz- und Ertragslage zuordnen lassen. Die 14 Kennzahlen werden zu einem Gesamturteil verdichtet. Dieses Gesamturteil wird als N-Wert bezeichnet, der an einer Skala von +10 bis −10 gemessen wird und das zu untersuchende Unternehmen einer bestimmten Klasse zuordnet. Für die sechs Güteklassen und die vier Risikoklassen des BBR konnten Insolvenzwahrscheinlichkeiten (Inso-WS) ermittelt werden. So weist ein Unternehmen, das der Güteklasse AA zugeordnet wird, mit 0,02 % eine 50mal geringere Insolvenzwahrscheinlichkeit auf als das durchschnittliche Fortbestandsrisiko in Deutschland von ca. 1 %. Liegt dagegen der N-Wert eines Unternehmens bei −9, dann besitzt das Unternehmen in diesem Fall eine Insolvenzwahrscheinlichkeit von 15,23 %. Somit hat ein Unternehmen der Risikoklasse IV eine ca. 760mal höhere Insolvenzwahrscheinlichkeit als ein solches Unternehmen mit einem N-Wert von +9. Dementsprechend ist der N-Wert ist ein Maß für die Bestandsfestigkeit bzw. die Bestandsgefährdung eines Unternehmens.

Im Rahmen der Abschlussprüfung ergeben sich vielfältige Einsatzmöglichkeiten für das BBR. Neben der Festlegung von → *Prüfungsschwerpunkten* und der Abschätzung → *inhärenter Risiken* bietet sich das BBR vor allem für die Beurteilung von Bestandsgefährdungen (→ *Going*

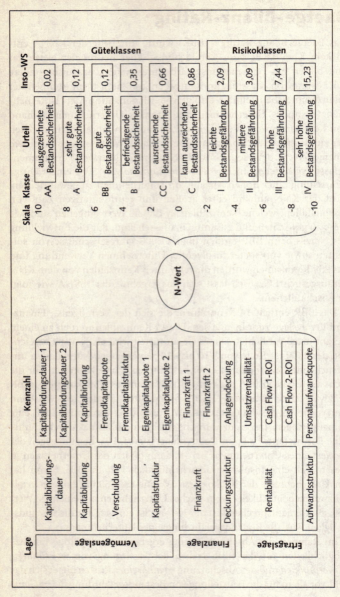

Abb. 2: Baetge-Bilanz-Rating

concern-Annahme, Prüfung) an. Dabei gilt: Je niedriger der N-Wert, desto höher die Bestandsgefährdung.

Literatur: *Baetge, J./Kirsch, H.-J./Thiele, S.*, Bilanzanalyse, 2004.

Balance sheet → Bilanz

Balance sheet audit → Abschlusspostenorientierte Prüfung

Balanced Scorecard

1 Entwicklung und Kernidee der Balanced Scorecard

Die Balanced Scorecard wurde im Rahmen eines Forschungsprojektes Anfang der 90 er Jahre, initiiert von Robert S. Kaplan und David P. Norton, in Zusammenarbeit mit zwölf US-amerikanischen Unternehmen entwickelt.

Die Kritik an der Eindimensionalität klassischer Kennzahlensysteme führte zu der Überzeugung, dass die Analyse lediglich quantitativer →*Kennzahlen* für die Unternehmensplanung und -steuerung nicht ausreichend ist. Entsprechend wurde die Balanced Scorecard als ein umfassendes Managementsystem entworfen, das nicht nur finanzielle, sondern auch nicht finanzielle Kennzahlen einschließt.

Kernidee ist, zunächst aus einer vorhandenen Unternehmensvision eine Strategie abzuleiten. Anschließend erfolgt die Umsetzung der Strategie durch Einteilung des Unternehmens und seiner Prozesse in verschiedene Perspektiven, denen Ziele, Kennzahlen, Vorgaben und Maßnahmen zugeordnet werden.

2 Umsetzung der Balanced Scorecard

Die Umsetzung der Balanced Scorecard erfolgt i. Allg. mit Hilfe folgender vier Perspektiven:

- Die *Finanzperspektive* zeigt mittels finanzwirtschaftlicher Ziele und Kennzahlen, ob die Strategie zur Ergebnisverbesserung beiträgt (mögliche Messgrößen: Umsatzrendite, Reichweite der Vorräte, Economic Value Added);
- die *Kundenperspektive* betrachtet die Ziele des Unternehmens hinsichtlich der Kundenwünsche und der Markterfordernisse (mögliche Messgrößen: Marktanteil, Kundenzufriedenheit, Loyalität oder Rücklaufquote);

- die *interne Prozessperspektive* erfasst die innerbetriebliche Wertschöpfung, indem sie die wesentlichen Prozesse erfasst und analysiert (mögliche Messgrößen: Zykluszeiten, Ausschussquoten oder Qualität der Produkte);
- die *Lern- und Entwicklungsperspektive* betrachtet insbesondere die Fähigkeit des Unternehmens und seiner Mitarbeiter, zu lernen und Innovationen hervorzubringen (mögliche Messgrößen: Ausbildung, Mitarbeitertreue oder Motivation der Mitarbeiter).

Diese vier Perspektiven bilden regelmäßig die Wertschöpfungskette eines Unternehmens ab. Die Vorgabe der vier Perspektiven ist jedoch nicht als strikte Richtlinie zu betrachten, sondern kann entsprechend der Unternehmenssituation angepasst werden. Allen vier Perspektiven werden Ziele, Kennzahlen, Vorgaben und Maßnahmen zugeordnet, wobei maximal fünf bis sieben Kennzahlen zu verwenden sind, um die Komplexität nicht unnötig zu erhöhen. Durch das Aufzeigen von Ursache-Wirkungs-Zusammenhängen zwischen den einzelnen Perspektiven wird das Ergebnis der Finanzperspektive nicht isoliert betrachtet, sondern aus den drei anderen Kategorien abgeleitet und in Verbindung zu diesen gesetzt. Dabei soll eine Balance zwischen kurzfristigen und langfristigen Zielen, monetären und nicht monetären Kennzahlen, zwischen Spätindikatoren und Frühindikatoren sowie zwischen externen und internen Performance-Perspektiven erreicht werden.

3 Anwendung der Balanced Scorecard im Rahmen der Jahresabschlussprüfung

Anwendungsmöglichkeiten für die Balanced Scorecard ergeben sich vor allem im Rahmen der →*geschäftsrisikoorientierten Prüfung*. Sie dient dabei der *Analyse der Unternehmensstrategie*. Vorrangiges Ziel ist es, mit Hilfe der Balanced Scorecard das Geschäft des Mandanten zu verstehen, um somit eine Aussage über mögliche Geschäftsrisiken bzw. eine Aussage hinsichtlich der Unternehmensfortführung (→*Going concern-Annahme, Prüfung*) treffen zu können. Die zuvor ermittelten Kennzahlen und Messgrößen dienen dabei als Indikatoren für mögliche Geschäftsrisiken. Probleme mit Kunden, Prozessen oder Ressourcenleistungen können z. B. unmittelbar Auswirkungen auf den →*Jahresabschluss* und verbunden hiermit die Erteilung des →*Bestätigungsvermerks* haben. Ist ein Unternehmen durch unterdurchschnittliche nicht finanzielle Leistungsgrößen gekennzeichnet, kann dies ein Indikator für einen zukünftigen negativen finanziellen Erfolg darstellen und somit Auswirkungen auf die Beurteilung hinsichtlich der going concern-Annahme haben.

Literatur: *Kaplan, R.S./Norton, D.P.*, in: Harvard Business Review, 1/1992, S. 71–79; *Kaplan, R.S./Norton, D.P.*, in: Harvard Business Review, 5/1993, S. 134–147.

Bankprüfung → Kreditinstitute, Prüfung

Bayessches Theorem

Unter den Voraussetzungen, dass in einem Ereignisraum S, der durch n sich gegenseitig ausschließende Ereignisse A_i (i = 1, 2, …, n) ausgefüllt wird und E ein beliebiges Ereignis bezeichne, gilt das Bayessche Theorem:

$$W(A_j/E) = \frac{W(A_j) \cdot W(E/A_j)}{\sum_{i=1}^{n} W(A_i) \cdot W(E/A_i)}$$

Mit der Bayesschen Regel kann, wenn bekannt ist, dass das Ereignis E eingetreten ist, nachträglich die Wahrscheinlichkeit dafür bestimmt werden, dass gleichzeitig mit E das Ereignis A_j (j = 1, 2, …, n) eingetreten ist. Die Wahrscheinlichkeit (A_j/E) wird deshalb auch a posteriori-Wahrscheinlichkeit des Ereignisses A_j genannt. Demgegenüber heißt die Wahrscheinlichkeit $W(A_j)$ a priori-Wahrscheinlichkeit.

Das Theorem erlaubt, aus den möglichen Informationen über wahrscheinliche Strukturen der Grundgesamtheit und den durch eine Stichprobe gewonnenen neuen Informationen a posteriori-Wahrscheinlichkeiten über die Existenz der alternativen, für möglich gehaltenen Strukturen der zugrunde liegenden Grundgesamtheit zu ermitteln.

Befreiende Prüfung

1 Normen

§ 317 Abs. 3 Satz 2 und 3 HGB, IDW PS 320.

2 Übernahme der Arbeit eines anderen externen Prüfers

2.1 Definition

Der Begriff befreiende Prüfung bezieht sich auf die in § 317 Abs. 3 Satz 2 und 3 HGB gesetzlich geregelten Fälle. Danach entfällt für den Konzernabschlussprüfer unter gewissen Voraussetzungen die grundsätzliche Pflicht, die in den →*Konzernabschluss* einbezogenen →*Einzelabschlüsse* zu prüfen. Es handelt sich damit um den Fall der *Übernahme* der Arbeit eines anderen externen Prüfers gem. IDW PS 320.5 und .27–30. Dieser Fall ist unter den Begriff der Verwendung von Arbeit eines anderen externen Prüfers zu fassen (→*Verwendung von Urteilen Dritter*). Mit Jahresabschlüssen können die →*HB I/II* wie auch Teilkonzernabschlüsse gemeint sein.

2.2 Voraussetzungen für die Übernahme der Arbeit eines anderen externen Prüfers

2.2.1 Übernahme von nach deutschem Recht geprüften Jahresabschlüssen

§ 317 Abs. 3 Satz 2 HGB nennt als Voraussetzung lediglich eine Prüfung nach den §§ 316–324a HGB. Dabei ist irrelevant, ob es sich um eine freiwillige oder eine Pflichtprüfung handelt. Eingeschlossen sind ebenfalls Prüfungen gem. § 6 PublG. Die Prüfung dieser Voraussetzung ist regelmäßig nicht mit besonderen Problemen behaftet, da Art und Umfang der Prüfung im Prüfungsbericht sowie im Bestätigungsvermerk erläutert werden müssen (§§ 321 Abs. 1 Satz 1 bzw. 322 Abs. 1 Satz 2 HGB).

2.2.2 Übernahme von nach ausländischem Recht geprüften Jahresabschlüssen

Eine Prüfung entfällt grundsätzlich auch dann, wenn ein Jahresabschluss eines ausländischen Unternehmens in den Konzernabschluss einbezogen wird. Dabei sind zwei Fälle zu unterscheiden:

a. Der ausländische Jahresabschluss wurde von einem nach der 8. EU-Richtlinie zugelassenen Prüfer geprüft.
b. Alternativ kann die Prüfung auch von einem Prüfer mit gleichwertiger Befähigung durchgeführt worden sein.

In beiden Fällen muss die Abschlussprüfung den §§ 316–324a HGB entsprechen.

Im Fall a. genügt es nicht, zu prüfen, ob der Abschlussprüfer in einem EU-Mitgliedstaat zugelassen ist. Überdies ist zu verifizieren, dass der entsprechende Mitgliedstaat die 8. EU-Richtlinie in nationales Recht transformiert hat.

Maßstab für die Gleichwertigkeit der Befähigung im Fall b. sind die persönlichen und fachlichen Voraussetzungen, die an den →Zugang zum Beruf des WP nach deutschem Recht geknüpft sind. Zudem muss die Art und Weise der Berufsausübung deutschen Anforderungen genügen. Hier sind insbesondere die allgemeinen Berufspflichten (Unabhängigkeit, Gewissenhaftigkeit, Verschwiegenheit, Eigenverantwortlichkeit und Unparteilichkeit) gem. § 43 WPO zu nennen (IDW PS 320.19). Sofern auch die →HB I/II Gegenstand der Übernahme der Arbeit des externen Prüfers ist, muss dieser gleichfalls umfassende Kenntnisse der im Konzernabschluss anzuwendenden Rechnungslegungsnormen besitzen.

Die Erfordernisse hinsichtlich der Befähigung sowie der entsprechend der §§ 316–324a HGB durchgeführten Prüfung sind i. d. R. erfüllt, sofern der Prüfer Angehöriger einer Berufsorganisation ist, die wiederum Mitglied der →IFAC ist. Dies liegt darin begründet, dass die Mitgliedsorganisationen der IFAC die Prüfungsnormen der IFAC in nationale Normen umsetzen müssen. So basieren die deutschen →IDW PS grundsätzlich auf den internationalen Normen. Gilt dies auch für die ausländischen Prüfungsnormen, ist von einer gleichwertigen Prüfung auszugehen. In diesem Fall ist allerdings zu prüfen, ob die internationalen Prüfungsnormen korrekt in nationales Recht oder verpflichtende, nationale Prüfungsnormen umgesetzt worden sind (vgl. hinsichtlich der Befähigung IDW PS 320.20f.).

Nach herrschender Literaturmeinung erstrecken sich die Rechtsfolgen der befreienden Prüfung ausländischer Unternehmen über den Wortlaut von § 317 Abs. 3 Satz 3 HGB hinaus nicht nur auf Tochterunternehmen i. S. d. § 290 HGB, sondern auch auf Unternehmen, die quotal (→Quotenkonsolidierung, Prüfung) in den Konzernabschluss einbezogen werden.

2.3 Konsequenzen für den Konzernabschlussprüfer

Der Konzernabschlussprüfer hat zunächst zu prüfen, ob die Voraussetzungen für eine befreiende Prüfung vorliegen (IDW PS 450.129). Liegen die Voraussetzungen vor, hat der Konzernabschlussprüfer grundsätzlich lediglich die Prüfungsberichte kritisch zu lesen. Dies ist im →*Prüfungsbericht* zu erwähnen (IDW PS 450.129). Nur wenn Zweifel an der ordnungsmäßigen Durchführung der Prüfung bestehen, sind weitere Prüfungshandlungen vorzunehmen. In diesem Fall kommt keine Übernahme, sondern lediglich eine Verwertung der Arbeit des externen Prüfers in Betracht (IDW PS 320.30).

Bei eingeschränkten, mit Zusatz versehenen oder verweigerten → *Bestätigungsvermerken* hat der Konzernabschlussprüfer die Pflicht, die entsprechenden Sachverhalte hinsichtlich der Auswirkungen auf den Konzernabschluss zu prüfen und im Prüfungsbericht darzulegen (IDW PS 450.129). Diese Pflicht resultiert aus dem Grundsatz der Eigenverantwortlichkeit des Prüfers (§ 43 WPO, § 11 der Berufssatzung).

Auch im Falle der Übernahme kann eine Verständigung mit dem Prüfer des Einzelabschlusses zweckmäßig und sogar geboten sein, um den unterschiedlichen Zielsetzungen zwischen Konzern- und Einzelabschlussprüfung Rechnung zu tragen (IDW PS 320.29).

Befreiender Konzernabschluss → Konzernabschluss, befreiender

Begrenzte Rationalität

Die klassische Ökonomie ging stets von rational handelnden Wirtschaftssubjekten aus. Entscheidungen solcher Akteure sind durch folgende Eigenschaften charakterisiert:

- Mögliche Handlungsalternativen und daraus folgende Konsequenzen sind vollständig bekannt;
- das Wirtschaftssubjekt hat eine Präferenzordnung aller Konsequenzen; es gibt keine Konsequenz, die es in die Ordnung nicht einfügen kann;
- im Zuge der Entscheidungsoptimierung können beliebig viele und beliebig komplizierte Berechnungen fehlerfrei durchgeführt werden;
- wird eine mögliche Handlung durch eine alternative, logisch gleichwertige ersetzt, so beeinflusst dies die Entscheidung nicht.

Das Konstrukt der begrenzten Rationalität (bounded rationality) entstand, weil empirische Studien in verschiedensten Bereichen der Sozialwissenschaften nachgewiesen haben, dass Wirtschaftssubjekte nicht rational im zuvor beschriebenen Sinn handeln (können). Begrenzte Rationalität liegt vor, wenn eine oder mehrere der obigen Annahmen verletzt sind. Das Konzept der begrenzten Rationalität entspricht der realen Welt besser und kann insbesondere erklären, warum Effekte beobachtbar sind, die der klassischen Ökonomie mit rationalen Akteuren widersprechen.

Insbesondere ist es plausibel, davon auszugehen, dass Wirtschaftssubjekte

- nur begrenzte Fähigkeiten zu Berechnungen und zur Optimierung besitzen;
- nicht alle möglichen Handlungsalternativen bei einem Entscheidungsproblem vorab bekannt sind und
- nicht alle Konsequenzen der Handlungsalternativen prognostizierbar sind.

In Bezug auf die Abschlussprüfung ist die begrenzte Rationalität bedeutsam beim Prüfungsprozess (→ *Suchprozess;* → *Informationsverarbeitungsansatz*).

Literatur: *Rubinstein, A.*, Modeling Bounded Rationality, MIT Press Cambridge, Massachusetts, 1998; *Simon, H.*, in: Quarterly Journal of Economics 1955, S. 99–118.

Begutachtung

Die Erbringung von Prüfungsdienstleistungen ist die zentrale Berufsaufgabe des WP (§ 2 Abs. 1 WPO) (→ *Tätigkeitsbereiche des WP*). Darüber hinaus ist der WP zur Beratung und Vertretung in steuerlichen Angelegenheiten (→ *Steuerberatung*), zur Beratung und Wahrung fremder Interessen in wirtschaftlichen Angelegenheiten (→ *Unternehmensberatung*) und zur treuhänderischen Verwaltung (→ *Treuhandwesen*) befugt (§ 2 Abs. 2 u. 3 Nr. 2 u. 3 WPO). Schließlich gehört es zu seinem Tätigkeitsfeld, auf den Gebieten der wirtschaftlichen Betriebsführung als Sachverständiger aufzutreten (§ 2 Abs. 3 Nr. 1 WPO). Die Begutachtung stellt eine *Sachverständigentätigkeit* dar.

Als *Gutachten* werden Feststellungen, Analysen und Beurteilungen von abgegrenzten ökonomischen Sachverhalten durch außenstehende Gutachter bezeichnet. Der Gutachter ist ein unabhängiger Sachverständiger, der bei der Urteilsabgabe sämtliche tatbestandsrelevanten Informationen einzuholen und zu verarbeiten hat.

Im Gegensatz zur Prüfung findet im Rahmen der Begutachtung kein expliziter Abgleich eines Begutachtungsobjektes mit dessen korrespondierendem normenkonformen Soll-Objekt statt und im Gegensatz zur Beratung umfasst die Begutachtung keine Handlungsempfehlungen.

Bei der Begutachtung wird ein Tatbestand anhand einer nachvollziehbaren anerkannten Methodik durch einen sachkundigen Dritten objektiv beschrieben und/oder quantifiziert. Ziel ist die Bereitstellung von Erst- oder Zusatzinformationen über einen Tatbestand bei Entscheidungsunsicherheiten oder mangelnder Fachkundigkeit.

Gutachten können dazu dienen, Aussagen bzw. Feststellungen von Tatbeständen (Ermittlungsgutachten), sachliche Analysen, Deutungen, Erklärungen oder Interpretationen vergangener Abläufe (Erklärungsgutachten), Prognosen künftiger Daten und Abläufe (Prognosegutachten; → *Prognoseprüfung*) oder Informationen über Handlungsalternativen und über ihre Ergebnisse (Gutachten über Handlungsalternativen) zu verschaffen.

Gutachten sollen sachgerechte Beurteilungen und vertrauenswürdige Feststellungen enthalten und haben dadurch eine besondere Bedeutung bei gerichtlichen und außergerichtlichen Auseinandersetzungen. In diesem Zusammenhang ist zwischen dem *gerichtlichen Sachverständigengutachten*, dem Parteiengutachten und dem Schiedsgutachten zu unterscheiden. Ein Gericht zieht Personen mit besonderem Fachwissen heran, wenn die Entscheidung eines Rechtsstreits von der Klärung von Problemen abhängt, die nur mit speziellen Kenntnissen auf außerjuristischen Wissensgebieten gelöst werden können. *Parteiengutachter* werden bei gerichtlichen oder außergerichtlichen Auseinandersetzungen von einzelnen Parteien oder im Strafprozess von Beschuldigten beigebracht. Widerstreitende Parteien können vereinbaren, dass über den Streitfall ein Sachverständiger entscheiden und sein Spruch für die Parteien verbindlich sein soll (*Schiedsgutachten*).

Begutachtungen wirtschaftlicher Sachverhalte werden regelmäßig besonders befähigten Personen übertragen. Aufgrund der fachlichen und persönlichen Qualifikation, des Ansehens des Berufsstandes und der Verpflichtung zur Einhaltung von normierten Berufsgrundsätzen werden vor allem WP und Steuerberater mit gutachterlichen Stellungnahmen zu wirtschaftlichen Sachverhalten betraut. Von zunehmender Bedeutung ist hierbei die Gutachtertätigkeit im Rahmen der → *Unternehmensbewertung*.

Beizulegender Zeitwert → Fair values, Prüfung

Bekanntmachung im Bundesanzeiger → Bundesanzeiger

Belegprüfung

Nach dem Belegprinzip muss zur Gewährleistung der Nachprüfbarkeit jeder Buchung ein Beleg zugrunde liegen. Der Beleg stellt das Bindeglied zwischen Geschäftsvorfall und Buchung dar. Bei der Belegprüfung wird zwischen der →*formellen Prüfung* und →*materiellen Prüfung* einerseits und der Gegenüberstellung des Beleginhalts mit den entsprechenden Eintragungen in den Büchern andererseits differenziert. Als formelle Ordnungskriterien sind z.B. die chronologische Erfassung, die Verständlichkeit des Textes, die Vollständigkeit (durchgängige Nummerierung), die Kontierung sowie die Zeichnung durch die jeweils buchende Person zu verstehen. Materielle Ordnungskriterien sind inhaltliche und zahlenmäßige Richtigkeit sowie rechnerische Richtigkeit der Daten. Der Vergleich des Belegs mit den Eintragungen in den Büchern kann als Prüfung der Buchung verstanden werden. Auch bei einer →*IT-gestützten Rechnungslegung* muss jeder Buchung ein Beleg zugrunde liegen. Werden Dauerbuchungen durchgeführt, dann übernimmt das Verfahren, welches die Dauerbuchungen auslöst, die Funktion eines Dauerbelegs (verfahrensmäßiger Nachweis).

Belehrung → Berufsaufsicht

Benchmark treatment

Die IFRS geben zur Bilanzierung vereinzelt eine bevorzugte Methode (benchmark treatment) sowie eine alternativ zulässige Methode (→*Allowed alternative treatment*) vor. Da beide Behandlungsweisen ohne Einschränkungen zulässig sind, handelt es sich um ein echtes Wahlrecht (IASB Preface.12), wobei bei Anwendung des allowed alternative treatments Angaben zur Überleitung auf das Ergebnis unter Anwendung des benchmark treatments zu tätigen sind. Infolge einer grundlegenden Überarbeitung im Rahmen des Improvements Projects, die u.a. die Eliminierung von Wahlrechten vorsah (IASB Preface.13), ist lediglich IAS 23.7–9 als benchmark treatment in den IFRS verblieben. Das →*IASB* hat im November 2003 zudem beschlossen, künftig auf eine Unterscheidung zwischen benchmark treatment und allowed alternative treatment zu verzichten.

Benchmarking

Das benchmarking ist ein Ansatz zur Erfassung, Bewertung und Gegenüberstellung von Produkten, Dienstleistungen, Methoden oder Prozessen zwischen Geschäftsbereichen oder Unternehmen. Durch den Einsatz von Vergleichsgrößen und Richtwerten (benchmarks) sollen die besten Verfahren (best practice) zur Realisierung bestimmter Vorhaben, z.B. der Ermittlung möglichst geringer Herstellungskosten eines Produktes, identifiziert werden. Anschließend können Produkte, Dienstleistungen, Methoden oder Prozesse des Unternehmens bzw. des Geschäftsbereiches angepasst werden, um eine Verbesserung der Wettbewerbssituation zu erreichen. Zur Ermittlung möglicher benchmarks kann der Abschlussprüfer bspw. folgende Quellen heranziehen: Jahresabschlüsse und Lageberichte anderer Unternehmen der Branche, Publikationen über die Branche, Branchenstatistiken, Mitteilungen von Industrie- und Handelskammern, Unternehmensverbänden und Wirtschaftsvereinigungen oder Konsultation der jeweiligen Branchenspezialisten innerhalb der Prüfungsgesellschaft. Das benchmarking kann insbesondere als Instrument zur Durchführung analytischer Prüfungshandlungen (→ *Analytische Prüfungen*) sowie als Instrument im Rahmen der → *geschäftsrisikoorientierten Prüfung* angewendet werden. Im Rahmen der geschäftsrisikoorientierten Prüfung dient es der *Analyse der Unternehmensstrategie* und der *Prozessanalyse*. Durch den Einsatz des benchmarking im Rahmen der Prüfung sollen vorrangig Geschäftsrisiken identifiziert werden; die Abweichungen zu den ermittelten benchmarks dienen dabei als Indiz für mögliche Geschäftsrisiken.

Benford'sches Gesetz

1 Hintergrund

Durch → *analytische Prüfungen* lässt sich die Effektivität und die Effizienz der Prüfung steigern. I.w.S. zählt zu den analytischen Prüfungen auch eine in der jüngsten Vergangenheit aufgegriffene Methodik, die an der Häufigkeit der verschiedenen Ziffern im Zahlenwerk des zu beurteilenden Jahresabschlusses ansetzt. Solche Analysen, die auf dem sog. Benford'schen Gesetz basieren, untersuchen bestimmte wiederkehrende Muster von Ziffern bzw. Ziffernkombinationen.

Bereits im Jahre 1881 machte der amerikanische Astronom *Simon Newcomb* die Beobachtung, dass die ersten Seiten von Logarithmentafeln abgenutzter waren als die hinteren. Aus einem nicht näher nachzuvollziehenden Grund schienen auf ihnen basierende Berechnungen wesentlich mehr Zahlen zu erfassen, die mit der Ziffer 1 beginnen als mit einer 8 oder 9. Da er seine Beobachtung jedoch nicht fundieren konnte, geriet diese lange Zeit in Vergessenheit. Erst 57 Jahre später fiel dieses Phänomen auch *Frank Benford* auf, der seine Ergebnisse in einer Verteilungshypothese, die als *Benford's Law* bekannt wurde, formulierte.

2 Benford's Law

Ausgehend von ihren Beobachtungen folgerten zunächst *Newcomb* und später *Benford*, dass die *natürliche Verteilung* von Ziffern in unwillkürlich generierten Datensätzen eine *logarithmische*, keinesfalls jedoch eine gleichförmige *Verteilung* sei. Dieser Zusammenhang wurde zunächst für die Verteilung der ersten Ziffer (sog. *Significant Digit Law*) formuliert. Demnach berechnet sich die Wahrscheinlichkeit, dass die erste Ziffer D_1 einer Zahl gleich d_1 ist, zu

$$P(D_1 = d_1) = \log\left(\frac{d_1 + 1}{d_1}\right).$$

Da für die gängigen Berechnungen das Dezimalsystem zugrunde gelegt wird, findet hierbei entsprechend der Logarithmus zur Basis 10 Verwendung. Dabei ist der Wert auszuschließen, da die Anfangsziffer per Definition immer die erste von 0 verschiedene Ziffer ist. Die Verallgemeinerung dieser Verteilungshypothese für die erste Ziffer (*General Significant Digit Law*) ermöglicht darüber hinaus auch die Ermittlung der erwarteten Häufigkeiten nachfolgender Ziffern bzw. Ziffernkombinationen:

$\forall k \in Z, d_1 \in \{1, 2, \ldots, 9\}$ sowie $d_j \in \{0, 1, 2, \ldots, 9\}$ mit $j = 2, \ldots, k$ ist

$$P(D_1 = d_1, \ldots, D_k = d_k) = \log\left[1 + \left(\sum_{i=1}^{k} d_i \cdot 10^{k-j}\right)^{-1}\right].$$

Basierend auf diesem verallgemeinerten Benford'schen Gesetz lassen sich damit die erwarteten Häufigkeiten z. B. der ersten beiden Ziffern eines Datensatzes ermitteln:

Zweite Ziffer	0	1	2	3	4	5	6	7	8	9	∑ 1. Ziffer
Erste Ziffer											
1	4,14%	3,78%	3,48%	3,22%	3,00%	2,80%	2,63%	2,48%	2,35%	2,23%	**30,10%**
2	2,12%	2,02%	1,93%	1,85%	1,77%	1,70%	1,64%	1,58%	1,52%	1,47%	**17,61%**
3	1,42%	1,38%	1,34%	1,30%	1,26%	1,22%	1,19%	1,16%	1,13%	1,10%	**12,49%**
4	1,07%	1,05%	1,02%	1,00%	0,98%	0,95%	0,93%	0,91%	0,90%	0,88%	**9,69%**
5	0,86%	0,84%	0,83%	0,81%	0,80%	0,78%	0,77%	0,76%	0,74%	0,73%	**7,92%**
6	0,72%	0,71%	0,69%	0,68%	0,67%	0,66%	0,65%	0,64%	0,63%	0,62%	**6,69%**
7	0,62%	0,61%	0,60%	0,59%	0,58%	0,58%	0,57%	0,56%	0,55%	0,55%	**5,80%**
8	0,54%	0,53%	0,53%	0,52%	0,51%	0,51%	0,50%	0,50%	0,49%	0,49%	**5,12%**
9	0,48%	0,47%	0,47%	0,46%	0,46%	0,45%	0,45%	0,45%	0,44%	0,44%	**4,58%**
∑ 2. Ziffer	**11,97%**	**11,39%**	**10,88%**	**10,43%**	**10,03%**	**9,67%**	**9,34%**	**9,04%**	**8,76%**	**8,50%**	100,00%

Abb. 3: Benford'sches Gesetz

Wie aus der Berechnung der erwarteten Häufigkeiten der ersten beiden Ziffern ersichtlich wird, unterscheidet sich die erste Stelle der betrachteten Zahlen deutlicher als die zweite von einer Gleichverteilung. Bei den nachfolgenden Stellen hebt sich Benford's Law immer weniger deutlich von einer Gleichverteilung ab.

3 Anwendungsvoraussetzungen

Bei Gültigkeit dieser Verteilungsannahme, bietet es sich an, Benford's Law einzusetzen, um zu überprüfen, ob Daten in Datensammlungen die tatsächlichen Verhältnisse widerspiegeln oder ob diese verändert bzw. manipuliert wurden. Der Prüfer braucht lediglich die Häufigkeit des Auftauchens der Ziffern 1 bis 9 an den jeweiligen Stellen der im zu untersuchenden Datensatz enthaltenen Zahlen zu betrachten und mit Benford's Law zu vergleichen, um die Ordnungsmäßigkeit der Daten zu beurteilen.

Die Erzeugung einer Benford-Menge, also eines Datensatzes, der dem Benford'schen Gesetz gehorcht, unterliegt jedoch bestimmten Voraussetzungen, zu denen nach allgemeinem Stand der Diskussion die folgenden zählen:

- Der Datensatz sollte das gleiche Phänomen messen, d.h., die Daten sollten alle in der gleichen Maßgröße vorliegen.

- Es sollte keine eingebauten Minimal- oder Maximalwerte geben, wie dies z. B. bei Kalendermonaten der Fall ist, welche einen Maximalwert von 28, 30 oder 31 Tagen besitzen.
- Der Datensatz sollte keine zugewiesenen Nummern, wie z. B. Telefonnummern, enthalten.
- Der Datensatz sollte mehr kleine als große Positionen aufweisen. Das gilt z. B. bei finanziellen Transaktionen, denn hier ist die Anzahl an wertmäßig kleineren Vorgängen generell größer.

Empirische Studien konnten nachweisen, dass Rechnungslegungsdaten z. B. in den USA einer solchen Gesetzmäßigkeit folgen – mit der Konsequenz, dass Benford's Law von einigen Landessteuerbehörden (so z. B. in den Staaten Kalifornien und Delaware) zur Prüfung der Plausibilität der eingereichten Steuererklärungen verwendet wird und auch bei einigen Prüfungsunternehmen Eingang in den Prüfungsansatz gefunden hat.

4 Die Eignung von Benford's Law zur Fehleraufdeckung

Ein erstes Problem für die Anwendung des Benford'schen Gesetzes als analytische Prüfungshandlung ist darin zu sehen, dass eine ausreichende Anzahl von Elementen im zu untersuchenden Datensatz vorhanden sein muss, da bei zu geringer Datenmenge Abweichungen von der Benford-Verteilung auch zufallsbedingt sein können und damit fälschlicherweise Fehler signalisieren würden. Damit beschränkt sich die Anwendung von Benford's Law auf solche Prüffelder, in denen *Massenvorgänge* erfasst werden wie z. B. Vorräte (→ *Vorräte, Prüfung*) bei Industrieunternehmen oder Forderungen (→ *Forderungen, Prüfung*) bei Banken.

Hinzuweisen ist auch auf die offensichtlich mangelnde Eignung beobachteter Abweichungen vom Benford'schen Gesetz hinsichtlich der *Ursachenanalyse*. So kann z. B. aus der Beobachtung, dass einige Ziffern zu häufig, andere hingegen zu selten beobachtet werden, kaum abgelesen werden, ob eher Über- oder Unterbewertungen vorliegen. Diese Information wäre jedoch für die Festlegung eines geeigneten Prüfungsinstrumentariums zur Aufklärung der gefundenen Abweichungen wertvoll. Somit eignen sich Benford's Law-basierte Methoden eher als vorbereitende Analysen für die bisher obligatorischen analytischen Prüfungshandlungen.

Weiterhin ist anzumerken, dass Benford's Law relativ *robust gegenüber einigen wenigen Abweichungen* von der Verteilungsannahme ist. Dies bedeutet, dass mit Hilfe dieses Instrumentes der Fall, dass zwar nur einige wenige Posten, diese jedoch massiv manipuliert wurden, kaum entdeckt werden kann.

Ein weiteres Problem liegt in der Eigenschaft der *Skaleninvarianz* des Benford'schen Gesetzes begründet. Dies bedeutet, dass Benford's Law im Extremfall nicht in der Lage ist, eine Manipulation sämtlicher Daten eines Prüfgebietes zu erkennen, wenn diese mit einem konstanten Faktor multipliziert wurden.

Ebenso ist unklar, ob eine Person, die Rechnungslegungsdaten manipuliert, nicht intuitiv das Benford'sche Gesetz anwendet – für diesen Fall wäre eine Prüfungshandlung, die auf Übereinstimmung mit Benford's Law abstellt, nutzlos. Grundsätzlich besteht die Gefahr, dass die Ersteller von Rechnungslegungsdaten die Anwendung von Benford's Law antizipieren und Daten derart manipulieren, dass die Benford-Verteilung erhalten bleibt. Mitunter wird diese Gefahr als gering eingestuft, da dies komplexe kombinatorische Operationen erfordere. Dieses Argument trifft jedoch nur dann zu, wenn zahlreiche Einzelposten unter Erhalt der dem Benford'schen Gesetz zugrunde liegenden Ziffernverteilung manipuliert werden sollen. Werden jedoch nur wenige Einzelposten in erheblichem Umfang manipuliert oder aber sämtliche Posten mit einem konstanten Faktor multipliziert, so ist der operative Aufwand gering. Dennoch werden auch solche Manipulationen wahrscheinlich nicht durch Benford's Law-basierte Prüfungshandlungen aufgedeckt. Allerdings dürften solche Manipulationsversuche durch andere analytische Prüfungshandlungen bzw. durch Einzelfallprüfungen offen gelegt werden.

5 Abschließende Würdigung

Für eine abschließende Würdigung der Eignung des Benford'schen Gesetzes als analytische Prüfungshandlung im Rahmen der handelsrechtlichen Jahresabschlussprüfung ist zu berücksichtigen, dass sowohl interne als auch externe Prüfer zunächst die Aufgabe haben, die Glaubwürdigkeit des im Rechnungswesen vorhandenen Datenmaterials zu beurteilen. Hierfür hat sich der Vergleichsmaßstab des Benford's Law als durchaus vielversprechend erwiesen. Mit diesem Instrument ist der Prüfer in der Lage, auf einfache Weise Datensätze, die im Rahmen seiner prüferischen Tätigkeit auftauchen, auf ihre prinzipielle Fehler- bzw. Manipulationsfreiheit zu prüfen. Je stärker ein bei einem Datensatz beobachtetes Ziffernmuster von Benford's Law abweicht, desto weniger plausibel erscheint der untersuchte Datensatz. An dieser Stelle enden aber die Möglichkeiten des Benford's Law, denn beobachtete nicht plausible Ergebnisse müssen nach wie vor traditionell auf ihre Ursachen hin untersucht werden. Der Prüfer muss dann also ermitteln, ob die beobachteten Abweichungen aus legitimen Gründen oder aus Manipulationen resultieren. Benford's Law-basierte Methoden eignen sich daher vornehmlich als Vorstufe zu den bereits bisher eingesetzten analytischen Prüfungshandlungen und versprechen in Kombination mit diesen eine effektivere Aufdeckung möglicherweise fehlerbehafteter Prüffelder.

Reiner Quick

Literatur: *Benford, F.*, in: Proceedings of the American Philosophical Society, March 1938, S. 551–572; *Nigrini, M.J./Mittermaier, L.J.*, in: Auditing: A Journal of Practice & Theory, Fall 1997, S. 52–67; *Quick, R./Wolz, M.*, in: Betriebswirtschaftliche Forschung und Praxis 2003, S. 208–224.

Beratung und Prüfung

1 Relevante Normen

a) Deutsche Normen: §§ 319 Abs. 2–5, 319a HGB, §§ 2, 49 WPO, §§ 22, 23 Berufssatzung; b) Internationale Normen: Ethics Sec. 290, 8. EU-Richtlinie.

2 Beratung als zulässige Aufgabe des WP

Nach § 2 Abs. 1 WPO haben WP die berufliche Aufgabe, betriebswirtschaftliche Prüfungen durchzuführen. Des Weiteren sind sie u.a. dazu befugt, in steuerlichen (→ *Steuerberatung*) und wirtschaftlichen Angelegenheiten (→ *Unternehmensberatung*) zu beraten (§ 2 Abs. 2 u. 3 WPO). Beratungen gehören somit zweifelsfrei zum Tätigkeitsgebiet der wirtschaftsprüfenden Berufsstände (→ *Tätigkeitsbereiche des WP*). Die Zulässigkeit von gleichzeitiger Prüfung und Beratung wird jedoch primär unter dem Blickwinkel der → *Unabhängigkeit* des Abschlussprüfers intensiv diskutiert.

3 Probleme von gleichzeitiger Prüfung und Beratung

Für ein Verbot von gleichzeitiger Prüfung und Beratung spricht, dass ansonsten die Urteilsfreiheit gefährdet wird. Beratung ist durch ein besonderes Vertrauensverhältnis zwischen Berater und Unternehmensleitung gekennzeichnet, das durch persönliche Bindungen mit den Funktionsträgern des Mandanten die Urteilsfreiheit des Prüfers negativ beeinflusst und so einer objektiven Prüfung abträglich sein kann (*familiarity threat*). War der Prüfer auch als Berater tätig, muss er u.U. Sachverhalte beurteilen, deren Gestaltung er durch seine Empfehlungen beeinflusst hat. Die Prüfung selbst herbeigeführter Sachverhalte löst jedoch Befangenheit aus, da die notwendige Distanz zum Prüfungsobjekt verloren geht. Der Prüfer könnte Fehler, die im Zusammenhang mit seiner Beratungstätigkeit stehen, übersehen bzw. seine Beratungsfehler, die er im Rahmen der Prüfung erkennt, verschweigen (*self review threat*). Mit zunehmenden Beratungsleistungen steigt die Gefahr, dass sich der Prüfer mit den Interessen des zu prüfenden Unternehmens bzw. mit denen ihrer Führungskräfte identifiziert (*advocacy threat*). In diesem Zusammenhang wird auch darauf verwiesen, dass die Reputation des Beraters von den Beratungsergebnissen abhängt, so dass der Prüfer, der gleichzeitig berät, ein erhebliches Eigeninteresse am Unternehmen hat. Des Weiteren kann die gleichzeitige Prüfung und Beratung zu finanzieller Abhängigkeit führen (*self interest threat*). Durch zusätzliche Beratungsaufträge steigt der Umsatz mit dem Mandanten, so dass das finanzielle Interesse des Prüfers an dieser Geschäftsverbindung und damit die potenzielle Kundenabhängigkeit wächst. Der Abschlussprüfer könnte eher zu Zugeständnissen bereit sein, weil er befürchten muss, zugleich Prüfungs- und Beratungsauftrag zu verlieren.

Mit dem Quasi-Renten-Modell (→*Lowballing*) und dem agencytheoretischen Modell (→*Agencytheoretischer Ansatz*) existieren zwei theoretische Ansätze zur Erklärung des Unabhängigkeitsproblems und dessen Verschärfung durch die Verknüpfung von Prüfung und Beratung. *Quasi-Renten* werden im ökonomischen Modell von DeAngelo erklärt. Danach verursacht eine Erstprüfung zusätzlich Start up-Kosten. Folgeprüfungen sind kostengünstiger. Der bisherige Prüfer verfügt bei zukünftigen Prüfungen seines Mandanten über einen Informationsvorsprung und damit im Vergleich zu einem neuen Prüfer über Kostenvorteile. Für den Mandanten ist ein Prüferwechsel nachteilig, denn er löst Transaktionskosten aus. Aus diesen Gründen kann der bisherige Prüfer künftig Honorare verlangen, die über seinen Prüfungskosten liegen, d. h. sog. Quasi-Renten beziehen. Der Mandant hat daher die Möglichkeit, den Abschlussprüfer durch die Beendigung der vertraglichen Beziehung zu schädigen, denn dem Prüfer gingen zukünftige Quasi-Renten verloren. Damit kann er mit der Beendigung des Vertragsverhältnisses drohen, um dem Prüfer Konzessionen hinsichtlich seines Prüfungsurteils abzuringen. Die Existenz mandantenspezifischer Quasi-Renten beeinträchtigt somit die Unabhängigkeit des Abschlussprüfers. Ist der Prüfer gleichzeitig als Berater beim Mandanten tätig, kann er die bei der Beratung erlangten Informationen auch im Rahmen seiner Prüfung nutzen und dadurch seine Prüfungskosten senken (*knowledge spillovers*). Damit steigen sowohl seine aus der Prüfungstätigkeit beim Mandanten erzielbaren Quasi-Renten, als auch das Risiko der Beeinträchtigung seiner Unabhängigkeit. Umgekehrt kann der Berater Synergievorteile durch seine Kenntnisse aus der Prüfungstätigkeit nutzen und so die Kosten des Beratungsauftrags senken. Dadurch ist die Gesamt-Quasi-Rente aus Prüfung und Beratung höher als die erzielbare Quasi-Rente bei ausschließlicher Prüfungstätigkeit, so dass sich die Unabhängigkeit des Abschlussprüfers reduziert.

Zwischen den Eigentümern (Prinzipal) und dem Abschlussprüfer (Agent) bestehen Vertragsbeziehungen, die durch asymmetrische Informationen gekennzeichnet sind, wobei der Abschlussprüfer über Informationsvorteile verfügt. Die Prüfungsleistung des Abschlussprüfers ist deshalb durch die Eigentümer nicht vollständig beobachtbar (*hidden action*). Unterstellt man, dass sich der Abschlussprüfer nutzenmaximierend verhält, besteht die Gefahr eines *moral hazard*. Der Abschlussprüfer könnte zum einen seine Prüfungsqualität reduzieren und damit bei gegebenem Prüfungshonorar seine Aufwendungen mindern. Zum anderen könnte der Prüfer aber auch seine Unabhängigkeit gegenüber dem Management aufgeben und Zahlungen dafür akzeptieren, dass er aufgedeckte Unregelmäßigkeiten (→ *Fraud, Prüfung*) in seinem → *Prüfungsbericht* verschweigt. Beratungsleistungen könnten vom Management an den Prüfer vergeben werden, um solchen Zahlungen einen legalen Charakter zu verleihen.

4 Vorteile von gleichzeitiger Prüfung und Beratung

Für eine gleichzeitige Wahrnehmung von Prüfungs- und Beratungstätigkeit werden vielfältige Argumente angeführt. Sie führt zu *Informations- und Kostenvorteilen*. Der Abschlussprüfer erhält als Berater zusätzliche Einblicke in das Unternehmen, so dass er seinen Prüfungsaufgaben noch effizienter nachkommen kann. Umgekehrt stehen die Arbeitsunterlagen und Erkenntnisse der Prüfung auch für die Beratungstätigkeit zur Verfügung. Dieser verbesserte Informationsstand erhöht nicht nur die Wirtschaftlichkeit, sondern auch die Qualität von Prüfung und Beratung. Der WP verfügt über ein erhebliches Erfahrungspotenzial und eine hohe Qualifikation. Zudem ist er auch im Rahmen von Beratungstätigkeiten an vorgegebene Verhaltensnormen (→ *Ethische Prüfungsnormen*) gebunden. Beides schützt vor Fehlberatungen. Für den Mandanten *reduziert* sich das *Beratungsrisiko* nicht nur aufgrund dieser

Qualifikationsvorteile des Prüfers, sondern auch, weil er ihn und seine Fähigkeiten bereits im Rahmen der Prüfungstätigkeiten kennen gelernt hat. Die Erfahrungen mit dem Abschlussprüfer lassen Rückschlüsse auf dessen Eignung als Berater zu, da die Anforderungen ähnlich sind. Insofern genießt der Prüfer einen Vertrauensvorsprung. Prüfung und Beratung aus einer Hand *verringern* die *Transaktionskosten* des Mandanten. Beratungstätigkeiten sind zudem mit dem Vorteil verknüpft, dass sie zum *Ausgleich von Schwankungen in der Auslastung der personellen Kapazitäten* von WP-Praxen beitragen, da die Prüfungstätigkeit vom Umfang her saisonabhängig stark variiert. Darüber hinaus wird darauf verwiesen, dass Prüfung und Beratung häufig nicht trennscharf voneinander abgrenzbar sind und eine vertrauensvolle Zusammenarbeit mit dem Mandanten stärken. Außerdem besteht i. d. R. keine Personenidentität zwischen Prüfern und Beratern (da die Beratung von organisatorisch weitgehend selbständigen Abteilungen durchgeführt wird) und der Wegfall von Beratungsleistungen würde den Beruf des WP weniger attraktiv für Hochschulabsolventen machen. Zudem findet sich der Hinweis, dass ein Beratungsverbot durch Überkreuzgeschäfte umgangen werden kann und die Einhaltung eines Beratungsverbots schwer durchzusetzen und zu kontrollieren ist. Schließlich stößt man auch auf das Argument, dass Beratungstätigkeiten die Position des Prüfers stärken, da der Mandant zum einen aus Effizienzgründen selbst ein starkes Interesse an Prüfung und Beratung haben dürfte und zum anderen der Prüfer bei rückläufigem Prüfungsgeschäft weniger erpressbar sei.

5 Rechtslage in Deutschland

Das Problem der Verbindung von Prüfungs- und Beratungstätigkeit findet auch in den Normen seinen Niederschlag. So kann nach § 319 Abs. 2 HGB ein Prüfer nicht Abschlussprüfer sein, wenn aufgrund der Verrichtung von Nicht-Prüfungsdienstleistungen die Besorgnis der Befangenheit besteht. Explizit verboten sind für den Abschlussprüfer nach § 319 Abs. 3 Nr. 3 HGB die Mitwirkung bei der *Buchführung* und der *Jahresabschlusserstellung* sowie bei der → *Internen Revision*. Als weitere → *Ausschlussgründe* werden die Erbringung von *Unternehmensleitungs- oder Finanzdienstleistungen* und die Erbringung von *versicherungsmathematischen und Bewertungsleistungen* genannt. In besonderen Fällen, d. h., bei der Prüfung von Gesellschaften, die einen organisierten Kapitalmarkt in Anspruch nehmen, sind zudem *Rechts- und Steuerberatungsleistungen*, die über das Aufzeigen von Gestaltungsempfehlungen hinaus gehen und sich wesentlich auf die Darstellung der wirtschaftlichen Lage in dem zu prüfenden Jahresabschluss auswirken, und die Mitwirkung an der Entwicklung, der Einrichtung und der Einführung von *Rechnungslegungsinformationssystemen* verboten (§ 319a Abs. 1 HGB).

Auch nach § 49 WPO hat der WP seine Tätigkeit zu versagen, wenn die *Besorgnis der Befangenheit* bei der Auftragsdurchführung besteht. Eine nähere Erläuterung der Besorgnis der Befangenheit findet sich in der Berufssatzung. Nach § 21 Abs. 2 Satz 2 Berufssatzung kann die Unbefangenheit u. a. durch *Selbstprüfung* beeinträchtigt werden. Eine Selbstprüfung liegt gem. § 23a Abs. 1 Berufssatzung vor, wenn der WP einen Sachverhalt zu beurteilen hat, an dessen Entstehung er selbst unmittelbar beteiligt und diese Beteiligung nicht von nur untergeordneter Bedeutung war. Zudem verweist § 22a Berufssatzung auf die Ausschlussgründe der §§ 319 Abs. 3, 319a HGB und stellt klar, dass bei Verwirklichung dieser Tatbestände auch berufsrechtlich die Besorgnis der Befangenheit unwiderlegbar vermutet wird. In § 23a Abs. 3–8 Berufssatzung werden die angeführten Ausschlussgründe des HGB näher diskutiert.

Nach dem sog. *Allweiler-Urteil* des BGH kann der Prüfer Entscheidungshilfen geben. Beratung stellt die Abgabe oder Erörterung von Empfehlungen durch sachverständige Personen im Hinblick auf zukünftige Entscheidungen des Ratsuchenden dar. Sie ist dadurch gekennzeichnet, dass Handlungsmöglichkeiten und ihre Konsequenzen aufgezeigt werden, während die Entscheidung dem Beratenen selbst vorbehalten bleibt. Alternativenlose Beratungsempfehlungen sind akzeptabel, solange dem Auftraggeber die Entscheidungskompetenz über die Annahme oder die Ablehnung verbleibt. Nach dem Kriterium der funktionalen Entscheidungszuständigkeit wird die Grenze zwischen zulässiger und unzulässiger Beratung dort gezogen, wo der Prüfer die Funktion des Beraters mit Entscheidungsvorschlägen verlässt und in die funktionelle Entscheidungskompetenz des Unternehmers eingreift.

6 Supranationale Rechtslage

In der *Empfehlung der Europäischen Kommission zur Sicherung der Unabhängigkeit des Abschlussprüfers* vom Mai 2002 stellt die Vereinbarkeit von Prüfung und Beratung einen Schwerpunkt dar. So sollte der Abschlussprüfer weder Entscheidungen für seinen Mandanten treffen, noch in dessen Entscheidungsprozesse eingebunden sein. Als für die Urteilsfreiheit besonders kritisch werden hier die über die Prüfungstätigkeit hinausgehende Mitwirkung bei der Buchführung und der Jahresabschlusserstellung, IT-Beratung zu Systemen, die dem Jahresabschluss zugrunde liegende Daten generieren (→ *IT-gestützte Rechnungslegung*), Bewertungen von Vermögensposten und Schulden, die in den zu prüfenden Jahresabschluss Eingang finden, die Übernahme von Aufgaben der → *Internen Revision* des Mandanten, Beratungsleistungen zur Beilegung von Rechtsstreitigkeiten, sofern diese einen wesentlichen Einfluss auf den Jahresabschluss haben, und die Mitwirkung an der Rekrutierung von Führungskräften angesehen. Weiterhin verankert die Kommission die Grundprinzipien der Empfehlung zur Unabhängigkeit des Abschlussprüfers in der 8. EU-Richtlinie.

Die IFAC hat in ihren ethischen Prüfungsnormen (→ *Ethics*) die Regeln über die Unabhängigkeit und Unbefangenheit des Abschlussprüfers neu gefasst (Ethics Sec. 290). Als Beratungsleistungen, welche die Unabhängigkeit des Abschlussprüfers beeinträchtigen, werden hier zusätzlich zu den Ausführungen der Empfehlung der Europäischen Kommission die Personalausleihe an den Auftraggeber, sofern dieses Personal die Buchführung bzw. den Jahresabschluss beeinflussen kann, die Rechtsberatung zu Angelegenheiten mit wesentlichem Einfluss auf den Jahresabschluss und Corporate Finance-Dienstleistungen behandelt (Ethics Sec. 290.192). Zudem wird explizit die Kompatibilität von Prüfung und Steuerberatung festgestellt (Ethics Sec. 290.180).

In den USA wurden durch den *SOA* folgende Beratungsleistungen generell verboten: Buchführung und Jahresabschlusserstellung, Konzeption und Umsetzung von Finanzinformationstechnologiesystemen, Schätz- und Bewertungsgutachten, versicherungsmathematische Dienstleistungen, Interne Revision, Übernahme von Managementfunktionen im zu prüfenden Unternehmen, Personalberatung, Finanzdienstleistungen, Rechtsberatung und -vertretung. Andere Beratungsaufträge dürfen nur nach vorhergehender Genehmigung durch das audit committee (→ *Prüfungsausschuss*) an den Abschlussprüfer erteilt werden, wenn die Honorare aus diesen 5 % des Umsatzes aus den gesamten Leistungen für das Unternehmen übersteigen. Ist das Beratungshonorar unwesentlich, bedürfen andere Beratungsleistungen dagegen keiner Zustimmung.

Reiner Quick

Literatur: *Ballwieser, W.*, Die Unabhängigkeit des Wirtschaftsprüfers, in: Lutter, M. (Hrsg.), Der Wirtschaftsprüfer als Element der Corporate Governance, 2001, S. 99–115; *Ewert, R.*, in: Der Konzern 2003, S. 528–539; *Quick, R.*, in: Die Betriebswirtschaft 2000, S. 60–77.

Bericht über die Unternehmenslage durch das Management
→ Financial review by management

Berichterstattung an den Aufsichtsrat

Gem. § 171 Abs. 1 Satz 1 AktG hat der → *Aufsichtsrat* die Aufgabe, den Jahresabschluss, den Lagebericht und den Vorschlag für die Verwendung des Bilanzgewinns zu prüfen. Diese Prüfungspflicht erstreckt sich bei Mutterunternehmen gem. § 290 Abs. 1, 2 HGB auch auf den Konzernabschluss und den Konzernlagebericht. Durch die mündliche Berichterstattung kann der Abschlussprüfer ihn bei dieser Aufgabe als unabhängige und sachverständige Auskunftsperson unterstützen. Gem. § 171 Abs. 1 Satz 2 AktG hat der Abschlussprüfer auch an den Verhandlungen des Aufsichtsrats über den Jahresabschluss und den Lagebericht sowie ggf. über den Konzernabschluss und den Konzernlagebericht, der sog. Bilanzsitzung, teilzunehmen. Bei der Berichterstattung an den Aufsichtsrat kann der Abschlussprüfer Sachverhalte erläutern, die im Zusammenhang mit der vom Vorstand vorgelegten Rechnungslegung und deren Prüfung stehen. Darüber hinaus können, unter Berücksichtigung der Stellung der Gesellschaft bzw. des Konzerns im Markt und aktueller Branchenentwicklungen, die Darstellung der wirtschaftlichen Lage der Gesellschaft und/oder des Konzerns sowie besondere Risiken kritisch gewürdigt werden. Aus der Berichterstattung kann der Aufsichtsrat Hinweise erhalten, wie er seine eigene Prüfungs- und Überwachungstätigkeit schwerpunktmäßig ausrichten sollte. Anzuwendende Prüfungsnorm ist der IDW PS 470.

Berichterstattung über die Prüfung → Bestätigungsvermerk; → Prüfungsbericht

Berichtigung des Jahresabschlusses → Änderung des Jahresabschlusses

Berichtskritik

§ 24d Abs. 1 der Berufssatzung enthält die Verpflichtung, vor Auslieferung des → *Prüfungsberichts* eine Berichtskritik durch einen prozessunabhängigen → *WP* bzw. → *vBP* oder einen anderen qualifizierten prozessunabhängigen Mitarbeiter durchführen zu lassen. Prozessunabhängig sind nur Personen, die nicht zum Prüfungsteam gehören. Steht eine solche Person nicht zur Verfügung, ist nach § 24d Abs. 1 Satz 4 der Berufssatzung ein externer WP/vBP zu beauftragen. Die *formelle Berichtskritik* hat primär die Berichtsgliederung, die Klarheit des Ausdrucks sowie die korrekte Orthographie und Interpunktion zum Gegenstand. Außerdem ist darauf zu achten, dass der Bericht sich auf das Wesentliche beschränkt. Ein Schwerpunkt der *materiellen Berichtskritik* ist die Überprüfung der Vollständigkeit des Berichts. Es ist zu überprüfen, ob sämtliche in den gesetzlichen Vorschriften oder vertraglichen Vereinbarungen geforderten Feststellungen getroffen und die Grundsätze ordnungsmäßiger Berichterstattung (§ 321 HGB, IDW PS 450) beachtet worden sind. Neben der Vollständigkeit sind die Konsistenz der Angaben sowie die Richtigkeit der im Bericht enthaltenen Zahlenangaben und Verweisungen zu kontrollieren. Darüber hinaus ist die Zulässigkeit von Schlussfolgerungen aufgrund vorliegender →*Prüfungsnachweise* zu überprüfen. Die Berichtskritik stellt einen Teilbereich des internen Qualitätssicherungssystems einer WP-Praxis dar (→*Qualitätssicherung, interne*). Der Grundsatz der →*Gewissenhaftigkeit* (§ 43 Abs. 1 Satz 1 WPO) sowie E-VO 1/2005 verpflichten den WP dazu, eine hohe Qualität seiner beruflichen Tätigkeit durch geeignete Maßnahmen in seiner WP-Praxis zu gewährleisten.

Berichtspflicht, Verletzung der

§ 332 Abs. 1 HGB nennt drei Tatbestände, die eine Verletzung der Berichtspflicht beinhalten: die unrichtige Berichterstattung, das Verschweigen erheblicher Umstände im →*Prüfungsbericht* und die Erteilung eines unrichtigen →*Bestätigungsvermerks*. Verletzungen der Berichtspflicht können nur dann strafrechtlich verfolgt werden, wenn sie vorsätzlich begangen wurden.

Der Abschlussprüfer macht sich strafbar, wenn er über das Ergebnis der Prüfung im Prüfungsbericht gem. § 321 HGB unrichtig berichtet (*unrichtige Berichterstattung*). Unrichtigkeit der Berichterstattung liegt vor, falls sich das Ergebnis der Prüfung nicht mit dem Inhalt des Prüfungsberichts deckt. Von entscheidender Bedeutung ist, dass das Gesetz von einem falschen Bericht über das Prüfungsergebnis und nicht von einem Bericht über ein falsches Ergebnis der Prüfung spricht. Die Strafbarkeit der unrichtigen Berichterstattung ist auf erhebliche Umstände beschränkt. Solche liegen bei den in § 321 HGB genannten Pflichtinhalten des Prüfungsberichts regelmäßig vor.

Ein weiterer Straftatbestand ist das *Verschweigen erheblicher Umstände im Prüfungsbericht* (unvollständiger Prüfungsbericht), d.h. von Fakten, die für den Zweck des Berichts wichtig und für eine ausreichende

Information der Berichtsempfänger von Bedeutung sind. Tathandlung ist hier, dass über Umstände, die während der Prüfung bekannt geworden sind, nicht berichtet wird. Der Abschlussprüfer kann sich nicht dadurch entlasten, dass er die verschwiegenen Umstände mündlich oder außerhalb des Berichts schriftlich mitteilt, denn es kommt auf das Verschweigen im Bericht an.

Schließlich ist auch die *Erteilung eines unrichtigen Bestätigungsvermerks* strafbar. Ein uneingeschränkter Bestätigungsvermerk gem. § 322 Abs. 3 HGB ist inhaltlich unrichtig, wenn nach dem Ergebnis der Jahresabschlussprüfung eine Einschränkung oder Versagung gem. § 322 Abs. 4 HGB hätte erfolgen müssen. Auch wenn nach dem abschließenden Ergebnis der Prüfung keine Einwendungen zu erheben waren und damit die Voraussetzungen für eine uneingeschränkte Erteilung vorlagen, das Testat aber nur in eingeschränkter Form erteilt wurde, ist eine inhaltliche Unrichtigkeit gegeben. Der Bestätigungsvermerk drückt einen Positivbefund aus. Insofern liegt keine inhaltliche Unrichtigkeit des Bestätigungsvermerks vor, wenn dieser zu Unrecht versagt worden ist. In diesem Fall kann aber eine Strafbarkeit als unrichtige Berichterstattung gegeben sein, falls die entsprechenden Voraussetzungen erfüllt sind, da der Bestätigungsvermerk nach § 322 Abs. 7 HGB Bestandteil des Prüfungsberichts ist.

Ausschließlich der Abschlussprüfer und seine Gehilfen können sich wegen des Sonderdelikts der unrichtigen Berichterstattung strafbar machen (*geschlossener Täterkreis*). Ist eine Prüfungsgesellschaft Abschlussprüfer, verlagert sich die strafrechtliche Verantwortlichkeit (→ *Strafrechtliche Inanspruchnahme des Abschlussprüfers*) auf die gesetzlichen Vertreter der Prüfungsgesellschaft (§ 14 Abs. 1 StGB, Handeln für einen anderen). § 332 HGB erfasst nur Verstöße bei einer nach dem HGB vorgesehenen Abschlussprüfung, d.h. er gilt nicht für Abschlussprüfer im Rahmen einer freiwilligen Abschlussprüfung.

Verletzungen der Berichtspflicht sind nur strafbar, wenn sie *vollendet* sind, d.h., der Versuch ist nicht strafbar. Die Straftat ist nicht schon vollendet, wenn der Prüfungsbericht fertig gestellt oder auch schon unterschrieben ist, sondern erst dann, wenn der Prüfungsbericht dem gesetzlichen Adressaten zugegangen ist. Auf eine Kenntnisnahme kommt es nicht an. Für den inhaltlich unrichtigen Bestätigungsvermerk ist ebenfalls der Zugang bei den gesetzlichen Empfängern erforderlich. Mit seiner Unterzeichnung ist der Straftatbestand noch nicht erfüllt.

Ein Verstoß gegen die Berichtspflicht wird mit *Freiheitsstrafe bis zu drei Jahren* oder mit *Geldstrafe* bestraft. Ist ein *qualifiziertes Tatbestandsmerkmal* des § 332 Abs. 2 HGB erfüllt, d.h., handelt der Täter gegen Entgelt, in Bereicherungsabsicht oder in Schädigungsabsicht, erscheint die Tat besonders schwerwiegend und es ist deswegen eine erhöhte Strafandrohung von *fünf Jahren* vorgesehen.

Berichtspflichtverletzung durch den Abschlussprüfer
→ Berichtspflicht, Verletzung der

Berufliche Niederlassung des Wirtschaftsprüfers

WP haben unmittelbar nach der Bestellung zum WP (→ *Zugang zum Beruf des WP*) eine *berufliche Niederlassung* zu begründen und zu unterhalten. Dabei dürfen von selbständigen WP wie auch WPG auch mehrere Zweigniederlassungen begründet werden. Eine berufliche Niederlassung oder Zweigniederlassung ist nach § 19 Berufssatzung jede kundgemachte berufliche Anschrift (→ *Berufssatzung*). Die berufliche Niederlassung eines selbständigen WP ist die eigene Praxis, die eines im angestellten Verhältnis Tätigen die Niederlassung, *von der aus er seinen Beruf überwiegend ausübt*. Bei WPG ist der Sitz der Hauptniederlassung der Sitz der Gesellschaft. Zweigniederlassungen müssen jeweils von mindestens einem WP geleitet werden, der seine berufliche Niederlassung am Ort der Zweigniederlassung hat. Bei Zweigniederlassungen von selbständig tätigen WP kann die → *WPK* Ausnahmen zulassen (§ 47 WPO). Für vBP und BPG gilt Entsprechendes.

Berufsaufsicht

Nach § 57 Abs. 1 WPO hat die WPK die gesetzliche Aufgabe, die beruflichen Belange der Gesamtheit der Mitglieder zu wahren und die Erfüllung der beruflichen Pflichten zu überwachen. Im Rahmen dieser Überwachungsaufgabe obliegt es nach § 57 Abs. 2 Nr. 4 WPO der Kammer, das Recht der Rüge (→ *Rüge, berufsrechtliche*) zu handhaben. Sie hat zudem die Mitglieder in Fragen der Berufspflichten zu beraten und zu belehren und auf Antrag bei Streitigkeiten zwischen den Mitgliedern bzw. zwischen Mitgliedern und ihren Auftraggebern zu vermitteln (§ 57 Abs. 2 Nr. 1–3 WPO), das → *Berufsregister* zu führen (§ 57 Abs. 2 Nr. 12 WPO) und WP sowie vBP zu bestellen (→ *Zugang zum Beruf des WP*) respektive → *WPG* und → *BPG* anzuerkennen und Bestellungen sowie Anerkennungen zurückzunehmen oder zu widerrufen (§ 57 Abs. 2 Nr. 15 WPO). § 61a Abs. 1 WPO stellt klar, dass die WPK für die Berufsaufsicht zuständig ist, bei jedem Verdacht einer Berufspflichtverletzung ermittelt und entscheidet, ob ein Rügeverfahren eingeleitet oder ein berufsgerichtliches Verfahren beantragt wird (→ *Berufsgerichtsbarkeit*). Die → *APAK* führt nach § 66a WPO eine öffentliche fachbezogene Aufsicht über die WPK und überprüft, ob diese ihre Aufgaben, u.a. die der Berufsaufsicht, geeignet, angemessen und verhältnismäßig erfüllt. Entscheidungen der Kammer, auch solche in Berufsaufsichtssachen, können von der APAK unter Angabe der Gründe an diese zurückgewiesen werden. Bei Nichtabhilfe kommt der APAK eine Letztentscheidungsbefugnis zu. Normen für die Berufsausübung, d.h. Berufspflichten, finden sich vor allem in der WPO und in der Berufssatzung sowie ferner in den Berufsrichtlinien (→ *Ethische Prüfungsnormen*). Die zuletzt Genannten wurden zwar außer Kraft gesetzt, stellen aber dennoch faktisch eine Quelle für Standesauffassung dar.

Berufsausbildung des Wirtschaftsprüfers → Zugang zum Beruf des WP

Berufsausschluss → Berufsgerichtliche Maßnahmen

Berufseid

Bevor der Kandidat nach bestandener Prüfung von der WPK durch Aushändigung einer Bestellurkunde als WP bestellt wird, hat er den Berufseid vor der WPK zu leisten (§ 17 Abs. 1 WPO). Der Berufseid lautet: »Ich schwöre bei Gott dem Allmächtigen und Allwissenden, daß ich die Pflichten eines Wirtschaftsprüfers verantwortungsbewußt und sorgfältig erfüllen, insbesondere Verschwiegenheit bewahren und Prüfungsberichte und Gutachten gewissenhaft und unparteiisch erstatten werde, so wahr mir Gott helfe.« Es ist dabei möglich, auf eine religiöse Beteuerung zu verzichten. Bei Mitgliedern von Religionsgesellschaften kann ggf. eine andere Beteuerungsformel geleistet werden, falls diese andere Beteuerungsformeln anstelle des Eides gebrauchen (§ 17 Abs. 3 WPO).

Berufsexamen → Wirtschaftsprüfungsexamen

Berufsgeheimnis, Verletzung des → Geheimhaltungspflicht, Verletzung durch den Abschlussprüfer

Berufsgerichtliche Maßnahmen

Gegen einen Berufsangehörigen, der seine Pflichten schuldhaft verletzt hat, wird eine berufsgerichtliche Maßnahme verhängt (§ 67 Abs. 1 WPO). Bei der Pflichtverletzung kann es sich auch um ein außerhalb des Berufs liegendes Verhalten handeln, wenn es nach den Umständen des Einzelfalls im besonderen Maße geeignet ist, Achtung und Vertrauen in einer für die Ausübung der Berufstätigkeit oder für das Ansehen des Berufs bedeutsamen Weise zu beeinträchtigen (§ 67 Abs. 2 WPO). Berufsgerichtliche Strafen sind nach § 68 Abs. 1 WPO:

- Warnung,
- Verweis,
- Geldbuße bis zu 100.000 €,
- Verbot, auf bestimmten Tätigkeitsgebieten (z. B. Pflichtprüfungen) für die Dauer von einem bis zu fünf Jahren tätig zu werden,
- generelles Berufsverbot von einem bis zu fünf Jahren und
- Ausschließung aus dem Beruf.

Die berufsgerichtlichen Maßnahmen des Verweises und der Geldbuße können nebeneinander verhängt werden (§ 68 Abs. 2 WPO).

Außerdem hat die → *Berufsgerichtsbarkeit* gem. § 111 WPO die Möglichkeit, ein *vorläufiges Berufsverbot* zu verhängen, falls dringende Gründe für die Annahme vorhanden sind, dass gegen den Berufsangehörigen auf Ausschließung aus dem Beruf erkannt wird. Die Möglichkeit eines vorläufigen Berufsverbots ist notwendig, denn der Weg durch drei Instanzen erfordert Zeit. Das BVerfG hat dargelegt, dass ein vorläufiges Berufsverbot verfassungsrechtlich als Eingriff in die durch Art. 12 Abs. 1 GG gewährleistete Freiheit der Berufswahl zu beurteilen ist und nur zum Schutz wichtiger Gemeinschaftsgüter und unter strikter Beachtung des Grundsatzes der Verhältnismäßigkeit statthaft ist. Darüber hinaus kann das Gericht gem. § 68a Abs. 1 WPO die Aufrechterhaltung des pflichtwidrigen Verhaltens untersagen, sofern die Pflichtverletzung im Zeitpunkt der Verhängung der Maßnahme noch nicht abgeschlossen ist. Auch die Vornahme einer gleich gearteten Pflichtverletzung kann untersagt werden, wenn der Betroffene wegen einer solchen Pflichtverletzung bereits zuvor berufsgerichtlich geahndet, gerügt oder belehrt worden war. Handelt der Betroffene der Untersagung wissentlich zuwider, so kann gegen ihn ein Ordnungsgeld in Höhe von maximal 100.000 € verhängt werden (§ 68a Abs. 2 WPO). Sprechen dringende Gründe dafür, dass es zu einer solchen Untersagungsverfügung kommen wird, so kann gem. § 121a WPO eine vorläufige Untersagung ausgesprochen werden.

Warnung ist die mildeste berufsgerichtliche Strafe. Als nächst schwerere Maßnahme folgt der Verweis. Warnung und Verweis haben (ebenso wie Belehrung, → *Berufsaufsicht* und Rüge (→ *Rüge, berufsrechtliche*)), abgesehen von den Gerichtskosten und dem Zeitverlust, keine unmittelbaren materiellen Folgen für den Betroffenen. Sie beeinträchtigen lediglich die Berufsehre des Bestraften. WP haben gem. § 99 Abs. 2 WPO Zutritt zu dem grundsätzlich nicht öffentlichen Verfahren, so dass das Ansehen des Betroffenen beeinträchtigt wird. Außerdem kann nach § 99 Abs. 1 WPO auf Antrag der Staatsanwaltschaft und muss auf Antrag des betroffenen Berufsangehörigen die Öffentlichkeit hergestellt werden. Schließlich ist die Hauptverhandlung immer dann öffentlich, wenn die vorgeworfene Pflichtverletzung in Zusammenhang mit der Durchführung handelsrechtlicher Jahresabschlussprüfungen steht. Der Zweck von Warnung und Verweis liegt darin, dem Berufsangehörigen die Tatsache und den Umfang einer begangenen Pflichtverletzung klar vor Augen zu führen, um dadurch für die Zukunft ein pflichtgemäßes Verhalten zu erreichen. Gleichzeitig wirken sie, auch wenn das vom Gesetz nicht ausdrücklich hervorgehoben wird, i. Allg. bei künftigen Verfehlungen strafverschärfend.

Dem Wortsinn nach geht eine *Warnung* der Handlung, vor der gewarnt wird, voraus. Die Warnung bezieht sich daher nicht auf eine konkrete Pflichtverletzung, sondern lediglich darauf, in Zukunft ein entsprechendes Verhalten zu unterlassen. Die Pflichtverletzung wird hingenommen und dient als Anlass, eindringlich vor Wiederholung zu warnen.

Dagegen bezieht sich der *Verweis* unmittelbar auf die Verhaltensweise, welche Gegenstand des berufsgerichtlichen Verfahrens war. Er soll dem Verurteilten klar vor Augen führen, dass seine berufliche Verhaltensweise außerordentlich schwerwiegend ist und unter keinen Umständen geduldet werden kann.

Im Gegensatz zur Warnung und zum Verweis beeinträchtigt die *Geldbuße* nicht mehr nur das Ansehen des Betroffenen, sondern auch unmittelbar sein Vermögen. § 68 Abs. 1 WPO begrenzt die Geldbuße auf 100.000 €. Der Strafrahmen gibt dem Richter die Möglichkeit, sowohl den Unrechtsgehalt der Tat als auch die wirtschaftliche Lage des Beschuldigten bei seinem Urteil angemessen zu berücksichtigen.

Die Möglichkeiten zur generellen bzw. nur auf bestimmte Tätigkeiten beschränkten *Suspendierung* wurden neu in den Katalog der berufsgerichtlichen Sanktionen aufgenommen. Dadurch wird der Tatsache Rechnung getragen, dass die Ausschließung aus dem Beruf als schärfste berufsgerichtliche Maßnahme vergleichsweise selten ausgesprochen wird. Zudem wird die erhebliche Lücke zwischen dem Berufsausschluss auf der einen und der Geldbuße auf der anderen Seite geschlossen. Da die Suspendierung zudem mindestens ein Jahr umfasst, verbessert sich die Präventivwirkung des Disziplinarsystems erheblich.

Die *Ausschließung aus dem Beruf* setzt objektiv eine erhebliche Pflichtverletzung des Berufsangehörigen und subjektiv ein hohes Maß an Verschulden voraus. Die Feststellung der Berufsunwürdigkeit ist als äußerste Maßnahme zur Bestrafung von Berufspflichtverletzungen gedacht und kann nur dann als angemessen angesehen werden, wenn ein Berufsangehöriger eine so schwere Berufspflichtverletzung begangen hat, dass eine sofortige Entfernung aus dem Berufsstand bei Abwägung der Interessen aller Beteiligter (der des Betroffenen, der Berufsorganisation und der Öffentlichkeit) erforderlich erscheint, oder wenn sich wiederholt Maßnahmen der Berufsaufsicht bzw. berufsgerichtliche Bestrafungen nicht als ausreichend erwiesen haben, um den Berufsangehörigen von pflichtwidrigen Handlungen abzuhalten. Für die Ausschließung ist entscheidend, in welchem Maße durch die Pflichtverletzung das allgemeine Vertrauen in den Beruf des WP und die Achtung des Berufsstands in der Öffentlichkeit beeinträchtigt worden sind. Die Wahrung bloßer berufsständischer Belange genügt nicht. Unterschlagung (§ 246 StGB), Betrug (§ 263 StGB), Untreue (§ 266 StGB) und Urkundenfälschung (§ 267 StGB) führen regelmäßig zum Verlust der Berufszugehörigkeit. Auch die schuldhafte Zerrüttung der wirtschaftlichen Verhältnisse stellt eine schwere Berufspflichtverletzung dar, die in gravierenden Fällen (Zwangsvollstreckungsmaßnahmen, Abgabe einer eidesstattlichen Versicherung, entehrende Vollstreckungsmaßnahmen wie Haftbefehl und Vorführung durch den Gerichtsvollzieher) zur Ausschließung aus dem Beruf führen muss.

Nach § 105 WPO ist gegen das Urteil der Kammer für WP-Sachen die *Berufung* an den Senat für WP-Sachen zulässig. Sie muss binnen einer Woche nach Verkündung des Urteils (bei Abwesenheit des Beschuldigten nach Zustellung des Urteils) bei der Kammer für WP-Sachen schriftlich eingelegt werden. Die Berufung kann nur schriftlich begründet werden. Gegen ein Urteil des Senats für WP-Sachen ist die *Revision* an den BGH zulässig, wenn das Urteil auf Ausschließung aus dem Beruf lautet, der Senat für WP-Sachen beim KamG Berlin entgegen einem Antrag der Staatsanwaltschaft nicht auf Ausschließung aus dem Beruf erkannt hat oder wenn der Senat für WP-Sachen beim KamG Berlin die Revision im Urteil zugelassen hat (§ 107 Abs. 1 WPO). Die Revision darf nur zugelassen werden, wenn in der zweiten Instanz über Rechtsfragen oder Fragen der Berufspflichten entschieden worden ist, die von grundsätzlicher Bedeutung sind (§ 107 Abs. 2 WPO). Auch die Revision ist binnen einer

Woche nach Verkündung bzw. Zustellung des Urteils schriftlich einzulegen (§ 107a WPO).

Die Verfolgung einer Pflichtverletzung *verjährt* in fünf Jahren, es sei denn, die Pflichtverletzung hätte die Ausschließung aus dem Beruf gerechtfertigt (§ 70 WPO).

Reiner Quick

Berufsgerichtsbarkeit

Bei gravierenden Berufspflichtverletzungen eines WP, für die eine Ahndung im Rahmen des Rügeverfahrens (→ *Rüge, berufsrechtliche*) nicht mehr ausreichend ist, greift die berufsgerichtliche Bestrafung. Üblicherweise stellt die WPK den Antrag auf Einleitung eines berufsgerichtlichen Verfahrens. Dritte haben ein solches Antragsrecht nicht. Dennoch können sie sich bei der Staatsanwaltschaft beschweren, wenngleich die WPK üblicherweise die Adressatin von Beschwerden ist. Des Weiteren kann die Staatsanwaltschaft bei der WPK anhängige Fälle berufspflichtwidrigen Verhaltens aufgreifen und berufsgerichtlich weiter verfolgen. In diesem Zusammenhang ist auf § 84a Abs. 1 WPO zu verweisen. Danach hat die WPK die zuständige Staatsanwaltschaft unverzüglich zu unterrichten, sofern sie von Tatsachen Kenntnis erhält, die den Verdacht begründen, dass ein Berufsangehöriger eine schuldhafte, eine → *berufsgerichtliche Maßnahme* rechtfertigende Pflichtverletzung begangen hat. Schließlich ist es dem WP möglich, gegen sich selbst ein berufsgerichtliches Verfahren einzuleiten, um sich vom Verdacht einer Pflichtverletzung zu reinigen (§ 87 WPO).

Verstößt ein WP schuldhaft gegen seine Pflichten, so wird nach § 67 Abs. 1 WPO eine berufsgerichtliche Maßnahme verhängt. Die Berufsgerichtsbarkeit wird durch *besondere Kammern und Senate bei den ordentlichen Strafgerichten* geführt. In der ersten Instanz entscheidet die Kammer für WP-Sachen beim LG Berlin (§ 72 WPO). Gegen deren Entscheidung ist Berufung beim Senat für WP-Sachen am KamG Berlin zulässig (§§ 73, 105 WPO). Entscheidet die zweite Instanz auf Berufsausschluss, entgegen dem Antrag der Staatsanwaltschaft nicht auf Berufsausschluss oder lässt sie in ihrem Urteil ausdrücklich eine Revision zu (dies ist bei Fällen von grundsätzlicher Bedeutung möglich, § 107 Abs. 2 WPO), so kann in dritter Instanz beim Senat für WP-Sachen am BGH in Karlsruhe Revision eingelegt werden (§§ 74, 107 WPO).

In den Berufsgerichten wirken neben Berufsrichtern (in erster Instanz ein Berufsrichter, in zweiter und dritter Instanz jeweils drei Berufsrichter) jeweils zwei ehrenamtliche Beisitzer aus dem Berufsstand mit. Damit wird die Einbringung spezieller beruflicher Erkenntnisse bei der Abwägung der Sachverhalte und bei der Urteilsbildung gewährleistet.

Auch die im Vorstand und in der Geschäftsführung tätigen Nicht-WP einer WPG sind der Berufsgerichtsbarkeit unterworfen. Allerdings tritt hier anstelle des Berufsausschlusses als eine berufsgerichtliche Maßnahme, die Aberkennung der Eignung, eine WPG zu vertreten und ihre Geschäfte zu führen (§ 71 WPO).

Berufsgerichtsverfahren → Berufsgerichtsbarkeit

Berufsgrundsätze → Ethische Prüfungsnormen

Berufshaftpflichtversicherung

Selbständige WP und WPG sind nach § 54 Abs. 1 WPO verpflichtet, zur Deckung der sich aus ihrer Berufstätigkeit ergebenden Haftpflichtgefahren eine Berufshaftpflichtversicherung für Vermögensschäden abzuschließen und diese während der Dauer ihrer Bestellung zum WP (→ *Zugang zum Beruf des WP*) oder Anerkennung als → *WPG* aufrecht zu erhalten. Die *Mindestversicherungssumme* für den einzelnen Versicherungsfall beträgt dabei eine Mio. € (§ 323 Abs. 2 Satz 1 HGB). Dabei ist zu beachten, dass die Haftpflichtversicherung nur fahrlässiges Fehlverhalten abdeckt. Vorsatz ist durch die Versicherung nicht gedeckt.

Ist eine Berufshaftpflichtversicherung nicht nachweisbar, muss die Bestellung zum WP bzw. die Anerkennung einer WPG versagt werden (§§ 16 Abs. 1 Nr. 2, 28 Abs. 7 WPO). Ebenso wird eine bereits erfolgte Bestellung mit widerrufen, wenn der WP keine Haftpflichtversicherung unterhält (§ 20 Abs. 2 Nr. 4 WPO). Analog führt die *fehlende Haftpflichtversicherung* bei WPG zum Widerruf der Anerkennung (§ 34 Abs. 1 Nr. 2 WPO).

Berufspolitik

Berufspolitik umfasst alle Maßnahmen zur Wahrnehmung der Belange des Berufsstandes, welche je nach Schwerpunkt der Aufgabe vor allem der → *WPK* oder dem → *IDW* obliegen. Zentrale Aufgabe des WP ist, neben weiteren Tätigkeiten (→ *Tätigkeitsbereiche des WP*), die Durchführung der gesetzlichen Jahresabschlussprüfung. In seiner Rolle als externe Prüfungsinstitution ist es seine Aufgabe, die Normenkonformität des Jahresabschlusses zu bestätigen oder zu versagen. Der Abschlussprüfer befindet sich hierbei in einem Spannungsfeld zwischen den Erwartungen Dritter (der Abschlussadressaten) an die Zielsetzung seiner Prüfung und den objektiven Voraussetzungen dafür. Insbesondere Missverständnisse über die Rolle des Abschlussprüfers im Rahmen der Jahresabschlussprüfung führen vielfach zu einer Abweichung zwischen der öffentlichen Erwartung an die Jahresabschlussprüfung von der wahrgenommenen Prüfungsrealität (→ *Erwartungslücke*). Ein Ziel der Berufspolitik ist es, im Interesse des Berufsstandes den Abbau dieser Spannungen zu fördern sowie die objektiven Voraussetzungen für eine effiziente Prüfung zu verbessern.

Dies erfolgt durch Einflussnahme auf Fragen der Prüfung und Berufsausübung, insbesondere die Stärkung der → *Unabhängigkeit* des Abschlussprüfers, welche durch Stellungnahmen und Verlautbarungen für die Berufsausübung bewirkt wird (→ *Ethische Prüfungsnormen*). Darüber hinaus nimmt insbesondere das IDW Einfluss auf die Entwicklung der internationalen Rechnungslegungs- und Prüfungsnormen durch Stellungnahmen im Rahmen des → *due process* des IASB bzw. der IFAC.

Die fachliche Qualifikation des WP ist ein besonderes berufspolitisches Anliegen, da eine Anpassung des Berufsbildes an neue und erweiterte Aufgaben, insbesondere die zunehmende Internationalisierung, wesentliche Bedeutung für die Qualität der Abschlussprüfung einnimmt (→ *Fortbildung des WP*).

Berufsrechtliche Ahndung

Bei einem Verstoß des WP gegen bestehende Normen drohen ihm verschiedene Konsequenzen. Er kann zivilrechtlich (→ *Haftung des Abschlussprüfers*), straf- (→ *Strafrechtliche Inanspruchnahme des Abschlussprüfers*) und ordnungsrechtlich (→ *Ordnungsrechtliche Konsequenzen*) sowie berufsrechtlich zur Verantwortung gezogen werden. Im Rahmen der fachlichen und disziplinarischen → *Berufsaufsicht* ist die berufsrechtliche Ahndung der WPK und der → *Berufsgerichtsbarkeit* zugewiesen. Innerhalb dieser Aufsichtsfunktion hat die WPK das Recht und die Pflicht, bei beruflichen Verfehlungen einzuschreiten. Hierzu stehen ihr mit der Belehrung, § 57 Abs. 2 Nr. 1 WPO, und der Rüge (→ *Rüge, berufsrechtliche*), § 63 WPO, zwei Maßnahmen der Berufsaufsicht zur Verfügung. Die Berufsaufsicht der WPK unterliegt gem. § 66a WPO der öffentlichen Fachaufsicht durch die → *APAK*. Ihr kommt eine Letztentscheidungsbefugnis zu. Bei Berufspflichtverletzungen, die über den Bereich der Ahndungsmöglichkeiten der WPK hinausgehen, greift die Bestrafung durch folgende → *berufsgerichtliche Maßnahmen*: Warnung, Verweis, Geldbuße bis zu 100.000 €, Verbot, auf bestimmten Tätigkeitsgebieten (z.B. Pflichtprüfungen) für die Dauer von einem bis zu fünf Jahren tätig zu werden, Berufsverbot von einem bis zu fünf Jahren und Ausschließung aus dem Beruf (§ 68 Abs. 1 WPO).

Berufsregister

Nach § 37 Abs. 1 WPO führt die → *WPK* ein Berufsregister für → *WP* sowie → *WPG*. Dieses Berufsregister ist öffentlich zugänglich. Eingetragen werden WP und WPG sowie sonstige berufliche Zusammenschlüsse mit bestimmten beruflichen und persönlichen Daten, wie z.B. Name, Vorname und Geburtstag bzw. Firma und Rechtsform. Die enthaltenen Daten unterliegen zwar nicht dem Datenschutz, sie dürfen jedoch gem. § 37 Abs. 3 Satz 1 WPO nicht gegen den Willen des Kammermitglieds in ein von der WPK veröffentlichtes Mitgliederverzeichnis aufgenommen werden. Nach § 130 Abs. 1 Satz 1 u. Abs. 2 Satz 1 WPO finden die Bestimmungen des § 37 WPO auf → *vBP* und → *BPG* entsprechende Anwendung. Das Mitgliederverzeichnis vom 1.7.2005 enthält daher 12.569 WP, 3.981 vBP, 2.299 WPG sowie 151 BPG. Gem. § 40 Abs. 1 WPO werden Eintragungen sowie Löschungen im Berufsregister von der WPK von Amts wegen vorgenommen. Die Mitglieder sind verpflichtet, die Tatsachen, die eine Eintragung, ihre Veränderung oder eine Löschung erfordern, der WPK unverzüglich zu melden.

Berufsrichtlinien der Wirtschaftsprüferkammer

Die → *WPK* ist gem. § 57 Abs. 2 Nr. 5 WPO zum Erlass von Berufsrichtlinien zur Regelung von Fragen der Berufsausübung des WP und des vBP ermächtig. Jedoch wurden die bis 1996 existierenden Richtlinien für die Berufsausübung der WP und vBP durch Inkrafttreten der → *Berufssatzung* am 15.9.1996 abgelöst. Somit besitzen die Berufsrichtlinien formal keine Gültigkeit mehr, sie sind gleichwohl aufgrund der Verpflichtung zur gewissenhaften Prüfung gem. § 43 Abs. 1 WPO faktisch zu beachten. Stehen Richtlinien und Berufssatzung in Konflikt zueinander, besitzt die zuletzt genannte als höherrangige Quelle Vorrang. Die Ermächtigung zum Erlass einer neuen Richtlinie besteht jedoch unverändert fort.

Berufsrisiken des Wirtschaftsprüfers

Zu den berufsinhärenten Risiken des WP gehören das Geschäftsrisiko, das → *Prüfungsrisiko* und das Auftragsrisiko.

Das Geschäftsrisiko ist das allgemeine Unternehmerrisiko der WP-Tätigkeit. So können etwa anhängige Gerichtsverfahren die Reputation des WP nachhaltig beeinflussen. In erster Linie kommt hier das Risiko der Verletzungen von Berufspflichten (→ *Ethische Prüfungsnormen*) durch Nachlässigkeit in Betracht. Allerdings besteht das Geschäftsrisiko des WP auch dann, wenn die Tätigkeit des WP im Einklang mit den gesetzlichen Normen und den einschlägigen Verlautbarungen des Berufsstandes steht. Zu denken wäre hier etwa an negative Pressemeldungen über Mandanten des WP.

Vom Geschäftsrisiko des WP abzugrenzen ist das dem Prüfungsrisiko zuzuordnende *Geschäftsrisiko des Mandanten* (→ *Geschäftsrisikoorientierte Prüfung*). Dieses besteht darin, dass das Unternehmen (Mandant) seine Ziele, etwa aufgrund von nicht erfolgreichen Produkten und Dienstleistungen, verfehlt.

Das Prüfungsrisiko stellt i.w.S. das Risiko eines Fehlurteils durch den Prüfer dar (→ *Alpha-Fehler*; → *Beta-Fehler*). Unter dem Prüfungsrisiko i.e.S. ist zu verstehen, dass der Abschlussprüfer ungerechtfertigterweise zu einem Positivbefund gelangt (Beta-Fehler).

Das Auftragsrisiko hingegen ist abhängig von der Branchenzugehörigkeit des Mandanten sowie der Qualifikation des Managements und der Bonität des Mandanten. So kann z.B. ein unqualifiziertes Management zu zeitlichen Verzögerungen bei der Abschlussprüfung und zu einer schlechten Informationsbasis des Prüfers führen.

Berufssatzung für Wirtschaftsprüfer/ vereidigte Buchprüfer

Auf Basis der Ermächtigungsgrundlage in § 57 Abs. 3, 4 WPO hat die → *WPK* in autonomer Selbstverwaltung eine Satzung über die Rechte und Pflichten bei der Ausübung der Berufe des WP und des vBP erlassen (Berufssatzung vom 11.6.1996), welche am 15.9.1996 in Kraft getreten ist. Die Satzungsbestimmungen haben für Mitglieder der WPK materiell-rechtlichen Charakter und sind zu befolgen. Die Berufssatzung gilt demnach für alle WP und vBP, jedoch auch für Mitglieder des Vorstandes oder der Geschäftsleitung von WPG, die nicht WP oder vBP sind. Mit Inkrafttreten der Berufssatzung traten am 15.9.1996 die → *Berufsrichtlinien der WPK* außer Kraft. Die letzte Änderung der Berufssatzung hat der Beirat der WPK am 23.11.2005 beschlossen; sie tritt am 1.3.2006 in Kraft (§ 57 Abs. 3 Satz 2 WPO).

Die Berufssatzung konkretisiert im ersten Teil die allgemeinen Berufspflichten (→ *Unabhängigkeit*, → *Gewissenhaftigkeit*, → *Verschwiegenheit*, → *Eigenverantwortlichkeit* und berufswürdiges Verhalten) gem. § 43 WPO (§§ 1–19). Der zweite Teil der Berufssatzung enthält besondere Pflichten zur Unabhängigkeit des WP (§§ 20–24), zur → *Prüfungsplanung* (§ 24a), zur Auftragsabwicklung (§ 24b), zu Beschwerden und Vorwürfen (§ 24c) sowie zur auftragsbezogenen Qualitätssicherung (§ 24d). Die am 16.6.2005 beschlossene Änderung der Berufssatzung berücksichtigt die durch das BilReG neu formulierten Bestimmungen der §§ 319, 319a HGB sowie die aktuellen Entwicklungen auf internationaler Ebene. Neugefasst wurden insbesondere die Regelungen zur Unabhängigkeit des WP, welche sich jetzt in Übereinstimmung mit der EU-Empfehlung zur Unabhängigkeit des Abschlussprüfers vom 16.6.2002 nicht an bestimmte Lebenssachverhalte knüpft, sondern auf Wirkungszusammenhänge, die eine Gefährdung der Unbefangenheit begründen können (independence-Regelungen, §§ 20–24).

Weiterhin enthält die Berufssatzung im zweiten Teil Regelungen zu Angaben in → *Prüfungsberichten* (§ 25), zu Pflichten bei der vorzeitigen Beendigung von Prüfungsaufträgen (§ 26) und zur Honorarvereinbarung (§ 27). Der dritte Teil regelt die berufliche Zusammenarbeit in Sozietäten oder Berufsgesellschaften (§§ 28–30) und der vierte Teil die besonderen Berufspflichten im Zusammenhang mit erlaubter Kundmachung und berufswidriger Werbung. Abschließend enthält die Berufssatzung Pflichten zur Sicherung der Qualität der Berufsarbeit, insbesondere zur Prüfungsplanung, zur Prüfungsanweisung an Mitarbeiter und zur Nachschau (§§ 37–39). Da die Berufssatzung die Bestimmungen der WPO konkretisiert (statusausfüllender Charakter), ist der Normenanwender innerhalb der durch die Statusausfüllung gezogenen Grenzen an die Satzung gebunden (→ *Prüfungsnormen*).

Berufssiegel

WP und WPG sind verpflichtet, ein Siegel zu verwenden, wenn sie im Rahmen von Tätigkeiten, die WP/vBP gesetzlich vorbehalten sind, Erklärungen abgeben, z.B. bei Erteilung eines →*Bestätigungsvermerks*. Sie sind darüber hinaus berechtigt, ein Siegel zu führen, sofern sie in ihrer Berufseigenschaft Erklärungen über Prüfungsergebnisse abgeben oder Gutachten erstatten (§ 48 Abs. 1 WPO i.V.m. § 18 Berufssatzung). Anlässe für eine Siegelführung sind betriebswirtschaftliche Prüfungen i.S.d. § 2 Abs. 1 WPO. Aus der Befugnis zur Siegelführung erwächst jedoch keine generelle Befugnis zur Beglaubigung i.S.d. Beurkundungsgesetzes.

Die Siegelführungsbefugnis beruht ausschließlich auf der Qualifikation als WP oder der Anerkennung als WPG. Das Berufssiegel darf ausschließlich vom Berufsangehörigen selbst verwendet werden. Andere Berufsbezeichnungen dürfen im Siegel nicht enthalten sein. Jedoch dürfen akademische Grade oder Titel erwähnt werden. Sofern es sich um eine WPG handelt, muss die gesamte Firma, einschließlich Rechtsform, im äußeren Ring des Siegels angegeben sein. Im inneren Ring darf nur die Bezeichnung »Wirtschaftsprüfungsgesellschaft« erscheinen. Die genaue Form, Größe, Art und Beschriftung ergeben sich aus der Siegel-Verordnung (§ 48 Abs. 2 WPO). Erteilt eine WPG einen Bestätigungsvermerk, so darf nur das Berufssiegel der WPG, nicht aber das persönliche Siegel des unterzeichnenden WP verwendet werden. Ein nur im Anstellungsverhältnis tätiger WP benötigt kein eigenes Siegel, da er als Auftragsnehmer nicht in Betracht kommt.

Berufsübliche Sorgfalt → Sorgfaltspflicht

Berufszugang → Fortbildung des WP

Bescheinigungen

Ein →*Bestätigungsvermerk* darf durch einen →*WP* nur im Rahmen einer Pflichtprüfung von Kapitalgesellschaften gem. §§ 316–320 HGB, 6 Abs. 1 PublG oder 14 Abs. 1 PublG oder freiwilligen Prüfung im selben Umfang erteilt werden. In allen anderen Fällen erteilt der WP eine Bescheinigung (IDW PS 400.5). Hierbei kann es sich zum einen um eine freiwillige →*Jahresabschlussprüfung* handeln, die nicht nach Art und Umfang einer handelsrechtlichen Abschlussprüfung entspricht (IDW PS 900). Zum anderen erfolgt dies auch bei sämtlichen freiwilligen Prüfungsdienstleistungen (→*Prüfungsdienstleistungen, freiwillige*). Beispiele hierfür sind die Prüfung umweltbezogener Sachverhalte (IDW PS 820) (→*Umweltbezogene Sachverhalte, Prüfung*), →*Softwarebescheinigungen* (IDW PS 880), →*WebTrust-Prüfungen* (IDW PS 890) oder die Prüfung von unterjährigen Berichten (IDW PS 900) (→*Unterjähriger Bericht, Prüfung*). Auch bei der Erstellung von Jahresabschlüssen durch den WP erteilt dieser eine Bescheinigung (HFA 4/1996).

Die Inhalte der Bescheinigung unterscheiden sich nach der jeweiligen Prüfungsdienstleistung. Die Ausgestaltung hängt im Wesentlichen von dem Vorhandensein eines Bescheinigungsberichtes, der gewährten →*Prüfungssicherheit* und den spezifischen Vorschriften in den jeweiligen Prüfungsnormen ab.

Besorgnis der Befangenheit → Ausschlussgründe; → Unabhängigkeit

Bestandsaufnahme → Inventur, Prüfung

Bestandsnachweise → Saldenbestätigungen

Bestätigungsanfragen → Saldenbestätigungen

Bestätigungsbericht → Bestätigungsvermerk

Bestätigungsvermerk

1 Prüfungsnormen

a) Deutsche Normen: § 322 HGB, IDW PS 400. b) Internationale Prüfungsnorm: ISA 700.

2 Definition

Beim Bestätigungsvermerk handelt es sich um ein Instrument des → *Abschlussprüfers* zur Mitteilung des → *Prüfungsurteils*. Gemäß ISA muss der Abschlussprüfer einen Bestätigungsbericht, den auditor's report, anfertigen, der jedoch in seinen Bestandteilen dem Bestätigungsvermerk entspricht. Der Bestätigungsvermerk richtet sich an einen größeren, nicht festgelegten externen Personenkreis (Öffentlichkeit). Daher werden Fehler, die die Darstellung der Vermögens-, Finanz- und Ertragslage im Jahresabschluss nicht wesentlich beeinträchtigen, im Gegensatz zum → *Prüfungsbericht* nicht erwähnt.

3 Erteilung

Der Bestätigungsvermerk enthält das Prüfungsurteil des Abschlussprüfers und kann somit erst nach Abschluss der für die Beurteilung erforderlichen Prüfung erteilt werden. Obligatorisch ist der Bestätigungsvermerk für Pflichtprüfungen. Er kann jedoch auch bei freiwilligen Prüfungen (→ *Prüfungsdienstleistungen, freiwillige*) Anwendung finden, wenn die Prüfung nach Art und Umfang einer Pflichtprüfung i. S. d. §§ 316–320 HGB entspricht und über das Ergebnis der Prüfung schriftlich berichtet wird.

4 Inhalt und Bestandteile

Der Bestätigungsvermerk beinhaltet das auf die Rechnungslegung bezogene Gesamturteil des Abschlussprüfers (→ *Urteilsbildungsprozess*) über die Übereinstimmung des → *Prüfungsobjekts* (vor allem → *Buchführung*, Jahresabschluss, Lagebericht (→ *Lagebericht, Prüfung*) sowie bei börsennotierten Unternehmen das Risikofrüherkennungssystem (→ *Risikomanagementsystem, Prüfung*) gem. § 91 Abs. 2 AktG) mit den für das geprüfte Unternehmen geltenden Normen. Darüber hinaus ist zu beurteilen, ob die wirtschaftliche Lage sowie die Risiken der zukünftigen Entwicklung in Jahresabschluss und Lagebericht zutreffend dargestellt sind. Der Wortlaut ist so zu wählen, dass die Gesamtaussage einheitlich verstanden werden kann und dass er außergewöhnliche Umstände verdeutlicht. Daher enthalten IDW PS 400 und ISA 700 Standardformulierungen, die ggf. zu modifizieren oder zu ergänzen sind. Ein Bestätigungsvermerk besteht aus:

a) Überschrift
Als Überschrift bieten sich nach nationalen Normen die Bezeichnungen »Bestätigungsvermerk« oder »Bestätigungsvermerk des Abschlussprüfers« bzw. »Versagungsvermerk« oder »Versagungsvermerk des Abschlussprüfers« an. Die ISA bevorzugen den Begriff »Bestätigungsbericht des unabhängigen Abschlussprüfers«.

b) Adressat
Die Nennung eines Adressaten im Bestätigungsvermerk bzw. -bericht, wie in ISA 700.5 u. .7 gefordert, wird in IDW PS 400.22 für nicht sachgerecht gehalten, da neben dem Auftraggeber auch die Öffentlichkeit als Adressat betrachtet wird. Bei einer freiwilligen Prüfung kann jedoch das beauftragende Unternehmen als Adressat angegeben werden.

c) Einleitender Abschnitt
Der einleitende Abschnitt enthält Angaben zum Gegenstand der Prüfung, zum Unternehmen, zu dem geprüften Geschäftsjahr, zu den zugrunde liegenden Normen (Rechnungslegungsvorschriften, ergänzende Regelungen), zu den Verantwortlichkeiten der gesetzlichen Vertreter für das Prüfungsobjekt sowie zur Aufgabe des Abschlussprüfers.

d) Beschreibender Abschnitt
Der beschreibende Abschnitt beinhaltet die nach § 322 Abs. 1 Satz 2 HGB geforderte Beschreibung zu Art und Umfang der → *Prüfungshandlungen*. Der Hinweis, dass es sich um eine → *Jahresabschlussprüfung* handelt, reicht zur Klassifizierung der Prüfung (z.B. in Bezug auf die → *Prüfungssicherheit*) aus. Zu den Hinweisen bezüglich des Umfangs gehört, dass die Prüfung die Beurteilung der angewandten Bilanzierungsgrundsätze und der wesentlichen Einschätzungen der gesetzlichen Vertreter sowie die Würdigung der Gesamtdarstellung des Jahresabschlusses und des Lageberichts umfasst. Zusätzlich ist ein Verweis nötig, dass die Prüfung so geplant und durchgeführt wurde, dass wesentliche Unrichtigkeiten und Verstöße mit hinreichender Sicherheit erkannt wurden. Dabei werden die Kenntnisse über die Geschäftstätigkeit und das wirtschaftliche und rechtliche Umfeld der Gesellschaft sowie die Erwartungen über mögliche Fehler berücksichtigt. Hierdurch und durch den Hinweis, dass die Wirksamkeit des → *IKS* sowie Nachweise für die Angaben in Buchführung, Jahresabschluss und Lagebericht sowie ggf. Risikofrüherkennungssystem überwiegend auf der Basis von → *Stichproben* beurteilt wurden, sollen falsche Erwartungen über die Funktion des Bestätigungsvermerks vermieden werden (→ *Erwartungslücke*). Zu-

dem sind die Normen zu nennen, nach denen die → *Prüfungsplanung* und -durchführung erfolgen. Hierbei ist auf die vom IDW festgestellten deutschen → *GoA* Bezug zu nehmen. IDW PS 201.29 bringt die Auffassung des IDW zum Ausdruck, wonach ein Abweichen von diesen Standards aufgrund der → *Eigenverantwortlichkeit* des Prüfers möglich ist, jedoch nur in begründeten Einzelfällen erfolgen sollte. Ein solches Vorgehen ist im beschreibenden Abschnitt anzuzeigen und im Prüfungsbericht ausführlich zu begründen. Gemäß IFRS haben die Prüfungstätigkeiten in Übereinstimmung mit den internationalen Prüfungsnormen zu erfolgen. ISA 700.12 betont hierbei, dass daneben auch der Hinweis auf die Beachtung relevanter nationaler Prüfungsnormen möglich ist, sofern dies angebracht ist.

e) Beurteilung durch den Abschlussprüfer

In der Beurteilung durch den Abschlussprüfer wird das Prüfungsurteil dargestellt. Der Prüfer beurteilt, ob bei der Aufstellung des Jahresabschlusses die maßgeblichen (nationalen oder internationalen) Rechnungslegungsnormen vom Unternehmen beachtet wurden. Ist der Gegenstand der Jahresabschlussprüfung gesetzlich erweitert und verlangt das Gesetz eine Aussage dazu im Bestätigungsvermerk, so ist im Anschluss an das Prüfungsurteil darüber zu berichten. Ggf. sind Hinweise zur Beurteilung des Prüfungsergebnisses zu geben. Darunter fällt insbesondere das Aufzeigen von festgestellten Besonderheiten wie der Hinweis auf verbleibende wesentliche Unsicherheiten, die von zukünftigen Ereignissen abhängen, die vom Unternehmen nicht unmittelbar beeinflussbar sind (z. B. schwebende Prozesse oder Risiken aus langfristigen Aufträgen).

f) Hinweis auf Bestandsgefährdungen

Ferner ist der Bestätigungsvermerk ggf. um einen Hinweis auf Bestandsgefährdungen zu ergänzen. In diesem Fall weist der Abschlussprüfer in einem Unterabschnitt auf eine bestehende Bestandsgefährdung und deren Darstellung im Lagebericht hin (→ *Going concern-Annahme, Prüfung*).

g) Ort, Datum, Unterschrift, Siegel

Der Bestätigungsvermerk ist unter Angabe des Orts (i. d. R. der Ort der Niederlassung des → *WP* bzw. der → *WPG*) und des Datums abzugeben. Die Datierung erfolgt auf den Tag, an dem die Prüfung der Rechnungslegung materiell abgeschlossen wurde (Beurteilungszeitpunkt). Der Bestätigungsvermerk ist auf dem Jahresabschluss anzubringen oder mit diesem und ggf. dem Lagebericht fest zu verbinden. Der beauftragte WP hat den Vermerk eigenhändig zu unterzeichnen und nach § 48 Abs. 1 WPO mit dem →*Berufssiegel* zu versehen (Bestätigungsvermerke bei freiwilligen Prüfungen können mit dem Siegel versehen werden). Der Bestätigungsvermerk ist nach § 322 Abs. 5 Satz 2 HGB in den Prüfungsbericht aufzunehmen. Die Erteilung des Bestätigungsvermerks und die Erstattung des Prüfungsberichts haben unabhängig voneinander, jedoch zeitgleich zu erfolgen.

5 Formen des Prüfungsurteils

Das Prüfungsurteil kann in drei Formen erteilt werden: Der Prüfer kann einen uneingeschränkten Bestätigungsvermerk (unqualified opinion), einen eingeschränkten Bestätigungsvermerk (qualified opinion) oder einen Versagungsvermerk (adverse opinion) erteilen. Im Gegensatz zu den IDW PS ist es nach ISA 700.29 u. .38 auch möglich, die Abgabe eines Prüfungsurteils zu verweigern (*disclaimer of opinion*).

a. Der uneingeschränkte Bestätigungsvermerk bescheinigt, dass der Jahresabschluss ein den tatsächlichen Verhältnissen entsprechendes Bild der Vermögens-, Finanz- und Ertragslage des Unternehmens vermittelt und dass der Lagebericht eine zutreffende Vorstellung von der Lage der Gesellschaft widerspiegelt sowie die Risiken der zukünftigen Entwicklung zutreffend darstellt. Der Abschlussprüfer erteilt den uneingeschränkten Vermerk, wenn er keine wesentlichen Beanstandungen gegen Buchführung, Jahresabschluss und Lagebericht sowie ggf. Risikofrüherkennungssystem erhebt und keine →*Prüfungshemmnisse* vorlagen.

b. Ein eingeschränkter Bestätigungsvermerk wird erteilt, wenn der Prüfer zu der Auffassung gelangt, dass die wesentlichen Teile der Rechnungslegung zwar eine positive Gesamtaussage zulassen, jedoch zum Zeitpunkt der Prüfungsbeendigung

- wesentliche Beanstandungen gegen abgrenzbare wesentliche Teile der Buchführung oder der Rechnungslegung vorliegen oder
- abgrenzbare wesentliche Teile der Rechnungslegung nicht mit hinreichender Sicherheit beurteilt werden können (Prüfungshemmnis).

So kann z. B. die fehlerhafte Anwendung von Bewertungsnormen in einem abgrenzbaren Bereich der Rechnungslegung zu einem eingeschränkten Bestätigungsvermerk führen. Korrigiert das Unternehmen vor Beendigung der Prüfung seine Fehler, so ist eine Einschränkung des Bestätigungsvermerks nicht mehr erforderlich. Prüfungshemmnisse können sich z. B. aus Beschränkungen beim Einholen von Informationen ergeben, die darauf beruhen, dass dem Prüfer die Namen möglicher Ansprechpartner verweigert werden, und er nicht auf andere Weise zu angemessenen und ausreichenden →*Prüfungsnachweisen* gelangen kann.

Der Prüfer hat die Einschränkungen zu begründen und so darzulegen, dass ihre Tragweite erkennbar wird. Nach Möglichkeit ist dies durch Zahlenangaben zu verdeutlichen.

c. Der Prüfer erteilt einen Versagungsvermerk, wenn er wesentliche Beanstandungen gegen den Jahresabschluss erhebt, die so bedeutend oder zahlreich sind, dass ein eingeschränkter Bestätigungsvermerk nicht ausreicht, die missverständliche oder unvollständige Darstellung des Jahresabschlusses zu verdeutlichen. Ein Versagungsvermerk wird auch erteilt, wenn sich die Prüfungshemmnisse so wesentlich auswirken, dass es dem Prüfer nicht möglich ist, zu einem (eingeschränkten) Bestätigungsvermerk zu gelangen. Die Versagung ist zu begründen.

d. Zu der nach ISA vorgesehenen Verweigerung eines Prüfungsurteils kommt es dann, wenn die Prüfungshemmnisse so gravierend waren, dass die Auswirkungen der daraus entstehenden Einschränkungen des Prüfungsumfangs wesentlich und umfassend sind und der Abschlussprüfer infolgedessen nicht in der Lage war, ausreichende und angemessene Prüfungsnachweise zu erlangen. Da er in diesem Fall nicht in der Lage ist, ein Prüfungsurteil abzugeben, hat er dieses zu verweigern. Nach nationalen Normen hat der Prüfer in diesem Fall den Bestätigungsvermerk einzuschränken oder einen Versagungsvermerk zu erteilen. Dies muss aus der Beurteilung des Prüfungsergebnisses zweifelsfrei hervorgehen und begründet werden. Alle für die Einschränkung oder Verweigerung wesentlichen Gründe sind im Bestätigungsbericht üblicherweise in einem separaten Abschnitt vor der Erklärung der Verweigerung des Prüfungsurteils aufzuführen.

6 Konsequenzen eines eingeschränkten oder versagten Bestätigungsvermerks

Die rechtliche Bedeutung des Bestätigungsvermerks für prüfungspflichtige →*Kapitalgesellschaften* folgt aus der sog. Feststellungssperre, wonach die →*Feststellung des Jahresabschlusses* erst dann erfolgen kann, wenn die Jahresabschlussprüfung durchgeführt wurde und der Prüfungsbericht vorliegt, in den der Bestätigungsvermerk aufzunehmen ist (§§ 316 Abs. 1 Satz 2, 322 Abs. 5 HGB). Hat keine Prüfung stattgefunden, so kann auch kein Bestätigungsvermerk erteilt werden. Ein dennoch festgestellter Jahresabschluss ist bei prüfungspflichtigen Gesellschaften rechtsunwirksam.

Bei einem eingeschränkten Bestätigungsvermerk oder Versagungsvermerk, hat der →*Aufsichtsrat* den Einwendungen des Abschlussprüfers nachzugehen und in seinem Bericht dazu Stellung zu nehmen (§ 171 Abs. 2 Satz 3 AktG, § 52 Abs. 1 GmbHG). Eine Einschränkung oder Versagung des Bestätigungsvermerks hindert den Aufsichtsrat jedoch nicht daran, den mit Einwendungen behafteten Jahresabschluss, unter Angabe der Gründe, warum seiner Meinung nach eine Änderung des Jahresabschlusses nicht erforderlich ist, zu billigen und somit seine Feststellung herbeizuführen oder der Hauptversammlung (→*Hauptversammlung, Teilnahme des Abschlussprüfers*) bzw. →*Gesellschafterversammlung* vorzuschlagen, diesen Jahresabschluss festzustellen. Auch die Hauptversammlung/Gesellschafterversammlung ist nicht gehindert, einen solchen Jahresabschluss festzustellen. Sie kann ihn sogar ihrem Gewinnverwendungsbeschluss zugrunde legen (§ 171 Abs. 1, § 171 Abs. 2 Satz 4 AktG und § 171 Abs. 2 Satz 3 AktG i.V.m. § 52 Abs. 1 GmbHG). Ist der Jahresabschluss jedoch nichtig (bei einer →*AG* § 256 AktG, bei einer →*GmbH* in analoger Anwendung der aktienrechtlichen Vorschriften) so ist auch der hierauf basierende Gewinnverwendungsbeschluss nichtig (bei einer AG § 253 AktG, bei einer GmbH in analoger Anwendung der aktienrechtlichen Vorschriften).

Für die gesetzlichen Vertreter einer Kapitalgesellschaft ergeben sich aus einem eingeschränkten Bestätigungsvermerk oder Versagungsvermerk keine unmittelbaren Folgen. Die Haupt-/Gesellschafterversammlung kann jedoch den gesetzlichen Vertretern, u.U. auch dem Aufsichtsrat, infolge eines eingeschränkten Bestätigungsvermerks oder Versagungsvermerks die Entlastung versagen (§§ 119 Abs. 1 Nr. 3, 120 AktG, § 46 Nr. 5 GmbHG).

In verschiedenen Fällen hat ein eingeschränkter oder versagter Bestätigungsvermerk unmittelbare Folgen auf Beschlüsse der Gesellschaftsorgane, wie z.B.:

- Wenn die Hauptversammlung den Jahresabschluss ändert, werden ihre vor Beendigung der erforderlichen Nachtragsprüfung gefassten Beschlüsse über die Feststellung des Jahresabschlusses und die Gewinnverwendung erst dann wirksam, wenn innerhalb von zwei Wochen seit Beschlussfassung der Abschlussprüfer einen hinsichtlich der Änderungen uneingeschränkten Bestätigungsvermerk erteilt hat, andernfalls werden die Änderungen nichtig.

- Der letzte Jahresabschluss kann einem Beschluss der Hauptversammlung über eine Kapitalerhöhung aus Gesellschaftsmitteln nur dann zugrunde gelegt werden, wenn diese mit einem uneingeschränkten Bestätigungsvermerk versehen ist. Gleiches gilt für eine GmbH.

Ein eingeschränkter oder versagter Bestätigungsvermerk kann neben den rechtlichen Folgen auch wirtschaftliche Nachteile bewirken, wie z. B. hinsichtlich der Kreditfähigkeit oder dem Ansehen des Unternehmens bei Investoren. Die Gesellschaftsorgane sind deshalb bemüht, einen uneingeschränkten Bestätigungsvermerk zu erhalten, um dem Ansehen des Unternehmens nicht zu schaden und um etwaige Darlegungs- und Beweiserleichterungen nicht zu verlieren. Sie sind bestrebt, etwaige Einwendungen bereits während der Prüfung auszuräumen.

Da der Bestätigungsvermerk über die Einhaltung der Rechnungslegung informiert, erfüllt dieser in der Wirtschaft eine wesentliche Ordnungsfunktion (Reglerfunktion der Jahresabschlussprüfung, → *Prüfungsfunktionen*).

Michael Wittekindt

Literatur: *Förschle, G./Küster, T.*, § 322 HGB, in: Ellrott, H./Förschle, G./Hoyos, M./Winkeljohann, N. (Hrsg.), Beck'scher Bilanz-Kommentar, 2005, S. 1998–2037; *Gelhausen, H.F.*, Bestätigungsvermerk, in: Ballwieser, W./Coenenberg, A.G./Wysocki, K.v. (Hrsg.), Handwörterbuch der Rechnungslegung und Prüfung, 2002, Sp. 303–320; *Marten, K.-U./Quick, R./Ruhnke, K.*, Wirtschaftsprüfung, 2003, S. 410–420.

Bestätigungsvermerk bei Krankenhausprüfungen → Krankenhausprüfung

Bestellung zum Wirtschaftsprüfer → Zugang zum Beruf des WP

Beta-Fehler

Da vom Prüfer nur eine hinreichende Urteilssicherheit (→ *Prüfungssicherheit*; → *Zielgrößen im Prüfungsprozess*) verlangt wird, besteht die Gefahr von Fehlurteilen. Diese können in zweierlei Richtung gehen. Ein Beta-Fehler oder Fehler zweiter Art liegt vor, wenn eine Hypothese nicht zutrifft, diese aber dennoch angenommen wird. Es handelt sich demnach um die Wahrscheinlichkeit, ein nicht normenkonformes Prüffeld anzunehmen. Die Höhe des Beta-Fehlers determiniert die Prüfungssicherheit. Je niedriger der vorgegebene Beta-Fehler, umso größer ist der notwendige Stichprobenumfang. Ein Beta-Fehler bleibt üblicherweise unentdeckt. Er stellt das bei einer Prüfung kritische Risiko dar und betrifft die Effektivität der Prüfung. Bei gegebenem Stichprobenumfang (→ *Stichprobe*) lässt sich der Beta-Fehler nur bei gleichzeitiger Erhöhung des →*Alpha-Fehlers* verringern.

Betriebsabrechnungsbogen → Kostenrechnung, Prüfung

Betriebsprüfung → Steuerliche Außenprüfung

Betriebssystemwerkzeuge

Der Abschlussprüfer kann die in dem jeweiligen Betriebssystem (z.B. Windows von MS sowie z/OS von IBM) des Mandanten enthaltenen Werkzeuge (*utilities*) zur Aufbereitung der zu prüfenden Daten einsetzen. Im Gegensatz zur Prüfsoftware (→*Prüfsoftware, generelle*) sind Betriebssystemwerkzeuge an ein bestimmtes Betriebssystem oder eine Systemfamilie gebunden.

Vorteile von Betriebssystemwerkzeugen sind neben der sofortigen Verfügbarkeit beim Mandanten (Wegfall der Migration der Daten vom Bezugssystem auf ein Fremdsystem) auch die höhere Performance. Ebenso sind Betriebssystemwerkzeuge komfortabler, da sie auf Technologien des Host-Systems basieren. Nachteile sind hingegen die mangelnde Ausrichtung auf Prüfungszwecke, die Schaffung der organisatorischen Voraussetzungen (z.B. Einrichtung von user-accounts und Zuweisung von Zugriffsrechten), eine möglicherweise zunehmende Abhängigkeit vom Mandanten sowie ggf. die fehlende tiefer gehende Vertrautheit des Prüfers mit dem spezifischen Betriebssystem.

Betrug → Fraud, Prüfung

Beurteilungsprozess → Prüfungsprozess

Bevorzugte Methode → Benchmark treatment

Bewertung → Abschlussaussagen

Bewertungsprüfung → Abschlussaussagen

Bewertungsstetigkeit

1 Normen

a) Deutsche Normen: §§ 252 Abs. 1 Nr. 6, 252 Abs. 2 HGB; b) Internationale Normen: IASB Framework.39, IAS 8.1, .14–29.

2 Definition und Anwendungsbereich

Die bei der Bewertung der im Jahresabschluss ausgewiesenen Vermögensposten und Schulden angewandten Methoden sind beizubehalten (§ 252 Abs. 1 Nr. 6 HGB, IASB Framework.39, IAS 8.15). Ziel ist eine Vergleichbarkeit der aufeinanderfolgenden Jahresabschlüsse. Von dieser Stetigkeit (→ *Stetigkeitsprinzip*) darf nur in begründeten Ausnahmefällen abgewichen werden (§ 252 Abs. 2 HGB, IAS 8.14). Auf diese Weise werden die abschlusspolitischen Gestaltungsmöglichkeiten begrenzt (→ *Abschlusspolitik*).

Der Grundsatz der Bewertungsstetigkeit erstreckt sich auf alle Vermögensposten und Schulden, also auch auf solche, die im Geschäftsjahr neu entstanden oder zugegangen sind. Zu unterscheiden ist hierbei die Anwendung gleicher Methoden für ein und denselben Bilanzposten im Folgejahr (zeitliche Stetigkeit) und die Gleichbehandlung art- und funktionsgleicher Objekte (sachliche Stetigkeit). Somit können Bewertungsobjekte gleicher Nutzungs- oder Risikobedingungen nicht willkürlich mit unterschiedlichen Methoden, sondern nur mit der entsprechenden im Vorjahr angewandten Methode bewertet werden.

Die Bewertungsstetigkeit ist gegeben, sofern im Rahmen übereinstimmender Bewertungsbedingungen dieselbe Bewertungsmethode wie im vorangegangen Jahresabschluss angewandt wird.

3 Begriff der Bewertungsmethode

Bewertungsmethoden sind in ihrem Ablauf definierte Verfahren zur Bestimmung von Geldbeträgen mit denen Abschlussposten zu erfassen und anzusetzen sind (Bilanzierung der Höhe nach; z.B. die Methoden zur Bestimmung der Abschreibungen oder Herstellungskosten). Abzugrenzen von den Bewertungsmethoden sind die Bilanzansatzmethoden (Bilanzierung dem Grunde nach; z.B. die Methode zur Feststellung, ob ein immaterieller Posten gem. IAS 38.9–17 anzusetzen ist). Beide werden unter dem Begriff Rechnungslegungsmethoden (accounting policies) zusammengefasst.

4 Durchbrechung der Bewertungsstetigkeit

4.1 Deutsche Normen

Die Bewertungsstetigkeit ist als Mussvorschrift zu interpretieren, welche nur in begründeten Ausnahmenfällen durchbrochen werden darf (§ 252 Abs. 2 HGB), z. B. bei:

- Änderungen von Gesetzen und Rechtsprechung,
- Vermittlung eines besseren Bildes der Vermögens-, Finanz- und Ertragslage,
- Anpassung an konzerneinheitliche Bewertungsmethoden,
- Anpassung an international anerkannte Rechnungslegungsgrundsätze.

Explizit ausgenommen ist die Verfolgung geänderter Substanzerhaltungsziele als Begründung für eine Durchbrechung der Bewertungsstetigkeit. Jedoch geht der Zwang zur ordnungsmäßigen Bewertung dem Zwang zur Methodenbeibehaltung vor, so dass eine Beibehaltung von Methodenfehlern nicht in Betracht kommt.

Gesetzliche Vorschriften, z. B. § 253 Abs. 2 Satz 2 HGB (Änderung der Restnutzungsdauer) und § 253 Abs. 2 und 3 HGB (außerplanmäßige Abschreibungen) sowie die Ausübung steuerlicher Bewertungswahlrechte (umgekehrte → *Maßgeblichkeit der HB für die Steuerbilanz*) stellen keine Durchbrechung des Bewertungsstetigkeitsgebots dar.

Abweichungen von der Bewertungsstetigkeit und ihre Auswirkungen auf die Vermögens-, Finanz- und Ertragslage sind von Kapitalgesellschaften/Kapitalgesellschaften & Co. im Anhang anzugeben (§ 284 Abs. 2 Nr. 3 HGB). Bei Inanspruchnahme steuerrechtlicher Bewertungsvorschriften sind weitere Erläuterungen im Anhang erforderlich (§ 281 Abs. 2 HGB).

4.2 Internationale Normen

Die Möglichkeiten zur Durchbrechung der Bewertungsstetigkeit sind gegenüber den deutschen Normen restriktiver. Änderungen sind nur vorzunehmen, wenn sie aufgrund eines Standards oder einer Interpretation eines Standards gefordert sind oder diese zu einer verlässlichen und relevanteren Darstellung der Auswirkungen von Ereignissen und Geschäftsvorfällen auf die Vermögens-, Finanz- und Ertragslage im Jahresabschluss sowie auf den Cashflow führen (IAS 8.14). Eine Ausnahme stellt die erstmalige Anwendung eines IFRS dar, welches zwangsläufig zu einer Durchbrechung führt.

Änderungen der Bewertungsmethoden sind grundsätzlich retrospektiv vorzunehmen. Dabei sind die Vermögenswerte und Schulden so zu bewerten, als sei die neue Bewertungsmethode schon immer angewendet worden (IAS 8.19 i.V.m. IAS 8.22). Es hat eine ergebnisneutrale Verrechnung über das Eigenkapital, vorzugsweise die Gewinnrücklagen, zu erfolgen (IAS 8.26). Hierbei sind die Vergleichsinformationen früherer Perioden anzupassen, sofern die Ermittlung der periodenspezifischen Effekte oder der kumulierten Auswirkungen der Änderung durchführbar sind (IAS 8.23). Undurchführbarkeit (impracticable) ist z.B. dann gegeben, wenn keine zuverlässige Anpassung der Vergleichsinformationen möglich ist (IAS 8.BC26). So ist z.B. für die Schätzung des beizulegenden Zeitwertes (→ *Fair values, Prüfung*), der nicht auf beobachtbaren Preisen beruht, eine Unterscheidung zwischen Informationen, die einen Nachweis über Umstände zum Zeitpunkt des Geschäftsvorfalls in der früheren Periode erbringen und auch zur Verfügung gestanden hätten, von sonstigen Informationen nicht eindeutig möglich (IAS 8.52).

Sofern eine Änderung der Bewertungsmethode Auswirkungen auf die Berichtsperiode oder eine frühere Periode hat oder Auswirkungen auf eine spätere Periode haben kann, sind u.a. folgende Angabepflichten in den notes (→ *Anhang, Prüfung*) erforderlich (IAS 8.28 f.):

- Gründe für die Änderung der Bewertungsmethode,
- Betrag der Anpassung in der Berichtsperiode und für jede dargestellte frühere Periode sowie für frühere, nicht im Abschluss berücksichtigte Perioden sowie
- Erläuterungen, dass vergleichende Informationen angepasst worden sind oder eine Anpassung aufgrund von Undurchführbarkeit unterblieben ist.

Sofern die Änderung auf der erstmaligen Anwendung eines IFRS beruht, sind zusätzlich folgende Angaben erforderlich (IAS 8.28):

- Bezeichnung des erstmalig angewandten IFRS,
- ggf. eine Angabe, dass die Änderung in Übereinstimmung mit den besonderen Übergangsvorschriften in diesem IFRS vorgenommen wurde, und
- Beschreibung dieser Übergangsvorschriften.

Bewertungsvereinfachungsverfahren → Vorräte, Prüfung

Bewertungswahlrechte

Sind in den Rechnungslegungsnormen ausdrücklich mehrere Vorgehensweisen erlaubt, um die Werthöhe einer Position im Abschluss zu bestimmen, liegt ein Bewertungswahlrecht vor. Daneben existieren Ansatz- sowie Ausweiswahlrechte. Wahlrechte stellen ein Instrument der →*Abschlusspolitik* dar. Die Ausübung von Bewertungswahlrechten wird durch das →*Stetigkeitsprinzip* eingeschränkt, das eine Abweichung von den bislang angewandten Bewertungsmethoden nur in begründeten Ausnahmefällen erlaubt.

Bewertungswahlrechte nach deutschem Bilanzrecht sind z.B. die Wahl der Abschreibungsmethode (→*Abschreibungen*), der Wertansatz der →*Herstellungskosten* sowie die Verwendung von Bewertungsvereinfachungsverfahren (→*Vorräte, Prüfung*). Beispiele in den internationalen Normen stellen die Folgebewertung des Sachanlagevermögens gem. IAS 16.29–66 (Modell der fortgeführten Anschaffungskosten oder Neubewertungsmodell; →*Sachanlagen, Prüfung*) und die Aktivierung von Fremdkapitalzinsen als Bestandteil der Anschaffungs- bzw. Herstellungskosten (IAS 23.10) dar.

Bewusste Auswahl

Eine bewusste Auswahl liegt vor, wenn die Auswahl der in die →*Stichprobe* einzubeziehenden Elemente einer Grundgesamtheit vom Prüfer *subjektiv* aufgrund seines Sachverstandes, d.h. seiner persönlichen Kenntnisse und Erfahrungen, getätigt und diese Entscheidung eigenverantwortlich, selbständig und nach pflichtgemäßem Ermessen getroffen wird. Dabei lässt sich die Auswahlwahrscheinlichkeit für die einzelnen Elemente der Grundgesamtheit nicht angeben, ein Repräsentationsschluss – d.h. eine Aussage bezüglich des Verhaltens der Grundgesamtheit aus der Beobachtung der Stichprobe heraus – ist nicht möglich (ISA 530.25 f.). Die wichtigsten bewussten Auswahlverfahren sind die Auswahl nach dem Konzentrationsprinzip, die detektivistische Auswahl und die Auswahl typischer Fälle (ISA 530.25):

- Bei der *Auswahl nach dem Konzentrationsprinzip* wählt der Prüfer nur solche Elemente aus, denen er besondere Bedeutung für die Urteilsbildung (→*Urteilsbildungsprozess*) beimisst, denn bei solchen Elementen können →*Fehler* die Aussagefähigkeit einer Jahresabschlussposition in besonderem Maße beeinträchtigen. Die Bedeutung eines

Prüfungsgegenstandes ergibt sich aus seinem absoluten oder relativen Wert. Nachteilig ist, dass eventuelle Fehler oder Unkorrektheiten bei den als unbedeutend eingestuften Elementen des → *Prüffeldes* unentdeckt bleiben, obwohl sie für die Urteilsbildung des Prüfers von erheblicher Relevanz sein können.

- Das Auswahlkriterium »Fehlerrisiko« wird bei der *detektivistischen Auswahl* verwandt. Hierbei wählt der Prüfer aufgrund seines Spürsinns und seiner Erfahrung solche Sachverhalte aus, bei denen er am ehesten Fehler vermutet (z. B. die Verbuchung von Geschäftvorfällen durch die Urlaubsvertretung).
- Die *Auswahl typischer Fälle* stellt eine Entnahmetechnik dar, bei der der Prüfer solche Sachverhalte aus dem Prüffeld herausgreift, die er aufgrund seiner bisherigen Erfahrungen für die Beurteilung der Normenkonformität als typisch erachtet.

In der Praxis werden diese Auswahltechniken i. d. R. kombiniert angewendet.

Als unbestreitbarer *Vorteil* der bewussten Auswahl gilt die Möglichkeit des Prüfers, den Stichprobenumfang und die Auswahl der Stichprobenelemente aufgrund seiner prüferischen Erfahrung, seiner Kenntnisse vom zu prüfenden Unternehmen sowie nach Maßgabe seiner eigenverantwortlichen Entscheidungen zu bestimmen. Der erfahrene Prüfer wird u. U. wesentlich schneller und sicherer zu einem zutreffenden Urteil gelangen, wenn er sämtliche verfügbaren Vorinformationen über die mutmaßliche Qualität des stichprobenweise zu prüfenden Prüffeldes berücksichtigt, denn bei der → *Zufallsauswahl* muss der Prüfer von seinen Erfahrungen und Kenntnissen abstrahieren, und die Einbeziehung von Vorwissen ist nur in einem sehr beschränkten Umfang möglich. Des Weiteren ist die Urteilsstichprobe universeller anwendbar, denn für die auf der Zufallsauswahl beruhenden Stichprobenverfahren existieren restriktive Anwendungsvoraussetzungen, durch die ihre Anwendungsmöglichkeiten beschränkt werden (→ *Statistische Stichprobenverfahren*). Hierbei ist insbesondere die Forderung nach Homogenität der Grundgesamtheit und dem Vorliegen sog. statistischer Massenerscheinungen, d. h. einer bestimmten Mindestgröße der Grundgesamtheit, zu nennen.

Weitere Vorteile der bewussten Auswahl liegen darin, dass die Stichprobenelemente ohne größere Vorarbeiten ausgewählt werden können, dass der Prüfer keine Vorkenntnisse über mathematisch-statistische Verfahren benötigt und dass die Ermittlung des notwendigen Stichprobenumfangs und die Formulierung des Prüfungsurteils im

Vergleich zur Zufallsauswahl keinen großen analytischen Aufwand erfordern.

Darüber hinaus spricht das Argument der größtmöglichen Fehlerfindung für die bewusste Auswahl (in der Form der detektivischen Auswahl). Sie wird dem Ziel, bei der Abschlussprüfung einen möglichst hohen Anteil der vorhandenen Fehler aufzufinden, am besten gerecht. Schließlich wird die Bedeutung des Prüfungsgegenstandes bei der bewussten Auswahl (in der Form der Auswahl nach dem Konzentrationsprinzip) berücksichtigt.

Die bewusste Auswahl ist jedoch auch mit *Nachteilen* verknüpft. Sie ergibt normalerweise kein verkleinertes Abbild der Grundgesamtheit, sondern vielmehr eine verzerrte Stichprobe; selbst wenn dies zufällig der Fall ist, lässt sich die Repräsentanz der Stichprobe nicht beweisen. Bei der bewussten Auswahl treten systematische Fehler auf, also solche Abweichungen vom wahren Wert, die nicht zufällig entstanden sind, sondern durch wissentliche oder willentliche Einwirkungen sowie durch organisatorische oder technische Umstände bedingt sind. Systematische Fehler tendieren in eine Richtung, so dass sie sich gegenseitig nicht ausgleichen können. Ihr verzerrender Einfluss nimmt vielmehr mit wachsendem Stichprobenumfang zu. Da die Stichproben bei bewusster Auswahl nicht repräsentativ, sondern verzerrt sind, ist die Fehlerstruktur der Stichprobe nicht auf die Grundgesamtheit übertragbar. Zudem ist die Urteilsqualität bei der bewussten Auswahl nicht exakt bestimmbar, so dass der zur Einhaltung einer vorgegebenen Sicherheit und Genauigkeit erforderliche Stichprobenumfang nicht berechnet werden und der Stichprobenumfang entweder zu klein oder zu groß sein kann. Im zweiten Fall eines zu großen Stichprobenumfangs führt die bewusste Auswahl somit zu Unwirtschaftlichkeiten. Außerdem besteht bei der bewussten Auswahl die Gefahr, dass das Auswahlsystem vom zu prüfenden Unternehmen durchschaut wird. Der bei der bewussten Auswahl bestehende subjektive Einfluss des Prüfers birgt schließlich die Gefahr einer willkürlichen Auswahl der Stichprobenelemente. Er bewirkt weiterhin, dass keine einheitliche Vorgehensweise bei der Bestimmung der Zusammensetzung und des Umfangs der Stichprobe besteht, worunter die Vergleichbarkeit von → *Prüfungsurteilen* leidet.

Beziehungen zu nahe stehenden Personen, Prüfung

1 Zentrale Normen

1.1 Rechnungslegungsnormen

a) Deutsche Normen: §§ 266, 275 Abs. 2 Nr. 9–11, 13, Abs. 3 Nr. 8–10, 12, 285 Nr. 9–11 HGB, §§ 20 f., 312 Abs. 3 AktG, §§ 21 f. WpHG, DRS 11; b) Internationale Norm: IAS 24.

1.2 Prüfungsnormen

a) Deutsche Norm: IDW PS 255; b) Internationale Norm: ISA 550.

2 Definition

Gem. IDW PS 255.5 sind nahe stehende Personen »natürliche Personen sowie juristische Personen und Unternehmen, die das berichtende Unternehmen ... oder eines seiner Tochterunternehmen beherrschen können ... oder die auf das berichtende Unternehmen oder auf seine Tochterunternehmen unmittelbar oder mittelbar wesentlich einwirken können ..., sowie diejenigen natürlichen sowie juristischen Personen, die das berichtende Unternehmen beherrschen kann oder auf die es wesentlich einwirken kann ... .« Im Hinblick auf die Definition nahe stehender Personen stellt IDW PS 255 auf die Ausführungen des DRS 11 »Berichterstattung über Beziehungen zu nahe stehenden Personen«, die sich an die Definitionen in IAS 24 anlehnen, ab.

Natürliche und juristische Personen, die durch eine Stimmrechtsmehrheit oder mittels Beherrschungsvertrag die Finanz- und Geschäftspolitik des Unternehmens bestimmen können, haben die Möglichkeit der Beherrschung und sind somit den nahe stehenden Personen zuzurechnen. Dabei ist es unerheblich, ob die Beherrschung direkt ausgeübt wird oder indirekt über ein Tochterunternehmen. Die Möglichkeit der wesentlichen Einwirkung ergibt sich, sobald natürliche oder juristische Personen an der Entscheidungsfindung im Rahmen der Finanz- und Geschäftspolitik des Unternehmens teilhaben, ohne jedoch beherrschend bzw. bestimmend wirken zu können.

3 Prüferisches Vorgehen

Im deutschen Handels- und Aktienrecht sind bisher lediglich einige Vorschriften zur Berichterstattung über Beziehungen zu nahe stehenden Personen enthalten, die ausschließlich von Kapitalgesellschaften und bestimmten Personenhandelsgesellschaften gem. § 264a HGB anzuwenden sind. Diese beziehen sich lediglich auf die Darstellung der Beziehungen zu verbundenen Unternehmen. Neben den grundsätzlichen Angaben zu verbundenen Unternehmen in den Rechenwerken des Jahresabschlusses (insbesondere im Kontext der Gliederung der Bilanz gem. § 266 HGB und den davon-Vermerken des § 275 Abs. 2 Nr. 9–11, 13 u. Abs. 3 Nr. 8–10, 12 HGB) ist über die Mitglieder der Unternehmensführung und der Kontrollorgane sowie deren Bezüge zu berichten (§ 285 Nr. 9 u. 10 HGB). Weiterhin ist über den Besitz von Anteilen an anderen Unternehmen zu berichten, sofern bestimmte Größenordnungen des Anteilsbesitzes überschritten werden (§ 285 Nr. 11 HGB), sowie über Unternehmen, die in den Konzernabschluss einbezogen werden. Nach § 312 Abs. 1 AktG muss der Vorstand eines in einem Abhängigkeitsverhältnis stehenden Unternehmens einen Abhängigkeitsbericht (→ *Abhängigkeitsbericht, Prüfung*) erstellen. Dieser ist jedoch nicht im Ganzen zu veröffentlichen, sondern lediglich dessen Schlusserklärung als Bestandteil des Lageberichts (§ 312 Abs. 3 Satz 3 AktG). Des Weiteren ergeben sich Berichtspflichten über Beteiligungen an anderen Unternehmen bzw. von anderen Unternehmen aus den §§ 20 f. AktG. Es sind zusätzlich Informationen bereitzustellen, sofern eine Grenze von 5 %, 10 %, 25 %, 50 % oder 75 % der Stimmrechte über- bzw. unterschritten wird (§§ 21 f. WpHG). Weiterhin sind besondere Vorschriften einzelner Börsensegmente zur Berichterstattung zu beachten. Der Abschlussprüfer hat zu beurteilen, ob der Mandant diesen Berichtspflichten nachgekommen ist.

In IFRS-Abschlüssen sind Angaben über Beziehungen zu nahe stehenden Personen (related parties) zu machen. Solche Angaben bzw. das Fehlen solcher Beziehungen sind vom Abschlussprüfer zu prüfen. Diese Verpflichtungen ergeben sich für IFRS-Abschlüsse aus IAS 24 »Related Party Disclosures«. Abweichungen zwischen den internationalen und den deutschen Normen ergeben sich hauptsächlich durch Ergänzungen aufgrund nationaler Besonderheiten. In IAS 24 werden jedoch aus der Gruppe der nahe stehenden Personen die Kapitalgeber, die Gewerkschaften und einzelne Kunden oder Lieferanten, mit denen ein wesentliches Geschäftsvolumen abgewickelt wird, ausgenommen. Diese Einschränkung der zu berücksichtigenden Personengruppen findet sich im

IDW PS 255 dagegen nicht. Nach IFRS wird somit die Beherrschung bzw. der wesentliche Einfluss als entscheidender Sachverhalt angesehen. Eine Beziehung zu nahe stehenden Personen i.S.d. IAS 24 ergibt sich aus einer solchen wirtschaftlichen Abhängigkeit nicht.

Prüffelder, bei denen Geschäftsvorfälle mit nahe stehenden Personen eine hohe Bedeutung haben, sind mit besonderen Risiken behaftet. Zum einen ist Prüfungsnachweisen, die von diesen Personen erlangt werden, grundsätzlich eine geringere Zuverlässigkeit beizumessen als den von Dritten erlangten Nachweisen. Zum anderen werden solche Geschäftsvorfälle häufig nicht mit den üblichen kaufmännischen Erwägungen vorgenommen, sondern sind durch andere Motive (z.B. Gewinnverlagerung, Vermögensschädigung) beeinflusst.

Im Rahmen der Festlegung seiner Prüfungshandlungen hat der Abschlussprüfer die Angemessenheit des Aufbaus des →*IKS* bezüglich der Beziehungen zu nahe stehenden Personen zu beurteilen. Hierbei ist u.a. zu beurteilen, ob der besondere Charakter der Beziehungen zu nahe stehende Personen durch entsprechend angepasste Kontrollprozesse berücksichtigt wird, ob eine Vollständigkeit der Erfassung von Beziehungen zu nahe stehenden Personen gewährleistet ist und ob durch diese Beziehungen andere Kontrollprozesse nicht ausgesetzt werden können. Der Abschlussprüfer hat gem. IDW PS 255.8 durch die im Rahmen seiner Prüfungshandlungen erlangten Prüfungsnachweise auch die Funktionsfähigkeit des →*IKS* in Bezug auf die Beziehungen zu nahe stehenden Personen zu beurteilen.

Im Rahmen der →*aussagebezogenen Prüfungshandlungen* beschafft sich der Abschlussprüfer von den gesetzlichen Vertretern des zu prüfenden Unternehmens Informationen über die Beziehungen zu nahe stehenden Personen und die in diesem Zusammenhang aufgetretenen Geschäftsvorfälle. Um Beziehungen zu nahe stehenden Personen aufzudecken, sind nach den Ausführungen des IDW PS 255.16 u.a. folgende Prüfungshandlungen vorgesehen: Auswertung von Vorjahresarbeitspapieren, Anteilseignerlisten, Sitzungsprotokollen, Einkommensteuererklärungen, Befragung von Aufsichts-, Geschäftsführungsorganen und leitenden Angestellten.

Bei der Durchsicht der buchhalterischen Aufzeichnungen können Geschäftsvorfälle mit hohem Geschäftsvolumen oder ungewöhnlichen Konditionen (z.B. Zinsen oder Preise) dem Prüfer als Hinweise auf nicht aufgeführte Beziehungen zu oder Geschäftsvorfälle mit nahe stehenden Personen dienen. Außerdem werden im Zusammenhang mit einzelnen Geschäftsvorfällen oder Beständen Einzelfallprüfungen durchgeführt, um z.B. Geschäftsvorfälle aufzudecken, deren rechtliche und wirtschaftliche Gestaltung nicht übereinstimmen oder deren Abschluss aus wirtschaftlichen Überlegungen heraus unbegründet erscheint. Auf ungewöhnliche Art und Weise abgewickelte Geschäftsvorfälle können ebenso auf Beziehungen zu nahe stehenden Personen hindeuten wie z. B. unentgeltliche Nutzungen, die nicht in der Buchführung erfasst wurden. Weitere Prüfungshandlungen sind hier auch die Beurteilung von Bestätigungen Dritter sowie Bankbestätigungen, die über vergebene oder aufgenommene Darlehen informieren. Zusätzlich werden Prüfungshandlungen durchgeführt, die Hinweise auf erworbene oder verkaufte Beteiligungen sowie auf bestehende Bürgschaften oder andere Haftungsverhältnisse liefern.

Sofern keine Sachverhalte vorliegen, die auf eine Ausweitung des Risikos von Unrichtigkeiten im Zusammenhang mit der Berichterstattung über die Beziehung zu nahe stehenden Personen über das erwartete Ausmaß hinaus bzw. auf bereits aufgetretene Verstöße hinweisen, kann von ausreichenden und angemessenen Prüfungsnachweisen ausgegangen werden. Andernfalls sind die zuvor dargestellten Prüfungshandlungen entsprechend anzupassen oder auszuweiten. Sofern keine Offenlegungspflichten bezüglich der Beziehungen zu nahe stehenden Personen bestehen, besteht die Aufgabe der Abschlussprüfer in der Beurteilung der mit diesen Beziehungen verbundenen Risiken.

Über die Vollständigkeit der erlangten Prüfungsnachweise und die angemessene Berücksichtigung der Beziehungen zu nahe stehenden Personen im Rechnungswesen ist nach Auffassung des IDW eine schriftliche Erklärung der Unternehmensleitung (→ *Vollständigkeitserklärung* (representation letter)) einzuholen (IDW PS 255.24).

Guido Neubeck

Literatur: Küting, K./Weber, C.-P./Gattung, A., in: Zeitschrift für kapitalmarktorientierte Rechnungslegung 2003, S. 53–66; Zimmermann, J., in: Steuern und Bilanzen 2002, S. 889–895.

Big Four

Mit diesem Ausdruck werden die vier marktführenden, international tätigen → *WPG* bezeichnet. Zu diesen gehören (in alphabetischer Reihenfolge):

- Deloitte;
- Ernst & Young (E&Y);

- Klynveld Peat Marwick Goerdeler (KPMG);
- PricewaterhouseCoopers (PwC).

Diese Gesellschaften haben sich aufgrund eines steigenden Wettbewerbsdrucks und einer zunehmenden Globalisierung am → *Prüfungsmarkt* herausgebildet. Sie sind durch Zusammenschlüsse ehemals unabhängiger Prüfungsgesellschaften entstanden. Mit dieser Entwicklung ging eine Konzentration von Marktanteilen einzelner Prüfungsgesellschaften einher. Aufgrund ihrer vergleichbaren relativ hohen Marktanteile stellen sie eine homogene Gruppe dar und unterscheiden sich damit von den übrigen WPG.

BigManager → Standardprogramme, prüfungsspezifische

Bilanz

Die Bilanz ist eine Gegenüberstellung von dem Vermögen und dem Kapital eines Unternehmens an einem bestimmten Stichtag. Die Aufstellung erfolgt regelmäßig in Kontoform auf der Basis des Inventars. Das Kapital als die Summe aller dem Unternehmen von Gesellschaftern zur Verfügung gestellten Mittel sowie aller dem Unternehmen von Gläubigern überlassenen Mittel zeigt die Herkunft finanzieller Mittel und wird auf der Passivseite der Bilanz ausgewiesen. Das Vermögen als Gesamtheit aller im Betrieb eingesetzten Sach- und Geldmittel zeigt demgegenüber die Verwendung des Kapitals und bildet die Aktivseite der Bilanz. Beide Seiten der Bilanz rechnen dieselben Gesamtwerte ab, die Summen der Aktiv- und der Passivseite müssen daher identisch sein.

Die Bilanzarten lassen sich nach verschiedenen Kriterien einteilen. Eine gängige Unterteilung ist die Differenzierung nach den Anlässen der Bilanzaufstellung, bei der zwischen ordentlichen und außerordentlichen Bilanzen unterschieden wird. Zu den ordentlichen Bilanzen gehören insbesondere die Handels- und die Steuerbilanz. Kennzeichnend für ordentliche Bilanzen sind die regelmäßigen Zeitabstände, in denen sie aufgestellt werden. Außerordentliche Bilanzen zeichnen sich hingegen durch ihren einmaligen oder unregelmäßigen Anlass zur Aufstellung aus. Diese Sonderbilanzen werden zu Anlässen wie z.B. der Gründung (→ *Gründungsprüfung*), der Umwandlung (→ *Umwandlungsprüfung*) oder der Sanierung von Unternehmen oder einer Kapitalerhöhung aufgestellt.

Die HB wird nach den handelsrechtlichen Vorschriften des HGB sowie ergänzend denen des AktG und des PublG aufgestellt. Die HB ist ein

Bestandteil des → *Jahresabschlusses* eines Unternehmens und gem. § 242 Abs. 1 HGB für jeden Kaufmann verpflichtend. Die Gliederung der HB ist für deutsche → *Kapitalgesellschaften* gesetzlich detailliert geregelt (§ 266 Abs. 2 u. 3 HGB). Die Bilanzgliederung dient der Übersichtlichkeit und erleichtert Bilanzvergleiche.

Nach IFRS ist die Bilanz (balance sheet) ebenfalls ein grundlegendes Element des Jahresabschlusses (financial statements). Anders als das deutsche Recht in § 266 HGB, sehen die IFRS keine Standardgliederung für die Bilanz vor. Die Bilanz hat lediglich dem Mindestausweis zu genügen, der dem IAS 1.68 entnommen werden kann. Zusätzliche Posten, Überschriften und Zwischensummen sind gem. IAS 1.69 in der Bilanz darzustellen, wenn dies für das Verständnis der Finanzlage des Unternehmens relevant ist. Die Reihenfolge des Ausweises ist nicht vorgeschrieben, ebenso nicht das Bilanzformat (Konto- oder Staffelform). Grundsätzlich werden → *assets* und → *liabilities* in der Bilanz entsprechend ihrer Fristigkeit nach → *current assets* und → *non-current assets* bzw. current und non-current liabilities getrennt ausgewiesen. In Ausnahmefällen ist allerdings auch eine Gliederung nach ihrer Liquiditätsnähe zulässig, sofern dies relevantere und verlässlichere Informationen als eine Gliederung nach Fristigkeit liefert (IAS 1.51). Von der einmal gewählten Darstellungs- und Ausweismethode darf nach IAS 1.27 grundsätzlich nicht mehr abgewichen werden.

Bilanzanalyse → Jahresabschlussanalyse

Bilanzausschuss → Prüfungsausschuss

Bilanzberichtigung → Änderung des Jahresabschlusses

Bilanzfälschung → Fraud, Prüfung

Bilanzgliederung

Eine → *Bilanz* kann in Konto- oder Staffelform aufgestellt werden. Im Rahmen einer nach handelsrechtlichen Vorschriften aufgestellten Bilanz erfolgt die Gliederung der Aktivseite in → *Anlagevermögen*, → *Umlaufvermögen* sowie Rechnungsabgrenzungsposten (→ *Rechnungsabgrenzungsposten, Prüfung*), die der Passivseite in Eigenkapital (→ *Eigenkapital, Prüfung*), Rückstellungen (→ *Rückstellungen, Prüfung*), Verbindlichkeiten (→ *Verbindlichkeiten, Prüfung*) und Rechnungsabgrenzungsposten. Ausführlichere Gliederungsvorschriften bestehen für →*Kapitalgesellschaften* (§ 266 HGB) und Unternehmen bestimmter Branchen, z.B. Kreditinstitute (→*Kreditinstitute, Prüfung*) (§ 2 RechKredV) oder Versicherungsunternehmen (→*Versicherungsunternehmen, Prüfung*) (§ 2 RechVersV). Die Bilanz ist hier grundsätzlich in Kontoform aufzustellen und in Aktiva (Mittelverwendung) und Passiva (Mittelherkunft) unterteilt. Aktiva werden nach zunehmender Liquidierbarkeit, Passiva nach abnehmender Restlaufzeit der Verpflichtungen gegliedert.

Die →*IFRS* enthalten kein verpflichtend anzuwendendes Bilanzgliederungsschema. Form und Darstellung der Bilanz orientieren sich zunächst an den mindestens anzugebenden Bilanzpositionen (IAS 1.68) sowie den spezifischen Erfordernissen anderer Standards, sofern entsprechende Bilanzierungssachverhalte gegeben sind. Ob zusätzliche Posten gesondert zu zeigen sind, zusätzliche Überschriften und Zwischensummen darzustellen sind oder einzelne Posten zusammengefasst werden, hängt davon ab, ob eine solche Darstellung für das Verständnis der Finanzlage des Unternehmens relevant ist (IAS 1.69–73). Gem. IAS 1.51 ist die Bilanz grundsätzlich nach Fristigkeit zu gliedern. Eine Gliederung entsprechend der Liquidierbarkeit ist aber dann geboten, wenn diese im Vergleich zu einer Gliederung nach Fristigkeit zur Vermittlung von ebenso verlässlichen, aber relevanteren Informationen führt (RIC 1.22). Eine Gliederung nach Liquiditätsnähe kommt grundsätzlich nur bei Versicherungsunternehmen, Investmentgesellschaften, Beteiligungsgesellschaften und Finanzinstituten in Betracht (IAS 1.54), sofern die Bilanz solcher Unternehmen nahezu vollständig aus Finanzinstrumenten (→*Finanzinstrumente, Prüfung*) besteht (RIC 1.23).

Bilanzkennzahlen → Kennzahlen

Bilanzpolitik → Abschlusspolitik

Bilanzprüfer → Abschlussprüfer

Bilanzstichtag → Abschlussstichtag

Billigung des Jahresabschlusses → Feststellung des Jahresabschlusses

Binomialverteilung

Die Binomialverteilung, auch als Bernoulli-Verteilung bezeichnet, ist eine theoretische Verteilung der Statistik, mit der sich in der Stichprobentheorie die Wahrscheinlichkeiten für die Häufigkeit des Eintreffens bestimmter Ereignisse bei Bernoulli-Experimenten berechnen lassen. Hierbei gelten die Bedingungen, dass es *zwei Ausprägungen* des Ergebnisses gibt, deren Eintrittswahrscheinlichkeiten *konstant* und die einzelnen Versuche voneinander unabhängig sind. Dem Modell der Binomialverteilung liegt eine stochastische Unabhängigkeit der Beobachtung zugrunde, d.h., sie basiert auf Ziehen mit Zurücklegen.

Bei einem Bernoulli-Experiment mit n Einzelversuchen und der Wahrscheinlichkeit für ein Ereignis A W(A) = θ ist die Wahrscheinlichkeit, dass bei den n Versuchen ein Ereignis A genau x-mal auftritt, durch folgende Wahrscheinlichkeitsfunktion der Binomialverteilung gegeben:

$$f_B(x/n;\theta) = \begin{cases} \binom{n}{x} \theta^x (1-\theta)^{n-x} & \text{für } x = 0,1,\ldots,n \\ 0 \end{cases}$$

Bei der Wahrscheinlichkeit W(A) = 0,5 ergibt sich eine symmetrische Verteilung. Für n → ∞ ergibt sich die → *Normalverteilung* als Grenzverteilung.

Board of directors

Im monistischen System der Unternehmensverfassung bildet das board of directors sowohl das Geschäftsführungs- wie auch das Kontrollorgan, dessen Mitglieder von der Hauptversammlung bestellt werden und durch diese auch wieder abberufen werden können. Das board of directors vertritt die Gesellschaft, wählt, entlässt und überwacht die leitenden Angestellten (officers), die oft aus den eigenen Reihen gewählt werden. Es verwaltet das Vermögen der Gesellschaft im Interesse der Aktionäre, gibt die Unternehmensstrategie vor, entscheidet über die Gewinnverwendung und berichtet an die Aktionäre. Ein director, der als leitender Angestellter in die Geschäftsführung eingebunden ist, d.h. als executive officer tätig ist, wird als inside-director bezeichnet. Ist er hingegen nicht in der Funktion eines executive officers tätig, wird er als outside-director bezeichnet. Zur Erfüllung der Aufgaben des board of directors werden typischerweise Ausschüsse gebildet, wie z.B. das executive committee oder insbesondere das audit committee, welches in der Funktion eines Kontroll- und → *Prüfungsausschusses* nur mit outside-directors besetzt werden soll und den bedeutendsten Ausschuss zur Unterstützung des board darstellt.

Börsengang

Unter einem Börsengang wird die Inanspruchnahme des öffentlichen Kapitalmarktes durch die Emission von Wertpapieren, insbesondere von Aktien und Schuldverschreibungen, verstanden. Im Falle der Emission von Eigenkapitaltiteln wird synonym der Begriff des »going public« verwandt. Bietet der Emittent erstmals öffentlich Aktien zum Kauf an, spricht man von einem »initial public offering« (IPO). Im Zusammenhang mit Börsengängen nehmen WP insbesondere die Aufgaben der Prüfung der rechtlichen und wirtschaftlichen Börsenreife, der Durchführung von (financial) due diligences (→ *Unternehmensbewertung*) bei dem Emittenten, der Erteilung von comfort letters an die Emissionsbank(en), der steuerlichen Beratung sowie der Erstellung von Proforma-Abschlüssen (→ *Proforma-Ergebnisse*) und der Durchführung von restatements (Neuaufstellung eines Abschlusses auf Basis einer anderen Normengrundlage) wahr.

Diejenigen, die für einen anlässlich des Börsengangs nach dem → *BörsG* i.V.m. dem WpPG zu erstellenden Prospekt die Verantwortung übernommen haben, und diejenigen, von denen der Erlass des Prospekts ausgeht, unterliegen für die Fehlerhaftigkeit und Unvollständigkeit wesentlicher Angaben der Prospekthaftung nach § 44 Abs. 1 BörsG. Um sich exkulpieren zu können, verlangen die begleitenden Emissionsbanken üblicherweise von dem Emittenten, seinen Abschlussprüfer mit der Erteilung eines comfort letters (→ *Börsenprospekt, Prüfung*) zu beauftragen.

Börsengesetz

Das Börsengesetz vom 22.6.1896 (BörsG) gehört zu den zentralen Kapitalmarktgesetzen Deutschlands. Es wurde zuletzt durch das Vierte Finanzmarktförderungsgesetz vom 21.6.2002 umfassend reformiert. Das BörsG bildet die Rechtsgrundlage für die BörsZulV (§ 32 BörsG) sowie die Börsenordnungen (BörsO; § 13 BörsG) der sieben regionalen Wertpapierbörsen. Die folgenden Bereiche werden durch das BörsG geregelt: Allgemeine Bestimmungen über Börsen und deren Organe, Ermittlung von Börsenpreisen, Zulassung von Wertpapieren zum Börsenhandel, Bestimmungen über elektronische Handelssysteme und börsenähnliche Einrichtungen sowie Straf- und Bußgeldvorschriften.

Im Zusammenhang mit der Prüfung von Börsenprospekten und der Erteilung von comfort letters (→ *Börsenprospekt, Prüfung*) spielt in Bezug auf die Tätigkeit eines WP (→ *Tätigkeitsbereiche des WP*) insbesondere die in den §§ 44–47 BörsG geregelte börsengesetzliche Prospekthaftung eine zentrale Rolle.

Börsensprospekt, Prüfung

1 Normen

§§ 44, 45, 55 BörsG, IDW PS 900, 910, IDW PH 9.900.1, IDW RH HFA 1.004, IDW ES 4 n.F.

2 Hintergrund

Will ein Unternehmen Wertpapiere am öffentlichen Kapitalmarkt (i.S.d. amtlichen oder geregelten Markts) handeln lassen, bedürfen die Wertpapiere gem. den §§ 30 Abs. 1, 49 Abs. 1 BörsG der Zulassung. Nach §§ 30 Abs. 2, 49 Abs. 2 BörsG ist der notwendige Zulassungsantrag des Emittenten zusammen mit einem Kreditinstitut, einem Finanzdienstleistungsinstitut oder einem nach § 53 Abs. 1 Satz 1 oder § 53b Abs. 1 Satz 1 KWG tätigen Unternehmen zu stellen. Eine Voraussetzung für die Zulassung der Wertpapiere besteht gem. § 30 Abs. 3 Nr. 2 BörsG darin, dass für eine Zulassung zum amtlichen Markt regelmäßig ein Prospekt nach den Vorschriften des WpPG gebilligter oder bescheinigter Prospekt zu veröffentlichen ist, der alle erforderlichen Angaben enthält, um potenziellen Investoren ein zutreffendes Urteil über den Emittenten und die zuzulassenden Wertpapiere zu ermöglichen. Für einen Antrag zur Zulassung von Wertpapieren zum geregelten Markt gilt dies nach § 51 Abs. 1 Nr. 2 BörsG analog. Nach §§ 44 Abs. 1 Satz 1, 55 BörsG haften diejenigen, die für den Prospekt die Verantwortung übernommen haben, und diejenigen, von denen der Erlass des Prospekts ausgeht, gegenüber den Erwerbern der Wertpapiere, falls im Prospekt für die Beurteilung der Wertpapiere wesentliche Angaben unrichtig oder unvollständig sind. Eine Exkulpation ist nach §§ 45 Abs. 1, 55 BörsG u. a. dadurch möglich, dass ein Nachweis dafür erbracht wird, dass die Unrichtigkeit oder Unvollständigkeit der Angaben des Prospekts nicht bekannt war und diese Unkenntnis nicht auf grober Fahrlässigkeit beruhte. Zum Kreis der potenziell prospekthaftungspflichtigen Personen zählt neben dem Emittenten auch das die Zulassung beantragende Kreditinstitut, welches regelmäßig auch als Konsortialführer des zur Platzierung der Wertpapiere gegründeten Bankenkonsortiums fungiert. Um sein Prospekthaftungsrisiko zu *minimieren*, macht das Kreditinstitut seine Bereitschaft zur Mitwirkung regelmäßig u. a. davon abhängig, dass sich der Emittent ihm gegenüber im sog. Emissionsvertrag (Übernahmevertrag, underwriting agreement) dazu verpflichtet, im Vorfeld der Prospektveröffentlichung auf eigene Kosten Maßnahmen zu ergreifen, die die Richtigkeit und Vollständigkeit der Prospektangaben sicherstellen sollen oder zumindest den Nachweis ermöglichen sollen, dass eine Nichtentdeckung etwaiger Fehler oder Unvollständigkeiten nicht auf grober Fahrlässigkeit beruhte. Die Mindestinhalte des Prospekts ergeben sich direkt aus der Prospektverordnung vom 29.4.2004 (§ 7 WpPG).

3 Maßnahmen

Die Gesamtheit dieser ergriffenen Maßnahmen wird in Anlehnung an den in Sec. 11 des US-amerikanischen SA verwendeten Begriff als »reasonable investigation« bezeichnet. Der gesamte Prüfungsprozess kann als due diligence review-Prozess (→ *Unternehmensbewertung*) aufgefasst werden. In Bezug auf die primär verbalen, juristischen Ausführungen des Prospektes umfassen die Maßnahmen insbesondere die Einholung von sog. legal opinions von Rechtsanwälten. Hinsichtlich der in den Prospekt aufzunehmenden Finanzangaben und rechnungslegungsbezogenen Informationen bildet die Einholung sog. comfort letters von WP ein wesentliches Element der reasonable investigation.

4 Prüfungshandlungen im Zusammenhang mit der Erteilung eines comfort letter

Obwohl die einzelnen, durch den WP vorzunehmenden Prüfungshandlungen im Vorfeld der Erteilung eines comfort letter Gegenstand eines individuellen Verhandlungsprozesses zwischen Konsortialführer und Emittent (evtl. unter Hinzuziehung des zu beauftragenden WP) sind (vgl. auch IDW PS 910.10), können unter Heranziehung der Vorgaben des IDW PS 910 bestimmte, immer wieder vorkommende Prüfungshandlungen benannt werden:

- *Kritisches Lesen der Protokolle* der Sitzungen der Gesellschaftsorgane des Emittenten während des laufenden Geschäftsjahres sowie etwaiger Monatsberichte für Zeiträume nach dem Stichtag des letzten geprüften oder einer →*prüferischen Durchsicht* unterzogenen (unterjährigen) Abschlusses (IDW PS 910.58, .62f., .75–79).
- *Prüferische Durchsicht unterjähriger Abschlüsse.* Hinsichtlich der in den Prospekt aufzunehmenden, bislang ungeprüften unterjährigen Abschlüsse nimmt der WP eine prüferische Durchsicht (review) unter Beachtung der entsprechenden Standards IDW PS 900, ISRE 2400 bzw. 2410 oder SAS 100 vor. Sollte diese Durchsicht zu keinerlei Einwendungen führen, bestätigt der Prüfer in Form einer Negativaussage (→*Prüfungssicherheit*), dass er nach Durchführung seiner begrenzten Maßnahmen einer prüferischen Durchsicht mit einer gewissen Sicherheit ausschließen kann, dass der unterjährige Abschluss in wesentlichen Belangen nicht mit den angewandten Rechnungslegungsgrundsätzen in Einklang steht; es ist ausdrücklich darauf hinzuweisen, dass die prüferische Durchsicht keine Abschlussprüfung im Sinne der deutschen Prüfungsnormen darstellt und daher auch nicht notwendigerweise zur Aufdeckung wesentlicher Abweichungen von den angewandten Rechnungslegungsnormen führen muss (IDW PS 910.66f.).
- *Durchführung von* →*agreed-upon procedures*. Im Rahmen des sog. »Kringelprozesses« kontrolliert der WP, ob bestimmte, im Prüfungsauftrag genau spezifizierte Finanzangaben und rechnungslegungsbezogene Angaben, die im Textteil des Prospektes verwendet werden, korrekt aus dem Finanzteil übernommen oder abgeleitet wurden (IDW PS 910.98). Der Begriff Kringelprozess rührt daher, dass die betreffenden Angaben in dem Exemplar des Prospektes, das dem comfort letter beigefügt wird, vom Prüfer eingekringelt werden. Der Prüfer soll sich dabei auf solche Angaben beschränken, die aus der vom rechnungslegungsbezogenen Kontrollsystem (→*IKS*) erfassten Finanzbuchführung des Emittenten stammen (IDW PS 910.99). Über diese vereinbarte prüfungsnahe Leistung (agreed-upon procedure) hinaus, bei der der Prüfer kein Prüfungsurteil abgibt, sondern nur seine tatsächlichen Feststellungen zum jeweiligen Sachverhalt (factual findings) dokumentiert, können weitere vom Prüfer durchzuführende agreed-upon procedures verlangt werden (z.B. die Befragung der Verantwortlichen des Emittenten) (IDW PS 910.88).

- *Untersuchung von Proforma-Angaben (→ Proforma-Ergebnisse).* Sind infolge von Restrukturierungsaktivitäten des Emittenten aus der jüngeren Vergangenheit Proforma-Abschlüsse in den Prospekt aufzunehmen, kann der WP damit beauftragt werden, die entsprechenden Angaben zu untersuchen. Unter einem Proforma-Abschluss (auch als Als-ob-Abschluss bezeichnet) wird ein Abschluss verstanden, der sich auf einen vergangenen Zeitraum bezieht und unter der Annahme aufgestellt wird, dass – abweichend von den tatsächlichen Verhältnissen – die gegenwärtigen Konzernstrukturen und Rechtsverhältnisse bereits in der Vergangenheit in dieser Form vorgelegen hätten (vgl. auch IDW RH HFA 1.004.2, IDW PH 9.900.1.2). Der Prüfer wird die Proforma-Angaben kritisch lesen, die für die Erstellung der Angaben verantwortlichen Unternehmensvertreter über die den Proforma-Anpassungen zugrunde liegenden Annahmen befragen und die Angaben hinsichtlich ihrer rechnerisch korrekten Ableitung aus den historischen Abschlüssen überprüfen; bei seinen Untersuchungshandlungen kann sich der Prüfer an den IDW RH HFA 1.004 bezüglich der Erstellung und IDW PH 9.900.1 bezüglich der prüferischen Durchsicht der Proforma-Angaben orientieren (IDW PS 910.91).

5 Prospektgutachten nach IDW ES 4 n.F.

Ein comfort letter, der in erster Linie auf der Grundlage einer prüferischen Durchsicht der rechnungslegungsbezogenen Angaben eines Börsenprospektes durch einen WP erteilt wird, ist nicht zu verwechseln mit einem Prospektgutachten, welches ein WP unter Beachtung des IDW ES 4 n.F. erstellt (IDW PS 910.4, noch unter Bezugnahme auf IDW S 4 a.F.). Der IDW ES 4 n.F. enthält zwar die Grundsätze ordnungsmäßiger Beurteilung von Prospekten über öffentlich angebotene Kapitalanlagen; die Beurteilung von Börsenzulassungsprospekten und anderen Prospekten über öffentlich angebotene Wertpapiere (sowie von Prospekten über deutsche und in Deutschland vertriebene ausländische Investmentanteile) ist jedoch gem. IDW ES 4.5 n.F. explizit nicht Gegenstand dieses Standards.

M. Felix Weiser

Literatur: *Kunold, U.*, § 21 Comfort Letter, in: Habersack, M./Mülbert, P.O./Schlitt, M., Unternehmensfinanzierung am Kapitalmarkt, 2005, S. 610–637; *Meyer, A.*, in: Wertpapier-Mitteilungen 2003, S. 1745–1756.

Bounded rationality → Begrenzte Rationalität

Bridging-Problematik → Geschäftsrisikoorientierte Prüfung

Buchführung

Die Buchführung dient der lückenlosen und ordnungsmäßigen Erfassung und Aufzeichnung aller wirtschaftlich bedeutsamen Geschäftsvorfälle in Unternehmen und anderen Institutionen.

Entsprechend handels- und steuerrechtlichen Vorschriften ist es für jeden Kaufmann, aber auch für andere Gewerbetreibende und Handwerker, verpflichtend, *Bücher zu führen* (§ 238 Abs. 1 HGB, §§ 140 f. AO). Demgegenüber enthalten die IFRS keine spezifischen Vorschriften zur Buchführung. Da allerdings ohne eine sachgerechte Buchführung die Erstellung sowie die Prüfung eines IFRS-Abschlusses unmöglich ist, besteht auch nach internationalen Normen eine faktische Buchführungspflicht. Diese zahlenmäßige Aufzeichnung der Buchführung beginnt mit der Gründung und endet ggf. mit der Liquidation. Das Ziel der Buchführung ist primär die Dokumentation der Geschäftsvorfälle. Zu den Geschäftsvorfällen zählen die *formellen Geschäftsvorfälle* (formale Eröffnungsbuchungen und formale Abschlussbuchungen) sowie die *materiellen Geschäftsvorfälle* (Buchung der laufenden Geschäftsvorfälle und materielle Abschlussbuchungen).

Als gängige Buchführungssysteme haben sich die kameralistische und die kaufmännische Buchführung durchgesetzt. Die *kameralistische Buchführung* wird überwiegend in der öffentlichen Verwaltung angewandt, wo Planung und Kontrolle in den Vordergrund gestellt werden. Grundkonzept der Kameralistik ist der auf Einnahmen und Ausgaben aufbauende Vergleich von Vorgaben eines zu erreichenden Sollzustandes mit dem tatsächlichen Ist-Zustand. Allerdings verliert die Kameralistik zunehmend an Bedeutung und wird auch in öffentlichen Verwaltungen verstärkt durch die kaufmännische Buchführung ersetzt.

Die *kaufmännische Buchführung* unterscheidet zwei wesentliche Ausprägungen: die *Betriebsbuchführung* sowie die *Finanzbuchführung*. Während die Betriebsbuchführung der unternehmensinternen betrieblichen Kosten- und Leistungsrechnung dient, hat die Finanzbuchführung die Aufgabe der Erfassung aller Vorgänge, welche die Vermögens-, Finanz- und Ertragslage des Unternehmens beeinflussen. Die Umsetzung und Ausgestaltung der Finanzbuchführung wird durch die → *GoB* konkretisiert. So muss die Buchführung u. a. vollständig, richtig, zeitgerecht, geordnet und unveränderlich erfolgen (§ 239 Abs. 2 u. 3 HGB). Die Belegpflicht dient dabei dem Nachweis einer jeden Buchung. Insbesondere muss es, entsprechend der *speziellen Generalnorm der Buchführung*, einem sachverständigen Dritten möglich sein, sich innerhalb angemessener Zeit einen Überblick über die Geschäftsvorfälle und Lage des Unternehmens zu verschaffen (§ 238 Abs. 1 Satz 2 HGB).

Im Rahmen der Finanzbuchführung wird zwischen den Methoden der einfachen und der doppelten Buchführung unterschieden. Bei der einfachen Buchführung werden lediglich alle Geschäftsvorfälle auf Bestandskonten erfasst, so dass diese Methode nur einen geringen Aussagegehalt besitzt (z. B. kann der Betriebserfolg nur durch den Reinvermögensvergleich ermittelt werden). Die *doppelte Buchführung* (häufig wird diese auch als Doppik bezeichnet) ist die in der Praxis vorherrschende Methode. Sie unterscheidet zwischen Bestands- und Erfolgskonten und ermöglicht eine zweifache Erfolgsermittlung, sowohl aus der Bilanz als auch aus der GuV.

Ausgangspunkt einer jeden Buchung ist der Buchungsbeleg, auf dessen Grundlage die chronologische Erfassung der Geschäftsvorfälle im Grundbuch erfolgt. Die Anzahl der *Grundbücher* hängt von der Unternehmensorganisation ab; häufig werden Kassen- und Bankbücher sowie Wareneingangs- und Ausgangsbücher geführt. Die sachliche Ordnung der Bücher erfolgt im *Hauptbuch* auf den einzelnen Sachkonten, den Bestands- und Erfolgskonten der doppelten Buchführung. Die *Nebenbücher* dienen der weiteren Aufgliederung der Sachkonten. So erfolgt z. B. in der Debitorenbuchhaltung die Aufzeichnung separat für jeden → *Debitor*. In das Hauptbuch werden dann lediglich die gesamten Warenforderungen übernommen.

Die IT-gestützte Buchführung (→ *IT-gestützte Rechnungslegung*) als → *Buchführungstechnik* hat in den letzten Jahren die klassische Form der Übertragungs- und Durchschreibbuchführung weitgehend abgelöst.

Buchführung außer Haus → Dienstleistungsorganisationen, Inanspruchnahme durch den Mandanten

Buchführung, IT-gestützte → IT-gestützte Rechnungslegung

Buchführung, Prüfung der

Die → *Buchführung* ist Gegenstand der Abschlussprüfung (§ 317 Abs. 1 HGB). Sofern Unternehmen verpflichtend oder wahlweise einen IFRS-Abschluss erstellen, ist gem. § 315a Abs. 1 HGB ebenfalls § 317 Abs. 1 HGB anzuwenden, so dass auch bei einer Rechnungslegung nach IFRS eine Pflicht zur Prüfung der Buchführung existiert. Die Prüfung der

Buchführung konzentriert sich auf die Finanzbuchführung, da diese die zentrale Datenbasis des Jahresabschlusses darstellt. In die Prüfung der Buchführung sind sowohl das Grund- und Hauptbuch, als auch die Nebenbücher (wie z. B. die Anlagenbuchführung, die Lohn- und Gehaltsbuchführung sowie die Lagerbuchführung) einzubeziehen.

Die Prüfung der Buchführung bezieht sich auf die Prüfung ihrer formellen und materiellen Ordnungsmäßigkeit; gem. § 238 Abs. 1 HGB muss die Buchführung den → *GoB* entsprechen. Die Buchführung muss derart strukturiert sein, dass es einem sachverständigen Dritten innerhalb angemessener Zeit möglich ist, sich einen Überblick über die Geschäftsvorfälle und die Lage des Unternehmens zu verschaffen (*spezielle Generalnorm der Buchführung*). Entsprechend § 317 Abs. 1 i.V. m. § 239 HGB ist im Rahmen der Prüfung festzustellen, ob die Buchführung formell ordnungsgemäß, d. h. insbesondere vollständig, richtig, zeitgerecht, geordnet und unveränderlich ist; ebenso müssen konkrete Vorschriften über anzuwendende Zeichen (so müssen z. B. verwendete Ziffern und Symbole eindeutig und verständlich sein) und Medien (z. B. die →*Ausdruckbereitschaft* im Rahmen →*IT-gestützter Rechnungslegung*) erfüllt sein (→*Formelle Prüfung*).

Die Buchführung umfasst sowohl die Einzel- als auch die Konzernbuchführung. Die Prüfung der →*Konzernbuchführung* ist zwar gesetzlich nicht verankert; da allerdings ohne die Existenz einer ordnungsmäßigen Konzernbuchführung der Konzernabschluss nicht geprüft werden kann, ergibt sich auch auf Konzernebene eine implizite Pflicht zur Prüfung der Buchführung.

Die Prüfung der Buchführung ist Bestandteil einer jeden →*Systemprüfung*: Die →*Aufbauprüfung* dient der Identifizierung von Maßnahmen, welche die Ordnungsmäßigkeit der Buchführung sicherstellen, die →*Funktionsprüfung* der Beurteilung der Wirksamkeit solcher Maßnahmen. Erfolgt der Einsatz einer IT-gestützten Buchführung, so ist auch die Prüfung der Buchführung entsprechend anzupassen (→*IT-gestützte Prüfungstechniken*).

Buchführungstechnik

Die Buchführungstechnik umfasst alle Techniken, die den Mandanten sowohl bei der →*Buchführung*, als auch bei der Erstellung von →*Jahresabschlüssen* unterstützen. Der Begriff der Buchführungstechnik bezieht sich somit auf die bei der Buchführung verwendeten Hilfsmittel.

Die Buchführungstechnik unterscheidet zwischen manueller (konventioneller) Buchführung (die entweder als Übertragungs- oder als Durchschreibbuchführung ausgestaltet ist) und der heutzutage vorherrschenden IT-gestützten Buchführung (→ *IT-gestützte Rechnungslegung*).

Buchprüfer → vBP

Buchprüfungsgesellschaft

Gem. § 128 WPO können Buchprüfungsgesellschaften (BPG) von der → *WPK* anerkannt werden. Die Anerkennung setzt den Nachweis voraus, dass die Gesellschaft von → *vBP* verantwortlich geführt wird. Die Vorschriften über die Anerkennung von → *WPG* finden entsprechend Anwendung (§§ 27–34 WPO). Wesentliche Teile der → *WPO* gelten für BPG entsprechend (§ 130 WPO). Sowohl BPG als auch vBP können nach § 319 Abs. 1 HGB Abschlussprüfer von mittelgroßen GmbH sein.

Bundesanstalt für Finanzdienstleistungsaufsicht

Die Bundesanstalt für Finanzdienstleistungsaufsicht (BaFin; http://www.bafin.de), unter der die Aufgaben der ehemaligen Bundesaufsichtsämter für das Kreditwesen (BAKred), das Versicherungswesen (BAV) und den Wertpapierhandel (BAWe) zusammengeführt wurden, ist eine rechtsfähige bundesunmittelbare Anstalt des öffentlichen Rechts im Geschäftsbereich des BMF und hat ihre Dienstsitze in Bonn und Frankfurt am Main. Die BaFin stellt eine *staatliche Aufsicht über Kreditinstitute, Finanzdienstleistungsinstitute und Versicherungsunternehmen* dar, die sektorübergreifend den gesamten Finanzmarkt umfasst. Durch diese integrierte Finanzmarktaufsicht (*Allfinanzaufsicht*) werden Kapitalmarktverflechtungen, Unternehmensbeziehungen und Risiken erfassbar und handhabbar. Hauptziel der BaFin ist es, die *Funktionsfähigkeit, Stabilität und Integrität des gesamten deutschen Finanzsystems* zu *sichern*. Hieraus lassen sich zwei weitere Ziele ableiten: Zum einen gilt es, die Zahlungsfähigkeit von Banken, Finanzdienstleistungsinstituten und Versicherungsunternehmen zu sichern (*Solvenzaufsicht*). Zum anderen sind Kunden und Anleger in ihrer Gesamtheit zu schützen und Verhaltensstandards durchzusetzen, die das Vertrauen der Anleger in die Finanzmärkte wahren (*Marktaufsicht*). Der BaFin kommt auch eine Rolle im Rahmen der Kontrolle der Rechtmäßigkeit von Unternehmensabschlüssen zu. Das Enforcement-Verfahren (§§ 342b–342e HGB, §§ 37n–37u WpHG) ist zweistufig: Auf der ersten Stufe wird die DPR tätig (→ *Durchsetzung von Rechnungslegungsnormen*). Sofern das zu prüfende Unternehmen mit der Prüfstelle nicht kooperiert, wird auf der zweiten Stufe die BaFin eingeschaltet. Diese ist nach § 37o Abs. 1 Satz 4 i.V.m. § 37p Abs. 1 Satz 2 WpHG zur Prüfung befugt, sofern die Prüfstelle berichtet, dass das jeweilige geprüfte Unternehmen die Kooperation verweigert oder dem Prüfungsergebnis widersprochen hat oder wesentliche Zweifel an der ordnungsmäßigen Prüfungsdurchführung oder der Korrektheit des Prüfungsergebnisses bestehen.

Bundesanzeiger

Der Bundesanzeiger (BAnz) wird vom BMJ herausgegeben und von der Bundesanzeiger-Verlagsgesellschaft verlegt. Er ist das amtliche Publikationsorgan der Bundesrepublik Deutschland, erscheint als gedruckte Ausgabe jeweils an Tagen nach Arbeitstagen (dienstags bis samstags) und ist u.a. im → *AktG* und → *HGB* für zahlreiche unternehmensrechtliche Verlautbarungen als Pflichtorgan vorgeschrieben.

Durch das TransPuG vom 19.7.2002 wurde der elektronische Bundesanzeiger (E-BAnz; http://www.ebundesanzeiger.de) etabliert (§ 25 Satz 1 AktG) und die Printversion für Gesellschaftsmitteilungen mit Wirkung vom 1.1.2003 abgeschafft (Art. 5 TransPuG), d.h., seither steht für aktienrechtliche Pflichtveröffentlichungen nur der E-BAnz zur Verfügung. Eine zusätzliche Publikation in der Printausgabe ist zwar möglich, aber weder hinreichend noch notwendig. Auch der durch Art. 12 Nr. 1 des JKomG vom 22.3.2005 neu geschaffene § 12 GmbHG sieht seit dem 1.4.2005 den E-BAnz als zwingendes Gesellschaftsblatt für Pflichtbekanntmachungen der → *GmbH* vor.

Nach § 325 HGB haben die gesetzlichen Vertreter eines (Mutter-)Unternehmens den Einzel- bzw. Konzernabschluss, den (Konzern-)Lagebericht sowie weitere im Gesetz spezifizierte Unterlagen spätestens zwölf Monate nach Ablauf des Geschäftsjahres im Bundesanzeiger bekannt zu machen. In Abhängigkeit von der Größe des Unternehmens werden entweder die Unterlagen selbst im Bundesanzeiger bekannt gemacht (große

Kapitalgesellschaften sowie Mutterunternehmen in der Rechtsform einer Kapitalgesellschaft: § 325 Abs. 2 Satz 1, Abs. 3 Satz 1 HGB) oder aber nur das →*Handelsregister*, bei welchem die Unterlagen eingereicht worden sind (kleine und mittelgroße Kapitalgesellschaften: § 325 Abs. 1 Satz 2 HGB). Der Detaillierungsgrad der offen zu legenden Unterlagen variiert mit der Größe des Unternehmens. So sind die gesetzlichen Vertreter kleiner Kapitalgesellschaften i. S. d. § 267 Abs. 1 HGB nach § 326 Satz 1 HGB verpflichtet, lediglich Bilanz und Anhang offen zu legen. Grundsätzlich sind nur Kapitalgesellschaften offenlegungspflichtig; Ausnahmen bestehen für solche Einzelunternehmen und →*Personenhandelsgesellschaften*, die unter die §§ 1, 11 PublG fallen. Diese sind offenlegungspflichtig nach Maßgabe der §§ 9, 15 PublG, die auf § 325 HGB verweisen.

Bundesrechnungshof

Der Bundesrechnungshof ist eine oberste Bundesbehörde mit Sitz in Bonn (http://www.bundesrechnungshof.de). Seine wesentlichen Aufgaben sind im Grundgesetz verfassungsrechtlich verankert (Art. 114 Abs. 2 GG). Näheres regeln Einzelgesetze (Bundesrechnungshofgesetz, Bundeshaushaltsordnung).

Der Bundesrechnungshof prüft die Haushalts- und Wirtschaftsführung des Bundes und übernimmt eine Beratungsfunktion gegenüber Exekutive und Legislative. Auf Landesebene erfolgt eine Prüfung durch die →*Landesrechnungshöfe*. Die Rechnungshöfe (Bundesrechnungshof, Landesrechnungshöfe) sind öffentlich-rechtliche Instanzen des externen Prüfungswesens und als unabhängige Organe der staatlichen Finanzkontrolle nur dem Gesetz unterworfen. Die Jahresberichte des Bundesrechnungshofs sind Grundlage für die Entlastung der Bundesregierung durch das Parlament; sie werden auf einer Bundes-Pressekonferenz der Öffentlichkeit vorgestellt.

Bundesverband der vereidigten Buchprüfer e. V.

Der Bundesverband der vereidigten Buchprüfer e. V. (BvB; http://www.bvb.org) ist neben dem →*DBV* ein privatrechtlicher Verein mit Sitz in Düsseldorf und mit freiwilliger Mitgliedschaft. Zu den Aufgaben des BvB gehört die *Interessenvertretung* der Mitglieder gegenüber den Bundes- und Landesbehörden, den gesetzgebenden Körperschaften, der →*WPK*, den Einrichtungen der EG sowie anderen Berufsgruppen durch Stellungnahmen, Teilnahme an Anhörungen und Gesprächen bzw. Verhandlungen.

Zudem ist es Aufgabe des BvB, die Mitglieder im Rahmen der beruflichen Fortbildungsmaßnahmen (→*Fortbildung des WP*) durch Seminare fachlich zu fördern.

Bürogemeinschaft

In einer Bürogemeinschaft üben die in ihr zusammengeschlossenen →*Partner* nach außen ihre berufliche Tätigkeit im eigenen Namen und auf eigene Rechnung unabhängig voneinander aus. Zum Zweck der Einsparung von Kosten werden sowohl Geschäftsräume und Geschäftseinrichtungen gemeinschaftlich genutzt als auch ggf. Büropersonal gemeinschaftlich beschäftigt. Bürogemeinschaften stellen Rechtsgemeinschaften i.S.d. §§ 741–758 BGB dar. Sie sind auch mit Angehörigen anderer Berufstände zulässig, da die Berufstätigkeit nicht gemeinschaftlich ausgeübt wird und die Bürogemeinschaft keine eigentliche Form der Berufsausübung ist. Jedoch wird die Bildung nach bisheriger Verkehrsanschauung auf sozietätsfähige Berufe (d.h. Berufe, die einer Kammeraufsicht unterliegen und denen ein Zeugnisverweigerungsrecht zusteht; →*WP-Sozietät*), insbesondere →*WP*, →*vBP*, Rechtsanwälte und Steuerberater, begrenzt.

Business risk audit → Geschäftsrisikoorientierte Prüfung

CAAT → IT-gestützte Prüfungstechniken

Canadian Institute of Chartered Accountants

Das Canadian Institute of Chartered Accountants (CICA; http://www.cica.ca.) ist die Dachorganisation der → *Chartered Accountants* in Kanada und auf den Bermudas. Wesentliche Aufgaben des CICA sind die Entwicklung und Herausgabe von Rechnungslegungs- und Prüfungsnormen, die Fortentwicklung von Aus- und Fortbildungsprogrammen sowie die Interessenvertretung der Chartered Accountants im In- und Ausland. Das CICA unterhält mehrere committees und departments, in denen verschiedene Themenbereiche bearbeitet werden. Das Accounting Research Committee gab bis 1968 ein CICA-Handbook heraus, das als Grundlage für die Entwicklung der kanadischen GAAP diente und auch von allen Rechnungslegern als Norm anerkannt worden ist.

CAPM → Unternehmensbewertung

Carve out audit

Als carve out (herausschnitzen) wird das Herauslösen eines oder mehrerer Geschäftsbereiche aus einem Abschluss bezeichnet. Dabei geht es zumeist um die Aufstellung eines Teilkonzernabschlusses auf Proforma-Basis. Es kann sich allerdings auch um das Herauslösen eines oder mehrerer rechtlich unselbständiger Geschäftsbereiche aus einem Einzelabschluss handeln. Hintergrund ist zumeist die Veräußerungsabsicht dieser Geschäftsbereiche.

Im Rahmen des carve out audit wird die Aufstellung dieses Teil(konzern)abschlusses geprüft. Ein spezifisches Prüfungsproblem besteht darin, dass die einzelnen Vermögens- und Schuldposten den Geschäftsbereichen zugeordnet werden müssen. Eine derartige Zuordnung ist im Rahmen einer Jahresabschlussprüfung grundsätzlich nicht zu prüfen.

I.d.R. handelt es sich um eine → *prüferische Durchsicht* auf Basis einer freiwilligen Prüfungsdienstleistung (→ *Prüfungsdienstleistungen, freiwillige*). Der Prüfungsumfang und insbesondere die → *Prüfungssicherheit* sind daher grundsätzlich frei vereinbar.

Cash and cash equivalents → Zahlungsmittel und Zahlungsmitteläquivalente, Prüfung

Cashflow

Der Cashflow (CF) stellt die zentrale Liquiditätsgröße eines Unternehmens dar. Als eine aus dem erzielten Jahresergebnis (indirekte Methode) oder aus dem Saldo von Ein- und Auszahlungen (direkte Methode) abgeleitete Stromgröße gibt der CF den erwirtschafteten Finanzmittelüberschuss einer vorangegangenen Periode an und bezeichnet die Netto-Zahlungsströme aus der laufenden Geschäftstätigkeit, aus der Investitions- sowie aus der Finanzierungstätigkeit, die in der Kapitalflussrechnung (→ *Kapitalflussrechnung, Prüfung*) gesondert darzustellen sind. Ein auf historischen Daten basierender CF dient zur Bestimmung der Innenfinanzierungskraft eines Unternehmens. Da bei seiner Ermittlung auch nicht ergebnis-, aber zahlungswirksame Vorgänge erfasst werden und der CF nicht durch den Ansatz von → *Abschreibungen*, Zuschreibungen oder die Auflösung oder Dotierung von Rückstellungen (→ *Rückstellungen, Prüfung*) beeinflusst wird, gilt er als Indikator für das Ausschüttungspotenzial, die Investitionskraft und das Unternehmenswachstum (→ *Jahresabschlussanalyse*). Bei der Beurteilung der Finanzlage (→ *Finanzlage, Prüfung*) eines Unternehmens fließt der CF in → *Kennzahlen* ein (z.B. dynamischer Verschuldungsgrad, Nettoinvestitionsdeckung), die der Beurteilung der Zahlungsfähigkeit und des Schuldentilgungspotenzials eine Unternehmens dienen. Bei Unternehmen, die z.B. hohe Abschreibungen ausweisen, ist der CF unter sonst gleichen Umständen höher als das erzielte Jahresergebnis. Ein außerhalb der Kapitalflussrechnung ermittelter CF, in dem zahlungswirksame, aber erfolgsneutrale Vorgänge nicht berücksichtigt werden, weist Grenzen in der Aussagekraft auf. Insbesondere branchenbedingte Besonderheiten können Auswirkungen auf die Höhe des CF haben und seine Interpretation und Vergleichbarkeit erschweren. Dies trifft z.B. bei anlageintensiven Unternehmen mit hohem im Vergleich zu Dienstleistungsunternehmen mit geringem Abschreibungsvolumen zu.

Cashflow statement → Kapitalflussrechnung, Prüfung

Certified Internal Auditor

Person, die das Examen zum Certified Internal Auditor (CIA-Examen) bestanden hat. Dieses Examen, das vom → *Institute of Internal Auditors* (IIA) initiiert wurde, um einen international einheitlichen Ausbildungsstandard für interne Revisoren zu schaffen, wird seit 1998 auch vom → *Deutschen Institut für Interne Revision e. V.* (IIR), als Mitglied des IIA, in deutscher Sprache angeboten. Der Certified Internal Auditor zeichnet sich durch gute Kenntnisse im allgemeinen Managementwissen, Risikomanagement und → *IKS* aus. Voraussetzung für die Teilnahme am CIA-Examen ist grundsätzlich ein Fach- oder Hochschulabschluss sowie zwei Jahre Berufserfahrung als interner Revisor. Alternativ ist auch eine längere Berufserfahrung ausreichend.

Certified Public Accountant

Der Certified Public Accountant (CPA) ist ein mit dem → *WP* deutscher Prägung vergleichbarer Titel, der in den USA nach Ablegung eines speziellen Examens erworben werden kann. Die Voraussetzungen (Hochschulbildung, Berufserfahrung und -ausübung, Staatsangehörigkeit) für die Zulassung zum Examen, für die Führung des Titels und für die Lizenzierung unterscheiden sich in den einzelnen Bundesstaaten. Im Gegensatz zum deutschen WP ist es grundsätzlich – in Abhängigkeit vom jeweiligen Bundesstaat – für die Titelführung nicht erforderlich, den Abschlussprüferberuf auszuüben. Ein CPA kann nicht nur als Abschlussprüfer, sondern z. B. auch als Fachmann für Rechnungswesen im Unternehmen tätig sein.

Changes in equity → Eigenkapitalveränderungsrechnung, Prüfung

Chartered Accountant

Chartered Accountant ist die Berufsbezeichnung des → *WP* in Großbritannien und Irland (und in weiteren Commonwealth-Staaten). Der Berufsstand ist dort in fünf Organisationen gegliedert (je ein Institute of Chartered Accountants für England und Wales, Schottland, Irland sowie die Association of Chartered Certified Accountants). Mehrfachmitgliedschaften sind erlaubt. Das Tragen des Titels ist den Mitgliedern vorbehalten. Diese werden in associates und fellows unterteilt, wobei Letztere durch langjährige Tätigkeit bzw. Mitgliedschaft oder durch besondere Leistung gekennzeichnet sind. Chartered Accountants ist die Pflichtprüfung von Kapitalgesellschaften und Körperschaften vorbehalten. Sie dürfen jedoch erst nach dem Erwerb einer speziellen Lizenz in den staatlich regulierten Bereichen Abschlussprüfung, Insolvenzverwaltung und Investmentgeschäft tätig sein.

Checklisten

Checklisten (auch *Prüfungsfragebogen* genannt) finden sowohl im Bereich der →*Systemprüfung*, als auch im Bereich →*aussagebezogener Prüfungshandlungen* Anwendung und dienen als Leitfaden oder Prüfungsanweisung zur Erlangung von Prüfungsnachweisen (z. B. abschlusspostenbezogene Checklisten). Im Unterschied zu den manuellen Checklisten erlauben *IT-gestützte dialogisierte* Checklisten anhand zuvor eingegebener Basisangaben (z. B. Ausgestaltung des →*IT-Systems* als integriertes oder →*stand alone-System*), irrelevante Fragen von vornherein auszublenden. Zwar ermöglichen Checklisten auch bei geringer Erfahrung einen raschen Zugang zu komplexen Prüfungsobjekten, allerdings besteht aufgrund des schematischen Vorgehens die Gefahr, dass relevante Sachverhalte, die der Prüfungsfragebogen im Einzelfall nicht erfasst, ausgeblendet werden.

CIA → Certified Internal Auditor

Code compare software → Programmvergleich

Code of Ethics for Professional Accountants

Bei dem Code of Ethics for Professional Accountants (im Folgenden kurz Ethics) handelt es sich um die internationalen →*ethischen Prüfungsnormen*. Ethische Prüfungsnormen bilden einen Regelungsbereich der Prüfungsordnung (→*Prüfungsnormen*). Internationale ethische Prüfungsnormen werden vom International Ethics Standards Board for Accountants (IESBA) der →*IFAC* entwickelt. Dabei erkennt die IFAC an, dass es aufgrund nationaler Unterschiede in den kulturellen, sprachlichen, rechtlichen und sozialen Systemen primär den nationalen Mitgliedsorganisationen obliegt, detaillierte ethische Anforderungen aufzustellen (Ethics.Preface). Die internationalen ethischen Prüfungsnormen sollen als Modell dienen, auf dem die nationalen ethischen Normen aufbauen; im Konfliktfall gehen die nationalen den internationalen Normen vor.

Die folgenden Ausführungen beschreiben den Code of Ethics in der Fassung vom Juni 2005, welcher Ethics in drei wesentliche Teile (Teil A bis C) mit weiteren Unterabschnitten gliedert; hinzu tritt ein weiterer Teil, welcher einschlägige Begriffsabgrenzungen enthält.

Teil A behandelt die generelle Anwendung von Ethics (Ethics Sec. 100–150). Zu beachten sind fundamentale Prinzipien (*fundamental principles*) sowie ein Bezugsrahmen (*conceptional framework approach*) zur Anwendung dieser Prinzipien.

- Fundamentale Prinzipien sind Integrität, Objektivität, berufliche Kompetenz und gebührende Sorgfalt, Verschwiegenheit sowie berufswürdiges Verhalten.
- Der Bezugsrahmen hält den Prüfer nicht zur Einhaltung spezifischer Regeln an, sondern soll ihn dabei unterstützen, Gefährdungen der Unabhängigkeit (*threats*) zu identifizieren und zu beurteilen. Unterschieden werden fünf Arten von Unabhängigkeitsgefährdungen: Hierzu zählen die Gefährdung durch Eigeninteressen, Selbstprüfung, Interessenvertretung, Vertrautheit sowie Einschüchterung. Sind identifizierte Gefährdungen nicht eindeutig unbedeutend (clearly insignificant), muss der Prüfer (sofern möglich) Schutzmaßnahmen (*safeguards*) anwenden, um die Gefährdungen zu beseitigen oder auf ein akzeptables Niveau zu reduzieren (z. B. Schutzmaßnahmen beim Prüfer wie die Konsultation eines unabhängigen Dritten). Schutzmaßnahmen lassen sich in zwei Kategorien einteilen: Zum einen sind Maßnahmen zu nennen, die durch den Berufsstand, die Rechtsprechung oder andere Normen geschaffen werden (z. B. zum →*Zugang zum Beruf des WP* und zur →*Fortbildung des WP*). Zum anderen zählen hierzu Maßnahmen im Arbeitsumfeld des Prüfers. Aus den zuvor genannten Gründen wird der Bezugsrahmen auch als sog. threats and safeguards approach bezeichnet.

Teil B und C geben Richtlinien zur praktischen Anwendung der fundamentalen Prinzipien sowie zur Übertragung des Bezugsrahmens auf typische Situationen in der beruflichen Praxis. Dabei bezieht sich Teil B (Ethics Sec. 200–290) auf Berufsangehörige, welche den Prüferberuf ausüben, und Teil C (Ethics Sec. 300–350) auf freiberuflich tätige Berufsangehörige (professional accountants in public practice); Teil C kann auch für Berufsangehörige, welche den Prüferberuf ausüben, bedeutsam sein. In Bezug auf Teil B behandelt bspw. Ethics Sec. 290.153–157 die Gefährdungen bei Einsatz von jeweils denselben leitenden Mitarbeitern für einen Prüfungsauftrag über einen längeren Zeitraum hinweg. Das Unabhängigkeitsproblem wird beschrieben und das Ausmaß der Gefährdung möglicherweise bestimmende Faktoren (z.B. Dauer der Zugehörigkeit zum Prüfungsteam) sowie mögliche Sicherungsmaßnahmen (z.B. Rotation) werden beispielhaft benannt; ergänzend werden Besonderheiten börsennotierter Mandate angesprochen. Innerhalb von Teil B besitzen die Regelungen zur → *Unabhängigkeit* des Prüfers in Ethics Sec. 290 eine exponierte Stellung.

Comfort letter → Börsenprospekt, Prüfung

Commissaires aux comptes

Der wirtschaftsprüfende Berufsstand in Frankreich unterscheidet zwischen den Commissaires aux comptes und den Experts-Comptables. Experts-Comptables sind Sachverständige, die hauptberuflich das externe → *Rechnungswesen* von Unternehmen und Organisationen, bei denen sie nicht angestellt sind, prüfen und beurteilen. Sie sind außerdem berechtigt, das Rechnungswesen von Unternehmen zu organisieren sowie deren Lage und Geschäftsablauf auf wirtschaftliche, rechtliche und finanzwirtschaftliche Aspekte hin zu analysieren. Zu den Tätigkeitsfeldern des Expert-Comptable gehören des Weiteren die → *Unternehmensbewertung* und Beratungstätigkeiten. Ein Eintrag in das Berufsregister (tableau) ist für den Expert-Comptable verpflichtend, um seinen Beruf auszuüben. Der Berufsstand der Experts-Comptables hat ein gesetzliches Monopol für → *freiwillige Abschlussprüfungen*.

Gesetzlich vorgeschriebene → *Jahresabschlussprüfungen* und Konzernabschlussprüfungen (→ *Konzernabschluss, Prüfung*) sind Vorbehaltsaufgaben der Commissaires aux comptes (Art. 2 al. 1 Décret No 69–810). Zur Ausübung der Funktion des Commissaire aux comptes ist die vorherige Eintragung im Standesregister (liste) erforderlich (Art. 2 al. 1 Décret No 69–810). Experts-Comptables können sich in das Standesregister eintragen, um die Aufgaben der Commissaires aux comptes, d.h. gesetzliche Abschlussprüfungen durchführen zu dürfen

(Art. 3 al. 3 Décret No 69–810). Wichtig ist, dass der Commissaire aux comptes nicht gleichzeitig als Expert-Comptable für ein zu prüfendes Unternehmen tätig werden darf.

Die Zulassung zum Beruf des Commissaire aux comptes ist an verschiedene persönliche und fachliche Voraussetzungen geknüpft. Zu den persönlichen Vorraussetzungen gehört der Besitz der französischen Staatsangehörigkeit des Bewerbers oder seine Angehörigkeit zu einem EU-Mitgliedstaat (Art. 3 al. 1 Décret No 69–810). Bewerber eines Nicht-EU-Mitgliedstaates können nur dann zugelassen werden, sofern deren Heimatstaat im Gegenzug französischen Staatsangehörigen das gleiche Recht gewährt. Die fachlichen Voraussetzungen umfassen die Vorbildung des Bewerbers durch den Abschluss eines Hochschulstudiums, einer Grande Ecole oder das Tragen eines näher bezeichneten akademischen Titels (Art. 3-1 al. 1 Décret No 69–810), die praktische Ausbildung durch das Absolvieren eines dreijährigen Berufspraktikums mit einer zertifizierten Beurteilung von mindestens zufrieden stellend (Art. 3 al. 2, Art. 4 al. 1 Décret No 69–810) sowie das Bestehen des Berufsexamens. Experts-Comptables werden von dem Berufsexamen freigestellt und können sich dann ohne weiteres in das Standesregister eintragen lassen, wenn sie mindestens zwei Drittel des Zeitraums des Berufspraktikums bei einem Commissaire aux comptes, einer Prüfungsgesellschaft oder einer zur Durchführung von Abschlussprüfungen berechtigten Person eines EU-Mitgliedstaates absolviert haben (Art. 3 al. 3 Décret No 69–810). Die Bestellung zum Commissaire aux comptes bzw. die Eintragung in das Standesregister bildet den formalen Abschluss des Zulassungsverfahrens (Art. 2 al. 1 Décret No 69–810). In den letzten Jahren haben 90–95 % der Commissaires aux comptes ihre Berufsqualifikation über den Ausbildungsweg zum Expert-Comptable erworben, und etwa 85 % der Experts-Comptables sind derzeit im Standesregister der Commissaires aux comptes eingetragen.

Compilation engagements → Compilations

Compilations

Im Unterschied zu den Prüfungsdienstleistungen (→ *Prüfungsdienstleistungen, freiwillige*; → *Prüfungsdienstleistungen, gesetzliche*) geht mit der Erbringung einer compilation nicht die Abgabe einer → *Prüfungssicherheit* einher. Häufig hat eine compilation die Erstellung eines → *Jahresab-*

schlusses zum Gegenstand (ISRS 4410.appendix 1 sowie HFA 4/1996). Der → *WP* nimmt hierbei grundsätzlich keine Prüfung der zugrunde liegenden Buchungen (→ *Buchführung*) vor. Allerdings erlangt der so erstellte Jahresabschluss eine gewisse Glaubwürdigkeit, da der WP ihn mit der berufsüblichen Sorgfalt (→ *Sorgfaltspflicht*) erstellt hat und über das notwendige Fachwissen verfügt (ISRS 4410). Gem. HFA 4/1996 besteht zudem die Möglichkeit, die Erstellung des Jahresabschlusses mit Plausibilitätsbeurteilungen (→ *Analytische Prüfungen*) oder umfassenden → *Prüfungshandlungen* zu kombinieren. Compilations und → *agreed-upon procedures* stellen verwandte Dienstleistungen (related services) im Sinne der internationalen Prüfungsnormen dar (vgl. Structure of Pronouncements → *IAASB*). Bei den compilations verwendet der WP sein Wissen, um Abschlussinformationen zu sammeln, zu klassifizieren und zusammenzufassen.

Completed contract method → Auftragsfertigung, Prüfung

Compliance Advisory Panel

Das Compliance Advisory Panel (CAP) ist ein Gremium der → *IFAC*, das im November 2003 aus dem Compliance Committee hervorgegangen ist. Aufgabe des Compliance Committee war es zu prüfen, ob die nationalen Berufsorganisationen ihrer Verpflichtung nachkommen, die IFAC-Normen in nationale Normenäquivalente umzusetzen.

Das Aufgabengebiet des CAP wurde im Zuge der Umbenennung erweitert und umfasst zusätzliche Aufgaben. Hierzu gehört die Abgabe von Empfehlungen gegenüber dem IFAC Board zum Bewerbungsprozess für neue IFAC-Mitglieder. Eine weitere Aufgabe des CAP besteht darin, Empfehlungen über neue Mitglieder selbst zu geben. Das CAP setzt sich seit der erstmaligen Besetzung Anfang 2004 aus fünf ehrenamtlich tätigen Mitgliedern zusammen, deren Wahl dem Nominierungsprozess des Nominierungskomitees der IFAC unterliegt. Die Mitgliedschaft beträgt für gewöhnlich drei Jahre.

Compliance Committee → CAP

Compliance test → Funktionsprüfung

Computer Assisted Audit Techniques → IT-gestützte Prüfungstechniken

Computerunterstützung bei der Prüfung → IT-gestützte Prüfungstechniken

Consolidated statements → Konzernabschluss, Prüfung

Consolidation → Konzernabschluss, Prüfung

Consulting → Unternehmensberatung

Contingent liabilities, Prüfung

1 Rechnungslegungsnormen

IAS 19, 30, 37, IFRS 3.

2 Definition

Bei contingent liabilities (Eventualschulden) handelt es sich gem. IAS 37.10 einerseits um eine *mögliche Verpflichtung*, die aus vergangenen Ereignissen resultiert und deren Existenz durch das Eintreten oder Nichteintreten von künftigen Ereignissen, die nicht vollständig unter der Kontrolle des bilanzierenden Unternehmens liegen, erst noch bestätigt werden muss. Andererseits können auch *gegenwärtige Verpflichtungen*, die nicht passivierungsfähig sind unter die contingent liabilities fallen, weil entweder der Abfluss von Ressourcen mit wirtschaftlichem Nutzen nicht wahrscheinlich ist oder die Höhe der Verpflichtung nicht verlässlich geschätzt werden kann.

Der wesentliche Unterschied zwischen den Haftungsverhältnissen und sonstigen finanziellen Verpflichtungen (→ *Haftungsverhältnisse und sonstige finanzielle Verpflichtungen, Prüfung*) gem. §§ 251, 285 Nr. 3 HGB auf der einen Seite sowie den contingent liabilities der Rechnungslegung nach IFRS auf der anderen Seite besteht darin, dass einzelne Verpflichtungen bzw. eine Vielzahl ähnlicher Verpflichtungen (IAS 37.24) mit einer Eintrittswahrscheinlichkeit von unter 50 % nach IFRS allenfalls als contingent liability offen zu legen sind, wohingegen nach den Vorschriften des HGB im selben Falle die Passivierung einer Rückstellung (→ *Rückstellungen, Prüfung*) verpflichtend ist. Ein weiterer Unterschied besteht darin, dass sonstige finanzielle Verpflichtungen grundsätzlich auch Innenverpflichtungen umfassen können, während das Vorliegen einer Außenverpflichtung für die Existenz einer contingent liability zwingend ist. Ein weiterer Unterschied betrifft die Angabe der den Haftungsverhältnissen entsprechenden Posten (unter) der Aktivseite der →*Bilanz*. Während die Vorschriften des HGB die Offenlegung von Rückgriffsforderungen eines Unternehmens mit einem Wahlrecht belegen, sollen gem. IAS 37.89 contingent assets grundsätzlich offen gelegt werden.

3 Prüferisches Vorgehen

Gem. IAS 37.27 dürfen nach IFRS bilanzierende Unternehmen contingent liabilities nicht in der Bilanz ausweisen. Um den Jahresabschlussadressaten dennoch einen Einblick in die den tatsächlichen Verhältnissen entsprechende Risikosituation eines Unternehmens zu gewähren, sind die nicht passivierungsfähigen Verpflichtungen, die den Kriterien einer contingent liability genügen, gem. IAS 37.28 i.V.m. IAS 37.86 offen zu legen und daher im Rahmen der →*Jahresabschlussprüfung* zu berücksichtigen. Die →*Prüfungshandlungen* sind derart auszulegen, dass in Abhängigkeit von der Wahl des jeweiligen →*Prüfungsansatzes* das Risiko eines Fehlurteils des Abschlussprüfers im Hinblick auf die Ordnungsmäßigkeit des →*Prüffeldes* ein vorgegebenes Maß nicht überschreitet (→*Prüfungsrisiko*). Der Abschlussprüfer sollte zunächst die organisatorische Gestaltung des Unternehmens in Bezug auf den innerbetrieblichen Aufbau und die Abläufe mit Auswirkung auf eine korrekte Darstellung von contingent liabilities beurteilen. In diesem Zusammenhang hat er sich von dem Vorhandensein eines →*IKS* im Unternehmen sowie dessen Wirksamkeit zu überzeugen, um das →*Kontrollrisiko* richtig einzuschätzen (IDW PS 260, ISA 315, 330). So sollte der Prüfer z.B. überprüfen, ob eine Vertragskartei geführt wird, die sämtliche wichtigen Daten der Verträge, insbesondere die daraus resultierenden Eventualschulden dokumentiert und die Geschäftsbedingungen des Unternehmens auf haftungsbegründende Tatbestände kontrollieren. Außerdem sollte sich der Abschlussprüfer ein Urteil darüber bilden, inwieweit das →*Rechnungswesen* ausreichend, verständlich und zeitnah von Sachverhalten mit Auswirkung auf contingent liabilities informiert wird, um so die generelle Wahrscheinlichkeit für das Auftreten wesentlicher Fehler im Prüffeld quantifizieren zu können (→*Inhärentes Risiko*). In Abhängigkeit von der Einschätzung der inhärenten und der Kontrollrisiken muss der Prüfer das →*Entdeckungsrisiko* beurteilen und die für die Erlangung der geforderten →*Prüfungssicherheit* notwendigen →*aussagebezogenen Prüfungshandlungen* vornehmen. Aufgrund der oftmals nicht systematischen Erfassung der für dieses Prüffeld relevanten Sachverhalte ist die Prüfung der contingent liabilities recht komplex und sollte somit regelmäßig Aufgabe eines erfahrenen Prüfers oder des verantwortlichen →*Prüfungsleiters* sein. Dies liegt nicht zuletzt auch an der für die Beurteilung der tatsächlichen wirtschaftlichen Lage eines Unternehmens erheblichen Bedeutung der hier diskutierten Verpflichtungen und dem allgemeinen Trend zur Ausweitung nicht bilanzwirksamer Geschäfte (off-balance-sheet-activities).

Zentraler Bestandteil der Prüfung der contingent liabilities ist die Prüfung der korrekten *Darstellung* und *Offenlegung*. Der Abschlussprüfer hat sich daher zunächst davon zu überzeugen, dass, sofern entsprechende Angaben überhaupt gemacht werden, diese korrekt bezeichnet wurden und beim Jahresabschlussadressaten keinen Zweifel über deren Inhalt aufkommen lassen, insofern also den qualitativen Anforderungen des IASB Frameworks (IASB Framework.24–46) genügen. Ferner hat sich der Prüfer zu vergewissern, dass in Übereinstimmung mit den Anforderungen des IAS 37.86 kein Summenausweis der contingent liabilities erfolgt, sondern zumindest für jede nach IAS 37.87 zu bildende Gruppe gesonderte Angaben erfolgen. Der Abschlussprüfer muss in diesem Zusammenhang beurteilen, ob die Angaben zumindest eine kurze Beschreibung der Art der Verpflichtung beinhalten und dem Jahresabschlussadressaten einen generellen Eindruck vermitteln, aus welchem Umstand die Verpflichtung für das Unternehmen resultiert. Ferner hat der Abschlussprüfer die Existenz weitergehender Angaben gem. IAS 37.86a–c im Hinblick auf

- die Schätzung der Höhe der finanziellen Auswirkungen der Verpflichtungen unter Verwendung der in IAS 37.36–52 aufgeführten Bewertungsregeln,
- bestehende Unsicherheiten bezüglich des Zeitpunktes und des Betrages des zukünftigen Vermögensabflusses sowie
- möglicherweise bestehende Rückgriffsansprüche

zu prüfen. Derartige Angaben sind nur insofern nicht zwingend zu publizieren, als deren Offenlegung für das zu prüfende Unternehmen unpraktikabel ist (IAS 37.86). Die Frage, wann eine Offenlegung praktikabel ist und wann nicht, ist regelmäßig nicht eindeutig abzugrenzen. Der Abschlussprüfer sollte sich daher derartige Sachverhalte erläutern lassen und dann in Abhängigkeit von den Umständen des Einzelfalls beurteilen, ob der Verzicht einer Angabe akzeptabel ist. Kann der Prüfer eine diesbezügliche Beurteilung nicht zweifelsfrei vornehmen, kann er die Vorgehensweise des zu prüfenden Unternehmens regelmäßig auch nicht monieren. Unterbleiben jedoch zusätzliche Angaben zu den contingent liabilities, hat der Prüfer gem. IAS 37.91 auf einen diesbezüglichen Hinweis an geeigneter Stelle im Jahresabschluss zu bestehen. Ferner ist gem. IAS 37.88 der Zusammenhang aufzuzeigen, dass bestimmte Rückstellungen (provisions) und contingent liabilities aus den gleichen Umständen entstanden sind. Über derartige Sachverhalte hat sich der Prüfer zu informieren. Eine Offenlegung darf gem. IAS 37.92 grundsätzlich nur dann unterbleiben, wenn eine Offenlegung von Informationen zu den contingent liabilities für das zu prüfende Unternehmen zu Nachteilen führt. Liegt dieser seltene Fall vor, muss der Prüfer zumindest darauf bestehen, dass dieser Umstand zusammen mit den hierfür vorliegenden Gründen offen gelegt wird.

Will der Prüfer das tatsächliche *Vorhandensein* der gem. IAS 37.86 offen gelegten contingent liabilities prüfen, sollte er sich eine Aufstellung über die in den Ausweis eingeflossenen Positionen inklusive der zugehörigen vertraglichen Unterlagen und des relevanten Schriftverkehrs zukommen lassen und in Abhängigkeit von der Anzahl der Positionen stichprobenartig prüfen. Dabei sollte er insbesondere die strengen Anforderungen hinsichtlich der tatsächlichen Existenz einer contingent liability gemäß der Definition des IASB prüfen. Grundvoraussetzung für die Existenz einer contingent liability ist das Vorliegen einer Verpflichtung. Dabei spielt es regelmäßig keine Rolle, ob die Verpflichtung rechtlicher Natur ist oder auf faktischem Zwang beruht, also das verpflichtete Unternehmen sich einer Situation ausgesetzt sieht, in der es keine realistische Alternative zur Erfüllung der Verpflichtung hat. Dabei dürfen jedoch nur solche Verpflichtungen Berücksichtigung finden, die gegenüber Dritten bestehen. Es ist in diesem Zusammenhang unerheblich, ob der Dritte bekannt ist oder nicht. Ferner hat der Prüfer eine Verpflichtung gegenüber Dritten auch dann zu akzeptieren, wenn diese gegenüber der gesamten Öffentlichkeit besteht. Besteht eine Verbindlichkeit, hat der Abschlussprüfer zu beurteilen, ob es sich um eine gegenwärtig bereits bestehende Verpflichtung (present obligation) oder um eine künftig mögliche Verpflichtung (possible obligation) handelt. Handelt es sich um eine gegenwärtige Verpflichtung, so darf für das Vorliegen einer contingent liability mindestens eine der für die Passivierung einer Schuld hinreichenden Bedingungen nicht erfüllt sein: Ist ein zukünftiger Nutzenabfluss unwahrscheinlich, ist also die Wahrscheinlichkeit geringer als 50 %, liegt eine contingent liability gem. IAS 37.10b i vor. Ist hingegen der wahrscheinliche zukünftige Nutzenabfluss nicht hinreichend genau zu schätzen, liegt eine contingent liability gem. IAS 37.10b ii i.V.m. IAS 37.26 vor. Keine gegenwärtige, sondern lediglich eine mögliche Verpflichtung liegt gem. IAS 37.15 vor, wenn die Wahrscheinlichkeit für das Vorliegen einer gegenwärtigen Verpflichtung weniger als 50 % beträgt. Künftige Verpflichtungen mit Ausnahme solcher Verpflichtungen, deren Nutzenabfluss so gut wie ausgeschlossen (remote) ist, begründen gem. IAS 37.23 eine contingent liability und sind insofern offen zu legen. Besonderes Augenmerk sollte auch auf die Fragestellung gerichtet werden, ob sich ausgewiesene contingent liabilities zwischenzeitlich soweit konkretisiert haben, dass die Voraussetzungen für eine Passivierung erfüllt sind. Ist dies der Fall, hat der Abschlussprüfer gem. IAS 37.30 auf eine Umwidmung der contingent liability in eine entsprechende Verbindlichkeit oder Rückstellung zu bestehen. Wurde eine zwischenzeitlich auf der Passivseite der Bilanz ausgewiesene und vormals als contingent liability klassifizierte Verpflichtung nicht aus den Anhangangaben entfernt, liegt ein vom Prüfer zu monierender Doppelausweis vor.

Hinsichtlich der Prüfungsaussage *Vollständigkeit* muss sich der Prüfer davon überzeugen, dass alle die Anforderungen des IAS 37 erfüllenden contingent liabilities auch tatsächlich ausgewiesen wurden. Dabei wird sich der Prüfer regelmäßig im Rahmen von persönlichen Gesprächen mit den Verantwortlichen des zu prüfenden Unternehmens über das Vorliegen relevanter Sachverhalte informieren und die erteilten Auskünfte unter Berücksichtigung des Vorliegens einer → *Vollständigkeitserklärung* würdigen. Besonders zu beachten hat der Prüfer an dieser Stelle den Umstand, dass das zu prüfende Unternehmen für Schulden, für die es als Gesamtschuldner haftet, nicht nur eine Rückstellung in Höhe des eigenen Anteils bildet, sondern in Höhe der verbleibenden Anteile contingent liabilities offen legt und gem. IAS 37.88 diesen Zusammenhang erläutert. Ferner hat der Abschlussprüfer die besonderen Regelungen im Zusammenhang mit Unternehmenszusammenschlüssen gem. IFRS 3 zu beachten. Besondere Bedeutung hat hier insbesondere IFRS 3.37c, wonach der Erwerber die contingent liabilities des Erworbenen unter der Voraussetzung, dass ihr beizulegender Wert (→ *Fair values, Prüfung*) verlässlich ermittelt werden kann, im Rahmen der Erstkonsolidierung zu passivieren hat. Die Folgebewertung der contingent liabilities regelt IFRS 3.48. Kann der beizulegende Wert hingegen nicht verlässlich ermittelt werden, so wirkt sich dies auf den als Geschäfts- oder Firmenwert angesetzten oder den nach IFRS 3.56 bilanzierten Betrag aus (IFRS 3.47a) und der Erwerber hat die Informationen über contingent liabilities gemäß den Angabepflichten des IAS 37 anzugeben (IFRS 3.47b).

Für die *Bewertung* von contingent liabilities gelten gem. IAS 37.86 mit den IAS 37.36–52 dieselben Vorschriften wie für die Bewertung von Rückstellungen. Grundsätzlich ist die Höhe einer contingent liability bspw. aufgrund ihrer Zukunftsorientierung oder generell beste-

henden Unsicherheiten nicht konkret zu bestimmen. Das zu prüfende Unternehmen hat den offen zu legenden Betrag gem. IAS 37.36 insofern durch eine bestmögliche Schätzung zu ermitteln (best estimate). Der Prüfer hat sich stichprobenartig von der korrekten Ermittlung des Betrages der contingent liabilities zu vergewissern. Dabei hat er insbesondere auch darauf zu achten, dass das zu prüfende Unternehmen bei der Ermittlung der Höhe der zukünftigen Inanspruchnahme mehrere mögliche Szenarien hinsichtlich verschiedener Risiken und Unsicherheiten berücksichtigt und dort wo erforderlich Abzinsungen vorgenommen hat.
Martin Knocinski

Literatur: *Barz, K./Eckes, B./Weigel, W.*, IAS für Banken, 2002; *KPMG* (Hrsg.), IFRS, 2004; *Niemann, W.*, Jahresabschlussprüfung, 2004.

Continuous auditing → Kontinuierliche Prüfung

Control risk → Kontrollrisiko

Control-Konzept → Konzernabschluss, Aufstellungspflicht

Controlling

1 Definition und Kategorisierung

Es existiert keine einheitliche Definition des Begriffs Controlling. Gleichwohl handelt es sich nach mehrheitlicher Meinung beim Controlling um denjenigen Teilbereich eines Unternehmens bzw. der öffentlichen Verwaltung oder einer Non-Profit-Organisation, der die Unterstützung des Managements bei der Entscheidungsfindung zur Erreichung der Unternehmensziele zur Aufgabe hat.

Controlling-Ziele sind folglich stets aus Unternehmenszielen abzuleiten. Umgekehrt besitzen sie instrumentellen Charakter, da sie zur Erreichung der Unternehmensziele beitragen. Mögliche Controlling-Ziele sind vorgegebene Ertrags-, Rentabilitäts- oder Liquiditätsgrößen, aber auch bestimmte Marktanteile, Produktsortimente oder Qualitätsstandards.

Die konkreten Instrumente des Controlling orientieren sich an den Managementfunktionen, die durch das Controlling unterstützt werden. Hierzu zählen Information, Planung, Kontrolle und Koordination. Dementsprechend kann zwischen informations-, planungs-, kontroll- und koordinationsspezifischen Controlling-Instrumenten unterschieden werden. Diese lassen sich wiederum in strategische und operative Instrumente klassifizieren. Entscheidend hierfür ist der zugrunde gelegte Betrachtungshorizont. Während es im strategischen Controlling um die langfristige Sicherung der Erreichung unternehmerischer Ziele geht, stehen im operativen Controlling Fragen der konkreten Umsetzung strategischer Controlling-Vorgaben im Mittelpunkt. Daneben sind Controlling-Instrumente entlang der Wertschöpfungskette oder organisatorischer Bereiche in Unternehmen kategorisierbar. Beispiele für die erstgenannte Kategorisierung sind Instrumente des Beschaffungs-, Produktions- oder Vertriebscontrolling, für die letztgenannte Kategorisierung das Marketing-, Logistik- oder Personalcontrolling.

2 Controlling-Instrumente

Informationsspezifische Controlling-Instrumente zielen auf den Abgleich der Informationsgenerierung und -verarbeitung mit dem Informationsbedarf ab. Von Bedeutung sind dabei die Entwicklung von Kennzahlensystemen, z.B. auf Basis des →*Rechnungswesens*, der Aufbau von Managementinformationssystemen sowie die Sicherstellung einer bedarfsgerechten EDV-Architektur. Im Bereich der Planung kommen v.a. strategische Portfolioanalysen und Stärken-Schwächen-Analysen einzelner Geschäftsfelder oder des gesamten Unternehmens zum Einsatz. Als kostenbasierte Planungs- und Kontrollinstrumente sind in erster Linie die Kostenträgerzeitrechnung, flexible Vollplankostenrechnung, die Grenzkostenrechnung aber auch die Zielkostenrechnung sowie die Prozesskostenrechnung zu nennen. Daneben finden zunehmend die →*Balanced Scorecard* und Instrumente, die auf einer Economic Value Added-Betrachtung basieren, Anwendung. Von zentraler Bedeutung ist die Koordination der genannten Managementfunktionen (und damit der Controlling-Instrumente) im Hinblick auf die Unternehmensziele. Diese hat sowohl Abstimmungsmaßnahmen innerhalb der einzelnen Funktionen als auch zwischen den Funktionen zu umfassen. Instrumente hierfür sind z.B. Abweichungsanalysen, Budgetierungssysteme oder Verrechnungspreissysteme.

Eine modifizierte Sichtweise der beschriebenen Koordinationsfunktion bietet der Ansatz der sog. *Rationalitätssicherung* der Unternehmensführung durch das Controlling. Demnach haben Controlling-Instrumente in erster Linie sicherzustellen, dass der Ressourceneinsatz zur Erreichung von Unternehmenszielen effizient erfolgt. Dieser Ansatz unterscheidet sich von der erstgenannten eher traditionellen und hauptsächlich koordinationsspezifischen Controlling-Konzeption in zweierlei Weise: Zum einen wird im Gegensatz zur funktionalen Ebene die personelle Ebene betont, zum anderen ist das Controlling von der Unternehmensführung vollständig separierbar.

Literatur: *Küpper, H.-U.*, Controlling, 2005; *Weber, J.*, Einführung in das Controlling, 2004.

Corporate Governance

1 Definition

Corporate Governance (CG) umfasst alle Regelungen und Maßnahmen zur Verwirklichung einer verantwortungsvollen, zielgerichteten Leitung und Überwachung von Unternehmen. Nach angloamerikanischem Verständnis herrscht bei der Zieldefinition ein shareholderorientierter (→ *Aktionär*) Interessensmonismus vor, so dass sich die Notwendigkeit zur CG aus der Trennung von Eigentum an und Verfügungsmacht über unternehmerische Ressourcen ergibt. Im Gegensatz hierzu ist das kontinentaleuropäische Verständnis von stakeholderorientiertem (→ *Stakeholder*) Interessenspluralismus geprägt, was bedeutet, dass neben Anteilseignern auch weitere Anspruchsgruppen wie Mitarbeiter oder Kunden berücksichtigt werden. Die Stärkung und Verbesserung der CG dient folglich der Durchsetzung der Interessen von Investoren und sonstigen stakeholdern. Zur Analyse von Anreizen und potenziellen Konflikten innerhalb der CG eines Unternehmens eignet sich der → *agencytheoretische Ansatz*.

2 Ausgestaltung der CG

In der Praxis setzt sich CG mit Grundsätzen guter Unternehmensführung und -kontrolle auseinander. Während die Unternehmensführung einer → *AG* dem → *Vorstand* obliegt, stellt der → *Aufsichtsrat* das überwachende Kontrollorgan dar. Zunächst umfasst CG in der Praxis die Zuordnung und Ausgestaltung von Rechten und Pflichten der Unternehmensorgane sowie ihr Zusammenwirken. CG beinhaltet folglich Regeln zur Leitung des Unternehmens durch den Vorstand und der damit verbundenen Überwachung durch den Aufsichtsrat. Des Weiteren regelt CG das Verhältnis der Leitungs- und Kontrollorgane zu Anteilseignern, d.h. zur Hauptversammlung und zu sonstigen stakeholdern.

CG befasst sich zudem mit der Rolle des → *Abschlussprüfers* im Unternehmen, da die → *Jahresabschlussprüfung* die Glaubwürdigkeit von → *Jah-*

resabschlüssen erhöht und somit Informationsasymmetrien zwischen dem Vorstand und anderen Stakeholdergruppen verringert. Die gegenwärtige Diskussion setzt sich verstärkt mit Fragen der →*Unabhängigkeit* des Abschlussprüfers auseinander, da diese für eine vertrauenswürdige Prüfung notwendig ist und somit entscheidend die Rolle des Abschlussprüfers im Rahmen der CG beeinflusst. Darüber hinaus spielen zunehmend die Verschärfung der Organhaftung, die Ausdehnung der Unternehmenspublizität sowie die Durchsetzung der Ordnungsmäßigkeit von Jahresabschlüssen durch eine Enforcement-Stelle und die berufsstandsunabhängige Überwachung des Berufsstands der WP eine Rolle.

Die Bedeutung einer von der Öffentlichkeit nachvollziehbaren CG spiegelt sich auch im § 161 AktG wider, wonach die Verwaltung börsennotierter Unternehmen eine Entsprechenserklärung darüber abzugeben hat, ob und inwieweit dem →*DCGK*, der allgemeine Grundsätze verantwortungsvoller Unternehmensführung und Kontrolle enthält, entsprochen wurde und wird.

Literatur: *Hachmeister, D.*, Corporate Governance, in: Ballwieser, W./Coenenberg, A.G./Wysocki, K.v. (Hrsg.), Handwörterbuch der Rechnungslegung und Prüfung, 2002, Sp. 487–503; *Ringleb, H.M.*, Corporate Governance, in: Lück, W. (Hrsg.), Lexikon der Betriebswirtschaft, 2004, S. 124 f.;

Cost of sales method → Gewinn- und Verlustrechnung, Prüfung

Currency translation → Währungsumrechnung, Prüfung

Current asset

Während nach dem deutschen Handelsgesetzbuch eine Unterteilung der Vermögensgegenstände in →*Umlaufvermögen* und →*Anlagevermögen* zwingend ist, sind →*assets* nach →*IFRS* dann in current und →*non-current assets* zu gliedern, wenn keine Differenzierung nach Liquidität erfolgt. Letzteres ist der Fall, wenn die Informationen dadurch eine höhere Entscheidungsrelevanz aufweisen und zuverlässiger sind (IAS 1.51), wie z.B. bei Finanzinstitutionen (IAS 1.54). Für jede Position unter den assets in der Bilanz (IAS 1.68) sind immer die Beträge anzugeben, die später als zwölf Monate nach dem Bilanzstichtag realisiert werden, wenn die jeweilige Position auch Bestandteile enthält, die innerhalb von zwölf Monaten realisiert werden (IAS 1.52).

Current assets liegen stets dann vor, wenn eines von vier Kriterien erfüllt ist. Diese sind (1) Realisation, Verkauf oder Verbrauch innerhalb des normalen Geschäftszyklus, (2) Halten des assets hauptsächlich für Handelszwecke, (3) erwartete Realisierung innerhalb von zwölf Monaten nach dem Abschlussstichtag oder (4) Vorliegen von Zahlungsmitteln oder Zahlungsmitteläquivalenten, deren Verwendung nicht für mindestens zwölf Monate beschränkt ist (IAS 1.57).

Cut-off-Prüfung → Abschlussaussagen

Darstellung und Offenlegung → Abschlussaussagen

Datensicherung → Sicherungsmaßnahmen

DATEV

Die DATEV eG, Nürnberg, ist ein Softwarehaus und IT-Dienstleister für Steuerberater, WP und Rechtsanwälte sowie deren Mandanten. Mit derzeit nahezu 39.000 Mitgliedern, rund 5.400 Mitarbeitern und einem Umsatz von 577 Mio. € im Jahr 2004 zählt die 1966 gegründete DATEV zu den größten Informationsdienstleistern und Softwarehäusern in Deutschland. Sie ist die bisher einzige berufsständische IT-Dienstleistungsorganisation für den steuerlichen Berater in Europa. Die DATEV ist im Internet zu finden unter http://www.datev.de.

Sie bietet Unterstützung in den Bereichen Rechnungswesen, betriebswirtschaftliche Beratung, Steuern, ERP sowie Organisation und Planung. In Nürnberg betreibt die DATEV das größte berufsständische Rechenzentrum Europas und verarbeitet dort rund sieben Millionen Lohn- und Gehaltsabrechnungen pro Monat. Über das Rechenzentrum realisiert die DATEV einen sicheren Datenaustausch mit Banken, Versicherungen und den Finanzbehörden sowie eine umfassende Steuerrechtsdatenbank.

Weiterhin ist die DATEV eine durch die RegTP nach Signaturgesetz zugelassene Stelle, die Zertifizierungsdienste der höchsten Anforderungsstufe erbringen darf. Hierbei dienen sog. qualifizierte Zertifikate dazu, qualifizierte elektronische Signaturen (sog. elektronische Unterschriften) zu erstellen, die im Rechts- und Geschäftsverkehr verbindlich anerkannt werden. Angehörige der steuerberatenden Berufe und deren Mandanten können so durch einen personalisierten digitalen Ausweis auf sichere Weise im elektronischen Geschäftsverkehr identifiziert werden.

Dauerakte

1 Prüfungsnormen

IDW PS 460, ISA 230.

2 Definition und Zweck

Der → *Abschlussprüfer* ist verpflichtet, seine Tätigkeit angemessen zu dokumentieren (→ *Prüfungsdokumentation*). Sowohl IDW PS 460 als auch ISA 230 sehen vor, dass der Abschlussprüfer zu diesem Zweck → *Arbeitspapiere* anzulegen hat und diese, insbesondere im Hinblick auf mögliche → *Folgeprüfungen*, in laufende Arbeitspapiere und eine Dauerakte aufteilt. Eine Dauerakte ist eine systematische Sammlung von solchen Arbeitspapieren, d. h. Unterlagen, die der Abschlussprüfer selbst erstellt oder von Dritten erhalten hat und die für seine Tätigkeit beim Mandanten für einen Zeitraum von mehreren Jahren von Bedeutung sind. Der Zweck der Dauerakte ist es, einen möglichst schnellen und umfassenden Eindruck vom Mandanten zu verschaffen. Dies ist insbesondere dann von besonderer Wichtigkeit, wenn ein neuer Prüfer nach einem internen → *Prüferwechsel* (→ *Prüferrotation*) oder neue Mitglieder des → *Prüfungsteams* zeitnah Informationen über wesentliche Grundlagen des zu prüfenden Unternehmens benötigen. Um dies zu gewährleisten, ist die Dauerakte auf dem neuesten Stand zu halten.

3 Inhalt

Es ist sinnvoll, in einer Dauerakte diverse Unterlagen mit Informationen zum Unternehmen aufzunehmen. Nachfolgend werden Beispiele von Informationen kategorisch dargestellt:

- *Allgemeine Informationen.* Genaue Firmenbezeichnung, Anschrift, Telefonnummern, Fax, E-Mail sowie Unterlagen zur Geschichte und Entwicklung des Unternehmens.
- *Rechtsverhältnisse.* Gesellschaftsvertrag/Satzung, Beteiligungsverhältnisse an der Gesellschaft, Unternehmensverbindungen (Konzernschaubild, Unternehmensverträge), Beschlüsse von Gesellschaftsorganen mit längerfristiger Gültigkeit, Handelsregisterauszüge (→ *Handelsregister*), Zweigniederlassungen/Betriebsstätten, Verträge von wesentlicher Bedeutung (z. B. Liefer- und Abnahmeverträge, Miet- und Leasingverträge (→ *Leasing, Prüfung*), Lizenz- und

Konzessionsverträge), Versorgungszusagen, Betriebsvereinbarungen, Manteltarifverträge, Gerichtsurteile.
- *Geschäftsführung und Aufsichtsorgane.* Zusammensetzung, Amtsdauer, Vertretung und Geschäftsführungsbefugnisse, Geschäftsordnung.
- *Wirtschaftliche Grundlagen.* Geschäftsgebiete und Produktionsprogramme, technische Kapazitäten, abbaufähige *Vorräte* (→ *Vorräte, Prüfung*) (bei Rohstoffgewinnung), Marktverhältnisse, Zahl der Mitarbeiter, →*Jahresabschlüsse* und *Lageberichte* (→ *Lagebericht, Prüfung*), Versicherungsschutz.
- *Organisation.* Organisationsplan unter Angabe der Funktionen der Geschäftsleitung und der Aufteilung der Verantwortlichkeiten, Organisation des →*Rechnungswesens*, insbesondere Konten- und Kostenstellenplan, Beschreibung des Buchführungssystems, Dokumentation über den Ablauf des Rechnungslegungsprozesses (ggf. in Form eines Organigramms), unter Einbeziehung des →*IKS* und des Risikofrüherkennungssystems (→*Risikomanagementsystem, Prüfung*).
- *Prüfungsdurchführung.* Längerfristig gültige Vereinbarungen mit dem Auftraggeber, →*mehrjähriger Prüfungsplan* (→*Prüfungsschwerpunkte*) unter Berücksichtigung der Wirksamkeit des IKS und des Risikofrüherkennungssystems, Besonderheiten der letzten Prüfung, Hinweise auf Folgeprüfungen, übergreifende Feststellungen vorhergehender Prüfungen, →*steuerliche Außenprüfung*.

4 Aufbewahrungsfrist und Herausgabepflicht

Die Dauerakte gehört zu den Handakten nach § 51b Abs. 1 WPO. Jedoch gilt für sie nicht die gesetzliche Aufbewahrungsfrist von sieben Jahren gem. § 51b Abs. 2 WPO, es sei denn, dass die in der Dauerakte hinterlegten Arbeitspapiere die Kriterien des § 51b Abs. 4 WPO erfüllen, d.h. insbesondere die Schriftstücke, die der →*WP* im Rahmen seiner beruflichen Tätigkeit vom Auftraggeber oder für ihn erhalten hat. Trotzdem ist es berufsüblich, die Dauerakte für sieben Jahre aufzubewahren, um eine mögliche Beweisnot, z.B. im Falle eines Rechtsstreits, zu vermeiden. Für die vom Abschlussprüfer selbst erstellten Arbeitspapiere der Dauerakte gilt das Zeugnisverweigerungsrecht aus beruflichen Gründen (§ 53 Abs. 1 Nr. 3 StPO) und das Auskunftsverweigerungsrecht (§ 55 Abs. 1 StPO) des WP. Auch nach Entbindung von der Pflicht zur →*Verschwiegenheit* (§ 323 Abs. 1 Satz 1 HGB, § 43 Abs. 1 WPO) ist der WP nicht zur Herausgabe verpflichtet.

Debitoren

Für Kunden, die Leistungen auf Kredit beziehen, ist ein Debitorenkonto (Personenkonto) zu führen. In der Bilanz erfolgt ein Ausweis der Debitoren unter dem Bilanzposten »Forderungen aus Lieferungen und Leistungen« (→ *Forderungen, Prüfung*). Aus dem Debitorenkonto sind die einzelnen Bruttoumsätze sowie deren Ausgleich durch Zahlungseingänge zu erkennen. Die Offene-Posten-Buchhaltung (Nebenbuchhaltung) zeigt hingegen nur die Zusammensetzung eines ggf. bestehenden Saldos und dient somit als Grundlage für das Mahnwesen.

Debitorische Kreditoren

Debitorische → *Kreditoren* sind durch Überzahlung oder nachträgliche Gutschrift entstandene Forderungen gegenüber einem Lieferanten, welche aufgrund des Saldierungsverbotes (z. B. § 246 Abs. 2 HGB) separat von den Debitoren unter dem Bilanzposten »Sonstige Vermögensgegenstände« auszuweisen sind.

Decision usefulness

Bei den → *IFRS* bzw. den → *US-GAAP* steht die Informationsvermittlung von entscheidungsnützlichen Daten über die Vermögens-, Finanz- und Ertragslage des Unternehmens für eine Vielzahl von Jahresabschlussadressaten im Vordergrund (→ *Stakeholder*). Insbesondere sind hierbei die Informationsbedürfnisse der → *Aktionäre* (shareholder) zu berücksichtigen, da diese dem Unternehmen ihr Kapital zur Verfügung stellen (IASB Framework.10). Eine Information ist dann entscheidungsnützlich, wenn diese den Prozess der Entscheidungsfindung des jeweiligen Jahresabschlusslesers unterstützt, d. h. als Grundlage für die Prognose künftiger Entwicklungen des Unternehmens dient, oder eine Kontrolle der Zielerreichung erlaubt (IAS 1.7). Der mit dieser Aufgabe verbundene Grundsatz der fair presentation verlangt, dass die bereitgestellten Informationen relevant, verlässlich, vergleichbar und verständlich sind (IAS 1.15b). Der Jahresabschluss soll demnach zeitnah über die wirtschaftliche Entwicklung des Unternehmens informieren und somit bestehende Unsicherheiten reduzieren.

Deduktion → GoA

Deferred expenses → Rechnungsabgrenzungsposten, Prüfung

Deferred income → Rechnungsabgrenzungsposten, Prüfung

Deliktische Haftung → Haftung des Abschlussprüfers

Depotprüfung

Nach § 29 Abs. 2 Satz 2 KWG haben die Jahresabschlussprüfer bei Kreditinstituten (→ *Kreditinstitute, Prüfung*), die das *Depotgeschäft*, d.h. die Verwahrung und Verwaltung von Wertpapieren für andere, betreiben, dieses Geschäft besonders zu prüfen. In diesem Zusammenhang ist darauf hinzuweisen, dass Kreditinstitute dazu verpflichtet sind, die → *BaFin* und die Hauptverwaltung der zuständigen Landeszentralbank unverzüglich von der Aufnahme des Depotgeschäfts zu unterrichten. Die Bestellung des Jahresabschlussprüfers und damit des Depotprüfers erfolgt durch das Kreditinstitut.

Durch Befreiungsantrag bei der BaFin wegen zu geringem Umfangs der fraglichen Geschäftstätigkeit ist eine *Befreiung von der Prüfungspflicht* möglich (§ 75 PrüfbV). Hierbei handelt es sich jedoch nicht um eine endgültige Befreiung. Die BaFin gestattet in diesem Fall lediglich, dass die Depotprüfung auch in größeren Zeitabständen durchgeführt werden kann.

Bei der Depotprüfung handelt es sich um eine jährlich, aber in unregelmäßigen Abständen auszuführende Zeitraumprüfung. Sie wird zeitlich unabhängig von der Jahresabschlussprüfung ausgeführt. Der Prüfer soll die Prüfung nach pflichtgemäßem Ermessen unangemeldet durchführen. Verlangt das zu prüfende Unternehmen wiederholt eine Verlegung der Prüfung, so ist dies der BaFin und der Hauptverwaltung der zuständigen Landeszentralbank unverzüglich mitzuteilen (§ 71 Abs. 2 Satz 2 PrüfbV).

Hauptziel der Depotprüfung ist es, sicherzustellen, dass die Rechte an Wertpapieren korrekt verschafft und einwandfrei laufend verbucht werden und dass die Rechte an den Wertpapieren insgesamt gewahrt werden. Somit besteht die Aufgabe der Depotprüfung in der *Überprüfung der ordnungsmäßigen Einhaltung der* für den Bereich des Depotgeschäfts erlassenen *Kundenschutzvorschriften*, d.h. im Rahmen der Depotprüfung ist zu untersuchen, ob das Kreditinstitut die Verwah-

Depotprüfung

rung und Verwaltung von Wertpapieren und die Erfüllung von Wertpapierlieferungen ordnungsgemäß ausführt. Die Depotprüfung umfasst gem. § 70 Abs. 1 Satz 2 PrüfbV das Depotgeschäft, die Verbuchung von Lieferansprüchen aus wertpapierbezogenen Derivaten sowie die depotrechtlichen Anforderungen an die Eigentumsübertragung bei Wertpapiergeschäften. Daneben sind die unregelmäßige Verwahrung und Wertpapierdarlehen (§ 15 Depotgesetz) zu prüfen. Bei Depotbanken nach § 12 Abs. 1 Satz 1 KAGG und bei Zweigniederlassungen nach § 12 Abs. 1 Satz 3 u. 4 KAGG oder nach § 2 Abs. 1 Nr. 2 des Auslandinvestment-Gesetzes ist die ordnungsmäßige Wahrnehmung der Depotbankaufgaben zu prüfen.

Die Prüfung hat sich auch auf die Einhaltung des § 128 AktG über Mitteilungspflichten an die Depotkunden und des § 135 AktG über die Ausübung des Stimmrechts aus für Kunden verwahrte Wertpapiere zu erstrecken.

Über die Depotprüfung ist gesondert zu berichten (§ 29 Abs. 2 Satz 3 KWG). Je eine Ausfertigung des →*Prüfungsberichts* ist der BaFin und der Hauptverwaltung der zuständigen Landeszentralbank zuzuleiten, es sei denn, dass auf eine Einreichung verzichtet wird. Bei Kreditinstituten, die einem genossenschaftlichen Prüfungsverband angehören oder durch die Prüfungsstelle eines →*Sparkassen- und Giroverbandes* geprüft werden, ist der Prüfungsbericht nur auf Anforderung der BaFin einzureichen. Enthält der Bericht jedoch nicht unerhebliche Beanstandungen, ist dies vom Prüfer unverzüglich der BaFin mitzuteilen (§ 73 Abs. 1 Satz 2 PrüfbV). Form und Inhalt des Prüfungsberichts sind in § 73 PrüfbV, die besonderen Anforderungen an den Prüfungsbericht in § 74 PrüfbV geregelt.

Weigert sich das Kreditinstitut, die Prüfung vornehmen zu lassen, oder wird der Prüfer in anderer Weise an der Wahrnehmung seiner Rechte gehindert, so hat er darüber der BaFin und der Hauptverwaltung der zuständigen Landeszentralbank unverzüglich zu berichten. Stellt der Prüfer Mängel in der Handhabung des Depotgeschäfts fest, die nicht während der laufenden Prüfung beseitigt werden können, hat er den Abschluss der Prüfung so lange auszusetzen, bis er sich von der Abstellung der Mängel überzeugt hat. Über eine längere Aussetzung der Prüfung ist die BaFin zu informieren. Bei unwesentlichen Mängeln, die nicht zu einer Schädigung von Kunden führen können, hat der Prüfer die Innenrevision (→*Interne Revision*) zu unterrichten. Insbesondere bei solchen Mängeln, die zu einer Schädigung führen können, oder bei Verdacht auf strafbare Handlungen hat der Prüfer sofort die BaFin und die Hauptverwaltung der zuständigen Landeszentralbank zu unterrichten.

Der Jahresabschlussprüfer hat in seiner zusammenfassenden Schlussbemerkung über die Jahresabschlussprüfung eines Kreditinstituts auch darüber zu berichten, ob das geprüfte Institut den *Mitteilungspflichten über die Aufnahme depotprüfungspflichtiger Geschäfte* nachgekommen ist.

Depreciation → Abschreibungen

Detection risk → Entdeckungsrisiko

Detektivistische Auswahl → Bewusste Auswahl

Deutsche Prüfstelle für Rechnungslegung DPR e. V. → Durchsetzung von Rechnungslegungsnormen

Deutscher Buchprüferverband e. V.

Der Deutsche Buchprüferverband e.V. (DBV; http://www.dbvev.de) wurde Ende 2004 mit dem Ziel gegründet, die fachlichen und beruflichen Interessen der →*vBP* und →*BPG* in der Bundesrepublik Deutschland zu vertreten (→*BvB*). Es handelt sich um einen privatrechtlichen Verein auf der Grundlage freiwilliger Mitgliedschaft mit Sitz und Geschäftsstelle in Düsseldorf.

Der DBV hat insbesondere die Aufgabe, für die fachliche Förderung der vBP und ihres beruflichen Nachwuchses zu sorgen und für einheitliche Grundsätze der unabhängigen (→*Unabhängigkeit*), eigenverantwortlichen (→*Eigenverantwortlichkeit*) und fachgerechten Berufsausübung sowie deren Einhaltung durch die Mitglieder einzutreten.

Die fachliche Unterstützung seiner Mitglieder wird durch eine enge Kooperation mit dem →*IDW* auf vertraglicher Basis erreicht. Ferner bietet der DBV im Rahmen der beruflichen Fortbildung (→*Fortbildung des WP*) auf die Belange der vBP zugeschnittene Fachseminare an.

Der DBV vertritt die Interessen seiner Mitglieder gegenüber den gesetzgebenden Körperschaften, Bundes- und Landesbehörden, anderen Berufsorganisationen sowie der →*WPK*. Ausschließlich Repräsentanten des DBV wahren derzeit den berufspolitischen Einfluss der vBP auf die Gremienarbeit in der WPK.

Deutscher Corporate Governance Kodex

→ *CG* ist der normative Rahmen zur Leitung und Überwachung von Unternehmen (so die Präambel des Deutschen Corporate Governance Kodex). Notwendig wird die Unternehmenskontrolle vor allem als Folge der Trennung von Eigentum (Aktionäre) und Verfügungsmacht (Unternehmensleitung), z. B. bei einer börsennotierten → *AG* (→ *Agencytheoretischer Ansatz*). In einem deutschen gesellschaftsrechtlichen Kontext sind daher die Akteure → *Vorstand*, → *Aufsichtsrat* und → *Abschlussprüfer* angesprochen.

Der Deutsche Corporate Governance Kodex (DCGK) ist ein Katalog mehrerer Einzelregelungen, der von der gleichnamigen Regierungskommission (offiziell: »Regierungskommission DCGK«, umgangssprachlich auch: »Cromme-Kommission«) herausgegeben wird. Er enthält neben der Darstellung einschlägiger gesetzlicher Vorschriften zur Leitung und zur Überwachung auch national und international anerkannte Standards guter Unternehmensführung. Der DCGK soll darüber hinaus das deutsche Corporate-Governance-System transparent machen und auf diese Weise das Vertrauen in die Leitung und Überwachung deutscher börsennotierter Unternehmen fördern. Vor dem Hintergrund nationaler und internationaler Entwicklungen wird der DCGK jährlich überprüft und überarbeitet. Die aktuelle Fassung kann unter http://www.corporate-governance-code.de sowie im elektronischen → *Bundesanzeiger* eingesehen werden.

Der DCGK ist kein verpflichtendes Normenwerk, sondern gibt nur Empfehlungen und Anregungen guter Unternehmensführung. Er entfaltet seine Wirkung durch eine freiwillige Selbstverpflichtung. Vorstand und Aufsichtsrat müssen nach § 161 AktG lediglich jährlich erklären, inwiefern sie den DCGK befolgt haben. Die Erklärung ist dauerhaft zugänglich zu machen, z. B. auf der Unternehmensseite im Internet. Ein Abweichen hat keine rechtlichen Konsequenzen; zu vermuten ist aber, dass der Kapitalmarkt derartiges Abweichen von Prinzipien guter Unternehmensführung sanktionieren wird, z. B. durch Kursabschläge.

Der DCGK enthält drei Kategorien von Aussagen:

- *Muss-Regelungen* beziehen sich auf gesetzliche Regelungen und sind als solche zwingend zu befolgen. Sie werden nur aus Kommunikationsgründen wiederholt.
- *Soll-Empfehlungen*. Von diesen kann das Unternehmen abweichen. Allerdings muss das Unternehmen im Rahmen der Erklärung nach § 161 AktG darüber informieren, von welchen Soll-Empfehlungen

abgewichen wurde. Ein Abweichen hat nur Konsequenzen für die abzugebende Erklärung.
- *Kann- bzw. Sollte-Vorschriften.* Diese stellen lediglich Anregungen dar, die sich in der deutschen Praxis noch nicht allgemein als Prinzipien guter Unternehmensführung durchgesetzt haben. Ein Abweichen ist ohne Konsequenzen für die Erklärung möglich.

Einzelunternehmen (§ 285 Nr. 16 HGB) und alle in einen Konzernabschluss einbezogenen börsennotierten Unternehmen (§ 314 Abs. 1 Nr. 8 HGB) haben im Anhang anzugeben, ob sie die Entsprechenserklärung nach § 161 AktG abgegeben und diese den Aktionären dauerhaft zugänglich gemacht haben. Diese Anhangangabe erfordert aber nicht die Wiedergabe des Wortlauts der Erklärung, insbesondere auch nicht, von welchen Empfehlungen ggf. abgewichen wurde. Es genügt vielmehr die Angabe der *Tatsache*, dass die Erklärung abgegeben und zugänglich gemacht wurde.

Aufgabe des *Abschlussprüfers* ist es nicht, inhaltlich zu prüfen, ob und inwieweit den Verhaltensempfehlungen des Kodex entsprochen wurde und ob Abweichungen von diesen Empfehlungen zutreffend in der Entsprechenserklärung dargestellt sind. Vielmehr ist im Rahmen der Prüfung des Anhangs (→ *Anhang, Prüfung*) zu prüfen, ob die nach §§ 285 Nr. 16, 314 Abs. 1 Nr. 8 HGB geforderten Angaben zur Entsprechenserklärung vorhanden, vollständig und zutreffend sind. Ist dies nicht der Fall, ist der →*Bestätigungsvermerk* einzuschränken (IDW PS 345.31). Hierüber ist auch im → *Prüfungsbericht* zu berichten (IDW PS 345.32).

Nimmt das Unternehmen die Entsprechenserklärung selbst in den Anhang oder in den Lagebericht auf, so ist diese vollumfänglich inhaltlich zu prüfen. Dagegen vertritt IDW PS 345.22 die Auffassung, dass es in diesem Fall ausreichend ist, einen Hinweis in den einleitenden Abschnitt des Bestätigungsvermerks aufzunehmen. In diesem ist darzulegen, dass der Abschlussprüfer keine inhaltliche Prüfung der Entsprechenserklärung vorgenommen hat. Ob sich auf diese Weise Missverständnisse über die Tragweite der Abschlussprüfung vollends vermeiden lassen, bleibt offen.

Erfolgt die Wiedergabe der Erklärung im Wortlaut im freien Teil des →*Geschäftsberichtes* zusätzlich zur Angabe im Anhang, so hat der Prüfer diese Information kritisch zu lesen, um etwaige wesentliche Unstimmigkeiten mit Informationen des Jahresabschlusses und Lageberichts zu erkennen (IDW PS 202). Insofern gilt nichts anderes als bei anderen Informationen im freien Teil des Geschäftsberichtes auch.

Literatur: *Ringleb, H.-M./Kremer, T./Lutter, M./Werder, A.v.*, Kommentar zum Deutschen Corporate Governance Kodex, 2005; *Ruhnke, K.*, in: Die Aktiengesellschaft 2003, S. 371–377.

Deutscher Rechnungslegungsstandard

Die Deutschen Rechnungslegungsstandards (DRS) sind Empfehlungen zur Anwendung der Grundsätze über die Konzernrechnungslegung nach deutschem Bilanzrecht (§ 342 Abs. 1 Satz 1 Nr. 1 HGB). Sie werden im Rahmen eines → *due process* vom Deutschen Standardisierungsrat (DSR) entwickelt. Die Entwicklung ist gem. § 342 Abs. 1 Satz 1 Nr. 1 HGB originäre Aufgabe des DSR. Soweit ein Konzernabschlussersteller die durch das BMJ bekannt gemachten DRS beachtet hat, wird vermutet, dass die → *GoB*, soweit sie die Konzernrechnungslegung betreffen, eingehalten wurden (§ 342 Abs. 2 HGB). Dies ist jedoch aufgrund verfassungsrechtlicher und gesetzessystematischer Bedenken umstritten. Die DRS entfalten keine Gesetzeskraft. Sie besitzen im Einzelabschluss keine Gültigkeit; gleichwohl bejaht die Literatur teilweise eine Ausstrahlungswirkung auf den Einzelabschluss.

Für deutsche Unternehmen, die einen IFRS-Abschluss erstellen, besitzt lediglich DRS 15 (Lagebericht) Relevanz. Diese Unternehmen sind trotz Aufstellung eines internationalen Abschlusses gem. § 325 Abs. 2a Satz 4 HGB (Einzelabschluss) bzw. § 315a HGB (Konzernabschluss) zur Erstellung eines Lageberichts nach §§ 289 bzw. 315 HGB verpflichtet.

Deutscher Wirtschaftsprüfer Congress

Der erste Deutsche Wirtschaftsprüfer Congress (bis zum Jahr 2000 als Fachtagung des → *IDW* bezeichnet) fand im November des Jahres 1948 mit dem Schwerpunktthema DM-Eröffnungsbilanz statt. Seither werden die Congresse an wechselnden Orten in Deutschland mit einer Veranstaltungsfrequenz von zwei bis drei Jahren abgehalten. Teilnehmer an den Congressen sind, neben Angehörigen der Berufsstände der WP und vBP, Interessenten aus Wirtschaft, Wissenschaft, Verwaltung, Politik, Jurisprudenz und Verbänden aus dem In- und Ausland. Die Ziele der Deutschen WP Congresse bestehen in der Fortbildung der Mitglieder des IDW, der Darstellung der Leistungen des Berufsstandes in der Öffentlichkeit sowie dem Erfahrungsaustausch zwischen den Teilnehmern. Im Unterschied zu den Deutschen WP Congressen nehmen an den → *Arbeitstagungen des IDW*, die einmal jährlich in Baden-Baden abgehalten werden, ausschließlich Mitglieder des IDW (und deren Mitarbeiter) sowie Mitglieder des →*DBV* mit mehrjähriger Berufserfahrung teil.

Deutsches Institut für Interne Revision e. V.

Das Deutsche Institut für Interne Revision e.V. (IIR; http://www.iir-ev.de) ist ein gemeinnütziges Institut zur Förderung und Weiterentwicklung der →*Internen Revision* in Deutschland und besteht seit 1958. Aufgaben und Ziele sind u. a. die Bereitstellung von Informationen über die Interne Revision, die wissenschaftliche Forschung im Tätigkeitsbereich der Internen Revision, die Entwicklung von Revisionsgrundsätzen und -methoden, deren laufende Anpassung an die sich ändernden Gegebenheiten sowie die Vorbereitung und Durchführung des CIA-Examens (→*Certified Internal Auditor*). Die Revisionsgrundsätze stellen neben den Verhaltensregeln den zentralen Bestandteil des *Kodex für Berufsethik* dar. *Revisionsgrundsätze* betreffen die Prüfungspraxis der Internen Revision und können in die Grundsätze der Rechenschaft, Objektivität, Vertraulichkeit und Fachkompetenz unterteilt werden. Die *Verhaltensregeln* beziehen sich unmittelbar auf die jeweiligen Grundsätze und sollen helfen, diese in der Praxis umzusetzen. Die Grundsatzarbeit wird vom Programmausschuss geleistet, in dem erfahrene Führungskräfte der Internen Revision vertreten sind. Die Facharbeit erfolgt durch erfahrene Leiter und Mitarbeiter der Internen Revision in AK.

Deutsches Rechnungslegungs Standards Committee e. V.

Das BMJ hat das Deutsche Rechnungslegungs Standards Committee (DRSC; http://www.drsc.de) als zuständige Standardisierungsorganisation i. S. v. § 342 HGB anerkannt.

§ 2 der Satzung des DRSC vom 27.3.2003 nennt sechs Zwecke des Vereins. Die zentrale Zielsetzung wird darin gesehen, die Belange der deutschen Wirtschaft in internationalen Standardisierungsgremien wie z.B. dem →*IASB* einzubringen. Daneben entwickelt es →*DRS*, die

Empfehlungen zur Anwendung der Grundsätze über die Konzernrechnungslegung darstellen.

Als Gremien im DRSC wirken der DSR und das →*RIC*. Der DSR führt grundsätzlich sämtliche Aufgaben aus, die notwendig sind, um die Vereinszwecke gem. § 2 der Satzung des DRSC zu erreichen. Das RIC soll in Zusammenarbeit mit dem →*IFRIC* und ähnlichen Gremien die internationale Konvergenz von Interpretationen fördern. Dazu ist es damit betraut, spezifische nationale Sachverhalte im Rahmen der gültigen →*IFRS* (→*IAS*) und in Abstimmung mit den DRS zu beurteilen.

Die Wirtschaftsprüfung

Die Wirtschaftsprüfung (WPg) ist eine Fachzeitschrift zum Prüfungs- und Treuhandwesen, die vom →*IDW* herausgegeben wird (http://www.wpg.de). Sie wurde 1948 von Eugen Schmalenbach begründet und behandelt Fragen der Wirtschaftprüfung im Rahmen von Fachaufsätzen und druckt Urteile und Stellungnahmen, die für die Wirtschaftsprüfung und Steuerberatung relevant sind, ab. Die Wirtschaftsprüfung erscheint zweimal monatlich in einer Druckauflage von ca. 12.000 Exemplaren.

Dienstleistungsorganisationen, Inanspruchnahme durch den Mandanten

Unter der Inanspruchnahme von Dienstleistungsorganisationen durch den Mandanten ist die Auslagerung von Teilen oder der gesamten Rechnungslegung des zu prüfenden Unternehmens auf eine rechtlich vom zu prüfenden Unternehmen getrennte Dienstleistungsorganisation zu verstehen (IDW PS 331.6, ISA 402.3). Zur Entwicklung einer wirksamen Prüfungsstrategie hat der Abschlussprüfer im Rahmen der Prüfungsplanung zu beurteilen, inwieweit das →*IKS* einschließlich des Rechnungslegungssystems des zu prüfenden Unternehmens durch die Auslagerung von Teilen der Rechnungslegung berührt wird (IDW PS 331.11, ISA 402.2).

Beschränkt sich die Auslagerung auf die Abwicklung bzw. die buchhalterische Aufzeichnung bestimmter Tätigkeiten nach Anweisung des zu prüfenden Unternehmens, so kann es ausreichen, allein im IKS des zu prüfenden Unternehmens wirksame Überwachungsmechanismen für die ausgelagerten Tätigkeiten einzurichten (IDW PS 331.9, ISA 402.4). Führt die beauftragte Dienstleistungsorganisation jedoch in bestimmten Bereichen der Rechnungslegung des zu prüfenden Unternehmens Vorgänge eigenständig durch, so können das bei der Dienstleistungsorganisation eingerichtete IKS sowie die dort erstellten und aufbewahrten Aufzeichnungen für den Abschlussprüfer von Bedeutung sein.

Zur Einschätzung der Bedeutung der Tätigkeit der Dienstleistungsorganisation sollte der Abschlussprüfer insbesondere folgende Aspekte berücksichtigen (IDW PS 331.12, ISA 402.5):

- Art der durch die Dienstleistungsorganisation übernommenen Aufgaben,
- Standardisierungsgrad der ausgelagerten Tätigkeiten,
- Auswirkung der ausgelagerten Teile auf wesentliche Aussagen des gesetzlichen Vertreters im Abschluss und Lagebericht und die mit der Auslagerung verbundenen →*inhärenten Risiken* für den Abschluss und Lagebericht,
- Ausmaß des Zusammenwirkens des IKS des zu prüfenden Unternehmens mit dem bei der Dienstleistungsorganisation eingerichteten System sowie Regelungen des IKS, die die ausgelagerten Tätigkeiten betreffen,
- wirtschaftliche Situation der Dienstleistungsorganisation, insbesondere in Hinblick auf mögliche Auswirkungen eines Ausfalls der Dienstleistungsorganisation auf das zu prüfende Unternehmen.

Wird die Tätigkeit der Dienstleistungsorganisation beim zu prüfenden Unternehmen hinreichend überwacht, ist die Durchführung von →*Systemprüfungen* beim zu prüfenden Unternehmen ausreichend. Sind ergänzende Prüfungsfeststellungen über den Aufbau und die Wirksamkeit des IKS der Dienstleistungsorganisation notwendig, so sind hierfür die Prüfungsergebnisse des Abschlussprüfers der Dienstleistungsorganisation sowie Feststellungen der →*Internen Revision* der Dienstleistungsorganisation, von Sachverständigen und von Aufsichtsbehörden zu berücksichtigen (IDW PS 331.18, ISA 402.6).

Verwertet der Prüfer die Arbeit eines externen Prüfers der Dienstleistungsorganisation (→*Verwendung von Urteilen Dritter*), so hat der Abschlussprüfer die berufliche Qualifikation und fachliche Kompetenz dieses Prüfers und somit die Qualität und Verwertbarkeit der erteilten Berichte zu beurteilen (IDW PS 331.20 f., ISA 402.9). Hierbei sind insbesondere ausreichende Funktionsprüfungen bezüglich des internen

→ *Kontrollrisikos* der Dienstleistungsorganisation von Bedeutung (IDW PS 331.22, ISA 402.10).

Direkte Prüfung

Das Kriterium »Art der Vergleichshandlung« teilt die Methoden zur Erlangung von → *Prüfungsnachweisen* in indirekte und direkte Prüfungen ein (→ *Indirekte Prüfung*). Eine direkte Prüfung liegt vor, wenn ein Prüfungsgegenstand (→ *Prüfungsobjekt*) *unmittelbar* geprüft wird. Vorteile sind der unmittelbare Vergleich der Ist-Merkmalsausprägung mit der aus Normen abgeleiteten Soll-Merkmalsausprägung des Prüfungsgegenstandes, die direkte Beurteilung des Prüfungsobjektes durch den Prüfer sowie die Möglichkeit der erleichterten Abweichungsanalyse (→ *Prüfungsprozess*), da deren Ursachen in der für den jeweiligen Sachverhalt stets gültigen Norm bereits berücksichtigt werden können. Ein Nachteil der direkten Prüfung ist, dass diese bei umfassenden gleichartigen Prüfungsgegenständen unwirtschaftlich und zeitintensiv wird.

Disclaimer of opinion → Bestätigungsvermerk

Diskriminanzanalyse

Die Diskriminanzanalyse ist ein mathematisch-statistisches Verfahren, welches zur Bestimmung der Unterschiedlichkeit (Diskriminanz) a priori definierter Objekte herangezogen werden kann. Ziel der Diskriminanzanalyse ist es, die einzelnen Objekte mit unbekannter Gruppenzugehörigkeit mittels Erhebungsmerkmalen (Variablen) in sachlogisch festgelegte Gruppen zu klassifizieren. Anhand der Anzahl der Variablen wird zwischen univariater (eine Variable) und multivariater (mehrere Variablen) Diskriminanzanalyse unterschieden. Da mit Hilfe einer einzigen Variablen nur selten alle notwendigen Aspekte zur Klassifizierung berücksichtigt werden können, ist die *multivariate Diskriminanzanalyse* der univariaten vorzuziehen.

Als verbreitete Einsatzmöglichkeit der *linearen* multivariaten Diskriminanzanalyse (nicht lineare Diskriminanzfunktionen werden als nicht sinnvoll interpretierbar und als instabil bezeichnet) ist die Bonitätsbeurteilung bei der Vergabe von Krediten durch Banken zu nennen (→ *Kreditwürdigkeitsprüfung*; → *Jahresabschlussanalyse*). In diesem Fall stellen die kreditbeantragenden Unternehmen die zu klassifizierenden Objekte dar. Als dichotomes Klassifizierungsmerkmal wird die Unternehmensbonität herangezogen, wobei als Merkmalsausprägungen die beiden Eigenschaften *kreditwürdig* und *kreditunwürdig* betrachtet werden. Um die zu beurteilenden Unternehmen in kreditwürdige und kreditunwürdige Unternehmen klassifizieren zu können, muss zunächst auf Basis statistischer Merkmale die *Diskriminanzfunktion* ermittelt werden. Hierbei wird auf vergangenheitsorientierte Daten (etwa Jahresabschlussdaten) von Unternehmen zurückgegriffen, deren Gruppenzugehörigkeit bereits bekannt ist. Im Rahmen dieser ex post-Zuordnung sollen die Unterschiede zwischen den beiden Unternehmensgruppen mittels sachlogisch begründeter →*Kennzahlen* aus den Daten des Unternehmens erklärt werden. Hierbei sind aus der Gesamtheit der möglichen Kennzahlen genau diejenigen zu verwenden, die eine besonders hohe Trennfähigkeit aufweisen.

Die auf diesem Wege ermittelten Kennzahlen werden anschließend additiv miteinander verknüpft, d.h., es wird durch eine lineare Verknüpfung der Kennzahlen eine neue Kennzahl, der sog. *Diskriminanzwert* D, gebildet. Die lineare multivariate Diskriminanzfunktion nimmt dabei folgende Gestalt an:

$D = a_0 + a_1 \cdot x_1 + a_2 \cdot x_2 + ... + a_m \cdot x_m$, wobei gilt:

a_0 = absolutes Glied;

a_i = Gewichtungsfaktor (mit i = 1, ..., m);

x_i = die jeweiligen Einzelkennzahlen (mit i = 1, ..., m);

m = Anzahl der einbezogenen Kennzahlen.

Mit einer solchen Diskriminanzfunktion sollen Datensätze in Bezug auf ihre Gruppenzugehörigkeit klassifiziert werden, wobei die Anwendung der linearen multivariaten Diskriminanzanalyse an folgende Annahmen geknüpft ist:

- →*Normalverteilung* der Kennzahlenwerte;
- Gleichheit der Varianz-Kovarianz-Matrizen (d.h., die Streuung innerhalb der beiden Gruppen soll gleich sein);
- unabhängige Kennzahlen;
- trennfähige Kennzahlen.

Die Parameter a_0 und a_i sollen so bestimmt werden, dass sich die Verteilungen der Diskriminanzwerte der kreditwürdigen und kreditunwürdigen so wenig wie möglich überschneiden. Dies ist dann der Fall, wenn diese möglichst kleine Standardabweichungen sowie eine möglichst große Differenz zwischen den arithmetischen Mitteln aufweisen.

Um die zu beurteilenden Unternehmen einem der beiden Unternehmensgruppen (kreditwürdig oder kreditunwürdig) zuordnen zu können, ist anschließend ein *kritischer Trennwert* (cut-off) zu bestimmen. Ist der errechnete D-Wert größer als der Trennwert gehört das Unternehmen zur ersten Gruppe, ist er kleiner, gehört das Unternehmen hingegen zur zweiten Gruppe. Je nach Wahl des Trennwertes werden unterschiedlich viele Unternehmen den Gruppen falsch zugeordnet (sog. → *Alpha-Fehler* und → *Beta-Fehler*). Der kritische Trennwert und damit die Alpha/Beta-Fehlerkombination kann zum einen bestimmt werden, indem der Gesamtfehler, der bei der Klassifikation mit der Diskriminanzfunktion begangen wird, minimiert wird. Der Gesamtfehler ist das Verhältnis aller fehlklassifizierten Unternehmen zu den insgesamt klassifizierten Unternehmen. Zum anderen kann für einen der beiden Fehler ein bestimmtes Niveau vorgegeben werden, um so die Klassifikationsleistungen verschiedener Diskriminanzfunktionen vergleichen zu können.

Die mittels ex post-Zuordnung von Unternehmen ermittelte Diskriminanzfunktion kann nun in einem nächsten Schritt zur ex ante-Einordnung verwendet werden. Aus den Datensätzen der (ex ante) zu beurteilenden Unternehmen werden nun die entsprechenden Kennzahlen generiert und in die Diskriminanzfunktion eingesetzt. Der so ermittelte Diskriminanzwert wird dem kritischen Trennwert gegenübergestellt und entscheidet über die Zuordnung des Unternehmens zu den kreditwürdigen bzw. kreditunwürdigen Unternehmen. Bei der ex ante-Analyse ist darauf zu achten, dass die hierzu benutzten Datensätze auf keinen Fall bereits zur Ermittlung der Funktion herangezogen wurden. Weiterhin sollte die Diskriminanzfunktion von Periode zu Periode auf ihre Gültigkeit hin kontrolliert und u. U. an veränderte Bedingungen angepasst werden.

Obwohl die Diskriminanzanalyse klassischerweise als ein Instrument zur Bonitätsbeurteilung verstanden werden kann, ist ihr Einsatz auch zur Beurteilung der going concern-Annahme (→ *Going concern-Annahme, Prüfung*) im Rahmen von Jahresabschlussprüfungen denkbar, um potenziell bestandsgefährdete Unternehmen zu identifizieren.

Diskussionsentwurf → Due process

Dokumentation → Prüfungsdokumentation

Dollar Unit Sampling

1 Definitionen

Das Dollar Unit Sampling (DUS) (auch: Monetary Unit Sampling) ist ein mathematisch-statistisches Stichproben-Verfahren, das sowohl zur Auswahl als auch zur Auswertung von Stichproben eingesetzt wird. Es hat eine Sonderstellung inne, da es die Schätzung der Fehlerhöhe mit der Schätzung des Fehleranteils vereint. Das DUS hat sich mittlerweile zum Standardverfahren der Prüfungspraxis im Rahmen statistischer Stichprobenverfahren herausgebildet und findet Erwähnung im ISA 530.

Ausgangspunkt des DUS ist die Vorstellung, dass jede in einem Prüffeld enthaltene Geldeinheit ein unabhängiges Untersuchungsobjekt bildet. Das Verfahren stellt eine maximale Schichtung des → *Prüffeldes* dar und verbindet daher geschichtete Mittelwertschätzung einerseits und – durch die wertproportionale → *Zufallsauswahl* der zu untersuchenden Stichprobenelemente – eine Fehleranteils- wie auch Höhenschätzung andererseits. Diese Auswahl entspricht in besonderem Maße der praktischen Vorgehensweise des Prüfers, da höherwertige Vermögensposten mit einer höheren Wahrscheinlichkeit für die → *Stichprobe* ausgewählt werden. Die wertproportionale Auswahl trägt der besonderen Bedeutung des Beta-Risikos Rechnung, da hinter großen Beträgen eher große Fehlermöglichkeiten stehen, hinter kleinen Beträgen i. d. R. nur kleine.

Das DUS beruht auf der Annahme, dass die fehlerhaften Geldeinheiten im Prüffeld Poisson-verteilt sind. Gesucht ist diejenige Fehlerintensität λ, für die in $100 \cdot \alpha\%$ der Fälle mehr als x fehlerhafte Elemente in einer Stichprobe vom Umfang n beobachtet werden. Die Fehlerintensität entspricht dabei – entsprechend der Approximationsbedingungen der der Prüfungssituation eigentlich korrespondierenden → *hypergeometrischen Verteilung* durch eine → *Binomialverteilung* bzw. eine → *Poisson-Verteilung* – dem Produkt aus Stichprobenumfang n und der Fehlerwahrscheinlichkeit p der Binomialverteilung:

$$W(\text{maximal} \times \text{Fehler im Prüffeld}) = \sum_{i=0}^{x} \frac{\lambda_{x;\alpha}^{i}}{i!} \cdot e^{-\lambda_{x;\alpha}} = \alpha$$

2 Vorgehensweise

2.1 Überblick

Der Prüfer gibt das Alpha-Risiko vor. I. d. R. wird ein Wert von $\alpha = 0{,}05$ und damit 5 % gewählt. Der Parameter $\lambda_{x;\alpha}$ der Poisson-Verteilung wird als obere Fehlerintensität bezeichnet und liegt in tabellierter Form für die verschiedensten Konstellationen (x;α) vor.

Kernpunkt des Verfahrens ist dabei der Schluss von der Anzahl der beobachteten Fehler in der Stichprobe auf die Fehlerwahrscheinlichkeit im Prüffeld. Die Grundform des DUS lässt sich wie folgt skizzieren: Eine Stichprobe mit einem (zunächst beliebigen) Umfang n wird ausgewertet, d.h., die Anzahl x der Fehler in der Stichprobe wird ermittelt. In Kombination mit dem vorgegebenen Risiko α liest der Prüfer aus einer Tabelle die passende obere Fehlerintensität $\lambda_{x;\alpha}$ ab. Diese ist als Produkt der Fehlerwahrscheinlichkeit p des Prüffeldes mit dem Stichprobenumfang n aufzufassen. Die ermittelte obere Fehlerintensität $\lambda_{x;\alpha}$ wird durch den Stichprobenumfang n dividiert, um die Fehlerwahrscheinlichkeit p zu erhalten:

$$p = \frac{\lambda_{x;\alpha}}{n}.$$

Dieser Fehleranteil der Stichprobe wird auch als Fehleranteil des Prüffeldes interpretiert, d.h., der maximal zu erwartende Fehler ergibt sich als Produkt des Buchwertes des Prüffeldes mit der Fehlerwahrscheinlichkeit p (Maximalfehlermethode).

Um einen angemessenen Stichprobenumfang festlegen zu können, benötigt der Prüfer die für das Prüffeld angemessene individuelle → *materiality* M, z.B. 10% vom Gesamtbuchwert des Prüffeldes. Der Stichprobenumfang ist daher so auszulegen, dass Fehler in der Größenordnung dieser materiality-Grenze M mit dem vorzugebenden Alpha-Risiko nicht unentdeckt bleiben. Da in einem Prüffeld mindestens kein Fehler vorkommen wird, muss gelten

$$M \geq \frac{\lambda_{0;\alpha}}{n} \cdot BW \text{ und damit } n \geq \lambda_{0;\alpha} \cdot \frac{BW}{M}.$$

Ist auf die dargestellte Weise ein Zusammenhang zwischen der Anzahl beobachteter Fehler in der Stichprobe, der Aussagesicherheit α sowie der oberen Fehlerintensität $\lambda_{x;\alpha}$ hergestellt, bietet sich folgende Vorgehensweise an:

- Der Prüfer zieht unter Berücksichtigung von α und M sowie der Fehleranzahl der Vorabstichprobe (oder subjektiven Fehlererwartungen) eine Stichprobe im Umfang von n und stellt die Anzahl der darin enthaltenen fehlerhaften Elemente fest.
- Danach ermittelt er die Fehlerrate $\lambda_{x;\alpha}$ sowie den durchschnittlichen Fehler $\bar{d}$ in der Stichprobe und

- berechnet den wahrscheinlichen maximalen Fehler im Prüffeld.
- Anschließend bleibt zu beurteilen, ob das bis hierhin gewonnene Urteil hinreichend sicher und genau ist.

2.2 Ziehung der Stichprobe

Die Ziehung der Stichprobe (Schritt 1) kann anhand verschiedener Verfahren erfolgen:

Bei der reinen Zufallsauswahl werden aus der Gesamtheit der Elemente der Grundgesamtheit, d.h. der Anzahl der Geldeinheiten im Prüffeld, rein zufällig n Geldeinheiten bestimmt, die in die Stichprobe gelangen. Als Nachteil kann hier die ungleichmäßige Verteilung der Stichprobenelemente im Prüffeld angesehen werden. Um eine gleichmäßigere Verteilung zu erreichen, stehen die Methoden der fixen und der variablen Intervallziehung zur Verfügung.

Im Rahmen der fixen Intervallziehung (fixed interval sampling) wird das Prüffeld mit einem Gesamtbuchwert von Y Geldeinheiten entsprechend dem zuvor fixierten Stichprobenumfang n in Teilintervalle der Länge J unterteilt: $J = Y/n$. Aus dem ersten Intervall wird eine Zufallszahl a bestimmt: $1 \leq a \leq J$. In die Stichprobe vom Umfang n gelangen diejenigen Positionen des Prüffeldes, die die Geldeinheiten $a, a + J, a + 2 \cdot J, ..., a + (n-1) \cdot J$ beinhalten. Nachteilig ist hier die eingeschränkte Zufälligkeit der gezogenen Elemente (und die damit einhergehende möglicherweise eingeschränkte Zulässigkeit des Schlusses von der Stichprobe auf die Grundgesamtheit), da eine einzige Zufallszahl die gesamte Stichprobe determiniert. Um diesem Kritikpunkt zu begegnen, kann der Prüfer die variable Intervallziehung verwenden.

Bei der Methode der variablen Intervallziehung (variable interval sampling) werden entsprechend der Methode der fixen Intervallziehung n Entnahmeintervalle der Länge J gebildet. Im Gegensatz hierzu werden aber n Zufallszahlen $a_1, ..., a_n$ mit $1 \leq a_i \leq J$ $\forall i = 1, ..., n$ gezogen. Die Stichprobe wird dann von denjenigen Positionen des Prüffeldes gebildet, die die Geldeinheiten $a_1, a_2 + J, ..., a_n + (n-1) \cdot J$ enthalten. Mit Hilfe dieses Verfahrens erreicht der Prüfer eine bestmögliche Abdeckung des gesamten Prüffeldes, ohne auf eine ausreichende Zufälligkeit seiner Auswahl verzichten zu müssen.

2.3 Auswertung der Stichprobe

Im zweiten Schritt wertet der Abschlussprüfer die so erhobene (Vorab-)Stichprobe vom Umfang n aus und bestimmt die Anzahl x der beobachteten falsch bewerteten Vermögensposten sowie die durchschnittliche Fehlerrate $\bar{d}$ mit

$$d_i = \frac{\text{Buchwert}_i - \text{Istwert}_i}{\text{Buchwert}_i}$$

als individuelle Abweichung des Elementes i des Prüffeldes sowie

$$\bar{d} = \frac{1}{n}\sum_{i=1}^{n} d_i$$

2.4 Bestimmung des maximal zu erwartenden Fehlers

Die Bestimmung des maximal zu erwartenden Fehlers erfolgt im dritten Schritt und kann anhand verschiedener Methoden geschehen, z.B.:

- Maximalfehlermethode,
- Durchschnittsfehlermethode,
- Fehlerreihungsmethode.

Bei der Maximalfehlermethode liegt der Gedanke zugrunde, dass eine fehlerhafte Geldeinheit innerhalb des Prüffeldes mit einem Gesamtbuchwert BW vollständig fehlerhaft bewertet wurde.

$$F_{max}(x) = \frac{\lambda_{x\alpha}}{n} \cdot BW.$$

Nachteilig ist hier die Annahme, dass eine fehlbewertete Position im Prüffeld vollständig fehlbewertet ist. Daher neigt dieses Methode zu deutlich überhöhten geschätzten Fehlerbeträgen. Durch eine einfache Modifikation des Verfahrens kann eine Berücksichtigung der tatsächlichen Fehlerraten erreicht werden:

Bei der Durchschnittsfehlermethode lässt der Abschlussprüfer die beobachteten Fehlerraten d_i in seine Schätzung mit einfließen, da nicht anzunehmen ist, dass sämtliche fehlbewerteten Positionen vollständig fehlbewertet sind. Der maximal zu erwartende Fehler ermittelt sich wie folgt:

$$F_{\emptyset}(x) = \frac{\lambda_{x\alpha}}{n} \cdot BW \cdot \bar{d}.$$

Diese Methode führt teilweise zu nicht plausiblen Schätzungen, da ein fehlerfreies Prüffeld bei diesem Verfahren zu höheren geschätzten maximalen Fehlern führen kann als ein mit zahlreichen Fehlern behaftetes Prüffeld. Geeigneter ist die konservativere Fehlerreihungsmethode, die ebenfalls die beobachteten Fehlerraten einbezieht.

Bei der Fehlerreihungsmethode (FRM) werden die x beobachteten Fehlerraten d_i zunächst der Größe nach absteigend sortiert ($d_1 \geq d_2 \geq \ldots \geq d_x$) und anschließend der zu erwartende Fehler F_{FRM} berechnet als

$$F_{FRM}(x) = BW \cdot \frac{1}{n}\left(l_{0;a} + \sum_{i=1}^{n}\left(l_{i;a} - l_{i-1;a}\right) \cdot d_i\right).$$

Das Verfahren stellt sicher, dass der geschätzte Maximalfehler für ein fehlerbehaftetes Prüffeld über dem eines fehlerfreien Prüffeldes liegt, ohne jedoch die beobachteten Fehleranteile außer Acht zu lassen. Diese Methode kommt daher zu durchaus konservativ geschätzten Fehlerbeträgen.

Insgesamt betrachtet stellt die Maximalfehlermethode diejenige Methode mit den größten Sicherheitszuschlägen dar, da sie vom schlechtesten Fall ausgeht. Diese Sicherheitszuschläge werden bei der Fehlerreihungsmethode bereits deutlich reduziert, allerdings fließen immer noch die größten Fehlerraten zusammen mit den größten oberen Fehlerintensitäten in den zu erwartenden Fehlerbetrag ein und sind damit i. d. R. noch zu hoch. Lediglich die Durchschnittsfehlermethode berücksichtigt die beobachteten Fehler ohne modellimmanente Interpretationen und stellt somit den objektivsten Wert dar.

2.5 Bewertung des Urteils

Nachdem der Prüfer anhand eines der vorgeschlagenen Verfahren den zu erwartenden Fehler ermittelt hat, muss er im Schritt vier Sicherheit und Genauigkeit seines Urteils bewerten. Ist er bei der Dimensionierung der Stichprobe von einer gewissen Fehleranzahl ausgegangen (z. B. null Fehler bei der Bemessung einer Vorabstichprobe), ist der ermittelte Fehler nur dann hinreichend sicher, wenn diese Fehleranzahl in der Stichprobe nicht überschritten wurde. Ist dies doch der Fall, hat der Abschlussprüfer zwei Alternativen. Zum einen kann eine neuerliche Ermittlung eines Stichprobenumfangs erfolgen, der die beobachtete Fehlerhäufigkeit berücksichtigt. Zum anderen kann ein Konfidenzintervall unter Verwendung z. B. der Differenzenschätzung bestimmt werden, um abzuschätzen, ob die Aussagesicherheit und -genauigkeit möglicherweise doch schon ausreichen. Das DUS gibt lediglich eine Aussage zu einem Fehler ab, der mit einer gewissen Wahrscheinlichkeit nicht überschritten wird. Daher kann das Ergebnis einer Stichprobenauswertung auch dann schon ausreichend sein, wenn die angewendete Fehlerhypothese eigentlich unzutreffend war.

Diese Vorgehensweise wird so lange iteriert, bis eine ausreichende Sicherheit und Genauigkeit erreicht ist. *Matthias Wolz*

Literatur: *Deindl, J.*, in: Betriebs-Berater 1982, S. 1585–1590; *Leslie, D./Teitlebaum, A./Anderson, R.*, Dollar-Unit Sampling, 1979; *Wolz, M.*, Wesentlichkeit im Rahmen der Jahresabschlussprüfung, 2003.

Dolose Handlungen → Fraud, Prüfung

Dritthaftung

1 Normen

§§ 823 Abs. 2, 826 BGB

2 Deliktische Haftung

Für Schadenersatzansprüche Dritter existieren sowohl deliktische als auch vertragliche oder vertragsähnliche Anspruchsgrundlagen.

Als deliktische Anspruchsgrundlagen (Recht der unerlaubten Handlungen) kommen in erster Linie § 823 Abs. 2 BGB und § 826 BGB in Betracht. Nach § 823 Abs. 2 BGB haftet der Abschlussprüfer auch gegenüber Vertragsfremden, wenn er gegen ein den Schutz des Dritten bezweckendes Gesetz verstößt. Ob eine Norm den Schutz des anderen bezweckt, bestimmt sich danach, inwieweit sie nach ihrem Inhalt – neben möglichen anderen Zwecken – zumindest auch dem Individualschutz des Einzelnen gegenüber einer näher bestimmten Art und Weise der Schädigung dient. Als *Schutzgesetze* finden in erster Linie strafrechtliche Vorschriften Anwendung (§§ 263, 264, 264a, 266, 267, 203 u. 283–283d StGB). Daneben ist auch die handelsrechtliche Strafvorschrift über die Verletzung der Berichtspflicht (→ *Berichtspflicht, Verletzung der*) (§ 332 HGB) als Schutzgesetz zugunsten prüfungsvertragsfremder Dritter anzusehen. Alle genannten Vorschriften erfassen nur vorsätzliches Handeln. Dieses bedeutet jedoch, dass der geschädigte außenstehende Dritte in der Praxis über § 823 Abs. 2 BGB in den wenigsten Fällen (etwa bei einer Verletzung von Berichtspflichten) zu einem Ersatz seines Schadens gelangen wird, da Vorsatz dem Abschlussprüfer regelmäßig nicht nachzuweisen ist und typischerweise auch nicht vorliegen wird.

Eine → *Haftung des Abschlussprüfers* nach § 826 BGB setzt voraus, dass er mit dem Vorsatz, Dritte zu schädigen, sittenwidrig seine Prüfungs-,

Berichts- oder Bestätigungspflichten verletzt. Ein *gegen die guten Sitten verstoßendes Verhalten* des Prüfers liegt vor, wenn aus den vorgenommenen Prüfungshandlungen ein besonders leichtfertiges und gewissenloses Verhalten abgeleitet werden kann. Dies liegt bspw. dann vor, wenn der Abschlussprüfer einen unrichtigen →*Bestätigungsvermerk* erteilt, ohne eine Prüfung durchgeführt zu haben, nachdem er die Prüfungsdurchführung in vollem Umfang einem anderen überlassen und dessen Prüfungsergebnisse übernommen hat. Der Prüfer muss sich auch dann ein besonders leichtfertiges und gewissenloses Verhalten vorwerfen lassen, wenn er einen Jahresabschluss testiert, obwohl die Buchführung so gravierende Mängel aufwies, dass die Erstellung eines ordnungsmäßigen Jahresabschlusses von vorneherein unmöglich war. Vorsatz ist bereits dann gegeben, wenn der Prüfer es wenigstens als möglich erachtet und für diesen Fall gebilligt hat, dass infolge seines Handelns eine andere Person einen Schaden erleiden könnte (bedingter Vorsatz).

Zusammenfassend lässt sich feststellen, dass deliktische Anspruchsgrundlagen aufgrund der restriktiven Anwendungsvoraussetzungen (Verletzung eines Schutzgesetzes, Vorsatz, Sittenwidrigkeit) nur in wenigen Fällen geeignet sind, Schadenersatzforderungen Dritter zu begründen.

3 Vertragliche und vertragsähnliche Anspruchsgrundlagen

Neben dem Deliktsrecht steht bei der Geltendmachung von Schadensersatzansprüchen mit dem Vertragsrecht ein zweiter Normenkreis des BGB zur Verfügung. Vertragliche Ansprüche haben für den Dritten im Vergleich zu Ansprüchen aus unerlaubter Handlung u.a. den Vorteil, dass auch bei fahrlässigem Fehlverhalten eine Haftung eintritt. Allerdings kennt das Vertragsrecht des BGB im Grundsatz nur Rechtsbeziehungen, welche auf die Beteiligten ausgerichtet sind. Wird ein Dritter anlässlich der Vertragsabwicklung geschädigt, so gesteht ihm das BGB keine vertragsrechtlichen Ansprüche zu. Mit dem Vertrag mit Schutzwirkung zugunsten Dritter und dem Auskunftsvertrag hat die Rechtsprechung jedoch zwei gesetzlich nicht geregelte Konstrukte geschaffen, die zur Anwendung kommen könnten.

Als Voraussetzungen für das mögliche Vorliegen eines *Vertrags mit Schutzwirkung zugunsten Dritter* werden folgende drei Umstände genannt:

- *Leistungsnähe des Dritten*, d.h., der Dritte kommt mit der Leistung des Schuldners an den Gläubiger typischerweise in Berührung. Eine Leistungsnähe der Aktionäre und Gläubiger der geprüften Gesellschaft zum Prüfungsvertrag ist gegeben, da der Bestätigungsvermerk an unternehmensexterne Personen zu deren Information gerichtet ist.

- *Schutzpflicht des Gläubigers*, d. h., die Leistung soll nach dem Parteiwillen auch dem Dritten zugute kommen. Es komme allein darauf an, ob die Vertragsparteien einen Dritten in den Schutzbereich einbeziehen wollten. Fehlt eine ausdrückliche Parteiabrede, so muss der Richter anhand der Umstände des Einzelfalls prüfen, ob die Vertragsparteien konkludent das Schuldverhältnis auf Dritte erstreckt haben. Hierzu muss der Auftraggeber ersichtlich ein Interesse an der Einbeziehung des Dritten haben. Ein weiteres Indiz für eine entsprechende Interessenlage der Parteien ist darin zu sehen, dass der Auftragnehmer über eine vom Staat anerkannte Sachkunde verfügt, in der Öffentlichkeit besonderes Vertrauen genießt und das auch beruflich auswertet. Ein WP erfüllt diese Kriterien.
- *Erkennbarkeit für den Schuldner*, d. h., die mögliche Einbeziehung von Dritten in die Schutzpflicht muss erkennbar sein. Für den Drittschutz ist es nicht entscheidend, dass der Schuldner Zahl und Namen der in den Schutzbereich einbezogenen Dritten kennt. Erforderlich ist allerdings, dass die zu schützende Personengruppe überschaubar und objektiv abgrenzbar ist, so dass die Gefahr unübersehbarer Haftungsrisiken nicht mehr besteht. In die sachkundige Äußerung muss Vertrauen gesetzt worden sein, und dies muss für den Prüfer erkennbar werden. Es muss für ihn des Weiteren erkennbar sein, dass der vertrauende Dritte die sachverständige Äußerung zur Grundlage seiner Vermögensdisposition machen will.

Darüber hinaus ist der Versuch unternommen worden, eine vertragliche Haftung des Abschlussprüfers gegenüber einem Dritten auf einen unmittelbar zwischen diesen bestehenden *Auskunftsvertrag* zu gründen. Wer einem anderen eine Bescheinigung in dem Bewusstsein ausstellt, dieser werde sie einem Dritten vorlegen, um ihn in seinem Sinne zu beeinflussen, soll dem Dritten, der sich auf die Bescheinigung stützt, für die Richtigkeit und Vollständigkeit der Bescheinigung haften. Maßgeblich für den Rechtsbindungswillen der Parteien sollte nach der *älteren Rechtsprechung des BGH* sein, dass kraft beruflicher Stellung Auskünfte erteilt werden, die für den Empfänger erkennbar von erheblicher Bedeutung waren und die dieser zur Grundlage wesentlicher Entschlüsse oder Maßnahmen machen will. Der Auskunft Gebende muss besonderes Vertrauen in Anspruch nehmen oder ein besonderes eigenes Interesse haben. Die *neuere Rechtsprechung des BGH* schränkt die Auskunftshaftung stark ein und stellt weitere Bedingungen für die Annahme eines stillschweigend geschlossenen Auskunftsvertrags auf. Entscheidend soll sein, ob die Gesamtumstände den Schluss zulassen, die Auskunft habe Gegenstand vertraglicher Rechte und Pflichten sein sollen. Die Annahme eines Auskunftsverhältnisses beschränkt sich auf Fälle, in denen der Abschlussprüfer auf Verlangen (auch) des Dritten hinzugezogen wird und dann unter Berufung auf seine Sachkunde und Prüfungstätigkeit Erklärungen oder Zusicherungen unmittelbar gegenüber Dritten abgibt.

Die Rechtsprechung hatte in der Vergangenheit eine vertragliche oder vertragsähnliche Haftung im Bereich freiwilliger Prüfungen, der Abschlusserstellung durch den WP und bei Prospektprüfungen (d.h. bei Prüfungen des Prospektes über das Angebot einer Kapitalanlage; → *Börsenprospekt, Prüfung*), nicht jedoch bei handelsrechtlichen Pflichtprüfungen zugrunde gelegt. Dabei wurde argumentiert, dass der Gesetzgeber die Abschlussprüferhaftung spezialrechtlich im HGB geregelt hat. Hätte er eine über das Deliktsrecht hinausgehende Dritthaftung beabsichtigt, so hätte er dies in den § 323 HGB aufgenommen. Vorschläge, bei der Neufassung des § 323 HGB im Rahmen des KonTraG eine Dritthaftung für fahrlässige Pflichtverletzungen gesetzlich auszuschließen, wurden nicht umgesetzt.

Das Dritthaftungsrisiko des handelsrechtlichen Abschlussprüfers bei fahrlässigen Pflichtverletzungen hat sich durch ein neueres Urteil des BGH vom 2.4.1998 grundlegend geändert. Der BGH verneint eine Sperrwirkung des § 323 Abs. 1 Satz 3 HGB gegen eine vertragliche Haftung des Abschlussprüfers gegenüber Dritten nach Maßgabe der von der Rechtsprechung entwickelten Grundsätze zur Dritthaftung Sachkundiger. Die Einbeziehung einer unbekannten Vielzahl von Dritten in den Schutzbereich des Prüfungsauftrags würde zwar der gesetzgeberischen Intention zuwiderlaufen, das Haftungsrisiko des Abschlussprüfers angemessen zu begrenzen. Wenn jedoch die Vertragspartner übereinstimmend davon ausgehen, dass die Prüfung auch im Interesse eines bestimmten Dritten durchgeführt werde, gäbe es keinen Grund, dem Dritten Ansprüche gegen den seine Prüfungspflichten verletzenden Prüfer zu versagen. Bei einer Haftung aufgrund einer Schutzwirkung aus dem Prüfungsvertrag sei die Haftungsbeschränkung des § 323 Abs. 2 HGB zu berücksichtigen, denn sie gehe als Spezialregelung den vertragsrechtlichen Bestimmungen des bürgerlichen Rechts vor. Nicht endgültig geklärt hat der BGH allerdings, welche Dritte in die Schutzwirkung des Prüfungsvertrags aufgenommen sein sollen.

Reiner Quick

Literatur: *BGH-Urteil vom 2.4.1998, Az. III ZR 245/96; Ebke, W.F.*, Wirtschaftsprüfer und Dritthaftung, 1983; *Quick, R.*, in: Betriebs-Berater 1992, S. 1675–1685; *Quick, R.*, in: Die Betriebswirtschaft 2000, S. 60–77.

Drohende Zahlungsunfähigkeit → Going concern-Annahme, Prüfung

Dual purpose test

Ist der Prüfer aus technischen Gründen gezwungen, aus den Verarbeitungsergebnissen auf die Funktionsfähigkeit des Systems zu schließen, werden diese Prüfungshandlungen als dual purpose test bezeichnet, da sie sowohl der →*Systemprüfung* als auch dem aussagebezogenen Teil der Prüfung (→*Aussagebezogene Prüfungshandlungen*) dienen können. Demnach weist ein dual purpose test sowohl Elemente einer direkten als auch einer indirekten Prüfung auf, da einerseits die Qualität der Verarbeitungsergebnisse selbst beurteilt wird und andererseits von der Qualität der Verarbeitungsergebnisse auf die Qualität des Verarbeitungssystems geschlossen wird.

Due diligence → Unternehmensbewertung

Due process

Der Begriff due process (angemessenes Verfahren) bezeichnet das Verfahren der Entwicklung von Normen. Auch das förmliche Gesetzgebungsverfahren des Bundestages ist grundsätzlich unter den Begriff due process zu subsumieren.

Kennzeichnend für die Entwicklungsverfahren von Normen im Bereich der Rechnungslegung und der Prüfung ist die Einbeziehung der interessierten Öffentlichkeit (z. B. Abschlussersteller, Abschlussprüfer, Börsen, Regierungsbehörden) in die Normenentwicklung. Im Rahmen dieses Prozesses wird regelmäßig ein Normenentwurf veröffentlicht, zu dem von der interessierten Öffentlichkeit Stellung genommen werden darf. Diese Stellungnahmen fließen in die endgültige Fassung der Norm ein. Ein derartiges Verfahren führen bspw. das →*IASB*, das →*DRSC*, die →*IFAC* und das →*IDW* durch.

Durchschnittsfehlermethode → DUS

Durchsetzung von Rechnungslegungsnormen

1 Rechnungslegungsnormen

Im allgemeinen Sprachgebrauch wird unter einer Norm eine Regel, ein Gesetz, eine Vorschrift, ein Prinzip, ein Maßstab oder eine Erlaubnis verstanden. Rechnungslegungsnormen bieten die Grundlage dafür, wie die ökonomische Realität im →*Jahresabschluss* abzubilden ist (Soll-Objekt der Prüfung). Hierbei ist zwischen nationalen und internationalen Rechnungslegungsnormen zu unterscheiden. In Bezug auf nationale Rechnungslegungsnormen sind in Deutschland vorzugsweise das HGB sowie die nicht kodifizierten →*GoB* maßgebend. Hinsichtlich internationaler Rechnungslegungsnormen sind die seitens des →*IASB* herausgegebenen →*IFRS* zu beachten.

2 Referenzmodelle für eine deutsche Enforcement-Einrichtung

Die Durchsetzung von Rechnungslegungsnormen wird im Schrifttum allgemein unter dem Begriff »*Enforcement*« diskutiert. Das Enforcement beinhaltet die Überwachung der Rechtmäßigkeit konkreter Unternehmensabschlüsse durch eine außerhalb des Unternehmens stehende unabhängige Stelle. In letzter Zeit wurde die Einrichtung einer über die →*Abschlussprüfung* hinausgehende Enforcement-Institution als Maßnahme zur Verbesserung der Qualität der Finanzberichterstattung deutscher Unternehmen erörtert, da das Enforcement-System nicht in jedem Fall geeignet erschien, eine ordnungsmäßige Rechnungslegung zu gewährleisten. Ein wirksames Enforcement-System würde dazu beitragen, die Glaubwürdigkeit und den Nutzen der veröffentlichten Finanzinformationen von Unternehmen zu erhöhen. Wie die Durchsetzung von Rechnungslegungsnormen im Ansatz organisiert werden soll, wurde bis vor kurzem kontrovers diskutiert. Als denkbare Referenzmodelle für eine deutsche Enforcement-Institution wurden die US-amerikanische →*SEC* und das britische →*FRRP* betrachtet. Die SEC ist als zentrales Aufsichtsorgan für den US-amerikanischen Kapitalmarkt zuständig für die Kontrolle der Einhaltung der im SA verlangten Bedingungen zur Zulassung von Wertpapieren zum erstmaligen öffentlichen Handel sowie der im SEA enthaltenen Informationspflichten. Im Gegensatz zur SEC ist das FRRP eine privatrechtliche Institution und für die Durchsetzung der Rechnungslegungsgrundsätze in Großbritannien verantwortlich. Untersuchungsgegenstand sind die Jahres- und Konzernabschlüsse von public limited companies und großen private companies mit Sitz in Großbritannien.

3 Zweistufiges Enforcement-Modell zur Stärkung des deutschen Kapitalmarkts

Das BilKoG ist nach Verkündung im BGBl. am 21.12.2004 in Kraft getreten. Durch die Verabschiedung des Gesetzes ist die Bundesregierung bestrebt, das verloren gegangene Vertrauen der Anleger in den Kapitalmarkt wiederherzustellen und nachhaltig zu stärken. Es wurde weder das US-amerikanische Behördenmodell noch das privatwirtschaftliche Modell aus Großbritannien übernommen, sondern der Versuch unternommen, die Vorteile beider Systeme miteinander zu kombinieren. Der Gesetzgeber hat sich mit dem BilKoG für ein zweistufiges Enforcement-Verfahren entschieden.

3.1 Erste Enforcement-Stufe

Durch die Einführung des § 342b Abs. 1 HGB soll auf einer ersten Stufe eine privatrechtlich zu gründende Prüfstelle stehen, die durch Vertrag vom BMJ im Einvernehmen mit dem BMF anerkannt würde. Am 15.4.2004 wurde die Prüfstelle als Deutsche Prüfstelle für Rechnungslegung DPR e.V. (http://www.frep.info) gegründet und am 30.3.2005 vom BMJ im Einvernehmen mit dem BMF anerkannt. Nach § 342b Abs. 2 HGB prüft diese Prüfstelle die Rechtmäßigkeit des zuletzt festgestellten Jahresabschlusses und des zugehörigen Lageberichts oder des zuletzt gebilligten →Konzernabschlusses und des zugehörigen Konzernlageberichts von allen Unternehmen, deren Wertpapiere i.S.v. § 2 Abs. 1 Satz 1 WpHG an einer inländischen Börse zum Handel im amtlichen oder geregelten Markt zugelassen sind (→Kapitalmarktorientierte Unternehmen). Es sollen auf der ersten Stufe des Enforcement-Verfahrens Verstöße entdeckt werden, die dem →Abschlussprüfer im Zuge seiner Prüfung entgangen sind. Die Prüfstelle wird nach § 342b Abs. 2 Satz 3 HGB tätig, wenn konkrete Anhaltspunkte für Rechnungslegungsverstöße vorliegen oder die →BaFin eine entsprechende Prüfung verlangt. Außerdem ist sie berechtigt, ohne besonderen Anlass stichprobenartige Kontrollen gemäß den Grundsätzen, die im Einvernehmen mit dem BMJ und dem BMF getroffen wurden, vorzunehmen. Eine Prüfung auf erster Stufe hat indessen bei einem Anfangsverdacht zu unterbleiben, wenn trotz konkreter Anhaltspunkte kein öffentliches Interesse an der Prüfung besteht, z. B. wenn die Auswirkungen bedeutungslos sind. Über die geplante Einleitung eines Prüfverfahrens ist gleichwohl die BaFin zu unterrichten. Die Prüfstelle teilt dem Unternehmen das Ergebnis der Prüfung mit. Sollten Rechnungslegungsfehler vorliegen, hat die Prüfstelle gem. § 342b Abs. 5 Satz 2 HGB ihre Entscheidung zu begründen und dem Unternehmen unter Bestimmung einer angemessenen Frist Gelegenheit zur Äußerung zu geben, ob es mit dem Ergebnis der Prüfstelle einverstanden ist. Die Prüfstelle hat der BaFin als staatlicher Institution eine Verweigerung der Mitwirkung eines Unternehmens an einer Prüfung, das Ergebnis der Prüfung und eventuell die Information, ob sich das Unternehmen mit dem Prüfungsergebnis einverstanden erklärt hat, mitzuteilen. Darüber hinaus ist die Prüfstelle gem. § 342b Abs. 8 Satz 1 HGB dazu verpflichtet, den Verdacht einer Straftat im Zusammenhang mit der Rechnungslegung eines Unternehmens den entsprechenden Behörden anzuzeigen. Tatsachen, die das Vorliegen einer Berufspflichtverletzung durch den Abschlussprüfer des geprüften Unternehmens begründen, hat die Prüfstelle an die →*WPK* zu übermitteln, was die →*Berufsaufsicht* durch die WPK stärkt. Am 1.7.2005 hat die Prüfstelle gem. Art. 56 Abs. 1 Satz 2 EGHGB ihre Arbeit aufgenommen.

3.2 Zweite Enforcement-Stufe

Die Prüfung auf der ersten Stufe ist auf die freiwillige Mitwirkung der betroffenen Unternehmen angewiesen. Sollte das Enforcement-Verfahren auf der ersten Stufe nicht abgeschlossen werden, dann greift die BaFin auf der zweiten Stufe ein und setzt die Prüfung bzw. die Einhaltung der Rechnungslegungsnormen mit hoheitlichen Mitteln durch. Die BaFin ist nach § 37o Abs. 1 Satz 4 WpHG i. V. m. § 37p Abs. 1 Satz 2 WpHG zur Prüfung befugt, sofern die Prüfstelle berichtet, dass das jeweilige geprüfte Unternehmen die Kooperation verweigert oder dem Prüfungsergebnis widersprochen hat oder wesentliche Zweifel an der Korrektheit des Prüfungsergebnisses der Prüfstelle oder an der ordnungsgemäßen Durchführung der Prüfung durch die Prüfstelle bestehen. Die BaFin kann allerdings die Prüfung jederzeit an sich ziehen, wenn sie auch die Prüfung nach § 44 Abs. 1 Satz 2 KWG oder § 83 Abs. 1 Nr. 2 VAG durchführt oder durchgeführt hat und die Prüfungen denselben Gegenstand betreffen. Sollte die Prüfung der BaFin ergeben, dass die Rechnungslegung fehlerhaft ist, dann stellt die Bundesanstalt den Fehler zunächst fest. Die BaFin ist nach § 37q Abs. 2 Satz 1 WpHG dazu ermächtigt, dem jeweiligen Unternehmen gegenüber die Veröffentlichung des festgestellten Fehlers anzuordnen. Sofern kein öffentliches Interesse an der Veröffentlichung besteht oder die Veröffentlichung dem betroffenen Unternehmen schaden sollte, kann auf Antrag des Unternehmens von einer Veröffentlichung abgesehen werden. Sollte der Verdacht einer Straftat im Zusammenhang mit der Rechnungslegung eines Unternehmens bestehen, hat die BaFin die entsprechende Behörde, bei Vorliegen einer Berufspflichtverletzung durch den Abschlussprüfer die WPK und bei Vorliegen eines Verstoßes des Unternehmens gegen börsenrechtliche Vorschriften die Börsenaufsichtsbehörde zu benachrichtigen.

3.3 Finanzierung des zweistufigen Enforcement-Modells

Nach Art. 56 Abs. 1 Satz 1 EGHGB durchlaufen erstmalig das Enforcement-Verfahren Abschlüsse von Unternehmen, deren Geschäftsjahr am 31.12.2004 oder später enden. Die Kosten der Prüfstelle werden nach § 17d Abs. 1 Satz 1 FinDAG in Form einer Umlage auf sämtliche kapitalmarktorientierten Unternehmen verteilt, deren Wertpapiere i.S. v. § 2 Abs. 1 Satz 1 WpHG an einer inländischen Börse zum Handel im amtlichen oder geregelten Markt zugelassen sind. Näheres regelt die BilKoUmV. Wenn die BaFin auf der zweiten Stufe ein bestimmtes Unternehmen prüft, sind die unternehmensindividuellen Kosten nach § 17c Satz 1 FinDAG dem jeweiligen Unternehmen zu berechnen. Eine unternehmensindividuelle Kostenerstattung unterbleibt, wenn das Prüfungsergebnis der BaFin vom Prüfungsergebnis der Prüfstelle zu Gunsten des betroffenen Unternehmens abweicht.

Jörn Grothe

Literatur: *Gelhausen, H.F./Hönsch, H.*, in: Die Aktiengesellschaft 2005, S. 511–529; *Meyer, C.*, in: Deutsches Steuerrecht 2005, S. 41–44; *Zülch, H.*, in: Steuern und Bilanzen 2005, S. 565–570.

Durchsetzungsnormen → Prüfungsnormen

DV-Buchführung → IT-gestützte Rechnungslegung

DV-gestützte Prüfungstechniken → IT-gestützte Prüfungstechniken

Earnings before interest and taxes → EBIT

Earnings before interest, taxes, depreciation and amortization → EBITDA

Earnings per share → Ergebnis je Aktie, Prüfung

EBIT

EBIT (earnings before interest and taxes) heißt übersetzt Jahresergebnis vor Zinsen und Steuern. Häufig erfolgt eine Gleichsetzung dieser Kennzahl mit dem Betriebsergebnis, da die nicht unmittelbar dem operativen Geschäft zurechenbaren Zinsen und Steuern herausgerechnet werden. Allerdings sind in der Kennzahl EBIT alle außerordentlichen Ergebnisse enthalten, so dass die Kennzahl nicht das Ergebnis der gewöhnlichen Geschäftstätigkeit widerspiegelt. Darüber hinaus definiert die Literatur das EBIT unterschiedlich. So wird entweder der Zinsaufwand, das Zinsergebnis (Zinsaufwand und -ertrag) oder teilweise sogar das Finanzergebnis vom Jahresergebnis abgezogen (bzw. hinzugerechnet).

Im Gegensatz zum Jahresergebnis werden so die Auswirkungen verschiedener Steuersysteme sowie unterschiedlicher Finanzierungsstrukturen und Zinskonditionen eliminiert. Das EBIT dient dazu, die Geschäftsergebnisse von Unternehmen international vergleichbar zu machen. Um eine Analyse zu ermöglichen, muss das EBIT in Relation zu einer geeigneten Bezugsgröße (z. B. Umsatz oder investiertes Kapital) gesetzt werden.

EBITDA

In der Praxis findet im Rahmen der → *Jahresabschlussanalyse* oftmals die Kennzahl EBITDA (earnings before interest, taxes, depreciation and amortization) Verwendung. Hierbei handelt es sich um das Jahresergebnis vor Zinsen, Steuern und Abschreibungen. Im Gegensatz zum → *EBIT* werden beim EBITDA auch noch die planmäßigen Abschreibungen auf das Sachanlagevermögen (depreciation) sowie auf das immaterielle Vermögen (amortization), einschließlich dem Geschäfts- oder Firmenwert, herausgerechnet. Die Einführung des impairment-tests gem. IFRS 3 hat die Bedeutung der Kennzahl relativiert (zur goodwill-Behandlung → *immaterielle Vermögensposten, Prüfung*).

Das EBITDA soll wie die Kennzahl → *EBIT* der besseren internationalen Vergleichbarkeit von Unternehmen dienen. Zusätzlich wird durch die Hinzurechnung der planmäßigen Abschreibungen der Effekt aus einer unterschiedlichen Vermögensstruktur und der damit verbundenen Bewertungspolitik beseitigt. Es ist somit unbeachtlich, welche Abschreibungsmethode ein Unternehmen verwendet, wie alt die Vermögensposten sind oder ob diese geleast (hier: Finanzierungsleasing) statt gekauft wurden. Darüber hinaus werden auch die Effekte aus einer unterschiedlichen Akquisitionsstrategie von Unternehmen beseitigt. Durch den Wegfall der Goodwill-Abschreibung ist sowohl bei einem asset- als auch bei einem share-deal c.p. das EBITDA identisch. Das EBITDA eignet sich insbesondere bei jungen wachstumsstarken Unternehmen zur Analyse (z.B. in Relation zum Umsatz).

E-Business, Prüfung → WebTrust-Prüfungen

Echte Zufallsauswahl → Zufallsauswahl

E-Commerce, Auswirkungen auf die Abschlussprüfung

Der Begriff E-Commerce definiert i. Allg. den Handel von Gütern und Dienstleistungen über das Internet. Dabei spielen Geschäftsbeziehungen zwischen Unternehmen (Business-to-Business-Handel; B2B) sowie zwischen Unternehmen und Endverbrauchern (Business-to-Consumer-Handel; B2C) eine wesentliche Rolle. E-Commerce ist eine Unterkategorie des allgemeiner gefassten Begriffs E-Business (→ *WebTrust-Prüfungen*), der die Abwicklung von Geschäften und/oder administrativer Vorgänge mit Hilfe elektronischer Netzwerke beschreibt.

Die bei der Abwicklung von E-Commerce-Transaktionen regelmäßig in großem Umfang anfallenden rechnungslegungsrelevanten Daten und deren elektronische Verarbeitung stellen den Abschlussprüfer vor besondere Herausforderungen. So ist bei der Prüfung von Unternehmen, deren Geschäftsprozesse in Teilen oder gar vollständig auf E-Commerce-Technologien basieren, die Einhaltung der handels- und steuerrechtlichen Vorschriften über die Ordnungsmäßigkeit der Buchführung, insbesondere die §§ 238, 239, 257 HGB sowie §§ 145–148 AO zu prüfen. Darüber hinaus sind der IDW PS 330 und generell die → *GoB im Rahmen des IT-Einsatzes* zu beachten. Somit sind sämtliche rechnungslegungsrelevanten → *IT-Systeme* einer E-Commerce-Lösung, aus denen Daten in die → *IT-gestützte Rechnungslegung* einfließen, entsprechend den gesetzlichen Regelungen Prüfungsgegenstand (vgl. IDW RS FAIT 2.2 f.). Neben den regulatorischen Anforderungen an ein Rechnungslegungssystem spielt auch die Sicherheit der verarbeiteten rechnungslegungsrelevanten Daten eine wesentliche Rolle, die aufgrund der IT-spezifischen Risiken (z. B. unberechtigter Datenzugriff, Internet als öffentlich zugängliches Netzwerk) nicht grundsätzlich gewährleistet ist (vgl. IDW RS FAIT 1.19–24). Generell ist das → *IT-Kontrollsystem* im Hinblick auf seine Angemessenheit sowie Wirksamkeit im Zeitablauf zu beurteilen. Die Unternehmensleitung muss in der Lage sein, das gesamte Risikospektrum des E-Commerce zu erfassen und ein Risikomanagementsystem (→ *Risikomanagementsystem, Prüfung*) zu installieren, das die mit dem Einsatz von IT verbundenen Risiken frühzeitig anzeigt.

Dieses Umfeld beeinflusst Prüfungsstrategie und -durchführung i. d. R. erheblich. Auf der einen Seite ermöglicht der für E-Commerce charakteristisch hohe und über das Ausmaß integrierter Rechnungslegungssysteme hinausgehende Automatisierungsgrad der Geschäftsprozesse eine Steigerung der Prüfungseffizienz. Durch eine stärkere Konzentration der Prüfungshandlungen auf maschinelle Kontrollmechanismen lassen sich Art und Umfang der → *aussagebezogenen Prüfungshandlungen* reduzieren. Im Gegenteil entspricht eine reine → *Einzelfallprüfung* ohne Berücksichtigung der dahinter stehenden, weitgehend automatisierten Wertschöpfungsketten (teilweise mit direkter Einbindung von Sublieferanten und alleine ausgelöst durch den Kunden) nicht den → *GoA* (z. B. bei vollautomatisierten Auktionsplattformen). Auf der anderen Seite besteht ein erhöhtes → *Prüfungsrisiko* falls Schwachstellen in der IT-basierten Prozessverarbeitung unentdeckt bleiben. Anders als begrenzte Einmaleffekte bei Fehlern in manuellen Vorgängen können systemtechnische Fehler bei teil- oder vollautomatisierten Prozessketten zu einem Multiplikatoreffekt mit wesentlichen Auswirkungen auf die Richtigkeit des Jahresabschlusses führen.

Weitere Besonderheiten bei der Prüfung im E-Commerce Umfeld können sich aus den heranzuziehenden steuerlichen, bilanziellen sowie anderen rechtlichen Normen ergeben. So kann der technologisch grenzenlose Handel komplexe rechtliche und insbesondere steuerliche Fragestellungen z. B. hinsichtlich des anwendbaren Rechts, der Wirksamkeit von Verträgen und der elektronischen Willenserklärung auslösen. Ferner können nicht triviale ertrag- und umsatzsteuerliche Problembereiche aus supranationalen Beschaffungs-, Absatz- und Kapitalmärkten erwachsen (z. B. bei virtuellen Vertriebsplattformen im Ausland). Darüber hinaus ergeben sich regelmäßig vielschichtige Rechnungslegungsfragen bspw. hinsichtlich der Umsatzrealisierung (z. B. Entstehungszeitpunkt, Brutto-/Nettoausweis bei Vermittlungsgeschäften) sowie im Bereich der Aktivierung der eingesetzten Softwarekomponenten (Abgrenzung selbst erstellter von fremdbezogener und selbst genutzter von zu veräußernder Software; → *Herstellungskosten*; → *Immaterielle Vermögensposten, Prüfung*).

Literatur: *IFAC* (Hrsg.), E-Business and the Accountant, 2002; *Meyer, U.*, E-Business und Wirtschaftsprüfung, 2003.

EDP-Audit → IT-gestützte Prüfungstechniken

EDV-Buchführung → IT-gestützte Rechnungslegung

EDV-gestützte Prüfungstechniken → IT-gestützte Prüfungstechniken

Eigenkapital, Prüfung

1 Zentrale Normen

1.1 Rechnungslegungsnormen

a1) Deutsche Normen in Bezug auf den Einzelabschluss: §§ 265 Abs. 3 Satz 2, 266 Abs. 2 B.III.2, 3 A., 268 Abs. 1 Satz 2, Abs. 3, 270, 272, 283 HGB, 25 RechKredV, 58, 119, 150, 152, 160, 208 Abs. 1 Satz 2, 230 Satz 2, 231–233, 240 AktG, 29 Abs. 1, 4, 42, 57d Abs. 1, 58a Abs. 2, 58b, 58c, 58d Abs. 1 GmbHG, IDW ERS HFA 18 a2) Deutsche Normen in Bezug auf den Konzernabschluss: Nach § 298 Abs. 1 HGB sind die Regelungen zum Einzelabschluss im Konzernabschluss entsprechend anzuwenden; b) Internationale Normen: IASB Framework.49c, IAS 1.7, .73e, 32, IFRIC 2, IFRS 7.

1.2 Prüfungsnormen

a) Deutsche Norm: IDW EPS 315; b) Internationale Norm: ISA 545.

2 Definition

Eigenkapital umfasst die dem Unternehmen durch die rechtlichen Eigentümer unbefristet zur Verfügung gestellten Mittel. Es stellt ihren in

Geldwerten ausgedrückten nominellen Unternehmensanteil dar und beinhaltet die von außen (z. B. durch ordentliche Kapitalerhöhung) sowie von innen (z. B. durch Gewinnthesaurierung) zugeführten Mittel.

3 Prüferisches Vorgehen

3.1 Grundsätzliche Vorgehensweise

Der Prüfer hat alle Buchungen auf den entsprechenden Konten lückenlos zu überprüfen. Die Angemessenheit der Eigenkapitalausstattung ist i. Allg. kein Prüfungsgegenstand. Eine Ausnahme bildet die Prüfung von privatrechtlichen Unternehmen, an denen die öffentliche Hand mit Mehrheit beteiligt ist (§ 53 Abs. 1 Nr. 2 Bst. a HGrG).

Die Prüfung des Eigenkapitals ist bereits bei der → *Prüfungsplanung* zu berücksichtigen. Die risikoorientierte Prüfungsdurchführung (→ *Risikoorientierte Abschlussprüfung*) kann sich dabei an der Systematik der Rechnungslegung (→ *Abschlusspostenorientierte Prüfung*), den betrieblichen Funktionsbereichen (→ *Tätigkeitskreisorientierte Prüfung*) oder den Geschäftsrisiken einschließlich den hiermit in Verbindung stehenden Geschäftsprozessen (→ *Geschäftsrisikoorientierte Prüfung*) orientieren, wobei die → *Prüfungshandlungen* so auszulegen sind, dass in Abhängigkeit von der Wahl des jeweiligen → *Prüfungsansatzes* das Risiko eines Fehlurteils im Hinblick auf die Ordnungsmäßigkeit eines → *Prüffeldes* ein vorgegebenes Maß nicht überschreitet (→ *Prüfungsrisiko*).

Dazu sollte sich der Abschlussprüfer ein Urteil über die → *inhärenten Risiken* bilden. Diese sind erhöht, wenn z. B. der Anteil der noch ausstehenden Einlagen auf das gezeichnete Kapital hoch oder die Zahlungsfähigkeit der Eigentümer dieser Anteile eingeschränkt ist. Zur Einschätzung der → *Kontrollrisiken* ist eine Prüfung des → *IKS* notwendig. Die Prüfungshandlungen sollten sich dabei darauf beziehen, ob z. B. die ausstehenden Posten in personeller Hinsicht kontenmäßig gegliedert sind, das Mahnwesen ausreichend ist, ob systematisch und übersichtlich Akten über die gesellschaftlichen Verhältnisse geführt werden oder die Ablauforganisation gewährleistet, dass alle Informationen über die gesellschaftsrechtlichen Verhältnisse dem Rechnungswesen zur Kenntnis gelangen, insbesondere bei Einzahlungsverpflichtungen der Gesellschafter oder Ausschüttungsverpflichtungen der Gesellschaft. Nach der Einschätzung der inhärenten und der Kontrollrisiken ist das Endeckungsrisiko anzupassen und die → *aussagebezogenen Prüfungshandlungen* sind vorzunehmen um die geforderte → *Prüfungssicherheit* zu gewährleisten.

3.2 Prüfung des gezeichneten Kapitals

Das gezeichnete Kapital stellt das Kapital dar, auf das die Haftung der Gesellschafter für die *Verbindlichkeiten* (→ *Verbindlichkeiten, Prüfung*) der Gesellschaft gegenüber den Gläubigern beschränkt ist (§ 272 Abs. 1 Satz 1 HGB). Bei AG wird es Grundkapital genannt und muss mindestens 50.000 € (§ 7 AktG) betragen. Stammkapital ist der gesetzliche Terminus bei GmbH; dieses ist auf mindestens 25.000 € (§ 5 Abs. 1 GmbHG) festgesetzt. Das im Handelsregister am Bilanzstichtag (→ *Abschlussstichtag*) zum Nennwert eingetragene Kapital ist in die Bilanz einzustellen (§ 283 HGB). Der Betrag des gezeichneten Kapitals wird in der Satzung bzw. dem Gesellschaftsvertrag geregelt.

Für die Prüfung des gezeichneten Kapitals hat der Prüfer folgende Unterlagen anzufordern:

- Konten der Buchführung;
- Satzung bzw. Gesellschaftsvertrag;
- Handelsregisterauszug;
- Protokolle von Sitzungen der Haupt- bzw. → *Gesellschafterversammlung* und des → *Aufsichtsrats* sowie des → *Vorstands*.

Die Satzung bzw. der Gesellschaftsvertrag müssen gültig und notariell beurkundet sein. Beim Handelsregisterauszug ist ebenfalls auf Aktualität zu achten, so dass auch sämtliche Veränderungsmitteilungen berücksichtigt sind.

Hat eine AG Namensaktien ausgegeben, so hat sich der Prüfer von der ordnungsmäßigen Führung des Aktienbuches zu überzeugen. § 67 Abs. 1 AktG schreibt vor, dass bei Namensaktien der Name, das Geburtsdatum, die Adresse sowie die gehaltene Stückzahl bzw. Aktiennummer des Inhabers bekannt sein müssen. Bei GmbH ist die derzeit gültige Gesellschafterliste heranzuziehen. Hier sind die Angabe des Namens, des Vornamens, des Geburtsdatums, des Wohnorts und der Stammeinlage verpflichtend (§ 40 Abs. 1 Satz 1 GmbHG).

Bei AG ist zudem § 152 Abs. 1 AktG zu beachten. Es bestehen Pflichtangaben für

- die Gesamtnennbeträge der Aktien jeder Gattung,
- den Nennbetrag des bedingten Kapitals und
- die Gesamtstimmzahl der Mehrstimmrechtsaktien sowie der übrigen Aktien.

Bei → *Personenhandelsgesellschaften* liegen die → *Prüfungsschwerpunkte* auf der Klarheit des Ausweises und der Besitzverhältnisse. Der Ausweis der verschiedenen Kapitalkonten ist mit dem Gesellschaftsvertrag oder den Gesellschaftsbeschlüssen abzustimmen. Diese beiden Unterlagen bilden auch die Prüfungsgrundlage für die Aufteilung der einzelnen Konten, die Gewinnzuschreibung und Verlustabschreibung, die zulässige Höhe von Entnahmen, die Verzinsung der Kapitalkonten und Gesellschaftsanteilsübertragungen.

Sollten Veränderungen des gezeichneten Kapitals erst *nach* Bilanzstichtag wirksam werden (→ *Ereignisse nach dem Abschlussstichtag*), so sind diese zwar nicht prüfungspflichtig, jedoch sind sie als Vorgänge von besonderer Bedeutung im Lagebericht (→ *Lagebericht, Prüfung*) anzugeben.

3.3 Prüfung der Rücklagen

Bei den *Rücklagen* (→ *Rücklagen, Prüfung*) wird zwischen Kapital- und Gewinnrücklagen unterschieden. Die Kapitalrücklage beinhaltet alle Einlagenteile, die kein Nominalkapital darstellen. In die Gewinnrücklage werden gem. § 272 Abs. 3 HGB nur Beträge eingestellt, die im Geschäftsjahr oder früher aus dem Ergebnis gebildet worden sind. Sie werden in die gesetzliche Rücklage, Rücklage für eigene Anteile, satzungsmäßige Rücklagen sowie andere Gewinnrücklagen gegliedert (§ 266 Abs. 3 A.III. HGB).

Im Rahmen der Prüfung der Rücklagen liegen die Schwerpunkte auf der Überprüfung des Bestandes und den Veränderungen. Die in der Bilanz ausgewiesenen Bestände sind mit den jeweiligen Konten abzustimmen. Die Veränderungen werden aus den aktuellen Kontensalden abzüglich der Vorjahressalden ermittelt. Die Zuverlässigkeit dieser Methode kann nur gewährleistet werden, wenn die Saldovorträge zuvor geprüft worden sind. Sofern Veränderungen der Rücklagenbestände festgestellt worden sind, hat der Prüfer zu untersuchen, ob diese Veränderungen notwendig waren. Hierzu sind die gesetzlichen Vorschriften, die Satzung bzw. der Gesellschaftsvertrag und andere Beschlüsse zu berücksichtigen. Des Weiteren muss sich der Prüfer vergewissern, dass die vorgenommenen Veränderungen der Rücklagen zulässig waren. Es sind die Einstellungen und Auflösungen bei jedem Rücklagenposten zu untersuchen.

Bei der Prüfung der Bilanzierung der Kapital- und Gewinnrücklagen ist der Prüfer verpflichtet, die Rechtswirksamkeit der notwendigen Beschlüsse und die rechtswirksame Durchführung der Maßnahmen zu untersuchen.

Eine Prüfung der Bewertung von Rücklagen ist nicht erforderlich, da die jeweiligen Beschlüsse stets die Nominalbeträge ausweisen. Es ist nur darauf zu achten, dass diese Beträge im Rechnungswesen richtig erfasst worden sind. Eine Ausnahme bilden die Rücklagen für Wertaufholungen (§§ 58 Abs. 2a Satz 1 AktG, 29 Abs. 4 Satz 1 GmbHG), da hier nur in Höhe des jeweiligen Eigenkapitalanteils eine Rücklage gebildet werden darf.

3.4 Prüfung der ausstehenden Einlagen auf das gezeichnete Kapital

Die Prüfung der ausstehenden Einlagen ist sehr eng mit der Prüfung des gezeichneten Kapitals verbunden. Sofern das gezeichnete Kapital durch die Anteilseigner noch nicht vollständig in die Gesellschaft eingebracht worden ist, sind ausstehende Einlagen auszuweisen. Gem. § 272 Abs. 1 HGB besteht für den Ausweis der ausstehenden Einlagen ein Wahlrecht. Entweder können diese auf der Aktivseite vor dem →*Anlagevermögen* gesondert ausgewiesen oder sie können, sofern sie noch nicht eingefordert worden sind, vom Posten »gezeichnetes Kapital« offen abgesetzt werden. Dieses Wahlrecht betrifft alle zum Bilanzstichtag noch nicht voll eingeforderten ausstehenden Einlagen. Eine kontenmäßige Saldierung mit dem gezeichneten Kapital oder ein Negativausweis auf der Passivseite sind nicht zulässig.

Im Rahmen der Prüfung der ausstehenden Einlagen bildet das vom Unternehmen verpflichtend zu führende Aktienbuch, in dem üblicherweise der Name, Wohnsitz und Beruf aller Inhaber vom Unternehmen ausgegebener Namensaktien enthalten ist, die Prüfungsgrundlage. Ausstehende Einlagen sind nur bei der Ausgabe von Namensaktien erlaubt, die unter der Angabe der ausstehenden Einlagen im Aktienbuch eingetragen sein müssen. Ausstehende Einlagen werden bei einer GmbH anhand des gleichlautenden Kontos überprüft. Dieses Konto ist als Korrekturposten zum gezeichneten Kapital zu sehen und muss damit den Nominalbetrag enthalten. Gleichzeitig wird hierdurch ein Anspruch der Gesellschaft gegenüber dem Anteilseigner ausgedrückt, so dass die Grundsätze der Forderungsbewertung berücksichtigt werden müssen. Der Prüfer hat ferner festzustellen, ob eine →*Abschreibung* der ausstehenden Einlagen notwendig bzw. zulässig war.

3.5 Prüfung des nicht durch Eigenkapital gedeckten Fehlbetrags

Ist das Eigenkapital durch Verluste aufgezehrt und ergibt sich ein Überschuss der Passivposten über die Aktivposten (buchmäßige Überschuldung), so ist nach § 268 Abs. 3 HGB der entsprechende Betrag als letzte Bilanzposition auf der Aktivseite gesondert unter der Bezeichnung

»nicht durch Eigenkapital gedeckter Fehlbetrag« auszuweisen. Der Prüfer hat sich dann zu vergewissern, dass von einer Gültigkeit der Annahme der Unternehmensfortführung (→ *Going concern-Annahme, Prüfung*) auszugehen ist.

3.6 Prüfung der Eigenkapitalerhöhung/-herabsetzung

Sofern eine Kapitalerhöhung oder -herabsetzung im Berichtsjahr wirksam geworden ist, ist die Einhaltung der jeweiligen gesetzlichen Vorschriften zu prüfen. Eine Änderung des gezeichneten Kapitals bedingt eine Prüfung der Voraussetzungen der Kapitalerhöhung bzw. -herabsetzung sowie die Auswirkungen auf das gezeichnete Kapital.

Bei Kapitalerhöhungen wird zwischen Kapitalerhöhungen gegen Einlage (§§ 182–191 AktG, §§ 55–57b GmbHG), bedingten Kapitalerhöhungen (§§ 192–201 AktG), genehmigten Kapitalerhöhungen (§§ 202–206 AktG) sowie Kapitalerhöhungen aus Gesellschaftsmitteln (§§ 207–220 AktG) unterschieden.

Grundsätzlich sind zuerst die entsprechende Beschlussfassung über die Kapitalerhöhung zu würdigen und der Eintrag ins Handelsregister zu überprüfen. Im Rahmen der Prüfung von Kapitalerhöhungen ist darauf zu achten, ob die notwendigen Einlagen (eventuell einschließlich eines Agios) bereits geleistet worden sind. Des Weiteren ist zu untersuchen, ob noch nicht geleistete Einlagen die ausstehenden Einlagen erhöht haben. Die Höhe der Bareinlagen wird anhand von Kontoauszügen und Zahlungsbelegen nachvollzogen. Bei Sacheinlagen sind Übertragungsdokumente und der Ausweis auf dem Sachkonto zu überprüfen. Die Zulässigkeit der Anteilsausgabe gegen Sacheinlage hat der Prüfer ebenfalls zu kontrollieren.

Als Kapitalherabsetzungen sind die ordentliche Kapitalherabsetzung (§§ 222–228 AktG), die vereinfachte Kapitalherabsetzung (§§ 229–236 AktG) oder die Kapitalherabsetzung durch Einziehung von Aktien (§§ 237–239 AktG) zu nennen.

Die Prüfung von Kapitalherabsetzungen entspricht weitestgehend der Prüfung der Kapitalerhöhung. Hierbei sind ebenfalls die entsprechenden Protokolle und Handelsregistereintragungen zu überprüfen. Im Konto »Gezeichnetes Kapital« hat sich die Kapitalherabsetzung widerzuspiegeln. Ferner ist zu bestimmen, ob und wann die Gesellschaft die Auszahlungen an die Gesellschafter geleistet hat.

Der Prüfer ist nicht dazu verpflichtet, die Geschäftsvorfälle zwischen der Gesellschaft und ihren Gesellschaftern bzw. Dritten systematisch auf Einhaltung des Verbotes der Einlagenrückgewähr (§§ 57 Abs. 1 AktG bzw. 30 Abs. 1 GmbHG) zu überprüfen. Dies ist lediglich im Rahmen der Prüfung des *Abhängigkeitsberichts* (→ *Abhängigkeitsbericht, Prüfung*) obligatorisch. Bei Feststellung von Verdachtsmomenten ist diesen jedoch nachzugehen. Wird ein Verstoß gegen das Verbot der Einlagenrückgewähr aufgedeckt, so ist darüber nach § 321 Abs. 1 Satz 3 HGB zu berichten.

Der Prüfer muss sich vergewissern, dass er über alle erfolgten Kapitalveränderungsmaßnahmen informiert ist. Er hat sich davon zu überzeugen, dass die Rechtsabteilung oder eine vergleichbare Abteilung eine ausreichende und verständliche Kommunikation mit dem Rechnungswesen praktiziert, damit alle das gezeichnete Kapital betreffenden Maßnahmen diesem bekannt sind.

Ferner hat der Prüfer zu untersuchen, ob weitere Beschlüsse gefasst worden sind, die eine zukünftige Kapitalveränderung ankündigen. Es muss die angemessene Berücksichtigung der Berichterstattungspflichten z. B. nach § 160 Abs. 1 Nr. 4 AktG untersucht werden.

4 Besonderheiten bei der Prüfung eines Abschlusses gemäß IFRS

Im Rahmen der Prüfung eines Abschlusses gemäß IFRS muss sich der Abschlussprüfer bewusst sein, dass kein gesonderter Standard bezüglich der Bilanzierung des Eigenkapitals existiert, aus dem alle zentralen Prüfungshandlungen abgeleitet werden könnten. Vielmehr definiert das IASB Framework das Eigenkapital als den verbleibenden Restbetrag der Vermögenswerte des Unternehmens nach Abzug aller Schulden (IASB Framework.49c), der als solcher im Wesentlichen durch die Bilanzierung des Vermögens und der Schulden geprägt ist. Dennoch finden sich in verschiedenen Standards Vorschriften bezüglich des Ansatzes und Ausweises des Eigenkapitals, deren Einhaltung der Abschlussprüfer zu prüfen hat. Zunächst hat sich der Abschlussprüfer davon zu überzeugen, dass die in IAS 1.68 vorgeschriebene Mindestgliederungstiefe des Eigenkapitals in gezeichnetes Kapital und Rücklagen vom zu prüfenden Unternehmen eingehalten wurde. Eine weitere Untergliederung der Rücklagen zum Zwecke der Verbesserung der Informationsbasis der Jahresabschlussadressaten (→ *Decision usefulness*) wird vom → *IASB* empfohlen sowie am Beispiel der Rücklagen erläutert (IASB Framework.65 f.) und ist mithin vom Abschlussprüfer zu akzeptieren.

Ferner hat der Abschlussprüfer die in IAS 1.75e geforderten zusätzlichen Angaben zum Eigenkapital zu prüfen. Die Angabepflichten beziehen sich zwar in erster Linie auf AG, von Unternehmen anderer

Rechtsformen wird jedoch explizit eine vergleichbare Darstellung relevanter Sachverhalte gefordert. So sind bspw. hinsichtlich jeder Klasse von Anteilen Angaben zur Anzahl der genehmigten Anteile, der ausgegebenen und voll eingezahlten sowie nicht voll eingezahlten Anteile zu machen. Weiter hat der Abschlussprüfer sich davon zu überzeugen, dass Angaben hinsichtlich der Art und des Zweckes jedes Rücklagenpostens gemacht wurden und Aussagen hinsichtlich möglicher Ausschüttungsbeschränkungen vollständig und korrekt sind. Darüber hinaus existieren mit IAS 32.33 f. hinsichtlich der eigenen Anteile einige konkretisierende Regelungen, von deren Einhaltung der Abschlussprüfer sich gleichfalls zu überzeugen hat.

Im Zusammenhang mit Genossenschaftsanteilen (members' shares) hat der Abschlussprüfer sich in besonderer Weise davon zu überzeugen, dass das zu prüfende Unternehmen eine den Vorschriften entsprechende Zuordnung der Genossenschaftsanteile im Rahmen der Anwendung des IAS 32 vorgenommen hat. Das →*IFRIC* stellt in IFRIC 2 dazu fest, dass für die Klassifizierung von Genossenschaftsanteilen als Eigen- oder Fremdkapital die bestehenden Regelungen hinsichtlich einer Rückkaufpflicht seitens der Gesellschaft ausschlaggebend sind. Hat die Gesellschaft das Recht, den Rückkauf von Anteilen abzulehnen, so ist eine Klassifizierung als Eigenkapital auf Seiten der Gesellschaft angezeigt (IFRIC 2.6–8). Im Rahmen der Prüfung des Eigenkapitals einer Genossenschaft sollte der Abschlussprüfer in diesem Zusammenhang auch prüfen, inwieweit zwischenzeitlich erfolgte Umgliederungen von Genossenschaftsanteilen in Eigen- oder Fremdkapital gem. IFRIC 2.13 offen gelegt wurden.

Auch bei Personengesellschaften ist bei der Erstellung eines Jahresabschlusses nach IFRS die Abgrenzung von Eigen- und Fremdkapital von Bedeutung, da Finanzinstrumente (→*Finanzinstrumente, Prüfung*) nur unter bestimmten Voraussetzungen Eigenkapitalinstrumente darstellen (IAS 32.16) und sonst als Fremdkapital klassifiziert werden, was insbesondere die Kapitalkonten der Gesellschafter betrifft. Im Falle der Qualifikation als Fremdkapital gibt es jedoch die Möglichkeit, die unter den finanziellen Verbindlichkeiten auszuweisenden Kapitalkonten durch geeignete Bezeichnung als Gesellschaftskapital kenntlich zu machen (IAS 32.18b). Der Abschlussprüfer hat sich demnach davon zu überzeugen, ob die Klassifizierung entsprechend den Vorschriften vorgenommen wurde.

Gem. IAS 1.8c umfasst ein IFRS-Abschluss zwingend auch eine Eigenkapitalveränderungsrechnung (→*Eigenkapitalveränderungsrechnung, Prüfung*). Der in IAS 1.96–101 niedergelegte Mindestinhalt einer solchen Darstellung muss ebenfalls Bestandteil der Jahresabschlussprüfung sein.

Erstellt eine deutsche AG einen IFRS-Abschluss, sind auch die Vorschriften des AktG zu beachten. *Martin Knocinski*

Literatur: *Bordt, K.*, Das Grund- und Stammkapital der Kapitalgesellschaften, in: Wysocki, K.v./Schulze-Osterloh, J./Hennrichs, J./Kuhner, C. (Hrsg.), Handbuch des Jahresabschlusses, 2005, Abt. III/1; *Buchner, R.*, Rechnungslegung und Prüfung der Kapitalgesellschaft, 1996, S. 317–329; *IDW* (Hrsg.), WP-Handbuch 2000, Band I, 2000.

Eigenkapitalveränderungsrechnung, Prüfung

1 Rechnungslegungsnormen

a) Deutsche Normen: § 297 Abs. 1 Satz 1 i.V.m. § 290 Abs. 1 HGB, DRS 7; b) Internationale Norm: IAS 1.8c, .96–101.

2 Definition

Bei einer Eigenkapitalveränderungsrechnung (statement of changes in equity) handelt es sich für nach →*IFRS* bilanzierende Unternehmen gem. IAS 1.8c um einen Pflichtbestandteil des →*Jahresabschlusses*, der eine systematische Darstellung verschiedener Informationen über das Eigenkapital zum Ziel hat. Die Eigenkapitalveränderungsrechnung steht somit gleichberechtigt neben →*Bilanz*, GuV (→*GuV, Prüfung*), Anhang (→*Anhang, Prüfung*) und Kapitalflussrechnung (→*Kapitalflussrechnung, Prüfung*). Insbesondere handelt es sich *nicht* um eine Anhangangabe. Der Vorteil einer Eigenkapitalveränderungsrechnung ist darin zu sehen, dass dem Abschlussadressaten eine ergänzende Informationsquelle zur Einschätzung der aktuellen und künftigen Ertragslage (→*Ertragslage, Prüfung*) des Unternehmens zur Verfügung gestellt wird, die weit über die aus der GuV hervorgehenden Informationen hinausreicht.

Mutterunternehmen, die gem. § 297 Abs. 1 Satz 1 i.V.m. § 290 Abs. 1 HGB bzw. § 11 PublG verpflichtet sind, einen →*Konzernabschluss* aufzustellen, haben mit dem Eigenkapitalspiegel eine der Eigenkapitalveränderungsrechnung ähnliche Aufstellung zu erstellen. Genauere Vorschriften für die inhaltliche Ausgestaltung eines Eigenkapitalspiegels ergeben sich aus DRS 7, für den auf Konzernebene die →*GoB*-Vermutung gilt. Allerdings ist aufgrund des Fehlens von direkten Ergebnisbuchungen im Eigenkapital (eine Ausnahme bildet die offene Verrechnung des Geschäfts- oder Firmenwerts nach § 309 Abs. 1 Satz 3 HGB) der Bedarf nach einer umfassenden Eigenkapitalveränderungsrechnung gering.

3 Inhalte

Eigenkapitalveränderungen können auf zwei unterschiedliche Arten von Sachverhalten zurückgeführt werden. Einerseits beruhen Veränderungen auf Sachverhalten, die lediglich eine ergebnisneutrale *Einbuchung* des entsprechenden Betrages bedingen. Hierzu zählen die sog. *Kapitaltransaktionen*, d.h. Transaktionen mit den Anteilseignern und dem Unternehmen aus dem Gesellschaftsverhältnis heraus, wie etwa Einlagen, Kapitalerhöhungen und -herabsetzungen sowie Dividendenzahlungen. Andererseits können Eigenkapitalveränderungen durch Sachverhalte verursacht werden, die neben einer ergebnisneutralen Einbuchung eine zeitlich nachgelagerte *Auflösung* zur Folge haben. Derartige Bewegungen des Eigenkapitals können aus der Neubewertung von Sachanlagen (→ *Sachanlagen, Prüfung*) gem. IAS 16, von Finanzinstrumenten (→ *Finanzinstrumente, Prüfung*) gem. IAS 39, von Anlageimmobilien gem. IAS 40 und von immateriellen Vermögensposten (→ *Immaterielle Vermögensposten, Prüfung*) gem. IAS 38 resultieren. Sie werden des Weiteren durch die Bilanzierung von Pensionsrückstellungen (→ *Pensionsrückstellungen, Prüfung*) gem. IAS 19, Differenzen bei der Währungsumrechnung (→ *Währungsumrechnung, Prüfung*) gem. IAS 21, die retrospektive Änderung von Bilanzansatz- und Bewertungsmethoden sowie Korrekturen grundlegender Fehler gem. IAS 8 ausgelöst. Einige, etwa aus der Veräußerung von finanziellen Vermögenswerten (IAS 39) oder aus der Währungsumrechnung (IAS 21), werden bei der Auflösung *ergebniswirksam* verbucht (sog. recycling), womit die entsprechenden Eigenkapitalpositionen den Charakter eines *Zwischenspeichers* für unsichere, jedoch wahrscheinliche Gewinne oder Verluste aufweisen, die nicht sofort in die GuV eingehen. Andere hingegen, etwa aus der Neubewertung von Sachanlagen (IAS 16) oder von immateriellen Vermögenswerten (IAS 38), werden *ergebnisneutral* ausgebucht, d.h., sie werden auf eine andere Rücklage umgebucht.

4 Gliederungsvorschriften

Nach IAS 1.8c existieren für die Eigenkapitalveränderungsrechnung zwei alternative Darstellungsmöglichkeiten. Die weniger umfangreiche und in der Praxis nahezu bedeutungslose erste Variante bildet die sog. Gesamtkostendarstellung (statement of recognised gains and losses). Sie hat die folgenden in IAS 1.96 angegebenen Bestandteile zu beinhalten:

- das Periodenergebnis;
- ergebnisneutrale Eigenkapitalbuchungen;
- die gesamten Erträge und Aufwendungen des betrachteten Geschäftsjahres, getrennt nach den auf die Aktionäre der Muttergesellschaft (parent) und die Minderheiten (minority interests) entfallenden Beträgen;
- die Auswirkungen von Änderungen der Bilanzansatz- und Bewertungsmethoden sowie aus der Berichtigung von Fehlern gem. IAS 8.

Die zweite, praxisrelevantere Variante umfasst neben den nach IAS 1.96 verlangten Informationen zusätzlich folgende Angaben, wobei diese wahlweise in der Eigenkapitalveränderungsrechnung oder im Anhang getätigt werden können (IAS 1.97):

- Kapitaltransaktionen mit Anteilseignern und an dieselben erfolgte Ausschüttungen;
- die Gewinnrücklagen zu Beginn der Berichtsperiode und zum Bilanzstichtag sowie deren Veränderungen innerhalb dieses Zeitraums;
- eine Überleitungsrechnung (reconciliation) der Buchwerte jeder Kategorie des gezeichneten Kapitals (equity capital), des Ausgabeagios (share premium) und sämtlicher Rücklagen vom Beginn bis zum Ende der Periode, der jede Veränderung zu entnehmen ist.

5 Prüferisches Vorgehen

Zu Beginn der Prüfung der Eigenkapitalveränderungsrechnung sollte der Prüfer zunächst eine Beurteilung des → *inhärenten Risikos* und des → *Kontrollrisikos* vornehmen. Das inhärente Risiko ist in einem engen Zusammenhang mit der Anzahl und Komplexität der eigenkapitalverändernden Transaktionen in der zu prüfenden Berichtsperiode zu sehen. Liegen nur wenige oder lediglich Transaktionen vor, für deren Durchführung ein Beschluss der Hauptversammlung vorliegen muss, etwa bei bestimmten Formen der Kapitaländerungen oder Gewinnausschüttungen, ist das inhärente Risiko eher gering einzuschätzen. Mit zunehmender Anzahl der Transaktionen, insbesondere solcher, die auf Neubewertungen von Bilanzpositionen, etwa Finanzinstrumenten (IAS 39) oder immateriellen Vermögenswerten (IAS 38), oder auf Änderungen der Bilanzansatz- und Bewertungsmethoden (IAS 8) zurückzuführen sind, ist hingegen ein erhöhtes inhärentes Risiko zu berücksichtigen. Bei der Einschätzung des Kontrollrisikos sollten insbesondere Kenntnisse aus der → *Systemprüfung* einfließen. Diesbezüglich sollte sich der Prüfer darüber informieren, ob eigenkapitalverändernde Transaktionen lediglich von autorisierten und kompetenten Mitarbeitern vorgenommen werden können. Dies ist insbesondere bei Neubewertungen von Bilanzpositionen von immenser Bedeutung, da die hierfür notwendige Ermittlung der fair values (→ *Fair values, Prüfung*) ohne ein bestimmtes Maß an Kenntnissen, etwa über aktuelle Marktdaten und -entwicklungen, nicht ordnungsgemäß durchgeführt werden kann. Zudem ist zu überprüfen, ob Falschbuchungen bei der Einbuchung von Eigenkapitalpositionen (ergebniswirksam statt ergebnisneutral) bzw. bei deren Auflösung (ergebnisneutral/-wirksam statt ergebniswirksam/-neutral) vom System verhindert bzw. aufgedeckt werden können. Geeignete Maßnahmen wären etwa entsprechende Voreinstellungen in der → *IT-gestützten Rechnungslegung* oder prozessunabhängige Kontrollen durch einen weiteren Mitarbeiter. Darüber hinaus sollte sich der Prüfer vergewissern, ob alle eigenkapitalverändernden Transaktionen in einer für die Aufstellung einer korrekten Eigenkapitalveränderungsrechnung entsprechenden Art und Weise abgerufen werden können. Insbesondere sollte dem System eine saldenmäßige und abschlusspostenbezogene Zusammenfassung entnommen werden können, so dass es für eine ordnungsmäßige Erstellung der Eigenkapitalveränderungsrechnung keiner weiteren Einzelrecherchen bedarf.

Im Anschluss an der Einschätzung der vorliegenden Risiken sollte der Prüfer den zur Einhaltung der → *Prüfungssicherheit* notwendigen Umfang (→ *Prüfungsumfang*) der vorzunehmenden → *Prüfungshandlungen* bestimmen. Diese sollten auf die Ordnungsmäßigkeit der relevanten Kategorien im Konzept der → *Abschlussaussagen* gerichtet sein. In Betracht kommen hier insbesondere die nach ISA 500.17c geregelten Aussagen über Darstellung und Offenlegung (assertions about presentation and disclosure).

Im Rahmen der Prüfung der *Vollständigkeit* und *Verständlichkeit* sollte sich der Abschlussprüfer davon überzeugen, dass einerseits alle gem. IAS 1.96 f. geforderten Angaben gemacht wurden und andererseits eine der beiden in IAS 1.97 zur Wahl gestellten Darstellungsformen stringent angewendet wurde. So hat der Prüfer es bspw. zu beanstanden, wenn keine separate Eigenkapitalveränderungsrechnung aufgestellt wurde und stattdessen sämtliche Angaben innerhalb des Anhangs bereitgestellt wurden, da in diesem Fall der Jahresabschluss i. S. d. IAS 1.8 unvollständig wäre. Auch eine Darstellung lediglich einer der Positionen, deren Ausweis im Anhang grundsätzlich zulässig ist, ist vom Prüfer als nicht in Übereinstimmung mit der Vorschrift des IAS 1 zu beurteilen und insofern zu monieren.

Zur Prüfung der *Richtigkeit* der Angaben (in der Terminologie des ISA 500 als *Eintritt und Zuordnung* bezeichnet) sollte sich der Prüfer zunächst von der rechnerischen Richtigkeit der *Überleitungsrechnung* überzeugen. Anschließend sind alle in der Eigenkapitalveränderungsrechnung ausgewiesenen Beträge zu überprüfen. Bezüglich der Richtigkeit von *Kapitaltransaktionen* sollte der Prüfer die Beträge mit den im Rahmen der Prüfung des Eigenkapitals (→ *Eigenkapital, Prüfung*) und der Rücklagen (→ *Rücklagen, Prüfung*) gewonnenen Erkenntnissen abstimmen. Insofern bietet sich für diese → *Prüffelder* eine → *tätigkeitskreisorientierte Prüfung* an. Darüber hinaus können auch das in der Eigenkapitalveränderungsrechnung ausgewiesene *Jahresergebnis* sowie die Salden der durch Neubewertungen bedingten *ergebniswirksamen Auflösungen* durch eine Abstimmung mit den Erkenntnissen aus der Prüfung der GuV überprüft werden. Veränderungen des Eigenkapitals, die durch *Änderungen in den Bilanzansatz- und Bewertungsmethoden* hervorgerufen wurden, können schließlich mit den Erkenntnissen aus der Prüfung des Anhangs abgestimmt werden.

Abschließend sollte sich der Prüfer von der Ordnungsmäßigkeit der *Bewertung* der ausgewiesenen Beträge überzeugen. Von besonderer Bedeutung sind an dieser Stelle jene Veränderungen des Eigenkapitals, die auf Neubewertungen zurückzuführen sind. Analog zur Abschlussaussage *Richtigkeit* kann auch hier etwa auf die im Rahmen der Prüfung der Finanzinstrumente, Sachanlagen oder immateriellen Vermögenswerte gewonnenen Erkenntnisse zurückgriffen werden.

Engin Kayadelen

Literatur: *Baetge, J./Kirsch, H.-J./Thiele, S.*, Bilanzen, 2005; *Heuser, P.-J./Theile, C.*, IAS/IFRS-Handbuch, 2005; *Niemann, W.*, Eigenkapital, in: Pelka, J./Niemann, W. (Gesamtverantwortung), Beck´sches Steuerberater-Handbuch 2004/2005, 2004, B 1068–1073, 1105–1108, 1128, 1139, 1149, 1164–1166.

Eigenverantwortlichkeit

Der Grundsatz der Eigenverantwortlichkeit zählt nach § 43 Abs. 1 WPO explizit zu den allgemeinen Berufspflichten der WP (→ *Ethische Prüfungsnormen*). Eine Negativabgrenzung der eigenverantwortlichen Tätigkeiten enthält § 44 WPO. Die Berufssatzung regelt diesen Grundsatz in § 11 näher. Eigenverantwortlichkeit bedeutet demnach, dass ein Prüfer sich sein Urteil selbst zu bilden und seine Entscheidungen selbst zu treffen hat. Er darf insbesondere nicht nach Weisungen Dritter handeln. Wird eine Aufgabe an Mitarbeiter delegiert, so ist diese so durchzuführen, dass der Aufgabenträger seine Entscheidung aus eigener Überzeugung und aus eigenen Kenntnissen trifft. Der WP muss in der Lage sein, die Tätigkeiten seiner Mitarbeiter derart zu überblicken und zu beurteilen, dass er sich ein eigenes Urteil bilden kann. Es ist jedoch gestattet, Urteile Dritter zu übernehmen oder zu verwerten (→ *Verwendung von Urteilen Dritter*). Dritte stellen in diesem Zusammenhang andere Abschlussprüfer, die → *Interne Revision* des zu prüfenden Unternehmens oder → *Sachverständige* dar. Der von der → *IFAC* herausgegebene Code of Ethics (→ *Ethics*; → *Ethische Prüfungsnormen*) befasst sich in Sec. 330 mit den Anforderungen einer eigenverantwortlichen Übernahme von Informationen Dritter (experts). Es stellt sich in diesem Zusammenhang auch die Frage nach der zulässigen Anzahl der Mitarbeiter eines WP, die er überwachen kann, ohne den Grundsatz der Eigenverantwortlichkeit zu verletzen. In den → *Berufsrichtlinien der WPK* wurde hierzu eine maximale Leitungsspanne von fünf Mitarbeitern genannt, wobei Spezialisten u. U. außerhalb der Berechnung bleiben konnten. Letztendlich kann diese Frage nur in einer Einzelfallbetrachtung beantwortet werden.

Einfache Mittelwertschätzung → Schätzverfahren

Einfache Prüfung → Soll-Ist-Vergleich

Einfache Zufallsauswahl → Zufallsauswahl

Einjähriger Prüfungsplan → Prüfungsplanung

Einschränkung des Bestätigungsvermerks → Bestätigungsvermerk

Eintragung in das Handelsregister → Handelsregister

Eintritt → Abschlussaussagen

Einzelabschluss

Der handelsrechtliche Einzelabschluss dient als Grundlage für die Ausschüttungen an die Anteilseigner (*Ausschüttungsbemessungsfunktion*). Nach § 242 HGB muss jeder Kaufmann einen aus Bilanz und GuV bestehenden Jahresabschluss aufstellen. Dabei sind die §§ 238–261 HGB zu beachten. Für Kapitalgesellschaften sowie bestimmte haftungsbeschränkte Personengesellschaften (z. B. GmbH & Co. KG) sind zusätzlich die §§ 264–289 HGB relevant. Diese Unternehmen haben den Jahresabschluss um einen Anhang zu erweitern, der mit Bilanz und GuV eine Einheit bildet (§ 264 Abs. 1 Satz 1 HGB). Zum Jahresabschluss einer Kapitalgesellschaft tritt grundsätzlich der Lagebericht (→ *Lagebericht, Prüfung*) ergänzend hinzu (§ 264 Abs. 1 Satz 1 HGB); diese Regelung gilt über § 264a HGB auch für bestimmte haftungsbeschränkte Personengesellschaften.

Weiterhin bestehen verschiedene größenabhängige Erleichterungen für Kapitalgesellschaften sowie bestimmte haftungsbeschränkte Personengesellschaften, welche anhand der in § 267 HGB genannten Größenkriterien als klein oder mittelgroß zu klassifizieren sind: Bspw. brauchen kleine Gesellschaften keinen Lagebericht und nur eine verkürzte Bilanz zu erstellen (§§ 264 Abs. 1 Satz 3, 266 Abs. 1 Satz 3 HGB); kleine und mittelgroße Gesellschaften können zudem die GuV verkürzt erstellen (§ 276 Satz 1 HGB). Die größenabhängigen Erleichterungen greifen nicht für börsennotierte Gesellschaften (§ 267 Abs. 3 Satz 2 HGB) sowie für Kreditinstitute und Versicherungsunternehmen (§§ 340a, 341a HGB).

Weitere rechtsformspezifische Vorschriften ergänzen die HGB-Normen: Bspw. muss eine AG ergänzend den § 58 AktG zur Verwendung des Jahresüberschusses sowie die auf die Rechnungslegung bezogenen §§ 150–160 AktG beachten. Bei der GmbH sind die §§ 29, 42, 42a GmbHG bedeutsam.

Die IFRS unterscheiden nicht zwischen Einzel- und Konzernabschluss. Im Folgenden werden die Funktionen des Einzelabschlusses aus Sicht des HGB und der IFRS dargestellt.

Der handelsrechtliche Einzelabschluss wird aufgrund der → *Maßgeblichkeit der HB für die Steuerbilanz* grundsätzlich auch für die Steuerbemessung herangezogen (*Steuerbemessungsfunktion*). Weichen indes handels- und steuerrechtliche Vorschriften zwingend voneinander ab, ist für die Zwecke der Steuerbemessung eine gesonderte Steuerbilanz zu erstellen. Eine Steuerbemessungsfunktion besitzt der IFRS-Abschluss nicht.

Der handelsrechtliche Einzelabschluss besitzt weiterhin eine *Ausschüttungsbemessungsfunktion*. Da ausgeschüttete Gewinne den Gläubigern im Haftungsfall endgültig verloren gehen, wird unterstellt, Gläubiger ließen sich dadurch schützen, indem man die Ausschüttungen an die Anteilseigner auf einen vorsichtig ermittelten Gewinn begrenzt (Gläubigerschutz). Da Gläubiger für ihre Kreditvergabeentscheidungen auch möglichst präzise Informationen benötigen (sog. informationeller Gläubigerschutz), die sich über einen vorsichtig ermittelten Gewinn nicht generieren lassen, ist die Vorstellung umstritten, Gläubigerschutz über eine vorsichtige Bilanzierung zu gewährleisten. Eine unmittelbare Ausschüttungsbemessungsfunktion besitzt ein IFRS-Einzelabschluss nicht; allenfalls kann ausnahmsweise der Fall eintreten, dass sich die Dividendenansprüche der Anteilseigner an der Ergebnisgröße im IFRS-Abschluss orientieren.

Eine *Informationsfunktion* kommt vor allem dem → *Konzernabschluss* zu, welcher ggf. (→ *Konzernabschluss, Aufstellungspflicht*) neben den Einzelabschluss tritt. Hinzu treten spezifische Beeinträchtigungen bei Vorliegen eines handelsrechtlichen Einzelabschlusses, welche vor allem aus der dominierenden Stellung des Vorsichtsprinzips sowie der Übernahme rein steuerrechtlich motivierter Wertansätze in den HGB-Einzelabschluss (zur umgekehrten Maßgeblichkeit → *Maßgeblichkeit der HB für die Steuerbilanz*) resultieren.

Es ist zulässig, zum Zweck der besseren Information einen IFRS-Einzelabschluss zu veröffentlichen (§ 325 Abs. 2a HGB). Ein Unternehmen, welches sich für die Offenlegung eines informatorischen IFRS-Einzelabschlusses entscheidet, hat daneben für Ausschüttungsbemessungszwecke einen HGB-Einzelabschluss und bei abweichenden steuerrechtlichen Vorschriften für steuerliche Zwecke ggf. gesondert eine Steuerbilanz zu erstellen. Weiterhin ist bei Erstellung eines IFRS-Konzernabschlusses für Konsolidierungszwecke ein IFRS-Einzelabschluss zu erstellen (sog. IFRS HB II; → *Konsolidierungsvorbereitende Maßnahmen, Prüfung*). Einzel- und Konzernabschlüsse von Kapitalgesellschaften sind grundsätzlich prüfungspflichtig; nicht prüfungspflichtig sind insbesondere die handelsrechtlichen Einzelabschlüsse von Personenhandelsgesellschaften und Einzelunternehmen, sofern sie nicht in den Anwendungsbereich des PublG fallen (→ *Prüfungspflicht*).

Einzelfallprüfung

Einzelfallprüfungen sind neben →*analytischen Prüfungen* den →*ergebnisorientierten Prüfungen* zuzurechnen. Sie werden auch Detailprüfungen genannt. Einzelfallprüfungen untersuchen unmittelbar die jeweils interessierenden Einzelsachverhalte der Buchführung und des Jahresabschlusses, d.h., es handelt sich um eine →*direkte Prüfung*. Angesichts des mit Einzelfallprüfungen verbundenen hohen Zeitbedarfs und den daraus resultierenden hohen Kosten wird für viele →*Prüffelder* (insbesondere solche mit Massentransaktionen) nicht die Überprüfung sämtlicher Elemente möglich sein. Anstatt einer →*Vollprüfung* wird hier lediglich eine →*Stichprobe* der zu beurteilenden Prüfungsgegenstände überprüft. Es stellt sich somit die Frage, wie eine geeignete Auswahl zu prüfender Elemente sichergestellt werden kann und mit welcher Methode die Stichprobenergebnisse (→*Statistische Stichprobenverfahren*) zu einer hinreichend sicheren Aussage (→*Prüfungssicherheit*) über das Prüffeld verdichtet werden können.

Electronic Data Interchange

Electronic Data Interchange (*EDI*) bezeichnet den elektronischen Geschäftsverkehr zwischen Handelspartnern. EDI ermöglicht den Austausch stark strukturierter Handelsdokumente (z.B. Rechnungen) unmittelbar zwischen IT-Anwendungssystemen, so dass *Medienbrüche* vermieden werden. Mit Hilfe von Standardformaten, wie z.B. EDIFACT (Electronic Data Interchange For Administration, Commerce and Transportation), lassen sich Handelsbriefe und andere Dokumente weltweit austauschen, ohne Papierdokumente versenden zu müssen. Die →*GoB im Rahmen des IT-Einsatzes* sind aufgrund der spezifischen IT-Risiken beim Einsatz von EDI entsprechend zu modifizieren und/oder zu ergänzen (IDW RS FAIT 2.3; siehe auch IDW RS FAIT 2.68). So hat der Prüfer insbesondere festzustellen, ob das Übermittlungsverfahren sicher ist und ob der Mandant sein →*IKS* auf die besonderen Erfordernisse ausgerichtet hat (z.B. Überprüfung der empfangenen Daten auf Plausibilität und regelmäßige Abstimmung des Ergebnisses der Datenübermittlung zwischen den Geschäftspartnern).

Electronic Data Processing-Auditing → IT-gestützte Prüfungstechniken

EMAS-Verordnung → Umweltbezogene Sachverhalte, Prüfung

Empirische Prüfungsforschung

1 Aufgaben

Erfahrungswissenschaftliche Ansätze einer →*Prüfungstheorie* zielen auf das Erkennen und die Gestaltung der Prüfungsrealität ab. Zentrale Aufgabe der empirischen Prüfungsforschung ist es, die Hypothesen einer solchen Theorie (bzw. eines Bezugsrahmens als Theorievorstufe) im Hinblick auf ihren Wahrheitsgehalt zu überprüfen. Diese Überprüfung stützt sich regelmäßig auf empirische Signifikanztests.

2 Gütekriterien und Forschungsmethoden

Zentrale *Gütekriterien* empirischer Forschung sind die interne und die externe Validität. Die interne Validität betrifft die Eindeutigkeit der Untersuchungsergebnisse. Eine Hypothese ist intern valide, wenn es z.B. in wiederholten Experimenten gelingt, das Eintreten einer abhängigen Variablen (Wirkung) über das Herstellen der unabhängigen Variablen (Ursache) herbeizuführen. Bei der externen Validität geht es um die Generalisierbarkeit der Untersuchungsbefunde in der außerexperimentellen Realität, d.h., das Auftreten der Wirkung wird auch in der realen Prüfungssituation behauptet.

Die *Forschungsmethoden* lassen sich in Datengewinnung und -auswertung unterscheiden. Typisch für die Datengewinnung im Prüfungswesen sind neben Dokumentenanalysen (z.B. von →*Bestätigungsvermerken*, →*Arbeitspapieren* oder →*Prüfungsberichten*) vor allem Befragungen (z.B. von →*Abschlussprüfern*) und Laborexperimente. Die zuletzt genannten Experimente konfrontieren den Prüfer regelmäßig mit einem hypothetischen Prüfungsszenario (zumeist in Gestalt einer Fallstudie), um das prüferische Verhalten sowie die erarbeiteten Ergebnisse zu beobachten. Eine besondere Form des Laborexperimentes ist die experimentelle Wirtschaftsforschung (*experimental economics*), welche z.B. den Einfluss der Prüferhaftung auf einem experimentellen Markt für Prüfungsleistungen (→*Prüfungsmarkt*) untersucht. Zur Datenauswertung lassen sich die gängigen Verfahren der beschreibenden (deskriptiven) und schließenden Statistik einsetzen; oftmals erfolgt die Analyse IT-gestützt durch das Programmpaket Statistical Package for the Social Sciences (SPSS).

Bei der Erforschung des Einflusses der erlangten →*Prüfungsnachweise* (unabhängige Variable) auf das Prüfungsurteil (abhängige Variable) erhält die Urteilsfindung »black box«-Charakter. Dieser lässt sich durch auf dem →*Informationsverarbeitungsansatz* beruhende Prozessverfolgungstechniken (z. B. verbale Protokolle) auflösen. Im Prüfungskontext gelangen auch die Pfadanalyse und lineare Strukturgleichungsmodelle (regelmäßig IT-gestützt durch das Programm Linear Structural Relationships; kurz LISREL) zum Einsatz. Weiterhin sind empirische Forschungsmethoden relevant, die sich mit der Untersuchung von Wahrscheinlichkeitsschlüssen beschäftigen: Dabei bestimmt der Prüfer aufgrund von Vorinformationen zunächst eine subjektive Fehlerwahrscheinlichkeit (Anker) und passt diese aufgrund weiterer Informationsbeschaffungsaktivitäten (Erlangung weiterer Prüfungsnachweise) kontinuierlich an, bis das Abbruchkriterium (geforderte Mindestwahrscheinlichkeit bzw. →*Prüfungssicherheit*) erreicht ist (*belief adjustment*-Modell). Der statistischen Aggregierung von empirischen Einzelbefunden inhaltlich homogener Primäruntersuchungen dient die *Metaanalyse*; solche Analysen sind im Prüfungswesen bis dato nur wenig verbreitet.

3 Ausgewählte Ergebnisse

3.1 Vorbemerkungen

Der Bestand an empirischen Studien mit Bezug zum Prüfungswesen ist hoch. Es ist davon auszugehen, dass derzeit mehr als 1.000 Studien vorliegen. Der Entwicklung einer Prüfungstheorie und hier insbesondere der Integration der Einzelbefunde förderlich ist die Herausbildung von Bezugsrahmen (→*Prüfungstheorie*) und die Systematisierung der vorliegenden empirischen Studien entlang der im Bezugsrahmen herausgearbeiteten Untersuchungskategorien (vgl. Ruhnke, 2000, S. 263–288). Eine zentrale Kategorie stellt der Prüfungsprozess dar. Als weitere Kategorien, die sich zumeist weiter untergliedern lassen, kommen in Betracht: Beteiligte Akteure, Prüfungsstunden, -kosten und -honorare, Normenverstöße, Markt für Prüfungsleistungen und Prüfungsumfeld, Nutzen von Abschlussprüfungen, Beurteilung der Prüfungsqualität, Prüfungsansatz und Strukturvorgaben sowie Prüfungstechniken und -handlungen. Im Folgenden werden beispielhaft ausgewählte wesentliche empirische Forschungsergebnisse zu ausgewählten Kategorien dargestellt, ohne den Anspruch auf eine bezugsrahmengerechte Aufbereitung zu erheben. Es wird auch nicht thematisiert, ob die vorliegenden empirischen Belege ausreichen, um von einer Validität der getesteten Hypothese (bzw. des behaupteten Effektes) auszugehen (zu den nachstehend skizzierten Ergebnissen vgl. Ruhnke, 2000, S. 288–433; Lenz, Sp. 628–646 m.w.N.).

3.2 Prüfungsprozess

Zentral für den →*Prüfungsprozess* ist der Informationsverarbeitungsansatz. Der Prüfungsablauf lässt sich wie folgt skizzieren: Ausgehend von den Vorinformationen wird eine →*Urteilshypothese* generiert und durch die Suche nach weiteren Prüfungsnachweisen überprüft. Der →*Suchprozess* ist zu beenden, wenn durch Aggregation der Prüfungsnachweise das Abbruchkriterium erreicht wurde; anschließend ist das Prüfungsurteil zu formulieren (→*Urteilsbildungsprozess*). Diese kognitiven Kategorien unterliegen wiederum Verzerrungen (Problemlösungsanomalien), welche sich vereinfacht als empirisch beobachtete (systematische) Abweichungen von der erwarteten rationalen Problemlösung kennzeichnen lassen. Einen engen Zusammenhang zum Problemlösungsmodell weist weiterhin die Lernumgebung (z.B. Feedback-Prozesse) auf.

Empirische Belege sprechen dafür, dass der Prüfer seine erstmals gebildete Urteilshypothese oftmals in Abhängigkeit von bekannten Fehlerhäufigkeiten (Häufigkeitseffekte), vor kurzem aufgetretenen Fehlern (Neuheitseffekte) sowie Schwachstellen mit hohem Fehlerpotenzial formuliert. Aufgaben- und branchenspezifisches Wissen erhöht die Wahrscheinlichkeit einer korrekten Urteilshypothesenformulierung. Der Prüfer sucht häufig nach Prüfungsnachweisen, welche die zuvor formulierte Urteilshypothese bestätigen (Bestätigungseffekte) und konzentriert sich dabei auf leicht verfügbare Informationen (Verfügbarkeitseffekte).

Die Überlegungen hinsichtlich der Aggregation der Prüfungsnachweise lassen sich durch das *belief adjustment*-Modell präzisieren und auf diese Weise in Laborexperimenten empirisch erkunden. Dabei ist u.a. festzustellen, dass die zuletzt erlangten Prüfungsnachweise den Überzeugungsgrad der gebildeten Urteilshypothese regelmäßig stärker beeinflussen (Neuheitseffekt); dieser Effekt wird bei stärkerer Vertrautheit des Prüfers mit der Aufgabe zumindest gemildert. In einigen Prüffeldern zeigt der Ankereffekt ein gewisses Verharren auf den Vorinformationen, d.h., neue Prüfungsnachweise gleichen den bisher gebildeten Überzeugungsgrad zwar in die richtige Richtung an, jedoch nehmen diese Anpassungen insgesamt ein zu geringes Ausmaß ein. Weiterhin erfährt der Überzeugungsgrad weniger starke Anpassungen, wenn die Beweise nicht sukzessive, sondern simultan verarbeitet werden (Minderungseffekte). Insgesamt sprechen die empirischen Belege dafür, dass das Vorgehen des Prüfers in hohem Maße in Abhängigkeit von der zu bearbeitenden Prüfungsaufgabe (Prüffeld) variiert; dies würde dafür sprechen, aufgabenbezogene Prüfungstheorien zu bilden.

3.3 Markt für Prüfungsleistungen und Prüfungsumfeld

Die direkt auf den Markt für Prüfungsleistungen (→ *Prüfungsmarkt*) bezogenen Studien untersuchen oftmals die *Konzentration* (für die Messung wird z. B. der Herfindahl-Index herangezogen) und die *Wettbewerbsverhältnisse*. Insgesamt zeigt sich eine hohe Konzentration mit bestehender Branchenspezialisierung.

Empirische Belege liegen auch zu den auf den Prüfer bezogenen *Sanktionen* sowie die *Prüferhaftung* (→ *Haftung des Abschlussprüfers*) vor. Dabei ist z. B. zu vermuten, dass eine proportionale (verschuldensabhängige) einer gesamtschuldnerischen prüferischen Haftung vorzuziehen ist. Hierfür sprechen u. a. die bei einem gesamtschuldnerischen Haftungsregime verstärkt feststellbaren rechtfertigungsorientierten → *Prüfungsstrategien*, welche weniger eine hohe → *Prüfungsqualität*, sondern vielmehr primär eine mögliche Rechtfertigung des Prüfungsurteils vor Gericht im Auge haben. Weiterhin besitzt die Prüfung bei einem gesamtschuldnerischen Haftungsregime eine Versicherungsfunktion (→ *Prüfungsfunktionen*); hierfür spricht u. a., dass die Prüfungshonorare bei Kontrolle anderer Einflussfaktoren mit Zunahme des mandantenspezifischen Risikos systematisch steigen.

Des Weiteren existiert eine Vielzahl empirischer Studien zur → *Wahl des Abschlussprüfers* und zum → *Prüferwechsel*. Bspw. ist tendenziell feststellbar, dass Mandanten bei einem Börsengang mit zunehmender Größe und Komplexität sowie mit höheren spezifischen Risiken verstärkt eine große Prüfungsgesellschaft mit hoher wahrgenommener Prüfungsqualität wählen, um die Agency-Kosten zu reduzieren (→ *Agencytheoretischer Ansatz*).

Empirisch belegen lässt sich auch die Existenz einer → *Erwartungslücke*. Andere empirische Studien versuchen nachzuweisen, ob das gleichzeitige Angebot von Prüfungs- und Beratungsleistungen (→ *Beratung und Prüfung*) bei einem Mandanten die → *Unabhängigkeit* des Abschlussprüfers beeinträchtigt. Befragungen sprechen fast ausnahmslos dafür, dass ein hoher Beratungsanteil die wahrgenommene Unabhängigkeit beeinträchtigt. Zudem belegen einzelne Studien, dass der Prüfer bei einem hohen Beratungsanteil oftmals eher bereit ist, den Bestätigungsvermerk uneingeschränkt zu erteilen; dies würde dafür sprechen, dass eine Beeinträchtigung der tatsächlichen Unabhängigkeit gegeben ist. Gleichwohl existieren Studien, die zum gegenteiligen Ergebnis gelangen.

3.4 Nutzen von Abschlussprüfungen

Abschlussprüfungen sind dann nutzenstiftend, wenn der Prüfungsgegenstand seiner Natur nach für den Entscheidungsträger relevant und fehleranfällig ist. Weiterhin muss eine Prüfung geeignet sein, Fehler aufzudecken und zu korrigieren oder hierüber zu berichten; ein weiterer Nutzeffekt kann in der Eignung einer Prüfung begründet liegen, Fehler von vornherein zu verhindern. Nutzen geht von einer Prüfung auch dann aus, wenn die geprüften Informationen einen Beitrag zur Prognose künftiger Unternehmensentwicklungen leisten. Der auf diese Weise erfasste Nutzen muss die Prüfungskosten (→ *Prüfungsgebühren*) übersteigen. Weiterhin lässt sich der Nutzen von Prüfungen über das tatsächliche Entscheidungsverhalten der Empfänger von Prüfungsinformationen (z. B. Entscheidungen der Eigen- und Fremdkapitalgeber) sowie über eine freiwillige Nachfrage nach Prüfungsleistungen (→ *Prüfungsdienstleistungen, freiwillige*) belegen (vgl. Ruhnke, 2003, S. 251–280; zu den nachstehend angesprochenen empirischen Ergebnissen vgl. ebd.).

Dieses Beziehungsgeflecht mit Bezugsrahmencharakter gilt es empirisch zu erkunden: Bspw. lässt sich belegen, dass Jahresabschlüsse in hohem Maße fehleranfällig sind. Die Fehleraufdeckungskraft von Abschlussprüfungen ist hoch; dies lässt sich z. B. durch die vom Prüfer beim Mandanten veranlassten Korrekturbuchungen belegen. Der Effekt der Fehlerprophylaxe lässt sich empirisch nachweisen, indem man auf einem experimentellen Markt untersucht, inwieweit Abschlussersteller ihr Verhalten in Abhängigkeit davon variieren, ob ihnen eine anschließende Prüfung bevorsteht oder nicht; hier sprechen auf ähnliche Situationen bezogene empirische Studien für eine prophylaktische Wirkung. Bezüglich des tatsächlichen Entscheidungsverhaltens der Empfänger von Prüfungsinformationen ist z. B. in Bezug auf den Bestätigungsvermerk festzustellen, dass der Kapitalmarkt signifikant auf ein unerwartet nicht uneingeschränkt erteiltes Testat reagiert und dass geprüfte Jahresabschlüsse die Vergabe von Krediten nebst den Kreditvergabekonditionen beeinflussen. Auch eine freiwillige Nachfrage nicht prüfungspflichtiger Unternehmen lässt sich empirisch belegen; diese Nachfrage verstärkt sich z.B. mit zunehmender Größe, mit zunehmendem Verschuldungsgrad sowie mit einer zunehmenden Existenz von Risikofaktoren.

Klaus Ruhnke

Literatur: *Lenz, H.*, Empirische Forschung in der Prüfung, in: Ballwieser, W./Coenenberg, A.G./Wysocki, K.v. (Hrsg.), Handwörterbuch der Rechnungslegung und Prüfung, 2002, Sp. 628–646; *Ruhnke, K.*, Normierung der Abschlußprüfung, 2000; *Ruhnke, K.*, in: Zeitschrift für betriebswirtschaftliche Forschung 2003, S. 250–280.

Energieversorgungsunternehmen, Prüfung

1 Zentrale Normen

1.1 Rechnungslegungsnormen

Deutsche Normen: § 10 EnWG, IDW ERS ÖFA 2.

1.2 Prüfungsnormen

Deutsche Normen: IDW EPS 610 n.F., IDW PH 9.400.3, 9.420.3, IDW PS 720.

2 Definition

Zu den Energieversorgungsunternehmen zählen gem. § 3 Nr. 18 EnWG natürliche oder juristische Personen, die Energie an andere liefern, ein Energieversorgungsnetz betreiben oder an einem Energieversorgungsnetz als Eigentümer Verfügungsbefugnis besitzen. Betriebe, die ausschließlich mit bestimmten Abnehmern zusammenarbeiten, fallen daher auch unter den Anwendungsbereich des § 10 EnWG.

Ferner definiert § 3 Nr. 38 EnWG vertikal integrierte Energieversorgungsunternehmen. Dabei kann es sich um ein einzelnes im Elektrizitäts- oder Gasbereich tätiges Unternehmen oder eine im Elektrizitäts- oder Gasbereich tätige Unternehmensgruppe i.S.d. Art. 3 Abs. 2 der EG-Fusionskontrollverordnung vom 20.1.2004 handeln, wobei das betreffende Unternehmen oder die betreffende Gruppe im Elektrizitätsbereich mindestens eine der Funktionen »Übertragung« oder »Verteilung« und mindestens eine der Funktionen »Erzeugung« oder »Vertrieb« von Elektrizität oder im Erdgasbereich mindestens eine der Funktionen

»Fernleitung«, »Verteilung«, »Betrieb einer Flüssigerdgas-Anlage« oder »Speicherung« und gleichzeitig eine der Funktionen »Gewinnung« oder »Vertrieb« von Erdgas wahrnimmt.

3 Rechnungslegungspflicht von Energieversorgungsunternehmen

Energieversorgungsunternehmen haben ungeachtet ihrer Eigentumsverhältnisse und ihrer Rechtsform gem. § 10 Abs. 1 EnWG einen →*Jahresabschluss* nach den für →*Kapitalgesellschaften* geltenden Vorschriften des →*HGB* aufzustellen (§§ 242–315a HGB), prüfen zu lassen (§§ 316–324a HGB) und offen zu legen (§§ 325–329 HGB). Daneben haben Unternehmen, die i.S.v. § 3 Nr. 38 EnWG zu einem vertikal integrierten Energieversorgungsunternehmen verbunden sind, gem. § 10 Abs. 3 Satz 1 EnWG zur Vermeidung von Diskriminierung und Quersubventionierung in ihrer internen Rechnungslegung jeweils getrennte Konten für die folgenden Tätigkeiten so zu führen, wie dies erforderlich wäre, wenn diese Tätigkeiten von rechtlich selbständigen Unternehmen ausgeführt würden:

- Elektrizitätsübertragung,
- Elektrizitätsverteilung,
- Gasfernleitung,
- Gasverteilung,
- Gasspeicherung sowie
- Betrieb von Flüssigerdgas-Anlagen.

Für die anderen Tätigkeiten innerhalb des Elektrizitätssektors und innerhalb des Gassektors sind gem. § 10 Abs. 3 Satz 3 EnWG Konten zu führen, die innerhalb des jeweiligen Sektors zusammengefasst werden können. Für Tätigkeiten außerhalb des Elektrizitäts- und Gassektors sind ebenfalls nach § 10 Abs. 3 Satz 4 EnWG eigene Konten zu führen, die zusammengefasst werden können. Mit der Erstellung des Jahresabschlusses sind für jeden der genannten Tätigkeitsbereiche intern jeweils →*Bilanzen* sowie GuV (→*GuV, Prüfung*) aufzustellen.

4 Prüferisches Vorgehen

Die Prüfungspflicht der Einhaltung der Pflichten zur internen Rechnungslegung nach § 10 Abs. 3 EnWG ergibt sich aus § 10 Abs. 4 EnWG.

Zur Beurteilung der ordnungsgemäßen Trennung der Konten, hat sich der Prüfer von der sachgerechten Abgrenzung der Tätigkeitsbereiche zu überzeugen. Dabei ist insbesondere auf die Methode der Zuordnung von Konten einzugehen und die Anwendung der bevorzugten direkten Zuteilung oder der Zuordnung durch Schlüsselung der Konten zu beurteilen (§ 10 Abs. 3 Satz 5 EnWG, IDW ERS ÖFA 2.29). Die Darstellung der Zurechnungsmethode der Posten der Bilanz und GuV zu den einzelnen Konten gem. § 10 Abs. 3 EnWG sowie die erforderlichen Erläuterungen und Dokumentationen sind auf Vollständigkeit, Richtigkeit und Verständlichkeit zu überprüfen (IDW EPS 610.10 f. n.F.). Weiterhin sind insbesondere die angemessene Zuordnung des Eigenkapitals zu den einzelnen Tätigkeiten sowie die sachgemäße und richtige Verrechnung der Leistungsbeziehungen zwischen den einzelnen Tätigkeitsfeldern zu beurteilen. Letztgenannte sind unter separaten Verrechnungsposten zu bilanzieren und nicht als Forderungen oder Verbindlichkeiten gegenüber verbundenen Unternehmen (IDW ERS ÖFA 2.42).

Bei Unternehmen, die Betreiber von Anlagen zur Kraft-Wärme-Kopplung sind, hat der Prüfer außerdem die Ordnungsmäßigkeit der zur Freigabe der finanziellen Förderung des Anlagenbetreibers geforderten Angaben zu bescheinigen (IDW PH 9.420.3).

§ 10 Abs. 2 EnWG verlangt die separate Angabe von Geschäften, die in einem größeren Umfang mit verbundenen oder assoziierten Unternehmen i.S.v. § 271 Abs. 2 oder § 311 HGB getätigt wurden (IDW ERS ÖFA 2.47). Die Beurteilung der Richtigkeit und Vollständigkeit der Darstellung setzt angemessene organisatorische und abrechnungstechnische Maßnahmen voraus, die durch den Abschlussprüfer zu prüfen sind (IDW EPS 610.10 n.F.).

Sofern eine Gebietskörperschaft direkt oder indirekt mehrheitlich an einem Versorgungsunternehmen beteiligt ist oder es sich um Eigenbetriebe handelt, ist gem. IDW EPS 610.12 n.F. insbesondere die Organisation des Unternehmens auf die Übereinstimmung mit allgemein anerkannten Regeln zu prüfen; zur Durchführung einer solchen Prüfung verweist IDW EPS 610.12 n.F. auf IDW PS 720, der für Prüfungen nach § 53 HGrG oder vergleichbaren gemeinderechtlichen Vorschriften entwickelt worden ist (→ *HGrG, Prüfung nach dem*).

Die Berichterstattung (IDW PS 450) und die Erteilung des → *Bestätigungsvermerks* (IDW PS 400) sind für Energieversorgungsunternehmen entsprechend den Ausführungen in IDW EPS 610 n.F. sowie IDW PH 9.400.3 anzupassen. Dies geschieht zunächst im Hinblick auf die Aufnahme der Beurteilung eines nach landesrechtlichen Vorschriften erweiterten Prüfungsgegenstands in den Bestätigungsvermerk. Sofern diese Beurteilung im Bestätigungsvermerk nicht vorgesehen ist, wird sie lediglich im → *Prüfungsbericht* dargestellt. IDW EPS 610 n.F. sowie

IDW PH 9.400.3 enthalten Formulierungsempfehlungen für den Bestätigungsvermerk.

Enforcement → Durchsetzung von Rechnungslegungsnormen

Engagement letter → Auftragsbestätigungsschreiben

Entdeckungsrisiko

Das Entdeckungsrisiko (DR) ist die Wahrscheinlichkeit, dass der Prüfer während seiner Prüfung durch das →*IKS* nicht rechtzeitig verhinderte oder aufgedeckte wesentliche Fehler nicht aufdeckt. Das →*Risikomodell* berechnet das →*Prüfungsrisiko* durch Multiplikation von →*inhärentem Risiko*, →*Kontrollrisiko* und Entdeckungsrisiko. Das Entdeckungsrisiko stellt die vom Prüfer zu kontrollierende Variable dar und muss so angepasst werden, dass das Prüfungsrisiko auf das vorgegebene Niveau (→*Prüfungssicherheit*) reduziert wird. Die Kontrolle des Entdeckungsrisikos erfolgt durch eine Modifikation des →*Prüfungsprogramms*, d.h. insbesondere durch eine Anpassung von Art und Umfang der geplanten Prüfungshandlungen. Ein geringes zulässiges Entdeckungsrisiko erfordert zuverlässigere und umfangreichere Prüfungen (z.B. Einzelfallprüfungen, Erhöhung des Stichprobenumfangs).

Entdeckungsstichprobe

Entdeckungsstichproben sind eine besondere Art der →*Annahmestichproben*. Sie überprüfen besondere Merkmalsausprägungen von Elementen der Grundgesamtheit in →*Stichproben*. Mit Hilfe einer Entdeckungsstichprobe sollen zwei Sachverhalte untersucht werden. Zum einen ist die Wahrscheinlichkeit zu bestimmen, mit der eine durch zufällige Auswahl gezogene Stichprobe alle fehlerbehafteten Elemente der Grundgesamtheit enthält. Zum anderen wird der Frage nachgegangen, wie groß die Wahrscheinlichkeit ist, dass in der ebenfalls durch zufällige Auswahl gezogenen Stichprobe wenigstens ein fehlerbehaftetes Element der Grundgesamtheit gefunden wird.

Entscheidungsnützlichkeit → Decision usefulness

Entsprechenserklärung → DCGK

EPS → Ergebnis je Aktie, Prüfung

Equity → Eigenkapital, Prüfung

Equity-Methode, Prüfung

1 Normen

§§ 311 f. HGB, DRS 8, IAS 27.24 f., IAS 28, ED ISA 600.

2 Definition

Die Equity-Methode stellt eine Form der Einbeziehung von Beteiligungsunternehmen in den Konzernabschluss dar. Dabei werden nicht die einzelnen Vermögens- und Schuldposten übernommen. Vielmehr wird der Beteiligungsbuchwert entsprechend dem dem Konzern zustehenden Anteil am Eigenkapital fortgeschrieben.

3 Prüferisches Vorgehen

3.1 Einführung

Im Gegensatz zu den konsolidierungsvorbereitenden Maßnahmen (→ *Konsolidierungsvorbereitende Maßnahmen, Prüfung*) sowie den Konsolidierungsvorgängen (→ *Kapitalkonsolidierung, Prüfung*; → *Schuldenkonsolidierung, Prüfung*; → *Zwischenergebniseliminierung, Prüfung*; → *Aufwands- und Ertragskonsolidierung, Prüfung*) ist die Anwendung der Equity-Methode tendenziell weniger durch schematisch ablaufende Prozesse und die Verarbeitung großer Datenvolumina geprägt. Dies hat der Prüfer bei der Entwicklung seines Prüfungsprogramms zu berücksichtigen. Die Anwendung der Equity-Methode lässt sich durch den Einsatz von Konsolidierungssoftware unterstützen. Daher kann es für den Prüfer effizient sein, eine → *Programmfunktionsprüfung* und → *Programmidentitätsprüfung* der vom Mandanten eingesetzten Software durchzuführen.

Die → *Abschlussaussagen* gem. ISA 500.17 bilden die Prüfkategorien für den Prüfer. Bei der Prüfung der Equity-Methode geht es im Wesentlichen darum, die Aussagen Vollständigkeit (completeness), Richtigkeit (accuracy), Abgrenzung (cut-off), Zuordnung (classification), Bewertung (valuation and allocation) und Ausweis (disclosure) zu überprüfen. Im Rahmen der Konzernabschlussprüfung dominiert die Prüfung der Einhaltung spezifischer Rechnungslegungsnormen.

3.2 Prüfung der Anwendungsvoraussetzungen

§ 311 Abs. 1 Satz 1 HGB nennt zwei Voraussetzungen, die für die Anwendung der Equity-Methode erfüllt sein müssen: Zum einen muss es sich bei dem fraglichen Unternehmen um eine Beteiligung i.S.v. § 271 Abs. 1 HGB handeln, zum anderen muss das Mutterunternehmen tatsächlich einen maßgeblichen Einfluss auf die Geschäfts- und Finanzpolitik des Unternehmens ausüben. Ein solches Unternehmen wird assoziiertes Unternehmen genannt. Ein assoziiertes Unternehmen wird bei einem Stimmrechtsanteil von mindestens 20 % bis höchstens 50 % vermutet.

Eine Beteiligung i.S.v. § 271 Abs. 1 HGB dient dem Geschäftsbetrieb des Mutterunternehmens dauerhaft. § 271 HGB regelt den Ausweis von Anteilen an Unternehmen bereits auf Einzelabschlussebene. Insofern dient der Einzelabschluss dem Prüfer bereits als Prüfungsnachweis über die Zuordnung der fraglichen Anteile. Allerdings gilt es zu berücksichtigen, ob die → *Verwendung von Urteilen Dritter* (hier dem Abschlussprüfer des Einzelabschlusses, → *Befreiende Prüfung*) erfolgen kann.

Der Begriff maßgeblicher Einfluss ist gesetzlich nicht definiert. DRS 8.3 nennt verschiedene Indizien, die für das Vorliegen eines maßgeblichen Einflusses sprechen. So werden z.B. personelle Verflechtungen (Mitgliedschaft im Aufsichtsrat) als Indikatoren genannt. Aufgrund der fehlenden Greifbarkeit des Begriffs existiert die Assoziierungsvermutung bei einem Stimmrechtsanteil von mindestens 20 %. Dennoch verbleibt dem Abschlussersteller ein Beurteilungsspielraum, dem sich der Prüfer bewusst sein muss.

IAS 28.13 gibt für associates die Bilanzierung nach der Equity-Methode vor. Die Begriffsdefinition von associate gem. IAS 28.2 entspricht weitgehend der deutschen Definition. Sie umfasst zusätzlich noch explizit die Voraussetzung, dass es sich weder um ein subsidiary noch um ein joint venture handelt.

Die Anwendung der Equity-Methode ist allerdings nicht auf assoziierte Unternehmen bzw. associates beschränkt. Auch Gemeinschaftsunternehmen bzw. jointly controlled entities können gemäß der Equity-Methode in den → *Konzernabschluss* einbezogen werden. Dies ist dann der Fall, wenn das Wahlrecht gem. § 310 HGB bzw. IAS 31.38 zur Quotenkonsolidierung nicht ausgeübt wird. IAS 31 sieht dabei ein explizites

Wahlrecht vor. Nach deutschen GoB ergibt sich das Wahlrecht implizit daraus, dass § 310 HGB keine Pflicht zur Quotenkonsolidierung vorsieht und Gemeinschaftsunternehmen regelmäßig auch assoziierte Unternehmen i. S. v. § 311 HGB darstellen.

Auf unwesentliche assoziierte Unternehmen müssen die Vorschriften der Equity-Methode nicht angewandt werden (§ 311 Abs. 2 HGB, DRS 8.5, IASB Framework.29). Auch hier hat der Abschlussersteller abschlusspolitischen Spielraum. Die untergeordnete Bedeutung muss für jedes Unternehmen einzeln sowie in der Gesamtschau aller assoziierten Unternehmen geprüft werden (DRS 8.5). Die Unwesentlichkeit sollte zu jedem Stichtag geprüft werden, da sich die Größenordnungen in den Unternehmen sowie im Mutterunternehmen im Zeitablauf ändern und damit eine neue Beurteilung erfordern.

Schließlich gilt es sicherzustellen, dass die Ausnahmetatbestände von IAS 28.13 nicht vorliegen. Kritisch ist insbesondere die Ausnahme in IAS 28.13a, die die Anwendung von IAS 39 fordert, wenn bei Kauf bereits eine Weiterveräußerungsabsicht innerhalb der nächsten zwölf Monate besteht und wenn das Management aktiv Käufer für die Anteile sucht. Auch hier kann der Prüfer lediglich prüfen, dass die diesbezüglichen Aussagen des Managements nicht im Widerspruch zu den tatsächlichen Aktivitäten stehen. Wie weit die aktive Suche gehen muss, liegt im prüferischen Ermessen und kann nur im Einzelfall entschieden werden.

3.3 Prüfung der Technik der Equity-Methode

3.3.1 Prüfung der vorbereitenden Maßnahmen

Die Equity-Methode bildet die Beteiligung an dem assoziierten Unternehmen in lediglich einem oder zwei Posten ab. Es handelt sich um den Beteiligungsbuchwert und ggf. den gesondert ausgewiesenen Geschäfts- oder Firmenwert (im Falle der Kapitalanteilsmethode nach § 312 Abs. 1 Satz 1 Nr. 2 HGB). Damit unterscheidet sie sich von der Voll- bzw. Quotenkonsolidierung, die auch die Vermögens- und Schuldposten in den Konzernabschluss (quotal) übernimmt. Ziel ist es, in Abgrenzung zur Bewertung mit fortgeführten Anschaffungskosten, den positiven wie negativen Erfolg des assoziierten Unternehmens anteilig abzubilden.

Der Prüfer hat sich zunächst von der umfassenden Durchführung der konsolidierungsvorbereitenden Maßnahmen zu überzeugen. In diesem Zusammenhang sind die konzerneinheitliche Bilanzierung und Bewertung sowie die Einheitlichkeit der Stichtage zu nennen (Bewertung, Abgrenzung). Auf Erstere kann gem. § 312 Abs. 5 Satz 1 HGB verzichtet werden, falls diese Tatsache im Anhang angegeben wird (schärfer DRS 8.8). IAS 28.26 f. lässt indes keine Ausnahme von der konzerneinheitlichen Bilanzierung und Bewertung zu. Sie muss zwangsweise erfolgen. Dies ist im Einzelfall aus praktischen Gründen sowie mangels Informationen nicht möglich. Sofern dieser Mangel wesentliche Auswirkungen auf den Konzernabschluss hat, kann dies zur Einschränkung des → *Bestätigungsvermerks* führen (IDW PS 400.50).

Regelmäßig wird das assoziierte Unternehmen aus praktischen und wirtschaftlichen Erwägungen keine gesonderte → *HB I/II* aufstellen, die bereits die Anpassung an die konzerneinheitliche Bilanzierung enthält. Ausgangspunkt für die Prüfung dieser Anpassung im vorliegenden Fall stellt der Anhang des assoziierten Unternehmens dar, da dieser entsprechende Angaben enthält. Sofern Abweichungen bestehen, müssen diese quantifiziert werden. Anpassungen führen zu einer Auf- bzw. Abwertung des Equity-Wertes in der Konzernbilanz. Die Anpassungen sollten anhand der Berechnungsunterlagen des Abschlusserstellers durch den Prüfer nachvollzogen und die richtige Buchung sichergestellt werden (Richtigkeit und Bewertung). Bei wesentlichen Unterschieden können auch Bestätigungen des Abschlussprüfers des assoziierten Unternehmens oder des assoziierten Unternehmens selbst bezüglich der Sachverhalte eingeholt werden.

§ 312 Abs. 6 Satz 1 HGB stellt hinsichtlich der Einheitlichkeit der Stichtage geringere Anforderungen. So ist der jeweils letzte Jahresabschluss für die Berechnungen heranzuziehen. DRS 8.12 und IAS 28.25 hingegen lassen abweichende Stichtage nur bis zu einem Zeitraum von drei Monaten zu. Im Einzelfall kann dies zur Erstellung eines Zwischenabschlusses zwingen, dessen Nichtexistenz bei wesentlichen Auswirkungen zur Einschränkung des Bestätigungsvermerks führen kann.

3.3.2 Prüfung der erstmaligen Einbeziehung

§ 312 Abs. 1 Satz 1 Nr. 1 und 2 HGB unterscheidet zwischen den Varianten Buchwert- und Kapitalanteilsmethode (Wahlrecht). Nach DRS 8 hingegen ist lediglich die Buchwertmethode zulässig (DRS 8.17 f.). Die nach § 312 Abs. 1 Satz 1 Nr. 1 und 2 HGB zulässigen Methoden weichen grundsätzlich nur im Ausweis voneinander ab. Die Equity-Methode nach IAS 28 kann indes auch zu unterschiedlichen Ergebnissen führen.

Im ersten Schritt erfolgt bei sämtlichen Varianten eine Aufrechnung zwischen dem Buchwert der Beteiligung (Anschaffungskosten der Beteiligung) und dem dem Konzern zurechenbaren Eigenkapital des assoziierten Unternehmens. I. d. R. entsprechen sich diese Größen nicht. Positive Unterschiedsbeträge können durch Abgeltung von stillen Reserven und Geschäfts- oder Firmenwerten, negative Unterschiedsbeträge z. B. durch Berücksichtigung stiller Lasten oder durch einen badwill im Rahmen des Kaufpreises entstehen.

Nach der Buchwertmethode (§ 312 Abs. 1 Satz 1 Nr. 1 HGB) ist bei der Aufrechnung des Beteiligungsbuchwertes der Buchwert des anteiligen Eigenkapitals des assoziierten Unternehmens heranzuziehen. Ein Unterschiedsbetrag ist in einer detaillierten Nebenrechnung auf abgegoltene stille Reserven bzw. Lasten und auf einen Geschäfts- oder Firmenwert bzw. einen badwill aufzuteilen (§ 312 Abs. 2 Satz 2 und 3 HGB). Ein Geschäfts- oder Firmenwert und ein badwill sind nach den allgemeinen Regeln gem. § 309 HGB zu behandeln (§ 312 Abs. 2 Satz 3 HGB). Im Konzernabschluss wird die Beteiligung am assoziierten Unternehmen einschließlich der Unterschiedsbeträge und der stillen Reserven bzw. Lasten in einem Posten ausgewiesen (one-line-consolidation).

Ein positiver Unterschiedsbetrag wird entweder in einem davon-Vermerk oder im Konzernanhang angegeben. Ein negativer Unterschiedsbetrag sollte entweder in einer Vorspalte offen abgesetzt werden oder im Konzernanhang angegeben werden.

Die angesprochene Nebenrechnung ist erst für die Fortschreibung des Equity-Wertes relevant. Gleichwohl muss der Prüfer bereits bei erstmaligem Einbezug diese Nebenrechnung prüfen, da neben dem Konzernabschluss auch die Ordnungsmäßigkeit der Konzernbuchführung testiert werden muss. Zu Letzterer gehört die Nebenrechnung. Während der Unterschiedsbetrag vergleichsweise problemlos berechnet werden kann, ist die Allokation desselben auf stille Reserven bzw. Lasten und Geschäfts- oder Firmenwert schwierig. Der Prüfer kann in diesem Zusammenhang für aufgedeckte stille Reserven und Lasten als Prüfungsnachweise z. B. Bewertungsgutachten verlangen (Bewertung). Um die Vollständigkeit sicherzustellen, sollte er die Nichtaufdeckung stiller Reserven und Lasten bei sensiblen Bilanzposten (z. B. Anlagevermögen, Pensionsrückstellungen) kritisch hinterfragen. Dem Abschlussersteller bieten sich hier große Beurteilungsspielräume, die bei der Fortschreibung zu Ergebnisauswirkungen führen können. Dieses hohe inhärente Risiko muss der Abschlussprüfer beachten.

Im Falle der Kapitalanteilsmethode gem. § 312 Abs. 1 Satz 1 Nr. 2 HGB wird im Unterschied zur Buchwertmethode der Beteiligungsbuchwert mit dem anteiligen Eigenkapital zum beizulegenden Wert aufgerechnet. Zu beachten ist allerdings das →*Anschaffungskostenprinzip*. Danach ist die Höhe des anteiligen Eigenkapitals auf die Höhe des Kaufpreises beschränkt. Ein positiver Unterschiedsbetrag ist entweder im Konzernanhang anzugeben oder – im Gegensatz zur Buchwertmethode – gesondert als Geschäfts-

oder Firmenwert auszuweisen (two-line-consolidation). Ein negativer Unterschiedsbetrag entsteht aufgrund der Geltung des Anschaffungskostenprinzips nur unter sehr engen Voraussetzungen und wird daher im Folgenden nicht beachtet. Mit Ausnahme des Ausweises bestehen demnach keine Unterschiede hinsichtlich des Prüfungsvorgehens.

Nach IAS 28.23 ist die Aufrechnung des Beteiligungsbuchwertes mit dem anteiligen Eigenkapital zum beizulegenden Zeitwert vorzunehmen. Diese Vorgehensweise entspricht damit der Kapitalanteilsmethode. Jedoch unterscheiden sich die Methoden darin, dass nach IAS 28 das Anschaffungskostenprinzip keine Geltung besitzt. Insofern können hier häufiger auch negative Unterschiedsbeträge entstehen. Diese sind in einer detaillierten Nebenrechnung stillen Lasten und einem badwill zuzuordnen. Ein etwaiger Geschäfts- oder Firmenwert sowie ein badwill sind nach den Regeln von IFRS 3 zu behandeln (IAS 28.23). Das bedeutet, dass ein Goodwill in den Beteiligungsbuchwert aufzunehmen ist und ein etwaiger badwill sofort ergebniswirksam zu vereinnahmen ist (IAS 28.23). Das prüferische Vorgehen bei einer Rechnungslegung nach IFRS ist grundsätzlich dasselbe wie bei einer Rechnungslegung nach deutschem HGB.

3.3.3 Prüfung der Fortschreibung des Equity-Wertes

In den Folgejahren verändert sich der Equity-Wert regelmäßig. Diese Veränderungen sind durch den Prüfer anhand der vom Abschlussersteller anzufertigenden Nebenrechnung nachzuvollziehen. Zunächst ist dem Equity-Wert des Vorjahres der anteilige Jahreserfolg des assoziierten Unternehmens hinzuzurechnen bzw. abzuziehen. Vereinnahmte Gewinnausschüttungen sind abzuziehen.

Die stillen Reserven bzw. stille Lasten sind entsprechend der zugrundeliegenden Vermögens- bzw. Schuldposten zu behandeln. Sofern die Aktiva abnutzbar sind, müssen die stillen Reserven entsprechend abgeschrieben werden und mindern damit den Equity-Wert. Bei Abgang des Aktivums bzw. des Passivums sind die stillen Reserven bzw. Lasten in Gänze abzuschreiben bzw. ergebniswirksam aufzulösen. Hier besteht das Problem, dass entsprechende Informationen ggf. schwer verfügbar sind (ED ISA 600.19, .21). Zu prüfen sind in diesem Zusammenhang auch die vom Mandanten installierten Prozesse, die die Versorgung mit den relevanten Informationen sicherstellen (ED ISA 600.appendix 2.4). Beim abnutzbaren Anlagevermögen sollten in jedem Fall die Abschreibungspläne auf Plausibilität überprüft werden (Bewertung). Sofern die Beträge wesentlich sind, sollten zudem stichprobenartig Bestätigungen des assoziierten Unternehmens über das Vorhandensein der Anlagegüter sowie ggf. über Nutzungsdauern, Abschreibungsmethoden u.Ä. eingeholt werden.

Die Auflösung des Geschäfts- oder Firmenwerts gem. § 309 Abs. 1 HGB und DRS 8.23 mindert ebenfalls den Equity-Wert. Die Auflösung des badwill ist handelsrechtlich an das Eintreten des antizipierten Ereignisses geknüpft (§ 309 Abs. 2 HGB, DRS 8.24). Falls feststeht, dass das Ereignis nicht eintreten wird, ist er ergebniswirksam aufzulösen. Der nach IFRS im Beteiligungsbuchwert enthaltene Goodwill ist nicht planmäßig abzuschreiben. Vielmehr ist ein impairment-Test für die Beteiligung als Gesamtheit durchzuführen (IAS 28.33). Es bestehen dieselben Informationsprobleme wie bei der Auflösung der stillen Reserven und Lasten. Wiederum gilt es im Rahmen der IKS-Aufnahme zu prüfen, wie der Mandant sicherstellt, dass die relevanten Informationen eingeholt werden.

Weiterhin sind Änderungen des Equity-Wertes durch ggf. gebotene außerplanmäßige Abschreibungen bzw. Wertminderungen vorzunehmen (§§ 253 Abs. 2 Satz 3 i.V.m. 298 Abs. 1 HGB, DRS 8.28, IAS 28.31–34). Der Equity-Wert ändert sich auch aufgrund durchgeführter Kapitalmaßnahmen wie z.B. einer Erhöhung der Beteiligungsquote.

Der Prüfer hat neben den Veränderungen des Berichtsjahres gleichfalls sicherzustellen, dass die Buchungen der Vorjahre ordnungsmäßig vorgetragen wurden.

3.3.4 Sonstige Prüfungshandlungen

Zu prüfen ist auch die ordnungsgemäß durchgeführte Zwischenergebniseliminierung (→ *Zwischenergebniseliminierung, Prüfung*). § 312 Abs. 5 Satz 3 HGB knüpft dies an die Voraussetzung, dass entsprechende Informationen bekannt sowie zugänglich sind, und trägt damit den bereits an anderer Stelle angesprochenen Informationsproblemen Rechnung. IAS 28.22 enthält keine derartige Ausnahmeregelung. Eine wesentliche, nicht durchgeführte Zwischenergebniseliminierung kann daher zur Einschränkung des Bestätigungsvermerks führen.

Während § 312 Abs. 5 Satz 4 HGB die quotale und die vollständige Eliminierung von Zwischenergebnissen zulässt, erlauben DRS 8.30 und IAS 28.22 lediglich die quotale Eliminierung.

Schließlich ist auch die Bildung latenter Steuern, die aus der Anwendung der Equity-Methode entstehen, zu prüfen. Diese sind gem. § 306 HGB bzw. IAS 12 sowohl aktivisch als auch passivisch verbindlich zu bilden und resultieren aus Unterschieden zwischen der Bewertung des assoziierten Unternehmens in der Steuerbilanz und in der Konzernbilanz.

Christoph Nerlich

Literatur: *Küting, K.*, Equity-Bewertung, in: Ballwieser, W./Coenenberg, A.G./Wysocki, K.v. (Hrsg.), Handwörterbuch der Rechnungslegung und Prüfung, 2002, Sp. 668–

678; *Langenbucher, G./Blaum, U.*, Konzernabschlussprüfung, in: Förschle, G./Peemöller, V.H. (Hrsg.), Wirtschaftsprüfung und Interne Revision, 2004, S. 352–461.

Ereignisse nach dem Abschlussstichtag

1 Normen

1.1 Rechnungslegungsnormen

a) Deutsche Normen: § 252 Abs. 1 Nr. 4 HGB; b) Internationale Normen: IAS 1.46, 10.3–11.

1.2 Prüfungsnormen

a) Deutsche Normen: § 316 Abs. 3 HGB, IDW PS 203.2–29, 400.104–115; b) Internationale Normen: ISA 260.11, 560.3–18.

2 Definition

Sowohl die nationalen wie auch die internationalen Normen folgen dem Stichtagsprinzip (§ 242 Abs. 1 HGB, IAS 1.46), d.h., es sind nur die Sachverhalte zu berücksichtigen, die bis zum → *Abschlussstichtag* stattgefunden haben.

Ereignisse, die diese Sachverhalte betreffen, sind nach nationalen Normen jedoch auch dann zu berücksichtigen, wenn sie zwischen dem Abschlussstichtag und dem Tag der Aufstellung des Jahresabschlusses bekannt werden (§ 252 Abs. 1 Nr. 4 HGB). Ereignisse sind hierbei Informationen über einen in der Rechnungslegung abzubildenden Sachverhalt, welcher im alten Geschäftsjahr begründet war. Ihre Berücksichtigung führt zu einem zutreffenderen Bild der Vermögens-, Finanz- und Ertragslage. Von den wertaufhellenden Ereignissen sind Ereignisse in der neuen Periode, d.h. nach dem Abschlussstichtag verursachte Sachverhalte, zu unterscheiden, sog. wertbegründende Ereignisse Diese lassen das abgelaufene Geschäftsjahr unberührt, sind also erst im Jahresabschluss des folgenden Geschäftsjahres zu berücksichtigen.

In Übereinstimmung mit den nationalen Normen sind nach den internationalen Normen ebenfalls Ereignisse, die zwischen dem Abschlussstichtag und dem Tag der Aufstellung des Jahresabschlusses bekannt werden, zu berücksichtigen. Berücksichtigungspflichtige Ereignisse (adjusting event after the balance sheet date) sind nach internationalen Normen darüber hinaus auch Ereignisse, die zwischen dem Tag der Aufstellung des Jahresabschlusses und dem Tag der Freigabe der Veröffentlichung des Jahresabschlusses (authorized for issue) bekannt werden (IAS 10.3a). Entsprechend den deutschen Normen sind hiervon die nicht zu berücksichtigenden Ereignisse zu unterscheiden, welche Gegebenheiten anzeigen, die nach dem Abschlussstichtag eingetreten sind. Sie haben somit ihre Ursache nicht im abgelaufenen Geschäftsjahr (IAS 10.3b).

Über den reinen Wortlaut der deutschen Norm (§ 252 Abs. 1 Nr. 4 HGB) hinaus, sind nach deutschen → *GoB* die bis zum Ende der Abschlussprüfung erlangten (wertaufhellenden) Erkenntnisse zu berücksichtigen, so dass die Zeitpunkte nach nationalen und internationalen Normen tendenziell übereinstimmen. Der nach internationalen Normen maßgebliche Zeitpunkt der Veröffentlichung ist jedoch von spezifischen Gegebenheiten des Unternehmens abhängig, so dass der Zeitpunkt der Erteilung des Bestätigungsvermerks und der Zeitpunkt der Veröffentlichung auseinander fallen können. Es ist jedoch davon auszugehen, dass der Zeitpunkt der Veröffentlichung nach dem Zeitpunkt der Erteilung des Bestätigungsvermerks liegt.

Ist die Ursache z.B. für die Insolvenz eines Kunden bereits am Abschlussstichtag gegeben und die Insolvenz damit im alten Geschäftsjahr begründet und erfolgt die Information über diesen Sachverhalt bzw. die Anmeldung der Insolvenz erst nach dem Abschlussstichtag, so handelt es sich um ein wertaufhellendes bzw. berücksichtigungspflichtiges Ereignis (IAS 10.9b (i)). Eine Wertberichtigung der betroffenen Forderung ist erforderlich. Ereignet sich das die Insolvenz begründende Ereignis erst nach dem Abschlussstichtag, so handelt es sich um ein wertbegründendes bzw. nicht zu berücksichtigendes Ereignis in der neuen Periode, welches seine Ursache nicht im alten Geschäftsjahr hat und damit nicht im alten, sondern erst im neuen Geschäftsjahr zu berücksichtigen ist.

Die Abgrenzung zwischen wertaufhellenden bzw. berücksichtigungspflichtigen und wertbegründenden bzw. nicht zu berücksichtigenden Ereignissen kann sich im Einzelfall als schwierig erweisen. Zur Unterstützung bei der im Einzelfall vorzunehmenden Beurteilung enthalten die internationalen Normen einige Beispiele (IAS 10.9, .11).

3 Prüfungshandlungen

3.1 Zeitpunkte für die Berücksichtigung von Ereignissen

Der Abschlussprüfer hat geeignete →*Prüfungshandlungen* vorzunehmen, um alle Ereignisse, die möglicherweise Einfluss auf den Jahresabschluss haben, festzustellen. Dabei wird unterschieden in Ereignisse, die bis zum Zeitpunkt der Erteilung des Bestätigungsvermerks (nach internationalen Normen des Bestätigungsberichts) eintreten, und Ereignisse, die in der Zeit nach Erteilung des Bestätigungsvermerks eintreten (IDW PS 203.2, ISA 560.4).

3.2 Ereignisse zwischen dem Abschlussstichtag und der Erteilung des Bestätigungsvermerks

Der Abschlussprüfer hat die Auswirkungen von Ereignissen nach dem Abschlussstichtag auf die Rechnungslegung sowie auf die Berichterstattung nach nationalen Normen im →*Prüfungsbericht* und →*Bestätigungsvermerk* zu würdigen. Dabei dürfen nur wertaufhellende Ereignisse berücksichtigt werden (IDW PS 203.11). Die internationalen Normen verlangen eine Würdigung berücksichtigungspflichtiger Ereignisse im Bestätigungsbericht sowie im Rahmen der internen Berichterstattung an die Überwachungsorgane (ISA 560.3 i.V.m. IAS 10.3, ISA 260.11).

Zur Erlangung dieser Informationen sind vor der Erteilung des Bestätigungsvermerks zusätzliche Prüfungshandlungen durchzuführen (IDW PS 203.12). Als Prüfungshandlungen kommen in Betracht:

- Untersuchung von Maßnahmen, die die Unternehmensleitung zur Erfassung aller relevanten Ereignisse nach dem Abschlussstichtag getroffen hat (z.B. Berücksichtigung der Erkenntnisse aus der Beurteilung des Risikomanagementsystems; →*Risikomanagementsystem, Prüfung*),
- kritisches Lesen von Protokollen der →*Gesellschafterversammlungen* und Sitzungen der Organe zwischen Abschlussstichtag und Erteilung des Bestätigungsvermerks,
- Nutzung von Informationen aus Zwischenabschlüssen (→*Unterjähriger Bericht, Prüfung*), Ad hoc-Meldungen (→*Ad hoc-Publizität, Prüfung*), Planungsrechnung sowie der Entwicklung von Rechtsstreitigkeiten,
- Erlangen neuerer Erkenntnisse nach dem Abschlussstichtag durch Befragung der Unternehmensleitung und anderer Auskunftspersonen, welche Auswirkungen auf den Jahresabschluss haben könnten, z.B.

über schwebende Geschäfte, geplante Verkäufe, Umstrukturierungen und ungewöhnliche Berichtigungen in der laufenden Buchführung (IDW PS 203.13 f., ISA 560.5).

3.3 Ereignisse nach Erteilung des Bestätigungsvermerks

Ereignisse nach Erteilung des Bestätigungsvermerks unterliegen grundsätzlich nicht der Prüfungspflicht. Liegt jedoch zwischen dem Zeitpunkt der Erteilung des Bestätigungsvermerks und der Veröffentlichung des Jahresabschlusses ein längerer Zeitraum oder ist das Eintreten wesentlicher Ereignisse kurzfristig zu erwarten, hat der Abschlussprüfer mit der Unternehmensleitung zu klären, ob diese Ereignisse die Aussage des Bestätigungsvermerks tangieren und ggf. den bereits geprüften Jahresabschluss ändern (IDW PS 203.18, ISA 560.9).

Treten derartige wesentliche Ereignisse nach Erteilung des Bestätigungsvermerks tatsächlich ein und hätten diese, sofern sie schon bei Erteilung des Bestätigungsvermerks bekannt gewesen wären, zu einem abweichenden Prüfungsurteil geführt, so sind der Jahresabschluss und/oder Lagebericht zu ändern und gem. § 316 Abs. 3 HGB erneut zu prüfen (IDW PS 203.21). Erfolgt diese Änderung nicht, hat der Abschlussprüfer zu prüfen, ob die Voraussetzungen für einen → *Widerruf des Bestätigungsvermerks* gegeben sind (IDW PS 400.111, ISA 560.12).

4 Besonderheiten nach internationalen Normen

Aufgrund der abweichenden Definition von berücksichtigungspflichtigen Ereignissen (IAS 10.3) wird nach internationalen Prüfungsnormen zusätzlich in Ereignisse unterschieden, die erst nach Veröffentlichung des Jahresabschlusses bekannt werden (ISA 560.13–18). Insofern sind die IFRS tendenziell weiter gefasst. Die Berücksichtigung von Ereignissen nach Veröffentlichung des Jahresabschlusses ist insbesondere bei der Beurteilung der going concern-Annahme (→ *Going concern-Annahme, Prüfung*) von Bedeutung.

Diese Differenzierung ist in den nationalen Normen nicht enthalten, da keine nachvertragliche Informationspflicht für die Unternehmensleitung nach nationalem Recht besteht (IDW PS 203.29). Nachvertraglich bezeichnet hierbei eine Verpflichtung, die sich nach Vollendung des regulären Prüfungsauftrages aus dem Verhältnis zwischen Abschlussprüfer und Unternehmensleitung begründet.

Christian Huschke

Erfassung und Abgrenzung → Abschlussaussagen

Erfolgshonorare

Erfolgshonorare bezeichnen Vergütungen deren Höhe von dem Ergebnis einer Tätigkeit abhängig gemacht wird. Die Vereinbarung von Erfolgshonoraren durch einen WP ist unzulässig, da sie eine Verletzung des Unabhängigkeitsgebotes und einen Verstoß gegen die Berufssatzung darstellt (→ *Ethische Prüfungsnormen*). Die Honorarabrechnung für Prüfungsleistungen erfolgt regelmäßig auf Basis der geleisteten Stunden, möglicherweise zuzüglich einer von der Bilanzsumme des geprüften Unternehmens abhängigen Wertgebühr. Ein zuvor vereinbartes angemessenes → *Pauschalhonorar* kann ebenfalls in Ansatz gebracht werden, wenn gleichzeitig vereinbart wird, dieses Honorar zu erhöhen, sofern für den Prüfer eine nicht vorhersehbare erhebliche Erhöhung des Prüfungsaufwandes notwendig wird (sog. Öffnungsklausel).

Ergebnis je Aktie, Prüfung

Bei allen Unternehmen, deren Stammaktien oder potenzielle Stammaktien öffentlich gehandelt werden oder die deren Ausgabe an einer Wertpapierbörse in die Wege geleitet haben, müssen der Ausweis von EPS sowie detaillierte Angaben zu dessen Berechnung vorgenommen werden. Einzelheiten regelt IAS 33. Eine standardkonforme Ermittlung ist bei freiwilliger Kennzahlenveröffentlichung, d.h. bei Unternehmen mit nicht öffentlich gehandelten Aktien, zwingend (IAS 33.4).

Zur Beurteilung des → *inhärenten Risikos* ist zu berücksichtigen, dass ein fehlerhafter Ausweis des EPS auf Fehler entweder im ausgewiesenen Aktienbestand und/oder im Unternehmensergebnis (→ *GuV, Prüfung*) begründet ist. In Bezug auf den Aktienbestand hängt das inhärente Risiko von der Durchführung einer Kapitalerhöhung bzw. -herabsetzung im abgelaufenen Geschäftsjahr sowie von deren Komplexität ab (→ *Eigenkapital, Prüfung*). Bei einer ordentlichen Kapitalerhöhung geht die Menge, um die der Aktienbestand gestiegen ist, aus dem Protokoll der Hauptversammlung oder den Handelsregistereintragungen eindeutig hervor, was das inhärente Risiko begrenzt bzw. eliminiert. Hingegen kann die mengenmäßige Änderung im Aktienbestand bei einer bedingten Kapitalerhöhung z. B. davon abhängig sein, wie viele Inhaber von Wandel- bzw. Optionsschuldverschreibungen ihre Umtausch- und Bezugsrechte in Anspruch genommen haben. Generell gilt, dass das inhärente Risiko mit zunehmender Komplexität der Ermittlung der mengenmäßigen Änderung im Aktienbestand zunimmt. Vergleichbar verhält es sich bei der Einschätzung des → *Kontrollrisikos*. Kapitalerhöhungen bedürfen einer 3/4-Mehrheit des bei der Beschlussfassung vertretenen Grundkapitals (§§ 182 Abs. 1 Satz 1, 193 Abs. 1 Satz 1, 202 Abs. 2 Satz 2, 207 Abs. 2 Satz 1 AktG). Dieses aktienrechtliche Kontrollinstrument reduziert bereits das Kontrollrisiko. In die Risikoeinschätzung sollte insbesondere die Ausgestaltung des → *IKS* einfließen. Ein funktionierendes und wirksames IKS ist besonders bei komplexeren Kapitaländerungen von Bedeutung. Bei der Inanspruchnahme von Umtausch- und Bezugsrechten sollte sich der Prüfer Informationen über die Zuverlässigkeit des involvierten Kreditinstitutes einholen sowie ein Urteil darüber bilden, inwieweit das Rechnungswesen ausreichend und zeitnah über Transaktionen mit Auswirkungen auf den Aktienbestand informiert wird. Zur Einschätzung sowohl des inhärenten als auch des Kontrollrisikos sollte ebenfalls berücksichtigt werden, ob sich der im Rahmen einer bedingten Kapitalerhöhung eingeräumte Zeitraum zur Umwandlung über den Abschlussstichtag hinaus erstreckt oder nicht.

Ein sinnvoller Einsatz von analytischen Prüfungen bietet sich in erster Linie für das Unternehmensergebnis an. Die Überprüfung des Aktienbestands erfolgt primär durch Einzelfallprüfungen. Zusätzlich könnten jedoch aus der Entwicklung des gezeichneten Kapitals im Vergleich zum Vorjahr Rückschlüsse auf Veränderungen des Aktienbestandes gezogen werden.

Bei der Prüfung der EPS hat der Prüfer darauf zu achten, dass die Grundlage für die Ergebnisse je Aktie stets die konsolidierten Daten sind. Eine EPS-Darstellung auf Einzelabschlussebene ist nicht zulässig (IAS 33.4). Der Ausweis der unverwässerten und verwässerten Ergebnisse je Aktie erfolgt in der GuV getrennt für jede Aktiengattung. Negativbeträge (Verlust je Aktie) sind ebenfalls anzugeben. Des Weiteren ist dafür Sorge zu tragen, dass sowohl im Jahresabschluss als auch in den Zwischenabschlüssen die Offenlegung von EPS-Informationen erfolgt (IAS 33.47 i.V.m. 34.11). Die Angaben müssen das unverwässerte Ergebnis (basic EPS) und das verwässerte Ergebnis (diluted EPS) betreffen (IAS 33.9 i.V.m. .30, IDW RS HFA 2.23). Die EPS-Kennzahlen sind auf das Ergebnis aus fortgeführten Geschäftsbereichen (continuing operations) zu beziehen (IAS 33.66). Für das Ergebnis aus aufgegebenen Geschäftsbereichen sind Zusatzangaben in der GuV oder im Anhang verpflichtend, getrennt nach verwässertem und unverwässertem Ergebnis je Aktie (IAS 33.68).

Der Prüfer hat sich zu vergewissern, dass bestimmte vorgeschriebene Anhangangaben vom Unternehmen publiziert worden sind (IAS 33.70). Hierzu zählen Informationen zu den Beträgen der verwendeten Ergebnisbestandteile für das (un-)verwässerte Ergebnis je Aktie (im Zähler). Des Weiteren ist die Überleitung vom Jahresergebnis zu diesen beiden Größen auf Plausibilität zu prüfen. Weitere Pflichtangaben sind die durchschnittlich gewichtete Anzahl ausstehender Aktien für das (un-)verwässerte Ergebnis je Aktie (im Nenner) und eine Überleitung zueinander. Hierfür sind das Aktienbuch, in dem alle Inhaber von Namensaktien mit Name, Wohnsitz und Beruf enthalten sind, und die jeweiligen betroffenen Konten zu analysieren. Es sind die Instrumente zu nennen, die in Zukunft verwässernd wirken können, in den dargestellten Perioden aber noch einer Verwässerung entgegengewirkt haben. Als letzte obligatorische Pflichtangabe ist die Beschreibung von bestimmten, noch nicht bei der Ermittlung der EPS berücksichtigten Aktientransaktionen, die nach dem Bilanzstichtag durchgeführt wurden und die die Anzahl der (potenziellen) Stammaktien wesentlich verändert hätten, wenn sie vor dem Bilanzstichtag durchgeführt worden wären, einer Prüfung zu unterziehen. Hierbei sind die den Transaktionen zugrunde liegenden Unterlagen (z.B. Hauptversammlungsprotokolle, aus denen Beschlüsse zu Kapitaländerungen hervorgehen) einzusehen und nachzuvollziehen.

Im deutschen Handelsrecht besteht keine Ausweispflicht für das Ergebnis je Aktie. Eine Veröffentlichung des Ergebnisses je Aktie erfolgt bei vielen Unternehmen jedoch häufig auf freiwilliger Basis. Sie unterliegt in diesen Fällen grundsätzlich nicht der Prüfungspflicht, es sei denn, das Ergebnis je Aktie wird im Lagebericht veröffentlicht (IDW PS 350.10). Erfolgt eine Veröffentlichung des Ergebnisses je Aktie als »zusätzliche Information« im Geschäftsbericht (IDW PS 202.1), so hat der Prüfer diese Informationen kritisch zu lesen und Unstimmigkeiten zwischen Jahresabschluss oder Lagebericht und den zusätzlichen Informationen festzustellen (IDW PS 202.7f.).

Die DVFA/SG hat eine gemeinsame Empfehlung zur Ermittlung eines von Sondereinflüssen bereinigten Jahresergebnisses je Aktie herausgegeben, wobei das Berechnungsschema teilweise branchenspezifisch angepasst worden ist. I.Allg. ist es aber die Aufgabe von Finanzanalysten, für börsennotierte Unternehmen nach standardisierten Regeln EPS zu ermitteln. Das DVFA/SG Ergebnis konzentriert sich im Gegensatz zu den IFRS Regelungen insbesondere auf die Ermittlung einer aussagekräftigen Zählergröße, um die Entwicklung des Unternehmensergebnisses im Zeitablauf aufzeigen zu können und den Vergleich zwischen unterschiedlichen Unternehmen zu ermöglichen. Durch die Division des Ergebnisses durch die Aktienanzahl eines Unternehmens lässt sich das DVFA/SG Ergebnis je Aktie errechnen.

Ergebnisorientierte Prüfung

Hinsichtlich des →*Prüfungsobjektes* wird in systemorientierte (→*Systemprüfung*) und ergebnisorientierte Prüfungen differenziert. Art und Umfang der Prüfung von Bearbeitungsergebnissen (Ergebnisprüfung) ist von den bei der Systemprüfung getroffenen Feststellungen abhängig. Ergebnisprüfungen lassen sich in →*Einzelfallprüfungen* (Detailprüfungen) und →*analytische Prüfungen* (Globalprüfungen) unterteilen. Einzelfallprüfungen untersuchen unmittelbar die jeweils interessierenden Einzelsachverhalte der Buchführung und des Jahresabschlusses, d.h., es handelt sich um eine →*direkte Prüfung*. Analytische Prüfungen kontrollieren die Jahresabschlussdaten durch die Untersuchung bedeutsamer Trends und Beziehungen sowie ungewöhnlicher Schwankungen und Abweichungen, d.h., es liegt eine →*indirekte Prüfung* vor.

Ergebnisse Dritter → Verwendung von Urteilen Dritter

Ergebnisse eines Sachverständigen → Verwendung von Urteilen Dritter

Erklärungshypothese → Analytische Prüfungen; → Urteilshypothese

Erleichterte Prüfung → Zugang zum Beruf des WP

Eröffnungsbilanzwerte → Erstprüfung

Error → Fehler

Erstellung des Jahresabschlusses durch einen Wirtschaftsprüfer

Die Mitwirkung des amtierenden Abschlussprüfers bei der Erstellung des Jahresabschlusses ist unzulässig (§ 23a Abs. 3 Berufssatzung). Dieser national und international bestehende Berufsgrundsatz wurde in die gesetzlichen → *Ausschlussgründe* des § 319 Abs. 2 u. 3 HGB aufgenommen. Wirkt ein WP bei der Führung der Bücher oder der Aufstellung des Jahresabschlusses eines Unternehmens mit, darf er oder eine Person, mit der er seinen Beruf gemeinsam ausübt, nicht Abschlussprüfer dieses Unternehmens sein (→ *Selbstprüfungsverbot*, § 319 Abs. 3 Nr. 3 Bst. a HGB). Die Beseitigung wesentlicher Mängel eines Jahresabschlusses kann zu einer über die Prüfungstätigkeit hinausgehenden unzulässigen Mitwirkung führen (Einwirkungsverbot). Dennoch ist es die Aufgabe des Abschlussprüfers, den Mandanten zur Beseitigung von erkannten Mängeln zu veranlassen (Einwirkungsgebot). Im Einzelfall ist die Abgrenzung zwischen geforderter Einwirkung und unzulässiger Mitwirkung problematisch (→ *Beratung und Prüfung*; → *Unabhängigkeit*).

Erstprüfung

1 Prüfungsnormen

a) Deutsche Normen: IDW PS 205, 240.24; b) Internationale Norm: ISA 510.

2 Definition

Erstprüfungen bezeichnen Abschlussprüfungen, bei denen der Einzel- oder Konzernabschluss des Vorjahres nicht oder durch einen anderen Abschlussprüfer geprüft worden ist. Im Gegensatz hierzu hat der Abschlussprüfer bei einer → *Folgeprüfung* bzw. Wiederholungsprüfung das Unternehmen bereits im Vorjahr bzw. in den Vorjahren geprüft.

3 Prüferisches Vorgehen

3.1 Prüfungsplanung und Prüfungsdurchführung

Da der Abschlussprüfer bei einer Erstprüfung nicht auf seine eigenen Informationen und Erfahrungen der Vorjahresprüfung zurückgreifen kann, ist eine Erstprüfung regelmäßig mit einem höheren Zeitaufwand und höheren Prüfungskosten (→ *Lowballing*) verbunden. Risiken bestehen insbesondere im Hinblick auf die Funktionsfähigkeit der eingesetzten Buchhaltungs- und Kontrollsysteme (→ *Systemprüfung*; → *IKS*). Daher werden bei Erstprüfungen im Speziellen für die strategische → *Prüfungsplanung* und die hiermit in einem engen Zusammenhang stehende Risikoanalyse mehr Ressourcen als bei Folgeprüfungen beansprucht. Der höhere Zeitaufwand amortisiert sich jedoch meist mit steigendem Wissen über den Mandanten in den Folgeprüfungen. Da der Mandant keine Erfahrungen hinsichtlich der Anforderungen des neuen Abschlussprüfers besitzt, kann ein höherer Zeitaufwand ebenfalls durch Probleme bei der Abstimmung zwischen Mandant und Abschlussprüfer verursacht sein. Im Vorfeld der eigentlichen Prüfung sind daher gezielte Absprachen, wie Mitteilung der benötigten Hilfsmittel und Unterstützungsleistungen, zu treffen, um zur → *Prüfungsbereitschaft* des Mandanten beizutragen. Ferner sollte bei der Zeitplanung regelmäßig auf Erfahrungen vergleichbarer Prüfungen anderer Unternehmen zurückgegriffen werden.

Die Festlegung weiterer zusätzlicher → *Prüfungshandlungen* im Rahmen einer Erstprüfung hängt maßgeblich davon ab, mit welchem Ergebnis der Vorjahresabschluss geprüft bzw. ob dieser geprüft wurde (vgl. IDW PS 205.11, 240.24). Erfolgte die Prüfung des Vorjahresabschlusses durch einen anderen Abschlussprüfer, können dessen Ergebnisse unter Beachtung der Eigenverantwortlichkeit verwertet werden. Grundsätzlich lassen sich dabei ausreichende Prüfungsnachweise gewinnen, indem der Abschlussprüfer den → *Prüfungsbericht* des Vorjahres durchsieht. Sofern Einwendungen im Rahmen des Vorjahresabschlusses aufgetreten sind, muss der Abschlussprüfer den Feststellungen bei der laufenden Prüfung besondere Aufmerksamkeit widmen (IDW PS 205.12 sowie ISA 510.6). Wurde der Vorjahresabschluss nicht geprüft, sind weitere Prüfungshandlungen insbesondere im Rahmen der Prüfung der Eröffnungsbilanzwerte vorzunehmen. Dabei ist sicherzustellen, dass die einzelnen Positionen der Eröffnungsbilanz so erfasst und bewertet wurden, dass die Darstellung der Ertragslage des Unternehmens im zu prüfenden Geschäftsjahr nicht wesentlich beeinträchtigt wird (IDW PS 240.24, 205.14 sowie ISA 510.8–10).

Für die Prüfung von erstmalig aufgestellten Jahresabschlüssen (aufgrund einer Neugründung, Verschmelzung oder Spaltung; → *Verschmelzungsprüfung*) enthalten IDW PS 205.15 f. weitere Hinweise.

3.2 Berichterstattung und Erteilung des Bestätigungsvermerks

Der Abschlussprüfer hat festzustellen, ob der Vorjahresprüfer den → *Bestätigungsvermerk* zum Vorjahresabschluss eingeschränkt, versagt oder auf Besonderheiten bei der Beurteilung des Prüfungsergebnisses (→ *Prüfungsurteil*) hingewiesen hat. Entsprechend ist durch den Abschlussprüfer zu überprüfen, ob die Beanstandungen des Vorjahres für den zu prüfenden Abschluss noch zutreffend und wesentlich sind. Ist dies der Fall, wäre der Bestätigungsvermerk zu dem aktuell zu prüfenden Abschluss einzuschränken, zu versagen oder auf die Besonderheiten im Bestätigungsvermerk hinzuweisen (IDW PS 205.17). In den Prüfungsbericht sind die bei einer Erstprüfung zusätzlich notwendigen Prüfungshandlungen als ergänzender Hinweis zum Umfang der Prüfung aufzunehmen (IDW PS 205.18).

Erteilung des Prüfungsauftrags → Prüfungsauftrag

Ertrag

Erträge sind periodisierte Einzahlungen, denen Leistungs- oder Güterveräußerungen bzw. sonstige Reinvermögensmehrungen zwischen zwei Bilanzstichtagen gemäß den handelsrechtlichen Vorschriften zugrunde liegen. Sie stellen eine Stromgröße dar. Erträge hängen vom Realisations-, nicht vom Zahlungszeitpunkt ab (§ 252 Abs. 1 Nr. 4 f. HGB).

Die Differenz aus Erträgen und → *Aufwendungen* ergibt den Jahresüberschuss bzw. -fehlbetrag der Rechnungsperiode. Ihre einzelnen Bestandteile können in der GuV nach dem Gesamt- oder Umsatzkostenverfahren gegliedert werden (§ 275 HGB, → *GuV, Prüfung*). Es werden hinsichtlich der Herkunft betriebliche und betriebsfremde sowie nach Häufigkeit regelmäßige und außerordentliche Erträge unterschieden. Der korrespondierende Begriff in den IFRS lautet → *income*.

Ertragslage, Prüfung

1 Normen

1.1 Rechnungslegungsnormen

a1) Deutsche Norm in Bezug auf den Einzelabschluss: § 264 Abs. 2 HGB; a2) Deutsche Norm in Bezug auf den Konzernabschluss: Nach § 298 Abs. 1 HGB sind die Regelungen zum Einzelabschluss im Konzernabschluss entsprechend anzuwenden; b) Internationale Norm: IAS 1.

1.2 Prüfungsnormen

a) Deutsche Normen: §§ 317 Abs. 1 Satz 3, 321 Abs. 1 HGB, IDW PS 200.10, 450.72; b) Internationale Norm: ISA 200.

2 Definition Ertragslage

Gemäß der Generalnorm des § 264 Abs. 2 HGB hat der Jahresabschluss der →*Kapitalgesellschaft* ein den tatsächlichen Verhältnissen entsprechendes Bild der Vermögens-, Finanz- und Ertragslage zu vermitteln. Dies gilt gem. § 297 Abs. 2 HGB entsprechend für den →*Konzernabschluss*. Nach IFRS soll die Darstellung der Vermögens-, Finanz- und Ertragslage entsprechend den tatsächlichen Verhältnissen (*fair presentation*) durch die Einhaltung der einzelnen IFRS sowie der Grundsätze der *understandability*, *relevance*, *reliability* und *comparability* erzielt werden (IAS 1.13). Gelingt dies unter Verwendung der IFRS im Jahresabschluss nicht, so sind gem. IAS 1 zusätzliche Angaben in den *notes* (→*Anhang, Prüfung*) erforderlich. In seltenen Ausnahmefällen kann die Einhaltung bestimmter Standards jedoch auch einer fair presentation entgegenstehen. Hier sieht IAS 1.17 die Möglichkeit vor, von bestimmten Standards abzuweichen, um die fair presentation zu gewährleisten. Allerdings sind hierfür weitere Angaben (IAS 1.18) erforderlich.

Grundsätzlich umfasst die Ertragslage all jene Faktoren, durch die die Erfolgssituation des Unternehmens determiniert wird. Hinsichtlich der Bestimmung der Ertragslage lassen sich zwei Betrachtungsweisen differenzieren. Traditionell folgt die Bestimmung der Ertragslage einer statischen Betrachtungsweise. D.h., hier soll die Ertragslage über den Erfolg des vergangenen Geschäftsjahres informieren und Aufschluss über die einzelnen Erfolgskomponenten des Geschäftsjahres geben. Zentrale Informationsinstrumente sind in diesem Zusammenhang die

GuV (→ *GuV, Prüfung*) sowie die entsprechenden Angaben im Anhang bzw. den notes. Die zweite Sichtweise integriert hingegen auch eine dynamische Komponente. Neben dem vergangenen Geschäftsjahr werden hier auch Faktoren, die zur zukünftigen Generierung von Erträgen beitragen, in die Betrachtung einbezogen. Bei der dynamischen Interpretation wird daher auch von der *Ertragskraft* eines Unternehmens gesprochen. Entsprechende Informationen über die künftige Entwicklung der Ertragslage finden sich im Lagebericht (→ *Lagebericht, Prüfung*).

3 Prüfung der Ertragslage

3.1 Grundsätzliche Erläuterungen zur Prüfung

Die Prüfung der Ertragslage ist als Plausibilitätsprüfung (→ *Analytische Prüfungen*) zu verstehen, in der die offen zu legenden Informationen über die Ertragslage des zu prüfenden Unternehmens auf die inhaltliche und rechtliche Richtigkeit hin zu untersuchen sind. Das Erfordernis zur Prüfung der Ertragslage erwächst zum einen daraus, dass im Rahmen des → *Prüfungsberichts* gem. § 321 Abs. 1 HGB wesentliche Veränderungen der Vermögens-, Finanz- und Ertragslage aufgeführt und ausreichend erläutert werden müssen. Dies gilt nach ISA 200.2 in gleicher Weise. Zum anderen ist die Prüfung der Ertragslage wichtige Voraussetzung für die Beurteilung going concern-Annahme (→ *Going concern-Annahme, Prüfung*) gem. § 252 Abs. 1 Nr. 2 HGB bzw. IAS 1.23. Außerdem dient die Prüfung der Ertragslage zur Einschätzung des Geschäftsrisikos und der → *inhärenten Risiken*. Je ungünstiger die Ertragslage eines Unternehmens ist, desto größer ist die Gefahr einer Ergebnis erhöhenden Manipulation des Jahresabschlusses durch das Management, bspw. mit dem Ziel der Minimierung der Fremdkapitalkosten. Bei einer günstigen Ertragslage hingegen besteht die Gefahr einer zu vorsichtigen Darstellung im Jahresabschluss. Folglich kommt der Beurteilung der Ertragslage hinsichtlich der Bestimmung von Art und Umfang der durchzuführenden Prüfungshandlungen bei einer Jahresabschlussprüfung eine wichtige Rolle zu.

3.2 Prüfungshandlungen

Eine mögliche Vorgehensweise bei der Prüfung der Ertragslage ist es, zur Einschätzung der Plausibilität der Entwicklung der Ertragslage anfangs einen *Periodenvergleich* vorzunehmen und, soweit entsprechende Daten verfügbar sind, die Ertragslage des zu prüfenden Unternehmens durch einen *Betriebsvergleich* in Relation zu anderen Unternehmen derselben Branche zu setzen. So wird eine erste Einschätzung der Ertragslage möglich. Im Rahmen der Prüfung der Ertragslage muss zunächst die Ausübung bestehender Bilanzierungswahlrechte analysiert werden. Entsprechende Anhaltspunkte zur Ausübung der Bilanzierungswahlrechte finden sich in den Anhangangaben. Bei der Prüfung der Ertragslage sind eine *betragsmäßige* und eine *strukturelle Ergebnisanalyse* vorzunehmen. Im Rahmen der *betragsmäßigen Ergebnisanalyse* ist zu prüfen, ob die ausgewiesenen Ergebnisse der Höhe nach den tatsächlichen Verhältnissen entsprechen. Zentrale Erfolgsindikatoren im Rahmen der Analyse sind neben den entsprechenden Angaben im Anhang insbesondere der → *CF* sowie, falls vorhanden, der Börsenkurs des Unternehmens. Als weiterer Erfolgsindikator steht das Ergebnis nach DVFA/SG zur Verfügung. Das von der Methodenkommission der DVFA und dem AK SG erarbeitete Konzept zielt auf die Kennzahl Ergebnis je Aktie (→ *Ergebnis je Aktie, Prüfung*) ab und dient im Rahmen des Kurs-Gewinn-Verhältnisses vornehmlich der Preiswürdigkeitsermittlung der Aktie.

Als weitere Prüfungshandlung ist die Untersuchung der GuV-Struktur vorzunehmen. Ziel dieser *strukturellen Erfolgsanalyse* ist die Identifizierung der einzelnen Komponenten und Einflussfaktoren des Gesamtergebnisses. Indem der Abschlussprüfer die Spaltung des Gesamterfolgs in die Bestandteile ordentliches Betriebsergebnis, ordentliches betriebsfremdes Ergebnis und außerordentliches Ergebnis vornimmt, erhält er Aussagen über die Entstehung des Erfolgs. Neben der Erfolgsspaltung hat im Rahmen der strukturellen Ergebnisanalyse auch eine Betrachtung der Anteile der einzelnen Erfolgskomponenten an der Ergebnisentstehung stattzufinden. Hierzu sind die einzelnen Ergebnisbestandteile jeweils ins Verhältnis zum Gesamtergebnis vor Steuern zu setzen. Ggf. sind weitere detailliertere → *Kennzahlen* heranzuziehen.

Neben der betragsmäßigen und der strukturellen Ergebnisanalyse ist die *Rentabilität* des Unternehmens ein weiterer wichtiger Bestandteil der Prüfung der Ertragslage. Hiefür sind insbesondere die Größen Eigenkapitalrentabilität, Gesamtkapitalrentabilität, Rentabilität des langfristigen Kapitals, Rentabilität des betriebsnotwendigen Vermögens sowie Umsatzrentabilität von Bedeutung. Neben der Betrachtung der einzelnen Rentabilitätskennzahlen sind jedoch auch die Interdependenzen zwischen den einzelnen Kennzahlen zu analysieren. Hierzu sind ggf. entsprechende Kennzahlensysteme zu verwenden. Neben der Analyse der Ertragslage anhand der Informationen aus dem Jahresabschluss hat der Abschlussprüfer auch die im Lagebericht seitens der Unternehmensleitung dargestellten Zukunftsprognosen (→ *Prognoseprüfung*) hinsichtlich der Ertragsentwicklung auf ihre Plausibilität hin zu untersuchen. Dies erfolgt i. d. R. im Rahmen der Prüfung des Lageberichts.

Erwartungslücke

1 Definition

Die → *Abschlussprüfung* hat den → *Jahresabschluss* bzw. → *Konzernabschluss* sowie den Lagebericht (→ *Lagebericht, Prüfung*) bzw. Konzernlagebericht anhand geltender Rechnungslegungs- und → *Prüfungsnormen* zu prüfen. Bei börsennotierten → *AG* ist ferner das nach § 91 Abs. 2 AktG einzurichtende Risikofrüherkennungssystem (→ *Risikomanagementsystem, Prüfung*) zu beurteilen. Die Prüfung ist so anzulegen, dass Unrichtigkeiten und Verstöße mit wesentlichen Auswirkungen auf die Darstellung der Vermögens-, Finanz- und Ertragslage erkannt werden (→ *Fraud, Prüfung*). Zu den Aufgaben der Abschlussprüfung zählt entgegen der häufig formulierten Erwartung der Öffentlichkeit jedoch nicht primär die Beurteilung der finanziellen oder wirtschaftlichen Lage des Unternehmens, der unternehmerischen Entwicklungspotenziale und Geschäftsführungskompetenz oder gar die gezielte Aufdeckung doloser Handlungen. Die Abweichung zwischen den Erwartungen der Öffentlichkeit über Gegenstand und Aussagekraft der Abschlussprüfung einerseits und der wahrgenommenen normenkonformen Prüfungsleistung andererseits bildet die Erwartungslücke (expectation gap). Damit variiert die Erwartungslücke intersubjektiv.

2 Komponenten und Ursachen der Erwartungslücke

Die Erwartungslücke setzt sich aus drei Komponenten zusammen: Normenversagen, Prüferversagen und Öffentlichkeitsversagen. Das Normenversagen basiert auf einer Abweichung zwischen den Erwartungen an die Prüfungstätigkeit seitens der zum Unternehmen in einer Beziehung stehenden Gruppen (→ *Stakeholder*), insbesondere der Aktionäre, einerseits und der normenkonformen Leistung des → *Abschlussprüfers* andererseits. Die verschiedenen stakeholder haben unterschiedliche Interessen und demzufolge unterschiedliche Informationsbedürfnisse und Erwartungen an die Prüfung. Entsprechend kann bereits dieser Teil der Erwartungslücke nur regelmäßig verringert, nicht aber geschlossen werden. Das Prüferversagen basiert auf einem nicht normenkonformen

Verhalten des Abschlussprüfers. Diese Komponente der Erwartungslücke kann durch die Abschlussprüfer selbst eliminiert werden und wird daher teilweise als kein oder nur als nachrangiger Bestandteil der Erwartungslücke angesehen. Unvollkommene und/oder verzerrte Wahrnehmung und/oder falsche Interpretation der Prüfungsleistungen sind Gegenstand des Öffentlichkeitsversagens. Diese ist auf eine unvollständige Kommunikation der Prüfungsergebnisse (→ *Prüfungsurteil*) oder auch eine unzureichende Kenntnis von Gegenstand und Umfang der Prüfung seitens der Adressaten zurückzuführen.

3   Möglichkeiten zur Verringerung der Erwartungslücke

Seitens des Gesetzgebers wurde wiederholt versucht, zur Verringerung der Erwartunglücke beizutragen. So wurde mit dem 2002 in Kraft getretenen TransPuG u.a. die Zielsetzung verfolgt, die Information der Aktionäre zu verbessern. Weitere Ansatzpunkte hinsichtlich des Normenversagens werden v.a. in der Ausweitung des → *Prüfungsobjektes* und/oder der Prüfungsleistung gesehen. Die Vermeidung prüferischen Fehlverhaltens und damit die Verringerung des Prüferversagens wird v.a. durch die Forcierung der → *Unabhängigkeit* und Verantwortlichkeit der Abschlussprüfer angestrebt. Diesem Ziel wurde bereits mit der teilweisen Neuformulierung der §§ 318, 319, 323 HGB durch das KonTraG Rechnung getragen. Schließlich konnte das KonTraG durch eine Modifizierung des → *Prüfungsberichtes* sowie des → *Bestätigungsvermerkes* zu einer Verringerung der Erwartungslücke beitragen. Das BilReG vom 4.12.2004 modifiziert und erweitert Regelungen zur Sicherstellung der Unabhängigkeit des Abschlussprüfers. Neben der Überarbeitung des § 319 HGB zur Auswahl des Abschlussprüfers und damit verbundenen → *Ausschlussgründen*, enthält der neu eingefügte § 319a HGB konkrete Angaben zu Ausschlussgründen von Abschlussprüfern, die beabsichtigen, Unternehmen, die einen organisierten Kapitalmarkt in Anspruch nehmen, zu prüfen. Auch die Einführung des § 321a HGB zur Offenlegung des Prüfungsberichtes in besonderen Fällen und die Überarbeitung des § 322 HGB sollen zur Verbesserung der Qualität der Abschlussprüfung und somit zur Reduzierung des Prüferversagens beitragen. Die Einführung einer Prüfstelle für Rechnungslegung (Enforcement-Stelle) durch das BilKoG vom 15.12.2004 stellt eine weitere Maßnahme der Bundesregierung zur Verringerung des Prüferversagens dar (→ *Durchsetzung von Rechnungslegungsnormen*). Dadurch, dass die Enforcement-Stelle Fehler bei der Abschlussprüfung möglicherweise aufdeckt oder Tatsachen, die auf das Vorliegen einer Berufspflichtverletzung durch den Abschlussprüfer schließen lassen, an die →*WPK* meldet, hat der Abschlussprüfer einen Anreiz zur Erbringung der geforderten Prüfungsqualität. Zudem stärkt die Enforcement-Stelle die Unabhängigkeit des Abschlussprüfers, da er gegenüber dem Mandanten im Zweifelsfalle auf diese verweisen kann, was wiederum zur Verringerung des Prüferversagens beitragen kann.

Im Zusammenhang mit der Verringerung der Erwartungslücke ist auch auf den SOA hinzuweisen. Dieser wurde 2002 als Reaktion auf Unternehmenszusammenbrüche in den USA sowie diesen vorausgegangenen Bilanzskandalen verabschiedet und stellt die bedeutendste Änderung der US-Wertpapiergesetze seit dem SA und dem SEA dar. Ziel der Gesetzesinitiative im Kontext einer Verringerung des Prüferversagens ist die Forderung von Maßnahmen zur Sicherstellung der Unabhängigkeit des Abschlussprüfers; zur Verringerung des Normenversagens ist z. B. der Gegenstand der pflichtmäßigen Abschlussprüfung auf das →*IKS* sowie eine diesbezügliche Effektivitäts- und Angemessenheitsbescheinigung des Managements auszudehnen. Ob die anspruchsvolle Zielsetzung des SOA allerdings nicht gleichzeitig zu einer Ausdehnung des Öffentlichkeitsversagens beiträgt, bleibt abzuwarten.

Literatur: *Bahr, A.*, Vertrauen in Wirtschaftsprüfer, 2003; *Wolz, M.*, in: Wirtschaftsprüferkammer-Mitteilungen 1998, S. 122–135.

Ethische Prüfungsnormen

Im Prüfungskontext berühren ethische Normen moralische Wertvorstellungen, die das Verhalten des Prüfers gegenüber dem Mandanten, den eigenen Berufsangehörigen sowie der Öffentlichkeit betreffen (Problemfelder ethischer Normen). In einem marktwirtschaftlich orientierten System sprechen ethische Normen vorzugsweise den Zielkonflikt von Gewinnerzielung und Erlangung eines vertrauenswürdigen Urteils an (→ *Zielgrößen im Prüfungsprozess*).

Gewinnerzielung ist hier weit auszulegen und soll auch die Nutzenbeiträge umfassen, die dem Prüfer im Austausch gegen die Hinnahme von Beeinträchtigungen einer normenkonformen Prüfung zufließen. Beispiele für hieran anknüpfende Konflikte sind: der wettbewerbsinduzierte Druck auf die Prüfungshonorare, mögliche Beeinträchtigungen der →*Unabhängigkeit*, der drohende Entzug des Mandats bei Nichterteilung eines uneingeschränkten →*Bestätigungsvermerks* sowie das diesen Vorgang oftmals begleitende Phänomen des →*opinion shopping*.

Ethische Prüfungsnormen bilden einen Regelungsbereich der Prüfungsordnung (→ *Prüfungsnormen*). Dabei lassen sich nationale und internationale (Code of Ethics; → *Ethics*) ethische Prüfungsnormen unterscheiden. Vorrangig anzuwenden sind die strengeren Normen; weiterhin sind nationale rechtliche Besonderheiten zu beachten (Ethics. Preface). Der deutsche Berufsstand der WP verwendet im Zusammenhang mit den ethischen Prüfungsnormen zumeist die Bezeichnung »Berufsgrundsatz« oder »beruflicher Grundsatz« (z.B. IDW PS 201.24 f.) sowie »allgemeine Berufspflichten« (§ 43 WPO).

Im Unterschied zu den internationalen beinhalten die deutschen ethischen Normen kein erkennbares Systematisierungskonzept. Nationale Einzelregelungen finden sich vor allem in §§ 39, 43 f. WPO, §§ 318 f., 324 f. HGB, IDW PS 210.24–26 sowie z.B. in den §§ 1–4, 7, 9, 11, 20–24 Berufssatzung.

Europäische Aktiengesellschaft

Im Oktober 2001 wurde vom Rat der EU die Verordnung über das Statut der Europäischen Gesellschaft verabschiedet, die nunmehr am 8.10.2004 in Kraft getreten ist. Die Verordnung bietet Unternehmen die Möglichkeit, eine Europäische Aktiengesellschaft (Societas Europaea, SE) zu gründen.

Die Europäische Aktiengesellschaft ist eine Gesellschaft, deren Kapital in Aktien aufgeteilt ist. Das gezeichnete Kapital muss mindestens 120.000 € betragen. Gem. Art. 4 der Verordnung muss die Europäische Aktiengesellschaft ihren Sitz in einem Mitgliedstaat haben und zwar in demjenigen, in dem sich ihre Hauptverwaltung befindet.

Die Gesellschaft muss ihrer Firma den Zusatz »SE« zufügen. Eintragung und Löschung der Gesellschaft erfolgen gem. Art. 14 VO im Amtsblatt der EG (Art. 14 VO).

Für die Gründung einer Europäischen Aktiengesellschaft kommen folgende vier verschiedene Möglichkeiten in Betracht: die Gründung durch Verschmelzung, die Gründung einer Holding, die Gründung einer Tochter sowie die Umwandlung in eine SE.

Die Gründung einer Europäischen Aktiengesellschaft weist gegenüber der bisherigen Situation den Vorteil auf, dass sie europaweit agieren kann und dem Gemeinschaftsrecht unterliegt, das in den Mitgliedstaaten direkt anwendbar ist. Bislang mussten bei EU-weit operierenden Unternehmen prinzipiell in jedem Mitgliedstaat eigenständige Tochtergesellschaften nach dem dort jeweils geltenden Recht gegründet und geführt werden. Dies verursachte eine kosten- und beratungsintensive Verwaltung der Unternehmensgruppe, da die einzelnen Rechtsordnungen im Hinblick auf das Gesellschafts-, Arbeits- und Steuerrecht innerhalb der EU sehr unterschiedlich ausgeprägt sind. Die Europäische Aktiengesellschaft wird zu einer weiteren Harmonisierung der nationalen Rechtssysteme in der EU beitragen.

Bei der inneren Organisationsform der Europäischen Aktiengesellschaft kann gem. Art. 38 VO gewählt werden zwischen einem dualistischem System, welches dem deutschen System für die → *AG* entspricht, und dem monistischem System, welches dem angloamerikanischen board-System entspricht (→ *Board of directors*).

Europäischer Rechnungshof

Der seit 1977 bestehende Europäische Rechnungshof (http://www.eca.eu.int) mit Sitz in Luxemburg ist ein gegenüber den anderen Gemeinschaftsorganen und Mitgliedstaaten unabhängiges Organ der EU. Seine im Kontrollwesen öffentlicher Finanzen fachlich qualifizierten Mitglieder sind Repräsentanten der Mitgliedstaaten und werden auf sechs Jahre ernannt. Dem Europäischen Rechnungshof obliegt die Kontrolle der wirtschaftlichen Ausführung des Haushaltsplans der EU durch Prüfung der Recht- und Ordnungsmäßigkeit der Einnahmen und Ausgaben des Haushalts. Die Prüfungsergebnisse werden in Form von Jahres- und Sonderberichten veröffentlicht und dienen der Haushaltsbehörde (Europäisches Parlament und Rat der EU) als Grundlage für die Entlastung der Kommission in Bezug auf die Ausführung des Haushaltsplans.

Examen → Wirtschaftsprüfungsexamen

Examination

Die examinations stellen einen der Bestandteile von Prüfungsdienstleistungen (→ *Assurance engagements*) nach der alten Systematisierung der durch den → *WP* erbringbaren Dienstleistungen im Sinne der internationalen Prüfungsnormen dar (vgl. ISA 120.4 und ISAE 3000.appendix a.F.). Ab dem Jahr 2005 sieht die neue Struktur der → *Prüfungsnormen* der IFAC vor, dass die examination als eigenständige Kategorie entfällt (vgl. Structure of Pronouncements by the → *IAASB*). Vielmehr wird sie den anderen Prüfungsdienstleistungen zugeordnet. Eine Umbenennung des ehemaligen ISA 810 in ISAE 3400 ist bereits erfolgt. Dieser behandelte den bisher einzigen Fall einer examination nach internationalen Prüfungsnormen. Danach bezog sich eine examination lediglich auf die gesonderte Prüfung von zukunftsorientierten finanziellen Informationen (ISAE 3400). Da die den Prognosen (→ *Prognoseprüfung*) zugrunde liegenden Annahmen ihrem Wesen nach unsicher sind, ist der Prüfer zumeist nur in der Lage, eine mittlere → *Prüfungssicherheit* zu gewährleisten (ISAE 3400.8 f.). Während bei einer → *prüferischen Durchsicht*, die Prüfungssicherheit oftmals aus Kostengesichtspunkten freiwillig eingeschränkt wird, liegen die Gründe für die Beschränkung hier im → *Prüfungsobjekt* selbst.

Demgegenüber kennen die US-amerikanischen Prüfungsnormen den Begriff der examination auch weiterhin. Allerdings wird dieser anders definiert als nach internationalen Normen. Unter einer examination wird hier eine Prüfungsdienstleistung verstanden, welche mit einer hohen → *Prüfungssicherheit* erbracht worden ist. Beispiele für examinations sind → *Jahresabschlussprüfungen*, → *WebTrust-Prüfungen* und → *SysTrust*-Prüfungen.

Expectation gap → Erwartungslücke

Expense

Gem. IASB Framework.70b stellen Aufwendungen (expenses) eine Abnahme wirtschaftlichen Nutzens in der Rechnungsperiode in Form von Abflüssen oder Beeinträchtigungen von → *assets* oder Erhöhungen von → *liabilities* dar, die zu einer Verringerung des Eigenkapitals führen; ausgenommen sind Zahlungen an Anteilseigner. Die Differenz aus → *income* und expenses ergibt den profit bzw. loss der Periode.

Expenses werden grundsätzlich dann ausgewiesen, wenn das zugehörige income realisiert wird (matching principle, IASB Framework.95). Dagegen werden → *Aufwendungen* nach HGB wegen der größeren Bedeutung von Imparitäts- und Vorsichtsprinzip (§ 252 Abs. 1 Nr. 4 HGB) tendenziell früher als die korrespondierenden Erträge erfasst. In der GuV (→ *GuV, Prüfung*) dürfen keine Bestandteile als außerordentlich klassifiziert werden (IAS 1.85). Einzelne Ertragsposten, die wesentlich sind, müssen angegeben werden (IAS 1.86).

Expertensysteme → Wissensbasierte Systeme

Exposure draft → Due process

Extensible Business Reporting Language

Das Internet gewinnt als Medium der Publizität von Informationen der externen Rechnungslegung zunehmend an Bedeutung. Dies ist insbesondere vor dem Hintergrund bedeutsam, dass nur zeitnahe Informationen entscheidungsnützlich sein können. Zu einer zeitnahen Informationsvermittlung dürfte vor allem die Berichtssprache *Extensible Business Reporting Language* (XBRL) beitragen. Dabei werden die einzelnen Jahresabschlussdaten durch sog. *tags* (Etiketten) ausgezeichnet (z.B. »446200000« = Umsatzerlöse nach IFRS), so dass es möglich ist, die Daten unabhängig vom Betriebssystem und der verwendeten Software in ein Analyseprogramm zu übernehmen oder optisch (z.B. im PDF-Format) darzustellen. Auf diese Weise lassen sich strukturierte Informationspakete definieren. Entsprechende Informationspakete mit hierarchisch gegliederten Strukturen für die Abschlussposten nach HGB und IFRS liegen bereits vor (sog. XBRL-Taxonomien).

Externe Qualitätskontrolle → Qualitätskontrolle, externe

Externes Rechnungswesen → Rechnungswesen

Fachausschuss für Informationstechnologie

Der Fachausschuss für Informationstechnologie (FAIT) wurde 1997 als Nachfolger des FAMA vom →*IDW* eingerichtet. Hauptaufgabe des FAIT ist es, sich mit den Auswirkungen der Informationstechnologie für den WP zu beschäftigen. Des Weiteren befasst sich der FAIT mit der Bedeutung und dem Einfluss der Informationstechnologie für bzw. auf die Abschlussprüfung sowie mit der Erstellung von Arbeitshilfen im Zusammenhang mit der Informationstechnologie für den Berufsstand der WP. Ferner soll die Zusammenarbeit mit den IT-Ausschüssen anderer Organisationen, wie der →*IFAC* und der →*FEE* erfolgen.

Fachausschuss für moderne Abrechnungssysteme → FAIT

Fachausschuss Recht

Der Fachausschuss Recht (FAR) ist ein Fachausschuss des →*IDW*, der sich mit Rechtsfragen beschäftigt, die für den Berufsstand der WP relevant sind. Des Weiteren liegt seine Aufgabe in der Erarbeitung von Empfehlungen hinsichtlich Haftungs- und sonstiger berufsspezifischer Rechtsfragen sowie der Erstellung von Gutachten zu aktuellen Fragestellungen für den Vorstand des IDW.

Fachgutachten des IDW → IDW PH; IDW PS

Fachnachrichten des IDW

Die IDW-Fachnachrichten dienen den Mitgliedern des →*IDW* zur Information über IDW-Verlautbarungen (vor allem →*IDW PS*) und über Veränderungen in Gesetzgebung und Rechtsprechung im Bereich des Gesellschaftsrechts, der Rechnungslegung, Wirtschaftsprüfung und des Steuerrechts auf nationaler wie internationaler Ebene. Die IDW-Fachnachrichten erscheinen monatlich.

Fachtagung des IDW → Deutscher WP Congress

Fachtechnische Prüfungsnormen

1 Definition und Quellen der Herausgabe

Fachtechnische →*Prüfungsnormen* bilden einen Regelungsbereich der Prüfungsordnung. Diese Normen regeln Art und Umfang der Erbringung einer Prüfungsleistung (→*Assurance engagements*) oder einer verwandten Dienstleistung (→*Related services*). Die folgenden Ausführungen beziehen sich auf die Prüfungsleistung »Jahresabschlussprüfung«.

Das Gesetz gibt nur sehr allgemein gehaltene fachtechnische Normen vor; z.B. ist nach § 317 Abs. 1 Satz 3 HGB die Prüfung so anzulegen, dass Unrichtigkeiten und Verstöße gegen die gesetzlichen Rechnungslegungsnormen, welche sich auf die Darstellung der Lage des Unternehmens wesentlich auswirken, bei gewissenhafter Berufsausübung erkannt werden. Detaillierte fachtechnische Normen finden sich in den berufsständischen Normen des →*IDW* und des →*IAASB* (als ein mit der Herausgabe fachtechnischer Normen befasster Ausschuss der →*IFAC*). Zu den fachtechnischen IDW-Normen zählen die →*IDW PS* und die →*IDW PH*. Die fachtechnischen IFAC-Normen umfassen die →*ISA* und die →*IAPS* (zum Entwicklungsprozess und zur Bindungswirkung der zuvor angesprochenen Normen →*Prüfungsnormen*). Auf internationaler Ebene werden die fachtechnischen Besonderheiten der Prüfung öffentlicher Unternehmen am Ende der einzelnen ISA in einem eigenen Abschnitt (sog. Public Sector Perspective) geschlossen dargestellt.

Nach Art. 26 Abs. 1 der novellierten 8. EU-Richtlinie sollen die fachtechnischen IFAC-Normen künftig für die Durchführung von gesetzlichen Abschlussprüfungen in der EU direkt zur Anwendung gelangen. Das IDW hat hierauf bereits reagiert und gibt ab 2005 ergänzend zu den ISA nunmehr IDW IPS heraus, welche sich auf die deutschen Besonderheiten der Transformation beschränken. Zusätzlich wird ein gesondertes Dokument verlautbart, welches den jeweiligen ISA synoptisch in deutscher und englischer Sprache darstellt; dabei sind die deutschen Besonderheiten durch spezielle Ergänzungstextziffern (A-Textziffern) gekennzeichnet. Auch in ihrer Systematisierung (Nummerierung) orientieren sich die IDW-Normen ab 2005 an den IFAC-Normen.

2 Ordnungskonzept

Fachtechnische Normen geben das Prüfungsziel an und behandeln den gesamten Prozess (→ *Prüfungsprozess*) der Zielerreichung (Gewinnung eines Prüfungsurteils). Demnach berühren diese Normen den zeitlichen Ablauf einer Prüfung von der Auftragsannahme (→ *Prüfungsauftrag*), der → *Prüfungsplanung*, der Vornahme von Risikoeinschätzungen und → *materiality*-Beurteilungen, den Methoden zur Erlangung von → *Prüfungsnachweisen* und der sich anschließenden Urteilsbildung (→ *Urteilsbildungsprozess*), den begleitenden Dokumentations- und Kommunikationserfordernissen (→ *Prüfungsdokumentation*) bis hin zur Berichterstattung im → *Prüfungsbericht* und im → *Bestätigungsvermerk*. Diese Teilprozesse laufen überwiegend zeitlich parallel ab und beeinflussen sich teilweise gegenseitig (→ *Suchprozess*; → *Informationsverarbeitungsansatz*): Bspw. führen die im Zuge der Prüfungsdurchführung erlangten Prüfungsnachweise regelmäßig sukzessive zu Änderungen der Prüfungsplanung.

Teilweise geben die Prüfungsnormen ihre prozessuale Orientierung bewusst auf, um sich abgrenzbaren Bereichen zuzuwenden, die als besonders bedeutsam erachtet werden. Als solche Sonderprobleme der Normierung sind z.B. zu nennen: die Prüfung im Hinblick auf die Existenz von Unregelmäßigkeiten (→ *Fraud, Prüfung*), die Prüfung der going concern-Annahme (→ *Going concern-Annahme, Prüfung*) sowie Prüfungsspezifika, welche aus der Größe des Mandanten (→ *KMU, Prüfung*) sowie seiner Branchenzugehörigkeit (z.B. → *Kreditinstitute, Prüfung*; → *Versicherungsunternehmen, Prüfung*) resultieren.

3 Zentrale fachtechnische Normen

Dem zuvor skizzierten Ordnungskonzept werden nachstehend zentrale fachtechnische Normen zugeordnet, ohne den Anspruch auf Vollständigkeit zu erheben. Besonders beachtenswert sind die beiden folgenden Änderungen jüngeren Datums:

- Auf internationaler Ebene werden die Besonderheiten, welche aus einer → *geschäftsrisikoorientierten Prüfung* resultieren (sog. Audit Risk Standards), innerhalb der einzelnen ISA behandelt (IFAC, S. 2 f.; siehe hierzu insbesondere ISA 315, 330).
- Weiterhin wurden die internationalen Normen, welche sich eigenständig mit IT-Fragen beschäftigen, auch unter Hinweis auf ihre mangelnde Aktualität zurückgezogen (ISA 401, IAPS 1001–1003); auf Risiken aus dem IT-Einsatz wird in ISA 315, 330 eingegangen. Dage-

gen besitzen IDW PS 330 und IDW PH 9.330.1 derzeit unverändert ihre Gültigkeit.

Im Einzelnen sind derzeit vor allem die folgenden fachtechnischen Normen relevant (Stand: 1.8.2005):

- *Zielsetzung*: § 317 Abs. 1 Satz 3 HGB, IDW PS 200, 210, ISA 200.
- Teilprozesse:
  - *Auftragsannahme*: IDW PS 220, ISA 210.
  - *Prüfungsplanung*: §§ 4 Abs. 3, 24a Berufssatzung, IDW PS 240, ISA 300.
  - *Risikoeinschätzungen und materiality-Beurteilungen*: IDW PS 230, 250, 331, ISA 315, 320, 330, 402, ED ISA 320, IAPS 1010.
  - *Methoden zur Erlangung von Prüfungsnachweisen und Urteilsbildung*: IDW PS 260, 300, ISA 500 sowie spezielle Normierungen u.a. zu den folgenden Bereichen: Vorratsinventur (IDW PS 301, ISA 501.4–18; →*Inventur, Prüfung*), Bestätigungen Dritter (IDW PS 302, ISA 505; →*Saldenbestätigungen*), →*analytische Prüfungen* (IDW PS 312, ISA 520), →*Erstprüfungen* (IDW PS 205, ISA 510), geschätzte Werte (IDW PS 314, ISA 540, ED ISA 540; →*Geschätzte Werte, Prüfung*), Zufallsauswahl (ISA 530; →*Statistische Stichprobenverfahren*), beizulegende Zeitwerte (IDW EPS 315, ISA 545), →*Ereignisse nach dem Abschlussstichtag* (IDW PS 203, ISA 560), Erklärungen der gesetzlichen Vertreter (IDW PS 303, ISA 580), Verwendung der Arbeit von Anderen (IDW PS 320, 321, 322, ISA 600, 610, 620; →*Verwendung von Urteilen Dritter*), Vergleichsangaben über Vorjahre (IDW PS 318, ISA 710; →*Vergleichsangaben, Prüfung*), Beurteilung von zusätzlichen Informationen, die vom Mandanten zusammen mit dem Jahresabschluss veröffentlicht werden (IDW PS 202, ISA 720), Finanzinstrumente (IAPS 1012; →*Finanzinstrumente, Prüfung*).
  - *Prüfungsnachweise bei IT-Einsatz* (→*IT-gestützte Rechnungslegung*; →*IT-gestützte Prüfungstechniken*): IDW PS 330, IDW PH 9.330.1, ISA 315, 330.
  - *Dokumentation und Kommunikation*: § 51b WPO, § 25 Berufssatzung, IDW PS 460, ISA 230, 260, ED ISA 260.
  - *Berichterstattung (Prüfungsbericht, Bestätigungsvermerk)*: §§ 321, 322 HGB, § 32 WPO, IDW PS 400, 450, 470, ISA 700, 700R, 701.
- *Unregelmäßigkeiten einschließlich fraud*: § 317 Abs. 1 Satz 3 HGB, IDW: Übersetzung ISA 240, IDW E-IPS 240, ISA 240, 250.
- *Going concern-Annahme*: §§ 317 Abs. 1 Nr. 2, 252 Abs. 1 Nr. 2 HGB, IDW PS 270, ISA 570.

- Sonderprobleme:
  - *Branchenspezifika:* Kredit- und Finanzdienstleistungsinstitute (IDW PS 520, 521, 522, EPS 524, IAPS 1000, 1004, 1006), Prüfung der Schadenrückstellung im Rahmen der Jahresabschlussprüfung von Schaden-/Unfallversicherungsunternehmen (IDW PS 560), Prüfung von Energieversorgungsunternehmen (IDW EPS 610), Zur Erteilung des Bestätigungsvermerks bei Krankenhäusern (IDW PH 9.400.1; →*Krankenhausprüfung*), Beurteilung der Angemessenheit der Eigenkapitalausstattung öffentlicher Unternehmen (IDW PH 9.720.1; →*Öffentliche Verwaltung, Prüfung*).
  - *Kleine Unternehmen:* IDW PH 9.100.1, IAPS 1005; die Besonderheiten der Prüfung kleiner Unternehmen werden künftig in gesonderten Abschnitten zu den einzelnen Normen behandelt.
  - *Lagebericht:* §§ 289, 315, 317 Abs. 2 HGB, IDW PS 350 (→*Lagebericht, Prüfung*).
  - *Risikofrüherkennungssystem:* § 91 Abs. 2 AktG, § 317 Abs. 4 HGB, IDW PS 340 (→*Risikomanagementsystem, Prüfung*).
  - →*DCGK:* § 161 AktG, §§ 285 Nr. 16, 314 Abs. 1 Nr. 8, 316 Abs. 1, 2, 317 Abs. 1 Satz 2 HGB, IDW PS 345.
  - Beziehungen zu nahe stehenden Personen (→*Beziehungen zu nahe stehenden Personen, Prüfung*): IDW PS 255, ISA 550.
  - *Konzernabschlüsse:* ED ISA 600 (The Audit of Group Financial Statements) (→*Konzernabschluss, Prüfung*).
  - Segmentberichterstattung: ISA 501.42–45 (→*Segmentberichterstattung, Prüfung*).
  - →*Gemeinschaftsprüfung:* IDW PS 208.

Klaus Ruhnke

Literatur: *IFAC* (Hrsg.), Handbook of International Auditing, Assurance, and Ethics Pronouncements, 2005.

Fair values, Prüfung

1 Normen

1.1 Rechnungslegungsnormen

a) Deutsche Normen: §§ 253 Abs. 3 Satz 1 u. 2 HGB, 253 Abs. 2 Satz 3 HGB; b) Internationale Normen: IAS 16.31–33, 32.77, .88, 38.75, 39.43 u. .46 i.V.m. IAS 39.AG 69–82, 40.33–55, 41.12, .16–25, IFRS 3.36.

1.2 Prüfungsnormen

a) Deutsche Norm: IDW PS 315; b) Internationale Norm: ISA 545.

2 Definition

Die IFRS definieren den *beizulegenden Zeitwert* (fair value) als den Betrag, zu dem ein Vermögensposten zwischen sachverständigen, vertragswilligen und voneinander unabhängigen Parteien getauscht oder eine Schuld beglichen werden könnte (z.B. IAS 38.8). Dabei ist der fair value nur dann heranzuziehen, wenn er zuverlässig ermittelt werden kann. Bei den deutschen Rechnungslegungsnormen ist der fair value vor allem als niedrigerer beizulegender Wert im Rahmen von § 253 HGB von Bedeutung.

3 Prüferisches Vorgehen

Zentral für die Frage nach dem prüferischen Vorgehen ist, nach welcher Methode der fair value ermittelt wurde. Möglich ist bspw. das Beobachten an aktiven Märkten. Ist ein solcher Marktpreis (market price) nicht verfügbar, weichen die Rechnungslegungsnormen zumeist auf andere Wertfindungsmethoden aus, die in mehr oder weniger großem Maß Schätzungen erforderlich machen (z.B. Anpassungen von Marktpreisen für ähnliche Objekte, finanzwirtschaftliche Bewertungsmodelle). Je weiter sich die Wertfindung von aktiven Märkten entfernt, desto mehr gewinnen die beizulegenden Zeitwerte den Charakter von geschätzten Werten (→ *Geschätzte Werte, Prüfung*) und desto intensiver muss der Prüfer auch beurteilen, ob der fair value überhaupt zuverlässig ermittelbar ist.

Das Prüfungsziel ist auch bei der Prüfung von fair values eine Beurteilung, ob der vom Unternehmen im zu prüfenden Jahresabschluss angesetzte Betrag den relevanten Rechnungslegungsnormen entspricht; der Prüfer hat hierzu angemessene und ausreichende → *Prüfungsnachweise* zu erlangen. Die Besonderheit bei der Prüfung von fair values liegt darin, dass im Regelfall nicht nur ein normenkonformer Wert existiert, sondern eine Bandbreite mehr oder weniger plausibler Soll-Werte (→ *Soll-Ist-Vergleich*) vorliegt (Ausnahme: Marktpreise). Folglich kann an einen geschätzten fair value nicht der gleiche Anspruch hinsichtlich der Objektivierbarkeit gestellt werden.

Die Prüfung von fair values behandeln IDW PS 315 bzw. ISA 545. Sofern es sich nicht um Marktpreise, sondern um geschätzte beizulegende

Zeitwerte handelt, sind neben IDW PS 315 auch IDW PS 314 bzw. ISA 540 bedeutsam. Die nachstehenden Ausführungen geben Anhaltspunkte für das prüferische Vorgehen:

- Da *Marktpreise* direkt am Markt beobachtbar sind, gestaltet sich deren Prüfung weitgehend unproblematisch. Die Prüfung konzentriert sich auf die beiden Fragestellungen, ob ein aktiver Markt im Sinne der Rechnungslegungsnormen vorliegt und ob der zu prüfende Marktpreis aus dem aktiven Markt korrekt übernommen wurde, d.h. am Stichtag beobachtbar war. Ein aktiver Markt liegt vor, wenn (1) auf dem Markt homogene Güter gehandelt werden, (2) der Markt ausreichend liquide ist, d.h. jederzeit Vertragspartner gefunden werden können, und (3) die Preise öffentlich verfügbar sind. Das Vorliegen dieser Bedingungen hat der Prüfer zu beurteilen.
- Bei der Prüfung *geschätzter beizulegender Zeitwerte* geht der Prüfer grundsätzlich wie bei der Prüfung von anderen geschätzten Werten in der Rechnungslegung vor. Als erster Schritt sind die Daten und Annahmen zu beurteilen, die dem geschätzten Wert (Prognoseaussage) zugrunde liegen (→ *Prognoseprüfung*). In einem zweiten Schritt ist die Berechnung, welche zum geschätzten beizulegenden Zeitwert führt, nachzuvollziehen.
- Als *weitere Prüfungshandlungen*, die den geschätzten fair value als Ganzes stützen sollen, kommen in Betracht:
  - Beurteilung der Konsistenz der Annahmen zwischen verschiedenen Vermögenswerten;
  - Beurteilung der Konsistenz zu historischen Daten;
  - Sensitivitätsanalysen; dabei werden die dem geschätzten beizulegenden Zeitwert zugrunde liegenden Annahmen in einer Bandbreite variiert, die als noch plausibel anzusehen ist. Ist die Streuung der auf dieser Basis berechneten beizulegenden Zeitwerte zu groß bzw. weichen diese Werte wesentlich voneinander ab, so ist der fair value möglicherweise nicht zuverlässig ermittelbar;
  - Verwendung von unternehmensunabhängigen Schätzungen und Vergleich mit den fair values des Unternehmens;
  - Berücksichtigung von Ereignissen nach dem Abschlussstichtag;
  - Plausibilisierung mit Marktpreisen.

Literatur: *Ruhnke, K./Schmidt, M.*, in: Die Wirtschaftsprüfung 2003, S. 1037–1051; *Schmidt, M.*, in: Die Wirtschaftsprüfung 2004, S. 12–29.

Fast close

Unter einem fast close werden die beschleunigte Aufstellung, Prüfung und Veröffentlichung von Monats-, Quartals- und →*Jahresabschlüssen* sowie die damit in Zusammenhang stehenden organisatorischen Maßnahmen verstanden. Die zunehmende Verbreitung eines fast close ergibt sich aus den insbesondere gegenüber →*kapitalmarktorientierten Unternehmen* bestehenden Forderungen seitens der Investoren nach einer möglichst zeitnahen und damit entscheidungsnützlicheren Unternehmensberichterstattung. Hinzu tritt die Empfehlung des →*DCGK* (Abschnitt 7.1.2), den →*Konzernabschluss* binnen 90 Tagen nach Geschäftsjahresende zu veröffentlichen. Das beschleunigte Reporting soll vornehmlich durch die Verbesserung der erforderlichen Abschluss- und Berichterstattungsprozesse erreicht werden. Zu den Maßnahmen zählen im Einzelnen u. a. eine gleichmäßigere Verteilung der durchzuführenden Abschlussarbeiten über das gesamte Geschäftsjahr hinweg sowie eine Optimierung aller das Rechnungswesen tangierenden Bereiche, z.B. durch die Vermeidung von Abstimmungsarbeiten, Kontrollrechnungen und Rückfragen. Häufig erfolgt in der Praxis auch die Aufstellung eines hard close, bei dem bereits unterjährig auf einen Stichtag vor dem eigentlichen Bilanzstichtag ein vorläufiger Abschluss erstellt und entsprechend geprüft werden kann. Nur noch die Geschäftsvorfälle, die innerhalb des Restzeitraums anfallen, bzw. die korrespondierenden Nachbuchungen müssen dann noch nach Ablauf des Geschäftsjahres geprüft werden.

Fédération des Experts Comptables Européens

In dieser Organisation sind die führenden Berufsorganisationen der →*accountants* in Europa zusammengeschlossen. Der Fédération des Experts Comptables Européens (FEE) gehören derzeit 44 Berufsorganisationen aus 32 Ländern an, die etwa 500.000 Mitglieder repräsentieren (Stand: 5.2.2005, http://www.fee.be). Deutscher Vertreter bei der FEE ist das →*IDW*. Die FEE ist 1986 aus der Union Européene des Experts Comptables Economiques et Financiers (UEC) und der Group d`Études des Experts Comptables de la C.E.E., die aufgelöst wurden, hervorgegangen. Hauptaufgabengebiet der FEE ist die Vertretung und Förderung der Interessen des Berufsstandes in Europa sowie dessen Vertretung auf internationaler Ebene. Die FEE betreibt kein eigenes standard setting, sondern gibt auf der Grundlage durchgeführter Projekte Vorschläge für die Abschlussprüfung und verweist dort teilweise auf die IFAC-Normen.

Fehler

Bei Fehlern im Jahresabschluss oder im Lagebericht kann einerseits zwischen systematischen und unsystematischen Fehlern und andererseits zwischen beabsichtigten und unbeabsichtigten Fehlern differenziert werden.

Bei systematischen Fehlern werden Geschäftsvorfälle einer bestimmten Kategorie im gesamten Geschäftsjahr falsch bearbeitet, etwa aufgrund von falschen Programmierungen bei einer →*IT-gestützten Rechnungslegung*, oder bei fehlenden Rechnungslegungskenntnissen einzelner Mitarbeiter. Unsystematische Fehler hingegen treten nur zufällig auf und erscheinen im gesamten Geschäftsjahr definitionsgemäß nur wenige oder ein einziges Mal. Häufig treten sie bei manuellen Buchführungssystemen in Form von Abstimmungs- und Übertragungsfehlern auf. Aber auch bei IT-gestützten Rechnungslegungssystemen können unsystematische Fehler eine Rolle spielen, etwa bei einmaligen Falschbuchungen aufgrund von Eingabefehlern.

Die Differenzierung zwischen beabsichtigten und unbeabsichtigten Fehlern entspricht der Einteilung des IDW E-IPS 240 (→*Fraud, Prüfung*). Beabsichtigte Fehler, das IDW spricht hier von *Verstößen*, entstehen aufgrund von Wissen und Wollen des Mitarbeiters bzw. der Führungskräfte und sind auf die Verschaffung von ungerechtfertigten oder rechtswidrigen Vorteilen gerichtet (IDW E-IPS 240.7). Nach der Terminologie des IDW wird bei Verstößen zwischen *Manipulationen der Rechnungslegung* und *Vermögensschädigungen* differenziert. *Manipulationen der Rechnungslegung* (ISA 240.7 verwendet hierfür den Begriff »fraudulent financial reporting«) zielen direkt auf die Manipulation des Jahresabschlusses bzw. der zugrunde liegenden Buchführung sowie des Lageberichts ab und können durch Bestrebungen einer Ergebnisbeeinflussung hervorgerufen werden, um Abschlussadressaten ein falsches Bild über die wirtschaftliche Lage des Unternehmens zu vermitteln (IDW E-IPS 240.10). Hierzu zählen Täuschungen, Verfälschungen oder Änderungen in der Buchführung, Falschdarstellungen oder beabsichtigtes Weglassen bestimmter Sachverhalte im Abschluss sowie die absichtlich falsche Anwendung von Rechnungslegungsgrundsätzen (IDW E-IPS 240.8). *Vermögensschädigungen* stellen vorsätzliche Verstöße mit Bereicherungsabsicht dar. Zumeist sind diese auf die widerrechtliche Aneignung von Unternehmensvermögen sowie auf die Erhöhung von Verpflichtungen zu Lasten des Gesellschaftsvermögens ausgerichtet. *Vermögensschädigungen* werden oft von Mitarbeitern des Unternehmens in Form von relativ kleinen und unwesentlichen Beträgen vorgenommen (IDW E-IPS 240.11). Zu nennen sind hier insbesondere Unterschlagungen (→ *Unterschlagungsprüfung*) und Diebstahl (IDW E-IPS 240.11). Die Terminologie des ISA 240 bezeichnet beabsichtigt herbeigeführte Fehler als »fraud«.

Unbeabsichtigte Fehler, das IDW spricht hier von *Unrichtigkeiten*, werden durch unbeabsichtigte Falschaussagen im Abschluss und Lagebericht verursacht und sind etwa auf die fehlerhafte Datenerfassung bzw. -verarbeitung, auf unzutreffende Schätzungen zum Zwecke der Rechnungslegung oder auf die unabsichtliche falsche Anwendung von Rechnungslegungsgrundsätzen zurückzuführen (IDW E-IPS 240.5). Weitere Gründe stellen fehlende oder unvollständige Arbeitsanweisungen, das Unvermögen von Mitarbeitern aufgrund von unzureichender Einarbeitung oder fehlerhafter Organisation von Arbeitsabläufen dar. ISA 240 verwendet für unbeabsichtigte Fehler den Terminus »error«.

Fehlerhypothese → Urteilshypothese

Fehlerintensität → DUS

Fehlerreihungsmethode → DUS

Fernprüfungen

Erfolgt die Prüfung räumlich getrennt vom Standort des Mandanten, z.B. im Büro des Prüfers, so wird von Fernprüfung gesprochen (siehe auch → *Kontinuierliche Prüfung*). Voraussetzung einer Fernprüfung ist, dass dem Prüfer die notwendigen Unterlagen am entsprechenden Arbeitsplatz zugänglich sind. Im Rahmen der IT- und Kommunikationsentwicklung gewinnt der Aspekt der Fernprüfung stärker an Bedeutung. So ist u.a. die → *sachlogische Programmprüfung* grundsätzlich als Fernprüfung durchführbar, sofern die Programmdokumentation bzw. der Quellcode dem Prüfer zugesandt werden.

Feststellung des Jahresabschlusses

Die Feststellung des Jahresabschlusses ist ein Rechtsakt, durch den der Jahresabschluss verabschiedet und damit endgültig wird. Festgestellt werden kann nur ein Einzel-, nicht aber ein Konzernabschluss.

Die Feststellung obliegt grundsätzlich den Gesellschaftern bzw. der →*Gesellschafterversammlung* (§§ 42a Abs. 2, 46 Nr. 1 GmbHG). Eine Ausnahme gilt für die →*AG*: Bei dieser hat der →*Vorstand* den Jahresabschluss (nebst Lagebericht; →*Lagebericht, Prüfung*) dem →*Aufsichtsrat* vorzulegen (§ 170 Abs. 1 Satz 1 AktG). Billigt der Aufsichtsrat den Jahresabschluss, ist dieser damit festgestellt (§ 172 Abs. 1 Satz 1 AktG). Alternativ, und dies stellt in der Praxis die Ausnahme dar, können Vorstand und Aufsichtsrat die Feststellung des Jahresabschlusses auch der Hauptversammlung (→*Hauptversammlung, Teilnahme des Abschlussprüfers*) überlassen (§ 173 AktG).

Wichtig ist die Unterscheidung zwischen der Feststellung durch den Aufsichtsrat oder die Hauptversammlung deshalb, weil Vorstand und Aufsichtsrat gem. § 58 Abs. 2, Abs. 2a Satz 1 AktG das Recht haben, bestimmte Teile des Jahresüberschusses in die Gewinnrücklagen (→*Eigenkapital, Prüfung*) einzustellen (sog. Aufstellung der Bilanz unter Berücksichtigung der teilweisen Verwendung des Jahresergebnisses, § 268 Abs. 2 Satz 2 HGB). Nehmen diese das Recht wahr, so kann die Hauptversammlung über diese bereits verwendeten Teile des Jahresüberschusses nicht mehr entscheiden, da sie an den festgestellten Jahresabschluss gebunden ist (§ 174 Abs. 1 Satz 2 AktG). Der verbleibende Betrag wird als Bilanzgewinn bezeichnet (§ 158 Abs. 1 AktG). Der Vorstand hat bei der Vorlage des Jahresabschlusses an den Aufsichtsrat diesem ebenfalls einen Vorschlag zu Verwendung des Bilanzgewinns zu unterbreiten (sog. Gewinn- oder Ergebnisverwendungsvorschlag). Über diesen Vorschlag befindet die Hauptversammlung (sog. Gewinn- oder Ergebnisverwendungsbeschluss); sie ist an den Vorschlag nicht gebunden (§ 174 Abs. 1 Satz 1 AktG).

Die Feststellung des Jahresabschlusses als Rechtsakt ist bedeutsam, weil rechtlich wirksame Ergebnisverwendungsbeschlüsse (und damit auch Ausschüttungen) nur auf Basis eines festgestellten Jahresabschlusses erfolgen können. Ohne eine vorhergehende Feststellung sind derartige Beschlüsse nichtig.

Falls eine gesetzliche Prüfungspflicht für den Jahresabschluss besteht (§ 316 HGB), ist der Jahresabschluss vom Vorstand dem Aufsichtsrat nach abgeschlossener Abschlussprüfung vorzulegen. Der Vorstand hat dabei den Prüfungsbericht des Abschlussprüfers beizufügen (§ 170

Abs. 1 Satz 2 AktG). Besteht eine Prüfungspflicht, so ist die Prüfung notwendige Voraussetzung für die Feststellung. Ohne Prüfung kann ein Jahresabschluss nicht festgestellt werden (§§ 256 Abs. 1 Nr. 2, 173 Abs. 3 AktG). Ein dennoch erfolgter Feststellungsbeschluss ist nichtig (→ *Nichtigkeit des festgestellten Jahresabschlusses*) und damit rechtlich nicht existent. Daraus folgt außerdem, dass ohne eine Prüfung (bei bestehender Prüfungspflicht) auch keine Ergebnisverwendungsbeschlüsse wirksam gefasst werden können.

Im Gegensatz zum Einzelabschluss bedarf der Konzernabschluss keiner Feststellung, da auf seiner Basis auch keine Ergebnisverwendungsbeschlüsse erfolgen. Er ist jedoch nach § 171 AktG durch den Aufsichtsrat, im Ausnahmefall auch durch die Hauptversammlung (§ 173 Abs. 1 AktG) zu billigen, wobei eine versagte Billigung im Gegensatz zum Einzelabschluss keine unmittelbaren Folgen hat. Dem Erfordernis der Billigung unterliegen alle Konzernabschlüsse unabhängig von den Rechnungslegungsnormen, auf deren Grundlage sie erstellt werden. Angesprochen sind daher neben den Konzernabschlüssen nach HGB-Rechnungslegungsnormen auch verpflichtende IFRS-Konzernabschlüsse nach § 315a Abs. 1, Abs. 2 HGB und freiwillige IFRS-Konzernabschlüsse nach § 315a Abs. 3 HGB. Durch das BilReG wurde ferner in § 325 Abs. 2a HGB die Möglichkeit geschaffen, zur Information an Stelle des HGB-Einzelabschlusses einen IFRS-Einzelabschluss im → *Bundesanzeiger* offen zu legen. Auch dieser ist vor der Offenlegung zu billigen und nicht, wie bei Einzelabschlüssen normalerweise, festzustellen.

Fifo-Verfahren → Vorräte, Prüfung

Financial Accounting Standards Board

Das Financial Accounting Standards Board (FASB; http://www.fasb.org) wurde 1973 als unabhängiger privatrechtlicher Standard Setter für die US-amerikanische Rechnungslegung gegründet. Es ist der Financial Accounting Foundation (FAF) unterstellt, die neben der Auswahl der sieben Boardmitglieder auch für dessen Finanzierung zuständig ist. Das Recht zum Erlass von Rechnungslegungsstandards für börsennotierte Unternehmen wurde dem FASB von der → *SEC* übertragen. Die Verlautbarungen des FASB werden nach Genehmigung durch die SEC als »generally accepted« angesehen (→ *US-GAAP*). Sie genießen den

»substantial authoritative support«, d.h. eine allgemeine Anerkennung, und haben für die bei der SEC registrierten Unternehmen einen quasi-gesetzlichen Charakter. Die SEC behält sich jedoch das Recht vor, die Zustimmung zu einer Verlautbarung zu verweigern. Die Herausgabe von Rechnungslegungsstandards erfolgt unter Berücksichtigung der Interessen aller durch sie betroffenen Personengruppen. Neben → *CPA* und betroffenen Unternehmen sind dies insbesondere die Adressaten der Rechnungslegung, wie Anteilseigner und Kreditgeber. Die Entwicklung der Normen erfolgt in einem standardisierten Verfahren (→ *Due process*), an dem die interessierte Öffentlichkeit beteiligt wird. Die Emerging Issues Task Force (EITF) unterstützt das FASB und fungiert als eine Art Frühwarnsystem für Rechnungslegungsfragen, aus denen sich für das FASB in Zukunft Handlungsbedarf ergeben könnte, so dass entstehende Problembereiche erkannt und geregelt werden sollen, bevor sich in der Praxis divergente Bilanzierungsmethoden herausbilden. Zentrale Verlautbarungsart sind die »Statements of Financial Accounting Standards« (SFAS). Weiterhin bilden die »Statements of Financial Accounting Concepts« (SFAC) in ihrer Gesamtheit das »Conceptual Framework«. Die zu den existierenden Normen veröffentlichten »interpretations« sowie die »technical bulletins« dienen der Klärung auslegungsbedürftiger Einzelprobleme.

Financial and Management Accounting Committee → Professional Accountants in Business Committee

Financial asset

Zu den financial assets (finanzielle Vermögenswerte) nach IFRS zählen gem. IAS 32.11 alle → *assets*, die einer der folgenden vier Kategorien angehören: (1) Zahlungsmittel (cash), (2) vertragliche Rechte, z.B. Zahlungsmittel oder andere financial assets von einem anderen Unternehmen zu erhalten, (3) vertragliche Rechte, z.B. financial instruments mit einem anderen Unternehmen zu vorteilhaften Konditionen zu tauschen oder (4) Eigenkapitalinstrumente z.B. eines anderen Unternehmens.

Financial auditing

Financial auditing beschreibt die formelle und materielle Prüfung der Ordnungsmäßigkeit des Finanz- und Rechnungswesens. Hieraus begründet sich auch der nach wie vor große Stellenwert des financial auditing, da nahezu alle Geschäftsprozesse ihren Niederschlag im Finanz- und Rechnungswesen eines Unternehmens finden und deshalb viele unternehmerische Entscheidungen auf den Zahlen des Finanz- oder Rechnungswesens basieren. Im Rahmen des financial auditing ist der Revisor mit einer Vielzahl von Revisionsobjekten befasst. Hierzu zählen auch Jahresabschluss und Lagebericht. Im Einzelnen umfasst dies bspw. Objekte wie die Finanzierung des Unternehmens, aber auch eine Überwachung der Einhaltung der Vorgaben für die Durchführung der Inventur. Aufgrund der vornehmlichen Ausrichtung auf das Finanz- und Rechnungswesen können Überschneidungen mit dem → *Controlling* oder der → *Jahresabschlussprüfung* entstehen. Dies sollte geprüft und nötigenfalls mittels Absprachen oder Abgrenzungen gesteuert werden, sofern eine Überschneidung wünschenswert oder sogar zwingend ist. Das financial auditing stellt ein Teilgebiet der → *Internen Revision* dar und bildet zusammen mit dem → *operational auditing*, dem management auditing (→ *Geschäftsführungsprüfung*) und dem internal consulting (Interne Beratungsfunktion: Beinhaltet das Aufzeigen von Verbesserungsmöglichkeiten und die Ausarbeitung von Lösungsansätzen als Ausgangspunkt für die jeweiligen Verantwortlichen) die Aufgabenbereiche der Internen Revision.

Financial Reporting Review Panel

Dieses Komitee ist eine britische, privatrechtlich getragene und finanzierte Einrichtung zur → *Durchsetzung von Rechnungslegungsnormen*. Das Financial Reporting Review Panel (FRRP; http://www.asb.org.uk/frrp) ist mit führenden Persönlichkeiten des Wirtschaftslebens besetzt. Es wird auf Antrag oder Hinweise auf Unregelmäßigkeiten tätig und überprüft, ob der Jahresabschluss börsennotierter und anderer großer britischer Unternehmen im Einzelfall mit den relevanten Rechnungslegungsnormen übereinstimmt. Die Ermittlungen führt das FRRP mit dem Vorstand der betroffenen Gesellschaft durch. Bei festgestellten Unregelmäßigkeiten fordert es das Unternehmen zur Korrektur auf. Kommt das Unternehmen dieser Aufforderung nicht nach, leitet das FRRP ein ordentliches Gerichtsverfahren ein. Abgesehen von einer Veröffentlichung der Untersuchungsergebnisse stehen dem FRRP keine eigenständigen Sanktionsrechte zu.

Financial review by management

Dieser nach den →*IFRS* freiwillig und außerhalb des Jahresabschlusses zu veröffentlichende Bericht soll eine Beschreibung und Erläuterung der Finanz- und Ertragslage des Unternehmens und seiner wesentlichen Unsicherheiten enthalten. Gem. IAS 1.9 können hier Angaben über die Hauptfaktoren der und Einflüsse auf die Ertragslage (→ *Ertragslage, Prüfung*), einschließlich der Veränderungen des Unternehmensumfelds, sowie die Reaktionen des Unternehmens auf diese Veränderungen enthalten sein. Ferner kann, sofern nicht bilanziell erfasst, ein Überblick über Ressourcen des Unternehmens bzw. die Vermögenslage (→ *Vermögenslage, Prüfung*) gegeben werden. Dieser Bericht entspricht damit nicht dem Lagebericht (→ *Lagebericht, Prüfung*) deutscher Prägung. Jedoch ist darauf hinzuweisen, dass eine Vielzahl der geforderten Angaben des deutschen Lageberichts bereits innerhalb einzelner IFRS zu finden ist.

Financial statement → Jahresabschluss

Financial statement assertions → Abschlussaussagen

Finanzanlagen → Finanzinstrumente, Prüfung

Finanzbuchführung → Buchführung

Finanzdienstleistungsinstitute, Prüfung

Die Besonderheiten und Problembereiche bei der Abschlussprüfung von Finanzdienstleistungsinstituten stellt IDW PS 520 dar. Finanzdienstleistungsinstitute sind Unternehmen, die Finanzdienstleistungen für andere gewerbsmäßig oder in einem Umfang erbringen, der einen in kaufmännischer Weise eingerichteten Geschäftsbetrieb erfordert, und die keine Kreditinstitute sind (§ 1 Abs. 1a Satz 1 KWG). Es gelten für sie grundsätzlich die gleichen Rechnungslegungs- und Prüfungspflichten wie für Kreditinstitute (→ *Kreditinstitute, Prüfung*). Sie sind der Beaufsichtigung durch die → *BaFin* unterstellt.

Finanzdienstleistungsinstitute können acht Arten von Dienstleistungen erbringen (§ 1 Abs. 1a Satz 2 KWG), so dass sie eine sehr heterogene Geschäftsstruktur aufweisen. Daneben sind Dienstleistungen möglich, die nicht Bank- und Finanzdienstleitungen i. S. d. KWG sind (z. B. Kreditvermittlung, Anlageberatung).

Finanzdienstleistungsinstitute unterliegen nach Maßgabe der §§ 340 Abs. 4, 340k HGB der gesetzlichen Prüfung gem. §§ 316–324a HGB. Abschlussprüfer können dabei → *WP* und → *WPG* sein. Finanzdienstleistungsinstitute, deren Bilanzsumme am Stichtag 150 Mio. € nicht übersteigt, dürfen auch von → *vBP* und → *BPG* geprüft werden (§ 340k Abs. 4 i. V. m. § 319 Abs. 1 Satz 2 HGB).

Der Umfang der vom Finanzdienstleistungsinstitut zu erfüllenden aufsichtsrechtlichen Pflichten wird durch die Art des betriebenen Geschäfts sowie die Ausgestaltung der dem Institut erteilten Kundenvollmachten bestimmt. Nach diesen Kriterien werden die Institute in vier Gruppen eingeteilt, die jeweils anderen Prüfungs- und Berichtserfordernissen der Prüfungsberichtsverordnung (PrüfbV) unterliegen. Der unterschiedliche Grad der einzuhaltenden Pflichten wird in den §§ 19–47 PrüfbV geregelt, die Zusatzbestimmungen für bestimmte Gruppen enthalten. Einzelne Vorschriften sind jedoch auf bestimmte Finanzdienstleistungsinstitute nicht anwendbar.

Bei der Prüfung von Finanzdienstleistungsinstituten hat der Abschlussprüfer nach § 29 KWG sowie der PrüfbV Besonderheiten hinsichtlich Art und Umfang der Prüfungsdurchführung und Berichterstattung zu berücksichtigen. Des Weiteren sind Fristen hinsichtlich der Fertigstellung und Einreichung des → *Prüfungsberichtes* nach § 340k Abs. 1 Satz 2 HGB (die Prüfung ist spätestens vor Ablauf des fünften Monats des dem Abschlussstichtag nachfolgenden Geschäftsjahres vorzunehmen) zu beachten. Der Jahresabschluss ist nach der Prüfung unverzüglich festzustellen.

Die Rechnungslegung und Buchführung der Finanzdienstleistungsinstitute sind zum Teil nicht auf die Erfüllung der Anforderungen nach §§ 340–340o HGB und der Verordnung über die Rechnungslegung der Kreditinstitute und Finanzdienstleistungsinstitute (RechKredV) ausgelegt, wodurch sich spezifische Probleme hinsichtlich der rechtzeitigen, vollständigen und richtigen Aufstellung des Jahresabschlusses, seiner Prüfung sowie der pflichtweise zu prüfenden aufsichtsrechtlichen Vorschriften ergeben.

Neben der Prüfung der Rechnungslegung stellt die Prüfung der Einhaltung aufsichtsrechtlicher Normen einen zweiten wesentlichen

Bestandteil der Abschlussprüfung von Finanzdienstleistungsinstituten dar. In Abhängigkeit von den jeweils anzuwendenden Vorschriften, d. h. in Abhängigkeit von der Gruppenzugehörigkeit des Instituts, umfasst die Prüfung nach § 29 KWG u. a. die wirtschaftlichen Verhältnisse und die Anzeigepflichten nach den §§ 10, 10b, 11, 12a, 13–13d, 14 Abs. 1, die Anzeigepflichten nach den §§ 15, 24, 24a, jeweils auch i. V. m. einer Rechtsverordnung nach § 24 Abs. 4 Satz 1, die Anzeigepflichten nach § 24a auch i. V. m. einer Rechtsverordnung nach Abs. 5, sowie die Anforderungen nach den §§ 10–10b, 11, 12, 13–13d, 18, 25a Abs. 1 Satz 1 Nr. 1–3, Abs. 2 sowie nach den §§ 13–13c, 14 Abs. 1 jeweils auch i. V. m. einer Rechtsverordnung nach § 22 KWG. Weiterhin hat der Prüfer die Eigenmittel- und Großkreditvorschriften und die besonderen organisatorischen Pflichten bezüglich § 25a KWG zu überprüfen sowie festzustellen, ob das Institut den geldwäscherechtlichen Verpflichtungen nachgekommen ist. Der Prüfungsumfang ist an die Bedeutung der jeweiligen Geschäftstätigkeit anzupassen.

Bei der Erstellung des Prüfungsberichts sind neben den allgemeinen handelsrechtlichen Vorschriften auch die sich aus der PrüfbV bzw. den darüber hinaus anzuwendenden Schreiben und Verlautbarungen der BaFin ergebenden, eigenständigen Berichtspflichten zu beachten. Gem. § 2 PrüfbV, in dem Art und Umfang der Berichterstattung geregelt werden, muss der Prüfungsbericht so übersichtlich und vollständig sein, dass aus ihm die wirtschaftliche Lage des Finanzdienstleistungsinstituts mit der gebotenen Klarheit hervorgeht. Außerdem unterliegt der Umfang, vorbehaltlich der weiteren Bestimmungen der PrüfbV, dem pflichtgemäßen Ermessen des Prüfers und muss der Bedeutung der dargestellten Vorgänge entsprechen.

Neben der → *Redepflicht des Abschlussprüfers* nach § 321 Abs. 1 HGB besteht gem. § 29 Abs. 3 KWG eine gesonderte Pflicht der Berichterstattung des Prüfers gegenüber der BaFin und der Deutschen Bundesbank. Diese hat zu erfolgen, wenn im Rahmen der Prüfung Tatsachen bekannt werden, die die Einschränkung oder Versagung des → *Bestätigungsvermerks* rechtfertigen, den Bestand des Instituts gefährden oder seine Entwicklung wesentlich beeinträchtigen können oder schwerwiegende Verstöße der Geschäftsleiter gegen Gesetz, Satzung oder Gesellschaftsvertrag erkennen lassen. Zudem hat der Prüfer auf Verlangen der BaFin oder der Deutschen Bundesbank ihnen den Prüfungsbericht zu erläutern und sonstige bei der Prüfung festgestellte Tatsachen mitzuteilen, die gegen eine ordnungsmäßige Durchführung der Geschäfte des Instituts sprechen.

Finanzinstrumente, Prüfung

1 Normen

1.1 Rechnungslegungsnormen

a) Deutsche Normen: §§ 249 Abs. 1 Satz 1, 253 Abs. 2 Satz 3, 253 Abs. 3 Satz 1 u. 2, 285 Nr. 18, 314 Nr. 10, Nr. 11, 315 Abs. 2 Nr. 2 HGB; b) Internationale Normen: IAS 32, 39, IFRS 7.

1.2 Prüfungsnormen

a) Deutsche Normen: IDW PS 314, 315; b) Internationale Normen: ISA 545, 550, IAPS 1012.

2 Definitionen

2.1 Derivative Finanzinstrumente

Der Begriff des »Derivates« entstand aus der Art, wie sich der Preis eines solchen Finanzinstrumentes bildet. Er ist von einem sog. underlying (Basiswert) abhängig und leitet sich von diesem ab (lat. »derivare« = ableiten). Wesentliches Merkmal aller Derivate ist eine größere Zeitspanne zwischen Verpflichtungs- und Erfüllungsgeschäft. Oft wird daher auch von Termingeschäften gesprochen, weil sie »auf Termin«, d.h. zu einem in der Zukunft liegenden Zeitpunkt, erfüllt werden. Im Sinne des deutschen Bilanzrechts handelt es sich bei ihnen daher zumeist um schwebende Geschäfte. Ein weiteres Merkmal ist, dass die meisten derivativen Finanzinstrumente (Ausnahme: Optionen) bei Abschluss keine Zahlungen auslösen.

Die deutschen Normen definieren den Begriff nicht, die IFRS verwenden z.B. in IAS 39.9 eine Aufzählung von drei typischen Eigenschaften:

- Der Wert ändert sich in Abhängigkeit von bestimmten Marktparametern;
- bei Eingehen des Geschäftes fallen keine oder nur geringe Zahlungen an; als Folge lässt sich eine Hebelwirkung beobachten;
- die Erfüllung des Geschäftes liegt in der Zukunft.

Die bekanntesten und gebräuchlichsten Derivate sind Optionen, Swaps, Futures, Devisentermingeschäfte und Forward Rate Agreements.

2.2 Originäre Finanzinstrumente

Unter dem Begriff »originäre Finanzinstrumente« werden alle nicht derivativen Finanzinstrumente zusammengefasst. Der Begriff ist erst im Zuge der zunehmenden Verbreitung von sog. derivativen Finanzinstrumenten entstanden, um den Unterschied zu diesen begrifflich erfassen zu können. Die weitaus häufigsten Varianten sind

- Eigenkapitalinstrumente (Aktien),
- Forderungen, Kredite und festverzinsliche Wertpapiere (als aktivische Fremdkapitalinstrumente),
- Verbindlichkeiten (als passivische Fremdkapitalinstrumente).

Weder die deutschen Normen noch die IFRS definieren den Begriff »originäre Finanzinstrumente«. Die IFRS enthalten sowohl eine Definition für derivative Finanzinstrumente als auch eine für Finanzinstrumente, sodass alle Finanzinstrumente i. S. d. Definition, die nicht unter die Definition für derivative Finanzinstrumente fallen, originäre sind.

In Bezug auf die IFRS ergibt sich eine »negative« Definition dadurch, dass derivative Finanzinstrumente definiert werden – alle Finanzinstrumente, die nicht unter diese Definition fallen, sind demnach »originäre«.

3 Ebene der Rechnungslegung

3.1 Deutsche Normen

Für originäre Finanzinstrumente gelten die allgemeinen Ansatz- und Bewertungsnormen des HGB (→ *GoB*). Für die Bewertung von aktivischen Finanzinstrumenten gilt folglich das Realisationsprinzip, welches einen Wertansatz über den Anschaffungskosten verbietet (→ *Anschaffungskostenprinzip*). Hinzu treten die Niederstwertprinzipien der §§ 253 Abs. 2 u. 3 HGB. Sind außerplanmäßige Abschreibungen vorzunehmen, ist der Bewertungsmaßstab der Börsenpreis oder, sofern ein solcher nicht vorliegt, der niedrigere beizulegende Wert. Passivische Finanzinstrumente (= Schulden) sind zum Rückzahlungsbetrag anzusetzen.

3.1.1 Derivative Finanzinstrumente

Da derivative Finanzinstrumente zum einen zumeist keine Anschaffungskosten haben und zum anderen bilanzrechtlich schwebende Geschäfte darstellen, werden sie oft in der Bilanz überhaupt nicht abgebildet (daher oft auch die Bezeichnung »bilanzunwirksame Geschäfte«).

Falls der beizulegende Wert aber aus Sicht des rechnungslegenden Unternehmens während der Laufzeit des Geschäftes negativ wird, ist im Sinne des Imparitätsprinzips eine Rückstellung (→ *Rückstellungen, Prüfung*) nach § 249 Abs. 1 HGB anzusetzen.

3.1.2 Sicherungsgeschäfte

Insbesondere derivative Finanzinstrumente eignen sich zur Absicherung von Risiken (Preisrisiken, Risiken unsicherer Zahlungsströme). Dient ein Finanzinstrument zur Sicherung, so kommt die Bildung einer sog. Bewertungseinheit in Betracht. Die betroffenen Finanzinstrumente werden dann nicht einzeln, sondern gemeinsam (= kompensatorisch) bewertet, d. h., Wertänderungen können sich ausgleichen und werden nicht ergebniswirksam.

3.1.3 Angabepflichten

Durch das BilReG wurde in §§ 285 Nr. 18, 314 Nr. 10, Nr. 11, 315 Abs. 2 Nr. 2 HGB eine Reihe von Angabepflichten in Bezug auf Finanzinstrumente in das HGB eingefügt; diese beziehen sich auf das Risikomanagement sowie spezifische Risiken aus Finanzinstrumenten (Preis- und Ausfallrisiken).

3.2 Internationale Normen

Die Bilanzierung von Finanzinstrumenten normiert IAS 39. IAS 39 verwendet einen sog. »mixed model«-Approach. Die Finanzinstrumente sind zunächst in Kategorien einzuteilen; die Art der Bilanzierung (Bewertungsmaßstab, Ergebniswirksamkeit von Wertänderungen) hängt von der Kategorie ab. So erfolgt bei den Kategorien »Kredit und Forderungen« und »bis zur Endfälligkeit gehaltene Finanzinvestitionen« eine Bewertung zu (fortgeführten) Anschaffungskosten nebst außerplanmäßigen Abschreibungen bei Wertminderungen (impairment); für andere Kategorien (»ergebniswirksam zum beizulegenden Zeitwert bewerteter Vermögenswert bzw. eine finanzielle Verbindlichkeit«, »zur Veräußerung verfügbare finanzielle Vermögenswerte«) ist der fair value der Bewertungsmaßstab (daher die Bezeichnung »mixed model«). Änderungen des fair value sind in Abhängigkeit der Kategorie ergebnisneutral im Eigenkapital (»zur Veräußerung verfügbare finanzielle Vermögenswerte«) oder ergebniswirksam (»ergebniswirksam zum beizulegenden Zeitwert bewerteter Vermögenswert bzw. eine finanzielle Verbindlichkeit«), in der GuV zu erfassen. Zudem besteht eine Option, einzelne Finanzinstrumente der Kategorie »ergebniswirksam zum beizulegenden Zeitwert bewerteter Vermögenswert bzw. eine finanzielle Verbindlichkeit« zuzuordnen (sog. fair value-Option, IAS 39.9).

Für Sicherungsgeschäfte gelten besondere Normen (hedge-accounting). Der Kreis der möglichen Sicherungsgeschäfte und gesicherten Geschäfte (»Grundgeschäfte«) und die »sicherbaren Risiken« sind ebenfalls normiert. Das hedge-accounting dient dazu, ökonomisch bestehende Sicherungszusammenhänge in der Rechnungslegung abzubilden. Durch die unterschiedlichen Bewertungskonzeptionen für die verschiedenen Kategorien erfolgt dies nicht automatisch; vielmehr kann es sogar zu Ergebnisverzerrungen kommen. Die Anwendung des hedge-accounting ist an bestimmte Dokumentations- und Nachweispflichten geknüpft.

Hinzu tritt eine Vielzahl von Angabepflichten; diese sind in IFRS 7 normiert. IAS 32 normiert primär die Abgrenzung zwischen Eigen- und Fremdkapital.

4 Ebene der Prüfung

4.1 Ziel der Prüfung

Das Ziel der Prüfung besteht darin, mit hinreichender →*Prüfungssicherheit* beurteilen zu können, ob die Abbildung der Finanzinstrumente im zu prüfenden Abschluss normenkonform ist. Der Prüfer hat dazu sein Vorgehen an den →*Abschlussaussagen* auszurichten. Im Folgenden werden nur die Abschlussaussagen angesprochen, die aufgrund der Charakteristika von Finanzinstrumenten bei der Prüfung besonders problematisch sind. Dies sind sowohl in Bezug auf die bilanzielle Abbildung als auch etwaige Angabepflichten die Aussagen »Vollständigkeit«, »Vorhandensein« und »Bewertung«.

4.2 Anzuwendende Prüfungsnormen

IAPS 1012 ist die einzige Prüfungsnorm, die sich explizit mit der Prüfung von Finanzinstrumenten befasst; angesprochen sind dort jedoch nur derivative Finanzinstrumente. Allerdings sind weite Passagen der Norm auch bei der Prüfung von originären Finanzinstrumenten hilfreich.

Besondere Bedeutung bei der Prüfung der Aussage »Bewertung« haben zudem die beiden Prüfungsnormen IDW PS 314 und 315, die sich mit geschätzten Werten (IDW PS 314) und beizulegenden Zeitwerten (IDW PS 315) befassen. Die internationalen Pendants sind ISA 540 (accounting estimates) und ISA 545 (fair values).

4.3 Prüfungshandlungen im Einzelnen

4.3.1 Einschätzung des inhärenten Risikos und des Kontrollrisikos

Die Einschätzung des →*inhärenten Risikos* und des →*Kontrollrisikos* durch den Prüfer stellt den ersten Schritt bei der Prüfung von Finanzinstrumenten dar. Der Prüfer wird eine Reihe von unternehmensspezifischen Faktoren berücksichtigen, um das inhärente Risiko in Bezug auf Finanzinstrumente einzuschätzen. Hierzu gehören u. a.

- Erfahrung der im Unternehmen mit den Finanzinstrumenten befassten Personen (eine höhere Erfahrung vermindert das inhärente Risiko);
- Grad der Zentralisierung der unternehmerischen Aktivitäten in Bezug auf Finanzinstrumente einschließlich der Rechnungslegung (je höher die Dezentralisierung, umso höher das inhärente Risiko, weil das Sammeln und Aggregieren von Informationen zeitaufwändig ist, in der Zwischenzeit können Risiken schlagend werden);
- Zweck, zu dem die Finanzinstrumente eingesetzt werden (Sicherung oder Spekulation);
- Komplexität der eingesetzten Instrumente (je komplexer, umso schwieriger sind Preisrisiken abzuschätzen und ein fair value zu ermitteln).

In einem zweiten Schritt schätzt der Prüfer im Rahmen der Prüfung des →*IKS* das Kontrollrisiko. Hierzu ist u. a. zu beurteilen,

a. wie das Kontrollumfeld (→*Systemprüfung*) gestaltet ist, z. B.

- ob Limits für bestimmte Finanzinstrumente und einzugehende Preis- und Ausfallrisiken existieren,
- ob eine organisatorisch unabhängige und zeitnahe Überwachung der Risiken existiert;

b. ob geeignete Kontrollverfahren (→*Aufbauprüfung*) implementiert sind, wie z. B.

- die aufbauorganisatorische Funktionstrennung von Handel, Settlement, Buchhaltung, Risikokontrolle und ggf. Bewertung;
- ob regelmäßige Überleitungen, z. B. zwischen Handel und Risikoüberwachung und/oder zwischen Neben- und Hauptbuchhaltung erfolgen;
- ob die einzelnen Geschäfte detailliert dokumentiert werden (Person des Händlers, Datum und Zeitpunkt der Transaktion, Zweck der Transaktion, ggf. Angaben zur Sicherungsbeziehung bei Anwendung von hedge-accounting);

- ob angemessene Datensicherheit (z.B. Eingabekontrollen) in Bezug auf die (Neben-)Buchhaltung zu Finanzinstrumenten beachtet wurde;
- ob die Saldenbestätigungen von den Kontraktpartnern zeitnah und sorgfältig ausgewertet werden.

Der Prüfer nimmt in einem dritten Schritt Funktionstests (→ *Systemprüfung*; → *Funktionsprüfung*) vor, um zu beurteilen, ob das IKS in Bezug auf Finanzinstrumente auch wirksam ist. Sinnvoll wäre es etwa, den folgenden Fragen nachzugehen:

- Wurden Finanzinstrumente nur im Rahmen der Richtlinien, der Risikopolitik und der Limits gehandelt?
- Wurden Geschäfte nur mit von der Geschäftsleitung autorisierten Kontraktpartnern ausreichender Bonität geschlossen?
- Wurden etwaige ablauforganisatorisch vorgeschriebene Genehmigungen eingeholt?
- Wurden alle Transaktionen zutreffend in der Buchhaltung erfasst und entsprechende Dokumentationen angefertigt und entsprechende Arbeitsanweisungen beachtet?
- Wurden alle Finanzinstrumente/Positionen zeitnah bewertet?
- Wurden Bestätigungen der Transaktionen an die Kontraktpartner gesandt?
- Entsprachen die eingehenden Bestätigungen der Transaktionen von den Kontraktpartnern dem Stand der eigenen Buchführung; wurden sie zeitnah übergeleitet und ggf. bestehende Differenzen geklärt?
- Wurde eine geeignete Datensicherheit einschließlich Datensicherung beachtet?
- Wurden alle Finanzinstrumente regelmäßig und zeitnah zu einer Risikoposition aggregiert?

4.3.2 Aussagebezogene Prüfungshandlungen zur Prüfung der Abschlussaussagen Vorhandensein (existence) und Vollständigkeit (completeness)

Diese beiden Aussagen bereiten bei Finanzinstrumenten besondere Probleme. Zum einen löst eine Vielzahl von derivativen Finanzinstrumenten bei Abschluss keine Zahlungen aus. Es ist also möglich, dass Geschäfte mit Finanzinstrumenten geschlossen wurden, die mangels Zahlungsvorgang in der (Haupt-)Buchhaltung nicht erfasst wurden. Da physisch kein Gegenstand den Verfügungsbereich des Unternehmens erreicht bzw. verlässt, scheidet auch eine körperliche Inaugenscheinnahme aus. Etwaige Belege (sog. Händlerzettel) werden aber oft durch die mit dem Handel betrauten Personen im Anschluss an das Geschäft selbst erstellt und haben daher nur eine geringe Beweiskraft.

Neben der Systemprüfung kann der Prüfer mit zwei aussagebezogenen Prüfungshandlungen ansetzen:

- Während der Laufzeit und/oder der Abwicklung oder Glattstellung der Geschäfte fallen Zahlungen an; diese Zahlungen stellen »normale« Transfers von Bankguthaben dar und hinterlassen als solche einen gut verfolgbaren Prüfpfad. Es ist daher zumindest im Nachhinein möglich, über die Zahlungen im Zusammenhang mit der Abwicklung zu überprüfen, ob die derivativen Geschäfte zuvor korrekt als solche in der Buchhaltung erfasst worden sind.
- Daneben ist die Einholung von → *Saldenbestätigungen* von den Kontraktpartnern möglich. Mit solchen Saldenbestätigungen lässt sich zum einen die Existenz eines (behaupteten) Finanzinstrumentes belegen, zum anderen aber auch die Vollständigkeit prüfen.

4.3.3 Prüfung der Abschlussaussage Bewertung

Grundsätzlicher Bewertungsmaßstab sind nach deutschen Normen und für einige Kategorien nach IAS 39 die (fortgeführten) Anschaffungskosten. Insofern handelt es sich um einen pagatorischen Wertansatz, der im Rahmen der Prüfung mit keinen besonderen Problemen behaftet ist.

Besondere Aufmerksamkeit verlangt aber der Bewertungsmaßstab fair value. Maßgeblich ist er für die Finanzinstrumente bestimmter Kategorien nach IAS 39 sowie im Rahmen der deutschen Normen, weil stets zu prüfen ist, ob eine außerplanmäßige Abschreibung (HGB) bzw. Wertminderung (IFRS) auf den niedrigeren Zeitwert (beizulegender Wert oder Marktpreis, HGB) bzw. recoverable amount (IFRS) vorzunehmen oder ggf. bei Derivaten eine Rückstellung anzusetzen ist (HGB).

Das prüferische Vorgehen ist dabei von der Ausprägung des Zeitwertes abhängig. Möglich sind

- ein Marktpreis (ein Preis, der an einem aktiven Markt beobachtet wird);
- die Anpassung von Marktpreisen für ähnliche Instrumente oder Preise der Vergangenheit an das zu bewertende Instrument;
- die Verwendung von anerkannten Bewertungsmodellen (z.B. Optionspreismodell) oder -verfahren (z.B. DCF-Verfahren; → *Unternehmensbewertung*).

Problematisch ist die Prüfung insbesondere, wenn komplexe Bewertungsverfahren eingesetzt werden. Der Prüfer muss dann nicht nur die Herkunft der in das Modell eingehenden Parameter beurteilen, sondern auch die korrekte Anwendung des Modells als Ganzes. Dies betrifft sowohl die richtige Berechnung als auch die Frage, ob das vom Unternehmen eingesetzte Modell überhaupt zur Bewertung des fraglichen Finanzinstrumentes geeignet ist (siehe zu den geeigneten Prüfungshandlungen → *Fair values, Prüfung* und → *Geschätzte Werte, Prüfung*).

4.3.4 Prüfung von Anhangangaben

Die Aussagen »Vollständigkeit«, »Genauigkeit« und »Bewertung« sind auch in Bezug auf Anhangangaben zu prüfen.

Problematisch ist bei der Vollständigkeit der Anhangangaben, dass die Angabepflichten nach deutschen Normen vergleichsweise unkonkret gefasst sind. Demnach lässt die Norm allein oft keinen eindeutigen Schluss zu, welchen Umfang die erforderlichen Angaben haben müssen und ob qualitative Angaben genügen oder quantitative Angaben erforderlich sind. Dagegen sind die seit Juli 2005 in IFRS 7 normierten Angaben auf internationaler Ebene konkreter.

Im Hinblick auf die Aussagen »Genauigkeit« und »Bewertung« geht der Prüfer vor, als ob ein bilanzieller Wertansatz oder eine andere Größe zu ermitteln ist (siehe auch → *Anhang, Prüfung*).

Martin Schmidt

Literatur: *Kuhn, S./Scharpf, P.*, Rechnungslegung von Financial Instruments nach IAS 39, 2005; *Schmidt, M.*, in: Die Wirtschaftsprüfung 2004, S. 12–29; *Schmidt, M.*, Rechnungslegung von Finanzinstrumenten, 2005.

Finanzlage, Prüfung

1 Normen

1.1 Rechnungslegungsnormen

a) Deutsche Normen: §§ 264 Abs. 2, 317 HGB, DRS 15; b) Internationale Norm: IAS 1.

1.2 Prüfungsnorm

IDW PS 350.

2 Definition

Die Finanzlage bestimmt, neben der Ertragslage (→ *Ertragslage, Prüfung*) und der Vermögenslage (→ *Vermögenslage, Prüfung*), die wirtschaftliche Lage eines Unternehmens. Sie beschreibt die Fähigkeit des Unternehmens, seine fälligen Zahlungsverpflichtungen jederzeit uneingeschränkt und termingerecht erfüllen zu können. Die Finanzlage steht in engem Zusammenhang mit der Kapital- und Vermögensstruktur sowie der Liquidität. I.w.S. wird sie aber auch von Faktoren wie z.B. Beschaffungs- und Absatzpotenzialen beeinflusst. In den internationalen Rechnungslegungsnormen ist die Finanzlage in den Begriff der financial position einbezogen, deren Konzeption das IASB Framework.15–20 näher erläutert. Die financial position umfasst die Vermögens- und Finanzlage, kann je nach Zusammenhang aber auch die wirtschaftliche Lage beschreiben.

3 Abbildung der Finanzlage mittels der Rechnungslegungsinstrumente

Abgebildet wird die Finanzlage sowohl in Bilanz, GuV und Anhang als auch im Lagebericht. Aber auch die Kapitalflussrechnung (→ *Kapitalflussrechnung, Prüfung*) spielt eine wichtige Rolle für die Darstellung der Finanzlage. Während die Bilanz allein schon durch die Gliederung (Aktiva nach zunehmender Liquidierbarkeit, Passiva nach abnehmender Fristigkeit) nach der Fristigkeit (→ *Bilanzgliederung*) einen Einblick in die Liquiditätslage gewährt, lässt die GuV bspw. durch Rückschlüsse von der Ertragslage auf die Möglichkeiten der Kapitalbeschaffung Folgerungen hinsichtlich der Finanzlage zu. Besondere Bedeutung kommt dem Anhang zu, in dem nach § 264 Abs. 2 Satz 2 HGB zusätzliche Angaben zu machen sind, sofern der Jahresabschluss kein »den tatsächlichen Verhältnissen entsprechendes Bild« vermittelt. Dies wird insbesondere auch auf die Finanzlage zutreffen, da bspw. durch sale and lease back-Transaktionen die Vergleichbarkeit mit der Vorperiode beeinträchtigt werden kann. Aber auch der Lagebericht spielt eine besondere Rolle, da er im Gegensatz zum Jahresabschluss nicht den → *GoB* unterliegt. Somit kann das im Jahresabschluss durch die GoB eingeschränkt aussagekräftig dargestellte Bild der Finanzlage im Lagebericht vervollständigt werden. Auch IAS 1.15c fordert zusätzliche Angaben, sofern dies für die fair presentation der financial position notwendig sein sollte. Unterstrichen wird dies auch durch die Forderung in IAS 1.69, dass zusätzliche Bilanzposten einzufügen sind, sofern dies für das Verständnis der financial position eines Unternehmens notwendig erscheint.

4 Prüfung der Finanzlage

Das Gesetz sieht keine eigenständige Prüfung der Finanzlage vor. Jedoch muss sich der Abschlussprüfer ein Bild von der Finanzlage verschaffen, um die Ordnungsmäßigkeit des Jahresabschlusses und des Lageberichts zu beurteilen. Dies geht auch aus § 317 HGB i.V.m. § 264 Abs. 2 HGB hervor. Hiernach muss der Abschlussprüfer die Einhaltung der Vorschriften zur Darstellung der Finanzlage überprüfen.

Auch für den Fortbestand eines Unternehmens spielt die Finanzlage eine zentrale Rolle (→ *Going concern-Annahme, Prüfung*). Dies zeigt sich u.a. auch an ihrer Gewichtung in → *Prüfungsbericht* und → *Bestätigungsvermerk*. So hat der Abschlussprüfer im Prüfungsbericht zur Beurteilung der Lage, und damit auch der Finanzlage, durch die gesetzlichen Vertreter Stellung zu nehmen (§ 321 Abs. 1 Satz 2 HGB). Im Prüfungsbericht ist nach § 321 Abs. 2 Satz 3 HGB auch darauf einzugehen, ob der Jahresabschluss unter Beachtung der GoB ein den tatsächlichen Verhältnissen entsprechendes Bild u.a. der Finanzlage der Gesellschaft vermittelt. Nur dann kann ein uneingeschränkter Bestätigungsvermerk i.S.v. § 322 Abs. 3 HGB erteilt werden. Besondere Beachtung findet die Finanzlage, sofern Risiken des Fortbestands des Unternehmens für den Abschlussprüfer erkennbar sind. Für diesen Fall gibt § 321 Abs. 1 Satz 3 HGB eine → *Redepflicht des Abschlussprüfers* vor. Auf solche Risiken ist auch im Bestätigungsvermerk gesondert einzugehen (§ 322 Abs. 2 Satz 3 HGB).

Die Finanzlage ist im Rahmen der Prüfung des Lageberichts (→ *Lagebericht, Prüfung*) zu untersuchen. Während für die Aufstellung vor allem DRS 15 eine Rolle spielt, regelt IDW PS 350 die Prüfung des Lageberichts.

Die Einhaltung der Vorschriften bezüglich der Ausweis- und Angabepflichten zur Finanzlage ist mittels aussagebezogener Prüfungshandlungen zu untersuchen (z.B. Prüfung, ob → *Kennzahlen* angemessen erläutert werden). Um die Finanzlage zu beurteilen, muss der Prüfer die bisherige sowie die voraussichtliche zukünftige Entwicklung der Finanzlage unter Beachtung bestehender Risiken erfassen und alle bedeutsamen Informationen in verdichteter Form (z.B. einer mehrjährigen Finanzplanung) heranziehen, nachdem er diese auf ihre Plausibilität hin überprüft hat. Des Weiteren ist eine dynamische Betrachtung der Finanzlage auf Basis der Daten aus der Kapitalflussrechnung vorzunehmen, denn sie liefert Informationen über die Finanzmittelströme einer Periode. Nach IDW PS 350 muss der Abschlussprüfer auch die wesentlichen Einflussgrößen der Vermögens-, Finanz- und Ertragslage analysieren. Diese können bspw. mittels betrieblicher Kennzahlen abgebildet werden, die dann auch im Branchenvergleich Aufschluss über Entwicklungen und deren Ursachen geben sollen (wie z. B. die Prüfung des im Lagebericht ggf. angegebenen Ergebnisses nach DVFA/SG).

Five-Forces-Modell

Das Five-Forces-Modell dient der Branchenstrukturanalyse, speziell der Analyse der Wettbewerbsverhältnisse. Die Branchenstrukturanalyse ist neben der Analyse der globalen Umwelt (→ *PEST-Analyse*) Mittel der externen Umweltanalyse (→ *SWOT-Analyse*).

Porter entwickelte 1980 das Konzept der fünf Wettbewerbskräfte (five forces) basierend auf dem »Structure-Conduct-Performance-Paradigma« der traditionellen Industrieökonomik. Im Vordergrund steht die Überlegung, dass die Rentabilität eines Unternehmens sowie das Erfolgspotenzial einer Branche weitgehend durch die Branchenstruktur und insbesondere durch die in der Branche herrschende Wettbewerbsintensität und -dynamik, determiniert werden. Ziel eines Unternehmens ist es dabei, sich nach Analyse der Branchenstruktur innerhalb seines Branchenumfelds zu positionieren, um somit seine Wettbewerbsstrategie zu formulieren. Entsprechend dem Konzept von Porter wird die Struktur und somit die Wettbewerbsintensität eines Marktes durch fünf Wettbewerbskräfte bestimmt, deren Stärke von folgenden Elementen der Branchenstruktur abhängig ist:

- *Wettbewerb innerhalb einer Branche (Rivalität unter den bestehenden Unternehmen).* Eine hohe Kapazitätsauslastung und ein fehlender Differenzierungsgrad der Produkte können zu Preiskämpfen oder »Werbeschlachten« und somit zu einer sinkenden Rentabilität führen. Hohe Marktaustrittsbarrieren, wie hohe Investitionen, führen ebenfalls zu steigender Rivalität. Konkurrenten verbleiben dann weiter im Markt, obwohl dies wirtschaftlich nicht mehr sinnvoll ist.
- *Bedrohung durch neue Konkurrenten.* Die Bedrohung durch neue Konkurrenten hängt von folgenden Markteintrittsbarrieren ab: Economies of scale (Größendegressionseffekte) setzen einen erheblichen Kapitalbedarf bei neuen Konkurrenten voraus, damit diese die notwendige Produktionsmenge erreichen können. Vorteile

durch Produktdifferenzierung etablierter Unternehmen beruhen auf dem Bekanntheitsgrad des Unternehmens, seiner Produkte und der Käuferloyalität. Neue Konkurrenten müssten erhebliche finanzielle Mittel, z. B. für Werbung oder Public Relations aufwenden, um eine bestehende Käuferloyalität zu überwinden. Weitere Markteintrittsbarrieren stellen hohe Umstellungskosten, schwerer Zugang zu Vertriebskanälen, absolute Kostenvorteile, vertragliche Bindungen der Abnehmer oder staatliche Regulierungen dar.

- *Verhandlungsstärke von Abnehmern.* Besitzen einzelne Abnehmer eine starke Verhandlungsmacht, reduziert dies die Rentabilität und somit die Attraktivität des Marktes. Ursächlich hierfür können wenige große Abnehmer sein, die einen erheblichen Einfluss auf die Angebotsstruktur haben. Ein hoher Standardisierungsgrad der Produkte führt aufgrund fehlender Umstellungskosten ebenfalls zu einer höheren Verhandlungsmacht der Abnehmer. Des Weiteren stärken die Gefahr der Rückwärtsintegration und eine hohe Markttransparenz die Verhandlungsposition der Abnehmer.
- *Verhandlungsstärke der Lieferanten.* Gründe für eine hohe Verhandlungsstärke der Lieferanten sind z. B. eine hohe Konzentration im Beschaffungsbereich, geringe Substitutionsmöglichkeiten in Form von Ersatz-Inputs oder hohe Umstellungskosten (*switching costs*) bei den Abnehmern.
- *Bedrohung durch Ersatzprodukte und -dienste.* Ersatzprodukte (Substitute) sind Produkte, die von ihrer Funktion her das originäre Produkt ersetzen können. Ersatzprodukte stellen insbesondere dann eine Bedrohung dar, wenn ihr Preis-Leistungs-Verhältnis gleich gut oder besser als das des originären Produktes ist.

Das Five-Forces-Modell kann insbesondere im Rahmen der →*geschäftsrisikoorientierten Prüfung* angewendet werden. Es dient dabei der *Analyse der Unternehmensstrategie*. Zentrales Ziel ist es, mögliche Geschäftsrisiken zu identifizieren bzw. den Prüfer dabei zu unterstützen, eine Aussage über die Unternehmensfortführung (→ *Going concern-Annahme, Prüfung*) zu treffen.

Literatur: *Porter, M. E.*, Competitive Strategy. Techniques for Analyzing Industries and Competitors, 1980.

Flowcharting software → Sachlogische Programmprüfung

Flüssige Mittel → Zahlungsmittel und Zahlungsmitteläquivalente, Prüfung

FN-IDW → Fachnachrichten des IDW

Folgeprüfung

Wurden der vorangegangene Jahresabschluss und der Lagebericht von demselben Abschlussprüfer geprüft, handelt es sich um eine Folgeprüfung. Eine → *Erstprüfung* liegt hingegen vor, wenn der Vorjahresabschluss nicht oder von einem anderen Abschlussprüfer geprüft wurde.

Unabhängig davon, ob es sich um eine erstmalige Prüfung oder um eine Folgeprüfung handelt, sind alle für die Rechnungslegung wesentlichen Sachverhalte bei jeder Prüfung neu zu beurteilen. Bei Folgeprüfungen kann der Abschlussprüfer auf bereits in der Vergangenheit erworbene Kenntnisse und Erfahrungen mit dem zu prüfenden Unternehmen zurückgreifen. Es ist sicherzustellen, dass die → *Prüfungsplanung* auf einem aktualisierten Kenntnisstand aufbaut.

Forderungen, Prüfung

1 Normen

1.1 Rechnungslegungsnormen

a1) Deutsche Normen in Bezug auf den Einzelabschluss: §§ 246 Abs. 2, 253 Abs. 1, 3, 4 u. 5, 254 i.V.m. 279 Abs. 2, 266 Abs. 2 B. II., 268 Abs. 4, 272 Abs. 1 Satz 3, 280, 284 Abs. 2 HGB; a2) Deutsche Normen in Bezug auf den Konzernabschluss: Nach § 298 Abs. 1 HGB sind die Regelungen zum Einzelabschluss im Konzernabschluss entsprechend anzuwenden. Darüber hinaus sind hinsichtlich der Forderungen im Konzernabschluss insbesondere die Regelungen des § 303 HGB zu beachten; b) Internationale Normen: IAS 1.59, .68 u. .75b, 21.20–26, 32, 39.

1.2 Prüfungsnormen

a) Deutsche Normen: IDW PS 260, 300.40, 302; b) Internationale Normen: ISA 501.19–30, 505, 910.24–33 (in Zusammenhang mit der → *prüferischen Durchsicht* von Jahresabschlüssen).

2 Definition

Forderungen (*receivables*) stellen Ansprüche eines Gläubigers gegenüber einem bestimmten Schuldner auf Geld- oder sonstige Leistungen dar. Die im → *Umlaufvermögen* auszuweisenden Forderungen lassen sich gem. § 266 Abs. 2 B. II. HGB in die Unterpositionen Forderungen aus Lieferungen und Leistungen, Forderungen gegen verbundene sowie Forderungen gegen Unternehmen, mit denen ein Beteiligungsverhältnis besteht, aufgliedern. Diese Position enthält ebenfalls die Unterposition sonstige Vermögensgegenstände. Hierbei handelt es sich um einen Misch- bzw. Sammelposten für alle Vermögensgegenstände, die von keiner anderen Bilanzposition des Umlaufvermögens erfasst werden, wie z.B. Gehaltsvorschüsse, Schadenersatzansprüche oder Kautionen. Gemäß IFRS sind die Forderungen dem originären Finanzvermögen zuzuordnen. Entscheidendes Kriterium ist hierbei gem. IAS 32.11, dass ein Vertrag vorliegt, der bei einem Unternehmen zu einem finanziellen Vermögenswert und bei einem anderen zu einer finanziellen Schuld führt. IAS 1.68 verlangt den separaten Ausweis von Forderungen aus Lieferungen und sonstigen Forderungen. Darüber hinaus sieht IAS 1.74 eine weitere sachgerechte Untergliederung der Forderungen entweder in der Bilanz oder im Anhang vor. Hinweise auf eine solche Untergliederung finden sich in IAS 1.75b.

3 Prüferisches Vorgehen

Im Rahmen der Jahresabschlussprüfung ist bei der Prüfung der Forderungen festzustellen, ob die Darstellungen der Unternehmensleitung im vorläufigen Jahresabschluss den Erfordernissen der angewandten Rechnungslegungsnormen entsprechen (§ 317 Abs. 1 HGB i.V.m. IDW PS 200.8 sowie ISA 200.2). Die Prüfung der Forderungen ist bereits im Rahmen der → *Prüfungsplanung* zu berücksichtigen. Das im Rahmen der risikoorientierten Prüfungsdurchführung (→ *Risikoorientierte Abschlussprüfung*) gewählte Vorgehen muss eine geeignete Grundlage für die Durchführung → *aussagebezogener Prüfungshandlungen* darstellen (IDW PS 260.37).

Eine übliche Vorgehensweise ist es, zunächst die → *inhärenten Risiken* zu identifizieren. Die Einschätzung der inhärenten Risiken ergibt sich dabei insbesondere aus der Analyse der Geschäftstätigkeit und des wirtschaftlichen Umfeldes des Unternehmens. Faktoren, die bei den Forderungen zur Beurteilung der inhärenten Risiken herangezogen werden können, sind bspw. mögliche Motive der Unternehmensleitung, auf den

Ansatz und die Bewertung der Forderungen Einfluss zu nehmen, oder der Abschluss ungewöhnlicher oder komplexer Geschäfte gegen Ende des Geschäftsjahres. Um die → *Kontrollrisiken* einzuschätzen, muss der Prüfer sich davon überzeugen, ob das Unternehmen ein geeignetes → *IKS* eingerichtet hat und ob dieses System wirksam ist (IDW PS 260, 301.7, ISA 400). Zu untersuchen ist hierbei das Verfahren zur Abwicklung und Buchung der Verkäufe sowie das System zur Überwachung und Vermeidung größerer Außenstände; prüfungswürdig im Detail sind u.a. der Prozess der Genehmigung von Verkäufen auf Ziel sowie die Verwendung vornummerierter Auftragsbestätigungen und Ausgangsrechnungen.

Unter Berücksichtigung der Einschätzung der inhärenten und der Kontrollrisiken muss der Prüfer das → *Entdeckungsrisiko* beurteilen und die für die Erlangung der geforderten → *Prüfungssicherheit* notwendigen aussagebezogenen Prüfungshandlungen vornehmen.

Im Folgenden werden die zentralen Prüfungshandlungen entlang der → *Abschlussaussagen* kategorisiert.

a. Ziel der Nachweisprüfung bei den Forderungen ist es, ein Urteil darüber zu erlangen, ob alle ausgewiesenen Forderungen tatsächlich *vorhanden* und alle realisierten Forderungen auch *richtig* und *vollständig* in der Bilanz ausgewiesen sind. Formell erfolgt der Nachweis der *Vollständigkeit* mittels der Abstimmung der in der vorläufigen Bilanz ausgewiesenen Forderungen mit der Saldenliste und den Hauptbuchkonten. Als zentrale Prüfungshandlung im Rahmen der Nachweisprüfung der Forderungen aus Lieferungen und Leistungen ist das Einholen von → *Saldenbestätigungen* zu nennen. Sie sind gem. IDW PS 300.40 sowie gem. ISA 501.20 für Prüfungszwecke heranzuziehen, sofern die Forderungen wesentlich für den Jahresabschluss sind. Der Umfang der Saldenbestätigungsaktion richtet sich dabei nach der Einschätzung inhärenter Risiken und Kontrollrisiken sowie den Ergebnissen der → *analytischen Prüfungen* (IDW PS 302.7). Als Beispiele für analytische Prüfungshandlungen sind die Analyse der Altersstruktur sowie die Ermittlung der durchschnittlichen Außenstandstage der Forderungen zu nennen. Bei nicht beantworteten Saldenbestätigungen sind alternative Prüfungshandlungen vorzunehmen. So kann der Nachweis des tatsächlichen *Vorhandenseins* der Forderungen mittels der Prüfung der Versanddokumente, der Verkaufsdokumente und anderen Unterlagen erfolgen. Ggf. kann die Nachweisprüfung der Forderungen auch anhand der Prüfung des Zahlungsausgleichs erfolgen. Wird z.B. eine Forderung nach dem Bilanzstichtag ausgeglichen, ist dies indirekt als Anerkennung der ausgewiesenen Forderung durch den → *Debitor* zu werten. Die → *kreditorischen Debitoren* sollten einer lückenlosen Überprüfung unterzogen werden, um das Zustandekommen derartiger Verbindlichkeiten zu klären. Konten, die zum Bilanzstichtag einen Nullsaldo ausweisen, sollten kritisch darauf untersucht werden, wie der Ausgleich erzielt wurde. Bei ausgebuchten Forderungen ist die Anweisung zur Ausbuchung zu prüfen. Während bei Forderungen gegenüber Dritten nur stichprobenartig geprüft wird, sind bei Forderungen gegen verbundene und Beteiligungsunternehmen Saldenbestätigungen sämtlicher betroffener Unternehmen anzufordern. Dazu ist die Bestimmung des Kreises der verbundenen Unternehmen sowie der Beteiligungsunternehmen wichtige Voraussetzung. I. d. R. erfolgt dies im Rahmen der Prüfung des Konzernabschlusses (→ *Konzernabschluss, Prüfung*). Die ausgewiesenen Salden sind mit den Bestätigungen der korrespondierenden Unternehmen zu vergleichen. Nach Möglichkeit sollten auch die Prüfungsberichte der entsprechenden verbundenen bzw. Beteiligungsunternehmen zum Abgleich herangezogen werden. In diesem Zusammenhang ist ebenfalls zu prüfen, ob die Konditionen, zu denen Geschäfte mit verbundenen und Beteiligungsunternehmen durchgeführt werden, grundsätzlich denen mit Dritten entsprechen. Ggf. hat auch die Überprüfung der rechtlichen Zulässigkeit der Forderung anhand der Einsichtnahme in Verträge und Schriftwechsel zu erfolgen. Als Nachweisprüfung der sonstigen Vermögensgegenstände hat eine stichprobenweise Abstimmung der ausgewiesenen Vermögensgegenstände mit den vorliegenden Bestandsnachweisen zu erfolgen. Aufgrund der starken Heterogenität dieses Postens müssen sich weitergehende Prüfungshandlungen insbesondere nach den spezifischen Sachverhalten sowie der jeweiligen Rechtslage, die den Anspruch begründet, richten.

b. Im Rahmen des *Ausweises* der Forderungen sind für Kapitalgesellschaften die Gliederungsvorschriften des § 266 Abs. 2 B. II. HGB zu beachten. Die nach IFRS für Forderungen bestehende Mindestausweispflicht wird in IAS 1.68 geregelt. Darüber hinaus enthält IAS 1.75b Hinweise auf eine sachgerechte Untergliederung der Forderungen. Forderungen und Verbindlichkeiten aus Lieferungen und Leistungen dürfen grundsätzlich nicht miteinander saldiert werden (§ 246 Abs. 2 HGB, IAS 1.32). In diesem Zusammenhang ist insbesondere darauf zu achten, dass die kreditorischen Debitoren unter den sonstigen Verbindlichkeiten ausgewiesen werden. Handelt es sich bei Forderungen aus Lieferungen und Leistungen um Forderungen, die gegenüber verbundenen bzw. Beteiligungsunternehmen bestehen, so ist sicherzustellen, dass der

Ausweis nicht unter den Forderungen aus Lieferungen und Leistungen, sondern unter der Position Forderungen gegenüber verbundenen Unternehmen bzw. gegenüber Unternehmen, mit denen ein Beteiligungsverhältnis besteht, erfolgt, da dieser Ausweis vorrangig zu berücksichtigen ist. Im Rahmen der *Ausweisprüfung* ist ebenfalls sicherzustellen, dass die Zuführungen zu Einzel- und Pauschalwertberichtigungen auf Forderungen unter den sonstigen betrieblichen Aufwendungen ausgewiesen werden. Bei der Prüfung der korrekten Zuordnung bei den sonstigen Vermögensgegenständen ist zu prüfen, ob hier ggf. Posten erfasst wurden, die unter anderen Bilanzposten auszuweisen sind. Aufgrund der Zusammenfassung der zum Teil sehr heterogenen Werte unter den sonstigen Vermögensgegenständen und der damit verbundenen geringen Aussagefähigkeit dieser Position sollte der Prüfer darauf achten, dass der Ausweis dieses Postens möglichst gering bleibt. Gem. § 268 Abs. 4 Satz 1 HGB sind bei jeder Unterposition der Forderungen jeweils die Beträge mit einer Restlaufzeit von mehr als einem Jahr gesondert zu vermerken. Diese Vermerke sind vom Abschlussprüfer zumindest in Stichproben zu überprüfen.

c. Bei der Prüfung der (Perioden-)*Abgrenzung* (cut-off-Prüfung) ist in einem angemessenen Stichprobenumfang insbesondere die Prüfung der kurz vor Ende des Geschäftsjahrs gebuchten Rechnungen im Hinblick auf eine korrekte Periodenzuordnung vorzunehmen. Aber auch die kurz nach dem Bilanzstichtag gebuchten Rechnungen sind einer stichprobenweisen Prüfung zu unterziehen. Die Stichproben sollten sich auf einen Zeitraum von mehreren Wochen um den → *Abschlussstichtag* beziehen. Die Abgrenzungsprüfung erfolgt, indem die Unterlagen der veräußerten Waren oder der erbrachten Werk- oder Dienstleistung mit den entsprechenden Rechnungen verglichen und auf die periodengerechte Zuordnung hin untersucht werden. Die Abgrenzungsprüfung der Forderungen aus Lieferungen und Leistungen erfolgt zweckmäßigerweise in Verbindung mit der Prüfung der Abgrenzung der Vorräte (→ *Vorräte, Prüfung*).

d. Das Ziel der Prüfung der *Bewertung* der Forderungen besteht darin festzustellen, inwieweit Forderungen noch mit ihrem Nennwert anzusetzen und in welchem Umfang Wertberichtigungen zur Berücksichtigung des speziellen Risikos einer Forderung sowie zur Erfassung des allgemeinen Kreditrisikos vorzunehmen sind (§ 253 Abs. 3, 4 HGB; § 254 HGB). Ebenfalls ist das Erfordernis von Zuschreibungen nach § 253 Abs. 5 HGB u. § 280 HGB zu beurteilen. Bei der Prüfung der Bewertung der Forderungen und sonstigen Vermögensgegenstände ist zunächst die Existenz von unternehmensinternen *Bewertungsrichtlinien* zu prüfen. Dabei ist festzustellen, ob die dort fixierten Vorgaben den angewandten Rechnungslegungsnormen entsprechen und ob die Bewertenden die Richtlinien erhalten, verstanden und angewandt haben.

Forderungen sind grundsätzlich zu → *Anschaffungskosten* zu bewerten (§ 253 Abs. 1 HGB). Nach IFRS erfolgt die Bewertung von Forderungen nominell zum *fair value*, welcher i.d.R. den Anschaffungskosten zuzüglich angefallener Anschaffungsnebenkosten entspricht (IAS 39.43). Als → *Prüfungsnachweise* kommen hierbei insbesondere die jeweiligen Aufträge sowie die Ausgangsrechnungen in Betracht. Bei Fremdwährungsforderungen hat die Prüfung der Anwendung des korrekten Umrechnungskurses zu erfolgen. Die Umrechnung der Forderungen erfolgt zum Kurs, der zum Zeitpunkt der Erstverbuchung maßgeblich war, bzw. zum Stichtagskurs, soweit dieser niedriger ist (§ 253 Abs. 3 HGB). Nach IFRS sind Fremdwährungsforderungen mit dem Stichtagskurs in der Bilanz auszuweisen (IAS 39.78, 21.23a). Bei mittel- und langfristig unverzinslichen oder nur gering verzinslichen Forderungen ist die Abzinsung auf der Grundlage eines normalisierten Zinssatzes auf den Barwert zu überprüfen. In ähnlicher Weise sind nach IAS 39.75 vom Unternehmen ausgereichte Forderungen (receivables originated by the enterprise) zu fortgeführten Anschaffungskosten zu bewerten, d.h., anzusetzen ist der Barwert der erwarteten künftigen Zahlungsmittelzuflüsse, abgezinst mit dem ursprünglichen Effektivzinssatz.

Bei nach handelsrechtlichen Regelungen aufgestellten Jahresabschlüssen ist in diesem Zusammenhang die Beachtung des für das Umlaufvermögen geltenden strengen Niederstwertprinzips sicherzustellen. Gem. § 253 Abs. 1 u. 3 HGB erfolgt der Ansatz des Nennwertes bzw. des niedrigeren am Bilanzstichtag beizulegenden Wertes. Der Schwerpunkt der Prüfung sollte dabei auf den bis zum Bilanzstichtag noch nicht abgewickelten Forderungen liegen.

Gem. § 253 Abs. 3 Satz 2 HGB sind zweifelhafte Forderungen auf den wahrscheinlich zu realisierenden Betrag abzuschreiben, uneinbringlich gewordene Forderungen sind voll abzuschreiben. Falls Hinweise auf eine Wertminderung vorliegen, hat nach IFRS die Vornahme von Einzelwertberichtigungen zu erfolgen. Dabei muss der Prüfer die Angemessenheit der vorgenommenen Einzelwertberichtigungen sowie das Erfordernis weiterer Wertberichtigungen beurteilen. Aufgrund des allgemeinen Kreditrisikos ist i.d.R. die Bildung einer Pauschalwertberichtigung auf Forderungen vorzunehmen. Der Prüfer hat die Angemessenheit der angewandten Prozentsätze auf Basis von Erfahrungswerten zu überprüfen. Gem. IAS 39.AG87 kann die Bemessung einer Wertberichtigung auf Portfoliobasis (Gesamtbewertung) erfolgen. An Erfahrungssätzen orientierte pauschale Wertberichtigungen sind daher zulässig. Allerdings haben spezifische Informationen über bestehenden Wertberichtigungsbedarf einzelner Forderungen gem. IAS 39.AG88 Vorrang, was zur Folge hat, dass die betreffenden Forderungen nicht Bestandteil eines pauschaliert wertberichtigten Portfolios sein dürfen.

Eine Wertaufholung ist in Bezug auf Kapitalgesellschaften beim Wegfall des Wertminderungsgrundes gem. § 280 HGB zwingend vorzunehmen. Entfällt der Grund für die Wertminderung, so ist diese auch nach IFRS rückgängig zu machen. Bei der Prüfung der Wertaufholungen sind die vorgenommenen Wertaufholungen auf ihre Angemessenheit zu überprüfen.

Im Zusammenhang mit der Prüfung der Angemessenheit der Wertberichtigungen ist eine *Bonitätsanalyse* wichtiger Kunden durchzuführen. Anhaltspunkte hierfür können der Altersaufbau der Forderungen, der Umfang der bis zum Prüfungsstichtag noch nicht ausgeglichenen Forderungen sowie eventuell vorliegende Rechtsstreitigkeiten in Bezug auf ausstehende Forderungen sein. Auch hier geben Saldenbestätigungen wichtige Anhaltspunkte zur Beurteilung der Werthaltigkeit ausstehender Forderungen. I. d. R. wird sich die Bonitätsanalyse vornehmlich auf die Forderungen aus Lieferungen und Leistungen beziehen.

Nach § 298 Abs. 1 HGB sind die Regelungen in Bezug auf den Einzelabschluss im → *Konzernabschluss* entsprechend anzuwenden. Die Forderungen gegen verbundene Unternehmen sind im Konzernabschluss im Rahmen der *Schuldenkonsolidierung* (→ *Schuldenkonsolidierung, Prüfung*) gegen die entsprechenden Verbindlichkeiten der Partnergesellschaft zu eliminieren (§ 303 Abs. 1 HGB). Wurden im Einzelabschluss Pauschalwertberichtigungen auf Forderungen gegen verbundene Unternehmen vorgenommen, so sind diese im Rahmen der Schuldenkonsolidierung rückgängig zu machen.

e. Die Prüfung der *Darstellung und Offenlegung* erstreckt sich auf die Angaben zu den Forderungen in der Bilanz, der GuV und im Anhang. Kapitalgesellschaften haben beim Ausweis der Forderungen die Gliederungsvorgaben des § 266 Abs. 2 B. II. HGB zu beachten. Bei den Angaben im Anhang ist insbesondere zu prüfen, ob die Angabepflichten des § 265 Abs. 1–4, 7, des § 268 Abs. 4 sowie des § 284 Abs. 2 HGB beachtet wurden. Im Rahmen des Konzernanhangs sind zusätzlich die DRS zu beachten. Einschlägig sind hier insbesondere DRS 1.25 u. 9.52. IAS 1.68 legt die Mindestausweispflicht für Forderungen fest. IAS 1.75b enthält darüber hinaus Hinweise auf eine sachgerechte Untergliederung der Forderungen. Ferner sind nach IFRS insbesondere die Angabe- und Erläuterungspflichten des IAS 32 zu berücksichtigen.

Achim Wittich

Literatur: *Niemann, W./Peusquens, H./Wohlgemuth, M.*, Forderungen und sonstige Vermögensgegenstände, in: Pelka, J./Niemann, W. (Gesamtverantwortung), Beck'sches Steuerberater-Handbuch 2004/2005, 2004, B 651–763; *Raff, I.*, Forderungen, in: Ballwieser, W./Coenenberg, A.G./Wysocki, K.v. (Hrsg.), Handwörterbuch der Rechnungslegung und Prüfung, 2002, Sp. 818–830.

Forderungen, Prüfung → Debitoren; → Debitorische Kreditoren

Foreign currency translation → Währungsumrechnung, Prüfung

Forensic audits → Fraud, Prüfung

Formelle Prüfung

Nach dem Prüfungszweck kann zwischen formellen und →*materiellen Prüfungen* unterschieden werden. Formelle Prüfungen stellen auf die äußere Ordnungsmäßigkeit einschließlich der rechnerischen Richtigkeit der Rechnungslegung ab. Die Verarbeitung buchungspflichtiger Geschäftsvorfälle erfolgt in der Weise, dass sich buchungspflichtige wirtschaftliche Tatbestände zunächst in Belegen niederschlagen. Diese durch Belege erfassten Tatbestände werden in der →*Buchführung* in chronologischer (Grundbuch) und systematischer Weise (d.h. nach sachlichen Gesichtspunkten im Hauptbuch) verbucht und schließlich im →*Jahresabschluss* ausgewiesen (→*Buchführung, Prüfung der*). Die formelle Prüfung stellt fest, ob Beleginhalte richtig verbucht sind. Sie untersucht, ob zum einen Buchungen mit den Belegen übereinstimmen und zum anderen der Beleg für die weitere buchhalterische Behandlung herangezogen wurde. Die Normenkonformität des Buchungsablaufs steht somit im Mittelpunkt der formellen Prüfung.

Forschungs- und Entwicklungsbericht → Lagebericht, Prüfung

Fortbildung des Wirtschaftsprüfers

1 Normen

a) Deutsche Normen: § 43 Abs. 2 Satz 4 WPO, § 6 Abs. 1 Berufssatzung, VO 1/1993, VO 1/1995, E-VO 1/2005; b) Internationale Normen: IES 1–7, IEG 10, 11.

2 Zielsetzung der Fortbildung

WP und vBP üben einen staatlich gebundenen freien Beruf aus, der umfangreiche und anspruchsvolle Aufgaben umfasst (→ *Tätigkeitsbereiche des WP*). Diese Aufgaben machen es erforderlich, die besonderen Anforderungen und Fähigkeiten auch nach der Ausbildung (→ *Zugang zum Beruf des WP*) während der Berufstätigkeit zu erhalten und zu erweitern. Ziel ist, das Vertrauen der Öffentlichkeit in die sachgerechte und pflichtgemäße Berufsausübung durch den Abschlussprüfer zu erhalten.

Deshalb sind WP und vBP auch nach dem bestandenen Berufsexamen (→ *Wirtschaftsprüfungsexamen*) verpflichtet, sich fortzubilden (§ 43 Abs. 2 Satz 4 WPO). Sie haben ihr Wissen durch geeignete Fortbildungsmaßnahmen kontinuierlich zu erneuern und zu ergänzen. Unabhängig von eigenmotivierten Fortbildungsgründen, ist der WP alleine durch Änderungen der Gesetzgebung, der Rechtsprechung, die Internationalisierung (insbesondere die Anwendung der → *IFRS*) und aus Gründen des Wettbewerbes zur Fortbildung gezwungen.

Die Fortbildung kann durch Selbststudium, durch unternehmensinterne Schulungsmaßnahmen sowie durch Fortbildungsveranstaltungen externer Anbieter, insbesondere des → *IDW*, erfolgen. Zu beachten ist, dass es Aufgabe des WP ist, für die eigene Fortbildung zu sorgen, so dass die → *WPK* oder das IDW allenfalls Hilfestellung leisten können.

Die Mitgliedschaft im IDW ist freiwillig. Sind aktiv im Prüferberuf tätige WP oder vBP freiwillig Mitglied im IDW, sind sie zusätzlich aufgrund der Vereinssatzung des IDW zur Fortbildung verpflichtet (§ 4 Nr. 10 Satzung des IDW). Sie haben neben dem Literaturstudium mindestens einmal jährlich an einer Fortbildungsveranstaltung teilzunehmen, deren Zeitumfang 40 Stunden im Jahr nicht unterschreiten sollte (VO 1/1993, VO 1/1995, E-VO 1/2005).

Im Rahmen der Durchführung von Qualitätskontrollen (→ *Qualitätskontrolle, externe*) hat ein Nachweis angemessener Fortbildung zu erfolgen, welcher Einfluss auf die Beurteilung der Praxisorganisation hat (IDW PS 140.56 i.V.m. VO 1/1995, E-VO 1/2005). Für die Registrierung als PfQK bei der WPK ist der Nachweis einer speziellen Fortbildung über die Qualitätssicherung, die das IDW anbietet, notwendig (§ 57a Abs. 3 Satz 2 Nr. 4 WPO).

3 Fortbildungswege

3.1 Selbststudium

Der WP hat sich durch ein berufsbegleitendes Literaturstudium berufsüblicher Fachzeitschriften fortzubilden, dessen Zeitumfang die vom IDW geforderten 40 Stunden für Fortbildungsmaßnahmen in der Praxis weit übersteigen wird. Das Literaturstudium ist auf die geforderten 40 Stunden Fortbildung pro Jahr jedoch nicht anrechenbar (VO 1/1993). Der Abschlussprüfer ist dabei hinsichtlich einer möglichen Schwerpunktsetzung im Rahmen seiner Eigenverantwortung grundsätzlich frei. Vorrangig sollten Entwicklungen berücksichtigt werden, die im Rahmen seiner täglichen Aufgaben von hoher Bedeutung sind. Hierzu gehören neben dem Lesen und Halten der berufsüblichen Fachzeitschriften auch das Lesen einschlägiger Buchveröffentlichungen und relevanter Urteile der obersten Gerichte. Bedingt durch die häufige Notwendigkeit zur Vertiefung spezieller, bisher nur oberflächlich betrachteter Gebiete im Rahmen der täglichen Berufsarbeit z. B. der internationalen Rechnungslegung, erfolgt zwangsläufig eine kontinuierliche Fortbildung. Ohne eine gezielte Fortbildung durch intensives Literaturstudium mit Schwerpunktsetzung und Tätigkeitsbegrenzung ist der WP den zukünftigen Herausforderungen angesichts der zunehmenden Vielfalt der Berufstätigkeit nicht gewachsen.

3.2 Unternehmensinterne Schulungsmaßnahmen

Der jeweilige Arbeitgeber ist zur Förderung der beruflichen Kompetenz seiner Mitarbeiter verpflichtet. Er hat diese Förderung durch geeignete Maßnahmen durchzuführen und darüber praxisinterne Aufzeichnungen zu führen (§ 6 Abs. 1 Berufssatzung, VO 1/1993, VO 1/1995, E-VO 1/2005). Größere WPG erfüllen diese Fortbildungsverpflichtung durch regelmäßige interne Schulungsmaßnahmen für ihre Mitarbeiter.

3.3 Fortbildungsveranstaltungen externer Anbieter, insbesondere des IDW

Die WPK ist verpflichtet, die berufliche Fortbildung der Mitglieder und die Ausbildung des Nachwuchses zu fördern (§ 57 Abs. 2 Nr. 10 WPO). Diese Fortbildungsverpflichtung wird zur Zeit in erster Linie durch das IDW wahrgenommen, welches nach seiner Satzung ebenfalls für die fachliche Förderung der WP und ihres beruflichen Nachwuchses zu sorgen hat (§ 2 Abs. 2a der Satzung des IDW).

Das IDW erfüllt die Fortbildungsaufgabe durch folgende Maßnahmen:

- jährlich stattfindende Arbeitstagungen in Baden-Baden,
- durch die einzelnen Landesgruppen erfolgt ein dezentrales Fortbildungsprogramm, welches die Mitglieder kostenlos über aktuelle Entwicklungen in allen Tätigkeitsbereichen des WP informiert,
- überregionale, in Abständen von 2–3 Jahren stattfindende Zusammenfassungen von Mitgliederversammlung und Fachtagung als → *Deutscher WP Congress*,
- internationale Kongresse in Zusammenarbeit mit ausländischen Berufsorganisationen,
- Durchführung von Seminaren, insbesondere zur Qualitätssicherung und Qualitätskontrolle im Rahmen der WP-Akademie.

Ergänzend stehen den IDW-Mitgliedern kostenlos Informationen durch die monatlich erscheinenden → *Fachnachrichten des IDW*, die vierzehntägig erscheinende Zeitschrift → *Die Wirtschaftsprüfung* sowie die Nutzung der über 36.000 Monographien umfassenden Bibliothek zur Verfügung.

Die WPK informiert ihre rund 17.000 Mitglieder durch die quartalsweise erscheinende Zeitschrift → *WPK Magazin* (ehemals WPK-Mitteilungen), welche das offizielle Publikationsorgan der WPK darstellt. Des Weiteren bieten sowohl das IDW als die WPK auf ihren Internetseiten umfangreiche und aktuelle, berufsbezogene Informationen für WP (http://www.idw.de, http://www.wpk.de).

4 Verpflichtung zur Fortbildung nach internationalen Normen

Die internationalen Anforderungen an den Inhalt der durchzuführenden Fortbildungsmaßnahmen, den zeitlichen Umfang und die Art der hierüber zu erbringenden Nachweise sind deutlich formalisierter (vgl. IES 1–7 sowie IEG 10, 11 der IFAC). IES 7 fordert explizit die Sicherstellung einer stetigen Fortbildung der WP durch die nationalen Mitgliedsorganisationen (in Deutschland die WPK und das IDW). Hierzu enthält der Standard verschiedene Vorschläge zur Bewertung und Überprüfung der Fortbildungsmaßnahmen (IES 7.30–42) Verstöße gegen diese Fortbildungsverpflichtungen führen grundsätzlich zu berufsrechtlichen Sanktionen (IES 7.50).

Forum of Firms

Das Forum of Firms (FoF) wurde als ein Gremium der → *IFAC* im Januar 2001 gegründet. Konzipiert ist das FoF als Arbeits- und Interessengemeinschaft weltweit agierender WP-Praxen, die Jahresabschlüsse prüfen, welche außerhalb des Rechtsraums des Mandanten z.B. für bedeutsame Kreditvergabe- und Investitionsentscheidungen verwendet werden (sog. transnational audits). Über das FoF sollen die WP-Praxen i.S. eines »selfregulatory regimes« zusammengebracht und an der Arbeit der IFAC beteiligt werden. Exekutives Organ des FoF ist das TAC, das als ständiger Ausschuss der IFAC eingerichtet ist.

Fragebögen → Checklisten

Fraud, Prüfung

1 Prüfungsnormen

a) Deutsche Normen: §§ 317 Abs. 1, 321 Abs. 1 Satz 3 HGB, IDW E-IPS 240, PS 210; b) Internationale Normen: ISA 240, 250.

ISA 240 und 250 wurden durch IDW PS 210 transformiert (→ *Prüfungsnormen*). Der 8. EU-Richtlinie zufolge sollen künftig alle gesetzlich vorgeschriebenen Jahresabschlussprüfungen nach den ISA, die von der EU anerkannt worden sind, erfolgen (Art. 26 Abs. 1). Deshalb hat das → *IDW* neuere Änderungen des ISA 240 nicht durch eine Überarbeitung des IDW PS 210, sondern den Entwurf eines Internationalen Prüfungsstandards (IDW E-IPS 240) umgesetzt. Dieser stellt eine Übersetzung des ISA 240 mit einigen Ergänzungen aufgrund deutscher Rechtsvorschriften in gesonderten Textziffern dar. Aus diesem Grunde wird im Folgenden nur insoweit auf den IDW PS 210 verwiesen, als dieser die Transformation des ISA 250 darstellt.

2 Definitionen

Fraud umfasst vorsätzliche Handlungen von Unternehmensleitung, Angestellten oder Dritten, mit dem Ziel, ungerechtfertigte oder gesetzeswidrige Vorteile durch Täuschung zu erlangen, wobei hieraus stets wesentliche falsche Angaben in der Rechnungslegung resultieren (IDW E-IPS 240.6, ISA 240.6). Es werden zwei Kategorien unterschieden (IDW E-IPS 240.7, ISA 240.7): Manipulationen der Rechnungslegung (fraudulent financial reporting) und Vermögensschädigungen (misappropriation of assets). In der folgenden Abbildung wird die Stellung des Begriffes »*fraud*« im Zusammenhang mit dem allgemeinen Begriff »*Unregelmäßigkeiten*« verdeutlicht. Dabei sind die offiziellen Begriffe aus IDW PS 210 kursiv dargestellt.

Unregelmäßigkeiten (IDW PS 210)				
falsche Angaben in der Rechnungslegung				keine falschen Angaben in der Rechnungslegung
Unrichtigkeiten (error)	Verstöße i. w. S.			
	Verstöße i. e. S.			
	fraud			
dazu gehören sonstige unbeabsichtigte Normenverstöße, die zu falschen Angaben in der Rechnungslegung führen	*Manipulationen der Rechnungslegung* (fraudulent financial reporting)	*Vermögensschädigungen* (misappropriation of assets)	Gesetzesverstöße (sonstige beabsichtigte Normenverstöße, die zu falschen Angaben in der Rechnungslegung führen)	sonstige Gesetzesverstöße (sonstige Normenverstöße, die nicht zu falschen Angaben in der Rechnungslegung führen)
unbeabsichtigt	beabsichtigt	beabsichtigt	beabsichtigt	beabsichtigt / unbeabsichtigt
Berichterstattung im Prüfungsbericht und (sofern wesentlicher Einfluss auf die Rechnungslegung) im Bestätigungsvermerk				Berichterstattung nur im Prüfungsbericht
ISA 240 / IDW E-IPS 240				**ISA 250**

Abb. 4: Unregelmäßigkeiten i. S. v. IDW PS 210 (in Anlehnung an Marten/Quick/Ruhnke, S. 382).

Manipulationen der Rechnungslegung (fraudulent financial reporting) umfassen bewusst falsche wesentliche Angaben im Jahresabschluss oder Lagebericht zur Täuschung von Abschlussadressaten, die z.B. durch Manipulation, Fälschung oder Änderungen von Buchhaltungsaufzeichnungen, absichtliches Weglassen von Informationen oder die vorsätzlich falsche Anwendung von Rechnungslegungsnormen entstanden sind (IDW E-IPS 240.8, ISA 240.8). *Vermögensschädigungen* (misappropriation of assets) beinhalten alle widerrechtlichen Handlungen, die auf Aneignung oder Verminderung von Vermögen oder Erhöhung von Verpflichtungen der Gesellschaft ausgerichtet sind, insbesondere Unterschlagungen und Diebstahl (IDW E-IPS 240.11, ISA 240.11). Dagegen zählen Vermögensschädigungen, die zutreffend in der Rechnungslegung abgebildet sind, zu den *sonstigen Gesetzesverstößen* (IDW PS 210.7). Neben den Manipulationen der Rechnungslegung und Vermögensschädigungen existieren bei den bewussten Normenverstößen noch zwei weitere Kategorien. Diese werden danach unterschieden, ob wesentliche falsche Angaben in der Rechnungslegung vorliegen oder nicht. Wenn wesentliche Angaben in der Rechnungslegung fehlerhaft sind, handelt es sich um *Gesetzesverstöße*. Sollten keine wesentlichen falschen Angaben in der Rechnungslegung resultieren, liegen *sonstige Gesetzesverstöße* vor.

Als *Gesetzesverstoß* wird die beabsichtigte Missachtung von Nicht-Rechnungslegungsnormen, einschließlich Gesellschaftsvertrag oder Satzung, bezeichnet, die keine Vermögensschädigung ist und zu wesentlichen falschen Angaben in der Rechnungslegung führt, z.B. bei Geldstrafen oder Schadenersatzverpflichtungen, die bewusst nicht zutreffend bilanziert sind (IDW PS 210.7). Manipulationen der Rechnungslegung (bzw. Täuschungen nach der alten Terminologie), Vermögensschädigungen und Gesetzesverstöße werden unter dem Begriff *Verstöße i.e.S.* zusammengefasst. Es handelt sich hierbei stets um eine vorsätzliche Übertretung von Normen, die mit wesentlichen fehlerhaften Angaben einhergehen (IDW PS 210.7). Dagegen stellen *sonstige Gesetzesverstöße* beabsichtigte oder auch unbeabsichtigte Handlungen oder Unterlassungen dar, die gegen Nicht-Rechnungslegungsnormen, einschließlich Gesellschaftsvertrag oder Satzung, verstoßen, aber nicht zu wesentlichen falschen Angaben in der Rechnungslegung führen (IDW PS 210.7). Da es sich nicht um Falschdarstellungen handelt, fallen sie nicht unter die Kategorie der Verstöße. Es werden nur unternehmensbezogene Normenverletzungen betrachtet, persönliches Fehlverhalten ohne Bezug zur Geschäftstätigkeit wird nicht erfasst (IDW PS 210.7, ISA 250.3). Die beiden zuletzt behandelten Kategorien Gesetzesverstöße und sonstige Gesetzesverstöße deckt ISA 250 ab. Daneben fallen auch unbeabsichtigte sonstige Normenverstöße gegen Nicht-Rechnungslegungsnormen, die zu wesentlichen falschen Angaben in der Rechnungslegung führen und keine Vermögensschädigungen darstellen, in den Bereich von ISA 250 (ISA 250.3). Letztere gehören nach nationalen Prüfungsnormen zu den Unrichtigkeiten. Als *Unrichtigkeiten* (error) werden wesentliche falsche Angaben im Abschluss oder Lagebericht einschließlich weggelassener Informationen bezeichnet, die unbeabsichtigt sind (IDW E-IPS 240.5, ISA 240.5). Alle betrachteten Begriffe werden unter dem Terminus *Unregelmäßigkeiten* zusammengefasst. Darunter fallen demnach Unrichtigkeiten, Verstöße i. e. S. und sonstige Gesetzesverstöße, wobei die Verstöße i. e. S. in die Untergruppen Manipulationen der Rechnungslegung, Vermögensschädigungen und Gesetzesverstöße eingeteilt werden (IDW PS 210.7). Verstöße i. e. S. und sonstige Gesetzesverstöße können zu Verstößen i. w. S. zusammengefasst werden.

3 Verantwortung von Unternehmensleitung, Aufsichtsgremien und Abschlussprüfer

Die *Unternehmensleitung* trägt die Hauptverantwortung für die Vermeidung und Aufdeckung von Unregelmäßigkeiten (IDW E-IPS 240.13, PS 210.8, ISA 240.13, 250.9). Sie trifft entsprechende organisatorische Maßnahmen, insbesondere soll ein →*IKS* eingerichtet und betrieben werden. Des Weiteren muss sichergestellt werden, dass die Geschäfte in Übereinstimmung mit den relevanten Vorschriften geführt werden (IDW E-IPS 240.16, PS 210.9, ISA 240.16, 250.9). Es soll eine Kultur der Ehrlichkeit geschaffen, spezielle Verhaltensregeln können eingeführt werden (IDW E-IPS 240.14, PS 210.9, ISA 240.14, 250.10). Die *Aufsichtsgremien* (z. B. Aufsichtsrat, Gesellschafterversammlung) sind für die Unternehmensüberwachung zuständig. Sie haben insbesondere die Unternehmensleitung zu kontrollieren sowie die Wirksamkeit ihrer Maßnahmen zu überprüfen (IDW E-IPS 240.15, ISA 240.15). Weiterhin hat der Aufsichtsrat den Jahresabschluss sowie Lagebericht kritisch zu überprüfen (§ 171 Abs. 1 AktG, IDW PS 210.10). Der *Abschlussprüfer* hat seine Prüfung so anzulegen, dass Unrichtigkeiten und Verstöße gegen Normen, einschließlich Gesellschaftsvertrag oder Satzung, »die sich auf die Darstellung des sich nach § 264 Abs. 2 [HGB] ergebenden Bildes der Vermögens-, Finanz- und Ertragslage des Unternehmens wesentlich auswirken, bei gewissenhafter Berufsausübung erkannt werden« (§ 317 Abs. 1 Satz 3 HGB, IDW E-IPS 240.22-A).

Das →*Prüfungsurteil* ist grundsätzlich mit hinreichender →*Prüfungssicherheit* abzugeben (IDW PS 200.24–28, ISA 200.17–21). Dies impliziert, dass eine in der Öffentlichkeit oftmals erwartete absolute Prüfungssicherheit (→ *Erwartungslücke*) nicht erreicht wird (IDW E-IPS 240.21, ISA 240.21). Deshalb begründet die nachträgliche Aufdeckung von Unregelmäßigkeiten für sich kein Fehlverhalten des Prüfers, da stets ein unvermeidbares Restrisiko besteht, dass wesentliche falsche Angaben nicht aufgedeckt werden. Dies gilt insbesondere für Manipulationen der Rechnungslegung und Vermögensschädigungen, die mit Verstrickung der Unternehmensleitung verschleiert werden (IDW E-IPS 240.20, PS 210.18 f., ISA 240.20, 250.12). Die Prüfung ist mit der berufsüblichen *kritischen Grundhaltung* zu planen und durchzuführen, damit Sachverhalte, die das Risiko wesentlicher falscher Angaben im Abschluss erhöhen, erkannt und Nachweise entsprechend gewürdigt werden (IDW E-IPS 240.24, ISA 240.24). Es ist jedoch keine → *Unterschlagungsprüfung*, bei der gezielt Vermögensschädigungen aufgedeckt werden sollen, vorzunehmen. Deshalb ist keine Vorgehensweise unter Einsatz kriminalistischer Prüfungshandlungen erforderlich. Der Prüfer kann grundsätzlich von der Echtheit der Unterlagen ausgehen, solange keine gegenteiligen Nachweise bestehen (IDW E-IPS 240.26, ISA 240.26).

4 Prüferisches Vorgehen

Bei der Planung der Abschlussprüfung muss der Prüfer das Risiko wesentlicher falscher Aussagen im Abschluss aufgrund von Unrichtigkeiten und Verstößen vorläufig beurteilen. Mögliche Anfälligkeiten des Unternehmens sind bereits im → *Prüfungsteam* zu diskutieren, zu dokumentieren und ggf. sind einzelne Teammitglieder damit zu betrauen (IDW E-IPS 240.27–32, ISA 240.27–32). In den überarbeiteten Standards wird die Bedeutung dieser Diskussion hervorgehoben (IDW E-IPS 240.31, ISA 240.31). Der verantwortliche → *Partner* sollte anwesend sein (IDW E-IPS 240.28, ISA 240.28). Diese Kommunikation ist im weiteren Verlauf der Prüfung fortzusetzen (IDW E-IPS 240.32, ISA 240.32). Nach dem überarbeiteten Prüfungsansatz von ISA 315 sowie ISA 330 (→ *Risikomodell*; → *Risikoorientierte Abschlussprüfung*) muss der Prüfer ein Verständnis der Geschäftstätigkeit sowie des Unternehmensumfeldes, insbesondere auch der internen Kontrollen, gewinnen, um die Risiken wesentlicher Falschdarstellungen aufgrund von fraud einschätzen zu können (IDW E-IPS 240.33, ISA 240.33). Dazu sind folgende Prüfungshandlungen durchzuführen: Die Unternehmensleitung ist schon zu Beginn der Prüfung zu befragen, um herauszufinden, wie hoch sie das Risiko von Unrichtigkeiten und Verstößen in welchen Bereichen einschätzt, wie das IKS und die Interne Revision ausgestaltet sind und wie hoch sie deren Fehleraufdeckungskraft einschätzt. Weiterhin ist in Erfahrung zu bringen, ob wesentliche Unrichtigkeiten oder Verstöße aufgedeckt wurden (IDW E-IPS 240.34–37, ISA 240.34–37). Neben der Unternehmensleitung sind auch die für → *CG* zuständigen Personen, die → *Interne Revision* sowie weitere Angestellte, die z. B. mit der Abwicklung ungewöhnlicher Transaktionen betraut waren, zu konsultieren, da die Befragung der Unternehmensleitung wahrscheinlich keine Informationen bezüglich *management fraud* liefern wird (IDW E-IPS 240.38–47, ISA 240.38–47).

Des Weiteren spielen Risikofaktoren, die auf erhöhte Risiken hinweisen, eine wichtige Rolle (IDW E-IPS 240.48–52, ISA 240.48–52; → *Red flag* für Beispiele). Schließlich können → *analytische Prüfungen* ungewöhnliche Relationen aufdecken, die mit *fraud* zusammenhängen können (IDW E-IPS 240.53 f., ISA 240.53 f.). So könnte z. B. ein gesunkenes Verhältnis von Materialaufwand zu Umsatzerlösen ein Indiz für zu hohe Umsatzerlöse oder zu niedrige Materialaufwendungen sein. Größere Zahlendaten können anhand der Häufigkeitsverteilung ihrer ersten Ziffer analysiert werden (→ *Benford'sches Gesetz*). Ein erhöhtes Risiko ergibt sich, wenn sowohl Motivation als auch eine Gelegenheit für betrügerische Handlungen vorliegen. Ein Anlass für Manipulationen ist z. B. ein ungewöhnlicher Druck auf die Unternehmensleitung, bestimmte Erwartungen an die Ergebniszahlen zu erfüllen. Das Risiko wesentlicher falscher Angaben aufgrund von Manipulationen der Rechnungslegung oder Vermögensschädigungen ist höher als das entsprechende Risiko bei Unrichtigkeiten, da bewusste Falschdarstellungen meist verschleiert werden (IDW E-IPS 240.18, ISA 240.18).

Umfang und Intensität der → *Einzelfallprüfungen* müssen so ausgerichtet werden, dass wesentliche Fehler aufgrund von Unrichtigkeiten und Verstößen mit hinreichender Prüfungssicherheit erkannt werden (IDW E-IPS 240.21, ISA 240.21). Insofern kommt dem Prüfer eine *positive Suchverantwortung* zur Aufdeckung von Unregelmäßigkeiten und Verstößen zu. Es sind geeignete → *Prüfungshandlungen* durchzuführen, um wesentliche Fehler aufgrund von *Gesetzesverstößen* zu erkennen. Diese resultieren aus Verstößen gegen Nicht-Rechnungslegungsnormen, insbesondere Steuer-, Sozialversicherungs- und Arbeitsrecht (IDW PS 210.46, ISA 250.18). Bspw. gibt die Relation aus geleisteten Sozialversicherungsbeiträgen sowie Löhnen und Gehältern Hinweise auf die ordnungsgemäße Abführung der Beiträge. Dagegen gehört es nicht zur Aufgabe der Abschlussprüfung, *sonstige Gesetzesverstöße*, die nicht zu wesentlichen falschen Angaben im Jahresabschluss oder Lagebericht führen, aufzudecken (IDW PS 210.47). Wenn allerdings solche Verstöße, z.B. Verletzung von Offenlegungspflichten, entdeckt werden, so sind sie im → *Prüfungsbericht* anzugeben (§ 321 Abs. 1 Satz 3 i.V.m. IDW PS 210.48).

5 Maßnahmen bei Vermutung oder Aufdeckung von Unregelmäßigkeiten

Nach Feststellung der Risiken wesentlicher Falschdarstellungen aufgrund von fraud hat der Abschlussprüfer entsprechende Konsequenzen für das weitere Prüfungsvorgehen zu ziehen (IDW E-IPS 240.61–76, ISA 240.61–76). Maßnahmen, die die gesamte Prüfung betreffen, sind z.B. die Überprüfung der Aufgabenverteilung auf die einzelnen Teammitglieder sowie eventuell die Hinzuziehung von Unterschlagungs- oder IT-Spezialisten (IDW E-IPS 240.66f., ISA 240.66f.) und die genaue Prüfung von Bilanzansatz- und Bewertungsmethoden in Bereichen, die großen Ermessensspielräumen unterliegen (IDW E-IPS 240.68, ISA 240.68). Weiterhin sind ggf. bei einzelnen → *Prüffeldern* zusätzliche Prüfungshandlungen, insbesondere zur Untermauerung von Angaben der Unternehmensleitung, erforderlich, um eine hinreichende Prüfungssicherheit zu erzielen (IDW E-IPS 240.70–73, ISA 240.70–73). Dies können z.B. zusätzliche Inaugenscheinnahmen von Vorräten in verschiedenen Lagern zum gleichen Zeitpunkt sein (IDW E-IPS 240.71, ISA 240.71; → *Inventur, Prüfung*). Weitere Beispiele sind im Anhang 2 zu ISA 240 aufgeführt. Das Risiko, dass der Prüfer management fraud nicht entdeckt, ist größer als das entsprechende Risiko bei anderen Angestellten, da das Management meist bessere Möglichkeiten der Verschleierung besitzt (IDW E-IPS 240.19, ISA 240.19) und interne Kontrollen übergehen kann (management override, IDW E-IPS 240.9, ISA 240.9). Deshalb ist das Risiko von management fraud besonders hoch (IDW E-IPS 240.74, ISA 240.74), worauf der Prüfer insbesondere mit folgenden Prüfungshandlungen reagiert: Genaue Untersuchung von speziellen Buchungen bei der Jahresabschlusserstellung, Analyse geschätzter Werte nach einseitigen Bewertungsverzerrungen sowie Nachvollziehen der Gründe für wesentliche ungewöhnliche Geschäfte (IDW E-IPS 240.76, ISA 240.76).

Erkennt der Prüfer wesentliche falsche Angaben, so muss er deren Ursachen herausfinden und Auswirkungen beurteilen (IDW PS 210.34, .49) sowie einschätzen, ob es sich um eine Unrichtigkeit, Manipulation der Rechnungslegung (bzw. Täuschung nach der alten Terminologie), Vermögensschädigung oder einen Gesetzesverstoß handelt

(IDW PS 210.38). Er kann nicht davon ausgehen, dass es sich bei einer falschen Darstellung um ein isoliertes Ereignis handelt, sondern muss mögliche Konsequenzen für andere Gebiete der Abschlussprüfung berücksichtigen (IDW E-IPS 240.87, ISA 240.87). Bei aufgedeckten oder vermuteten Unregelmäßigkeiten muss der Prüfer beurteilen, welche Ebene der Unternehmensleitung zu informieren ist (IDW E-IPS 240.93, PS 210.51, .63, ISA 240.93). Verstöße sind unabhängig von ihren Auswirkungen auf den Abschluss mitzuteilen (IDW PS 210.54). Das Aufsichtsorgan ist jedenfalls dann zu kontaktieren, wenn nicht korrigierte falsche Angaben vorliegen, die für die Überwachung von Bedeutung sind (IDW PS 210.53). Dritte dürfen wegen des Grundsatzes der → *Verschwiegenheit* meist nicht informiert werden (§ 43 Abs. 1 WPO, IDW E-IPS 240.102-A).

Der Abschlussprüfer hat eine *schriftliche Erklärung* einzuholen, dass alle der Unternehmensleitung bekannten oder von ihr vermuteten Gesetzesverstöße, die für den Abschluss von Bedeutung sind, mitgeteilt wurden (IDW E-IPS 240.90, PS 210.57, ISA 240.90). Im Prüfungsbericht ist »über bei Durchführung der Prüfung festgestellte Unrichtigkeiten oder Verstöße ... zu berichten« (§ 321 Abs. 1 Satz 3 HGB). Wenn Unrichtigkeiten oder Verstöße zu wesentlichen nicht korrigierten falschen Angaben führen oder vom Prüfer nicht hinreichend aufgeklärt werden konnten, ist der → *Bestätigungsvermerk* einzuschränken oder zu versagen (IDW PS 210.61 f.). Eine Kündigung des → *Prüfungsauftrages* aus wichtigem Grund (§ 318 Abs. 6 HGB) kommt insbesondere bei wesentlichen betrügerischen Handlungen in Frage (IDW E-IPS 240.103–106, PS 210.65, ISA 240.103–106). Nach Entbindung von der Verschwiegenheitspflicht hat der Prüfer seinem Nachfolger Auskünfte über prüfungsrelevante Aspekte zu geben (IDW PS 210.65). *Kay Lubitzsch*

Literatur: *Marten, K.-U./Quick, R./Ruhnke, K.*, Wirtschaftsprüfung, 2003, S. 380–387; *Schindler, J./Gärtner, M.*, in: Die Wirtschaftsprüfung 2004, S. 1233–1246; *Terlinde, C.*, Aufdeckung von Bilanzmanipulationen im Rahmen der Jahresabschlussprüfung, 2005.

Freiwillige Abschlussprüfung

Im Gegensatz zur gesetzlich vorgeschriebenen Jahresabschlussprüfung sind bei der freiwilligen Abschlussprüfung → *Prüfungsobjekt*, → *Prüfungsträger*, → *Prüfungsumfang*, Form des → *Prüfungsurteils* und seiner Mitteilung im Rahmen des erteilten → *Prüfungsauftrags* zwischen der

Unternehmensleitung und dem Abschlussprüfer grundsätzlich frei vereinbar. Da Missverständnisse über den Auftragsinhalt sehr leicht eintreten können, empfiehlt sich eine möglichst genaue Formulierung des Auftrags, damit der Umfang der zu erbringenden Leistung für den Auftraggeber eindeutig erkennbar wird. Obwohl die Unternehmensleitung grundsätzlich frei bestimmen kann, wer die Prüfung durchführt, werden regelmäßig Angehörige der wirtschaftsprüfenden Berufsstände beauftragt.

Anlässe für solche Prüfungen können sich aus satzungsmäßigen oder gesellschaftsvertraglichen Bestimmungen, Anweisungen der Konzernobergesellschaft, Anforderungen von Kapitalgebern sowie beabsichtigten Unternehmenskäufen bzw. -verkäufen ergeben. Ziel ist die Erhöhung der Glaubwürdigkeit der Jahresabschlussinformationen gegenüber der Unternehmensleitung möglicher Kaufinteressenten, dem Aufsichtsrat, aber auch externen Dritten.

Soll das Ergebnis einer freiwilligen Abschlussprüfung ein →*Bestätigungsvermerk* i.S.d. § 322 HGB sein, müssen Art und Umfang den für eine gesetzliche Abschlussprüfung vorgesehenen Mindestanforderungen der §§ 316–324a HGB entsprechen. Ist dies nicht der Fall, darf nur eine →*Bescheinigung* erteilt werden (IDW PS 400.5). Auch darf in diesem Zusammenhang nicht mehr von freiwilliger Abschlussprüfung gesprochen werden. Es handelt sich dann um eine →*prüferische Durchsicht* von Abschlüssen. Normiert ist diese in IDW PS 900.

Generell lassen sich bei freiwilligen Abschlussprüfungen die zugrunde zu legenden →*Prüfungsnormen* mit dem Auftraggeber frei vereinbaren. Soweit die Prüfung nicht nach deutschen Prüfungsnormen durchgeführt werden soll, kann aufgrund der gesonderten Beauftragung eine Abschlussprüfung auch unter ausschließlicher Anwendung der →*ISA* durchgeführt und das Prüfungsurteil in Hinblick auf den Jahresabschluss abgegeben werden. Entsprechendes gilt für die Anwendung von anderen international anerkannten Prüfungsgrundsätzen.

Zur Auftragserteilung ist eine Vereinbarung zwischen dem Unternehmen und dem Abschlussprüfer zu treffen. Dabei handelt das Unternehmen durch einen zur Vertretung Berechtigten. Die Auswahl des Abschlussprüfers obliegt als Grundlagengeschäft dem Unternehmensinhaber oder den Gesellschaftern, sofern im Gesellschaftsvertrag nichts anderes bestimmt ist. Freiwillige Abschlussprüfungen kann auch der Geschäftsführer eines Unternehmens veranlassen und in Auftrag geben, sofern der Gesellschaftsvertrag oder Gesellschafterbeschlüsse keine anderen Festlegungen enthalten.

Die gesetzliche Haftungsbegrenzung findet keine Anwendung, d.h., die Haftung des Abschlussprüfers ist bei freiwilligen Abschlussprüfungen grundsätzlich unbegrenzt. Es ist deshalb zu empfehlen, eine Haftungsbegrenzung vertraglich zu vereinbaren.

Bei freiwilligen Abschlussprüfungen sind Änderungen der Bedingungen im Rahmen der Vertragsfreiheit auch während der Auftragsdurchführung jederzeit möglich. Bei Änderungen der Auftragsbedingungen hat der Abschlussprüfer gewissenhaft zu prüfen, ob der Auftrag unter den veränderten Bedingungen fortgeführt werden darf. Sind die Gründe für die Änderung der Bedingungen für den Auftrag erkennbar und liegt ein triftiger Grund vor, kann eine Fortführung des Auftrags zu den geänderten Bedingungen erfolgen. Werden die Auftragsänderungen durch den Abschlussprüfer angenommen, sind neue Bedingungen für den Auftrag zu vereinbaren (IDW PS 220.31).

Literatur: *Selchert, F.W.*, Prüfungen, freiwillige und vertragliche, in: Ballwieser, W./Coenenberg, A.G./Wysocki, K.v. (Hrsg.), Handwörterbuch der Rechnungslegung und Prüfung, 2002, Sp. 1738–1743.

Freiwillige Prüfungsdienstleistungen → Prüfungsdienstleistungen, freiwillige

Fremdwährungsumrechnung → Währungsumrechnung, Prüfung

Frühwarnsystem → Risikomanagementsystem, Prüfung

Funktionen einer Prüfung → Prüfungsfunktionen

Funktionen von Prüfungsnormen → Prüfungsnormen

Funktionsprüfung

Die Funktionsprüfung (IDW PS 260.65–73, ISA 330.22–47) ist ein Bestandteil der → *Systemprüfung* und schließt an die → *Aufbauprüfung* an, die das → *IKS* erfasst und vorläufig beurteilt. Sie besteht aus den Komponenten Transformationsprüfung, Funktionsfähigkeitsprüfung und der abschließenden Systembeurteilung.

Mit Hilfe einer Stichprobenauswahl (→ *Auswahlprüfung*) ist festzustellen, ob das von dem Unternehmen geplante IKS von den Mitarbeitern in der geplanten Form kontinuierlich praktiziert wird (Transformationsprüfung) und ob diese Kontrollen funktionieren (Funktionsfähigkeitsprüfung), d.h., ob sie wesentliche Verstöße gegen Rechnungslegungsnormen verhindern oder aufdecken und korrigieren können. Die notwendigen → *Prüfungshandlungen* zur Durchführung dieser beiden Teilprüfungen bezeichnet die angloamerikanische Literatur und Prüfungspraxis als compliance tests.

Prüfungshandlungen für die *Transformationsprüfung* sind insbesondere Befragungen und Beobachtungen sowie →*single purpose tests*. Bei Befragungen sind die Mitarbeiter bemüht, sich an die vorgeschriebenen Handlungen zu erinnern, womit die tatsächliche Existenz des geplanten IKS festgestellt wird. Dafür ist die Anwesenheit des Prüfers erforderlich. Mittels des single purpose tests soll festgestellt werden, ob vorgesehene Kontrollfunktionen nachweisbar durchgeführt werden. Sie dienen ausschließlich dem Zweck der Systemprüfung. Liegt bei einigen Verarbeitungs- und Kontrollschritten keine Dokumentationspflicht vor, hat sich der Prüfer auf Beobachtungen der Mitarbeiter, denen Kontrollaufgaben zugewiesen sind, zu stützen.

Vorliegende Kontroll- und Bearbeitungsvermerke lassen nicht immer auf ein erfolgreiches Arbeiten der Systemelemente des geplanten IKS schließen. Daher ist eine *Funktionsfähigkeitsprüfung* erforderlich, die die Qualität des realisierten Systems untersucht. Der Prüfer ist gezwungen, von Verarbeitungsergebnissen auf die Funktionsfähigkeit des Systems zu schließen (→ *Dual purpose tests*).

Eine *endgültige Systembeurteilung* auf Basis der Funktionsprüfungen fasst die Ergebnisse der beiden Teilprüfungen zusammen, stimmt diese mit der vorläufigen Systembeurteilung der Aufbauprüfung ab und beinhaltet die Informationsbasis auf welcher der Prüfer sein weiteres prüferisches Vorgehen im aussagebezogenen Teil der Prüfung (→ *Aussagebezogene Prüfungshandlungen*) bestimmen kann.

Lassen die Systemtests ein wirksames IKS vermuten, so können die aussagebezogenen Prüfungshandlungen eingeschränkt werden. Bei unbefriedigenden Ergebnissen ist der Prüfungsumfang auszudehnen. Die Systemprüfung ermöglicht Hinweise auf Schwachstellen und potenzielle Fehlerquellen und damit Hinweise auf → *Prüfungsschwerpunkte*.

Die Beurteilung des gesamten IKS durch die Zusammenfassung von Urteilen über Systemelemente des →*Kontrollrisikos* einzelner →*Prüffelder* ist zwar schwierig, aber für die Verknüpfung der systemorientierten und aussagebezogenen Prüfung notwendig.

Die *Bestimmung des Kontrollrisikos* erfolgt in Abhängigkeit von der Bedeutung des betreffenden Prüffeldes bzw. der in diesem Prüffeld vorkommenden Fehlerarten. Je wirksamer die für ein Prüffeld relevanten internen Kontrollen sind, desto geringer ist das Kontrollrisiko. Ausgezeichnete Kontrollen rechtfertigen somit eine wesentliche Verringerung des Kontrollrisikos unter das maximale Niveau von 100 %, unzuverlässige oder fehlende interne Kontrollen erfordern dagegen den Ansatz des maximalen Kontrollrisikos. Gleiches gilt, wenn die Kosten für die Durchführung systemorientierter Prüfungshandlungen den marginalen Nutzen (d. h. die Verringerung ergebnisorientierter Prüfungshandlungen (→ *Ergebnisorientierte Prüfung*)) übersteigen. Das Kontrollrisiko kann, z.B. aufgrund menschlicher Unzulänglichkeiten oder von Umgehungsmöglichkeiten, nie gleich null sein. Insofern ist ein minimaler Prozentsatz des Kontrollrisikos festzulegen, der auch dann anzuwenden ist, wenn die Systemprüfung ein funktionsfähiges IKS signalisiert. Dabei handelt es sich um ein wichtiges Urteil, denn es quantifiziert den niedrigsten Risikograd, der dem Kontrollrisiko zugeordnet werden kann.

Das geschätzte Kontrollrisiko wirkt sich auf den Umfang der aussagebezogenen Prüfungshandlungen aus, d.h., je schlechter die internen Kontrollen sind, desto höher ist das Kontrollrisiko und desto mehr aussagebezogene Prüfungshandlungen müssen geplant werden.

Im Rahmen von Vorprüfungen (→ *Zwischenprüfung*) gewonnene Erkenntnisse über die Kontrollrisiken müssen um eine Beurteilung des IKS für den Zeitraum zwischen Vorprüfung und Abschlussstichtag ergänzt werden.

Funktionstrennung

Für die Organisation der Aufgabenbildung und der Aufgabenverteilung in einem → *IKS* gilt nach IDW PS 260.51 der Grundsatz der Funktionstrennung, wonach dispositive, ausführende und überwachende Funktionen nicht durch alle Bearbeitungsstufen von einer Person ausgeführt werden sollen. Dieser Grundsatz beinhaltet zwangsläufig eine Kontrollwirkung, da mindestens zwei Personen an der Bearbeitung eines Geschäftsvorfalles beteiligt sind. Eine klare Abgrenzung von Zuständigkeit und Verantwortung soll schriftlich in Dienstanweisungen festgehalten werden. Die Aufgaben sind so auf die Mitarbeiter zu verteilen, dass ein Mitarbeiter nur eine bestimmte Teilaufgabe übernimmt und bei deren Ausführung zugleich überwacht, ob vorgeschaltete Funktionsstellen korrekt tätig geworden sind.

Fusionsprüfung → Verschmelzungsprüfung

Gebührenordnung → Prüfungsgebühren

Gebundene Hochrechnung → Schätzverfahren

Gegenhypothese → Testverfahren

Geheimhaltungspflicht, Verletzung durch den Abschlussprüfer

Damit ein Geheimnis vorliegt, müssen drei Voraussetzungen erfüllt sein: Die Tatsache darf nicht offenkundig sein (objektives Geheimniselement) und es muss ein Geheimhaltungswille (subjektives Geheimniselement) sowie ein berechtigtes Geheimhaltungsinteresse (normatives Geheimniselement) der geprüften Gesellschaft vorliegen.

Nach § 333 HGB beinhalten zwei Tatbestände eine Verletzung der Geheimhaltungspflicht: Zum einen das unbefugte Offenbaren (§ 333 Abs. 1 HGB) und zum anderen das unbefugte Verwerten (§ 333 Abs. 2 Satz 2 HGB) von Geheimnissen. Dabei handelt es sich um ein *Sonderdelikt*, d.h. Täter können nur Abschlussprüfer und deren Gehilfen sein. Ist eine Prüfungsgesellschaft Abschlussprüfer, verlagert sich die strafrechtliche Verantwortlichkeit auf die Mitglieder des vertretungsberechtigten Organs bzw. auf die vertretungsberechtigten Gesellschafter (→ *Strafrechtliche Inanspruchnahme des Abschlussprüfers*). § 333 HGB greift nur, wenn *vorsätzlich* gegen die Geheimhaltungspflichten verstoßen wurde.

Der Täter muss das Geheimnis in seiner Funktion als Abschlussprüfer oder Prüfungsgehilfe erlangt haben (*amtskausale Kenntnisnahme*). Somit muss der Täter in dem Zeitpunkt, in dem er Kenntnis von dem Geheimnis erlangt, Abschlussprüfer oder dessen Gehilfe sein. Nicht erforderlich ist, dass zum Zeitpunkt der Verletzung der Geheimhaltungspflicht die Funktion eines Abschlussprüfers noch wahrgenommen wird. Die Geheimhaltungspflicht und das Verwertungsverbot bestehen vielmehr zeitlich unbegrenzt. Auch in den internationalen → *ethischen Prüfungsnormen* wird diese Meinung vertreten (Ethics Sec. 140.1, .6).

Beim *Offenbaren* teilt der Täter das Geheimnis mit, gibt es schriftlich oder mündlich an Personen weiter, die bisher keine Kenntnis davon hatten, oder macht es sonst so zugänglich, dass sich der bisherige Kreis der Mitwisser erweitert oder doch zumindest in einer vom Täter nicht mehr zu kontrollierenden Weise erweitern kann. Unbefugt ist das Offenbaren, wenn der Täter zur Weitergabe des Geheimnisses weder berechtigt noch verpflichtet war, was auch in in Ethics Sec. 140.1 zum Ausdruck kommt. *Verwertung* ist jede Ausnutzung des Geheimnisses, die nach der Vorstellung des Handelnden unmittelbar darauf gerichtet ist, für sich oder für einen anderen einen Vermögensvorteil herbeizuführen.

Nur die *vollendete Verletzung* der Geheimhaltungspflicht ist strafbar. Beim Offenbaren liegt eine vollendete Tat vor, wenn die Information durch das Verhalten des Täters dem Empfänger zugänglich gemacht worden ist, d.h. der Täter alles seinerseits Erforderliche für die Kenntnisnahme durch den Empfänger getan hat. Auf die tatsächliche Kenntnisnahme kommt es nicht an. Geschieht das Offenbaren per Brief, so kommt es auf den Empfang und nicht auf die Absendung des Briefes an. Wenn der Abschlussprüfer oder sein Gehilfe die notwendigen Maßnahmen eingeleitet hat, die ihm oder einem anderen den angestrebten Vermögensvorteil bringen sollen, ist die Verwertung vollendet. Für die Vollendung ist ohne Bedeutung, ob der Täter die mit der Verwertung beabsichtigten Ziele auch tatsächlich erreicht hat.

Wer ein Betriebs- oder Geschäftsgeheimnis einer Kapitalgesellschaft, eines Tochterunternehmens, eines gemeinsam geführten Unternehmens oder eines assoziierten Unternehmens als Abschlussprüfer oder dessen Gehilfe unbefugt offenbart, wird mit *Freiheitsstrafe bis zu einem Jahr* oder mit *Geldstrafe* bestraft. Erfolgt diese Handlung gegen Entgelt oder in der Absicht, sich oder einen anderen zu bereichern oder einen anderen zu schädigen, so ist eine Geldstrafe oder eine erhöhte *Haftstrafe von bis zu zwei Jahren* möglich. Gleiches gilt bei unbefugter Verwertung von Geheimnissen. Zu berücksichtigen ist, dass die Tat nur auf Antrag der Kapitalgesellschaft verfolgt wird.

Gemeinschaftsprüfung

Gemeinschaftsprüfungen (joint audits) bezeichnen Prüfungen, bei denen mehrere WP und/oder WPG gleichzeitig zum gesetzlichen Prüfer eines Einzel- oder Konzernabschlusses bestellt werden.

Mit den Besonderheiten der Bestellung von mehr als einem WP und/oder einer WPG und den Konsequenzen einer solchen Bestellung für die Planung und Durchführung der Prüfung und das Prüfungsergebnis befasst sich IDW PS 208. Die →*fachtechnischen Prüfungsnormen* und hier insbesondere die IDW-Normen finden ebenfalls entsprechende Anwendung.

Die Bestellung mehrerer Personen zum gesetzlichen Abschlussprüfer erfolgt analog zu der Bestellung eines einzelnen Prüfers (§ 318 Abs. 1 Satz 4

HGB). Die nach dem Willen des zuständigen Organs zum Abschlussprüfer bestellten Personen müssen im Wahlbeschluss eindeutig bezeichnet sein. Es ist unzulässig, eine Mehrzahl von Prüfern mit der Maßgabe zu wählen, dass jeder von ihnen nur einen bestimmten Teilbereich des Abschlusses prüfen soll. Der Prüfungsauftrag wird den zum Abschlussprüfer zu bestellenden Gemeinschaftsprüfern durch die gesetzlichen Vertreter oder den Aufsichtsrat erteilt. Über die Annahme oder Ablehnung des Auftrags entscheidet jeder Gemeinschaftsprüfer eigenverantwortlich. Auch wenn jeder Gemeinschaftsprüfer für die Auftragsausgestaltung und das Prüfungsergebnis selbst verantwortlich ist, empfiehlt sich eine Verständigung auf einheitliche →*Auftragsbedingungen* (*des WP*).

Bei einer Gemeinschaftsprüfung hat sich jeder der beteiligten Gemeinschaftsprüfer ein eigenes Urteil darüber zu bilden, ob die Buchführung, der Jahresabschluss und ggf. der Lagebericht den geltenden Vorschriften entsprechen. Jeder der beteiligten Gemeinschaftsprüfer muss eine hinreichende Prüfungssicherheit erlangen, um die Gesamtverantwortung für das Prüfungsergebnis übernehmen zu können. Daher müssen die Risikobeurteilung und die Planung der Prüfung gemeinschaftlich erfolgen, wobei die einzelnen Prüfungsgebiete (→*Prüffeld*) auf die Gemeinschaftsprüfer aufzuteilen sind.

Während der Prüfungsdurchführung sollten zwischen den Gemeinschaftsprüfern eine enge Zusammenarbeit sowie ein funktionierender Informationsfluss bestehen. Die Prüfungshandlungen und Ergebnisse der einzelnen Prüfer, einschließlich der erforderlichen Dokumentation, sind von den anderen Prüfern in eigener Verantwortung zu würdigen.

Das Gesamtergebnis der Abschlussprüfung setzt sich aus den Prüfungsergebnissen der Gemeinschaftsprüfer zusammen. Da die Gemeinschaftsprüfer nur gemeinsam den Abschlussprüfer im Sinne des Gesetzes darstellen, ist es sachgerecht, dass Prüfungsergebnisse in einem gemeinsamen Prüfungsbericht festgehalten werden. Angesichts der Gesamtverantwortung eines jeden Gemeinschaftsprüfers soll der Prüfungsbericht keine Angaben darüber enthalten, welche Prüfungsgebiete von welchem Gemeinschaftsprüfer bearbeitet wurden oder welchen Anteil der jeweilige Prüfer am gesamten Prüfungsumfang hatte.

Konnten abweichende Prüfungsfeststellungen im Vorfeld der Berichterstattung nicht geklärt werden, sind diese in geeigneter Weise im Prüfungsbericht darzustellen. Sofern sich die Gemeinschaftsprüfer auf ein einheitliches Gesamturteil einigen können, unterzeichnen sie den →*Bestätigungsvermerk* gemeinsam. Ist dies nicht der Fall, hat jeder Prüfer sein Prüfungsurteil in einem eigenen Bestätigungsvermerk zum Ausdruck zu bringen. Erteilt einer der Gemeinschaftsprüfer ein eingeschränktes Testat, ist das Gesamturteil der Abschlussprüfung eingeschränkt; Entsprechendes gilt für die Versagung.

Gemeinschaftsunternehmen → Quotenkonsolidierung, Prüfung

Genossenschaften

Genossenschaften sind gem. § 1 GenG Gesellschaften von nicht geschlossener Mitgliederzahl, welche die Förderung des Erwerbes oder der Wirtschaft ihrer Mitglieder mittels gemeinschaftlichen Geschäftsbetriebes bezwecken. Genossenschaften sind vor allem in den Bereichen Handel (z. B. Edeka, Rewe), Banken (Volks- und Raiffeisenbanken, Sparda Banken), Wohnungsbau und Landwirtschaft zu finden. Sie gelten nach § 17 Abs. 2 GenG als Kaufleute i. S. d. Handelsgesetzes. Es finden die handelsrechtlichen Vorschriften Anwendung, sofern das →*GenG* keine abweichenden Regelungen enthält. Dabei ist zu berücksichtigen, dass auch das HGB ergänzende Vorschriften für Genossenschaften enthält (§§ 336–339 HGB). Ihre Rechte erhält die Genossenschaft durch die Eintragung in das beim zuständigen Amtsgericht geführte Genossenschaftsregister (§§ 10, 13 GenG). Genossenschaften müssen die Bezeichnung eingetragene Genossenschaft oder die Abkürzung eG führen (§ 3 GenG). Sie sind durch ihre Pflichtmitgliedschaft bei einem Prüfungsverband prüfungspflichtig (→*Genossenschaftsprüfung*). Die vorgeschriebenen Organe einer Genossenschaft sind Vorstand, Aufsichtsrat und Generalversammlung.

Genossenschaftsgesetz

Die Rechtsgrundlage von eingetragenen →*Genossenschaften* bildet das Gesetz betreffend die Erwerbs- und Wirtschaftsgenossenschaften (GenG). Es stammt vom 1.5.1889 in der Fassung der Bekanntmachung vom 19.8.1994 und wurde zuletzt durch das Gesetz vom 27.12.2004 geändert. Genossenschaften wurden erstmalig im preußischen Gesetz betreffend die privatrechtliche Stellung der Erwerbs- und Wirtschaftsgenossenschaften von 27.3.1867 geregelt. Bis dahin wurden Genossenschaften als unerlaubte Privatgesellschaften angesehen. Das deutsche Genossenschaftswesen wurde von den Herren Hermann Schulze-Delitzsch und Friedrich Wilhelm Raiffeisen entscheidend geprägt. Am

19.10.2005 wurde vom BMJ der RefE eines Gesetzes zur Reform des Genossenschaftsrechts veröffentlicht. Im Zuge dieses Gesetzes soll die Europäische Genossenschaft (Societas Cooperativa Europaea, SCE), die neben die Genossenschaft nach nationalem Recht tritt, in das deutsche Recht eingeführt werden. Zudem sollen Genossenschaften mit einer Bilanzsumme bis zu einer Mio. € von der Pflicht zur Jahresabschlussprüfung befreit werden (§ 53 Abs. 3 E-GenG).

Genossenschaftsprüfung

Eine →*Genossenschaft* ist verpflichtet, ihren Jahresabschluss mindestens alle zwei Jahre prüfen zu lassen, sofern ihre Bilanzsumme zwei Mio. € nicht übersteigt, ansonsten unterliegen sie einer jährlichen Prüfungspflicht (§ 53 Abs. 1 GenG). Dabei hat sie zwingend einem Prüfungsverband anzugehören, der die Prüfung durchführt (§§ 54 f. GenG). Eine verbandslose Genossenschaft wird von Amts wegen aufgelöst (§ 54a GenG).

Der *Prüfungsverband* bedient sich zur Prüfung seiner Mitglieder grundsätzlich seiner angestellten Prüfer. Diese sollen nach § 55 Abs. 1 Satz 3 GenG im genossenschaftlichen Prüfungswesen ausreichend vorgebildet und erfahren sein. Dabei kommen Verbandsprüfer und WP zum Einsatz. Verbandsprüfer werden nach einem bundeseinheitlichen Lehrplan ausgebildet, besuchen einen mehrmonatigen Verbandsprüferlehrgang und legen das Verbandsprüferexamen ab. Die Qualifikation des WP ist nicht zwingend vorgeschrieben. Ausnahmsweise ist der Prüfungsverband gem. § 55 Abs. 3 GenG auch dazu berechtigt, die Prüfung indirekt durch einen WP, eine WPG oder einen anderen Prüfungsverband durchführen zu lassen. Eine solche mittelbare Prüfung ist jedoch nur zulässig, falls hierfür im Einzelfall ein wichtiger Grund vorliegt.

Die genossenschaftliche Pflichtprüfung ist auf die Feststellung der wirtschaftlichen Verhältnisse sowie der Ordnungsmäßigkeit der Geschäftsführung (→*Geschäftsführungsprüfung*) ausgerichtet. Hierzu sind die Einrichtungen der Genossenschaft, die Vermögenslage (→*Vermögenslage, Prüfung*) sowie die Geschäftsführung einschließlich der Führung der Mitgliederliste zu prüfen (§ 53 Abs. 1 GenG). Daneben unterliegen auch die →*Buchführung*, der →*Jahresabschluss* und der Lagebericht (→*Lagebericht, Prüfung*) der Prüfungspflicht, wobei §§ 316 Abs. 3, 317 Abs. 1 Satz 2 u. 3, Abs. 2, 324a HGB Anwendung finden (§ 53 Abs. 2 GenG). Die genossenschaftliche Prüfung geht im Sinne einer *betreuenden Prüfung* über eine reine Abschlussprüfung hinaus. Der Prüfungsverband soll bei Fehlentwicklungen, die die Entwicklung der Genossenschaft beeinträchtigen können, Ratschläge zur Korrektur geben. Im Zweifel hat er den Aufsichtsrat bei der Durchsetzung notwendiger Maßnahmen in der Genossenschaft zu unterstützen. Somit geht die genossenschaftliche Pflichtprüfung sowohl formell als auch inhaltlich über die Pflichtprüfung nach §§ 316–324a HGB hinaus.

Bei der Durchführung der Prüfung der Einrichtungen sind die Anlagen und Bauten sowie die betriebs-, organisations- und verwaltungstechnischen Einrichtungen in die Prüfung mit einzubeziehen. Damit sind z. B. das Rechnungswesen und die Organisation der Arbeitsabläufe (Innenorganisation) sowie das Vorhandensein einer geeigneten und wirksamen Vertriebsorganisation (Außenorganisation) Gegenstand der genossenschaftlichen Pflichtprüfung. Fokus ist dabei die Vollständigkeit, die Funktionsfähigkeit wie auch der Erhaltungszustand und die wirtschaftliche Zweckmäßigkeit im Hinblick auf die unternehmerischen Zielsetzungen. Die Prüfung eines ausreichenden internen Überwachungssystems und eines adäquaten Instrumentariums zur Unternehmenssteuerung gewinnt zunehmend an Bedeutung.

Nach § 53 Abs. 1 Satz 1 GenG ist zur *Feststellung der wirtschaftlichen Verhältnisse* die Prüfung der Vermögenslage der Genossenschaft erforderlich. Hierbei hat sich der Prüfer Klarheit über die Höhe, Struktur und Entwicklung des Vermögens sowie seiner Finanzierung zu verschaffen. Dieses Vorgehen schließt eine Auseinandersetzung sowohl mit der Ertragslage als auch mit der Liquiditätslage der zu prüfenden Genossenschaft mit ein, so dass die Feststellung der wirtschaftlichen Verhältnisse mit einer Feststellung der wirtschaftlichen Lage gleichzusetzen ist.

Aufgrund der notwendigen Prüfungshandlungen zur Feststellung der wirtschaftlichen Verhältnisse der Genossenschaft ist ein fast nahtloser Übergang in die *Prüfung der Geschäftsführung* möglich. Diese erstreckt sich auf die Geschäftsführungsorganisation sowie deren Instrumente und Tätigkeit. Zudem hat sie neben deren Ordnungsmäßigkeit auch die Zweckmäßigkeit zu erfassen. Sie untergliedert sich in die Prüfung der Geschäftsführungsorganisation, des -instrumentariums sowie der -tätigkeiten und deckt sich diesbezüglich weitestgehend mit der Prüfung der Geschäftsführung nach § 53 HGrG.

Die *Prüfung der Rechnungslegung* einer Genossenschaft bezieht sich nicht nur auf die Buchführung und den Jahresabschluss sowie den Anhang (handelsrechtlicher Prüfungsumfang). Zusätzlich sind die genossenschaftlichen Sonderregelungen (insbesondere §§ 336–339 HGB, 33 GenG), Satzungsbestimmungen, das interne Rechnungswesen sowie die Beurteilung der Zweckmäßigkeit des Rechnungswesens zu berücksichtigen.

Die grundlegenden *Berichtspflichten* des Prüfers bzw. Prüfungsverbandes regelt § 58 GenG. Danach ist über das Ergebnis der Prüfung schriftlich zu berichten, wobei § 321 Abs. 1–3 HGB insoweit zu berücksichtigen ist, als dieser den Jahresabschluss und den Lagebericht betrifft. Ebenso findet § 322 HGB zur Erteilung des →*Bestätigungsvermerks* bei großen Genossenschaften i.S.d. § 267 Abs. 3 HGB Anwendung. Der →*Prüfungsbericht* ist dabei vom Prüfungsverband zu unterzeichnen und dem Vorstand der Genossenschaft unter gleichzeitiger Benachrichtigung des Vorsitzenden des Aufsichtsrates zuzuleiten. Dabei ist jedes Mitglied des Aufsichtsrates berechtigt, den Prüfungsbericht einzusehen. Über das Prüfungsergebnis haben Vorstand und Aufsichtsrat der Genossenschaft dann unverzüglich nach Eingang des Prüfungsberichtes zu beraten. Dem Prüfungsverband und dem Prüfer ist es erlaubt, an der Beratung teilzunehmen. Dazu sind Prüfer bzw. Prüfungsverband vorher von der Sitzung in Kenntnis zu setzen.

Als weitere Besonderheit ist das Erfordernis zu sehen, dass der Prüfer den Aufsichtsratsvorsitzenden unmittelbar davon zu unterrichten hat, wenn wichtige Feststellungen während der Prüfung ein unverzügliches Reagieren des Aufsichtsrates erforderlich machen. Ebenso hat der Prüfer vor Abgabe des Prüfungsberichtes den Aufsichtsrat und den Vorstand der Genossenschaft in einer gemeinsamen Sitzung vom voraussichtlichen Ergebnis der Prüfung zu unterrichten (§ 57 Abs. 3 u. 4 GenG).

Nach Beendigung der Prüfung hat der Vorstand der Genossenschaft eine *Bescheinigung* des Prüfungsverbandes über die abgeschlossene Prüfung beim Genossenschaftsregister einzureichen und den Prüfungsbericht bei der Einberufung der nächsten Generalversammlung zur Beschlussfassung anzukündigen. In der Generalversammlung hat sich der Aufsichtsrat nach § 59 Abs. 2 GenG über wesentliche Feststellungen oder Beanstandungen der Prüfung zu erklären. Dies kann von einer vollen Akzeptanz bis zur Artikulation einer gänzlich anderen Sicht gehen. Der Prüfungsverband kann an der Generalversammlung teilnehmen und darauf bestehen, dass Teile des Prüfungsberichtes verlesen werden (§ 59 Abs. 3 GenG). Dabei wird der Prüfungsverband darauf achten, dass eine den Feststellungen des Prüfers entsprechende Berichterstattung erfolgt. Nach der Berichterstattung über die Prüfung und den Erklärungen des Aufsichtsrats zur Prüfung hat der Versammlungsleiter eine Abstimmung herbeizuführen, ob die Generalversammlung über das Ergebnis der Prüfung hinreichend informiert wurde. Gewinnt der Prüfungsverband die Überzeugung, dass die Versammlung nicht ausreichend oder fehlerhaft über die Ergebnisse der Prüfung informiert wurde, ist er berechtigt, eine neuerliche Generalversammlung einzuberufen, auf der eine vom Prüfungsverband bestimmte Person den Vorsitz innehat (§ 60 GenG).

Genossenschaftliche Prüfungsverbände → Genossenschaftsprüfung

Gesamtkostenverfahren → GuV, Prüfung

Gesamtplanung von Prüfungsaufträgen

Die →*Prüfungsplanung* umfasst die →*auftragsspezifische Prüfungsplanung* und die Gesamtplanung von Prüfungsaufträgen. Mit der Gesamtplanung aller Aufträge in einer WP-Praxis soll die Voraussetzung für eine ordnungsgemäße und zeitgerechte Durchführung der übernommenen und erwarteten Aufträge geschaffen werden. Darüber hinaus bildet sie die Entscheidungsgrundlage für die Annahme weiterer Aufträge. Ausgehend von der voraussichtlich benötigten Anzahl der Tage zur Abwicklung der einzelnen, auf vorläufigen Planungen beruhenden Aufträge, wird in Abhängigkeit von der Dauer der Auftragsabwicklung und den Kenntnissen, Fähigkeiten und Erfahrungen der Mitarbeiter deren Einsatz koordiniert. Die Gesamtplanung von Prüfungsaufträgen ist angemessen zu dokumentieren, mit den einzelnen Aufträgen zu koordinieren und kontinuierlich an sich ändernde Bedingungen anzupassen. Sie liegt im Verantwortungsbereich der Geschäftsleitung. Normiert ist die Gesamtplanung von Prüfungsaufträgen in IDW PS 240.10 sowie .25–27. Sie gehört zu den Grundsätzen und Maßnahmen der Praxisorganisation gem. VO 1/1995 sowie des E-VO 1/2005.

Gesamturteil → Urteilsbildungsprozess

Geschäftsbericht

Eine gesetzliche Definition des Begriffs Geschäftsbericht existiert seit Inkrafttreten des Bilanzrichtlinien-Gesetzes im Jahr 1986 nicht mehr. In der Praxis bezeichnet der Geschäftsbericht ein einheitliches Druckmedium, welches Bilanz, GuV, Anhang, Lagebericht sowie ggf. Segmentberichterstattung und Kapitalflussrechnung und darüber hinausgehende freiwillige Angaben eines Unternehmens zusammenfasst.

Der Geschäftsbericht dient typischerweise der Erfüllung der gesetzlich vorgeschriebenen Offenlegungspflichten für Gesellschaften. Eine mögliche Gliederung des Geschäftsberichts enthält das →WP-Handbuch. In Deutschland enthält der Geschäftsbericht zumeist die veröffentlichungspflichtigen Bestandteile →*Jahresabschluss*, Lagebericht (→*Lagebericht, Prüfung*), →*Bestätigungsvermerk* und den Bericht des Aufsichtsrates (§ 171 Abs. 2 AktG) sowie freiwillige Zusatzinformationen (z.B. Sozialbericht, Berichterstattung über die Beziehungen zur Umwelt).

Aufgrund seines zumeist hohen Informationsgehalts wird der Geschäftsbericht in der Praxis als ein geeignetes Instrument der Investor Relations genutzt und dient als Instrument der Public Relations der Vermittlung des Unternehmensimages. Da nur zuverlässige Informationen entscheidungsnützlich sind, ist es für die →*stakeholder* bedeutsam zu wissen, welche Bestandteile des Geschäftsberichts geprüfte Informationen enthalten und welche nicht.

Werden in einem Geschäftsbericht der geprüfte Jahresabschluss und der Lagebericht unter Verwendung des Bestätigungsvermerks mit zusätzlichen Informationen veröffentlicht, ist IDW PS 202 zu beachten. Durch den amtierenden Abschlussprüfer vollumfänglich geprüft werden der Jahresabschluss und der Lagebericht (§§ 316f. HGB ggf. i.V.m. § 315a HGB). Informationen, die nicht Bestandteil des Jahresabschlusses und des Lageberichts sind, unterliegen selbst zwar nicht der Abschlussprüfung, erfordern aber das kritische Lesen durch den Abschlussprüfer.

Erkennt der Abschlussprüfer beim kritischen Lesen der zusätzlichen Informationen im Geschäftsbericht eine wesentliche Unstimmigkeit, hat er zu beurteilen, ob der zu prüfende Jahresabschluss, der Lagebericht oder die zusätzliche Information änderungsbedürftig ist.

Betrifft der Änderungsbedarf den geprüften Jahresabschluss oder den Lagebericht, sind dort entsprechende Anpassungen vorzunehmen. Verweigern die gesetzlichen Vertreter des Unternehmens die Anpassung, ist der Bestätigungsvermerk einzuschränken oder zu versagen und dies im →*Prüfungsurteil* zu begründen. Betrifft der Änderungsbedarf die zusätzliche Information und verweigern die gesetzlichen Vertreter eine Anpassung, hat der Abschlussprüfer festzustellen, ob die unvollständige oder falsche Information einen schwerwiegenden Verstoß gegen gesetzliche Berichterstattungspflichten darstellt, über den nach § 321 Abs. 1 Satz 3 HGB im →*Prüfungsbericht* zu berichten ist. Auch in anderen Fällen kann eine Berichterstattung im Prüfungsbericht in Betracht kommen.

Geschäftsführungsprüfung

Bei der Geschäftsführungsprüfung (management audit) wird sowohl die Qualität der veröffentlichten Angaben als auch die Unternehmensführung selbst als Prüfungsgegenstand angesehen. Da die Überwachung der Geschäftsleitung dem Aufsichtsrat obliegt (§ 111 Abs. 1 AktG), beinhaltet die Jahresabschlussprüfung zweifelsfrei keine Geschäftsführungsprüfung.

Eine freiwillige, als Geschäftsführungsprüfung ausgerichtete Prüfungsdienstleistung (→ *Prüfungsdienstleistungen, freiwillige*) kann sich an der Prüfung nach dem HGrG (→ *HGrG, Prüfung nach dem*) orientieren. Diese ist auf Unternehmen der öffentlichen Hand beschränkt, die häufig keine Renditeziele, sondern einen öffentlichen Auftrag (Leistungserbringung) zu erfüllen haben. Aufgrund dessen ist bei einer Geschäftsführungsprüfung privater Unternehmen zu beachten, dass die Geschäftsführungsentscheidungen ggf. auch an ihrer Eignung zur Realisierung der gesetzten Renditeziele zu beurteilen sind.

Im Rahmen einer Geschäftsführungsprüfung sind die Ordnungsmäßigkeit der Geschäftsführungsorganisation, des Geschäftsführungsinstrumentariums, der Geschäftsführungstätigkeit sowie deren Auswirkungen auf die Vermögens-, Finanz- und Ertragslage zu überprüfen.

Das IDW hat in Abstimmung mit dem BMF sowie den Bundes- und Landesrechnungshöfen für die Zwecke der Prüfung nach dem HGrG den IDW PS 720 herausgegeben. Dieser enthält einen Fragenkatalog (→ *Checklisten*), den der Abschlussprüfer auch im Rahmen einer freiwilligen Geschäftsführungsprüfung heranziehen kann, um sich ein Urteil über die Ordnungsmäßigkeit der Geschäftsführung zu bilden. Der vorgegebene Fragenkatalog untergliedert sich in 21 Fragenkreise. Das IDW räumt in IDW PS 720.5 ein, dass der Fragenkatalog keinen Anspruch auf Vollständigkeit erhebt und es Aufgabe des WP sei, diesen auf den konkreten Sachverhalt anzuwenden und ggf. zu erweitern. Fragen, die für den Sachverhalt von untergeordneter Rolle sind, können mit geringerer Intensität geprüft werden. Ist nach Meinung des Prüfers eine Frage (oder ein gesamter Fragenkreis) bei der vorliegenden Prüfung nicht einschlägig, so ist ein Abweichen vom Fragenkatalog erlaubt. Dies muss jedoch begründet werden, wobei ein einfacher Hinweis nicht genügt (IDW PS 720.6).

Da die Überprüfung der Geschäftsführungstätigkeit auf Grundlage der bei der Abschlussprüfung gewonnenen Erkenntnisse erfolgt (IDW PS 720.9), lässt sich die Effizienz der Prüfung insgesamt erhöhen. Mögliche Synergien betreffen z. B. die in IDW PS 720.17 genannten Fragenkreise Risikomanagementsystem (→ *Risikomanagementsystem, Prüfung*), Finanzinstrumente (→ *Finanzinstrumente, Prüfung*), → *Interne Revision* sowie ungewöhnliche Bilanzposten und stille Reserven.

Der beantwortete Fragenkatalog ist gem. IDW PS 720.13 i.V.m. IDW PH 9.450.1.6 als Anlage dem Prüfungsbericht beizufügen. Alternativ kann die Feststellung in einem gesonderten Teilbericht erfolgen.

Ob eine Konformität mit den internationalen Grundsätzen gegeben ist, hängt davon ab, ob die Kriterien des IDW PS 720 den Anforderungen des IFAC Framework genügen. Hiervon ist allerdings nicht auszugehen, da man die kasuistische Abarbeitung eines Fragenkataloges nicht als geeignet einschätzt, um die ordnungsmäßige Geschäftsführung beurteilen zu können. Eine kritiklose Übernahme des Kriterienkatalogs des IDW PS 720 als suitable criteria i.S.v. IFAC Framework.34–38 ist daher unzulässig; in diesem Sinne fordert auch IDW PS 720.5–20, dass der Fragenkatalog an die Verhältnisse des Einzelfalls anzupassen ist. Der Fragenkatalog in IDW PS 720 kann allenfalls als Versuch einer Standardisierung von Teilbereichen einer freiwilligen Geschäftsführungsprüfung angesehen werden, um eine einheitliche Grundlage für die Geschäftsführungsprüfung zu gewährleisten.

Als zu behandelnde Prüfungsgegenstände nach IFAC Framework.31 kommen etwa vergangenheits- oder zukunftsorientierte finanzielle Aspekte oder nicht finanzielle Aspekte (z. B. die Leistungsfähigkeit eines Betriebes), Systeme und Prozesse (z. B. das → *IKS* oder das IT-System) sowie Verhaltensweisen der Geschäftsführung (etwa die Personalpolitik oder die Einhaltung von Gesetz, Satzung oder Verträgen) in Betracht. Ein angemessener Prüfungsgegenstand sollte dabei eigenständig identifizierbar und selbständig bewertbar sein sowie einer ausreichenden Überprüfbarkeit unterliegen (IFAC Framework.33). Als heranzuziehende Beurteilungskriterien kommen nach IFAC Framework.34 insbesondere formale Aspekte, wie etwa das anzuwendende Rechnungslegungssystem (z. B. IFRS, HGB) oder interne Richtlinien in Frage. Die Kriterien sollten dabei den Anforderungen der Relevanz, Vollständigkeit, Zuverlässigkeit, Neutralität und Verständlichkeit genügen (IFAC Framework.36). Da mit der Geschäftsführungsprüfung zumeist schwierige Wertungen hinsichtlich des Soll-Objektes der Prüfung einhergehen, kommt nach IFAC Framework.48 neben der Abgabe einer reasonable assurance, welche als die Basis für eine positive Beurteilung angesehen werden kann, auch die Abgabe einer limited assurance in Betracht. Da es sich bei Letzterem um die Erfüllung einer eben noch ausreichenden Prüfungssicherheit handelt, wird eine derartige Beurteilung auch als negativ formulierte Prüfungssicherheit angesehen.

Geschäftsprozesse → Geschäftsrisikoorientierte Prüfung

Geschäftsrisiko des Mandanten → Geschäftsrisikoorientierte Prüfung

Geschäftsrisiko des Wirtschaftsprüfers → Berufsrisiken des WP

Geschäftsrisikoorientierte Prüfung

1 Prüfungsnormen

a) Deutsche Normen: IDW PS 230, 260; b) Internationale Normen: ISA 315, 330 sowie ISA 200 und ISA 500.

Das →*IAASB* hat im März 2004 ein Prüfungshandbuch herausgegeben, das den Bereich Auditing neu strukturiert. In diesem Rahmen wurden Prüfungsstandards (→*ISA*) verabschiedet, die auf eine stärkere Berücksichtigung geschäftsrisikoorientierter Elemente im klassischen Risikomodell zielen. Diese Änderungen wurden durch die Verabschiedung von ISA 315, 330 sowie die Ergänzungen zu ISA 200 und die Überarbeitung von ISA 500 vollzogen.

Die Erweiterungen des klassischen Risikomodells durch geschäftsrisikoorientierte Elemente umfassen hinsichtlich der genannten Standards insbesondere folgende Punkte, die der Abschlussprüfer zu berücksichtigen hat:

- Vertiefung des Verständnisses der Geschäftstätigkeit des Mandanten (vgl. z. B. ISA 315.20–40, ISA 315.appendix 1).
- Stärkere Risikobeurteilung sowie Bestimmung der Auswirkungen der identifizierten Risiken auf den Jahresabschluss und die darin enthaltenen Abschlussaussagen (vgl. z. B. ISA 315.30; ISA 315.appendix 3 gibt beispielhaft Bedingungen und Ereignisse an, die das Risiko einer wesentlichen Falschdarstellung begründen).
- Stärkere Verbindung der identifizierten Risiken und der eingesetzten Prüfungshandlungen (vgl. z. B. ISA 330.7, .51).
- Dokumentation zusätzlicher Sachverhalte (vgl. z. B. ISA 315.122 f.).

Das IAASB erhofft sich durch die Berücksichtigung der genannten Änderungen eine höhere Qualität der Abschlussprüfung, insbesonre durch eine verbesserte Beurteilung der → *Risiken* sowie einen effizienteren Einsatz von Prüfungshandlungen.

Die Beschäftigung mit der Geschäftstätigkeit sowie dem wirtschaftlichen und rechtlichen Umfeld des Unternehmens ist bereits seit längerem in internationalen und deutschen Prüfungsnormen im Rahmen einer risikoorientierten Prüfung kodifiziert (vgl. insbesondere IDW PS 230 und 260 sowie ISA 310 und 400).

2 Begriffsabgrenzungen und Einordnung

2.1 Definition

Synonym zum geschäftsrisikoorientierten Prüfungsansatz werden teilweise die Begriffe »business risk audit approach«, »business audit« oder »business risk oriented audit« verwandt. PricewaterhouseCoopers bezeichnen ihren Ansatz als »PwC Audit«, KPMG verwendet den Begriff »KPMG Business Audit« und Ernst & Young sprechen von der Ernst & Young Global Audit Methodology (EY GAM). Dabei verwenden die Literatur und die Prüfungsgesellschaften keine einheitliche Terminologie, obwohl zumeist identische Sachverhalte angesprochen werden.

Die geschäftsrisikoorientierte Prüfung ist abzugrenzen von der → *Geschäftsführungsprüfung* sowie der → *Unterschlagungsprüfung*.

2.2 Merkmale des geschäftsrisikoorientierten Prüfungsansatzes

Kernidee einer geschäftsrisikoorientierten Prüfung ist, dass ein besseres Verständnis des Abschlussprüfers für das Geschäft des Mandanten wesentlich zu einem besseren Verständnis der Prüfungsrisiken beiträgt. Die Perspektive, durch die der Abschlussprüfer das Geschäft und die Branche des Mandanten betrachtet, soll das weitere Prüfungsvorgehen maßgeblich beeinflussen. Die Prüfung erfolgt dabei im Sinne eines → *top down-Ansatzes*. Nach Analyse von Geschäftsumfeld, -risiken sowie -prozessen (top) formuliert (»bildet«) der Abschlussprüfer eine Erwartungshaltung hinsichtlich der → *Abschlussaussagen* (down) und Prüfungsrisiken, um das weitere Prüfungsvorgehen festlegen zu können. Insbesondere gilt es, den Schwerpunkt → *aussagebezogener Prüfungshandlungen* auf die → *Prüffelder* mit den zuvor identifizierten Prüfungsrisiken zu legen.

Die geschäftsrisikoorientierte Prüfung stellt keinen gänzlich neuen Prüfungsansatz dar, sondern ist gem. IDW PS 260.37 wie die → *abschlusspostenorientierte Prüfung* und die → *tätigkeitskreisorientierte*

Prüfung als ein möglicher Ansatzpunkt für die Ausgestaltung einer → *risikoorientierten Abschlussprüfung* zu sehen. Zu beachten ist, dass die genannten Ansatzpunkte sich nicht gegenseitig ausschließen, sondern vielmehr unterschiedliche Aspekte einer risikoorientierten Prüfung fokussieren. Durch den zwingend herzustellenden Bezug zum Jahresabschluss müssen auch die geschäftsrisikoorientierte und tätigkeitskreisorientierte Prüfung abschlusspostenorientierte Elemente beinhalten (vgl. ISA 330.49).

Insbesondere große Prüfungsgesellschaften sind seit einigen Jahren dazu übergegangen, ihre risikoorientierten Prüfungsansätze verstärkt um geschäftsrisikoorientierte Elemente zu erweitern. Ursächlich für die Weiterentwicklung der → *Prüfungsansätze* sind vor allem die bestehenden → *Erwartungslücken* im Bereich der externen Rechnungslegung und der Abschlussprüfung sowie die Notwendigkeit der Anpassung an eine in den letzten Jahren stark gestiegene Komplexität der Unternehmensumwelt. Weitere Gründe sind die Forderung der → *stakeholder* nach einem Zusatznutzen (added value) und das Ziel der Prüfungsgesellschaften, eine Effizienzsteigerung zu erzielen sowie die Qualität der Abschlussprüfung zu erhöhen und sicherzustellen, dass Entwicklungen bei den Prüfungsstandards berücksichtigt werden.

2.3 Geschäftsrisiko und Prüfungsrisiko

Das Geschäftsrisiko des Mandanten beinhaltet *externe* (z. B. konjunkturelle Auswirkungen/Rezession) und *interne* (z. B. mangelnde Qualifikation der Mitarbeiter) *Risiken*, die zum Scheitern der für die Erreichung der *Unternehmensziele* gewählten *Strategie* führen können. Höhere Geschäftsrisiken führen regelmäßig zu höheren Fehlerrisiken (→ *Inhärentes Risiko*; → *Kontrollrisiko*), womit zunächst ein höheres → *Prüfungsrisiko* verbunden ist, das es durch die Anpassung von aussagebezogenen Prüfungshandlungen auf das in den Prüfungsnormen vorgegebene Maß zu reduzieren gilt. Somit ist ein direkter Bezug zum klassischen → *Risikomodell* gegeben. Im Rahmen der Überarbeitung der internationalen Prüfungsstandards und der hiermit einhergehenden stärkeren Integration geschäftsrisikoorientierter Elemente in das Risikomodell hat der Abschlussprüfer inhärentes und Kontrollrisiko auf Ebene der Abschlussaussagen und auf Ebene des Jahresabschlusses nicht mehr getrennt zu beurteilen. Vielmehr erfolgt gem. ISA 315.100 eine gemeinsame Beurteilung durch das Risiko wesentlicher falscher Angaben im Jahresabschluss (risk of material misstatement). Dieses entspricht dem Fehlerrisiko. ISA 200.21 lässt auf Ebene der Abschlussaussagen weiterhin eine getrennte Beurteilung von inhärentem und Kontrollrisiko zu, präferiert jedoch die gemeinsame Beurteilung.

Ziel der geschäftsrisikoorientierten Prüfung ist es daher, jene Geschäftsrisiken zu identifizieren, die ausschlaggebend für mögliche Risiken wesentlicher falscher Angaben sind, um anschließend in diesen Bereichen Prüfungsschwerpunkte zu setzen (ISA 315.30). Inhaltlich ist das Geschäftsrisiko somit weiter gefasst als das Risiko wesentlicher falscher Angaben (ISA 315.31). Das Geschäftsrisiko umfasst zusätzlich jene Risiken, die nicht unmittelbar Einfluss auf den Jahresabschluss haben. Denkbar sind bspw. Geschäftsrisiken, deren Zeithorizont jenseits von den im Jahresabschluss und Lagebericht zu erfassenden Sachverhalten liegt. Ein Verständnis für die Geschäftsrisiken erhöht dennoch die Wahrscheinlichkeit, Risiken wesentlicher falscher Angaben zu identifizieren (ISA 315.31).

Die Notwendigkeit einer vertiefenden Beurteilung von Risiken wie das des Geschäftsrisikos ergibt sich zudem aus der Prüfungspflicht der Darstellung von Risiken der zukünftigen Entwicklung im Lagebericht (→ *Lagebericht, Prüfung*) sowie indirekt aus der ggf. bestehenden Pflicht zur Prüfung von Risikofrüherkennungssystemen (→ *Risikomanagementsystem, Prüfung*) bei börsennotierten AG.

3 Prüferisches Vorgehen

Die großen Prüfungsgesellschaften haben die Neuorientierung ihrer Prüfungsansätze in ähnlicher Weise vollzogen. Dabei kann das prüferische Vorgehen den nachstehend genannten Phasen folgen:

3.1 Analyse der Unternehmensstrategie

Im Rahmen der Analyse der Unternehmensstrategie versucht der Abschlussprüfer, ein Verständnis für die strategischen Geschäftsziele des Unternehmens, die zur Verwirklichung eingesetzten Strategien, die operative Umsetzung durch Prozesse sowie die Geschäftsrisiken zu erhalten. Dabei gilt es zunächst, den Prozess der Strategieformulierung zu analysieren, um zu verstehen, auf welcher Grundlage die Geschäftsleitung Entscheidungen trifft, insbesondere wie diese mit möglichen Risiken umgeht. Zu identifizieren und analysieren sind weiterhin die zur Implementierung der Strategie gewählten spezifischen Aktionsprogramme sowie daraus resultierende Risiken, die ein Scheitern der Strategie hervorrufen können.

Darüber hinaus gilt es, im Sinne des top down-Ansatzes, geschäftsrisikobezogene high level-Kontrollen auf der Managementebene (vgl.

auch IDW RS FAIT 1.111, IDW PS 260.6) zu identifizieren und auf deren Wirksamkeit zu prüfen, um den Umfang der Prüfung von low level-Kontrollen auf operativer Ebene möglichst gering zu halten. Zu beachten ist, dass bei der Analyse der Strategie jene Risiken in den Mittelpunkt der Betrachtung zu rücken sind, die einen wesentlichen Einfluss auf den Jahresabschluss des Unternehmens haben. Entsprechend sind die Auswirkungen auf den Jahresabschluss zu analysieren und weitergehende aussagebezogene Prüfungshandlungen durchzuführen (vgl. 3.3).

Zur Durchführung der Analyse der Strategie können verschiedene betriebswirtschaftliche Verfahren wie z. B. die →*SWOT-Analyse*, die →*PEST-Analyse* oder das Konzept der →*Balanced Scorecard* herangezogen werden.

3.2 Prozessanalyse

Die Prozessanalyse dient dazu, im Rahmen der zuvor identifizierten strategischen Geschäftsrisiken sowie der wesentlichen Geschäftsvorfälle ein Verständnis über die Handhabung der Schlüsselprozesse (Kernprozesse) durch den Mandanten zu erlangen. Primär gilt es dabei, zu untersuchen, ob 1) die Prozessziele im Einklang mit den Unternehmenszielen stehen und 2) die Schlüsselprozesse wirksam sind.

Um die Wirksamkeit der Prozesse sowie mögliche Prozessrisiken beurteilen zu können, sind zunächst die kritischen Erfolgsfaktoren (critical success factors, weitgehend synonym finden teilweise auch die Begriffe Werttreiber oder value drivers Verwendung) zu identifizieren, die mittels Schlüsselindikatoren (key performance indicators, KPI) gemessen werden können.

Ein Beispiel zur Verdeutlichung: Stellt der Innovationsprozess einen Schlüsselprozess des Unternehmens dar, ist z. B. die Innovationsrate ein kritischer Erfolgsfaktor. Als mögliche Schlüsselindikatoren zur Messung dieses Erfolgsfaktors kommen z. B. der Prozentsatz der Verkäufe neuer Produkte, die Einführung neuer Produkte im Verhältnis zu Wettbewerbern oder die Zeit, die für die Entwicklung eines Produktes notwendig ist, in Betracht. In diesem Zusammenhang kann erneut das Konzept der Balanced Scorecard sowie das betriebswirtschaftliche Verfahren des →*benchmarking* angewendet werden. Beim benchmarking sollen durch einen Vergleich mit den Wettbewerbern die zuvor ermittelten →*Kennzahlen* (angesprochen sind hier die kritischen Erfolgsfaktoren bzw. Schlüsselindikatoren) in ein Verhältnis gesetzt werden, um so durch den Vergleich mit Wettbewerbern an Objektivität und Aussagekraft zu gewinnen. Neben der Analyse der Prozesse und der Prozessrisiken ist die

Beurteilung der diesbezüglich existierenden Kontrollen (→ *IKS*) vorzunehmen (vgl. auch ISA 315.41–99, ISA 315.appendix 2).

3.3 Verbleibende aussagebezogene Prüfungshandlungen

Nach der Beurteilung von strategischen sowie Prozessrisiken und deren Kontrollen ist es das Ziel, die wesentlichen Auswirkungen auf den Jahresabschluss zu bestimmen und somit eine Brücke zu den Abschlussaussagen zu bauen (*Bridging-Problematik*). Entsprechend sind das weitere Prüfungsvorgehen sowie verbleibende aussagebezogene Prüfungshandlungen zu planen. Die aussagebezogenen Prüfungshandlungen sind dabei direkt auf die identifizierten Risiken zu beziehen (ISA 330.51). Der Umfang hängt daher maßgeblich von der bislang bereits erreichten → *Prüfungssicherheit* ab. Ein vollständiger Verzicht auf aussagebezogene Prüfungshandlungen ist jedoch nicht möglich. Selbst bei einer zuvor getroffenen Einschätzung eines niedrigen Risikos einer wesentlichen Falschaussage im Jahresabschluss sind zumindest bei jeder wesentlichen Transaktion, für jedes wesentliche Konto und jede wesentliche Angabepflicht (ISA 330.49) aussagebezogene Prüfungshandlungen durchzuführen.

3.4 Berichterstattung

Bezüglich der Berichterstattung ergeben sich durch ein geschäftsrisikoorientiertes Vorgehen keine grundsätzlich neuen Anforderungen. Sämtliche → *Prüfungshandlungen* und → *Prüfungsfeststellungen* sind zu dokumentieren (vgl. z. B. ISA 315.122 f., 330.73, vgl. auch → *Prüfungsdokumentation*). Ein → *Prüfungsbericht* ist zu erstellen und das Ergebnis der Prüfung in Form des → *Bestätigungsvermerks* den stakeholdern mitzuteilen.

Frederik Mielke

Literatur: *Bell, T.B./Marrs, F.O./Solomon, I./Howard, T.*, Auditing Organizations Through a Strategic-Systems Lens, 1997; *Knechel, R.W.*, Auditing: Assurance & Risk, 2001; *Ruhnke, K.*, in: Der Betrieb 2002, S. 437–443.

Geschätzte Werte, Prüfung

1 Zentrale Normen

1.1 Rechnungslegungsnormen

a) Deutsche Normen: § 253 Abs. 2 Satz 3 HGB (Nutzungsdauer), §§ 253 Abs. 2 Satz 3, Abs. 3 Satz 2 HGB (niedrigerer beizulegender Wert), 253 Abs. 1 Satz 2 HGB (Betrag nach vernünftiger kaufmännischer Beurteilung); b) Internationale Normen: IAS 1.116–124, IAS 11 (Werte in Zusammenhang mit dem Fertigstellungsgrad von Fertigungsaufträgen), IAS 16.57, IAS 38.80–99 (Nutzungsdauer), IAS 36.30–54 (Nutzungswert), IAS 37.36, IAS 39.46–48 i.V.m. IAS 39.AG69–AG82, IAS 40.33–52, IAS 41.12–25 (geschätzte Werte bzw. geschätzte fair values).

1.2 Prüfungsnormen

a) Deutsche Norm: IDW PS 314; b) Internationale Norm: ISA 540.

2 Definition

Geschätzte Werte sind Größen, bei denen eine exakte Ermittlung oder Berechnung nicht möglich ist; zumeist handelt es sich um prognostizierte Werte (→ *Prognoseprüfung*).

Auf geschätzte Werte wird sowohl nach nationalen als auch nach internationalen Normen dann zurückgegriffen, wenn kein Marktpreis verfügbar ist, um einen beizulegenden Zeitwert (→ *Fair values, Prüfung*) zu ermitteln. In einem solchen Fall kommt eine Vielzahl anderer Wertfindungsmethoden in Betracht. Diesen ist gemein, dass sie in mehr oder weniger großem Maß Schätzungen erforderlich machen (z.B. Anpassungen an Marktpreise, finanzwirtschaftliche Bewertungsverfahren).

Außerhalb von beizulegenden Zeitwerten existieren zum einen geschätzte Werte, die als bilanzieller Bewertungsmaßstab herangezogen werden (z.B. value in use, Bewertung von Rückstellungen), zum anderen Größen, die nur im Rahmen der Ermittlung anderer Werte von Bedeutung sind, selbst aber nicht direkt zu einem in der Bilanz auszuweisenden Wert führen (z.B. die betriebsgewöhnliche Nutzungsdauer).

3 Prüferisches Vorgehen

3.1 Bilanzielle Wertansätze

Das Prüfungsziel ist auch bei der Prüfung von geschätzten Werten eine Beurteilung, ob der vom Unternehmen ermittelte Wert den relevanten Rechnungslegungsnormen entspricht. Der Prüfer hat hierzu angemessene und ausreichende → *Prüfungsnachweise* zu erlangen. Ähnlich wie bei geschätzten beizulegenden Zeitwerten existiert regelmäßig eine Bandbreite akzeptabler Soll-Werte.

Das prüferische Vorgehen ist eng verknüpft mit dem Prognosecharakter von geschätzten Werten. Eine Prognoseaussage basiert auf Daten und Annahmen. Unter Daten sind (empirische) Informationen über den gegenwärtigen Zustand zu verstehen (Randbedingungen, Ausgangsdaten); dagegen sind Annahmen Aussagen über die zukünftige Entwicklung. Aus den Daten und Annahmen lässt sich die Prognoseaussage bestimmen.

Demnach sind bei der Prüfung eines geschätzten Wertes zunächst die Daten und Annahmen zu beurteilen. Daran anschließend ist die Berechnung, welche zum geschätzten Wert führt, nachzuvollziehen.

Daten müssen richtig, vollständig und relevant sein. Sie können einerseits direkt empirisch beobachtet werden, andererseits lassen sie sich aus einer Vielzahl anderer Quellen nachvollziehbar gewinnen. Bei Annahmen hat der Prüfer zu beurteilen, ob sie den Kriterien Relevanz, Zuverlässigkeit, Neutralität, Verständlichkeit und Vollständigkeit genügen. Insbesondere das Kriterium der Neutralität ist aus prüferischer Sicht häufig problematisch. Unter Neutralität ist in diesem Zusammenhang zu verstehen, dass die Annahme die plausibelste Entwicklung unterstellt bzw. bei mehreren Annahmen die Entwicklungen nicht in eine Richtung (systematisch) verzerrt unterstellt werden. Da es sich um eine Annahme über die künftige Entwicklung handelt, lässt sich im Vorhinein nicht beurteilen, ob eine Annahme faktisch wahr oder falsch ist. Vielmehr geht es um die Frage, ob die Annahme plausibel ist. Hier besteht ein großer Ermessensspielraum.

Im Zweifel ist bei Annahmen vorsichtig vorzugehen, d.h., die Annahmen sind so zu setzen, dass ein geschätzter Wertansatz bei Aktiva (Passiva) eher niedriger (höher) ausfällt (IASB Framework.37, § 252 Abs. 1 Nr. 4 HGB). Zudem sind die gesetzten Annahmen in Folgeperioden stetig anzuwenden, sofern sie nicht empirisch widerlegt wurden.

Als weitere → *Prüfungshandlungen* kann der Prüfer bspw.

- die Konsistenz der Annahmen, die verschiedenen geschätzten Werten zugrunde liegen, prüfen;

- die Konsistenz zu historischen Daten beurteilen;
- den geschätzten Wert des Unternehmens mit einer unternehmensunabhängigen Schätzung vergleichen und
- Ereignisse nach dem Abschlussstichtag heranziehen.

3.2 Prüfung von Angaben in den notes

IAS 1.116–124 sieht eine Reihe von Angabepflichten in den notes in Bezug auf bilanzielle Wertansätze, bei deren Ermittlung Schätzungen erforderlich waren, vor. Dies betrifft in besonderem Maße geschätzte beizulegende Zeitwerte. Anzugeben sind insbesondere zentrale Annahmen, die einer Schätzung zugrunde liegen, und die Bandbreite, in der die Werte liegen können.

Der Prüfer hat sowohl zu beurteilen, ob das Unternehmen diesen Angabepflichten nachgekommen ist, als auch, ob die getätigten Angaben inhaltlich zutreffend sind. Da sich der Prüfer bereits beim Nachvollziehen der bilanziellen Wertansätze etwa mit den zugrunde gelegten Annahmen auseinandergesetzt hat, dürfte die Prüfung dieser Angaben keine zusätzlichen Probleme bereiten.

Literatur: *Ruhnke, K./Schmidt, M.*, in: Die Wirtschaftsprüfung 2003, S. 1037–1051.

Geschichte des Prüfungswesens

Die Geschichte des Prüfungswesens beginnt bereits in der Antike. Alte babylonische und ägyptische Aufzeichnungen weisen hinter einzelnen Beträgen oft Kontrollzeichen in Form von Punkten, Strichen und Kreisen auf. Der griechische Antigrapheus (Gegenschreiber) prüft eigenständig staatswirtschaftliche Buchungsabschriften. Italien wird als Geburtsland eines ausgebildeten Revisionswesens angesehen, da hier schon im Mittelalter öffentliche Finanzen und Steuerabrechnungen kontrolliert wurden. Die erste deutsche staatliche Kontrollbehörde wurde mit der kursächsischen Kammer erst 1707 gegründet.

Die Innenrevision (→ *Interne Revision*) entstand in Deutschland aus der räumlichen Trennung der einzelnen Betriebsstätten, da die Niederlassungsleiter wegen Verkehrs- und Kommunikationsschwierigkeiten sehr selbständig waren. Innenrevisoren kontrollierten unter formalen Gesichtspunkten deren Wirtschaftsführung und Abrechnungen.

Die Entwicklung der *externen Revision* ist auf den großen Kapitalbedarf von Handelsgesellschaften zurückführen, für dessen Deckung externe Kapitalgeber erforderlich waren. Hier wurde die Trennung zwischen Eigentum und Dispositionsgewalt vollzogen (→ *Agencytheoretischer Ansatz*), so dass externe, unabhängige Revisoren die Tätigkeit der angestellten Geschäftsführer untersuchten. Dies gewährleistete eine objektivere Prüfung, als eine Prüfung durch Innenrevisoren.

Die Aktienrechtsnovelle von 1870 beinhaltete eine Vorschrift, die den → *Aufsichtsrat* verpflichtete, Jahresrechnungen, Bilanzen und Vorschläge zur Gewinnverteilung zu prüfen und alljährlich den Aktionären darüber Bericht zu erstatten. Infolge der stets komplizierter werdenden Verhältnisse bedienten sich viele Aufsichtsräte berufsmäßigen Revisoren, um ihrer Kontrollpflicht nachzukommen. Das Recht der Generalversammlung, unabhängige Bilanzprüfer zu bestellen, wurde durch die Aktiennovelle 1884 zur Gesetzesnorm erhoben. Zugleich schrieb das Gesetz für bestimmte Verhältnisse die Prüfung des Gründungsvorgangs (→ *Gründungsprüfung*) durch besondere Revisoren vor. Im Jahr 1889 erfolgte die Einführung der Pflichtprüfung durch externe Revisoren für Genossenschaften (→ *Genossenschaftsprüfung*). Bei AG vertraute der Gesetzgeber dagegen weiter auf die Kompetenz des Aufsichtsrats und der Generalversammlung.

Bis zur Jahrhundertwende gab es kaum freiwillige Bilanzrevisionen (→ *Freiwillige Abschlussprüfung*). Erst die Unternehmenszusammenbrüche Anfang des 20. Jahrhunderts führten einen Wandel herbei. Das zunehmende Revisionsgeschäft wurde weniger durch den existierenden Berufsstand der beeidigten Bücherrevisoren, sondern vielmehr durch die zunächst von Banken gegründeten *Revisions- und Treuhandgesellschaften* durchgeführt. Als erste Gesellschaft wurde 1890 die Deutsche Revisions- und Treuhandgesellschaft gegründet. Seit 1927 wurde über eine Einführung der Pflichtprüfung für AG diskutiert, die wegen der bestehenden Revision der Finanzämter und des Mangels an ausgebildeten Prüfern abgelehnt wurde. Nach dem Zusammenbruch mehrerer namhafter Unternehmen und Banken zwischen 1929 und 1931 bestand dringender Reformbedarf. Da der deutsche Reichstag in dieser Zeit nahezu funktionsunfähig war, schlug der Reichskanzler dem Reichspräsidenten die Inkraftsetzung der vorgesehenen Reform auf dem Weg der Notverordnung vor. Am 19.9.1931 wurde u. a. die pflichtmäßige Prüfung des aktienrechtlichen → *Jahresabschlusses* gesetzlich vorgeschrieben und der Beruf des → *WP* geschaffen. Die Prüfung hatte sich neben der formellen Ordnungsmäßigkeit auch auf die materielle Richtigkeit, d. h. die Einhaltung von Ansatz-, Bewertungs- und Gliederungsvorschriften zu erstrecken. Die Einführung der neuen Regelungen erfolgte mittels mehrerer Durchführungsverordnungen bis 1934.

Zu den weiteren wichtigen Gesetzen oder Regelungen, die das Prüfungswesen wesentlich beeinflusst haben, zählt die →*WPO*, die 1961 in Kraft getreten ist. Das →*PublG* wurde 1969 verabschiedet. Es regelt, dass Unternehmen, die keine →*AG* sind, aber bestimmte Größenkriterien erfüllen, im Wesentlichen nach den Vorschriften für große Kapitalgesellschaften Jahresabschlüsse zu erstellen haben und diese prüfen lassen und publizieren müssen. 1986 wurden mit Hilfe des Bilanzrichtlinien-Gesetzes Maßgaben der EG in nationales Recht umgesetzt. Das KonTraG trat 1998 in Kraft. Es brachte dem Berufsstand u. a. erhöhte Haftungssummen und die Pflicht zur internen Rotation (→*Prüferrotation*). Durch das →*Kapitalgesellschaften & Co.* Richtliniegesetz von 2000 werden haftungsbeschränkte Personenhandelsgesellschaften für die Rechnungslegung und Prüfung denselben Anforderungen wie Kapitalgesellschaften unterworfen. Das 2002 verabschiedete TransPuG beinhaltet insbesondere Konsequenzen für den Inhalt des Prüfungsberichts. Durch das 2004 in Kraft getretene Gesetz zur Reform des Zulassungs- und Prüfungsverfahrens des →*Wirtschaftsprüfungsexamens* wurde die Ausbildung des WP (→*Zugang zum Beruf des WP*) reformiert. Im Dezember 2004 wurden drei weitere bedeutsame Gesetzesnovellen verkündet. Mit dem BilReG kam es zu einer Verschärfung der Unabhängigkeitsnormen (→*Unabhängigkeit*). Durch das BilKoG wurde eine unabhängige Enforcement-Stelle für die Rechnungslegung geschaffen, wobei das Enforcement der Rechnungslegung auch Prüfungsfehler aufzudecken vermag. Das APAG beinhaltet als Kernelement die Einrichtung einer →*APAK*, deren Aufgabe es ist, eine öffentliche Fachaufsicht über die WPK zu führen.

Literatur: *Quick, R.*, in: Zeitschrift für Unternehmensgeschichte 1990, S. 217–236; *Quick, R.*, in: Vierteljahresschrift für Sozial- und Wirtschaftsgeschichte 2004, S. 281–309.

Geschichtete Auswahl

Zur Generierung einer zufälligen →*Stichprobe* stehen die einfache und die komplexe →*Zufallsauswahl* zur Verfügung. Die komplexe Zufallsauswahl basiert auf anspruchsvolleren statistischen Verfahren, hat aber den Vorteil, dass sie mit einem geringeren Stichprobenumfang auskommt. Zu den Verfahren der komplexen Zufallsauswahl gehört neben dem Zufallsauswahlverfahren mit größenproportionaler Auswahlwahrscheinlichkeit (→ *DUS*) das mehrstufige Auswahlverfahren, das in erster Linie in der Form eines zweistufigen Auswahlverfahrens zur Anwendung kommt. Hierbei wird die Grundgesamtheit in mehrere Teilbereiche zerlegt, aus denen eine Zufallsstichprobe gezogen wird. Aus der Anzahl der Elemente dieser ausgewählten Teilbereiche wird dann wiederum eine Zufallsstichprobe gezogen. Die geschichtete Auswahl ist, ebenso wie die → *Klumpenauswahl*, ein Spezialfall der zweistufigen Auswahl, wobei der Auswahlsatz in der ersten Stufe 100% beträgt. Folglich gehen sämtliche Schichten in die Auswahl ein. In der zweiten Stufe liegt der Auswahlsatz unter 100%. Die Schichten sind so zu bilden, dass die Elemente einer Schicht bezüglich des Untersuchungsmerkmals möglichst homogen sind. In der Abschlussprüfung wird i.d.R. der Wert der einzelnen Vermögensposten als Untersuchungsmerkmal herangezogen. Je homogener jede Schicht gebildet werden kann und je inhomogener die Schichten zueinander sind, desto kleiner ist die Stichprobenvarianz bei einem gegebenen Stichprobenumfang. Durch diese reduzierte Varianz verringert sich bei gleicher Urteilsqualität der erforderliche Gesamtstichprobenumfang bzw. verbessert sich bei gleich bleibendem Gesamtstichprobenumfang die Sicherheit und Genauigkeit des → *statistischen Stichprobenverfahrens*.

Gesellschaft mit beschränkter Haftung

Bei der Gesellschaft mit beschränkter Haftung (GmbH) handelt es sich um eine aufgrund gesellschaftsrechtlicher Überlegungen im → *GmbHG* geschaffene → *Kapitalgesellschaft* mit eigener Rechtspersönlichkeit. Beabsichtigt war die Schaffung einer gesellschaftsrechtlichen Unternehmung zwischen → *Personenhandelsgesellschaft* und → *AG*, um so auch kleinere Unternehmungen ohne persönliche Haftung betreiben zu können. Die GmbH entsteht als juristische Person erst durch die Eintragung in das → *Handelsregister*. Werden Geschäfte vor der Eintragung durchgeführt, so haften die Handelnden persönlich und solidarisch. Das Stammkapital muss mindestens 25.000 € und die Stammeinlage jedes Gesellschafters mindestens 100 € betragen. Organe der GmbH sind Geschäftsführung und Gesellschafterversammlung. Die Pflicht zur Bestellung eines → *Aufsichtsrats* besteht, sofern mehr als 500 Arbeitnehmer beschäftigt sind. Neben den Rechnungslegungsvorschriften für Kapitalgesellschaften gelten ergänzend die Vorschriften der §§ 41–42a

GmbHG. Die GmbH unterliegt, sofern sie nicht klein i. S. d. § 267 Abs. 1 HGB ist, der Prüfungspflicht.

Gesellschafterversammlung

Die Gesellschafterversammlung ist das Beschlussorgan, welches sich aus der Gesamtheit der Gesellschafter einer →*GmbH* zusammensetzt. Grundsätzlich erfolgt hier die Beschlussfassung über die von den Gesellschaftern in den Angelegenheiten der Gesellschaft zu treffenden Bestimmungen gem. § 46 Nr. 1–8 GmbHG nach der Mehrheit der abgegebenen Stimmen. Dabei gewähren jeweils 50 € eines Geschäftsanteils eine Stimme. Für eine Satzungsänderung oder die Auflösung der Gesellschaft ist eine Mehrheit von drei Viertel der abgegebenen Stimmen notwendig. Die Gesellschafterversammlung wird durch die Geschäftsführer mit einer Frist von mindestens einer Woche einberufen. Die Einberufung muss nicht erfolgen, sofern sich sämtliche Gesellschafter mit der zu treffenden Bestimmung in schriftlicher Form oder mit der schriftlichen Abgabe der Stimmen einverstanden erklären.

Gesetz betreffend die Gesellschaften mit beschränkter Haftung

Das Gesetz betreffend die →*GmbH* (GmbHG) vom 20.4.1892 mit späteren Änderungen regelt die Rechtsverhältnisse der GmbH. Es enthält insgesamt sechs Abschnitte. Im ersten (§§ 1–12) werden Vorschriften zur Gründung, im zweiten (§§ 13–34) Rechtsverhältnisse der Gesellschaft und der Gesellschafter, im dritten (§§ 35–52) Regelungen zur Vertretung und Geschäftsführung, im vierten (§§ 53–59) Anforderungen bei Änderungen des Gesellschaftsvertrages, im fünften (§§ 60–77) Nichtigkeit und Auflösung der Gesellschaft und im sechsten (§§ 78–85) Schlussbestimmungen geregelt. Besondere Vorschriften zur Aufstellung und Prüfung des Jahresabschlusses finden sich in den §§ 41–42a GmbHG.

Gesetz über das Kreditwesen

Die Rechtsgrundlage von Kredit- und Finanzdienstleistungsinstituten bildet das Gesetz über das Kreditwesen (KWG) in der Neufassung der Bekanntmachung vom 9.9.1998. Das KWG wurde zuletzt durch das Gesetz vom 22.9.2005 geändert. Bereits 1931 wurden Kreditinstitute (→ *Kreditinstitute, Prüfung*) unter dem Druck der Bankenkrise per Notverordnung einer staatlichen Aufsicht unterstellt. Das heute geltende Gesetz stammt aus dem Jahr 1961 und wurde hauptsächlich durch europäische Richtlinien geprägt. Das KWG hat zum Ziel, die allgemeine Ordnung im Kreditwesen zu gewährleisten, die Funktionsfähigkeit des Kreditgewerbes zu sichern und die Gläubiger vor Verlusten zu schützen.

Gesetz über eine Berufsordnung der Wirtschaftsprüfer → WPO

Gesetz von Benford → Benford'sches Gesetz

Gesetzliche Prüfungsleistungen → Prüfungsdienstleistungen, gesetzliche

Gesetzliche Rücklagen → Eigenkapital, Prüfung

Gesetzmäßigkeitsprüfung

Die in §§ 316–324a HGB geregelte → *Jahresabschlussprüfung* ist als sog. Gesetzmäßigkeitsprüfung ausgestaltet. Die Prüfung erstreckt sich darauf, ob der Jahresabschluss in Übereinstimmung mit den relevanten Rechnungslegungsnormen aufgestellt wurde. Da dies *früher* insbesondere die deutschen *gesetzlichen* Normen des HGB bzw. die → *GoB* (diese haben wegen der Verweise in den §§ 243 Abs. 1, 264 Abs. 2 HGB Gesetzesrang) waren, entstand der Begriff Gesetzmäßigkeitsprüfung. Aktuell wird eine wachsende Anzahl von Jahresabschlüssen nach IFRS erstellt. Die IFRS sind zwar nach der Übernahme durch die EU Rechtsnormen, aber keine Gesetze. Insofern ist der Begriff »Gesetzmäßigkeitsprüfung« in Bezug auf IFRS-Abschlüsse missverständlich; gleichwohl handelt es sich auch bei der Prüfung solcher Abschlüsse um eine Normenkonformitätsprüfung. Ferner ist zu prüfen, ob etwaige ergänzende Vorschriften des Gesellschaftsvertrages oder der Satzung beachtet wurden (§ 317 Abs. 1 Satz 1 HGB) und ob ein eventuell zu erstellender Lagebericht (→ *Lagebericht, Prüfung*) im Einklang mit dem Jahresabschluss steht (§ 317 Abs. 2 HGB).

Das →*Prüfungsurteil* des Abschlussprüfers, das der Öffentlichkeit in Form des →*Bestätigungsvermerks* zugänglich gemacht wird, umfasst daher auch nur die Gesetzmäßigkeit des Jahresabschlusses, nicht aber bspw., ob das Unternehmen solvent oder rentabel ist. Der Charakter der Jahresabschlussprüfung als Gesetzmäßigkeitsprüfung wird von der Öffentlichkeit oft verkannt; dieses Phänomen wird mit dem Begriff →*Erwartungslücke* beschrieben.

Gesonderter Abschnitt → Bestätigungsvermerk

Gewinn- und Verlustrechnung, Prüfung

1 Normen

1.1 Rechnungslegungsnormen

a1) Deutsche Normen in Bezug auf den Einzelabschluss: §§ 240 f., 246, 264 Abs. 2, 265, 275–278, 280, 284, 285 Nr. 4, 5, 6, 8 HGB; a2) Deutsche Norm in Bezug auf den Konzernabschluss: Nach § 298 Abs. 1 HGB sind die Regelungen zum Einzelabschluss im Konzernabschluss entsprechend anzuwenden; b) Internationale Normen: IAS 1.88–95, 8, 11, 18.

1.2 Prüfungsnormen

a) Deutsche Norm: IDW PS 312; b) Internationale Norm: ISA 520.

2 Definition und Gliederungsformate

Die Gewinn- und Verlustrechnung (*GuV*; *income statement*) gibt als Zeitraumrechnung Auskunft über Art und Höhe der Erfolgsquellen eines Unternehmens. Nach § 242 Abs. 3 HGB bildet sie zusammen mit der →*Bilanz* sowie bei →*Kapitalgesellschaften* gem. § 264 HGB mit dem Anhang (→*Anhang, Prüfung*) den →*Jahresabschluss*. Die GuV kann nach dem Gesamtkostenverfahren (§ 275 Abs. 2 HGB) oder nach dem Umsatzkostenverfahren (§ 275 Abs. 3 HGB) aufgestellt werden. Die jeweils vorzunehmende Untergliederung ergibt sich aus § 275 Abs. 2 bzw. Abs. 3 HGB. Die Darstellung erfolgt für Kapitalgesellschaften in Staffelform (§ 275 Abs. 1 HGB). Für Unternehmen anderer Rechtsformen besteht auch die Möglichkeit der Darstellung in Kontoform. Ähnlich wie nach handelsrechtlichen Vorschriften ist nach IAS 1.88–95 die alternative Darstellung des income statement nach dem Gesamtkostenverfahren (*nature of expenses method*) oder dem Umsatzkostenverfahren (*cost of sales method*) zulässig.

3 Grundsätzliche Aspekte bei der Prüfung der GuV

Die aufgrund der doppelten Buchführung gegebene rechentechnische Verknüpfung von Bilanz und GuV macht es erforderlich, die Prüfung der GuV-Positionen in einem engen Zusammenhang mit der Prüfung der Bilanzpositionen zu sehen. Zum einen dienen die Ergebnisse aus der Prüfung der jeweiligen Bilanzposten als Grundlage für die Prüfung der GuV-Posten. Zum anderen werden i. d. R. jene GuV-Posten, die in einem engen Zusammenhang zu bestimmten Bilanzposten stehen, bereits im Rahmen der Bilanzprüfung überprüft; dies trifft insbesondere auf Bewertungsfragen zu.

4 Prüferisches Vorgehen

Im Rahmen der Prüfung der GuV hat der Prüfer Feststellungen darüber zu treffen, inwieweit sämtliche →*Aufwendungen* und →*Erträge vollständig*, *sachgerecht* und *periodengerecht* ausgewiesen sowie *richtig bewertet* sind. Im Folgenden werden die zentralen Prüfungshandlungen entlang der →*Abschlussaussagen* kategorisiert.

a. Die Prüfung der *Vollständigkeit* der Aufwendungen und Erträge einer Periode ist als Nachweisprüfung zu verstehen, deren Ziel es ist, sicherzustellen, dass sämtliche Geschäftsvorfälle, die in der betrachteten Periode zu Aufwendungen bzw. Erträgen geführt haben, auch tatsächlich erfasst wurden. Hierbei stehen insbesondere →*analytische Prüfungen* (IDW PS 312, ISA 520) im Vordergrund. Eine mögliche Vorgehensweise bei der Prüfung der Vollständigkeit der Aufwendungen und Erträge ist es, die Soll-Aufwendungen und die Soll-Erträge zu ermitteln (→*Soll-Ist-Vergleich*). Hierzu lassen sich insbesondere sachliche Abhängigkeiten zwischen einzelnen GuV-Positionen bzw. zwischen Bilanz- und GuV-Positionen heranziehen. Letzteres baut insbesondere auf den Ergebnissen der Prüfung der Bilanz auf. So lässt bspw. die Anzahl hergestellter Erzeugnisse Rückschlüsse auf die Höhe der Materialaufwendungen zu. Ein anderes Beispiel ist die Ermittlung der Soll-Zinserträge bzw. Soll-Zinsaufwendungen, welche sich anhand der Darlehensforderungen und -verbindlichkeiten, der Festgeldguthaben und der mittel- und langfristigen Bankverbindlichkeiten bestimmen lassen. Weitere Hinweise zur

Prüfung der Vollständigkeit ergeben sich aus vorhandenen zeitlichen Abhängigkeiten. Dies trifft insbesondere auf regelmäßig wiederkehrende Aufwendungen und Erträge, wie bspw. Aufwendungen für Gas, Wasser, Strom oder Mieten und Pachten zu. Hilfreich ist in diesem Zusammenhang ggf. auch der Vergleich der Aufwendungen und Erträge mit den entsprechenden Vorjahreswerten.

Während bei der GuV nach dem Gesamtkostenverfahren sämtliche in der betrachteten Periode angefallenen Aufwendungen und Erträge erfasst werden, ist bei der Prüfung der Vollständigkeit der nach dem Umsatzkostenverfahren aufgestellten GuV darauf zu achten, dass die Aufwendungen, welche die zum Bilanzstichtag nicht veräußerten unfertigen und fertigen Erzeugnisse betreffen, nicht in die GuV einfließen.

b. Im Rahmen der Prüfung des *sachgerechten Ausweises* der Aufwendungen und Erträge hat sich der Prüfer davon zu überzeugen, dass die gesetzlichen Gliederungsvorschriften beachtet wurden. Bei Anwendung des Gesamtkostenverfahrens gibt § 275 Abs. 2 HGB eine entsprechende Gliederung vor. Die Gliederung bei Anwendung des Umsatzkostenverfahrens findet sich in § 275 Abs. 3 HGB. Neben der Prüfung der Einhaltung des Gliederungsschemas ist auch die Zuordnung der jeweiligen Aufwendungen und Erträge zur jeweils richtigen GuV-Position zu überprüfen. In diesem Zusammenhang ist auch die Einhaltung des Saldierungsverbotes gem. § 246 Abs. 2 HGB zu kontrollieren, nach dem Aufwendungen und Erträge grundsätzlich nicht miteinander saldiert werden dürfen. Bei der sachlichen Abgrenzung der Aufwendungen und Erträge ist auch die Beachtung der Gliederungsstetigkeit sicherzustellen. Dies bedeutet, dass zu überprüfen ist, inwieweit die gleiche sachliche Abgrenzung der einzelnen GuV-Posten erfolgt wie in den vorherigen Perioden. Ebenfalls im Rahmen der Ausweisprüfung zu kontrollieren ist die Beachtung der mit der GuV zusammenhängenden erforderlichen Angaben, wie bspw. die nach § 277 Abs. 3 Satz 1 HGB erforderliche gesonderte Angabe der außerplanmäßigen Abschreibungen oder die nach § 285 Nr. 6 HGB geforderte Aufgliederung der Umsatzerlöse nach Tätigkeitsbereichen und geographisch bestimmten Märkten. Anders als die handelsrechtlichen Vorschriften legen die IFRS kein detailliertes Gliederungsschema fest. Die Gliederung des *income statement* soll sich vielmehr aus dem Prinzip der Wesentlichkeit sowie den Anforderungen einer angemessenen Erklärung der Ertragskraft des Unternehmens und einer den tatsächlichen Verhältnissen entsprechenden Darstellung der Ertragslage des Unternehmens ergeben. Dennoch fordert IAS 1.81 einen Mindestausweis für das income statement. Diese Mindestgliederung ist entweder aufgrund von Anforderungen anderer IFRS oder aufgrund der Anforderung der *fair presentation* entsprechend durch zusätzliche Posten bzw. weitere Untergliederungen zu erweitern. Bei Anwendung des Umsatzkostenverfahrens sind gem. IAS 1.93 zusätzliche Angaben erforderlich. Spezifische Angabepflichten hinsichtlich des income statement normiert insbesondere IAS 8.

c. Die Prüfung der (Perioden-)*Abgrenzung* (cut-off-Prüfung) dient der Sicherstellung der richtigen zeitlichen Abgrenzung angefallener Aufwendungen und Erträge. Hier ist die richtige zeitliche Erfassung aller Aufwendungen und Erträge unabhängig vom Zeitpunkt ihrer Ausgabe bzw. Einnahme zu überprüfen. Bei Erträgen ist der Zeitpunkt der Realisation maßgeblich (Realisationsprinzip). Bei Aufwendungen kommt es auf die Art der zugrunde liegenden Aufwendungen an. So ist z.B. bei Vorräten der Zeitpunkt des Verbrauchs entscheidend. Bei Anlagegütern entsteht der Aufwand entsprechend der in der jeweiligen Periode vorzunehmenden Abschreibungen. Bei Dienstleistungen bemisst sich der Zeitpunkt der Erfassung nach der Inanspruchnahme und Rechnungsstellung. Bei Miet-, Leasing- und Pachtgebühren sind die Aufwendungen den jeweiligen Perioden zuzurechnen, für die das entsprechende Nutzungsentgelt gezahlt wird. Bei Aufwendungen steht somit letztlich das Verursachungsprinzip im Vordergrund. Eine Durchbrechung des grundsätzlich auch für Aufwendungen geltenden Realisationsprinzips besteht in dem Imparitätsprinzip, nach dem Verluste bereits vor dem Zeitpunkt ihres tatsächlichen Eintritts antizipiert werden, womit bereits vor Realisierung des Verlustes dieser verursacht wurde. Ein wesentlicher Unterschied zwischen HGB und IFRS ergibt sich bei der Bilanzierung von langfristigen Fertigungsaufträgen (→ *Auftragsfertigung, Prüfung*), d.h. Aufträgen, bei denen Beginn und Beendigung der Auftragsdurchführung in verschiedene Berichtsperioden fallen. Gemäß dem nach handelsrechtlichen Regelungen geltenden Realisationsprinzip erfolgt die Erlöserfassung regelmäßig erst nach Beendigung des Fertigungsauftrages, d.h. mit wirtschaftlichem Übergang auf den Erwerber. Neben dieser sog. *completed contract method* besteht nach handelsrechtlichen Vorschriften auch die Möglichkeit der *Teilgewinnrealisierung*. Voraussetzung hierfür ist allerdings das Vorliegen selbständig bewertbarer Fertigungs- oder Erstellungsabschnitte sowie der Erhalt entsprechender Abschlagszahlungen durch den Auftraggeber. Unter der Voraussetzung, dass das Ergebnis eines Fertigungsauftrages verlässlich zu schätzen ist, besteht gem. IAS 11 die Pflicht der Gewinnrealisierung nach dem Fertigstellungsgrad, d.h., die Auftragserlöse und Auftragskosten sind entsprechend dem Leistungsfortschritt am Bilanzstichtag jeweils als Ertrāge und Aufwendungen zu erfassen. Diese Methode wird als *percentage of completion method* bezeichnet.

d. *Bewertungsfragen*, die sich im Zusammenhang mit Aufwendungen und Erträgen ergeben, werden i.d.R. bereits im Rahmen der Prüfung der entsprechenden Bilanzpositionen geprüft, da sich aufgrund der Bewertung der Aktiv- und Passivposten der Bilanz auch die Bewertung der entsprechenden Aufwands- und Ertragsposten der GuV ergibt. So sind bspw. Bewertungsaspekte im Bezug auf Umsatzerlöse insbesondere im Rahmen der Prüfung der Forderungen (→ *Forderungen, Prüfung*) zu behandeln. Bewertungsaspekte hinsichtlich des Materialaufwandes werden z.B. bei der Prüfung der Vorräte (→ *Vorräte, Prüfung*) angesprochen. Abschreibungen sind insbesondere bei der Prüfung der immateriellen Vermögensposten (→ *Immaterielle Vermögensposten, Prüfung*), der Sachanlagen (→ *Sachanlagen, Prüfung*), der Finanzanlagen (→ *Finanzinstrumente, Prüfung*) sowie der Vorräte und Forderungen und sonstigen Vermögensgegenstände zu prüfen. Hier erfolgt somit eine indirekte Prüfung der GuV.

Im → *Konzernabschluss* sind gem. § 298 Abs. 1 HGB die Regelungen in Bezug auf den Einzelabschluss entsprechend anzuwenden. Gem. IAS 1.3 erstreckt sich der Anwendungsbereich der Regelungen des IAS 1 sowohl auf den Einzel- als auch auf den Konzernabschluss. Die korrespondierenden Korrekturen in der Konzern-GuV erfolgen im Rahmen der in § 305 HGB bzw. IAS 27.25 geregelten *Aufwands- und Ertragskonsolidierung* (→ *Aufwands- und Ertragskonsolidierung, Prüfung*).

Achim Wittich

Literatur: *Dyckerhoff, C.*, Gewinn- und Verlustrechnung, Umsatzkostenverfahren, in: Ballwieser, W./Coenenberg, A.G./Wysocki, K.v. (Hrsg.), Handwörterbuch der Rechnungslegung und Prüfung, 2002, Sp. 990–1000; *IDW* (Hrsg.), WP-Handbuch 2000, Band I, 2000, R 510–518; *Matschke, M.J./Schellhorn, M.*, Gewinn- und Verlustrechnung, Gesamtkostenverfahren, in: Ballwieser, W./Coenenberg, A.G./Wysocki, K.v. (Hrsg.), Handwörterbuch der Rechnungslegung und Prüfung, 2002, Sp. 979–989.

Gewinnrücklagen → Eigenkapital, Prüfung

Gewissenhaftigkeit

Der in § 43 WPO kodifizierte Grundsatz der Gewissenhaftigkeit ist ein allgemeiner Berufsgrundsatz (→ *Ethische Prüfungsnormen*), der besagt, dass der Prüfer die ihm übertragenen Aufgaben gewissenhaft, d.h. mit

Genauigkeit und unter Beachtung aller Umstände auszuführen hat. Beachtet der Prüfer die derzeit für die Berufsausübung geltenden Normen (z. B. →*HGB*, →*WPO* oder →*Berufssatzung*) sowie fachlichen Regelungen (z. B. →*GoB*, Verlautbarungen des →*IDW* oder →*DRSC*), liegt die Vermutung nahe, dass er seinen Auftrag gewissenhaft erfüllt. Insbesondere hat der Prüfer gewissenhaft zu prüfen, ob er in der Lage ist, einen →*Prüfungsauftrag* anzunehmen, wobei die für eine sachgerechte Prüfungsdurchführung notwendigen Kenntnisse und Erfahrungen zu berücksichtigen sind. Es dürfen nur solche Aufträge angenommen werden, die in sachlicher, personeller und zeitlicher Hinsicht ordnungsgemäß abgewickelt werden können (siehe E-VO 1/2005.50). Darüber hinaus obliegt es dem Prüfer, sich zu vergewissern, ob dem Prüfungsauftrag keine →*Ausschlussgründe* entgegenstehen (IDW PS 220.11). Liegt ein Verdacht einer Verletzung des Gewissenhaftigkeitsgrundsatzes vor, so hat die →*WPK* entweder ein Berufsaufsichtsverfahren (→*Berufsaufsicht*) einzuleiten oder bei nicht leichten Verletzungen das Verfahren an die →*Berufsgerichtsbarkeit* abzugeben (§ 61a Satz 2 WPO).

Gewogener Durchschnitt → Vorräte, Prüfung

Gezeichnetes Kapital → Eigenkapital, Prüfung

Gläubigerschutz → Einzelabschluss

GmbH & Co. KG → Kapitalgesellschaften & Co.

Going concern-Annahme, Prüfung

1 Normen

1.1 Rechnungslegungsnormen

a) Deutsche Normen: §§ 252 Abs. 1 Nr. 2, 289 Abs. 2 HGB, § 91 Abs. 2 AktG; b) Internationale Normen: IASB Framework.23, IAS 1.23 f., 10.3, .14–16.

1.2 Prüfungsnormen

a) Deutsche Normen: §§ 317 Abs. 1, 321 Abs. 1, 322 Abs. 2 HGB, IDW PS 270, 400.65, 800.12, FAR 1/1996; b) Internationale Normen: ISA 570, 700.36–40.

2 Definition

Gem. § 252 Abs. 1 Nr. 2 HGB ist bei der Bewertung der im Jahresabschluss ausgewiesenen Vermögensgegenstände und Schulden von der Fortführung der Unternehmenstätigkeit (going concern-Annahme) auszugehen, sofern nicht tatsächliche oder rechtliche Gegebenheiten entgegenstehen. Auch die internationalen Normen gehen bei der Bewertung der Vermögenswerte und Schulden von der Unternehmensfortführung aus (IASB Framework.23, IAS 1.23 f.). Die Annahme der Unternehmensfortführung stellt einen fundamentalen Grundsatz bei der Abschlusserstellung dar, welcher wesentlichen Einfluss auf die Bewertung hat (§ 252 Abs. 1 Nr. 2 HGB, IDW PS 270.7, IASB Framework.23, ISA 570.3).

Die going concern-Annahme besagt im Grundsatz, dass das Unternehmen innerhalb eines voraussehbaren Zeitraumes weder beabsichtigt noch gezwungen ist, seine Geschäftstätigkeit einzustellen oder aufgrund gesetzlicher oder sonstiger Vorschriften Schutz vor Gläubigern zu suchen, d.h., bei der Bewertung der Vermögens- und Schuldposten ist von einer planmäßigen Verwertung bzw. Begleichung im Rahmen der normalen Unternehmenstätigkeit auszugehen.

3 Fortführungsprognose der Unternehmensleitung

3.1 Rechtliche Verpflichtung

Die Unternehmensleitung ist sowohl nach nationalen wie internationalen Normen verpflichtet, die Fortführungsfähigkeit des Unternehmens einzuschätzen und im Zusammenhang mit der Prognose stehende Sachverhalte offen zu legen (§ 289 Abs. 2 HGB, IAS 1.23 f.). Sofern das Unternehmen in der Vergangenheit rentabel war und über ausreichend liquide Mittel verfügt, sind keine Detailanalysen zur Begründung der Einschätzung erforderlich (IDW PS 270.9, ISA 570.6). Sind diese Voraussetzungen nicht gegeben, so hat die Unternehmensleitung anhand geeigneter Planungsunterlagen, insbesondere des Finanzplans, eingehende Untersuchungen anzustellen (IDW PS 270.10, ISA 570.7 i.V.m. IAS 1.24).

3.2 Beurteilungszeitraum

Die Einschätzung der Fortführungsfähigkeit des Unternehmens durch die Unternehmensleitung erfolgt auf Grundlage eines festzulegenden Betrachtungszeitraums. Der Grad der Unsicherheit der Auswirkungen eines Ereignisses oder Verhältnisses steigt, je weiter dieser Zeitraum in die Zukunft reicht. Grundsätzlich ist von der Fortführung des Unternehmens auszugehen, wenn das Unternehmen seine aktive Tätigkeit bei vernünftiger kaufmännischer Beurteilung für einen Zeitraum von mindestens zwölf Monaten wird fortsetzen können (IDW PS 270.8, 800.12, IAS 1.24). Darüber hinaus dürfen bis zum Ende der Aufstellungsphase des Jahresabschlusses keine Anhaltspunkte vorliegen, dass die going concern-Annahme zu einem nach diesem Zeitraum liegenden Zeitpunkt nicht mehr gegeben ist (IDW PS 270.8).

Für die Beurteilung der going concern-Annahme sind grundsätzlich die Verhältnisse am Abschlussstichtag relevant. Jedoch hat der gesetzliche Vertreter bei der Einschätzung der Unternehmensfortführungsfähigkeit auch → *Ereignisse nach dem Abschlussstichtag*, die bis zum Zeitpunkt der Erteilung des → *Bestätigungsvermerks* eingetreten sind, zu berücksichtigen (IDW PS 203.2, .8, 270.8). Da eine Zeitraumbetrachtung erfolgt, ist eine Unterscheidung in wertaufhellende oder wertbegründende Ereignisse nicht erforderlich (IDW PS 270.48). Nach internationalen Normen erfolgt gleichfalls keine Unterscheidung in berücksichtigungspflichtige und nicht zu berücksichtigende Ereignisse (IAS 10.14), jedoch sind auch Ereignisse nach der Erteilung des Bestätigungsberichts bis zum Zeitpunkt der Veröffentlichung des Jahresabschlusses zu berücksichtigen (IAS 10.3, .14–16). Der Zeitpunkt der Veröffentlichung ist in den notes anzugeben (IAS 10.17).

3.3 Gegen die Unternehmensfortführung sprechende Gegebenheiten

Folgende beispielhafte Ereignisse und Bedingungen werfen erhebliche Zweifel an der Fortführungsfähigkeit auf:

- Tatsächliche Gegebenheiten wie Ausschöpfung sämtlicher Kreditlinien (Verschuldungsgrad, liquide Mittel), Ausscheiden wichtiger Führungskräfte ohne entsprechenden Ersatz, Verlust größerer Absatzmärkte, Ausfall wichtiger Zulieferer.
- Rechtliche Gegebenheiten wie z. B. Zahlungseinstellung, Auslaufen von Patenten und Lizenzen, Eröffnung des Insolvenzverfahrens (IDW PS 270.11, ISA 570.8).

Stellt die Unternehmensleitung erhebliche Zweifel an der Fähigkeit zur Unternehmensfortführung fest, so ist im Jahresabschluss, Lagebericht und Bestätigungsvermerk darauf hinzuweisen bzw. sind die Konsequenzen für den Bilanzansatz und die Bewertung zu berücksichtigen

(IDW PS 270.6, ISA 570.4 i.V.m. IAS 1.23). Kann von der Unternehmensfortführung nicht mehr ausgegangen werden, so sind die Vermögensposten mit den erwarteten Netto-Veräußerungspreisen anzusetzen und ggf. Rückstellungen für Sozialplanverpflichtungen zu bilden. Im Falle von erheblichen Zweifeln an der going concern-Annahme durch Zahlungsunfähigkeit oder Überschuldung sind – in Abhängigkeit von der Rechtsform – rechtliche Konsequenzen aufgrund der InsO zu beachten (IDW PS 270.12, §§ 16–19 InsO).

4 Prüfungspflicht

4.1 Umfang der Prüfungspflicht

Sofern der Einzelabschluss oder Konzernabschluss gem. § 316 HGB prüfungspflichtig ist, hat der Abschlussprüfer eine Prüfung der going concern-Annahme durchzuführen (§ 317 Abs. 1 Satz 2 HGB, IDW PS 270, ISA 570). In direktem Zusammenhang mit der Prüfung der going concern-Annahme steht die Pflicht zur Prüfung der Zahlungsunfähigkeit, der drohenden Zahlungsunfähigkeit und der Überschuldung (IDW PS 800, FAR 1/1996). Die going concern-Prüfung umfasst eine Feststellung, ob die Unternehmensleitung alle diesbezüglichen Informationen berücksichtigt hat, welche der Abschlussprüfer im Verlauf seiner Prüfung erlangen kann. Der Abschlussprüfer hat somit eine Parallelbeurteilung der Fortführungsprognose auf Grundlage der erlangten → *Prüfungsnachweise* durchzuführen (IDW PS 270.19).

Bei der Planung und Durchführung der → *Prüfungshandlungen* und der Abwägung der Prüfungsaussagen (→ *Abschlussaussagen*) ist die Angemessenheit der durch den gesetzlichen Vertreter getroffenen Annahme der Unternehmensfortführung vom Abschlussprüfer auf ihre Plausibilität hin zu beurteilen (IDW PS 270.13, ISA 570.17). Dabei hat der Abschlussprüfer die Verlässlichkeit des Prognosesystems des Unternehmens und die Plausibilität der den Prognosen zugrunde liegenden Annahmen zu würdigen (→ *Prognoseprüfung*). Die aus der Beurteilung des nach nationalen Normen erforderlichen Risikofrüherkennungssystems (§ 91 Abs. 2 AktG; → *Risikomanagementsystem, Prüfung*) gewonnenen Erkenntnisse lassen sich ergänzend zur Beurteilung der going concern-Annahme heranziehen. Die Beurteilung der going concern-Annahme erfordert somit eine mehrdimensionale Betrachtungsweise durch den Abschlussprüfer. Diese umfasst eine erste Lagebeurteilung zu Beginn der Prüfung und eine daraus entwickelte → *Prüfungsstrategie* und endet in der Prüfung des Lageberichtes und der Frage, ob alle bis zum Zeitpunkt der Abschlussaufstellung bekannt gewordenen Risiken berücksichtigt wurden. So hat die zutreffende Berichterstattung über bestandsgefährdende Risiken im Lagebericht Auswirkungen auf die Einschätzung der Unternehmensfortführungsfähigkeit, muss jedoch nicht zwangsläufig zur Widerlegung der going concern-Annahme führen.

4.2 Prüfungshandlungen

Der Abschlussprüfer hat bereits bei der im Rahmen der Prüfungsplanung durchzuführenden Risikoanalyse auf Anhaltspunkte, welche Zweifel an der Fähigkeit der Unternehmensfortführung aufwerfen können (bestandsgefährdende Tatsachen), zu achten (IDW PS 270.15, ISA 570.12). Sofern hierbei Indizien für eine Gefährdung der Unternehmensfortführung auftreten, hat der Prüfer weitere Maßnahmen zu ergreifen, um hinreichende Sicherheit über die Angemessenheit der going concern-Annahme zu erlangen (IDW PS 270.17, ISA 570.26). Aus dem Blickwinkel eines risikoorientierten Prüfungsansatzes (→ *Risikomodell*) ist hierbei vor allem das bei einer Gefährdung der Unternehmensfortführung hohe inhärente Risiko angesprochen. Zur Erreichung der vorgegebenen Prüfungssicherheit muss der Abschlussprüfer durch → *Einzelfallprüfungen* zusätzliche Prüfungsnachweise erlangen, um das Prüfungsrisiko auf ein vertretbares Niveau zu senken.

Typischerweise ist dafür eine Auseinandersetzung mit der gegenwärtigen und zukünftigen Vermögens-, Finanz- und Ertragslage notwendig. Im Rahmen dieser Auseinandersetzung sind die Planungen der gesetzlichen Vertreter kritisch durchzusehen und deren Lösungsansätze für bereits erkannte Probleme zu erörtern. Es sind Analysen von CF-, Gewinn- und anderen Prognosen durchzuführen. Insbesondere ist auf das verwendete Prognosemodell einzugehen, da das Modell die erwartete Umweltveränderung sowie die geplanten Reaktionen des Unternehmens aufnehmen können muss. Sofern der Abschlussprüfer bereits bestandsgefährdende Tatsachen festgestellt hat, sollte er die Einschätzung des gesetzlichen Vertreters einholen (IDW PS 270.16, ISA 570.26–29).

So kann der Abschlussprüfer auf Grundlage des unternehmenseigenen Finanzstatus, aus dem die gegenwärtigen Finanzpotenziale und Verbindlichkeiten ersichtlich sind, und einem auf diesem Status aufbauenden Finanzplan eine drohende oder bereits eingetretene Zahlungsunfähigkeit belegen oder widerlegen (IDW PS 800, ISA 570.28). Neben der Analyse der Zahlungsströme sind u.a. folgende Prüfungshandlungen relevant:

- Analyse und Besprechung der letzten verfügbaren Zwischenabschlüsse,
- kritische Durchsicht der Kreditverträge besonders in Hinblick auf eventuelle Verstöße gegen Vereinbarungen,
- Durchsicht von Sitzungsprotokollen,
- Befragung von Rechtsanwälten zu bestehenden Rechtsstreitigkeiten und Prozessen,
- Überprüfung von eventuell vorhandenen Garantie-, Bürgschafts- oder Patronatserklärungen auf Rechtsgültigkeit und Durchsetzbarkeit sowie
- Beurteilung von Ereignissen nach dem Abschlussstichtag in Hinblick auf eine mögliche Schwächung der Fortführungsfähigkeit (IDW PS 270.23, ISA 570.28).

Sofern Anzeichen für jenseits des Prognosezeitraumes liegende, bestandsgefährdende Ereignisse vorliegen, hat der Abschlussprüfer weitere Prüfungsschritte in Betracht zu ziehen. Er hat die Unternehmensleitung nach ihrer Einschätzung solcher Anzeichen auf die getroffene going concern-Annahme zu befragen (IDW PS 270.22–39).

Aufgrund der vielfältigen Ursachen für eine mögliche Unsicherheit der going concern-Annahme verbleibt beim Abschlussprüfer ein erheblicher Ermessensspielraum. Problematisch bei der Prüfung der unternehmensseitigen Fortführungsprognose ist insbesondere die Festlegung eines geeigneten Soll-Objektes als Beurteilungsmaßstab (→ *Prüfungsobjekt*; → *Soll-Ist-Vergleich*), da die zukünftige Entwicklung des Unternehmens sich nicht zuverlässig prognostizieren lässt. Als mögliche Lösung zur Objektivierung der Urteilsfindung bietet sich der Rückgriff auf Verfahren der → *Diskriminanzanalyse* sowie der Insolvenzprognose mittels künstlicher neuronaler Netze (→ *BBR*) an. Durch Einsatz dieser Verfahren lässt sich ein empirisch gewonnenes Soll-Objekt gewinnen, welches zur Beurteilung des Ist-Objekts heranzuziehen ist.

5 Prüfungsfeststellungen und Berichterstattung

Basierend auf den erlangten Prüfungsnachweisen hat der Abschlussprüfer zu beurteilen, ob eine wesentliche Unsicherheit in Bezug auf Ereignisse oder Verhältnisse gegeben ist, die zu erheblichen Zweifeln an der Fortführungsfähigkeit des Unternehmens führt (IDW PS 270.35, ISA 570.30). Eine wesentliche Unsicherheit besteht, sofern die möglichen Auswirkungen so erheblich sind, dass eine Offenlegung der Art und Folgen der Unsicherheit notwendig ist, um eine irreführende Darstellung im Abschluss zu vermeiden (IAS 1.23 i.V.m. ISA 570.31).

Besteht aufgrund ausreichender Prüfungshandlungen keine Unsicherheit bezüglich der Unternehmensfortführung, so kann ein uneingeschränkter Bestätigungsvermerk (§ 322 HGB) bzw. ein Bestätigungsbericht ohne Modifikation, d. h. uneingeschränkt und ohne Zusatz, erteilt werden (ISA 570.30).

Sind die Annahmen über die Unternehmensfortführung und die Berichterstattung im Lagebericht angemessen, gelangt der Abschlussprüfer jedoch aufgrund der erlangten Prüfungsnachweise zu der Einschätzung, dass eine wesentliche Unsicherheit bezüglich der Unternehmensfortführung besteht, kann trotz bestehender wesentlicher Unsicherheit ein uneingeschränkter Bestätigungsvermerk (§ 322 HGB, ISA 700) erteilt werden. Dieser ist jedoch um einen Hinweis über die bestehende wesentliche Unsicherheit der Unternehmensfortführung zu ergänzen (§ 322 Abs. 2 Satz 2 HGB, IDW PS 400.77, 270.36, ISA 570.33). Zusätzlich sehen die nationalen Normen einen Hinweis im Rahmen der internen Berichterstattung im →*Prüfungsbericht* vor (§ 321 Abs. 1 Satz 2 HGB).

Bestehen mehrere wesentliche Unsicherheiten nebeneinander, ist abzuwägen, ob nicht ein →*Prüfungshemmnis* bezüglich der going concern-Annahme besteht und der Bestätigungsvermerk zu versagen (IDW PS 270.36) bzw. ein negatives →*Prüfungsurteil* abzugeben ist (ISA 570.33). Sofern der Lagebericht keine angemessene Berichterstattung über die wesentliche Unsicherheit enthält, ist der Bestätigungsvermerk einzuschränken und auf die wesentlichen Unsicherheiten hinzuweisen. Zudem sind diese im Prüfungsbericht zu erläutern (IDW PS 400.78, 270.37, ISA 570.34). Die internationalen Normen sehen für diese Situation auch die Möglichkeit eines negativen Prüfungsurteils vor (ISA 570.34).

Gelangt der Abschlussprüfer entgegen der Einschätzung des gesetzlichen Vertreters zu der Einschätzung, dass die Unternehmensfortführung nicht gesichert ist, und ist der Jahresabschluss gleichwohl unter der Annahme der Unternehmensfortführung aufgestellt, hat der Abschlussprüfer den Bestätigungsvermerk zu versagen bzw. ein negatives Prüfungsurteil im Bestätigungsbericht abzugeben und die Versagung zu erläutern (IDW PS 270.41, 400.65–69, ISA 570.35). Jedoch kann auch im Fall der Aufstellung eines Jahresabschlusses unter Abkehr von der going concern-Annahme bei entsprechender Berichterstattung ein uneingeschränkter Bestätigungsvermerk erteilt werden (IDW PS 270.40, ISA 570.36).

Liefert der gesetzliche Vertreter seinerseits keine Einschätzung für die Fortführung der Unternehmenstätigkeit, kann hierin ein Prüfungshemmnis begründet liegen. Sofern der Abschlussprüfer dadurch kein gesichertes Prüfungsurteil erlangen kann, weil z.B. alternative Prüfungshandlungen nicht möglich sind, ist der Bestätigungsvermerk zu versagen (IDW PS 270.42). Die internationalen Normen dagegen fordern vom Abschlussprüfer eine Prüfung, ob aufgrund des verringerten Prüfungsumfanges der Bestätigungsbericht modifiziert werden muss (ISA 570.37 i.V.m. ISA 700.30–35). Sofern es dem Abschlussprüfer nicht möglich ist, die fehlende Fortführungsprognose der Unternehmensleitung zu beheben und somit keine ausreichenden und angemessenen Prüfungsnachweise zu erlangen, liegt ein Prüfungshemmnis vor und das Prüfungsurteil ist zu verweigern (ISA 700.38).

Schließen die durch den Abschlussprüfer selbst erlangten Prüfungsnachweise jedoch eine Unsicherheit aus, so kann auch ohne eine Fortführungsprognose der Unternehmensleitung ein uneingeschränkter Bestätigungsvermerk bzw. eine Bestätigungsbericht ohne Einschränkung und Zusatz erteilt werden (§ 322 Abs. 1 Satz 3 HGB i.V.m. IDW PS 270.44, ISA 570.38).

Christian Huschke

Literatur: *Groß, P.J.*, in: Die Wirtschaftsprüfung 2004, S. 1357–1374, S. 1433–1450; *Marten, K.-U./Quick, R./Ruhnke, K.*, Wirtschaftsprüfung, 2003, S. 387–399; *Scherff, S./Willeke, C.*, in: Steuern und Bilanzen 2003, S. 872–879.

Goodwill → Immaterielle Vermögensposten, Prüfung

Group accounts → Konzernabschluss, Prüfung

Groupware → IT-gestützte Prüfungstechniken

Grundkapital → Eigenkapital, Prüfung

Grundsatz der Unternehmensfortführung → Going concern-Annahme, Prüfung

Grundsätze ordnungsmäßiger Abschlussprüfung

1 Definition und Abgrenzungen

Grundsätze ordnungsmäßiger Abschlussprüfung (GoA) erheben den Anspruch auf Verhaltenssteuerung. Demnach ist jeder Prüfungsgrundsatz auch eine →*Prüfungsnorm*. Dagegen besitzt der Umkehrschluss, jede Norm sei auch ein Grundsatz, keine Gültigkeit. Vielmehr ist ein Grundsatz eine besondere Norm: Nicht jede institutionell gesetzte Prüfungsnorm erlangt sofort den Status eines GoA. Vielmehr bedarf es einer gewissen akademischen und berufsständischen Anerkennung und es muss sich weiterhin ein Konsens herausgebildet haben, dass eine Nichtbeachtung dieser Norm der Zielsetzung einer Jahresabschlussprüfung (→*Zielgrößen im Prüfungsprozess*) widerspricht (vgl. bereits Forster, Sp. 1019). Weiterhin sollten GoA Systemcharakter besitzen. Demnach setzt die Anerkennung als GoA Systemcharakter und zumindest einen gewissen Konsens voraus. Darüber hinaus besteht Einigkeit dahingehend, dass der Unterschied zwischen Norm und Grundsatz vor allem in dem besonderen Entwicklungsprozess eines Grundsatzes begründet liegt.

Inhaltlich weist der Begriff GoA Ähnlichkeiten zu dem Begriff der Berufspflicht auf; mit den allgemeinen Berufspflichten sind primär die →*ethischen Prüfungsnormen* angesprochen. Der Gesetzgeber gibt in § 43 WPO vor, dass der Prüfer die Berufspflichten (hierzu zählt auch die gewissenhafte Berufsausübung nebst Beachtung der jeweils relevanten fachlichen Regeln; siehe auch § 57 Abs. 4 WPO i.V.m. § 4 Abs. 1 Berufssatzung) zu beachten hat, ohne indes diese Pflichten im Detail abschließend zu konkretisieren. Insofern zeigen sich gewisse Parallelen zu dem unbestimmten Rechtsbegriff der →*GoB*, welche der Gesetzgeber z. B. in den §§ 243 Abs. 1, 264 Abs. 2 HGB benennt, ohne die GoB abschließend zu bestimmen. Ein Unterschied besteht jedoch insofern, als es nach Auffassung des Gesetzgebers (§ 57 Abs. 4 WPO) der WPK obliegt, in der →*Berufssatzung* die Berufspflichten näher zu regeln.

2 Methoden zur Genese

Als Methoden zur Gewinnung von GoA diskutiert das Schrifttum vor allem die Induktion, die Deduktion und die Hermeneutik:

- Die *Induktion* gewinnt die GoA empirisch aus der Anschauung ehrbarer und ordentlicher Prüfer. Die Bestimmung des Kreises der ehrbaren und der ordentlichen Prüfer setzt einen Maßstab zur Abgrenzung voraus. Dieser kann jedoch nur gewonnen werden, wenn bereits Vorstellungen über die Anschauungen ehrbarer und ordentlicher Prüfer vorliegen. Demnach setzt die induktive Ermittlung letztendlich ihr Ergebnis voraus. Des Weiteren versagt die induktive Methode, wenn es um die Beantwortung von Prüfungsfragen geht, für die sich noch keine allgemeine Übung herausgebildet hat. Die alleinige Anwendung der induktiven Methode ist daher abzulehnen.

- Die *Deduktion* gewinnt die GoA durch »Nachdenken« aus den gesetzten Prüfungszielen. Demnach gilt es, zunächst die Beziehungen zwischen den Prüfungszielen und den Mitteln zur Zielerreichung zu identifizieren. Dabei müssen sich die Mittel nicht nur logisch aus den Zielen ableiten lassen; vielmehr müssen auch geeignete Prüfungshandlungen und -techniken verfügbar sein, mittels derer sich die gesetzten Ziele in der Prüfungspraxis erreichen lassen. Auf diese Weise erlangt die Deduktion sowohl eine logische als auch eine empirische (induktive) Dimension.
- Als weitere Methode ist die *Hermeneutik* zu nennen. Diese ganzheitliche Methode schließt die Induktion und die Deduktion ein und berücksichtigt darüber hinaus weitere hermeneutisch bedeutsame Umstände, wie z. B. den Wortlaut und Wortsinn der Normen, ihren Bedeutungszusammenhang sowie ihre Entstehungsgeschichte. Operationale methodische Regeln, wie im Einzelnen bei der GoA-Entwicklung vorzugehen ist, geben die Hermeneutiker allerdings nicht an.

3 Bestand an GoA

Die vorhandenen nationalen und internationalen Prüfungsnormen bilden mögliche GoA-Quellen. Über eine Akzeptanz dieser »möglichen GoA« als »tatsächliche GoA« entscheidet die Anwendung der zuvor genannten Methoden bzw. die Kriterien, die diesen Methoden innewohnen.

Obgleich sich der Bestand an GoA aufgrund der zuvor angedeuteten Anwendungsprobleme oftmals nicht zweifelsfrei feststellen lässt, wird deutlich, dass auch Normen, die den Anspruch eines Grundsatzes erheben, nicht automatisch als GoA zu übernehmen sind. Demnach ist die Meinung, das IDW habe die alleinige Kompetenz zur Herausgabe von GoA (so z. B. zu finden in IDW PS 201.28), abzulehnen. Zudem besteht die Gefahr, dass auf diese Weise berufspolitische Interessen (§ 2 Abs. 1 Satzung des IDW) einen zu starken Einfluss auf die GoA nehmen. Vielmehr bilden die IDW-Normen (→ *Fachtechnische Prüfungsnormen*) einen – zweifelsfrei wichtigen – induktiven Beitrag sachkundiger WP zur Formulierung der GoA. Demnach stellen die nationalen und die internationalen berufsständischen Prüfungsnormen eine GoA-Quelle dar; dasselbe gilt für die betrieblichen Normen (vor allem das → *Prüfungshandbuch* der Prüfungsgesellschaften) sowie die sonstigen Prüfungsnormen (z. B. die normative Wirkung einer begründet formulierten Meinung im Fachschrifttum).

Der *Gesetzgeber* kann gleichfalls keine Grundsätze herausgeben. Wird er aktiv, entstehen Gesetze. Obwohl die Anerkennung eines Gesetzes als Grundsatz sehr wahrscheinlich ist, kann sie scheitern. Zu fragen ist auch, ob die *Rechtsprechung* befugt ist, Grundsätze festzulegen. Die Gerichte können den GoA bezogen auf den jeweils vorliegenden Einzelfall ex post Rechtskraft verleihen. Ungeachtet dessen verbleibt die Möglichkeit, einen richterlich festgestellten Grundsatz mittels Anwendung der zuvor genannten Methoden zu falsifizieren. Eine solche Falsifikation erscheint insbesondere unter Hinweis auf die fehlende Expertise des Richters in abschlussspezifischen Fachfragen nicht ausgeschlossen. Folglich legt die Rechtsprechung weder grundsätzlich GoA fest, noch bildet sie eine Methode zu deren Gewinnung. Die Rechtsprechung ist vielmehr als *eine* Erkenntnisquelle bei der Entwicklung zweckgerechter GoA anzusehen.

Auch bei Kenntnis der zuvor skizzierten Probleme der Entwicklung von GoA besteht Einigkeit hinsichtlich des Vorliegens einzelner Grundsätze. Ausgehend von den Regelungsbereichen einer Jahresabschlussprüfung (→ *Prüfungsnormen*) lassen sich beispielhaft die folgenden Grundsätze nennen:

- *Ausbildung*. Grundsatz der Weiterbildung, Grundsatz der fachlichen und persönlichen Zugangsvoraussetzungen zum WP-Beruf (→ *Zugang zum Beruf des WP;* → *Fortbildung des WP*).
- *Ethik*. Grundsatz der → *Eigenverantwortlichkeit*, Grundsatz der → *Unabhängigkeit*, Grundsatz der gewissenhaften Berufsausübung, Grundsatz der → *Verschwiegenheit* (→ *Ethische Prüfungsnormen*).
- *Fachtechnik*. Grundsatz der → *Prüfungsplanung*, Grundsatz einer nachvollziehbaren Berichterstattung und Dokumentation (→ *Prüfungsbericht;* → *Bestätigungsvermerk;* → *Arbeitspapiere*), Grundsatz der → *Verwendung von Urteilen Dritter*, Grundsatz der IKS-Prüfung (→ *IKS*) sowie der Grundsatz einer risikoorientierten prüferischen Vorgehensweise (→ *Risikoorientierte Abschlussprüfung*).
- *Qualität*. Grundsatz der internen und externen Qualitätskontrolle (→ *Qualitätssicherung, interne;* → *Qualitätskontrolle, externe*).

Gleichwohl mangelt es derzeit an einem geschlossenen und begründet hergeleiteten GoA-System, welches als weitgehend akzeptiert gilt. Obwohl im Bereich der Rechnungslegung die Entwicklung von GoB mit ähnlichen Problemen einhergeht, liegt eine Vielzahl von GoB-Systemen vor. Insofern erstaunt der niedrige Entwicklungsstand eines geschlossenen GoA-Systems.

Ein Grund hierfür mag sein, dass dem IDW irrtümlicherweise oftmals die Kompetenz zugesprochen wird, GoA zu entwickeln. Weiterhin mangelt es – im Unterschied zu den GoB – im Gesetz an einem expliziten Verweis auf die GoA. Der Argumentationsweg über den gesetzlichen Verweis zur Einhaltung der Berufspflichten (siehe Abschnitt 1) stellt kein vergleichbares Pendant dar. Gleichwohl spricht der Gesetzgeber einige Grundsätze (z.B. das Erfordernis der Eigenverantwortlichkeit in § 44 WPO) an. Würde der Gesetzgeber einen expliziten GoA-Verweis einfügen, würde er auf diese Weise die Notwendigkeit zur Entwicklung von GoA anerkennen und gleichzeitig die beteiligten Kreise (vor allem den Berufsstand und die Wissenschaft) zu entsprechenden Aktivitäten auffordern.

Klaus Ruhnke

Literatur: *Forster, K.-H.*, Generally accepted auditing standards, in: Chmielewicz, K./Schweitzer, M. (Hrsg.), Handwörterbuch des Rechnungswesens, 1990, Sp. 2206–2215; *Rückle, D.*, Grundsätze ordnungsmäßiger Abschlussprüfung, in: Ballwieser, W./Coenenberg, A.G./Wysocki, K.v. (Hrsg.), Handwörterbuch der Rechnungslegung und Prüfung, 2002, Sp. 1026–1042; *Ruhnke, K.*, Normierung der Abschlußprüfung, 2000.

Grundsätze ordnungsmäßiger Buchführung im Rahmen des IT-Einsatzes

Die Grundsätze ordnungsmäßiger Buchführung im Rahmen des IT-Einsatzes sind Bestandteil eines umfassenden GoB-Systems (→ *GoB*), das bei → *IT-gestützter Rechnungslegung* Berücksichtigung findet. Aufgrund der meist erfolgten Ausrichtung des → *IT-Systems* auf den gesamten Prozess der Rechnungslegung werden im Folgenden die Begriffe IT-gestützte Buchführung und IT-gestützte Rechnungslegung synonym verwendet. Sofern IT im Rahmen der Rechnungslegung eingesetzt wird, konkretisieren und modifizieren diese spezifischen GoB insbesondere die aus den §§ 238 f., 257 HGB resultierenden allgemeinen Anforderungen. Sie gelten unabhängig von Art und Umfang der im Unternehmen eingesetzten → *IT*. Die GoB im Rahmen des IT-

Einsatzes umfassen insbesondere die nachstehenden Anforderungen (IDW RS FAIT 1):

- **Beleg-, Journal- und Kontenfunktion**
Das Belegprinzip besitzt auch im Rahmen einer IT-gestützten Buchführung Gültigkeit. Es verlangt, dass jede Buchung durch einen Beleg nachgewiesen wird, um somit die Existenz und Verarbeitungsberechtigung eines jeden Geschäftsvorfalls nachweisen zu können (→ *Belegprüfung*). Der Belegpflicht muss nicht zwangsläufig in konventioneller Form nachgekommen werden. Werden z.B. Dauerbuchungen durchgeführt, übernimmt das Verfahren, welches die Dauerbuchungen auslöst, die Funktion eines Dauerbelegs (verfahrensmäßiger Nachweis). Ebenso müssen Journal- und Kontofunktion erfüllt sein. Während die Journalfunktion verlangt, dass alle buchungspflichtigen Geschäftsvorfälle zeitnah, vollständig und verständlich in chronologischer Reihenfolge aufzuzeichnen sind, muss durch die Kontofunktion sichergestellt werden, dass die Geschäftsvorfälle in sachlicher Ordnung auf Konten abgebildet werden. Dabei ist eine Visualisierung mittels → *Ausdruckbereitschaft* ausreichend.

- **Anforderungen an eine Buchung**
Geschäftsvorfälle gelten als gebucht, wenn sie autorisiert und nach einem Ordnungsprinzip vollständig, richtig, zeitgerecht und verarbeitungsfähig erfasst und gespeichert sind.

- **Anforderungen an ein → *IT-Kontrollsystem***
Das IT-Kontrollsystem als Bestandteil des → *IKS* dient u.a. dem Vermögensschutz des Unternehmens sowie der Bereitstellung vollständiger, genauer, aussagekräftiger und zeitnaher Aufzeichnungen.

- **Nachvollziehbarkeit des IT-gestützten Verfahrens**
Auch im Rahmen IT-gestützter Rechnungslegung muss es einem sachverständigen Dritten innerhalb angemessener Zeit möglich sein, sich einen Überblick über die Geschäftsvorfälle und die Lage des Unternehmens zu verschaffen, ebenso wie sich Geschäftsvorfälle in ihrer Entstehung und Abwicklung verfolgen lassen müssen (§ 238 Abs. 1 HGB). Die Verfahrensdokumentation muss (z.B. anhand von Datenflussplänen) vollständig den Aufbau und den Ablauf des Abrechnungsverfahrens aufzeigen. Ferner ist die Programmidentität sicherzustellen, ebenso wie Programmänderungen zu protokollieren sind und das Freigabeverfahren für eine neue Programmversion (update/release) präzise zu beschreiben ist.

- **Anforderungen an die Datensicherheit und den Datenschutz**

Da die Ordnungsmäßigkeit der IT-gestützten Rechnungslegung durch die Sicherheit der verarbeiteten rechnungslegungsrelevanten Daten bedingt wird, sind die Gewährleistung eines wirksamen Sicherheitskonzeptes und die daraus abgeleiteten →Sicherungsmaßnahmen fundamentale Voraussetzungen eines jeden normkonformen Rechnungslegungssystems.

- **Anforderung an die Aufbewahrungspflicht**

Die Aufbewahrungspflicht von zehn Jahren bezieht sich gem. § 257 Abs. 1 HGB nicht nur auf Journale, Konten, Belege und Abschlüsse, sondern darüber hinaus auch auf sämtliche Unterlagen, die zum Verständnis der Buchführung erforderlich sind. Demzufolge müssen im Rahmen des IT-Einsatzes bei Individualsoftware auch Anwenderdokumentation, Programm-Quellcode und technische Systemdokumentation, bei Standardsoftware zumindest die Programmbeschreibung aufbewahrt werden.

Darüber hinaus werden bei Einsatz von E-Commerce aufgrund der dabei existierenden spezifischen IT-Risiken weitergehende Modifizierungen und/oder Ergänzungen der GoB bei IT-Einsatz erforderlich (wie z.B. elektronische Signaturen).

Grundsätze ordnungsmäßiger Buchführung und Bilanzierung

Der Gesetzgeber hat mit dem unbestimmten Rechtsbegriff der Grundsätze ordnungsmäßiger Buchführung und Bilanzierung (GoB) eine *Lücke intra legem* geschaffen, die sicherstellt, dass der Jahresabschluss bei bestehenden Auslegungsfragen und beim Auftreten neuer Bilanzierungsproblemen den gesetzlichen Anforderungen der Ordnungsmäßigkeit entspricht (§§ 238 Abs. 1, 243 Abs. 1, 264 Abs. 2 u. 297 Abs. 2 HGB).

Es wird zwischen *gesetzlich kodifizierten* GoB und *nicht gesetzlich kodifizierten* (z.B. in der Literatur entwickelten) GoB unterschieden. Neue GoB können aus den Ansichten und Gepflogenheiten ordentlicher und ehrenwerter Kaufleute (*induktive Methode*), aus den Zielen und Zwecken des Jahresabschlusses (*deduktive Methode*) oder aus der ganzheitlichen Auslegung handelsrechtlicher Bilanzierungsvorschriften (*Hermeneutik*) gewonnen werden. Als bedeutsame hermeneutische Kriterien sind z.B.

Wortlaut und Wortsinn sowie der Bedeutungszusammenhang der gesetzlichen Vorschriften zu nennen.

Die GoB sollen zum einen die gesetzlichen Einzelvorschriften konkretisieren und diese zum anderen ergänzen, wenn für bestimmte zu berücksichtigende Sachverhalte keine anwendbaren gesetzlichen Normen existieren, ohne dabei konkrete Verfahren vorzuschreiben. Die handelsrechtlichen GoB bilden ein System von Regeln, das von jedem Buchführungspflichtigen zu beachten ist.

Die GoB umfassen neben den Ordnungsmäßigkeitsanforderungen an die Buchführung und Bilanzierung auch die Grundsätze ordnungsgemäßer Inventur (*GoI*, → *Inventur, Prüfung*). Eine Vielzahl unterschiedlicher GoB-Systeme hat sich in den letzten Jahrzehnten entwickelt. Eine mögliche, wenn auch nicht kritikfreie Darstellung unterscheidet in Bezug auf die Buchführung und Bilanzierung die folgenden Grundsatzkategorien (vgl. Baetge/Kirsch/Thiele, S. 104–142):

- Die *Dokumentationsgrundsätze* stellen sicher, dass das Buchführungssystem alle Geschäftsvorfälle systematisch, zuverlässig, vollständig und verständlich aufzeichnet.
- Die *Rahmengrundsätze* besagen, dass die aussagefähige Abbildung des wirtschaftlichen Geschehens den grundlegenden Anforderungen der Informationsvermittlung genügen muss. Es werden die Grundsätze der Richtigkeit, der Vergleichbarkeit, der Klarheit und Übersichtlichkeit, der Vollständigkeit sowie der Wirtschaftlichkeit und Wesentlichkeit unterschieden. So fordert z.B. die Richtigkeit die Objektivierbarkeit und Willkürfreiheit von Buchführung und Jahresabschluss.
- Die *Systemgrundsätze* verlangen, dass kodifizierte und nicht kodifizierte GoB ein einheitliches System bilden, das die Ziele des Jahresabschlusses (bei Anwendung aller GoB) möglichst gut und ausgeglichen erreicht. Eine solche Vorgehensweise soll Auffassungsunterschiede über einzelne GoB reduzieren und die Einheitlichkeit der GoB fördern. Zu den Systemgrundsätzen zählen die Annahme der Fortführung der Unternehmenstätigkeit (→ *Going concern-Annahme, Prüfung*), die Pagatorik sowie die Einzelbewertung.
- Zweck der *Ansatzgrundsätze* ist es, explizit festzulegen, welche (geleisteten oder künftig zu erwartenden) Zahlungen im Jahresabschluss zu aktivieren bzw. zu passivieren und welche ergebniswirksam in der GuV zu erfassen sind.
- Die *Definitionsgrundsätze* dienen der periodengerechten Erfolgsermittlung im Jahresabschluss. Sie legen fest, wann Ein- und Auszahlungen ergebniswirksam in der GuV und wann sie erfolgsneutral

in der Bilanz berücksichtigt werden. Die Definitionsgrundsätze für den Jahreserfolg beziehen sich dabei insbesondere auf den Zweck der Rechenschaftslegung des Jahresabschlusses. Als zentrale Definitionsgrundsätze sind das Realisationsprinzip sowie die Grundsätze der Abgrenzung der Sache und Zeit nach zu nennen.
- Die *Kapitalerhaltungsgrundsätze*, mit den Komponenten des Imparitäts- sowie Vorsichtsprinzips, beziehen sich im Gegensatz zu den Definitionsgrundsätzen auf den Zweck der Kapitalerhaltung. So verlangt der Grundsatz der Vorsicht, dass der bilanzierende Kaufmann den Wert seiner Vermögensgegenstände und Schulden vorsichtig zu bewerten hat (§ 252 Abs. 1 Nr. 4 HGB).

Literatur: *Baetge, J./Kirsch, H.-J./Thiele, S.*, Bilanzen, 2005.

Gründungsbericht → Gründungsprüfung

Gründungsprüfung

Der Gründungsverlauf einer →*AG* ist gem. § 33 AktG generell durch deren Vorstand und Aufsichtsrat zu prüfen. Eine *externe Gründungsprüfung* ist erforderlich, wenn mindestens eines dieser Gremien möglicherweise befangen ist oder einen wirtschaftlichen Vorteil aus der Gründung der AG ziehen könnte. Dies liegt z. B. bei Mitgliedschaft eines Gründers im Aufsichtsrat oder im Vorstand und bei Gründung gegen Sacheinlage oder -übernahme vor (§ 33 Abs. 2 AktG). Ein weiterer Anlass ist die Gründung gegen Bareinlage, wenn innerhalb der zwei auf die Handelsregistereintragung folgenden Jahre mindestens 10 % des Grundkapitals dazu verwendet werden, Vermögensposten zu erwerben (§ 52 AktG, Nachgründung).

Der Gründungsprüfer wird vom Registergericht bestellt (§ 33 Abs. 3 AktG). Die Tätigkeit ist Personen vorbehalten, die in der Buchführung ausreichend vorgebildet und erfahren sind, oder auch Gesellschaften, wenn mindestens einer der gesetzlichen Vertreter die Voraussetzungen erfüllt, um als Gründungsprüfer bestellt zu werden (§ 33 Abs. 4 AktG). Obwohl die Qualifikation des WP nicht explizit verlangt ist, d. h. keine Vorbehaltsprüfung (→*Vorbehaltsaufgaben des WP*) vorliegt, werden meist WP bzw. WPG mit der Gründungsprüfung beauftragt. Die →*Ausschlussgründe* der §§ 319 Abs. 2 u. 3, 319a Abs. 1 HGB finden hier analog Anwendung (§ 33 Abs. 5 i. V. m. § 143 Abs. 2 AktG).

Die Prüfung soll sicherstellen, dass mit der Gründung die Aufnahme des Geschäftsbetriebes beabsichtigt ist, die formellen Gründungsanforderungen beachtet wurden und die Wertansätze in der Gründungsbilanz materiell richtig sind. Nach § 34 Abs. 1 AktG ist explizit zu verifizieren,

- ob die Angaben der Gründer über die Übernahme der Aktien, die Einlagen auf das Grundkapital, die Sondervorteile und den Gründungsaufwand (§ 26 AktG) sowie die Sacheinlagen und die -übernahmen (§ 27 AktG) richtig und vollständig sind und
- ob der Wert der Sacheinlagen oder -übernahmen den geringsten Ausgabebetrag der dafür zu gewährenden Aktien oder den Wert der dafür zu gewährenden Leistungen erreicht.

§ 34 Abs. 1 Nr. 1 AktG beinhaltet Sachverhalte, die direkt die Ordnungsmäßigkeit der Rechenschaftslegung betreffen. Die Sachverhalte gem. §§ 26 f. AktG sind in der Satzung festzuhalten, so dass zunächst eine Satzungsprüfung impliziert wird. Es müssen alle Sondervorteile, die einem einzelnen Aktionär oder einem Dritten eingeräumt werden, unter Bezeichnung der Berechtigten in der Satzung vermerkt sein (§ 26 Abs. 1 AktG) und dürfen nicht als Gründungsaufwand ausgewiesen werden. Des Weiteren sind mögliche Sacheinlagen oder Sachübernahmen durch Aktionäre in die Satzung aufzunehmen. Der Gegenstand der Sacheinlage bzw. -übernahme, die Person, von der die Gesellschaft den Gegenstand erwirbt, und der Nennbetrag, bei Stückaktien die Zahl der bei der Sacheinlage zu gewährenden Aktien oder die bei Sachübernahme zu gewährende Vergütung, sind in der Satzung anzuführen (§ 27 Abs. 1 AktG). Auf die Pflichtbestandteile der Satzung ist zu achten (§ 23 Abs. 3 AktG).

Die Satzungsprüfung als Teilaspekt der Prüfung des Gründungsablaufs hat die formellen Aspekte der Gründung zum Gegenstand. Dabei ist z.B. die Erstellung und notarielle Beglaubigung der Satzung, die ordnungsmäßige Wahl und Bestellung des Aufsichtsrats sowie das Vorliegen eines → *Prüfungsberichts* des Vorstands und des Aufsichtsrats zu verifizieren. Auch ist die Erstellung und Unterzeichnung des Gründungsberichtes von den Gründern sowie das Vorliegen der Pflichtbestandteile nach § 32 Abs. 2 AktG zu prüfen.

§ 34 Abs. 1 Nr. 2 AktG zielt auf die materielle Ordnungsmäßigkeit der Gründung ab. Hierbei ist zu prüfen, ob der Wert der in der Satzung festgeschriebenen Sacheinlagen oder Sachübernahmen den Nennbetrag der dafür zu gewährenden Aktien bzw. die dafür zu gewährenden Leistungen erreicht. Es ist als unkritisch anzusehen, falls die Leistung der Gesellschaft deutlich unter dem Wert der Gegenleistung liegt. Dabei ist zunächst im Sinne einer Inventurprüfung (→ *Inventur, Prüfung*) die mengenmäßige Richtigkeit der Sacheinbringung zu verifizieren (Angemessenheitsprüfung), um dann in einem zweiten Schritt die wertmäßige Richtigkeit der eingebrachten Vermögensposten festzustellen. Als Wertmaßstab dient i. d. R. der Zeitwert (→ *Fair values, Prüfung*). U. U. ist die Angemessenheit des Gründungsaufwands einschließlich des Gründungslohns zu prüfen.

Über die Gründungsprüfung ist schriftlich zu berichten. Jede Sacheinlage oder -übernahme ist zu beschreiben und die Methode der Wertermittlung ist anzugeben. Der Prüfungsbericht ist dem Registergericht sowie dem Vorstand der AG auszuhändigen. Er ist beim Registergericht öffentlich zugänglich zu machen (§ 34 Abs. 2 u. 3 AktG). Wegen der öffentlichen Zugänglichkeit ist eine Zusammenfassung des Prüfungsergebnisses in einem →*Bestätigungsvermerk* nicht erforderlich.

Gutachter → Begutachtung

Haftung des Abschlussprüfers

Da dem Abschlussprüfer bei Verstoß gegen bestehende Normen verschiedene Konsequenzen drohen, steigt die Wahrscheinlichkeit, dass → *fachtechnische Prüfungsnormen* und → *ethische Prüfungsnormen* eingehalten werden. Sanktionen schützen somit den Mandanten sowie Dritte (zivilrechtliche Haftung), den Berufsstand (→ *Berufsrechtliche Ahndung*) und die Allgemeinheit (→ *Strafrechtliche Inanspruchnahme des Abschlussprüfers*; → *Ordnungsrechtliche Konsequenzen*) vor den Nachteilen asymmetrisch verteilter Informationen (→ *Agencytheoretischer Ansatz*).

Im Rahmen der zivilrechtlichen Haftung unterliegen Abschlussprüfer einem Haftungsrisiko, d.h., sie können zum Ersatz eines Schadens verurteilt werden, der einem Mandanten (→ *Auftraggeberhaftung*) oder einem Dritten (→ *Dritthaftung*) aufgrund eines Berufsversehens entstanden ist.

Bei der *Auftraggeberhaftung* nach § 323 Abs. 1 HGB, die eine Pflichtverletzung, Verschulden des Abschlussprüfers, einen Schaden und Kausalität voraussetzt, ist zwischen vorsätzlichen und fahrlässigen Pflichtverletzungen zu unterscheiden. Bei vorsätzlichem Fehlverhalten haftet der Abschlussprüfer uneingeschränkt, während bei Fahrlässigkeit die Haftung auf eine Mio. € bzw. bei der Prüfung börsennotierter Gesellschaften auf vier Mio. € begrenzt ist.

Für eine *Dritthaftung* kommen zum einen deliktische und zum anderen vertragliche Anspruchsgrundlagen in Frage. Das Recht der unerlaubten Handlungen des BGB ist an restriktive Anwendungsvoraussetzungen geknüpft (u.a. Vorsatz), so dass deliktische Anspruchsgrundlagen in vielen Fällen nicht greifen. Das Vertragsrecht des BGB kennt keinen Drittschutz. Allerdings gibt es mit dem Vertrag mit Schutzwirkung zu Gunsten Dritter und dem stillschweigenden Auskunftsvertrag zwei vertragsähnliche Anspruchsgrundlagen, die nicht gesetzlich geregelt sind, sondern von der Rechtsprechung entwickelt wurden. Umstritten ist die Frage, ob diese Anspruchsgrundlagen im Zusammenhang mit Pflichtprüfungen herangezogen werden können.

Haftungsbeschränkung des Abschlussprüfers

Die Haftungsbeschränkung des Abschlussprüfers regelt § 323 Abs. 2 HGB. Darin heißt es, dass die Ersatzpflicht von Personen, die fahrlässig gehandelt haben, auf eine Mio. € je Prüfung bzw. bei Prüfungen von AG, deren Aktien zum Handel im amtlichen Markt zugelassen sind, auf vier Mio. € begrenzt ist. Hat der Abschlussprüfer mit Vorsatz gehandelt, so haftet er unbeschränkt. Diese Haftungsbegrenzung gilt unabhängig von der Höhe des Schadens, von der Anzahl der begangenen Pflichtverstöße, von der Anzahl der an der Prüfung beteiligten Personen sowie von der Zahl der geschädigten Unternehmen. Der Prüfer sieht sich oft gegensätzlichen Interessen mehrerer Beteiligter gegenüber, was sein Haftungsrisiko erhöht. Prüfungstätigkeit ist eine im besonderen Maße schadensgeneigte Arbeit mit extrem hohen Risiken, denn bereits leichtes Versehen des Prüfers kann zu hohen Schäden führen. Weiterhin wird für die Haftungsbegrenzung angeführt, dass eine unbegrenzte Haftung nicht bzw. nicht zu bezahlbaren Prämien versicherbar sei, dass sie die Interessenneutralität des Prüfers stärke, dem Wettbewerb innerhalb des Berufsstandes und der Erhaltung der Struktur des Berufsstandes diene und zur Existenzsicherung des Prüfers notwendig sei. Auf der anderen Seite stellt sich die Frage, ob die zivilrechtliche → *Haftung des Abschlussprüfers* tatsächlich eine verhaltenssteuernde Wirkung entfalten kann, wenn sie bei Fahrlässigkeit summenmäßig begrenzt ist, zumal hierfür ein Versicherungsschutz (→ *Berufshaftpflichtversicherung*) besteht. Des Weiteren lässt sich kritisieren, dass den Abschlussprüfern mit dieser beschränkten Haftung ein Privileg eingeräumt wurde, das in anderen freien Berufen nicht zu finden ist. Außerdem stellt sich die Frage, ob denn eine solche absolute Haftungsgrenze nicht die großen Prüfungsgesellschaften bevorteilt, denn sie haften zu einem geringeren Prozentsatz für den gesamten Schaden als kleine Prüfungsgesellschaften (wobei unterstellt sei, dass große Prüfungsgesellschaften im Durchschnitt größere Mandanten mit dem Risiko höherer Schäden betreuen).

Haftungsnormen → Haftung des Abschlussprüfers

Haftungsverhältnisse und sonstige finanzielle Verpflichtungen, Prüfung

1 Normen

1.1 Rechnungslegungsnormen

a) Deutsche Normen: §§ 251, 264a, 268 Abs. 7, 285 Nr. 3, 285 Nr. 9 Bst. c, 288 Satz 1, 298 Abs. 1, 314 Abs. 1 Nr. 2, 314 Abs. 1 Nr. 6 Bst. c HGB. Ferner relevant sind Art. 28 Abs. 2 EGHGB, § 42 Abs. 3 GmbHG sowie §§ 26 f. RechKredV; b) Internationale Norm: IAS 37.

1.2 Prüfungsnorm

IDW HFA SN 2/1976.

2 Definition

Der im § 251 HGB verwendete Begriff der Haftungsverhältnisse, der in der Literatur häufig synonym mit den Begriffen Eventualverbindlichkeit bzw. -schuld verwendet wird, ist im Gesetz nicht explizit definiert. I. Allg. werden darunter künftige Verpflichtungen gegenüber Dritten (sog. Außenverpflichtungen) zusammengefasst, die als solche nicht dem Passivierungsgrundsatz genügen, und bei denen die rechtliche Grundlage für eine mögliche (wenn auch noch nicht hinreichend wahrscheinliche) Verpflichtung zum Bilanzstichtag bereits gelegt ist. Jedoch darf der Begriff der Haftungsverhältnisse keinesfalls mit dem in der internationalen Rechnungslegung verwendeten und ebenfalls mit dem deutschen Begriff der Eventualschuld übersetzten Begriff contingent liabilities (→ *Contingent liabilities, Prüfung*) gleichgesetzt werden.

Bei den sonstigen finanziellen Verpflichtungen gem. § 285 Nr. 3 HGB handelt es sich um solche künftigen finanziellen Verpflichtungen, die nicht dem handelsrechtlichen Passivierungsgrundsatz genügen und gleichzeitig nicht durch die Regelung des § 251 HGB erfasst werden. Sonstige finanzielle Verpflichtungen umfassen im Gegensatz zu den Haftungsverhältnissen nicht ausschließlich Außenverpflichtungen, vielmehr zählen hierzu insbesondere auch Verpflichtungen des Unternehmens gegenüber sich selbst (sog. Innenverpflichtungen).

Der wesentliche Unterschied zwischen den Haftungsverhältnissen und sonstigen finanziellen Verpflichtungen des HGB sowie den entsprechenden contingent liabilities der Rechnungslegung nach IFRS besteht darin, dass einzelne Verpflichtungen mit einer Eintrittswahrscheinlichkeit von unter 50 % nach IFRS allenfalls als contingent liability offen zu legen sind, wohingegen nach den Vorschriften des HGB im selben Falle die Passivierung einer Rückstellung verpflichtend sein kann. Ein weiterer Unterschied besteht darin, dass sonstige finanzielle Verpflichtungen grundsätzlich auch Innenverpflichtungen umfassen können, während das Vorliegen einer Außenverpflichtung für die Existenz einer contingent liability zwingend ist. Ein weiterer Unterschied betrifft die Angabe der den Haftungsverhältnissen entsprechenden Posten (unter) der Aktivseite der Bilanz: Während die Vorschriften des HGB die Offenlegung von Rückgriffsforderungen eines Unternehmens mit einem Wahlrecht belegen, sollen gem. IAS 37.89 contingent assets grundsätzlich offen gelegt werden.

Gem. den §§ 251, 268 Abs. 7 HGB haben Unternehmen Haftungsverhältnisse unter der → *Bilanz* oder alternativ im Anhang (→ *Anhang, Prüfung*) anzugeben. Auch die sonstigen finanziellen Verpflichtungen müssen – sofern sie für die Beurteilung der Finanzlage von Bedeutung sind – im Anhang erläutert werden.

3 Prüferisches Vorgehen

Da der Anhang mit der Bilanz und der GuV (→ *GuV, Prüfung*) den Jahresabschluss bildet, kann die → *Prüfungspflicht* § 316 Abs. 1 Satz 1 HGB entnommen werden. Die Prüfung der Haftungsverhältnisse und sonstigen finanziellen Verpflichtungen ist aufgrund der in weiten Teilen nicht existenten buchhalterischen Erfassung der für dieses Prüffeld relevanten Sachverhalte sehr komplex und somit regelmäßig Aufgabe eines erfahrenen Prüfers oder des verantwortlichen → *Prüfungsleiters*. Dies liegt nicht zuletzt an der für die Beurteilung der tatsächlichen wirtschaftlichen Lage eines Unternehmens erheblichen Bedeutung der hier diskutierten Verpflichtungen und dem allgemeinen Trend zur Ausweitung nicht bilanzwirksamer Geschäfte (off-balance-sheet-activities).

Der Prüfer sollte sich daher zunächst davon überzeugen, ob der Mandant ein → *IKS* eingerichtet hat, welches die Identifizierung der Haftungsverhältnisse und sonstigen finanziellen Verpflichtungen des Unternehmens sicherstellt. Adäquate Kontrollmaßnahmen stellen etwa interne Anweisungen dar, die gewährleisten, dass ein Sachbearbeiter des Rechnungswesens über alle Verpflichtungen, die für einen Bilanzvermerk oder eine Anhangangabe in Betracht kommen, in Kenntnis gesetzt wird oder die Führung einer Vertragskartei, die sämtliche wichtigen Informationen der Verträge sowie der daraus resultierenden Eventualverbindlichkeiten beinhaltet. Derartige Kontrollen sind insbesondere bei Unternehmensverbindungen von Bedeutung, bei denen Haftungsverhältnisse regelmäßig entstehen. Zu denken wäre etwa an Beteiligungsunternehmen, bei denen häufig Bürgschaften, Schuldübernahmen oder Garantien anzutreffen sind. Ein besonderes Augenmerk ist insbesondere auch Unternehmen zu widmen, die enge wirtschaftliche Bindungen zwischen Lieferanten und Abnehmern aufweisen (bspw. bei Automobilherstellern und Vertragshändlern oder Baubetreuern und Bauträgern), da auch hier regelmäßig mit Garantiezusagen und -verträgen oder Bürgschaften zu rechnen ist.

Aufgrund der mittels der → *Systemprüfung* gewonnenen → *Prüfungssicherheit* sollte der Prüfer im Folgenden einen geeigneten → *Prüfungsumfang* bestimmen. Die einzelnen → *Prüfungshandlungen* sollten auf die Abstimmung der jeweiligen vom Unternehmen getroffenen → *Abschlussaussagen* mit den entsprechenden Rechnungslegungsnormen gerichtet sein. In Betracht kommen hier insbesondere die in ISA 500.17c geregelten *Aussagen über Darstellung und Offenlegung* (assertions about presentation and disclosure). Hierzu gehören die Aussagen Eintritt und Zuordnung, Vollständigkeit, Klassifizierung und Verständlichkeit sowie Genauigkeit und Bewertung:

a. Die Aussage *Eintritt und Zuordnung* zielt auf die Richtigkeit der Angaben ab. Hierzu sollte sich der Prüfer eine Aufstellung über die in den Ausweis eingeflossenen Positionen einschließlich der zugehörigen vertraglichen Unterlagen und des relevanten Schriftverkehrs zukommen lassen und in Abhängigkeit von der Anzahl der Positionen stichprobenartig prüfen. Zu beachten ist in diesem Zusammenhang auch die Fragestellung, ob sich ausgewiesene Haftungsverhältnisse und sonstige finanzielle Verbindlichkeiten zum → *Abschlussstichtag* soweit konkretisiert haben, dass sie bereits als Rückstellung oder Verbindlichkeit passiviert wurden. Ein daraus resultierender Doppelausweis ist vom Prüfer zu monieren.

b. Als nächste Aussage sollte die *Vollständigkeit* der Angaben überprüft werden. Hierbei muss sich der Prüfer davon überzeugen, dass alle in § 251 HGB genannten Haftungsverhältnisse der vier unterschiedlichen Kategorien sowie die sonstigen finanziellen Verpflichtungen auch tatsächlich ausgewiesen wurden. Dabei wird sich der Prüfer regelmäßig im Rahmen von persönlichen Gesprächen mit den Verantwortlichen des zu prüfenden Unternehmens über das Vorliegen relevanter Sachverhalte informieren und die gemachten Auskünfte unter Berücksichtigung des

Vorliegens einer →*Vollständigkeitserklärung* würdigen. Besonders zu beachten hat der Prüfer an dieser Stelle den Umstand, dass regelmäßig *Haftungsverhältnisse aus Bürgschaften* auch dann vorliegen können, wenn eine schriftliche Bürgschaftserklärung von den Vertretern des zu prüfenden Unternehmens nie unterzeichnet wurde, da die Formvorschrift des § 766 BGB entfällt, sofern es sich bei dem Bürgen um einen Kaufmann handelt (§ 350 HGB). Zur Überprüfung der Vollständigkeit der ausgewiesenen Bürgschaften eignet sich insbesondere auch ein Abgleich mit den in der GuV ausgewiesenen Erträgen aus Bürgschaftsprovisionen. Ferner hat sich der Abschlussprüfer explizit davon zu überzeugen, dass das zu prüfende Unternehmen keinen Kreditauftrag gem. § 778 BGB erteilt und somit auch kein Haftungsverhältnis aus Bürgschaften begründet hat. Zur Überprüfung der Vollständigkeit von *Wechselbürgschaften und -obligos* sollte der Prüfer eine Abstimmung mit dem Wechselkopierbuch durchführen.

Die Überprüfung der Vollständigkeit der *Verbindlichkeiten aus Gewährleistungsverträgen* erfolgt grundsätzlich anhand der in Betracht kommenden Verträge sowie des zugehörigen Schriftwechsels. Probleme können sich insbesondere bei Gewährleistungen für fremde Leistungen ergeben, da aus dem Wortlaut nicht immer eindeutig abzuleiten ist, ob ein Garantieversprechen tatsächlich gewollt war. Um das Gewährleistungsversprechen als solches zu erkennen, sollte der Prüfer zur Erforschung des Parteiwillens die Korrespondenz hinzuziehen und weitere Auskünfte einholen.

Zur Überprüfung der Vollständigkeit der *Haftungsverhältnisse aus der Bestellung von Sicherheiten für fremde Verbindlichkeiten* kann der Prüfer auf Unterlagen zurückgreifen, die ihm bereits aus der Prüfung der Aktiva vorliegen sollten. Hierzu zählen etwa Grundbuchauszüge und Grundstücksakten sowie Depotauszüge und Bankbestätigungen zur Ermittlung eventueller Abtretungen oder Verpfändungen von Wertpapieren.

c. Im Rahmen der *Klassifizierung und Übersichtlichkeit* der Angaben sollte sich der Prüfer zunächst davon überzeugen, dass die entsprechenden Angaben korrekt bezeichnet wurden und beim Jahresabschlussadressaten keinen Zweifel über deren Inhalt aufkommen lassen. Dabei hat der Prüfer auch darauf zu achten, dass der in § 251 HGB geregelte Summenausweis nur von Nicht-Kapitalgesellschaften in Anspruch genommen wird, →*Kapitalgesellschaften* hingegen müssen gem. § 268 Abs. 7 HGB die verschiedenen Haftungsverhältnisse des § 251 HGB weiter aufgliedern. Ferner muss der Prüfer des →*Jahresabschlusses* einer Kapitalgesellschaft auf einen gesonderten Ausweis von Haftungsverhältnissen gegenüber verbundenen Unternehmen (§ 268 Abs. 7 Halbsatz 2 HGB), gegenüber Gesellschaftern (§ 42 Abs. 3 GmbHG) sowie zugunsten von Organmitgliedern eingegangenen Haftungsverhältnissen bestehen. Weiterhin hat der Prüfer des Jahresabschlusses von mittelgroßen und großen Kapitalgesellschaften die Angabe von sonstigen finanziellen Verpflichtungen auf deren korrekte Bezeichnung im Anhang hin zu überprüfen, sofern diese für die Beurteilung der Finanzlage (→ *Finanzlage, Prüfung*) von Bedeutung ist. Kleine Kapitalgesellschaften i.S.d. § 267 Abs. 1 HGB befreit § 288 Satz 1 HGB von einer diesbezüglichen Angabepflicht. Ebenso muss der Abschlussprüfer auf einen unsaldierten Ausweis achten und ggf. vorgenommene Verrechnungen von Haftungsverhältnissen und Rückgriffsforderungen monieren.

d. Hinsichtlich der *Genauigkeit und Bewertung* von Haftungsverhältnissen und sonstigen finanziellen Verpflichtungen existieren keine expliziten gesetzlichen Vorschriften. Grundsätzlich hat der Prüfer den Ausweis des vollen Haftungsbetrags zu prüfen. Es ist zu beachten, dass die Saldierung mit Regressansprüchen nicht erlaubt ist. Besteht die Haftung des zu prüfenden Unternehmens in der Haftung für die Verbindlichkeit eines Dritten, so ist regelmäßig der Betrag dieser Verbindlichkeit am Bilanzstichtag auszuweisen. Sollte der Haftungsbetrag starken Schwankungen unterliegen, hat der Prüfer unter Bezugnahme auf das Vorsichtsprinzip auf den Ausweis eines ermittelbaren Höchstbetrags zu bestehen. Ist der Betrag, in dessen Höhe das zu prüfende Unternehmen möglicherweise in Anspruch genommen wird, nicht exakt quantifizierbar, hat der Prüfer sich zu vergewissern, dass der in der Bilanz oder im Anhang ausgewiesene Betrag nach vernünftiger kaufmännischer Beurteilung ermittelt bzw. geschätzt wurde. Im Falle völliger Ungewissheit über das Eintreten und die Höhe einer Verpflichtung muss der Prüfer auf die Würdigung eines solchen Sachverhalts in Form des Ausweises eines Merkpostens einschließlich verbaler Erläuterung bestehen.

Engin Kayadelen/Martin Knocinski

Literatur: *Baetge, J./Kirsch, H.-J./Thiele, S.*, Bilanzen, 2005; *IDW* (Hrsg.), WP-Handbuch 2000, Band I, 2000, E 62–71, R 505; *Niemann, W.*, Erläuterung der vermerkspflichtigen Haftungsverhältnisse, Prüfungstechnik, in: Pelka, J./Niemann, W. (Gesamtverantwortung), Beck'sches Steuerberater-Handbuch 2004/2005, 2004, B 1949–1953.

Halbjahresbericht → Unterjähriger Bericht, Prüfung

Handakte → Arbeitspapiere; → Prüfungsdokumentation

Handelsbilanz I/II

Die Begriffe Handelsbilanz (HB) I/II werden im Rahmen der Konzernabschlusserstellung verwendet. Die HB I umfasst die → *Bilanz* und GuV (→ *GuV, Prüfung*) des → *Einzelabschlusses* der in den → *Konzernabschluss* einzubeziehenden Unternehmen. Insoweit greifen die Begriffe HB I/II zu kurz, da es sich streng genommen um HB und Handelsgewinn- und Verlustrechnungen I/II handelt.

Die HB II stellt ebenfalls einen Einzelabschluss dar. Indes sind hier bereits die konsolidierungsvorbereitenden Maßnahmen (→ *Konsolidierungsvorbereitende Maßnahmen, Prüfung*) durchgeführt worden. So ist bspw. die Bilanzierung und Bewertung an die konzerneinheitlichen Vorgaben der Konzernrichtlinie (→ *Konzernrichtlinie, interne*) angepasst.

Handelsgesetzbuch

Das Handelsgesetzbuch (HGB) ist aus dem Allgemeinen Deutschen Handelsgesetzbuch hervorgegangen und mit späteren Änderungen vom 10.5.1897 am 1.1.1900 in Kraft getreten. Es enthält ein Sonderrecht für die wirtschaftliche Betätigung bestimmter gewerblicher Unternehmer (Kaufleute), um den Erfordernissen des Handelsverkehrs gerecht zu werden. Das HGB besteht aus insgesamt fünf Büchern. Das Erste Buch (§§ 1–104) regelt den Handelsstand. Im Zweiten Buch (§§ 105–236) finden sich Regelungen für Handelsgesellschaften und stille Gesellschaften, im Dritten Buch (§§ 238–342e) Regelungen zur Führung von Handelsbüchern, im Vierten Buch (§§ 343–475h) Normen zur kaufmännischen Betätigung und im Fünften Buch (§§ 476–905) Vorschriften zum Seehandel. Von besonderer Bedeutung für den WP im Rahmen der Jahresabschlussprüfung sind die §§ 316–324a, 332 f. HGB.

Handelsregister

Das Handelsregister ist ein beim zuständigen Amtsgericht geführtes öffentliches Verzeichnis aller Vollkaufleute der zugeordneten Gerichtsbezirke. Rechtliche Grundlage bildet der zweite Abschnitt im HGB (§§ 8–16). Das Handelsregister gliedert sich in zwei Abteilungen. In Abteilung A erfolgen Eintragungen für Einzelunternehmen sowie →*Personenhandelsgesellschaften* und in Abteilung B für →*Kapitalgesellschaften*. Hierbei lassen sich eintragungspflichtige und eintragungsfähige Sachverhalte unterscheiden. Tritt die Rechtswirksamkeit erst mit der Eintragung in das Handelsregister ein, so handelt es sich um eine rechtsbegründende (konstitutive) Eintragung. Bei einer rechtsbekundenden (deklaratorischen) Eintragung hingegen wird eine bestehende Tatsache nur öffentlich bekannt gemacht. Für die Eintragungen besteht ein öffentlicher Glaube, d.h., diejenigen, die gutgläubig auf die Publizität des Handelsregisters vertrauen, werden geschützt.

Gemäß dem RegE des Gesetzes über elektronische Handelsregister und Genossenschaftsregister sowie das Unternehmensregister (EHUG) ist das Handelsregister ab dem 1.1.2007 zwingend elektronisch zu führen. Die im Register enthaltenen Daten müssen dann über eine einheitliche Internetseite zentral zugänglich sein (http://www.handelsregister.de). Auch die Bekanntmachungen der Registereintragungen werden über diese Internetseite erfolgen. Zudem sieht der Entwurf vor, dass Unterlagen zum Handelsregister künftig zwingend in elektronischer Form einzureichen sind. Darüber hinaus wird ein sog. Unternehmensregister eingeführt, in dem zwecks Umsetzung der gemeinschaftsrechtlichen Vorgaben die wichtigsten veröffentlichungspflichtigen Daten über ein Unternehmen zentral zusammengeführt und für Interessenten elektronisch abrufbar vorgehalten werden. Mit Inkrafttreten des Gesetzes werden die Anforderungen der EU-Publizitätsrichtlinie sowie der EU-Transparenzrichtlinie erfüllt.

Hauptfachausschuss

Der Hauptfachausschuss (HFA) ist ein vom →*IDW* eingerichteter ständiger Ausschuss, dem die Beratung fachlicher Probleme grundlegender Art und die Entwicklung von →*Prüfungsnormen* obliegt. Der HFA ist den anderen Ausschüssen und AK, die sich mit speziellen Fragestellungen auseinandersetzen, übergeordnet. Die Verlautbarungen des HFA geben die grundsätzliche Haltung des Berufsstandes der WP zu fachlichen Fragestellungen in Rechnungslegung und Prüfung sowie der → *Steuerberatung* und → *Unternehmensberatung* wieder. Um eine einheitliche und berufsgerechte Berufsausübung zu fördern, sind die Verlautbarungen des HFA (z. B. → *IDW PS*) für Mitglieder des IDW bindend. Die Mitglieder des HFA werden durch den Vorstand des IDW berufen. Ihre Amtszeit beträgt vier Jahre.

Hauptversammlung, Teilnahme des Abschlussprüfers

Haben → *Vorstand* und → *Aufsichtsrat* den Jahresabschluss festgestellt, besteht für den Abschlussprüfer keine Verpflichtung zur Teilnahme an der Hauptversammlung. Sofern er auf Einladung des geprüften Unternehmens doch an der Hauptversammlung teilnimmt, darf der Abschlussprüfer aufgrund seiner Verschwiegenheitspflicht den → *Aktionären* keine Erläuterungen zum Jahresabschluss geben (§ 176 Abs. 2 Satz 3 AktG). Von dieser Pflicht zur → *Verschwiegenheit* kann er vom Vorstand befreit werden. Sofern der Jahresabschluss von der Hauptversammlung festgestellt wird, besteht gem. § 176 Abs. 2 AktG die Pflicht zur Teilnahme. Wird ein vom Abschlussprüfer aufgrund gesetzlicher Verpflichtung geprüfter Jahresabschluss in der Hauptversammlung geändert (z. B. Einstellung in oder Entnahmen aus Rücklagen), besteht für den Abschlussprüfer die Möglichkeit, den → *Bestätigungsvermerk* für den geänderten Jahresabschluss gem. § 173 Abs. 3 AktG nach vorgenommener Prüfung noch in der Hautversammlung zu erteilen.

Haushaltsgrundsätzegesetz, Prüfung nach dem

Für den Fall, dass einer Gebietskörperschaft die Mehrheit der Anteile eines Unternehmens in einer Rechtsform des privaten Rechts (i. d. R. Kapitalgesellschaften) gehören, kann die Gebietskörperschaft verlangen, dass das zuständige Organ des Unternehmens seinen Abschlussprüfer mit der Erweiterung der Abschlussprüfung nach § 53 HGrG beauftragt. Gleiches gilt auch, falls eine Gebietskörperschaft mindestens ein Viertel der Anteile besitzt und sich darüber hinaus die Mehrheit der Anteile an diesem Unternehmen zusammen mit anderen Gebietskörperschaften in öffentlicher Hand befindet. Zusätzlich zu den obligatorischen Prüfungsinhalten nach § 317 HGB werden damit die Ordnungsmäßigkeit der Geschäftsführung (→ *Geschäftsführungsprüfung*) sowie die wirtschaftlichen Verhältnisse Gegenstand der Pflichtprüfung des Jahresabschlusses.

Die Prüfung ist dabei generell eine Vorbehaltsprüfung (→ *Vorbehaltsaufgaben des WP*), d.h., sie ist WP und WPG vorbehalten. Lediglich bei Eigenbetrieben (wirtschaftliche Unternehmen einer Gemeinde ohne eigene Rechtspersönlichkeit) können auch länderspezifische öffentlich-rechtliche Einrichtungen (z.B. Gemeinde- oder Kommunalprüfungsämter bei Bezirksregierungen, die Gemeindeprüfungsanstalt Baden-Württemberg oder → *Landesrechnungshöfe*) als prüfende Instanz herangezogen werden.

Das IDW hat den PS 720 zur *Prüfung der Ordnungsmäßigkeit der Geschäftsführung und der wirtschaftlichen Verhältnisse nach § 53 HGrG* herausgegeben. Dieser betont zunächst die Notwendigkeit der expliziten Auftragserweiterung i.S.d. § 53 HGrG, da ein Abschlussprüfer weder verpflichtet noch berechtigt ist, diese Erweiterung des Prüfungsauftrages eigenmächtig vorzunehmen. Die Ausnahme bilden auch hier die Eigenbetriebe, bei denen diese Erweiterung obligatorisch ist und es daher keiner besonderen Beauftragung des Abschlussprüfers bedarf.

IDW PS 720 gibt einen Fragenkatalog vor, der zur Beurteilung der Prüfungsinhalte heranzuziehen ist. Dieser Katalog ist generell auf die Bedürfnisse gewisser Rechtsformen öffentlicher Betriebe ausgerichtet und kann daher Spezifika – wie etwa Größe oder Branche des zu prüfenden Unternehmens – nicht berücksichtigen. Daher kann der Katalog nicht als abschließend angesehen werden und ist ggf. in geeigneter Form zu erweitern (IDW PS 720.5). Andererseits ist er so zu interpretieren, dass explizit zu begründen ist, falls eine oder mehrere Fragen keine Relevanz für das zu prüfende Unternehmen besitzen. Auch kann nicht erwartet werden, dass sämtliche Fragen jedes Jahr mit gleicher, hoher Intensität Prüfungsgegenstand sind; der Abschlussprüfer hat hier über die Jahre geeignete, wechselnde Schwerpunkte zu setzen.

Darüber hinaus geht der Prüfungsstandard davon aus, dass die geprüften öffentlichen Unternehmen regelmäßig ein Risikoüberwachungssystem nach § 91 Abs. 2 AktG (→ *Risikomanagementsystem, Prüfung*) einzurichten haben. Im Rahmen der Prüfung der Ordnungsmäßigkeit der Geschäftsführung nach § 53 HGrG ist daher auch festzustellen, ob die Gesellschaft ein derartiges Risikomanagementsystem eingerichtet hat und ob dieses geeignet ist, seine Aufgaben zu erfüllen.

Zur Beurteilung der Ordnungsmäßigkeit der Geschäftsführung wie auch der wirtschaftlichen Verhältnisse des zu prüfenden Unternehmens muss der Abschlussprüfer mit den jeweiligen Geschäftszweigen vertraut sein; darüber hinaus benötigt er zur sachgerechten Beurteilung öffentlicher Unternehmen auch Kenntnisse über mögliche Wechselbeziehungen zu den Gebietskörperschaften, die oft auch Fragen des öffentlichen Rechts bei der Beurteilung der wirtschaftlichen Sachverhalte aufwerfen.

Bei der Beurteilung der Geschäftsführung kann jedoch keine umfassende Auseinandersetzung des Abschlussprüfers mit der Geschäftspolitik und der Zweckmäßigkeit der unternehmenspolitischen Entscheidungen gefordert werden. Vielmehr geht es hierbei um die Beurteilung der Ordnungsmäßigkeit der getroffenen Entscheidungen, d.h. ob die geltenden rechtlichen Rahmenbedingungen beachtet wurden. Es kommen somit nur wesentliche, grob fehlerhafte oder missbräuchliche kaufmännische Ermessensentscheidungen oder vergleichbare Unterlassungen in Betracht.

Erste Anhaltspunkte für die Prüfungsdurchführung gibt der als → *Checkliste* angelegte IDW PS 720, der 21 Fragenkreise mit insgesamt 105 Einzelfragen zur Prüfung folgender Sachverhalte umfasst:

- Ordnungsmäßigkeit der Geschäftsführungsorganisation (IDW PS 720.16);
- Ordnungsmäßigkeit des Geschäftsführungsinstrumentariums (IDW PS 720.17);
- Ordnungsmäßigkeit der Geschäftsführungstätigkeit (IDW PS 720.18);
- Untersuchung der Vermögens-, Finanz- und Ertragslage (IDW PS 720.19 f.).

Sofern die zuständige Gebietskörperschaft eine erweiterte Prüfung nach § 53 HGrG verlangt, kann sie das zu prüfende Unternehmen veranlassen, dass der Abschlussprüfer in seinem → *Prüfungsbericht* nicht nur die Pflichtangaben nach §§ 321 f. HGB sowie den berufsständischen Normen (IDW PS 400, 450) aufnimmt, sondern auch explizit zu folgenden Sachverhalten Stellung nimmt (§ 53 Abs. 1 Nr. 2 HGrG):

- die Entwicklung der Vermögenslage (→ *Vermögenslage, Prüfung*) und Ertragslage (→ *Ertragslage, Prüfung*) sowie die Liquidität und Rentabilität des Unternehmens;
- verlustbringende Geschäfte und die Ursachen der Verluste, wenn diese Geschäfte und die Ursachen für die Vermögens- und Ertragslage von Bedeutung waren;

- die Ursachen eines in der GuV (→ *GuV, Prüfung*) ausgewiesenen Fehlbetrages.

Der Prüfungsbericht ist dementsprechend nicht nur den gesetzlichen Vertretern des zu prüfenden Unternehmens, sondern auf Verlangen auch der Gebietskörperschaft zuzustellen.

Hermeneutik → GoA

Herstellungskosten

1 Rechnungslegungsnormen

a) Deutsche Normen: §§ 252 Abs. 1 Nr. 6, 253 Abs. 1–3, 255 Abs. 2 u. 3, 284 Abs. 2 Nr. 1, 3 u. 5 HGB; b) Internationale Normen: IAS 2, 16, 23, 38.

2 Definition

Herstellungskosten sind Aufwendungen, die durch den Verbrauch von Gütern und die Inanspruchnahme von Diensten für die Herstellung eines Vermögenspostens, seine Erweiterung oder für eine über seinen ursprünglichen Zustand hinausgehende wesentliche Verbesserung entstehen. Dagegen beziehen sich die →*Anschaffungskosten* auf fremdbezogene Vermögensposten.

3 Umfang der Herstellungskosten nach deutschen GoB

Der Begriff der Herstellungskosten ist zweckbestimmt zu verstehen. Danach gehören zu den Herstellungskosten sowohl Kosten, die unmittelbar der Herstellung dienen, als auch Aufwendungen, die durch den Herstellungsvorgang entstanden sind oder in einem engen wirtschaftlichen Zusammenhang mit ihm stehen. Kalkulatorische Kosten in Form von Anders- oder Zusatzkosten sind hiervon ausgeschlossen. Der Herstellungsvorgang beginnt, wenn Handlungen vorgenommen werden, die darauf gerichtet sind, einen Vermögensgegenstand zu erstellen oder einen bereits bestehenden Vermögensgegenstand wesentlich zu verändern.

Die Wertuntergrenze der Herstellungskosten bilden *aktivierungspflichtige* Materialeinzelkosten, Fertigungseinzelkosten und Sondereinzelkosten der Fertigung, deren Maßeinheiten nach Menge, Zeit oder Wert durch Feststellung des Verbrauchs und deren Bewertung dem einzelnen Kostenträger unmittelbar aufgrund eines eindeutigen nachweisbaren quantitativen Zusammenhangs zugerechnet werden können.

Ein *Aktivierungswahlrecht* besteht für angemessene Teile der notwendigen Material- und Fertigungsgemeinkosten sowie Sondergemeinkosten der Fertigung. Darüber hinaus aktivierbar sind angemessene Teile des durch die Fertigung veranlassten Wertverzehrs des →*Anlagevermögens*, Kosten der allgemeinen Verwaltung, Aufwendungen für soziale Einrichtungen des Betriebs, freiwillige soziale Leistungen und betriebliche Altersversorgung sowie zur Finanzierung der Herstellung eines Vermögensgegenstandes gezahlte Fremdkapitalzinsen, sofern sie auf den Zeitraum der Herstellung entfallen.

Ein *Aktivierungsverbot* gilt für Vertriebskosten.

Gemeinkosten fallen für eine Mehrzahl von Kostenträgern oder Kostenstellen an und können daher dem Erzeugnis nur mittelbar über eine Schlüsselung zugerechnet werden. Die Zurechnung muss vernünftigen betriebswirtschaftlichen Kriterien entsprechen (z.B. prozentualer Zuschlag in Abhängigkeit der angefallenen Einzelkosten). Unangemessene Kosten, betriebs- oder periodenfremde sowie außergewöhnliche oder selten anfallende Kosten dürfen nicht aktiviert werden. Gleiches gilt, wenn ein Betrieb z.B. infolge mangelnder Aufträge nicht voll genutzt wird. Die Kosten einer offensichtlichen Unterbeschäftigung (Leerkosten) sind nicht in die Herstellungskosten einzubeziehen.

Die exakte Abgrenzung zwischen Einzel- und Gemeinkosten ist nicht immer möglich. Werden Kostenarten aus Praktikabilitätsgründen wie Gemeinkosten behandelt, obwohl eine direkte Zuordnung zu den Kostenträgern entsprechend dem Verursachungsprinzip möglich wäre, handelt es sich um aktivierungspflichtige Einzelkosten (sog. unechte Gemeinkosten). Dem Genauigkeitsgrad einer Kostenrechnung (→*Kostenrechnung, Prüfung*) kommt für die Frage, ob unechte Gemeinkosten identifiziert werden können, eine erhebliche Bedeutung zu. Bei Nutzung des bestehenden abschlusspolitischen Spielraums (→*Abschlusspolitik*) zwischen der Wertuntergrenze und der Wertobergrenze sind das Stetigkeitsprinzip sowie bestimmte Berichtspflichten im Anhang zu beachten.

Werden Teile eines Vermögensgegenstandes erneuert, um seine Funktionsfähigkeit zu erhalten, so stellen die hierfür anfallenden Aufwendungen Erhaltungsaufwand der Periode dar. Wird dagegen durch die Maßnahme ein Zusatznutzen geschaffen (Erweiterung der Funktionalität) und/oder die Nutzungsdauer erheblich verlängert, liegt hierin eine wesentliche Verbesserung, die wie bei einer Erweiterung (Substanzmehrung) zur Aktivierung nachträglicher Herstellungskosten führt.

4 Umfang der Herstellungskosten nach IFRS

Die IFRS definieren Herstellungskosten als produktionsbezogene Vollkosten. Das heißt, sämtliche Einzel- und Gemeinkosten mit Bezug zur Produktion sind grundsätzlich einzubeziehen.

Der *Aktivierungspflicht* unterliegen Einzelkosten (direct costs) sowie fixe und variable Produktionsgemeinkosten (production overheads), sofern sie einen unmittelbaren Bezug zu dem Produkt bzw. dem Produktionsvorgang aufweisen. Ein *Ansatzwahlrecht* wird ausnahmsweise unter bestimmten Voraussetzungen (IAS 23.11) bei Fremdkapitalkosten gewährt, soweit sie direkt mit der Herstellung in Zusammenhang stehen und die Fremdkapitalaufnahme für einen bestimmten qualifizierten Vermögenswert (qualifying asset) erfolgte. Vertriebskosten sowie alle anderen angefallenen Kosten, die nicht dem Herstellungsvorgang zugerechnet werden können, unterliegen einem *Aktivierungsverbot*. Im Vergleich zu den handelsrechtlichen Vorschriften bestehen nach IFRS weniger Aktivierungswahlrechte. Da nach HGB Aktivierungswahlrechte sowohl bestehen, wenn die IFRS eine Aktivierungspflicht vorsehen (z. B. bei Gemeinkosten), als auch wenn die IFRS ein Aktivierungsverbot vorsehen (z. B. für Kosten der allgemeinen Verwaltung), kann die handelsrechtliche Obergrenze der Herstellungskosten höher sein als der nach IFRS zu aktivierende Betrag. Wird von den handelsrechtlichen Aktivierungswahlrechten kein Gebrauch gemacht, ist dagegen der nach IFRS zu aktivierende Betrag höher.

Die IFRS sehen eine gesonderte Erfassung wesentlicher Bestandteile einer Sachanlage vor, sofern die Ansatzkriterien gem. IAS 16.7 erfüllt sind (Komponentenansatz). Wesentliche Bestandteile, die innerhalb der Lebensdauer der Sachanlage mehrfach ersetzt werden, sind als eigenständige Vermögenswerte (→ Asset) zu aktivieren und über ihre eigene Nutzungsdauer abzuschreiben.

Nachträgliche Ausgaben für einen bereits bilanzierten Vermögenswert, die der Substanzerhaltung dienen, sind als Aufwand der Periode zu erfassen (IAS 16.12). Dies gilt allerdings nicht, wenn es wahrscheinlich ist, dass mit diesen Ausgaben künftige Erträge verbunden sind und die Auszahlungen verlässlich bestimmt werden können (Erfüllung der Ansatzkriterien gem. IAS 16.7). Während die handelsrechtlichen Vorschriften in diesem Fall ggf. die Aktivierung nachträglicher Herstellungskosten vorsehen, sind gem. IAS 16.13 die Ausgaben als eigenständiger Vermögenswert zu aktivieren.

Erfordern bestehende Rekultivierungs- oder Beseitigungsverpflichtungen (z. B. Entsorgungskosten, Kosten für die Demontage einer Anlage) die Rückstellungsbildung durch ein Unternehmen, sehen die IFRS eine Aktivierung der zukünftigen Aufwendungen im Rahmen der Herstellungskosten vor (IAS 16.16c, .18). Eine Rückstellungsbildung für Rekultivierungs- oder Beseitigungsverpflichtungen ist nach deutschen → *GoB* gleichfalls vorgesehen. Entsprechende handelsrechtliche Vorschriften für die Erhöhung der Herstellungskosten bestehen dagegen nicht.

Literatur: *Hagemeister, C.*, Bilanzierung von Sachanlagevermögen nach dem Komponentenansatz des IAS 16, 2004; *Wohlgemuth, M./Ständer, U.*, in: Die Wirtschaftsprüfung 2003, S. 203–211.

Heterograde Fragestellung → Statistische Stichprobenverfahren

Heuristisches prüferisches Vorgehen → Informationsverarbeitungsansatz; → Suchprozess

HGrG → HGrG, Prüfung nach dem

High assurance → Prüfungssicherheit

Hilfsmittel der Prüfung → IT-gestützte Prüfungstechniken

Homograde Fragestellung → Statistische Stichprobenverfahren

Honorarabrechnung → Prüfungsgebühren

Hypergeometrische Verteilung

Die hypergeometrische Verteilung ist ein Verteilungsmodell für Zufallsvariablen, die nur zwei Ausprägungen (nachfolgend a und b genannt) haben. Es wird untersucht, mit welcher Wahrscheinlichkeit die Ausprägung a in der → *Stichprobe* x-mal vorkommt, wobei *Ziehen ohne Zurücklegen* unterstellt wird. Die Auswahl der Stichprobe muss ohne Zurücklegen erfolgen. Die Wahrscheinlichkeitsfunktion

$$f(m)=\frac{\binom{M}{m}\binom{N-M}{n-m}}{\binom{N}{n}}$$

wird durch drei Parameter bestimmt: Umfang der Grundgesamtheit N, Anzahl der Untersuchungseinheiten M, die in der Grundgesamtheit die Ausprägung a aufweisen, und Stichprobenumfang n. Die Zufallsvariable X stellt die Menge der Ausprägung a in der Stichprobe dar. Diese nimmt diskrete Werte an. Der Definitionsbereich geht von 0 bis n. Aufgrund ihrer komplexen Handhabung wird die hypergeometrische Verteilung in der Praxis häufig durch die → *Poisson-Verteilung*, → *Normalverteilung* oder die → *Binomialverteilung* approximiert.

Hypothesengesteuerter Suchprozess → Suchprozess

Hypothesentest → Testverfahren

IDEA → Prüfsoftware, generelle

IDW Prüfungshinweis

IDW Prüfungshinweise (IDW PH) erläutern →*IDW PS*. Beide sind Verlautbarungen des →*IDW*. Die Anwendung der IDW PH wird empfohlen, obwohl diese eine deutlich geringere Verbindlichkeit als die IDW PS besitzen (IDW PS 201.29). Die IDW PH werden in Anlehnung an die IDW PS nummeriert, wobei dem IDW PH eine 9 vorangestellt wird (z. B. IDW PH 9.450.1, welcher IDW PS 450 ergänzt). IDW PS gehören zu den Verlautbarungen des IDW. Seit 1998 werden die Verlautbarungen (Ergebnisse der Facharbeit des IDW) sachorientiert strukturiert, wobei in PS (IDW PS) sowie erläuternde PH unterteilt wird. Die IDW Verlautbarungen stellen u. a. eine wesentliche Quelle zur Formulierung der →*GoA* dar. Sie sind nationale →*fachtechnische Prüfungsnormen*, die für die Prüfung von Jahresabschlüssen heranzuziehen sind (zur Bindungswirkung der IDW PS →*Prüfungsnormen*; zu den relevanten IDW PS →*Fachtechnische Prüfungsnormen*).

Die IDW PH und die IDW PS werden vor ihrer endgültigen Verabschiedung als Entwurf in der Fachzeitschrift →*Die Wirtschaftprüfung*, in den →*Fachnachrichten des IDW* und im Internet veröffentlicht, um dem Berufsstand die Möglichkeit zur fachlichen Diskussion zu geben.

IDW Prüfungsstandard

IDW Prüfungsstandards (IDW PS) gehören zu den Verlautbarungen des →*IDW*. Seit 1998 werden die Verlautbarungen (Ergebnisse der Facharbeit des IDW) sachorientiert strukturiert, wobei in PS (IDW PS) sowie erläuternde PH (→*IDW PH*) unterteilt wird. Die IDW-Verlautbarungen stellen u. a. eine wesentliche Quelle zur Formulierung der →*GoA* dar. Sie sind nationale →*fachtechnische Prüfungsnormen*, die für die Prüfung von Jahresabschlüssen heranzuziehen sind. Zur Bindungswirkung der IDW PS vgl. Ausführungen in →*Prüfungsnormen*. Zu den relevanten IDW PS, deren Ordnungskonzept sich am Prüfungsprozess orientiert, vgl. →*fachtechnische Prüfungsnormen*.

Die IDW PH und die IDW PS werden vor ihrer endgültigen Verabschiedung als Entwurf in der Fachzeitschrift →*Die Wirtschaftprüfung*, in den → *Fachnachrichten des IDW* und im Internet veröffentlicht, um dem Berufsstand die Möglichkeit zu geben, diese fachlich zu diskutieren.

IIA → Institute of Internal Auditors

Immaterielle Vermögensposten, Prüfung

1 Rechnungslegungsnormen

a) Deutsche Normen: §§ 246 Abs. 1, 248 Abs. 2, 252, 253, 255, 264a Abs. 1, 266 Abs. 1, 2 A. I., 267, 284 Abs. 2, 285 Nr. 13, 327 HGB, DRS 4, 12, IDW RS HFA 11; in Bezug auf den Konzernabschluss: grundsätzlich analoge Anwendung der Regelungen zum Einzelabschluss gem. § 298 Abs. 1 HGB, §§ 301 Abs. 3, 309 HGB; b) Internationale Normen: IAS 27, 36, 38, IFRS 3.

2 Definition

Immaterielle Vermögensposten sind identifizierbare, in der Verfügungsmacht des Unternehmens stehende nicht monetäre Güter ohne physische Substanz des Anlagevermögens, wenn sie dazu bestimmt sind, dem Unternehmen langfristig zu dienen, oder des Umlaufvermögens, wenn sie zur Weiterveräußerung bestimmt sind.

Die in IAS 38.8 unter der Bezeichnung *immaterielle Vermögenswerte* (intangible assets) verwendete Definition ist von dem handelsrechtlichen Begriff der *immateriellen Vermögensgegenstände* abzugrenzen.

3 Prüferisches Vorgehen

Bei der Jahresabschlussprüfung der immateriellen Vermögensposten ist festzustellen, ob die Darstellungen der Unternehmensleitung im vorläufigen Jahresabschluss den Erfordernissen der angewandten Rechnungslegungsnormen entsprechen (§ 317 Abs. 1 HGB i.V.m. IDW PS 200.8 f., ISA 200.2). Der Wert eines Unternehmens kann maßgeblich durch immaterielles Vermögen (z.B. Markennamen, Kundenstamm, Patente, Software sowie Ausgaben für Forschung und Entwicklung) begründet werden. Im Gegensatz zu materiellen Vermögensposten ist die Bestimmung und Prüfung immaterieller Werte oftmals durch Objektivierungsprobleme gekennzeichnet, woraus sich ein maßgeblicher Einfluss auf das → *Prüfungsrisiko* ergibt. Die risikoorientierte Prüfungsdurchführung (→ *Risikoorientierte Abschlussprüfung*) kann sich an der Systematik der Rechnungslegung, den betrieblichen Funktionsbereichen des Mandanten oder den Geschäftsrisiken und den hiermit in einem engen Zusammenhang stehenden Geschäftsprozessen orientieren. Es muss gewährleistet sein, dass das gewählte Vorgehen eine geeignete Grundlage für die Durchführung → *aussagebezogener Prüfungshandlungen* darstellt (IDW PS 260.37).

Im Zuge einer Analyse der Geschäftstätigkeit und des wirtschaftlichen Umfeldes des Unternehmens sind zunächst die → *inhärenten Risiken* (z. B. mögliche Motive der Unternehmensleitung, auf den Ansatz und die Bewertung der immateriellen Vermögensposten Einfluss zu nehmen) zu identifizieren.

Ein hoher Bestand immaterieller Vermögensposten führt i. d. R. aufgrund der bestehenden Ermessensspielräume bei ihrer Bewertung dazu, dass das inhärente Risiko als hoch einzuschätzen ist. Da der Ansatz immaterieller Vermögenswerte (z. B. Markennamen) für Kapitalmarktteilnehmer entscheidungsrelevant sein kann, besteht das Risiko, dass die Unternehmensleitung diese Ermessensspielräume für abschlusspolitische Gestaltungen (→ *Abschlusspolitik*) ausnutzt. Kritisch zu würdigen sind durch den Abschussprüfer insbesondere die Unternehmensvorgaben und ihre Umsetzung im Hinblick auf den Ansatz und die Bewertung selbst geschaffener immaterieller Vermögensposten nach IFRS.

Um die → *Kontrollrisiken* einzuschätzen, muss der Prüfer sich davon überzeugen, dass das Unternehmen ein geeignetes und wirksames → *IKS* eingerichtet hat (IDW PS 260, 301.7, ISA 400). Die Prüfungshandlungen müssen sich dabei insbesondere auf die Bestandskontrolle (Erfassung von Zu- und Abgängen) immaterieller Vermögensposten beziehen (z. B. Kontrolle der Eingangsrechnungen, Wertermittlungen, Vertragsunterlagen sowie erforderlicher Registereintragungen).

Im Folgenden werden zentrale Prüfungshandlungen entlang der → *Abschlussaussagen* kategorisiert.

a. Die Prüfung des tatsächlichen *Vorhandenseins* und der *Vollständigkeit* der immateriellen Vermögensposten erfordert zunächst die Prüfung ihrer Aktivierbarkeit. Handelsrechtlich besteht für entgeltlich erworbene immaterielle Vermögensgegenstände grundsätzlich eine Aktivierungspflicht (§ 246 Abs. 1 HGB). Ein entgeltlich erworbener immaterieller Vermögensgegenstand des Anlagevermögens ist anzusetzen, wenn die Kriterien der abstrakten Aktivierungsfähigkeit kumuliert erfüllt werden. Der immaterielle Vermögensposten muss dem Unternehmen einen wirtschaftlichen Nutzen stiften, er muss selbständig bewertbar sein und der erworbene Vermögensposten muss zum Gegenstand des Rechtsverkehrs gemacht werden können, d. h. einzeln veräußerbar sein (Verkehrsfähigkeit). Für die Annahme der Entgeltlichkeit genügt es nicht, dass ein immaterieller Vermögensposten als mittelbare Folge getätigter Aufwendungen entsteht. »Entgeltlicher Erwerb« ist der Erwerb von einem Dritten, wobei der immaterielle Vermögensgegenstand als solcher Objekt des Erwerbsvorgangs gewesen sein muss. Die Aktivierbarkeit von Software beim Anwender behandelt IDW RS HFA 11. Für nicht entgeltlich erworbene immaterielle Vermögensgegenstände des Anlagevermögens besteht dagegen ein Bilanzierungsverbot (§ 248 Abs. 2 HGB). Die Aktivierung zur Weiterveräußerung bestimmter immaterieller Vermögensgegenstände des Umlaufvermögens ist im HGB nach den allgemeinen Grundsätzen (§ 246 Abs. 1 HGB) geboten.

IAS 38.18 sieht die Pflicht der Aktivierung erworbener und selbst geschaffener immaterieller Vermögenswerte vor, wenn die in IAS 38.8–17 genannten definitorischen Voraussetzungen vorliegen und die in IAS 38.21–23 genannten Ansatzkriterien erfüllt werden. Neben der Voraussetzung der Identifizierbarkeit (IAS 38.11 f.) des immateriellen Vermögenswertes werden die Verfügungsmacht des Unternehmens (IAS 38.13–16), die künftige ökonomische Nutzenstiftung für das Unternehmen (IAS.38.17, .21a) und die verlässliche Messbarkeit der → *Anschaffungs-* oder → *Herstellungskosten* (IAS 38.21b) gefordert.

Genauere Hinweise über die Anwendung dieser Kriterien auf bestimmte Arten immaterieller Vermögenswerte finden sich z. B. in IAS 38.25–32 für einzeln erworbene, in IAS 38.33–41 für im Rahmen von Unternehmenszusammenschlüssen erworbene, in IAS 38.45–47 für durch Tausch erworbene und in IAS 38.51–67 für selbst geschaffene immaterielle Vermögenswerte (insbesondere Ausgaben für Forschung und Entwicklung).

Die bestandsmäßige Überprüfung immaterieller Vermögensposten erfolgt anhand des Bestandsverzeichnisses und beginnt mit einer Abstimmung des Vortrages mit dem Endbestand der letzten Schlussbilanz. Ist der mengenmäßige Umfang wesentlich, so ist die Aufstellung über die Zusammensetzung des Bestandes einzusehen.

Als Unterlagen für die Prüfung von Rechten eignen sich Eintragungen bei öffentlichen Stellen (z. B. Patentregister) und privatrechtliche Verträge (z. B. Konzessions- und Lizenzverträge). Für Anzahlungen kommen Vertragsunterlagen sowie die entsprechenden Belege und Finanzkonten in Frage.

Bei →*Erstprüfungen* sind diese Nachweise für den gesamten Bestand zu erbringen; bei →*Folgeprüfungen* kann eine Beschränkung auf die Zu- und Abgänge erfolgen.

Eine Besonderheit immaterieller Vermögensposten stellt der erworbene (derivative) oder selbst geschaffene (originäre) Geschäfts- oder Firmenwert (Goodwill) dar, der im Zuge eines Unternehmenserwerbes entstehen kann. Für die Prüfung von Geschäfts- oder Firmenwerten können Kaufverträge, Bewertungsgutachten und Jahresabschlüsse herangezogen werden.

Handelsrechtlich besteht für den erworbenen Firmenwert ein Aktivierungswahlrecht (§ 255 Abs. 4 Satz 1 HGB); seine Teilaktivierung ist ebenfalls zulässig. Dagegen gilt für den selbst geschaffenen Firmenwert ein Aktivierungsverbot (§ 248 Abs. 2 HGB).

Zu unterscheiden ist zwischen einem *asset deal*, bei dem die einzelnen Vermögensgegenstände und Schulden auf einen neuen Rechtsträger übergehen und einem *share deal*, bei dem ein Unternehmen als Ganzes durch den Anteilserwerb übernommen wird (Beteiligungserwerb).

Im Rahmen des *asset deals* ist im Einzelabschluss des übernehmenden Unternehmens ein Firmenwert in Höhe des Wertes anzusetzen, um den der Kaufpreis die Zeitwerte der übernommenen Vermögensgegenstände abzüglich der Schulden übersteigt. Der Erstellung eines Konzernabschlusses bedarf es nicht, da die Übernahme der einzelnen Vermögensposten kein Mutter-Tochter-Verhältnis begründet. Für den Fall, dass der Kaufpreis die Zeitwerte der übernommenen Vermögensgegenstände abzüglich der Schulden unterschreitet, bestehen keine gesetzlichen Regelungen.

Dem Anschaffungskostenprinzip (§ 255 Abs. 1 HGB) folgend ist eine proportionale Abstockung der Zeitwerte der übernommenen Vermögenswerte (mit Ausnahme der liquiden Mittel) vorzunehmen, bis der negative Unterschiedsbetrag ausgeglichen ist. Ein verbleibender Unterschiedsbetrag ist als negativer Geschäfts- oder Firmenwert zu passivieren.

Bei einem *share deal* ist neben dem Einzelabschluss, in dem die Aktivierung der Beteiligung als Ganzes (kein Ausweis eines Geschäfts- oder Firmenwertes) erfolgt, ggf. die Erstellung eines Konzernabschlusses erforderlich, in dem die Vermögensgegenstände und Schulden des erworbenen Unternehmens ausgewiesen werden. Übersteigt der Beteiligungsbuchwert das Eigenkapital der erworbenen Beteiligung, ist in Höhe des Unterschiedsbetrags ein Geschäfts- oder Firmenwert zu aktivieren. Für den Konzernabschluss sind die §§ 301 Abs. 3, 309 HGB maßgeblich. Wenn diese Vorschriften nichts anderes bestimmen, finden nach § 298 Abs. 1 HGB die Regelungen in Bezug auf den Einzelabschluss entsprechend Anwendung. Im Rahmen der Kapitalkonsolidierung führt die quotale oder vollständige Auflösung von stillen Reserven zu einem niedrigeren Goodwill. Gem. § 301 Abs. 3 Satz 1 HGB ist im Konzernabschluss ein negativer Geschäfts- oder Firmenwert auf der Passivseite als Unterschiedsbetrag auszuweisen.

Anders als im Handelsrecht gelten nach IFRS keine separaten Vorschriften für die Behandlung eines Geschäfts- oder Firmenwertes im Einzel- und Konzernabschluss. IFRS 3 gilt für alle rechtlichen Formen von Unternehmenszusammenschlüssen. Die Bilanzierung erworbener Anteile (*share deal*) an einem Tochterunternehmen im Einzelabschluss des Mutterunternehmens hat hingegen nach IAS 27.37 zu erfolgen. Auch nach IFRS kommt es hierbei nicht zum Ausweis eines Goodwill, da die erworbenen Anteile zu Anschaffungskosten (IAS 27.37) oder gem. IAS 39 zu ihrem beizulegenden Zeitwert anzusetzen sind.

Die Aktivierung eines Goodwills unter Anwendung von IFRS 3 kann bei einem *asset deal* sowohl im Einzel- als auch im Konzernabschluss oder bei einem *share deal* im Konzernabschluss erforderlich sein. Für den derivativen Firmenwert besteht in Höhe des positiven Unterschiedsbetrags zwischen den Anschaffungskosten und dem beizulegenden Zeitwert der übernommenen Vermögenswerte und Schulden Aktivierungspflicht (IFRS 3.41). Der nach IFRS 3.37c vorgesehene Ansatz von Eventualschulden (→ *Contingent liabilities, Prüfung*) mit einem verlässlich bestimmbaren beizulegenden Zeitwert kann zu einer Erhöhung des Goodwill führen. Liegt die Gegenleistung für den Kauf eines Unternehmens unter dem Wert der übernommenen Vermögensposten abzüglich der Schulden, ist zu überprüfen, ob der Ansatz von Eventualschulden vorzunehmen ist. Ein nach kritischer Überprüfung verbleibender negativer Unterschiedsbetrag ist sofort ergebniswirksam zu erfassen (IFRS 3.56b, .IN16).

In Übereinstimmung mit den handelsrechtlichen Vorschriften sehen die IFRS ein Aktivierungsverbot für den originären Geschäfts- oder Firmenwert vor (IAS 38.48).

b. Für die *Zuordnung* der immateriellen Vermögensposten ist zu prüfen, ob das Unternehmen über die ausgewiesenen Vermögenswerte verfügen kann, ob diese unbelastet und frei von anderen Sicherungsrechten sind oder ob bestehende Beschränkungen der Verfügungsgewalt entsprechend vermerkt wurden.

c. Bei der Prüfung der (Perioden-)*Abgrenzung* ist sicherzustellen, dass im Falle einer Änderung der Rechtsposition immaterieller Vermögensposten (z. B. Veräußerung, Rechtsverzicht, Fristablauf) der Zu- oder Abgangszeitpunkt im entsprechenden Geschäftsjahr liegt. Ein Abgang ist auch zu erfassen, wenn formal eine Rechtsposition fortbesteht, die Nutzung oder Veräußerung des immateriellen Vermögenspostens aber nicht mehr möglich ist, da sich dieser verflüchtigt hat.

d. Für die Prüfung der *Bewertung* der immateriellen Vermögensposten ist festzustellen, ob die unternehmensinternen Bewertungsrichtlinien den angewandten Rechnungslegungsnormen entsprechen und ob die Bewertenden die Richtlinien korrekt angewandt haben.

Der handelsrechtliche Prüfungsschwerpunkt liegt bei der Feststellung, ob nur entgeltlich erworbene immaterielle Vermögensgegenstände aktiviert und mit den Anschaffungskosten bewertet wurden.

Ausgangsgröße der Bewertung nach IAS 38.24 sind die Anschaffungs- oder Herstellungskosten. Die Aktivierbarkeit von Aufwendungen endet, wenn der betreffende immaterielle Vermögenswert bestimmungsgemäß nutzbar ist (IAS 38.30). Anweisungen zur Ermittlung der Herstellungskosten für einen selbst erstellten immateriellen Vermögenswert enthält IAS 38.65–67. Aktivierbar sind nur die Kosten, die ab dem Zeitpunkt des Vorliegens der für eine Aktivierung erforderlichen Kriterien angefallen sind. Für Ausgaben, die bereits in Vorperioden als Aufwand erfasst wurden, gilt ein Nachaktivierungsverbot (IAS 38.65, .71). Ermessensspielräume ergeben sich insbesondere bei der Bilanzierung von Entwicklungskosten, für die unter den in IAS 38.57 genannten Voraussetzungen eine Aktivierungspflicht besteht (im Gegensatz zu Forschungsausgaben, für die nach IAS 38.54 ein Aktivierungsverbot besteht).

Im Rahmen der *Folgebewertung* sind die Abschreibungsmethoden und ihre Änderungen gegenüber dem Vorjahr zu prüfen. Da die Werthaltigkeit immaterieller Vermögensposten schwer bestimmbar ist, ist darüber hinaus ihre Nutzungsdauer zu prüfen und ggf. anzupassen.

Handelsrechtlich ist eine planmäßige Abschreibung über die geschätzte Nutzungsdauer vorzunehmen (§ 253 Abs. 2 Satz 1, 2 HGB). Außerplanmäßige Abschreibungen nach § 253 Abs. 2 Satz 3 2. Halbsatz HGB sind vorzunehmen, wenn eine voraussichtlich dauernde Wertminderung vorliegt (z. B. im Falle von Erfindungen, die ein bilanziertes Patent wertlos machen). Im Falle einer vorübergehenden Wertminderung besteht (mit Ausnahme von Kapitalgesellschaften) gem. § 253 Abs. 2 Satz 3 Halbsatz 1 HGB ein Abschreibungswahlrecht.

Bei der Folgebewertung immaterieller Vermögensposten sehen die IFRS im Unterschied zur handelsrechtlichen Regelung unabhängig von der Dauerhaftigkeit einer Wertminderung eine konsequent absatzmarktbezogene Bestimmung von Wertminderungen und Wertaufholungen früherer Wertminderungen vor. Nach IFRS besteht ein Wahlrecht zur Fortführung der Anschaffungs- oder Herstellungskosten (IAS 38.74) oder zur absatzmarktorientierten Neubewertung (IAS 38.75). Im Falle einer Neubewertung kommt ggf. auch in den Folgeperioden ein erneut festzustellender Neubewertungsbetrag in Betracht.

Für die Vornahme von Abschreibungen unterscheidet IAS 38.88 zwischen einer zeitlich begrenzten und einer zeitlich unbestimmten Nutzungsdauer. Bei einer zeitlich beschränkten Nutzungsdauer sind planmäßige Abschreibungen vorzunehmen (IAS 38.97), wobei die lineare Methode favorisiert wird (IAS 38.97). Für den Wertminderungstest verweist IAS 38.111 auf IAS 36 (impairment of assets). Bei unbestimmter Nutzungsdauer kommt eine planmäßige Abschreibung nicht in Betracht (IAS 38.107), daher ist ebenfalls ein Wertminderungstest nach Maßgabe von IAS 36 vorzunehmen.

Abschreibungen auf den Geschäfts- oder Firmenwert können handelsrechtlich entweder beginnend mit dem auf die Aktivierung folgenden Geschäftsjahr mit mindestens je einem Viertel des Ausgangsbetrags jährlich (§ 255 Abs. 4 Satz 2 HGB) oder planmäßig unter Verteilung auf die Jahre der voraussichtlichen Nutzung (§ 255 Abs. 4 Satz 3 HGB) vorgenommen werden. Die planmäßige Abschreibung soll eine Angleichung an die Steuerbilanz ermöglichen. Im Falle einer kürzeren Nutzungsdauer (unter 15 Jahren) muss eine entsprechend kürzere Abschreibung erfolgen. Außerplanmäßige Abschreibungen sind vorzunehmen, wenn der Restbuchwert den beizulegenden Wert übersteigt. Eine spätere Wertaufholung kommt hingegen nicht in Betracht.

Nach IFRS 3.54 f. unterliegt der Geschäfts- oder Firmenwert nur dem jährlichen Wertminderungstest nach IAS 36 (impairment-only-approach) und keiner planmäßigen Abschreibung. Eine Wertaufholung ist ebenfalls unzulässig (IAS 36.124).

e. Die Prüfung der *Darstellung und Offenlegung* erstreckt sich auf die Angaben zu den immateriellen Vermögensposten in der Bilanz, der GuV und im Anhang (notes). Große und mittelgroße Kapitalgesellschaften bzw. haftungsbeschränkte Personenhandelsgesellschaften haben die Gliederungsvorgaben des § 266 Abs. 2 A. I. HGB zu beachten. Der Bilanzausweis immaterieller Vermögensgegenstände erfolgt unter dem Anlagevermögen in folgenden Gruppen:

- Konzessionen, gewerbliche Schutzrechte und ähnliche Rechte und Werte sowie Lizenzen an solchen Rechten und Werten,

- Geschäfts- oder Firmenwert,
- geleistete Anzahlungen.

Für mittelgroße →*Kapitalgesellschaften* und →*Personenhandelsgesellschaften* gelten größenabhängige Erleichterungen bei der Offenlegung (§ 327 HGB). Kleine Gesellschaften brauchen nur den Posten »Immaterielle Vermögensgegenstände« ohne weitergehende Untergliederung auszuweisen (§ 266 Abs. 1 Satz 3 HGB).

Die Prüfung des *Anhangs* (→*Anhang, Prüfung*) erstreckt sich auf die Angabepflichten der §§ 284 Abs. 2, 285 Nr. 13 HGB.

Immaterielle Vermögenswerte sind nach IAS 1.68c getrennt von den materiellen Anlagegütern auszuweisen. Im Anhang (ersatzweise auch in der Bilanz) ist ggf. eine Untergliederung nach den verschiedenen Arten immaterieller Vermögenswerte sowie eine Unterteilung nach selbst geschaffenen und sonstigen immateriellen Vermögenswerten vorzunehmen. Einzelheiten zu den Angabepflichten finden sich in IAS 38.118–127.

Amélie E. Koecke

Literatur: *IDW* (Hrsg.), WP-Handbuch 2000, Band I, 2000, R 353–357; *Hoffmann, W.-D.*, § 13, in: Lüdenbach, N./Hoffmann, W.-D. (Hrsg.), Haufe IFRS-Kommentar, 2005, S. 519–577; *Lüdenbach, N.*, § 31, in: Lüdenbach, N./Hoffmann, W.-D. (Hrsg.), Haufe IFRS-Kommentar, 2005, § 31, S. 1483–1648.

Immaterielle Vermögenswerte → Immaterielle Vermögensposten, Prüfung

Income

Als Ertrag (income) wird gem. IASB Framework.70a eine Zunahme wirtschaftlichen Nutzens in der Rechnungsperiode in Form von Zuflüssen oder Werterhöhungen von →*assets* oder Verringerungen von →*liabilities* angesehen, die zu einem Anstieg des Eigenkapitals (→*Eigenkapital, Prüfung*) führen; ausgenommen sind Einlagen der Anteilsigner. Die Differenz aus income und →*expenses* ergibt den profit bzw. loss der Periode.

In der GuV (→*GuV, Prüfung*) dürfen keine Bestandteile als außerordentlich klassifiziert werden (IAS 1.85). Einzelne income-Posten, die wesentlich sind, müssen angegeben werden (IAS 1.86). Der korrespondierende handelsrechtliche Begriff lautet →*Erträge*.

Income statement → GuV, Prüfung

Indirekte Prüfung

Bei indirekten Prüfungen bedient sich der Prüfer zur Urteilsbildung (→ *Urteilsbildungsprozess*) über den Prüfungsgegenstand (→ *Prüfungsobjekt*) bestimmter Ersatztatbestände, um aus bekannten oder unterstellten Zusammenhängen zwischen dem Prüfungsgegenstand und dem Ersatztatbestand einen Rückschluss auf die Normenkonformität des Prüfungsgegenstands zu gewinnen. Vom Prüfer wird hier die Existenz von sachlogischen Beziehungen zwischen dem Prüfungsgegenstand und dem Ersatztatbestand vorausgesetzt. Bestätigt sich ein erwarteter Zusammenhang im zu prüfenden Sachverhalt, kann dies als → *Prüfungsnachweis* für Vollständigkeit, Genauigkeit und Richtigkeit der Daten des Rechnungswesens herangezogen werden. Die → *Systemprüfung* ist z. B. stets eine indirekte Prüfung, da von der Qualität der Verarbeitungsprozesse auf die Richtigkeit der Verarbeitungsergebnisse geschlossen wird. Auch → *analytische Prüfungen*, die eine pauschale Prüfung von Gesamtheiten von Geschäftsvorfällen oder Bestandsgrößen beinhalten, zählen zu den indirekten Prüfungen.

Induktion → GoA

Information Technology Committee

Das Information Technologie Committee (IT-Committee) war ein Gremium der → *IFAC*, das eine Reihe von Richtlinien in Form von ITG herausgegeben hat. Die primär an Führungskräfte im Unternehmen gerichteten ITG besitzen unverändert ihre Gültigkeit; zuletzt wurde im April 2002 die ITG 6 herausgegeben, welche sich mit dem IT Monitoring beschäftigt. Das IT-Committee wurde im November 2001 aufgelöst.

Information Technology Guideline → Information Technology Committee

Informationstechnologie

Im Rahmen der Wirtschaftsprüfung und Rechnungslegung bezeichnet Informationstechnologie (IT) die Gesamtheit der im Unternehmen oder vom Prüfer zur elektronischen Datenverarbeitung eingesetzten Hard- und Software (IDW RS FAIT 1.2). Nutzt der Mandant sein → *IT-System* zur → *IT-gestützten Rechnungslegung*, so muss diese den Anforderungen der → *GoB im Rahmen des IT-Einsatzes* entsprechen. Aufgrund der Ausrichtung der eingesetzten → *Prüfungstechnik* an der Buchführungstechnik des Mandanten, ist auch im Rahmen der Abschlussprüfung der Einsatz → *IT-gestützter Prüfungstechniken* häufig unersetzlich.

Informationsverarbeitungsansatz

Die klassische Ökonomie geht davon aus, dass sich ein Individuum in einer Entscheidungssituation annähernd wie folgt verhält: (a.) Es konstruiert sich zunächst ein Abbild der Entscheidungssituation. Daran anschließend wird (b.) die Entscheidungssituation im Hinblick auf mögliche Handlungsalternativen und ihre Folgen analysiert. Als letzte Phase steht (c.) die Entscheidung an. In einfach gelagerten Entscheidungssituationen (übersichtliche, wenig komplexe Situationen, wenige Handlungsalternativen, deren Folgen sich weitgehend erfassen lassen) stimmt dieses Modell durchaus mit den realen Denkprozessen von Individuen überein. Häufig entscheiden Individuen auch intuitiv nach diesem Modell, ohne sich dessen bewusst zu sein.

Je komplexer und schlechter strukturiert eine Entscheidungssituation gestaltet ist und je mehr Informationen das Individuum zur Konstruktion des Abbildes der Situation und zur Erfassung und Bewertung der Handlungsalternativen verarbeiten müsste, desto weniger kann das zuvor skizzierte Modell den realen Denkprozess beschreiben. Zum einen sind die Informationsverarbeitungskapazitäten des menschlichen Gehirns begrenzt, zum anderen können nicht alle Handlungsalternativen im Hinblick auf ihre Folgen weitgehend sicher prognostiziert werden (→ *Begrenzte Rationalität*).

Wie ein Individuum in einer komplexen Entscheidungssituation vorgeht, beleuchtet der Informationsverarbeitungsansatz der kognitiven Psychologie. Ein Beispiel für eine komplexe und schlecht strukturierte Situation ist die → *Jahresabschlussprüfung* und dabei insbesondere die → *Systemprüfung*. Gegenüber dem oben beschriebenen einfachen Prozess weist der Informationsverarbeitungsprozess bei komplexen Entscheidungsproblemen folgende Eigenschaften auf:

a. Der Prozess basiert auf der Heuristik. Dabei handelt es sich um vereinfachte Verfahren der Lösungsfindung, im einfachsten Fall ein Vorgehen auf der Grundlage von unsystematischem Versuch und Irrtum. Das heuristische Vorgehen bestimmt die Auswahl der sog. Operatoren; das sind einfache Denkoperationen wie z. B. der Analogieschluss, das Abstrahieren oder das Vergleichen. Die Heuristik strebt nicht das Finden der optimalen Lösung, sondern lediglich das Erreichen einer als akzeptabel empfundenen Lösung an. Daher werden solche Lösungswege, von denen begründet vermutet werden kann, dass sie nicht zu einer akzeptablen Lösung führen werden, von Vornherein nicht beschritten. Bspw. wird der Prüfer nicht alle denkbaren → *Prüfungshandlungen* vornehmen, sondern sich auf solche → *Prüffelder* konzentrieren, bei denen er Fehler am ehesten erwartet. Dabei stützt er sich sowohl auf seine Erfahrung als auch auf bereits erlangte → *Prüfungsnachweise* und sein vorläufiges begrenztes Abbild der Situation. Er plant also nicht alle Prüfungshandlungen im Vorhinein, sondern er wählt in Abhängigkeit und Kenntnis der bereits erlangten Prüfungsnachweise weitere Prüfungshandlungen aus. Bestätigen sich bspw. Arbeits- oder Urteilshypothesen des Prüfers nicht oder sind die erlangten Prüfungsnachweise widersprüchlich, so setzt er seine Suche durch Vornahme weiterer Prüfungshandlungen fort. Der Prüfer bricht diesen Problemlösungs- bzw. → *Suchprozess* dann ab, wenn der Überzeugungsgrad seinen Schwellenwert (hinreichende → *Prüfungssicherheit*) erreicht hat. Zwar führt dieser Suchprozess, wie jede Heuristik, nicht zur optimalen Lösung, sondern nur zu einer akzeptablen Lösung – dies ist beim Prüfungsprozess aber weniger problematisch, denn die Prüfungsnormen verlangen kein → *Prüfungsurteil* mit absoluter Prüfungssicherheit (Gewissheit über die Fehlerfreiheit des Abschlusses), sondern nur mit einer hohen Sicherheit. Daher kann der Prüfungsprozess heuristisch ausgestaltet sein.

Am Beispiel des Prüfungsprozesses wird auch deutlich, dass die Spezifität einer Situation in hohem Maße beeinflusst, welchen Beitrag die Kompetenz des entscheidenden Individuums zur Problemlösung leisten kann: Unterscheiden lässt sich das sog. Faktenwissen vom sog. prozessualen Wissen (d. h. die Fähigkeit, Problemlösungen zu finden). Je spezifischer eine Situation ist, umso weniger hilft dem Individuum das Faktenwissen, weil es auf die konkrete Situation nicht anwendbar ist und umso stärker muss das prozessuale Wissen ausgeprägt sein. Ein Beispiel soll dies verdeutlichen: Der Prüfer verfüge über Erfahrungswissen bei der Prüfung von bilanziellen Wertansätzen für Gewerbeflächen in einer bestimmten Region A. Dieses Wissen bezieht sich einerseits auf prozessuales Wissen (z.B. Prüfungsdurchführung durch Heranziehung von Vergleichswerten, →*analytische Prüfungen*) und andererseits auf Faktenwissen (z.B. Kenntnis konkreter Vergleichswerte für die Region A). Ist der Prüfer nun mit der Prüfung solcher Wertansätze in der Region B beauftragt, kann er sein Faktenwissen nicht anwenden: Da es sich um unterschiedliche Immobilienteilmärkte handelt, sind die Vergleichswerte für die Region A nutzlos. Das Faktenwissen allein (z.B. 13 € erzielbare Nettokaltmiete je Quadratmeter in der Region A) erlaubt ihm in dieser Situation keine Problemlösung. Der Prüfer kann aber auf sein prozessuales Wissen zurückgreifen, d.h., er kann einen entsprechenden Vergleichswert für die Region B ermitteln und dabei auf ähnliche Informationsquellen zurückgreifen, aus denen er auch die Werte in Bezug auf Region A gewonnen hat. Demnach versetzt letztlich erst das prozessuale Wissen den Prüfer in die Lage, auch diese (neue) Situation prüferisch zu bewältigen.

b. Der Denk- bzw. Entscheidungsprozess ist nicht linear (Situation erfassen – Alternativen erfassen – Entscheiden), sondern zum Teil rückgekoppelt. Die Rückkopplung ist beim Prüfungsprozess besonders ausgeprägt, denn andernfalls müsste der Prüfer im Vorhinein die Situation vollständig erfassen und alle Prüfungshandlungen ex ante festlegen.

c. Die komplexe Situation lässt sich zu Beginn des Prozesses nicht vollständig erfassen. Vielmehr wird das Abbild im Laufe des Denk- und Entscheidungsprozesses nach und nach ergänzt. Bei der Abschlussprüfung konstruiert der Prüfer daher auch zunächst nur ein begrenztes, subjektives Abbild des →*Prüfungsobjektes* (z.B. das →*IKS*), welches er dann im Licht der erlangten Prüfungsnachweise sukzessive ergänzt bzw. komplettiert, bis er die geforderte Urteilssicherheit erlangt hat.

Literatur: *Dörner, D.*, Verhalten und Handeln, in: Dörner, D./Selg, H. (Hrsg.), Psychologie, 1996, S. 100–114; *Newell, A./Simon, H.*, Human Problem Solving, 1972.

Inhärentes Risiko

Das inhärente Risiko (IR) wird definiert als die Wahrscheinlichkeit für das Auftreten von wesentlichen Fehlern unter der Annahme, dass es keine internen Kontrollen (→ *IKS*) gibt. Die Beurteilung dieses Risikos ist eine vergleichsweise unstrukturierte, komplexe Aufgabe und verlangt die Integration einer großen Bandbreite quantitativer und qualitativer Daten. Es wird durch eine Vielzahl von Faktoren bestimmt, die sich in *allgemeine* (makroökonomisch, branchen- und mandantenspezifisch) und *prüffeldspezifische* (→ *Prüffeld*) (z. B. Art eines Vermögenspostens oder Existenz von komplexen Berechnungen oder Ermessensspielräumen (ISA 315.108–114)) Faktoren unterscheiden lassen. Das inhärente Risiko besteht unabhängig vom prüferischen Vorgehen und kann vom Prüfer lediglich geschätzt, nicht aber beeinflusst oder kontrolliert werden. Das inhärente Risiko fließt zur Berechnung des → *Prüfungsrisikos* in sog. → *Risikomodelle* mit ein.

Inherent risk → Inhärentes Risiko

Initial Public Offering → Börsengang

Innenrevision → Interne Revision

Innewohnendes Risiko → Inhärentes Risiko

Inside directors → Board of directors

Insolvenz

Insolvenz bezeichnet die wirtschaftliche Notlage eines Unternehmens, in der es seine Gläubiger nicht bzw. nicht vollständig befriedigen kann. Bei tatsächlicher oder drohender Zahlungsunfähigkeit und bei Überschuldung des Unternehmens wird gem. § 17 Abs. 1 bzw. § 19 Abs. 1 InsO das Insolvenzverfahren ausgelöst. Ziel des Insolvenzverfahrens ist die gemeinschaftliche Befriedigung der Gläubiger. Dies kann zum einen dadurch geschehen, dass das Vermögen des Schuldners verwertet wird, indem das Unternehmen zwangsweise liquidiert und der daraus erzielte Erlös den Gläubigern anteilig zugewiesen wird. Zum anderen besteht die Möglichkeit, in einem Insolvenzplan eine abweichende Regelung insbesondere zum Erhalt des Unternehmens festzulegen. Ziel des Insolvenzplans ist es, eine Form der Insolvenzbewältigung zu ermöglichen, die von den Liquidationsregeln der InsO abweicht und zugleich eine bessere Befriedigung der Gläubiger verspricht. Die Erstellung eines Insolvenzplans ist damit nicht allein auf den Verwertungszweck ausgelegt, sondern ermöglicht es den Gläubigern, durch Mehrheitsentscheidung eine konkrete Abwicklung der Insolvenz verbindlich festzulegen. Bei vorliegender Insolvenz kommt der Prüfung der going concern-Annahme (→ *Going concern-Annahme, Prüfung*) besondere Bedeutung zu, da der Fortbestand des Unternehmens maßgeblich gefährdet ist.

Institut der Wirtschaftsprüfer in Deutschland e.V.

Das IDW (http://www.idw.de) ist die Fachorganisation des Berufsstandes der → *WP* und → *vBP* und als eingetragener Verein privatrechtlich organisiert. Die Mitgliedschaft ist, im Gegensatz zur Pflichtmitgliedschaft bei der → *WPK*, freiwillig. Seine Organe sind der WP-Tag, der Verwaltungsrat und der Vorstand. Der WP-Tag besteht aus sämtlichen ordentlichen IDW-Mitgliedern. Dem durch die Landesgruppen und den WP-Tag gewählten Vorstand obliegt die Leitung des IDW. Die Aufgaben des Verwaltungsrates, dessen Mitglieder ebenfalls vom WP-Tag und den Landesgruppen gewählt werden, bestehen u.a. in der Wahl des Vorsitzers des → *HFA*, der Festsetzung des Wirtschaftsplans sowie dem Erlass der Beitragsordnung (§ 9 Abs. 5 der Satzung des IDW).

Das IDW hat sich die Aufgabe gesetzt, »die Fachgebiete des Wirtschaftsprüfers zu fördern und für die Interessen des Wirtschaftsprüfers einzutreten« (§ 2 Abs. 1 der Satzung des IDW), wozu auch berufspolitische Aufgaben zählen. Nach Abs. 2 obliegt es dem IDW insbesondere, sich für die fachliche Förderung des WP und seines beruflichen Nachwuchses einzusetzen sowie »für einheitliche Grundsätze der unabhängigen eigenverantwortlichen und gewissenhaften Berufsausübung einzutreten und deren Einhaltung durch die Mitglieder sicherzustellen«. In diesem Rahmen umfasst die Facharbeit, die sich in Fachausschüssen und → *AK* (*des IDW*) vollzieht, Grundsatzfragen aus den Tätigkeitsgebieten des WP. Dies geschieht z.B. durch die Herausgabe von → *IDW PS* und IDW Stellungnahmen zur Rechnungslegung (IDW RS). Von besonderer Bedeutung ist hierbei der HFA, der sich fachlicher Probleme von grundsätzlicher Bedeutung annimmt. Das IDW vertritt neben der WPK Deutschland in der → *IFAC*.

Institute of Internal Auditors

Als internationale Berufsstandsorganisation der internen Revisoren im Jahr 1941 in den USA gegründet, umfasst das Institute of Internal Auditors (IIA; http://www.theiia.org) heute weltweit mehr als 60.000 Mitglieder, die in nationalen Verbänden (chapter) organisiert sind. In Deutschland stellt das →*IIR* einen solchen nationalen Verband dar. Zielsetzung des IIA ist es, die internen Revisoren weltweit zu unterstützen und einheitliche Standards zu definieren. Aufgabe des IIA ist diesbezüglich die Erarbeitung und Veröffentlichung von berufsethischen und fachlichen Revisionsgrundsätzen, die Aus- und Fortbildung der Mitglieder, die Durchführung des CIA-Examens (→*Certified Internal Auditor*) und eine umfangreiche Öffentlichkeitsarbeit zur Etablierung und Stärkung des Berufsstandes des internen Revisors.

Intangible assets → Immaterielle Vermögensposten, Prüfung

Integriertes System

Im Rahmen der Ausgestaltung von →*IT-Systemen* wird zwischen stand alone-Systemen sowie integrierten Systemen unterschieden. Insbesondere größere Unternehmen nutzen verstärkt integrierte Systeme, welche die Daten mehrerer betrieblicher Funktionsbereiche (z.B. internes und externes Rechnungswesen, Beschaffung, Produktion und Vertrieb) in einer einheitlichen Datenbank erfassen (IDW RS FAIT 1.15). Auf diese Weise lassen sich die einmal gespeicherten Daten redundanzfrei für mehrere Zwecke (z.B. interne Steuerung und externe Berichterstattung nach IFRS) nutzen. Als integriertes System hat z.B. die modular aufgebaute Standardsoftwarefamilie SAP R/3 weite Verbreitung gefunden.

Interactive Data Extraction and Analysis → Prüfsoftware, generelle

Intercompany profit → Zwischenergebniseliminierung, Prüfung

Interessenzusammenführungsmethode, Prüfung

1 Rechnungslegungsnormen

§ 302 HGB, IFRS 3.

2 Definition

Die Interessenzusammenführungsmethode (pooling of interests method) ist eine Form der Kapitalkonsolidierung (→ *Kapitalkonsolidierung, Prüfung*). Sie zielt darauf ab, den wirtschaftlichen Gehalt eines Unternehmenszusammenschlusses im Konzernabschluss darzustellen, der nicht durch einen Anteilskauf, sondern durch einen Anteilstausch gekennzeichnet ist. Im Ergebnis wird der Konzern bei Anwendung der Interessenzusammenführungsmethode so dargestellt, als ob die Unternehmen bereits seit Gründung konzernverbunden gewesen wären.

3 Prüferisches Vorgehen

3.1 Prüfung der Voraussetzungen der Interessenzusammenführungsmethode

Die Anwendung der Interessenzusammenführungsmethode ist nach IFRS 3 nicht mehr zulässig (IFRS 3.IN9). § 302 HGB indes lässt zwar die Anwendung weiterhin zu; DRS 4.8 sieht jedoch die ausschließliche Anwendung der Erwerbsmethode vor.

Die Überprüfung des Vorliegens der Voraussetzungen stellt aufgrund der Einfachheit der eigentlichen Konsolidierungsmaßnahmen die wesentliche Prüfungshandlung dar:

- Gem. § 302 Abs. 1 Nr. 1 HGB muss das Mutterunternehmen 90 % des Nennbetrags bzw. des rechnerischen Werts der Anteile halten.
- Der Zusammenschluss muss gem. § 302 Abs. 1 Nr. 2 HGB über einen Anteilstausch erfolgt sein. Regelmäßig vollzieht sich dies rechtlich durch eine Kapitalerhöhung gegen Sacheinlage. Dabei sind ggf. rechtsformspezifische Besonderheiten zu beachten (z. B. die Prüfungspflicht des Werts der Sacheinlage bei → *AG* gem. §§ 183 Abs. 3, 194 Abs. 4, 205 Abs. 3 AktG).
- Schließlich ist nach § 302 Abs. 1 Nr. 3 HGB lediglich ein Spitzenausgleich durch Barzahlung erlaubt (höchstens 10 % vom Nennwert bzw. vom rechnerischen Wert der hingegebenen Anteile).

3.2 Prüfung der Technik der Interessenzusammenführungsmethode

Die Technik der Interessenzusammenführungsmethode ist im Vergleich zur Erwerbsmethode einfach. Da die Kapitalkonsolidierung insgesamt regelmäßig IT-gestützt (→ *IT-gestützte Rechnungslegung*) abläuft, sollte der Prüfer im Sinne einer effizienten Vorgehensweise die seitens des Mandanten eingesetzte Software einer → *Programmfunktions-* und → *Programmidentitätsprüfung* unterziehen.

Im Rahmen der Kapitalkonsolidierung erfolgt lediglich die Verrechnung des Beteiligungsbuchwerts mit dem anteiligen gezeichneten Kapital des Tochterunternehmens. Es werden weder stille Reserven noch stille Lasten aufgedeckt. Zu prüfen ist daher, ob sämtliche Vermögens- und Schuldposten zu (konzerneinheitlichen) Buchwerten in die Summenbilanz übernommen wurden. Bei der Verrechnung der → *Anschaffungskosten* der Anteile mit dem gezeichneten Kapital ist auf die korrekte Berechnung der Anschaffungskosten sowie die korrekte Abgrenzung des anteiligen gezeichneten Kapitals (insbes. bei Personenhandelsgesellschaften) zu achten. Ein etwaiger Unterschiedsbetrag wird mit der Kapitalrücklage und ggf. mit den Gewinnrücklagen verrechnet bzw. diesen hinzugerechnet (§ 302 Abs. 2 HGB). Diese erfolgsneutrale Verrechnung ist sicherzustellen.

Sämtliche weiteren Konsolidierungsvorgänge (z. B. → *Zwischenergebniseliminierung, Prüfung*) sind unverändert auch bei der Interessenzusammenführungsmethode durchzuführen (h.M. nach deutschen GoB).

Internal auditing → Interne Revision

Internal control

Das COSO definiert internal control als Prozess, der vom Vorstand, Aufsichtsrat und anderen Führungskräften eingeführt wird, um die Wirksamkeit und Wirtschaftlichkeit von Arbeitsabläufen, die Verlässlichkeit der Finanzberichterstattung und die Einhaltung der geltenden Gesetze und Vorschriften zu gewährleisten. Internal control besteht aus fünf interdependenten Komponenten: control environment (Überwachungsumfeld), risk assessment (Risikobewertung), control activities (Überwachungsmaßnahmen), information and communication (Information und Kommunikation) sowie monitoring (Beobachtung). Die Bestandteile sind in alle Unternehmen zu implementieren. Die Art der Implementierung ist jedoch von der Unternehmensgröße sowie von dem Geschäft bzw. der Branche des Unternehmens abhängig. Internal control ist dem →*IKS* im deutschsprachigen Raum gleichzusetzen. Durch den am 30.7.2002 erlassenen SOA, insbesondere durch Sec. 404 des Gesetzes, ist die Bedeutung und Beachtung der internal control erheblich gestiegen, da zum einen der Jahresbericht um einen internen Kontrollbericht zu erweitern ist, der die Verantwortung des Managements zur Einrichtung und Pflege einer adäquaten internen Kontrollstruktur festlegt sowie die Bewertung über die internen Kontrollstrukturen und Prozeduren beinhalten soll. Zum anderen wird ein Testat des Abschlussprüfers sowohl über die abgegebene Beurteilung des Managements als auch über die Effektivität der internal control vorgeschrieben.

International Accounting Standards

Bei den International Accounting Standards (IAS) handelt es sich um die bis Ende März 2001 vom Board des →*IASC* erlassenen internationalen Rechnungslegungsstandards. Die neuen Standards, welche vom →*IASB* erlassen werden, tragen die Bezeichnung →*IFRS*. Die IAS behalten bis zu ihrem Widerruf oder ihrer etwaigen Ersetzung durch einen neuen IFRS unter ihrer bisherigen Bezeichnung volle Gültigkeit (IFRS Preface.5). Ende November 2005 waren 41 IAS verabschiedet, von denen 30 anzuwenden und elf aufgehoben sind. Die IAS stellen zusammen mit den IFRS sowie den dazugehörigen Interpretationen (→*IFRIC*) ein nahezu alle Teilbereiche umfassendes System von Rechnungslegungsnormen dar.

International Accounting Standards Board

Das International Accounting Standards Board (IASB; http://www.iasb.org) mit Sitz in London ist seit dem 1.4.2001 als privater, unabhängiger Standardsetter und Nachfolgeorganisation des →*IASC* tätig. Seine grundsätzlichen Ziele bestehen in der Entwicklung und Veröffentlichung von hochwertigen, verständlichen und durchsetzbaren globalen Rechnungslegungsnormen im öffentlichen Interesse, der Förderung der Nutzung und strikter Anwendung der →*IFRS* sowie der aktiven Zusammenarbeit mit den nationalen Normengebern. Die Realisierung der Ziele soll insbesondere durch die Erarbeitung und Herausgabe von IFRS erreicht werden. Die Entwicklung neuer IFRS erfolgt in einem mehrstufigen Verfahren (→ *Due process*). Das Board besteht aus insgesamt 14 Mitgliedern, von denen zwölf ihre Tätigkeit hauptamtlich ausüben sollen. Die Mitglieder werden von den 22 Trustees unter dem Dach der IASCF berufen. Sieben sog. Liaison-Mitglieder fungieren als Kontaktpersonen für die nationalen Rechnungslegungsgremien, z. B. für das → *DRSC*. Für den Erlass neuer Standards sind neun der 14 Mitgliederstimmen notwendig.

International Accounting Standards Committee

Das International Accounting Standards Committee (IASC) wurde am 29.6.1973 in London als unabhängige privatrechtliche Organisation mit dem Ziel gegründet, als globaler Standardsetter ein weltweit einheitliches Bilanzrecht zu schaffen. Neben dem Board als zentralem Entscheidungsorgan waren weitere beratene Gremien u. a. für die Verwaltung, Bekanntmachung und Finanzierung (Advisory Council, Executive Committee) sowie zur fachlichen Unterstützung im Rahmen der Entwicklung der → *IAS* (SIC, Steering Committees, Consultative Group) tätig. Aufgrund einer strategischen Neuausrichtung und Restrukturierung des IASC wurde ab 1.4.2001 das → *IASB* als Nachfolgeorganisation eingesetzt.

International Auditing and Assurance Standards Board

Das International Auditing and Assurance Standards Board (IAASB; http://www.iaasb.org) ist der bedeutendste Ausschuss der → *IFAC*. Vorgänger des IAASB war das IAPC, das zum 1.4.2002 in → *IAASB* umbenannt wurde. Dieser Ausschuss hat die Aufgabe, → *fachtechnische Prüfungsnormen* für die Durchführung von Prüfungsdienstleistungen (→ *Prüfungsdienstleistungen, freiwillige*; → *Prüfungsdienstleistungen, gesetzliche*) sowie verwandte Dienstleistungen (related services) herauszugeben. Im Zuge der Umbenennung wurde der Begriff »assurance« in die

Bezeichnung aufgenommen, womit das Ziel verfolgt wurde, das breite Spektrum der vom IAASB herausgegebenen Normen hervorzuheben. Im Zuge der Umbenennung wurde die Mitgliederzahl auf 18 erhöht. Von den 18 Mitgliedern des IAASB sind 15 Prüfer (→ *Abschlussprüfer*) und drei Nicht-Prüfer (jeweils ein akademisches Mitglied, ein Jahresabschlussverwender und ein Vertreter des → *IPSASB*).

International Auditing Practice Statements

Bei den International Auditing Practice Statements (IAPS) handelt es sich neben den → *ISA* um → *fachtechnische Prüfungsnormen*, die vom → *IAASB* herausgegeben werden. Aufgabe der IAPS ist es, den Abschlussprüfer durch Praxishinweise bei der Anwendung der ISA oder der Förderung einer guten Berufspraxis zu unterstützen (IFAC Preface.20 f.).

International Code of Ethics → Code of Ethics for Professional Accountants

International Education Guidelines

Bei den International Education Guidelines (IEG) handelt es sich neben den → *IES* um → *Ausbildungsnormen*. Diese werden vom International Accounting Education Standards Board (IAESB; vormals Education Committee), einem Ausschuss der → *IFAC*, herausgegeben. Die IEG sollen eine gute Berufspraxis fördern und Ratschläge geben, die u.a. auf best practice-Vergleichen der IFAC basieren. Die IEG bilden somit neben den IES die benchmark (to provide advice or guidance on how to achieve »good practice« or current »best practice«), an der sich die Ausbildungsnormen der Mitgliedsorganisationen messen lassen müssen (vgl. z.B. IEG 11.1–3). Naturgemäß haben die IEG eine niedrigere Bindungskraft als die Standards (IES). Gleichwohl ist ein IES stets im Zusammenhang mit den im Einzelfall relevanten IEG zu lesen. Die in den Leitsätzen ausgesprochenen Empfehlungen werden seit Oktober 1996 durch Fettdruck hervorgehoben. Die discussion section führt die Empfehlungen näher aus und begründet diese.

International Education Standards

Bei den International Education Standards (IES) handelt es sich neben den →*IEG* um →*Ausbildungsnormen*. Diese werden vom International Accounting Education Standards Board (IAESB, http://www.ifac.org/education; vormals Education Committee), einem Ausschuss der →*IFAC*, herausgegeben. Die IES umfassen Methoden und Techniken, die auf eine internationale Anerkennung, Akzeptanz und Anwendung ausgerichtet sind. Gleichwohl betont das AESB ausdrücklich, dass sich im Zuge der Umsetzung internationaler in nationale Normen erhebliche Transformationserfordernisse ergeben können (Framework for IES.5–7). Die IES bilden neben den IEG die benchmark, an der sich die Ausbildungsnormen der Mitgliedsorganisationen messen lassen müssen (vgl. Introduction to IES). Innerhalb der IES besitzen fettgedruckte Textpassagen den Status eines Standards (standard paragraphs); Textpassagen in Normaldruck beinhalten kommentierende Ausführungen (commentary paragraphs), welche der Interpretation der fettgedruckten Textpassagen dienlich sein sollen (vgl. z. B. Introduction to IES.2).

International Federation of Accountants

Die International Federation of Accountants (IFAC) ist die zentrale Organisation, die sich mit der Herausgabe internationaler →*Prüfungsnormen* befasst und sich als Normengeber für internationale Prüfungsnormen versteht (international standard setting body). Insofern besteht eine Arbeitsteilung mit dem →*IASB*, dessen Normen sich auf die externe Rechnungslegung beziehen. Der IFAC gehören derzeit 163 Organisationen aus 119 Ländern an, die über 2,5 Mio. →*accountants* aus allen wichtigen Industrienationen vertreten (Stand: 5.2.2005, http://www.ifac.org). Deutsche Vertreter sind das →*IDW* und die →*WPK*. Die IFAC hat sich die Aufgabe gesetzt, den Berufsstand der accountants zu entwickeln und zu verbessern, um qualitativ hochwertige Dienstleistungen im öffentlichen Interesse anbieten zu können.

International Financial Reporting Interpretations Committee

Das International Financial Reporting Interpretations Committee (IFRIC) – 1997 gegründet und bis Dezember 2001 unter dem Namen Standing Interpretations Committee (SIC) bekannt – ist ein mit zwölf stimmberechtigten Mitgliedern besetzter ständiger Ausschuss des →*IASB*; die Mitglieder werden von den 22 Trustees der IASCF für eine erneuerbare Amtszeit von drei Jahren ernannt (IASCF Constitution.33). Vertreter der EU-Kommission und der →*IOSCO* haben einen Beobachterstatus ohne Stimmrecht. Das IFRIC hat die Aufgabe, besondere Auslegungsprobleme bei der Anwendung bestehender →*IFRS* zu lösen und die resultierenden Klarstellungen als »Interpretations« dem IASB zur Verabschiedung vorzuschlagen. Dazu veröffentlicht es die Entwürfe von Interpretations (Draft Interpretations) zwecks Kommentierung durch die interessierte (Fach-)Öffentlichkeit und berücksichtigt die Kommentare bei der endgültigen Fassung der Interpretation (→*Due process* gem. IFRS Preface.19). Schließlich obliegt es dem IFRIC, in strittigen Fragen der Finanzberichterstattung, die in den IFRS nicht speziell angesprochen werden, zeitnah Hilfestellung (guidance) zu leisten sowie auf Anfrage weitere Aufgaben für das IASB wahrzunehmen (IASCF Constitution.36).

Die Interpretationen des IFRIC haben zwar nicht den Status eines Standards, besitzen dessen ungeachtet jedoch den gleichen Verpflichtungsgrad wie die IFRS (IFRS Preface.16 i.V.m. IAS 1.11). Ende November 2005 lagen elf geltende endgültige SIC-Interpretations sowie sechs endgültige Interpretations des IFRIC vor (IFRIC 3 wurde vom IASB im Juni 2005 zurückgezogen); daneben existieren derzeit neun weitere Entwürfe für IFRIC-Interpretations.

International Financial Reporting Standards

International Financial Reporting Standards (IFRS) bezeichnen die durch das →*IASB* seit dem 1.4.2001 verabschiedeten internationalen Rechnungslegungsnormen. Die IFRS lösten damit die →*IAS* ab, wobei Letztere jedoch bis zu ihrem Widerruf oder ihrer etwaigen Ersetzung durch einen neuen IFRS volle Gültigkeit beibehalten (IFRS Preface.5). Die Nummerierung der IFRS wurde neu bei Eins begonnen. Wie bislang die IAS auch, werden die IFRS im Rahmen eines mehrstufigen, formalisierten Prozesses (→ *Due process*) erarbeitet. Bis Ende November 2005 wurden das Vorwort zu den IFRS (IFRS Preface) sowie die IFRS 1 bis 7 erlassen.

Ihre besondere Bedeutung im europäischen Raum erfahren die IFRS durch die EU-Verordnung vom 19.7.2002 (IAS-Verordnung), wonach im Kern → *kapitalmarktorientierte Unternehmen* in der EU ab 2005 ihre Konzernabschlüsse zwingend nach IFRS aufzustellen haben (Art. 4). Durch das BilReG halten die IFRS auch Einzug an das → *HGB* (§§ 315a, 325 Abs. 2a HGB).

International Forum on Accountancy Development

Das International Forum on Accountancy Development (IFAD) besteht seit Juni 1999 mit dem Ziel, weltweit eine verbesserte Finanzberichterstattung und eine bessere Transparenz auf den Kapitalmärkten zu erreichen. Mitglieder dieses Forums sind u.a. Vertreter des Basel Committee of Banking Supervision, des → *IASB*, der → *IFAC*, der → *FEE*, der Weltbank, der → *IOSCO* sowie der → *Big Four*. Ein eingesetzter Lenkungsausschuss (International Steering Committee) soll Vorgaben für die fünf Kernbereiche einer qualitativ hochwertigen und verlässlichen Unternehmensberichterstattung (Rechnungslegungsnormen, Unternehmensüberwachung, Prüfung, Ausbildung und regulatorisches Umfeld) entwickeln sowie deren Umsetzung auf nationaler Ebene überwachen.

International Organization of Securities Commissions

Bei der International Organization of Securities Commissions (IOSCO; http://www.iosco.org) mit Hauptsitz in Madrid handelt es sich um die im Jahr 1974 gegründete internationale Organisation der nationalen Börsenaufsichtsbehörden. Sie ist das wichtigste internationale Gremium für die Kooperation zwischen nationalen Wertpapierregulierungs- und -aufsichtsbehörden. Die IOSCO besteht aus zahlreichen Unterausschüssen, wobei dem Technical Committee in Bezug auf die Facharbeit die größte Bedeutung zukommt. Die IOSCO hat 183 Mitglieder (Vollmitglieder, assoziierte Mitglieder, affiliate members, internationale Organisationen) aus über 100 Ländern (Stand: Juni 2005). Deutsche Mitglieder sind die → *BaFin* (Vollmitglied) und die Deutsche Börse AG (affiliate member). Die Ziele der Arbeit der IOSCO bestehen im Einzelnen in der Verstärkung der Kooperation zwischen den Aufsichtsbehörden der Mitgliedstaaten, dem gegenseitigen Erfahrungsaustausch zur Fortentwicklung nationaler Wertpapiermärkte, der Entwicklung und Durchsetzung einheitlicher Standards für Wertpapiertransaktionen und für die wirksame Marktüberwachung sowie der gegenseitigen Unterstützung bei der Förderung der Marktintegrität durch gemeinsame Verfolgung von Regelverstößen. Eine der IOSCO ähnliche Vereinigung auf europäischer Ebene ist das Committee of European Securities Regulators (CESR; http://www.cesr-eu.org).

Die IOSCO spielt eine zentrale Rolle bei der Frage der Anerkennung (endorsement) der → *IFRS* als Bilanzierungsstandard für die Zulassung an den nationalen Wertpapierbörsen. Trotz einer Empfehlung der IOSCO zur grundsätzlichen Anerkennung der IFRS, ist eine solche durch die US-amerikanische → *SEC* als die für den weltweit bedeutendsten Kapitalmarkt zuständige Börsenaufsichtsbehörde bislang noch nicht erfolgt.

International Professional Practice Statement → Statement of Membership Obligations

International Public Sector Accounting Standards Board

Das International Public Sector Accounting Standards Board (IPSASB; http://www.ipsasb.org) ist ein Gremium der → *IFAC*. Vorgänger des IPSASB war das PSC, das im November 2004 in IPSASB umbenannt wurde. Ziel der Umbenennung war es, die Bedeutung der International Public Sector Accounting Standards (IPSAS) innerhalb des IPSASB hervorzuheben. Im Mittelpunkt der Arbeit des IPSASB steht weiterhin die Aufgabe, ein Basiswerk von Rechnungslegungsnormen für öffentliche Verwaltungen herauszugeben. Neben den International Public Sector Guidelines (IPSG) werden vor allem International Public Sector Accounting Standards entwickelt, die wiederum auf den internationalen Rechnungslegungsnormen des IASB basieren.

International Standards on Auditing

Bei den International Standards on Auditing (ISA) handelt es sich neben den →*IAPS* um →*fachtechnische Prüfungsnormen*, die vom →*IAASB* herausgegeben werden. Die ISA beinhalten, hervorgehoben durch Fettdruck (blacklettering), grundsätzliche Prinzipien (basic principles) und wesentliche →*Prüfungshandlungen* (essential procedures). Weiter werden in Form erklärender und anderer Materialien Interpretationshilfen gegeben. Die ISA brauchen nur auf wesentliche Sachverhalte angewendet werden. Abweichungen sind nur in Ausnahmefällen zulässig. Der Prüfer muss in der Lage sein, diese Abweichungen zu begründen (IFAC Preface.17).

Interne Nachschau → Qualitätssicherung, interne

Interne Qualitätssicherung → Qualitätssicherung, interne

Interne Revision

1 Definition

Das →*Institute of Internal Auditors* definiert die Tätigkeit der Internen Revision als eine unabhängige und objektive Assurance- (→*Prüfungsdienstleistungen, freiwillige*) und Beratungsdienstleistung (→*Beratung und Prüfung*), mit dem Ziel, Mehrwerte zu schaffen und Geschäftsprozesse zu verbessern. Hierbei unterstützt sie eine Unternehmensorganisation bei der Erreichung ihrer Ziele mit einem systematischen und zielgerichteten Ansatz, der die Effektivität des Risikomanagementsystems (→*Risikomanagementsystem, Prüfung*), der Kontrollen und der Führungs- und Überwachungsprozesse (→*Internal control*) bewertet und diese verbessern hilft.

In funktioneller Hinsicht ist die Interne Revision mit der Überwachung aller Tätigkeiten im Unternehmen betraut und stellt den prozessunabhängigen Teil des →*IKS* eines Unternehmens dar. Zur Wahrung ihrer Unabhängigkeit und Objektivität sollte die Interne Revision in institutioneller Hinsicht direkt der Unternehmensleitung unterstellt sein und in ihrem Auftrag handeln, ohne Weisungsbefugnisse zu besitzen. Um ihre Aufgaben zu erfüllen, sollte sie über ein umfassendes passives (Informationspflicht der Unternehmensbereiche) und aktives (Auskunftsrecht der Internen Revision gegenüber anderen Unternehmensbereichen) Informationsrecht verfügen. Eine generelle gesetzliche Pflicht zur Einrichtung einer Internen Revision existiert nicht. Für börsennotierte Unternehmen (§ 91 Abs. 2 AktG) und für Unternehmen bestimmter Branchen, wie z. B. Kredit- und Finanzdienstleistungsinstitute (§ 25 Abs. 1 Nr. 2 KWG) oder Versicherungsunternehmen (§ 104d VAG), ist jedoch die Einrichtung einer Internen Revision in funktionaler Hinsicht grundsätzlich obligatorisch.

2 Aufgaben

Die Aufgaben der Internen Revision bestanden in ihren Anfängen vorrangig in der Aufdeckung von dolosen Handlungen (→ *Fraud, Prüfung*) und Ordnungsmäßigkeitsprüfungen (→ *Gesetzmäßigkeitsprüfung*). Im Laufe der Zeit hat sich das Aufgabenspektrum jedoch von einer punktuellen, rein retrospektiven Prüfungstätigkeit zu einer prospektiven Tätigkeit entwickelt, die sich auf das gesamte Unternehmen bezieht. Ihrer historischen Entwicklung folgend lassen sich die Aufgaben der Internen Revision wie folgt klassifizieren:

- **Financial auditing**
Das →*financial auditing* umschreibt grundsätzlich vergangenheitsorientierte formelle und materielle Ordnungsmäßigkeitsprüfungen, die im Zusammenhang mit dem Finanz- und →*Rechnungswesen* eines Unternehmens durchgeführt werden. Aber auch hier hat sich das Aufgabenfeld erweitert. So fallen hierunter auch Prüfungen der Managementinformationssysteme und die Prüfung von Tochtergesellschaften, die keiner externen Pflichtprüfung unterliegen.

- **Operational auditing**
Das →*operational auditing* umfasst in erster Linie zukunftsorientierte Zweckmäßigkeitsprüfungen von Systemen und Prozessen, im Sinne einer prospektiven Schwachstellenanalyse. In diesem Zusammenhang stellt die Bewertung und Beurteilung des IKS bezüglich Funktionsfähigkeit, Weiterentwicklung sowie Anpassung an veränderte Rahmenbedingungen eine Kernaufgabe der Internen Revision dar.

- **Management auditing**
Das *management auditing* stellt eine Weiterentwicklung des operational auditing dar und beinhaltet die primär zukunftsorientierte Prüfung der Unternehmensführung im Hinblick auf Effizienz und Effektivität in betriebswirtschaftlicher Hinsicht. Gegenstand ist hierbei grundsätzlich

die Zielsetzung bzw. das Zielsystem und das Führungssystem des Unternehmens.

- **Internal consulting**
Hier geht es darum, aufbauend auf den erlangten Prüfungsergebnissen (→ *Prüfungsurteil*) und -erfahrungen, die Unternehmensleitung zu beraten.

- **Nebenaufgaben**
Neben der Prüfungs- und Beratungstätigkeit erfüllt die Interne Revision fallweise weitere Aufgaben, für die sie aufgrund ihrer Qualifikation und Erfahrung besonders geeignet ist. Hierzu zählt u.a. die Beschaffung, Auswertung und Ordnung von Informationen (→ *Compilations*), insbesondere von sensiblen Daten und gutachterliche Tätigkeiten (→ *Begutachtung*).

Die hier skizzierten Aufgaben gelten grundsätzlich auch für eine Konzernrevision. In der Praxis nimmt diese jedoch häufig eine übergeordnete Stellung ein, indem sie zusätzlich die Tätigkeiten der Revisionsabteilungen der Tochtergesellschaften organisiert, koordiniert und auch überwacht.

Hinsichtlich einer Auslagerung und somit Vergabe der Tätigkeit der Internen Revision an einen externen Dienstleister ist zu beachten, dass nach amerikanischen Normen durch den SOA Sec. 201 und nach nationalen Normen durch den § 319 Abs. 3 Nr. 3 Bst. b HGB (→ *Selbstprüfungsverbot*) die Übernahme dieser Aufgabe durch einen WP, der gleichzeitig Abschlussprüfer ist, aufgrund einer unterstellten Beeinträchtigung seiner Unabhängigkeit ausgeschlossen ist.

Literatur: *Marten, K.-U./Quick, R./Ruhnke, K.*, Wirtschaftsprüfung, 2003, S. 12–14; *Lück, W.*, in: Lück, W. (Hrsg.), Lexikon der Rechnungslegung und Abschlussprüfung, 1998, S. 403–405; *Heinhold, M./Wotschofsky, S.*, Interne Revision, in: Ballwieser, W./Coenenberg, A.G./Wysocki, K.v. (Hrsg.), Handwörterbuch der Rechnungslegung und Prüfung, 2002, Sp. 1217–1228.

Internes Kontrollsystem

Das IKS umfasst alle von der Unternehmensleitung festgelegten Grundsätze, Maßnahmen und Verfahren, die auf die organisatorische Umsetzung der Entscheidungen der Unternehmensleitung zur Sicherung der Wirksamkeit und Wirtschaftlichkeit der Geschäftsführung, zur Ordnungsmäßigkeit und Verlässlichkeit der internen und externen Rechnungslegung sowie zur Einhaltung der für das Unternehmen maßgeblichen rechtlichen Vorschriften gerichtet sind (IDW PS 260, ISA 315). Es besteht aus Regelungen zur Steuerung der Unternehmensaktivitäten (internes Steuerungssystem) und Regelungen zur Überwachung der Einhaltung dieser Regelungen (internes Überwachungssystem).

Beim internen Überwachungssystem (→ *Internal control*) ist zwischen prozessintegrierten Überwachungsmaßnahmen (organisatorische Sicherungsmaßnahmen, Kontrollen) und prozessunabhängigen Überwachungsmaßnahmen, die vor allem von der → *Internen Revision* durchgeführt werden, zu unterscheiden.

Im Rahmen der Abschlussprüfung muss sich der Prüfer nur mit rechnungslegungsrelevanten Grundsätzen und Verfahren des Rechnungslegungssystems und IKS befassen.

Interne Kontrollmaßnahmen des Rechnungslegungssystems dienen u.a. der Abwicklung von Geschäftsvorfällen in Übereinstimmung mit der generellen oder speziellen Ermächtigung der Unternehmensleitung, der vollständigen und zeitnahen Erfassung aller Geschäftsvorfälle sowie anderer Sachverhalte hinsichtlich Höhe, Konto und Abschlussperiode. Darüber hinaus unterstützen sie die Vollständigkeit und Richtigkeit der Buchführungsunterlagen, die Durchführung von Inventuren in angemessenen Zeitabständen und die Einleitung entsprechender Maßnahmen bei festgestellten Abweichungen sowie die zeitnahe und vollständige Bereitstellung verlässlicher und relevanter Informationen.

Ein wirksames IKS soll primär die Entstehung von Fehlern in der → *Buchführung* verhindern. Zudem enthält es Einrichtungen, die bereits aufgetretene Fehler aufdecken und korrigieren sollen. Bei der Realisierung der angestrebten Ziele sind folgende Grundsätze zu berücksichtigen.

- Für die Organisation der Aufgabenbildung und der -verteilung gilt der Grundsatz der → *Funktionstrennung*. Es dürfen dispositive, ausführende und überwachende Funktionen nicht durch alle Bearbeitungsstufen von einer Person ausgeführt werden. Dies begründet zwangsläufig eine Kontrollwirkung, da mindestens zwei Personen an der Bearbeitung eines Geschäftsvorfalls beteiligt sind. Es ist eine klare Abgrenzung von Zuständigkeit und Verantwortung schriftlich festzuhalten. Jeder Mitarbeiter hat eine bestimmte Teilaufgabe zu übernehmen, bei deren Ausführung das korrekte Tätigwerden der vorgeschalteten Funktionsstellen überwacht werden kann. Hierdurch sollen Möglichkeiten von Vermögensschädigungen und deren Ver-

schleierung minimiert werden. Je kleiner das Unternehmen, desto schwieriger ist die Einhaltung der Funktionstrennung.
- Das Prinzip der Kompetenzbündelung ist das notwendige Gegenstück zur Funktionstrennung. Mehrere Mitarbeiter erhalten nur gemeinsam die Kompetenz, eine bestimmte Funktion wahrzunehmen. Es liegt somit gegenseitige Kontrolle vor.
- Der Grundsatz der Organisation des Arbeitsablaufs erfordert genaue und schriftlich fixierte Anweisungen, die festlegen, wer, was, wann und wie zu tun hat und in welcher Beziehung diese Tätigkeiten zueinander stehen. Alle Tätigkeiten, die für die Bearbeitung eines Vorgangs innerhalb des Unternehmens erforderlich sind, sollten so angeordnet sein, dass sich ein zwangsläufiger Arbeitsablauf ergibt.
- Die Grundsätze der Funktionstrennung und der Organisation des Arbeitsablaufs werden durch den Grundsatz der Kontrolle ergänzt, wonach in einem gut funktionierenden IKS keine Arbeit ohne Kontrolle bleiben soll.

Organisationspläne, Dienst- und Arbeitsanweisungen, Kontenpläne und Kontierungsrichtlinien sowie Buchungs- und Belegformulare sind typische Hilfsmittel zur Realisierung eines IKS. In größeren Unternehmen hat die Interne Revision die Funktionsfähigkeit des IKS regelmäßig zu überprüfen.

Die Feststellung der Normenkonformität des Jahresabschlusses kann zum einen durch die Prüfung des Systems von Abläufen, Regelungen, Handlungen und Kontrollen für die Verbuchung von Geschäftsvorfällen sowie die Aufstellung des Jahresabschlusses auf dessen Wirksamkeit und Funktionsfähigkeit (→ *Systemprüfung*) erfolgen. Zum anderen ist die Prüfung der Abschlusspositionen auf Richtigkeit möglich (→ *Aussagebezogene Prüfungshandlungen*).

Als wichtige Elemente zur Prüfung des IKS sind die → *Aufbauprüfung* und die → *Funktionsprüfung* zu nennen.

Internes Überwachungssystem → Internal control

Intragroup balances → Zwischenergebniseliminierung, Prüfung

Inventar → Inventur, Prüfung

Inventories → Vorräte, Prüfung

Inventur, Prüfung

1 Zentrale Normen

1.1 Rechnungslegungsnormen

§§ 240 f. HGB, HFA SN 1/1981 i. d. F. 1990, HFA-SN 1/1990.

1.2 Prüfungsnormen

IDW PS 301, ISA 501.

2 Definition

Die Pflicht zur Inventur ergibt sich mittelbar aus § 240 HGB. Der Begriff Inventur beschreibt die Methode zur Erfassung der Bestände, d. h. die Gesamtheit aller Maßnahmen, die zur Erfassung der Vermögensposten und Schulden nach Art, Menge und Wert und damit zur Aufstellung des Inventars erforderlich sind. Die Praxis verwendet den Begriff häufig in Zusammenhang mit der Bestandserfassung der Vorräte. Dies wird als Vorratsinventur bezeichnet. Auch die Vorschriften des IDW PS 301 und des ISA 501.4–18 beziehen sich auf die Vorratsinventur.

3 Prüferisches Vorgehen

3.1 Prüfungsplanung

Der Abschlussprüfer hat die Inventurprüfung sorgfältig zu planen und dabei Art, Umfang und Zeitraum seiner →*Prüfungshandlungen* unter Berücksichtigung der nachfolgenden Aspekte festzulegen (IDW PS 301.8, ISA 501.8): Art und Wert der Vorräte, Art der angewandten Inventurverfahren, Art des vorratsbezogenen →*IKS*, Fehlerrisiko, Angemessenheit und Wirksamkeit der angewandten Inventurverfahren, Eignung der Inventurrichtlinien des Mandanten, zeitlicher Ablauf der Inventur, Lagerorte der Vorräte, Notwendigkeit der Hinzuziehung von Sachverständigen sowie Ergebnisse früherer Inventurprüfungen.

3.2 Prüfungsdurchführung

Bei der Inventurprüfung untersucht der Prüfer sowohl die Angemessenheit der Organisation der Bestandsaufnahme als auch die Einhaltung der Inventuranweisungen. Der Abschlussprüfer hat das IKS auf Angemessenheit (→ *Aufbauprüfung*) und Wirksamkeit (→ *Funktionsprüfung*) zu prüfen sowie → *aussagebezogene Prüfungshandlungen* durchzuführen.

Zur Prüfung des vorratsbezogenen IKS hat der Abschlussprüfer zunächst die Einhaltung der Inventurgrundsätze (Vollständigkeit, Richtigkeit, Einzelerfassung und Nachprüfbarkeit) festzustellen. Dazu hat er die Inventurrichtlinien des Unternehmens hinsichtlich der angewandten Kontrollverfahren, der Kategorisierung der Vorräte und der Erfassung von Vorratsbewegungen zu würdigen (IDW PS 301.14) und sich davon zu überzeugen, dass Inventurrichtlinien sachgerecht umgesetzt werden.

Sind die Vorräte eines Unternehmens absolut oder relativ für den Abschluss wesentlich (→ *Materiality*), so muss der Prüfer bei der Vorratsinventur anwesend sein (IDW PS 301.7, ISA 501.5). Dabei hat er sich von der ordnungsmäßigen Handhabung der Inventurverfahren und vom Vorhandensein, von der Vollständigkeit und der Beschaffenheit der im Jahresabschluss ausgewiesenen Vorräte zu überzeugen (IDW PS 301.7, .18, ISA 501.5). Der Abschlussprüfer beobachtet die körperliche Bestandsaufnahme und kontrolliert deren Ergebnisse durch Inaugenscheinnahme der aufgeführten Ist-Bestände sowie durch Probezählungen (IDW PS 301.18, ISA 501.13). Der Umfang solcher aussagebezogenen Prüfungshandlungen bestimmt sich nach dem bei der Prüfung des inventurbezogenen IKS ermittelten Fehlerrisikos und der Wesentlichkeit der jeweiligen Vorratsbestände. In der Praxis existieren → *Checklisten*, die den Abschlussprüfer bei der Planung und Durchführung der Inventurbeobachtung unterstützen. Ist es dem Abschlussprüfer aufgrund unvorhergesehener Umstände nicht möglich, zu dem geplanten Termin an der Inventur teilzunehmen, sind vom Prüfer an einem alternativen Termin Kontrollzählungen durchzuführen, oder es ist durch diesen die Durchführung von weiteren Bestandsaufnahmen zu beobachten. Verhindert der Lagerort eine Inventurteilnahme, muss sich der Abschlussprüfer durch alternative Prüfungshandlungen ausreichende und angemessene → *Prüfungsnachweise* verschaffen. Erfolgt die Auftragserteilung nach Durchführung der Inventur, ist eine Inventurteilnahme nicht möglich (IDW PS 301.20–23, ISA 501.6 f.).

3.3 Besonderheiten bei vereinfachter Inventur

Die Anwendung von Inventurvereinfachungen (insbesondere der im § 241 HGB geregelten Vereinfachungen Stichprobeninventur, vor- und nachverlegte Stichtagsinventur und permanente Inventur) verlangt vom Abschlussprüfer zusätzliche Prüfungshandlungen. Er muss sich vor allem davon überzeugen, dass die jeweiligen Anwendungsvoraussetzungen der Inventurvereinfachung erfüllt sind. Über die Anwendungsmöglichkeiten verschiedener Inventurvereinfachungen informiert die HFA SN 1/1990 »Zur körperlichen Bestandsaufnahme im Rahmen von Inventurverfahren«. Dagegen beschäftigt sich die HFA SN 1/1981 i. d. F. 1990 »Stichprobenverfahren für die Vorratsinventur« mit der Stichprobeninventur.

Bei der Prüfung der Stichprobeninventur ist festzustellen, ob ein anerkanntes mathematisch-statistisches Verfahren zur Anwendung kommt, ob das Verfahren den →*GoB* entspricht und ob der Aussagegehalt der Stichprobeninventur dem einer Vollaufnahme gleichkommt. Außerdem ist die Ordnungsmäßigkeit der Lagerbuchführung zu überprüfen. Zusätzliche Prüfungserfordernisse ergeben sich aus der Besonderheit, dass ein mathematisch-statistisches Verfahren zur Anwendung kommt. So hat der Prüfer insbesondere die Angemessenheit und Richtigkeit des →*statistischen Stichprobenverfahrens* zu beurteilen, wobei er u. a. auf eine eindeutige Abgrenzung der Grundgesamtheit, eine zufällige Auswahl der Stichprobe, eine korrekte Bestimmung des Stichprobenumfangs und eine vollständige Erfassung der Stichprobenelemente zu achten hat. Zudem muss der Abschlussprüfer die Auswertung der Stichprobenergebnisse sachlich und rechnerisch prüfen (IDW PS 301.29). Die vor- und nachverlegte Stichtagsinventur setzt die Anwendung eines den GoB entsprechenden wertmäßigen Fort- oder Rückschreibungsverfahrens voraus. In diesem Fall hat der Abschlussprüfer die Fortschreibung bzw. Rückrechnung der Zu- und Abgänge im Vorratsvermögen zwischen Aufnahmetag und Abschlussstichtag zu prüfen (IDW PS 301.25). Die Anwendung der permanenten Inventur setzt die Wirksamkeit des jeweiligen Lager- und Bestandsbuchführungssystems voraus. Ferner ist zu beachten, dass sämtliche Vorräte mindestens einmal im Geschäftsjahr körperlich aufgenommen werden müssen und die Richtigkeit der Buchbestände anhand der Ergebnisse der körperlichen Bestandsaufnahme zu kontrollieren ist. Für den Abschlussprüfer ist zu beachten, dass er bei den Bestandsaufnahmen zeitweise anwesend sein muss (IDW PS 301.26). ISA 501 enthält lediglich Vorschriften zur Prüfung einer permanenten Inventur (ISA 501.9, .16). Zudem muss nach ISA 501.15 die Vorratsinventur nicht zwingend zum Geschäftsjahresende durchgeführt werden, sofern kein hohes Kontrollrisiko vorliegt.

Literatur: *Quick, R.*, Grundsätze ordnungsmäßiger Inventurprüfung, 1991; *Quick, R.*, Inventur, 2000.

Inventurbeobachtung → Inventur, Prüfung

Inventurrichtlinien → Inventur, Prüfung

Investments → Finanzinstrumente, Prüfung

IPO → Börsengang

Ist-Objekt → Soll-Ist-Vergleich

IT-Committee → Information Technology Committee

IT-gestützte Buchführung → IT-gestützte Rechnungslegung

IT-gestützte Prüfungstechniken

1 Prüfungsnormen

a) Deutsche Normen: IDW RS FAIT 1, IDW PS 330; b) Internationale Normen: ISA 315, 330.

2 Definition

Der Begriff IT-gestützte Prüfungstechniken (CAAT) bezeichnet alle computergestützten Hilfsmittel, die im Rahmen der Prüfungstätigkeit zur Anwendung kommen. Hinsichtlich der eingesetzten Programmiertechnik wird zwischen *konventionellen Systemen und* → *wissensbasierten Systemen* unterschieden. Im Gegensatz zum deterministischen Vorgehen konventioneller Programme (fest programmierter Problemlösungspfad) zeichnen sich wissensbasierte Systeme durch eine dialogisierte Vorgehensweise aus (hier ergibt sich der Problemlösungspfad im Zuge der dialogisierten Problembearbeitung).

3 Einsatz IT-gestützter Prüfungstechniken

IT-gestützte Systeme (als → *Prüfungstechnik*) sollen den Prüfer bei den Prüfungshandlungen und seiner Entscheidungsfindung durch die Automatisierung und Vereinfachung von Prozessen unterstützen. Aufgrund der Möglichkeit zur Steigerung von Effizienz und Effektivität (IDW PS 330.94 f.) sind IT-gestützte Prüfungstechniken heutzutage gängige Praxis. Bereits vor der Auftragsannahme hat der Prüfer abzuschätzen, inwieweit IT-gestützte Prüfungstechniken zur Anwendung kommen können. So hat er gewissenhaft zu beurteilen, ob er über entsprechende

IT-Kenntnisse und Erfahrungen verfügt, die für die sachgerechte Durchführung der jeweiligen Prüfung erforderlich sind. Andernfalls ist es ihm aber auch möglich, durch Heranziehung von IT-Spezialisten entsprechende Prüfungsaufträge anzunehmen (IDW PS 330.45–48, § 4 Abs. 2 Berufssatzung, → *Verwendung von Urteilen Dritter*). Im Rahmen der risikoorientierten Prüfungsplanung werden dann bereits Art und Umfang IT-gestützter Prüfungstechniken festgelegt (IDW PS 330.95, ISA 315.17), da die Prüfungstechnik wiederum bestimmte → *Prüfungshandlungen* und -methoden bedingt. Der Einsatz von CAAT hängt vom angewandten → *IT-System* des Mandanten ab. Neben der direkten Nutzung von Hard- und Software des Mandanten kommen meist aber auch separate IT-Anwendungen des Prüfers zum Einsatz, die teilweise wiederum auf die Daten und Systeme des Mandanten aufsetzen (siehe hierzu u. a. → *Prüfsoftware, generelle*). Dabei ist zu berücksichtigen, dass der Mandant, sofern sein IT-System für rechnungslegungsrelevante Sachverhalte eingesetzt wird, (gemäß der Prüfungsbereitschaft i. S.v. § 320 Abs. 1 Satz 2 HGB) dem Prüfer ausreichende IT-Zugriffsrechte bereitzustellen hat.

4 IT-gestützter Prüfungsprozess

Der Einsatz IT-gestützter Prüfungstechnik erstreckt sich meist über den gesamten Prüfungsprozess, von der Auftragsannahme über die → *Prüfungsplanung* und die Prüfungsdurchführung bis hin zur → *Prüfungsdokumentation* (IDW PS 330.96). Eine klare Zuordnung der IT-gestützten Prüfungstechniken zu dem jeweiligen Bereich ist hingegen nicht immer möglich. So besitzt z. B. der Einsatz von IT-Anwendungen im Rahmen des Informationsmanagements eine zentrale Bedeutung und ergänzt häufig alle Bereiche des Prüfungsprozesses. Die gebündelten Informationen aus unternehmensinternen und -externen Quellen werden in Datenbanken bereitgestellt und sind für den Prüfer häufig eine wichtige Entscheidungshilfe.

4.1 Auftragsannahme und Prüfungsplanung

Bereits vor der Auftragsannahme sowie im Rahmen der Prüfungsplanung hat sich der Prüfer Kenntnisse über die Geschäftstätigkeit und das wirtschaftliche Umfeld des Mandanten zu verschaffen. Hierbei kommt insbesondere die Nutzung entsprechender Informationsdatenbanken zur Anwendung. Im Rahmen der Prüfungsplanung ermöglicht der Einsatz von → *IT* eine effiziente Erstellung des Prüfungsprogramms.

Bspw. kann die →*Netzplantechnik* mittels der Projektplanungssoftware MS Project unterstützt werden. Zur Berücksichtigung der personellen Komponente werden häufig zusätzliche Planungstools zur Mitarbeiterdisposition wie z. B. Retain eingesetzt. Solche Tools ermöglichen die Personalzuordnung hinsichtlich der jeweiligen Qualifikation und Verfügbarkeit sowie im Hinblick auf die Gesamtplanung aller Aufträge. Vorteil einer IT-gestützten Prüfungsplanung ist insbesondere die Möglichkeit der raschen Aktualisierung und Anpassung bei Veränderung der Planungsgrundlage.

4.2 Prüfungsdurchführung

Die Ausführungen zum IT-Einsatz bei der Prüfungsdurchführung werden systematisiert in die Bereiche Systemprüfung und aussagebezogene Prüfungshandlungen:

4.2.1 IT-Systemprüfung

Die IT-Systemprüfung bei →*IT-gestützter Rechnungslegung* des Mandanten ist eine →*indirekte Prüfung,* welche zunächst das IT-System selbst prüft und anhand der Ordnungsmäßigkeit des IT-Systems (Ersatzprüfungsgegenstand) auf die richtige und vollständige Verarbeitung der eingegebenen Geschäftsvorfälle schließt. Das Ziel einer solchen Verfahrensprüfung ist die Beurteilung der Ordnungsmäßigkeit der IT-gestützten Rechnungslegung des Mandanten (→*GoB im Rahmen des IT-Einsatzes*), um die nach § 322 Abs. 1 HGB i.V.m. § 317 Abs. 1 HGB und § 321 Abs. 2 Satz 2 HGB geforderten Prüfungsaussagen über die Ordnungsmäßigkeit der Buchführung (IDW PS 330.8) und des Jahresabschlusses treffen zu können. Art und Umfang der IT-Systemprüfung werden durch die Wesentlichkeit des IT-Systems für die Rechnungslegung sowie durch die Komplexität des IT-Einsatzes im Unternehmen bestimmt. Die IT-Systemprüfung ist dabei so zu planen, dass das Risiko wesentlicher Fehler im IT-System (*IT-Fehlerrisiken*) zutreffend beurteilt werden kann (IDW PS 330.25). Die IT-Fehlerrisiken setzen sich aus →*inhärenten Risiken* und →*Kontrollrisiken* zusammen (IDW PS 330.16). Bei der Beurteilung inhärenter Risiken sind u.a. die folgenden Risikoindikatoren zu beachten: Änderungsprojekte im IT-Bereich (wie z.B. die Einführung einer Standardsoftware), Know-how der Mitarbeiter sowie die Ausrichtung der IT auf die Geschäftsstrategie (IDW PS 330.18).

Der Prüfer hat festzustellen, ob eine adäquate Ausrichtung des →*IKS* auf inhärente Risiken des eingesetzten IT-Systems im Unternehmen erfolgt ist, so dass wesentliche Fehler in der Rechnungslegung verhindert bzw. aufgedeckt und korrigiert werden (IDW PS 330.26). So beinhaltet eine adäquate Ausrichtung des Unternehmens auf IT-Fehlerrisiken z. B. die ausreichende Schulung der Mitarbeiter sowie die Existenz eines detaillierten IT-Sicherheitskonzeptes. Zur Beurteilung der Wirksamkeit des →*IT-Kontrollsystems* sind drei Prüfungsschritte erforderlich, wobei in jedem der folgenden Prüfungsschritte IT-gestützte Prüfungstechniken zum Einsatz kommen können (IDW PS 330.29–41 u. .96–98):

- Im ersten Schritt muss sich der Prüfer durch die *Aufnahme des IT-Systems* einen Überblick über das IT-System verschaffen. Aufzunehmen sind das IT-Kontrollsystem, die IT-Infrastruktur, die IT-Anwendungen sowie die IT-Geschäftsprozesse.
- Im Rahmen der *Aufbauprüfung* hat der Prüfer zu beurteilen, ob das angewiesene IT-System (Soll-Zustand) des Unternehmens unter Berücksichtigung der prüffeldspezifischen inhärenten Risiken angemessen ist. Ebenso ist die vorläufige Wirksamkeit zu beurteilen.
- Im dritten Schritt dient die *Funktionsprüfung* (sofern das IT-System im Rahmen der Aufbauprüfung als angemessen beurteilt wurde) der Feststellung, ob die eingerichteten IT-Kontrollen wirksam sind und damit zur Begrenzung der IT-Risiken beitragen. Ergebnis ist eine abschließende Beurteilung der Wirksamkeit und kontinuierlichen Anwendung des IT-Systems im Unternehmen.

IT-gestützte Prüfungstechniken umfassen im Rahmen der Aufnahme des IT-Systems insbesondere Inventarisierungs- und Überwachungsprogramme, die neben Informationen über Hardwarekomponenten auch Auskunft über installierte Programme liefern. Konkrete Verfahren, die zur Beurteilung von Aufbau und/oder Funktionsweise des eingesetzten IT-Systems dienen, sind vor allem die →*sachlogische Programmprüfung*, die →*Testdatenmethode*, der →*Programmvergleich* sowie die Auswertung laufender Aufzeichnungen mit Hilfe von →*Systemkontrollprogrammen*.

4.2.2 Aussagebezogene Prüfungshandlungen
Aussagebezogene Prüfungshandlungen gliedern sich in die Komponenten der →*analytischen Prüfung* sowie der →*Einzelfallprüfung*. Bei analytischen Prüfungshandlungen, als Soll-Ist-Vergleich aggregierter Größen, werden IT-gestützte Verfahren vor allem im Rahmen des Datenmanagements angewandt. Der IT-Einsatz bezieht sich also insbesondere auf die Sichtbarmachung sowie die prüferische Aufbereitung gespeicherter Mandantendaten durch:

- Ordnen (z. B. in Form von Altersstrukturlisten),
- Verdichten (z. B. von Kostenstellen und Konten),
- Selektieren (z. B. durch die Festlegung von Grenzwerten),
- Vergleichen (z. B. mit Vorjahreswerten) und
- Auswerten (z. B. durch statistische Verfahren).

Bei großen elektronisch gespeicherten Datenbeständen, die z. B. zur Ermittlung und Analyse von Verhältniszahlen und Trends des zu prüfenden Unternehmens dienen, ist der Einsatz IT-gestützter Prüfungstechniken zwingend.

Außer bei analytischen Prüfungshandlungen kommen IT-gestützte Prüfungstechniken auch im Rahmen der Einzelfallprüfung zum Einsatz. Analog zur Vorgehensweise analytischer Prüfungshandlungen steht die prüferische Aufbereitung des Datenbestandes im Vordergrund. Dabei unterstützen IT-Anwendungen den Prüfer nicht nur bei der Durchführung bewusster →*Auswahlprüfungen* sondern auch bei konkreten →*statistischen Stichprobenverfahren* (IDW PS 330.100). Darüber hinaus werden in einigen Unternehmen relevante Belege elektronisch gespeichert und mit der →*IT-gestützten Rechnungslegung* verknüpft, so dass eine entsprechende Überprüfung ebenfalls IT-gestützt erfolgen kann.

Die aufgeführten Tätigkeiten der analytischen und einzelfallbezogenen Prüfung beziehen sich sowohl auf *ein-* als auch auf *zweistufige Verfahren*. Bei einstufigen Verfahren erfolgt die Aufbereitung des Datenbestandes direkt auf dem Mandantenrechner. Zu jenen Techniken gehören im Rahmen aussagebezogener Prüfungshandlungen z. B. →*Betriebssystemwerkzeuge*, Abfragesprachen (wie z. B. SQL) und →*Listgeneratoren*. Demgegenüber erfolgt bei den zweistufigen Verfahren ein Transfer prüfungsrelevanter Daten vom IT-System des Mandanten auf den PC des Prüfers. Im Rahmen aussagebezogener Prüfungshandlungen kommen bei zweistufigen Verfahren insbesondere Datenbanksysteme (z. B. MS Access und MySQL), Tabellenkalkulationsprogramme (z. B. Excel) sowie generelle Prüfsoftware (→*Prüfsoftware, generelle*) zur Anwendung. Gegenüber dem einstufigen Verfahren hat der Prüfer hier die Möglichkeit, unabhängig von Laufzeiten und speziellen Transaktionsberechtigungen mit einer gewohnten Anwendungsoberfläche zu arbeiten; allerdings können Probleme beim Datentransfer auftreten.

4.3 Prüfungsbegleitung und -berichterstattung

Die Prüfungsbegleitung und -berichterstattung umfasst alle Maßnahmen, die nicht direkt auf die Erlangung von Prüfungsnachweisen ausgerichtet sind. Hierzu gehören u.a. Programme zur *Berichterstattung und Dokumentation* (z.B. Textverarbeitungsprogramme wie Word oder Präsentationsprogramme wie PowerPoint), *prüfungsspezifische Standardprogramme* (→ *Standardprogramme, prüfungsspezifische*), *Groupware* (die zum Austausch und Verwalten von Arbeitselementen dient wie z.B. Lotus Notes und MS Outlook), *Informationsbeschaffungssysteme* (wie Intra- und Internet mit entsprechenden Suchmaschinen) sowie sonstige Unterstützungsleistungen (wie z.B. die Erfassung und Abrechnung von Prüfungsleistungen mittels ProSystems fx Practice Driver oder Timeslips). *Alexander von Torklus*

Literatur: *Diehl, C.-U./Nutz, A.*, Computergestützte Prüfungstechnik, in: Ballwieser, W./Coenenberg, A.G./Wysocki, K.v. (Hrsg.), Handwörterbuch der Rechnungslegung und Prüfung, 2002, Sp. 470–478; *IDW* (Hrsg.), WP-Handbuch 2000, Band I, 2000, R 578–640.

IT-gestützte Rechnungslegung

Der Einsatz von → *IT-Systemen* als technische Hilfsmittel der → *Buchführung* hat weitgehend die manuelle Buchführung als → *Buchführungstechnik* verdrängt. Dabei sind die Elemente eines IT-Systems rechnungslegungsrelevant, sofern sie rechnungslegungsrelevante Daten verarbeiten oder Daten als Grundlage für Rechnungslegungsprozesse bereitstellen (IDW RS FAIT 1.14). Die Zulässigkeit solcher rechnungslegungsrelevanten Systeme setzt allerdings voraus, dass die Ordnungsvorschriften der §§ 238f., 257 HGB sowie der §§ 145f. AO erfüllt sind (→ *GoB im Rahmen des IT-Einsatzes*). Bei IT-gestützter Rechnungslegung (häufig wird diese auch als *EDV-Rechnungslegung* bezeichnet) wird der Buchungsstoff auf Datenträgern aufgezeichnet (*Speicherbuchführung*), elektronisch verarbeitet und nur bei Bedarf ausgedruckt (→ *Ausdruckbereitschaft*).

Vorteil der IT-gestützen Rechnungslegung ist die Möglichkeit, große Datenmengen zu erfassen, zu speichern und zu verarbeiten. IT-gestützte Systeme ermöglichen die Mehrfachauswertung bei einmaliger Dateneingabe, so dass personal- und zeitintensive, häufig mit Rechen- und Übertragungsfehlern (→ *Fehler*) verbundene Buchungsarbeiten vermieden werden. Beispiele für computerbasierte Auswertungen sind Saldenlisten, Offene-Posten-Listen, Bilanz und GuV. Eine Effizienzsteigerung der Buchführung wird auch durch die Automatisierung von Arbeitsschritten, wie Rechenvorgängen und Plausibilitätskontrollen, sowie durch die automatische Erstellung einer aussagefähigen Dokumentation erzielt.

Der Einsatz IT-gestützter Rechnungslegung bewirkt keine Änderung fundamentaler Prinzipien der Buchführung; es erfolgt lediglich eine elektronische Bearbeitung einzelner Arbeitsschritte. Drei wesentliche Phasen der computergestützten Informationsverarbeitung werden unterschieden: Dateneingabe, Datenverarbeitung und Datenausgabe.

- Im Rahmen der *manuellen Dateneingabe* wird der durch einen Beleg dokumentierte reale Geschäftsvorfall in einen maschinenlesbaren Buchungsfall transformiert. Entsprechend den GoB im Rahmen des IT-Einsatzes ist die manuelle Dateneingabe an eine Eingabekontrolle auf sachliche und formelle Richtigkeit zu koppeln. Sofern wiederkehrende Buchungen (wie z.B. planmäßige Abschreibungen und Gehaltsauszahlungen) auftreten, werden meist entsprechende Dauerbuchungsfunktionen verwendet. Ebenso lassen sich programmintern ereignisbezogen Buchungen auslösen (z.B. bei automatischen Zahlungseingängen aus dem Datenträgeraustausch mit Banken und bei automatischen Vorsteuerbuchungen bei Lieferantenrechnungen).
- In der zweiten Phase wird die automatische *Datenverarbeitung* durchgeführt. Hier werden die Daten sortiert, zusammengefasst und gespeichert. Die Speicherung der Daten in chronologischer Reihenfolge der Geschäftsvorfälle erfüllt die *Grundbuchfunktion*, die Zuweisung und Fortschreibung der Daten auf Konten entspricht der *Hauptbuchfunktion*.
- In der letzten Phase, der *Datenausgabe*, werden dann die gewünschten Informationen durch vorprogrammierte Standardauswertungen (wie Summen- und Saldenlisten sowie Hauptabschlussübersicht) oder durch entsprechende Abfragen bei Zusatzauswertungen visualisiert.

Der Einsatz von IT-Systemen in Unternehmen reicht von der Unterstützung manueller Tätigkeiten (z.B. durch PC-Standardapplikationen) auf Basis von → *stand alone-Systemen* bis hin zu → *integrierten Systemen*.

IT-Kontrollsystem

Das IT-Kontrollsystem umfasst als integraler Bestandteil des → *IKS* diejenigen Grundsätze, Verfahren und Maßnahmen, die zur Bewältigung der Risiken aus dem Einsatz von → *IT* eingerichtet werden. Hierzu gehören sowohl Regelungen zur Steuerung des Einsatzes von IT im Unternehmen (internes Steuerungssystem) als auch Regelungen zur Überwachung der Einhaltung dieser Regelungen (internes Überwachungssystem) (IDW RS FAIT 1.8). Das interne Steuerungssystem umfasst z.B. die Verantwortlichkeiten und Kompetenzen im Zusammenhang mit dem Einsatz von IT im Unternehmen. Zum internen Überwachungssystem zählen z.B. die in den jeweiligen IT-Anwendungen enthaltenen Eingabe-, Verarbeitungs- und Ausgabekontrollen.

IT-System

Das IT-System besteht aus den Elementen der IT-gestützten Geschäftsprozesse, der IT-Anwendungen und der IT-Infrastruktur:

- *Die IT-gestützten Geschäftsprozesse* umfassen alle Tätigkeiten, zu deren Abwicklung IT eingesetzt wird.
- *Die IT-Anwendungen* betreffen sowohl die von Dritten bezogene Standardsoftware als auch selbsterstellte Software.
- *Die IT-Infrastruktur* umfasst die technischen Ressourcen und Verfahren, die zur Durchführung und Aufrechterhaltung der Datenverarbeitung erforderlich sind (vgl. auch → *Sicherungsmaßnahmen*).

Das Zusammenwirken dieser drei Elemente wird wiederum durch das → *IT-Kontrollsystem* bestimmt. Das IT-Kontrollsystem hängt von der Einstellung und dem Verhalten der im Unternehmen Tätigen (*IT-Umfeld*) sowie von der Verteilung der Verantwortlichkeiten und Kompetenzen im Zusammenhang mit dem Einsatz von IT (*IT-Organisation*) (IDW RS FAIT 1.7) ab. Im Rahmen der Ausgestaltung des IT-Systems wird zwischen → *stand alone-Systemen* sowie → *integrierten Systemen* unterschieden.

Jahresabschluss

Der Begriff Jahresabschluss stellt den Oberbegriff für Einzel- und →*Konzernabschlüsse* dar. Der →*Einzelabschluss* besteht gem. § 242 Abs. 3 HGB aus der →*Bilanz* sowie der GuV (→*GuV, Prüfung*). Er muss bei Kapitalgesellschaften und haftungsbeschränkten Personenhandelsgesellschaften um einen Anhang (→*Anhang, Prüfung*) erweitert werden, der die Aussagekraft durch umfangreiche Pflichtangaben in quantitativer und/oder verbaler Form ergänzt. Bei solchen Unternehmen ist neben dem Jahresabschluss auch ein Lagebericht (→*Lagebericht, Prüfung*) aufzustellen (§ 264 Abs. 1 HGB). Bei Unternehmen, die zur Konzernrechnungslegung verpflichtet sind, sind weitere Bestandteile des Konzernabschlusses die Kapitalflussrechnung (→*Kapitalflussrechnung, Prüfung*) sowie der Eigenkapitalspiegel (→*Eigenkapitalveränderungsrechnung, Prüfung*). Der Konzernabschluss kann um eine Segmentberichterstattung (→*Segmentberichterstattung, Prüfung*) erweitert werden (§ 297 Abs. 1 HGB).

Die Aufstellung eines Jahresabschlusses ist verpflichtend (§ 242 HGB). Der Jahresabschluss soll unter Beachtung der →*GoB* sowohl die Unternehmensleitung als auch externe Adressaten in periodischen Abständen über die Vermögens-, Finanz- und Ertragslage des Unternehmens informieren. Die Offenlegung von Jahresabschlüssen regeln §§ 325, 326–328 HGB.

Nach den IFRS setzt sich der Jahresabschluss (financial statement) unabhängig von der Rechtsform und Größe des Unternehmens gem. IAS 1.8 aus der Bilanz (balance sheet), der GuV (income statement), der Eigenkapitalveränderungsrechnung (changes in equity), der Kapitalflussrechnung (cashflow statement) und dem Anhang (notes), der die maßgeblichen Bilanzansatz- und Bewertungsmethoden zusammenfasst und sonstige Erläuterungen enthält, zusammen. Unternehmen mit börsennotierten Wertpapieren müssen außerdem die Kennzahl Ergebnis je Aktie (→*Ergebnis je Aktie, Prüfung*) und eine Segmentberichterstattung offen legen (IAS 33, 14). Ein Lagebericht ist zwar nicht als Pflichtbestandteil vorgesehen, IAS 1.9 gibt jedoch an, dass viele Unternehmen neben dem Abschluss einen durch das Management erstellten Bericht über die Unternehmenslage veröffentlichen (→*Financial review by management*), der die wesentlichen Merkmale der Vermögens-, Finanz- und Ertragslage des Unternehmens sowie die wichtigsten Unsicherheiten, denen sich das Unternehmen gegenübersieht, beschreibt und erläutert. Deutsche Unternehmen, die gemäß IFRS bilanzieren, müssen jedoch einen Lagebericht aufstellen, der den handelsrechtlichen Vorschriften sowie dem DRS 15 genügt (§ 315a Abs. 1 HGB).

Der Abschluss nach IFRS soll der *fair presentation* dienen, d.h., wie nach Handelsrecht, ein den tatsächlichen Verhältnissen entsprechendes Bild der Vermögens-, Finanz- und Ertragslage des Unternehmens vermitteln (*Informationsfunktion*). Im Gegensatz zum Handelsrecht ist nach IFRS die *Zahlungsbemessungsfunktion* zur Ermittlung des ausschüttbaren Erfolges, der den Anteilseignern zusteht (*Ausschüttungsbemessungsfunktion*), sowie zur Bestimmung der Besteuerungsgrundlagen nicht relevant.

Jahresabschlussanalyse

Unter dem Begriff Jahresabschlussanalyse fasst man die Verfahren zusammen, mit denen für die →*stakeholder* entscheidungsnützliche Informationen aus →*Jahresabschluss* einschließlich Anhang (→*Anhang, Prüfung*) gewonnen und verarbeitet werden, um die Vermögens-, Finanz- und Ertragslage eines Unternehmens zu beurteilen. Anhand der Beschaffbarkeit der vorliegenden Daten wird zwischen *externer* und *interner Jahresabschlussanalyse* unterschieden. Im Rahmen einer internen Jahresabschlussanalyse werden neben den öffentlich zugänglichen Informationen auch unternehmensinterne Angaben (z.B. Finanzplan, Kreditlinien) zur Untersuchung herangezogen. Des Weiteren wird nach der Art der Informationen differenziert. Die *quantitative Jahresabschlussanalyse* verarbeitet nur numerisches Datenmaterial. Die *qualitative Jahresabschlussanalyse* hingegen wertet die verbale Berichterstattung insbesondere des Anhangs aus. Aufgrund von zahlreichen Wahlrechten und Ermessensspielräumen hat sie ebenfalls eine wichtige Bedeutung.

Die Daten des Jahresabschlusses sind für die Durchführung der Analyse aufzubereiten, indem eine sog. *Strukturbilanz* erstellt wird. Die Bilanzposten werden zum Anlagevermögen und Umlaufvermögen auf der Aktivseite sowie zum Eigenkapital und Fremdkapital auf der Passivseite zusammengefasst. Das Umlaufvermögen ist nach der Bindungsdauer an das Unternehmen, das Fremdkapital nach Fristigkeit zu gliedern. Hierzu sind, insbesondere bei einem auf dem HGB basierenden Jahresabschluss, verschiedene *Aufbereitungsmaßnahmen* notwendig. Auf der Aktivseite fallen z.B. folgende Aufbereitungsmaßnahmen an:

- Noch nicht eingeforderte *ausstehende Einlagen auf das gezeichnete Kapital* sind mit dem Eigenkapital (→*Eigenkapital, Prüfung*) zu saldieren. Sind die Einlagen eingefordert und bestehen Bedenken hinsichtlich der Solvenz der Anteilseigner, so sind diese ebenfalls mit dem

Eigenkapital zu verrechnen. Bestehen an der Solvenz keine Zweifel, so darf keine Saldierung von eingeforderten ausstehenden Einlagen erfolgen. Vielmehr sind solche eingeforderten Einlagen in die Forderungen umzugliedern.

- *Aufwendungen für die Ingangsetzung und Erweiterung des Geschäftsbetriebs*, der *Geschäfts- oder Firmenwert*, *aktive latente Steuern* und ein *Disagio* sind mit dem Eigenkapital zu saldieren, da sie keine echten Vermögenswerte darstellen und ihre Verwertungsmöglichkeit zweifelhaft ist.
- Bei *erhaltenen Anzahlungen* wird der Bruttoausweis (d. h. als Verbindlichkeit) bevorzugt. Wendet der Jahresabschlussersteller den Nettoausweis an (d. h. offenes Absetzen von den Vorräten), so spiegelt die Bilanz die Kapitalstruktur nicht korrekt wider, da erhaltene Anzahlungen u. U. zurückgezahlt werden müssen und somit Fremdkapital darstellen. Insofern ist der Nettoausweis in einen Bruttoausweis zu transformieren, indem die Vorräte wieder erhöht werden und eine entsprechende Verbindlichkeit ausgewiesen wird.
- *Aktive Rechnungsabgrenzungsposten* (→ *Rechnungsabgrenzungsposten, Prüfung*) sind grundsätzlich ins Umlaufvermögen umzugliedern.

Auch auf der Passivseite sind Aufbereitungsmaßnahmen erforderlich, u. a.:

- Der Teil des *Jahresergebnisses*, der zur Ausschüttung vorgesehen ist, wird ins kurzfristige Fremdkapital umgegliedert.
- Der *Sonderposten mit Rücklageanteil* wird hälftig ins Eigenkapital und ins mittelfristige Fremdkapital eingestellt.
- *Pensionsrückstellungen* (→ *Pensionsrückstellungen, Prüfung*) werden im langfristigen, *Rückstellungen für latente Steuern* im mittelfristigen und *Steuerrückstellungen* im kurzfristigen Fremdkapital ausgewiesen. Bei *Aufwandsrückstellungen* erfolgt eine Umgliederung ins Eigenkapital.
- *Passive Rechnungsabgrenzungsposten* werden dem Fremdkapital, im Zweifel den kurzfristigen Verbindlichkeiten zugeordnet.

IFRS-Bilanzen haben den Vorteil, dass Sie nur Vermögensposten, Eigenkapital und Schulden aufweisen. Daher sind weniger Umgliederungen als in einer HGB-Bilanz erforderlich. Ein Teil der angeführten Aufbereitungsmaßnahmen ist jedoch auch auf IFRS-Bilanzen anzuwenden. Neben den angesprochenen, für abschlusspolitische Zwecke nutzbaren Ansatz- und Ausweiswahlrechten sollten möglichst auch solche abschlusspolitischen Maßnahmen (→ *Abschlusspolitik*) bereinigt werden, die auf Bewertungswahlrechten basieren. So lassen die IFRS z. B. im Bereich der Sachanlagen (→ *Sachanlagen, Prüfung*) und der immateriellen Vermögensposten (→ *Immaterielle Vermögensposten, Prüfung*) nicht nur eine Bewertung zu fortgeführten Anschaffungs- oder Herstellungskosten, sondern alternativ auch eine Neubewertung zu. Führt die Neubewertung zu einer Höherbewertung des Vermögenspostens, so ist die Wertdifferenz ergebnisneutral als Neubewertungsrücklage gegen zu buchen. Für die Vorbereitung einer Jahresabschlussanalyse stellt sich dann die Frage, ob diese Rücklage als Eigenkapital zu behandeln ist.

Die traditionelle quantitative Jahresabschlussanalyse arbeitet vor allem mit →*Kennzahlen*. Hier sind in erster Linie *Verhältniszahlen* zur Analyse der Vermögens-, Finanz- und Ertragslage (z. B. der return on investment, d. h. das Verhältnis von Jahresüberschuss zu Kapitaleinsatz) zu nennen.

Als *Vermögenskennzahlen* kommen z. B. in Betracht:

- Anlagenintensität $= \dfrac{\text{Anlagevermögen}}{\text{Bilanzsumme}}$

Eine eindeutige Arbeitshypothese lässt sich zu dieser Kennzahl nicht formulieren. Eine hohe Anlagenintensität signalisiert zwar hohe Fixkosten und Anlagevermögen führt erst langfristig zu Mittelrückflüssen, so dass Unternehmen mit einer geringen Vermögenskonstitution tendenziell als besser eingeschätzt werden könnten. Auf der anderen Seite ist Anlagevermögen für die Verfolgung der Unternehmenszwecke unabdingbar und der Umfang des Anlagevermögens ist in hohem Maße von der Branchenzugehörigkeit abhängig.

- Wachstumsquote $= \dfrac{\text{Nettoinvestitionen in das Sachanlagevermögen}}{\text{Jahresabschreibungen auf das Sachanlagevermögen}}$

Eine hohe Wachstumsquote ist positiv zu beurteilen. Wenn die Wachstumsquote dauerhaft unter 100 % liegt, wird die Substanz nicht mehr erhalten. Die Wachstumsquote sinkt jedoch auch dann, wenn Anlagevermögen durch gemietete oder geleaste (im Sinne eines operating leasing) Posten substituiert wird oder wenn aus abschlusspolitischen Gründen über den Leistungsverzehr hinaus abgeschrieben wird. In diesen Fällen ist die Wachstumsquote nur noch bedingt aussagefähig.

- Kundenziel $= \dfrac{\varnothing \text{ Bestand an Forderungen aus Lieferungen und Leistungen}}{\text{Umsatzerlöse}} \cdot 365$

Hier gilt die Arbeitshypothese, dass ein Unternehmen umso gesünder ist, je niedriger das Kundenziel ist. Diese Kennzahl zeigt an, innerhalb von wie vielen Tagen die Kunden des Unternehmens durchschnittlich ihren Zahlungsverpflichtungen nachkommen. Bei einem kurzen Kundenziel sind nur geringe Mittel im Umlaufvermögen gebunden, weshalb das Unternehmen wenig Fremdkapital aufnehmen muss. Dagegen deutet ein langes Kundenziel auf eine schlechte Zahlungsmoral und/oder ein vernachlässigtes Mahn- und Inkassowesen hin. Ein zunehmendes Kundenziel kann aber auch in einer veränderten Absatzpolitik (z. B. die Einräumung längerer Zahlungsziele zur Erhöhung des Marktanteils) begründet liegen.

Relevante *Finanz- bzw. Liquiditätskennzahlen* sind u. a.

- Verschuldungsgrad = $\dfrac{\text{Fremdkapital}}{\text{Eigenkapital}}$

Mit sinkendem Verschuldungsgrad verbessert sich die Finanzlage eines Unternehmens. Die in dieser Arbeitshypothese zum Ausdruck kommende Präferenz für Eigenkapital liegt darin begründet, dass Fremdkapital im Gegensatz zu Eigenkapital i. d. R. zurückgezahlt werden muss, so dass es zu Auszahlungen für Tilgung kommt. Zudem sind Auszahlungen für Fremdkapitalzinsen unabhängig von der wirtschaftlichen Lage zu tätigen, wohingegen Ausschüttungen an Eigenkapitalgeber flexibler sind. Allerdings ist zu beachten, dass unter Rentabilitätsgesichtspunkten Fremdkapital häufig vorteilhafter ist (leverage-Effekt).

- Verschuldungsgrad B = $\dfrac{\text{Eigenkapital + langfristiges Fremdkapital}}{\text{Anlagevermögen}}$

Diese Kennzahl ist aus der goldenen Bilanzregel abgeleitet, die eine fristenkongruente Finanzierung fordert. Falls der Deckungsgrad B größer als eins ist, ist diese Forderung erfüllt. Anlagevermögen führt erst langfristig zu Einzahlungen. Insofern sollte es durch Kapital finanziert werden, das nicht oder nur langfristig zurückgezahlt werden muss. Ein hoher Deckungsgrad B ist daher als positiv anzusehen.

- Liquidität 2. Grades = $\dfrac{\text{liquide Mittel + kurzfristige Forderungen}}{\text{kurzfristige Verbindlichkeiten}}$

Die künftige Zahlungsfähigkeit eines Unternehmens gilt als gesichert, wenn die Zahlungsverpflichtungen durch einen entsprechend hohen Bestand an flüssigen Mitteln oder kurzfristig liquidierbaren Vermögensgegenständen gedeckt sind. Je höher die Liquidität 2. Grades, umso besser ist die Liquiditätslage eines Unternehmens. Häufig wird ein Wert von mindestens eins gefordert.

Mögliche *Erfolgs- bzw. Rentabilitätskennzahlen* sind bspw.:

- Eigenkapitalrentabilität = $\dfrac{\text{Jahresergebnis}}{\text{Ø Eigenkapital}}$

- Gesamtkapitalrentabilität = $\dfrac{\text{Jahresergebnis + Fremdkapitalzinsen}}{\text{Ø Gesamtkapital}}$

- Betriebsrentabilität = $\dfrac{\text{ordentliches Ergebnis}}{\text{betriebsnotwendiges Vermögen}}$ und

- Umsatzrentabilität = $\dfrac{\text{ordentliches Betriebsergebnis}}{\text{Umsatzerlöse}}$.

Eine hohe Rentabilität drückt eine hohe Verzinsung des eingesetzten Kapitals aus und ist deshalb als positiv zu beurteilen. Für das produzierende Gewerbe wird z. B. eine Gesamtkapitalrentabilität von mehr als 12 % und eine Umsatzrentabilität von mehr als 8 % als gut erachtet.

Zur Beurteilung der Finanzlage (→ *Finanzlage, Prüfung*) finden zudem Finanzflussrechnungen, insbesondere das Konzept des *CF* und Kapitalflussrechnungen (→ *Kapitalflussrechnung, Prüfung*), Anwendung. Im Rahmen der Erfolgsanalyse empfiehlt sich eine *Erfolgsspaltung* (d. h. die Zerlegung des Jahresüberschusses in die Komponenten Betriebsergebnis, Finanzergebnis und außerordentliches Ergebnis), um Erkenntnisse über das nachhaltig erzielbare Ergebnis (zumeist Betriebsergebnis + Finanzergebnis) zu erlangen. Auch sog. *Erfolgsindikatoren* wie z. B. das Ergebnis nach DVFA/SG oder → *EBITDA* kommen zum Einsatz. Diese Erfolgsindikatoren finden wiederum Eingang in Verhältniszahlen zur Analyse der Ertragslage (→ *Ertragslage, Prüfung*) (z. B. EBITDA/Umsatzerlöse).

Kennzahlen entfalten ihre Aussagekraft erst dann, wenn sie vergleichend betrachtet werden. Neben inner-, zwischen- und überbetrieblichen Vergleichen kommen im Rahmen der Jahresabschlussanalyse insbesondere Zeit- und Soll-Ist-Vergleiche (so sollte z. B. die Liquidität 2. Grades mindestens 100 % betragen) in Betracht.

Die Aussagekraft von *Einzelkennzahlen* ist begrenzt, denn sie liefern keine Aussagen über das Zustandekommen der Kennzahlenausprägung. Die Anwendung von *Kennzahlen-Systemen* beseitigt diesen Nachteil. Dabei ist zwischen analytischen und synthetischen Kennzahlensystemen zu unterscheiden:

- *Analytische Kennzahlensysteme* (am bekanntesten sind das DuPont-System, das ZVEI-System und das RL-System) basieren auf der Zerlegung einer Spitzenkennzahl in viele weitere, erklärende Kennzahlen.

Je nachdem, ob die Kennzahlen des Systems rechnerisch oder nur sachlogisch miteinander verknüpft sind, handelt es sich um Rechen- oder Ordnungssysteme.

- *Synthetische Kennzahlensysteme* beruhen auf der Idee, eine Vielzahl von Einzelkennzahlen zu einer Gesamtaussage zu verdichten. Sie können verfahrensfrei, d.h., die Verdichtung erfolgt subjektiv, oder verfahrensgebunden sein. Zu den verfahrensfreien Systemen gehören auch Scoring-Modelle wie das *Saarbrücker Modell*. Moderne Ansätze beruhen auf mathematisch-statistischen Methoden, sind also verfahrensgebunden. Dabei kommen die → *Diskriminanzanalyse*, KNN (→ *BBR*) und die logistische → *Regressionsanalyse* zum Einsatz.

Die klassische Jahresabschlussanalyse ist nicht frei von *Kritik*. Es lässt sich vor allem die Qualität der Datenbasis in Frage stellen. U.a. wird den Jahresabschlussdaten eine mangelnde Zukunftsbezogenheit, mangelnde Vollständigkeit (so sind wichtige qualitative Informationen nicht enthalten), mangelnde Genauigkeit (z.B. hinsichtlich der Fristeneinteilung von Verbindlichkeiten), mangelnde Bestimmtheit (da sie häufig, wie z.B. in Bezug auf die Nutzungsdauern von Vermögensposten, auf Schätzungen basieren) sowie mangelnde Allokation (d.h., Jahresabschlussdaten sind hochaggregierte Daten, die relativ spät auf Veränderungen reagieren) vorgeworfen. Zudem leidet die Qualität der Informationen an der Stichtagsbezogenheit der Bilanz (die Stichtagsverhältnisse müssen nicht repräsentativ sein) und den Manipulationsmöglichkeiten, die sich aus Bilanzansatz- und Bewertungswahlrechten ergeben. Die IFRS-Rechnungslegung ist durch eine geringere Anzahl von Wahlrechten gekennzeichnet. Ermessensspielräume und faktische Ansatzwahlrechte (z.B. bezüglich der Entwicklungsausgaben gem. IAS 38.57) ermöglichen dem Jahresabschlussersteller dennoch erhebliche abschlusspolitische Gestaltungsspielräume.

Reiner Quick

Literatur: *Baetge, J./Kirsch, H.-J./Thiele, S.*, Bilanzanalyse, 2004; *Küting, K./Weber, C.-P.*, Die Bilanzanalyse, 2004.

Jahresabschlusskennzahlen → Kennzahlen

Jahresabschlusspolitik → Abschlusspolitik

Jahresabschlussprüfung

Die Jahresabschlussprüfung ist für große und mittelgroße Kapitalgesellschaften (→ *KMU, Prüfung*) verpflichtend (§ 316 Abs. 1 HGB). Dies gilt auch für entsprechende → *Kapitalgesellschaften & Co.* (§ 264a HGB). Zu beachten ist, dass Gesellschaften, die einen organisierten Markt in Anspruch nehmen, stets die strengeren Vorschriften für große Kapitalgesellschaften zu beachten haben (§ 267 Abs. 3 Satz 2 HGB). Des Weiteren ist der informatorische IFRS-Einzelabschluss gem. § 325 Abs. 2a HGB prüfungspflichtig (§ 324a Abs. 1 i. V. m. § 316 Abs. 1 Satz 1 HGB). Konzernabschlüsse (→ *Konzernabschluss, Prüfung*) müssen geprüft werden (§ 316 Abs. 2 HGB), sofern eine Pflicht zur Konzernrechnungslegung (§ 290 HGB) vorliegt. Dies gilt auch für wahlweise oder verpflichtend erstellte IFRS-Konzernabschlüsse. Prüfungspflichtig sind zudem große Nicht-Kapitalgesellschaften i. S. d. PublG (§ 6 Abs. 1 PublG), Versicherungsunternehmen (→ *Versicherungsunternehmen, Prüfung*) (§ 341k HGB) und Kreditinstitute (→ *Kreditinstitute, Prüfung*) (§ 340k HGB), und zwar unabhängig von Größe und Rechtsform, sowie Genossenschaften (→ *Genossenschaftsprüfung*) (§ 53 Abs. 1 GenG). Zur Durchführung von handelsrechtlichen Jahresabschlussprüfungen sind nach § 319 Abs. 1 HGB → *WP* und → *WPG*, bei mittelgroßen GmbH auch → *vBP* und → *BPG* berechtigt.

Prüfungsgegenstände (§§ 316 f. HGB) sind zunächst der → *Jahresabschluss* und die → *Buchführung*. Es soll die Beachtung der gesetzlichen Vorschriften und der sie ergänzenden Bestimmungen des Gesellschaftsvertrags oder der Satzung geprüft werden. Die Prüfung ist so anzulegen, dass Unrichtigkeiten und Normenverstöße, die sich auf die Darstellung der Lage des Unternehmens wesentlich auswirken, bei gewissenhafter Berufsausübung erkannt werden. Der Lagebericht (→ *Lagebericht, Prüfung*) stellt einen weiteren Prüfungsgegenstand dar. Er ist darauf zu überprüfen, ob er im Einklang mit dem Jahresabschluss und den bei der Prüfung gewonnenen Erkenntnissen des Abschlussprüfers steht und ein zutreffendes Bild von der Lage der Gesellschaft vermittelt. Dabei ist auch zu prüfen, ob die Risiken der künftigen Entwicklung zutreffend dargestellt sind. Bei börsennotierten AG stellt das Risikoüberwachungssystem einen zusätzlichen Prüfungsgegenstand dar.

Das Prüfungsergebnis ist im → *Prüfungsbericht* schriftlich festzuhalten (§ 321 HGB, IDW PS 450). Dieser stellt ein internes Informationsinstrument dar und ist an den Aufsichtsrat und die gesetzlichen Vertreter adressiert. Der → *Bestätigungsvermerk* (§ 322 HGB, IDW PS 400) fasst das Ergebnis der Prüfung für Dritte zusammen. Sein Wortlaut ist in § 322 HGB zwingend vorgeschrieben.

Joint audit → Gemeinschaftsprüfung

Jointly controlled entity → Quotenkonsolidierung, Prüfung

Kapitalflussrechnung, Prüfung

1 Normen

a) Deutsche Normen: § 297 Abs. 1 HGB i.V.m. DRS 2, § 315a HGB; b) Internationale Norm: IAS 7.

2 Definition und Aufstellung

Investitions- und Finanzierungsvorgänge wirken durch Einzahlungen und Auszahlungen auf die Finanzlage (→*Finanzlage, Prüfung*) eines Unternehmens. Die Kapitalflussrechnung (cashflow statement) ist eine detaillierte finanzwirtschaftliche Bewegungsbilanz und soll dem Leser eines Jahresabschlusses einen Einblick in die Entwicklung der Finanzlage von Unternehmen in der vorangegangenen Periode geben. Auf Basis dieser Informationsquelle soll die Prognose zukünftig erzielbarer Überschüsse sowie die Beurteilung der Fähigkeit eines Unternehmens oder Konzerns, seinen Zahlungsverpflichtungen auch zukünftig nachzukommen, erleichtert werden.

In einer Kapitalflussrechnung sind gem. IAS 7 die Zahlungsströme für die Bereiche der *laufenden Geschäftstätigkeit* (zahlungswirksame Tätigkeiten, die auf Erlöserzielung ausgerichtet sind), der *Investitions- und Desinvestitionstätigkeit* (z.B. Erwerb und Veräußerung von Gegenständen des →*Anlagevermögens*, Erwerb von Wertpapieren des →*Umlaufvermögens*) sowie der *Finanzierungstätigkeit* (zahlungswirksame Aktivitäten mit Auswirkung auf Eigenkapital und Finanzschulden) gesondert darzustellen (IAS 7.10).

Die Veränderung des Bestandes an liquiden Mitteln während einer Periode errechnet sich aus den getätigten Einzahlungen und Auszahlungen der drei beschriebenen Finanzmittelfonds. Gem. IAS 7.28 sind unrealisierte Gewinne bzw. Verluste, die zum einen aus der Umrechnung von Fremdwährungspositionen im Einzelabschluss sowie zum anderen aus der Umrechnung von Abschlüssen von Tochterunternehmen resultieren, nicht Bestandteil der Veränderung der Finanzmittelfonds. Der Ausweis wechselkursbedingter Veränderungen der Zahlungsmittel und Zahlungsmitteläquivalente erfolgt in der Kapitalflussrechnung in einem gesonderten Posten, wobei die Veränderung der Zahlungsmittel und Zahlungsmitteläquivalente zu Beginn des Geschäftsjahres zum Endbestand darzustellen ist.

Im Gegensatz zum CF aus der Investitions- und Finanzierungstätigkeit, der grundsätzlich nach der direkten Methode dargestellt wird, ist beim CF aus *laufender Geschäftstätigkeit* die *direkte* und die *indirekte Darstellung* von Zahlungsströmen zu unterscheiden. Bei der Darstellung nach der direkten Methode werden Einzahlungen und Auszahlungen unmittelbar in Hauptklassen (z. B. Einzahlungen von Kunden, Auszahlungen an Lieferanten und Beschäftigte, sonstige Einzahlungen, sonstige Auszahlungen) ausgewiesen. Der Saldo aus Einzahlungen und Auszahlungen ergibt den CF aus laufender Geschäftstätigkeit. In Abgrenzung hierzu basiert die Darstellung des CF nach der indirekten Methode auf den Zahlen der GuV (→ *GuV, Prüfung*). Ausgangspunkt der Darstellung ist hierbei der Jahresüberschuss, wobei dieser um zahlungsunwirksame →*Erträge* und →*Aufwendungen* (z. B. →*Abschreibungen*, Bestandsveränderungen der Vorräte, Veränderungen der Rückstellungen) zu vermindern bzw. erhöhen ist. Dabei werden erfolgsunabhängige Einzahlungen und Auszahlungen bei der Darstellung nach der indirekten Methode ignoriert.

Hinsichtlich der Erstellung einer Kapitalflussrechnung ist zwischen der *originären* und der *derivativen Methode* zu unterscheiden. Bei der originären Methode wird die Kapitalflussrechnung aus den Konten der Finanzbuchführung ermittelt. Hierzu muss bei der Buchung der Geschäftsvorfälle über Zusatzkontierungen die Zahlungswirksamkeit sowie die Zuordnung zu den jeweiligen Finanzmittelfonds erfasst werden. Die originäre Erfassung ist dabei mit einer direkten Darstellung der Konzern-Kapitalflussrechnung verbunden. In Abgrenzung hierzu setzt die derivative Ermittlung auf dem aufgestellten Jahresabschluss auf. Die derivative Methode ermöglicht sowohl die direkte als auch indirekte Darstellung der Konzern-Kapitalflussrechnung. Bei der derivativen Ermittlung einer Konzern-Kapitalflussrechnung ist weiterhin zwischen dem sog. *bottom up-* und dem *top down-Konzept* zu unterscheiden. Beim bottom up-Konzept werden die Kapitalflussrechnungen der einzelnen Konzernunternehmen aufaddiert und um konzerninterne Ein- und Auszahlungen korrigiert. Beim top down-Konzept wird die Konzern-Kapitalflussrechnung unmittelbar aus der Konzernbilanz sowie der Konzern-GuV übergeleitet, wobei z. B. Zuflüsse aus Umsätzen ermittelt werden, indem die Umsatzerlöse um die Veränderung der Forderungen aus Lieferungen und Leistungen korrigiert werden. Konzerninterne Ein- und Auszahlungen im Bereich der Finanzierungstätigkeit müssen sich hierbei, z. B. mithilfe von Zusatzkontierungen, identifizieren lassen, um eine entsprechende Eliminierung der Zahlungsströme zu ermöglichen.

3 Prüferisches Vorgehen

Aus der →*Prüfungspflicht* des Konzernabschlusses resultiert auch im Falle der Anwendung des § 315a Abs. 1 HGB die Prüfungspflicht der Kapitalflussrechnung (§ 316 Abs. 2 HGB). Wird eine Kapitalflussrechnung freiwillig im Anhang (→*Anhang, Prüfung*) oder Lagebericht (→*Lagebericht, Prüfung*) offen gelegt, ergibt sich hieraus ebenfalls eine Prüfungspflicht. Nicht der Jahresabschlussprüfung unterliegen freiwillig erstellte und nicht in Anhang oder Lagebericht veröffentlichte Kapitalflussrechnungen. Der Abschlussprüfer ist jedoch zur kritischen Durchsicht dieser nicht prüfungspflichtigen Kapitalflussrechnungen verpflichtet (IDW PS 202.6 f.).

Bei der Prüfung der Kapitalflussrechnung hat der Abschlussprüfer zunächst zu untersuchen, welche Rechnungslegungsnormen angewendet wurden. Die Normen des DRS 2 und des IAS 7 sind weitgehend vergleichbar, so dass sich Kapitalflussrechnungen, die nach DRS oder IFRS aufgestellt wurden, grundsätzlich in ihrer Konzeption und Ausgestaltung entsprechen. Unterschiede bestehen hinsichtlich der Zuordnung der Zahlungsströme aus Zinsen und Dividenden. Gem. DRS 2.36 sind erhaltene und gezahlte Zinsen sowie erhaltene Dividenden der laufenden Geschäftstätigkeit zuzuordnen. Dies gilt nach IAS 7 nur für Finanzinstitute (→*Finanzdienstleistungsinstitute, Prüfung*). Für andere Unternehmen erfolgt der Ausweis grundsätzlich unter dem CF aus der Finanzierungs- oder Investitionstätigkeit. IAS 7 setzt im Gegensatz zu DRS 2 kein Mindestgliederungsschema voraus.

Die wesentlichen Prüfungsziele bestehen in der Feststellung der Existenz (→*Abschlussaussagen*) der Zahlungsmittelbestände und Zahlungsmitteläquivalente (→*Zahlungsmittel- und Zahlungsmitteläquivalente, Prüfung*) am Abschlussstichtag, der Vollständigkeit und periodengerechten Erfassung der Zahlungsströme sowie der Einhaltung der relevanten Darstellungs- und Berichterstattungsvorschriften. Grundsätzlich hängen die vom Abschlussprüfer durchzuführenden →*Prüfungshandlungen* maßgeblich von der durch das zu prüfende Unternehmen gewählten Methode der Herleitung und Darstellung der Kapitalflussrechnung ab. Diesbezügliche Organisationsanweisungen des zu prüfenden Unternehmens können dem Abschlussprüfer hier im Rahmen einer →*Systemprüfung* wichtige Hinweise liefern. Die notwendigen Prüfungshandlungen lassen sich nach den Einzahlungen in und Auszahlungen aus den drei darzustellenden Finanzmittelfonds (*CF aus laufender Geschäftstätigkeit, CF aus der Investitionstätigkeit* sowie *CF aus der Finanzierungstätigkeit*) strukturieren.

Im Folgenden wird ein möglicher Prüfungsablauf zur Prüfung einer auf Basis der derivativen Methode (top down-Konzept) ermittelten Kapitalflussrechnung dargestellt:

Der Abschlussprüfer hat sich zunächst durch Einsichtnahme in die Unterlagen zur Herleitung der Kapitalflussrechnung und Organisationsanweisungen sowie in die Überleitungsrechnung der Daten aus dem Jahresabschluss einen ersten Eindruck von der Ordnungsmäßigkeit der Kapitalflussrechnung zu verschaffen. Hierbei ist insbesondere das Vorhandensein geeigneter Kontrollen sowie die Richtigkeit der Überleitung des Finanzmittelfonds zu den einzelnen Positionen des Jahresabschlusses unter Beachtung der Ausweis-, Gliederungs- und Erläuterungsvorschriften zu prüfen sowie die Einhaltung der Kriterien für Zahlungsmitteläquivalente zu beurteilen.

Im Falle der direkten Darstellung des *CF aus laufender Geschäftstätigkeit* hat der Abschlussprüfer zunächst durch Systemprüfungen sicherzustellen, dass bereits bei der Erfassung der Geschäftsvorfälle die Zuordnung zu den relevanten Finanzmittelfonds durch zweckmäßige und funktionierende Kontrollen gewährleistet ist. Darüber hinaus sind →*Einzelfallprüfungen* insbesondere für ausgewählte komplexe und wesentliche Zahlungsvorgänge (z.B. Erwerb und Verkauf von zu konsolidierenden Unternehmen und sonstigen Geschäftseinheiten) sowie bei ermessensabhängigen Ausweisfragen (z.B. den Ausweis von aktivierten Zinsen) durchzuführen. Im Falle der indirekten Darstellung besteht die Aufgabe des Abschlussprüfers zunächst darin, die vom zu prüfenden Unternehmen implementierte Methode zur Überleitung der Informationen aus der Bilanz und GuV zu beurteilen.

Die Plausibilität der erstellten Kapitalflussrechnung kann anhand →*analytischer Prüfungen*, wie z.B. dem Vergleich relevanter →*Kennzahlen* im Jahresverlauf oder dem Vergleich mit Vorjahreszahlen, untersucht werden. Eine mögliche analytische Prüfung kann u.a. in einem Vorjahresvergleich des Quotienten aus *CF aus laufender Geschäftstätigkeit* und den Umsatzerlösen bestehen, wobei Abweichungen von den Erwartungen des Abschlussprüfers bzw. wesentliche Veränderungen im Vergleich zum Vorjahr sowie Widersprüche zu bereits erlangten Prüfungsfeststellungen auf mögliche Fehler innerhalb der Kapitalflussrechnung hindeuten.

Im Rahmen von →*aussagebezogenen Prüfungshandlungen* gilt es darüber hinaus, die Abgrenzung des Finanzmittelfonds durch Erhebung und Analyse von Informationen zur Fristigkeit bestimmter Positionen (Restlaufzeit von unter drei Monaten), zur *Liquidierbarkeit* sowie im Hinblick auf das *Wertänderungsrisiko* zu untersuchen, um die normenkonforme Berücksichtigung aller Beträge zu beurteilen. Von der normenkonformen Abgrenzung hat sich der Abschlussprüfer in → *Stichproben* zu überzeugen. Da in ihrer Verfügbarkeit eingeschränkte Beträge i.d.R. nicht in die Kapitalflussrechnung eingehen dürfen, ist der Abschlussprüfer gehalten, z.B. die auf ausländischen Bankkonten unterhaltenen Guthaben des zu prüfenden Unternehmens hinsichtlich eventuell bestehender Transferbeschränkungen zu untersuchen, da diese dann nicht dem Finanzmittelfonds zuzurechnen sind.

Wesentliche zahlungsunwirksame Geschäftsvorfälle sind, u.a. im Hinblick auf die vollständige Erfassung sowie das Vorhandensein, zu untersuchen, wobei der Abschlussprüfer hierbei weitgehend auf bereits erlangte Prüfungsfeststellungen zurückgreifen kann. In Bezug auf den *CF aus der Investitionstätigkeit* kann der Abschlussprüfer z.B. bereits im Rahmen der Prüfung des Anlagespiegels (→ *Anlagespiegel, Prüfung*) die für die Prüfung der Kapitalflussrechnung relevanten zahlungswirksamen Investitionen identifizieren. Generell kann nahezu jede Position der Kapitalflussrechnung mit den Positionen der Bilanz und der GuV durch den Abschlussprüfer abgestimmt werden. Durch einen direkten Zahlenvergleich können sämtliche Positionen der Kapitalflussrechnung, die durch die derivative Methode in die Kapitalflussrechnung eingegangen sind (z.B. Jahresergebnis, Abschreibungen), insbesondere im Hinblick auf vollständige Erfassung, Vorhandensein und Ausweis überprüft werden. Weiterhin ist durch den Abschlussprüfer im Falle einer → *Folgeprüfung* anhand der → *Arbeitspapiere* der vorangegangenen Prüfungen sicherzustellen, dass das → *Stetigkeitsprinzip* hinsichtlich der Abgrenzung des Finanzmittelfonds sowie in Bezug auf die Darstellungsform der Kapitalflussrechnung eingehalten wurde. Abweichungen im Vergleich zu den Vorjahren sind von der Unternehmensleitung zu begründen.

Der Abschlussprüfer hat die → *Prüfungsfeststellungen* sowie das Prüfungsergebnis (→ *Prüfungsurteil*) in den Arbeitspapieren zu dokumentieren und abschließend die Normenkonformität der Kapitalflussrechnung mit der zugrunde liegenden Rechnungslegungsvorschrift festzustellen. Die Prüfungsfeststellungen haben Einfluss auf den → *Prüfungsbericht* und den → *Bestätigungsvermerk*, wobei gem. § 321 Abs. 1 Satz 3 HGB im Prüfungsbericht festgestellte Unrichtigkeiten bei der Kapitalflussrechnung darzustellen sind. Diesbezüglich ist auch das Fehlen von Pflichtangaben zur Kapitalflussrechnung im Prüfungsbericht zu dokumentieren. Auf Besonderheiten im Ausweis sowie wesentliche Veränderungen gegenüber dem Vorjahr ist im Prüfungsbericht gem. IDW PS 450.70 gesondert einzugehen. Haben die seitens des Abschlussprüfers durchgeführten Prüfungshandlungen nicht zu wesentlichen Beanstandungen hinsichtlich der Kapitalflussrechnung geführt, ergeben sich keine einschränkenden Auswirkungen auf den Bestätigungsvermerk. Wurden hingegen wesentliche Unrichtigkeiten und Verstöße bei der Kapitalflussrechnung identifiziert oder lagen wesentliche →*Prüfungshemmnisse* vor, ist der Bestätigungsvermerk aufgrund einer wesentlichen Beanstandung gegen einen abgrenzbaren Teil der Rechnungslegung, d.h. die Kapitalflussrechnung, gem. IDW PS 400.50 einzuschränken.

Torsten Pütz

Literatur: *Auer, K.V.*, Kapitalflussrechnung, in: Ballwieser, W./Coenenberg, A.G./Wysocki, K.v. (Hrsg.), Handwörterbuch der Rechnungslegung und Prüfung, 2002, Sp. 1292–1311; *Küting, K./Dawo, S.*, in: Steuern und Bilanzen 1999, S. 169–178; *Lenz, H./Focken, E.*, Prüfung von Kapitalflussrechnung und Segmentberichterstattung nach § 297 Abs. 1 HGB bei börsennotierten Muttergesellschaften, in: Lachnit, L./Freidank, C.-C. (Hrsg.), Investororientierte Unternehmenspublizität, 2000, S. 495–526.

Kapitalgesellschaft

Mit diesem Sammelbegriff werden die in der Rechtsform der →*AG*, →*GmbH* und →*KGaA* geführten Unternehmen bezeichnet. Kennzeichen ist die Existenz eines betragsmäßig fixierten Gesellschaftskapitals. Kapitalgesellschaften sind juristische Personen des Privatrechts und besitzen somit eine eigene Rechtsfähigkeit. Die Geschäftsführung und Vertretung übernehmen natürliche Personen, die als Organe tätig werden. Die Haftung ist bei Kapitalgesellschaften im Gegensatz zu →*Personenhandelsgesellschaften*, →*Genossenschaften* und Einzelunternehmen meist für alle Gesellschafter auf das betragsmäßig fixierte Gesellschaftskapital beschränkt. Kapitalgesellschaften müssen besondere gesetzliche Regelungen (z.B. →*GmbHG*; →*AktG*) sowie die erweiterten Vorschriften der §§ 264–335b HGB zur Rechnungslegung, Prüfung und Offenlegung befolgen und unterliegen der Körperschaftsteuer.

Kapitalgesellschaften & Co.

§ 264a Abs. 1 HGB definiert Kapitalgesellschaften & Co. als →*OHG* und →*KG*, bei denen unter Beachtung der Verbindung von Gesellschaften kein persönlich haftender Gesellschafter eine natürliche Person bzw.

andere Personengesellschaft mit einer natürlichen Person als persönlich haftendem Gesellschafter ist. Die bekannteste Ausprägung dieser durch eine Kombination von →*Personenhandels*- und →*Kapitalgesellschaft* entstandenen Gesellschaftsform ist die GmbH & Co. KG. Hierbei tritt eine haftungsbeschränkte →*GmbH* als Komplementär (Vollhafter) der KG auf. Durch die genannte handelsrechtliche Vorschrift werden Kapitalgesellschaften & Co. im Hinblick auf die Aufstellung, Prüfung und Offenlegung der →*Einzel*- und →*Konzernabschlüsse* den Kapitalgesellschaften gleichgestellt, so dass die §§ 264–330 HGB entsprechend anzuwenden sind (§ 264a Abs. 1 HGB).

Kapitalkonsolidierung, Prüfung

1 Normen

1.1 Rechnungslegungsnormen

a) Deutsche Normen: §§ 300–302, 307, 309, 313 Abs. 1 Nr. 3 HGB, DRS 4; b) Internationale Normen: IFRS 3, IAS 27.

1.2 Prüfungsnormen

a) Deutsche Normen: §§ 316 Abs. 2, 317 HGB; b) Internationale Normen: ISA 600 a.F., ED ISA 600 n.F.

2 Methoden

Die Kapitalkonsolidierung stellt einen wesentlichen Schritt bei der Erstellung des →*Konzernabschlusses* dar. Nach deutschem Bilanzrecht sind grundsätzlich zwei Vorgehensweisen möglich: Wenn ein Unternehmenszusammenschluss im Wesentlichen durch einen Anteilstausch unter gleichberechtigten Partnern gekennzeichnet ist und weitere Voraussetzungen gegeben sind, kann die Kapitalkonsolidierung nach der Interessenzusammenführungsmethode durchgeführt werden (→*Interessenzusammenführungsmethode, Prüfung*; § 302 HGB). Diese Methode ist zwar nach DRS 4.8 nicht erlaubt, jedoch ist es strittig, ob gesetzlich geregelte Wahlrechte durch Interpretationen des →*DRSC* ausgehebelt werden können.

In der Praxis liegt jedoch meist eine Unternehmensübernahme vor. In diesem Falle erfolgt die Kapitalkonsolidierung nach der *Erwerbsmethode* (purchase method, § 301 HGB). Gem. IFRS 3.14 ist stets die Erwerbsmethode anzuwenden. Der Grundgedanke besteht darin, dass Anteile an einem Unternehmen des Konsolidierungskreises, die einem einbezogenen Konzernunternehmen gehören, mit dem anteiligen Eigenkapital (→ *Eigenkapital, Prüfung*) dieses Unternehmens verrechnet werden. Dies ist erforderlich, da ansonsten das Nettovermögen des Tochterunternehmens im Konzernabschluss doppelt ausgewiesen würde. Der Grundsatz, dass der Konzernabschluss so aufgestellt werden soll, als ob die einbezogenen Unternehmen »insgesamt ein einziges Unternehmen wären« (§ 297 Abs. 3 Satz 1 HGB), würde verletzt werden (Einheitstheorie, vgl. auch IAS 27.6).

3 Prüferisches Vorgehen

Die Prüfung der Kapitalkonsolidierung ist wegen der zahlreichen zu beachtenden Rechnungslegungsnormen v.a. eine *Normenkonformitätsprüfung*. Der Abschlussprüfer muss die wesentlichen Schritte der Kapitalkonsolidierung nachvollziehen. Die Prüfung konzentriert sich insbesondere auf die →*Abschlussaussage* Bewertung in Bezug auf die einzelnen Eigenkapitalposten der in den Konzernabschluss einzubeziehenden Unternehmen. Daher sollen zunächst grundlegende Bilanzierungsregelungen dargestellt werden.

3.1 Erstkonsolidierung

Obwohl rechtlich ein Erwerb von Anteilen vorliegt, wird für die Kapitalkonsolidierung unterstellt, dass die Vermögensposten und Schulden einzeln erworben wurden (*Einzelerwerbsfiktion*). Auch wenn das Tochterunternehmen nicht zu 100 % von Konzernunternehmen gehalten wird, werden gemäß der Einheitstheorie sämtliche Vermögensposten und Schulden des Tochterunternehmens in den Konzernabschluss übernommen, wobei für die Anteile anderer Gesellschafter (§ 307 HGB, IFRS 3.40) ein Ausgleichsposten geschaffen wird.

Eine entscheidende Frage der Kapitalkonsolidierung stellt die Bewertung des Eigenkapitals, also der einzelnen Vermögensposten und Schulden, dar. Es kommen grundsätzlich Buchwerte sowie anteilige oder volle Zeitwerte in Betracht. Nach HGB existieren zwei *Methoden*, die sich jeweils insbesondere darin unterscheiden, ob bei der Erstkonsolidierung auch für andere Gesellschafter stille Reserven und Lasten aufgedeckt werden oder nicht. Bei der Buchwertmethode (§ 301 Abs. 1 Satz 2 Nr. 1 HGB) werden für die Anteile anderer Gesellschafter keine stillen Reserven und Lasten aufgedeckt; die Neubewertungsmethode (§ 301 Abs. 1 Satz 2 Nr. 2 HGB), die der Vorgehensweise nach IFRS 3.24 entspricht, ordnet dem Posten »Anteile anderer Gesellschafter« dagegen die anteiligen Zeitwerte zu. Gem. DRS 4.23 ist nur noch die Neubewertungsmethode anzuwenden. Der Abschlussprüfer muss die angewandte Methode identifizieren und ihre korrekte Anwendung überprüfen.

Im Einzelnen zeichnet sich die *Buchwertmethode* dadurch aus, dass das Anschaffungskostenprinzip gewahrt bleibt (§ 301 Abs. 1 Satz 3 HGB). Dies bedeutet, dass ein nach der Verrechnung von Beteiligung und buchmäßigem Eigenkapital verbleibender Unterschiedsbetrag durch Hebung von stillen Reserven und Lasten bei den übernommenen Vermögensposten und Schulden aufgelöst wird. Wegen des Anschaffungskostenprinzips ist jedoch die Realisation von stillen Reserven begrenzt: Ein aktiver Unterschiedsbetrag kann dadurch lediglich aufgelöst, nicht jedoch in einen passiven Unterschiedsbetrag umgewandelt werden; ein passiver Unterschiedsbetrag darf nicht erhöht werden. Aufgrund dessen dürfen stille Reserven nach h.M. nur teilweise aufgelöst werden, was Gestaltungsmöglichkeiten hinsichtlich des Umfangs der Auflösung bei einzelnen Bilanzpositionen eröffnet. Es sind mehrere Zuordnungsmethoden erlaubt (z.B. proportional, nach Verweildauer), der Prüfer muss sich nur von der Willkürfreiheit der vorgenommenen Realisation stiller Reserven überzeugen. Weiterhin können stille Reserven entweder nur anteilig in Höhe der Beteiligung des Konzerns oder ggf. voll aufgelöst werden.

Nach der *Neubewertungsmethode* (§ 301 Abs. 1 Satz 2 Nr. 2 HGB) sowie der in IFRS 3.24 vorgesehenen Methode werden die vollen fair values der Vermögenswerte und Schulden des Tochterunternehmens in der Konzernbilanz gezeigt, wobei die anderen Gesellschafter entsprechend ihrem Anteil an der Realisation der stillen Reserven beteiligt werden. Anhaltspunkte für die Wertbestimmung der fair values werden in IFRS 3.B16 f. gegeben. Dennoch verbleibt für den Bilanzierenden ein erheblicher Ermessensspielraum, dessen Einhaltung kaum geprüft werden kann (→ *Fair values, Prüfung*).

Der nach Verrechnung von Beteiligung und Eigenkapital, das je nach Methode zu Buch- oder Marktwerten bewertet ist, verbleibende Unterschiedsbetrag wird, sofern der Wertansatz der Beteiligung das (anteilige) Eigenkapital übersteigt, als Geschäfts- oder Firmenwert bzw. Goodwill, anderenfalls als negativer Unterschiedsbetrag bzw. negative Goodwill bezeichnet. Der Prüfer muss die korrekte Berechnung sowie den richtigen Ausweis des Unterschiedsbetrags nachvollziehen.

3.2 Folgekonsolidierung

Wegen der fehlenden Wertansatzidentität (§ 252 Abs. 1 Nr. 1 HGB) für den Konzernabschluss ist zunächst zu prüfen, ob die Konsolidierungsbuchungen aus den Vorjahren in einer Nebenrechnung wiederholt wurden. Für die Prüfung ist es wichtig, dass die Historie der Aufgliederung des Eigenkapitals der einzelnen Tochterunternehmen dokumentiert wurde. Des Weiteren muss die Einhaltung des Grundsatzes der Konsolidierungsmethodenstetigkeit überprüft werden (→ *Stetigkeitsprinzip*). Während die Erstkonsolidierung grundsätzlich erfolgsneutral ist, wird in der Folgekonsolidierung die ergebniswirksame Fortschreibung der zugeordneten stillen Reserven und Lasten sowie des Geschäfts- oder Firmenwertes oder negativen Unterschiedsbetrages vorgenommen.

Der Abschlussprüfer untersucht die Normenkonformität der Folgebewertung von Geschäfts- oder Firmenwert bzw. negativem Unterschiedsbetrag. Der *Geschäfts- oder Firmenwert* kann nach nationalen Normen über seine planmäßige Nutzungsdauer oder über vier Jahre abgeschrieben werden; er kann auch offen mit den Rücklagen verrechnet werden (§ 309 Abs. 1 HGB). Nach DRS 4.31 ist nur eine Abschreibung über die voraussichtliche Nutzungsdauer vorgesehen. Dabei besteht die widerlegbare Vermutung, dass die Nutzungsdauer 20 Jahre nicht überschreitet. Dagegen ist der Goodwill gem. IFRS 3.55 nicht planmäßig abzuschreiben; es müssen lediglich Wertminderungstests in Übereinstimmung mit IAS 36 und daraus eventuell resultierende außerplanmäßige Abschreibungen vorgenommen werden (IFRS 3.54).

Ein *negativer Unterschiedsbetrag* ist insoweit, als er sich auf zum Erwerbszeitpunkt erwartete künftige Aufwendungen oder Verluste bezieht, bei Anfall dieser Aufwendungen oder Verluste ergebniswirksam aufzulösen (§ 309 Abs. 2 Nr. 1 HGB). Der restliche Betrag ist, soweit er »die beizulegenden Zeitwerte der erworbenen nicht-monetären Vermögenswerte nicht übersteigt, ... planmäßig über die gewichtete durchschnittliche Restnutzungsdauer der erworbenen abnutzbaren Vermögenswerte zu vereinnahmen« (DRS 4.41a). Soweit der Restbetrag die beizulegenden Zeitwerte der erworbenen nicht-monetären Vermögenswerte übersteigt, ist er zum Zeitpunkt der erstmaligen Einbeziehung als Ertrag zu erfassen (DRS 4.41b). Der negative Unterschiedsbetrag ist auf der Aktivseite, offen abgesetzt vom Goodwill, auszuweisen (DRS 4.39). Dagegen sind bei Entstehen eines negativen Unterschiedsbetrages nach IFRS 3.56 zunächst der Ansatz und die Bewertung der übernommenen assets und liabilities zu überprüfen; ein verbleibender negativer Unterschiedsbetrag ist sofort ergebniswirksam zu vereinnahmen.

Teile des Konzernergebnisses sind dem Posten *Anteile anderer Gesellschafter* je nach Höhe der Beteiligung Dritter zuzurechnen. Der gesonderte Ausweis des auf diese Gruppen entfallenden Ergebnisses in der Konzern-GuV nach dem Posten »Jahresüberschuss/Jahresfehlbetrag« (§ 307 Abs. 2 HGB, IAS 1.82a) ist zu prüfen.

3.3 Entkonsolidierung

Mit Wegfall der Beherrschung des Tochterunternehmens (→ *Konsolidierungskreis, Prüfung*) müssen die entsprechenden Vermögensposten und Schulden entkonsolidiert werden. Der Abgangswert der Beteiligung ist dem Veräußerungserlös gegenüberzustellen. Der resultierende Veräußerungserfolg im Konzernabschluss weicht regelmäßig vom Veräußerungserfolg im → *Einzelabschluss* des Konzernunternehmens, das die Beteiligung verkauft hat, ab. Dies liegt an der unterschiedlichen Periodisierung von Erfolgen aus der Beteiligung. So werden bspw. Teile der Beteiligungsanschaffungskosten während der Konzernzugehörigkeit durch Abschreibungen auf aufgedeckte stille Reserven oder den Geschäfts- oder Firmenwert im Konzernabschluss aufwandswirksam, während im Einzelabschluss lediglich ggf. außerplanmäßige Abschreibungen auf den Beteiligungsbuchwert vorgenommen werden. Deshalb muss der Beteiligungserfolg aus dem Einzelabschluss korrigiert werden, so dass der Veräußerungserfolg aus Konzernsicht dargestellt werden kann, der den Abgang sämtlicher Vermögensposten und Schulden der Beteiligung im Konzernabschluss widerspiegelt.

3.4 Besonderheiten im mehrstufigen Konzern

Bei mehrstufigen Konzernen kann die Konsolidierung in einzelnen Schritten vorgenommen werden (Stufenkonsolidierung). Dabei ist zunächst das vom Mutterunternehmen am weitesten entfernte Tochterunternehmen zu konsolidieren. Es kann ein echter Teilkonzernabschluss erstellt werden oder gleich mit den effektiven Beteiligungsquoten, d. h. unter Berücksichtigung von mittelbaren Beteiligungen, gerechnet werden. Alternativ kann simultan konsolidiert werden, was aber schon bei kleinen Konzernen nur mit entsprechender Konsolidierungssoftware zu bewältigen ist. In der Praxis wird fast ausnahmslos simultan konsolidiert. Die Vorgehensweise bei der Konsolidierung muss vom Prüfer nachvollzogen werden.

3.5 Spezielle Prüfungsaspekte

Der Konzernabschlussprüfer muss Risiken wesentlicher Falschdarstellungen auf Konzernebene einschätzen (ED ISA 600.42). Diese Einschätzung basiert auf Informationen über den Konzern, seine Bestandteile, deren Umfeld und konzernweiten Kontrollen sowie Diskussionen mit anderen Prüfern des Konzerns (ED ISA 600.43). Der Konzernabschlussprüfer muss ein Verständnis der folgenden Bereiche entwickeln: anzuwendende Rechnungslegungsgrundsätze (z.B. Verständnis des Managements der Teileinheiten für diese Grundsätze, anzuwendende Bilanzansatz- und Bewertungsmethoden sowie deren Änderungen), Konsolidierungsprozess (z.B. vollständige, richtige und zeitnahe Berichterstattung der Teileinheiten, →*Ereignisse nach dem Abschlussstichtag*) sowie Konsolidierungsanpassungen (z.B. Ermittlung des fair values von erworbenen assets und liabilities, Vereinbarungen von Mehrheitseigner oder Minderheiten bezüglich der Übernahme von Verlusten von Teileinheiten; ED ISA 600.A2–4).

Als Reaktion auf die identifizierten Risiken aus der Konsolidierung müssen entsprechende Prüfungshandlungen abgeleitet werden (ED ISA 600.69). Anpassungen, die nicht den gewöhnlichen Verarbeitungsprozess durchschreiten sind gesondert zu prüfen (ED ISA 600.70). Dabei sind u.a. die Angemessenheit und Vollständigkeit der Konsolidierungsanpassungen, die Richtigkeit der Berechnungen sowie die Autorisierung wesentlicher Anpassungen durch die Konzernleitung zu prüfen.

Die Einheitlichkeit von Bilanzansatz und Bewertung im Konzernabschluss (§ 308 Abs. 1 HGB, IAS 27.21) soll durch eine interne Konzernrichtlinie (→*Konzernrichtlinie, interne*) sichergestellt werden, deren Einhaltung auf Einzelabschlussebene geprüft werden kann. Für eine Kapitalkonsolidierungsrichtlinie sind insbesondere die Festlegung auf eine Methode sowie die Behandlung eines aktiven oder passiven Unterschiedsbetrages wichtig. Wenn Standardsoftware eingesetzt wird, müssen die entsprechenden Parametereinstellungen mit den Vorgaben der Konzernrichtlinie übereinstimmen.

Bei größeren Unternehmen stellt die IT-Infrastruktur einen wesentlichen Bestandteil der Buchführung dar (→*IT-gestützte Rechnungslegung*). Art und Umfang der Prüfung von IT-Konsolidierungsprogrammen hängt davon ab, ob es sich um eigene Programme oder Standardsoftware handelt. Für Letztere kann der Prüfer →*Softwarebescheinigungen* anderer Abschlussprüfer verwenden (→*Verwendung von Urteilen Dritter*). Da die einzelnen Konzernunternehmen in den meisten Fällen nicht dieselbe Software einsetzen, ergibt sich eine Schnittstellenproblematik, die durch vorgegebene Formulare gemildert werden soll. Der Abschlussprüfer untersucht, ob alle erforderlichen Daten mit Hilfe der Formulare erfasst werden. Weiterhin müssen die Richtigkeit und Aktualität der folgenden Stammdaten geprüft werden: Daten zur Beteiligungsentwicklung im Zeitablauf, Festlegung der Methode der Kapitalkonsolidierung, Angaben zu Anteilen anderer Gesellschafter, zu eigenen Anteilen und wechselseitigen Beteiligungen (→ *IT-gestützte Prüfungstechniken*). *Kay Lubitzsch*

Literatur: *Busse von Colbe, W.*, Kapitalkonsolidierung, Erwerbsmethode/Purchase Method, in: Ballwieser, W./Coenenberg, A.G./Wysocki, K.v. (Hrsg.), Handwörterbuch der Rechnungslegung und Prüfung, 2002, Sp. 1312–1324; *Pawelzik, K.U.*, Die Prüfung des Konzerneigenkapitals, 2003.

Kapitalmarktorientierte Unternehmen

Unter kapitalmarktorientierten Unternehmen sind Unternehmen zu verstehen, die einen organisierten Markt i.S.v. § 2 Abs. 5 WpHG bzw. § 2 Nr. 16 WpPG durch von ihnen oder eines ihrer Tochterunternehmen ausgegebene Wertpapiere i.S.d. § 2 Abs. 1 Satz 1 WpHG in Anspruch nehmen oder die Zulassung solcher Wertpapiere zum Handel an einem organisierten Markt beantragt haben. Auf dem deutschen Kapitalmarkt fallen unter die Regelungen eines organisierten Marktes die an den insgesamt 16 amtlichen und geregelten Märkten gelisteten Unternehmen. Für Unternehmen, die als kapitalmarktorientiert gelten, ergeben sich bezüglich des Umfangs der Rechnungslegung zusätzliche Pflichten wie bspw. die Offenlegung der Honorare des Abschlussprüfers nach § 285 Satz 1 Nr. 17 HGB bzw. § 314 Abs. 1 Nr. 9 HGB (siehe dazu auch IDW RH HFA 1.006). Für den Abschlussprüfer solcher Unternehmen gelten nach § 319a HGB strengere Unabhängigkeitsanforderungen.

Zum Kreis der kapitalmarktorientierten Unternehmen zählen auch Unternehmen von öffentlichem Interesse (sog. public interest entities) nach Art. 2 Abs. 11 der modernisierten 8. EU-Richtlinie. Dabei handelt es sich um Unternehmen, die hinsichtlich Art, Tätigkeit, Größe oder Anzahl der Beschäftigten von erheblicher öffentlicher Bedeutung sind.

Kapitalrücklagen → Eigenkapital, Prüfung

Kasse → Zahlungsmittel und Zahlungsmitteläquivalente, Prüfung

Kassenprüfung

Die Kassenprüfung ist Bestandteil der Prüfung des Zahlungsverkehrs und des Kontokorrentverkehrs. Die Prüfungsaktivitäten lassen sich in die Kassenbestandsaufnahme und die Kassenverkehrsprüfung unterteilen.

- Bei der *Kassenbestandsaufnahme* lässt sich der Prüfer den Inhalt der Kasse von einer autorisierten Person (Kassenwart, Kassenverwalter) vorzählen. Die Umrechnung von Fremdwährungen am Abschlussstichtag in € muss vom Abschlussprüfer auf rechnerische Richtigkeit überprüft werden (→ *Währungsumrechnung, Prüfung*).
- Die *Kassenverkehrsprüfung* dient der Überprüfung der Ordnungsmäßigkeit der Buchführung. Dabei ist anhand der Belege zu überprüfen, ob alle Einzahlungen und Auszahlungen richtig im Kassenbuch und auf den betroffenen Konten erfasst wurden. Im Vorfeld ist hierzu die Funktionsfähigkeit des internen Überwachungssystems (→ *Internal control*) zu überprüfen. Eine wirksame Überwachungsmaßnahme im Kassenbereich wäre etwa eine regelmäßige Abstimmung des Kassenbestandes mit dem Kassenbuch und -konten durch eine andere als für die täglichen Kassentransaktionen autorisierte Person.

Kennzahlen

Kennzahlen (ratios) sind hochverdichtete Maßgrößen, die in konzentrierter Form über einen bestimmten betriebswirtschaftlichen Sachverhalt berichten. Mit ihrer Hilfe sollen die Datenmengen des →*Jahresabschlusses* zu wenigen, aber aussagekräftigen Größen verdichtet werden, um auf relativ einfache Weise komplizierte betriebliche Strukturen und Prozesse abzubilden (→ *Jahresabschlussanalyse*).

Kennzahlen lassen sich in Absolut- und Verhältniszahlen unterscheiden:

- *Absolute Kennzahlen*, wie z.B. der Umsatz oder die Bilanzsumme sind allerdings nur bedingt aussagekräftig, da es ihnen an einem entsprechenden Vergleichsmaßstab mangelt.

- *Verhältniskennzahlen*, wie z. B. die Eigenkapitalrentabilität setzen absolute Kennzahlen ins Verhältnis zueinander, wobei zwischen Zähler und Nenner der Kennzahl ein sinnvoller sachlicher Zusammenhang bestehen muss.

Für die *Beurteilung* jeder Kennzahl (Ist-Kennzahl) ist ein Vergleich mit einem Soll-Kennzahlenwert erforderlich. Der Soll-Kennzahlenwert kann auf plausiblen Arbeitshypothesen beruhen, die auf betriebswirtschaftlichen Überlegungen oder Erfahrungen von Abschlussanalytikern basieren und angeben, wie ein hoher oder niedriger Kennzahlenwert zu interpretieren ist. Ferner können für den Soll-Kennzahlenwert auch die Vorjahresausprägungen der Kennzahl (interner Betriebsvergleich) oder die aktuellen Kennzahlenausprägungen eines vergleichbaren Unternehmens (Unternehmensvergleich) oder Unternehmensbereichs (→ *Benchmarking*) herangezogen werden.

Zur systematischen Gewinnung eines Gesamturteils ist die Bildung von *Kennzahlensystemen* förderlich. Hierfür gehen die einzelnen Kennzahlen mit einer bestimmten Gewichtung in das Kennzahlensystem ein, wobei die Auswahl der einzelnen Kennzahlen sachlich begründet und das Kennzahlensystem für einen Dritten nachvollziehbar aufgebaut sein muss.

Kleine und mittelgroße Unternehmen, Prüfung

1 Zentrale Normen

1.1 Rechnungslegungsnormen

a) Deutsche Normen: §§ 264, 264a, 267, 288 HGB, § 1 Abs. 1 PublG; b) Internationale Normen: keine.

1.2 Prüfungsnormen

a) Deutsche Normen: § 316 Abs. 1 HGB, § 6 PublG, IDW PH 9.100.1; b) Internationale Norm: IAPS 1005.

2 Rechnungslegung kleiner und mittelgroßer Unternehmen

2.1 Deutsche Rechnungslegungsnormen

Bei kleinen und mittelgroßen Unternehmen (KMU) handelt es sich nach deutschen Rechnungslegungsnormen um Unternehmen, welche die Merkmale des § 267 Abs. 1 u. 2 HGB für →*Kapitalgesellschaften* nicht überschreiten (quantitatives Merkmal). →*Kapitalmarktorientierte Unternehmen* sind stets als große Gesellschaften zu klassifizieren (§ 267 Abs. 3 Satz 2 HGB). Für →*Personenhandelsgesellschaften* gibt es keine gesonderte Definition eines KMU. Lediglich § 1 Abs. 1 PublG beinhaltet Größenmerkmale, bei deren Überschreitung eine →*Prüfungspflicht* besteht. Infolge einer Einordnung als kleines Unternehmens i.S.d. HGB gelten zahlreiche Erleichterungen bei der Erstellung des →*Jahresabschlusses*. So müssen kleine Kapitalgesellschaften keinen Lagebericht (§ 264 Abs. 1 Satz 3 HGB; →*Lagebericht, Prüfung*) und nur eine verkürzte Bilanz (§ 266 Abs. 1 Satz 3 HGB) und GuV (§ 276 Satz 1 HGB) erstellen. Des Weiteren ergeben sich Erleichterungen bei den Anhangangaben (§ 288 HGB) (→*Anhang, Prüfung*). Mittelgroße Kapitalgesellschaften müssen demgegenüber bereits einen Lagebericht und eine vollständige Bilanz erstellen. Für sie besteht jedoch weiterhin die Möglichkeit einer verkürzten GuV (§ 276 Satz 1 HGB) sowie gewisser Erleichterungen bei den Anhangangaben (§ 288 Satz 2 HGB).

Auch bei der Offenlegung bestehen Erleichterungen. So müssen KMU ihre Unterlagen beim →*Handelsregister* einreichen (§ 325 Abs. 1 HGB) während große Gesellschaften diese zusätzlich im →*Bundesanzeiger* veröffentlichen müssen. Weitere größenabhängige Erleichterungen finden sich in §§ 326 f. HGB.

2.2 Internationale Rechnungslegungsnormen

Die →*IFRS* beinhalten derzeit keine speziellen Rechnungslegungsnormen für kleine Unternehmen. Es existieren somit keinerlei größenabhängige Erleichterungen. Allerdings hat das →*IASB* im Juni 2004 ein Diskussionspapier über Rechnungslegungsstandards für KMU (sog. small and medium-sized companies, SME) veröffentlicht (nachfolgend werden die Begriffe KMU und SME synonym verwendet). Hiernach erfolgt die Qualifikation als KMU nicht anhand von quantitativen Merkmalen wie in den deutschen Rechnungslegungsnormen. Vielmehr soll anhand des qualitativen Merkmals »public accountability« entschieden werden, ob ein Unternehmen als KMU einzustufen ist oder nicht. Eine

Qualifizierung als KMU ist demnach ausgeschlossen, wenn ein hohes Interesse der stakeholder an Informationen zum Unternehmen oder aufgrund der Geschäftstätigkeit des Unternehmens eine wesentliche öffentliche Verantwortung besteht. Zudem sind börsennotierte Unternehmen stets als große Gesellschaften zu klassifizieren.

3 Prüfung kleiner und mittelgroßer Unternehmen

3.1 Abgrenzung KMU

Eine Prüfungspflicht für kleine Gesellschaften i.S.d. HGB besteht gem. § 316 Abs. 1 Satz 1 HGB nicht. Demgegenüber besteht für mittelgroße Gesellschaften eine Prüfungspflicht. Allerdings kann auch der Gesellschaftsvertrag von kleinen Gesellschaften eine Prüfung vorschreiben bzw. das Unternehmen kann sich freiwillig prüfen lassen (→ *Freiwillige Abschlussprüfung*). Die deutschen → *Prüfungsnormen* enthalten mit dem IDW PH 9.100.1 eine spezielle Vorschrift für die Prüfung von kleinen Unternehmen. Auch die → *IFAC* behandelt in IAPS 1005 die Besonderheiten bei der Prüfung von KMU. IDW PH 9.100.1 orientiert sich am IAPS 1005. Die bisherige Zusammenfassung der Besonderheiten von KMU in IAPS 1005 wird künftig von der IFAC aufgegeben. Alle ab März 2003 verabschiedeten ISA enthalten einen gesonderten Abschnitt zu den Besonderheiten von KMU. Im Zuge dieser Umstellung werden die dort behandelten Sachverhalte aus dem IAPS schrittweise gestrichen.

Entgegen der ausschließlichen Klassifizierung von KMU in den deutschen Rechnungslegungsnormen anhand von quantitativen Merkmalen, ziehen IAPS 1005.5–8 sowie IDW PH 9.100.1.3 vorwiegend qualitative Merkmale zur Abgrenzung von kleinen Unternehmen heran. Typische Merkmale, welche für die Existenz eines KMU sprechen sind, dass

- das Eigentum und/oder die Geschäftsleitung sich in der Hand von einer oder wenigen Personen befindet,
- die Anzahl der Einkunftsquellen gering ist (z.B. geringe Produktpalette),
- ein einfaches Rechnungswesen (Buchführung) vorliegt und
- wenige interne Kontrollen (→ *IKS*) bestehen, mit der Möglichkeit für die Unternehmensleitung, diese zu umgehen.

Diese Merkmale beeinflussen den → *Prüfungsprozess* erheblich. Dennoch ist auch bei der Prüfung von KMU grundsätzlich der risikoorientierte Prüfungsansatz (→ *Risikomodell*) anzuwenden. Auch muss der Prüfer zu einer hinreichenden → *Prüfungssicherheit* gelangen.

3.2 Besonderheiten im Prüfungsablauf

Die →*Prüfungsplanung* erfordert bei KMU keine komplexen und zeitaufwendigen Arbeiten (IAPS 1005.42, IDW PH 9.100.1.16 f.). Weiterhin ist das →*Prüfungsteam* bei KMU regelmäßig sehr klein und der Koordinationsaufwand gering.

Bei der Prüfungsdurchführung hat der Abschlussprüfer zunächst das →*inhärente Risiko* zu beurteilen. Diese Einschätzung ist regelmäßig schwierig, da er z. B. die Eigentümerstellung beurteilen muss (IAPS 1005.54, IDW PH 9.100.1.34). Auch können erhöhte Risiken durch Transaktionen mit nahe stehenden Personen (→*Beziehungen zu nahe stehenden Personen, Prüfung*) entstehen, da viele Eigentümer mit der Definition einer nahe stehenden Person nicht vertraut sind (IAPS 1005.85–87, IDW PH 9.100.1.34 u. .64). Hierdurch besteht die Möglichkeit, dass keine strikte Trennung zwischen privater und geschäftlicher Ebene der Eigentümer erfolgt (z. B. private Käufe über das Firmenkonto). Weiterhin zeichnen sich KMU dadurch aus, dass aufgrund der geringen Anzahl der Mitarbeiter eine Funktionstrennung oftmals nicht gewährleistet ist. Das →*Kontrollrisiko* muss aufgrund der fehlenden Funktionstrennung und des unzureichenden Kontrollsystems daher häufig als hoch angenommen werden (IAPS 1005.15–18, IDW PH 9.100.1.30–40). Allerdings ist zu überprüfen, ob die festgestellten Schwächen durch ein starkes Kontroll-Bewusstsein der Eigentümer im Unternehmen kompensiert werden könnten (ISA 315.66, IDW PH 9.100.1.32). Die starke Stellung des Eigentümers kann jedoch auch dazu führen, dass sich der Eigentümer über bestehende Kontrollen hinwegsetzt. Der Abschlussprüfer muss diesen Umstand bei der Beurteilung des fraud-Risikos (→*Fraud, Prüfung*) berücksichtigen (ISA 240.36). Auch die →*IT-gestützte Rechnungslegung* von KMU birgt spezifische Risiken. Während bei größeren Unternehmen die Risiken in der Komplexität des Systems liegen, dürften bei KMU die Problemfelder z. B. in der Gestaltung der Zugangsberechtigungen, des Datenschutzes und der Datensicherheit liegen (IDW PH 9.100.1.41–52).

Weiterhin ergeben sich bei den →*aussagebezogenen Prüfungshandlungen* Besonderheiten. →*Analytische Prüfungen* sind grundsätzlich ebenso bei KMU einsetzbar (IAPS 1005.71–76, IDW PH 9.100.1.64–70). Dabei bieten sich häufig aufgrund der überschaubaren Komplexität des Prüfungsobjektes auch stark vereinfachte Vorgehensweisen an. Allerdings kann der Umfang analytischer Prüfungshandlungen eingeschränkt sein, weil die benötigten Informationen z. B. mangels einer geeigneten Dokumentation bei KMU nicht verfügbar sind. Bei den Verfahren der statistischen →*Zufallsauswahl* wird es aufgrund der relativ geringen Grundgesamtheit bei KMU häufig nötig sein, den Stichprobenumfang zu erhöhen (IAPS 1005.78, IDW PH 9.100.1.65f.). Zudem setzt die Anwendung von Stichprobenverfahren im Rahmen der →*Einzelfallprüfungen* die Existenz von homogenen Massenerscheinungen voraus. Diese Voraussetzung ist häufig bei KMU nicht erfüllt. Teilweise erscheint auch eine →*Vollprüfung* aufgrund der geringen Anzahl von Geschäftsvorfällen angezeigt.

Bei der Berichterstattung (→*Prüfungsbericht*; →*Bestätigungsvermerk*) und →*Prüfungsdokumentation* ergeben sich keine wesentlichen Besonderheiten.
Thorsten Seidel

Klumpenauswahl

Die Klumpenauswahl ist ein Spezialfall der zweistufigen Auswahl, wobei der Auswahlsatz in der ersten Stufe kleiner 100 % ist, d.h., nur ein Teil der gebildeten Teilgesamtheiten (Klumpen) findet Berücksichtigung. In der zweiten Stufe beträgt der Auswahlsatz 100 %, d.h., die ausgewählten Klumpen werden lückenlos untersucht. Die Elemente eines Klumpens sollten hinsichtlich des Untersuchungsmerkmals möglichst inhomogen, die Klumpen untereinander möglichst homogen sein, denn nur bei dieser Konstellation ist ein positiver Klumpeneffekt, d.h. eine Reduzierung des Stichprobenumfangs durch Klumpenbildung möglich. Sind die Klumpen untereinander vollkommen homogen, so braucht nur ein einziger Klumpen untersucht zu werden, da dieser ein repräsentatives Abbild der Grundgesamtheit darstellt.

Kommanditgesellschaft

Die Kommanditgesellschaft (KG) ist eine →*Personenhandelsgesellschaft*, deren Recht in den §§ 161–177a HGB geregelt ist. Ihr Zweck ist auf den Betrieb eines Handelsgewerbes unter gemeinschaftlicher Firma gerichtet. Bei einem oder mehreren Gesellschaftern (Kommanditisten) ist die Haftung gegenüber Gesellschaftsgläubigern auf den Betrag einer bestimmten Vermögenseinlage beschränkt. Mit der Ausnahme anders lautender vertraglicher Vereinbarungen (z.B. Prokura, Handlungs- oder Generalvollmacht) sind Kommanditisten von der Geschäftsführung und Vertretung ausgeschlossen. Diese obliegt dem bzw. den unbeschränkt und persönlich haftenden Komplementär(en). Die Kontrollrechte der Kommanditisten beschränken sich auf den Erhalt einer Abschrift der Jahresbilanz und Einsicht in die Bücher zur Prüfung ihrer Richtigkeit.

Kommanditgesellschaft auf Aktien

Die Kommanditgesellschaft auf Aktien (KGaA) ist eine gesellschaftsrechtliche Kombination aus →*AG* und →*KG*, in der es zwei Arten von Gesellschaftern gibt. Mindestens einem unbeschränkt und persönlich haftenden Komplementär obliegt die Geschäftsführung und Vertretung. An dem in Aktien zerlegten Kommanditkapital sind mit Kommanditistenrechten ausgestattete Aktionäre beteiligt. Infolge dieser Struktur ist die in den §§ 278–290 AktG beschriebene KGaA eine rechtsfähige juristische Person. Die Verwandtschaft zur AG zeigt sich in den drei Organen. Die Funktion des →*Vorstands* wird vom Komplementär übernommen. Die Hauptversammlung wird durch die Kommanditaktionäre gebildet. Sie wählt einen →*Aufsichtsrat*, der die Interessen der Aktionäre gegenüber dem Komplementär vertritt. Im Unterschied zur AG nimmt der Aufsichtsrat lediglich eine Kontrollfunktion gegenüber dem Komplementär wahr, kann ihn aber nicht bestellen bzw. abberufen.

Kommission für Qualitätskontrolle → Qualitätskontrolle, externe

Kommunale Wirtschaftsbetriebe, Prüfung

Für die Prüfung des Jahresabschlusses und des Lageberichtes kommunaler Wirtschaftsbetriebe sind die Vorschriften des Dritten Buches des HGB für große Kapitalgesellschaften zugrunde zu legen, die unabhängig von der tatsächlichen Größenklasse gem. § 267 HGB, in die der kommunale Wirtschaftsbetrieb fallen würde, gelten. Darüber hinaus sehen die Prüfungsvorschriften der Länder eine Erweiterung der Abschlussprüfung um eine Prüfung der Ordnungsmäßigkeit der Geschäftsführung (→*Geschäftsführungsprüfung*) sowie eine Prüfung der wirtschaftlichen Verhältnisse nach § 53 HGrG vor (→*HGrG, Prüfung nach dem*). Prüfungsaussagen zur Ordnungsmäßigkeit der Geschäftsführung werden ausschließlich im Prüfungsbericht getroffen, da die landesrechtlichen Vorschriften hierzu i.d.R. keine Aussage des Abschlussprüfers im Bestätigungsvermerk verlangen. Die Prüfung der wirtschaftlichen Verhältnisse des kommunalen Wirtschaftsbetriebes erstreckt sich auf die Entwicklung der Vermögenslage (→ *Vermögenslage, Prüfung*) und Ertragslage (→ *Ertragslage, Prüfung*) sowie die Liquidität (→ *Finanzlage, Prüfung*) und Rentabilität, auf die verlustbringenden Geschäfte und die Ursachen der Verluste, wenn diese Geschäfte und die Ursachen für die Vermögens- und Ertragslage von Bedeutung waren, sowie auf die Ursachen eines ggf. in der GuV (→ *GuV, Prüfung*) ausgewiesenen Jahresfehlbetrages. Zur Prüfung der Ordnungsmäßigkeit der Geschäftsführung und der wirtschaftlichen Verhältnisse nach § 53 HGrG wird der Fragenkatalog des IDW PS 720 angewendet. Wenn die landesrechtlichen Vorschriften im Bestätigungsvermerk eine Aussage über die wirtschaftlichen Verhältnisse des kommunalen Wirtschaftsbetriebes vorsehen, ist auf die ergänzenden landesrechtlichen Vorschriften im einleitenden Abschnitt des Bestätigungsvermerks hinzuweisen; ferner ist die zusätzliche Rechtsgrundlage im beschreibenden Abschnitt zu nennen. Das Prüfungsurteil ist um einen gesonderten Abschnitt zu der Beurteilung der wirtschaftlichen Verhältnisse zu ergänzen. Im Übrigen richtet sich die Erteilung des Bestätigungsvermerks nach den allgemeinen Grundsätzen des IDW PS 400. Als Abschlussprüfer für die Prüfung kommunaler Wirtschaftsbetriebe kommen in einigen Ländern neben → *WP* und → *WPG* auch öffentlich-rechtliche Prüfungseinrichtungen in Frage. Im Regelfall bedient sich die öffentlich-rechtliche Prüfungseinrichtung aber eines WP oder einer WPG.

Komplexe Zufallsauswahl → Zufallsauswahl

Konkurs → Insolvenz

Konsolidierung → Konzernabschluss, Prüfung

Konsolidierungskreis, Prüfung

1 Normen

1.1 Rechnungslegungsnormen

a) Deutsche Normen: §§ 294, 296, 313 Abs. 2 HGB, §§ 11, 13 Abs. 2 PublG, DRS 4, 8, 9; b) Internationale Normen: IAS 27, 28, 31, IFRS 5, SIC-12.

1.2 Prüfungsnormen

a) Deutsche Normen: §§ 316 Abs. 2 Satz 1, 317 Abs. 3, 320 Abs. 3 HGB, § 14 PublG; b) Internationale Normen: ISA 600, ED ISA 600.

2 Ebene der Rechnungslegung

2.1 Tochterunternehmen: Konsolidierungskreis i. e. S.

2.1.1 Grundsätzliches Einbezugsgebot

Bei der Aufstellung des →*Konzernabschlusses* hat das Mutterunternehmen zu entscheiden, welche Unternehmen in den Konzernabschluss einbezogen werden (sog. Abgrenzung des Konsolidierungskreises). Grundsätzlich sind (neben dem Mutterunternehmen selbst) alle Tochterunternehmen im Wege der Vollkonsolidierung in den Konzernabschluss einzubeziehen (§ 294 Abs. 1 HGB, IAS 27.12). Zudem ist die Existenz mindestens eines Tochterunternehmens/einer subsidiary notwendige Bedingung dafür, dass überhaupt ein Konzernabschluss zu erstellen ist (§ 290 HGB) bzw. der Abschluss den Charakter eines Konzernabschlusses hat (IAS 27) (→*Konzernabschluss, Aufstellungspflicht*).

Zusätzlich enthält IAS 27.20 explizit ein Einbezugsgebot bei abweichender Tätigkeit von Tochterunternehmen und empfiehlt zusätzliche Angaben oder Untergliederungen; SIC-12 normiert ein explizites Einbezugsgebot für sog. special purpose entities.

2.1.2 Einbezugsverbote

Das grundsätzliche Einbezugsgebot gilt indes nicht, wenn ein explizites Einbezugsverbot vorliegt.

- **Deutsche Normen**

Nach der Abschaffung des § 295 HGB durch das BilReG enthalten die deutschen Rechnungslegungsnormen keine Einbezugsverbote mehr.

- **Internationale Normen**

Die internationalen Rechnungslegungsnormen kennen zwei Ausnahmen vom grundsätzlichen Einbezugsgebot mittels Vollkonsolidierung nach IAS 27:

Bei (Weiter-)Veräußerungsabsicht in Bezug auf ein Tochterunternehmen ist zwingend die Spezialnorm des IFRS 5 anzuwenden. Voraussetzung ist u. a., dass das Tochterunternehmen innerhalb eines Jahres veräußert werden soll und das Mutterunternehmen aktiv einen Käufer sucht (IFRS 5.6–12). Die Möglichkeit des beherrschenden Einflusses besteht in diesem Fall nur vorübergehend.

Mit der Überarbeitung des IAS 27 im Jahr 2003 ist ein zweites explizites Einbezugsverbot weggefallen. Die »erhebliche und langfristige Beschränkung des Einflusses mit einer wesentlichen Beeinträchtigung des Transfers von Finanzmitteln an das Mutterunternehmen« hat nun kein (explizites) Einbezugsverbot mehr zur Folge. Die Frage ist vielmehr unter Rückgriff auf das »allgemeine« Control-Konzept (IAS 27.12–21) zu entscheiden (IAS 27.21). Demnach ist zu prüfen, ob die (rechtlich noch existierende) Beherrschungsmöglichkeit faktisch weggefallen ist. Denkbar ist insbesondere der Fall, dass das ausländische Tochterunternehmen unter die Kontrolle des ausländischen Staates gestellt wurde, ohne dass das Mutterunternehmen formell enteignet wurde, so dass das Mutterunternehmen zwar noch rechtliche Eigentümerin ist, aber faktisch keine Möglichkeit der Beherrschung mehr inne hat. In einem solchen Fall darf das Tochterunternehmen nicht einbezogen werden. Inhaltlich entspricht IAS 27.21 n.F. damit weitgehend der alten Regelung.

2.1.3 Einbezugswahlrechte

- **Deutsche Normen**

§ 296 HGB normiert insgesamt vier Einbezugswahlrechte. Zwei davon entsprechen inhaltlich weitgehend den zuvor beschriebenen Situationen, für die IAS 27 ein Einbezugsverbot vorsieht:

- Weiterveräußerungsabsicht (§ 296 Abs. 1 Nr. 3 HGB) und
- Beschränkung der Rechte (§ 296 Abs. 1 Nr. 1 HGB)

Daneben existieren noch Einbezugswahlrechte für die Fälle, dass

- die für die Konsolidierung notwendigen Angaben nur unter unverhältnismäßig hohen Kosten oder Verzögerungen zu erhalten sind (normierter Spezialfall des Prinzips der Wirtschaftlichkeit) oder
- wenn das Tochterunternehmen von untergeordneter Bedeutung ist, so dass der Nichteinbezug die Vermittlung eines den tatsächlichen

Verhältnissen entsprechenden Bildes i. S. d. § 297 Abs. 2 Satz 2 HGB nicht beeinträchtigt (normierter Spezialfall des Prinzips der → *materiality*).

- **Internationale Normen**

Da die IFRS grundsätzlich nur auf wesentliche Sachverhalte anzuwenden sind (IASB Framework.29 f.), ergibt sich ebenfalls ein Einbezugswahlrecht, falls der Nichteinbezug des Tochterunternehmens keine Auswirkungen auf die fair presentation hat. Für den Nichteinbezug spricht auch das Wirtschaftlichkeitsgebot (IASB Framework.44): Stehen die (zusätzlichen) Kosten des Einbezuges in keinem Verhältnis zum Informationsgewinn, so dürfte ein Verzicht auf den Einbezug zulässig sein. Ein explizites Einbezugswahlrecht wie die deutschen Normen kennen die IFRS nicht.

2.2 Andere Konzernunternehmen: Der Konsolidierungskreis i. w. S.

2.2.1 Gemeinschaftsunternehmen/jointly controlled entities

Auch Gemeinschaftsunternehmen sind grundsätzlich in den Konzernabschluss einzubeziehen. Dies kann wahlweise nach der Quotenkonsolidierung (§ 310 Abs. 1 HGB) erfolgen; wird keine Quotenkonsolidierung gewählt, erfolgt der Einbezug nach der Equity-Methode (§§ 311 f. HGB). Da § 310 HGB nicht auf § 296 HGB verweist, enthält das HGB letztlich keine den Tochterunternehmen entsprechenden expliziten Einbezugswahlrechte. Bei Anwendung der Quotenkonsolidierung ist daher von einer *analogen* Anwendung des § 296 HGB auszugehen; bei Anwendung der Equity-Methode stellt sich die Frage nicht (siehe Abschnitt 2.2.2).

Dagegen sind nach IFRS die Einbezugsverbote für jointly controlled entities analog zu den subsidiaries gestaltet. Eine Spezialnorm bei Veräußerungsabsicht enthält IAS 31.2a i. V. m. IAS 32.42 (Verweis auf IFRS 5); bei faktischem Verlust der (gemeinschaftlichen) Beherrschungsmöglichkeit ist auf den Einbezug zu verzichten (IAS 31.7 f. u. .36). Ein Einbezugswahlrecht bei Unwesentlichkeit bzw. untergeordneter Bedeutung besteht sowohl nach deutschen wie nach internationalen Rechnungslegungsnormen.

2.2.2 Assoziierte Unternehmen/associates

§ 296 HGB ist auf assoziierte Unternehmen (§ 311 Abs. 1 HGB) nicht anzuwenden, da es sich bei der Equity-Methode (§ 312 HGB) nach überwiegender Meinung nur um eine besondere Art der Bewertung, nicht aber um eine Konsolidierung handelt. Dagegen enthält DRS 8.6 für assoziierte Unternehmen ein explizites Einbezugsverbot, wenn der maßgebliche Einfluss nur vorübergehend besteht. IAS 28.13a i.V.m. IAS 28.14 verweisen wiederum auf IFRS 5, welcher als Spezialnorm auch bei associates die Behandlung bei Veräußerungsabsicht analog zu subsidiaries regelt. Bei faktischem Verlust der Möglichkeit des maßgeblichen Einflusses ist auf den Einbezug zu verzichten (IAS 28.10 i.V.m. IAS 28.6). Ein Einbezugswahlrecht bei Unwesentlichkeit bzw. untergeordneter Bedeutung besteht sowohl nach deutschen wie nach internationalen Rechnungslegungsnormen (explizit in DRS 8.5).

2.3 Angaben in Anhang oder Notes

Das Unternehmen ist außerdem verpflichtet, bestimmte Angaben im Anhang bzw. den notes zu machen. Hierzu gehören u.a.

- hinsichtlich der einbezogenen Unternehmen Name, Sitz und Beteiligungsquote (§ 313 Abs. 2 HGB, ähnlich in Bezug auf den Einzelabschluss des Mutterunternehmens IAS 27.42b);
- bei Anwendung eines Einbezugswahlrechtes oder -verbotes die Gründe dafür (§ 296 Abs. 3 HGB);
- Angaben, warum *trotz* Stimmrechtsmehrheit *kein* Mutter-Tochter-Verhältnis vorliegt oder warum *dennoch* ein Mutter-Tochter-Verhältnis vorliegt, *obwohl* es an der Stimmrechtsmehrheit *mangelt* (IAS 27.40c, d);
- ergänzende Informationen über nicht einbezogene Unternehmen (IAS 27.40b).

3 Ebene der Prüfung

3.1 Prüfungsziele und relevante Abschlussaussagen

Der → *Konzernabschlussprüfer* hat zu beurteilen, ob die Abgrenzung des Konsolidierungskreises, wie sie das zu prüfende Unternehmen vorgenommen hat, den angewandten Normen der Rechnungslegung entspricht. Dabei geht es in einem ersten Schritt um die Beurteilung,

a. ob alle Unternehmen, die zum zu prüfenden Unternehmen in einem Konzernverbund im Sinne der Rechnungslegungsnormen (Mutter-Tochter-Verhältnis/subsidiary, Gemeinschaftsunternehmen/jointly controlled entity, assoziiertes Unternehmen/associate) stehen, als solche identifiziert wurden.

In einem zweiten Schritt ist sodann zu beurteilen,

b. ob alle zuvor identifizierten Konzernunternehmen auch in den Konzernabschluss gemäß der Methode (Vollkonsolidierung; →*Quotenkonsolidierung, Prüfung*; →*Equity-Methode, Prüfung*), die die Rechnungslegungsnormen vorsehen, einbezogen wurden; angesprochen ist damit die →*Abschlussaussage* Vollständigkeit (completeness);
c. ob bei allen Konzernunternehmen, die entgegen (b.) nicht in den Konzernabschluss einbezogen wurden, der behauptete Grund für den Nichteinbezug vorliegt. Zu beurteilen ist demnach, ob die Voraussetzungen, an die die Rechnungslegungsnormen ein Einbezugsverbot oder -wahlrecht knüpfen, erfüllt sind;
d. ob alle einbezogenen Unternehmen auch tatsächlich Konzernunternehmen im Sinne der Rechnungslegungsnormen sind, d.h., es ist zu prüfen, ob die Voraussetzungen für den Einbezug vorliegen (§§ 290 HGB, 11 Abs. 1 PublG, 313 Abs. 2 HGB, IAS 27.12–21, 31.30–37, 28.13–15); angesprochen sind die Abschlussaussagen Vorhandensein (existence) und Bewertung (valuation), denn die Klassifizierung als eine bestimmte Art von Konzernunternehmen bestimmt, ob und ggf. wie zu konsolidieren bzw. einzubeziehen ist.

Unabhängig davon hat der Prüfer zu beurteilen,

e. ob das Unternehmen die vorgeschriebenen Angaben im Anhang bzw. in den notes getätigt hat; angesprochen ist dabei die Abschussaussage Vollständigkeit (completeness i. S. d. ISA 500.16c (ii)).

3.2 Einschlägige Prüfungsnormen

Es existieren auf nationaler Ebene keine →*Prüfungsnormen* zum prüferischen Vorgehen, die sich explizit mit der Prüfung des Konsolidierungskreises befassen. Mit ED ISA 600 ist aber auf internationaler Ebene eine Prüfungsnorm speziell zur Prüfung von Konzernabschlüssen in Planung. Zusätzlich behandeln deutsche wie internationale Prüfungsnormen die Frage, unter welchen Voraussetzungen der deutsche Prüfer die Prüfungsurteile zu den Einzelabschlüssen der in den Konzernabschluss einzubeziehenden Unternehmen übernehmen (§ 317 Abs. 3 HGB, sog. →*befreiende Prüfung*) bzw. verwenden (ISA 600.2, .7–14, ED ISA 600.27–38) kann (→*Verwendung von Urteilen Dritter*). Die Ergebnisse dieser Prüfungen sind aber zumeist erst bei der eigentlichen Prüfung des Konzernabschlusses relevant. Bei der Prüfung des Konsolidierungskreises hat der Prüfer hingegen regelmäßig Wertungen zu würdigen, die aus Sicht des Mutterunternehmens erfolgen (z. B. Möglichkeit der Beherrschung). Derartige Wertungen sind aber naturgemäß weder Gegenstand der Prüfung der Einzelabschlüsse, noch werden sie etwa in den diesbezüglichen →*Prüfungsberichten* angesprochen. Sinnvoll ist jedoch die Einsichtnahme in den Prüfungsbericht zur Prüfung des Einzelabschlusses des Mutterunternehmens, da im Einzelabschluss des Mutterunternehmens nach § 285 Abs. 2 Nr. 11 HGB Angaben zum Beteiligungsbesitz zu machen sind.

3.3 Prüferisches Vorgehen

3.3.1 Abschlussaussage Vollständigkeit

Die Abschlussaussage Vollständigkeit (Schritte (1) und (2)) lässt sich vor allem durch Prüfungshandlungen im Rahmen der →*Systemprüfung* beurteilen; →*aussagebezogene Prüfungshandlungen* haben eine geringere Bedeutung. Bspw. kann der Prüfer die Abschlussaussage Vollständigkeit durch →*Einzelfallprüfungen* kaum beurteilen. Zwar könnte er dazu bei den einzelnen Registergerichten anfragen und sicherstellen, dass dort keine Gesellschaft geführt wird, die vom Mutterunternehmen beherrschbar bzw. maßgeblich beeinflussbar ist; im Hinblick auf die weltweite Zahl an Registergerichten scheidet ein derartiges Vorgehen aus nachvollziehbaren Gründen aber aus. Dies gilt auch für andere Prüfungshandlungen im Rahmen einer →*progressiven Prüfung*. Mangels Kenntnis von einem potenziell einzubeziehenden Konzernunternehmen hat der Prüfer keinen Anhaltspunkt für ein solches prüferisches Vorgehen. Denkbar ist allenfalls, dass der Prüfer im Gespräch mit dem Mandanten oder aus anderen Quellen (z. B. Wirtschaftspresse) von einem potenziell einbezugspflichtigen Konzernunternehmen erfährt. Im Rahmen einer →*retrograden Prüfung* kann der Prüfer gezielt ungewöhnliche Geschäftvorfälle oder hohe Zahlungsvorgänge untersuchen. Er kann dann weitere Prüfungshandlungen vornehmen, um festzustellen, ob die Vorgänge eventuell durch eine gesellschaftsrechtliche Verbindung motiviert sind und auf diese Weise eventuell ein einbezugspflichtiges, aber nicht einbezogenes Konzernunternehmen identifizieren.

Der Schwerpunkt bei der Prüfung dieser Abschlussaussage liegt daher auf der Systemprüfung. Der Prüfer wird sich darauf konzentrieren, ausreichende →*Prüfungsnachweise* dafür zu erlangen, dass der konzernrechnungslegungsbezogene Teil des Rechnungslegungssystems einschließlich des →*IKS* des zu prüfenden Unternehmens angemessen gestaltet ist und ordnungsgemäß funktioniert. In Bezug auf die

Abschlussaussage Vollständigkeit muss das System in der Lage sein, alle potenziell einbezugspflichtigen Konzernunternehmen zu identifizieren. Angesprochen ist damit primär die Beteiligungsbuchführung, die Teil der konzernspezifischen Nebenbuchführung ist. Die → *Konzernbuchführung* ist häufig durch eine sog. interne Konzernrichtlinie (→ *Konzernrichtlinie, interne*) geregelt. In ihr sind alle schriftlich fixierten Regelungen zur Abschlusserstellung zusammengefasst; sie dient so als konkrete Arbeitsanleitung für die Konzernabschlusserstellung. Der Prüfer sieht zunächst die Konzernrichtlinie durch, um zu beurteilen, ob die Abgrenzung des Konsolidierungskreises und insbesondere die Erfassung der Tochterunternehmen in ihr geregelt sind und ob die dortigen Regelungen den angewandten Rechnungslegungsnormen entsprechen. Er beurteilt in einem zweiten Schritt, ob die Konzernrichtlinie tatsächlich angewandt und die einschlägigen Regelungen tatsächlich befolgt werden. Häufig wird die Konzernrichtlinie auch im Vorfeld ohnehin mit dem Prüfer abgestimmt. In diesem Zusammenhang würdigt der Prüfer auch die Kompetenz und Erfahrung der mit diesen Aufgaben befassten Mitarbeiter, um das Risiko von → *Fehlern* einschätzen zu können In einem dritten Schritt sind Existenz, Angemessenheit und Wirksamkeit etwaiger diesbezüglicher Kontrollverfahren zu beurteilen.

3.3.2 Abschlussaussagen Vorhandensein und Bewertung

Auch bei der Beurteilung dieser Abschlussaussagen kann der Prüfer im Rahmen der Systemprüfung zunächst beurteilen, ob der konzernrechnungslegungsbezogene Teil des Rechnungslegungssystems die Konzernunternehmen normenkonform klassifiziert (Tochterunternehmen/subsidiary, assoziiertes Unternehmen/associate etc.). Seine diesbezügliche (Risiko-)Einschätzung bestimmt den Umfang der aussagebezogenen Prüfungshandlungen, insbesondere, in welchem Umfang die Klassifizierungen durch Einzelfallprüfungen nachvollzogen werden müssen.

Ausgehend von der Beteiligungsbuchführung sowie den Erkenntnissen aus der Systemprüfung bieten sich eine Reihe von Prüfungshandlungen an, um die Existenz des Tochterunternehmens und insbesondere die Möglichkeit der Beherrschung zu beurteilen:

- Einsichtnahme in (ggf. anzufordernde) Registerauszüge, Gesellschaftsverträge, Unternehmensverträge, z. B. Beherrschungsverträge, Stimmbindungsvereinbarungen;
- Einsichtnahme in Depotauszüge zwecks Berechnung des Anteilsbesitzes.

Ist der Konzernabschlussprüfer gleichzeitig der Prüfer des Einzelabschlusses des Mutterunternehmens (Regelfall), so wird er diese Prüfungshandlungen im Hinblick auf die Angaben nach § 285 Abs. 2 Nr. 11 HGB ohnehin vorgenommen haben. Ist ein anderer Prüfer mit der Prüfung des Einzelabschlusses betraut, so lassen sich entsprechende Informationen regelmäßig den Prüfungsberichten entnehmen, die dem Konzernabschlussprüfer vorliegen (§ 320 Abs. 3 Satz 1 HGB). Zwar können auch bei einer befreienden Prüfung (§ 317 Abs. 3 HGB) grundsätzlich eigene Prüfungshandlungen des Konzernabschlussprüfers notwendig sein (IDW PS 320.5). Diese sind aber mitunter aufwendig (z.B. eine Einsichtnahme in Originaldokumente); daher wäre es im Sinne einer wirtschaftlich durchzuführenden Prüfung sinnvoll, sie möglichst zu vermeiden.

Einzelfallprüfungen sind stets notwendig bei Einbezugswahlrechten oder -verboten, die naturgemäß Ausnahmefälle darstellen. Vergleichsweise einfach gestaltet sich die Prüfung bei Nichteinbezug aufgrund einer Weiterveräußerungsabsicht. Während nach deutschen Normen (§ 296 Abs. 1 Nr. 3 HGB) die bloße Weiterveräußerungs*absicht* genügt, ist die notwendige Voraussetzung für die Anwendung des IFRS 5 u.a. die »aktive Suche« nach einem Käufer (IFRS 5.8). In beiden Fällen wird sich daher der Prüfer die Aufnahme bzw. die Weiterführung von Verkaufsverhandlungen nachweisen lassen. Da beim Verkauf eines Tochterunternehmens häufig auch eine Investmentbank beauftragt wird, können zusätzlich der diesbezügliche Schriftverkehr bzw. die Verträge eingesehen werden.

Beim Nichteinbezug aufgrund der Beschränkung der Beherrschungsmöglichkeit muss die Prüfung bei den behaupteten Gründen für den Nichteinbezug ansetzen. Der Verkauf von Anteilen am Tochterunternehmen und damit der Wegfall der Stimmrechtsmehrheit oder die Beendigung eines Beherrschungsvertrages lässt sich anhand der entsprechenden Unterlagen leicht beurteilen. Dagegen ist eine Beschränkung aufgrund der politischen Situation im Sitzland des Tochterunternehmens nur schwierig zu prüfen. Hilfreich können hier die folgenden Informationsquellen sein:

- Auswärtiges Amt (allgemeine Informationen zum Sitzland und zur politischen Situation);
- Länderrisikoanalysen durch Kreditinstitute, Versicherungen oder Ratingagenturen;
- Euler Hermes Kreditversicherungs-AG (Anbieterin bzw. Beauftragte für die Ausfuhrgewährleistungen der Bundesrepublik Deutschland). Diese sichert u.a. auch das sog. »politische Risiko« eines Darlehens

an einen ausländischen Kreditnehmer ab. Dabei ist die Höhe der Versicherungsprämie landesspezifisch und von der Höhe des politischen Risikos abhängig. Hierzu werden sieben (Risiko-)Kategorien unterschieden. Demnach liefert die Höhe der für einen bestimmten ausländischen Staat zu zahlenden Versicherungsprämie erste Anhaltspunkte für das politische Risiko dieses Staates;
- die Außenhandelskammer des Sitzstaates des Tochterunternehmens.

Hat das Unternehmen wegen untergeordneter Bedeutung (Unwesentlichkeit) (→ *Materiality*) und/oder aufgrund des Wirtschaftlichkeitsprinzips auf den Einbezug verzichtet, so kann der Prüfer diese Wertung insbesondere durch Vergleich mit den Wesentlichkeitsgrenzen, die er im Rahmen der Prüfung ohnehin festgelegt hat, beurteilen.

Besondere Beachtung erfordert auch ein sukzessiver Anteilserwerb. Bei einem solchen Anteilserwerb wächst der Einfluss des Mutterunternehmens proportional mit den erworbenen Anteilen ebenfalls. Auf diese Weise kann es maßgeblichen Einfluss erlangen oder der maßgebliche Einfluss kann sich zu einem beherrschenden Einfluss verstärken: Das assoziierte Unternehmen wird zu einem Tochterunternehmen (IAS 27.12–21, Definition des Erwerbszeitpunktes in DRS 4.7). Das System der Beteiligungsbuchführung sollte solche Vorgänge ebenfalls erfassen bzw. überwachen können.

3.3.3 Unterschied zwischen Folge- und Erstprüfungen

Wegen des Erfordernisses einer möglichst wirtschaftlich durchgeführten Prüfung wird sich der Prüfer bei Folgeprüfungen darauf konzentrieren, die Zu- und Abgänge im Konsolidierungskreis zu prüfen. Dies gilt zumindest dann, wenn der Prüfer sich im Rahmen der Systemprüfung davon überzeugt hat, dass Zu- und Abgänge zutreffend und vollständig in der Beteiligungsbuchführung erfasst werden, das diesbezügliche System also ordnungsgemäß funktioniert. Zusätzlich zu den Zu- und Abgängen wird der Prüfer das Weiterbestehen von Gründen für den Nichteinbezug würdigen. Er muss insbesondere beurteilen, ob in der Vorperiode geltend gemachte Beschränkungen der Beherrschungsmöglichkeit weiterhin bestehen, etwa weil sich die politische Lage im Sitzland des fraglichen Tochterunternehmens verändert hat. Bei Nichteinbezug wegen Weiterveräußerungsabsicht gilt in Bezug auf die deutschen Normen, dass im Zeitablauf höhere Ansprüche zu stellen sind. Demnach müssten bei Geltendmachung dieses Nichteinbezugsgrundes auch neue Nachweise seitens des Unternehmens vorliegen, die der Prüfer beurteilen kann.

Handelt es sich dagegen um eine →*Erstprüfung*, so wird der Prüfer die Abgrenzung des Konsolidierungskreises vollumfänglich würdigen müssen, was sich im Vergleich zu einer Wiederholungsprüfung deutlich aufwendiger gestaltet. *Martin Schmidt*

Literatur: *Baetge, J./Kirsch, H.-J./Thiele, S.*, Konzernbilanzen, 2004, S. 125–145; *Leuthier, R.*, Konsolidierungskreis, in: Ballwieser, W./Coenenberg, A.G./Wysocki, K.v. (Hrsg.), Handwörterbuch der Rechnungslegung und Prüfung, 2002, Sp. 1331–1343; *Ruhnke, K./Schmidt, M./Seidel, T.*, in: Betriebs-Berater 2004, S. 2231–2234.

Konsolidierungsvorbereitende Maßnahmen, Prüfung

1 Normen

1.1 Rechnungslegungsnormen

a) Deutsche Normen: § 299 HGB, DRS 8.12 f., 9.9 (Stichtage), §§ 300 Abs. 2, 308, 312 Abs. 5 Satz 1 u. 2 HGB (konzerneinheitliche Bilanzierung), § 313 Abs. 1 Nr. 2, DRS 14 (Währungsumrechnung), §§ 298 Abs. 1 i.V.m. 274 HGB (latente Steuern); b) Internationale Normen: b1) Tochterunternehmen: IAS 27.26 f. (Stichtage), .28 f. (konzerneinheitliche Bilanzierung), 21 (Währungsumrechnung), 12 (latente Steuern); b2) andere Konzernunternehmen: IAS 31.33 u. .38, 28.20 u. .24–27.

1.2 Prüfungsnormen

a) Deutsche Normen: §§ 316 Abs. 2 Satz 1, 317 Abs. 3, 320 Abs. 3 HGB, § 14 PublG, IDW PS 320; b) Internationale Normen: ISA 600, ED ISA 600.

2 Ebene der Rechnungslegung

2.1 Einheitstheorie als Grundlage der konsolidierungsvorbereitenden Maßnahmen

Konzeptionelle Grundlage bei der Aufstellung eines →*Konzernabschlusses* ist die sog. Einheitstheorie. Diesem Konzept folgend soll der Konzernabschluss die im →*Konzern* wirtschaftlich verbundenen, rechtlich aber selbständigen Unternehmen so darstellen, als wären sie *ein* Unternehmen. Aus dieser Einheitstheorie folgt eine Reihe von Anpassungsmaßnahmen, die sog. konsolidierungsvorbereitenden Maßnahmen, bevor die eigentliche Konsolidierung (→ *Kapitalkonsolidierung, Prüfung*; → *Schuldenkonsolidierung, Prüfung*; → *Zwischenergebniseliminierung, Prüfung*; → *Aufwands- und Ertragskonsolidierung, Prüfung*) vollzogen werden kann.

2.2 Konsolidierungsvorbereitende Maßnahmen im Einzelnen

2.2.1 Vereinheitlichung der Abschlussstichtage

Als erster Schritt sind die Stichtage aller Abschlüsse, die zum Konzernabschluss zusammengefasst werden, zu vereinheitlichen. Maßgeblicher → *Abschlussstichtag*, an den die anderen Stichtage anzupassen sind, ist i.d.R. der Abschlussstichtag des Mutterunternehmens (§ 299 Abs. 1 HGB, IAS 27.26f.). Eventuell besteht für einzelne Konzernunternehmen das Erfordernis, einen Zwischenabschluss auf den Konzernabschlussstichtag aufzustellen, wenn ihr → *Einzelabschluss* einen anderen Stichtag aufweist (§ 299 Abs. 2 HGB, IAS 27.26f., 28.25). Unter bestimmten Voraussetzungen kann auch der vorhandene Einzelabschluss eines Konzernunternehmens im Wege einer Vor- oder Rückrechnung um Vorgänge von besonderer Bedeutung ergänzt werden; wesentliche Voraussetzung dafür ist, dass die Zeitspanne zwischen den Abschlussstichtagen drei Monate nicht übersteigt (ähnlich DRS 8.13 in Bezug auf assoziierte Unternehmen, jedoch nach DRS 9.9 keine Ausnahme für Gemeinschaftsunternehmen).

2.2.2 Konzerneinheitliche Bilanzierung

Aus der Einheitstheorie folgt ferner, dass der Konzernabschluss nicht ein Konglomerat von Abschlüssen sein darf, die nach unterschiedlichen Normen der Rechnungslegung aufgestellt wurden oder in denen sachlich identische Sachverhalte unterschiedlich behandelt wurden. Vielmehr sind der Einheitstheorie folgend im Konzernabschluss Ansatz, Bewertung und Gliederung zu vereinheitlichen (§ 308 HGB, IAS 27.28f., 28.26f., 31.33, .38 i.V.m. 27.28f.). Maßgeblich dafür sind ausschließlich das Recht des Mutterunternehmens sowie die Rechnungslegungsnormen, nach denen der Konzernabschluss aufgestellt wird. Dies kann z.B. auch dazu führen, dass aus Konzernsicht → *Vermögensgegenstände* oder → *assets* zusätzlich zu aktivieren sind. Ebenfalls können im Konzernabschluss alle bestehenden Wahlrechte nach Maßgabe der dem Konzernabschluss zugrunde liegenden Rechnungslegungsnormen aus

Sicht des Konzerns neu ausgeübt werden. Hierbei ist das → *Stetigkeitsprinzip* zu beachten.

2.2.3 Währungsumrechnung

Da die Einzelabschlüsse der Konzernunternehmen in der Währung des jeweiligen Sitzlandes erstellt werden, besteht bei ausländischen Konzernunternehmen regelmäßig die Notwendigkeit, die Währungen anzupassen. Hierzu werden die Einzelabschlüsse in die Konzernwährung umgerechnet (§ 313 Abs. 1 Nr. 2 HGB, DRS 14, IAS 21). Nach IAS 21 werden die Einzelabschlüsse in der funktionalen Währung des jeweiligen Unternehmens erstellt, was bei ausländischen Konzernunternehmen i.d.R. entweder die Währung des Sitzstaates oder ohnehin die Konzernwährung sein dürfte. Ist die funktionale Währung eines ausländischen Konzernunternehmens eine andere als die Konzernwährung und wurde der IFRS-Einzelabschluss dieses Unternehmens daher in dieser anderen Währung erstellt, so erfolgt die Umrechnung mittels Stichtagskursen (Bilanz) bzw. den Kursen zum Transaktionszeitpunkt (GuV); Umrechnungsdifferenzen werden ergebnisneutral im Eigenkapital erfasst (IAS 21.38–43).

2.2.4 Latente Steuern als Konsequenz der konsolidierungsvorbereitenden Maßnahmen

Im Zuge der konsolidierungsvorbereitenden Maßnahmen, insbesondere bei der Herstellung der einheitlichen Bilanzierung, sind regelmäßig Wertansätze anzupassen und Ansatzfragen aus Konzernsicht anders zu entscheiden. Dadurch entstehen zwangsläufig auch zusätzliche Differenzen gegenüber den Steuerbilanzen der Konzernunternehmen. Angesprochen sind dabei nicht die ggf. ohnehin in den Einzelbilanzen der Konzernunternehmen enthaltenen latenten Steuern, sondern solche Differenzen, die infolge der Überleitungsmaßnahmen zusätzlich entstehen. Diese sind nach Maßgabe der Rechnungslegungsnormen, nach denen der Konzernabschluss aufgestellt wird, ggf. zusätzlich zu erfassen (§§ 298 Abs. 1 i.V.m. 274 HGB, IAS 12, insbes. .66–68).

2.3 Durchführung der konsolidierungsvorbereitenden Maßnahmen

Grundlage der konsolidierungsvorbereitenden Maßnahmen sind die sog. HB I (→ *HB I/II*); dabei handelt es sich um die Einzelabschlüsse der Konzernunternehmen, aufgestellt nach den jeweiligen nationalen Rechnungslegungsnormen und ggf. in ausländischer Währung.

Diese HB I sind in einem ersten Schritt in sog. HB II durch Vornahme der zuvor skizzierten konsolidierungsvorbereitenden Maßnahmen zu überführen. Die dann vorliegenden HB II sind gemäß konzerneinheitlicher Bilanzierung auf den Konzernabschlussstichtag und in der Konzernabschlusswährung aufgestellt. Zumeist liegen dem Konzernabschluss auch andere Rechnungslegungsnormen zugrunde als dem Einzelabschluss des Mutterunternehmens und den Einzelabschlüssen der Konzernunternehmen (z.B. HB I des Mutterunternehmens nach HGB und HB I der Konzernunternehmen nach lokalen Rechnungslegungsnormen, Konzernabschluss nach IFRS); in diesem Fall sind die HB II dann ebenfalls auf der Basis der im Konzernabschluss relevanten Rechnungslegungsnormen zu erstellen.

Die Überleitung auf die HB II kann dabei organisatorisch zum einen bei der Konzernmutter vollzogen werden; dann wären der Konzernmutter von den einzelnen Konzernunternehmen die HB I einzureichen. Zum anderen ist es alternativ möglich, die konsolidierungsvorbereitenden Maßnahmen bereits von den Konzernunternehmen vornehmen zu lassen; in diesem Fall erfolgt die Überleitung der HB I auf die HB II dezentral und die Konzernmutter erhält nur die HB II. In beiden Fällen werden die konsolidierungsvorbereitenden Maßnahmen als Teil der Konzernabschlusserstellung durch eine sog. interne Konzernrichtlinie (→ *Konzernrichtlinie, interne*) geregelt. In ihr sind alle schriftlich fixierten Regelungen zur Abschlusserstellung zusammengefasst; sie dient so als konkrete Arbeitsanleitung für die Konzernabschlusserstellung. Insbesondere im Hinblick auf die konzerneinheitliche Bilanzierung ist offensichtlich, dass sie nur durch eine solche Konzernrichtlinie mit entsprechenden konzernweiten Vorgaben sichergestellt werden kann.

3 Ebene der Prüfung

3.1 Prüfungsziele

Der → *Konzernabschlussprüfer* hat zu beurteilen, ob die konsolidierungsvorbereitenden Maßnahmen, wie sie durch die Konzernmutter oder die Konzernunternehmen vorgenommen wurden, den angewandten Rechnungslegungsnormen entsprechen. Im Einzelnen ist zu beurteilen

a. ob alle einzubeziehenden Einzelabschlüsse auf den Konzernabschlussstichtag aufgestellt wurden; diese Prüfung dürfte kaum Probleme bereiten. Im Fall eines Zwischenabschlusses ist dieser ggf. zusätzlich zu prüfen;

b. ob Ansatz und Bewertung im Sinne der konzerneinheitlichen Vorgaben angepasst wurden;
c. ob die Umrechnung der Einzelabschlüsse, falls in einer anderen als der Konzernwährung aufgestellt, normenkonform erfolgte;
d. ob ggf. infolge der Maßnahmen (b.) und (c.) zusätzlich entstehende latente Steuern normenkonform erfasst wurden.

3.2 Einschlägige Prüfungsnormen

Es existieren auf nationaler Ebene keine Prüfungsnormen zum prüferischen Vorgehen, die sich explizit mit der Prüfung der konsolidierungsvorbereitenden Maßnahmen befassen. Mit ED ISA 600 liegt aber auf internationaler Ebene ein Diskussionsentwurf für eine Prüfungsnorm speziell zur Prüfung von Konzernabschlüssen vor. Zusätzlich behandeln deutsche wie internationale Prüfungsnormen die Frage, unter welchen Voraussetzungen der deutsche Prüfer die Prüfungsurteile zu den Einzelabschlüssen der in den Konzernabschluss einzubeziehenden Unternehmen übernehmen (§ 317 Abs. 3 HGB, sog. →*befreiende Prüfung*, allerdings sind nach IDW PS 320.18–23 auch in diesem Fall Prüfungshandlungen notwendig) bzw. verwenden (ISA 600.2, .7–14, ED ISA 600.27–38) kann; diese Normen sind aber zumeist erst dann bei der Prüfung des Konzernabschlusses relevant, wenn die eigentliche Konsolidierung betroffen ist. Gegenstand der Abschlussprüfung der Einzelabschlüsse sind die HB I. Diese sind aber nur die Grundlage für die konsolidierungsvorbereitenden Maßnahmen. Dagegen betrifft die Prüfung der konsolidierungsvorbereitenden Maßnahmen die Überführung der HB I in die HB II.

3.3 Prüferisches Vorgehen

3.3.1 Vorbemerkung

Das prüferische Vorgehen wird maßgeblich davon beeinflusst, ob die konsolidierungsvorbereitenden Maßnahmen dezentral bei den Konzernunternehmen oder zentral bei der Konzernmutter vollzogen wurden. Insbesondere →*Prüfungshandlungen* im Rahmen der →*Systemprüfung* haben bei der zuerst genannten Vorgehensweise maßgebliche Bedeutung.

3.3.2 Systemprüfung

Ein Schwerpunkt bei der Prüfung der konsolidierungsvorbereitenden Maßnahmen liegt, besonders bei dezentraler Erstellung der HB II, auf der Systemprüfung. Das Vorgehen bei den konsolidierungsvorbereitenden Maßnahmen wird regelmäßig in einer internen Konzernrichtlinie normiert.

Der Prüfer konzentriert sich darauf, ausreichende Prüfungsnachweise dafür zu erlangen, dass der konzernrechnungslegungsbezogene Teil des Rechnungslegungssystems einschließlich des →*IKS* angemessen gestaltet ist und ordnungsgemäß funktioniert. Hierzu ist die Aufmerksamkeit insbesondere auf konzernbezogene Kontrollen (»group-wide controls«, ED ISA 600.appendix 2.1) und das Kontrollumfeld auf Konzernebene (»group control environment«, ED ISA 600.appendix 2.2 f.) zu richten. Erfolgt der Vollzug der konsolidierungsvorbereitenden Maßnahmen durch oder mit Unterstützung einer Konsolidierungssoftware (→*Softwarebescheinigung*), wird der Prüfer auch hier einen Schwerpunkt setzen (→*IT-gestützte Rechnungslegung*). Zudem muss der Prüfer zunächst die Konzernrichtlinie durchsehen, um zu beurteilen, ob die konsolidierungsvorbereitenden Maßnahmen in ihr geregelt sind und ob die dortigen Regelungen den angewandten Rechnungslegungsnormen entsprechen (→*Aufbauprüfung*). So wird der Prüfer bspw. im Hinblick auf die etwaig notwendige Vor- und Rückrechnung bei abweichenden Stichtagen prüfen, ob die entsprechenden Verfahren in der Konzernrichtlinie enthalten und geeignet sind. Häufig wird die Konzernrichtlinie im Vorfeld ohnehin mit dem Prüfer abgestimmt. Er prüft in einem zweiten Schritt, ob die Konzernrichtlinie auch tatsächlich angewandt und die einschlägigen Regelungen praktiziert werden. In diesem Zusammenhang würdigt der Prüfer sinnvollerweise auch die Kompetenz und Erfahrung der mit diesen Aufgaben befassten Mitarbeiter, um das Risiko von →*Fehlern* einschätzen zu können. Der Prüfer hat bei der Prüfung der konsolidierungsbezogenen Maßnahmen insbesondere zunächst die Risiken zu identifizieren, die durch Fehler bei den konsolidierungsvorbereitenden Maßnahmen eine wesentliche Falschdarstellung im Konzernabschluss verursachen könnten (ED ISA 600.42, .appendix.4). Seine diesbezügliche Einschätzung bestimmt den Umfang der →*aussagebezogenen Prüfungshandlungen*, insbesondere, in welchem Umfang die konsolidierungsvorbereitenden Maßnahmen durch →*Einzelfallprüfungen* nachzuvollziehen sind (→*Funktionsprüfung*).

3.3.3 Aussagebezogene Prüfungshandlungen im Einzelnen

- **Anpassung der Stichtage**

Die Prüfung, ob die Stichtage der Konzernunternehmen dem Stichtag des Konzernabschlusses bzw. dem des Einzelabschlusses des Mutterunternehmens entsprechen, gestaltet sich vergleichsweise einfach. Problematisch ist lediglich, wenn ausnahmsweise ein Zwischenabschluss wegen abweichendem Stichtag des Einzelabschlusses eines Konzernunternehmens aufgestellt wurde. Ein solcher Zwischenabschluss ist grundsätzlich vollumfänglich zu prüfen. Erstellt wird er in der Unternehmenspraxis zumeist derart, dass ausgehend vom Einzelabschluss die Geschäftsvorfälle zwischen den beiden Stichtagen (Einzelabschluss und Zwischenabschluss) in der Art einer Vor- oder Rückrechnung erfasst werden. Da der Einzelabschluss i.d.R. geprüft sein dürfte, konzentriert sich die Prüfung dann zweckmäßigerweise auf diese Vor- oder Rückrechnung (ED ISA 600.73). Vollzieht das Unternehmen nur diese Vor-/Rückrechnung und verzichtet auf einen eigenständigen Zwischenabschluss, was unter bestimmten Voraussetzungen möglich ist, erfolgt die Prüfung ohnehin auf diese Weise.

- **Konzerneinheitliche Bilanzierung**

Dieser Teilbereich stellt den Schwerpunkt bei der Prüfung der konsolidierungsvorbereitenden Maßnahmen dar. Da Eignung und Anwendung der internen Konzernrichtlinie bereits im Rahmen der → *Aufbauprüfung* und → *Funktionsprüfung* (Systemprüfung) beurteilt wurden, geht es bei den aussagebezogenen Prüfungshandlungen vor allem darum, die Anpassungen auf der Basis von → *Stichproben* (Einzelfallprüfungen) nachzuvollziehen. Besonderes Augenmerk wird der Prüfer dabei auf solche → *Prüffelder* bzw. Abschlussposten (→ *Abschlusspostenorientierte Prüfung*) richten, bei denen der Anpassungsbedarf besonders groß ist und/oder die mit besonders hohen Risiken behaftet sind. Dies kann u.a. bei solchen Abschlussposten der Fall sein, bei denen unabhängig von den angewandten Rechnungslegungsnormen nationale Besonderheiten stark ausgeprägt sind, wie bspw. Pensionsrückstellungen (→ *Pensionsrückstellungen, Prüfung*), oder Anpassungen regelmäßig zu vollziehen sind (z.B. Bewertung der Vorräte (→ *Vorräte, Prüfung*), → *Abschreibungen*).

- **Währungsumrechnung**

Bei der Prüfung der Währungsumrechnung bestehen auf der Ebene der konsolidierungsvorbereitenden Maßnahmen keine Besonderheiten (siehe daher → *Währungsumrechnung, Prüfung*).

- **Latente Steuern**

Latente Steuern können bei der Konzernabschlusserstellung auf drei Ebenen entstehen: Übernahme der in den Einzelabschlüssen erfassten latenten Steuern, zusätzliche Differenzen durch konsolidierungsvorbereitende Maßnahmen und eigentliche Konsolidierung.

Für das prüferische Vorgehen in Bezug auf latente Steuern ist es aber grundsätzlich ohne Belang, auf welcher Ebene die latenten Steuern entstehen; ein besonderes prüferisches Vorgehen bei latenten Steuern als Ergebnis der konsolidierungsvorbereitenden Maßnahmen ist nicht angezeigt (siehe daher → *Steuerabgrenzung, Prüfung*).

Martin Schmidt

Literatur: *Ruhnke, K.*, Konzernbuchführung, 1995; *Schnicke, C.*, Organisation der Erstellung und Prüfung des Konzernabschlusses, in: Mellwig, W./Moxter, A./Ordelheide, D. (Hrsg.), Einzelabschluß und Konzernabschluß, 1988, S. 153–175.

Kontinuierliche Prüfung

1 Definition und Einordnung

Die traditionelle → *Abschlussprüfung* ist grundsätzlich rückwärtsgerichtet. Dies gilt auch dann, wenn → *Prüfungshandlungen* zeitpunktbezogen vor Aufstellung des Jahresabschlusses getätigt werden (→ *Zwischenprüfung*); hierzu gehören z. B. die Prüfung des → *IKS* oder die Einholung von → *Saldenbestätigungen*. Die systematische Verkürzung von Abschlusserstellungs- und Abschlussprüfungsarbeiten, vor allem durch das Vorziehen dieser Arbeiten vor den Abschlussstichtag, wird häufig unter dem Begriff → *fast close* diskutiert.

Eine kontinuierliche Prüfung (*continuous auditing*; teilweise findet in diesem Zusammenhang auch der Begriff continuous assurance Verwendung) geht indes deutlich weiter. Eine solche Prüfung ist gegenwartsbezogen und zielt darauf ab, einem Prüfungsgegenstand kontinuierlich eine bestimmte Prüfungssicherheit zuzuweisen. Allerdings definiert die Literatur diesen Begriff nicht einheitlich. In der Praxis zielt eine kontinuierliche Prüfung regelmäßig darauf ab, den Datenfluss im → *IT-System* des Mandanten anhand zuvor definierter Regeln zu kontrollieren. Dies setzt voraus, dass der Prüfer IT-gestützt in Echtzeit (real time) auf die Daten der → *IT-gestützten Rechnungslegung* und andere ggf. prüfungsrelevante Daten zurückgreifen kann. Dabei werden anhand vordefinierter Regeln (Soll-Wert; zumeist Bandbreiten für Soll-Werte) kontinuierlich Prüfungsnachweise (z. B. Funktionsweise des IKS-Systems, Verstoß gegen Zugriffsberechtigungen) gesammelt. Weichen die Ist-Werte von den Soll-Werten ab, wird automatisch Alarm (*automated alarm triggers*) ausgelöst (→ *Soll-Ist-Vergleich*).

Da der Abschlussprüfer von außen (regelmäßig über das Internet) auf die Daten zugreift, handelt es sich hier um eine → *Fernprüfung* (externe kontinuierliche Prüfung). Eine kontinuierliche Prüfung kann auch intern ausgerichtet sein: In diesem Fall kommen für die Prüfungsdurchführung und als Prüfungsadressat vor allem die →*Interne Revision* und das Top-Management in Betracht. Eine interne kontinuierliche Prüfung hat den Vorteil, dass interne unternehmerische Entscheidungen auf zuverlässigen Informationen basieren. Auch der Einsatz von indikatororientierten Frühaufklärungssystemen (Festlegung von Frühwarnindikatoren, Soll-Werten für die Normalentwicklung sowie von Toleranzgrenzen, deren Über- oder Unterschreiten ein Alarmsignal auslöst) im Rahmen des gem. § 91 Abs. 2 AktG einzurichtenden Risikofrüherkennungssystems zeigt methodisch Ähnlichkeiten zu einer intern ausgerichteten kontinuierlichen Prüfung (→*Risikomanagementsystem, Prüfung*).

2 Prüfungsprozess

Im Idealfall setzt eine kontinuierliche Abschlussprüfung ein in Echtzeit arbeitendes IT-gestütztes Rechnungslegungssystem beim Mandanten voraus; dies dürfte derzeit der Regelfall sein. Der Aufbau dieses Systems ist bereits zu einem Zeitpunkt zu prüfen (→*Aufbauprüfung*), der vor dem Geschäftsjahr liegt, auf den sich der Jahresabschluss bezieht. Die →*Funktionsprüfung* bezieht sich auf das relevante Geschäftsjahr. Dabei ist ein besonderes Augenmerk auf die in das System integrierbaren Kontrollen zu richten. Der Abschlussprüfer muss Soll-Werte bzw. Soll-Bandbreiten für kritische Bereiche festlegen und gleichzeitig sicherstellen, dass er direkt von abweichenden Werten Kenntnis erlangt. Möglich ist auch, dass der Prüfer bestimmte Datenmuster definiert, die er als Indiz für das Vorliegen eines Fehlers wertet. Insofern bestehen methodisch Ähnlichkeiten zum →*Suchprozess* der Erlangung von Prüfungsnachweisen im Rahmen einer traditionellen Jahresabschlussprüfung.

Dies setzt einen direkten Echtzeitzugriff des Prüfers auf die Daten des Mandanten voraus. Dabei muss der Prüfer die Sicherheit der übermittelten Daten gewährleisten, damit die kontinuierliche Prüfung nicht selbst zu einem inhärenten IT-Risiko wird. Alternativ erscheint auch die automatische Generierung eines Abweichungsprotokolls (beim Mandanten) mit direkter Weiterleitung per E-Mail an den Prüfer möglich. Der Prüfer muss auch die Reaktion des Mandanten auf festgestellte Abweichungen beobachten können (Reaktionszeit, ergriffene Maßnahme). Ein solches Vorgehen setzt regelmäßig eine enge Zusammenarbeit der externen und internen Prüfungsinstanzen sowie der Unternehmensleitung voraus, die möglicherweise zu Beeinträchtigungen der →*Unabhängigkeit* des Abschlussprüfers führen kann. Weiterhin setzt eine kontinuierliche Prüfung voraus, dass der Prüfer über die entsprechende fachliche IT-Kompetenz verfügt (vgl. z.B. § 4 Abs. 2 Berufssatzung).

Für bestimmte sensible Teilbereiche (→ *Fraud, Prüfung*) erscheint es unabdingbar, dass nur der Prüfer Kenntnis über ein Abweichen von den festgelegten Schwellenwerten erlangt. Ein solches Vorgehen ist nur dann realistisch, wenn der Prüfer bestimmte Rohdaten vom Mandanten real time übermittelt bekommt und hierauf die Prüfungshandlungen in seinen Einflussbereich (d.h. nicht im Beobachtungsbereich des Mandanten, z.B. auf dem Prüfer-PC in den Räumlichkeiten des Prüfers) aufsetzt: Bspw. könnte der Prüfer laufend über die Datenbestände der Forderungen oder der Vorräte informiert werden. Der Prüfer könnte diese Daten dann auf dem Prüfer-PC z.B. im Hinblick auf die Häufigkeitsverteilung bestimmter Anfangsziffern untersuchen, um Indizien für die Existenz von fraud zu identifizieren. Als Soll-Wert kann die von Benford unterstellte Häufigkeitsverteilung von Ziffern innerhalb einer natürlichen Grundgesamtheit (→ *Benford'sches Gesetz*) fungieren. Das prüferische Vorgehen (Vergleich der Soll-Verteilung lt. Benford mit der Echtzeit-Ist-Verteilung des Mandanten in Bezug auf ein bestimmtes Prüffeld) lässt sich durch Prüfsoftware wie z.B. IDEA oder ACL wirkungsvoll unterstützen (→ *Prüfsoftware, generelle*). Wichtig für eine effiziente kontinuierliche Prüfung ist, dass die Datenextraktion und -analyse weitgehend automatisch abläuft.

Der zentrale Unterschied zu einer traditionellen Abschlussprüfung liegt darin, dass der Prüfer den Soll-Ist-Vergleich nicht nur ex post auf Basis periodenbezogener Daten (Geschäftsjahr oder auch unterjährige Perioden), sondern bereits in Bezug auf sich im Zeitablauf entwickelnde Datenbestände durchführen kann. Der Prüfer kann insofern proaktiv tätig werden. Bei einer unterjährigen Fehleraufdeckung und -beseitigung (z.B. durchgeführten Verbesserungen im IKS) kommt es in Bezug auf den verbleibenden Zeitraum (des zu prüfenden Geschäftsjahres) im Vergleich zu einer Fehlerfeststellung erst nach Abschlusserstellung zu niedrigeren Einschätzungen des Kontrollrisikos und ggf. auch des inhärenten Risikos, was wiederum zu reduzierten → *aussagebezogenen Prüfungshandlungen* nach Abschluss des Geschäftsjahres führen kann.

3 Ausblick

Bereits zum heutigen Zeitpunkt besteht ein beachtliches Anwendungspotenzial für eine kontinuierliche Prüfung, welches sich auch mit den derzeit bestehenden Informationstechnologien realisieren lässt. Teilweise werden kontinuierliche Prüfungen bereits praktiziert, ohne dass diese explizit als solche benannt werden: Bspw. zeigen die *Integrated Test Facilities* (als Ausprägungsform der →*Testdatenmethode*) methodisch starke Ähnlichkeiten zu einer kontinuierlichen Prüfung. Insofern kann eine kontinuierliche die klassische Abschlussprüfung zwar nicht ersetzen, jedoch stellt sie eine wertvolle Ergänzung dar, die im Zeitalter einer zunehmenden Vernetzung von IT-Systemen vermutlich zunehmend an Bedeutung gewinnen wird. *Klaus Ruhnke*

Literatur: *AICPA/CICA* (Hrsg.), Continuous Auditing, 1999; *Nigrini, M.J.*, Continuous Auditing, AAA Auditing Section, Midyear Conference, 2001; *Rezaee, Z./Elam, R./Sharbatoghlie, A.*, in: Managerial Auditing Journal 2001, S. 150–158.

Kontrollrisiko

Das Kontrollrisiko (CR) ist als die Wahrscheinlichkeit definiert, dass existierende wesentliche Fehler nicht rechtzeitig durch das →*IKS* des Mandanten verhindert oder aufgedeckt werden. Um ein Verständnis über die Kontrollstruktur des zu prüfenden Unternehmens zu gewinnen, hat der Abschlussprüfer spezifische interne Kontrollen zu identifizieren und zu bewerten. Vertraut der Prüfer existierenden internen Kontrollen, werden systemorientierte Prüfungshandlungen (→*Systemprüfung*) vorgenommen, um die Wirksamkeit der internen Kontrollen zu bewerten. Wirksame interne Kontrollen reduzieren das Kontrollrisiko, während dieses bei unwirksamen Kontrollen ansteigt. Es kann nie gleich null sein, da die internen Kontrollen nie eine vollständige Sicherheit geben können, dass alle wesentlichen Fehler verhindert oder aufgedeckt werden. Selbst bei der Anwendung wirksamer interner Kontrollen besteht wegen inhärenter Systembeschränkungen immer ein gewisses Kontrollrisiko. Diese Systembeschränkungen liegen darin begründet, dass Kontrollen z.B. infolge unverständlicher Kontrollanweisungen oder aufgrund menschlichen Versagens durch mangelnde Sorgfalt, durch Ablenkungen und durch Ermüdung unwirksam sein können. Des Weiteren lassen sich Kontrollen, die auf →*Funktionstrennung* beruhen, z.B. durch betrügerisches Zusammenwirken von Angestellten (→*Fraud, Prüfung*) umgehen. Daneben gibt es immer die Möglichkeit, dass sich das Management über die internen Kontrollen hinwegsetzt, wenn es bewusst Fehler begehen will (management override). Es ist ein hohes Kontrollrisiko anzunehmen, wenn der Prüfer keine ausreichenden Nachweise für ein niedriges Kontrollrisiko erlangt. Das Kontrollrisiko besteht unabhängig vom Prüfungsprozess. Der Prüfer kann es nur schätzen, seine Höhe jedoch grundsätzlich nicht beeinflussen.

Kontrollumfeld → Systemprüfung

Konzept der einheitlichen Leitung → Konzernabschluss, Aufstellungspflicht

Konzern

Unternehmen schließen sich zusammen, weil sie sich hiervon Vorteile wie z. B. die Realisierung von Synergiepotenzialen und von Wachstumszielen sowie die Stärkung der Wettbewerbsfähigkeit versprechen. Als Formen von Unternehmenszusammenschlüssen sind z. B. die Kooperation ohne kapitalmäßige Verflechtung, das Halten von Minderheitsbeteiligungen, der Konzern oder die Fusion (→ *Verschmelzungsprüfung*) zu nennen. Ein Konzern lässt sich *betriebswirtschaftlich* als Zusammenfassung zweier oder mehrerer rechtlich selbständiger Unternehmen zu einem wirtschaftlichen Zweck unter einheitlicher Leitung definieren. Der Konzernbildung liegt oftmals ein Unternehmenserwerb zugrunde, dem wiederum regelmäßig eine → *Unternehmensbewertung* vorausgeht. Das *Konzernrecht* soll die Rechte und Pflichten der am Konzern beteiligten Gruppen voneinander abgrenzen und berechtigte Interessen schützen (§§ 15–22, 291–328 AktG).

Die zu einem Konzern zusammengeschlossenen Unternehmen können hierarchisch (Unterordnungskonzern gem. § 18 Abs. 1 AktG) oder gleichberechtigt (Gleichordnungskonzern gem. § 18 Abs. 2 AktG) organisiert sein. Bei dem in der Praxis vor allem bedeutsamen Unterordnungskonzern ist zu unterscheiden zwischen einem

- *faktischen Konzern*, bei dem die einheitliche Leitung über ein abhängiges Unternehmen ohne vertragliche Basis ausgeübt wird (bei einer Mehrheitsbeteiligung vermutet § 17 Abs. 2 AktG ein Abhängigkeitsverhältnis; abhängiges und herrschendes Unternehmen bilden gem. § 18 Abs. 1 AktG einen Konzern);
- *Vertragskonzern*, der auf einem Beherrschungsvertrag (zumeist liegt gleichzeitig ein Gewinnabführungsvertrag vor) beruht (§§ 291–310 AktG), sowie
- Eingliederungskonzern (§§ 319–327 AktG).

Ein zentraler Gegenstand der konzernrechtlichen Regelungen ist der *Minderheitenschutz*: Bspw. kann bei Abschluss eines Beherrschungsvertrags die herrschende Gesellschaft auch Weisungen erteilen, die für das abhängige Unternehmen nachteilig sind (§ 308 Abs. 1 Satz 2 AktG). In diesem Fall werden die am abhängigen Unternehmen beteiligten Minderheiten vor allem durch einen angemessenen Ausgleich gem. § 303 AktG und eine Abfindung gem. § 304 AktG geschützt. Liegt ein faktischer Konzern vor, hat der Vorstand der abhängigen Gesellschaft zur Darlegung der Nachteile und ihres Ausgleichs einen Abhängigkeitsbericht gem. § 312 AktG zu erstellen, der wiederum gem. §§ 313 f. AktG durch den Abschlussprüfer und den Aufsichtsrat zu prüfen ist (→ *Abhängigkeitsbericht, Prüfung*).

Das *Recht der Rechnungslegung von Konzernen* (§§ 290–315a HGB) ist der Teilbereich des Konzernrechts, der sich mit der Erstellung von → *Konzernabschlüssen* und -lageberichten (→ *Lagebericht, Prüfung*) beschäftigt. Hier spricht das Gesetz nicht von herrschenden und abhängigen Unternehmen, sondern von Mutter- und Tochterunternehmen.

→ *Kapitalmarktorientierte Unternehmen* müssen und nicht kapitalmarktorientierte Unternehmen können einen IFRS-Konzernabschluss erstellen (§ 315a HGB; → *Konzernabschluss, Aufstellungspflicht*). Daher sind gem. §§ 290–315 HGB erstellte handelsrechtliche Konzernabschlüsse nur noch für nicht kapitalmarktorientierte Unternehmen relevant; da IFRS-Konzernabschlüsse bei den Eigen- und Fremdkapitalgebern gemeinhin als informationsträchtiger eingestuft werden, ist davon auszugehen, dass HGB-Konzernabschlüsse künftig nur noch in Ausnahmefällen bedeutsam sind. Ein Mutterunternehmen, welches einen Konzernabschluss erstellt, ist zusätzlich verpflichtet, für Ausschüttungs- und Steuerbemessungszwecke einen HGB-Einzelabschluss sowie ggf. zusätzlich eine Steuerbilanz zu erstellen (→ *Einzelabschluss*).

Konzernabschluss

Zentrale Normen für den Konzernabschluss sind die §§ 290–314 HGB, §§ 11–13 PublG (deutsche Normen) sowie IFRS 3, IAS 27, 28 und 31 (internationale Normen).

Der Konzernabschluss abstrahiert von den rechtlichen Einheiten und stellt alle im Konsolidierungskreis (→ *Konsolidierungskreis, Prüfung*) befindlichen Unternehmen als ein Unternehmen dar (Einheitstheorie). Die Einzelabschlüsse der einbezogenen Unternehmen müssen daher zunächst vereinheitlicht werden (→ *HB I/II*; → *Konsolidierungsvorbereitende Maßnahmen, Prüfung*). Im Anschluss sind konzerninterne Beziehungen zwischen den einbezogenen Unternehmen zu eliminieren (→ *Kapitalkonsolidierung, Prüfung*; → *Schuldenkonsolidierung, Prüfung*; → *Zwischenergebniseliminierung, Prüfung*; → *Aufwands- und Ertragskonsolidierung, Prüfung*; → *Währungsumrechnung, Prüfung*).

Der Konzernabschluss dient allein der Informationsfunktion. Ziel ist es, ein den tatsächlichen Verhältnissen entsprechendes Bild der Vermögens-, Finanz- und Ertragslage (§ 297 Abs. 2 HGB) bzw. international eine fair presentation (IAS 1.13) des Konzerns zu vermitteln.

Konzernabschluss, Aufstellungspflicht

1 Rechnungslegungsnormen

a) Deutsche Normen: §§ 290–293, 340i, 341i HGB, § 11–13 PublG; b) Internationale Normen: IAS 27.4–15, SIC-12.

2 Grundsätze für die Aufstellungspflicht eines Konzernabschlusses

2.1 Deutsche Normen

Die nationalen Vorschriften über die Pflicht zur Aufstellung eines → *Konzernabschlusses* sowie Konzernlageberichts (→ *Lagebericht, Prüfung*) gelten grundsätzlich für spezifische Rechtsformen. Die Aufstellungspflicht ergibt sich für Kapitalgesellschaften aus § 290 HGB, für andere Unternehmen aus § 11 PublG. Lediglich Kreditinstitute und Versicherungsunternehmen müssen unabhängig von ihrer Größe und Rechtsform einen Konzernabschluss sowie Konzernlagebericht aufstellen (§§ 340i bzw. 341i HGB).

Kapitalgesellschaften mit Sitz im Inland können nach dem Konzept der einheitlichen Leitung (§ 290 Abs. 1 HGB) oder dem Kontrollkonzept (§ 290 Abs. 2 bis 4 HGB) zur Aufstellung verpflichtet sein. Bei der ersten Variante muss mindestens ein Unternehmen (Tochterunternehmen) unter einheitlicher Leitung eines anderen Unternehmens (Mutterunternehmen) stehen, wobei dem Mutterunternehmen eine Beteiligung i.S.d. § 271 Abs. 1 HGB an dem Tochterunternehmen gehören muss. Diese liegt dann vor, wenn die Anteile »dem eigenen Geschäftsbetrieb durch Herstellung einer dauernden Verbindung« (§ 271 Abs. 1 Satz 1

HGB) dienen, was im Zweifel bei einem mehr als 20%igen Anteil der Fall ist (§ 271 Abs. 1 Satz 3 HGB). Mutter- und Tochterunternehmen bilden dann einen →*Konzern*.

Nach dem Kontrollkonzept muss das Mutterunternehmen einen Konzernabschluss aufstellen, wenn ihr die Stimmrechtsmehrheit an einem Tochterunternehmen gehört (§ 290 Abs. 2 Nr. 1 HGB), ihr »das Recht zusteht, die Mehrheit der Mitglieder des Verwaltungs-, Leitungs- oder Aufsichtsorgans zu bestellen oder abzuberufen, und sie gleichzeitig Gesellschafter ist« (§ 290 Abs. 2 Nr. 2 HGB) oder ihr »das Recht zusteht, einen beherrschenden Einfluss aufgrund eines Beherrschungsvertrages oder einer Satzungsbestimmung auszuüben« (§ 290 Abs. 2 Nr. 3 HGB). Für die Stimmrechtsmehrheit werden dem Mutterunternehmen auch die einem Tochterunternehmen gehörenden Rechte zugerechnet (§ 290 Abs. 3 Satz 1 HGB). Die Mehrheit bezieht sich auf die Gesamtzahl aller Stimmrechte abzüglich dem fraglichen Tochterunternehmen selbst gehörender Stimmrechte (§ 290 Abs. 4 Satz 2 HGB).

Für die übrigen Unternehmen gilt ein vereinfachtes Konzept der einheitlichen Leitung mit Größenkriterien gem. § 11 PublG. Es müssen lediglich Unternehmen unter der einheitlichen Leitung einer Muttergesellschaft stehen und mindestens zwei der drei folgenden Kriterien erfüllt sein: (1) Die Konzernbilanzsumme übersteigt 65 Mio. €. (2) Die Umsatzerlöse des Konzerns sind größer als 130 Mio. € und (3) Im Konzern wurden in den letzten zwölf Monaten durchschnittlich mehr als 5.000 Arbeitnehmer beschäftigt (§ 11 Abs. 1 PublG). Das Mutterunternehmen muss erstmals dann einen Konzernabschluss und Konzernlagebericht aufstellen, wenn die Kriterien drei Mal hintereinander erfüllt wurden (§§ 12 Abs. 1 i.V.m. § 2 Abs. 1 Satz 1, 13 Abs. 1 PublG). Wenn die o.g. Kriterien drei Mal hintereinander nicht erfüllt sind, entfällt die Aufstellungspflicht (§ 12 Abs. 1 i.V.m. § 2 Abs. 1 Satz 3 PublG).

2.2 Internationale Normen

Nach →*IFRS* hat ein Mutterunternehmen einen Konzernabschluss aufzustellen, wenn es mindestens ein Tochterunternehmen kontrolliert (IAS 27.9 i.V.m. IAS 27.4). Dabei bedeutet Kontrolle die Macht, die Geschäftspolitik des beherrschten Unternehmens zu bestimmen, um daraus Nutzen zu ziehen (IAS 27.4). Kontrolle wird vermutet, wenn das Tochterunternehmen direkt oder indirekt über andere Tochterunternehmen die Mehrheit der Stimmrechte hält, außer in ungewöhnlichen Umständen, wenn nachgewiesen werden kann, dass dies keine Kontrolle bedeutet (IAS 27.13). Weiterhin liegt Kontrolle vor, wenn das Mutterunternehmen Anteile am Tochterunternehmen besitzt und eines der vier folgenden Kriterien erfüllt ist: (1) Das Mutterunternehmen kontrolliert durch Vereinbarungen mit anderen Anteilseignern mehr als die Hälfte der Stimmrechte, (2) es hat durch Satzung oder Vereinbarung das Recht zur Bestimmung der Geschäftspolitik, (3) es hat das Recht, die Mehrheit der Mitglieder des Leitungsorgans zu ernennen oder abzuberufen oder (4) es besitzt die Stimmrechtsmehrheit bei Sitzungen dieses Gremiums (IAS 27.13). Gesellschaften, bei denen die vier operationalen Kriterien nicht erfüllt sind, deren Geschäftstätigkeit jedoch durch rechtliche Vereinbarungen vorherbestimmt ist (sog. Zweckgesellschaften, special purpose entities), sind ausdrücklich einzubeziehen, wenn bei wirtschaftlicher Betrachtungsweise eine Beherrschung vorliegt (SIC-12.8).

3 Befreiungsmöglichkeiten

Unter bestimmten Voraussetzungen befreit die Erstellung eines Konzernabschlusses andere Unternehmen von der Erstellung eines sog. Teilkonzernabschlusses; weiterhin befreit die Erstellung eines IFRS-Konzernabschlusses von der Erstellung eines HGB-Konzernabschlusses (§ 315a HGB; → *Konzernabschluss, befreiender*). Allerdings richtet sich auch bei einem IFRS-Konzernabschluss die Aufstellungspflicht nach § 290 HGB. Daneben existieren national noch größenabhängige Befreiungen (§ 293 HGB). Wenn keine Befreiungsmöglichkeit greift, ist das Mutterunternehmen verpflichtet, einen Konzernabschluss aufzustellen.

Konzernabschluss, befreiender

Grundsätzlich gilt die Pflicht, Teilkonzernabschlüsse zu erstellen. Ein Teilkonzernabschluss zeichnet sich dadurch aus, dass das Mutterunternehmen des Teilkonzernabschlusses wiederum Tochterunternehmen eines Unternehmens ist, das zur Konzernabschlusserstellung verpflichtet ist. Von dieser Pflicht kann ein Mutterunternehmen allerdings befreit werden. Dazu muss von einem dem Mutterunternehmen übergeordneten Unternehmen ein Konzernabschluss erstellt werden, der die Voraussetzungen der §§ 291 oder 292 HGB erfüllt. Dieser Konzernabschluss wird als befreiender Konzernabschluss bezeichnet.

Das PublG verweist in den §§ 11 Abs. 6, 13 Abs. 4 PublG auf die sinngemäße Anwendung der §§ 291f. HGB. Daher gelten obige Ausführungen auch für Konzernabschlüsse im Anwendungsbereich des PublG.

Nach IFRS gilt ebenfalls die Pflicht zur Erstellung eines Teilkonzernabschlusses (IAS 27.9). Auch hier existieren Ausnahmen von der Pflicht (IAS 27.10). So ist das Mutterunternehmen von der Pflicht befreit, wenn es selbst in einen Konzernabschluss einbezogen wird und die Eigentümer des Mutterunternehmens über die Befreiung informiert wurden und dagegen keine Einwendungen erhoben haben (IAS 27.10a). Außerdem kann von der Pflicht abgesehen werden, wenn das Mutterunternehmen in einen Konzern eingebunden ist und das Mutterunternehmen dieses Konzerns einen IFRS-Konzernabschluss erstellt und veröffentlicht (IAS 27.10d).

Konzernabschluss, Prüfung

1 Normen

1.1 Rechnungslegungsnormen

a) Deutsche Normen: §§ 290–315a HGB, §§ 11–13 PublG, DRS 2–14 i.V.m. § 342 HGB; b) Internationale Normen: IASB Framework.6, IFRS 3, IAS 27f., 31, SIC-12.

1.2 Prüfungsnormen

a) Deutsche Normen: §§ 316 Abs. 2f., 317 Abs. 1–3, 318 Abs. 1f., 319 Abs. 1–4 i.V.m. Abs. 5, 319a Abs. 1 i.V.m. Abs. 2, 320 Abs. 3, 321–324 HGB, § 14 PublG, IDW PS 320, 350.27-29, 400.88–97, 450.97–122, IDW PH 9.200.1; b) Internationale Normen: ISA 600 a.F., ED ISA 600 n.F.

2 Definition

Der →*Konzernabschluss* stellt alle im Konsolidierungskreis (→*Konsolidierungskreis, Prüfung*) befindlichen Unternehmen so dar, »als ob diese Unternehmen insgesamt ein einziges Unternehmen wären« (§ 297 Abs. 3 Satz 1 HGB, IAS 27.4, Einheitstheorie). Das ausschließliche Ziel des Konzernabschlusses ist die Vermittlung von Informationen über den →*Konzern*.

3 Prüfung

3.1 Prüfungspflicht, Prüfer und Prüfungsgrundsätze

Alle Konzernabschlüsse, für die eine gesetzliche Aufstellungspflicht besteht (→ *Konzernabschluss, Aufstellungspflicht*), müssen grundsätzlich geprüft werden (§§ 316 Abs. 2 Satz 1 HGB, § 14 Abs. 1 PublG, → *Prüfungspflicht*). Die Prüfungspflicht des § 316 Abs. 2 Satz 1 HGB gilt auch für wahlweise oder verpflichtend erstellte IFRS-Abschlüsse, da gem. § 315a Abs. 3 Satz 2 HGB den Konzernabschluss betreffende Vorschriften außerhalb dieses Unterabschnitts (angesprochen ist der zweite Unterabschnitt: §§ 290–315a HGB) anzuwenden sind.

Konzernabschlussprüfungen sind von WP oder WPG durchzuführen (§§ 316 Abs. 2 i.V.m. 319 Abs. 1 HGB, → *Vorbehaltsaufgaben des WP*). Den → *Konzernabschlussprüfer* »wählen die Gesellschafter des Mutterunternehmens« (§ 318 Abs. 1 Satz 1 HGB). Wird kein anderer Abschlussprüfer bestellt, so gilt der Prüfer des Mutterunternehmens als zum Konzernabschlussprüfer bestellt (§ 318 Abs. 2 Satz 1 HGB).

Im Hinblick auf die → *Prüfungsnormen* sind nicht die ISA, sondern vorrangig die nationalen Normenäquivalente, vor allem die IDW PS, anzuwenden. Bei fehlender oder nicht sachgerecht durchgeführter Transformation sind auch die internationalen Prüfungsnormen direkt anzuwenden, sofern nicht gegen deutsche Prüfungsnormen mit öffentlich-rechtlichem Charakter verstoßen wird. Handelt es sich um die Prüfung eines Abschlusses nach internationalen Rechnungslegungsnormen, erlangen die ISA vermutlich ein stärkeres Gewicht, da die Berücksichtigung der ISA von den Kapitalmärkten erwartet wird. Konzernabschlüsse von Unternehmen, die an der Frankfurter Wertpapierbörse im Börsenhandelssegment »Prime Standard« notiert sind, müssen explizit nach ISA geprüft werden (§§ 62 Abs. 2, 77 BörsO FWB). Der neuen Abschlussprüferrichtlinie (8. EU-Richtlinie) zufolge sollen künftig alle gesetzlich vorgeschriebenen Jahresabschlussprüfungen nach den ISA, die von der EU anerkannt worden sind, erfolgen (Art. 26 Abs. 1).

3.2 Prüfungsgegenstände

Der Konzernabschlussprüfer muss sicherstellen, dass der Konzernabschluss sowie der Konzernlagebericht in Übereinstimmung mit den relevanten Normen aufgestellt wurden (Normenkonformitätsprüfung, § 317 HGB).

Neben der Frage, ob überhaupt eine Aufstellungspflicht für den Konzernabschluss besteht, bildet die Abgrenzung des Konsolidierungskreises den Ausgangspunkt der Konzernabschlussprüfung (→ *Konsolidierungskreis, Prüfung*). Wichtig ist, dass alle *Tochterunternehmen* i.S.d. §§ 290 HGB, 11 PublG bzw. IAS 27.13 voll konsolidiert werden, sofern nicht ein Einbezug gem. § 296 HGB bzw. IAS 27.16 unterbleibt (§ 294 Abs. 1 HGB, IAS 27.12). Weiterhin können Unternehmen, die gemeinsam mit konzernfremden Gesellschaften geführt werden (*Gemeinschaftsunternehmen*, jointly controlled entity), anteilmäßig konsolidiert werden (§ 310 HGB, IAS 31.30; → *Quotenkonsolidierung, Prüfung*). Ist ein voll zu konsolidierendes Unternehmen an einem Unternehmen i.S.d. § 271 Abs. 1 HGB beteiligt und übt es auf dieses einen maßgeblichen Einfluss aus, so ist dieses *assoziierte Unternehmen* im Konzernabschluss mit dem Buchwert oder anteiligen Eigenkapital (→ *Equity-Methode, Prüfung*) auszuweisen (§§ 311 f. HGB). Gemäß internationalen Normen sind assoziierte Unternehmen, die nicht ausschließlich zum Zwecke der Weiterveräußerung erworben wurden, grundsätzlich nach der Equity-Methode zu bilanzieren (IAS 28.13).

Nach der Abgrenzung des Konsolidierungskreises stehen die in den Konzernabschluss einzubeziehenden Einzelabschlüsse (sog. *HB I*, → *HB I/II*) fest. Diese müssen zunächst den nachfolgend skizzierten konsolidierungsvorbereitenden Maßnahmen unterzogen werden (→ *Konsolidierungsvorbereitende Maßnahmen, Prüfung*). Die zu berücksichtigenden Abschlüsse sind grundsätzlich auf denselben → *Abschlussstichtag* aufzustellen (§ 299 HGB, IAS 27.26 f.). Ein wesentlicher Schritt der Konzernabschlusserstellung betrifft die Herstellung *konzerneinheitlicher Bilanzansatz- und Bewertungsmethoden* (§§ 300 Abs. 2, 308 HGB, IAS 27.28 f.). Hierbei können Wahlrechte und Ermessensspielräume unabhängig von ihrer Ausübung im Einzelabschluss neu genutzt werden (§§ 300 Abs. 2 Satz 2, 308 Abs. 1 Satz 2 HGB). Weiterhin ist die *Gliederung* zu vereinheitlichen (§ 298 Abs. 1 i.V.m. §§ 265 f., 275, 277 HGB, IAS 1.68, .81 f.). Abschlüsse in fremden Währungen müssen umgerechnet werden (§ 298 Abs. 1 i.V.m. § 244 HGB, IAS 21.1b f.; → *Währungsumrechnung, Prüfung*). Schließlich sind latente Steuern für die entstandenen Ergebnisdifferenzen zu bilden (§§ 306, 298 Abs. 1 i.V.m. 274 HGB, IAS 12; → *Steuerabgrenzung, Prüfung*).

Ergebnis der konsolidierungsvorbereitenden Maßnahmen bilden die sog. *HB II*, die im Summenabschluss addiert werden. Im letzten Schritt der Konzernabschlusserstellung werden die konzerninternen Beziehungen eliminiert (*Konsolidierung*). Zentral ist hierbei die Aufrechnung der im Abschluss des Mutterunternehmens zu zeigenden Beteiligung an dem Tochterunternehmen mit dem Eigenkapital des Tochterunternehmens (→ *Kapitalkonsolidierung, Prüfung*). Es lassen sich zwei Herangehensweisen unterscheiden: Die *Erwerbsmethode* unterstellt den Erwerb einer Beteiligung an einem Tochterunternehmen durch das Mutterunternehmen oder übergeordnete Tochterunternehmen (§ 301 HGB, IFRS 3.16). Dagegen geht man bei der *Interessenzusammenführungsmethode* von grundsätzlich gleichberechtigten Unternehmen aus (§ 302 HGB; diese Methode ist nach IFRS 3 nicht erlaubt, vgl. IFRS 3.14, → *Interessenzusammenführungsmethode, Prüfung*). Außerdem werden Forderungen und Schulden, die zwischen einzelnen Konzernunternehmen wechselseitig bestehen, gegeneinander aufgerechnet (§ 303 HGB, IAS 27.24; → *Schuldenkonsolidierung, Prüfung*). Bei Lieferungen innerhalb des Konsolidierungskreises entstandene Zwischenergebnisse werden eliminiert, indem in der Konzernbilanz (→ *Bilanz*) zu Konzernanschaffungs- bzw. Konzernherstellungskosten bewertet wird (§ 304 HGB, IAS 27.24; → *Zwischenergebniseliminierung, Prüfung*). Die noch nicht mit Konzernfremden realisierten Zwischengewinne und -verluste werden in der Konzerngewinn- und Verlustrechnung (→ *GuV, Prüfung*) ebenfalls rückgängig gemacht (§ 305 HGB, IAS 27.24 f.; → *Aufwands- und Ertragskonsolidierung, Prüfung*). Wie schon bei den konsolidierungsvorbereitenden Maßnahmen werden auch bei Vorliegen ergebniswirksamer Konsolidierungsvorgänge latente Steuern gebildet (§§ 306, 298 Abs. 1 i.V.m. 274 HGB, IAS 12).

Neben dem Konzernabschluss, der um eine Kapitalflussrechnung (→ *Kapitalflussrechnung, Prüfung*), einen Eigenkapitalspiegel bzw. eine Eigenkapitalveränderungsrechnung (→ *Eigenkapitalveränderungsrechnung, Prüfung*) sowie fakultativ um eine Segmentberichterstattung (→ *Segmentberichterstattung, Prüfung*) zu erweitern ist, stellen der Konzernlagebericht (→ *Lagebericht, Prüfung*) sowie die Angaben zu Ergebnis je Aktie (→ *Ergebnis je Aktie, Prüfung*) und Beziehungen zu nahe stehenden Personen (→ *Beziehungen zu nahe stehenden Personen, Prüfung*) weitere mögliche Prüfungsgegenstände dar. Außerdem ist die → *Konzernbuchführung* trotz der fehlenden Erwähnung in § 317 Abs. 1 Satz 1 HGB in die Prüfung einzubeziehen, da ohne einen Nachweis des Zusammenhangs von Einzel- und Konzernabschluss eine angemessene Konzernabschlussprüfung nicht möglich ist. Schließlich ist das ggf. einzurichtende Risikomanagementsystem zu prüfen (→ *Risikomanagementsystem, Prüfung*).

3.3 Prüfungsorganisation und -durchführung

Im Hinblick auf die Annahme oder Fortführung eines Mandates muss der Prüfer entscheiden, ob sein Anteil an der Prüfung des Konzerns für die Bildung eines Urteils über den Konzernabschluss ausreichend ist (ISA 600.8 f., ED ISA 600.7).

Die Konzernabschlussprüfung ist durch einen hohen Grad an Komplexität geprägt. So können aufgrund der Heterogenität der Konzernunternehmen inhärente (→ *Inhärentes Risiko*) und → *Kontrollrisiken* nicht einheitlich beurteilt werden, wenn die Organisation der Geschäftsprozesse, Rechnungslegungs- und Kontrollsysteme stark voneinander abweicht. Aspekte, die auf der Ebene eines Tochterunternehmens wesentlich sind, können auf Konzernebene unwesentlich sein (→ *Materiality*). Umgekehrt können mehrere unwesentliche Sachverhalte bei einzelnen Tochterunternehmen auf Konzernebene insgesamt wesentlich sein. Es sind viele konzernspezifische Prüfungshandlungen durchzuführen, z. B. die Prüfung der Notwendigkeit zur Eliminierung von Zwischenergebnissen bei Dreiecksgeschäften, bei denen die gelieferten Gegenstände den Konzern nur zwischenzeitlich verlassen. Diese Prüfungen werden aber dadurch erschwert, dass der Konzernabschlussprüfer keinen direkten Zugang zu den Grundlagen jener Einzelabschlüsse hat, die von einem anderen Abschlussprüfer geprüft wurden (→ *Verwendung von Urteilen Dritter*).

Mit der im Zuge der Globalisierung wachsenden Größe und Internationalisierung von Konzernen sind die Anforderungen an die Erstellung und Prüfung von Konzernabschlüssen weiter gestiegen, da die Konzernverflechtungen umfangreicher und komplexer geworden sind sowie eine größere Anzahl von nationalen Rechnungslegungsgrundsätzen vereinheitlicht werden muss. Allerdings vereinfachen Tendenzen der Harmonisierung von Standards in Bezug auf Rechnungslegung, Prüfung und Qualitätskontrolle sowie die weltweite Netzwerkbildung der WPG (→ *Big Four*) die Prüfung internationaler Konzerne.

Der Konzernabschlussprüfer steht in besonderem Maße unter Zeitdruck, da die Erstellung des Konzernabschlusses erst nach Aufstellung der einzubeziehenden Jahresabschlüsse abgeschlossen werden kann; gleichwohl drängt der Kapitalmarkt insbesondere bei börsennotierten Unternehmen auf eine zeitnahe Veröffentlichung des Konzernabschlusses. Deswegen werden möglichst viele Prüfungstätigkeiten vor die Abschlusserstellung verlagert, z. B. die Prüfung des Systems der Konzernrechnungslegung (→ *Systemprüfung*), der Konzernrichtlinie (→ *Konzernrichtlinie, interne*), des Konsolidierungskreises oder des Risikofrüherkennungssystems. Außerdem werden teilweise vorgezogene Abschlüsse erstellt, bei denen die verbleibenden Buchungen nachgetragen werden (→ *Fast close*).

Aus den genannten Problemen resultiert das Erfordernis einer umfassenden Planung. Insbesondere die Zeitplanung sollte der Konzernabschlussprüfer mit dem Mutterunternehmen sowie den anderen, an der Prüfung von Konzernunternehmen beteiligten Prüfern abstimmen. Beispiele (u.a. Wesentlichkeitsgrenzen, spezielle Gesetze, Dokumentationspflichten) für zu regelnde Sachverhalte finden sich in ED ISA 600.A5. Um sicherzustellen, dass der Konzernabschlussprüfer alle notwenigen Informationen erhält, muss er von den anderen im Konsolidierungskreis tätigen Abschlussprüfern und ihren Mandanten laufend über Prüfungsergebnisse bzw. wesentliche Vorgänge informiert werden (IDW PS 320.25). In Bezug auf die personelle Planung sind insbesondere ausreichende IT-Kenntnisse, z.B. für die Prüfung von IT-gestützter Konzernbuchführung und Konsolidierungssoftware, sowie bei internationalen Konzernen hinreichende Sprachkenntnisse zu berücksichtigen.

Die Prüfungsdurchführung wird grundsätzlich wie bei der →*Jahresabschlussprüfung* vom risikoorientierten Prüfungsansatz geleitet (→*Risikomodell*; →*Risikoorientierte Abschlussprüfung*). Der Konzernabschlussprüfer muss sich zunächst einen Überblick über wesentliche Risiken der Geschäftstätigkeit sowie der Abschlussbestandteile, das regulatorische sowie wettbewerbliche Umfeld, konzernweite Kontrollen, die Konzernstruktur, die Organisation der Konsolidierung sowie fraud-Risiken (→*Fraud, Prüfung*) bei den einzubeziehenden Unternehmen verschaffen (ED ISA 600.39–44). Die gewonnenen Feststellungen beeinflussen Art, Zeitpunkt und Umfang der durchzuführenden Prüfungshandlungen sowie Kommunikationserfordernisse mit anderen an der Prüfung des Konzernabschlusses beteiligten Prüfern.

Die bei der Systemprüfung zu beurteilende Konzernbuchführung muss so organisiert sein, dass ein sachverständiger Dritter die Ableitung des Konzernabschlusses aus den Einzelabschlüssen innerhalb angemessener Zeit nachvollziehen kann (analoge Anwendung von § 238 Abs. 1 Satz 2 HGB). Dies kann nur dadurch gewährleistet werden, dass eine beim Mutterunternehmen befindliche Konsolidierungsstelle eine schriftlich fixierte Konzernrichtlinie erstellt, die den einzelnen Konzernunternehmen genau vorgibt, welche Daten zu welchem Zeitpunkt an die Konsolidierungsstelle weiterzuleiten sind. Die Richtlinie muss hinsichtlich Konsistenz und Vollständigkeit geprüft werden. Entdeckt der Prüfer besonders fehleranfällige Bereiche, so sind diese mittels weiterer →*Einzelfallprüfungen* näher zu untersuchen. Dabei hat der Prüfer festzustellen, ob die in der Richtlinie vorgesehene Verfahrensweise eingehalten werden kann und tatsächlich eingehalten wurde. Erhöhte Fehlerrisiken können z.B. aus einer falschen Verarbeitung der Formulare für die Konsolidierung wegen fehlender Erfahrung von Mitarbeitern mit der Konzernrichtlinie resultieren.

In der Praxis wird häufig spezielle Konsolidierungssoftware verwendet, teilweise werden Tabellenkalkulationsprogramme wie z. B. MS Excel eingesetzt. Die Systemprüfung der Konsolidierungssoftware bezieht sich auf den programmierten Konsolidierungsablauf sowie die eingebauten Plausibilitätskontrollen (→ *IT-gestützte Prüfungstechniken*). Die IT-gestützte Konzernbuchführung (→ *IT-gestützte Rechnungslegung*) ist oftmals als stand alone-System ausgestaltet, d. h., die HB I/II und die jeweiligen Formblätter werden dezentral am PC erfasst. Dagegen ist ein integriertes System (z. B. SAP R/3) dadurch gekennzeichnet, dass konsolidierungsrelevante Informationen bereits im Zeitpunkt ihrer Entstehung erfasst und in einer zentralen Konzerndatenbank gespeichert werden. Dies ermöglicht zwar eine rasche Konsolidierung, erfordert jedoch komplizierte Abstimmungen. Die Prüfung eines integrierten Systems setzt umfangreiche IT-Kenntnisse voraus. Oftmals liegt eine → *Softwarebescheinigung* vor, die Prüfungsergebnisse eines Dritten in Bezug auf die Software beinhaltet. Der Prüfer kann bei Vorliegen der Voraussetzungen diese Bescheinigung als Prüfungsurteil Dritter berücksichtigen (IDW PS 880.50–54).

3.4 Berichterstattung

In Bezug auf die Berichterstattung besitzen die einzelabschlussbezogenen Ausführungen zum → *Prüfungsbericht* und zum → *Bestätigungsvermerk* grundsätzlich auch auf Konzernebene Gültigkeit. Spezielle Anforderungen an den Bestätigungsvermerk sind in IDW PS 400.88–97 enthalten. Ein wesentlicher Unterschied der deutschen Prüfungsnormen im Vergleich zu den internationalen Normen besteht darin, dass nach ISA 600.18 im Bestätigungsbericht die Verwendung von Prüfungsergebnissen anderer Abschlussprüfer sowie die Größenordnung der von ihnen geprüften Bereiche angegeben werden muss. Im Gegensatz dazu halten IDW PS 320.33 sowie IDW PS 400.93 solche Informationen wegen der Gesamtverantwortlichkeit des Konzernabschlussprüfers für nicht sachgerecht.
Kay Lubitzsch

Literatur: *Marten, K.-U./Quick, R./Ruhnke, K.*, Wirtschaftsprüfung, 2003, S. 547–555.

Konzernabschlussprüfer

Ist ein Unternehmen zur Aufstellung eines → *Konzernabschlusses* verpflichtet, so unterliegt neben den Einzelabschlüssen der in diesen Konzernabschluss einbezogenen Unternehmen auch der Konzernabschluss als solcher einer → *Prüfungspflicht* (§§ 316 Abs. 2 HGB, 14 Abs. 1 PublG). Wenn für diese Prüfung kein Abschlussprüfer zum Konzernabschlussprüfer bestellt wird, gilt der Abschlussprüfer des Mutterunternehmens des Konzerns automatisch als Konzernabschlussprüfer bestellt (§ 318 Abs. 2 HGB).

Der Konzernabschlussprüfer hat neben dem Konzernabschluss auch die Jahresabschlüsse der in den Konzernabschluss einbezogenen Unternehmen zu prüfen. Wurden diese bereits durch andere Abschlussprüfer geprüft, kommt für den Konzernabschlussprüfer unter bestimmten Voraussetzungen eine Übernahme (→ *Verwendung von Urteilen Dritter*) der Prüfungsurteile (§ 317 Abs. 2 Satz 2, 3 HGB, ED ISA 600.27–30) in Betracht, er kann insoweit auf eigene Prüfungshandlungen verzichten. Er trägt gleichwohl die Gesamtverantwortung für das Prüfungsurteil in Bezug auf den Konzernabschluss.

Die Rechte des Konzernabschlussprüfers regelt § 320 Abs. 3 Satz 2 HGB: Danach hat der Konzernabschlussprüfer weitreichende Auskunfts- und Prüfungsrechte gegenüber dem Mutterunternehmen sowie gegenüber den Prüfern und den gesetzlichen Vertretern der anderen in den Konzernabschluss einbezogenen Unternehmen.

Konzernabschlussprüfung → Konzernabschluss, Prüfung

Konzernabschlussstichtag

Der Konzernabschluss ist zwingend auf den Abschlussstichtag des Mutterunternehmens aufzustellen (§ 299 Abs. 1 Satz 1 HGB, IAS 27.26). Die Einzelabschlüsse dürfen auch dann in den HGB-Konzernabschluss einbezogen werden, wenn der Stichtag um nicht mehr als drei Monate vor dem Stichtag des Konzernabschlusses liegt (zur Angabepflicht im Konzernanhang vgl. § 299 Abs. 3 HGB). Wird diese Frist überschritten, muss ein Zwischenabschluss aufgestellt werden (§ 299 Abs. 2 Satz 2 HGB). Dagegen ist nach IAS 27.26 immer ein Zwischenabschluss zu erstellen, es sei denn, dies ist nicht praktikabel.

Konzernanhang → Anhang, Prüfung

Konzernbilanz → Konzernabschluss, Prüfung

Konzernbuchführung

Die Konzernbuchführung umfasst alle organisatorischen Maßnahmen in den betrieblichen Teilgebieten des Rechnungswesens, die notwendig sind, um den →*Konzernabschluss* zu erstellen.

Die Konzernbuchführung leitet dabei die HB I (→*HB I/II*) sowie die korrespondierende GuV in den Konzernabschluss über. Demnach beinhalten die in der Konzernbuchführung zu erfassenden Vorgänge sowohl die konsolidierungsvorbereitenden Maßnahmen (→*Konsolidierungsvorbereitende Maßnahmen, Prüfung* wie z.B. die →*Währungsumrechnung, Prüfung*), als auch die Konsolidierung i.e.S. (z.B. die →*Zwischenergebniseliminierung, Prüfung* und die →*Kapitalkonsolidierung, Prüfung*).

Konzern-GuV → Konzernabschluss, Prüfung

Konzernrevision → Interne Revision

Konzernrichtlinie, interne

Die interne Konzernrichtlinie enthält Anweisungen zur Erstellung des →*Konzernabschlusses*, die für alle betroffenen Konzernunternehmen verpflichtend anzuwenden sind. Ziel einer solchen Richtlinie ist es insbesondere, die Bilanzierung konzernweit einheitlich vorzugeben. Regelmäßig enthält die Konzernrichtlinie vor allem ein Beteiligungsverzeichnis, einen Terminplan, eine Aufstellung über die personellen Zuständigkeiten und Verantwortlichkeiten, einen Überblick über wesentliche Grundsätze ordnungsmäßiger →*Konzernbuchführung*, Anweisungen über die Durchführung konsolidierungsvorbereitender Maßnahmen (→*Konsolidierungsvorbereitende Maßnahmen, Prüfung*), Anweisungen zur Durchführung der Konsolidierungsmaßnahmen (z.B. →*Quotenkonsolidierung, Prüfung*; →*Zwischenergebniseliminierung, Prüfung*) sowie einen einheitlichen Formularsatz für Umgliederungen und -bewertungen. Damit definiert die interne Konzernrichtlinie weite Teile der abschlusspolitischen Gestaltungsparameter (→ *Abschlusspolitik*).

Kosten

Kosten sind die in der Kostenrechnung bewerteten Verbrauchsmengen der zur betrieblichen Leistungserstellung eingesetzten Produktionsfaktoren. Zu unterscheiden sind Kosten (→ *Kostenrechnung, Prüfung*) von den in der GuV (→ *GuV, Prüfung*) abgebildeten Aufwendungen, da Aufwendungen auch betriebsfremde Erfolgskomponenten einschließen. Hingegen umfassen Kosten auch Anderskosten (z. B. außerordentliche Aufwendungen), die mit einem anderen Bewertungsmaßstab im Aufwand hinzugerechnet werden, und Zusatzkosten (z. B. kalkulatorischer Unternehmerlohn, kalkulatorische Abschreibung auf nicht aktivierte immaterielle Vermögensgegenstände), die keinen Aufwand darstellen. Der Leistungs- und Güterverzehr ist als Grundkosten (=Zweckaufwand) Bestandteil sowohl der Kosten als auch der Aufwendungen.

Kostenartenrechnung → Kostenrechnung, Prüfung

Kostenrechnung, Prüfung

Die Kostenrechnung (auch Kosten- und Leistungsrechnung) ist eine kalkulatorische Erfolgsrechnung, die im Rahmen des *internen Rechnungswesens* (innerbetriebliches Rechnungswesen) eine unabdingbare Voraussetzung für die Funktionsfähigkeit des externen Rechnungswesens darstellt. Kostenrechnung dient der Planung (z. B. Budgetplanung), der Kontrolle (z. B. Nachkalkulation), der Dokumentation (z. B. Herstellkostenermittlung) und der Steuerung (z. B. Kostenziele). Im Rahmen der Jahresabschlusserstellung und -prüfung ist insbesondere die Ermittlung der Herstellkosten als Ausgangsgrundlage für die Ermittlung der bilanziellen → *Herstellungskosten* i. S. d. HGB oder der IFRS z. B. bei der Bewertung fertiger und unfertiger Erzeugnisse relevant.

- Ausgangspunkt der Kostenrechnung ist die Kostenartenrechnung, mit deren Hilfe festgestellt wird, welche Kosten in welcher Höhe entstanden sind und die neben der Erfassung der relevanten Kosten der Aufteilung in Einzel- und Gemeinkosten dient.
- Im Zuge der Kostenstellenrechnung werden die Gemeinkosten auf die Kostenstellen (z. B. Materialstelle, Fertigungsstelle, Verwaltung und Vertrieb) verteilt. Mit Hilfe eines BAB erfolgt eine möglichst verursachungsgerechte Verteilung. Der Zuschlagsatz kann anhand der angefallenen Einzelkosten einer Kostenstelle berechnet werden. Als weitere Bezugsgröße können die Herstellkosten herangezogen werden.
- Die Kostenträgerrechnung dient im Rahmen der Kostenträgerstückrechnung der Feststellung, welche Einheit welche Kosten verursacht hat und ermöglicht damit die Kalkulation der Produkte. Hierfür werden Einzelkosten aus der Kostenartenrechnung und die Zuschlagsätze für die Gemeinkosten aus der Kostenstellenrechnung auf sog. Kostenträger (z. B. Produkte oder Dienstleistungen) verrechnet und die Selbstkosten pro Kostenträgereinheit berechnet. Im Rahmen der Kostenträgerzeitrechnung wird das betriebliche Ergebnis eines Unternehmens ermittelt.

Da die Ermittlung der bilanziellen Herstellungskosten i. S. d. HGB oder der IFRS von der Art des angewandten Kalkulationsverfahrens und damit von der Kostenrechnung abhängig ist, muss sich der Prüfer im Rahmen der Jahresabschlussprüfung von der Funktionsfähigkeit des Kostenrechnungssystems überzeugen.

Die → *Systemprüfung* der Kostenrechnung umfasst eine → *Aufbau-* und eine → *Funktionsprüfung*. Dabei ist zum einen zu prüfen, ob das System im Hinblick auf die gesetzten Ziele angemessen ausgestaltet ist und zum anderen, ob das konzipierte System tatsächlich wirksam ist.

Im Rahmen der Aufbauprüfung sollte sich der Prüfer einen Überblick über die Ausgestaltung des Kostenrechnungssystems verschaffen, um eine vorläufige Systembeurteilung vornehmen zu können. Hierfür bietet es sich zunächst an, Systembeschreibungen und Ablaufdiagramme heranzuziehen sowie Auswertungen der Dokumentation des Kostenrechnungssystems zu überprüfen.

Prüft der amtierende Abschlussprüfer die Kostenrechnung im Rahmen der Jahresabschlussprüfung, ist vor allem die Herleitung der bilanziellen Herstellungskosten aus den Herstellkosten zu prüfen. Dabei hat der Prüfer festzustellen, ob ein System vorliegt, welches sicherstellt, dass die Bestandteile der Herstellkosten, die in die Herstellungskosten eingehen sollen, korrekt identifiziert wurden (z. B. über Zusatzkontierungen). Dabei ist insbesondere sicherzustellen, dass die folgenden Kosten nicht in die Herstellungskosten einbezogen werden: Kosten ohne Ausgabencharakter, Kosten ohne sachlichen Bezug zum Prozess der Herstellung (z. B. Vertriebskosten) sowie Kosten, die nicht auf den Zeitraum der Herstellung entfallen (z. B. Kosten der Grundlagenforschung).

Im Rahmen der Funktionsprüfung ist festzustellen, ob das konzipierte Kostenrechnungssystem tatsächlich in der vorgesehenen Form umgesetzt wird. Diese Überprüfung kann durch Arbeitswiederholung auf der Basis statistischer und/oder bewusst gezogener Stichproben (→ *Statistische Stichprobenverfahren*; → *Bewusste Auswahl*) erfolgen. Die bewusste Zufallsauswahl kann sich dabei z. B. auf besonders schwierige Fälle konzentrieren.

In welchem Umfang eine Systemprüfung erfolgen sollte und welche → *aussagebezogenen Prüfungshandlungen* erforderlich sind, bleibt grundsätzlich dem pflichtgemäßen Ermessen des WP überlassen.

Neben analytischen Prüfungshandlungen (→ *Analytische Prüfungen*) eignen sich → *Einzelfallprüfungen* für die Prüfung der Funktionsfähigkeit des Kostenrechnungssystems. Um die ordnungsmäßige Erfassung und Verrechnung der Einzelkosten zu prüfen, können Materialentnahmescheine, Akkordzettel, Stücklisten sowie die unternehmensinternen Vor- und Nachkalkulationen als Unterlagen dienen. Darüber hinaus bietet es sich an, die Höhe der Gemeinkostenzuschläge unter Prüfung des BAB kritisch zu betrachten. Dabei müssen bestimmte Kostenarten, die handelsrechtlich nicht aktivierungsfähig, kostenrechnerisch aber zu verrechnen sind (kalkulatorische Kosten wie z. B. Mieten oder Wagniskosten), eliminiert werden.

Eine funktionsfähige Kostenrechnung ist darüber hinaus im Falle einer Gliederung der GuV nach dem Umsatzkostenverfahren von Bedeutung. Das Umsatzkostenverfahren ermittelt den Betriebserfolg, indem den Umsatzerlösen einer Periode die Herstellungskosten der abgesetzten Produkte und Leistungen zuzüglich der nicht zu den Herstellungskosten zählenden Gemeinkosten gegenübergestellt werden. Die Verwendung des Umsatzkostenverfahrens setzt eine Kostenstellen- und Kostenträgerrechnung voraus, die es ermöglicht, die Kosten nach den Stellen Herstellung, allgemeine Verwaltung, Vertrieb und sonstige betriebliche Stellen aufzuschlüsseln.

Kostenstellenrechnung → Kostenrechnung, Prüfung

Kostenträgerrechnung → Kostenrechnung, Prüfung

Krankenhausprüfung

Eine generelle Pflicht zur periodischen Prüfung des → *Jahresabschlusses* (→ *Jahresabschlussprüfung*) von Krankenhäusern durch einen WP besteht nicht. Vielmehr ist die Frage der → *Prüfungspflicht* von Krankenhäusern in den einzelnen Bundesländern unterschiedlich geregelt (föderales Recht). Eine weitere konkurrierende Prüfungspflicht kann sich aus den möglichen Rechtsformen des Krankenhausträgers ergeben (gesetzliche Pflichtprüfungen für Krankenhausträger: z. B. nicht kleine GmbH, Eigenbetrieb, Anstalt des öffentlichen Rechts oder kraft Satzung: z. B. grundsätzlich alle diakonischen und caritativen Krankenhausträger). Mit IDW PH 9.400.1 gibt es eine Norm zur Erteilung des → *Bestätigungsvermerks* bei Krankenhäusern. Darüber hinaus existieren keine allgemeinverbindlichen Prüfungsrichtlinien auf Bundesebene. Der Krankenhausfachausschuss des → *IDW* gibt Empfehlungen heraus, die als Prüfungsrichtlinien i. w. S. zu werten sind. Zudem gelten auf Länderebene Vorgaben für die inhaltliche Ausgestaltung und die Gliederung von → *Prüfungsberichten*.

Sofern ein Krankenhaus Kaufmann i. S. d. → *HGB* ist, muss es die Rechnungslegungsnormen des HGB befolgen. Nach IDW PH 9.400.1 erfolgt bei der Prüfung von Krankenhäusern in der Rechtsform der → *Kapitalgesellschaft* die Erteilung des Bestätigungsvermerks für den Jahresabschluss für die Zwecke des Handelsrechts grundsätzlich nach den allgemeinen Vorschriften des § 322 HGB (vgl. IDW PS 400).

Für Zwecke des *Krankenhausfinanzierungsgesetzes* (KHG), d. h., bei öffentlicher Förderung der Investitionskosten, haben Krankenhäuser, unabhängig von der Kaufmannseigenschaft und unabhängig von ihrer Rechtsform, gem. § 4 Abs. 3 *Krankenhaus-Buchführungsverordnung* (KHBV) einen Jahresabschluss aufzustellen, für den die Vorschriften der KHBV, nicht aber eine Reihe der für Kapitalgesellschaften geltenden Vorschriften des HGB anzuwenden sind (z. B. keine Angaben im Anhang (→ *Anhang, Prüfung*) nach § 285 HGB und kein Lagebericht (→ *Lagebericht, Prüfung*)). Auch für diesen Jahresabschluss ist ein Bestätigungsvermerk nach den Grundsätzen des IDW PS 400 zu erteilen, mit der Maßgabe, dass im einleitenden Abschnitt darauf verwiesen wird, dass der Jahresabschluss für die Zwecke des KHG nach den Vorschriften der KHBV aufgestellt wurde (IDW PH 9.400.1.3). Die

Bestätigung der Vermittlung eines unter Beachtung der → *GoB* den tatsächlichen Verhältnissen entsprechenden Bildes der Vermögenslage (→ *Vermögenslage, Prüfung*), Finanzlage (→ *Finanzlage, Prüfung*) und Ertragslage (→ *Ertragslage, Prüfung*) setzt die Einhaltung des auch für diesen Jahresabschluss zu beachtenden § 264 Abs. 2 HGB voraus. In diesem Zusammenhang ist auf die Begründung zur zweiten ÄndV KHBV zu verweisen, wonach durch die Einbeziehung der Generalnorm des § 264 Abs. 2 HGB generell keine zusätzlichen über § 4 Abs. 3 KHBV hinausgehenden Bilanzierungsanforderungen geschaffen werden sollen. Landeskrankenhausrechtliche Vorschriften können für einen solchen KHBV-Abschluss originär eine Prüfungspflicht vorschreiben und den Gegenstand der Jahresabschlussprüfung erweitern.

Falls das den handelsrechtlichen Vorschriften unterliegende Vermögen des Krankenhausträgers mit dem der KHBV unterliegenden Vermögen des Krankenhauses identisch ist, können der Abschluss nach HGB und der Abschluss nach KHBV in einem Jahresabschluss zusammengefasst werden, indem von dem Wahlrecht nach § 1 Abs. 3 KHBV Gebrauch gemacht wird und mit den dort angegebenen Ausnahmen (Aufstellung des Jahresabschlusses nach den Formblattvorschriften der KHBV anstelle der Beachtung der Gliederungsvorschriften der §§ 266, 268 Abs. 2 u. 275 HGB) die nach Rechtsform und Größe des Krankenhauses anzuwendenden Vorschriften des HGB zugrunde gelegt werden. Die doppelte Zielsetzung dieses Jahresabschlusses ist in dem einleitenden Abschnitt des Bestätigungsvermerks darzustellen (IDW PH 9.400.1.4).

Wird das Krankenhaus nicht in der Rechtsform einer prüfungspflichtigen Kapitalgesellschaft geführt und sehen die landeskrankenhausrechtlichen Vorschriften keine Pflichtprüfung des nach der KHBV aufgestellten Abschlusses vor, wird zumeist eine, unter Berücksichtigung der KHBV, nach Art und Umfang der Pflichtprüfung nach §§ 316–324a HGB entsprechende freiwillige Prüfung (→ *Prüfungsdienstleistungen, freiwillige*) beantragt, wobei die Erteilung des Bestätigungsvermerks nach den allgemeinen Grundsätzen des IDW PS 400 mit dem im einleitenden Abschnitt des Vermerks befindlichen Verweis erfolgt, dass der Jahresabschluss für die Zwecke des KHG nach den Vorschriften der KHBV aufgestellt wurde (IDW PH 9.400.1.6).

Weiterhin existiert eine Vielzahl gesetzlich vorgesehener Sonderbescheinigungen, die vom WP geprüft zu unterzeichnen sind. Im Wesentlichen betreffen diese erweiterten Prüfungserfordernisse bei Krankenhäusern die Prüfung der sparsamen, wirtschaftlichen und zweckentsprechenden Verwendung der pauschalen Fördermittel (in vielen Bundesländern gemäß Landes-KHG) sowie die Prüfung einer Vielzahl von Bestätigungen für die Entgeltverhandlungen mit den Krankenhäusern (gesetzlich vorgesehene Bescheinigungen), wie die Erlösbescheinigung nach §§ 3 Abs. 6, 4 Abs. 9 Krankenhausentgeltgesetz, die Verwendung der Erlöse aus Zuschlägen für die Krankenpfleger-Ausbildung gem. § 17a Abs. 7 Krankenhausentgeltgesetz in der Fassung des zweiten Fallpauschalenänderungsgesetzes oder verschiedene sonstige gemäß Entgeltvereinbarung vertraglich geregelte Sachverhalte.

Für den Abschluss nach KHBV beinhaltet der Bestätigungsvermerk ausschließlich ein rechnungslegungsbezogenes Gesamturteil. Er ist im einleitenden Abschnitt entsprechend zu ergänzen, wenn sich das Urteil auf Erweiterungen bezieht, die das anwendbare Landesrecht nicht vorsieht, die jedoch parallel zu gesetzlichen Vorschriften in anderen Bundesländern zum Gegenstand des Auftrags der Jahresabschlussprüfung gemacht wurden. In einigen Bundesländern wird der Gegenstand der Jahresabschlussprüfung durch Landeskrankenhausrecht erweitert. So sieht bspw. § 34 KHG NRW u.a. die Berichterstattung über die wirtschaftlichen Verhältnisse und über die zweckentsprechende, sparsame und wirtschaftliche Verwendung der öffentlichen pauschalen Fördermittel vor. Über solche gesetzlichen Erweiterungen ist im einleitenden Abschnitt des Bestätigungsvermerks zu berichten; ferner ist im beschreibenden Abschnitt auf die zusätzliche Rechtsgrundlage zu verweisen. Das → *Prüfungsurteil* ist um einen gesonderten Abschnitt zu ergänzen, der die Einhaltung der zusätzlichen Anforderungen bestätigt.

Kreditinstitute, Prüfung

1 Normen

1.1 Rechnungslegungsnormen

§§ 238–315a, 340a–340j HGB, §§ 2–37 RechVersV.

1.2 Prüfungsnormen

a) Deutsche Normen: §§ 316–324a (mit Ausnahme von § 319 Abs. 1 Satz 2), 340k HGB, §§ 26, 28 f. KWG, PrüfbV, IDW PS 522; b) Internationale Norm: IAPS 1006.

2 Prüfungspflicht und Prüfer

§ 340k Abs. 1 HGB schreibt *allen Kreditinstituten* unabhängig von ihrer Größe und ihrer Rechtsform die Prüfung des Jahresabschlusses und des Lageberichts sowie ggf. des Konzernabschlusses und des Konzernlageberichts vor. Dabei sind grundsätzlich die Prüfungsvorschriften der §§ 316–324a HGB anzuwenden (ausgenommen § 319 Abs. 1 Satz 2 HGB). Die Prüfung ist spätestens vor Ablauf des fünften Monats des dem Abschlussstichtag nachfolgenden Geschäftsjahres vorzunehmen.

Auswahl, *Bestellung* und *Abberufung* des →*Abschlussprüfers* richten sich nach den für die jeweilige Rechtsform maßgeblichen Vorschriften. Als Prüfer kommen dabei gem. § 340k HGB →*WP* bzw. →*WPG*, genossenschaftliche Prüfungsverbände (falls das Kreditinstitut eine Genossenschaft oder ein rechtsfähiger wirtschaftlicher Verein ist) und Prüfungsstellen eines →*Sparkassen- und Giroverbandes* (falls das Kreditinstitut eine Sparkasse ist) in Frage. Dagegen sind →*vBP* und →*BPG* von der Abschlussprüfertätigkeit ausgeschlossen.

Die Kreditinstitute haben der →*BaFin* und der Deutschen Bundesbank (DBB) den von ihnen bestellten Prüfer unverzüglich anzuzeigen. Innerhalb eines Monats kann die BaFin die Bestellung eines anderen Prüfers verlangen, wenn dies zur Erreichung des Prüfungszwecks geboten erscheint (§ 28 Abs. 1 KWG). Darüber hinaus hat nach § 28 Abs. 2 KWG das Registergericht am Sitz des Kreditinstituts auf Antrag der BaFin einen Prüfer zu bestellen, wenn

- die Anzeige des bestellten Prüfers nicht unverzüglich nach Ablauf des Geschäftsjahres erfolgt,
- das Kreditinstitut dem Verlangen der BaFin auf Bestellung eines anderen Prüfers nicht unverzüglich nachkommt,
- der gewählte Prüfer die Annahme des Prüfungsauftrags abgelehnt hat, weggefallen ist oder am rechtzeitigen Abschluss der Prüfung verhindert ist und das Kreditinstitut nicht unverzüglich einen anderen Prüfer bestellt hat.

Die Bestellung durch das Gericht ist endgültig. Das Registergericht kann auf Antrag der BaFin einen bestellten Prüfer abberufen. § 28 KWG ist auf Kreditinstitute, die einem genossenschaftlichen Prüfungsverband angeschlossen sind oder durch die Prüfungsstelle eines Sparkassen- und Giroverbandes geprüft werden, nicht anzuwenden.

3 Prüfungsgegenstände

Die Jahresabschlussprüfung hat zunächst die *Ordnungsmäßigkeit der Rechnungslegung* zum Gegenstand, d.h., der Prüfer hat die Einhaltung der gesetzlichen Vorschriften sowie der sie ergänzenden Bestimmungen der Satzung bzw. des Gesellschaftsvertrags zu kontrollieren. Dabei ist zu beachten, dass die allgemeinen handelsrechtlichen Rechnungslegungsvorschriften durch die besonderen Rechnungslegungsvorschriften für Kreditinstitute (§§ 340a–340j HGB) ergänzt werden. Zudem haben Kreditinstitute die Verordnung der BaFin über die Rechnungslegung von Kreditinstituten (RechKredV) zu beachten. Sind Wertpapiere eines Kreditinstitutsmutterunternehmens zum Handel an einem organisierten Markt zugelassen oder ist eine solche Zulassung im Inland beantragt worden, so ist der Konzernabschluss nach internationalen Rechnungslegungsstandards aufzustellen; nicht kapitalmarktorientierte Mutterunternehmen haben ein Wahlrecht zur Anwendung der IFRS (§ 315a HGB).

Das Adressenausfallrisiko, d.h., das Risiko des Verlustes oder entgangenen Gewinns aufgrund des Ausfalls eines Vertragspartners, ist ein wesentliches branchentypisches Risiko für Kreditinstitute. Diese müssen im Jahresabschluss eine angemessene Risikovorsorge für akute und latente Ausfallrisiken bilden. Daher stellt die Prüfung der ordnungsmäßigen Berücksichtigung von Adressenausfallrisiken und operationalen Risiken des Kreditgeschäfts im Jahresabschluss und Lagebericht (Kreditprüfung) einen wesentlichen Bestandteil der Jahresabschlussprüfung von Kreditinstituten dar (IDW PS 522.2). Dabei ist zunächst die Organisation des Kreditgeschäfts und das →*IKS* einschließlich interner Kontrollverfahren für Adressenausfallrisiken zu prüfen (→*Systemprüfung*). Die Ergebnisse sind bei der Planung von →*Einzelfallprüfungen* zu berücksichtigen. Mit der Prüfung einzelner Transaktionen soll insbesondere die Einschätzung der Adressenausfallrisiken durch das Kreditinstitut und die Angemessenheit einer ggf. getroffenen Risikovorsorge überprüft werden. Hierfür ist zum einen die Wahrscheinlichkeit maßgeblich, mit der ein Kreditnehmer seinen vertraglichen Verpflichtungen nicht mehr nachkommen kann. Zum anderen ist zu beurteilen, welche Zahlungen nach Eintritt von Leistungsstörungen noch erwartet werden können, wofür vor allem die erwarteten Erlöse aus Sicherheiten bestimmend sind (IDW PS 522.25).

Aufgrund des hohen Anteils von Forderungen und Verbindlichkeiten an der Bilanzsumme, der mit dem Massengeschäft verbundenen großen Anzahl von Kunden und Umsätzen, der zunehmenden Bedeutung von off-balance-sheet-Geschäften und derivativen Finanzinstrumenten und der Nutzung neuer Vertriebswege (z. B. E-Commerce) kommt Bestätigungen Dritter (→ *Verwendung von Urteilen Dritter*; → *Saldenbestätigungen*) bei der Prüfung von Kreditinstituten eine besondere Bedeutung zu. Diese sind in IDW EPS 524 speziell geregelt.

Eine umfassende Anleitung zur Planung und Durchführung von Jahresabschlussprüfungen bei Banken liefert IAPS 1006.

Darüber hinaus hat der Abschlussprüfer auch Schutzfunktionen im gesamtwirtschaftlichen Interesse wahrzunehmen, aus denen sich weitere Prüfungsgegenstände ergeben (§ 29 Abs. 1 u. 2 KWG):

- Prüfung der *wirtschaftlichen Verhältnisse* des Kreditinstituts,
- Prüfung der *Einhaltung von Anzeigepflichten* gegenüber der DBB bzw. der BaFin, u. a.:
  - Anzeigepflichten zur Eigenmittelausstattung. Einreichung der zur Überprüfung der angemessenen Eigenkapitalausstattung erforderlichen Angaben (§§ 10 Abs. 1 Satz 5, 10b Abs. 2 Satz 2 KWG), Einreichung von Zwischenabschlüssen (§ 10 Abs. 3 Satz 5 KWG), Offenlegung der Berechnung nicht realisierter Reserven (§ 10 Abs. 4 Bst. a Satz 4 KWG), Erwerb eigener Genussrechte zur Marktpflege (§ 10 Abs. 5 Satz 7 KWG), Erwerb von in Wertpapieren verbrieften eigenen nachrangigen Verbindlichkeiten zur Marktpflege (§ 10 Abs. 5 Bst. a Satz 7, Abs. 7 Satz 6 KWG), Absinken der Eigenmittel auf unter 120 % der angemessenen Eigenmittel durch Tilgungs- und Zinszahlungen auf die kurzfristigen nachrangigen Verbindlichkeiten (§ 10 Abs. 7 Satz 7 KWG), Gewährung von Krediten an Gesellschafter (§ 10 Abs. 8 KWG), Wahl der Methode zur Berechnung der Eigenmittel von Finanzkonglomeraten (§ 10b Abs. 3 Satz 4 KWG).
  - *Anzeigepflichten zur Liquidität*. Einreichung der zur Überprüfung einer ausreichenden Liquidität erforderlichen Angaben (§ 11 Abs. 1 Satz 5 KWG).
  - *Anzeigepflichten zur Begründung von Unternehmensbeziehungen*. Begründung, Veräußerung oder Aufgabe einer Beteiligung an einem Unternehmen im Ausland bzw. von Unternehmensbeziehungen zu einem Unternehmen im Ausland (§ 12a Abs. 1 Satz 3 KWG).
  - *Anzeigepflichten zu Großkrediten*. Großkredite liegen vor, wenn die Kredite eines Kreditinstituts an einen Kreditnehmer insgesamt 10 % seines haftenden Eigenkapitals erreichen oder übersteigen. Diesbezügliche Anzeigepflichten finden sich in §§ 13 Abs. 1 Satz 1,

Abs. 2 Satz 5 u. 8, Abs. 3 Satz 2, 4 u. 6, Abs. 4, 13a Abs. 1 Satz 1, Abs. 2, Abs. 3 Satz 2, 4 u. 6, Abs. 4 Satz 2, 4 u. 6, Abs. 5 Satz 2 u. 4, Abs. 6, 13b Abs. 1, Abs. 4 Satz 1 KWG.

- *Anzeigepflichten zu gruppeninternen Transaktionen mit gemischten Unternehmen und zur Risikokonzentration und gruppeninternen Transaktionen von Finanzkonglomeraten.* §§ 13c Abs. 1 Satz 1, Abs. 3 Satz 3, 13d Abs. 1 KWG.
- *Anzeigepflichten zu Millionenkrediten.* Als Millionenkredite gelten Kredite mit einem Volumen von 1,5 Mio. € oder mehr (§ 14 Abs. 1 KWG).
- *Anzeigepflichten zu Organkrediten.* Organkredite sind Kredite an Personen oder Unternehmen, die in besonders enger Beziehung zu dem Kredit gewährenden Unternehmen stehen. Hier besteht die Gefahr, dass die Kreditentscheidung durch unsachliche Einflussnahme, Kollisionen der Interessen des Kreditinstituts mit den Eigeninteressen des Organs oder sachfremde Überlegungen beeinflusst wird. Die Gewährung von Organkrediten ohne vorherigen einstimmigen Beschluss sämtlicher Geschäftsleiter und ausdrückliche Zustimmung des Aufsichtsorgans ist, wenn der Beschluss der Geschäftsleiter nicht innerhalb von zwei Monaten bzw. der Beschluss des Aufsichtsorgans nicht innerhalb von vier Monaten nachgeholt wird, anzeigepflichtig (§ 15 Abs. 4 Satz 5 KWG).
- *Anzeigepflichten nach § 24 KWG.* Hiernach sind bestimmte personelle (z. B. Geschäftsführer und einzelvertretungsbefugte Personen), finanzielle (z. B. unmittelbare und mittelbare Beteiligungen, Verluste in Höhe von 25 % des haftenden Eigenkapitals, Einstellung des Geschäftsbetriebs, Auflösungsabsicht, Absinken des Eigenkapitals unter die Mindestanforderungen, Passivbeteiligungen, Unregelmäßigkeiten bei Wertpapierpensions- und -darlehensgeschäften) und organisatorische Veränderungen (Änderung der Rechtsform und der Firma, Verlegung der Niederlassung oder des Sitzes, Veränderungen bei den Zweigstellen, Vereinigungsabsicht) anzuzeigen.
- Anzeigepflichten zur Errichtung einer Zweigniederlassung und Erbringung grenzüberschreitender Dienstleistungen in anderen Staaten des Europäischen Wirtschaftsraums (§ 24a Abs. 1, 3 u. 4 KWG).

- *Prüfung der Einhaltung der Verpflichtungen nach § 14 GwG.* Der § 14 GwG regelt u. a. folgende Vorkehrungen des Versicherungsunternehmens, die verhindern sollen, dass es zur Geldwäsche missbraucht werden kann:

- Benennung eines Ansprechpartners für die Strafverfolgungsbehörden und das Bundeskriminalamt,
- Sicherungssysteme und Kontrollen zur Verhinderung der Geldwäsche und der Finanzierung terroristischer Vereinigungen,
- Sicherstellung der Zuverlässigkeit der Mitarbeiter, die befugt sind, bare und unbare Finanztransaktionen durchzuführen,
- Schulungsmaßnahmen.

Gem. § 14 Abs. 3 Satz 2 GwG dürfen die Kreditinstitute diese Vorkehrungen mit Zustimmung der zuständigen Behörde auch durch andere Unternehmen oder Personen treffen lassen.

- *Feststellung der Einholung von Kreditunterlagen.* Kreditinstitute haben sich gem. § 18 KWG von Kreditnehmern, denen Kredite von insgesamt mehr als 250.000 € gewährt werden, die wirtschaftlichen Verhältnisse offen legen zu lassen, es sei denn, dass der Kredit durch erstrangige Grundpfandrechte auf selbst genutztes Wohneigentum besichert ist, der Kredit vier Fünftel des Beleihungswertes des Pfandobjektes nicht übersteigt und der Kreditnehmer die von ihm geschuldeten Zins- und Tilgungszahlungen störungsfrei erbringt.
- Überprüfung der Anforderungen zur Eigenmittelausstattung (§§ 10, 10a, 10b KWG), Liquidität (§ 11 KWG), Begrenzung von qualifizierten Beteiligungen und Beteiligungsbeschränkungen für E-Geld-Institute (§ 12 KWG), Begrenzung von Großkrediten (§§ 13–13d KWG), zur Ermöglichung automatisierter Abrufe von Konteninformationen (§ 24c KWG) und Überprüfung organisatorischer Pflichten (§§ 25a, 25b KWG),
- Überprüfung der *korrekten Ermittlung der nicht realisierten Reserven*, sofern dem haftenden Eigenkapital des Kreditinstituts nicht realisierte Reserven zugerechnet werden.

Durch die über die Prüfung der Rechnungslegung hinausgehenden Prüfungspflichten werden Teilaspekte der *Ordnungsmäßigkeit der Geschäftsführung* zum Prüfungsgegenstand erhoben.

4 Berichtspflichten

Der Abschlussprüfer hat neben den gesetzlichen (§§ 321–322 HGB) und den berufsständischen Normen (IDW PS 400, 450) insbesondere die *Prüfungsberichtsverordnung des BAKred* (PrüfbV) zu beachten. Letztere umfasst detaillierte Regelungen zum Aufbau und zum Inhalt des →*Prüfungsberichts* und erleichtert dadurch die Auswertung der

Prüfungsberichte durch die Aufsichtsbehörden. Indirekt bestimmt die Prüfungsberichtsverordnung auch weitgehend Art und Umfang der durchzuführenden Prüfungshandlungen.

Nach § 26 Abs. 1 KWG hat der Abschlussprüfer den Prüfungsbericht unverzüglich nach Beendigung der Prüfung der BaFin und der DBB einzureichen. Bei Kreditinstituten, die einem genossenschaftlichen Prüfungsverband angehören oder durch die Prüfungsstelle eines Sparkassen- oder Giroverbandes geprüft werden, ist der Prüfungsbericht nur auf Anforderung einzureichen.

Werden dem Prüfer bei der Prüfung Tatsachen bekannt, welche

- die Einschränkung oder Versagung des Bestätigungsvermerks rechtfertigen,
- den Bestand des Kreditinstituts gefährden,
- die Entwicklung des Kreditinstituts wesentlich beeinträchtigen können oder
- schwerwiegende Verstöße der Geschäftsleiter gegen Gesetz, Satzung oder Gesellschaftsvertrag erkennen lassen,

hat er dies unverzüglich, d.h. regelmäßig noch während der laufenden Prüfung der BaFin und der DBB anzuzeigen (§ 29 Abs. 3 Satz 1 KWG).

Auf Verlangen der BaFin oder der DBB hat der Abschlussprüfer diesen den Prüfungsbericht zu erläutern und sonstige bei der Prüfung bekannt gewordene Tatsachen mitzuteilen, die gegen eine ordnungsmäßige Durchführung der Geschäfte des Kreditinstituts sprechen (§ 29 Abs. 3 Satz 2 KWG).

Reiner Quick

Literatur: *Scholz, W.*, Kreditinstitute, Prüfung der, in: Coenenberg, A.G./Wysocki, K.v. (Hrsg.), Handwörterbuch der Revision, 1992, Sp. 1128–1142.

Kreditoren

Für Lieferanten, von denen Leistungen auf Kredit bezogen werden, ist ein Kreditorenkonto (Personenkonto) zu führen. In der Bilanz erfolgt ein Ausweis unter dem Bilanzposten »Verbindlichkeiten aus Lieferungen und Leistungen« (→ *Verbindlichkeiten, Prüfung*). Aus dem Kreditorenkonto sind die einzelnen Bruttoumsätze sowie deren Begleichung durch Zahlungsausgänge zu erkennen. Die Offene-Posten-Buchhaltung (Nebenbuchhaltung) zeigt hingegen nur die Zusammensetzung des ggf. offenen Saldos. Sofern die zugehörigen Fälligkeiten erfasst wurden, ermöglicht die Offene-Posten-Buchhaltung, Zahlungsvorschläge zu generieren, und dient somit der Finanzplanung im Unternehmen.

Kreditorische Debitoren

Kreditorische →*Debitoren* sind durch Überzahlung oder nachträgliche Gutschrift entstandene Verbindlichkeiten gegenüber einem Kunden, welche aufgrund des Saldierungsverbotes separat von den Kreditoren in der Bilanz unter dem Bilanzposten »Sonstige Verbindlichkeiten« auszuweisen sind.

Kreditwesengesetz → Gesetz über das Kreditwesen

Kreditwürdigkeitsprüfungen

Bei einer Kreditwürdigkeitsprüfung, in der Praxis auch häufig als *Kreditanalyse* bezeichnet, wird untersucht, ob persönliche und sachliche bzw. wirtschaftliche Gegebenheiten für die Vergabe (bzw. die Belassung bei bereits bestehenden Krediten) eines Kredites sprechen. Sie dient der Einschätzung der Gefahr eines Verlustes aus der Kreditvergabe sowie der Bestimmung der Höhe des Kredits, der Höhe der Raten, des Zinssatzes und der Laufzeit. Es handelt sich um eine freiwillige Prüfung, die i.d.R. vom Kreditgeber durchgeführt wird. Allerdings sind Kreditinstitute gem. § 18 Abs. 1 Satz 1 KWG dazu verpflichtet, die Kreditunterlagen des Antragstellers einzuholen und zu prüfen, sobald das Kreditvolumen 750.000 € oder 10% des haftenden Eigenkapitals des Unternehmens überschreitet.

Unter Kreditwürdigkeitsprüfung i.w.S. wird sowohl die Beurteilung der Kreditfähigkeit (Geschäftsfähigkeit), der Kreditwürdigkeit (Bonität) und die Prüfung der Werthaltigkeit von möglichen Sicherheiten, die zur Besicherung des Kredits gestellt werden, verstanden. Die Kreditwürdigkeit i.e.S. bezeichnet die Bonität eines Kreditnehmers und hängt von dessen persönlichen Eigenschaften (persönliche Kreditwürdigkeit) und von seiner wirtschaftlichen Lage (sachliche Kreditwürdigkeit) ab.

Das Urteil über die *persönliche Kreditwürdigkeit* wird u.a. durch die Prüfung der bisherigen Zahlungs- und Geschäftsmoral, der persönlichen Qualifikationen sowie der bisherigen Zuverlässigkeit hergeleitet. Dabei sind auch die rechtlichen Verhältnisse des Kreditnehmers zu prüfen.

Das Urteil über die *wirtschaftliche Kreditwürdigkeit* wird i.d.R. aus der Prüfung der Vermögens-, Finanz- und Ertragslage hergeleitet. Dabei werden vorgelegte Jahresabschlüsse aufbereitet und im Zuge der Abschlussanalyse (→ *Jahresabschlussanalyse*; → *Diskriminanzanalyse*; → *BBR*) untersucht. Die gewonnenen → *Kennzahlen* sollen Aufschluss über die Lage des Unternehmens geben. Besondere Beachtung finden dabei stets Daten über die Vermögenslage (Bemessung vorhandener Haftungssubstanz), die Kapitalstruktur und die Liquiditätslage (Einschätzung der Zahlungsfähigkeit). Allerdings ist es fraglich, wie zuverlässig von Jahresabschlussdaten aus der Vergangenheit auf die Zukunft geschlossen werden kann (Prognoseproblematik; → *Prognoseprüfung*). Neben der mangelnden Aktualität stellt insbesondere auch die abschlusspolitische Beeinflussbarkeit (→ *Abschlusspolitk*) die Eignung von Jahresabschlüssen in Frage. Trotz der rückblickenden Sichtweise ist die Analyse als Grundlage für die künftige Entwicklung der Vermögens-, Finanz- und Ertragslage unverzichtbar. Um die aufgezeigten Schwachstellen zu kompensieren, wird daher zudem versucht, die zukünftige Unternehmensentwicklung unmittelbar zu beurteilen. Dazu werden u.a. strategische Pläne, Patente, Lizenzen (interne Faktoren), aber auch die konjunkturelle Entwicklung im Allgemeinen bzw. für bestimmte Branchen (externe Faktoren) untersucht. Auch sonstige Sicherheiten und Rechte (Bürgschaften, Forderungen, Nutzungs- oder Pfandrechte) werden im Rahmen der Kreditwürdigkeitsprüfung betrachtet. Strittig ist vor allem die Beurteilungsfähigkeit der zukünftigen Zahlungswilligkeit des Kreditnehmers. Nach erfolgter Kreditvergabe wird während der Laufzeit des Kredites eine *Kreditüberwachungsprüfung* durchgeführt, die vor allem der Überprüfung der Einhaltung der Kreditbestimmungen und der wirtschaftlichen Lage des Kreditnehmers dient.

Das Ergebnis der Kreditwürdigkeitsprüfung wird schon heute bei vielen Banken in einem *Kontrahenten-* oder *Exposurerating* zusammengefasst. Ersteres beinhaltet u.a. einen Vergleich der unternehmensspezifischen Kennzahlen mit Branchendurchschnittswerten. Letzteres ergänzt das Kontrahentenrating mit qualitativen Aspekten in Bezug auf eine konkrete Kreditvereinbarung (z.B. Vorhandensein und Werthaltigkeit von Sicherheiten oder landesspezifische rechtliche Rahmen- und Kreditvertragsbedingungen).

Im Projektfinanzierungsbereich wird häufig auf projektbezogene *CF-Projektionen* zurückgegriffen. Diese sollen Aufschluss darüber geben, ob die aus dem zu finanzierenden Projekt erwarteten Zahlungsrückflüsse die Bedienung des Kredites gewährleisten. CF-Projektionen werden regelmäßig um einen sog. *stress test* erweitert, welcher potenzielle (projektbezogene) künftige Entwicklungen antizipieren soll (z. B. schlechtere als erwartete Umsatzentwicklung), um deren Auswirkungen auf die Zahlungsrückflüsse zu analysieren und das mit der Finanzierung verbundene Risiko zu bewerten.

Mit Basel II erhält die Kreditwürdigkeitsprüfung bei der Kreditvergabe ein verstärktes Gewicht. Bisher war die Kreditsumme fix mit 8 % Eigenkapital zu unterlegen. Nach Maßgabe von Basel II ist die Eigenkapitalunterlegung nach der Kreditwürdigkeit des Kreditnehmers zu differenzieren. Risikoreiche Kredite sind dann mit mehr, weniger riskante Kredite mit weniger als 8 % Eigenkapital zu unterlegen. Bei Kreditinstituten wird die Implementierung einer internen Kreditwürdigkeitsprüfung daher zwingend Einzug halten.

Kriminalistische Methoden → Unterschlagungsprüfung

Krisenwarnfunktion des Abschlussprüfers

Unter der Krisenwarnfunktion des Abschlussprüfers ist die Aufgabe zu verstehen, negative Unternehmensentwicklungen sowie Sachverhalte, die solche auslösen können, im Rahmen der Prüfungsdurchführung zu erkennen und über diese Erkenntnisse im Rahmen seiner Informationspflichten zu berichten (→ *Going concern-Annahme, Prüfung*). Die Krisenwarnfunktion des Abschlussprüfers leitet sich aus den Rechnungslegungsnormen, Prüfungsnormen einschließlich den Berichterstattungsnormen und Berufspflichten des Abschlussprüfers ab.

Warnpflichtige Sachverhalte lassen sich in solche, die sich aus der Beurteilung der wirtschaftlichen Lage des Unternehmens (→ *Vermögenslage, Prüfung*; → *Finanzlage, Prüfung*; → *Ertragslage, Prüfung*) ergeben, und solche, die außerhalb der Beurteilung der wirtschaftlichen Lage liegen, unterteilen.

Dem Abschlussprüfer stehen zur Berichterstattung über festgestellte warnpflichtige Tatbestände der → *Prüfungsbericht* und ein ggf. zu erstellender Vorabbericht, der sog. → *management letter*, sowie der → *Bestätigungsvermerk* zur Verfügung (IDW PS 270.6, 400.3, 450.3, ISA 260, 570, 700).

- Die Krisenwarnpflichten des Abschlussprüfers im Rahmen des *Prüfungsberichts* bestehen zum einen in der Frühwarnung über nachtei-

lige Veränderungen der Vermögens-, Finanz- und Ertragslage sowie über nicht unwesentliche Verluste (§ 321 Abs. 1 HGB) und zum anderen in der → *Redepflicht des Abschlussprüfers* über unternehmensgefährdende Tatsachen oder schwerwiegende Verstöße der gesetzlichen Vertreter (§ 321 Abs. 2 HGB). Wenn Gefahr im Verzug oder besondere Eile geboten ist, z.B. bei bedrohlicher Unternehmenslage oder schwerwiegenden Verstößen der gesetzlichen Vertreter, kann es notwendig sein, unverzüglich einen schriftlichen Vorabbericht (ggf. auch in Briefform) zu erstatten.
- Mängel aus der Funktionsprüfung des Internen Überwachungssystems (→ *Internal control*), fehlende oder offensichtlich unzulängliche Planung, problembehaftete Systeme oder Abläufe und Schwachstellen bei den Rechnungslegungs- und Berichterstattungserfordernissen können Anlass zu entsprechenden Hinweisen im Rahmen eines *management letter* an die Unternehmensleitung geben, wenn diese Mängel nicht so wesentlich sind, dass sie zu einer Berichterstattung gem. § 321 HGB bzw. zu einer Einschränkung oder Versagung des Bestätigungsvermerks führen.
- Im *Bestätigungsvermerk* muss in einem gesonderten Abschnitt darauf verwiesen werden, wenn die going concern-Annahme als angemessen beurteilt wird und gleichzeitig wesentliche Unsicherheiten existieren, d.h. der mögliche Einfluss einer Unsicherheit so erheblich ist, dass eine klare Offenlegung von Art und Auswirkung der Unsicherheit erforderlich ist, damit der aufgestellte Abschluss nicht irreführend ist (ISA 570.31, so auch IDW PS 270.35). Der Bestätigungsvermerk ist außerdem einzuschränken, wenn der Lagebericht (→ *Lagebericht, Prüfung*) eine Gefährdung des Fortbestands der Gesellschaft nicht angemessen darstellt.

Da die Öffentlichkeit mit einem uneingeschränkten Bestätigungsvermerk auch einen Positivbefund hinsichtlich der wirtschaftlichen Gesundheit eines Unternehmens verbindet, das Testat aber nicht als Gütesiegel für die wirtschaftliche Gesamtsituation des Unternehmens angesehen werden kann, kann diese Fehleinschätzung hinsichtlich der Aussagefähigkeit des Bestätigungsvermerks zur → *Erwartungslücke* führen.

Kundmachung und Werbung

Mit Kundmachung wird das Inkenntnissetzen der Öffentlichkeit von den beruflichen Dienstleistungen eines bestimmten → *WP* oder einer bestimmten → *WPG* bezeichnet. Werbung bezeichnet hingegen das Anbieten von beruflichen Dienstleistungen eines Berufsangehörigen bei potenziellen Mandanten. Da die Tätigkeit der WP nicht vom Gewinnstreben beherrscht werden soll, andererseits aber erwerbswirtschaftlich tätige WP keine gemeinnützigen Motive ihrer Berufsausübung zugrunde legen, sondern vielmehr zur Sicherung ihrer Einkommen an der Erlangung von Aufträgen interessiert sind und demzufolge ein Wettbewerb um Mandanten vorliegt, reglementieren die → *WPO* und die → *Berufssatzung* die Kundmachung und Werbung.

Nach § 52 WPO und §§ 31–36 Berufssatzung ist ein WP zu einem berufswürdigen Verhalten bei der Kundmachung seiner Tätigkeit und bei der Auftragsübernahme verpflichtet. Berufswidrige Werbung ist ihm untersagt, wobei Werbung berufswidrig ist, wenn sie über eine sachliche Unterrichtung über die Form und den Inhalt der beruflichen Tätigkeit hinausgeht und auf die Erteilung eines Auftrags im Einzelfall gerichtet ist (§ 52 Abs. 3 WPO). Das ist immer dann der Fall, wenn der Umworbene in einem konkreten Einzelfall der Beratung oder der Vertretung bedarf, der Werbende dies in Kenntnis der Umstände zum Anlass für seine Werbung nimmt und den Umworbenen dadurch belästigt oder nötigt, so dass dieser in seiner Freiheit zur eigenen Entscheidungsfindung über die Auftragserteilung beeinträchtigt wird. Hierzu zählen insbesondere die unaufgeforderte Telefonwerbung (§ 31 Berufssatzung i.V.m. § 7 Abs. 2 Nr. 2 UWG), unaufgeforderte Telefax-Werbung (§ 31 Berufssatzung i.V.m. § 7 Abs. 2 Nr. 3 UWG) sowie E-Mail-Werbung (§ 31 Berufssatzung i.V.m. § 7 Abs. 3 UWG), sofern keine konkreten Anhaltspunkte für ein Einverständnis des Empfängers vorliegen. Hiervon ausgenommen ist hingegen eine unaufgeforderte Briefwerbung, die grundsätzlich zulässig ist, es sei denn, der Empfänger wünscht dies in einer für den Absender ohne weiteres erkennbaren Weise nicht (§ 31 Berufssatzung i.V.m. § 7 Abs. 2 Nr. 1 UWG). Verboten ist neben der auftragsbezogenen Werbung ebenso irreführende und vergleichende Werbung (§ 32 Berufssatzung), Drittwerbung (§ 33 Berufssatzung) sowie eine auszugsweise oder verkürzte Veröffentlichung von Qualitätskontrollberichten (§ 36 Berufssatzung).

Die Form der indirekten Werbung durch das Hervortreten von Berufsangehörigen durch wissenschaftliche und schriftstellerische Tätigkeiten, durch fachbezogene Vortrags- und Lehrtätigkeiten sowie durch das Mitwirken an Aktivitäten der Berufsorganisation ist erlaubt und wird von der Berufsorganisation wohlwollend gesehen und mitunter sogar gefördert. Auch bieten die erlaubten Hinweise auf die Berufstätigkeit, wie z.B. Türschilder, Anzeigen, Rundschreiben, ebenfalls Möglichkeiten einer zulässigen Werbung, wobei derartige Kundmachungen mit einem mehr oder weniger erkennbaren Werbecharakter zum Teil umfassend in der Berufssatzung geregelt werden, so dass die Werbewirkung derartiger Kundmachungen von allen Berufsangehörigen in denselben Grenzen genutzt werden kann. Zulässig sind insbesondere auch die Angabe von Dienstleistungen, wie das Hervorheben von bestimmten Leistungen als Tätigkeitsschwerpunkte oder der Hinweis auf die Tätigkeit als PfQK gem. § 57a Abs. 3 WPO (→ *Qualitätskontrolle, externe*), sofern eine Registrierung nach dieser Vorschrift vorliegt (§ 32 Berufssatzung), als auch Hinweise auf die Art der eigenen Berufsausübung sowie Hinweise auf eine dauerhafte berufliche Zusammenarbeit (Kooperation) oder eine gemeinsame Nutzung personeller und sachlicher Mittel (→ *Bürogemeinschaft*; § 34 Berufssatzung).

Auch die IFAC hat in ihrem → *Ethics* Kundmachung und Werbung aufgegriffen. Ethics Sec. 250 u. 150 regeln die sachliche und wahrheitsgemäße Information der Öffentlichkeit über die Tätigkeit des Prüfers. Insbesondere dürfen weder Mittel eingesetzt werden, die den Berufsstand in Verruf bringen oder die Arbeit anderer WP abwerten, noch dürfen übertriebene Behauptungen über das Dienstleistungsangebot, die eigenen Qualifikationen oder Sachkenntnisse aufgestellt werden (Ethics Sec. 250.2, 150.2). Wenn Zweifel darüber bestehen, ob eine beabsichtigte Form der Werbung angemessen ist, sollte der Prüfer die für den Berufsstand zuständige Institution konsultieren (Ethics Sec. 250.2).

Kündigung des Prüfungsauftrags

Gem. § 318 Abs. 6 Satz 1 HGB kann der → *Abschlussprüfer* einen angenommenen → *Prüfungsauftrag* nur bei Vorliegen eines wichtigen Grundes kündigen. Ein solcher liegt bspw. vor, wenn der Abschlussprüfer schwer erkrankt oder wenn er während der Abschlussprüfung erkennt, dass ihm die notwendigen Kenntnisse zur Durchführung der Prüfung fehlen und er dieses Problem nicht beheben kann. Als wichtiger Grund kann nach h.M. auch das Aufdecken einer kriminellen Betätigung der zu prüfenden Gesellschaft oder eines ihrer Organe angesehen werden. Hingegen stellen bloße Meinungsverschiedenheiten in Bezug auf Inhalt, Einschränkung oder Versagung des → *Bestätigungsvermerks* keinen Kündigungsgrund dar (§ 318 Abs. 6 Satz 2 HGB). Das Kündigungsrecht des Abschlussprüfers kann nicht durch zusätzliche Regelungen im Prüfungsauftrag erweitert oder eingeschränkt werden. Dem zu prüfenden Unternehmen steht kein Kündigungsrecht zu. Es verfügt lediglich über die Möglichkeit, ein gerichtliches Ersetzungsverfahren gem. § 318 Abs. 3 HGB zu beantragen, insbesondere wenn → *Ausschlussgründe* nach § 319 Abs. 2–5 oder § 319a HGB vorliegen (→ *Abberufung des Abschlussprüfers*). Nach einer auch formlos erklärten Kündigung hat der Prüfer diese zunächst schriftlich zu begründen und über das Ergebnis der bisherigen Prüfung zu berichten (§ 318 Abs. 6 Satz 3 u. 4 HGB). Dieser in Schriftform abzufassende Bericht, bei dessen Erstellung die Anforderungen des § 321 HGB zu berücksichtigen sind, ist den gesetzlichen Vertretern oder, bei Erteilung des Prüfungsauftrages durch den → *Aufsichtsrat*, diesem vorzulegen (§ 318 Abs. 7 Satz 2 HGB). Eine Kündigung des Prüfungsauftrages ist durch die gesetzlichen Vertreter bei → *GmbH* den Gesellschaftern bzw. bei → *AG* der nächsten Hauptversammlung mitzuteilen (§ 318 Abs. 7 Satz 1 HGB).

Künstliche Neuronale Netze → BBR

Lagebericht, Prüfung

1 Normen

1.1 Rechnungslegungsnormen

a) Deutsche Normen: §§ 264 Abs. 1, 3 u. 4, 264b, 289, 290 Abs. 1 u. 2, 291, 292 Abs. 1 u. 3, 293, 294 Abs. 3, 315, 315a Abs. 1 u. 3 HGB, DRS 5, 15, IDW RH HFA 1.007; b) Internationale Norm: IAS 1.9.

1.2 Prüfungsnormen

a) Deutsche Norm: IDW EPS 350 n. F.; b) Internationale Norm: ISAE 3400.

2 Definition

Der Lagebericht eines Unternehmens hat die Aufgabe, den → *Jahresabschluss* durch zusätzliche Informationen zu ergänzen. Er ist nicht nur vergangenheitsbezogen, sondern auch zukunftsorientiert und soll eine wirtschaftliche Gesamtbeurteilung des Unternehmens ermöglichen.

3 Prüfung des Lageberichts zum Einzelabschluss nach HGB

Hinweise für den Umfang der Prüfung des Lageberichts zum Einzelabschluss ergeben sich aus den §§ 317, 321, 322 HGB. Nach § 321 Abs. 2 Satz 1 HGB muss der Lagebericht formal den gesetzlichen sowie ergänzenden gesellschaftsvertraglichen bzw. satzungsmäßigen Vorschriften entsprechen. Nach § 317 Abs. 2 Satz 1 HGB hat der Abschlussprüfer materiell zu prüfen, ob der Lagebericht mit dem Jahresabschluss, ggf. mit dem Einzelabschluss nach § 325 Abs. 2a HGB, und den bei der Prüfung gewonnenen Erkenntnissen übereinstimmt sowie insgesamt eine zutreffende Vorstellung von der Lage des Unternehmens vermittelt (vgl. auch § 322 Abs. 6 Satz 1 HGB). Dabei ist auch zu prüfen, ob die Chancen und Risiken der künftigen Entwicklung zutreffend dargestellt sind. Der Prüfer muss letztlich feststellen, ob in den gem. § 289 Abs. 1 u. 2 HGB geforderten »Teilberichten« alle wesentlichen Angaben enthalten sind, die Angaben sachlich korrekt sind und die Art und Weise der Darstellung nicht derart erfolgt ist, dass trotz vollständiger und sachlich richtiger Darstellung der einzelnen Sachverhalte eine falsche Gesamtvorstellung von der Lage des Unternehmens vermittelt wird. Bei der Prüfung, inwieweit die gesetzlichen Vorgaben bei der Erstellung des Lageberichts eingehalten werden, sollte DRS 15 zur Lageberichterstattung berücksichtigt werden. Der IDW PS 350 wurde überarbeitet und an die Regelungen in DRS 5 und 15 angepasst (IDW EPS 350 n. F.).

3.1 Bericht zu Geschäft und Rahmenbedingungen

Ein nach DRS 15 erstellter Lagebericht beginnt mit der Darstellung der Geschäftstätigkeit des Unternehmens sowie deren Rahmenbedingungen (DRS 15.36). Darunter fallen etwa Angaben zu Organisationsstruktur, Segmenten, wesentlichen Standorten und Absatzmärkten, den wichtigsten Produkten und Geschäftsprozessen sowie relevanten Einflussfaktoren auf das Geschäft. Für → *kapitalmarktorientierte Unternehmen* verlangt DRS 15.38 zudem Informationen über das interne Steuerungssystem, wobei auch zur Steuerung verwendete → *Kennzahlen* zu berücksichtigen sind. Bei den unternehmensintern verwendeten Kennzahlen handelt es sich oftmals um Wertentwicklungskennzahlen wie den Economic Value Added. Die Angabe detaillierterer Informationen z. B. durch Quantifizierung und Segmentierung solcher Kennzahlen wird empfohlen (DRS 15.94, .98). Die im Bericht zu Geschäft und Rahmenbedingungen vermittelten Informationen sollen dem Adressaten des Lageberichts als Ausgangspunkt für die Analyse des Geschäftsverlaufs und der wirtschaftlichen Lage dienen.

3.2 Bericht zur Ertrags-, Finanz- und Vermögenslage

In Bezug auf die Ertragslage (→ *Ertragslage, Prüfung*) sind deren wesentliche Einflussfaktoren zu erläutern, außerordentliche Einflüsse zu erklären sowie Trends darzustellen. Hervorzuheben ist dabei insbesondere die Forderung nach einer Quantifizierung der Auswirkungen ungewöhnlicher oder nicht wiederkehrender Ereignisse (DRS 15.50), da hierdurch Sondereinflüsse identifiziert werden können. Die Angabepflichten zur Finanzlage (→ *Finanzlage, Prüfung*) beinhalten zunächst eine allgemeine Darstellung der Grundsätze und Ziele des Finanzmanagements (DRS 15.61). Eine Beschreibung der konkreten Umsetzung der Finanzmanagementziele wird lediglich empfohlen (DRS 15.107). Des Weiteren werden umfangreiche Angaben zur Kapitalstruktur (DRS 15.62–66) und zu außerbilanziellen Finanzierungsinstrumenten (DRS 15.67 f.), wie z. B. asset backed securities-Gestaltungen und sale and lease back-Geschäfte, gefordert. Weitere Berichtspflichten zur Finanzlage bestehen in der Durchführung einer Investitions- und Liquiditätsanalyse (DRS 15.69 u. .71). Zur Darstellung der Vermögenslage (→ *Vermögenslage, Prüfung*) sind die Höhe, Struktur und wesentlichen Veränderungen des bilanziellen Vermögens gegenüber dem Vorjahr anzugeben und zu erläutern (DRS 15.77). Außerdem sind Informationen zu außerbilanziellen Finanzinstrumenten und deren Auswirkung auf die Vermögenslage (DRS 15.79) sowie zu Vermögenswerten zu vermitteln, die das Unternehmen selbst geschaffen hat oder ohne rechtliches Eigentum nutzt (DRS 15.80). Während nach DRS 15 die Erläuterungen zur Ertrags-, Finanz- und Vermögenslage in einer Gesamtaussage zusammengefasst werden müssen, welche die wirtschaftliche Lage des Unternehmens widerspiegelt, sind nach § 289 Abs. 1 Satz 1 HGB der Geschäftsverlauf einschließlich des Geschäftsergebnisses und die Lage der → *Kapitalgesellschaft* so darzustellen, dass ein den tatsächlichen Verhältnissen entsprechendes Bild vermittelt wird. Diese Darstellung hat eine dem Umfang und der Komplexität der Geschäftstätigkeit entsprechende Analyse des Geschäftsverlaufs und der Lage der Gesellschaft zu enthalten, die die bedeutsamsten finanziellen Leistungsindikatoren einbezieht und unter Bezugnahme auf die im Jahresabschluss ausgewiesenen Beträge und Angaben erläutert. Nach § 289 Abs. 3 HGB sind die darzulegenden finanziellen Leistungsindikatoren für große Kapitalgesellschaften um die Angabe wesentlicher nichtfinanzieller Leistungsindikatoren zu erweitern. Bevor der Prüfer beurteilen kann, ob der Lagebericht ein den tatsächlichen Verhältnissen entsprechendes Bild von der Lage der Kapitalgesellschaft vermittelt, hat er sich über die Einzelprüfung hinaus einen groben Überblick über die Gesamtlage der Kapitalgesellschaft zu verschaffen. Hierbei sind insbesondere Analysen zum globalen Umfeld, zum Unternehmensumfeld sowie zu unternehmensinternen Erfolgsfaktoren zu beachten. In diesem Kontext hat der Prüfer auch die wichtigsten Einflussgrößen der Vermögens-, Finanz- und Ertragslage des Unternehmens zu analysieren, die etwa durch betriebswirtschaftliche Kennzahlen abgebildet werden können. Alle Informationen, die ein Prüfer im Zuge der Abschlussprüfung zur Beurteilung der wirtschaftlichen Lage eines Unternehmens erheben muss, sind zugleich unmittelbare Grundlage für die Prüfung, ob der Lagebericht insgesamt eine zutreffende Vorstellung von der Lage des Unternehmens vermittelt (IDW EPS 350.12 n. F.).

3.3 Risikobericht

Gem. § 289 Abs. 1 Satz 4 HGB ist im Lagebericht die voraussichtliche Entwicklung mit ihren wesentlichen Chancen und Risiken zu beurteilen und zu erläutern, wobei die zugrunde liegenden Prämissen anzugeben sind. Eine Saldierung der Chancen und Risiken ist aus Gründen der Transparenz nicht zulässig (DRS 5.26). Während der Gesetzgeber in § 289 Abs. 1 Satz 4 HGB die Risikoberichterstattung und den Prognosebericht zusammengeführt hat, fordert DRS 15.91 explizit eine Trennung von Risiko- und Prognosebericht. Nach § 289 Abs. 2 Nr. 2 HGB sollen hinsichtlich der Verwendung von Finanzinstrumenten die Risikomanagementziele sowie -methoden und die Preisänderungs-, Ausfall- und Liquiditätsrisiken sowie die Risiken künftiger Zahlungsstromschwankungen dargelegt werden, sofern diese für die Beurteilung der Lage der Gesellschaft von Bedeutung sind. Die Risikoberichterstattung stellt einen integralen Bestandteil der Darstellung von Geschäftsverlauf und Lage des Unternehmens dar. Das Risiko kann als die Möglichkeit einer negativen Abweichung vom Erwartungswert interpretiert werden. Es ist nicht über sämtliche Risiken, die die wirtschaftliche Lage der Kapitalgesellschaft beeinflussen könnten, zu berichten. Aufgrund des Wesentlichkeitsgrundsatzes (→ *Materiality*) und Grundsatzes der Klarheit und Übersichtlichkeit hat sich die Berichterstattung im Rahmen des Risikoberichts auf diejenigen Risiken der künftigen Entwicklung zu beschränken, die für den Adressaten des Lageberichts entscheidungsnützlich sind (→ *Decision usefulness*). Als Prognosezeitraum sollte für bestandsgefährdende Risiken ein Jahr, für andere wesentliche Risiken grundsätzlich zwei Jahre ab dem → *Abschlussstichtag* zugrunde gelegt werden (DRS 5.24). Sofern die berichterstattende Kapitalgesellschaft keine bedeutenden Risiken der künftigen Entwicklung identifiziert, ist ein entsprechender Verweis in den Lagebericht aufzunehmen (Negativvermerk). Der Abschlussprüfer hat zu kontrollieren, ob für sämtliche Chancen und Risiken die verfügbaren Informationen verwendet wurden. Hat sich der Abschlussprüfer von der Vollständigkeit der angegebenen künftigen Chancen und Risiken überzeugt, dann hat er die Angaben auf ihre Richtigkeit hin zu überprüfen, indem er auf Basis des der Prognose zugrunde liegenden Datenmaterials den Prognoseprozess nachvollzieht.

3.4 Prognosebericht

Nach § 289 Abs. 1 Satz 4 HGB ist im Prognosebericht als Teilbericht des Lageberichts auf die voraussichtliche Entwicklung der Gesellschaft mit ihren wesentlichen Chancen und Risiken einzugehen. Laut DRS 15.88 ist darüber hinaus die erwartete Entwicklung der wirtschaftlichen Rahmenbedingungen und Branchenaussichten einzubeziehen. Ebenso sind die Erwartungen zur weiteren Entwicklung der Finanz- und Ertragslage darzustellen (DRS 15.89). Prognosen, als Aussagen über zukünftige Abläufe oder Ereignisse, können in quantitativer und qualitativer Form in den Prognosebericht eingehen. Sie sollten auf einem Prognosehorizont von zwei Jahren basieren. Der Abschlussprüfer hat bei seiner Prüfung des Lageberichts darauf zu achten, dass die Aussagen über die voraussichtliche Entwicklung ausgewogen und willkürfrei dargestellt werden. Da es sich bei Prognosen um Aussagen über eine noch nicht existente Realität handelt, die naturgemäß von Unsicherheit geprägt ist, kann der Abschlussprüfer die Prognosen letztlich nur durch Überprüfung der Prognoselogik sowie die verwandten Daten und hierauf basierenden Annahmen in Bezug auf ihre Plausibilität überprüfen (→ *Prognoseprüfung*; siehe ferner ISAE 3400). Während Daten Informationen über die Gegenwart sind, die empirisch gestützt sein sollten, stellen Annahmen Aussagen über zukünftige Bedingungen oder Entwicklungen dar. Wesentliche Prüfungsgegenstände bei der Prüfung des Prognoseberichts (→ *Prognosebericht, Prüfung*) sind u.a. die Zuverlässigkeit und Funktionsfähigkeit des unternehmensinternen Planungssystems (IDW EPS 350.21 n.F.), die Beurteilung der Eignung des verwendeten Prognosemodells sowie dessen ordnungsgemäße Handhabung (IDW EPS 350.23 n.F.).

3.5 Nachtragsbericht

Neben den in § 289 Abs. 1 u. Abs. 2 Nr. 2 HGB aufgeführten Berichtspflichten soll der Lagebericht nach § 289 Abs. 2 Nr. 1 HGB auch auf Vorgänge von besonderer Bedeutung eingehen, die nach dem Schluss des Geschäftsjahres eingetreten sind. Diesen Berichtsteil des Lageberichts bezeichnet man als Nachtragsbericht. Ein Vorgang hat besondere Bedeutung, wenn er sich bereits vor Ende des Geschäftsjahres ereignet und eine andere Darstellung der Ertrags-, Finanz- oder Vermögenslage erfordert hätte (DRS 15.82). Die Vorgänge von besonderer Bedeutung können in von außerhalb der Gesellschaft vorgegebene Änderungen und in innerhalb der Gesellschaft begründete Änderungen unterteilt werden. Zur ersten Kategorie gehören etwa Währungsschwankungen, Veränderungen der Marktpreise oder Wettbewerbsveränderungen. Innerhalb der Gesellschaft begründete Änderungen können bspw. der Erwerb oder die Veräußerung von Beteiligungen, die Gründung oder Auflösung von Niederlassungen und der Abschluss außerordentlicher Verträge sein. Die Berichtspflicht beinhaltet sowohl positive als auch negative Vorgänge. Der Nachtragsbericht ist vom Abschlussprüfer darauf zu prüfen, ob er eine korrekte Darstellung von der Lage des Unternehmens vermittelt und nicht durch eine vorsätzlich falsche Auswahl günstiger oder ungünstiger Vorgänge das Bild von der Lage des Unternehmens verfälscht. Um die Angaben des Nachtragsberichts auf ihre Richtigkeit hin beurteilen zu können, hat der Abschlussprüfer im neuen Geschäftsjahr eine Sichtung von Monats- und Quartalsberichten, Protokollen über Sitzungen der Geschäftsführung, Berichten der → *Internen Revision* sowie der Aufwendungen für Rechtsberatung und andere Sachverständige zwecks Erlangung von Hinweisen auf wichtige Verträge und Prozesse vorzunehmen.

3.6 Forschungs- und Entwicklungsbericht

Gem. § 289 Abs. 2 Nr. 3 HGB sollen die Darstellungen des Lageberichts auch auf den Bereich Forschung und Entwicklung eingehen. Die Bedeutung der Berichterstattung über Forschung und Entwicklung basiert auf der Tatsache, dass zwar die Ausgaben zunächst das Ergebnis des Geschäftsjahres belasten, dafür aber zukünftige Erfolgspotenziale geschaffen werden sollen, um ein Überleben des Unternehmens in der Zukunft zu gewährleisten. Anhand der Qualität sowie des Umfangs vergangener und künftiger Forschungs- und Entwicklungstätigkeiten hat der Lageberichtsadressat somit die Möglichkeit, die Marktposition und die Wettbewerbsfähigkeit des Unternehmens zu beurteilen. Angaben zu Forschungs- und Entwicklungstätigkeiten machen allerdings nur bei solchen Unternehmen Sinn, die Forschung und Entwicklung in nicht unerheblichem Ausmaß betreiben. Die Angaben zum Bereich Forschung und Entwicklung im Lagebericht hat der Abschlussprüfer auf Vollständigkeit und Richtigkeit zu untersuchen. Zahlenangaben zu Gesamtaufwendungen oder zu bedeutenden Entwicklungsvorhaben lassen sich auf Übereinstimmung mit den Zahlen der → *Buchführung* oder des Jahresabschlusses und damit auf ihre Richtigkeit überprüfen. Geht der Lagebericht auch auf zukünftige Forschungs- und Entwicklungstätigkeiten ein, so ist deren Plausibilität zu hinterfragen. Hierzu hat sich der Prüfer in Gesprächen mit dem Management des zu prüfenden Unternehmens oder den für die Forschung und Entwicklung zuständigen Personen einen entsprechenden Eindruck zu verschaffen. Zusätzlich kann er einen Kennzahlenvergleich mit Wettbewerbern vornehmen. Im Gegensatz zum HGB fordert DRS 15 keinen separaten Forschungs- und Entwicklungsbericht; die Darstellung und Erläuterung der Aktivitäten zu Forschung und Entwicklung sind Bestandteil des Berichts zu Geschäft und Rahmenbedingungen (DRS 15.40–42).

3.7 Zweigniederlassungsbericht

Der Lagebericht soll nach § 289 Abs. 2 Nr. 4 HGB auch auf bestehende Zweigniederlassungen eingehen. Dieser Berichtsteil des Lageberichts wird als Zweigniederlassungsbericht bezeichnet. Zweigniederlassungen sind nicht rechtsfähige, von der Hauptniederlassung räumlich abgegrenzte Unternehmensteile. Sie sind im Innenverhältnis weisungsgebunden und treten in einem entsprechenden organisatorischen Rahmen nach außen selbständig auf. In den Zweigniederlassungsbericht sollten die Standorte der bestehenden Zweigniederlassungen im In- und Ausland aufgenommen werden. Angaben zur Mitarbeiterzahl sowie Anschrift der einzelnen Zweigniederlassungen sind nicht unbedingt verpflichtend. Wesentliche Veränderungen gegenüber dem Vorjahr, wie z. B. eine Sitzverlegung oder Errichtung einer Zweigniederlassung, sollten jedoch berücksichtigt werden. Außerdem sollte auf die Schwerpunkte der Tätigkeit von bedeutenden Zweigniederlassungen sowie auf deren Umsätze eingegangen werden, damit der Lageberichtsadressat aussagekräftige Informationen über die geographische Expansion sowie die Marktpräsenz und damit verbundene Risiken erhält. Die Prüfung der Angaben im Zweigniederlassungsbericht hat sich darauf zu erstrecken, ob die bestehenden Zweigniederlassungen des Unternehmens in der gebotenen Art und Weise dargestellt wurden und ob die weiteren Aussagen dem Grundsatz der Richtigkeit genügen. Die Vollständigkeit der Aussagen sollte sich der Abschlussprüfer durch eine → *Vollständigkeitserklärung* des → *Vorstands* bzw. der Geschäftsführung des Unternehmens bestätigen lassen. Die Richtigkeit der Angaben kann der Prüfer durch Rückgriff auf das → *Handelsregister* feststellen.

3.8 Vergütungsbericht

Am 11.8.2005 ist das VorstOG in Kraft getreten. Soweit es sich um eine börsennotierte → *AG* handelt, soll der Lagebericht gem. § 289 Abs. 2 Nr. 5 HGB auf die Grundzüge des Vergütungssystems der Gesellschaft für die in § 285 Satz 1 Nr. 9 HGB genannten Gesamtbezüge eingehen. Inwieweit sich Grundzüge von Details abgrenzen lassen, bleibt indes unklar. Oftmals aussagekräftiger als die absolute Höhe der Zahlungen sind die Strukturen und Motive ihrer Bemessung sowie Gewährung. Sofern im Lagebericht auch Angaben entsprechend § 285 Satz 1 Nr. 9 Bst. a Satz 5 bis 9 HGB gemacht werden, können diese im Anhang (→ *Anhang, Prüfung*) unterbleiben. Die Vorschriften des Gesetzes sind erstmals auf Jahresabschlüsse für das nach dem 31.12.2005 beginnende Geschäftsjahr anzuwenden (Art. 59 EGHGB).

4 Besonderheiten bei der Prüfung des Konzernlageberichts nach HGB

Analog zur Prüfung des Lageberichts zum Einzelabschluss ergeben sich für den Umfang der Prüfung des Konzernlageberichts Hinweise in den §§ 317, 321, 322 HGB. Die Vorschriften des § 315 HGB über den Inhalt des Konzernlageberichts entsprechen weitestgehend denen des Lageberichts einer Kapitalgesellschaft nach § 289 HGB. Allerdings werden in § 315 HGB die besonderen Verhältnisse des → *Konzerns* berücksichtigt und über Zweigniederlassungen ist nicht zu berichten. Gegenüber § 289 Abs. 3 HGB sind nach § 315 Abs. 1 Satz 4 HGB unabhängig von der Größe der Kapitalgesellschaft zusätzlich die für die Geschäftstätigkeit bedeutsamsten nichtfinanziellen Leistungsindikatoren in die Analyse des Geschäftsverlaufs einzubeziehen, sofern sie für das Verständnis des Geschäftsverlaufs oder der Lage von Bedeutung sind. Im Gegensatz zum Einzelabschluss ist auf Konzernebene aufgrund der in § 342 Abs. 2 HGB normierten GoB-Vermutung in DRS 15 faktisch zwingend zu beachten. Die Berichterstattung beim Konzernlagebericht basiert auf dem Konzern als Ganzes und kann nicht als Zusammenfassung der Lageberichte der einbezogenen Konzernunternehmen verstanden werden. Wie der Konzernanhang und der Anhang des Mutterunternehmens können ebenso der Konzernlagebericht und der Lagebericht des Mutterunternehmens zusammengefasst werden. Voraussetzung dafür ist, dass der → *Konzernabschluss* und der Jahresabschluss gemeinsam publiziert werden. Durch die Zusammenfassung der Berichte sollen Wiederholungen von identischen Sachverhalten vermieden werden. Der Abschlussprüfer hat allerdings darauf zu achten, dass infolge der Zusammenfassung kein Informationsverlust entsteht. Neben vollkonsolidierten Unternehmen sind darüber hinaus auch die nicht in den Konzernabschluss einbezogenen Tochterunternehmen, die quotal konsolidierten Unternehmen sowie die assoziierten Unternehmen in den Konzernlagebericht einzubeziehen, sofern bei diesen Unternehmen Sachverhalte eingetreten sind, die für die wirtschaftliche Lage des Konzerns von Bedeutung sind.

5 Berichterstattung des Abschlussprüfers über die Prüfung des Lageberichts nach HGB

Der Prüfer hat über das Ergebnis seiner Prüfung sowohl im → *Prüfungsbericht* (§ 321 Abs. 1 u. 2 HGB) als auch im → *Bestätigungsvermerk* (§ 322 Abs. 6 HGB) zu berichten. Im Prüfungsbericht ist vorweg zur Beurteilung der Lage und künftigen Entwicklung des Unternehmens durch die gesetzlichen Vertreter Stellung zu nehmen. Im Hauptteil ist festzustellen, ob der Lagebericht den gesetzlichen Vorschriften und ergänzenden Bestimmungen des Gesellschaftsvertrags oder der Satzung entspricht. Der Bestätigungsvermerk zum Jahresabschluss muss eine Beurteilung des Prüfungsergebnisses (→ *Prüfungsurteil*) enthalten, die sich auch darauf erstreckt, ob der Lagebericht mit dem Jahresabschluss und ggf. mit dem Einzelabschluss nach § 325 Abs. 2a HGB in Einklang steht und ein zutreffendes Bild von der Lage des Unternehmens vermittelt. Dabei ist auch darauf einzugehen, ob die Chancen und Risiken der künftigen Entwicklung zutreffend dargestellt sind.

6 Prüfung des Lageberichts nach IFRS

Die → *IFRS* sehen ein dem Lagebericht vergleichbaren Bericht nicht vor. IAS 1.9 weist lediglich auf die freiwillige Erstellung eines sog. → *financial review by management* außerhalb des IFRS-Abschlusses und auf dessen mögliche Bestandteile, wie etwa der Erläuterung der Haupteinflussfaktoren auf die *financial performance*, hin. Derzeit fehlen in den IFRS insbesondere Regelungen zur Risiko- und Prognoseberichterstattung. Am 27.10.2005 wurde seitens des IASB indes ein Diskussionspapier »Management Commentary« veröffentlicht, das die erste Stufe auf dem Weg zur Entwicklung eines eigenen Standards zur Lageberichterstattung innerhalb der IFRS darstellt. Nach § 315a Abs. 1 HGB muss ein deutsches Mutterunternehmen, das einen IFRS-Abschluss zu erstellen hat oder freiwillig erstellt (§ 315a Abs. 3 HGB), dennoch einen Konzernlagebericht aufstellen, welcher den Anforderungen des § 315 HGB genügt.

Jörn Grothe

Literatur: *Kajüter, P.*, in: Betriebs-Berater 2004, S. 427–433; *Klempt, A.*, Ökonomische Analyse der Änderungen von Inhalt und Prüfung des Lageberichts durch das KonTraG, 2004; *Pfitzer, N./Oser, P./Orth, C.*, in: Der Betrieb 2004, S. 2593–2602.

Landesrechnungshöfe

Die ordnungsmäßige Rechnungslegung sowie eine wirksame Rechnungsprüfung sind auch für die Verwaltung öffentlicher Ressourcen auf Landesebene notwendig. Die Rechnungsprüfung erstreckt sich auf die gesamte Haushalts- und Wirtschaftsführung der Länder nebst der Verwaltung der Landesbetriebe und -beteiligungen an privatrechtlichen

Unternehmen sowie der landesunmittelbaren Körperschaften, Anstalten und Stiftungen des öffentlichen Rechts. Dementsprechend ist mit den Landesrechnungshöfen ein gegenüber Parlament und Landesregierung unabhängiges Prüfungsorgan installiert worden, das aufgrund der unabhängigen Mittelbewirtschaftung von Bund und Ländern die Aufgaben auf Landesebene erfüllt, die der → *Bundesrechnungshof* auf Bundesebene erfüllt, und darauf abzielt, eine Bewirtschaftung öffentlicher Ressourcen zu gewährleisten, die den Prinzipien der Ordnungsmäßigkeit und Wirtschaftlichkeit entspricht. Seine gesetzliche Grundlage findet der → *Prüfungsauftrag* im HGrG (→ *HGrG, Prüfung nach dem*) und den jeweiligen Landeshaushaltsordnungen. Die Ergebnisse der Prüfung dienen als Entscheidungsgrundlage für die Entlastungsverfahren der jeweiligen Landesregierungen, der Beratung von Exekutive und Legislative bei neuen Entscheidungen und zur Information der Öffentlichkeit über den öffentlichen Ressourceneinsatz sowie dessen Effizienz und Effektivität.

Langfristige Auftragsfertigung → Auftragsfertigung, Prüfung

Latente Steuern → Steuerabgrenzung, Prüfung

Leasing, Prüfung

1 Rechnungslegungsnormen

a) Deutsche Normen: § 285 Nr. 3 HGB, Erlass des BMF zu Vollamortisationsverträgen für bewegliche Wirtschaftsgüter vom 19.4.1971, Erlass des BMF zu Vollamortisationsverträgen für unbewegliche Wirtschaftsgüter vom 21.3.1972, Erlass des BMF zu Teilamortisationsverträgen für bewegliche Wirtschaftsgüter vom 22.12.1975, Erlass des BMF zu Teilamortisationsverträgen für unbewegliche Wirtschaftsgüter vom 23.12.1991; b) Internationale Normen: IAS 17, SIC-15, 27 und IFRIC 4 sowie im Rahmen der Konzernrechnungslegung SIC-12.

2 Definition

Leasing beschreibt die entgeltliche Gebrauchsüberlassung von bestimmten beweglichen (Mobilien) oder unbeweglichen (Immobilien) → *Vermögensgegenständen* oder Vermögenswerten (→ *Assets*) gegen die periodische Zahlung einer Leasingrate.

3 Prüferisches Vorgehen

Einführend ist festzuhalten, dass Leasing im Rahmen der → *Jahresabschlussprüfung* weder in Deutschland noch auf internationaler Ebene in einer speziellen Norm behandelt wird. Die Konstruktion des Soll-Objekts der Prüfung sowie die Festlegung der → *Prüfungshandlungen* ergeben sich demnach aus den Besonderheiten der Rechnungslegung. Es ist festzustellen, ob die Darstellungen der Unternehmensleitung im vorläufigen Jahresabschluss den Erfordernissen der angewandten Rechnungslegungsnormen entsprechen (§ 317 Abs. 1 HGB, IDW PS 200.8–15, ISA 200.2). Das im Rahmen einer → *risikoorientierten Abschlussprüfung* gewählte Vorgehen muss eine geeignete Grundlage für die Erlangung der geforderten → *Prüfungssicherheit* darstellen. Das Vorgehen kann sich dabei an der Systematik der Rechnungslegung (→ *Abschlusspostenorientierte Prüfung*), den Geschäftsrisiken und den hiermit in einem engen Zusammenhang stehenden Geschäftsprozessen (→ *Geschäftsrisikoorientierte Prüfung*) orientieren.

Die zu betrachtenden → *inhärenten Risiken* resultieren bei Leasingverhältnissen insbesondere aus den auslegungsbedürftigen Kriterien, die zu einer Kategorisierung als Finanzierungs-Leasing oder Operating-Leasing führen. Hier bergen besonders die in den Verträgen möglicherweise vereinbarten Nebenabreden entsprechende Risiken. Um die → *Kontrollrisiken* einschätzen zu können, muss der Prüfer einen Überblick darüber erlangen, ob das Unternehmen ein geeignetes → *IKS* eingerichtet hat und inwieweit dieses System in Bezug auf die Besonderheiten des Leasinggeschäfts, d.h. insbesondere hinsichtlich der korrekten Abbildung der Verträge entweder beim Leasinggeber oder beim Leasingnehmer, wirksam ist (IDW PS 260, 301.7, ISA 400). Das Risikomanagementsystem (→ *Risikomanagementsystem, Prüfung*) des Unternehmens muss die Verträge bereits vor deren Abschluss erfassen. So ist die Vertragsprüfung aufgrund der den Aufträgen innewohnenden Risiken (z.B. Nebenvereinbarungen i.S.v. Andienungsrechten bzw. der Übernahme des Risikos eines zufälligen Untergangs durch den Leasingnehmer) als wesentlicher Bestandteil des IKS anzusehen. In Abhängigkeit von der Einschätzung der inhärenten und der Kontrollrisiken muss der Prüfer das → *Entdeckungsrisiko* beurteilen und die für die Erlangung der geforderten Prüfungssicherheit notwendigen → *aussagebezogenen Prüfungshandlungen* vornehmen. Im Folgenden werden zentrale Prüfungshandlungen entlang der → *Abschlussaussagen* kategorisiert.

a. Die Prüfung der *Vollständigkeit* und des *Vorhandenseins* zielt im Rahmen von Leasinggeschäften zunächst insbesondere auf die Erlangung von Nachweisen darüber ab, ob der Leasinggegenstand auch tatsächlich vorhanden ist. Weiterhin sind die Voraussetzungen zur Aktivierung des Leasinggegenstands entweder beim Leasinggeber (Operating-Leasing) oder beim Leasingnehmer (Finanzierungs-Leasing), und somit gleichzeitig die Zuordnung wirtschaftlichen Eigentums zu prüfen, um die vollständige Erfassung aller Vermögensposten in den jeweiligen Jahresabschlüssen zu prüfen. Die Offenlegung wird jedoch i. d. R. durch Nebenvereinbarungen erschwert. Entsprechend den Implikationen aus der Klassifizierung der Verträge, die in Deutschland in besonderem Maße durch höchstrichterliche Entscheidungen sowie steuerrechtliche Erlasse geprägt ist, erfolgt die Abbildung im Jahresabschluss. Für eine Zurechnung des Leasingobjektes zum bilanziellen Vermögen des Leasingnehmers sprechen i. d. R. drei durch das deutsche Steuerrecht motivierte allgemeine Anhaltspunkte, die durch die Ausführungen der Leasingerlasse des BMF konkretisiert werden. Hierzu zählen eine nahezu vollständige Übereinstimmung der betriebsgewöhnlichen Nutzungsdauer und der Grundmietzeit, dem Leasingnehmer eingeräumte vorteilhafte Kauf- oder Vertragsverlängerungsoptionen sowie ein auf die individuellen Bedürfnisse des Leasingnehmers ausgerichteter Leasinggegenstand. Die IFRS geben in IAS 17.10 f. einen Katalog von Kriterien (Eigentumsübergang, günstige Kaufoption, Nutzungsdauer, Umfang der Mindestleasingzahlungen, Spezialleasing) und Indikatoren (Mietverlängerungsoption, Kündigungsentschädigungen, Restwertgarantien) vor, die auf das Vorliegen von Finanzierungs-Leasingverhältnissen hindeuten. Operating-Leasingverhältnisse werden demgegenüber als solche Verträge definiert, die kein Finanzierungs-Leasing darstellen (IAS 17.4). Sowohl nach nationalen als auch nach internationalen Normen werden beim Finanzierungs-Leasing in der Bilanz des Leasingnehmers sowohl ein Aktivposten (und zwar der Leasinggegenstand) als auch ein Passivposten (die Verpflichtungen aus dem Leasingvertrag) angesetzt. In der Bilanz des Leasinggebers findet sich in diesem Fall eine Forderung gegenüber dem Leasingnehmer.

Die ursprüngliche Definition von Leasing lässt zunächst auf eine Zurechnung des Leasingobjektes zum Vermögen des Leasinggebers schließen, da dieser einen seiner Vermögensposten einem Dritten lediglich zum Gebrauch überlässt. Die Aktivierung erfolgt zu → *Anschaffungs-* oder → *Herstellungskosten*. Sofern zum Vertragsbeginn Vorabzahlungen geleistet worden sind, werden diese Beträge als *Rechnungsabgrenzungsposten* (→ *Rechnungsabgrenzungsposten, Prüfung*) (Aktivierung beim Leasingnehmer sowie Passivierung beim Leasinggeber) erfasst und durch gleichmäßige Auflösung über die Vertragslaufzeit verteilt. Im

Hinblick auf den Jahresabschluss des Leasinggebers ist dagegen bei der Bilanzierung beim Leasingnehmer zu prüfen, ob der Leasinggegenstand ausgebucht wurde und keine weiteren Abschreibungsbeträge ergebniswirksam erfasst werden.

b. Die Höhe der aus den Verträgen hervorgehenden Vermögensposten bzw. Schulden stellt den Gegenstand der Prüfung der *Bewertung* dar. Es bestehen im Wesentlichen zwei Handlungsalternativen für die Abbildung des Leasinggegenstands als Vermögensposten in der Bilanz des Leasingnehmers. Einerseits besteht die Möglichkeit, die Anschaffungskosten als Barwert der Summe der Leasingraten zu ermitteln. Die Differenz aus diesem zu aktivierenden Wert und der damit einhergehenden Verbindlichkeit in Höhe der Leasingverpflichtung wird als aktiver Rechnungsabgrenzungsposten abgebildet. Dieser stellt den ergebniswirksamen Zinsanteil des Leasinggeschäftes dar und wird entsprechend zeitanteilig aufgelöst. Andererseits besteht die Auffassung, die Anschaffungskosten für den Leasingnehmer entsprächen der Summe der Leasingraten, die wiederum der Höhe der zu passivierenden Verbindlichkeit entspricht. Die Aufwendungen des Leasings ergeben sich in diesem Fall ausschließlich aus den → *Abschreibungen*.

Nach IFRS müssen sich die Beträge auf Aktiv- und Passivseite zu Beginn des Leasingverhältnisses unter der Berücksichtigung von anfänglich direkten Kosten entsprechen. Dabei wird als Aktivposten der Betrag eingestellt, den der Leasingnehmer bei einem Erwerb der Leasingsache zu zahlen hätte. Liegt der Barwert der sog. Mindestleasingzahlungen unter diesem *fair value* (→ *Fair values, Prüfung*), so wird der niedrigere Betrag angesetzt. Der zur Berechnung der Barwerte eingesetzte Diskontierungsfaktor soll dem im Leasingvertrag zugrunde gelegten Zins entsprechen, sofern dieser zu ermitteln ist. Andernfalls wird der Refinanzierungszins des Leasingnehmers verwendet.

Die Wertansätze sind insbesondere auf den in den Bruttoinvestitionen des Leasinggebers enthaltenen Restwert zu überprüfen. Da dieser nicht garantiert werden kann und somit im Zeitablauf wesentliche Schwankungen erfolgen können, sind u.U. Wertkorrekturen notwendig.

c. Bei Leasinggeschäften ist im Rahmen der Prüfung der *Erfassung und Abgrenzung* von Aufwendungen und Erträgen ein besonderes Augenmerk auf die Abschreibungsbeträge sowie die u.U. in einen Finanzierungs- und einen Tilgungsanteil aufzuspaltenden Ratenzahlungen zu richten. Bei der Zurechnung des Gegenstands zum Vermögen des Leasinggebers oder Leasingnehmers erfolgt im jeweiligen Jahresabschluss eine planmäßige Abschreibung, sofern es sich um einen abnutzbaren Gegenstand handelt. Die über das Jahr erhaltenen Leasingraten stellen für den Leasinggeber einen ergebniswirksamen Ertrag dar, während der Leasingnehmer diese Zahlungen als Aufwand für die Nutzungsüberlassung des Leasingobjektes erfasst. Die Leasingraten werden in einen ergebniswirksamen Finanzierungsanteil (enthält u.a. Zinsen, anteilige Verwaltungskosten und den Gewinnzuschlag) sowie einen erfolgsneutral zu erfassenden Tilgungsanteil aufgespaltet (IAS 17.25). Die Aufteilung der Leasingraten in einen Finanzierungs- und einen Tilgungsanteil entspricht der bereits dargestellten Verfahrensweise nach deutschem Recht. Die Bilanzierung sowie die ergebniswirksame Erfassung der Leasingzahlungen erfolgt beim Leasinggeber spiegelbildlich zum Leasingnehmer.

Beim Operating-Leasing nach IFRS entfällt die Aufspaltung der Leasingraten. Der Leasingnehmer berücksichtigt die Leasingzahlungen vollständig als Aufwand; beim Leasinggeber werden diese somit als Ertrag gebucht. Das Leasingobjekt wird, wie jeder andere abnutzbare Gegenstand, in der Bilanz des Leasinggebers aktiviert und abgeschrieben. Im Verlauf der Jahresabschlussprüfung ist bei dieser Vertragsform auf die Verteilung der Leasingzahlungen zu achten. Diese sollten linear über die Laufzeit verteilt werden, sofern nicht ein anderer Verlauf die tatsächliche Ertragsrealisierung treffender abbildet.

Allgemein sind die vorgenommenen Abschreibungen auf Angemessenheit zu prüfen. Im Vordergrund steht bei der Prüfung der Leasingzahlungen die angemessene Aufteilung in erfolgsneutrale und ergebniswirksame Anteile. Zu beachten ist diesbezüglich, dass sich die Höhe des Tilgungsanteils im Zeitablauf erhöht, da sich die Zinsbelastung mit sinkender Bemessungsgrundlage bei i.d.R. gleich bleibenden Leasingraten verringert. Es dürfen insgesamt lediglich die Finanzierungskosten sowie die Abschreibungen als Ergebnisbelastung beim Leasingnehmer gebucht werden. Eine vereinfachte Berücksichtigung der vollständigen Leasingrate ist nicht zulässig.

d. Bei der Prüfung der *Darstellung und Berichterstattung* ist insbesondere auf die Besonderheiten der Leasingvereinbarungen einzugehen. Vor dem Hintergrund des § 285 Nr. 3 HGB ist insbesondere zu prüfen, in welchem Maße die Leasingverhältnisse die Finanzlage des Unternehmens beeinflussen und ob in diesem Zusammenhang eine Offenlegung im Anhang (→ *Anhang, Prüfung*) erforderlich ist. Gem. § 285 Nr. 3 HGB haben große und mittelgroße → *Kapitalgesellschaften* die sonstigen finanziellen Verpflichtungen, die weder in der Bilanz noch unter dem Bilanzstrich anzugeben sind, im Anhang darzustellen, sofern sie zur Beurteilung der Finanzlage (→ *Finanzlage, Prüfung*) des Unternehmens von Bedeutung sind. In der Literatur wird teilweise die Meinung vertreten, dass Leasingverträgen mit einer Restlaufzeit von unter einem Jahr diesbezüglich keine wesentliche Bedeutung beizumessen sei.

Neben den bei sale and lease back-Geschäften zu beachtenden Sonderregelungen (IAS 17.49–57) sind nach internationalen Normen für Finanzierungs- (IAS 17.23) und Operating-Leasing (IAS 17.27) jeweils gesonderte Anhangangaben gefordert.

Da Leasingverhältnisse häufig unter der Anwendung von Zweckgesellschaften i.S.d. SIC-12 ausgestaltet werden, sind im Rahmen des Konzernabschlusses u.U. differenziertere Betrachtungen anzustellen.

Sebastian Papst

Literatur: *Esser, M.*, Steuern und Bilanzen 2005, S. 429–436; *Mellwig, W.*, Leasing, in: Ballwieser, W./Coenenberg, A.G./Wysocki, K.v. (Hrsg.), Handwörterbuch der Rechnungslegung und Prüfung, 2002, Sp. 1478–1495; *Vater, H.*, BBK – Betrieb und Rechnungswesen 2003, Fach 20, S. 705–718.

Level of assurance → Prüfungssicherheit

Liabilities

Die *definitorischen Voraussetzungen* sind im IASB Framework.49b, .60–64 normiert. Eine liability liegt vor, wenn es sich um eine gegenwärtige Verpflichtung (present obligation) eines Unternehmens handelt, die aufgrund eines vergangenen Ereignisses entstanden ist und dessen Erfüllung voraussichtlich zu einem Abfluss von Ressourcen führt, die wirtschaftlichen Nutzen verkörpern (IASB Framework.49b).

Bei der Verpflichtung kann es sich um eine rechtliche Verpflichtung oder um eine faktische Verpflichtung gegenüber Kunden (z.B. Kulanzleistungen) handeln (IASB Framework.60). Die Verpflichtung muss gegenüber einem Dritten (Außenverpflichtung) bestehen (IASB Framework.60, IAS 37.20). Unerheblich für das Bestehen einer Verpflichtung ist, ob der Erfüllungsbetrag feststeht oder geschätzt werden muss (IASB Framework.64).

Sind die definitorischen Voraussetzungen erfüllt, ist eine liability in der Bilanz anzusetzen, sofern auch die Ansatzkriterien erfüllt sind. Die für alle Elemente des Abschlusses relevanten *allgemeinen Ansatzkriterien*

(IASB Framework.82–88) fordern, dass es wahrscheinlich (probable) sein muss, dass dem Unternehmen ein wirtschaftlicher Nutzen abfließt und dass sich der anzusetzende Wert verlässlich bestimmen lässt. Das IASB Framework konkretisiert die geforderte Wahrscheinlichkeit allerdings nicht näher. Lediglich im Zusammenhang mit dem Ressourcenabfluss bei der Rückstellungsbildung ist der Wahrscheinlichkeitsbegriff mit mehr als 50 % normiert (IAS 37.23). Die *elementspezifischen Ansatzkriterien* finden sich in IASB Framework.91, der im Vergleich zu den allgemeinen Ansatzkriterien keine grundlegend neuen Erfordernisse formuliert (Normenredundanz).

Die einzelnen Abschlussposten werden in den *Einzelstandards* zumeist durch zusätzliche Kriterien, die der Konkretisierung oder Einschränkung der im IASB Framework angeführten Regeln dienen, weiter spezifiziert. Bspw. ist die Passivierung von Restrukturierungsmaßnahmen (faktische Außenverpflichtung) gestattet, sofern die Voraussetzungen des IAS 37.70–83 erfüllt werden.

Zu den liabilities zählen provisions (→ *Rückstellungen, Prüfung*), contingent liabilities (→ *Contingent liabilities, Prüfung*) sowie other liabilities, die z. B. → *accruals* und trade payables umfassen.

Nach den *deutschen* → *GoB* bildet die abstrakte Passivierungsfähigkeit das konzeptionelle Pendant zu den definitorischen Voraussetzungen und Ansatzkriterien, wenngleich die internationalen Normen formal anders abgegrenzt sind. Der handelsrechtliche Schuldbegriff ist insofern *weiter gefasst* als der einer liability, da gem. § 249 Abs. 2 HGB auch auf einer Eigenverpflichtung basierende Aufwandsrückstellungen zu passivieren sind. Darüber hinaus werden Rückstellungen grundsätzlich eher zu einem höheren Wert angesetzt, was mit der dominierenden Stellung des → *Vorsichtsprinzips* im deutschen GoB-System zu begründen ist.

Auf der anderen Seite ist der handelsrechtliche Schuldbegriff insofern *enger gefasst* als der einer liability, da er nicht die passiven Rechnungsabgrenzungsposten (→ *Rechnungsabgrenzungsposten, Prüfung*) umfasst (§ 250 Abs. 2 HGB).

Lifo-Verfahren → Vorräte, Prüfung

Listgeneratoren

Bei Listgeneratoren handelt es sich um Software zur Aufbereitung und Auswertung von Datenbeständen. Listgeneratoren erlauben den direkten Zugriff auf große Datenbestände und eine flexible Formulierung der Auswahlkriterien (z.B. Advantage CA-IDMS-Culprit und SIRON). Teilweise enthalten Listgeneratoren auch bereits vorprogrammierte prüfungsspezifische Auswertungsfunktionen, wie z.B. Altersstrukturanalysen, Prüfsummenberechnungen und Stichprobenverfahren. Listgeneratoren sind besonders dann von Vorteil, wenn diese von Anfang an Teil des Mandantensystems sind.

Long form report → Prüfungsbericht

Lowballing

Der lowballing-Effekt bezeichnet die Durchführung einer Erstprüfung zu einem Prüfungshonorar (→ *Prüfungsgebühren*), das unter den entstehenden Prüfkosten liegt. Erstprüfungen verursachen zusätzliche Kosten, die sog. start-up-Kosten, die entstehen, weil sich der Prüfer mit der Geschäftstätigkeit und dem Geschäftsumfeld des Mandanten sowie dessen Rechnungswesen und → *IKS* vertraut machen muss. Der bisherige Prüfer verfügt durch den erlangten Informationsvorteil jedoch über Kostenvorteile gegenüber einem neuen Prüfer. Somit sind Folgeprüfungen kostengünstiger und der Prüfer kann Prüfungshonorare vereinbaren, die über seinen Prüfkosten liegen. Den bei Folgeprüfungen die Prüfkosten übersteigenden Teil des Prüfungshonorars bezeichnet man als Quasi-Rente. Erwartete künftige Quasi-Renten lösen einen Wettbewerb um Mandanten aus, erzwingen die Vorwegnahme zukünftiger Kostenvorteile eines amtierenden Prüfers und bewirken das lowballing. Aus dem Blickwinkel des Quasi-Rentenansatzes stellt die Übernahme eines Prüfungsauftrages eine Investitionsentscheidung dar. Bei der Erstprüfung erfolgt die Investition, d.h. eine Anfangsauszahlung, denn die Prüfungsausgaben übersteigen die korrespondierenden Einnahmen. Folgeprüfungen erbringen dann Einnahmenüberschüsse, die als Quasi-Renten bezeichnet werden, weil im theoretischen Gleichgewichtsmodell der Kapitalwert der Investition gleich null ist.

Management audit → Geschäftsführungsprüfung

Management auditing → Geschäftsführungsprüfung

Management letter

Der management letter ergänzt die schriftliche Berichterstattung des Abschlussprüfers nach Abschluss der Prüfung. Während →*Prüfungsbericht* und →*Bestätigungsvermerk* gem. §§ 321 f. HGB gesetzlich vorgeschrieben sind, wird der management letter freiwillig oder auf Basis einer vertraglichen Vereinbarung erstellt. Inhalte des management letter können Verbesserungsvorschläge hinsichtlich organisatorischer, rechtlicher oder wirtschaftlicher Gegebenheiten im Unternehmen sein. Insbesondere sind das →*IKS* und das Risikomanagementsystem (→*Risikomanagementsystem, Prüfung*) regelmäßig Gegenstand der Berichterstattung. Der management letter ist keine Alternative zur Berichterstattung im →*Prüfungsbericht* und darf nicht dazu führen, dass Pflichtbestandteile gem. § 321 HGB in den management letter verlagert werden. Adressat des management letter ist grundsätzlich nur die Unternehmensleitung.

Management override → Fraud, Prüfung

Manager

Der Manager stellt auf der internen Karriereleiter einer WPG die zweithöchste Stufe dar. Kennzeichnend für ihn ist, dass er über mehrjährige Berufserfahrung im Bereich der Wirtschaftsprüfung verfügt und i.d.R. ein oder mehrere Berufsexamen (→*Wirtschaftsprüfungsexamen*) erfolgreich abgelegt hat. Je nach Größe der zu betreuenden Mandate kann ein Manager für ein oder mehrere Mandate gleichzeitig verantwortlich sein. Im obliegt es, die Weisungen des →*Partners* an die →*Prüfungsleiter* zu delegieren. Teilweise tritt der Manager auch selbst als Prüfungsleiter auf. Des Weiteren ist er für die Einhaltung der sachlichen, personellen und zeitlichen →*Prüfungsplanung* im Rahmen der →*Prüfungsprozesse* verantwortlich.

Managerial accountant → Accountant

Mandatserteilung → Auftragserteilung an den Abschlussprüfer

Markt für Prüfungsdienstleistungen → Prüfungsmarkt

Maßgeblichkeit der Handelsbilanz für die Steuerbilanz

Der Grundsatz der Maßgeblichkeit der HB für die Steuerbilanz (§ 5 Abs. 1 Satz 1 EStG) besagt, dass sich die Ansätze in der Steuerbilanz, sofern nicht zwingende steuerrechtliche Vorschriften entgegenstehen, nach den handelsrechtlichen → *GoB* richten müssen. Dabei umfasst die Maßgeblichkeit sowohl die gesetzlich kodifizierten und nicht kodifizierten GoB, welche auch steuerrechtlich zwingend sind (materielle Maßgeblichkeit), als auch die jeweiligen konkret gewählten handelsrechtlich zulässigen Ansätze, wie die Wahl der Abschreibungsmethode oder die Bestandteile der Herstellungskosten (formelle Maßgeblichkeit). Sofern zwingende steuerrechtliche Vorschriften, z. B. das Ansatzverbot von Drohverlustrückstellungen in der Steuerbilanz (§ 5 Abs. 4a EStG) bestehen, erfolgt eine Durchbrechung der Maßgeblichkeit.

Umgekehrte Maßgeblichkeit bedeutet die Maßgeblichkeit der Steuerbilanz für die HB. Da die Inanspruchnahme steuerrechtlicher Wahlrechte eine parallele Vorgehensweise in der HB und Steuerbilanz voraussetzt (§ 5 Abs. 1 Satz 2 EStG), ist in diesen Fällen die HB an den steuerrechtlichen Erfordernissen auszurichten. Es kommt zu einer Umkehrung des Maßgeblichkeitsprinzips. Steuerliche Wahlrechte sind zur Förderung der Investitionsbereitschaft der Unternehmen vom Steuergesetzgeber geschaffene Vorschriften zur Aufwandsvorverlagerung. Hierunter fallen z. B. die steuerlichen Sonderabschreibungen gemäß Fördergebietsgesetz, welche eine wesentlich über dem tatsächlichen Werteverzehr liegende Abschreibung (z. B. bis zu 20 % gem. § 7g Abs. 1 EStG) im Jahr der Anschaffung neuer Vermögensgegenstände ermöglicht. Die dafür erforderliche »Öffnungsklausel« sieht das Handelsrecht durch den § 254 HGB (steuerrechtliche Abschreibungen) ausdrücklich vor.

Eine Abkehr vom HGB hin zu den IFRS im handelsrechtlichen Einzelabschluss würde zu einer Aufgabe der Maßgeblichkeit führen. Zur Ermittlung der steuerrechtlichen Bemessungsgrundlage wären dann eigenständige steuerrechtliche Bilanzansatz- und Bewertungsvorschriften erforderlich.

Materiality

1 Prüfungsnormen

a) Deutsche Norm: IDW PS 250; b) Internationale Norm: ISA 320.

2 Bedeutung des Grundsatzes der materiality

Zentrale Prüfungsnormen zur materiality sind IDW PS 250 und ISA 320. Die Definitionen der einzelnen Risikokomponenten der → *Risikomodelle* stellen jeweils auf die Wahrscheinlichkeit für wesentliche → *Fehler* ab. Daraus wird deutlich, dass → *Prüfungsrisiko* und Wesentlichkeit (materiality) miteinander verzahnt sind. Je höher der Wesentlichkeitsgrad, umso geringer ist das Prüfungsrisiko bzw. sind die einzelnen Teilrisiken (IDW PS 250.15, ISA 320.10).

Das angloamerikanische Prüfungswesen behandelt die Bestimmung eines als wesentlich betrachteten Fehlerbetrages als Problem der materiality (siehe auch ISA 320). Dabei wird der Grundsatz der materiality auf das Informationsbedürfnis eines *average prudent investor* bezogen. Demnach darf die Rechnungslegung höchstens einen Fehler in derjenigen Höhe enthalten, der die wirtschaftlichen Entscheidungen der aktuellen und potenziellen Anteilseigner, die eine ausreichende Sachkenntnis und keine besonderen Präferenzen und Risikoneigungen haben, nicht beeinflusst.

Nicht nur bei der → *Prüfungsplanung* (IDW PS 250.16–19), sondern auch bei der Prüfungsdurchführung, der Urteilsbildung und der Berichterstattung über die Prüfung sind materiality-Aspekte zu berücksichtigen. Im Bereich der Prüfungsplanung ist dem Grundsatz der materiality durch die Auswahl entsprechender, der materiality der jeweiligen Prüfungsgebiete angemessenen Prüfungshandlungen Rechnung zu tragen. Damit einher geht die Festlegung des → *Prüfungsumfangs*, der zu einer normenkonformen Beurteilung des Jahresabschlusses erforderlich erscheint, d. h. der zu einer Aufdeckung wesentlicher Fehler führt. Auf der Ebene der Prüfungsdurchführung ist zu entscheiden, ob ein aufgedeckter Fehler einzeln oder in Summe mit anderen Fehlern wesentlich ist.

Im Rahmen der Berichterstattung (IDW PS 250.20–24) hat der Abschlussprüfer zu beurteilen, ob bestimmte bei der Prüfung festgestellte und nicht bereinigte Unrichtigkeiten und Verstöße einzeln oder insgesamt für das → *Prüfungsurteil* wesentlich sind. Einerseits muss der Prüfer entscheiden, ob ein von ihm erkannter Fehler so bedeutend ist, dass dieser zu einer Einschränkung oder Versagung des → *Bestätigungsvermerks* führen würde. Andererseits hat der Prüfer die Teilurteile der Prüfung nicht nur hinsichtlich der Aufgabe der Gewinnung eines Gesamturteils (→ *Urteilsbildungsprozess*) abzuleiten, sondern auch im Hinblick auf die Aufgabe der Erstellung eines → *Prüfungsberichts*, in dem gerade auch solche Beanstandungen darzulegen sind, die sich nicht auf den Bestätigungsvermerk ausgewirkt haben. Die materiality ist deshalb an der Aufgabe der Prüfung zu orientieren, die neben der Aufgabe der Gewinnung eines Gesamturteils auch die Aufgaben der Prüfungsdurchführung und der Berichterstattung umfasst.

3 Quantifizierung von materiality-Grenzen

Zur Anwendung des Grundsatzes der materiality sind Entscheidungskriterien (materiality-Grenzen) erforderlich, nach denen der Prüfer festlegen kann, welche Sachverhalte zu prüfen sind und über welche Fehler zu berichten ist, damit der Prüfungszweck uneingeschränkt erfüllt wird. Der Grundsatz der materiality wird allgemein als *relative Größe* verstanden. So ist ein Fehler in Höhe von einer Mio. € bei einem Unternehmen mit einem Gewinn in Höhe von fünf Mio. € ohne Zweifel wesentlich, bei einem Unternehmen mit einem Gewinn von 200 Mio. € hingegen höchstwahrscheinlich nicht. Dabei besteht sowohl das Problem der Verwendung *geeigneter Bezugsgrößen* als auch das Problem der *quantitativen Normierung* der relativen Größe.

Zumeist steht die Definition von materiality-Werten als *Prozentsatz einer Jahresabschlussgröße* im Vordergrund. Um außerdem eine hinreichende Operationalität zu erreichen, sollte man sich auf die Verwendung quantitativer bzw. quantifizierbarer Größen beschränken sowie möglichst wenige, im Idealfall nur eine Bezugsgröße anwenden. Um eine möglichst breite Anwendbarkeit zu gewährleisten, muss ein materiality-Grenzwert bzw. seine Bezugsgröße von der Unternehmensgröße abhängig sein. Der Anstieg in der Höhe von materiality-Grenzen sollte nicht proportional, sondern vielmehr degressiv zur Unternehmensgröße verlaufen. Des Weiteren sollte die Bezugsgröße im Zeitablauf möglichst geringe Schwankungen aufweisen und zudem frei von abschlusspolitischen Beeinflussungsmöglichkeiten sein, um die Vergleichbarkeit der Daten verschiedener Jahre sicherzustellen. Außerdem sollte die Bezugsgröße branchenneutral sein (so weist z. B. ein Produktionsunternehmen in aller Regel eine wesentlich höhere Bilanzsumme auf als ein ansonsten vergleichbares Handels- oder Dienstleistungsunternehmen, so dass die Bezugsgröße Bilanzsumme nicht branchenneutral ist). Abschließend ist

Neutralität hinsichtlich inflationärer Tendenzen zu fordern. Als geeignete materiality-Grenzen werden verschiedene → *Kennzahlen* und Prozentsätze diskutiert.

- **Jahresüberschuss**

Hierbei handelt es sich um eine Maßzahl für den wirtschaftlichen Erfolg eines Unternehmens und sie entspricht daher den Adressateninteressen. Ein quantitativer materiality-Grenzwert, der zwischen 5 % und 10 % des Jahresüberschusses liegt, ist am meisten verbreitet und akzeptiert. Beträge, die kleiner als 5 % sind, gelten als unwesentlich, während man Beträge über 10 % für wesentlich hält. Für den dazwischen liegenden Bereich obliegt die Beurteilung der materiality dem pflichtgemäßen Ermessen des Prüfers. Ein Kritikpunkt an der Verwendung dieser Bezugsgröße besteht in der *Gefahr starker Schwankungen* eines darauf bezogenen materiality-Wertes. Wegen der von Jahr zu Jahr unterschiedlichen Jahresüberschüsse legt der Prüfer deshalb i. d. R. nicht den laufenden Jahresüberschuss, sondern einen *durchschnittlichen Jahresüberschuss* der letzten 3–5 Jahre zugrunde und erreicht so eine *Glättung der Bezugsgröße*. Ein weiteres Problem der Bezugsgröße »Jahresüberschuss« ist darin zu sehen, dass er direkt *durch die gewählten Bewertungsmethoden beeinflusst* wird, was zwischenbetriebliche materiality-Vergleiche erschwert. Daneben ist zu bedenken, dass der Jahresüberschuss nicht gleichlaufend zur Unternehmensgröße sein muss. Trotz der Durchschnittsbildung besteht weiterhin das grundsätzliche Problem, dass sich die materiality-Grenze von Jahr zu Jahr ändert, so dass Beträge, die im letzten Jahr noch unwesentlich waren, bei sinkenden Jahresüberschüssen und sonst gleichen Bedingungen jetzt wesentlich sein können.

In *Verlustjahren* ist die Festsetzung einer materiality-Grenze mit der Bezugsgröße Jahresüberschuss vor Steuern nicht möglich (dieses Problem betrifft insbesondere auch nicht erwerbswirtschaftliche Unternehmen). Als Alternative bieten sich daher zunächst die *Umsatzerlöse* an, wobei ein Betrag zwischen 0,25 % und 3 % anzusetzen ist und der anzuwendende Prozentsatz mit steigenden Umsatzerlösen sinken soll. Diese sind im Gegensatz zum Jahresüberschuss vor Steuern i. d. R. unabhängig von den gewählten Bewertungsmethoden. Angesichts dieser nicht unerheblichen Kritik am Jahresüberschuss verwendet der amerikanische Berufsstand → *AICPA* nur dessen nachhaltige Komponente in Form des Betriebsergebnisses. Diese Größe wird als derjenige Maßstab angesehen, der anerkanntermaßen – zumindest für börsennotierte Unternehmen – für die Adressaten die größte Bedeutung hat. Damit wird eine materiality-Grenze von 5–10% des ordentlichen Betriebsergebnisses nach Steuern quasi als Referenz vorgegeben.

Um den angesprochenen Situationen gerecht zu werden, wurden verschiedene alternative Bezugsgrößen in Kombination mit quantitativen Regeln entwickelt, die dem Prüfer bei der Planung der Prüfung eine nützliche Hilfe sein können.

- **Rohertrag**

Diese Größe bleibt u.U. auch bei Entstehen eines Jahresfehlbetrages positiv und liefert dann auch bei Schwankungen des wirtschaftlichen Erfolges brauchbare materiality-Werte. Allerdings ist ihre Aussagekraft hinsichtlich der Ertragslage gering. Zudem würde eine materiality-Grenze als Prozentsatz des Rohertrages Handelsunternehmen im Vergleich zu Produktionsunternehmen bevorzugen, da deren Bruttogewinn bei gleichem Umsatz oder Nettogewinn i.Allg. höher ist.

- **Eigenkapital**

Für den Einsatz des Eigenkapitals als Bezugsgröße spricht hauptsächlich die Stabilität dieser Größe, daneben ihre zumindest grobe Abhängigkeit von der Unternehmensgröße. Als materiality-Grenze gilt 1% des Eigenkapitals. Das Eigenkapital sagt jedoch wenig über den wirtschaftlichen Erfolg eines Unternehmens aus. Bei nicht erwerbswirtschaftlichen Unternehmen sind einkommens- und ertragsorientierte materiality-Werte nicht anwendbar. Für solche Unternehmen wird daher die Bilanzsumme empfohlen.

- **Bilanzsumme**

Die Vorteile der Bilanzsumme liegen in ihrer Konstanz und in ihrer direkten Beziehung zur Unternehmensgröße. Von Nachteil ist ihre branchenspezifische Ausprägung. Ab 0,5% der Bilanzsumme gilt ein Fehler als wesentlich. Dieses Problem ließe sich durch die Vorgabe unterschiedlicher materiality-Grenzwerte für verschiedene Branchen lösen.

- **Einnahmen**

Diese sind vor allem bei nicht erwerbswirtschaftlichen Unternehmen als Bezugsgröße verwendbar. Sie sind ebenfalls stabiler als der Jahresüberschuss. Auch bei dieser Bezugsgröße wird ein Fehler, der 0,5% der Einnahmen übersteigt, als wesentlich angesehen. Als weitere mögliche Bezugsgrößen werden der Verschuldungsgrad, die Eigenkapitalrentabilität und der Marktwert des Eigenkapitals genannt.

Die Anwendung einzelner isolierter Bezugsgrößen und darauf basierender materiality-Grenzwerte führt – wegen der spezifischen Schwächen einzelner Bezugsgrößen – häufig zu logisch nicht plausiblen Ergebnissen. Daraus folgt die Überlegung, *kombinierte Bezugsgrößen* zu schaffen und so die Vor- und Nachteile einzelner Bezugsgrößen auszugleichen. Kombinierte Bezugsgrößen haben zudem den Vorteil, weitgehend sicher vor Manipulationen zu sein, da sich ein aus mehreren Bestandteilen zusammengesetzter Wert erheblich schwerer gezielt beeinflussen lässt als einzelne isolierte Größen. Eine solche kombinierte Bezugsgröße stellt der sog. *audit gauge* dar, wobei sich die materiality-Grenze nach folgender Formel errechnet:

$$\text{audit gauge} = 1{,}6 \, (\max \, [\text{Bilanzsumme; Einnahmen}])^{2/3}.$$

Hier wächst die materiality-Grenze durch die Verwendung einer Wurzelfunktion langsamer als die zugrunde liegende Bezugsgröße. Der Multiplikator wurde dabei anhand von empirischen Daten ermittelt.

Wesentlichkeitsbeurteilungen obliegen dem pflichtgemäßen Ermessen des Abschlussprüfers (ISA 320.4, IDW PS 250.13). Allerdings stellt die daraus folgende Unbestimmtheit des Grundsatzes der materiality ein Problem dar, so dass sich die Frage stellt, ob materiality-Grenzen nicht besser durch Normen vorzugeben wären.

4 Standardisierung des Grundsatzes der materiality

Die Festlegung quantitativer materiality-Richtgrößen könnte zur *Objektivierung der Entscheidungsfindung* des Prüfers beitragen. Für die Normierung des Grundsatzes der materiality spricht eine erhöhte Vergleichbarkeit von Urteilen über die Ordnungsmäßigkeit von Jahresabschlüssen, da sie eine einheitliche Beurteilung gleichartiger Sachverhalte fördert. Des Weiteren *erhöhen* quantitative materiality-Richtlinien *das Vertrauen der Jahresabschlussadressaten in das Prüfungsurteil*, da sie die Beachtung der Richtlinien erwarten können. Das Fehlen verbindlicher materiality-Standards macht den Prüfer in juristischer Hinsicht verwundbar, da er sich nicht auf eine zwingend vorgeschriebene Anwendung bestimmter Normen berufen kann. Fehlen verbindliche materiality-Standards, so steht der Richter vor demselben Problem wie der Prüfer, nach eigenem Ermessen entscheiden zu müssen, ob ein Sachverhalt als wesentlich zu beurteilen ist. Vorgegebene Standards könnten solche Situationen vermeiden, da Jahresabschlussersteller, Prüfer und Adressaten von denselben zwingend vorgeschriebenen Grenzwerten ausgehen müssten und deshalb nur wenig Raum für verschiedene materiality-Auffassungen wäre. Folglich wären *Meinungsverschiedenheiten zwischen Prüfer und Unternehmensleitung* über das, was als wesentlich zu erachten ist, zu *vermeiden*. Richtgrößen böten zudem *Anhaltspunkte für die Urteilsfindung von Gerichten*. Sie würden auch die *Ausbildung des Berufsnachwuchses erleichtern*, da Berufsanfänger über keine Erfahrungen verfügen, so dass sie zur Entscheidungsfindung auf allgemeine Regeln zurückgreifen müssen. Richtgrößen könnten außerdem *Wettbewerbsverzerrungen* zwischen Prüfungsunternehmen *vermeiden* helfen, denn sie verhindern die Reduzierung von Prüfungskosten durch geringere Prüfungsgenauigkeit.

Die Gegner der Vorgabe von materiality-Standards wenden ein, dass *materiality-Probleme nur unter Berücksichtigung des jeweiligen Tatbestands entschieden* werden könnten. Die relevanten Umstände einer Entscheidungssituation sind jedoch nur dem Prüfer bekannt. Nur er kann deshalb Relevanz und Gewicht der Faktoren abwägen und befindet sich folglich in der besten Position, über die Wesentlichkeit eines Sachverhaltes richtig zu entscheiden. Außerdem sei es schwierig, die passende Richtgröße für die Vielzahl der verschiedenen materiality-Entscheidungen herauszufiltern. Die Festlegung quantitativer Richtgrößen würde die Freiheit des Berufsstands und das *unabhängige berufliche Urteilsvermögen einschränken*, denn der Prüfer könnte sich auf einen formellen Vergleich von Zahlen zurückziehen. Gerade der Verzicht auf eine allgemein verbindliche Regelung und die damit verbundene Möglichkeit der Würdigung spezifischer Umstände kann zu einer Vermeidung von Fehlern beitragen. Weiterhin bestehe das Risiko, dass *materiality-Standards den Prüfer fehlleiten*. Feste Standards würden zudem die Position des Prüfers gegenüber dem Management in den Fällen schwächen, in denen er aufgrund spezifischer Umstände eine Abweichung von den üblichen Standards für geboten hält.

Zu Recht wird bezweifelt, dass eine allgemeine Richtgröße in allen Fällen zu sinnvollen Ergebnissen führen kann. Je nach Sachverhalt, zu beurteilender Position, Unternehmensbranche und -größe und wirtschaftlicher Lage sind verschiedene materiality-Grenzwerte und Bezugsgrößen als geeignet zu betrachten, weshalb materiality-Grenzwerte in Abhängigkeit von diesen Aspekten vorgegeben werden sollten. Zusätzlich sollte ein Abweichen von materiality-Standards gefordert werden, wenn dies nach dem pflichtgemäßen Ermessen des Prüfers unter Würdigung der Umstände des Einzelfalles geboten scheint. Eine *Flexibilität* von materiality-Grenzwerten lässt sich durch die *Vorgabe mehrerer Standards mit verschiedenen Bezugsgrößen* gewährleisten. Um den

Besonderheiten des Einzelfalls ausreichend Rechnung zu tragen, gibt man z.T. *Bandbreiten von Prozentsätzen* zur Beurteilung der materiality vor. Innerhalb dieser Bandbreiten obliegt die materiality-Beurteilung dem prüferischen Ermessen unter Beachtung der dem jeweiligen Fall innewohnenden spezifischen Gegebenheiten. Auch die Vorgabe von Bandbreiten ruft jedoch Probleme hervor, wie z.B. die Bestimmung der adäquaten Breite und der Randwerte oder die Frage, ob für verschiedene zu beurteilende Sachverhalte unterschiedliche Bandbreiten anzugeben sind. Die Vorgabe einer materiality-Richtgröße als Bandbreite birgt zudem die Gefahr, dass stets die obere Grenze Anwendung findet.

Materiality-Entscheidungen sind zwar in erster Linie quantitativer Art, es können jedoch auch *qualitative Kriterien* zur Bestimmung der materiality herangezogen werden, d.h., ein vom quantitativen Gesichtspunkt unwesentlicher Fehler kann wegen seiner qualitativen Natur als wesentlich angesehen werden. Solche qualitativen Aspekte können z.B. aus der Möglichkeit resultieren, dass das Management versucht, Fehler zu verschleiern, auch wenn es sich bei diesen nur um relativ kleine und unbedeutende Fehler handelt. Verstöße gegen gesetzliche oder gesellschaftsvertragliche bzw. satzungsmäßige oder aufsichtsrechtliche Einzelbestimmungen sind stets als wesentlich anzusehen, wenn den Bestimmungen besondere Bedeutung zuzumessen ist und der Verstoß nicht geringfügig ist (IDW PS 250.11). Des Weiteren sind sachverhaltsabhängige Kriterien bei der Bestimmung der materiality zu berücksichtigen. So kann die Beurteilung, ob eine Information wesentlich ist, z.B. von der wirtschaftlichen Lage des zu prüfenden Unternehmens abhängen. Zudem sind auch die Art des Fehlers (erfolgsbeeinflussende Fehler sind z.B. meist bedeutsamer als Klassifikationsfehler; die illegale Zahlung eines unwesentlichen Betrages kann als wesentlicher Fehler eingestuft werden), die Frage, ob ein Fehler in eine wichtige Kennzahl einfließt oder die Frage, ob ein Sachverhalt nur eine oder mehrere Rechnungslegungsperioden beeinflusst, von Relevanz. Würden qualitative Merkmale bei der Beurteilung der materiality nicht berücksichtigt, so bestünde die Gefahr, dass einzelne Sachverhalte irrtümlich nicht als wesentlich eingestuft werden, weil sie erheblich zu niedrig ausgewiesen werden.

Nach der Bestimmung der Gesamtmateriality für die Jahresabschlussprüfung stellt sich das Problem, diesen Wert auf die einzelnen Bereiche der Prüfung aufzuteilen (→ *Materiality-Allokation*), denn der Abschlussprüfer hat den Grundsatz der Wesentlichkeit nicht nur im Hinblick auf den gesamten Abschluss, sondern auch im Hinblick auf einzelne Kontensalden zu berücksichtigen (ISA 320.7, IDW PS 250.12).

Reiner Quick

Literatur: *Leslie, D.A.*, Materiality: The Concept and its Application to Auditing, 1985; *Wolz, M.*, Wesentlichkeit im Rahmen der Jahresabschlussprüfung, 2003; *Würtele, G.*, Die Operationalisierung des Grundsatzes der Materiality bei Abschlussprüfungen, 1989.

Materiality-Allokation

Der Abschlussprüfer muss im Rahmen der → *Prüfungsplanung*, der Prüfungsdurchführung, der Urteilsbildung (→ *Urteilsbildungsprozess*) und der Berichterstattung (→ *Prüfungsbericht*; → *Bestätigungsvermerk*) nicht nur Fehler erkennen, sondern auch zwischen wesentlichen und unwesentlichen Fehlern unterscheiden (→ *Prüfungsprozess*). Damit ist das Problem der → *materiality* (IDW PS 250, ISA 320) angesprochen. Zur Anwendung des Grundsatzes der materiality sind *materiality-Grenzen* erforderlich, nach denen der Prüfer entscheiden kann, welche Sachverhalte zu prüfen und über welche Fehler zu berichten ist. Da der Grundsatz der materiality allgemein als *relative Größe* verstanden wird, besteht sowohl das Problem der Verwendung einer geeigneten Bezugsgröße als auch das Problem der quantitativen Normierung der relativen Größe. Dabei ist ein materiality-Grenzwert zwischen 5 % und 10 % des Jahresüberschusses am weitesten verbreitet.

Nach der Bestimmung einer solchen Gesamtmateriality (M) für die Jahresabschlussprüfung stellt sich das Problem, diesen Wert auf die einzelnen Bereiche der Prüfung aufzuteilen. Die Bestimmung der materiality für einzelne → *Prüffelder* wird durch die Gesamtmateriality des gesamten Prüfungsauftrages beeinflusst, da diese von den individuellen materiality (M_i) gemeinsam eingehalten werden muss.

Der gängigste Vorschlag zur materiality-Allokation ist in der sog. *Quadratwurzel-Formel* zu sehen:

$$M = \sqrt{\sum_{i=1}^{I} M_i^2}.$$

Diese Bedingung wird von einer Anzahl von Kombinationen der M_i erfüllt. Die Summe der M_i darf hierbei M überschreiten, denn einerseits ist nicht davon auszugehen, dass in jedem Prüffeld Fehler in gerade noch tolerabler Höhe auftreten, und andererseits kann die Fehlerrichtung in verschiedenen Prüffeldern unterschiedlich sein, so dass es zu einem Fehlerausgleich kommt. Aus dieser allgemeinen Allokationsbedingung lässt sich eine Formel herleiten, welche die individuelle materiality-Grenze eines Prüffeldes in Abhängigkeit von dessen relativem Wert BW$_i$/BW (d.h. dem Anteil des Buchwertes des Prüffeldes, BW$_i$, in Relation zur Summe der Buchwerte aller Prüffelder, BW) eindeutig festlegt:

$$M_i = M \cdot \sqrt{\frac{BW_i}{BW}}.$$

Der Vorteil des geschilderten Ansatzes liegt in seiner *Einfachheit* und *Praktikabilität*. Zur Bestimmung eines Ausgangswertes für die individuelle materiality eines Prüffeldes müssen lediglich die Gesamtmateriality sowie die Buchwerte der Prüffelder vorliegen. Bei der Bestimmung zulässiger materiality-Grenzen spielen jedoch zahlreiche, insbesondere auch *qualitative Faktoren* eine Rolle. Deshalb ist der so errechnete Wert zu modifizieren, so dass dem prüferischen Ermessen eine erhebliche Bedeutung zukommt. So bietet es sich bspw. an, die individuelle materiality für die Prüfung der liquiden Mittel unter dem errechneten Wert festzulegen, da hier eine hohe Genauigkeit mit relativ geringen Kosten erreicht werden kann. Aus der umgekehrten Überlegung heraus erscheint es ratsam, die individuelle materiality bei der Prüfung von Vorräten höher anzusetzen.

Das beschriebene Allokations-Verfahren hat die grundsätzlich zu begrüßende Eigenschaft, dass die Gesamtmateriality niedriger ist als die Summe der individuellen materiality-Werte. Dabei ist allerdings zu beachten, dass die Differenz dieser beiden Größen bei einer Aufteilung des gesamten Prüfungsstoffes in sehr viele kleine Prüffelder sehr groß wird. Aufgrund der den theoretischen Allokationsvorschlägen innewohnenden Umsetzungsprobleme bedient sich die Prüfungspraxis i.d.R. *vereinfachten Vorgehensweisen*, indem z.B. als individuelle materiality 50% der Gesamtmateriality angesetzt wird. materiality und Höhe des → *Prüfungsrisikos* stehen in einem umgekehrten Verhältnis zueinander: je höher die Wesentlichkeitsgrenze, um so geringer das Prüfungsrisiko und umgekehrt (IDW PS 250.16, ISA 320.10).

Literatur: *Elliott, R.K./Rogers, J.R.*, in: The Journal of Accountancy, 7/1972, S. 46–55; *Quick, R.*, Die Risiken der Jahresabschlußprüfung, 1996.

Materiality-Grenzen → Materiality

Materielle Prüfung

Nach dem Prüfungszweck kann zwischen →*formellen Prüfungen* und materiellen Prüfungen unterschieden werden. Materielle Prüfungen untersuchen die inhaltliche Richtigkeit und die wirtschaftliche Berechtigung der Abschlussposten (→*Abschlusspostenorientierte Prüfung*). Die Verarbeitung buchungspflichtiger Geschäftsvorfälle erfolgt in der Weise, dass sich buchungspflichtige wirtschaftliche Tatbestände zunächst in Belegen niederschlagen. Diese durch Belege erfassten Tatbestände werden in der →*Buchführung* in chronologischer (Grundbuch) und systematischer Weise (d.h. nach sachlichen Gesichtspunkten im Hauptbuch) verbucht und schließlich im →*Jahresabschluss* ausgewiesen (→*Buchführung, Prüfung der*). Die materielle Prüfung ist in erster Linie eine Belegprüfung, die feststellt, ob der Beleginhalt den wirtschaftlichen Tatbestand richtig wiedergibt. Ist dies nicht der Fall, liegt ein materieller Fehler vor.

Maximalfehlermethode → DUS

Mehrjähriger Prüfungsplan

Die mehrjährige →*Prüfungsplanung* legt turnusmäßig wechselnde →*Prüfungsschwerpunkte* fest. Ziel ist es, über einen längeren Zeitraum (z.B. drei Jahre) bestimmte →*Prüffelder* zumindest einmal einer intensiven Prüfung zu unterziehen sowie die durchschnittliche Prüfungsintensität im betreffenden Zeitraum zu verringern, um somit eine effiziente Prüfung zu erreichen. Im Rahmen der Jahresabschlussprüfung kommt eine mehrjährige Prüfungsplanung insbesondere für Ordnungsmäßigkeits- und Formalprüfungen (IDW PS 240.23), nicht jedoch bei mit hohen Risiken behafteten wesentlichen Prüffeldern in Betracht. Der mehrjährige Prüfungsplan ist in der →*Dauerakte* abzulegen.

Messtheoretischer Ansatz

Der messtheoretische Ansatz einer Prüfungslehre stellt einen Beitrag zur →*Prüfungstheorie* dar, der Erkenntnisse der formalen Messtheorie auf die prüferische Urteilsbildung überträgt. Es werden sachlogische

Zusammenhänge analysiert, ohne Aussagen über das tatsächliche Verhalten des Prüfers zu treffen. Ansatzpunkt ist der für die Prüfung charakteristische →*Soll-Ist-Vergleich*. Zunächst erfasst der Prüfer die einzelnen Merkmalsausprägungen des Prüfungsgegenstandes (Ist-Objekt; →*Prüfungsobjekt*) und leitet unter Heranziehung der relevanten Rechnungslegungs- und →*Prüfungsnormen* das korrekte Soll-Objekt für den Sachverhalt ab. Die Herleitung des Soll-Objektes kann in Form einer →*progressiven Prüfung* oder →*retrograden Prüfung* erfolgen. Dann werden die Merkmalsausprägungen von Soll- und Ist-Objekt gegenübergestellt. Die gemessenen Abweichungen stellen die Grundlage für die Beurteilung des Prüfungsobjektes dar. Schließlich muss der Prüfer die einzelnen Urteile zu Gesamturteilen über komplexe Prüfungsgebiete zusammenfassen.

Unter einer *Messung* wird die Zuordnung von Zahlen oder Symbolen (Messwerten) zu Objekten (Maßgrößen) verstanden. Die Messung von Abweichungen setzt voraus, dass Soll- und Ist-Objekt auf derselben Skala gemessen werden. Die Art der Skala hängt von den Eigenschaften der abzubildenden Menge ab. Über beliebige Mengen kann auf einer *Diversitätsskala* eine Aussage über Identität oder Abweichung getroffen werden. So sind z.B. bei einer Rechtmäßigkeitsprüfung nur die Argumentwerte »rechtlich zulässig« oder »rechtlich unzulässig« möglich. Wenn zwischen den Elementen einer Menge ein Ordnungsverhältnis besteht, kann bei einer Abweichung eine Aussage über deren Richtung auf einer *Ordinalskala* getroffen werden. Soll z.B. die Implementierung einer Strategie in verschiedenen Tochterunternehmen überprüft werden, ist die Feststellung möglich, dass Tochterunternehmen A einen Schritt weiter als Tochterunternehmen B ist. Können dagegen die Elemente quantitativ in Zahlen gemessen werden, so ist unter Zugrundelegung einer *Intervallskala* zusätzlich eine Aussage über den Umfang der Abweichung, z.B. bei Zeitmessungen, möglich. Wenn die Intervallskala einen absoluten Nullpunkt besitzt, spricht man von einer *Kardinalskala*, die auch Aussagen über Relationen erlaubt. Dies ist bei den Kategorien Menge, Länge, Fläche, Raum und sämtlichen in Geld gemessenen Objekten möglich.

Ein →*Fehler* liegt bei einer unzulässigen Abweichung des Ist- vom Soll-Objekt vor. Lässt sich das Soll-Objekt aufgrund von Wahlrechten oder Ermessensspielräumen (→*Abschlusspolitik*) nicht eindeutig festlegen, entsteht eine Soll-Objekt-Bandbreite, innerhalb derer nicht von einem Fehler gesprochen werden kann. Eine *indirekte Messung* liegt vor, wenn die Ausprägung des Soll-Objektes nicht direkt gemessen, sondern über eine Ersatzmenge mittels logischer Schlussverfahren abgeleitet wird. Voraussetzung ist, dass eine Beziehung zwischen Soll-Objekt und Ersatzmenge besteht. So kann z. B. der fair value indirekt über ein DCF-Verfahren ermittelt werden (→ *Fair values, Prüfung*). Wenn verschiedene Einzelurteile miteinander verbunden sind, liegt eine sog. → *Prüfungskette* vor. Unverbundene Einzelurteile können je nach rechtlicher Zulässigkeit und Art der Skalen zusammengefasst werden. Wenn verschiedene Merkmale auf unterschiedlichen Skalen gemessen wurden, können die Einzelurteile nur durch Gewichtung zusammengeführt werden (IDW PS 400.9).

Grundsätzlich ist zu kritisieren, dass der messtheoretische Ansatz keine Aussagen über das tatsächliche Verhalten von Prüfern trifft. Ferner ist zu bezweifeln, dass sich der → *Urteilsbildungsprozess* tatsächlich in der beschriebenen Weise vollzieht. Insbesondere wird vorausgesetzt, dass zunächst das Ist- und Soll-Objekt konstruiert und dann gemessen werden, was angesichts der Komplexität und hohen Zahl an Freiheitsgraden in vielen Bereichen unrealistisch erscheint (→ *Suchprozess*).

Literatur: *Wysocki, K.v.*, Der meßtheoretische Ansatz einer Prüfungslehre, in: Lechner, K. (Hrsg.), Treuhandwesen, 1978, S. 105–168.

Mittelwertschätzung → Schätzverfahren

Moderate assurance → Prüfungssicherheit

Monetary Unit Sampling → DUS

Monitoring

Verhaltensweise von Vertragspartnern bei Vorliegen von Informationsasymmetrie über den Arbeitseinsatz (hidden effort) oder den Informationsstand (hidden information) des Agenten *nach* Vertragsabschluss (postcontractual) (→ *Agencytheoretischer Ansatz*). Dabei implementiert der Prinzipal Maßnahmen, die auf die Überwachung des Arbeitseinsatzes des Agenten und/oder der Ermittlung und Berichterstattung des tatsächlichen Gewinns ausgerichtet sind. Die Überwachung der Berichterstattung des Managements an Aktionäre findet u. a. durch die Prüfung der Berichterstattung durch einen → *WP* statt.

Betrachtet man in diesem Zusammenhang jedoch auch den WP als Agenten, erscheint auch die Überwachung des WP sinnvoll. Eine mögliche Ausprägung des monitoring von WP stellt die Überwachung des

Berufsstands durch die →*APAK* dar. Das deutsche System der externen Qualitätskontrolle im Berufsstand der WP (→ *Qualitätskontrolle, externe*) im Sinne eines → *Peer Review* stellt kein monitoring dar, da die Kontrollen unter Beteiligung von Berufsstandsangehörigen durchgeführt werden.

Nachgründungsprüfung → Gründungsprüfung

Nachhaltigkeitsbericht

1 Normen

1.1 Aufstellungsnormen

2002 Sustainability Reporting Guidelines.

1.2 Prüfungsnormen

a) Deutsche Norm: IDW EPS 821; b) Internationale Normen: IFAC Framework, ISAE 3000R.

2 Definition Nachhaltigkeit

Der Begriff der Nachhaltigkeit umschreibt die Grundidee, dass Menschen auf diesem Planeten so leben sollten, dass die Bedürfnisse der Gegenwart befriedigt werden, ohne zu riskieren, dass künftige Generationen ihre eigenen Bedürfnisse nicht befriedigen können. Immer stärker fordern Investoren, Kunden, Mitarbeiter und andere Interessensgruppen ein nachhaltiges Wirtschaften der Unternehmen. Daher gehen Unternehmen zunehmend dazu über, Nachhaltigkeitsberichte zu erstellen.

3 Sustainability Reporting Guidelines

Um eine einheitliche Berichterstattung zu gewährleisten, hat die GRI Normen zur Erstellung von Nachhaltigkeitsberichten entwickelt. Die GRI wurde 1997 als Gemeinschaftsinitiative der Coalition for Environmentally Responsible Economies (CERES) und dem Umweltprogramm der Vereinten Nationen (UNEP) gegründet. Den Kern der GRI Dokumentenfamilie bildet der GRI Leitfaden. Aus ihm gehen die Inhalte hervor, welche sowohl für die berichtende Organisation als auch für die Adressaten am bedeutsamsten sind. Der Leitfaden unterscheidet Angaben zu drei verschiedenen Bereichen:

- *Wirtschaftlich* orientierte Angaben betreffen bspw. Angaben zu Lohn- und Gehaltsausgaben, Nettoverkaufserlösen, freiwilligen Spenden und Steuerzahlungen an den Fiskus.

- *Umweltorientierte* Angaben beziehen sich z. B. auf die Auswirkungen von Prozessen, eingesetzten Materialien, hergestellten Produkten und Dienstleistungen auf die Umwelt.
- *Sozial* orientierte Angaben berühren z. B. den Gesundheitsschutz, das Wettbewerbsverhalten, Kinderarbeit oder Angaben zu Arbeitnehmerrechten.

Zu jedem dieser Bereiche enthält der GRI Leitfaden verschiedene Leistungsindikatoren, über die ein Unternehmen berichten soll.

Darüber hinaus existieren branchenspezifische Ergänzungen. In diesen wird auf die Spezifika der jeweiligen Branche eingegangen, indem die bestehenden Leistungsindikatoren des Leitfadens angepasst und zusätzlich weitere spezifische Indikatoren bereitgestellt werden. Bspw. enthält der spezifische Branchenstandard für die Telekommunikationsindustrie Leistungsindikatoren für die Beschreibung der internen Abläufe. Derzeit existieren Branchenstandards für die Automobilindustrie, Telekommunikation, Reiseveranstalter und bei den sozial orientierten Angaben für Finanzdienstleister.

Weiterhin gibt es technische Protokolle. Sie dienen der Messung von Indikatoren, wobei jeweils ein Protokoll einem spezifischen Indikator zugehörig ist. Durch die in den Protokollen dargelegten Informationen, anzuwendenden Verfahren, Formeln und Referenzen soll eine Vergleichbarkeit der Berichte untereinander gewährleistet sein. Derzeit liegen technische Protokolle für Kinderarbeit und Wasser vor.

4 Prüfung

Ziel von Nachhaltigkeitsberichten ist es u. a., klare Aussagen über die Auswirkungen von Unternehmensleistungen auf die Menschen und die Umwelt zu tätigen und somit stakeholdern entscheidungsnützliche Informationen zur Verfügung zu stellen. Um den Angaben Glaubwürdigkeit zu verleihen, bietet sich eine freiwillige Prüfung (→ *Prüfungsdienstleistungen, freiwillige*) der Nachhaltigkeitsberichte durch einen WP an. International besteht derzeit keine Prüfungsnorm. Daher sollte sich die Prüfung in diesem Fall an dem IFAC Framework sowie ISAE 3000R orientieren. National besteht künftig mit dem IDW EPS 821 ein entsprechender Prüfungsstandard. Gem. IDW EPS 821.7 steht dieser grundsätzlich in Einklang mit den Regelungen des ISAE 3000R und kann somit als Konkretisierung verstanden werden.

Zunächst hat der WP bei Annahme des → *Prüfungsauftrages* zu prüfen, ob er über die notwendigen Fachkenntnisse verfügt (IDW EPS 821.18), da eine Vielzahl der zu behandelnden Gegenstände nicht in den gewöhnlichen Tätigkeitsbereich fällt (z.B. Kinderarbeit). Im Rahmen des →*Prüfungsprozesses* hat der Prüfer die Einhaltung der Indikatoren des GRI Leitfadens sowie der speziellen Branchenstandards durch das Unternehmen sowie deren korrekte Darstellung im Nachhaltigkeitsbericht zu überprüfen. Allerdings reicht teilweise die Spezifität der GRI Dokumentenfamilie nicht aus, um in jedem Fall geeignete Kriterien gem. ISAE 3000.19–21 R i.V.m. IFAC Framework.34–38 zur Überprüfung der Indikatoren abzuleiten. Das IDW schlägt in IDW EPS 821.22 vor, die Kriterien auf die Eigenschaften »Relevanz«, »Eignung«, »Verlässlichkeit«, »Neutralität« und »Verständlichkeit« hin zu überprüfen, damit ihre Angemessenheit gewährleistet ist. Während dies für die wirtschaftlichen und umweltorientierten Angaben (→ *Umweltbezogene Sachverhalte, Prüfung*) noch unproblematisch ist, haben sich für die sozial orientierten Angaben noch keine allgemein anerkannten Kriterien zur Überprüfung herausgebildet. Die Prüfungsergebnisse sind abschließend in einem → *Prüfungsbericht* (IFAC Framework.56–60 i.V.m. ISAE 3000.49 R, IDW EPS 821.68) zusammenzufassen. Weiterhin muss eine → *Bescheinigung* für den geprüften Nachhaltigkeitsbericht erteilt werden (IDW EPS 821.68).

Nachtragsbericht → Lagebericht, Prüfung

Nachweisprüfung → Abschlussaussagen

Nahe stehende Personen → Beziehungen zu nahe stehenden Personen, Prüfung

Näherungswerte → Geschätzte Werte, Prüfung

Nature of expenses method → GuV, Prüfung

Negative assurance → Prüfungssicherheit

Negativvermerk → Bestätigungsvermerk

Netzplantechnik

Die Netzplantechnik ist ein Verfahren, mit dem Ablaufstrukturen eines Projektes (z.B. Jahresabschlussprüfung) festgelegt werden. Dabei wird das Projekt in mehrere Teilprojekte (Prüffelder) zerlegt und unter Berücksichtigung von Interdependenzen der Teilprojekte (die Interdependenzen können z. B. zeitlicher, technischer oder wirtschaftlicher Natur sein) ein Plan erstellt, der einen vollständigen Überblick über den Zeitablauf der Teilprojekte ermöglicht. Die Netzplantechnik liefert dabei den zeitkürzesten Weg (*kritischer Pfad*) und damit die Mindestdauer des Projektes sowie die frühest möglichen und spätest zulässigen Anfangs- und Endtermine jedes Teilprojektes. Standardsoftware wie MS-Project ermöglichen die automatische Erstellung eines solchen Plans.

Nichtigkeit des festgestellten Jahresabschlusses

Unter bestimmten Bedingungen ist ein bereits festgestellter Jahresabschluss nichtig. § 256 AktG zählt diese Bedingungen abschließend auf; dazu zählen insbesondere Verstöße gegen die Gliederungs- (§ 256 Abs. 4 AktG) und Bewertungsnormen (§ 256 Abs. 5 AktG) des HGB oder die Satzung (§ 256 Abs. 1 Nr. 4 AktG). Dagegen bewirken die in § 256 Abs. 1 Nr. 2 u. 3 AktG genannten Prüfungsmängel (z.B. keine Prüfung oder Prüfung nicht durch den bestellten Abschlussprüfer, weitere Nichtigkeitsgründe in §§ 319, 319a HGB), dass bereits die Feststellung nicht möglich bzw. nichtig ist (§ 316 Abs. 1 Satz 1 HGB).

Bestimmte Nichtigkeitsgründe werden nach § 256 Abs. 6 AktG durch Zeitablauf geheilt, andere jedoch nicht. Aus der Nichtigkeit des festgestellten Jahresabschlusses folgt zwingend die Nichtigkeit der auf der Grundlage dieses Jahresabschlusses gefassten Gewinnverwendungsbeschlüsse (§ 253 AktG). Die Nichtigkeit wird insbesondere gerichtlich festgestellt; die Klage wird auf die Feststellung der Nichtigkeit gerichtet (§§ 256 Abs. 7 i. V. m. 249 AktG).

Da das GmbHG keine entsprechenden Vorschriften zur Nichtigkeit enthält, stellt sich die Frage, ob das AktG analog anwendbar ist. Dies ist strittig; die h.M. erachtet eine analoge Anwendung einzelner Nichtigkeitsbedingungen für sinnvoll.

Niederlassung des Wirtschaftsprüfers → Berufliche Niederlassung des WP

Niederlegung des Mandats → Kündigung des Prüfungsauftrags

Non-current asset

Während nach dem deutschen HGB eine Unterteilung der Vermögensgegenstände in →*Anlagevermögen* und →*Umlaufvermögen* zwingend ist, sind assets nach IFRS nur dann in non-current sowie →*current assets* zu gliedern, wenn keine Differenzierung nach der Liquidität erfolgt. Letzteres ist der Fall, wenn die Informationen dadurch eine höhere Entscheidungsrelevanz aufweisen und zuverlässiger sind (IAS 1.51), wie z.B. bei Finanzinstitutionen (IAS 1.54). Für jede Position unter den assets in der Bilanz (IAS 1.68) sind immer die Beträge anzugeben, die später als zwölf Monate nach dem Bilanzstichtag realisiert werden, wenn die jeweilige Position auch Bestandteile enthält, die innerhalb von zwölf Monaten realisiert werden (IAS 1.52).

Non-current assets liegen stets dann vor, wenn keines der vier Kriterien für current assets erfüllt ist (Negativabgrenzung). Diese sind (1) Realisation, Verkauf oder Verbrauch innerhalb des normalen Geschäftszyklus, (2) Halten des asset hauptsächlich für Handelszwecke, (3) erwartete Realisierung innerhalb von zwölf Monaten nach dem Abschlussstichtag oder (4) Vorliegen von Zahlungsmitteln oder Zahlungsmitteläquivalenten, deren Verwendung nicht für mindestens zwölf Monate beschränkt ist (IAS 1.57).

Normalverteilung

Die Normalverteilung ist ein Modell für die Verteilung von kontinuierlichen Zufallsvariablen. Ursprünglich wurde die Normalverteilung durch C.F. Gauß zur Beurteilung von Messfehlern (daher auch Gaußsche Fehlerkurve) entwickelt. Es wird eine symmetrische Verteilungsform unterstellt, die der Form einer Glocke ähnelt (daher auch Glockenkurve), bei der sich die Werte der Zufallsvariablen in der Mitte der Verteilung konzentrieren und mit wachsendem Abstand zur Mitte immer seltener auftreten. Die so abgebildete Klasse von Verteilungen, kann sich hinsichtlich des Ortes und der Breite unterscheiden. Der Mittelwert und die Standardabweichung sind die bestimmenden Parameter für die Form der Glockenkurve.

Die Verteilungsfunktion der Normalverteilung hat folgendes Aussehen:

$$F(x) = \int_{-\infty}^{x} \frac{1}{\sqrt{2\pi}\sigma} \cdot \exp\left(-\frac{(t-\mu)^2}{2\sigma^2}\right) dt.$$

Von der Standardnormalverteilung wird gesprochen, wenn der Erwartungswert gleich null und die Standardabweichung gleich eins ist. Durch eine sog. Z-Transformation kann jede Normalverteilung in die Standardnormalverteilung überführt werden.

Für alle Normalverteilungen gelten folgende Wertebereiche:

- Innerhalb eines Intervalls, das durch den Mittelwert plus/minus dem einfachen (zweifachen, dreifachen) der Standardabweichung gekennzeichnet ist, liegen 68,27 % (95,45 %, 99,73 %) aller Werte einer normalverteilten Zufallsvariablen.
- 90 % (95 %, 99 %) aller Werte einer normalverteilten Zufallsvariablen liegen innerhalb eines Intervalls, das durch den Mittelwert plus/minus dem 1,645fachen (1,960fachen, 2,576fachen) der Standardabweichung gekennzeichnet ist.

Die Normalverteilung hat eine besondere Bedeutung für die Auswertungsverfahren, denn sowohl die → *Schätzverfahren* als auch die → *Testverfahren* arbeiten mit der Annahme der Normalverteilung.

Normen → Prüfungsnormen

Normenentwicklung → Due process

Normenverstöße, sonstige → Fraud, Prüfung

Notes → Anhang, Prüfung

Nullhypothese → Testverfahren

Objektivität → Unabhängigkeit

Offene Handelsgesellschaft

Die Offene Handelsgesellschaft (OHG) ist eine →*Personenhandelsgesellschaft* zum gemeinsamen Betrieb eines Handelsgewerbes unter einer gemeinschaftlichen Firma (§§ 105–160 HGB), die rechnungslegungspflichtig ist. Die OHG ist der juristischen Person angenähert, da Rechte unter der Firma erworben und Verbindlichkeiten eingegangen werden können. Die Gesellschafter können unter der Firma klagen und verklagt werden (quasi-juristische Person). Sie haften für Verbindlichkeiten der Gesellschaft unbeschränkt, unmittelbar und gesamtschuldnerisch. Die OHG entsteht durch Gesellschaftsvertrag, Eintragung in das →*Handelsregister* und Aufnahme der Geschäftstätigkeit. Zur Geschäftsführung/Vertretung ist jeder Gesellschafter einzeln berechtigt. Jeder Gesellschafter erhält vom Jahresgewinn 4 % Zinsen auf die Kapitaleinlage. Der Restgewinn oder Verlust wird nach Köpfen verteilt. Abweichende Regelungen können sich aus dem Gesellschaftsvertrag ergeben. Die OHG wird steuerrechtlich als Mitunternehmerschaft qualifiziert, d.h., die Gesellschaft ist nicht selbst einkommensteuerpflichtig. Der Gewinn wird einheitlich und gesondert festgestellt und unterliegt der Einkommensteuer bei den einzelnen Gesellschaftern.

Öffentliche Verwaltung, Prüfung

Die Verwaltung im Allgemeinen ist eine Organisation mit dem Auftrag des organisierten Verwaltens, also mit einem Aufgabenkomplex, der das aufgabenbezogene, zeitnahe Leiten, Lenken, Erfassen sowie Betreuen und das Verantworten dynamischer Systeme nach stabilen Vorschriften verwirklicht.

Die öffentliche Verwaltung i.w.S. ist die Exekutive, die *vollziehende Staatsgewalt*. Sie umfasst alle Tätigkeiten des Staates oder anderer Träger öffentlicher Gewalt, die weder der gesetzgebenden noch der rechtsprechenden Gewalt zuzuordnen sind. I.e.S. wird unter dem Begriff jedes öffentliche Verwaltungshandeln verstanden, das dem Vollzug von Gesetzen dient. Zu unterscheiden ist einerseits nach den Auswirkungen und Aufgaben zwischen Eingriffs-, Leistungs- und Planungsverwaltung sowie andererseits nach Sachgebieten, wie z.B. Finanz-, Bau- oder

Kulturverwaltung. Ebenso kann nach Funktionsbereichen zwischen *unmittelbarer Staatsverwaltung*, d.h. das Verwalten durch Bund und Länder, und *mittelbarer Verwaltung* durch die Kommunen oder Weiterdelegation auf Körperschaften (z.B. Universitäten) und Anstalten (z.B. Krankenhäuser) des öffentlichen Rechts differenziert werden. Träger der öffentlichen Verwaltung sind demnach die Gebietskörperschaften Bund, Bundesländer und Kommunen. Grundsatz der Verwaltungsorganisation ist das *Subsidiaritätsprinzip*. Für die Gebietskörperschaften bedeutet dies, dass Verwaltungsaufgaben da bearbeitet werden, wo sie anfallen und dass die Aufgabenkompetenz solange bei der untersten Ebene anzusiedeln ist, wie durch eine Kompetenzverlagerung auf eine übergeordnete Ebene keine Effizienzgewinne zu erwarten sind. Dementsprechend gliedern sie sich in weitere Behörden. Im Beispiel der Finanzverwaltung existieren auf Bundesebene u.a. das BMF sowie das Bundesamt für Finanzen, auf Landesebene u.a. das Landesfinanzministerium und die Finanzämter, und auf Ebene der Kommunen z.B. die Gemeinde-, Kreis- oder Stadtsteuerämter.

Das *Rechnungswesen öffentlicher Verwaltungen* bezieht sich i.Allg. auf die Dokumentation, Planung und Kontrolle von Einnahmen und Ausgaben, Vermögen und von Erlösen und Kosten der öffentlichen Aufgabenträger. Durch das Prinzip der Selbstverwaltung verfügen die Gebietskörperschaften über ein eigenständiges Rechnungswesen, da Rechnungszwecke, Umfang, Systematik und Verbindlichkeit der öffentlichen Rechnungslegung sehr unterschiedlich sind. Vereinheitlicht und abgestimmt war bislang nur die *Kameralistik*, eine auf die Haushaltswirtschaft ausgerichtete finanzwirtschaftliche Rechnung, die nur die reinen Einzahlungen und Auszahlungen betrachtet, jedoch nicht die Erträge und Aufwendungen. Aufbauend auf dem Haushaltsplan endet die Verwaltungskameralistik mit den Rechnungsabschlüssen des Haushaltsjahres, mit den Zielen des rechnungsmäßigen Nachweises des Haushaltsvollzugs durch die Haushaltsrechnung, des Nachweises der ordnungsmäßigen Kassenführung durch den kassenmäßigen Abschluss, der Vermittlung eines Überblicks über Ausgaben- und Einnahmenströme sowie der Aufstellung einer Vermögensrechnung.

Durch die Ziele der Verwaltungskameralistik wird deutlich, dass wenig einzelwirtschaftliche Bezüge erkennbar sind, die Aufschluss über die Wirtschaftlichkeit einzelner Verwaltungen geben. Aktuelle Projekte zur Reform des Gemeindehaushaltsrechts in Deutschland sehen die Umstellung von der Kameralistik zur doppelten → *Buchführung* vor, die bislang unterschiedlich weit fortgeschritten ist. So haben einige Gebietskörperschaften bereits auf Doppik umgestellt. Schon 2001 veröffentlichte das →*IDW* Vorschläge in dem *Entwurf IDW Stellungnahme zur Rechnungslegung der öffentlichen Verwaltung nach den Grundsätzen der doppelten Buchführung* (*IDW ERS ÖFA 1*), der mittlerweile in der endgültigen Fassung vorliegt.

Für alle Gebietskörperschaften besteht nach den Haushalts- und Gemeindeordnungen eine grundsätzliche *jährliche Pflicht zur Prüfung*. Die Prüfung wird durch die Rechnungshöfe (→*Bundesrechnungshof*; →*Landesrechnungshöfe*), Rechnungsprüfungs- und Prüfungsämter, Prüfungsverbände und Organe der Gebietskörperschaften vorgenommen, die die Zeit und die Art der Prüfung bestimmen und erforderliche örtliche Erhebungen durch Beauftragte vornehmen lassen. Hierbei können auch →*Sachverständige* hinzugezogen werden.

Prüfungsgegenstand sind die über die Einnahmen und Ausgaben eines abgelaufenen Haushaltsjahres aufgestellten Haushaltsrechnungen sowie die Ordnungsmäßigkeit und Wirtschaftlichkeit der gesamten Haushalts- und Wirtschaftsführung einschließlich deren Sondervermögen und Betriebe.

Dabei werden insbesondere die Einnahmen, Ausgaben, Verpflichtungen zur Leistung von Ausgaben, das Vermögen und die Schulden, Maßnahmen, die sich finanziell auswirken können, Verwahrungen und Vorschüsse sowie die Verwendung der Mittel, die zur Selbstbewirtschaftung zugewiesen sind, geprüft, wobei die Prüfstellen in ihrem Ermessen die Prüfung beschränken und Rechnungen ungeprüft lassen können.

Vom Inhalt erstreckt sich die Prüfung auf die Einhaltung der für die Haushalts- und Wirtschaftsführung geltenden Vorschriften und Grundsätze, insbesondere darauf, ob das Haushaltsgesetz und der Haushaltsplan eingehalten worden sind, die Einnahmen und Ausgaben begründet und belegt sind und die Haushaltsrechnung sowie die Nachweise über das Vermögen und die Schulden ordnungsgemäß aufgestellt sind, wirtschaftlich und sparsam verfahren wird und ob die Aufgabe mit geringerem Personal- oder Sachaufwand oder auf andere Weise wirksamer erfüllt werden kann. Unterlagen, die die Prüfungsstellen zur Erfüllung der Aufgaben für erforderlich halten, sind dabei auf Verlangen vorzulegen.

Die Ergebnisse der Prüfungen werden in Form von *Berichten* zusammengefasst, in denen insbesondere mitzuteilen ist, ob die in der Haushaltsrechnung und die in den Büchern aufgeführten Beträge übereinstimmen und die geprüften Einnahmen und Ausgaben ordnungsgemäß belegt sind. Weiterhin ist mitzuteilen, in welchen Fällen die für die Haushalts- und Wirtschaftsführung geltenden Vorschriften und Grundsätze nicht beachtet worden sind, welche wesentlichen Beanstandungen sich aus der Prüfung der Betätigung bei Unternehmen mit eigener Rechtspersönlichkeit ergeben haben und welche Maßnahmen für die Zukunft empfohlen werden.

Im internationalen Bereich verfolgt das →*IPSASB* der →*IFAC* das Ziel, die Rechnungslegung in den öffentlichen Verwaltungen zu harmonisieren und entwickelt hierzu seit 1996 die *International Public Sector Accounting Standards* (IPSAS). Entsprechend enthalten auch die →*ISA* jeweils einen kurzen Abschnitt, der auf die Besonderheiten der Anwendung der auf die Abschlussprüfung bezogenen Standards im öffentlichen Sektor eingeht.

Öko-Audit

Unternehmen haben die Möglichkeit, sich an dem EU-weiten System für Umweltmanagement und Umweltbetriebsprüfung zu beteiligen. Dieses System nennt sich EMAS und wird vielfach auch als Öko-Audit bezeichnet. An EMAS kann sich jede Organisation (z. B. Unternehmen oder öffentliche Verwaltungen) beteiligen. Alle Organisationen, die an EMAS teilnehmen, erstellen für die Öffentlichkeit regelmäßig eine Umwelterklärung. Diese muss von einem unabhängigen, staatlich zugelassenen Umweltgutachter überprüft werden (Auditierung). Ein solcher Umweltgutachter kann auch ein WP sein. Sollte dieser ein Öko-Audit durchführen, so wird er seine Prüfung nach den Vorschriften der EMAS II-Verordnung (Verordnung EG Nr. 761/2001) und des UAG durchführen. Unabhängig davon besteht auch die Möglichkeit, dass der WP eine freiwillige Prüfungsdienstleistung (→ *Prüfungsdienstleistungen, freiwillige*) zur Prüfung umweltbezogener Sachverhalte (→ *Umweltbezogene Sachverhalte, Prüfung*) anbietet.

Operational auditing

1 Definition und Entwicklung

Unter *operational auditing* wird der Aufgabenbereich der →*Internen Revision* verstanden, der sich mit der Prüfung von Aufbau- und Ablauforganisation eines Unternehmens beschäftigt und hierbei auf die Zweckmäßigkeit und Wirtschaftlichkeit dieser Strukturen fokussiert. Zusammen mit dem →*financial auditing, management auditing* (→*Geschäftsführungsprüfung*) und *internal consulting* (interne Beratungsfunktion: Beinhaltet das Aufzeigen von Verbesserungsmöglichkeiten und die Ausarbeitung von Lösungsansätzen als Ausgangspunkt für die jeweiligen Verantwortlichen) zählt das operational auditing zu den klassischen Aufgabenbereichen der Internen Revision.

Entstanden ist das operational auditing als eine Entwicklung des internen Revisionswesens in den USA und Europa, die ihre Anfänge in den 50er-Jahren findet und von stetigen Neuerungen in technischer, informationstechnischer und organisatorischer Hinsicht geprägt ist. Sie erlebte vor allem in den 70er-Jahren durch eine Fülle von Veröffentlichungen mit Schwerpunkten wie »Methodenoptimierung«, »Wirksamkeit des Kontrollgefüges« und »kritische Beurteilung der Organisation« einen Aufschwung.

2 Aufgabenschwerpunkte

Den wesentlichen Fokus des operational auditing bildet die Prüfung des → *IKS*. Dieses ist auf Vollständigkeit, Wirksamkeit, Funktionsfähigkeit und Wirtschaftlichkeit zu untersuchen. Weiterhin beeinflusst die Interne Revision als Bestandteil des IKS Art und Umfang der Prüfungshandlungen des Abschlussprüfers. Einen weiteren Schwerpunkt bilden IT- und/oder Systemprüfungen. Im Mittelpunkt stehen hierbei Ordnungsmäßigkeit, Sicherheit und Wirtschaftlichkeit (→ *Wirtschaftlichkeitsprüfung*). Die Prüfungen können sowohl ex post als auch ex ante durchgeführt werden. Von wachsender Bedeutung ist das operational auditing auch hinsichtlich der Fragen des Umweltschutzes. Durch zunehmende gesetzliche Vorschriften (z.B. für Abwässer, Abgase, Lärm) ist die Interne Revision – in Kooperation mit dem Umweltschutzbeauftragten – gefordert, die Einhaltung dieser Regelungen sicherzustellen. Neben den aufgeführten Aufgaben umfasst das operational auditing noch zahlreiche weitere Prüfungsobjekte, wie z.B. Organisation, Planung, Investitionen, Personal, Forschung und Entwicklung, Marketing und Produktion.

3 Prüfung und Beratung

Neben den oben genannten Tätigkeiten mit dem Schwerpunkt der Prüfung sollte das operational auditing aber auch immer eine beratende Komponente vorweisen. Erst durch die Aufarbeitung von Kritikpunkten in Form von Verbesserungsvorschlägen kann das operational auditing der Erwartungshaltung der Unternehmensleitung gerecht werden. Diese Verbesserungsvorschläge (z.B. hinsichtlich der Effizienz von

Verfahrensabläufen) sind dem Revisionsbericht hinzuzufügen. Um der beratenden Funktion gerecht zu werden, wird die Revisionsarbeit in der modernen Auffassung um eine Vorschlagsphase erweitert. Der hierdurch entstehende zukunftsorientierte Aspekt des operational auditing führt zu einer Innovations- bzw. Initiativfunktion der Internen Revision. Diese neuere Auffassung unterscheidet sich von der traditionellen Revisionstätigkeit erheblich und hat Konsequenzen bis hin zur Qualifizierung der einzelnen Mitarbeiter der Abteilung der Internen Revision.

Opinion shopping

Opinion shopping kennzeichnet eine Situation, in der ein Mandant versucht, einen (möglicherweise drohenden) Konflikt mit dem amtierenden Abschlussprüfer dadurch zu lösen, dass er auch bei anderen Abschlussprüfern Meinungen hinsichtlich der Behandlung eines Sachverhaltes abfragt. Ziel des Mandanten ist es, entweder zu dem Abschlussprüfer zu wechseln, der dem Mandanten nahe stehende Ansichten vertritt, oder auf den amtierenden Abschlussprüfer mittels der Androhung eines Wechsels Druck auszuüben. Opinion shopping steht nicht im Einklang mit den allgemeinen Zielen (→ *Zielgrößen im Prüfungsprozess*) der Abschlussprüfung und wird deshalb z. B. von der → *SEC* explizit verboten. Meinungsverschiedenheiten über den Inhalt, die Versagung oder Einschränkung des → *Bestätigungsvermerks* gelten gem. § 318 Abs. 6 Satz 2 HGB ausdrücklich nicht als Grund für die Kündigung eines → *Prüfungsauftrags* (→ *Kündigung des Prüfungsauftrags*).

Ordnungsmäßigkeitsprüfung → Gesetzmäßigkeitsprüfung

Ordnungsrechtliche Konsequenzen

Die Durchsetzungsnormen (→ *Prüfungsnormen*) lassen sich in *Haftungsnormen* und reine *Anreiznormen* unterscheiden. Letztere umfassen berufs-, straf- und ordnungsrechtliche Normen. Verletzt der Abschlussprüfer seine Pflichten, so drohen ihm nicht nur Schadenersatzklagen (→ *Haftung des Abschlussprüfers*), eine → *berufsrechtliche Ahndung* und eine strafrechtliche Inanspruchnahme (→ *Strafrechtliche Inanspruchnahme des Abschlussprüfers*), sondern auch ordnungsrechtliche Konsequenzen. Solche ordnungsrechtlichen Konsequenzen drohen gem. § 334

Abs. 2 HGB, wenn bei einer Pflichtprüfung ein →*Bestätigungsvermerk* erteilt wird, obwohl der Prüfer oder die Gesellschaft, für die er tätig wird, aufgrund der →*Ausschlussgründe* der §§ 319 Abs. 2–5, 319a HGB nicht Abschlussprüfer sein darf. Eine Zuwiderhandlung wird mit einer *Geldbuße* geahndet, die als nachdrückliche Pflichtenmahnung zu verstehen ist und somit keine Strafe darstellt. Nur vorsätzliches Verhalten kann als Ordnungswidrigkeit verfolgt werden, denn Fahrlässigkeit ist in § 334 Abs. 2 HGB nicht ausdrücklich erwähnt. Die Ahndung erfolgt durch Bußgeldbescheid gegen den innerhalb von zwei Wochen nach Zustellung Einspruch erhoben werden kann. Die Höhe der Geldbuße ergibt sich aus § 334 Abs. 3 HGB und kann bis zu 25.000 € betragen. Bemessen wird die Geldbuße nach der Bedeutung der Ordnungswidrigkeit und der Schwere des Vorwurfs gegen den Täter. Zudem sind die wirtschaftlichen Verhältnisse des Täters zu beachten (§ 17 Abs. 3 OWiG). Die Geldbuße soll den wirtschaftlichen Vorteil des Täters aus der Ordnungswidrigkeit übersteigen (§ 17 Abs. 4 OWiG). Zu diesem Zweck darf die Geldbuße das gesetzliche Höchstmaß übersteigen. Verstöße gem. § 334 Abs. 2 HGB führen allerdings regelmäßig nicht zu wirtschaftlichen Vorteilen für den Täter.

Outside directors → Board of directors

Parallelsimulation

Die *Parallelsimulation* stellt eine Methode des → *Programmvergleichs* im Rahmen der Überprüfung einer → *IT-gestützten Rechnungslegung* dar. Bei der *Parallelsimulation* erstellt der Prüfer selbst ein Programm, greift auf den Einsatz von Standardsoftware zur Abschlusserstellung zurück (sofern diese den gleichen oder einen ähnlichen Funktionsumfang hat wie die des Mandanten) oder nutzt eine bereits geprüfte Kopie des Ursprungsprogramms. Anschließend wird in ein solches Programm zumindest ein Teil der Originaldaten eingegeben und überprüft, ob die resultierenden Ergebnisse mit denen des Mandanten übereinstimmen. Nachteil der Parallelsimulation sind die hohen Kosten sowie der Umstand, dass bei integrierten Systemen mit automatischer Datenübernahme die Fortschreibung der Daten im Zeitablauf regelmäßig nur schwer zu rekonstruieren ist.

PartGG → Partnerschaftsgesellschaftsgesetz

Partner

Der Partner steht auf der höchsten Stufe der internen Karriereleiter in einer WPG. Die Partner sind mit ihren Gesellschaftsanteilen Teilhaber an der WPG. I. d. R. haben sie mehrere Berufsexamen (→ *Wirtschaftsprüfungsexamen*) abgelegt und verfügen über eine langjährige Berufserfahrung im Bereich der Wirtschaftsprüfung. Sie haben die personelle und fachliche Gesamtverantwortung für die Gesellschaft. Zudem wird der → *Bestätigungsvermerk* i. d. R. durch Partner unterzeichnet. Er trägt somit auch die rechtliche Verantwortung für die Ordnungsmäßigkeit der Prüfung und haftet, neben der Prüfungsgesellschaft, als gesetzlicher Vertreter für Normenverstöße (→ *Haftung des Abschlussprüfers*). Aufgrund der Vielzahl von gleichzeitig betreuten Mandaten übt der Partner im Wesentlichen Kontrollfunktionen aus und erteilt Weisungen an den → *Manager* bzw. direkt an den → *Prüfungsleiter*.

Partnerschaftsgesellschaft

Die Partnerschaftsgesellschaft ist eine der → *OHG* vergleichbare Rechtsform, die ausschließlich natürlichen Personen, die Angehörige eines Freien Berufes sind, zur Organisation ihrer beruflichen Tätigkeit zur Verfügung steht. Die Partnerschaftsgesellschaft ist wie die OHG partei-, grundbuch-, insolvenz- und deliktsfähig (§ 7 Abs. 2 PartGG i. V. m. § 124 HGB). Das Rechtsverhältnis der Partner untereinander ist ebenfalls dem der OHG vergleichbar (z. B. Kontrollrecht, Einstimmigkeit der Beschlussfassung). Da der Zweck der Partnerschaftsgesellschaft im Gegensatz zur OHG kein Handelsgewerbe ist und die Partnerschaftsgesellschaft weder Kaufmann ist, noch eine gewerbliche Tätigkeit ausübt, ist sie nicht gem. §§ 238, 242 HGB rechnungslegungspflichtig. Die Partnerschaftsgesellschaft ist folglich im Gegensatz zur OHG nicht gewerbesteuerpflichtig. Die Gründung der Partnerschaftsgesellschaft erfolgt durch Partnerschaftsvertrag und Eintrag ins Partnerschaftsregister (§§ 3 f. PartGG). Der Name der Partnergesellschaft muss neben dem Namen eines Partners den Zusatz »Partnerschaft« oder »Partnerschaftsgesellschaft« sowie alle vertretenen Berufe enthalten (§ 2 PartGG). Neben dem Vermögen der Partnerschaftsgesellschaft haftet/haften der/die mit dem Auftrag befasste(n) Partner (Haftungskonzentration gem. § 8 Abs. 2 PartGG). Somit besteht ein Vorteil der Partnerschaftsgesellschaft im Vergleich zur OHG darin, dass eine persönliche Haftung derjenigen Partner ausgeschlossen ist, die nicht mit der Bearbeitung eines Auftrags befasst waren, der zu einem Haftungsfall geführt hat (Handelndenhaftung). Die Haftungsbeschränkung auf die handelnden Partner ist insbesondere für WP und vBP wichtig, um nicht die gesamte Partnerschaftsgesellschaft im Falle eines Haftungsfalls zu gefährden. Die Gewinnermittlung erfolgt nach § 4 Abs. 1 EStG oder durch Einnahme-Überschussrechnung gem. § 4 Abs. 3 EStG. Ein weiterer Unterschied der Partnerschaftsgesellschaft zur OHG besteht darin, dass der Verlust der beruflichen Zulassung eines Partners zwangsläufig zum Ausscheiden des Partners führt.

Partnerschaftsgesellschaftsgesetz

Das Gesetz über Partnerschaftsgesellschaften Angehöriger Freier Berufe vom 25.7.1994 (PartGG) wurde zuletzt geändert durch Gesetz vom 10.12.2001 mit Wirkung vom 15.12.2001. Mit dem PartGG hat der Gesetzgeber für Angehörige Freier Berufe eine Sondergesellschaftsform geschaffen, die der Entwicklung der organisierten Zusammenarbeit innerhalb der Freien Berufe und der Bedeutung der Wahl der Rechtsform solcher Zusammenschlüsse Rechnung tragen soll. Das PartGG zielt darauf ab, Schwerfälligkeiten einer BGB-Gesellschaft für Freiberuflergemeinschaften zu überwinden (z.B. durch volle Rechtsfähigkeit sowie erleichterte Freistellung von der persönlichen Haftung für Berufsfehler, für die andere Partner verantwortlich sind). Das PartGG regelt u.a. die Voraussetzungen der Partnerschaft und beinhaltet Vorschriften über den Namen der Partnerschaft, den Partnerschaftsvertrag, die Anmeldung der Partnerschaft, die Haftung für Verbindlichkeiten der Partnerschaft sowie die Liquidation der Partnerschaft (→ *Partnerschaftsgesellschaft*).

Passive Rechnungsabgrenzung → Rechnungsabgrenzungsposten, Prüfung

Pauschalgebühren → Pauschalhonorare

Pauschalhonorare

→ *Ethics* 240.1 spricht Abschlussprüfern eine flexible Honorargestaltung zu, soweit das Honorar angemessen ist. Dennoch besteht die Gefahr, dass bestimmte Honorare (z.B. Pauschal- oder → *Erfolgshonorare*) ethischen Grundsätzen (→ *Ethische Prüfungsnormen*) widersprechen können, etwa wenn ein Prüfungshonorar so gering ist, dass es schwierig ist, eine ordnungsgemäße Jahresabschlussprüfung durchzuführen. Bei Pauschalhonoraren ist diese Gefahr evident, wenn der → *Prüfungsumfang* nach Honorarvereinbarung, z.B. aufgrund höherer Risiken als vermutet, ausgeweitet werden muss. Um derartige Gefahren zu vermeiden, sieht Ethics 240.2 die Berücksichtigung von Schutzmaßnahmen vor (sog. Safeguards).

In der Praxis werden häufig Pauschalhonorare angesetzt. Ein national agierender Prüfer hat § 27 Berufssatzung zu beachten: Demnach darf ein Pauschalhonorar nur dann vereinbart werden, wenn gleichzeitig festgelegt wird, dass dieses Honorar zu erhöhen ist, sofern für den Prüfer nicht vorhersehbare Umstände eintreten, die zu einer erheblichen Erhöhung des Prüfungsaufwands führen (Anpassungsklausel).

Peer Review

Der Peer Review ist eine Ausprägungsform der externen Qualitätskontrolle (→ *Qualitätskontrolle, externe*) von WP-Praxen. Der Begriff stammt aus dem Englischen und kann mit »Überprüfung durch seinesgleichen« übersetzt werden. Kennzeichnend für eine als Peer Review organisierte externe Qualitätskontrolle ist, dass die Qualitätskontrollprüfung durch einen von der zu prüfenden Praxis unabhängigen Angehörigen des Berufsstandes vorgenommen wird. Organisiert und überwacht wird das Peer Review-Verfahren durch eine übergeordnete Stelle, meist eine Berufsorganisation im Rahmen der berufsständischen Selbstverwaltung.

Eine weitere Ausprägungsform der externen Qualitätskontrolle stellt das sog. → *monitoring* dar. Die Qualitätskontrollprüfung wird in diesem Fall durch eine Berufsorganisation oder eine staatliche bzw. quasi-staatliche Behörde durchgeführt.

Pensionsrückstellungen, Prüfung

1 Normen

1.1 Rechnungslegungsnormen

a) Deutsche Normen: §§ 249 Abs. 1 Satz 1, 253 Abs. 1 Satz 2, 266 Abs. 3 B. Nr. 1, 284 Abs. 2, 298 Abs. 1 HGB, Art. 28 EGHGB, IDW RS HFA 2.71–93, HFA 2/1988, §§ 1, 16 BetrAVG; b) Internationale Norm: IAS 19.

1.2 Prüfungsnormen

IDW PS 322, ISA 620.

2 Definition

Gibt ein Unternehmen eine Zusage auf betriebliche Altersversorgung, erwächst dem zusagenden Unternehmen eine Verbindlichkeit, die hinsichtlich des Zeitpunktes ihres Anfalls sowie der Höhe ungewiss ist. Sofern das zusagende Unternehmen eine unmittelbare Zusage gegeben und damit dem Arbeitnehmer eine Versorgungsleistung in bestimmter Höhe zugesagt hat, ist dies als ungewisse Verbindlichkeit zu qualifizieren, die gem. § 249 Abs. 1 HGB grundsätzlich zur Bildung einer Rückstellung verpflichtet, der sog. Pensionsrückstellung. Dies impliziert, dass diese Rückstellungen grundsätzlich nur dann anfallen, wenn eine leistungsorientierte Zusage (Verpflichtung, eine Versorgungsleistung in vorher festgelegter Art und Weise zu erbringen) gegeben wurde. Auch beitragsorientierte Zusagen (Verpflichtung, einem Versorgungsträger festgelegte Beiträge zu leisten, aus denen die spätere Versorgungsleistung erbracht wird) sind möglich – etwa in Form einer Direktversicherung –, führen aber in aller Regel mangels (subsidiärer) Haftung des Unternehmens nicht zu einer Rückstellungsbildung.

Für den Fall, dass das Unternehmen die Versorgungsleistungen an einen externen Versorgungsträger übertragen hat, sind nur Mittel in der Höhe zurückzustellen, zu deren Erbringung das Unternehmen verpflichtet ist und zu deren Deckung die vorgehaltenen Mittel des Versorgungsträgers nicht ausreichen (Subsidiärhaftung).

Pensionsverpflichtungen nach → *IFRS* (post-employment benefits) umfassen gem. IAS 19.4b künftige Leistungsverpflichtungen des bilanzierenden Unternehmens im Rahmen einer betrieblichen Altersversorgung seiner Mitarbeiter. Hierunter fallen sämtliche Leistungen der Alters-, Invaliditäts- und Hinterbliebenenversorgung nach Beendigung des Arbeitsverhältnisses. Sie werden hinsichtlich ihrer Ausgestaltung ebenfalls in leistungs- (defined benefit plans) und beitragsorientierte (defined contribution plans) Pensionspläne unterschieden. Die Durchführung kann auch hier unmittelbar oder mittelbar erfolgen.

3 Prüferisches Vorgehen

Im Rahmen der → *Jahresabschlussprüfung* ist die Einhaltung der relevanten Rechnungslegungsnormen durch die Unternehmensleitung vom → *Abschlussprüfer* sicherzustellen (§ 317 Abs. 1 HGB i.V.m IDW PS 200.8–15 sowie ISA 200.2).

Die Prüfung der Pensionsrückstellungen ist bereits im Rahmen der → *Prüfungsplanung* zu berücksichtigen. Gemäß der → *risikoorientierten Abschlussprüfung* gilt es zunächst, die inhärenten Risiken zu identifizieren. Aufgrund des Charakters der Pensionsrückstellungen als spezielle Ausprägung schwebender Geschäfte stellen diese ungewisse Verpflichtungen dar. Entsprechend hoch ist die Wahrscheinlichkeit einer abschlusspolitisch motivierten Gestaltung des ausgewiesenen Betrages der finanziellen Verpflichtungen, die der Abschlussprüfer abzuschätzen hat. Hinsichtlich der Kontrollrisiken hat der Prüfer zu verifizieren, ob ein IKS eingerichtet und wirksam ist (IDW PS 260, ISA 400). Die Prüfungshandlungen müssen sich hierbei darauf richten, ob die Arbeitsverhältnisse der Arbeitnehmer, denen eine Versorgungszusage gegeben wurde, vollständig und zutreffend erfasst wurden und eine Funktionenkollision zwischen den anweisenden, bearbeitenden und verbuchenden Stellen vermieden wurde. In Abhängigkeit von seiner Abschätzung des inhärenten und des Kontrollrisikos muss der Abschlussprüfer anschließend das Entdeckungsrisiko bemessen und die für die Erlangung der notwendigen Prüfungssicherheit notwendigen aussagebezogenen Prüfungshandlungen vornehmen.

Konkrete →*Prüfungshandlungen* hinsichtlich der Pensionsrückstellungen sollten insbesondere danach ausgerichtet werden, ob die ihnen zugrunde liegenden Ansatzpflichten und -wahlrechte beachtet wurden und die Bewertung nach den entsprechenden Vorschriften erfolgt ist. Die Darstellung zentraler Prüfungshandlungen orientiert sich dabei an den →*Abschlussaussagen*.

a. Der Nachweis des *Vorhandenseins* und der *Vollständigkeit* der erfassten Ansprüche setzt voraus, dass der Prüfer eine Inventur (→*Inventur, Prüfung*) der Arbeitsverhältnisse durchführt, um festzustellen, dass die Versorgungsansprüche rechtlich begründet sind und vollständig erfasst wurden. Dabei hat er durch Prüfung des Mengengerüsts sicherzustellen, dass alle entscheidenden Daten und personellen Veränderungen berücksichtigt wurden. Hierfür muss eine stichprobenhafte Überprüfung des Bestandsnachweises, aus dem für jede Verpflichtung die für die Berechnung maßgeblichen Daten ersichtlich sind, mit den Personalakten sowie der Lohn- und Gehaltsbuchhaltung erfolgen (IDW PS 322.18, ISA 620.13).

Des Weiteren hat der Abschlussprüfer zu verifizieren, ob es sich jeweils um mittelbare oder unmittelbare Zusagen handelt und welcher Natur diese Zusagen sind (beitrags- oder leistungsorientiert). In engem Zusammenhang damit steht die Beurteilung durch den Abschlussprüfer, ob es sich bei den Pensionsverpflichtungen um Alt- (vor dem 1.1.1987) oder Neuzusagen (ab dem 1.1.1987) handelt, da gem. Art. 28 EGHGB für unmittelbare Altzusagen sowie für mittelbare sowie ähnliche mittelbare und unmittelbare Verpflichtungen ein Passivierungswahlrecht eingeräumt wird. Diese Unterscheidung ist nach IAS 19 irrelevant.

Wurden Rückstellungen aufgelöst, hat der Abschlussprüfer festzustellen, ob der Grund für ihre Bildung tatsächlich entfallen ist, d.h. ob der Versorgungsfall eingetreten ist und die laufenden Pensionszahlungen eingesetzt haben. Andernfalls darf – auch für solche Rückstellungen, die aufgrund eines Wahlrechts gebildet wurden – keine Auflösung erfolgen.

b. Im Zusammenhang mit der *Zuordnung* der Verpflichtungen zum Unternehmen hat der Abschlussprüfer festzustellen, ob die Verpflichtungen tatsächlich dem Unternehmen zuzurechnen sind. Er hat hierbei insbesondere zu beurteilen, ob beitrags- oder leistungsbezogene Zusagen gemacht wurden, da nur Letztere zu einer grundsätzlichen Bilanzierungspflicht führen. Darüber hinaus ist zu prüfen, ob im Rahmen der mittelbaren Pensionsverpflichtung – entsprechend der Subsidiärhaftung des § 1 Abs. 1 Satz 3 BetrAVG – lediglich der Teil der Pensionsverpflichtung passiviert wurde, welcher aufgrund einer Unterdeckung seitens des selbständigen Versorgungsträgers (Unterstützungskasse) entsteht. Rückstellungsmöglichkeiten für Direktversicherungen und Pensionskassen ergeben sich nur im Fall eines Beitragszahlungsrückstandes, wenn dieser zur Kürzung des Leistungsumfangs durch den Versorgungsträger führt und somit die unmittelbare Leistungsverpflichtung durch den Arbeitgeber wieder auflebt. Andernfalls wären die entstehenden Nachzahlungsverpflichtungen als Verbindlichkeiten zu verbuchen.

Des Weiteren ist zu prüfen, ob ein externer Pensionsfonds eingeschaltet wurde, aus dem die Ansprüche der Arbeitnehmer gedeckt werden. IDW RS HFA 2 gibt Hinweise, inwieweit aus der Sicht des Berufsstandes der deutschen WP die Vermögenswerte (plan assets) des Fonds vom Mandanten auszuweisen sind. Zu einer Bildung von Pensionsrückstellungen kommt es jedoch in dieser Situation nur dann, wenn das Unternehmen eine Direktzusage gegeben hat, das Planvermögen des Pensionsfonds jedoch nicht ausreicht, um die eingegangenen Verpflichtungen zu decken (IDW RS HFA 2.71–77).

Im Unterschied zum deutschen Recht unterliegen Unternehmen im Rahmen beitragsorientierter Pensionspläne gem. IAS 19.7 nicht der Subsidiärhaftung, d.h., sie haben neben der Erbringung der Beiträge keine weiteren Zahlungsverpflichtungen; auch dann nicht, wenn der externe Versorgungsträger nicht über ausreichende Mittel zur Erbringung der zugesagten Leistung verfügt. Die Zahlungen der beitragsorientierten Pensionspläne sind prinzipiell als Aufwand zu erfassen (IAS 19.44b). Anders verhält es sich bei leistungsorientierten Plänen, deren Durchführung unmittelbar über das Unternehmen oder mittelbar über einen externen Versorgungsträger erfolgen kann. Hierunter fallen neben den Direktzusagen auch Pensionszusagen, die über eine Unterstützungskasse abgewickelt werden. Hier greift auch die Subsidiärhaftung. Die Passivierung leistungsorientierter Pensionspläne ist gem. IAS 19.50, .52 Pflicht und muss vom Abschlussprüfer verifiziert werden.

c. Die Prüfung der (Perioden-)*Abgrenzung* beinhaltet z.B. die Beurteilung, ob der erworbene Leistungsanspruch des Arbeitnehmers der Periode auch tatsächlich zu einer entsprechenden Erhöhung der Pensionsrückstellung geführt hat bzw. ob – nach Eintritt des Versorgungsfalles – der Barwert der laufenden Renten den zum Jahresbeginn vorhandenen Rückstellungsbestand während der Periode erstmals unterschritten hat und dementsprechend mit der schrittweisen Auflösung der Pensionsrückstellung begonnen werden muss.

d. Die Prüfung der *Bewertung* wird i.d.R. von externen Gutachtern mit der Qualifikation eines Aktuars übernommen. Zur Prüfung der sachgerechten Bewertung von Pensionsverpflichtungen hat sich der Abschlussprüfer zunächst von der Qualifikation des versicherungsmathematischen Gutachters zu überzeugen (IDW PS 322.12, ISA 620.8). Darüber hinaus sollten Plausibilitätskontrollen im Rahmen überschlägiger Berechnungen anhand von Richttafeln durchgeführt werden. Hierfür benötigt der Abschlussprüfer Informationen über die verwendeten Berechnungsmethoden, versicherungsmathematischen Richttafeln sowie den zugrunde gelegten Rechnungszinsfuß (IDW PS 322.19, ISA 620.14). Zusätzlich ist zu prüfen, ob das bilanzierende Unternehmen die alle drei Jahre geforderte Anpassungsprüfung für die laufenden Leistungen der betrieblichen Altersversorgung gem. § 16 BetrAVG vorgenommen hat.

Um sicherzustellen, dass der externe Gutachter die Wertansätze zutreffend gemäß den vorgesehenen Bewertungsmethoden ermitteln kann, muss der Prüfer zumindest die Richtigkeit der in die Berechnung einfließenden Parameter sicherstellen. Dies bedeutet, dass die generelle Bewertung auf Basis der zugesagten Leistung und den persönlichen Daten des Arbeitnehmers i.V.m. speziellen zusätzlichen Rechnungsgrundlagen erfolgen muss. Zu berücksichtigende Aspekte sind dabei biometrische Wahrscheinlichkeiten, die anhand versicherungsmathematischer Tafelwerke ermittelt werden können, statistisch gesicherte Erfahrungswerte und aktuelle Entwicklungen bezüglich des Pensionsalters sowie die Fluktuationswahrscheinlichkeit.

Gem. § 253 Abs. 1 Satz 2 HGB sind Rentenverpflichtungen, für die eine Gegenleistung nicht mehr zu erwarten ist, mit ihrem Barwert anzusetzen. Der hierbei zugrunde zu legende Rechnungszins ist handelsrechtlich nicht festgelegt, sollte sich jedoch innerhalb einer Bandbreite von 3–6% bewegen. Gehalts- und Rententrends sind grundsätzlich nicht zu berücksichtigen, es sind die Verhältnisse am Bilanzstichtag maßgeblich. Unabhängig von den verwendeten Rechnungsgrundlagen hat der Abschlussprüfer jedoch in jedem Fall sicherzustellen, dass anerkannte Regeln der Versicherungsmathematik angewandt werden, laufende Rentenverpflichtungen und Versorgungsverpflichtungen gegenüber ausgeschiedenen Anwärtern mit dem Barwert angesetzt werden und die Mittelansammlung für Pensionsanwartschaften während der Aktivitätsphase des Beschäftigten stattfindet. Die Regelungen des Einzelabschlusses sind gem. § 298 Abs. 1 HGB auch auf den Konzernabschluss anzuwenden.

Bei der Bewertung leistungsorientierter Pensionsverpflichtungen nach IFRS hat der Abschlussprüfer festzustellen, ob diese mittels der Methode der laufenden Einmalprämien (projected unit credit method) gem. IAS 19.64 durchgeführt wurde. Demnach lässt sich die Pensionsverpflichtung (projected benefit obligation) als Barwert der gesamten künftigen Pensionsleistung, die gemäß der Leistungsformel den bereits abgeleisteten Dienstjahren der Pensionsberechtigten zuzurechnen ist, ermitteln. Die in die Berechnung einzubeziehenden Rechnungsgrundlagen gem. IAS 19.73 entsprechen jenen zur Ermittlung der Pensionsverpflichtungen nach HGB, wobei sich der Rechnungszinssatz nach den am Markt erzielbaren Renditen für erstrangige, festverzinsliche Industrieanleihen mit einer der voraussichtlichen Fristigkeit der Pensionsverpflichtung entsprechenden Laufzeit bestimmt (IAS 19.78).

Die Höhe der projected benefit obligation entspricht betragsmäßig jedoch nicht der als Pensionsrückstellung zu passivierenden Schuld, wenn das Unternehmen die Leistungen (teilweise) über einen externen Fonds finanziert. In diesem Fall ergibt sich die zu bilanzierende Schuld gem. IAS 19.54 als Nettobetrag aus projected benefit obligation zum Bilanzstichtag abzüglich des Zeitwertes des Planvermögens am Bilanzstichtag (IAS 19.102–104) zu- bzw. abzüglich der versicherungsmathematischen Gewinne/Verluste, die noch nicht ergebniswirksam erfasst wurden (IAS 19.92–95) abzüglich des bisher noch nicht verrechneten Dienstzeitaufwands (IAS 19.96 f.). Neben dem durch den externen Versorgungsträger angesammelten Planvermögen erhöhen bzw. mindern also solche Gewinne und Verluste die auszuweisende Rückstellung. Hierbei hat der Abschlussprüfer zu überprüfen, ob die sog. *Korridormethode* angewandt wurde, wonach die Entwicklung der Pensionsrückstellung zu Anfang der Berichtsperiode zunächst geschätzt und später mit den tatsächlichen Ergebnissen verglichen wird. Die hieraus resultierenden versicherungsmathematischen Gewinne und Verluste müssen nicht unmittelbar bilanziert werden und sind nur dann zu erfassen, wenn der Saldo der aus den Vorjahren kumulierten, nicht erfassten versicherungsmathematischen Gewinne und Verluste am Ende der vorhergehenden Berichtsperiode einen Grenzwert übersteigt, der sich zu 10% des Maximums aus dem Barwert der Verpflichtung aus einer Leistungszusage zu diesem Zeitpunkt und aus dem Zeitwert des Deckungsvermögens zu diesem Zeitpunkt (IAS 19.92) ermittelt. Der diesen Grenzwert (»Korridor«) übersteigende Betrag kann über die restliche Dienstzeit des Anspruchsberechtigten verteilt werden. Darüber hinaus wären die Neueinführung eines Leistungsplanes sowie Änderungen bereits getroffener Zusagen aus einem leistungsorientierten Pensionsplan über die lineare Verteilung des nachzuverrechnenden Dienstzeitaufwandes zu berücksichtigen (IAS 19.96–101).

e. Die Prüfung der *Darstellung und Offenlegung* von Rückstellungen beinhaltet die Prüfung dieser Position in der Bilanz, der GuV und im Anhang (→*Anhang, Prüfung*) (notes). Für Kapitalgesellschaften sind die Gliederungsvorgaben des § 266 Abs. 3 B. Nr. 1 HGB relevant. Rückstellungen, auf deren Passivierung entsprechend dem Wahlrecht des Art. 28 Abs. 1 EGHGB verzichtet wurde, müssen gem. Art. 28 Abs.2 EGHGB im Anhang aufgeführt werden. Bei den Angaben im Anhang ist darüber hinaus insbesondere die Einhaltung der Angabepflichten des § 284 Abs. 2 HGB zu prüfen. Eine dem HGB ähnliche Gliederung findet sich in IAS 1.68. Notwendige Angaben in den notes sind in IAS 19.120–125 normiert.

Jessica Donato/Matthias Wolz

Literatur: *IDW* (Hrsg.), WP-Handbuch 2000, Band I, 2000, N 755–774, R 479–481; *Petersen, J.*, Rechnungslegung für Pensionsverpflichtungen nach HGB, US-GAAP und IAS, 2002; *Schwitters, J./Peters, H.*, Pensionsverpflichtungen, in: Ballwieser, W./Coenenberg, A.G./Wysocki, K.v. (Hrsg.), Handwörterbuch der Rechnungslegung und Prüfung, 2002, Sp. 1622–1638.

Percentage of completion method → Auftragsfertigung, Prüfung

Permanente Inventur → Inventur, Prüfung

Personalzuordnungsmodelle

Zur Sicherstellung einer effizienten Prüfungsdurchführung ist eine Planung der Abschlussprüfung (→*Prüfungsplanung*) unabdingbar (IDW PS 240, ISA 300). Eine Teilaufgabe der Prüfungsplanung ist die Planung des Personaleinsatzes. Durch die Zuordnung von Prüfern auf bestimmte → *Prüffelder* wird bei gegebener Prüfungsintensität das Reihenfolgeproblem der Prüfungshandlungen sowie das Prüfungszeit- und Prüfungskostenproblem mitbestimmt. I.d.R. werden *mathematische Verfahren* für die Zuordnung angewendet, die sich bereits zur Lösung ähnlich strukturierter Probleme, insbesondere im Zusammenhang mit der Produktionsplanung, als sinnvoll erwiesen haben. Hierzu zählen vor allem Prüferanweisungsmodelle, Flaschenhalsmodelle und Modelle der Netzplantechnik:

- **Prüferanweisungsmodelle**

Prüferanweisungsmodelle sind nach ihrem Aufbau im Wesentlichen den linearen Programmansätzen zuzurechnen. In diesem Zusammenhang werden unterschiedliche Planungsansätze diskutiert, die jeweils in der Weise aufeinander aufbauen, dass eine Beschränkung des vorangegangenen Modells aufgehoben wird. So geht das Grundmodell – das einfache Prüferanweisungsmodell – von der Annahme aus, dass eine Anzahl von Prüfern einer gleichen Anzahl von Prüfungshandlungen gegenübersteht und jeder Prüfer zur Erledigung bestimmter Prüfungshandlungen besonders qualifiziert ist. Demzufolge sind die zur Verfügung stehenden Prüfer, in Bezug auf die Erledigung bestimmter Prüfungshandlungen, in »geeignet« bzw. »ungeeignet« zu klassifizieren. Die Prüferzuordnung ist im Grundmodell dann so zu treffen, dass möglichst viele Prüfungshandlungen an geeignete Prüfer – und zwar jeweils im Ganzen – übertragen werden. Zur Lösung dieser Problemformulierung wird in erster Linie die Ungarnmethode, die teilweise in der Literatur auch Flood'sche Zurechnungstechnik genannt wird, vorgeschlagen.

Dieses Grundmodell der Prüferanweisung wird in unterschiedlicher Weise modifiziert. In der Folge wird nun unterstellt, jeder Prüfer sei in der Lage, jede Prüfungshandlung zu übernehmen. Ausgehend davon, dass die Bearbeitungszeit je Prüfung für jeden Prüfer verschieden sein kann und jeder Prüfer pro Zeiteinheit unterschiedliche Kosten verursacht, liegt das Optimierungsproblem in diesem als Standardmodell der Prüferanweisungen bezeichneten Personalzuordnungsmodell in der Minimierung der Gesamtkosten. Auch hierzu wird bevorzugt das Lösungsverfahren der Ungarnmethode herangezogen.

Eine Weiterführung des Standardmodells der Prüferanweisung liegt in einer Gruppenbildung von gleichschwierigen Prüfungshandlungen und gleichgeeigneten oder annähernd gleichgeeigneten Prüfern für die Durchführung bestimmter Aufgaben, d.h. in einer Klassifizierung von Prüfungshandlungen und Prüfern. Das so gebildete Klassifikationsmodell wird unter Zugrundelegung sog. Transportmethoden – wie die

Vogel'sche Approximationsmethode – zu lösen versucht und führt wie die Ungarnmethode zu ganzzahligen Lösungen.

- **Flaschenhalsmodelle**

Flaschenhalsmodelle gehen im Gegensatz zu den Prüferanweisungsmodellen von der Annahme aus, dass bei einem Prüfungsauftrag eingesetzte Prüfer erst nach Abschluss aller Prüfungshandlungen und der Gesamturteilsbildung anderweitig eingesetzt werden können. Wird nun jede im Rahmen eines Prüfungsauftrages anfallende Prüfungshandlung nur als Ganzes von einem Prüfer (Prüfergruppe) erledigt, so impliziert diese Annahme, dass der zeitlich am längsten tätige Prüfer (Prüfergruppe) über die prüferzeitabhängigen Kosten wesentlich die Gesamtkosten einer Prüfung beeinflusst. Unterstellt wird in den Flaschenhalsmodellen des Weiteren, dass die Prüffelder unabhängig voneinander bearbeitet werden können. Demzufolge sind die einzelnen Prüfungshandlungen als voneinander unabhängig zu betrachten.

- **Modelle der Netzplantechnik**

Ist bei der Prüfereinsatzplanung davon auszugehen, dass zwischen den Prüfungshandlungen einer Prüfung Abhängigkeiten bestehen (Stufengesetz), können diese Interdependenzen in geeigneter Form in einem gerichteten Graphen dargestellt werden. Hierbei werden entweder Netzpläne für den gesamten Prüfungsablauf oder nur für Teilprüfungen einer Gesamtprüfung erstellt. Eine solche Aufteilung kann prüfungsobjekt- und/oder prüfungszeitorientiert erfolgen. Sie ist prüfungsobjektorientiert, wenn die Prüfungsplanung einer Jahresabschlussprüfung nach Bilanzpostengruppen vorgenommen wird. Die zeitlich orientierte Aufspaltung einer Prüfungsablaufplanung ist immer dann sinnvoll, wenn die Prüfung nicht zeitlich zusammenhängend durchgeführt wird, sich also etwa in Vor-, Zwischen- und Hauptprüfung gliedert. Auch bei zeitlich zusammenhängenden Prüfungen hat die Erstellung von Teilnetzen Vorteile, da so mannigfaltige Anordnungsbeziehungen berücksichtigt werden können, ohne dass der Netzplan zu unübersichtlich wird. Solche Teilnetze können dann zu einem Grundmodell verknüpft werden.

Dadurch dass das Grundmodell der Netzplantechnik zum einen davon ausgeht, dass zwischen den einzelnen Prüfungshandlungen Abhängigkeiten bestehen, die von vornherein festliegen und nicht erst durch Entscheidungen des Planungsträgers geschaffen werden, und zum anderen unterstellt, dass ein Prüfungsteam bis zum Abschluss der Prüfung nicht aufgelöst werden kann und die Bearbeitungszeiten der einzelnen Prüfungshandlungen in Bezug auf die eingesetzten Prüfer eindeutig bestimmt sind, liegt ihm die Prämisse zugrunde, dass die Prüfer, die zur Bearbeitung der Prüfungshandlungen eines zu planenden Prüfungsauftrages erforderlich sind, im Voraus in Qualität und Quantität festliegen und diese für die Zeitspanne der Prüfung uneingeschränkt zur Verfügung stehen. Ziel dieses Modells ist also, für eine vorrangig festgelegte Prüferzuordnung die Prüfungsdauer zu minimieren, so dass nicht die Bestimmung eines absoluten Minimums der Prüfungsdauer, als vielmehr die relative Minimierung der Prüfungsdauer im Rahmen eines vorrangig optimalen Prüferzuordnungsplanes angestrebt wird. Eine absolute Minimierung der Prüfungsdauer im Rahmen eines Modells der Netzplantechnik muss dagegen von einer alternativen Zuordnung alternativer Bearbeitungszeiten für dieselbe Prüfungshandlung ausgehen, wobei zu beachten ist, dass ein Prüfer nicht mehrere ihm übertragene Prüfungshandlungen gleichzeitig bearbeiten kann (disjunktive Bedingung der Personaleinsatzplanung). Die zieladäquate Berücksichtigung solcher Bedingungen beinhaltet ein kombinatorisches Problem und ist i. Allg. mit vertretbarem Rechenaufwand durch ein exaktes Optimierungsverfahren kaum lösbar. Zur näherungsweisen Problemlösung bieten sich daher (serielle) heuristische Lösungsverfahren an.

Personelle Planung → Personalzuordnungsmodelle; → Prüfungsplanung

Personenhandelsgesellschaft

Eine Personenhandelsgesellschaft i. S. d. § 6 Abs. 1 HGB ist ein Zusammenschluss von mindestens zwei Personen unter einheitlicher Firma, mit dem Zweck, ein Handelsgewerbe zu betreiben. Die Kapitaleinlage der Gesellschafter steht bei dieser Gesellschaftsform nicht im Vordergrund, da die Gesellschafter, mit Ausnahme der Kommanditisten einer → *KG*, mit ihrem gesamten Vermögen für die Verbindlichkeiten der Gesellschaft uneingeschränkt, unmittelbar und solidarisch haften. Ein wesentliches Merkmal der Personenhandelsgesellschaft ist, dass die Gesellschafter persönlich die Geschäfte führen und die Gesellschaft nach außen vertreten. Die Personenhandelsgesellschaft besitzt im Gegensatz zur → *Kapitalgesellschaft* keine eigene Rechtsfähigkeit; gleichwohl kann sie unter der Firma Rechte sowie Eigentum und andere dingliche Rechte an Grundstücken erwerben, Verbindlichkeiten eingehen und vor Gericht klagen und verklagt werden. Personenhandelsgesellschaften sind verpflichtet, soweit sie nicht unter die Größenkriterien des § 1 PublG fallen, die erleichterten Rechnungslegungsvorschriften der §§ 238–263 HGB zu befolgen. Als Personenhandelsgesellschaften gelten die → *OHG*, die KG und die Europäische wirtschaftliche Interessenvereinigung (EWIV). Die Gesellschaft bürgerlichen Rechts (GbR), die stille Gesellschaft, der Versicherungsverein auf Gegenseitigkeit (VVaG) und andere Rechtspersonen sind auch dann keine Personenhandelsgesellschaft, wenn sie ein Handelsgewerbe betreiben.

PEST-Analyse

Die PEST-Analyse (analysis of political-legal forces, economic forces, sociocultural forces and technological forces) dient im Rahmen der Umweltanalyse (→ *SWOT-Analyse*) der *Beschaffung und Auswertung von Informationen* über die globale Umwelt (zur Analyse der Wettbewerbsumwelt eines Unternehmens: → *Five-Forces-Modell*). Um eine *Strukturierung* im Zuge der Informationsverarbeitung zu erreichen, unterteilt die PEST-Analyse die globale Umwelt in vier Hauptsegmente: a) politisch-rechtliche Umwelt, b) makroökonomische Umwelt, c) soziokulturelle Umwelt, d) technologische Umwelt. Die Analyse der globalen Umwelt kann darüber hinaus weitere Faktoren beinhalten, die in Abhängigkeit der jeweiligen Situation zu bestimmen sind. Anwendungsmöglichkeiten für die PEST-Analyse ergeben sich insbesondere im Rahmen der → *geschäftsrisikoorientierten Prüfung*. Sie dient dabei der *Analyse der Unternehmensstrategie*. Vorrangiges Ziel der Anwendung der PEST-Analyse im Rahmen der Prüfung ist es, mögliche Geschäftsrisiken zu identifizieren bzw. eine Aussage über die Unternehmensfortführung (→ *Going concern-Annahme, Prüfung*) zu treffen.

Pflichtprüfer → Abschlussprüfer

Pflichtrotation → Prüferrotation

Phasenkonzept der Prüfung → Prüfungsprozess

PIOB → Public Interest Oversight Board

Planung → Prüfungsplanung

Plausibilitätsbeurteilungen → Analytische Prüfungen

Plausibilitätsprüfung → Analytische Prüfungen

Plausibilitätstest → Analytische Prüfungen

Poisson-Verteilung

Die Poisson-Verteilung ist ein Verteilungsmodell für eine diskrete Zufallsvariable seltener Ereignisse. Es handelt sich um eine diskrete, asymmetrische Verteilung, die einen Grenzfall der →*Binomialverteilung* darstellt, der genau dann vorliegt, wenn eine sehr große Zahl von Ereignissen untersucht wird und die Ereigniswahrscheinlichkeit gleichzeitig sehr klein ist.

Die Verteilungsfunktion der Poisson-Verteilung lautet:

$$F(k) = \sum_{m=0}^{k} \frac{\lambda^m}{m!} \cdot e^{-\lambda}.$$

Die Poisson-Verteilung wird häufig zur Approximation der →*hypergeometrischen Verteilung* verwendet, was bei hinreichend großem Stichprobenumfang n und bei hinreichend kleiner Eintrittswahrscheinlichkeit p zulässig ist. Diese Approximationsvoraussetzungen werden unterschiedlich streng formuliert, z.B. n > 2000 und p < 0,1. Bei einer Ereigniswahrscheinlichkeit von p = 0,5 wird aus der Poisson-Verteilung die Gauß'sche →*Normalverteilung*. Beschrieben wird die Wahrscheinlichkeit, dass in einem vorgegebenen Zeitraum eine bestimmte Anzahl von Ereignissen stattfindet. Über die Ereignisse können vier Grundannahmen getroffen werden:

- es tritt zu einem Zeitpunkt höchstens ein Ereignis ein;
- die Ereignisse treten unabhängig voneinander ein;
- die Ereignisse treten unbeeinflusst ein (nicht von der Zahl der Ereignisse in der Vergangenheit abhängig);
- die Verteilung ist stationär (Ereignisse bleiben im Zeitablauf konstant).

Der Erwartungswert $(E(x))$ und die Varianz $(VAR(x))$ besitzen jeweils den gleichen Wert (μ).

Auf das Modell der Poisson-Verteilung wird besonders bei den Auswertungsverfahren im Bereich des →*DUS* zurückgegriffen.

Pooling of interests method → Interessenzusammenführungsmethode, Prüfung

Positive assurance → Prüfungssicherheit

Posteriori-Risikomodelle → Risikomodelle

Professional accountant

Der Begriff stellt den Oberbegriff für alle Personen dar, die einer Mitgliedsorganisation der →*IFAC* angehören und die ihre Tätigkeit in freiberuflicher Praxis (selbständig oder als →*Partner* einer WPG), in der Industrie, im Handel, im öffentlichen Dienst oder im Bildungsbereich ausüben (Ethics.definitions). Er beinhaltet somit nicht nur die Angehörigen, die den Beruf des →*WP* ausüben (→*Professional accountants in public practice*), sondern auch jene, die trotz abgelegten Examens in einem Angestelltenverhältnis außerhalb einer WPG tätig sind (z.B. bei einem Kreditinstitut). Die →*ethischen Prüfungsnormen* der IFAC beinhalten in Teil A der internationalen Berufsgrundsätze Regeln für alle professional accountants.

Professional accountant in public practice

Hierzu zählen nach dem Verständnis der →*IFAC* diejenigen Berufsangehörigen, die zum einen selbständig oder als →*Partner* einer WPG tätig sind. Zum anderen umfasst der Begriff auch die Personen, die eine ähnliche Position wie ein Partner in einer freiberuflichen Praxis bekleiden, jeden Angestellten in einer Praxis, der berufliche Dienstleistungen an Mandanten unabhängig von der Art der Dienstleistung (z.B. Prüfung, Steuerberatung oder Unternehmensberatung) erbringt, sowie →*professional accountants*, die in einer Praxis eine Geschäftsführungsfunktion ausüben. Ebenso gilt der Begriff auch für eine Gesellschaft der Berufsangehörigen in freiberuflicher Praxis (Ethics.definitions).

Professional Accountants in Business Committee

Das Professional Accountants in Business (PAIB) Committee (http://www.ifac.org/paib) ist ein Gremium der → *IFAC* mit dem Ziel, den Austausch und die Entwicklung von Wissen und best practice-Lösungen zwischen den Mitgliedsorganisationen weltweit zu fördern. Vorgänger des PAIB-Committee war das FMAC, das im März 2003 in PAIB-Committee umbenannt wurde. Die Umbenennung zielte insbesondere darauf, das breite Spektrum der Tätigkeits- (Finanz-, Industrie-, öffentlicher und Bildungssektor sowie non-profit-Organisationen) und Aufgabengebiete (bspw. Finanzwesen, Controlling, Interne Revision, Beratung oder Planung), in denen → *accountants* arbeiten, hervorzuheben.

Proforma-Ergebnisse

Ursprünglich wurden Proforma-Ergebnisse zur besseren Vergleichbarkeit des Ausweises von (zumeist Jahres-)Ergebnissen geschaffen. Sie werden i.d.R. eingesetzt, wenn aufgrund von Strukturveränderungen (z.B. Übernahmen, Verschmelzungen, Rechtsformwechsel) eines Unternehmens die Vergleichbarkeit der Abschlüsse im Zeitablauf nicht mehr gegeben ist. Der Zweck von Proforma-Angaben, (übersetzt: »[nur] zur Form Angaben«) besteht in der Darstellung der wesentlichen Auswirkungen von Veränderungen (z.B. durch Unternehmenstransaktionen) auf die historischen Angaben, unter der Annahme, dass die neue Struktur schon während des gesamten Berichtszeitraumes bestanden hat. Proforma-Ergebnisse stellen somit eine Ergänzung zum Jahresabschluss und unterjährigen Bericht (→ *Unterjähriger Bericht, Prüfung*) dar.

Von großer praktischer Bedeutung ist heute aber auch die Verwendung der Bezeichnung Proforma-Ergebnisse für unternehmenseigene Gewinnmaße (z.B. → *EBIT*; → *EBITDA*). Hierbei erfolgt die Verwendung von Proforma-Ergebnissen häufig vor dem Hintergrund einer abschlusspolitisch motivierten Ergebnisdarstellung (→ *Abschlusspolitik*).

Prognosebericht → Lagebericht, Prüfung

Prognosebericht, Prüfung

1 Normen

1.1 Rechnungslegungsnormen

§§ 264 Abs. 1, 289 Abs. 1 Satz 4, 315 HGB, DRS 15.84–91, .120–123.

1.2 Prüfungsnormen

IDW EPS 350.20–24 n. F., ISAE 3400.

2 Definition

Gem. § 289 Abs. 1 Nr. 4 HGB ist im Lagebericht (→ *Lagebericht, Prüfung*) auf die *voraussichtliche Entwicklung* mit ihren wesentlichen Chancen und Risiken einzugehen. In der Terminologie des DRS 15 bezeichnet man diesen Teil des Lageberichtes auch als *Prognosebericht*. Die Praxis verwendet hierfür oftmals den Begriff »Ausblick«.

3 Gegenstand und Form der Berichterstattung

Der Prognosebericht hat zunächst die *voraussichtliche Entwicklung* der Gesellschaft darzustellen (DRS 15.84). Hierzu zählen insbesondere unternehmensinterne Vorhaben, wie die künftige Unternehmenspolitik, die Erschließung neuer Absatz- und Beschaffungsmärkte sowie der Einsatz neuer Verfahren. Darüber hinaus ist auf die *erwartete Entwicklung der wirtschaftlichen Rahmenbedingungen* und *Branchenaussichten* einzugehen (DRS 15.88). Hierfür kommen in erster Linie unternehmensexterne Faktoren in Betracht, die vom Unternehmen nicht oder nur kaum beeinflusst werden können. Zu denken wäre etwa an Informationen über die Entwicklung der allgemeinen konjunkturellen Lage oder des erwarteten Marktvolumens. Schließlich sollte im Prognosebericht die Darstellung der Auswirkungen der zuvor aufgezeigten Entwicklungen auf die künftige *Ertrags- und Finanzlage* erfolgen (DRS 15.89). In Bezug auf die erwartete Ertragslage sollten insbesondere die Auswirkungen auf den Umsatz, die Aufwendungen sowie das Ergebnis aufgezeigt werden (DRS 15.121). Die erwartete Entwicklung der Finanzlage sollte den aufgrund der internen Planungen notwendigen Finanzierungsbedarf berücksichtigen und aufzeigen, inwieweit dieser durch die erwarteten CF aus laufender Geschäftstätigkeit abgedeckt wird (DRS 15.122) (→ *Ka-*

pitalflussrechnung, Prüfung). Die Berichterstattung über die erwartete Entwicklung der Gesellschaft ist ausreichend zu erläutern und zu einer Gesamtaussage zu verdichten (DRS 15.85).

Da Prognosen Aussagen über eine noch nicht existente Realität darstellen und naturgemäß von Unsicherheit geprägt sind, ist ihr *Prognosecharakter* bei der Darstellung deutlich kenntlich zu machen (DRS 15.86). Die veröffentlichen Prognosen sollten sich auf einen Zeitraum (*Prognosehorizont*) von zumindest zwei Jahren, gerechnet vom Abschlussstichtag, erstrecken (DRS 15.87). Hinsichtlich der *Prognosegenauigkeit* wird die Vornahme von quantitativen Angaben empfohlen (DRS 15.120), etwa in Form von Punkt- oder Intervallprognosen. Im Hinblick auf die mit der Angabe von Punktprognosen verbundene »Scheingenauigkeit« werden in der Praxis überwiegend Intervallprognosen verwendet.

4   Prüferisches Vorgehen

Da sich Prognosen auf eine noch nicht vorhandene Realität beziehen und sich deshalb im Zeitpunkt ihrer Veröffentlichung nicht auf ihre empirische Wahrheit im Sinne einer Übereinstimmung mit den Tatsachen beurteilen lassen, hat der Abschlussprüfer die Prognosen auf ihre *Plausibilität* vor dem Hintergrund der Jahresabschlussangaben und auf *Übereinstimmung* mit den im Rahmen der Abschlussprüfung gewonnenen Feststellungen zu kontrollieren (IDW EPS 350.20 n. F.). Dies kann etwa durch das gedankliche Nachvollziehen der Herleitung einer Prognose geschehen. Hierzu sollte der Prüfer in erster Linie eine Beurteilung der den Prognosen zugrunde liegenden *Annahmen* und *Daten* vornehmen (→ *Prognoseprüfung*). Weiterhin sollte der Prüfer eine Beurteilung der *Glaubwürdigkeit* der Prognosen unter Zugrundelegung der tatsächlichen wirtschaftlichen Verhältnisse des Unternehmens und der Übereinstimmung mit den internen Erwartungen (IDW EPS 350.22 n. F.) vornehmen.

Als ein zentraler *Prüfungsgegenstand* ist die Feststellung der *Zuverlässigkeit und Funktionsfähigkeit des unternehmensinternen Planungssystems* zu nennen (IDW EPS 350.21 n. F.). Hierzu sollte sich der Prüfer vergewissern, ob Entscheidungen der Unternehmensleitung zeitnah in das Planungssystem eingepflegt bzw. verworfene Planungsvorhaben entfernt werden. Es sollte gewährleistet sein, dass die relevanten Informationen auch an die für den Zugriff auf das Planungssystem autorisierten Personen weitergeleitet werden. Hierzu bietet sich eine Personenidentität oder eine enge Zusammenarbeit der autorisierten Person mit den Entscheidungsträgern an. Zuständigkeiten sollten klar definiert sein, damit fehlende bzw. Doppeleinträge weitestgehend vermieden werden.

Um bewussten oder unbewussten → *Fehlern* entgegenzuwirken, sollten Kontrollen implementiert werden. Denkbar wäre etwa eine zentrale (elektronische) Erfassung aller Ein- und Austräge in das Planungssystem, die der Unternehmensleitung zur Freigabe vorgelegt werden. Der Prüfer sollte sich ebenfalls ein Bild darüber verschaffen, ob die für die Prognosen verantwortlichen Personen über entsprechende Erfahrung mit der Aufstellung von Prognosen aufweisen (ISAE 3400.13).

Weiterhin sollte der Prüfer eine Beurteilung der Eignung und der korrekten Handhabung der verwendeten *Prognosemodelle* durchführen (IDW EPS 350.23 n. F.). Hier gilt es zu überprüfen, ob sich die Prognose als logisches und widerspruchsfreies Ergebnis des angewandten Verfahrens ergibt. Generell sollte auf die Verwendung eines von stark durch subjektive Elemente gekennzeichneten intuitiven Verfahren verzichtet werden.

Prognoseprüfung

1 Prüfungsnormen

a) Deutsche Norm: IDW PS 314; b) Internationale Normen: ISA 540, 545, ISAE 3400.

2 Definition

Bei *Prognosen* handelt es sich um sachlich und zeitlich terminierte Aussagen eines Unternehmens, die über ihre erwartete Entwicklung in der Zukunft informieren. Da es sich hierbei um Aussagen über eine noch nicht existente Realität handelt, sind Prognosen naturgemäß von Unsicherheit geprägt und können im Zeitpunkt ihrer Veröffentlichung weder als »wahr« noch als »falsch« bezeichnet werden. Eine *ex ante*-Prüfung von Prognosen kann sich somit nicht auf die Überprüfung ihrer Richtigkeit beziehen, sondern lediglich auf ihre Plausibilität und Willkürfreiheit.

Prognosen weisen einen engen Bezug zu geschätzten Werten (→ *Geschätzte Werte, Prüfung*) auf, die im Rahmen des Jahresabschlusses insbesondere dann zur Anwendung kommen, wenn kein Marktwert verfügbar ist, um einen beizulegenden Zeitwert (→ *Fair values, Prüfung*) zu ermitteln. Darüber hinaus kommt die Veröffentlichung von prospektiven Angaben insbesondere im Prognosebericht (→ *Prognosebericht, Prüfung*) in Betracht.

3 Prüferisches Vorgehen

Der Prüfer sollte sich zunächst mit dem unternehmensinternen Prozess der Prognoseerstellung vertraut machen. Hierzu sollte sich der Prüfer Informationen zum internen Planungssystem einholen und sich darüber hinaus ein Bild darüber verschaffen, ob die für die Prognosen verantwortlichen Personen über entsprechende Erfahrung mit der Entwicklung von Prognosen aufweisen (ISAE 3400.13). Neben der Beurteilung der persönlichen und fachlichen Kompetenz zur Prognoseerstellung sollten auch die wirtschaftlichen Verhältnisse (Haftungsrelevanz) der Gesellschaft Berücksichtigung finden (IDW EPS 350.22 n. F.). Diese Informationen gehen in die Planung der Prognoseprüfung ein, in deren Rahmen der Prüfer folgende Punkte bei seinen Überlegungen mit zu berücksichtigen hat (ISAE 3400.17):

- die Wahrscheinlichkeit wesentlicher falscher Aussagen;
- die bei etwaigen früheren Prüfungen oder sonstigen Aufträgen erlangten Kenntnisse;
- die Kompetenz der Unternehmensleitung im Hinblick auf die Erstellung zukunftsorientierter Informationen;
- das Ausmaß der Beeinflussung der zukunftsorientierten Informationen durch die Einschätzung der Unternehmensleitung;
- die Angemessenheit und Verlässlichkeit der zugrunde liegenden Daten.

Da sich die Ermittlung von Prognosen (analog zu geschätzten Werten) auf *Daten* und *Annahmen* stützt, sollten sich die → *Prüfungshandlungen* auf die den Prognosen zugrunde liegenden Daten und Annahmen konzentrieren. Annahmen spiegeln dabei Aussagen *über zukünftige Bedingungen oder Entwicklungen* wider. Aufgrund der Komplexität der Unternehmensumwelt liegen Gesetzmäßigkeiten für Wirtschaftsprognosen nur in den seltensten Fällen vor. Daher sind u. a. auch bloße empirische Generalisierungen zulässig, sofern sie sich in der Praxis bewährt haben. Bspw. kann eine Prognoseaussage folgendermaßen begründet werden: »Es ist eine Erfahrungstatsache, dass unser Umsatz mit steigendem Auftragseingang bei den Unternehmen, für die wir Zulieferanten sind, ebenfalls ansteigt.« *Daten* hingegen beschreiben einen Sachverhalt, der zum Zeitpunkt der Prognose erfüllt und weiter gültig sein muss. Beispiele für Daten sind etwa Zinssätze, erzielbare Mieten zu einem bestimmten Zeitpunkt an einem bestimmten Ort, jedoch auch diskrete Ereignisse, wie etwa eigene Maßnahmen (Planungen), Handlungen von Marktpartnern oder Behörden. Ein adäquater Datensatz zu dem oben aufgeführten konkreten Beispiel wäre die Aussage: »Die Unternehmen, für die wir Zulieferanten sind, verbuchen zur Zeit nachweislich höhere Auftragseingänge.« Die Schlussfolgerung aus den Annahmen und den Daten führt schließlich zur *Prognoseaussage*. In dem Beispiel könnte diese etwa folgendermaßen lauten: »Wir erwarten für die Zukunft steigende Umsätze«.

Bei der Prüfung von Prognosen sollten Daten auf ihre Richtigkeit, Vollständigkeit und Relevanz überprüft werden (IDW PS 314.13, ISA 545.51), Annahmen hingegen auf Relevanz, Neutralität, Zuverlässigkeit, Verständlichkeit und Vollständigkeit (ISA 545.40).

Die Beurteilung der *Richtigkeit* von Daten dürfte keine Probleme bereiten, da es sich um Informationen über gegenwärtige Zustände handelt. Daten können einerseits direkt an aktiven Märkten beobachtbar sein, andererseits können sie aus einer Vielzahl anderer Quellen nachvollziehbar gewonnen werden. Bspw. könnte der Prüfer kontrollieren, ob die prospektiven Angaben mit den internen Prognosen und Planungen weitgehend konform sind und im Einklang mit den subjektiven Informationen des Berichtenden stehen.

Auch für das Kriterium der *Vollständigkeit* gilt, dass Daten und Annahmen gleichermaßen betroffen und daher auch gemeinsam zu beurteilen sind. Die vollständige Berücksichtigung aller relevanten Faktoren ist notwendige Bedingung für die Ermittlung einer Prognose i.S.d. Rechnungslegungsnormen. Hierzu empfiehlt es sich, einen umfassenden Einblick in die Geschäftstätigkeit zu erhalten, um beurteilen zu können, ob alle wesentlichen Annahmen identifiziert wurden (ISAE 3400.13). Darüber hinaus ist zu kontrollieren, ob die Ursache-Wirkungs-Zusammenhänge vollständig analysiert und berücksichtigt wurden. Es ist ausreichend zu erörtern, wie sich das Eintreten einer Bedingung (= Daten) auf die jeweilige Prognose auswirken könnte. Reine Pauschalisierungen sind zu vermeiden.

Relevant sind Daten, wenn diese die Prognosen beeinflussen. Demnach betrifft das Kriterium der Relevanz gleichermaßen die Daten als auch die auf diesen Daten aufbauende(n) Annahme(n). Sollen z.B. die Umsatzerlöse bezüglich eines bestimmten Produktes prognostiziert werden, so ist eine Annahme über die Entwicklung der gesamtwirtschaftlichen Nachfrage zu treffen. Da die prognostizierten Umsatzerlöse ebenfalls auf gegenwärtigen Produktpreisen und Marktanteilen (= Daten) basieren müssen, sind sowohl Annahmen zur künftigen Entwicklung als auch Daten zur derzeitigen Situation relevant. Der Prüfer sollte weiterhin überprüfen, ob nicht wider besseren Wissens gering aussagekräftige Annahmen benutzt wurden, da diese letztendlich zu einer

»weichen«, nichts aussagenden Prognose und einer geringen Entscheidungsrelevanz für die Adressaten führen.

Unter *Neutralität* ist in diesem Zusammenhang zu verstehen, dass die Annahme die plausibelste Entwicklung unterstellt bzw. bei mehreren Annahmen die Entwicklungen nicht in eine Richtung (systematisch) verzerrt unterstellt werden. Annahmen sind nicht neutral, wenn die auf ihrer Basis abgeleiteten Prognoseaussagen die Berichtsadressaten irreführen (vgl. auch IFAC Framework.36). Bei mehreren möglichen Entwicklungen liegt es (zunächst einmal) nahe, die plausibelste Annahme zu unterstellen oder die gesamte Bandbreite potenzieller Entwicklungen einschließlich einer Wahrscheinlichkeitsverteilung zu veröffentlichen. Wird eine unplausible Entwicklung unterstellt, ist die Annahme verzerrt und die geforderte Neutralität ist mithin nicht gegeben. Dem Erfordernis der Neutralität entspricht es auch, die gesetzten Annahmen in den Folgeperioden stetig anzuwenden (vgl. auch ISA 545.27 f.); ein mögliches Abweichen bedarf der Begründung (z. B. die Annahmen wurden empirisch widerlegt). Die Stetigkeit von Annahmen ermöglicht zudem eine ex post-Beurteilung von Prognosen. Hierdurch wird der Prüfer in die Lage versetzt, eine Einschätzung der Glaubwürdigkeit des Prognoseerstellers vorzunehmen, indem er Prognosen, die in der Vergangenheit getroffen wurden, mit den später eingetretenen tatsächlichen Werten vergleicht.

Zur Beurteilung der *Zuverlässigkeit* der Prognosen sollten Annahmen daraufhin untersucht werden, ob sie sich in der Realität bewährt haben. Sie sind laufend zu hinterfragen, da sie möglicherweise im Laufe der Zeit ihren Aussagewert ändern oder sogar verlieren. Zudem leisten die zuvor angesprochenen Plausibilitätsüberlegungen gleichzeitig einen wichtigen Beitrag zur Beurteilung des Kriteriums der *Zuverlässigkeit*.

Eine Beurteilung sowohl des Kriteriums der *Verständlichkeit* als auch des Kriteriums der Zuverlässigkeit setzt voraus, dass Transparenz dahingehend besteht, wie die Unternehmensleitung die Annahmen entwickelt hat. Dabei ist zunächst zwischen den Daten und Annahmen zu trennen, weil nur Letztere »verständlich« entwickelt werden müssen. Dagegen werden Daten nachvollziehbar erhoben, aber nicht entwickelt. Bereits eine transparente (und damit verständliche) Vorgehensweise, wie die Annahmen entwickelt wurden, stellt einen Nachweis dafür dar, dass sich das zu prüfende Unternehmen systematisch und umfassend mit der Materie auseinandergesetzt hat. Verständlichkeit setzt zudem voraus, dass möglichst klare Begriffe mit geringem Interpretationsspielraum verwendet wurden.

Im Rahmen der Prognoseprüfung muss zudem eine *Überprüfung der Berechnung* stattfinden. Hierbei hat der Prüfer zu beurteilen, ob das Unternehmen aus den Annahmen und Daten die Prognose richtig ermittelt hat. Angesprochen ist daher eher eine Frage der richtigen mathematischen Berechnung und korrekten Anwendung von Berechnungsverfahren (IDW PS 314.19 f., ISA 545.49 f.).

Aufgrund des unsicheren Charakters von Prognosen kann sich das →*Prüfungsurteil* nicht auf den tatsächlichen Eintritt der Prognosen beziehen (ISAE 3400.8). Daher empfiehlt sich für die Prüfungen von Prognosen das Prüfungsurteil auf das Niveau der moderate assurance (→*Prüfungssicherheit*) zu beschränken (ISAE 3400.9).

Engin Kayadelen

Literatur: *Arbeitskreis »Externe und Interne Überwachung der Unternehmung« der Schmalenbach-Gesellschaft für Betriebswirtschaft e. V.*, in: Der Betrieb 2003, S. 105–111; *Bretzke, W.-R.*, Prognoseprüfung, in: Coenenberg, A.G./Wysocki, K.v. (Hrsg.), Handwörterbuch der Revision, 1992, Sp. 1436–1443; *Rückle, D.*, in: Der Betrieb 1984, S. 57–69.

Programmfunktionsprüfung

Die Programmfunktionsprüfung dient der Prüfung von Angemessenheit und Funktionsfähigkeit der Programmfunktionen sowie der im Programm vorhandenen IT-Kontrollen im Hinblick auf die Einhaltung der →*GoB* (IDW PS 330.72). Zwei wesentliche Methoden der Programmfunktionsprüfung sind die →*sachlogische Programmprüfung* sowie die →*Testdatenmethode*.

Programmidentitätsprüfung

Die Programmidentitätsprüfung soll eine inhaltliche Identität zwischen dem im Rahmen der →*Programmfunktionsprüfung* für adäquat befundenen Programm mit dem Programm, das für die tatsächliche Verarbeitung verwendet wurde, sicherstellen. Methoden der Programmidentitätsprüfung sind die verschiedenen Möglichkeiten des →*Programmvergleichs* sowie die Auswertung laufender Aufzeichnungen mittels →*Systemkontrollprogrammen*.

Programmvergleich

Im Rahmen der Prüfung der → *IT-gestützten Rechnungslegung* dient der Programmvergleich der Kontrolle, ob das dem Prüfer vorgelegte Quellprogramm nebst Programmdokumentation auch jenem Programm entspricht, das beim Mandanten für die tatsächliche Verarbeitung verwendet wurde (→ *Programmidentitätsprüfung*). Beim Programmvergleich werden verschiedene Methoden unterschieden. *Flowcharting software* (wie z. B. Code visual to Flowchart und CrystalFlow) überführt den Quellcode des eingesetzten Programms in einen Programmablaufplan, so dass dieser mit dem in der aktuellen Programmdokumentation enthaltenen Ablaufplan verglichen werden kann. Die *code compare software* vergleicht die freigegebene und dokumentierte Fassung mit der aktuellen eingesetzten Fassung des Anwendungsprogramms. Nachteil der beiden genannten Methoden ist, dass nicht ersichtlich wird, ob die dem Prüfer vorliegende Fassung auch tatsächlich über das gesamte Geschäftsjahr (Prüfungszeitraum) hinweg eingesetzt wurde, da nur ein zeitpunktbezogener Programmvergleich erfolgt. Eine Möglichkeit, die den Nachteil des zeitpunktbezogenen Programmvergleichs vermeidet, stellt die → *Parallelsimulation* dar.

Progressive Prüfung

Bezüglich der → *Prüfungsrichtung* können die progressive und die → *retrograde Prüfung* unterschieden werden. Bei der progressiven Prüfung wählt der Prüfer den Weg von den erfassungspflichtigen Teilen der ökonomischen Realität, d.h. dem buchungspflichtigen wirtschaftlichen Tatbestand, über den Beleg, die Grundbücher und das Hauptbuch zur Bilanz bzw. zur GuV. Diese Vorgehensweise kann auch als progressive Bestimmung des Soll-Objektes bei der prüferischen Urteilsbildung ausgedrückt werden. Dabei geht der Prüfer von den vorhandenen Daten und Dokumenten (d.h. dem wirtschaftlichen Sachverhalt, der sich in den Belegen widerspiegelt) aus und leitet aus diesen unter Verwendung der relevanten Normen das Soll-Objekt »korrekter Jahresabschlussposten« ab, das mit dem Ist-Objekt, d.h. den tatsächlich im Jahresabschluss vorgefundenen Posten, verglichen wird (→ *Soll-Ist-Vergleich*; → *Messtheoretischer Ansatz*). Da bei der progressiven Prüfung auf mehreren Ebenen (reale Tatbestandsebene, Belegebene, Buchungsebene, Abschlussebene) Soll-Ist-Vergleiche vorgenommen werden, spricht man auch von progressiver → *Prüfungskette*. Durch eine progressive Prüfung lässt sich feststellen, ob sich die Geschäftsvorfälle im Jahresabschluss niedergeschlagen haben. Sie dient demnach der *Kontrolle auf Vollständigkeit*. Fiktive Geschäftsvorfälle lassen sich durch die progressive Vorgehensweise dagegen nicht aufdecken.

Projektbegleitende Prüfung

1 Definition

Nach der Projektdefinition der DIN 69901 sind Projekte Vorhaben zur Lösung einer bestimmten Aufgabe, die gewöhnlich durch Einmaligkeit, durch eine zeitliche Befristung, durch Komplexität, durch begrenzte Ressourcen und durch Risikobehaftung charakterisiert ist. Typische Projektphasen sind die Projektkonzeption, die Projektdefinition, die Projektdurchführung und der Projektabschluss. Für eine ordnungsmäßige und erfolgreiche Projektdurchführung hat die Unternehmensleitung insbesondere bei bedeutenden Projekten eine begleitende Prüfung durch interne und/oder externe Prüfungsinstitutionen zu gewährleisten.

2 Unternehmensinterne begleitende Projektprüfung

Die unternehmensinterne begleitende Projektprüfung findet gewöhnlich durch die → *Interne Revision* eines Unternehmens statt. Sie prüft im Zuge einer projektbegleitenden Prüfung auch unter Risikogesichtspunkten die Ordnungsmäßigkeit, den Nutzen sowie die Wirtschaftlichkeit des Projekts.

3 Unternehmensexterne begleitende Projektprüfung

Die unternehmensexterne begleitende Projektprüfung kann durch einen → *WP* oder anderen Sachverständigen erfolgen. Bisher ist die Tätigkeit des WP häufig auf die begleitende Prüfung jahresabschlussrelevanter Projekte in Bezug auf die Einhaltung der → *GoB* und die Wirksamkeit des → *IKS* begrenzt. Zu den aktuellen Prüfungsaufgaben des WP gehört auch die Überprüfung der Einhaltung spezieller Formen der GoB bei der Projektdurchführung, wie z.B. die Grundsätze ordnungsmäßiger IT-gestützter Buchführungssysteme (GoBS). Sofern eine externe projektbegleitende Prüfung bei der Einführung eines neuen →*IT-Systems* oder bei einer wesentlichen Änderung/Erweiterung eines bereits vorhandenen IT-Systems stattfindet, hat diese zu gewährleisten, dass das neu entwickelte bzw. geänderte oder erweiterte IT-gestützte Rechnungslegungssystem (→*IT-gestützte Rechnungslegung*) als integrierter Bestandteil eines komplexen Informations- und Kommunikationssystems sämtliche Kriterien der Ordnungsmäßigkeit erfüllt. Der frühzeitige Einsatz einer externen projektbegleitenden Prüfung schon bei der Anwendungsentwicklung hat den Vorteil, dass die Einhaltung der Ordnungsmäßigkeitskriterien in IT-gestützten Systemen von Anfang an sichergestellt wird. Der projektbegleitende Prüfer sollte daher grundsätzlich die Erarbeitung des Grobkonzepts, die Erstellung des fachlichen Feinkonzepts, die Festlegung des Datenverarbeitungskonzepts, die Programmierung oder die Software-Auswahl, die Programm- und Systemtests sowie die Systeminstallation begleiten. Um eine ordnungsmäßige projektbegleitende Prüfung sicherzustellen, ist dem Prüfer der Zugang zu sämtlichen Unterlagen des Projekts zu gewährleisten.

Im Rahmen seiner projektbegleitenden Tätigkeit hat der WP darauf zu achten, dass er seine →*Unabhängigkeit* nicht gefährdet. Nach § 319a Abs. 1 Nr. 3 HGB ist ein WP von der Abschlussprüfung eines Unternehmens, das einen organisierten Kapitalmarkt in Anspruch nimmt, ausgeschlossen, wenn er über die Prüfungstätigkeit hinaus in dem zu prüfenden Geschäftsjahr an der Entwicklung, Installation und Einführung von Rechnungslegungsinformationssystemen mitgewirkt hat, sofern diese Tätigkeit nicht nur von untergeordneter Bedeutung ist. Die projektbegleitende Prüfung der Implementierung eines Rechnungslegungsinformationssystems wird von § 319a Abs. 1 Nr. 3 HGB nicht erfasst und ist somit uneingeschränkt zulässig; u.U. kann jedoch die Besorgnis der Befangenheit bestehen. Diese liegt insbesondere dann vor, wenn der Tatbestand des Eigeninteresses, der Selbstprüfung, der Interessenvertretung oder der persönlichen Vertrautheit gegeben ist.

Die externe projektbegleitende Prüfung ist als eine von der Abschlussprüfung zeitlich losgelöste Verfahrensprüfung anzusehen, über die separat schriftlich berichtet wird. Sie entlastet die Abschlussprüfung in Bezug auf den Umfang der →*Systemprüfungen* und →*Einzelfallprüfungen*, indem sie dazu beiträgt, dass die Ordnungsmäßigkeits- und Kontrollerfordernisse des Buchführungssystems erfüllt werden. Werden im Zuge der Abschlussprüfung bei dem IT-System wesentliche Abweichungen von den GoB festgestellt, dann ist dies oftmals mit kostenintensiven nachträglichen Änderungen des Systems verbunden, die bei einer frühzeitigen Einbeziehung eines projektbegleitenden Prüfers vermeidbar gewesen wären.

Literatur: *Arbeitskreis »Externe und Interne Überwachung der Unternehmung« der Schmalenbach-Gesellschaft für Betriebswirtschaft e. V.*, in: Der Betrieb 2002, S. 281–286; *Biel, A.*, in: Controller Magazin 2000, S. 370–375.

Property, plant and equipment → Sachanlagen, Prüfung

Proportionate consolidation → Quotenkonsolidierung, Prüfung

Prospektprüfung → Börsenprospekt, Prüfung

Provisionen, Abgabe und Entgegennahme

Die Abgabe und Entgegennahme von Provisionen, d. h. eines Teils der Vergütung oder sonstiger Vorteile für die Vermittlung von Aufträgen, gleichviel ob im Verhältnis zu einem WP oder Dritten, ist einem WP gem. § 55a Abs. 2 WPO bzw. Ethics Sec. 240.5–8 (→ *Ethische Prüfungsnormen*) nicht gestattet. Der Grundsatz des Provisionsannahmeverbotes bedeutet demnach, dass Vergütungen nur vom Auftraggeber geleistet werden dürfen und nicht etwa von Unternehmen (z. B. Versicherungen oder Softwarehäusern), die von Berufsangehörigen im Rahmen ihres Auftrags empfohlen werden. Die Annahme von Provisionen ist auch dann unstatthaft, wenn diese in mittelbarer Form, z. B. als sog. Beratungshonorar, gezahlt werden.

Provisions → Rückstellungen, Prüfung

Prüfer für Qualitätskontrolle → Qualitätskontrolle, externe

Prüferische Durchsicht

1 Prüfungsnormen

IDW PS 900, ISRE 2400.

2 Definition

Eine prüferische Durchsicht bezieht sich auf die Prüfung eines Abschlusses mit begrenzter →*Prüfungssicherheit* (limited assurance) (IFAC Framework.11). ISRE 2400.9 spricht derzeit noch in diesem Zusammenhang von einer moderate assurance. Es handelt sich hierbei um eine »negativ formulierte Aussage mit einer gewissen Urteilssicherheit« (IDW PS 900.5–8). Demgegenüber besteht bei einem audit eine Verpflichtung zur Abgabe eines positiven →*Prüfungsurteils* mit hinreichender Prüfungssicherheit (reasonable assurance).

ISRE 2400 und der entsprechend transformierte IDW PS 900 regeln in spezifischen Vorschriften die prüferische Durchsicht von Abschlüssen. Als Abschlüsse, welche einer prüferischen Durchsicht unterworfen werden können, kommen nicht prüfungspflichtige Jahresabschlüsse sowie unterjährige Berichte (→*Unterjähriger Bericht, Prüfung*) in Betracht. Darüber hinaus ist eine prüferische Durchsicht von finanziellen und anderen Informationen möglich (ISRE 2400.2).

3 Prüfungsprozess

Bei der Annahme des →*Prüfungsauftrags* und der →*Prüfungsplanung* bestehen keine wesentlichen Unterschiede zum audit. Allerdings kann die Auftragserteilung durch den Vorstand bzw. die Geschäftsführung erfolgen. Demgegenüber sieht der § 111 Abs. 2 Satz 3 AktG bzw. § 52 Abs. 1 GmbHG vor, dass der Auftrag für ein audit durch den Aufsichtsrat erteilt werden muss. Der Prüfer und der Auftraggeber haben die Auftragsbedingungen zu vereinbaren (IDW PS 900.13f., ISRE 2400.10f.). Hierzu empfiehlt sich ein →*Auftragsbestätigungsschreiben*. Im Rahmen der Prüfungsplanung muss der Prüfer seine Tätigkeit so planen, dass eine effektive Durchführung des Auftrages gewährleistet ist. Ebenso muss der Prüfer über entsprechende Kenntnisse der Geschäftstätigkeit und des wirtschaftlichen Umfeldes des Mandanten verfügen (IDW PS 900.20 f., ISRE 2400.14). Wesentlichkeitskriterien (→*Materiality*) sind ebenfalls zu beachten.

Eine prüferische Durchsicht beschränkt sich im Wesentlichen auf Befragungen der Mitarbeiter (IDW PS 900.18, ISRE 2400.20), die Erarbeitung eines Verständnisses über die Geschäftstätigkeit des zu prüfenden Unternehmens, Nachforschungen über die Rechnungslegungsgrundsätze und die Abläufe im Unternehmen (IDW PS 900.21, ISRE 2400.20) sowie analytische Prüfungshandlungen (→ *Analytische Prüfungen*) (IDW PS 312, ISA 520). Somit beinhaltet sie im Normalfall keine Beurteilung des Systems der Rechnungslegung (→ *Systemprüfung*) und der internen Kontrollen (→ *IKS*). Ebenso wenig werden → *Einzelfallprüfungen* vorgenommen und → *Saldenbestätigungen* eingeholt. Sollte der Prüfer Grund zu der Annahme haben, dass die vorgelegten Informationen wesentliche Falschaussagen (→ *Fehler*) beinhalten oder noch nicht die notwendige mittelhohe Prüfungssicherheit erreicht wurde, so hat er umfassendere Prüfungshandlungen durchzuführen. Die Ergebnisse seiner Prüfung werden in einer → *Bescheinigung* (IDW PS 900.25) zusammengefasst.

Prüferrotation

Ein turnusmäßiger Prüferwechsel gehört zu den vielfältigen Maßnahmen, die zur Stärkung der → *Unabhängigkeit* des → *Abschlussprüfers* vorgeschlagen werden. Nachfolgende theoretische Überlegungen begründen diesen Vorschlag. Abschlussprüfer sind ökonomische Agenten, deren Entscheidungen durch eigene Interessen geleitet werden (→ *Agencytheoretischer Ansatz*). Ihre Bereitschaft, über Fehler zu berichten, sinkt, falls diese Verhaltensweise zu Umsatzeinbußen führen kann. Wird ein Prüfungsauftrag nicht verlängert, so verliert der Abschlussprüfer künftige Quasi-Renten (→ *Lowballing*). Der Mandant kann ihn daher mit der Drohung, den Prüfungsauftrag nicht weiterzuführen, unter Druck setzen und so seine Unabhängigkeit beeinträchtigen. Eine externe Pflichtrotation *beschränkt die Quasi-Renten* aus einem Prüfungsauftrag. Damit verringern sich für den Prüfer die negativen ökonomischen Konsequenzen einer Nichtverlängerung des Prüfungsauftrags und die Gefährdung seiner Unabhängigkeit wird reduziert. Er braucht sich über die Auswirkungen von Meinungsverschiedenheiten mit dem Mandanten keine Sorgen zu machen, denn er wird ohnehin ersetzt.

Es ist zwischen einer *externen Rotation*, bei der der Abschlussprüfer ersetzt wird, und einer *internen Rotation*, bei der der verantwortliche Prüfer einer für die Abschlussprüfung zuständigen Prüfungsgesellschaft ausgetauscht wird, zu unterscheiden. Das HGB sieht in § 319a Abs. 1 Nr. 4 für die Prüfung von Unternehmen, die einen organisierten Kapitalmarkt in Anspruch nehmen, grundsätzlich eine interne Pflichtrotation vor. Danach ist ein WP als Abschlussprüfer ausgeschlossen, wenn er bei einem Mandanten in sieben oder mehr Fällen einen → *Bestätigungsvermerk* gezeichnet hat. Ist nicht eine Prüfungsgesellschaft, sondern ein Einzelprüfer Abschlussprüfer des betreffenden Unternehmens, ist die genannte Vorschrift jedoch nur über eine externe Rotation einzuhalten. Nach einer Abkühlungsphase von mindestens drei Jahren kann der ursprüngliche WP erneut den Bestätigungsvermerk zeichnen.

Im Ethics der IFAC (Ethics Sec. 290.154–157) wird lediglich eine interne Rotation als Maßnahme zur Sicherung der Unabhängigkeit angesprochen. Gleiches gilt für den SOA (Sec. 203 SOA), in dem darüber hinaus eine Studie zur externen Rotation in Auftrag gegeben wird (Sec. 207 SOA). Die 8. EU-Richtlinie sieht bei der Prüfung von Unternehmen von öffentlichem Interesse eine interne Rotation nach höchstens sieben Jahren vor, wohingegen die Kommission im Entwurf ursprünglich vorgeschlagen hatte, den Abschlussprüfer (interne Rotation) alle fünf Jahre bzw. die Prüfungsgesellschaft (externe Rotation) alle sieben Jahre auszuwechseln. Innerhalb der EU existiert eine externe Rotationspflicht schon seit langer Zeit in *Italien*. Abschlussprüfer von börsennotierten Gesellschaften, Versicherungsunternehmen, Investmentbanken, Zeitungsverlagen und Staatsunternehmen können dort maximal neun aufeinander folgende Jahre im Amt bleiben, wobei der Bestellzeitraum drei Jahre beträgt. Eine erneute Bestellung ist erst nach Ablauf einer Sperrfrist von fünf Jahren möglich. Auch in *Österreich* wurde eine externe Rotationspflicht eingeführt, allerdings durch das Gesellschaftsrechtsänderungsgesetz 2005 bereits vor Inkrafttreten wieder abgeschafft.

Zur Beurteilung des Vorschlags, den Abschlussprüfer turnusmäßig zu wechseln, soll in erster Linie untersucht werden, wie sich eine solche Rotation auf die Prüfungsqualität auswirkt. Die → *Prüfungsqualität* hängt zum einen von der Fähigkeit des Prüfers ab, → *Fehler* in der Rechnungslegung zu erkennen, und wird zum anderen von seiner Bereitschaft determiniert, über solche Fehler zu berichten, d. h. von seiner Unabhängigkeit. Einige Argumente sprechen dafür, dass sich die Fehleraufdeckungswahrscheinlichkeit durch einen turnusmäßigen Prüferwechsel erhöht:

- Eine langjährige Auftragsbeziehung erhöht die Gefahr von Betriebsblindheit. Der Prüfer antizipiert die Vorjahresergebnisse, anstatt auf Veränderungen zu achten. Häufig wird auf die in den Arbeitspapieren dokumentierten Prüfungsergebnisse des Vorjahres vertraut, ohne dass für die Urteilsbildung wesentliche Bereiche wie das → *IKS* neu untersucht werden.

- Im Laufe der Zeit wächst das Vertrauen des Abschlussprüfers in die Unternehmensleitung, so dass er Prüfungshandlungen nur noch eingeschränkt oder weniger streng durchführt bzw. so von der Integrität des Mandanten überzeugt ist, dass er Fehler ignoriert, übersieht oder für weniger wichtig hält.
- Bei einer langen Amtszeit steigt die Gefahr, dass sich der Prüfer mit den Problemen des Managements identifiziert und nicht mit der notwendigen Skepsis tätig wird.
- Durch den Prüferwechsel gelangen neue Prüfungsmethoden zur Anwendung. Langjähriges Vertrauen in das Management beschränkt dagegen die notwendige Kreativität, so dass es an Innovationen mangelt.
- Prüfungsverfahren werden für den Mandanten weniger berechenbar.
- Im Bewusstsein, dass seine Tätigkeit nach dem Prüferwechsel von Berufskollegen kontrolliert wird, arbeitet der Abschlussprüfer sorgfältiger.
- Rotation verstärkt den Wettbewerb um Prüfungsmandate, denn es sind viele freie Mandate auf dem Markt. Dies kann einen positiven Einfluss auf die Prüfungsqualität haben.
- Der Prüfer hat starke Anreize, in den ersten Jahren des Mandats eine hohe Prüfungsqualität zu liefern, denn das Management ist sich über diese unsicher. Eine Rotationspflicht bewirkt, dass sich Prüfer häufiger in der oben beschriebenen Situation befinden.

Des Weiteren wird darauf verwiesen, dass ein obligatorischer Prüferwechsel das Vertrauen in die Richtigkeit von Jahresabschlüssen erhöht. Er signalisiert hohe Prüfungsqualität, denn der Abschlussprüfer wird als unabhängig wahrgenommen, und erhöht so das Vertrauen in die Abschlussprüfung und die Glaubwürdigkeit des → *Prüfungsurteils.*

Es finden sich aber auch viele Argumente, die für einen negativen Einfluss des Prüferwechsels auf die Fähigkeit des Prüfers, Fehler aufzudecken, sprechen:

- Verlust mandantenspezifischer Erfahrung und des Verständnisses der Unternehmensstrukturen. Der Lern- bzw. Erfahrungskurveneffekt geht ganz oder teilweise verloren.
- Durch den Einarbeitungsbedarf des neuen Prüfers steigt auch die Gefahr, dass er in den ersten Jahren eher Fehler übersieht, denn er kennt den Mandanten weniger gut.
- Der Prüfer ist bei → *Erstprüfungen* (→ *Folgeprüfung*) stärker von Auskünften des Mandanten abhängig und kann deren Richtigkeit nur schwer kontrollieren.
- Rotation behindert → *mehrjährige Prüfungspläne* (→ *Prüfungsschwerpunkte*).

- Da nicht alle Bereiche des Mandanten intensiv geprüft werden können, bleiben bei Erstprüfungen bestimmte Aspekte ungeprüft.
- Es bestehen geringere Anreize, in mandanten- bzw. branchenspezifische Ressourcen (z. B. Know-how der Prüfungsassistenten) zu investieren, denn die Rotation reduziert die wirtschaftliche Nutzungsdauer solcher Vermögenswerte.
- Durch einen obligatorischen Prüferwechsel sinken die Wettbewerbsanreize, denn Prüfer, die eine hohe Prüfungsqualität liefern und besonders wirtschaftlich prüfen, erhalten nicht die maximal möglichen Rückflüsse aus ihren Prüfungsmandaten, da die Rotation die Nachfrage nach ihren Prüfungsleistungen zeitlich beschränkt. Außerdem erhält der Prüfer durch die Rotation leichter neue Mandate. Damit sinkt die Motivation, in Wirtschaftlichkeit und Wirksamkeit zu investieren (z. B. Humanvermögen oder technologische Innovationen).

Der Vergleich zeigt, dass die Fähigkeit des Abschlussprüfers, wesentliche Fehler zu erkennen, durch einen obligatorischen Prüferwechsel negativ beeinflusst werden kann. Viele Studien belegen jedoch, dass längere Beziehungen zum Mandanten zu einer verringerten Prüfungsqualität führen.

Des Weiteren wird darauf verwiesen, dass eine Rotationspflicht den *Konzentrationsprozess* auf dem →*Prüfungsmarkt* steigert, denn in aller Regel erfolgt ein Wechsel von einer kleinen zu einer großen Prüfungsgesellschaft.

Schließlich findet sich das Argument, dass eine Rotationspflicht zu *höheren Prüfungskosten* führt, denn durch die steigende Anzahl von Erstprüfungen fallen häufiger start up-Kosten (u. a. auch Lernkosten) an, die voraussichtlich nicht in voller Höhe an den Auftraggeber weiter verrechnet werden können. Durch den Prüferwechsel erhöhen sich die Stückkosten (d. h. die Kosten pro Prüfungsauftrag) der Nutzung mandantenspezifischer Ressourcen. Es gibt Schätzungen, nach denen sich die Prüfungskosten um 9 % erhöhen sollen. Außerdem ist zwar der Verlust von Mandaten sicher, das Gewinnen von neuen Prüfungsaufträgen aber nicht garantiert. Daraus können *Personalanpassungsprobleme* resultieren. Auch beim Auftraggeber ist mit zusätzlichen Kosten zu rechnen. Auf der einen Seite dürften die *Prüfungshonorare* (→*Prüfungsgebühren*) wegen der erhöhten Prüfungskosten *steigen* und auf der anderen Seite entstehen *Transaktionskosten* bei der Suche nach einem neuen Prüfer sowie Kosten für die Einführung und die Information des neuen Prüfers. Auch aus volkswirtschaftlicher Sicht werden zusätzliche Kosten verursacht, denn die Kontrollmöglichkeiten des Marktes werden redu-

ziert, da der Mandant einen freiwilligen Prüferwechsel (im Sinne eines
→ *opinion shopping*) eher verstecken kann. Kostenargumente betreffen
primär den Abschlussprüfer bzw. den Mandanten. Sie sind nicht geeignet, Unabhängigkeitsbeeinträchtigungen, die zu Lasten der externen stakeholder gehen, zu rechtfertigen. *Reiner Quick*

Literatur: *Arruñada, B./Paz-Ares, C.*, in: International Review of Law and Economics 1997, S. 31–61; *Catanach, A.H./Walker, P.L.*, in: Journal of International Accounting, Auditing & Taxation 1999, S. 43–66; *Quick, R.*, in: Die Betriebswirtschaft 2004, S. 487–508.

Prüfersiegel → Berufssiegel; → Siegel

Prüfersozietät → WP-Sozietät

Prüferunabhängigkeit → Unabhängigkeit

Prüferwahl → Wahl des Abschlussprüfers

Prüferwechsel

1 Definition

Unter einem Prüferwechsel ist i. Allg. die unterlassene Wiederwahl des bisherigen (amtierenden) →*Abschlussprüfers* nach Ablauf einer Prüfungsperiode durch das jeweils zuständige Gesellschaftsorgan zu verstehen.

2 Prüferwechsel im deutschen Rechtsraum

2.1 Externer Prüferwechsel

Eine explizite gesetzliche Vorschrift für einen externen Prüferwechsel ist derzeit im deutschen Rechtsraum grundsätzlich nicht vorhanden. Wird jedoch ein Unternehmen von öffentlichem Interesse (→*Kapitalmarktorientierte Unternehmen*) von einem →*WP* und nicht von einer →*WPG* geprüft, und hat der WP den →*Bestätigungsvermerk* über die Prüfung des Jahresabschlusses bereits in sieben oder mehr Fällen gezeichnet, dann verlangt § 319a Abs. 1 Satz 1 Nr. 4 einen externen Prüferwechsel. Dies gilt hingegen nicht, wenn seit der letzten Beteiligung des WP an der Prüfung des Jahresabschlusses drei oder mehr Jahre vergangen sind. Die praktische Relevanz für eine solche externe →*Prüferrotation* ist gleichwohl gering, da börsennotierte Unternehmen i.d.R. von einer WPG geprüft werden.

Das Schrifttum fordert zum Teil einen gesetzlich vorgeschriebenen externen Prüferwechsel. Die Befürworter erhoffen sich hiervon eine höhere →*Prüfungsqualität* bei der →*Abschlussprüfung*. Die Prüfungsqualität hängt zum einen von der Fähigkeit des Prüfers ab, →*Fehler* in der Rechnungslegung zu erkennen, und wird zum anderen von seiner Bereitschaft bestimmt, über solche Fehler zu berichten, d.h. von seiner →*Unabhängigkeit*. Die Befürworter eines gesetzlich vorgeschriebenen externen Prüferwechsels argumentieren, dass eine langjährige Prüfungstätigkeit, wie sie in der Praxis oftmals zu beobachten ist, ein besonderes Vertrauensverhältnis zwischen dem Abschlussprüfer und dem zu prüfenden Unternehmen bewirkt und das Risiko der »Betriebsblindheit« sowie der fehlenden Unabhängigkeit des Prüfers erhöht. Für die »Betriebsblindheit« könne die empirisch belegte hohe Fehleraufdeckungsrate bei Erstprüfungen herangezogen werden. Die im Zuge der langjährigen Prüfungstätigkeit gewonnene Vertrautheit des Prüfers mit dem Prüfungsobjekt beeinträchtige seine Sensibilität für die Entdeckung von Fehlern, so dass der Anteil unentdeckter Fehler ansteige. Die fehlende Unabhängigkeit zeige sich letztlich darin, dass der Abschlussprüfer aufgrund der langjährigen Prüfungstätigkeit und somit der engen Verbindung zwischen ihm und der Unternehmensleitung des zu prüfenden Unternehmens bei der Formulierung seines →*Prüfungsberichts* besonders die Interessen der geprüften Gesellschaft berücksichtigt. Die Forderung nach einem gesetzlich vorgeschriebenen externen Prüferwechsel wird darüber hinaus über Quasi-Renten aus dem ökonomischen Modell von *DeAngelo* begründet. Quasi-Renten erklären sich dadurch, dass der bisherige Prüfer bei zukünftigen Prüfungen seines Mandanten über einen Informationsvorsprung und damit im Vergleich zu einem neuen Prüfer über Kostenvorteile verfügt. Für das zu prüfende Unternehmen ist ein Prüferwechsel nachteilig, da er Transaktionskosten auslöst. Der bisherige Prüfer kann Quasi-Renten beziehen, indem er zukünftig Honorare verlangen kann, die über seinen Prüfungskosten liegen. Das zu prüfende Unternehmen könnte mit der Beendigung des Vertragsverhältnisses und somit der Entziehung von Quasi-Renten drohen, um das Prüfungsurteil zu beeinflussen. Ein gesetzlich vorgeschriebener externer Prüferwechsel würde die Erzielung von Quasi-Renten beschränken, so dass sich die negativen ökonomischen Konsequenzen einer Nichtverlängerung des →*Prüfungsauftrags* für den Prüfer verringern und seine Unabhängigkeit gestärkt wird.

Sowohl das →*IDW* als auch die →*WPK* lehnen einen obligatorischen externen Prüferwechsel ab. Nach ihrer Ansicht würde ein solcher Prüferwechsel die Prüfungsqualität verschlechtern, da nicht normenkonforme Prüfungen und hiermit verbundene Haftungsfälle oftmals zu Beginn der Mandatsdauer eines neuen Prüfers zu beobachten sind. Jeder Abschlussprüfer benötige eine gewisse Einarbeitungszeit. Die Qualität der Abschlussprüfung hängt letztlich auch von der Erfahrung eines Prüfers mit Blick auf ein bestimmtes Mandat ab, die durch einen gesetzlich vorgeschriebenen externen Prüferwechsel ganz oder teilweise verloren geht. Zudem ist der Prüfer bei Erstprüfungen stärker von Auskünften des Mandanten abhängig und kann deren Richtigkeit nur schwer beurteilen. Ein obligatorischer externer Prüferwechsel würde sich letztlich negativ auf die Fähigkeit des Prüfers auswirken, Rechnungslegungsfehler zu erkennen.

Ungeachtet der hier zugrunde gelegten Definition eines Prüferwechsels gibt es verschiedene gesetzliche Bestimmungen, die einen externen Wechsel des Abschlussprüfers nach einem rechtskräftig zustande gekommenen Prüfungsvertrag herbeiführen. So hat nach § 318 Abs. 6 Satz 1 HGB ein Prüfer die Möglichkeit, den Prüfungsauftrag aus wichtigem Grunde zu kündigen. Daneben ist nach § 318 Abs. 3 Satz 1 HGB die →*Abberufung des Abschlussprüfers* durch ein Gericht möglich, wenn dies aus einem in der Person des gewählten Prüfers liegenden Grund geboten erscheint. Ein externer Prüferwechsel kann gem. § 318 Abs. 4 Satz 2 HGB u. a. auch daraus resultieren, dass ein gewählter Abschlussprüfer weggefallen (z. B. Tod oder Geschäftsunfähigkeit) oder an der rechtzeitigen Durchführung der Prüfung gehindert ist.

Im Gegensatz zum Handels- und Gesellschaftsrecht bestehen auf Länder- und Kommunalebene gesetzliche Anordnungen zur externen Rotation von Abschlussprüfern bei Unternehmen der öffentlichen Hand. Aufgrund verschiedener Bestimmungen einzelner Bundesländer sind kommunale Eigenbetriebe angehalten, ihren Abschlussprüfer in einem gewissen Turnus zu wechseln. Die Einhaltung dieser spezifischen Ländervorschriften wird u. a. von dem jeweiligen →*Landesrechnungshof* überwacht. Nach § 68 Abs. 1 der Landeshaushaltsordnung ist bspw. in Berlin die Senatsverwaltung für Finanzen für die Wahl oder Bestellung der Prüfer zuständig. Die Senatsverwaltung für Finanzen übt ihre Rechte im Einvernehmen mit dem Rechnungshof aus. Der Rechnungshof Berlin orientiert sich bei der Herstellung des Einvernehmens an einem Prüferwechsel nach spätestens acht Jahren. Die Abschlussprüfer werden bereits bei der erstmaligen Auftragsvergabe über diesen Turnus informiert.

2.2 Interner Prüferwechsel

Der Gesetzgeber hat sich im Grundsatz gegen den externen und für den internen Prüferwechsel entschieden. Der durch das BilReG eingefügte § 319a Abs. 1 Satz 1 Nr. 4 HGB gibt vor, dass ein WP von der Abschlussprüfung eines Unternehmens, das einen organisierten Kapitalmarkt in Anspruch nimmt, ausgeschlossen ist, wenn er einen Bestätigungsvermerk über die Prüfung des Jahresabschlusses des Unternehmens bereits in sieben oder mehr Fällen gezeichnet hat. Dies gilt jedoch dann nicht, wenn seit seiner letzten Beteiligung an der Prüfung des Jahresabschlusses drei oder mehr Jahre vergangen sind. Nach § 319a Abs. 2 HGB gilt diese Regelung entsprechend auch für Abschlussprüfer des → *Konzernabschlusses*. Angesichts der Übergangsfristen gem. Art. 58 Abs. 4 Satz 4 EGHGB findet für bestehende Auftragsverhältnisse die vorgeschriebene interne Prüferrotation erst auf Geschäftsjahre Anwendung, die nach dem 31.12.2006 beginnen, so dass den jeweils betroffenen Abschlussprüfern ausreichend Zeit für die koordinierte Prüferrotation verbleibt.

3 Externer Prüferwechsel innerhalb der EU

Innerhalb der EU existiert ein gesetzlich vorgeschriebener externer Prüferwechsel schon seit längerer Zeit in Italien. Abschlussprüfer von börsennotierten Gesellschaften, Versicherungsunternehmen, Investmentbanken, Zeitungsverlagen und Staatsunternehmen können bei einem Bestellzeitraum von drei Jahren maximal neun aufeinander folgende Jahre im Amt bleiben. Eine erneute Bestellung ist erst nach Ablauf einer Sperrfrist von fünf Jahren zulässig. In Griechenland ist nach einer berufsständischen Regelung bei der Prüfung öffentlicher Unternehmen und einem Bestellzeitraum von drei Jahren eine Wiederwahl nach sechsjähriger Mandatsdauer nicht möglich. In Spanien wurde hingegen im Jahre 1996 die externe Rotation nach nur wenigen Jahren wieder abgeschafft.

Jörn Grothe

Literatur: *Marten, K.-U.*, Der Wechsel des Abschlußprüfers, 1994; *Niehus, R.J.*, in: Der Betrieb 2003, S. 1637–1643; *Quick, R.*, in: Die Betriebswirtschaft 2004, S. 487–508.

Prüffeld

→ *Jahresabschlussprüfungen* sind umfangreich und komplex. Um diese Komplexität bewältigen zu können, ist die Gesamtaufgabe »Jahresabschlussprüfung« in die Prüfung verschiedener Teilbereiche zu zerlegen (→ *Suchprozess*; → *Informationsverarbeitungsansatz*). Diese werden als Prüffelder bezeichnet. Unter Prüffeldern sind somit abgegrenzte Teilbereiche des Prüfungsobjektes zu verstehen. Eine transparente Gliederung des Prüfungsgebietes ermöglicht eine planmäßige und vollständige Erfassung des Prüfungsstoffes, ermöglicht die Allokation der Prüfer auf Teilbereiche und eine personenbezogene Überwachung der Arbeitsbereiche, erleichtert die Zeitdisposition, ermöglicht die Planung der zeitlichen Reihenfolge der Prüfung (→ *Stufengesetz der Prüfung*) und eine Kontrolle des Standes der Prüfungsarbeiten und verbessert den Nachweis und die Nachvollziehbarkeit der Prüfung. Prüffelder sind in Abhängigkeit von der → *Prüfungsstrategie* häufig Jahresabschlusspositionen (→ *Abschlusspostenorientierte Prüfung*) oder Transaktionskreise (→ *Tätigkeitskreisorientierte Prüfung*). Daneben wird empfohlen, sachliche (z. B. Bereiche, bei denen die gleichen Prüfungsmethoden zur Anwendung kommen oder bei denen eine gleiche Fehlerursache zu vermuten ist), personelle (z. B. Arbeitsgebiete mit gleichem Schwierigkeitsgrad, so dass Prüfer entsprechend ihrer Qualifikation eingesetzt werden können) und zeitliche Kriterien (Trennung von Bereichen, die im Rahmen einer → *Zwischenprüfung* überprüft werden sollen, von denen der Hauptprüfung) bei der Prüffelderbildung heranzuziehen.

Prüffeldgruppen → Prüffeld

Prüfsoftware, generelle

Generelle Prüfsoftware (häufig auch als *generelle Prüfsprache* bezeichnet) sind Programmpakete, die eine Vielzahl prüfungsbezogener Aufbereitungsfunktionen abdecken und bei unterschiedlichen Mandanten (und unabhängig von dessen IT-System) einsetzbar sind. Der Prüfer überträgt die mandantenspezifischen Datenbestände auf seinen eigenen PC, wo unter Verwendung einfacher Kommandos die Daten gezielt für prüferische Zwecke aufbereitet werden. Neben einer Vielzahl vordefinierter Auswertungsfunktionen ermöglichen generelle Prüfprogramme darüber hinaus durch die Anwendung von Makrosprachen flexibel erweiterbare Funktionen und Abfragen. Technische Probleme beim Datentransfer bestehen aufgrund der Vielzahl der vorhandenen Datenimportschnittstellen derzeit kaum noch.

Sowohl bei externen Prüfern als auch bei internen Revisoren haben die auf dem Betriebssystem Windows basierenden Prüfsprachen *ACL* und *IDEA* weite Verbreitung erlangt. Beide Prüfsprachen sind als prüfungsspezifische Werkzeugkästen ausgestaltet, die sich auf alle Teilbereiche der Rechnungslegung beziehen. Folgende zentrale Auswertungsfunktionen sind zu nennen:

- Mittels *Feldstatistiken* wird ein erster Überblick über Inhalt, Aufbau und Struktur eines Datensatzes sowie ein Gefühl für Zahlenwerte, deren Größenordnung und Verteilungen vermittelt, um darauf aufbauend weitere gezielte Analyseschritte einleiten zu können. Der sinnvolle Einsatz statistischer Methoden im Rahmen der Feldstatistik setzt voraus, dass hinreichend große Datenbestände vorliegen.
- Durch die Generierung entsprechender Abfragen können *Datensätze selektiert* werden. Selektionskriterien sind dabei auffällige Merkmale (z.B. besonders hohe Preise oder Rabatte), Plausibilitätsaspekte der Daten (z.B. Bestandspositionen ohne oder mit negativem Wert) oder bestimmte bearbeitungsrelevante Inhalte (z.B. Vorgänge nach einem bestimmten Stichtag).
- *Das Schichten einer Datei* ermöglicht dem Prüfer, einen Überblick über die Zusammensetzung relevanter Kriterien zu erhalten. So kann z.B. mit Hilfe der *Altersstrukturanalyse* durch die Definition von Altersintervallen die aggregierte Gliederung eines Datensatzes nach dem Kriterium Alter erfolgen. Ebenso ermöglicht die Schichtung, die Struktur der Bestandsbuchwerte von Lagerposten durch eine ABC-Analyse darzustellen.
- Mit Hilfe der *Mehrfachbelegungs- und Lückenanalyse* wird überprüft, inwieweit Datenbestände Lücken aufweisen (z.B. Lücken bei »fortlaufenden« Belegnummern) oder Datensätze mehrfach vorkommen (z.B. doppelte Vergabe einer Belegnummer).
- Verschiedene Methoden der *Stichprobenerhebung* werden unterstützt (dazu zählen die systematische Auswahl, die →*Zufallsauswahl*, die →*geschichtete Auswahl*, das →*DUS* sowie das Attribut-Stichprobenverfahren).

Neben den zentralen Auswertungsfunktionen vereinfacht die generelle Prüfsoftware die Aufdeckung von fraud (→*Fraud, Prüfung*). Um Indizien aufzuspüren, die auf die Existenz von fraud hindeuten, kann der Prüfer bereits vorprogrammierte, prüfungsspezifische Standardanwendungen einsetzen (z. B. DatasPro für ACL) oder eigene Abfragen generieren. Beispielhaft sei die Aufdeckung von Mehrfachzahlungen einer Rechnung an den »befreundeten« Lieferanten (Mehrfachbelegungsanalyse) oder die Anwendung des → *Benford'schen Gesetzes* genannt.

Prüfsprachen, generelle → Prüfsoftware, generelle

Prüfung des Jahresabschlusses durch den Aufsichtsrat

Diese Prüfung ist eine im → *AktG* geregelte Aufgabe des → *Aufsichtsrats*. Gem. § 171 Abs. 1 AktG sind Jahresabschluss, Lagebericht und der Vorschlag für die Verwendung des Bilanzgewinns vom Aufsichtsrat zu prüfen. Die Prüfungspflicht erstreckt sich auch auf den Konzernabschluss und Konzernlagebericht, sofern es sich um ein Mutterunternehmen i. S. v. § 290 Abs. 1, 2 HGB handelt. Ferner hat der Aufsichtsrat die Verpflichtung, über das Ergebnis schriftlich an die Hauptversammlung zu berichten (§ 171 Abs. 2 Satz 1 AktG). Er hat auch darüber zu informieren, in welcher Art und in welchem Umfang er die Geschäftsführung (→ *Geschäftsführungsprüfung*) geprüft hat (§ 171 Abs. 2 Satz 2 AktG). Diese Aufgabe steht im Zusammenhang mit der allgemeinen Überwachungspflicht des Aufsichtsrates gem. § 111 Abs. 1 AktG, da eine Überwachung ohne Prüfung der Rechnungslegung nicht denkbar ist. Wurde der Jahresabschluss durch einen Abschlussprüfer geprüft, so hat der Aufsichtsrat auch zu dem Ergebnis der Abschlussprüfung Stellung zu nehmen (§ 171 Abs. 2 Satz 3 AktG). Im Bericht an die Hauptversammlung soll der Aufsichtsrat auch eventuelle Einwendungen gegen den vom Vorstand aufgestellten Jahresabschluss darstellen und sich dazu äußern, ob dieser gebilligt wird (§ 171 Abs. 2 Satz 4 AktG). Es ist nicht möglich, eine abweichende Regelung in der Satzung festzuschreiben oder die Prüfung einem anderen Organ zu übertragen. Dieses Grundmuster der Regelungen findet sich mit Abweichungen auch bei der → *GmbH* und → *Genossenschaften* wieder.

Das Fehlen von Begrenzungen der Prüfungspflicht des Aufsichtsrates führt dazu, dass diese über die Prüfungspflicht des Abschlussprüfers deutlich hinausgeht. Der Aufsichtsrat hat neben der Einhaltung von Gesetz, Gesellschaftsvertrag und Satzung auch die Zweckmäßigkeit der vom Vorstand gewählten → *Abschlusspolitik* sowie die Wirtschaftlichkeit (→ *Wirtschaftlichkeitsprüfung*) zu überprüfen. Eine Befreiung von der

Pflicht zur Prüfung durch den Aufsichtsrat kann nicht dadurch erreicht werden, dass der Jahresabschluss durch den Abschlussprüfer geprüft wird.

Jedes Aufsichtsratmitglied kann den → *Prüfungsbericht* zwar ergänzend hinzuziehen, muss dann aber ein selbständiges Urteil über die Gesetzmäßigkeit des Jahresabschlusses abgeben. Eine eigenständige Prüfung der Bücher und Bestandsverzeichnisse in Stichproben würde jedoch zu weit gehen, da § 171 Abs. 1 AktG nicht die Prüfung der → *Buchführung* verlangt. Hinzu kommt, dass der Aufsichtsrat zum Prüfungsbericht Stellung zu nehmen hat. Aufgrund seiner eigenen Kenntnisse aus der laufenden Überwachung der Geschäftstätigkeit kann er die Ergebnisse des Prüfungsberichts kritisch hinterfragen und erhält Anhaltspunkte für seine Beurteilung. Somit hängen Umfang und Intensität der Prüfung von der Qualität des Prüfungsberichts ab. Je besser der Einblick in die wirtschaftlichen Verhältnisse des Unternehmens durch den Bericht ist, desto eher kann der Aufsichtsrat seine eigene Prüfungstätigkeit auf Ebene der Normenkonformität einschränken. Dieses gilt nur insoweit, als ein uneingeschränkter → *Bestätigungsvermerk* erteilt worden und keine Beanstandung im Prüfungsbericht enthalten ist. Andernfalls sind die Beanstandungen bzw. Gründe für die Einschränkung oder Versagung des Bestätigungsvermerks mit Vorstand und Abschlussprüfer eingehend zu erörtern.

Die einzelnen Aufsichtsratmitglieder müssen somit über entsprechende Mindestkenntnisse und -fähigkeiten verfügen, um den Prüfungsbericht sorgfältig durchzuarbeiten. Mit diesen Erkenntnissen und den weiteren vom Vorstand vorgelegten Unterlagen können sie sich dann ein eigenverantwortliches Urteil bilden. Das Hinzuziehen weiterer Sachverständiger (neben dem Abschlussprüfer) ist nur zu empfehlen, wenn besondere Gründe gegen die Verwendung der vom Abschlussprüfer erlangten Prüfungsnachweise sprechen.

Die Art der Darstellung für die Berichterstattung an die Hauptversammlung steht im Ermessen des Aufsichtsrats. Dabei sind aber die in § 171 Abs. 2 AktG genannten Mindestangaben in den Bericht aufzunehmen. Der Bericht ist innerhalb eines Monats nach Erhalt der Vorlagen des Vorstandes diesem zuzuleiten (§ 171 Abs. 3 Satz 1 AktG).

Literatur: *Potthoff, E./Trescher, K.*, Das Aufsichtsratmitglied, 2003; *Rössler, S.*, Reform der Überwachungsarbeit des Aufsichtsrats durch das KonTraG, in: Freidank, C.-C. (Hrsg.), Die deutsche Rechnungslegung und Wirtschaftsprüfung im Umbruch, 2001, S. 429–469.

Prüfungsablauf → Prüfungsprozess

Prüfungsansatz

Der Prüfungsansatz (audit approach) dient als betriebliche Norm (→ *Prüfungsnormen*) der einzelnen Prüfungsgesellschaft. Er gibt Aufschluss über innerbetriebliche Vorgaben zur Durchführung der Jahresabschlussprüfung, um die notwendigen Zielgrößen der Jahresabschlussprüfung (→ *Zielgrößen im Prüfungsprozess*) zu erreichen.

Der Prüfungsansatz ist im → *Prüfungshandbuch* der jeweiligen Prüfungsgesellschaft festgehalten. Beim Einsatz → *IT-gestützter Prüfungstechniken* spiegelt sich der Prüfungsansatz auch in den IT-Tools wider. Der Prüfungsansatz folgt regelmäßig dem Grundgedanken einer → *risikoorientierten Abschlussprüfung* und dem dahinter stehenden → *Risikomodell*, das als »theoretische Grundlage« dient. Mögliche Ansatzpunkte für die Ausgestaltung der risikoorientierten Abschlussprüfung sind gem. IDW PS 260.37 die → *abschlusspostenorientierte Prüfung*, die → *tätigkeitskreisorientierte Prüfung* und die → *geschäftsrisikoorientierte Prüfung*. Der Prüfungsansatz gibt die Ansatzpunkte gesellschaftsspezifisch vor und enthält zumeist Ausprägungsformen aller zuvor genannten Punkte. Ende der 90er-Jahre haben die meisten größeren Prüfungsgesellschaften verstärkt das *Geschäftsrisiko* in den Mittelpunkt der Betrachtung gerückt und dahingehend ihre Prüfungsansätze weiterentwickelt.

Prüfungsanweisungen

Prüfungsanweisungen richten sich als wesentliche Bestandteile von → *Prüfungsprogrammen* an die beteiligten Mitarbeiter. Prüfungsanweisungen können in schriftlicher oder mündlicher Form erteilt werden und sollen die Mitglieder des → *Prüfungsteams* gem. § 38 Berufssatzung mit ihren Aufgaben vertraut machen. Prüfungsanweisungen sollen als betriebliche Normen das prüferische Verhalten steuern und eine sachgerechte sowie risikoorientierte Durchführung der → *Prüfungshandlungen* ermöglichen. Durch Prüfungsanweisungen soll weiterhin eine ausreichende und ordnungsgemäße → *Prüfungsdokumentation* der Prüfungshandlungen und Prüfungsergebnisse (→ *Prüfungsurteil*) in den → *Arbeitspapieren* sowie eine angemessene und zeitnahe Gestaltung der →*Dauerakte* gewährleistet werden. Zudem sollen Prüfungsanweisungen eine ordnungsgemäße externe Berichterstattung ermöglichen. Grundlage von Prüfungsanweisungen ist die Kenntnis des wirtschaftlichen Umfelds, der wichtigsten Geschäfts- und Rechnungswesenprozesse sowie des →*IKS* des Mandanten.

Prüfungsassistent

Der Prüfungsassistent steht auf der untersten Stufe der internen Karriereleiter einer →*WPG*. Berufseinsteiger beginnen auf dieser Stufe. Prüfungsassistenten zeichnen sich dadurch aus, dass sie noch nicht die Berufsexamina (→*Wirtschaftsprüfungsexamen*) abgelegt haben und i.d.R. über eine relativ geringe Berufserfahrung im Bereich der Wirtschaftsprüfung verfügen. Im Rahmen der →*Jahresabschlussprüfung* sind sie mit der Prüfung verschiedener, zumeist in sich geschlossener Prüffelder betraut und erhalten ihre Anweisungen i.d.R. vom →*Prüfungsleiter*.

Prüfungsauftrag

Bei einem Prüfungsauftrag handelt es sich um die vertragliche Grundlage, aufgrund derer ein →*WP* oder eine →*WPG* →*Abschlussprüfer* von Jahresabschlüssen und Lageberichten von Unternehmen unabhängig von deren Größe und Rechtsform bzw. ein →*vBP* oder eine →*BPG* Abschlussprüfer von Jahresabschlüssen und Lageberichten mittelgroßer GmbH i.S.v. § 267 Abs. 2 HGB bzw. von mittelgroßen →*Personenhandelsgesellschaften* i.S.v. § 264a Abs. 1 HGB (→*Kapitalgesellschaften & Co.*) sein können. Ein Prüfungsauftrag ist als ein Werkvertrag i.S.d. § 631 BGB zu verstehen. Die wesentlichen Inhalte eines Prüfungsauftrages ergeben sich regelmäßig aus § 317 HGB (→*Prüfungsumfang*).

Vor der Erteilung eines Prüfungsauftrages hat stets eine wirksame →*Wahl des Abschlussprüfers* zu erfolgen.

Der Vertrag wird grundsätzlich zwischen dem Abschlussprüfer und der zu prüfenden Gesellschaft geschlossen, welche durch das jeweils vertretungsberechtigte Organ vertreten wird (IDW PS 220.5). Im Falle einer →*AG* ist dies i. Allg. der →*Aufsichtsrat* (§ 111 Abs. 2 Satz 3 AktG), im Falle einer →*GmbH* die Geschäftsführung (§ 35 GmbHG). Ist nach dem Gesellschaftsvertrag der GmbH ein Aufsichtsrat zu bestellen, so ist der Vertrag auch hier zwischen dem Abschlussprüfer und dem Aufsichtsrat zu schließen (§ 52 Abs. 1 GmbHG).

Bei der Auftragsannahme hat der Abschlussprüfer neben den gesetzlichen Vorschriften insbesondere auch die Regelungen des IDW PS 220 sowie den von → *WPK* und → *IDW* gemeinsam veröffentlichten Entwurf der VO 1/2005 zu beachten. Gem. E-VO 1/2005.50 hat der Abschlussprüfer sicherzustellen, dass ein Prüfungsauftrag nur angenommen oder fortgeführt werden darf, wenn eine ordnungsgemäße Abwicklung in sachlicher, personeller und zeitlicher Hinsicht gewährleistet werden kann. In aller Regel wird sich der vom zu prüfenden Unternehmen bestellte, d.h. gewählte und beauftragte (§ 318 HGB) Abschlussprüfer mit dem Inhalt des Prüfungsauftrags und anderen ihm zur Verfügung gestellten Ausgangsdaten hinsichtlich des zu prüfenden Unternehmens vertraut machen und diese angemessen würdigen und mit seinem Gesamtplan (→ *Gesamtplanung von Prüfungsaufträgen*) abstimmen (E-VO 1/2005.73, ISA 315). Stellt der Abschlussprüfer → *Ausschlussgründe* i.S.d. §§ 319 Abs. 2–4, 319a HGB fest, so hat er die Annahme des an ihn herangetragenen Prüfungsauftrags abzulehnen. Neben diesen gesetzlichen Ausschlussgründen können auch institutionelle bzw. kapazitätsbedingte Ausschlussgründe bestehen. Diese können bspw. vorliegen, wenn der Prüfungsauftrag erhebliche Reputationsrisiken birgt, das Vertrauensverhältnis zu bereits bestehenden Mandanten gefährdet oder die aktuell vorherrschende Personalsituation eine gewissenhafte Durchführung einer Abschlussprüfung mangels ausreichender Kapazität oder der erforderlichen Qualifikation nicht zulässt (→ *Gewissenhaftigkeit*).

Darüber hinaus hat der Abschlussprüfer sicherzustellen, dass die Einhaltung ihm obliegender Berufspflichten (§§ 43–56 Berufssatzung) durch die Annahme eines Prüfungsauftrages zu keiner Zeit gefährdet ist.

Weiterhin hat der Prüfer, dem Berufsgrundsatz der Objektivität folgend, dafür Sorge zu tragen, dass keine rechtlichen und wirtschaftlichen Einwirkungsmöglichkeiten auf ihn bestehen (→ *Unabhängigkeit*), er in der Lage ist, eine Prüfung ohne Rücksicht auf eigene oder fremde Interessen durchzuführen (Unbefangenheit) und darüber hinaus auch keine Situationen entstehen, die die Besorgnis seiner Befangenheit hervorrufen können, auch wenn er de facto nicht befangen ist (Besorgnis der Befangenheit). Sowohl der Gesetzgeber als auch die WPK haben im Rahmen des → *HGB* und der → *WPO* bzw. der → *Berufssatzung* verschiedene Normen geschaffen, die eine objektivierte Berufsausübung durch den Abschlussprüfer sicherstellen sollen.

So führt bspw. der § 319 Abs. 3 HGB – nicht abschließend – verschiedene Ausschlussgründe aufgrund der Gefährdung der Unabhängigkeit des Abschlussprüfers auf. Genannt werden in diesem Zusammenhang insbesondere Ausschlussgründe aufgrund finanzieller Abhängigkeit, personeller Verflechtungen sowie aufgrund Mitwirkung an der Erstellung des Jahresabschlusses. Normen hinsichtlich der Sicherung der Unbefangenheit des Abschlussprüfers sind insbesondere in den §§ 49 WPO, 20–24 Berufssatzung sowie 318 Abs. 3 Satz 1 u. Abs. 6 HGB enthalten: So hat der Prüfer gem. § 49 2. Halbsatz WPO bzw. § 21 Abs. 1 Berufssatzung seine Tätigkeit zu versagen, wenn die Besorgnis der Befangenheit bei der Durchführung des Auftrags besteht. Von einer Beeinträchtigung der Unbefangenheit kann insbesondere bei Eigeninteresse (§ 23 Berufssatzung), Selbstprüfung (§ 23a Berufssatzung), Interessenvertretung (§ 23b Berufssatzung) und persönlicher Vertrautheit (§ 24 Berufssatzung) ausgegangen werden. § 22 Berufssatzung regelt sog. Schutzmaßnahmen, die der Abschlussprüfer ergreifen kann, um einer potenziellen Gefährdung der Unbefangenheit entgegenzuwirken. Ferner wird der Abschlussprüfer durch die Vorschrift des § 318 Abs. 3 Satz 1 HGB vor einer ungerechtfertigten Abwahl geschützt und gleichzeitig durch den § 318 Abs. 6 HGB dahingehend eingeschränkt, dass er einen angenommenen Prüfungsauftrag nur aus wichtigem Grund und explizit nicht aufgrund von Meinungsverschiedenheiten hinsichtlich der Einschränkung oder Versagung des →*Bestätigungsvermerks* kündigen darf.

Kann der Abschlussprüfer gewährleisten, dass durch die Annahme eines Prüfungsauftrages seine Berufspflichten nicht verletzt werden und weder institutionelle bzw. kapazitätsbedingte noch gesetzliche Ausschlussgründe bestehen, steht es ihm frei, den Prüfungsauftrag anzunehmen. Ergibt sich im Rahmen der Prüfungsdurchführung die Notwendigkeit einer →*Auftragserweiterung*, hat der Prüfer auch in dieser Angelegenheit seine Berufspflichten zu wahren und Ausschlussgründe zu beachten.

Lehnt der Abschlussprüfer den Prüfungsauftrag ab, so hat er seine Ablehnung gem. § 51 WPO unverzüglich zu erklären und für schuldhaftes Verzögern bei der Abgabe seiner Ablehnung zu haften. Gem. IDW PS 220.6 sollte der Abschlussprüfer seine Annahme aus Nachweisgründen schriftlich in Form eines →*Auftragsbestätigungsschreibens*, das alle wesentlichen Vereinbarungen und Prüfungsinhalte enthält, abgeben. Die Form des Schreibens kann individuell gestaltet werden. Das IDW hat »Allgemeine Auftragsbedingungen« (→*Auftragsbedingungen des WP*) herausgegeben, die die Abschlussprüfer üblicherweise den Verträgen zugrunde legen.

Prüfungsaussagen → Abschlussaussagen

Prüfungsausschuss

1 Definition

Der Prüfungsausschuss ist ein vom →*Aufsichtsrat* gebildeter permanenter Ausschuss, der zur Verbesserung der Unternehmensüberwachung durch den Aufsichtsrat und damit zur Stärkung des unternehmensinternen Kontrollorgans beiträgt. Der Prüfungsausschuss setzt sich insbesondere mit Fragen der Rechnungslegung und des Risikomanagements (→*Risikomanagementsystem, Prüfung*) auseinander. Des Weiteren befasst sich der Prüfungsausschuss insbesondere mit der →*Unabhängigkeit* des Abschlussprüfers, mit →*Prüfungsschwerpunkten* und mit der Honorarvereinbarung (→*Prüfungsgebühren*).

2 Ursprung im angloamerikanischen System: Audit committee

Die Entstehung von Prüfungsausschüssen geht auf die Gründung von audit committees im angloamerikanischen →*CG*-System zurück. Das audit committee stellt einen Ausschuss des →*board of directors* dar, setzt sich i. d. R. ausschließlich aus nichtgeschäftsführenden outside directors zusammen und besteht aus drei bis fünf Mitgliedern. Es verstärkt die personelle Trennung von Kontroll- und Geschäftsführungsorgan, da dem monistischen Board-System eine institutionell verankerte unabhängige Überwachung fehlt. Das audit committee dient als unabhängiger Ansprechpartner für den Abschlussprüfer und die →*Interne Revision*. Die umfassende Einrichtung von audit committees in monistisch geführten Unternehmen begann in den 70er-Jahren. Die Notwendigkeit ihrer Existenz ist unbestritten und bereits seit 1978 Zulassungsvoraussetzung für ein Listing an der New York Stock Exchange. Neuere Regelungen wie der SOA setzen sich u. a. verstärkt mit Fragen der effektiven Ausgestaltung und angemessenen Besetzung von audit committees und damit mit Fragen zur qualitativen Verbesserung der Ausschussarbeit auseinander.

3 Prüfungsausschuss in Deutschland

Erst mit Beginn der CG-Diskussion gegen Ende der 90er-Jahre wurde die Einrichtung von Prüfungsausschüssen in Deutschland forciert. Diese Entwicklung trägt im Nachhinein auch der Empfehlung Rechnung, die in der modernisierten 8. EU-Richtlinie in Art. 39 formuliert wurde. Im Gegensatz zum angloamerikanischen System lässt sich die Notwendigkeit eines Prüfungsausschusses nicht a priori auf mangelnde Unabhängigkeit des Kontrollorgans zurückführen, da das deutsche System mit → *Vorstand* und Aufsichtsrat über eine faktische Trennung von Leitung und Kontrolle verfügt. Vielmehr soll der Prüfungsausschuss zu einer Effizienz- und Effektivitätssteigerung der Überwachungstätigkeit beitragen, da die Funktionsfähigkeit des deutschen Aufsichtsrats als Kontrollorgan bspw. aufgrund von Ämterhäufung, geringer Sitzungshäufigkeit oder mangelnder Sachkenntnis regelmäßig kritisiert wird. Zur zielgerichteten Wahrnehmung der Aufgaben des Aufsichtsrats erlaubt § 107 Abs. 3 AktG generell die Bildung von speziellen Ausschüssen, wobei der Prüfungsausschuss bspw. bei der Prüfung von → *Jahresabschluss*, Lagebericht (→ *Lagebericht, Prüfung*) und Gewinnverwendungsvorschlag (§ 171 Abs. 1 AktG) nur vorbereitend tätig werden darf. Die Pflicht zur Abgabe einer Entsprechenserklärung zum → *DCGK* gem. § 161 AktG hat die Mehrzahl der Unternehmen im Prime Standard veranlasst, der in Ziffer 5.3.2 des DCGK empfohlenen Einrichtung eines Prüfungsausschusses nachzukommen.

Prüfungsbereitschaft

Der Begriff der Prüfungsbereitschaft bezieht sich i. Allg. auf das zu prüfende Unternehmen. Ein Unternehmen ist dann prüfungsbereit, wenn alle sachlichen und personellen Vorbereitungen getroffen wurden, um einen planmäßigen und wirtschaftlichen Prüfungsablauf zu gewährleisten. Zur sachlichen Vorbereitung gehört die Aufbereitung der einschlägigen Unterlagen (Konten, Belege, Verträge, Gutachten, Grundbuchauszüge u. Ä.), die Bereitstellung technischer Hilfsmittel (z. B. Kopiergerät, Telefon) sowie geeigneter Prüfungsräume. Im Rahmen der personellen Vorbereitung ist zu gewährleisten, dass sowohl die benannten Auskunftspersonen als auch alle anderen qualifizierten Mitarbeiter für Auskünfte zur Verfügung stehen.

Prüfungsbericht

1 Normen

§ 321 HGB, IDW PS 450.

2 Definition

Der Prüfungsbericht ist das zentrale interne Berichterstattungsinstrument des Prüfers im Rahmen einer Abschlussprüfung. Soweit die Besonderheiten der Prüfung eines Konzernabschlusses und -lageberichts (→ *Konzernabschluss, Prüfung*) keine abweichende Berichterstattung bedingen, gelten die oben genannten Normen sowohl für → *Einzelabschlüsse* als auch für → *Konzernabschlüsse*. Der Prüfungsbericht beinhaltet Gegenstand, Art, Umfang, wesentliche → *Prüfungsfeststellungen* und -ergebnisse (→ *Prüfungsurteil*) der → *Jahresabschlussprüfung* und ist an die Aufsichtsorgane des Unternehmens gerichtet, um diese bei der Überwachung des Unternehmens zu unterstützen. Der Prüfungsbericht ist den gesetzlichen Vertretern vorzulegen. Wurde der → *Prüfungsauftrag* durch einen → *Aufsichtsrat* erteilt, so ist diesem der Prüfungsbericht vorzulegen, wobei den gesetzlichen Vertretern vorher die Gelegenheit zur Stellungnahme zum Inhalt des Prüfungsberichts zu geben ist. Die Prüfung ist erst beendet, wenn der Prüfungsbericht den Adressaten vorgelegt wurde. Dementsprechend gilt bei einem fehlendem Prüfungsbericht, dass im Rechtssinne die Prüfung nicht stattgefunden hat und der Einzelabschluss nicht festgestellt werden kann (§ 316 Abs. 1 Satz 2 HGB). Ein dennoch festgestellter Jahresabschluss ist gem. § 256 Abs. 1 Nr. 2 AktG nichtig. Weitere Empfänger von Prüfungsberichten sind bei Konzernunternehmen die jeweiligen Mutterunternehmen. Darüber hinaus können gesetzliche oder vertragliche Bestimmungen eine Erweiterung dieses Kreises vorsehen. Die internationalen → *Prüfungsnormen* kennen kein formal entsprechend abgegrenztes Berichtsinstrument wie den umfassenden Prüfungsbericht (long form report) nach deutschem Recht, jedoch regeln ISA 260 sowie verschiedene Einzelnormen die schriftliche Mitteilung von Prüfungsergebnissen außerhalb des Bestätigungsberichts (auditor's report; → *Bestätigungsvermerk*) in bestimmten Fällen, unter Verweis auf das jeweils national geltende Recht.

3 Funktion

Die Funktion des Prüfungsberichts ergibt sich vorrangig aus den Pflichten und Funktionen der Adressaten des Berichts. Über die gesetzlich vorgeschriebenen Bestandteile hinaus hat der Prüfer deshalb den Inhalt und Umfang des Berichts an den Bedürfnissen der internen Adressaten auszurichten. Der Prüfungsbericht hat grundlegend eine Informationsfunktion, d.h., er soll die Adressaten unabhängig und sachverständig über die Prüfungsgegenstände (→ *Prüfungsobjekt*), die Prüfungsdurchführung und das Prüfungsergebnis unterrichten. Weiterhin soll der Prüfungsbericht die Adressaten bei der Wahrnehmung ihrer Aufsichts- und Überwachungsaufgaben unterstützen (Unterstützungsfunktion). Daneben stellt der Prüfungsbericht einen urkundlichen Nachweis für die gesetzlichen Vertreter dar, dass sie ihrer gesetzlichen Verpflichtung zur → *Buchführung* und Rechnungslegung und etwaigen Einrichtung eines Risikofrüherkennungssystems (→ *Risikomanagementsystem, Prüfung*) nachgekommen sind (Nachweisfunktion). Auch für den → *Abschlussprüfer* erfüllt der Prüfungsbericht eine Nachweisfunktion. Er enthält die ausführliche Darstellung und Begründung des Prüfungsergebnisses und ist somit Nachweis dafür, dass der Prüfer seinen Pflichten nachgekommen ist. Dies ist insbesondere bei möglichen Regressfällen von Bedeutung.

4 Inhalt

Der Abschlussprüfer hat nach § 43 Abs. 1 WPO seinen Beruf unabhängig (→ *Unabhängigkeit*), gewissenhaft (→ *Gewissenhaftigkeit*), verschwiegen (→ *Verschwiegenheit*) und eigenverantwortlich (→ *Eigenverantwortlichkeit*) auszuüben und sich insbesondere bei der Erstattung von Prüfungsberichten unparteiisch (→ *Unparteilichkeit*) zu verhalten. Die vom Gesetzgeber geforderte Klarheit der Berichterstattung umfasst eine verständliche, eindeutige und problemorientierte Darlegung der wesentlichen Feststellungen und Sachverhalte. Diesbezüglich empfiehlt IDW PS 450.12 Ausführungen zu folgenden Gliederungspunkten. Gliederung und Form der Berichterstattung sind bei zukünftigen Prüfungen beizubehalten:

a) Prüfungsauftrag

Die Erläuterung des Prüfungsauftrags soll u.a. Angaben zur Firma des geprüften Unternehmens, zu dem → *Abschlussstichtag* und zur Bestellung des Abschlussprüfers enthalten. Weiterhin sollte ein Hinweis darauf erfolgen, dass es sich um eine Abschlussprüfung handelt. Ggf. ist auf die →*Auftragsbedingungen des WP* hinzuweisen. Alternativ kann auch eine Aufnahme dieser Angaben ins Deckblatt erfolgen.

b) Grundsätzliche Feststellungen

Die grundsätzlichen Feststellungen umfassen eine Stellungnahme zur Beurteilung der Lage des Unternehmens durch die gesetzlichen Vertreter. Die →*Redepflicht des Abschlussprüfers* gem. § 321 Abs. 1 Satz 3 HGB regelt, dass der Abschlussprüfer, sofern er bei der Durchführung der Abschlussprüfung Unrichtigkeiten oder Verstöße gegen die relevanten Rechnungslegungsnormen oder gesetzlichen (→*Gesetzmäßigkeitsprüfung*), gesellschaftsvertraglichen oder satzungsmäßigen (→*Satzungsmäßigkeitsprüfung*) Vorschriften sowie Tatsachen feststellt, die den Bestand des Unternehmens gefährden oder dessen Entwicklung wesentlich beeinträchtigen können, hierüber zu berichten hat. Auch wenn die Redepflicht bzw. Berichtspflicht des § 321 Abs. 1 Satz 3 HGB weiter geht als die →*Prüfungspflicht* gem. § 317 HGB ist die h.M., dass dies nicht zu einer Ausweitung des Prüfungsumfangs führt. Das bedeutet, dass der Abschlussprüfer nur dann über die oben genannten Tatsachen zu berichten hat, wenn er bei ordnungsmäßiger Durchführung der Abschlussprüfung hiervon Kenntnis erlangt.

c) Gegenstand, Art und Umfang der Prüfung

Gegenstand, Art und Umfang der Abschlussprüfung sind nach § 321 Abs. 3 HGB darzustellen, um den Adressaten die Beurteilung der Prüfungstätigkeiten zu erleichtern. Gegenstand der Jahresabschlussprüfung sind Buchführung, Jahresabschluss, Lagebericht (→*Lagebericht, Prüfung*), ggf. das Risikofrüherkennungssystem sowie eventuelle Erweiterungen. Zu den Erläuterungen zu Art und Umfang der Prüfung gehört auch die Nennung der Grundsätze nach denen die →*Prüfungsplanung* und -durchführung erfolgen. Hierbei ist auf die §§ 316–324a HGB und auf die vom IDW festgestellten →*GoA* Bezug zu nehmen. Ergänzend kann nach IDW PS 450.55 auf die ISA verwiesen werden. Ist ein Prüfer bei seiner Prüfung von den nationalen Normen abgewichen, so hat er diese Einzelfälle im Prüfungsbericht sachlich zu begründen. Inhaltlich hat der Prüfer über die angewendete →*Prüfungsstrategie* zu berichten. Darüber hinaus sind z.B. die festgelegten →*Prüfungsschwerpunkte*, seine Vorgehensweise bei der Prüfung des →*IKS*, die →*Verwendung von Urteilen Dritter*, Besonderheiten der Inventurprüfung (→*Inventur, Prüfung*) sowie eventuelle →*Prüfungshemmnisse* zu beschreiben.

d) Feststellungen und Erläuterungen zur Rechnungslegung

Die Feststellungen und Erläuterungen zur Rechnungslegung enthalten Ausführungen zur Buchführung, weiteren geprüften Unterlagen, Jahresabschluss und Lagebericht. Der Prüfer stellt dar, ob die Buchführung den gesetzlichen sowie den gesellschaftsvertraglichen oder satzungsmäßigen Vorschriften entspricht. Weiterhin hat er über festgestellte Mängel im Jahresabschluss und deren Auswirkungen auf Rechnungslegung, Prüfungsergebnis und ggf. den Bestätigungsvermerk zu berichten. Wesentliche Jahresabschlussposten sind aufzugliedern und zu erläutern (z.B. hinsichtlich ausgeübter Ansatzwahlrechte oder angewendeter Bewertungsmethoden), sofern dies die Darstellung der Vermögens-, Finanz- und Ertragslage wesentlich verbessert und die Angaben nicht bereits im *Anhang* (→ *Anhang, Prüfung*) enthalten sind. Außerdem ist zu würdigen, ob die Gesamtaussage des Jahresabschlusses ein zutreffendes Bild der Vermögens-, Finanz- und Ertragslage des Unternehmens widerspiegelt. Der Lagebericht ist daraufhin zu beurteilen, ob er mit dem Jahresabschluss in Einklang steht, eine zutreffende Vorstellung von der Lage des Unternehmens vermittelt und die wesentlichen → *Risiken* der zukünftigen Entwicklung zutreffend darstellt.

e) Feststellungen zum Risikofrüherkennungssystem

Sofern das nach § 91 Abs. 2 AktG einzurichtende Risikofrüherkennungssystem zu prüfen ist, sind im Prüfungsbericht oder in einem zum Prüfungsbericht erstellten Teilbericht dessen Funktionsfähigkeit und ein eventueller Verbesserungsbedarf darzustellen.

f) Feststellungen aus der Erweiterung des Prüfungsauftrags

Wurde der Auftrag zur Abschlussprüfung um eine Aufgabe erweitert, die sich nicht auf Jahresabschluss oder Lagebericht bezieht (z.B. → *Geschäftsführungsprüfung* nach § 53 HGrG), sind ggf. Feststellungen aus Erweiterungen des Prüfungsauftrags in einem gesonderten Prüfungsberichtsteil darzustellen.

g) Bestätigungsvermerk

Der nicht gesondert zu unterzeichnende Bestätigungsvermerk bildet den letzten Teil des Prüfungsberichts.

Als Anlagen zum Prüfungsbericht sind der geprüfte Jahresabschluss, der Lagebericht und ggf. sich aus einem erweiterten Prüfungsauftrag ergebende Unterlagen aufzunehmen. Auch die Beifügung der Auftragsbedingungen wird empfohlen. Der Prüfungsbericht wird unter Angabe von Ort und Datum, die sich grundsätzlich mit der Angabe im Bestätigungsvermerk decken muss, von dem beauftragten →*WP* eigenhändig unterzeichnet und mit dem →*Berufssiegel* versehen.

Bei Konzernprüfungsberichten gelten diese Bestandteile analog. Die Besonderheiten eines Konzernabschlusses erfordern jedoch eine Erweiterung des Inhaltes bspw. um Darstellungen zum *Konsolidierungskreis* (→*Konsolidierungskreis, Prüfung*) und Konzernabschlussstichtag, zur Ordnungsmäßigkeit der in den Konzernabschluss einbezogenen Abschlüsse und den Konsolidierungsmethoden. Weiterhin dürfen nach §§ 298 Abs. 3, 315 Abs. 3 HGB die Prüfungsberichte über den Abschluss des Mutterunternehmens und des Konzerns zusammengefasst werden, wenn Konzernanhang und Anhang des Jahresabschlusses des Mutterunternehmens und/oder der Konzernlagebericht und der Lagebericht des Mutterunternehmens zulässigerweise zusammengefasst und offen gelegt werden.

Bei Verletzung der Berichtspflicht (unrichtiger Bericht, Verschweigen erheblicher Umstände im Prüfungsbericht oder Erteilung eines inhaltlich unrichtigen Bestätigungsvermerks) gilt für den Abschlussprüfer der Straftatbestand des § 332 HGB (→*Berichtspflicht, Verletzung der*).

5 Berichterstattung nach internationalen Normen

Ein entsprechendes Pendant zum deutschen Prüfungsbericht ist nach internationalen Prüfungsgrundsätzen nicht vorhanden. Gleichwohl regelt u. a. ISA 260 eine über den Bestätigungsvermerk hinausgehende Berichterstattung in einzelnen Fällen. Dementsprechend ist der Abschlussprüfer angehalten, über solche Prüfungsfeststellungen gesondert zu berichten, die für den relevanten Personenkreis von Bedeutung sind. Als relevante Personen definiert ISA 260 solche Personen, die mit der Unternehmensführung und -überwachung betraut sind, was je nach nationalem Recht differieren kann. In einem solchen Fall hat der Abschlussprüfer zu entscheiden, für welchen Personenkreis die Informationen relevant sind. Beispiele für Prüfungsfeststellungen, über die nach ISA 260 gesondert zu berichten ist, sind:

- Allgemeine Angaben zur Vorgehensweise und zum Inhalt der Prüfung, inkl. etwaiger Einschränkungen und →*Auftragserweiterungen*.
- Auswahl oder Veränderungen von Rechnungslegungsnormen, die Auswirkungen auf die Darstellung des Jahresabschlusses des Unternehmens haben.
- Mögliche Auswirkungen von Risiken und Erkenntnissen, wie z. B. schwebende Rechtsstreitigkeiten, die den Jahresabschluss wesentlich beeinflussen.

- Prüfungsanpassungen, die wesentliche Auswirkungen auf den Jahresabschluss haben.
- Unsicherheiten im Zusammenhang mit Ereignissen und Verhältnissen, die den Fortbestand des Unternehmens zweifelhaft erscheinen lassen (→ *Going concern-Annahme, Prüfung*).
- Unstimmigkeiten zwischen der Unternehmensleitung und dem Abschlussprüfer über einzelne oder mehrere Feststellungen, die von Bedeutung für den Jahresabschluss oder den Bestätigungsvermerk sein könnten. Dazu zählt auch, ob es zu einer Konsensbildung kam oder nicht und welche Auswirkungen hieraus erwachsen.
- Zu erwartende Änderungen im Bericht des Prüfers.
- Weitere Feststellungen, die für die relevanten Personen von Bedeutung sind, wie z. B. Schwächen im IKS, dolose Handlungen (→ *Fraud, Prüfung*) sowie solche, die gemäß Vereinbarung Gegenstand des Prüfungsauftrages sind.

In diesem Zusammenhang weist ISA 260 darauf hin, dass die Prüfung nicht darauf ausgerichtet ist, alle derartigen Feststellungen, welche für die relevanten Personen von Bedeutung sind, aufzudecken. Einer Berichterstattung nach ISA 260 unterliegen somit nur solche Feststellungen, die dem Abschlussprüfer im Rahmen seiner Prüfung bekannt werden. Gleichwohl obliegt dem Abschlussprüfer sowohl nach nationalen als auch nach internationalen Normen eine »positive Suchverantwortung« im Hinblick auf fraud. Bezüglich der Form der Berichterstattung ist sowohl eine mündliche als auch eine schriftliche Berichterstattung erlaubt, wobei dies u. a. abhängig sein sollte von Größe und Struktur des Unternehmens sowie den rechtlichen Rahmenbedingungen. Im Falle einer mündlichen Berichterstattung ist diese in den → *Arbeitspapieren* zu dokumentieren.

Form und Inhalt der Berichterstattung sowie die Identifikation der relevanten Personen sind in einem sog. → *Auftragsbestätigungsschreiben* festzuhalten.

6 Aufbewahrungspflicht

Fraglich ist, ob das geprüfte Unternehmen gesetzlich zur Aufbewahrung der Prüfungsberichte des Abschlussprüfers verpflichtet ist. Unabhängig hiervon ist zu berücksichtigen, dass Prüfungsberichte i. d. R. geeignet sind, wesentlich zum Verständnis eines Jahresabschlusses beizutragen. Aus diesem Grund wird der Kaufmann die Prüfungsberichte schon in eigenem Interesse mindestens so lange aufbewahren wie die zugehörigen Jahresabschlüsse, und zwar unabhängig davon, ob es sich um eine Pflichtprüfung oder um eine freiwillige Abschlussprüfung gehandelt hat. Steuerrechtlich dürften Prüfungsberichte zumindest als sonstige für die Besteuerung bedeutsame Unterlagen (§ 147 Abs. 1 Nr. 5 AO) aufbewahrungspflichtig sein.

Michael Wittekindt

Literatur: *Winkeljohann, N./Poullie, M.*, § 321 HGB, in: Ellrott, H./Förschle, G./Hoyos, M./Winkeljohann, M. (Hrsg.), Beck'scher Bilanz-Kommentar, 2005, S. 1947–1993; *Marten, K.-U./Quick, R./Ruhnke, K.*, Wirtschaftsprüfung, 2003; *Plendl, M.*, Prüfungsbericht, in: Ballwieser, W./Coenenberg, A.G./Wysocki, K.v. (Hrsg.), Handwörterbuch der Rechnungslegung und Prüfung, 2002, Sp. 1777–1790.

Prüfungsdienstleistungen, freiwillige

1 Prüfungsnormen

IFAC Framework, ISAE 3000 R.

2 Definition

Unter freiwilligen Prüfungsdienstleistungen werden alle Dienstleistungen eines WP bzw. einer WPG, vBP oder BPG verstanden, die nicht auf einer gesetzlichen oder einer anderen zwingenden Verpflichtung beruhen (→ *Prüfungsdienstleistungen, gesetzliche*). Somit stellen die freiwilligen Prüfungsdienstleistungen einen Teilbereich der → *assurance engagements* im Sinne der → *IFAC* dar.

3 Grundlagen

Das → *AICPA* hat in den vergangenen Jahren hunderte von möglichen Servicedienstleistungen identifiziert und hieraus eine Vielzahl von freiwilligen Dienstleistungen, die sog. assurance services, entwickelt. Beispiele für diese Dienstleistungen sind → *WebTrust-Prüfungen*, → *SysTrust*-Prüfungen, Risk Advisory Services oder ElderCare. Lediglich für einen geringen Teil der identifizierten Dienstleistungen existiert bereits eine eigenständige Normierung, welche das prüferische Vorgehen festlegt. Ein eigenständiger Bezugsrahmen für alle assurance services existiert nicht. Auch auf nationaler Ebene besteht kein Bezugsrahmen für freiwillige Prüfungsdienstleistungen. Demgegenüber hat die IFAC mit dem IFAC Framework und dem speziell für freiwillige Prüfungsdienstleistungen entwickelten ISAE 3000 R einen solchen Bezugsrahmen für assurance engagements geschaffen, der allgemeine Anforderungen an das sehr heterogene Gebiet der freiwilligen Prüfungsdienstleistungen festlegt. Die Anwendung beschränkt sich auf die Fälle, in denen keine spezifischen Standards existieren. In diesem Fall besteht der zugrunde gelegte Bezugsrahmen aus dem IFAC Framework und ISAE 3000 R. Falls doch ein spezifischer Standard vorliegt, so ist dieser vorrangig anzuwenden. Des Weiteren sind die →*ethischen Prüfungsnormen* zu beachten. Im Folgenden soll der Bezugsrahmen erläutert werden.

4 Bezugsrahmen

Eine freiwillige Prüfungsdienstleistung besteht gem. ISAE 3000.3 R i.V.m. IFAC Framework.20 aus den folgenden Elementen: Drei-Parteien-Beziehung (three party relationship), zu behandelnder Gegenstand (subject matter), geeignete Prüfungskriterien (suitable criteria), ausreichende und angemessene Prüfungsnachweise (sufficient appropriate evidence) und ein schriftlicher →*Prüfungsbericht* (written assurance report).

In die Erbringung einer freiwilligen Prüfungsdienstleistung sind drei verschiedene Parteien involviert (IFAC Framework.21). Während der practitioner (der Begriff des practitioner ist weiter gefasst als der des auditor; IFAC Framework.23) die Prüfungsdienstleistung erbringt, obliegt der verantwortlichen Partei (responsible party) die Bereitstellung von Informationen über den zu behandelnden Gegenstand und/oder die seitens der verantwortlichen Partei getätigten Aussagen (assertions) über das Ergebnis der Beurteilung oder Messung des zu behandelnden Gegenstandes. Demnach wird auch zwischen direct engagement und assertion based engagement unterschieden.

Als Berichtsadressat (intended user) kommen alle Personen in Betracht, die Empfänger des Berichts sind. Die verantwortliche Partei kann dabei ein Berichtsadressat, darf aber nicht der einzige sein.

Als zu behandelnde Gegenstände kommen für freiwillige Prüfungsdienstleistungen insbesondere zukunftsorientierte Wertentwicklungen, nicht finanzielle Wertentwicklungen, technische Merkmale, Systeme und Prozesse sowie Verhaltensweisen in Frage (IFAC Framework.31 i.V.m. ISAE 3000.1 R).

Um den zu behandelnden Gegenstand beurteilen zu können, muss der practitioner geeignete Prüfungskriterien heranziehen (IFAC Framework.34–38 i.V.m. ISAE 3000.19–21 R). Hierbei kann er auf bereits bestehende oder selbst entwickelte Prüfungskriterien zurückgreifen.

Die herangezogenen Prüfungskriterien müssen dabei den Anforderungen an Relevanz, Vollständigkeit, Zuverlässigkeit, Neutralität und Verständlichkeit genügen (IFAC Framework.36; → *Abschlussaussagen*). Im Rahmen des → *Prüfungsprozesses* hat der practitioner ausreichende und angemessene → *Prüfungsnachweise* zu erlangen, die es ihm erlauben, eine Beurteilung des zu behandelnden Gegenstandes vorzunehmen. Als mögliche → *Prüfungssicherheiten* kommen hierbei sowohl eine reasonable als auch eine limited assurance in Betracht (IFAC Framework.48 sowie .appendix). Diese Beurteilung hat der Prüfer im Anschluss in einem schriftlichen Prüfungsbericht zusammenzufassen (IFAC Framework.56–60 i. V. m. ISAE 3000.49 R).

Prüfungsdienstleistungen, gesetzliche

Bei Prüfungsdienstleistungen, die vom WP erbracht werden können, ist zwischen freiwilligen (→ *Prüfungsdienstleistungen, freiwillige*) und gesetzlichen Prüfungsdienstleistungen zu differenzieren. Gesetzliche Prüfungsdienstleistungen liegen dann vor, wenn die Prüfung auf einer gesetzlichen oder einer anderen zwingenden Vorschrift beruht.

Gesetzliche Prüfungsdienstleistungen können weiterhin in Vorbehaltsprüfungen (→ *Vorbehaltsaufgaben des WP*) und Nicht-Vorbehaltsprüfungen unterteilt werden. Zur Durchführung von *Vorbehaltsprüfungen* sind ausschließlich vom Gesetz autorisierte Prüfer befugt, wobei diese Befugnis in vielen Fällen auf WP und WPG beschränkt ist. *Nicht-Vorbehaltsprüfungen* können hingegen von allen Personen mit hinreichender Erfahrung und Sachkenntnis durchgeführt werden. Eine Nicht-Vorbehaltsprüfung ist etwa die → *Gründungsprüfung* gem. § 33 AktG.

Zu den Vorbehaltsprüfungen zählt in erster Linie die Prüfung des Einzel- bzw. Konzernabschlusses gem. § 316 HGB. Zu den weiteren Vorbehaltsprüfungen gehören:

- *branchenspezifische Prüfungen*, etwa die Prüfung von Kreditinstituten (→ *Kreditinstitute, Prüfung*) gem. § 340k HGB, Bausparkassen gem. § 13 BSpkG, Versicherungsunternehmen (→ *Versicherungsunternehmen, Prüfung*) gem. § 341k HGB oder die → *Depotprüfung* gem. § 29 KWG,
- *rechtsformspezifische Prüfungen*, etwa die Prüfung von Genossenschaften gem. § 53 GenG (→ *Genossenschaftsprüfung*) oder die

Prüfung nach dem HGrB (→ *HGrB, Prüfung nach dem*) gem. § 53 HGrB,
- *größenspezifische Prüfungen*, z. B. für Unternehmen bestimmter Größenordnungen gem. PublG (§ 6 Abs. 1 PublG), und
- *die Prüfung des Abhängigkeitsberichts* (→ *Abhängigkeitsbericht, Prüfung*) gem. § 313 AktG.

Die internationalen Prüfungsnormen (insbesondere ISA, IAPS) weisen weder rechtsform- noch größenspezifische Regelungen auf. Zwar werden im Anschluss an jede Norm eventuelle Besonderheiten für Unternehmen des öffentlichen Sektors (sog. public sector perspective) genannt, jedoch kann hieraus das Bestehen eines eigenständigen Normensystems für öffentliche Unternehmen nicht abgeleitet werden. Branchenspezifische Prüfungsnormen existieren lediglich für Kreditinstitute (IAPS 1000, 1004, 1006).

Bei den gesetzlichen Prüfungsdienstleistungen kann neben einer Klassifizierung nach der Vorbehaltseigenschaft auch eine Einteilung nach der *Periodizität* vorgenommen werden. Hierbei ist zwischen *periodischen* und *aperiodischen* Pflichtprüfungen zu differenzieren. Periodische Pflichtprüfungen wiederholen sich regelmäßig. Die Einzelabschluss- und Konzernabschlussprüfungen sind die am weitesten verbreiteten periodischen Pflichtprüfungen. Weitere periodische Pflichtprüfungen stellen etwa die Genossenschaftsprüfung, die Depotprüfung und die Prüfung des Abhängigkeitsberichts dar. Aperiodische Pflichtprüfungen (→ *Aperiodische Prüfungen*) werden nur durch einmalige Ereignisse ausgelöst und werden daher auch als → *Sonderprüfungen* bezeichnet. Zu den aperiodischen Pflichtprüfungen zählen etwa die Gründungsprüfung, die → *Umwandlungsprüfung* und die → *Verschmelzungsprüfung* oder die Prüfung bei Kapitalerhöhung gem. §§ 184, 188, 195, 206 AktG.

Prüfungsdokumentation

1   Normen

§ 51b WPO, IDW PS 460, ISA 230.

2 Definition

Unter Prüfungsdokumentation sind alle Verfahrensweisen zu verstehen, die sowohl das Erstellen als auch das Sammeln, Ordnen, Speichern und Bereitstellen von Dokumenten aller Art zum Gegenstand haben. Dokumente in diesem Sinne sind alle Unterlagen, die Informationen zur → *Prüfungsplanung*, -durchführung, -überwachung und zum Ergebnis der Prüfung (→ *Prüfungsurteil*) beinhalten. Die Pflicht zur Prüfungsdokumentation ergibt sich aus § 51b Abs. 1 WPO. Der WP hat seine Tätigkeit angemessen zu dokumentieren. IDW PS 460 und ISA 230 sehen diesbezüglich vor, dass der WP hierzu → *Arbeitspapiere* anlegt. Als Arbeitspapiere gelten alle Unterlagen und Aufzeichnungen, die der WP im Zusammenhang mit seiner Tätigkeit selbst erstellt, sowie solche, die er vom geprüften Unternehmen oder von einem Dritten als Ergänzung seiner eigenen Unterlagen erhält. Bezüglich zu erwartender → *Folgeprüfungen* ist es üblich, die Arbeitspapiere in laufende Arbeitspapiere und in eine → *Dauerakte* aufzuteilen. Die Dokumentation kann dabei sowohl auf Papier als auch in elektronischer Form erfolgen. Wird der oben definierte Begriff der Prüfungsdokumentation weit ausgelegt, so gehören auch der → *Prüfungsbericht* und der → *Bestätigungsvermerk* hierzu.

3 Inhalt und Zweck

Über den Inhalt der Prüfungsdokumentation entscheidet der WP nach eigenem Ermessen. Maßgeblich hierfür sind u. a. die Art des Auftrags, der Inhalt des Prüfungsberichts, Art und Komplexität der Geschäftstätigkeit des Mandanten und Besonderheiten der angewandten Prüfungsmethoden. Die Dokumentation dient der Unterstützung der Tätigkeit des WP hinsichtlich Planung, Durchführung (→ *Prüfungsprozess*) und Überwachung. Weiterhin bildet sie die Grundlage für einen Prüfungsbericht und für Maßnahmen der Qualitätssicherung (→ *Berichtskritik*; → *Qualitätskontrolle, externe*; → *Qualitätssicherung, interne*). Die Prüfungsdokumentation soll dabei insbesondere diejenigen → *Prüfungsnachweise* und → *Prüfungshandlungen* aufzeichnen, die die Prüfungsaussagen (→ *Abschlussaussagen*) im Prüfungsbericht und Bestätigungsvermerk stützen. Die Prüfungsdokumentation dient somit als Nachweis (Nachweisfunktion) über Umfang und Inhalt der durchgeführten Tätigkeiten. Ihr kommt insbesondere bei Rechtsstreitigkeiten eine bedeutende Stellung zu. In einem Zivilprozess haben die Gerichte die Arbeitspapiere im Wege der freien Beweiswürdigung zu berücksichtigen (§ 286 ZPO). Weiterhin dient die Prüfungsdokumentation der laufenden Überwachung der Prüfungsdurchführung (Kontrollfunktion) durch den verantwortlichen Prüfer bzw. → *Prüfungsleiter*. Sie gibt Auskunft über die Einhaltung des Prüfungsplans, auch in zeitlicher Hinsicht, ob Prüfungsfeststellungen eine Modifikation des Prüfungsplans bedingen und ob die Prüfungshandlungen sachgerecht ausgewählt und durchgeführt sowie entsprechend dokumentiert wurden. Weiterhin ist die Dokumentation Gegenstand von internen und externen Qualitätssicherungsmaßnahmen. Überdies dient die Prüfungsdokumentation der Beantwortung von Rückfragen des Mandanten und als Grundlage für die Verfolgung von Prüfungsfeststellungen in der Folgeprüfung. Nach IDW PS 460.8 hat die Dokumentation zwar grundsätzlich in den Arbeitspapieren zu erfolgen; wenn jedoch der Prüfungsbericht entsprechende Feststellungen enthält, kann auf eine zusätzliche Dokumentation in den Arbeitspapieren verzichtet werden. Arbeitspapiere und Prüfungsbericht zusammen geben ein Bild über die Prüfung als Ganzes.

Prüfungsergebnis → Prüfungsurteil

Prüfungsfeststellungen

Prüfungsfeststellungen sind begründete Schlussfolgerungen, die auf angemessenen und ausreichenden → *Prüfungsnachweisen* basieren und das → *Prüfungsurteil* stützen (IDW PS 300.6, ISA 500.2). Im Rahmen einer komplexen Prüfung vollzieht sich die Bildung von Prüfungsfeststellungen in drei Schritten. Zunächst wird eine → *Urteilshypothese* aufgestellt. Im zweiten Schritt erfolgt die Suche nach Prüfungsnachweisen mit der Eignung, die Urteilshypothese zu bestätigen oder zu widerlegen (→ *Suchprozess*). Abschließend erfolgt im dritten Schritt auf Grundlage ausreichender und angemessener Prüfungsnachweise die Prüfungsfeststellung in Form einer Annahme oder Ablehnung der Urteilshypothese.

Prüfungsfeststellungen beschränken sich zunächst auf einzelne → *Prüffelder* oder Prüfungsgegenstände (→ *Prüfungsobjekt*). Mehrere dieser Prüfungsfeststellungen führen durch Aggregation zu einzelnen Prüfungsurteilen in Bezug auf → *Abschlussaussagen*. Aus ihnen leitet der Abschlussprüfer sein Prüfungsurteil über den Jahresabschluss (Gesamturteil) in Form eines Bestätigungs- oder Versagungsvermerkes (→ *Bestätigungsvermerk*) ab. Es beruht auf Prüfungsurteilen zu einzelnen Abschlussaussagen, zu denen der Abschlussprüfer aufgrund eigener

Prüfungsfeststellungen gelangt ist. Es ergibt sich aber nicht lediglich als schematische Addition der einzelnen Prüfungsurteile, sondern erfordert zur Ableitung des abschließenden Gesamturteils eine Gewichtung auf der Grundlage prüferischen Ermessens (IDW PS 400.9). Im Rahmen der Urteilsbildung hat sich der verantwortliche Abschlussprüfer anhand der Dokumentation der Prüfungshandlungen und -feststellungen von der Einhaltung der gesetzlichen und fachlichen Regelungen zu überzeugen (§ 24b Abs. 3 Berufssatzung).

Zur Beurteilung der Konsistenz der Prüfungsfeststellungen hat der Abschlussprüfer abschließende → *analytische Prüfungen* bezüglich der Prüffelder und des gesamten Abschlusses durchzuführen. Dabei können die analytischen Prüfungshandlungen Bereiche erkennen lassen, in denen weitere → *Einzelfallprüfungen* erforderlich werden (IDW PS 320.23, ISA 520.13).

Prüfungsfragebögen → Checklisten

Prüfungsfunktionen

1 Definition

Prüfungsfunktionen beschreiben den Zweck der Prüfungsdienstleistungen (→ *Prüfungsdienstleistungen, freiwillige;* → *Prüfungsdienstleistungen, gesetzliche*) von WP. Es lassen sich primäre und sekundäre Prüfungsfunktionen unterscheiden.

2 Primäre Prüfungsfunktionen

2.1 Agencytheoretische Begründung

Vorrangiges Ziel der Prüfung ist die Sicherstellung der Normenkonformität der Rechnungslegung von Unternehmen und damit der Rechnungslegungsfunktionen (z.B. Informationsfunktion, Zahlungsbemessungsfunktion). Dies lässt sich unter folgenden Annahmen agencytheoretisch (→ *Agencytheoretischer Ansatz*) wie folgt begründen:

Die Eigentümer eines Unternehmens (Prinzipal) übertragen häufig die Leitung auf Manager (Agent). Da die Manager u.U. opportunistisch ihr Eigeninteresse verfolgen und durch ihre Tätigkeit einen Informationsvorsprung besitzen (asymmetrische Informationsverteilung), ist es für die Eigentümer schwierig, ihre Interessen im Unternehmen durchzusetzen. Zur Abmilderung des Informationsvorsprungs wurde die externe Rechnungslegung geschaffen, um standardisierte Informationen über die Lage des Unternehmens bereitzustellen (Abbau asymmetrischer Informationsverteilungen). Es besteht jedoch die Gefahr, dass das Management die Rechnungslegungsnormen missachtet, wenn daraus ein eigener Nutzen resultiert und die Aufdeckungswahrscheinlichkeit gering ist. Deshalb soll die Prüfung der Rechnungslegungsinformationen deren Glaubwürdigkeit erhöhen (IDW PS 200.8) und die Unternehmensleitung zu normenkonformem Handeln veranlassen.

2.2 Einzelne Funktionen

Die *Kontrollfunktion* besagt, dass der Prüfer die Normenkonformität des → *Prüfungsobjektes* festzustellen hat. Dies beinhaltet insbesondere die Beachtung der relevanten Rechnungslegungsvorschriften (§ 317 Abs. 1 Satz 2 HGB, ISA 200.2). In Zusammenhang damit steht die *Korrekturfunktion*: Der Prüfer soll auf die Berichtigung der Fehler hinwirken.

Eine weitere zentrale Funktion ist die *Informationsfunktion*: Die Beurteilung des Abschlusses durch den Prüfer wird den externen Adressaten in Form des → *Bestätigungsvermerks* mitgeteilt; Unternehmensleitung und ggf. Aufsichtsrat werden durch den → *Prüfungsbericht* umfassend informiert. *Präventivfunktion* bedeutet, dass der Abschlussersteller von vornherein Normenverstöße unterlässt, da er weiß, dass der Abschluss durch den Abschlussprüfer und ggf. durch die DPR (→ *Durchsetzung von Rechnungslegungsnormen*) geprüft werden wird.

3 Sekundäre Prüfungsfunktionen

Eine *Zusatznutzenfunktion* liegt vor, da der WP aus der Prüfung gewonnene Erkenntnisse im Rahmen von Beratungsleistungen verwerten kann. Da die Beratung aber vor allem der Unternehmensleitung nützt, deren Ergebnisse jedoch geprüft werden sollen, kann ein Unabhängigkeitsproblem entstehen. Aus diesem Grunde sind Beratungsleistungen durch den Prüfer nur eingeschränkt möglich (vgl. §§ 319 Abs. 3 Nr. 3, 319a Abs. 1 Nr. 2 f. HGB; → *Beratung und Prüfung*; → *Unabhängigkeit*).

Weiterhin besteht eine *Versicherungsfunktion*. Diese zielt darauf ab, dass der Abschlussadressat gegen den Prüfer ggf. Schadenersatz geltend machen kann, wenn er auf geprüfte Informationen vertraut hat, die sich als falsch herausstellen (→ *Haftung des Abschlussprüfers*). Der Abschlussadressat wird regelmäßig bereit sein, für Unternehmensanteile mehr zu bezahlen, wenn geprüfte, mit einem solchen Recht auf Schadenersatz verbundene Unternehmensinformationen verfügbar sind.

Prüfungsgebiete des Wirtschaftsprüfungsexamens

Die Prüfung, die vor einer Prüfungskommission (→ *Prüfungskommission für das Wirtschaftsprüfungsexamen*) abgelegt wird, gliedert sich gem. § 12 Abs. 2 WPO, § 5 WiPrPrüfV in einen schriftlichen und einen mündlichen Teil und umfasst gem. § 4 WiPrPrüfV folgende *vier Prüfungsgebiete*:

- **Wirtschaftliches Prüfungswesen, Unternehmensbewertung und Berufsrecht**
Dieses Prüfungsgebiet beinhaltet nicht nur die Prüfung (Prüfung der Rechnungslegung, sonstige gesetzlich vorgeschriebene Prüfungen und andere betriebswirtschaftliche Prüfungen), sondern auch die Rechnungslegung. Unter die Rechnungslegung fallen, neben der Rechnungslegung im Einzel- und Konzernabschluss nach HGB, auch die Rechnungslegung nach IFRS, die Rechnungslegung in besonderen Fällen und die → *Jahresabschlussanalyse*.

- **Angewandte Betriebswirtschaftslehre, Volkswirtschaftslehre**
Prüfungsrelevante Teile der angewandten Betriebswirtschaftslehre sind die Kosten- und Leistungsrechnung, Planungs- und Kontrollinstrumente, Unternehmensführung und Unternehmensorganisation sowie Unternehmensfinanzierung und Investitionsrechnung. Zudem sind auch methodische Problemstellungen der externen Rechnungslegung, der CG und der Unternehmensbewertung einbezogen. Volkswirtschaftslehre besteht aus den Grundzügen der Volkswirtschaftslehre, der Volkswirtschaftspolitik und der Finanzwissenschaft, einschließlich Grundkenntnissen in anwendungsorientierter Mathematik und Statistik.

- **Wirtschaftsrecht**
Im Mittelpunkt dieses Prüfungsgebietes stehen die Grundzüge des Bürgerlichen Rechts einschließlich der Grundzüge des Arbeitsrechts und des internationalen Privatrechts (mit Schwerpunkt auf dem Recht der Schuldverhältnisse und dem Sachenrecht) sowie das Gesellschaftsrecht,

CG und Grundzüge des Kapitalmarktrechts. Zudem werden das Umwandlungsrecht, das Insolvenzrecht und das Europarecht abgedeckt.

- **Steuerrecht**

Prüfungsschwerpunkt in diesem Gebiet ist das Recht der Steuerarten (insbesondere Einkommen-, Körperschaft-, Gewerbe-, Erbschaft-, Grund-, Umsatz- und Grunderwerbsteuer sowie das Bewertungsgesetz und das Umwandlungssteuerrecht). Außerdem werden die AO und Nebengesetze, die Finanzgerichtsordnung und die Grundzüge des internationalen Steuerrechts geprüft.

Der *schriftliche Prüfungsteil* besteht aus je zwei *Aufsichtsarbeiten* aus den Bereichen Wirtschaftliches Prüfungswesen, Unternehmensbewertung und Berufsrecht; Angewandte Betriebswirtschaftslehre, Volkswirtschaftslehre und Steuerrecht sowie einer Aufsichtsarbeit aus dem Gebiet Wirtschaftsrecht. Für alle Arbeiten stehen gem. § 7 Abs. 2 WiPrPrüfV jeweils vier bis sechs Stunden zur Verfügung. Die Aufgaben werden durch eine bei der Prüfungsstelle eingerichtete Aufgabenkommission (→ *Aufgaben- und Widerspruchskommission für das Wirtschaftsprüfungsexamen*) bestimmt. Das Notenspektrum zur Beurteilung der Arbeiten reicht von sehr gut (wird nur bei einem Notendurchschnitt von 1,00 erteilt) bis ungenügend (wird bei einem Notendurchschnitt von 5,01–6,00 erteilt). Für die schriftliche Prüfung wird eine Gesamtnote ermittelt, die sich aus den Einzelnoten zusammensetzt. Die Prüfung gilt als *nicht bestanden*, wenn nicht mindestens die Gesamtnote 5,00 erzielt wurde oder die Aufsichtsarbeiten aus dem Gebiet Wirtschaftliches Prüfungswesen, Unternehmensbewertung und Berufsrecht im Durchschnitt nicht mindestens mit der Note 5,00 bewertet wurden. Eine nicht bestandene schriftliche Prüfung führt gem. § 11 Abs. 2 Satz 1 WiPrPrüfV zum *Ausschluss von der mündlichen Prüfung*.

Die *mündliche Prüfung* besteht aus einem *Kurzvortrag* und *fünf Prüfungsabschnitten*. Begonnen wird mit dem Kurzvortrag über einen Gegenstand aus der Berufsarbeit des WP, für den eine Länge von maximal zehn Minuten vorgesehen ist. Anschließend wird der Bewerber in fünf Prüfungsabschnitten geprüft, wobei zwei Abschnitte auf den Bereich des Wirtschaftlichen Prüfungswesens, Unternehmensbewertung und Berufsrecht bezogen sind und auf die Bereiche Angewandte Betriebswirtschaftslehre, Volkswirtschaftslehre; Wirtschaftsrecht und Steuerrecht jeweils ein Abschnitt entfällt. Für die mündliche Prüfung wird ebenfalls eine Gesamtnote gebildet.

Für die Prüfung wird gem. § 17 WiPrPrüfV eine *Gesamtnote* ermittelt, die sich als gewichtetes Mittel der schriftlichen und mündlichen Prüfung ergibt, wobei die schriftliche Prüfung mit 0,6 und die mündliche Prüfung mit 0,4 gewichtet wird. Nach §§ 18 f. WiPrPrüfV sind folgende Prüfungsergebnisse möglich:

- Die Prüfung gilt als *bestanden*, wenn auf beiden Prüfungsgebieten mindestens die Note 4,00 erzielt wurde.
- Hat ein Bewerber eine Prüfungsgesamtnote von mindestens 4,00 erzielt, aber auf einem oder mehreren Prüfungsgebieten eine mit schlechter als 4,00 bewertete Leistung erbracht, so ist auf diesen Gebieten eine *Ergänzungsprüfung* abzulegen. Eine Ergänzungsprüfung ist auch dann abzulegen, wenn die Prüfungsgesamtnote schlechter als 4,00 ist, jedoch nur auf einem Prüfungsgebiet eine mit geringer als 4,00 bewertete Leistung erbracht wurde. Eine Ergänzungsprüfung besteht aus einem schriftlichen und einem mündlichen Teil ohne Kurzvortrag. Die Anmeldung zur Ergänzungsprüfung ist innerhalb eines Jahres nach Mitteilung des Prüfungsgesamtergebnisses vorzunehmen. Wird in der Ergänzungsprüfung nicht in jedem abzulegenden Prüfungsgebiet die Note 4,00 erbracht, gilt die gesamte Prüfung als nicht bestanden.
- Wurde die Prüfungsgesamtnote schlechter als 4,00 festgelegt und waren mehrere Prüfungsgebiete schlechter als 4,00 bewertet, so ist die Prüfung *nicht bestanden*. Bei Rücktritt von der Prüfung gilt die gesamte Prüfung ebenfalls als nicht bestanden.

Die Prüfung kann gem. § 22 Abs. 1 WiPrPrüfV zweimal wiederholt werden.

Für Steuerberater, vBP und Absolventen anerkannter Hochschulausbildungsgänge bestehen Prüfungserleichterungen; zudem besteht die Möglichkeit, Studienleistungen in Angewandter Betriebswirtschaftslehre, Volkswirtschaftslehre und in Wirtschaftsrecht anzuerkennen (→ *Zugang zum Beruf des WP*).

Prüfungsgebühren

1 Allgemeines

WP erbringen Leistungen gegen Entgelt. Im Gegensatz zur Vergütung der von Steuerberatern oder Rechtsanwälten erbrachten Leistungen bestehen keine rechtlichen Vorgaben, die die Höhe der Prüfungsgebühren (audit fees) für WP regeln. Da die Höhe der Prüfungsgebühren für diejenigen Tätigkeiten, die → *Vorbehaltsaufgaben des WP* sind, nicht durch eine Gebührenordnung verpflichtend festgelegt ist, empfiehlt sich eine (schriftliche) Vereinbarung über die Höhe der Prüfungsgebühren zwischen Auftraggeber und WP. In Ermangelung einer solchen Vereinbarung über die Höhe der Prüfungsgebühren gilt die übliche Vergütung als vereinbart (siehe hierzu für Dienstverträge § 612 Abs. 2 BGB, für Werkverträge § 632 Abs. 2 BGB). Kann auch die übliche Vergütung nicht festgestellt werden, darf der WP die Prüfungsgebühren gem. §§ 315 f. BGB nach billigem Ermessen festlegen. Ausdrücklich unzulässig ist allerdings gem. § 55a WPO die Vereinbarung von → *Erfolgshonoraren*.

2 Vergütung für die Prüfung des Jahresabschlusses privatwirtschaftlicher Unternehmen

Die Höhe der Prüfungsgebühren für Jahresabschlussprüfungen privatwirtschaftlicher Unternehmen kann zum einen durch den zeitlichen Einsatz der Mitglieder des → *Prüfungsteams* (Zeitgebühr) und zum anderen durch die Bilanzsumme des zu prüfenden Unternehmens (Wertgebühr) determiniert werden.

Der Einsatz der Mitglieder des Prüfungsteams wird auf Stundenbasis abgerechnet, wobei die Stundensätze auf der Grundlage einer Eigenkalkulation des Berufsangehörigen zu ermitteln sind. Bei der Berechnung des Stundensatzes bedarf es der abgestuften Berücksichtigung von Faktoren wie Qualifikation und Erfahrung der eingesetzten Mitglieder des Prüfungsteams. Zudem sind Auslagen, die dem WP bei der Erbringung der Dienstleistung entstanden sind, wie z.B. Porto oder Gebühren für die Inanspruchnahme von Schreibarbeiten, in Rechnung zu stellen.

Berufsrechtlich zulässig ist auch die Vereinbarung von → *Pauschalhonoraren* (§ 27 Berufssatzung). Allerdings ist die Vereinbarung von Pauschalhonoraren nicht unbedenklich. Daher bedarf es bei der Vereinbarung von Pauschalhonoraren der Beachtung der Angemessenheit der Honorarhöhe sowie der vorherigen Vereinbarung, dass eine Erhöhung des Pauschalhonorars seitens des WP vorgenommen werden kann, wenn nicht vorhersehbare Umstände im Bereich des Auftraggebers, wie z. B. die unzureichende Bereitstellung für die Prüfung notwendiger Unterlagen, zu einer erheblichen Erhöhung des Prüfungsumfangs führen. Durch diese sog. Öffnungsklausel soll die → *Unparteilichkeit* des WP und die → *Gewissenhaftigkeit* der Durchführung notwendiger → *Prüfungshandlungen* auch bei Vereinbarung eines Pauschalhonorars gewährleistet bleiben. Entsprechendes gilt auch für die Durchführung freiwilliger Prüfungen (z. B. → *Freiwillige Abschlussprüfung*).

3 Gebühren für die Pflichtprüfung des Jahresabschlusses gemeindlicher Betriebe

Für die Prüfung der Betriebe von Gemeinden durch WP oder WPG werden in Erlassen der Innenminister der Länder Gebührensätze (sog. Nichtbeanstandungsgrenzen) herausgegeben.

Seit dem 1.1.2000 wird die Vergütung sämtlicher Prüfungsleistungen nicht mehr für Tagewerke festgelegt, sondern auf Stundenbasis berechnet. Die Festlegung des Stundensatzes hat abgestuft nach der individuellen Qualifikation der eingesetzten WP und → *Prüfungsassistenten* zu erfolgen.

4 Verjährung von Honoraransprüchen

Vergütungsansprüche von WP verjähren gem. § 196 Abs. 1 Nr. 15 BGB in zwei Jahren. Dies gilt auch dann, wenn es sich beim Auftraggeber um eine Person i. S. d. § 196 Abs. 1 Nr. 1 BGB handelt. Nach Auffassung des BGH (BGH v. 28.9.1998) ist ferner für die Anwendung der kurzen Verjährungsfrist nicht die Rechtsform, unter der ein WP tätig wurde, ausschlaggebend. Die Verjährung beginnt mit Ablauf des Jahres, in dem der Vergütungsanspruch entstanden ist (§§ 188, 201 BGB).

Literatur: *IDW* (Hrsg.), WP-Handbuch 2000, Band I, 2000, A 508–545.

Prüfungsgegenstand → Prüfungsobjekt

Prüfungsgesellschaft → WPG

Prüfungshandbuch

Das Prüfungshandbuch (audit manual) beschreibt den →*Prüfungsansatz* der jeweiligen Prüfungsgesellschaft und dient gleichzeitig als betriebliche Norm (→*Prüfungsnormen*).

Prüfungshandbücher werden häufig den Mitarbeitern zur Verfügung gestellt und beschreiben allgemein die vom Prüfer verlangte Vorgehensweise zur Durchführung einer Jahresabschlussprüfung. Ziel ist es, einen ordnungsmäßigen Prüfungsablauf (→*Prüfungsprozess*) sowie die Berücksichtigung bzw. Einhaltung der notwendigen Zielgrößen der Jahresabschlussprüfung (→*Zielgrößen im Prüfungsprozess*) zu gewährleisten. Insbesondere gilt es, die Einhaltung der →*fachtechnischen Prüfungsnormen* (→*IDW PS;* →*ISA*) sicherzustellen.

Hierzu bedient sich das Prüfungshandbuch sog. Prüfungsrichtlinien; dies sind Handlungsanweisungen zur Planung (→*Prüfungsplanung*), Durchführung und Überwachung der Jahresabschlussprüfung. Sie geben Auskunft über weitere anzuwendende Prüfungshilfsmittel (→*IT-gestützte Prüfungstechniken;* →*Checklisten*) sowie über Art und Umfang der zu ziehenden →*Stichproben*. Weiterhin benennen Prüfungshandbücher die Dokumentationserfordernisse (→*Prüfungsdokumentation*) sowie Unterlagen, die in die →*Arbeitspapiere* aufzunehmen sind. Der Einsatz von Prüfungshandbüchern erfolgt insbesondere bei großen Prüfungsgesellschaften, um zu gewährleisten, dass die große Anzahl von Mitarbeitern gleiche bzw. ähnliche Vorgaben zur Prüfungsdurchführung erhält. Da die Erstellung eines Prüfungshandbuches mit hohem Aufwand verbunden ist, wird in kleineren Gesellschaften teilweise darauf verzichtet. Anweisungen erfolgen hier i.d.R. mündlich.

Prüfungshandlungen

Prüfungshandlungen (audit procedures) dienen der Erlangung von →*Prüfungsnachweisen*. Hierbei hat der Abschlussprüfer in einer angemessenen Kombination sowohl →*Systemprüfungen* als auch →*aussagebezogene Prüfungshandlungen* durchzuführen (IDW PS 300.14). Systemprüfungen zielen auf die Erlangung von Prüfungsnachweisen über die angemessene Ausgestaltung (Aufbauprüfung) und Wirksamkeit (Funktionsprüfung) des rechnungslegungsbezogenen →*IKS* ab (IDW PS 260, ISA 400). Aussagebezogene Prüfungshandlungen dienen der Erlangung einer hinreichenden Prüfungssicherheit darüber, ob die

Abschlussaussagen den in den Rechnungslegungsnormen festgelegten Anforderungen entsprechen. Diese hinreichende Sicherheit ist erreicht, wenn das → *Prüfungsrisiko* auf ein akzeptables Maß reduziert wird. Die Prüfungspraxis erachtet hierbei zumeist ein verbleibendes Prüfungsrisiko von bis zu 5 % als akzeptabel. Es sind zwei Arten von aussagebezogenen Prüfungshandlungen zu unterscheiden: → *Analytische Prüfungen* (IDW PS 312, ISA 520) und → *Einzelfallprüfungen* (IDW PS 300.14, .23–33, ISA 500.19c, .22). Bei der Durchführung von Einzelfallprüfungen kann sowohl eine Vollprüfung, eine → *bewusste Auswahl* einzelner Elemente als auch eine → *Zufallsauswahl* unter Anwendung geeigneter statistischer Verfahren erfolgen (ISA 530.22–27). Die ausreichende und ordnungsgemäße Dokumentation der Prüfungshandlungen ist durch schriftlich oder mündlich erteilte → *Prüfungsanweisungen* zu gewährleisten (§ 24b Abs. 1 Berufssatzung).

Prüfungshemmnis

Ein Prüfungshemmnis liegt vor, wenn der Abschlussprüfer abgrenzbare Teile der Rechnungslegung aufgrund bestimmter Umstände nicht mit hinreichender Sicherheit beurteilen kann (IDW PS 400.50). Sachverhalte, die zu einem Prüfungshemmnis führen können, sind z. B. die durch das zu prüfende Unternehmen verweigerte direkte Kontaktaufnahme mit dem Rechtsanwalt des zu prüfenden Unternehmens, Unregelmäßigkeiten bei der Einholung von → *Saldenbestätigungen* sowie die fehlende Verwendbarkeit der Ergebnisse anderer Prüfer gem. IDW PS 320 (IDW PS 400.56). Das Vorliegen eines Prüfungshemmnisses kann die Erteilung des → *Bestätigungsvermerks* beeinflussen (IDW PS 400). Ist trotz des Vorliegens wesentlicher Beanstandungen zu abgrenzbaren Bereichen des Abschlusses, des Lageberichts oder der Buchführung ein Positivbefund zu wesentlichen Bereichen der Rechnungslegung möglich, hat der Abschlussprüfer einen eingeschränkten Bestätigungsvermerk zu erteilen (IDW PS 400.50). Ist es dem Abschlussprüfer aufgrund einer wesentlichen Auswirkung eines Prüfungshemmnisses auf den gesamten Abschluss nach Ausschöpfung aller angemessenen Möglichkeiten zur Klärung des Sachverhaltes gem. § 322 Abs. 5 HGB nicht möglich, ein Prüfungsurteil abzugeben, ist gem. § 322 Abs. 2 Satz 1 Nr. 4 HGB ein Versagungsvermerk zu erteilen (IDW PS 400.65).

Prüfungshinweis → IDW PH

Prüfungshonorare → Prüfungsgebühren

Prüfungsintensität

Prüfungsintensität beschreibt das Ausmaß, mit dem ein → *Prüffeld* bearbeitet wird. Es wird zwischen einer → *Vollprüfung* und einer → *Auswahlprüfung* unterschieden. Die Art des Prüfungsauftrags (→ *Jahresabschlussprüfung*; → *Prüferische Durchsicht*) entscheidet über die abzugebende → *Prüfungssicherheit*. Die erforderliche Prüfungssicherheit wird nach dem → *Risikomodell* dadurch erreicht, indem nach Einschätzung des → *inhärenten Risikos*, → *Kontrollrisikos* und → *Risikos aus analytischen Prüfungshandlungen* die Prüfungsintensität bei den Einzelfallprüfungen so angepasst wird, dass der resultierende Wert für das → *Testrisiko* nicht überschritten wird.

Prüfungskette

Eine Prüfungskette liegt vor, wenn in mehreren Stufen Soll-Objekte mit den entsprechenden Ist-Objekten im Rahmen von → *Soll-Ist-Vergleichen* miteinander verglichen werden (→ *Messtheoretischer Ansatz*). Es wird eine Kette von zusammenhängenden Vorgängen geprüft. Dabei dienen die so gewonnenen *Teilergebnisse* jeweils als Ausgangsbasis für den darauf folgenden Soll-Ist-Vergleich. Sofern auf einer Stufe das Ist-Objekt mit dem Soll-Objekt übereinstimmt, wird aus dem Ist-Objekt dieser Stufe das Soll-Objekt der nächsten Stufe abgeleitet und dort wiederum einem Vergleich mit dem Ist-Objekt unterzogen. Es entsteht eine *Verknüpfung* der einzelnen Vergleiche und daher wird in diesem Zusammenhang von einer Prüfungskette gesprochen. In Abhängigkeit von dem Ausgangspunkt der Prüfungskette spricht man von → *progressiver Prüfung*, bei der der wirtschaftliche Tatbestand am Beginn der Prüfungskette steht, bzw. von → *retrograder Prüfung*, bei der die Prüfungskette bei der zu prüfenden Jahresabschlussposition beginnt. Nach dem Grad der Verkettung sind zudem *verzweigte* und *unverzweigte* Prüfungsketten zu unterscheiden.

Prüfungskommission für das Wirtschaftsprüfungsexamen

Das Examen, das den Nachweis der fachlichen Befähigung, den Beruf des WP ordnungsgemäß auszuüben, erbringen soll, wird vor einer Prüfungskommission abgelegt. Den Vorsitz der Prüfungskommission hat jeweils eine Person inne, die eine für Wirtschaft zuständige oder eine andere oberste Landesbehörde vertritt. Dadurch wird der Einfluss des Staates gesichert. Folgende weitere Mitglieder gehören nach § 2 Abs. 1 WiPrPrüfV der Prüfungskommission an: ein Hochschullehrer der Betriebswirtschaftslehre, ein Mitglied mit der Befähigung zum Richteramt, ein Vertreter der Finanzverwaltung, ein Vertreter der Wirtschaft und zwei WP.

Prüfungslehre

Prüfungslehre ist die Lehre vom Betriebswirtschaftlichen Prüfungswesen. Die Prüfungslehre wird an Hochschulen mit wirtschaftswissenschaftlichen Fakultäten als Spezielle Betriebswirtschaftslehre angeboten (z.B. unter der Bezeichnung Wirtschaftsprüfung oder Betriebswirtschaftliches Prüfungswesen). Das betriebswirtschaftliche Studium mit einer Fokussierung im Bereich der Prüfungslehre (oftmals kombiniert mit der Betriebswirtschaftlichen Steuerlehre) ist zumeist die Vorbildung, auf deren Basis der Hochschulabsolvent nach mehrjähriger beruflicher Prüfungstätigkeit über ein besonderes Zulassungsexamen die formale Qualifikation des → *WP* anstrebt (→ *Zugang zum Beruf des WP*).

Der Inhalt der Prüfungslehre ist durchaus *umstritten* und nicht zwingend identisch mit der groben Skizze der in § 4 A. WiPrPrüfV beschriebenen Prüfungsgebiete des Zulassungsexamens. Diese Prüfungsgebiete konzentrieren sich i.S. einer anwendungsorientierten Betriebswirtschaftslehre im Wesentlichen auf die Vermittlung von Wissen in Bezug auf eine normenkonforme Durchführung von Prüfungen (de lege lata-Betrachtung).

Einer weit gefassten Interpretation der Prüfungslehre entspricht es, die Aufgaben einer Prüfungslehre in der Vermittlung der prüfungstheoretischen Erkenntnisse (→ *Prüfungstheorie*) zu sehen: Demnach setzt die Prüfungslehre an den Zielen der Prüfungstheorie an, d.h. dem Erkennen der Realität sowie deren Gestaltung. Das Erkennen der Realität schließt die Prüfungswirkungslehre ein, wonach Prüfungen und ihre Einflüsse auf das betriebliche Geschehen zu beschreiben sind. Die Gestaltung kann sich z.B. auf die Gestaltung einer Prüfung unter gegebenen Normen (→ *Prüfungsprozess*) und/oder auf eine Gestaltung der → *Prüfungsnormen* selbst (kritische Würdigung der vorhandenen Normen sowie Beschäftigung mit der Frage, wie die Normen auszugestalten sind, um bestimmte Ziele zu erreichen) beziehen.

Teilweise wird die Prüfungslehre auch institutionell betrachtet; hier steht gleichfalls das Erkenntnis- und das Gestaltungsinteresse im Mittelpunkt. Dabei geht es um die Frage, welche realen Prüfungsinstitutionen sich zum Schutz der öffentlichen Interessen herausgebildet haben (bzw. sich herausbilden sollten), wie diese funktionieren und welche alternativen Schutzinstrumente existieren. Zentrale Prüfungsinstitutionen sind der externe Prüfer (zumeist der mit der → *Jahresabschlussprüfung* befasste externe WP) und der interne Prüfer (→ *Interne Revision*). Als weitere Prüfungsinstitutionen sind z.B. der → *Aufsichtsrat*, der steuerliche Außenprüfer (→ *Steuerliche Außenprüfung*), der → *Prüfungsausschuss*, die Rechnungshöfe sowie die DPR (→ *Durchsetzung von Rechnungslegungsnormen*) zu nennen.

Prüfungsleiter

Der Prüfungsleiter ist für den ordnungsgemäßen Ablauf der Prüfung beim Mandanten verantwortlich. Er teilt den → *Prüfungsassistenten* die jeweiligen Prüffelder zu und dient als zentraler Ansprechpartner. Gegenüber den Prüfungsassistenten zeichnet sich der Prüfungsleiter dadurch aus, dass er bereits über eine größere Berufserfahrung im Bereich der Wirtschaftsprüfung verfügt. Auch das erfolgreiche Bestehen bereits eines Berufsexamens (→ *Wirtschaftsprüfungsexamen*) ist bei Prüfungsleitern nicht unüblich. Gegenüber dem → *Manager* bzw. dem → *Partner* ist er weisungsgebunden. Somit steht der Prüfungsleiter (oftmals auch senior genannt) in der internen Karriereleiter einer → *WPG* oberhalb eines Prüfungsassistenten aber unterhalb eines Managers oder Partners.

Prüfungsmarkt

1 Definition

Unter dem Prüfungsmarkt ist der Markt für Prüfungsleistungen, die von → *WP* oder → *WPG* angeboten werden, zu verstehen. Nicht unter die Leistungen des Prüfungsmarktes fallen zum einen Prüfungsleistungen im Rahmen der → *steuerlichen Außenprüfung* oder im Rahmen der Prüfungen durch Rechnungshöfe, genossenschaftliche Prüfungsverbände oder Prüfstellen der → *Sparkassen- und Giroverbände*. Zum anderen sind Beratungsleistungen wie die → *Steuerberatung* oder Treuhandtätigkeiten abzugrenzen. Das Angebot wird durch die Angehörigen der Berufsstände der WP und der → *vBP* bereitgestellt; die Nachfrage erfolgt direkt durch die zu prüfenden Unternehmen bzw. indirekt durch an den Prüfungsergebnissen interessierte Personengruppen (→ *Stakeholder*).

2 Leistungen

Im Zentrum der auf dem Prüfungsmarkt angebotenen Leistungen stehen die Pflichtprüfungen von Jahresabschlüssen (→ *Jahresabschlussprüfung*). Diesbezügliche Veränderungen der Nachfrage nach Prüfungsleistungen sind in Deutschland v.a. auf die Erweiterung der Pflichtprüfung, die Internationalisierung der Rechnungslegung sowie die Entwicklung der IT zurückzuführen. Daneben sind zunehmend auch Leistungen von Bedeutung, die von Unternehmen freiwillig nachgefragt werden. Diese müssen nicht zwingend die Prüfung eines Gegenstandes (→ *Prüfungsdienstleistungen, freiwillige*) beinhalten, sondern können auch aus der Bereitstellung von Informationen für Managemententscheidungen durch WP bestehen (z. B. → *Compilations*).

3 Nachfrage- und Angebotsseite

Die Nachfrage nach WP-Leistungen resultiert aus Unsicherheiten und Informationsasymmetrien im Vorfeld von Entscheidungen über die Allokation von Ressourcen. So können z.B. stakeholder eines Unternehmens nicht feststellen, ob die Erstellung eines Abschlusses den relevanten Normen entspricht. Der → *agencytheoretische Ansatz* stellt einen theoretischen Bezugsrahmen für die Erklärung der Nachfrage dar.

Das Angebot nach pflichtmäßigen Prüfungsdienstleistungen (→ *Prüfungsdienstleistungen, gesetzliche*) ist determiniert durch die Nachfrage. Beim Angebot freiwilliger Leistungen spielen neben individuellen Nutzen-Kosten-Abwägungen wettbewerbsspezifische sowie kapazitätsbedingte Überlegungen eine Rolle. Maßgeblich sind hierbei allerdings auch Normen, die die → *Unabhängigkeit* des Abschlussprüfers sicherstellen sollen. So kann ein WP, der zugleich Abschlussprüfer eines Unternehmens ist, nur in begrenztem Umfang bei demselben Unternehmen weitere Dienstleistungen anbieten (→ *Beratung und Prüfung*).

4 Struktur

Die Analyse der Marktstruktur sowie des Verhaltens der Marktteilnehmer ist erforderlich für die Beurteilung von Marktergebnissen. Die Struktur des Prüfungsmarktes ergibt sich aus der Anzahl der jeweiligen Teilnehmer auf der Angebots- und der Nachfrageseite. Während sich Letztere durch eine sehr hohe Anzahl an heterogenen Transaktionspartnern auszeichnet, dominieren einige wenige WPG das Angebot (Oligopol). Empirische Untersuchungen in Europa belegen eine zunehmende Anbieterkonzentration auf den Prüfungsmärkten.

Literatur: *Marten, K.-U./Köhler, A.G.*, Prüfungsmarkt, in: Ballwieser, W./Coenenberg, A.G./Wysocki, K.v. (Hrsg.), Handwörterbuch der Rechnungslegung und Prüfung, 2002, Sp. 1831–1841; *Lenz, H./Ostrowski, M.*, in: Die Betriebswirtschaft 1999, S. 397–411.

Prüfungsnachweis

Prüfungsnachweise (audit evidence) sind vom Abschlussprüfer erlangte Informationen, die er verwendet, um zu den → *Prüfungsfeststellungen* zu gelangen, um hierauf aufbauend die geforderten Prüfungsaussagen (→ *Prüfungsurteil*) treffen zu können (IDW PS 300.6, ISA 500.2).

Die einzelnen Prüfungsnachweise erlangt der Abschlussprüfer durch geeignete → *Prüfungshandlungen*. Prüfungsnachweise im Rahmen der Abschlussprüfung sind Informationen, insbesondere aus Originalunterlagen, buchhalterischen Aufzeichnungen sowie sonstigen, dem Jahresabschluss und Lagebericht zugrundeliegenden Unterlagen, und Erkenntnisse, wie z.B. Erklärungen des gesetzlichen Vertreters (IDW PS 303.7 f., ISA 580.4) und Dritter (IDW PS 302.6, ISA 505.2). Dabei hat der Abschlussprüfer die zur Stützung seiner Prüfungsaussagen dienenden Prüfungsnachweise in den → *Arbeitspapieren* zu dokumentieren, soweit sie nicht im →*Prüfungsbericht* enthalten sind (IDW PS 460.6, ISA 230.4).

Die Prüfungsnachweise müssen ausreichend und angemessen sein, damit die anschließenden Prüfungsfeststellungen mit hinreichender Sicherheit getroffen werden können. Ausreichend bezeichnet hierbei die Quantität der eingeholten Prüfungsnachweise, die Angemessenheit hingegen den qualitativen Maßstab i. S. v. Verlässlichkeit und Relevanz, welche zusammenhängend zu beurteilen sind. Was als ausreichend und angemessen zu bezeichnen ist, hängt stets von den Umständen des Einzelfalls ab. Bspw. ist die Frage, welche Art und welcher Umfang von Prüfungsnachweisen als ausreichend und angemessen zu beurteilen sind, von der Art des →*Prüfungsobjekts* und der Quelle des Prüfungsnachweises abhängig. So ist eine Kompensation von Prüfungsnachweisen geringer Verlässlichkeit durch eine größere Anzahl voneinander unabhängiger Prüfungsnachweise möglich (IDW PS 300.8).

Für die Beurteilung, ob ausreichende und angemessene Prüfungsnachweise vorliegen, sind u. a. folgende Aspekte zu berücksichtigen (IDW PS 300.9, ISA 500.9):

- Beurteilung der Art und Höhe des →*inhärenten Risikos* für das Unternehmen insgesamt und das einzelne →*Prüffeld*,
- Ausgestaltung und Wirksamkeit rechnungslegungsbezogener Kontrollen sowie die darauf aufbauende Einschätzung der →*Kontrollrisiken*,
- die Wesentlichkeit der zu prüfenden Posten (→*Materiality*),
- Erfahrungen aus vorhergehenden Prüfungen,
- die Quelle der Informationen.

Der Grad der Verlässlichkeit der Prüfungsnachweise hängt insbesondere von deren Art (Inaugenscheinnahme, schriftlich oder mündlich) und Quelle (intern oder extern) ab. So sind grundsätzlich zum einen Prüfungsnachweise in schriftlicher Form verlässlicher als mündliche Erklärungen und zum anderen Prüfungsnachweise aus externen Quellen i. d. R. verlässlicher als solche aus internen Quellen (IDW PS 300.36, ISA 500.9). Der Grad der Relevanz der Prüfungsnachweise hängt insbesondere von deren Eignung ab, die Prüfungsaussagen zu stützen. So liefert die Inaugenscheinnahme von materiellen Vermögensposten dem Abschlussprüfer nur einen Prüfungsnachweis dafür, dass diese vorhanden sind, nicht notwendigerweise aber auch, in wessen Eigentum sie stehen und welcher Wert ihnen beizumessen ist. Sofern sich die gewünschte Prüfungsaussage auf den Wert des betrachteten Vermögenspostens bezieht, besitzt der so gewonnene Prüfungsnachweis alleine keine Relevanz. Erst in Zusammenhang mit einem Prüfungsnachweis für den Preis des betrachteten Vermögenspostens, erlangt auch der durch Inaugenscheinnahme gewonnene Prüfungsnachweis für die Menge Relevanz (IDW PS 300.28, ISA 500.27).

Prüfungsnormen

1 Definition und Funktionen

Eine Prüfungsnorm ist als Regel *definiert*, die den Anspruch erhebt, das Verhalten des Prüfers zu steuern. Dabei erfordert eine Abschlussprüfung eine Beurteilung des → *Prüfungsobjektes* (angesprochen ist vor allem der Jahresabschluss) im Hinblick auf die Übereinstimmung mit den angewandten Rechnungslegungsnormen. Ein unter Anwendung der Rechnungslegungsnormen korrekt erstellter Jahresabschluss (und die darin enthaltenen → *Abschlussaussagen*) bildet das Soll-Objekt der Prüfung, welches mit dem seitens der Unternehmensleitung vorgelegten (vorläufigen) Abschluss (Ist-Objekt) zu vergleichen ist (→ *Messtheoretischer Ansatz*). Das prüferische Vorgehen muss wiederum den Anforderungen in den Prüfungsnormen genügen.

Prüfungsnormen erfüllen verschiedene *Funktionen*. Normen sollen das prüferische Verhalten beeinflussen, indem sie bestimmte Handlungen vorschreiben oder verbieten (*präskriptive Funktion*). Weiterhin erfüllen Normen eine *deskriptive Funktion*, indem sie den Empfänger des Prüfungsurteils (im Fall der Abschlussprüfung sind die Abschlussadressaten angesprochen) über Art und Umfang der durchgeführten Prüfung informieren. Erfüllen Normen die beiden zuvor genannten Funktionen, tragen sie gleichzeitig dazu bei, dass die geprüften Abschlussinformationen hinsichtlich ihrer Glaubwürdigkeit vergleichbar sind (*Standardisierungsfunktion*). Indem der Abschlussersteller durch die Prüfungsnormen Kenntnis über die Prüfung erlangt, entfalten Normen eine abschreckende Wirkung (*prophylaktische Funktion*). Weiterhin stärken Prüfungsnormen in Konfliktfällen die Stellung des Prüfers gegenüber dem Mandanten. Hier entfalten die Normen eine *Schutzfunktion*, da es dem Mandanten schwer fallen dürfte, seine Vorstellungen gegenüber dem Prüfer durchzusetzen, sofern dem konkrete und verbindliche Normen entgegenstehen.

2 Prüfungsordnung

2.1 Vorbemerkungen

Die Gesamtheit der Prüfungsnormen lässt sich als Prüfungsordnung definieren. Prüfungsnormen betreffen unterschiedliche Regelungsbereiche (Normenarten) und werden von unterschiedlichen Quellen herausgegeben. Die Normenquelle bestimmt, welche Bindungswirkung eine Norm aus dem Status ihrer Quelle heraus maximal entfalten kann. Abschnitt 2.2 kennzeichnet zunächst die Regelungsbereiche. Abschnitt 2.3 systematisiert die Normenarten nach der Quelle ihrer Herausgabe; dabei wird auch auf den Entwicklungsprozess und die Bindungswirkung eingegangen. Die Ausführungen konzentrieren sich auf die Dienstleistung »Abschlussprüfung«; nicht behandelt werden Leistungen, die auf einer anderen zwingenden Verpflichtung (→ *Prüfungsdienstleistungen, gesetzliche*) beruhen oder die freiwillig (→ *Prüfungsdienstleistungen, freiwillige*) erbracht werden.

Weiterhin stellen die → *GoA* zweifelsfrei Prüfungsnormen dar; diese Normen werden aufgrund ihres besonderen Charakters in einem eigenständigen Stichwort behandelt. Zu fragen ist darüber hinaus, ob einem *Richterspruch* Normencharakter zukommt. Obwohl die Rechtsprechung nur die am konkreten Verfahren Beteiligten bindet, kann ein Richterspruch auf künftige Prüfungen »ausstrahlen« und insofern eine präskriptive Funktion entfalten. Daher erscheint es vertretbar, die Rechtsprechung den Normen i.w.S. zuzurechnen; diesbezügliche Einzelheiten werden im Folgenden nicht vertieft.

2.2 Regelungsbereiche

In Bezug auf die Jahresabschlussprüfung lassen sich die folgenden Regelungsbereiche unterscheiden:

→ *Fachtechnische Prüfungsnormen* betreffen Art und Umfang der Erbringung einer Prüfungsleistung. Voraussetzung für die Erbringung einer solchen Leistung ist, dass der Prüfer über einen gewissen Ausbildungsstand verfügt und sich zudem kontinuierlich weiterbildet. Demnach bedarf es besonderer → *Ausbildungsnormen*.

Weiterhin legen *Qualitätsnormen* das Anforderungsprofil bei der Organisation der WP-Praxis und der Abwicklung einzelner Prüfungsaufträge fest. Qualitätsnormen regeln die interne und die externe Qualitätssicherung (→ *Qualitätssicherung, interne*; → *Qualitätskontrolle, externe*).

Eine Prüfung vermag den gegebenen Abschlussinformationen nur dann Glaubwürdigkeit zu verleihen, wenn der Prüfer ethischen Anforderungen (z. B. → *Unabhängigkeit*) genügt. Dabei geben → *ethische Prüfungsnormen* vor, unter welchen Voraussetzungen der Prüfer in der Lage ist, die fachtechnischen, aber auch die Ausbildungs- und die Qualitätsnormen sachgerecht anzuwenden.

Des Weiteren setzen *Durchsetzungsnormen* Anreize, um die Erfüllung der präskriptiven Funktion der zuvor genannten Normenarten sicherzustellen. Durchsetzungsnormen legen einen Preis (Nutzeneinbuße des Prüfers, z. B. in Form einer monetären Sanktion oder von Reputationsverlusten) fest, der im Fall einer Prüfung, die nicht dem in den fachtechnischen, den Ausbildungs-, den Qualitäts- und/oder den ethischen Normen geforderten Niveau entspricht, zu entrichten ist. Dabei lassen sich Haftungs- und reine Anreiznormen unterscheiden (→ *Haftung des Abschlussprüfers*). Während Haftungsnormen einen Anreiz dahingehend setzen, dass der Prüfer im Fall einer nicht normenkonformen Prüfung für den hieraus entstandenen Schaden aufzukommen hat (z. B. § 323 HGB, §§ 823, 826 BGB), drohen reine Anreiznormen (unabhängig von einem entstandenen Schaden) dem Prüfer mit einer Bestrafung (z. B. die berufsrechtliche Ahndung in Form einer Rüge gem. § 63 WPO).

2.3 Quellen der Herausgabe, Entwicklungsprozess und Bindungswirkung

Nachstehend werden die für einen in Deutschland agierenden Abschlussprüfer relevanten Prüfungsnormen nach der Quelle ihrer Herausgabe systematisiert (gesetzliche, berufsständische, betriebliche und sonstige Normen); dabei wird auch auf den Entwicklungsprozess der Normen sowie deren Bindungswirkung eingegangen. Im Einzelnen ist Folgendes festzustellen:

Gesetzliche Prüfungsnormen finden sich vor allem in den §§ 316–324a, 332 f. HGB (vorzugsweise ethische Prüfungsnormen sowie mit Ausnahme der Berichterstattung des Prüfers sehr allgemein gehaltene fachtechnische Prüfungsnormen) sowie in den §§ 43–56 WPO (zumeist ethische Prüfungsnormen). Gesetze unterliegen dem normalen Gesetzgebungsprozedere. An gesetzliche Normen ist der Abschlussprüfer zwingend gebunden. Einen engen Bezug hierzu weisen die von der EU-Kommission herausgegebenen Richtlinien (z. B. die Prüferrichtlinie, welche die Voraussetzungen der mit der Pflichtprüfung beauftragten Personen betrifft) und Empfehlungen auf. Richtlinien binden den Prüfer nicht unmittelbar; vielmehr trifft die Mitgliedstaaten eine Verpflichtung, die Ziele einer Richtlinie in nationales Recht umzusetzen.

Berufsständische Normen werden von der → *IFAC*, dem → *IDW* und der → *WPK* herausgegeben.

Die seitens der IFAC verlautbarten internationalen berufsständischen Normen umfassen fachtechnische Normen (→ *ISA*; → *IAPS*), ethische Prüfungsnormen (→ *Ethics*), Ausbildungsnormen (→ *IES*; → *IEG*) und Qualitätsnormen (ISQC). Bei dem Entwicklungsprozess internationaler Prüfungsnormen handelt es sich um ein formalisiertes mehrstufiges Verfahren (*working procedures*), welches in IFAC Preface.23–28 normiert ist. Hierzu gehören u. a. die Herausgabe von Diskussionsentwürfen, das Einholen von Kommentaren, ggf. das Überarbeiten der Entwürfe sowie die Abstimmung über die Annahme als endgültige Norm im → *IAASB*.

Grundsätzlich entspricht es der Normensetzungsphilosophie der IFAC, die internationalen Prüfungsnormen nicht direkt anzuwenden, sondern ggf. unter Beachtung nationaler Besonderheiten (z. B. spezifische nationale rechtliche Regelungen) in nationale Prüfungsnormen zu transformieren (IFAC Constitution.4.c.ii; siehe auch IFAC Preface.3); insofern besteht eine *Dominanz der nationalen Normenäquivalente*. Allerdings sieht Art. 26 Abs. 1 der 8. EU-Richtlinie vor, dass die internationalen fachtechnischen Prüfungsnormen für die Durchführung von gesetzlichen Abschlussprüfungen direkt anzuwenden sind. Gleichwohl können nationale Prüfungsgrundsätze (IDW PS) so lange angewendet werden, wie die Kommission keine internationalen Prüfungsgrundsätze (ISA und damit zusammenhängende Verlautbarungen und Standards), die für denselben Bereich gelten, angenommen hat.

Innerhalb der internationalen fachtechnischen Prüfungsnormen gilt Folgendes: Die ISA besitzen die höchste Bindungskraft. Ein IAPS bindet den Prüfer weniger stark als ein ISA; gleichwohl muss ein Prüfer, der ein anwendbares Practice Statement nicht beachtet, darauf vorbereitet sein, zu erklären, wie er den in einem Standard angesprochenen Grundsätzen (*basic principles*) und wesentlichen Prüfungshandlungen (*essential procedures*) gerecht wird (IFAC Preface.21).

Im Hinblick auf die Ausbildungs- und Qualitätsnormen dominieren grundsätzlich die nationalen Normenäquivalente (vgl. z. B. Introduction to IEG.4; Framework for IES.5–7). Innerhalb der Ausbildungsnormen besitzen die IES gem. Framework for IES.7 eine höhere Bindungskraft als die IEG. In Bezug auf die ethischen Normen gilt, dass vorrangig die strengeren (entweder die nationalen oder die internationalen) Normen anzuwenden sind; dabei ist den nationalen Besonderheiten Rechnung zu tragen (Ethics.Preface).

Das IDW gibt vor allem fachtechnische Normen heraus, welche die allgemein gehaltenen gesetzlichen Normen konkretisieren. Zu den IDW-Normen zählen die →*IDW PS* und die →*IDW PH*. Die Entwicklung der IDW-Normen umfasst – ähnlich der Entwicklung internationaler Prüfungsnormen – ein formalisiertes mehrstufiges Verfahren, welches jedoch nicht explizit normiert ist.

IDW-Normen sind keine gesetzlichen Normen, da dem IDW als Privatrechtssubjekt die Kompetenz zum Erlass von Rechtsnormen fehlt. Gleichwohl besteht die Vermutung, dass die IDW-Normen zu den für eine gewissenhafte Berufsausübung gem. § 43 Abs. 1 Satz 1 WPO i.V.m. § 4 Abs. 1 Berufssatzung relevanten fachlichen Regeln zählen. Da der Berufsstand diese Regeln herausgibt, besitzen diese faktisch eine über die Fachliteratur hinausgehende Bindungskraft. Weicht der Prüfer von diesen Normen ab, muss er im Zweifelsfall vor Gericht in der Lage sein, sein Abweichen zu rechtfertigen (insofern ähnlich IFAC Preface.21 in Bezug auf die internationalen Normen). Den IDW PS kommt eine höhere Bindungskraft zu; gleichwohl empfiehlt IDW PS 201.29 die Anwendung der IDW PH.

Das IDW hat auf die Neufassung der 8. EU-Richtlinie, welche eine direkte Anwendung der ISA auf nationaler Ebene vorsieht, bereits reagiert. Ergänzend zu den ISA werden IDW IPS (Internationale PS) herausgegeben, welche sich auf die deutschen Besonderheiten der Transformation beschränken. Zusätzlich gibt das IDW ein gesondertes Dokument heraus, welches die ISA synoptisch in englischer und deutscher Sprache darstellt; dabei sind die deutschen Besonderheiten durch spezielle Ergänzungstextziffern gekennzeichnet. Die Nummerierung der IDW PS lehnt sich an die der ISA an (z.B. zum Regelungsbereich fraud ISA 240 und IDW IPS 240).

Auch nach Umsetzung der 8. EU-Richtlinie existieren IDW PS, die in keinem Zusammenhang zu einem spezifischen Transformationserfordernis stehen. Angesprochen sind die IDW PS, welche sich auf spezifisch nationale (deutsche) Prüfungsobjekte beziehen: Zu nennen sind z.B. IDW PS 340 zur Prüfung des Risikofrüherkennungssystems (→*Risikomanagementsystem, Prüfung*), IDW PS 450 zum →*Prüfungsbericht* gem. § 321 HGB und IDW PS 345 zu den Besonderheiten der Prüfung in Zusammenhang mit dem →*DCGK*.

Die WPK kann nach Anhörung der →*Arbeitsgemeinschaft für das wirtschaftliche Prüfungswesen* eine Berufssatzung erlassen (§ 57 Abs. 3 WPO). Die seitens der WPK erlassene Berufssatzung hat im Unterschied zu Gesetzen keinen statusbildenden, sondern einen statusausfüllenden Charakter. Sie konkretisiert die WPO innerhalb der in § 57

Abs. 4 WPO gezogenen Grenzen. Hier entfaltet die Berufssatzung ein Verpflichtungspotenzial, das dem der gesetzlichen Normen entsprechen dürfte. Die Berufssatzung behandelt primär ethische Fragestellungen. Weiterhin ist eine Beachtung der seitens der WPK herausgegebenen Berufsrichtlinien in bestimmten Fällen (angesprochen ist vor allem der Fall, in dem keine Regelung in der Berufssatzung vorliegt oder die vorliegende Regelung auslegungsbedürftig ist) empfehlenswert. In seltenen Fällen gibt die WPK (ggf. auch gemeinsam mit dem IDW; vgl. E-VO 1/2005) auch Verlautbarungen heraus; diese binden den Prüfer ähnlich wie ein IDW PS. Der Entwicklungsprozess der von der WPK herausgegebenen Normen ist für Außenstehende nicht transparent.

Betriebliche Normen sollen das prüferische Verhalten auf der Ebene der einzelnen Prüfungsgesellschaften steuern. Diese Normen finden ihren Ausdruck im → *Prüfungshandbuch (audit manual)* der jeweiligen Gesellschaft. Sie besitzen Anweisungs- und Leitliniencharakter (→ *Prüfungsanweisungen*) und dienen regelmäßig der Konkretisierung der gesetzlichen sowie der berufsständischen Normen. Die Beurteilung der Bindungskraft hängt auch von den betrieblichen Sanktionen (im Extremfall droht die Entlassung) sowie den betrieblichen Maßnahmen (interne Qualitätskontrolle) zur Aufdeckung von Normenverstößen ab.

Sonstige Normen umfassen z.B. auf das prüferische Vorgehen bezogene Beiträge im Fachschrifttum, Äußerungen betriebswirtschaftlich orientierter AK sowie der Finanzministerien. Diese Normen können gleichfalls begründete fachliche Argumentationen beinhalten, deren Beachtung eine gewissenhafte Berufsausübung gem. § 43 Abs. 1 WPO erfordert.

Klaus Ruhnke

Literatur: *Marten, K.-U./Quick, R./Ruhnke, K.*, Wirtschaftsprüfung, 2003.

Prüfungsobjekt

Das Prüfungsobjekt umfasst im einfachsten Fall nur eine einzelne Merkmalsausprägung (einfache Prüfung), z.B. den Betrag oder das Datum eines Buchungsbeleges. Diese einzelne Merkmalsausprägung wird als Ist-Objekt einem Soll-Objekt (→ *Soll-Ist-Vergleich*) gegenübergestellt. Dabei ist das Soll-Objekt als – regelmäßig nicht existierende – normgerechte Gestaltung des betrachteten Ist-Objekts zu verstehen. Im Regelfall beruht das Prüfungsurteil auf einer Mehrzahl von Einzelmerkmalen; es sind also mehrere primäre Soll-Ist-Vergleiche zur Urteilsabgabe erforderlich. So kann das Prüfungsobjekt in Bezug auf die zu betrachtenden Einzelmerkmale mehrdimensional sein, z. B. wenn das Urteil sowohl in Hinblick auf den Betrag als auch auf das Datum eines Buchungsbeleges abgegeben werden soll; das Prüfungsobjekt umfasst somit beide Merkmale.

Oftmals umfasst das Prüfungsobjekt dagegen eine Vielzahl von Einzelmerkmalen (komplexe Prüfung). In manchen Fällen (→ *Systemprüfung*; → *Informationsverarbeitungsansatz*) ist es dem Abschlussprüfer ex ante gar nicht möglich, ein Soll-Objekt zu konstruieren. Auch dann liegt eine komplexe Prüfung vor. Zum Teil ergibt sich ein endgültiges Soll-Objekt erst im Verlauf der Prüfung selbst (heuristisches prüferisches Vorgehen; → *Suchprozess*).

Prüfungsorgane → Prüfungsträger

Prüfungspfad

Prüfungspfad (audit trail) bezeichnet ein erkennbares System von Verweisungen auf den nächsten und/oder vorherigen Verarbeitungsschritt. Dabei geht es zumeist um die Verarbeitung von Geschäftsvorfällen. Ein erkennbarer Prüfungspfad ist Voraussetzung für die → *progressive Prüfung* und die → *retrograde Prüfung*. Die Existenz eines erkennbaren Prüfungspfades erfordert eine sachgerechte Dokumentation beim Mandanten.

Prüfungspflicht

Eine Prüfungspflicht liegt immer dann vor, wenn gesetzliche oder andere zwingend zu beachtende Vorschriften existieren, aufgrund derer Prüfungen durchgeführt werden müssen. Der Gesetzgeber sieht diese Prüfungspflicht für Sachverhalte vor, bei denen bestimmte stakeholder (z. B. Aktionäre, Gläubiger, Arbeitgeber) ein besonderes Schutzbedürfnis haben. Die wichtigsten Pflichtprüfungen sind die → *Jahresabschlussprüfung* und die Konzernabschlussprüfung (→ *Konzernabschluss, Prüfung*), die zu den periodischen gesetzlichen Prüfungsdienstleistungen (→ *Prüfungsdienstleistungen, gesetzliche*) zu zählen sind.

Der Jahresabschluss und der Lagebericht von Kapitalgesellschaften sowie von haftungsbeschränkten Personengesellschaften i. S. d. § 264a

HGB unterliegen der Prüfungspflicht nach den §§ 316–324a HGB, sofern es sich nicht um kleine Gesellschaften handelt (→ *KMU, Prüfung*). Sie sind durch einen externen Abschlussprüfer zu prüfen. Das können ausschließlich → *WP* und → *WPG* sein, bei mittelgroßen Kapitalgesellschaften und haftungsbeschränkten Personengesellschaften i.S.d. § 264a HGB auch → *vBP* und → *BPG*. Eine Pflicht zur Prüfung des Jahresabschlusses und des Lageberichts besteht nach Maßgabe des § 6 PublG auch für andere Unternehmen als Kapitalgesellschaften und haftungsbeschränkte Personengesellschaften i.S.d. § 264a HGB, wenn diese bestimmte in § 1 PublG festgelegte Größenmerkmale erreichen (→ *PublG*). Allerdings entsprechen die Prüfungsvorschriften des PublG in allen wesentlichen Punkten den §§ 316–324a HGB. Für den nach § 290 HGB bzw. § 11 PublG aufzustellenden Konzernabschluss und Konzernlagebericht besteht nach Maßgabe der §§ 317–324a HGB bzw. § 14 Abs. 1 PublG ebenfalls eine Prüfungspflicht, wobei nur WP und WPG zur Prüfung berechtigt sind (§ 316 Abs. 3 i.V.m. § 319 Abs. 1 HGB).

Gem. § 264 Abs. 3 HGB bzw. § 5 Abs. 6 PublG sind Gesellschaften von der Prüfungspflicht des Einzelabschlusses befreit. Dies setzt jedoch voraus, dass es sich bei der begünstigten Gesellschaft um ein Tochterunternehmen eines nach § 290 HGB bzw. § 11 PublG zur Aufstellung eines Konzernabschlusses verpflichteten Mutterunternehmens handelt. Wird von dieser Regelung Gebrauch gemacht, besteht für den dann ungeprüften Einzelabschluss eine Prüfungspflicht im Rahmen der Konzernabschlussprüfung nach § 317 Abs. 3 i.V.m. Abs. 1 HGB. Demnach entfällt lediglich die gesonderte Prüfung des Einzelabschlusses durch einen eigens hierfür bestellten Prüfer, nicht hingegen die Prüfungspflicht im Ganzen. Allerdings wird von dieser Erleichterungsmöglichkeit, insbesondere bei mittelständischen Unternehmen, nur in Einzelfällen Gebrauch gemacht, da zum einen die restriktiven und umfänglichen Voraussetzungen nur schwierig zu erfüllen sind und sich die betroffenen Unternehmen zum anderen kaum dem Verlangen der → *stakeholder* nach einem geprüften und testierten Einzelabschluss entziehen können. Wird der Konzernabschluss des Mutterunternehmens nicht offen gelegt, bedeutet dies für das Einzelunternehmen im Konzern, dass der Einzelabschluss mangels ordnungsmäßig durchgeführter Pflichtprüfung nicht festgestellt werden kann und somit nichtig ist. Diese Rechtsfolge gewährleistet die Einhaltung der im öffentlichen Interesse gegebenen Vorschriften der Abschlussprüfung.

Eine Prüfungspflicht von IFRS-Rechnungslegungsinformationen ist nicht explizit in den → *IFRS* normiert. Die Pflicht zur Abschlussprüfung ergibt sich zum einen aus dem Anwendungsbereich des HGB. Für verpflichtend oder wahlweise aufgestellte IFRS-Konzernabschlüsse von Unternehmen mit Sitz in Deutschland besteht gem. §§ 315a Abs. 1 i. V. m. 316 Abs. 2 HGB eine Prüfungspflicht. Informatorische IFRS-Einzelabschlüsse i. S. d. § 325 Abs. 2a HGB unterliegen nach § 325 Abs. 2b HGB der Prüfungspflicht. Zum anderen dürfte sich für → *kapitalmarktorientierte Unternehmen* unabhängig von den Regelungen des HGB eine faktische Prüfungspflicht ergeben, da der Kapitalmarkt ungeprüfte IFRS-Abschlüsse nicht akzeptiert.

Eine Prüfungspflicht kann jedoch auch außerhalb der Jahresabschlussprüfung bestehen. Zu denken wäre hier insbesondere an weitere periodisch wiederkehrende Prüfungen. Hierzu gehören etwa die Prüfung von Kreditinstituten (→ *Kreditinstitute, Prüfung*) nach § 340k HGB, die Prüfung von Versicherungsunternehmen (→ *Versicherungsunternehmen, Prüfung*) gem. § 341k HGB, die → *Depotprüfung* gem. § 29 KWG, die → *Genossenschaftsprüfung* gem. § 53 GenG, die Prüfung nach dem HGrG (→ *HGrG, Prüfung nach dem*) gem. § 53 HGrG, die Prüfung des Abhängigkeitsberichts (→ *Abhängigkeitsbericht, Prüfung*) gem. § 313 AktG sowie die Prüfung nach § 16 der Makler- und Bauträgerverordnung. Darüber hinaus kann eine Prüfungspflicht auch bei → *aperiodischen Prüfungen* vorliegen, sofern die Tatbestände, an die der Gesetzgeber die Prüfungspflicht knüpft, erfüllt sind. Beispiele für sog. → *Sonderprüfungen* sind etwa die → *Gründungsprüfung*, die → *Umwandlungsprüfung* sowie die → *Verschmelzungsprüfung*.

Prüfungsphasen → Prüfungsprozess

Prüfungsplanung

1 Zentrale Normen

a) Deutsche Normen: §§ 37–39 Berufssatzung, IDW PS 240, E-VO 1/2005; b) Internationale Normen: ISA 220, 300, ISQC 1.

2 Definition

Unter Prüfungsplanung ist der Entwurf einer Ordnung zu verstehen, nach der die eigentliche Prüfung zu vollziehen ist. Planung ist im Allgemeinen Voraussetzung für wirtschaftliches Handeln und damit auch Voraussetzung für eine ökonomische Durchführung der Prüfung.

3 Anforderungen an die Prüfungsplanung

Ziel der Prüfungsplanung ist die Sicherstellung eines in sachlicher, personeller und zeitlicher Hinsicht adäquaten Prüfungsablaufs bei Beachtung der gegebenen Verhältnisse (§ 37 Berufssatzung) und des Wirtschaftlichkeitsprinzips. Insbesondere soll gewährleistet werden, dass Aussagen über das Ergebnis der Prüfung zum mit dem Mandanten vereinbarten Termin mit hinreichender Sicherheit getroffen werden können. Ungeachtet der wirtschaftlichen Notwendigkeit der Durchführung einer Prüfungsplanung ergibt sich die Pflicht zur Planung aus § 37 Berufssatzung sowie IDW PS 240.7.

Die Planung der Abschlussprüfung (→ *Auftragsspezifische Prüfungsplanung*) wird grundsätzlich in die Phase der globalen und in die Phase der detaillierten Planung unterteilt (siehe Abb. 5). Die globale Planung hat das Ziel, eine mandantenspezifische Prüfungsstrategie zu entwickeln, und wird deshalb auch als strategische Prüfungsplanung bezeichnet. Funktion der detaillierten Planung ist die Erstellung eines in sachlicher, personeller und zeitlicher Hinsicht abgestimmten → *Prüfungsprogramms*.

Basis für die Entwicklung einer → *Prüfungsstrategie* ist die Abgrenzung der Prüfungsobjekte. Bei der handelsrechtlichen Pflichtprüfung ergeben sich die Gegenstände der Prüfung aus § 317 HGB. Ergänzend können im Prüfungsauftrag oder durch andere Gesetze weitere Prüfungsobjekte bestimmt werden (z. B. → *Geschäftsführungsprüfung*). Bei Prüfungsaufträgen, die nicht aufgrund gesetzlicher Vorschriften durchgeführt werden, ergeben sich die Prüfungsgegenstände allein aus den Vereinbarungen zwischen Prüfer und Unternehmen. Wird einer Prüfungsgesellschaft ein Auftrag zur Jahresabschlussprüfung ohne weitere Angaben erteilt, sind die handelsrechtlichen Vorschriften zu beachten. Entsprechendes gilt, wenn ein Bestätigungsvermerk i. S. d. § 322 HGB erteilt werden soll.

Als zentrales Element der gesamten Prüfungsplanung ist die Risikoanalyse zu sehen. Im Rahmen der Risikoanalyse hat sich der Abschlussprüfer ausreichende Kenntnisse über das zu prüfende Unternehmen anzueignen. Er muss die Besonderheiten des Unternehmens und des Unternehmensumfelds berücksichtigen (IDW PS 240.16, 230.7 u. .9, ISA 310.4–8). Die bereits im Vorfeld während der Phase der Auftragsannahme gewonnenen Erkenntnisse können hierbei herangezogen werden. Insbesondere sind hinsichtlich Unternehmens- und Prüfungsrisiken die folgenden Elemente zu beachten:

- Kenntnisse über die Geschäftätigkeit des Unternehmens,
- Verständnis für das →*IKS* sowie Art, Zeitpunkt und Ausmaß interner Kontrollen,
- Überblick über Leitung, Koordination, Überwachung und Nachschau,
- Überblick über das wirtschaftliche Umfeld bzw. den Markt, auf dem das Unternehmen agiert (z. B. gegenwärtige und potenzielle Konkurrenten, Substitutionsprodukte, Lieferanten und Abnehmer).

Mit Hilfe von Risikobeurteilungen und Wesentlichkeitseinschätzungen kann eine vorläufige Abschätzung des inhärenten Risikos und des Kontrollrisikos vorgenommen werden. Die Einschätzung der zuletzt genannten Risiken ist notwendig, da der Abschlussprüfer die Prüfungsplanung in seine risikoorientierte Vorgehensweise (→*Risikoorientierte Abschlussprüfung*) einbindet.

Bei der Risikoanalyse und der Abgrenzung der Prüfungsobjekte sind Interdependenzen zu beachten. Zum einen haben Art und Umfang der Prüfungsgegenstände Einfluss auf zu identifizierende und zu analysierende Risiken. Zum anderen können Ergebnisse der Risikoanalyse eine Erweiterung des Prüfungsumfangs bedeuten. Wird z. B. das Risiko des Vorhandenseins von Unterschlagungstatbeständen als erheblich eingestuft, können Geschäftsführungsprüfungen zum Gegenstand der Prüfung und damit Gegenstand der Prüfungsplanung werden, soweit ein Einfluss auf Aussagen im Jahresabschluss vermutet werden kann (IDW PS 210.22 f.). Das IDW empfiehlt, in diesem Kontext die Aufsichtsorgane des Unternehmens bei der Planung weiterer Prüfungshandlungen zu kontaktieren (IDW PS 210.28).

Auf Basis der Prüfungsobjekte und der Risikoanalyse entwickelt der Abschlussprüfer eine Prüfungsstrategie. Sie ist Kernstück der risikoorientierten Abschlussprüfung und Grundlage der Erstellung des Prüfungsprogramms.

In der zweiten Phase der Prüfungsplanung wird ein Prüfungsprogramm erstellt, welches Art, Umfang und Zeitpunkt der einzelnen Prüfungshandlungen sowie den Personaleinsatz während der Prüfung determiniert. Ein Prüfungsprogramm beinhaltet Prüfungsanweisungen an die an der Prüfung beteiligten Mitarbeiter sowie Anweisungen zur Überwachung und Dokumentation der Prüfungsdurchführung. Das Prüfungsprogramm muss in der Lage sein, einen ordnungsgemäßen Prüfungsablauf in sachlicher, zeitlicher und personeller (→*Personalzuordnungsmodelle*) Hinsicht zu gewährleisten.

Die zwischen den sachlichen, personellen und zeitlichen Gegebenheiten bestehenden Interdependenzen sind bei der Planung zu berücksichtigen. So werden z. B. die Prüfungsreihenfolge und der Prüfungsumfang der Prüffelder von der Verfügbarkeit des qualifizierten Personals und den festgelegten Endterminen mitbestimmt. Ebenso ist es denkbar, dass aus der Prüfungsprogrammplanung gewonnene Erkenntnisse die Prüfungsstrategie verändern können. Aufgrund dieser Interdependenzen ist ein *Simultanplanungsprozess*, d.h. ein unter gleichzeitiger Berücksichtigung aller endogenen und exogenen Einflussfaktoren stattfindender Planungsprozess, erforderlich. Wegen den der Simultanplanung anhaftenden Problemen, die im Wesentlichen in der Komplexität des Prüfungsobjekts bzw. des Planungsprozesses bestehen, werden in der Praxis Ansätze der *stufenweisen Prüfungsplanung* angewandt. Das bedeutet, dass zunächst eine Entwicklung der Prüfungsstrategie erfolgt, aufgrund derer dann die Prüffelder bestimmt werden (sachliche Planung), die dann wiederum die Basis für die personelle und die zeitliche Planung bilden. Wünsche des Auftraggebers, die sich auf → *Prüfungsschwerpunkte*, den zeitlichen Ablauf der Prüfung oder einzelne Prüfungshandlungen beziehen, dürfen nur berücksichtigt werden, wenn sie einer ordnungsmäßigen Prüfung nicht entgegenstehen (IDW PS 240.9).

Sowohl die Entwicklung der Prüfungsstrategie als auch die Planung des Prüfungsprogramms sind als *kontinuierliche und rückgekoppelte Prozesse* anzusehen (IDW PS 240.21, ISA 300.12). Das liegt zum einen daran, dass während der Planung noch nicht alle zur Prüfungsdurchführung notwendigen Informationen vorliegen. Zum anderen können während der Prüfung Erkenntnisse gewonnen werden (z.B. durch die Aufdeckung von Fehlern), die zu einer Modifikation der Prüfungsplanung führen. Die ursprüngliche Prüfungsplanung wird daher kontinuierlich an den jeweiligen Erkenntnisstand angepasst.

Die festgelegte Prüfungsstrategie und das ausgearbeitete Prüfungsprogramm sowie alle im Rahmen der Planung gewonnenen Erkenntnisse über die einzelnen Prüfungsgebiete werden schriftlich in den → *Arbeitspapieren* festgehalten (IDW PS 460.7, .12, .18). Insbesondere zeitliche Planvorgaben (Soll-Zeiten) für einzelne Prüffelder stellen in Verbindung mit den vom Prüfpersonal festgehaltenen Ist-Zeiten eine wertvolle Unterstützung für die Planung einer Folgeprüfung dar.

Wesentliche Elemente des Prozesses der Prüfungsplanung sind in Abbildung 5 dargestellt.

Abzugrenzen ist die hier dargestellte auftragsspezifische Planung von der → *Gesamtplanung von Prüfungsaufträgen* des WP (E-VO 1/2005.73,

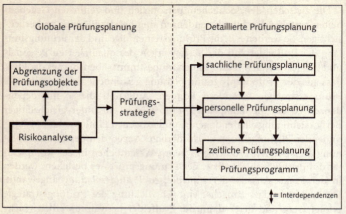

Abb. 5: Prozess der Prüfungsplanung

ISQC 1.25), mit der die Voraussetzung dafür geschaffen wird, dass jegliche übernommenen und erwarteten Aufträge ordnungsmäßig durchgeführt und zeitgerecht abgeschlossen werden können.

Guido Neubeck

Literatur: *Sperl, A.*, Prüfungsplanung, 1978; *Zaeh, P.E.*, in: Zeitschrift für Planung 2000, S. 217–237.

Prüfungsprogramm

Das Prüfungsprogramm (audit program) wird im Rahmen der detaillierten →*Prüfungsplanung* erstellt. Das Prüfungsprogramm setzt die →*Prüfungsstrategie* um und soll einen ordnungsgemäßen Prüfungsablauf in sachlicher, personeller und zeitlicher Hinsicht gewährleisten. Zur Erstellung des Prüfungsprogramms werden die Prüfungsgebiete in →*Prüffelder* aufgeteilt, wobei für jedes Prüffeld Art, Umfang sowie zeitlicher Ablauf der zur Umsetzung der Prüfungsstrategie erforderlichen →*Prüfungshandlungen* festzulegen sind. Das Prüfungsprogramm beinhaltet die →*Prüfungsanweisungen* an das →*Prüfungsteam* und ist für die einzelnen Prüffelder gesondert zu dokumentieren (IDW PS 240.18–20). Prüfungsprogramme können entweder mandantenspezifisch entwickelt werden, oder sie werden als Standardprogramme vorgegeben, die den besonderen Verhältnissen der Prüfung anzupassen sind.

Prüfungsprozess

1 Prüfungsnormen

a) Deutsche Normen: §§ 321 f. HGB, IDW PS 240.7–21, 260, 400, 450, § 51b WPO, § 24a Berufssatzung, VO 1/1995, E-VO 1/2005; b) Internationale Normen: ISA 100.24, 230, 260, 700.

2 Definition

Der Begriff »Prüfungsprozess« bezeichnet allgemein den Ablauf der Abschlussprüfung, wobei sich die Wahl des spezifischen Prüfungsprozesses an den Zielgrößen »Erlangung einer ausreichenden Prüfungssicherheit« (Effektivität) und »wirtschaftlicher Prüfungsdurchführung« (Effizienz) zu orientieren hat.

3 Übersicht über die Teilprozesse

Der Prüfungsprozess besteht aus den Phasen der → *Prüfungsplanung*, der Prüfungsdurchführung mit dem Ziel der Erlangung von → *Prüfungsnachweisen*, der Erfüllung von Dokumentationserfordernissen (→ *Prüfungsdokumentation*) und der Aggregation der Teilurteile zu einem abschließenden Gesamturteil (→ *Prüfungsurteil*) sowie des begleitenden → *Prüfungsberichts*. Dabei ist diese Unterteilung als gedankliche, nicht jedoch als chronologische Unterteilung zu betrachten, da z.B. die Ergebnisse von → *Zwischenprüfungen* notwendige Informationen für die Prüfungsplanung darstellen. Umgekehrt kann eine Anpassung der in der Planung getroffenen Einschätzungen aufgrund von Prüfungsergebnissen notwendig sein. Der Prüfungsprozess setzt sich somit aus mehreren Teilprozessen zusammen, welche überwiegend zeitlich parallel ablaufen und sich zudem gegenseitig beeinflussen. Dabei sind z.B. die → *Prüfungsstrategie* und das umgesetzte → *Prüfungsprogramm* fortwährend an die während der Prüfung gewonnenen Erkenntnisse anzupassen. Der Prozess ist demnach zum Teil rückgekoppelt. Bspw. können im Rahmen der → *Systemprüfung* erlangte Erkenntnisse die ursprünglichen Einschätzungen des Abschlussprüfers in Bezug auf das

Fehlerrisiko (→ *Risikomodell*) modifizieren und als Folge der Umfang der → *aussagebezogenen Prüfungshandlungen* angepasst werden.

4 Darstellung der Teilprozesse im Einzelnen

4.1 Prüfungsplanung

Die Prüfungsplanung umfasst die Entwicklung einer mandantenspezifischen Prüfungsstrategie sowie eines hieraus abgeleiteten Prüfungsprogramms, das Art, Umfang und Zeitpunkt der einzelnen → *Prüfungshandlungen* festlegt (IDW PS 240.11). Das Prüfungsprogramm wiederum enthält → *Prüfungsanweisungen* an die Mitarbeiter sowie Anweisungen zur Dokumentation und Überwachung der Prüfungsdurchführung. Da das Prüfungsprogramm die Prüfungsziele je → *Prüffeld* beschreibt, erfolgt zuvor eine Aufteilung der Prüfungsgebiete in Prüffelder (IDW PS 240.19).

Die Prüfungsplanung ist hierbei kein abgegrenzter Prozessschritt, sondern ein sachlich abgegrenzter Teilbereich der Prüfung, welcher nahezu den gesamten Prüfungsprozess begleitet. Der Abschlussprüfer ist zur Prüfungsplanung verpflichtet, damit die Abschlussprüfung ziel- und zeitgerecht sowie wirtschaftlich durchgeführt wird (§ 24a Berufssatzung, IDW PS 240.7, VO 1/1995, E-VO 1/2005.50). Abzugrenzen von der Prüfungsplanung einzelner Prüfungsaufträge ist die → *Gesamtplanung von Prüfungsaufträgen*, welche eine sachgerechte und unter Beachtung der Berufsgrundsätze ordnungsgemäße Durchführung sowie den zeitgerechten Abschluss der übernommenen und erwarteten Prüfungsaufträge sicherstellen soll und auf der Prüfungsplanung einzelner Aufträge aufbaut (VO 1/1995, E-VO 1/2005.73).

4.2 Prüfungsdurchführung sowie begleitende Dokumentation und Kommunikation

Die Prüfungsdurchführung setzt die im Rahmen der Prüfungsplanung festgelegte Prüfungsstrategie und das Prüfungsprogramm um. Die Umsetzung erfolgt durch gezielte Prüfungshandlungen. Die möglichen Prüfungshandlungen umfassen zum einen Prüfungshandlungen im Rahmen der Systemprüfungen, zum anderen aussagebezogene Prüfungshandlungen (→ *analytische Prüfungen* und → *Einzelfallprüfungen*). Die Auswahl geeigneter Prüfungshandlungen ist dabei von der konkreten Ausgestaltung der → *risikoorientierten Abschlussprüfung* abhängig. Mögliche Ansatzpunkte für die Ausgestaltung sind die →*geschäftsrisikoorientierte Prüfung*, die →*tätigkeitskreisorientierte Prüfung* sowie die →*abschlusspostenorientierte Prüfung* (IDW PS 260.37).

Dabei schließen sich die genannten Ansatzpunkte nicht gegenseitig aus. So ist in bestimmten Teilbereichen auch bei einer geschäftsrisiko- oder tätigkeitskreisorientierten Prüfung ein abschlusspostenorientiertes Vorgehen notwendig.

Den gesamten Ablauf der Prüfungsdurchführung begleitend, hat eine ausreichende und ordnungsgemäße Dokumentation in den →*Arbeitspapieren* zu erfolgen (§ 51b WPO i. V. m. IDW PS 460, § 24b Berufssatzung, ISA 230). Im →*IKS* festgestellte Schwächen sind frühestmöglich an die Unternehmensleitung zu kommunizieren (IDW PS 260.81, 400.49). Weitere im Zuge der Prüfungsdurchführung für die Arbeit der Überwachungsorgane eines Unternehmens gewonnene bedeutsame Erkenntnisse sind zeitnah an die zuständigen Organe zu kommunizieren (IDW PS 260.2, .81, 400.49, ISA 260.2).

4.3 Urteilsbildung

Im Rahmen des Urteilsbildungsprozesses aggregiert der Prüfer die anhand der Prüfungsnachweise getätigten Prüfungsfeststellungen der einzelnen Sachverhalte zu einem Gesamturteil über die normenkonforme Darstellung des Jahresabschlusses und Lageberichts. Hierzu werden die in Bezug auf die einzelnen Prüffelder gewonnenen →*Prüfungsfeststellungen* kritisch bewertet und ggf. gewichtet. Bei der Urteilsbildung hat der Abschlussprüfer weitere Aspekte, wie z. B. →*Ereignisse nach dem Abschlussstichtag* und die →*Verwendung von Urteilen Dritter*, zu berücksichtigen.

4.4 Berichterstattung

Mit der Berichterstattung und Urteilsmitteilung schließt der Prüfungsprozess ab. Die deutschen Normen sehen zwei Instrumente vor: Den →*Bestätigungsvermerk* (§ 322 HGB, IDW PS 400) und den Prüfungsbericht (§ 321 HGB i. V. m. IDW PS 450). Der Bestätigungsvermerk richtet sich vor allem an externe Abschlussadressaten. Die Ausgestaltung (Einschränkung, Versagung) des Bestätigungsvermerks wird nur durch wesentliche Fehler beeinflusst. Er beinhaltet somit keine Fehler, welche die Darstellung der Vermögens-, Finanz- und Ertragslage nicht wesentlich beeinflussen. Der Prüfungsbericht dagegen dient als unternehmensinternes Informationsinstrument an die Geschäftsführung bzw. die

Hauptversammlung und den Aufsichtsrat und stellt quantitative und qualitative Fehler ausführlich dar.

Die internationalen Normen verlangen einen in seinen Bestandteilen dem deutschen Bestätigungsvermerk entsprechenden Bestätigungsbericht (ISA 700). Ein Prüfungsbericht ist nach internationalen Normen nicht explizit vorgesehen. Vielmehr setzen die internationalen Normen auf eine zeitnahe schriftliche und/oder mündliche Kommunikation an die Leitungs- und Überwachungsorgane des Unternehmens (ISA 260).

Literatur: *Marten, K.-U./Quick, R./Ruhnke, K.*, Wirtschaftsprüfung, 2003, S. 202–411.

Prüfungsqualität

Der Begriff Prüfungsqualität ist weder durch gesetzliche noch durch berufsständische → *Prüfungsnormen* definiert, so dass eine Annäherung über die sprachliche Bedeutung des Wortes Qualität zielführend erscheint. Dessen Ursprung liegt im lateinischen qualitas und stellt auf die Beschaffenheit, die Güte oder den Wert eines Gegenstandes ab. Übertragen auf eine betriebswirtschaftliche oder technische Ebene kann Qualität als auf die Eignung zur Erfüllung gegebener Erfordernisse bezogene Gesamtheit von Eigenschaften und Merkmalen eines Produktes oder einer Tätigkeit umschrieben werden. Qualität gibt nach dieser Definition also den Erfüllungsgrad von Anforderungen wieder.

Im Fall von Dienstleistungsunternehmen erscheint es grundsätzlich sinnvoll, den Soll-Wert für die Messung der Anforderungserfüllung aus Sicht des Abnehmers bzw. Mandanten zu bestimmen. Diese Vorgehensweise eignet sich für die Definition von Prüfungsqualität hingegen nur sehr bedingt, da das Ziel einer Prüfungshandlung nicht primär in der Erfüllung der Anforderungen des Mandanten, sondern in der Abgabe eines hinreichend sicheren Prüfungsurteils über die Normenkonformität des Prüfungsgegenstandes besteht (→ *Prüfungssicherheit*).

Daher ist Prüfungsqualität und deren Messung in den zwei Dimensionen der wahrgenommenen und der tatsächlichen Prüfungsqualität zu diskutieren:

- Wahrgenommene Prüfungsqualität beschreibt die Einschätzung der → *stakeholder* bezüglich der Leistung des Prüfers. Oftmals wird dabei die Größe einer Prüfungsgesellschaft zur Beurteilung der Qualität der Prüfungsleistung herangezogen. Große Gesellschaften werden ten-

denziell mit einer höheren Prüfungsqualität in Verbindung gebracht, wobei sich diese Vermutung empirisch nicht durchgängig bestätigen lässt. Auch andere Faktoren wie ethische Aspekte oder der persönliche Kontakt zwischen dem Prüfer und dem Mandanten können die Wahrnehmung der Prüfungsqualität beeinflussen.
- Hinsichtlich der tatsächlichen Prüfungsqualität stellen die Normenverstöße eine zentrale Beurteilungsgröße dar. Eine hohe tatsächliche Prüfungsqualität ist dann zu konstatieren, wenn der Prüfer sowohl in Bezug auf seine Person als auch bei der Erledigung seiner Aufträge sämtliche relevanten Normen erfüllt. Dies muss letztendlich dazu führen, dass bei Betrachtung eines fiktiven fehlerbehafteten Prüfungsgegenstandes der Prüfer mit hinreichender Wahrscheinlichkeit sämtliche aufdeckungsfähigen →*Fehler* entdeckt und auch darüber berichtet bzw. den Mandanten – z. B. im Fall der Jahresabschlussprüfung – zu einer Korrekturbuchung veranlasst. Das Verhältnis zwischen aufgedeckten und vorhandenen Fehlern ist somit ein Maß für die Höhe der tatsächlichen Prüfungsqualität.

Sowohl in Bezug auf die wahrgenommene als auch die tatsächliche Prüfungsqualität stellt sich die Frage nach deren Messung. Bei Untersuchung der wahrgenommenen Prüfungsqualität tritt dieses Messproblem bei der Operationalisierung der Wahrnehmung der Anspruchsgruppen oder bereits bei der Abgrenzung der überhaupt zu betrachtenden Anspruchsgruppen auf. Eine Messung von tatsächlicher Prüfungsqualität gestaltet sich aufgrund der mangelnden Möglichkeit schwierig, ex post eine Aussage über die Anzahl der einem Prüfungsgegenstand inhärenten Fehler zu treffen, was zur Bestimmung des Verhältnisses zwischen vorhandenen und aufgedeckten Mängeln jedoch erforderlich wäre.

Aus dem Blickwinkel der Prüfungsnormen versucht man, den Prüfer über die Vorgabe von Qualitätsnormen (→*Qualitätssicherung, interne*; →*Qualitätskontrolle, externe*) sowie weiterer Normen wie z. B. Haftungsnormen (→*Haftung des Abschlussprüfers*) und →*ethischer Prüfungsnormen* dazu zu bewegen, die Prüfung mit einer hohen Prüfungsqualität, d. h. normenkonform, durchzuführen.

Literatur: *Marten, K.-U./Köhler, A.G.*, Prüfungsqualität als Forschungsgegenstand, in: Marten, K.-U./Quick, R./Ruhnke, K. (Hrsg.), Externe Qualitätskontrolle im Berufsstand der Wirtschaftsprüfer, 2004, S. 1–21; *Ruhnke, K.*, Normierung der Abschlußprüfung, 2000, S. 377–384.

Prüfungsrichtlinien → Prüfungshandbuch

Prüfungsrichtung

Die Prüfungsrichtung gibt den Weg des Abschlussprüfers bei der Prüfung an (→ *Prüfungspfad*). Bezüglich der Prüfungsrichtung ist zwischen → *progressiver Prüfung* und → *retrograder Prüfung* zu unterscheiden. Bei der progressiven Prüfung wählt der Prüfer den Weg von den erfassungspflichtigen Teilen der ökonomischen Realität, d. h. dem buchungspflichtigen wirtschaftlichen Tatbestand, über den Beleg, die Grundbücher und das Hauptbuch zur Bilanz bzw. zur GuV. Durch eine progressive Prüfung lässt sich feststellen, ob sich die Geschäftsvorfälle im Jahresabschluss niedergeschlagen haben. Sie dient demnach der *Kontrolle auf Vollständigkeit*. Bei einer retrograden Prüfung geht der Abschlussprüfer den Weg von der Bilanz bzw. der GuV über Hauptbuch, Grundbücher und Beleg zum buchungspflichtigen wirtschaftlichen Tatbestand. Durch eine retrograde Prüfung lässt sich feststellen, ob den Inhalten des Jahresabschlusses tatsächlich wirtschaftliche Sachverhalte zugrunde liegen. Sie dient demnach der *Aufdeckung von fiktiven Geschäftsvorfällen*.

Prüfungsrisiko

Das Prüfungsrisiko (auch AR) ist im Rahmen einer → *risikoorientierten Abschlussprüfung* als die Wahrscheinlichkeit definiert, dass der Abschlussprüfer den Jahresabschluss bzw. ein → *Prüffeld* akzeptiert, obwohl wesentliche Fehler vorliegen. Dieser sog. → *Beta-Fehler* wird auch als Risiko einer irrtümlichen Annahme bezeichnet. Neben dem Beta-Fehler existiert der sog. → *Alpha-Fehler*. Damit wird das Risiko einer irrtümlichen Ablehnung bezeichnet. Der Alpha-Fehler ist nicht ausdrücklich Gegenstand der risikoorientierten Abschlussprüfung. Eine (vereinfachte) Abbildung des Prüfungsrisikos wird in den sog. → *Risikomodellen* vorgenommen. Das Prüfungsrisiko ist vorzugeben und wird in der Prüfungspraxis häufig mit 5 % als angemessen angesehen, wobei Variationen bis 10 % als gerechtfertigt erachtet werden. Bisweilen wird für das Prüfungsrisiko auch eine Bandbreite von 1–5 % vorgeschlagen. Aus dem vorgegebenen Prüfungsrisiko errechnet sich die → *Prüfungssicherheit* (PS): PS=1-AR.

Prüfungsrisikomodelle → Risikomodell

Prüfungsschwerpunkte

Unter Prüfungsschwerpunkten sind → *Prüffelder* zu verstehen, die mit einer besonders hohen Sicherheit (→ *Prüfungssicherheit*) geprüft werden. Mithin werden die → *Prüfungshandlungen* dort mit höherer Intensität ausgeführt. Prüfungsschwerpunkte können aus dem → *Prüfungsauftrag* resultieren, weil der Auftraggeber z. B. wünscht, dass bestimmte Gebiete, in denen er Unterschlagungen (→ *Unterschlagungsprüfung*) vermutet, besonders intensiv geprüft werden (IDW PS 220.20, 240.9 u. .22, 450.57, ISA 210.6, 260.11, 300.8–17). Das Erfordernis zur Bildung von Prüfungsschwerpunkten kann sich aber auch erst während der Prüfung ergeben, wenn der Prüfer den Eindruck gewinnt, dass ein bestimmtes Prüffeld besonders fehleranfällig ist (IDW PS 240.23, 350.8, 450.37, ISA 260.11 f., 300.15). Zudem können im Rahmen der Aufstellung mehrjähriger Prüfungspläne im turnusmäßigen Wechsel Prüfungsschwerpunkte gebildet werden. Dabei nimmt der Prüfer jährlich wechselnd eine besonders intensive Prüfung einzelner Teilgebiete vor, während andere Teilgebiete nicht oder mit nur geringer Intensität geprüft werden.

Durch → *mehrjährige Prüfungspläne* soll die durchschnittliche Intensität der Prüfung (→ *Prüfungsumfang*) bezogen auf einen mehrperiodischen Zeitabschnitt verringert, d. h. die Wirtschaftlichkeit der Prüfung verbessert werden. Anwendungsvoraussetzung ist ein angemessen funktionierendes → *IKS*. Da der Prüfer bei einer → *Erstprüfung* die Angemessenheit und Funktionsfähigkeit der internen Kontrollen (→ *Internal control*) noch nicht kennt, sind mehrjährige Prüfungspläne auch noch nicht anwendbar. Als Prüfungsschwerpunkte im Rahmen mehrjähriger Prüfungspläne eignen sich in erster Linie Prüfungsbereiche, mit denen sich der Prüfer nicht in jedem Jahr mit gleicher Ausführlichkeit auseinander setzen muss, da dort bedeutsame Änderungen nur in größeren Abständen vorkommen, z. B. Organisation der Inventur (→ *Inventur, Prüfung*), Ablauf der Lohn- und Gehaltsabrechnung. Dagegen können Prüffelder, bei denen das bilanzierende Unternehmen Bewertungswahlrechte und Ermessensspielräume hat, sowie Prüffelder mit hohem Fehlerrisiko nicht in mehrjährige Prüfungspläne aufgenommen werden. Der Turnus in einem mehrjährigen Prüfungsplan, d. h., der Zeitraum, in dem alle Prüffelder mindestens einmal geprüft werden, sollte drei bis fünf Jahre betragen. Ein mehrjähriger Prüfungsplan darf dem zu prüfenden Unternehmen nicht bekannt sein und muss nach Ablauf des Turnus abgeändert werden. Vorteile mehrjähriger Prüfungspläne liegen in der Kostenreduktion, der höheren Sicherheit bezüglich der Einhaltung von Prüfungsendterminen und der Tatsache, dass sich das Risiko, jährlich das gleiche Fehlurteil abzugeben, verringert.

Prüfungssicherheit

1 Prüfungsnormen

a) Deutsche Normen: IDW PS 200, 900; b) Internationale Normen: ISAE 3000, IFAC Framework.

2 Definition

Ein Urteil über die Ordnungsmäßigkeit einer Prüfungsdienstleistung hat mit einem bestimmten Grad an Prüfungssicherheit zu erfolgen. Das →*Prüfungsrisiko* und die Prüfungssicherheit stehen hierbei in inverser Beziehung zueinander. Je kleiner das Prüfungsrisiko im Rahmen des →*Risikomodells* ist, umso höher ist die abgegebene Prüfungssicherheit (Prüfungssicherheit = 1 – Prüfungsrisiko). Die Prüfungssicherheit bezieht sich allgemein auf die Zusicherung des WP über die Verlässlichkeit einer Aussage (z. B. Ordnungsmäßigkeit des Jahresabschlusses), die von einer Partei (z. B. ein Unternehmen) für die Zwecke eines Dritten (zumeist →*stakeholder*) gemacht worden ist. Um eine solche Zusicherung geben zu können, beurteilt der WP die Nachweise. Der erreichbare Grad der Prüfungssicherheit nimmt i. d. R. mit jeder zusätzlichen →*Prüfungshandlung* des Abschlussprüfers zu. Allerdings können widersprüchliche Ergebnisse dazu führen, dass die bisher erlangte Prüfungssicherheit sinkt und weitere Prüfungshandlungen notwendig sind. Während der Informationssuche hat der Prüfer daher kontinuierlich zu kontrollieren, ob er die erforderliche Prüfungssicherheit erfüllt hat. Sollte diese erreicht sein, wird die Informationssuche abgebrochen. Dies gilt auch, falls sich die gewünschte Prüfungssicherheit endgültig nicht erreichen lässt (→*Suchprozess*).

3 Ausprägungsformen

Grundsätzlich unterscheiden die nationalen →*Prüfungsnormen* zwischen einer hinreichenden (hohen) und einer mittelhohen (mittleren) Prüfungssicherheit (IDW PS 200.8–15 sowie .24–28, 900.5 f.). Das IFAC Framework spricht hierbei von einem reasonable und einem limited assurance engagement. Während bei den nationalen Prüfungsnormen die Prüfungssicherheit derzeit absolut, d.h. unabhängig vom → *Prüfungsobjekt* definiert ist, legt das IFAC Framework die Prüfungssicherheit in Abhängigkeit vom Prüfungsobjekt fest (IFAC Framework.11). Dies hat zur Folge, dass je nach Prüfungsobjekt unterschiedliche Anforderungen an eine hohe (reasonable) Prüfungssicherheit gestellt werden. So dürfte demnach für Prüfungsobjekte wie bspw. der Geschäfts- oder Firmenwert gem. IFRS 3, bei dem die Bewertung mit hohen Ermessensspielräumen und Unsicherheiten behaftet ist, ein wesentlich höheres Prüfungsrisiko akzeptabel sein als bei der Prüfung der Forderungen (→ *Forderungen, Prüfung*). Gleichwohl beeinflusst der WP auch weiterhin mit der Art, dem Umfang und dem zeitlichen Ablauf seiner Prüfungshandlungen den entsprechenden Grad der erlangten Prüfungssicherheit (IFAC Framework.48). Allerdings führt diese Vorgehensweise im Rahmen einer Jahresabschlussprüfung dazu, dass das akzeptable Prüfungsrisiko je nach Abschlussposten unterschiedlich sein kann. Hierdurch können sich Probleme bei der Kommunikation des → *Prüfungsurteils* gegenüber den stakeholdern ergeben.

Einige Prüfungsdienstleistungen (→ *Prüfungsdienstleistungen, freiwillige*; → *Prüfungsdienstleistungen, gesetzliche*) erfordern einen bestimmten Grad an Prüfungssicherheit. So müssen bspw. gesetzliche Jahresabschlussprüfungen oder → *WebTrust-Prüfungen* mit einer hohen Prüfungssicherheit erfolgen. Der WP muss hierbei feststellen, dass das Prüfungsobjekt frei von wesentlichen Fehlern ist. Diese Aussage muss positiv formuliert im → *Bestätigungsvermerk* bzw. in der → *Bescheinigung* erfolgen. Eine absolute Sicherheit kann jedoch wegen der Notwendigkeit, ermessensabhängige Beurteilungen und Stichprobenprüfungen (und somit keine → *Vollprüfung*) durchzuführen, nicht gegeben werden.

Ein Beispiel für eine Prüfungsdienstleistung mit mittelhoher Prüfungssicherheit ist die → *prüferische Durchsicht* (review) von unterjährigen Berichten (→ *Unterjähriger Bericht, Prüfung*) bzw. Jahresabschlüssen (IDW PS 900, ISRE 2400 bzw. 2410). Die gegebene Urteilssicherheit bewegt sich hierbei im Gegensatz zu einer Jahresabschlussprüfung lediglich auf einem mittleren Niveau. Die Anforderungen an die Prüfungssicherheit sind bei einer prüferischen Durchsicht dann erfüllt, wenn sich keine Anhaltspunkte dafür ergeben, dass das Prüfungsobjekt (z.B. der unterjährige Bericht) nicht den relevanten Bestimmungen entspricht (negative assurance). IDW PS 900.5 f. spricht von einer »negativ formulierten Aussage mit einer gewissen Urteilssicherheit«.

Prüfungssoftware, generelle → Prüfsoftware, generelle

Prüfungsstandard → IDW PS; → ISA

Prüfungsstelle für das Wirtschaftsprüfungsexamen bei der Wirtschaftsprüferkammer

Seit Anfang 2004 ist die Prüfungsstelle für das Wirtschaftsprüfungsexamen bei der → *WPK* (im Folgenden: Prüfungsstelle) für die Durchführung und Organisation der Zulassungs- und Prüfungsverfahren des Berufsexamens für WP und vBP in Deutschland zuständig (→ *Wirtschaftsprüfungsexamen*). Diese Aufgabe war vormals bei den jeweiligen Landeswirtschaftsministerien angesiedelt. Die Leitung der Prüfungsstelle obliegt nach § 5 Abs. 2 Satz 2 WPO einer Person, welche die Befähigung zum Richteramt haben muss. Die Prüfungsstelle ist eine selbständige und nicht weisungsgebundene Verwaltungseinheit bei der WPK, die nach § 5 Abs. 4 WPO die → *Aufgaben- und Widerspruchskommission für das Wirtschaftsprüfungsexamen* sowie die → *Prüfungskommission für das Wirtschaftsprüfungsexamen* unterstützt. Sie entscheidet außerdem nach § 131g Abs. 3 WPO über die Zulassung zur Eignungsprüfung von Personen, die in einem Mitgliedstaat der Europäischen Gemeinschaften, einem anderen Vertragsstaat des Abkommens über den Europäischen Wirtschaftsraum oder in der Schweiz ein Examen abgelegt haben, das zur Pflichtprüfung von Jahresabschlüssen berechtigt.

Prüfungsstrategie

Im Rahmen der → *Prüfungsplanung* hinsichtlich eines konkreten Prüfungsauftrages (→ *Auftragsspezifische Prüfungsplanung*) wird eine Prüfungsstrategie (audit strategy) festgelegt, welche die Entscheidung des Abschlussprüfers über das grundsätzliche Prüfungsvorgehen sowie den erwarteten Umfang der Prüfung umfasst. Die Anforderungen an eine gewissenhafte Prüfung sind an den → *Abschlussaussagen* auszurichten. Zur Entwicklung der Prüfungsstrategie sind Risikofaktoren (Unternehmensrisiken, → *Prüfungsrisiken*) zu identifizieren und zu analysieren, um die Festlegung einer risikoorientierten Prüfungsstrategie (→ *Risi-*

koorientierte Abschlussprüfung) für die einzelnen Prüfungsgebiete (z. B. → *Rückstellungen, Prüfung,* → *Vorräte, Prüfung*) auf der Grundlage identifizierter Risiken zu ermöglichen. Bei der Entwicklung der risikoorientierten Prüfungsstrategie bedarf es seitens des Abschlussprüfers u. a. der Kenntnis der Geschäftstätigkeit und des wirtschaftlichen Umfelds des Unternehmens sowie eines grundlegenden Verständnisses über das → *IKS* (IDW PS 240.14–17). Auf dieser Grundlage sind Prüfungsgebiete mit hohem, mittlerem und niedrigem Prüfungsrisiko abzugrenzen. Weiterhin sind Wesentlichkeitsgrenzen (→ *Materiality*) unter quantitativen und qualitativen Gesichtspunkten zu bestimmen. Die Prüfungsstrategie ist schließlich durch das → *Prüfungsprogramm* umzusetzen.

Prüfungsteam

Die Zusammensetzung des Prüfungsteams (audit team) wird im Rahmen der personellen → *Prüfungsplanung* festgelegt. Hierbei ist u. a. zu berücksichtigen, dass Fähigkeiten, Kenntnisse und Verfügbarkeit der Mitglieder (→ *Partner;* → *Manager;* → *Prüfungsassistent*) sowie die Größe des Prüfungsteams den speziellen Erfordernissen des → *Prüfungsauftrags* entsprechen. Zudem bedarf es bei der Zusammensetzung des Prüfungsteams der Beachtung der berufsrechtlichen Grundsätze zur → *Unabhängigkeit* und Unbefangenheit (§§ 43, 44, 49 WPO, §§ 1–3, 20–24 Berufssatzung, §§ 319 Abs. 2, 323 Abs. 1 HGB). Zur Gewährleistung eines effizienten Prüfungsablaufs werden den Mitgliedern des Prüfungsteams Aufgabengebiete zugeteilt. Zur Erzielung eines ausgewogenen Verhältnisses zwischen erforderlicher Mandatserfahrung und eintretender Betriebsblindheit empfiehlt sich eine regelmäßige Rotation der Mitglieder des Prüfungsteams. Weiterhin sind die Ausschlussgründe gem. §§ 319 Abs. 3–5, 319a HGB, wonach ein WP oder vBP unter bestimmten Voraussetzungen von der Abschlussprüfung eines Unternehmens auszuschließen ist, bei der Zusammensetzung des Prüfungsteams zu beachten (→ *Prüferrotation*).

Prüfungstechnik

Der Begriff der Prüfungstechnik ist weit zu fassen und bezeichnet die vom Prüfer eingesetzten Hilfsmittel. Dabei wird zwischen manueller und → *IT-gestützter Prüfungstechnik* unterschieden. Zu den manuellen

Prüfungstechniken gehören z. B. Verfahren zur Ablage und Archivierung von → *Arbeitspapieren* sowie manuelle → *Checklisten*.

Prüfungstheorie

1 Ziele und Entwicklungsstand

Als Realwissenschaft beschäftigt sich die Betriebswirtschaftslehre mit realen Phänomenen der Erfahrungswelt. Zugleich soll die Betriebswirtschaftslehre als angewandte Wissenschaft praxisrelevantes Wissen hervorbringen; insofern besitzt sie gegenüber der Praxis eine dienende Funktion. Diesen Ausführungen folgend ist das Prüfungswesen als Teilbereich der Betriebswirtschaftslehre definitionsgemäß angewandte und Realwissenschaft zugleich.

Demnach verfolgt eine Prüfungstheorie zwei Ziele: das *Erkennen* der Realität sowie deren *Gestaltung*. Das Erkennen bezieht sich vor allem auf die in der Realität anzutreffenden institutionellen Rahmenbedingungen (angesprochen sind insbesondere die → *Prüfungsnormen* sowie mit der Prüfung befasste Institutionen, wie z. B. das IDW und die WPK) und die unter deren Einflussnahme herausgebildeten Prüfungspraktiken. Die Gestaltungsaufgabe bezieht sich auf eine effiziente Prüfungsdurchführung (→ *Prüfungsprozess*) unter den derzeit gegebenen Prüfungsnormen, auf die Festlegung von Prüfungsnormen, um die gesetzten Prüfungsziele zu erreichen sowie auf die Festlegung von realisierbaren Prüfungszielen. Erkenntnis- und Gestaltungsaufgabe sind teilweise eng miteinander verknüpft: So führt die empirische Erkenntnis, dass eine Prüfung nicht mit absoluter Sicherheit Unterschlagungen aufdecken kann, dazu, dass der Prüfer auch bei entsprechend ausgestalteten Prüfungsnormen eine solche → *Prüfungssicherheit* nicht abgeben kann.

Obgleich die → *Prüfungslehre* bereits seit langem als wissenschaftliche Disziplin allgemein anerkannt ist, herrscht keine abschließende Einigkeit hinsichtlich des Begriffs und der Inhalte einer Prüfungstheorie. Vielmehr lassen sich verschiedene *theoretische Ansätze* identifizieren, die sich auch als Forschungsprogramme kennzeichnen lassen. Bei den Forschungsprogrammen handelt es sich um gewisse, zumeist inhaltliche und/oder methodologische Leitideen organisierte natürliche Beurteilungseinheiten. Diese Programme sollen helfen, die anstehenden Probleme zu lösen: Bspw. könnte untersucht werden, wie der Prüfer vorgehen sollte, um die Annahme der Unternehmensfortführung (→ *Going concern-Annahme, Prüfung*) zu beurteilen oder ob der Prüfer bei einem nicht normenkonformen Vorgehen für den entstandenen Schaden voll oder proportional entsprechend seinem Verschuldensanteil haften soll (→ *Haftung des Abschlussprüfers*).

2 Ziele und Systematisierung vorhandener prüfungstheoretischer Ansätze

Prüfungstheoretische Ansätze verfolgen dieselben Ziele wie eine Prüfungstheorie; im Mittelpunkt steht das Erkennen und die Gestaltung der Prüfungsrealität bzw. jener Teilbereiche, die sich mit dem Instrumentarium des jeweiligen Ansatzes in geeigneter Weise erforschen lassen. Prüfungstheoretische Ansätze lassen sich grob in erfahrungswissenschaftliche und nicht erfahrungswissenschaftliche Ansätze einteilen.

Erfahrungswissenschaftliche Ansätze folgen dem realwissenschaftlichen Wissenschaftsziel. Diese empirischen Ansätze streben vor allem die Erklärung früherer und gegenwärtiger sowie eine Prognose künftiger Prüfungsprozesse an. In Bezug auf die Erklärungsaufgabe geht es darum, das prüferische Verhalten (im Kontext der relevanten Normen und des vorliegenden Prüfungsobjektes) durch die Konstruktion eines geeigneten Systems empirisch gehaltvoller Aussagen zu erklären. Eine erfahrungswissenschaftlich orientierte Theorie fasst wiederum mehrere empirisch bewährte allgemeine Hypothesen (Gesetzesaussagen) systematisch zusammen. Während es für die Hypothesenherleitung keine festen Regeln gibt, unterliegt die Überprüfung einzelner Hypothesen festen Regeln. Die Überprüfung selbst stützt sich auf empirische Signifikanztests (→ *Empirische Prüfungsforschung*).

Wie realistisch ist nun die Herleitung von Gesetzesaussagen und deren Überführung in eine Theorie? Kennzeichnend für die Jahresabschlussprüfung ist ihr enger Raum-Zeit-Bezug sowie ihre hohe Komplexität. Bereits die regionale Spezifität von Rechnungslegungs- und Prüfungsnormen führt zu unterschiedlichen Vorgehensweisen bei der Planung und der Durchführung von Prüfungshandlungen. Die anzuwendenden Normen unterliegen ihrerseits kontinuierlichen Veränderungen. Die Herausbildung nomologischer Hypothesen (Gesetzesaussage, deren Gültigkeit nicht auf ein bestimmtes Raum-Zeit-Gebiet beschränkt ist) zur Erklärung des Prüfungsprozesses scheitert bereits an den zuvor angesprochenen Problemen (hohe Prüfungskomplexität und regionale Spezifität von Normen, die zudem kontinuierlichen Veränderungen unterliegen). Folglich existiert auch keine allgemeingültige Prüfungstheorie, welche in der Lage ist, den Prüfungsprozess auf der Grundlage nomologischer Hypothesen systematisch zu erklären.

Auch bei einer Beschränkung des Invarianzpostulats auf einen bestimmten Raum-Zeit-Ausschnitt (Quasitheorie) scheitert die Theorienbildung an der hohen Komplexität. Selbst bei einer Beschränkung auf bestimmte Teilbereiche einer Prüfungstheorie (z. B. Erklärung des prüferischen Vorgehens bei der Prüfung der going concern-Annahme) ist es nicht möglich, ein System abschließender (quasi-)theoretischer Aussagen herzuleiten; gleichwohl erlauben die hiermit einhergehenden Bemühungen wichtige Einsichten in den Prüfungsprozess. Diese Bemühungen könnten Eingang in die Herausbildung von *Bezugsrahmen* finden, welche sich als Vorstufe einer erfahrungswissenschaftlichen Theorie interpretieren lassen. Ein Bezugsrahmen verfolgt das Ziel, durch die gewählten Kategorien das betrachtete Problem (Erklärung gegenwärtiger und Prognose künftiger Prüfungsprozesse) verständnisfördernd darzustellen sowie relevante Beziehungen und Mechanismen zwischen diesen Kategorien zu identifizieren. Dabei verfolgt ein Bezugsrahmen die Aufgabe, Mechanismen für die Integration der reichhaltigen Einzelbefunde bereitzustellen. Gleichzeitig wird der Anspruch erhoben, künftige Forschungsarbeiten zu steuern (vgl. Ruhnke, S. 263–429).

Prüfungstheoretische Überlegungen können auch nicht erfahrungswissenschaftliche Elemente beinhalten (*nicht erfahrungswissenschaftliche Ansätze*). Dies ist z. B. dann der Fall, wenn man versucht, über die Bildung formaler Modelle Erkenntnisse zu gewinnen. Formale Modelle können über realitätsnah gesetzte Annahmen zur Lösung praktischer Probleme beitragen; dies ist allerdings nicht zwingend (z. B. unterstellen spieltheoretische Ansätze regelmäßig eine perfekte Prüfungstechnologie, bei deren Einsatz der Prüfer sämtliche Fehler beim Mandanten aufdecken kann; dies ist jedoch in der Realität gerade nicht der Fall; → *Fraud, Prüfung*). Die Trennlinie zwischen den erfahrungswissenschaftlich und nicht erfahrungswissenschaftlich orientierten Ansätzen lässt sich oftmals nicht eindeutig ziehen; dies gilt auch für die Abgrenzung der einzelnen Ansätze untereinander.

In Bezug auf das Erkenntnisziel Erklärung und Rechtfertigung von Abschlussprüfungen liefert der zumeist erfahrungswissenschaftlich orientierte → *agencytheoretische Ansatz* wichtige Beiträge. Eine noch stärker erfahrungswissenschaftliche Orientierung weist der auf das Erkennen des Prüfungsprozesses fokussierte → *Informationsverarbeitungsansatz* auf. Dem Verstehen des Prüfungsprozesses dienlich sind weiterhin die regelmäßig nicht erfahrungswissenschaftlich orientierten spieltheoretischen und → *messtheoretischen Ansätze*. Im Folgenden werden ausgewählte Ansätze näher beleuchtet.

3 Ausgewählte prüfungstheoretische Ansätze

3.1 Messtheoretischer Ansatz

Der messtheoretische Ansatz überträgt die Ergebnisse der formalen Messtheorie auf die prüferische Urteilsfindung. Prüfung ist demnach eine besondere Form des Vergleichens. Vereinfacht formuliert umfasst der prüferische →*Urteilsbildungsprozess* zunächst einmal eine Erfassung des Soll- und Ist-Zustandes auf einer Skala. Das Soll-Objekt wird zumeist direkt aus den Prüfungsnormen und das Ist-Objekt entweder progressiv (→*Progressive Prüfung*) oder retrograd (→*Retrograde Prüfung*) hergeleitet. Die Merkmale von Ist- und Soll-Objekt werden gemessen, miteinander verglichen und anhand ggf. auftretender Abweichungen erfolgt die Beurteilung der Normenkonformität.

Durch die Betonung der Stichprobenprüfung greift dieser Ansatz verstärkt prüfungstechnische Fragestellungen auf, ohne jedoch die realen Bedingungen des Einsatzes dieser Techniken näher zu beleuchten. Weiterhin ist fraglich, ob der Prüfer in der Lage ist, ein hochkomplexes Soll-Objekt ex ante zu konstruieren. Ein empirischer Bezug ist nicht gegeben. Insgesamt arbeitet der messtheoretische Ansatz *sachlogische Zusammenhänge der prüferischen Urteilsbildung* heraus, ohne indes konkrete Lösungen für die in der Praxis anstehenden Prüfungsfragen anbieten zu können.

3.2 Informationsverarbeitungsansatz

Da sich jeder Prüfungsprozess gleichzeitig als Informationsverarbeitungsprozess kennzeichnen lässt, liegt es nahe, für die Abbildung und Erklärung des Prüfungsprozesses auf den Informationsverarbeitungsansatz der kognitiven Psychologie zurückzugreifen. Dieser verhaltenswissenschaftlich orientierte Ansatz fokussiert den Ablauf des menschlichen Informationsverarbeitungsprozesses. Dabei steht die Herausbildung von prüfungsbezogenen Problemlösungsmodellen unter Berücksichtigung menschlicher Unzulänglichkeiten im Informationsverarbeitungsprozess (z. B. →*begrenzte Rationalität*) im Vordergrund. Diese Unzulänglichkeiten gehen als Problemlösungsanomalie (Verzerrung) in das Modell ein: Bspw. bewirkt der Ankereffekt ein Verharren auf Vorinformationen, d. h., neu erlangte Prüfungsnachweise gleichen den zuvor gebildeten Überzeugungsgrad einer →*Urteilshypothese* zwar in die richtige Richtung an, nehmen jedoch insgesamt ein zu geringes Ausmaß ein.

Dieser Ansatz dient z. B. als Grundlage, um die →*Systemprüfung* nicht als traditionellen Soll-Ist-Vergleich, sondern als hypothesengesteuerten heuristischen Suchprozess zu beschreiben (vgl. Marten/Quick/Ruhnke, S. 270–273). Durch den erhobenen Anspruch, reale Urteilsbildungsprozesse erklären zu wollen, geht dieser Ansatz deutlich über den weiter oben skizzierten messtheoretischen Ansatz hinaus. Insofern erweitert der Informationsverarbeitungsansatz die Logik des traditionellen Soll-Ist-Vergleichs um die empirisch feststellbare Logik, dass der Prüfer bei der Durchführung einer Systemprüfung zunächst einmal vorläufig ein Ist-System konstruiert und versucht, die Eignung dieses Ist-Systems durch die Überprüfung von Fehlerhypothesen (z.B. erfahrungsgemäß auftretende Fehler oder Eingabe von schwierigen Geschäftsvorfällen) festzustellen. Bestätigt sich eine Fehlerhypothese, so weichen das vorläufige Ist-System und das Soll-System voneinander ab, d.h., Ist- und Soll-System werden sukzessive konstruiert. Demnach lässt sich z.B. das Soll-System ex ante gerade nicht vollständig aus den Prüfungsnormen ableiten.

3.3 Positive Accounting Theory

Die Positive Accounting Theory (PAT) erhebt den Anspruch, eine auf die Rechnungslegungs- und Prüfungspraxis bezogene Erklärungs- und Prognosefunktion zu erfüllen. Unterschieden wird zwischen vertrags- und prozessorientierten (hier ist der Prozess der Normensetzung angesprochen) Ansätzen. Bspw. besagt die dem vertragsorientierten Ansatz zuzuordnende »debt/equity hypothesis«, dass Manager von Unternehmen mit einem hohen Verschuldungsgrad eher geneigt sind, eine gewinnerhöhende → *Abschlusspolitik* zu betreiben. Insofern steigt der Nutzen einer Abschlussprüfung; dies lässt sich auch empirisch belegen. Allerdings lassen sich die vorgetragenen Argumentationen fast ausnahmslos unter Rückgriff auf andere prüfungstheoretische Ansätze (insbesondere den agencytheoretischen Ansatz) herleiten. Konsequent wäre es hier, direkt auf das Gedankengut anderer Ansätze zurückzugreifen und nicht erst den »Umweg« über die PAT zu beschreiten. In Teilbereichen ist die PAT auch nebulös (z.B. führt die Falsifikation einer Hypothese nicht zu ihrer Ablehnung, sondern zu der Erkenntnis, dass es noch weitere Einflussgrößen gibt, die es zu erfassen gilt). Insgesamt ist die PAT in Bezug auf die Abschlussprüfung äußerst fragmentarisch und alleine auf die Erfassung bzw. Erklärung der Prüfungsrealität ausgerichtet. Die Gestaltungsaufgabe wird nicht angegangen.

4 Entwicklungsperspektive

Insgesamt ist der Entwicklungsstand der Prüfungstheorie eher ernüchternd. Trotz einer Fülle empirischer Belege lassen sich die Zusammenhänge z. B. zwischen dem prüferischen Verhalten und der Erreichung des Prüfungsziels regelmäßig nicht in einer Weise herstellen, welche den strengen Anforderungen einer Prüfungstheorie genügt. Vielmehr unterliegt die Normengebung in nicht wenigen Fällen (z. B. im Bereich fraud) dem faktischen Zwang zum Handeln; teilweise sind auch Bemühungen feststellbar, empirische Belege strukturiert und mit theoretischen Argumentationen unterlegt in die Diskussion hinsichtlich der Gestaltung von Prüfungsnormen einzubringen (z. B. zur externen Pflichtrotation des Abschlussprüfers; →*Prüferrotation*). Realistisch und erfolgversprechend erscheint es, die Beiträge der einzelnen prüfungstheoretischen Ansätze in die Herausbildung objektbezogener Bezugsrahmen einzubringen und systematisch in eine Gesamtsicht zu integrieren. Dabei spricht die empirisch feststellbare, starke aufgabenbezogene Differenzierung in der Vorgehensweise des Prüfers dafür, den Bezugsrahmen auf die Bildung aufgabenbezogener Prüfungstheorien auszurichten. Ob sich über eine konsequent betriebene Bezugsrahmenbildung ein wissenschaftlicher Fortschritt realisieren lässt, der über die Vorstufe einer Theoriebildung hinausgeht, bleibt abzuwarten.

Klaus Ruhnke

Literatur: *Chmielewicz, K.*, Forschungskonzeption der Wirtschaftswissenschaft, 1994; *Marten, K.-U./Quick, R./Ruhnke, K.*, Wirtschaftsprüfung, 2003; *Ruhnke, K.*, Normierung der Abschlußprüfung, 2000.

Prüfungsträger

Unter einem Prüfungsträger wird i. Allg. diejenige Person oder Gesellschaft verstanden, die eine Prüfung durchführt. In Bezug auf die gesetzliche →*Jahresabschlussprüfung* bedeutet dies, dass der Prüfungsträger z. B. der prüfende Einzelprüfer oder die prüfende WPG ist. Demgegenüber ist der Prüfungsträger bei einer →*steuerlichen Außenprüfung* das jeweils zuständige Betriebsstättenfinanzamt. Bei einer →*Genossenschaftsprüfung* ist der zuständige Genossenschaftsverband der Prüfungsträger.

Prüfungsumfang

Bei dem im Rahmen einer →*Jahresabschlussprüfung* einzuhaltenden Prüfungsumfang kann grundsätzlich zwischen drei Betrachtungsebenen differenziert werden.

Auf der *ersten Ebene* geht es um die Frage, was bzw. welche Prüfungsgegenstände (→*Prüfungsobjekt*), etwa die →*Bilanz* und GuV (→*GuV, Prüfung*), in die Prüfung einzubeziehen sind. Hier ergibt sich der Prüfungsumfang implizit aus den im jeweiligen Rechnungslegungssystem geltenden Rechnungslegungsnormen. Den Prüfungsumfang für nach deutschen Vorschriften bilanzierende Unternehmen legt § 317 HGB fest. Als Prüfungsgegenstände explizit erwähnt werden, neben dem →*Einzelabschluss* bzw. →*Konzernabschluss*, die →*Buchführung* (§ 317 Abs. 1 HGB), der Lagebericht (→*Lagebericht, Prüfung*) und Konzernlagebericht (§ 317 Abs. 2 HGB), im Konzernabschluss zusammengefasste Einzelabschlüsse (§ 317 Abs. 3 HGB) sowie das von →*AG* gem. § 91 Abs. 2 AktG und von →*KGaA* gem. § 278 Abs. 3 AktG einzurichtende Risikofrüherkennungssystem (→*Risikomanagementsystem, Prüfung*). Der Prüfer hat im Rahmen seiner Tätigkeit neben der Einhaltung der Vorschriften der §§ 238–315a HGB auch die Einhaltung anderer rechtsform- und wirtschaftszweigspezifischer Vorschriften zu prüfen. So erfordern zahlreiche Vorschriften (z.B. §§ 340k, 341k HGB sowie PrüfbV, MaK, MaH, MaIR) insbesondere vom Prüfer von Unternehmen besonderen öffentlichen Interesses (wie bspw. Kreditinstituten (→*Kreditinstitute, Prüfung*), Versicherungsunternehmen (→*Versicherungsunternehmen, Prüfung*), Wirtschaftsbetrieben der öffentlichen Hand (→*Kommunale Wirtschaftsbetriebe, Prüfung*) sowie Gebietskörperschaften) die Erfüllung verschiedener Berichtspflichten sowie insgesamt eine umfangreichere Prüfung. Der auf diese Weise in § 317 HGB festgelegte Prüfungsumfang stellt einen Mindestumfang dar und kann weder vom Abschlussprüfer noch durch vertragliche Vereinbarung mit dem zu prüfenden Unternehmen eingeschränkt werden. Eine freiwillige Ausweitung des Prüfungsumfangs auf andere Prüfungsgegenstände ist zulässig und durchaus üblich. Im →*Prüfungsbericht* ist u.a. auch über den Prüfungsumfang zu berichten (§ 321 Abs. 1 Satz 1 u. Abs. 3 Satz 1 HGB, IDW PS 450.12, .51–60, ISA 700.5, .12–16, .36–44 bzw. ISA 700R.12, .34, .37 f. u. ISA 701.11–19).

In den internationalen Normen regelt ISA 200.2 i.V.m. 200.A35 den Prüfungsumfang. Demnach obliegt es dem Prüfer die Bilanz, GuV, Eigenkapitalveränderungsrechnung (→*Eigenkapitalveränderungsrechnung, Prüfung*), Kapitalflussrechnung (→*Kapitalflussrechnung, Prüfung*) und den Anhang (→ *Anhang, Prüfung*) in die Jahresabschlussprüfung einzubeziehen.

Ferner ist zu berücksichtigen, dass es sich bei Jahresabschlussprüfungen regelmäßig um → *Gesetzmäßigkeitsprüfungen* handelt, bei denen es nicht ausschließlich um die Einhaltung von Rechnungslegungsnormen geht, sondern auch um die Beachtung von ergänzenden Regelungen, wie sie bspw. im Gesellschaftsvertrag oder in der Satzung enthalten sein können. Demnach können sich hieraus weitere Prüfungsgegenstände ergeben.

Auf der zweiten, darunter liegenden Ebene geht es hingegen um die Frage, wie groß der Umfang der durchzuführenden → *Prüfungshandlungen* bzw. der einzuholenden → *Prüfungsnachweise* innerhalb eines → *Prüffeldes* sein sollte, um ein vorgegebenes → *Prüfungsrisiko* nicht zu überschreiten. Dieser Prüfungsumfang wird regelmäßig vom → *Prüfungsleiter* im Rahmen der → *Prüfungsplanung* festlegt. Neben der Anzahl der Prüffelder wird der Prüfungsumfang auch durch andere Faktoren wesentlich beeinflusst (IDW PS 200.18–23, 240.11–20, ISA 200.7, 300.8–17). So determinieren auch die organisatorischen und wirtschaftlichen Gegebenheiten des zu prüfenden Unternehmens, die Bedeutung und Komplexität des einzelnen Prüffeldes sowie die Wahrscheinlichkeit von Fehlern oder Verstößen gegen die Rechnungslegungsnormen den Prüfungsumfang. Unabhängig davon, ob eine mangelhafte Organisation im Hinblick auf das → *IKS* das → *Kontrollrisiko* steigert, oder eine allgemein angespannte wirtschaftliche Lage die Wahrscheinlichkeit für risikoreiche Entscheidungen des Managements oder gar dolose Handlungen (→ *Fraud, Prüfung*) erhöht, führen derartige Faktoren im Hinblick auf wesentliche Fehler im Prüffeld, die in ihrer Summe wesentlich (→ *Materiality*) sein können und somit ggf. die Versagung oder Einschränkung des → *Bestätigungsvermerks* vom Prüfer erfordern, zu einer Erhöhung des Prüfungsrisikos. Um dieses Risiko auf ein vorgegebenes Niveau zu begrenzen, muss der Prüfer folglich Sachverhalte, die anfälliger für wesentliche Fehler sind als andere, durch Ausweitung des Umfangs seiner Prüfungshandlungen entsprechend intensiver prüfen.

Der im Rahmen der Planung bestimmte Umfang ist allerdings nicht als eine unwiderrufliche Größe zu verstehen, da sich durch weitere, im Rahmen der anschließenden Prüfungsdurchführung erlangte Informationen die Notwendigkeit der Erhöhung bzw. die Möglichkeit der Verringerung des Prüfungsumfanges ergeben kann.

Die dritte und letzte Ebene der Betrachtung bezieht sich ausschließlich auf die Durchführung von → *Einzelfallprüfungen*, bei denen i.d.R. lediglich eine → *Stichprobe* der zu prüfenden Grundgesamtheit überprüft wird. Aus dem Blickwinkel des Einsatzes statistischer Auswahlverfahren hängt der Prüfungsumfang, d.h. der *Stichprobenumfang*, von dem vorzugebenden Grad der →*Prüfungssicherheit* und dem Genauigkeitsgrad ab. Bei Abschlussprüfungen wird der Genauigkeitsgrad durch die materiality-Grenze und der Sicherheitsgrad durch das vorgegebene Prüfungsrisiko bzw. das daraus abgeleitete →*Entdeckungsrisiko* bestimmt. Je niedriger die materiality-Grenze und je niedriger das maximal zulässige Entdeckungsrisiko, desto höher ist der erforderliche Prüfungsumfang. Weitere Determinanten des Stichprobenumfangs sind der Umfang der Grundgesamtheit und die Varianz. Mit zunehmendem *Umfang der Grundgesamtheit* (Anzahl der Elemente eines Prüffeldes) steigt der Stichprobenumfang, wobei dieser Anstieg allerdings unterproportional verläuft (Stichprobendegression). Je größer die *Streuung* in Bezug auf das Untersuchungsmerkmal, d.h., je stärker sich die einzelnen Positionen eines Prüffeldes wertmäßig unterscheiden, desto umfangreicher muss geprüft werden.

Prüfungsurteil

Im Hinblick auf die Bildung eines Prüfungsurteils über *Einzelsachverhalte* ist seitens des Abschlussprüfers eine →*Urteilshypothese* zu bilden, die mittels angemessener Prüfungsnachweise bestätigt oder widerlegt wird. Zur Bildung eines Prüfungsurteils hat sich der Abschlussprüfer zunächst einen Überblick über die in den einzelnen Prüffeldern erlangten →*Prüfungsnachweise* zu verschaffen. Auf Grundlage der Prüfungsurteile über Einzelsachverhalte ist ein *Gesamturteil* zu bilden (→*Urteilsbildungsprozess*). Das Gesamturteil ergibt sich jedoch nicht lediglich aus der Summe der Prüfungsurteile über die Einzelsachverhalte, sondern erfordert eine Gewichtung der Einzelergebnisse und deren Zusammenfassung zu einem abschließenden Gesamturteil (IDW PS 400.9). Das Gesamturteil gibt an, ob das geprüfte Unternehmen die maßgeblichen Rechnungslegungsnormen beachtet hat. Das Prüfungsurteil hat die vom Abschlussprüfer gewonnene Auffassung klar zum Ausdruck zu bringen (IDW PS 400.39) und ist in den in § 322 Abs. 2 HGB vorgesehenen Formen des →*Bestätigungsvermerks* zu kommunizieren.

Prüfungsvorschriften → Prüfungsnormen

Public accountant → Accountant

Public Company Accounting Oversight Board → ASB

Public interest entities → Kapitalmarktorientierte Unternehmen

Public Interest Oversight Board

Das Public Interest Oversight Board (PIOB; http://www.ifac.org/about/piob.php) wurde am 28.2.2005 durch internationale Regulierungsbehörden im Bereich der Finanzwelt, der →*IOSCO*, des Basel Committee on Banking Supervison, der International Association of Insurance Supervisors (IAIS), der World Bank und des Financial Stability Forums (FSF) gegründet. Das PIOB soll insbesondere das standard-setting der einzelnen committees der IFAC sowie das Member Body Compliance Programm der IFAC überwachen. Ziel ist es, ein standard-setting im öffentlichen Interesse sowie eine hohe Qualität der veröffentlichten Standards zu gewährleisten. Das PIOB umfasst seit Gründung acht Mitglieder, von denen sieben durch die oben genannten Regulierungsbehörden nominiert wurden. Ein weiteres Mitglied wurde von den genannten Regulierungsbehörden aus Vorschlägen der IFAC ausgewählt.

Public Sector Committee → IPSASB

Publizitätsgesetz

Unternehmen verschiedener Rechtsformen (insbesondere →*Personenhandelsgesellschaften*, für die kein Abschluss nach § 264a oder § 264b HGB aufgestellt wird) sind nach dem PublG (Gesetz über die Rechnungslegung von bestimmten Unternehmen und Konzernen vom 15.8.1969) zur Prüfung und Offenlegung eines Jahresabschlusses (→*Jahresabschlussprüfung*) und Lageberichts (→*Lagebericht, Prüfung*) (§§ 5–9 PublG) sowie eventuell eines Konzernabschlusses und Konzernlageberichts (§§ 13–15 PublG) verpflichtet, wenn für den →*Abschlussstichtag* und für die zwei folgenden Abschlussstichtage mindestens zwei der drei folgenden Merkmale zutreffen (§§ 1, 11 PublG): Bilanzsumme > 65 Mio. €, Umsatzerlöse > 130 Mio. €, durchschnittliche Arbeitnehmerzahl > 5.000 Mitarbeiter.

Qualified opinion → Bestätigungsvermerk

Qualitätskontrollbeirat → Qualitätskontrolle, externe

Qualitätskontrolle, externe

1   Prüfungsnormen

a) Deutsche Normen: § 319 Abs. 1 Satz 3 HGB, §§ 57a–57h WPO, § 136 WPO, §§ 63e–63g GenG, Satzung für Qualitätskontrolle, § 8a Organisationssatzung der WPK, IDW PS 140, IDW PH 9.140; b) Supranationale Normen: 8. EU-Richtlinie, SMO 1.

2   Grundlagen und Ziele

Unter einer externen Qualitätskontrolle wird eine → *Systemprüfung* zum Zwecke der Beurteilung von Angemessenheit und Wirksamkeit der Grundsätze und Maßnahmen zur internen Qualitätssicherung (→ *Qualitätssicherung, interne*) in einer WP-Praxis nach Maßgabe der gesetzlichen Vorschriften sowie der satzungsmäßigen Anforderungen durch einen außenstehenden Dritten verstanden. Im Folgenden sollen unter dem Begriff »WP-Praxis« WP und WPG einerseits sowie vBP und BPG andererseits verstanden werden.

Ausprägungsformen der externen Qualitätskontrolle sind zum einen der → *Peer Review* und zum anderen das → *monitoring*. Die Abgrenzung zur internen Nachschau, welche i.d.R. von einem Angehörigen der zu prüfenden Praxis durchgeführt wird, ergibt sich aus der formalen Unabhängigkeit des Prüfers vom Geprüften.

Die wesentlichen Ziele der externen Qualitätskontrolle sind:

- Qualitätssicherung der Berufsausübung durch Erkennung und Beseitigung bestehender Qualitätsmängel;
- Festigung des Vertrauens der Öffentlichkeit in Abschlussprüferleistungen, indem nachvollziehbar dargelegt wird, dass die Berufsangehörigen die Regeln zur Qualitätssicherung befolgen und dieses durch einen Dritten überprüfen lassen;
- Verbesserung der internationalen Akzeptanz und Wettbewerbsfähigkeit der Dienstleistungen des Berufsstands;
- Selbstregulierung berufsständischer Angelegenheiten;

- Gewährleistung der Effektivität des Qualitätssicherungssystems durch Regelungen und Sanktionierungen bei aufgedeckten Mängeln.

3 Anwendungsbereich

Die Normierung (→ *Prüfungsnormen*) der externen Qualitätskontrolle in Deutschland erfolgt im Wesentlichen im HGB und in der WPO. § 57a Abs. 1 WPO regelt die verpflichtende Teilnahme von Berufsangehörigen am Verfahren der externen Qualitätskontrolle, welche gesetzlich vorgeschriebene Abschlussprüfungen durchführen. Kann der Berufsangehörige keine wirksame Teilnahmebescheinigung oder Ausnahmegenehmigung der WPK vorlegen, ist er nach § 319 Abs. 1 Satz 3 HGB von der Durchführung solcher Mandate ausgeschlossen. Die Übergangsregelung des § 136 Abs. 1 WPO legt als spätesten Zeitpunkt für die externe Qualitätskontrolle einer gesetzliche Abschlussprüfungen durchführenden Praxis den 31.12.2005 fest. Für Abschlussprüfer von AG mit Aktien in amtlicher Notierung verstrich diese Frist bereits am 31.12.2002.

Die Teilnahmepflicht an der externen Qualitätskontrolle erstreckt sich auch auf WPK-Mitglieder, die als Prüfungsstellen der → *Sparkassen- und Giroverbände* tätig sind (§ 57h Abs. 1 Satz 1 WPO) sowie auf genossenschaftliche Prüfungsverbände (→ *Genossenschaftsprüfung*) (§ 63e Abs. 1 GenG); nicht zur Qualitätskontrolle verpflichtete Berufsangehörige können sich dem Verfahren freiwillig unterziehen (§ 57g WPO). Die externe Qualitätskontrolle ist in einem Dreijahreszyklus durchzuführen (§ 57a Abs. 1 Satz 1 WPO).

4 Organisation und Aufsicht

Wesentliche Akteure im System der externen Qualitätskontrolle in Deutschland sind die → *WPK*, die KfQK, der PfQK sowie die → *APAK*. Der WPK als Selbstverwaltungsorgan des Berufsstands obliegt es, das System der externen Qualitätskontrolle zu betreiben (§ 57 Abs. 2 Nr. 14 WPO). Um die WPO von Detailfragen zu entlasten, hat die WPK zudem eine Satzung für Qualitätskontrolle zu erlassen, welche die folgenden Aspekte konkretisiert (§ 57c WPO):

- Voraussetzungen und Verfahren der Registrierung der PfQK;
- Ausschlussgründe des PfQK;
- Verfahren innerhalb der WPK, um ihren Aufgaben im Zusammenhang mit der Qualitätskontrolle sachgerecht nachkommen zu kön-

nen (bspw. formelle Auswertung des Qualitätskontrollberichts durch die WPK);
- Berechnung der Dreijahresfrist für die nächste Qualitätskontrolle;
- Inhalt und Vereinheitlichung des Aufbaus des Qualitätskontrollberichts;
- Inhalt und Aufbau der Unabhängigkeitsbestätigung des PfQK gem. § 57a Abs. 6 Satz 2 WPO;
- spezielle Fortbildungsverpflichtung des PfQK im Bereich der Qualitätssicherung.

Die KfQK nach § 57e WPO ist innerhalb der WPK für alle Angelegenheiten der Qualitätskontrolle zuständig, sofern diese nicht der APAK obliegen. § 59 Abs. 1 WPO regelt die Stellung der KfQK als eigenständiges Organ der WPK. Ihre Mitglieder sind ausschließlich WP und vBP und werden auf Vorschlag des Vorstands durch den Beirat der WPK für eine Dauer von drei Jahren gewählt. Sie sind unabhängig und nicht weisungsgebunden. Gem. § 8a Abs. 2 Organisationssatzung der WPK müssen die Mitglieder der KfQK selbst als PfQK registriert sein und dürfen nicht dem Vorstand oder Beirat der WPK angehören. Die KfQK hat aus mindestens neun Mitgliedern zu bestehen. Die Mitglieder der KfQK sind über ihnen im Rahmen ihrer Tätigkeit bekannt gewordene Tatsachen zur → *Verschwiegenheit* verpflichtet, wodurch auch eine Aussage oder Auskunft ohne Genehmigung im Rahmen eines Gerichtsverfahrens oder vor Behörden über solche Angelegenheiten ausgeschlossen ist (§ 57b Abs. 1 WPO, § 57b Abs. 2 Satz 1 WPO).

Die Aufgaben der KfQK sind nach § 57e Abs. 1 WPO:

- Registrierung der PfQK,
- Entgegennahme der Qualitätskontrollberichte,
- Erteilung und Widerruf von Teilnahmebescheinigungen einer Qualitätskontrolle,
- Entscheidung über Auflagen und Sanktionen bei aufgedeckten Mängeln,
- Behandlung von Widersprüchen gegen Entscheidungen im Zusammenhang mit einer Qualitätskontrolle sowie
- Erteilung von Ausnahmegenehmigungen zur Vermeidung von Härtefällen.

Nach § 14 Satzung für Qualitätskontrolle hat die KfQK einen jährlichen Tätigkeitsbericht zu erstellen. Der Tätigkeitsbericht ist an die APAK zu richten und dem Vorstand der WPK zur Kenntnis zu geben. Nach Billigung durch die APAK ist er im Mitteilungsblatt der WPK zu veröffentlichen.

Die Qualitätskontrolle wird durch bei der WPK registrierte WP oder vBP in eigener Praxis respektive WPG oder BPG durchgeführt. Ein WP ist nach § 57a Abs. 3 Satz 2 WPO auf schriftlichen Antrag bei der WPK als PfQK zu registrieren, wenn er

- seit mindestens drei Jahren als WP oder vBP bestellt und dabei im Bereich der Abschlussprüfung tätig gewesen ist. Fachliche Arbeit vor einer Bestellung zum WP oder vBP (z. B. im Rahmen einer Assistentenzeit) wird hingegen nicht anerkannt;
- über Kenntnisse im Bereich der Qualitätssicherung verfügt;
- in den letzten fünf Jahren nicht berufsgerichtlich wegen der Verletzung einer Berufspflicht nach § 43 Abs. 1 WPO verurteilt worden ist, die seine Eignung als PfQK ausschließt;
- über eine wirksame Teilnahmebescheinigung an einer Qualitätskontrolle verfügt. Legt der PfQK nach Ablauf der Dreijahresfrist keine erneute Teilnahmebescheinigung vor, so ist die Registrierung zum PfQK zu widerrufen (§ 5 Abs. 1 Satz 2 Nr. 2 Satzung für Qualitätskontrolle).

Da das Betreiben eines Systems der externen Qualitätskontrolle eine Aufgabe der WPK gem. § 4 Abs. 1 Satz 1 WPO darstellt, unterliegt dieses der letztverantwortlichen, öffentlichen Fachaufsicht durch die APAK. Der bis zum 31.12.2004 mit der Überwachung des Qualitätskontrollsystems betraute Qualitätskontrollbeirat bei der WPK wurde durch die APAK, welche u. a. dessen frühere Aufgaben übernommen hat, abgelöst.

5 Durchführung

Die zu prüfende WP-Praxis reicht bei der KfQK bis zu drei Vorschläge für mögliche PfQK ein, wobei jedem Vorschlag eine Unabhängigkeitsbestätigung des Prüfers beizufügen ist. Der KfQK kommt bezüglich des PfQK ein Widerspruchsrecht zu, d. h., sie kann innerhalb von vier Wochen einzelne oder alle drei Vorschläge ablehnen. Im Falle einer Ablehnung aller Vorschläge reicht die zu prüfende Praxis bis zu drei neue Vorschläge bei der KfQK ein; letztendlich muss die Praxis mit einem nicht abgelehnten Prüfer kontrahieren (§ 57a Abs. 6 WPO).

Prüfungsgegenstand der externen Qualitätskontrolle ist das interne Qualitätssicherungssystem der zu prüfenden Praxis. Maßstab der Beurteilung ist bislang die VO 1/1995 in ihrer Eigenschaft als umfassende Darstellung der Minimalanforderungen an ein Qualitätssicherungssystem einer WP-Praxis.

Die im Februar 2005 durch die Vorstände von WPK und IDW in Entwurfsfassung vorgelegte VO 1/2005 (im Folgenden: E-VO 1/2005) erweitert die Anforderungen an das interne Qualitätssicherungssystem. Diese neuen Anforderungen sind – ein rechtzeitiges Inkrafttreten des E-VO 1/2005 vorausgesetzt – nach § 40a a. F. Berufssatzung bis zum Ende des Jahres 2005 durch die WP-Praxen umzusetzen. Sowohl nach VO 1/1995 als auch nach E-VO 1/2005 besteht ein Qualitätssicherungssystem einer WP-Praxis aus

- Regelungen zur allgemeinen Praxisorganisation,
- Regelungen zur Abwicklung einzelner Prüfungsaufträge sowie
- Regelungen zur internen Nachschau.

Die Durchführung von Qualitätskontrollen in der WP-Praxis regelt IDW PS 140. Dieser wird durch den IDW PH 9.140 ergänzt. Im Rahmen einer Systemprüfung hat der PfQK die Frage nach der Angemessenheit des Qualitätssicherungssystems zu beantworten, wobei Angemessenheit zu bescheinigen ist, wenn das System die gesetzlichen und satzungsmäßigen Anforderungen erfüllt (IDW PS 140.14). Die Wirksamkeit des Systems ist als gegeben anzusehen, wenn die in der zu prüfenden Praxis eingeführten Grundsätze und Maßnahmen zur Qualitätssicherung der Praxisleitung und den Mitarbeitern bekannt sind und im Rahmen ihrer täglichen Arbeit umgesetzt werden (IDW PS 140.15).

Zum Zwecke der Beurteilung der Ordnungsmäßigkeit der Abwicklung von Aufträgen sind in ausreichendem Umfang Auftragsprüfungen (engagement reviews) durchzuführen. Dabei ist für einen angemessenen Querschnitt aller bedeutenden betriebswirtschaftlichen Prüfungen der zu prüfenden WP-Praxis, bei denen nach § 2 Abs. 1 WPO das Berufssiegel verwendet wird, konkret die Einhaltung von Grundsätzen und Maßnahmen zur Qualitätssicherung zu prüfen (IDW PS 140.60). Die Prüfung eines bereits testierten Jahresabschlusses auf seine Richtigkeit im Sinne einer zweiten Jahresabschlussprüfung ist dabei nicht Gegenstand der externen Qualitätskontrolle; anhand einzelner Prüfungsaufträge soll lediglich nachvollzogen werden, ob die Praxisorganisation darauf ausgerichtet ist, jeden Prüfungsauftrag normenkonform durchzuführen.

Dem Vorgehen bei der Pflichtprüfung des Jahresabschlusses folgend ist die externe Qualitätskontrolle sachgerecht zu planen und risikoorientiert auszurichten, um ein wirksames und wirtschaftliches Vorgehen zu gewährleisten. Zum Zwecke der Prüfungsplanung sollten Informationen über das Qualitätssicherungssystem der zu prüfenden Praxis eingeholt und Ergebnisse vorheriger Qualitätskontrollen sowie der Schriftverkehr der zu prüfenden Praxis mit der KfQK und dem vorherigen PfQK berücksichtigt werden (IDW PS 140.30). Im Rahmen der risikoorientierten Vorgehensweise bei einer Qualitätskontrolle wird die Wahrscheinlichkeit der Abgabe eines positiven Prüfungsurteils durch den PfQK trotz eines mit wesentlichen Mängeln behafteten Qualitätssicherungssystems oder eine Fehlentscheidung im Zusammenhang mit der Abgabe von Empfehlungen zur Verbesserung des Qualitätssicherungssystems als Qualitätskontrollrisiko bezeichnet. Konstituierende Risiken des Qualitätskontrollrisikos sind das Qualitätsrisiko sowie das Entdeckungsrisiko (IDW PS 140.33). Das Qualitätsrisiko beschreibt die Gefahr, dass die zu prüfende Praxis nicht sämtliche gesetzlichen und satzungsmäßigen Anforderungen an ihr Qualitätssicherungssystem einhält. Um dem Qualitätsrisiko zu begegnen, hat der PfQK Risiken, welche die Qualität der Berufsausübung wesentlich beeinflussen können (sog. qualitätsgefährdende Risiken), festzustellen, zu analysieren und bei der Ausgestaltung seiner Prüfungshandlungen zu berücksichtigen (IDW PS 140.34). Das Entdeckungsrisiko stellt das Risiko des Übersehens wesentlicher Mängel im Qualitätssicherungssystem durch den PfQK dar. Durch seine Prüfungshandlungen hat er dieses so weit zu reduzieren, dass er mit hinreichender Sicherheit ein Prüfungsurteil über die Normenkonformität des Qualitätssicherungssystems sowie die Ordnungsmäßigkeit der Auftragsabwicklung abgeben kann (IDW PS 140.35).

Die Auftragsannahme, die Prüfungsplanung und -durchführung sowie die Prüfungsergebnisse der Qualitätskontrolle sind in → *Arbeitspapieren* zu dokumentieren (IDW PS 140.78). Darüber hinaus ist ein Qualitätskontrollbericht zu erstellen und der WPK zuzuleiten. Der Qualitätskontrollbericht hat nach § 57a Abs. 5 WPO neben einer Beschreibung von Gegenstand, Art und Umfang der Prüfung auch das Prüfungsurteil zu enthalten. Nach Eingang des Qualitätskontrollberichts bescheinigt die WPK der geprüften Praxis die Teilnahme an der externen Qualitätskontrolle (Teilnahmebescheinigung). Eine Teilnahmebescheinigung wird nicht ausgestellt, wenn der PfQK als solcher bei der WPK nicht registriert war oder wenn das Prüfungsurteil der Qualitätskontrolle versagt wurde (§ 57a Abs. 6 WPO).

Falls durch eine Qualitätskontrolle Mängel festgestellt wurden oder bei der Durchführung der Prüfung die Anforderungen der §§ 57a–57d WPO nicht eingehalten wurden, kann die KfQK gem. § 57c Abs. 2 Satz 1 WPO Auflagen zur Beseitigung der Mängel erteilen oder eine Sonderprüfung anordnen. Werden diese Maßnahmen von der WP-Praxis nicht befolgt, kann durch die KfQK ein Zwangsgeld bis zu 25.000 € verhängt oder – bei Nichtbefolgung trotz wiederholter Festsetzung eines Zwangsgeldes – die Teilnahmebescheinigung widerrufen werden (§ 57c Abs. 2

WPO). Eine Ahndung der sanktionierten Berufsrechtsverletzungen im Rahmen eines berufsaufsichtlichen Verfahrens ist nach § 57c Abs. 5 WPO ausgeschlossen.

Sollte aufgrund im Zuge einer Qualitätskontrolle festgestellter Verstöße ein Widerruf der Bestellung als WP bzw. der Anerkennung als WPG in Frage kommen, so hat die KfQK den Vorstand der WPK hierüber zu unterrichten. Die weitergeleiteten Informationen dürfen allerdings nicht im Rahmen eines berufsaufsichtlichen Verfahrens Verwertung finden (§ 57c Abs. 4 WPO).

6 Europäische und internationale Ebene

Die modernisierte 8. EU-Richtlinie (Abschlussprüferrichtlinie) sieht vor, dass sich Abschlussprüfer in den Mitgliedstaaten mindestens alle sechs Jahre einer externen Qualitätskontrolle zu unterziehen haben (Art. 29 der modernisierten 8. EU-Richtlinie). Das geforderte Qualitätskontrollsystem muss von den zu prüfenden Praxen unabhängig sein und über angemessene Ressourcen verfügen; auch darf die Finanzierung des Systems keine Möglichkeit zur ungebührlichen Einflussnahme der zu Prüfenden bieten. Neben einer fachlichen Qualifikation der PfQK wird auch ein objektives Auswahlverfahren des zu beauftragenden Prüfers verlangt. Als Prüfungsgegenstand sind das Qualitätssicherungssystem und die Auftragsabwicklung in der zu prüfenden Praxis zu beurteilen. Über jede durchgeführte Qualitätskontrolle ist vom Prüfer ein Bericht zu erstellen, ebenso ist jährlich über die Gesamtergebnisse des Qualitätskontrollsystems zu berichten. Schließlich ist sicherzustellen, dass vom PfQK ausgesprochene Empfehlungen von der geprüften Praxis in angemessener Frist umgesetzt werden. Eine öffentliche Aufsicht über das System der externen Qualitätskontrolle ist obligatorisch.

Die IFAC schreibt ihren Mitgliedsorganisationen im → *SMO* 1 vor, ein System einer externen Qualitätskontrolle einzurichten bzw. im Rahmen ihrer Möglichkeiten auf die Einrichtung eines solchen hinzuwirken. Gegenstand einer externen Qualitätskontrolle ist nach SMO 1.15 das Vorhandensein und die Wirksamkeit eines internen Qualitätssicherungssystems sowie die ordnungsgemäße Abwicklung von Prüfungsaufträgen. Die IFAC erachtet sowohl einen review in einem festgelegten Zeitintervall als auch eine risikoorientierte Auswahl der im Rahmen einer Qualitätskontrolle zu prüfenden WP-Praxis als angemessen (SMO 1.20). Darüber hinaus muss sichergestellt sein, dass der PfQK über die notwendige fachliche Kompetenz zur Durchführung einer

Qualitätskontrolle verfügt und unabhängig von der zu prüfenden Praxis und deren Mandanten ist. Über das Ergebnis der Qualitätskontrolle ist ein Prüfungsbericht zu erstellen, welcher ein Prüfungsurteil und – soweit erforderlich – Empfehlungen für Verbesserungen im Qualitätssicherungssystem enthält. Für den Fall von Normenverstößen bzw. der Nichtbeseitigung von Mängeln im Qualitätssicherungssystem sind angemessene disziplinarische Maßnahmen gegen die WP-Praxis vorzusehen.
Stephanie Meyer/Patrick Paulitschek

Literatur: *Marten, K.-U./Köhler, A.G.*, in: Die Wirtschaftsprüfung 2002, S. 241–251; *Marten, K.-U./Köhler, A.G./Meyer, S.*, in: Die Wirtschaftsprüfung 2003, S. 10–17.

Qualitätssicherung, interne

1 Normen

a) Deutsche Normen: §§ 55b, 57a, 130 Abs. 1 WPO, Berufssatzung, VO 1/1993, VO 1/1995, E-VO 1/2005; b) Internationale Normen: ISQC 1, ISA 220.

2 Grundlagen

Unter interner Qualitätssicherung sind sämtliche Maßnahmen zu verstehen, die eine WP-Praxis zu ergreifen hat, um die Einhaltung ihrer beruflichen Pflichten sicherzustellen. Dabei sollen unter dem Begriff »WP-Praxis« im Folgenden WP und WPG einerseits sowie vBP und BPG andererseits verstanden werden.

Die Verpflichtung einer WP-Praxis zur Einrichtung eines Systems der internen Qualitätssicherung resultiert aus dem durch das APAG neu eingefügten § 55b i.V.m. § 130 Abs. 1 Satz 1 WPO. Demnach sind qualitätssichernde Maßnahmen insbesondere bei der Durchführung siegelführender Aufträge i.S.d. § 2 Abs. 1 WPO zu ergreifen. Bereits zuvor ergab sich das Erfordernis einer internen Qualitätssicherung mittelbar aus den allgemeinen Berufspflichten nach § 43 WPO sowie aus § 57a WPO, welcher eine regelmäßige Prüfung des Qualitätssicherungssystems durch einen außen stehenden Dritten im Rahmen der externen Qualitätskontrolle (→ *Qualitätskontrolle, externe*) für gesetzliche Abschlussprüfungen durchführende Berufsangehörige vorschreibt. Konkretere Vorgaben zur Ausgestaltung des Qualitätssicherungssystems finden sich in den §§ 37–39 der Berufssatzung.

Eine umfassende Darstellung der Minimalanforderungen an das Qualitätssicherungssystem einer WP-Praxis erfolgte erstmals im Rahmen der gemeinsamen Vorstandsstellungnahme der → *WPK* und des → *IDW* VO 1/1995, welche in Kürze durch die derzeit in Entwurfsfassung vorliegende VO 1/2005 abgelöst werden soll. Die folgenden Ausführungen basieren daher auf dem Entwurf der VO 1/2005 vom Februar 2005 (im Folgenden: E-VO 1/2005). Durch die Mitautorenschaft der WPK liegt die Vermutung nahe, dass die Verlautbarungen VO 1/1995 und E-VO 1/2005 als verbindlich für alle Berufsangehörigen einzuordnen sind. Die neuen Anforderungen des E-VO 1/2005 sind – ein rechtzeitiges Inkrafttreten vorausgesetzt – nach § 40a a. F. Berufssatzung bis zum Ende des Jahres 2005 durch die WP-Praxen umzusetzen.

Auf internationaler Ebene stellen der ISQC 1 sowie der ISA 220 die zentralen Normen zur internen Qualitätssicherung von WP-Praxen dar. Nahezu alle Anforderungen dieser beiden Standards werden durch den E-VO 1/2005 in ein nationales Normenwerk transformiert; einige Abweichungen wurden aufgrund deutscher gesetzlicher Vorschriften erforderlich und sind am Ende des E-VO 1/2005 dokumentiert.

Wie schon nach VO 1/1995 ergibt sich auch nach E-VO 1/2005 eine Einteilung der zum Zwecke der Qualitätssicherung zu treffenden Regelungen in die Bereiche der allgemeinen Praxisorganisation, der Auftragsabwicklung sowie der internen Nachschau (vgl. Abb. 6).

Während die Regelungen zur allgemeinen Praxisorganisation für alle Tätigkeitsbereiche einer WP-Praxis gelten, beziehen sich die Regelungen

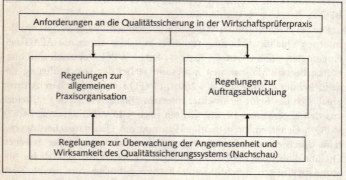

Abb. 6: Systematik der Regelungen zur allgemeinen Praxisorganisation und Auftragsabwicklung

zur Auftragsabwicklung lediglich auf betriebswirtschaftliche Prüfungen nach § 2 Abs. 1 WPO.

3 Regelungen zur allgemeinen Praxisorganisation

Der E-VO 1/2005 sieht für die allgemeine Organisation einer WP-Praxis die folgenden Regelungen vor:

- *Beachtung der allgemeinen Berufspflichten.* Die Berufspflichten der WP und vBP ergeben sich insbesondere aus § 43 WPO und der Berufssatzung sowie – bei Abschlussprüfungen – aus den §§ 318, 319, 319a, 323 HGB. Im Wesentlichen sind dies → *Unabhängigkeit,* → *Unparteilichkeit,* Vermeidung der Besorgnis der Befangenheit, → *Gewissenhaftigkeit,* → *Verschwiegenheit,* → *Eigenverantwortlichkeit* sowie berufswürdiges Verhalten. Die Praxisleitung hat dafür Sorge zu tragen, dass alle Mitarbeiter die für sie geltenden Berufspflichten zur Kenntnis nehmen und beachten (E-VO 1/2005.24, .26). Verstöße gegen die Berufspflichten sind von der Praxisleitung durch Disziplinarmaßnahmen zu ahnden; ggf. sind geeignete Schulungsmaßnahmen anzuordnen (E-VO 1/2005.24).
- *Annahme, Fortführung und vorzeitige Beendigung von Aufträgen.* § 38 Nr. 2–3 Berufssatzung schreibt vor, dass das Qualitätssicherungssystem einer WP-Praxis Regelungen zur Auftragsannahme und -fortführung sowie zur vorzeitigen Beendigung von Auftragsverhältnissen zu enthalten hat. Zu gewährleisten ist insbesondere die Möglichkeit einer ordnungsgemäßen Abwicklung eines Mandats in sachlicher, personeller und zeitlicher Hinsicht (E-VO 1/2005.50) sowie eine klare Regelung und Dokumentation der Zuständigkeit für Auftragsannahme, -fortführung und -beendigung innerhalb der Praxis (E-VO 1/2005.51).
- *Mitarbeiterentwicklung.* Innerhalb der WP-Praxis müssen Regelungen zur Einstellung, Aus- und Fortbildung, Beurteilung und fachlichen Information von Mitarbeitern getroffen werden (§ 38 Nr. 4–6, 8 Berufssatzung i.V.m. § 6 Berufssatzung sowie E-VO 1/2005.61 f.). Vor der Einstellung eines Mitarbeiters ist dessen persönliche und fachliche Eignung zu begutachten. Der Berufsnachwuchs ist sowohl theoretisch als auch praktisch in ausreichendem Maße auszubilden (→ *Zugang zum Beruf des WP*). Für WP besteht eine Fortbildungsverpflichtung, welche in der Stellungnahme des IDW-Vorstands VO 1/1993 näher geregelt ist und im Jahresdurchschnitt mindestens 40 Stunden umfassen muss (→ *Fortbildung des WP*).

- *Gesamtplanung aller Aufträge.* Ausgehend von der Einzelplanung der erwarteten und übernommenen Aufträge hat eine WP-Praxis gem. § 4 Abs. 3 Berufssatzung eine Gesamtplanung aller Aufträge vorzunehmen, so dass eine ordnungsgemäße und rechtzeitige Abwicklung gewährleistet werden kann (E-VO 1/2005.73) (→ *Gesamtplanung von Prüfungsaufträgen*).
- *Umgang mit Beschwerden und Vorwürfen.* Gem. § 24c Berufssatzung sind WP-Praxen verpflichtet, Beschwerden oder Vorwürfen von Mitarbeitern, Mandanten oder Dritten nachzugehen, die sich auf Verstöße gegen gesetzliche oder fachliche Regeln beziehen (E-VO 1/2005.74).

4 Regelungen zur Auftragsabwicklung

Zum Zwecke einer ordnungsgemäßen Abwicklung einzelner Prüfungsaufträge haben WP-Praxen die folgenden Regelungen einzuhalten:

- *Organisation der Auftragsabwicklung.* WP-Praxen sind dazu verpflichtet, für jeden Auftrag einen über ausreichende Erfahrungen, Kenntnisse und zeitliche Reserven verfügenden verantwortlichen WP zu bestimmen (§ 24a Abs. 2 Berufssatzung i.V.m. E-VO 1/2005.78). Er trägt die Verantwortung für die Durchführung des Auftrags und hat insbesondere auch die Beachtung der Unabhängigkeitsregelungen sicherzustellen und zu überwachen (E-VO 1/2005.81). Hinsichtlich der Zusammensetzung des Auftragsteams, also der die Prüfung durchführenden fachlichen Mitarbeiter, muss das Qualitätssicherungssystem die Auswahl von Mitarbeitern mit ausreichender praktischer Erfahrung, Verständnis der fachlichen Regeln, notwendigen Branchenkenntnissen und Verständnis für das Qualitätssicherungssystem sicherstellen (§ 24a Abs. 3 Berufssatzung i.V.m. E-VO 1/2005.79).
- *Einhaltung der gesetzlichen Vorschriften und der fachlichen Regeln für die Auftragsabwicklung.* Das Qualitätssicherungssystem einer WP-Praxis muss so ausgestaltet sein, dass bei der Abwicklung von Aufträgen die Einhaltung sämtlicher relevanter gesetzlicher Vorschriften und fachlicher Regeln jederzeit gewährleistet werden kann. Unter fachlichen Regeln sind im Falle von Abschlussprüfungen die IDW PS zu verstehen (E-VO 1/2005.84).
- *Anleitung des Auftragsteams.* Der verantwortliche WP hat dem Auftragsteam → *Prüfungsanweisungen* zu erteilen, um eine sachgerechte Prüfung, eine ausreichende Dokumentation in den Arbeitspapieren sowie eine ordnungsgemäße Berichterstattung über die Prü-

fung sicherzustellen (§ 24b Abs. 1 Satz 1–2 Berufssatzung i.V.m. E-VO 1/2005.88).

- *Einholung von fachlichem Rat.* Sollten im Zuge der Durchführung eines Auftrags für dessen Ergebnis bedeutsame Zweifelsfragen auftreten, so hat der WP von Kollegen innerhalb der Praxis oder – soweit möglich und zulässig – von externen Spezialisten fachlichen Rat einzuholen. Diese Erörterung von schwierigen oder strittigen fachlichen, berufsrechtlichen oder sonstigen Zweifelsfragen mit kompetenten Personen wird als Konsultation bezeichnet; das Ergebnis einer Konsultation und die daraus gezogenen Schlussfolgerungen sind zu dokumentieren (§ 24b Abs. 2 Berufssatzung i.V.m. E-VO 1/2005.93 f.). Das Qualitätssicherungssystem hat darüber hinaus Regelungen vorzusehen, wie mit Meinungsverschiedenheiten über bedeutsame Zweifelsfragen umzugehen ist. Können solche keiner Lösung zugeführt werden, hat der verantwortliche WP im Sinne des Grundsatzes der Eigenverantwortlichkeit zu entscheiden (E-VO 1/2005.99).
- *Laufende Überwachung der Auftragsabwicklung.* Der verantwortliche WP muss sich in einem Maße an der Durchführung eines Auftrags beteiligen, das ihm erlaubt, die Einhaltung der Prüfungsanweisungen durch das Auftragsteam sicherzustellen und sich ein eigenverantwortliches Urteil zu bilden (§ 24b Abs. 1 Satz 3 Berufssatzung i.V.m. E-VO 1/2005.103).
- *Abschließende Durchsicht der Auftragsergebnisse.* Bevor die Ergebnisse eines Auftrags dem Mandanten mitgeteilt werden, hat sich der verantwortliche WP ein Urteil darüber zu bilden, ob bei der Auftragsdurchführung die gesetzlichen Vorschriften und fachlichen Regeln eingehalten wurden (§ 24b Abs. 3 WPO i.V.m. E-VO 1/2005.105). Sollten dabei Mängel festgestellt werden, so sind diese vor Berichterstattung an den Mandanten zu beheben (VO 1/1995.106).
- *Auftragsbezogene Qualitätssicherung durch prozessunabhängige Personen.* Jede WP-Praxis hat Regelungen zur Durchführung der auftragsbezogenen Qualitätssicherung festzulegen (§ 38 Nr. 12 Berufssatzung i.V.m. E-VO 1/2005.110). Dabei ist insbesondere zu bestimmen, welche Aufträge einer solchen Überprüfung durch einen prozessunabhängigen Dritten unterzogen werden sollen; Einfluss auf diese Festlegung können z.B. das öffentliche Interesse an einem Auftrag oder das Auftragsrisiko nehmen (E-VO 1/2005.111). Im Falle einer gesetzlichen Abschlussprüfung eines → *kapitalmarktorientierten Unternehmens* i.S.d. § 319a Abs. 1 HGB ist eine auftragsbegleitende Qualitätssicherung obligatorisch (E-VO 1/2005.111). Das Ziel der auftragsbezogenen Qualitätssicherung, die vor Bekanntga-

be der Auftragsergebnisse abgeschlossen sein muss, besteht in der Sicherstellung der angemessenen Behandlung von für den Auftrag wesentlichen Sachverhalten sowie der Einhaltung der gesetzlichen Vorschriften und fachlichen Regeln (E-VO 1/2005.112, .114). Als Qualitätssicherer kommt ein WP oder eine fachlich und persönlich geeignete Person, der bzw. die nicht Mitglied des Auftragsteams ist, in Betracht (E-VO 1/2005.119). Praxen, die nicht über ausreichende eigene Ressourcen für die Durchführung einer auftragsbegleitenden Qualitätssicherung verfügen, können einen externen WP mit dieser Aufgabe betrauen (E-VO 1/2005.120). Neben Gesprächen mit dem verantwortlichen WP, der Verschaffung eines Überblicks über den Auftragsgegenstand und der teilweisen Durchsicht der Arbeitspapiere ist auch die Durchsicht der vorgesehenen Berichterstattung (→ *Berichtskritik*) Gegenstand der auftragsbezogenen Qualitätssicherung; im Falle von Aufträgen, welche die Erstellung eines Prüfungsberichts vorsehen, ist die Berichtskritik verpflichtend vorzunehmen (E-VO 1/2005.109f., .116). Die Durchführung und die Ergebnisse der auftragsbegleitenden Qualitätssicherung sind zu dokumentieren (E-VO 1/2005.127f.).

5 Regelungen zur internen Nachschau

Ziel der internen Nachschau ist die Überprüfung der in der WP-Praxis getroffenen Regelungen zur Qualitätssicherung bei der Organisation der WP-Praxis sowie bei der Abwicklung einzelner Prüfungsaufträge in Bezug auf ihre Angemessenheit und Wirksamkeit. Durch die interne Nachschau sollen die Einhaltung der geltenden Qualitätsnormen sichergestellt und der Leitung der WP-Praxis Erkenntnisse über die Akzeptanz der Qualitätsmaßnahmen bei den Mitarbeitern vermittelt werden (§ 39 Abs. 1 Satz 1–2 Berufssatzung i.V.m. E-VO 1/2005.129).

Die Verantwortung für die interne Nachschau liegt bei der Leitung der WP-Praxis. Ihre Durchführung kann jedoch an qualifizierte und erfahrene Mitarbeiter delegiert werden. Diese können – für den Fall, dass die WP-Praxis mehrere Niederlassungen oder Abteilungen hat – zur Erhöhung der Objektivität niederlassungs- bzw. abteilungsfremd sein (E-VO 1/2005.130). Die Auftragsprüfungen im Zuge der internen Nachschau dürfen nur Mitarbeiter vornehmen, die weder an der Auftragsdurchführung noch an der auftragsbezogenen Qualitätssicherung beteiligt gewesen sind; stehen keine solchen Mitarbeiter zur Verfügung, kann für Prüfungsaufträge, die keine kapitalmarktorientierten Unternehmen betreffen, die Auftragsprüfung auch durch eine

Selbstvergewisserung erfolgen (E-VO 1/2005.131). Die Beauftragung eines externen WP mit der Durchführung der Nachschau ist möglich (E-VO 1/2005.132). Aus der Nachschau resultierende Empfehlungen sind durch die Praxisleitung umzusetzen (E-VO 1/2005.141).

Die Nachschau einzelner Prüfungsaufträge muss mindestens alle drei Jahre stattfinden (E-VO 1/2005.137). Zur Auswahl der in die Nachschau einzubeziehenden Aufträge empfiehlt der E-VO 1/2005 Kriterien wie z.B. Komplexität des Auftragsgegenstandes, Größe und Branche des Mandanten, Vorliegen besonderer Haftungsrisiken, öffentliches Interesse am Auftrag, Honorarvolumen im Verhältnis zu Art und Umfang des Auftrags oder Erstprüfungen; von jedem verantwortlichen WP der Praxis muss mindestens ein Auftrag in den Nachschauprozess einbezogen werden (§ 39 Abs. 2 Satz 3 Berufssatzung i.V.m. E-VO 1/2005.138). Die Organisation und Durchführung der Nachschau sowie die Nachschauergebnisse sind angemessen zu dokumentieren (§ 39 Abs. 3 Satz 1 Berufssatzung i.V.m. E-VO 1/2005.144).

Stephanie Meyer/Patrick Paulitschek

Literatur: *Lenz, H.*, in: Betriebs-Berater 2005, S. 1615–1620; *Niemann, W.*, in: Deutsches Steuerrecht 2005, S. 1581–1588; *Schmidt, A./Pfitzer, N./Lindgens, U.*, in: Die Wirtschaftsprüfung 2005, S. 321–343.

Quartalsbericht → Unterjähriger Bericht, Prüfung

Quasi-Rente → Beratung und Prüfung; → Lowballing

Quotenkonsoldierung, Prüfung

1   Normen

§ 310 HGB, DRS 9, IAS 31, ED ISA 600.

2   Definition

Die Quotenkonsolidierung ist eine Variante der Konsolidierung nach der Erwerbsmethode für konzernverbundene Unternehmen. Sie zeichnet sich durch die anteilsmäßige Einbeziehung aller Vermögens- und Schuldposten in den Konzernabschluss aus.

3 Prüferisches Vorgehen

3.1 Einführung

Die Quotenkonsolidierung ist ein schematisch ablaufender Vorgang. Aufgrund der Verarbeitung großer Datenvolumina bietet sich vor allem eine → *Systemprüfung* an. Da die Quotenkonsolidierung regelmäßig IT-gestützt (→ *IT-gestützte Rechnungslegung*) abläuft, sollte der Prüfer im Sinne einer effizienten Vorgehensweise eine → *Programmfunktionsprüfung* und → *Programmidentitätsprüfung* der vom Mandanten eingesetzten Software durchführen.

Die → *Abschlussaussagen* gem. ISA 500.17 bilden die Prüfkategorien für den Prüfer. Bei der Prüfung der Quotenkonsolidierung geht es im Wesentlichen darum, die Aussagen Vollständigkeit (completeness), Richtigkeit (accuracy), Abgrenzung (cut-off), Zuordnung (classification), Bewertung (valuation and allocation) und Ausweis (disclosure) zu überprüfen. Im Rahmen der Konzernabschlussprüfung dominiert die Prüfung der Einhaltung spezifischer Rechnungslegungsnormen.

3.2 Prüfung der Voraussetzungen zur Durchführung der Quotenkonsolidierung

Die Anwendung der Quotenkonsolidierung ist nach deutschen GoB auf sog. Gemeinschaftsunternehmen und nach IFRS auf sog. jointly controlled entities beschränkt. Aufgabe des Prüfers ist es sicherzustellen, dass es sich bei den betreffenden Unternehmen tatsächlich um Gemeinschaftsunternehmen bzw. jointly controlled entities im Sinne der jeweiligen Normen handelt. Sowohl die IFRS als auch die deutschen GoB fordern als wesentliche Anwendungsvoraussetzung eine tatsächlich gemeinschaftlich ausgeübte Führung des Unternehmens (§ 310 Abs. 1 HGB, IAS 31.3, .11 f. u. .24). Prüfungsnachweise hierfür können zunächst Satzungen und Gesellschaftsverträge sein, die eine gemeinschaftliche Führung vorschreiben. Zusätzlich sind auch Prüfungsnachweise über die tatsächliche Ausübung einzuholen. Diese könnten z. B. in Form von Aufsichtsrats- und Gesellschafterversammlungsprotokollen vorliegen, die eindeutig gemeinsame und einstimmige Beschlüsse z. B. über Strategie und deren Umsetzung im Unternehmen enthalten.

Auch die konsolidierungsvorbereitenden Maßnahmen (→ *Konsolidierungsvorbereitende Maßnahmen, Prüfung*) sind bei quotal einzubeziehenden Unternehmen durchzuführen (§§ 244 i. V. m. 298 Abs. 1, 299, 308 HGB jeweils i. V. m. § 310 Abs. 2 HGB, IAS 27.26–30 i. V. m. IAS 31.33).

Sowohl das Erfordernis der Einheitlichkeit der Stichtage als auch das Erfordernis der einheitlichen Bilanzierung kann zu Problemen führen, die letztlich auch die Anwendung der Quotenkonsolidierung hemmen, obwohl die Voraussetzungen zur Anwendung gegeben sind.

Sowohl das HGB als auch die IFRS verlangen, dass der zu konsolidierende Abschluss nicht älter als drei Monate ist (§§ 299 Abs. 2 Satz 2 i.V.m. 310 Abs. 2 HGB, IAS 27.27 i.V.m. IAS 31.33). Ist der Abschluss des Gemeinschaftsunternehmens älter als drei Monate und ist keine Möglichkeit gegeben, einen aktuellen Abschluss zu erstellen, bleibt handelsrechtlich nur der Ausweg der Bilanzierung nach der Equity-Methode (→ *Equity-Methode, Prüfung*), da die Anforderungen hinsichtlich der Einheitlichkeit der Stichtage im Hinblick auf die Equity-Methode weniger streng sind (§ 312 Abs. 6 Satz 1 HGB). IAS 28.25 enthält keine derartige Erleichterungsvorschrift. Auch für die Anwendung der Equity-Methode gilt die Pflicht zur Aufstellung eines Zwischenabschlusses, falls der einzubeziehende Abschluss älter als drei Monate ist. Ist das zu prüfende Mutterunternehmen in einem solchen Fall nicht in der Lage, einen Zwischenabschluss aufzustellen bzw. erstellen zu lassen, stellt sich die Frage, ob tatsächlich eine gemeinschaftliche Führung bzw. ein maßgeblicher Einfluss ausgeübt wird. Falls der maßgebliche Einfluss zweifelsfrei besteht, aber der Grundsatz der Einheitlichkeit der Stichtage nicht befolgt wird und dieser Mangel wesentliche Auswirkungen auf den Konzernabschluss hat, kann dies zur Einschränkung des → *Bestätigungsvermerks* führen (IDW PS 400.50).

Bei einer fehlenden einheitlichen Bilanzierung muss der Prüfer untersuchen, ob die Voraussetzungen von § 308 Abs. 2 Satz 3 oder 4 HGB zum Verzicht auf dieses Erfordernis vorliegen. Insbesondere wenn das Gemeinschaftsunternehmen von wesentlicher Bedeutung ist, verbleibt handelsrechtlich nur die Möglichkeit der Einbeziehung nach der Equity-Methode. Nach IFRS sind einheitliche Bilanzierungsmethoden zwingend anzuwenden (IAS 27.28 i.V.m. IAS 31.33 bzw. IAS 28.26). Lediglich in unwesentlichen Fällen erscheint eine fehlende einheitliche Bilanzierung im Hinblick auf das Kosten-Nutzen-Verhältnis ggf. vertretbar.

3.3 Prüfung der Technik der Quotenkonsolidierung

Abhängig davon, ob die Prüfung der HB II vom Konzernabschlussprüfer oder vom Einzelabschlussprüfer durchgeführt wird, sind unterschiedliche Prüfungshandlungen vorzunehmen. Im ersten Fall hat der Konzernabschlussprüfer die Durchführung der konsolidierungsvorbereitenden Maßnahmen selbständig zu prüfen, im anderen Fall rückt die Frage der → *Verwendung von Urteilen Dritter* in Form der → *befreienden Prüfung* in den Mittelpunkt.

Die Vermögensposten und Schulden sowie die Aufwendungen und Erträge der HB II sind entsprechend der Einbeziehungsquote in den Konzernabschluss zu übernehmen (DRS 9.8, IAS 31.33). Dies führt zu einer quotalen HB II. In diesem Zusammenhang ist die Berechnung der Einbeziehungsquote kritisch zu prüfen (Richtigkeit). Die Bestimmung der Einbeziehungsquote erfolgt nach deutschen GoB nicht anhand des Stimmrechtsanteils, sondern anhand des Kapitalanteils. Zu beachten ist gleichfalls, dass dem Mutterunternehmen auch die Kapitalanteile eines Tochterunternehmens i. S. v. § 290 Abs. 1 HGB am Gemeinschaftsunternehmen vollständig zuzurechnen sind. Dies gilt nicht für Anteile, die von einem assoziierten Unternehmen gehalten werden.

IAS 31 äußert sich nicht dahingehend, wie die Einbeziehungsquote zu berechnen ist. Insoweit besteht eine Regelungslücke. Die Literatur erachtet sowohl den Gewinn- wie auch den Kapitalanteil sowie die Kombination derer (Gewinnanteil für die GuV, Kapitalanteil für die Bilanz) als zulässig. Der Prüfer hat in dieser Situation festzustellen, ob der Mandant diese Regelungslücke gemäß den Vorgaben von IAS 8.10–12 ausgefüllt hat.

Die Quotenkonsolidierung folgt im Übrigen den Regeln der Kapitalkonsolidierung (→ *Kapitalkonsolidierung, Prüfung*) nach der Erwerbsmethode (§§ 301 i. V. m. 310 Abs. 2 HGB, IFRS 3.14–65 i. V. m. IAS 27.22 i. V. m. IAS 31.33). Daher kann nach deutschen GoB hinsichtlich der Aufdeckung der stillen Reserven zwischen der Buchwertmethode (§ 301 Abs. 1 Satz 2 Nr. 1 HGB) und der Neubewertungsmethode (§ 301 Abs. 1 Satz 2 Nr. 2 HGB) gewählt werden. Nach IFRS ist die Neubewertungsmethode anzuwenden (IFRS 3.24–50 i. V. m. IAS 27.22 i. V. m. IAS 31.33).

Die Aufdeckung der stillen Reserven erfolgt im Rahmen der Erstellung einer quotalen Neubewertungsbilanz bzw. einer quotalen HB II gemäß IFRS (teilweise auch als HB III bezeichnet) und führt zu vorläufigen Neubewertungsrücklagen. Diese Bilanzen sind die Grundlage für die Summenbilanz. In dieser Phase gilt es, die Aufdeckung der stillen Reserven zu prüfen (Bewertung). Für die aufgedeckten stillen Reserven müssen ausreichende Prüfungsnachweise über deren Höhe und Angemessenheit eingeholt werden. Dies können z.B. Bewertungsgutachten sein. In diesem Zusammenhang ist auch auf die Vorgaben von IDW PS 322 (Verwertung der Arbeit von Sachverständigen) zu achten. Zusätzlich sollte kritisch hinterfragt werden, ob sämtliche stillen Reserven berücksichtigt wurden. Nach deutschen GoB sind stille Reserven z. B. bei Grundstücken und Gebäuden sowie bei Finanzanlagen zu erwarten. Die hier auftretenden Probleme sind ähnlich gelagert wie bei der Prüfung von beizulegenden Zeitwerten (→ *Fair values, Prüfung*; → *Geschätzte Werte, Prüfung*).

Ein bei der Konsolidierung ggf. verbleibender Unterschiedsbetrag ist analog zur Vollkonsolidierung zu behandeln. Aktivische Unterschiedsbeträge (Geschäfts- oder Firmenwert, Goodwill) müssen nach IFRS aktiviert werden (IFRS 3.51 i. V. m. IAS 27.22 i. V. m. IAS 31.33). Nach deutschen GoB besteht auch die Möglichkeit der offenen Verrechnung mit den Rücklagen (§ 310 Abs. 2 i. V. m. § 309 Abs. 1 HGB). Auch die Kombination der Methoden ist nach deutschen GoB zulässig.

Bei Aktivierung des Geschäfts- oder Firmenwertes hat der Prüfer insbesondere die Verteilung des Betrages auf die Geschäftsjahre zu prüfen (Bewertung, Abgrenzung). Der Mandant muss darlegen, auf welche Ursachen die Entstehung des Geschäfts- oder Firmenwertes zurückzuführen ist (sog. Gründebuchhaltung).

Darauf aufbauend ist für die Zwecke der handelsrechtlichen Rechnungslegung die Nutzungsdauer des Geschäfts- oder Firmenwertes zu schätzen. Der Prüfer muss diese geschätzten Werte unter Berücksichtigung der gegebenen Umstände plausibilisieren (IDW PS 314.9). Dabei hat er zu beurteilen, ob die für die Schätzung verwendeten Daten richtig, vollständig und relevant sind (IDW PS 314.13) sowie ob die getroffenen Annahmen fundiert und konsistent sind (IDW PS 314.17). In den Folgejahren sind die Schätzungen mit den tatsächlich eingetretenen Ergebnissen zu vergleichen. Weichen diese stark ab, sind ggf. Anpassungen vorzunehmen. Stellt sich dabei z. B. heraus, dass die vormals genannten Gründe für die Entstehung des Geschäfts- oder Firmenwertes inkonsistent mit den tatsächlichen Ereignissen sind, besteht ein Indiz für eine außerplanmäßige Abschreibung des Geschäfts- oder Firmenwertes.

Nach IFRS gilt im Gegensatz zum HGB der sog. impairment-only-approach. Danach ist der Goodwill nicht planmäßig abzuschreiben (IFRS 3.55 i. V. m. IAS 27.22 i. V. m. IAS 31.33). Vielmehr ist der Goodwill im Rahmen eines impairment-Tests auf Wertminderungen zu prüfen (IAS 36.88–90 i. V. m. IAS 27.22 i. V. m. IAS 31.33). Aus Sicht des Prüfers besteht aufgrund des Fehlens der planmäßigen Abschreibung ein höheres inhärentes Risiko hinsichtlich der Bewertung des Goodwill als nach deutschen GoB. Diesem erhöhten Risiko muss der Prüfer durch angemessene Prüfungshandlungen begegnen. Letztlich verbleiben dem Prüfer allerdings auch nur dieselben, bereits oben beschriebenen Prüfungshandlungen zur Überprüfung der außerplanmäßigen Abschreibung eines Geschäfts- oder Firmenwertes. Möglicherweise begegnet der Mandant der erhöhten Relevanz des impairment-Tests durch entsprechende Kontrollen.

Die Entstehungsgründe müssen auch bei passivischen Unterschiedsbeträgen (negativer Goodwill) genau erläutert werden (SN SABI 1988/2 Abschnitt C. II. Tz. 3). Erst eine solche Aufstellung ermöglicht die Einhaltung der Vorschriften des HGB zur Auflösung eines negativen Goodwill. Dieser ist handelsrechtlich dann aufzulösen, wenn die Entstehungsgründe entfallen (§ 309 Abs. 2 Nr. 1 i.V.m. § 310 Abs. 2 HGB, DRS 4.40). Die Auflösung erfolgt in anderen Fällen planmäßig nach der durchschnittlichen Restnutzungsdauer der erworbenen abnutzbaren Vermögensposten. Die die beizulegenden Zeitwerte übersteigenden Beträge werden sofort ergebniswirksam aufgelöst (§ 309 Abs. 2 Nr. 2 i.V.m. § 310 Abs. 2 HGB i.V.m. DRS 4.41). Der Prüfer muss in diesem Zusammenhang sicherstellen, dass sämtliche erworbenen, abnutzbaren Vermögensposten berücksichtigt werden (Vollständigkeit). Zudem hat er die rechnerische Richtigkeit zu prüfen. Nach IFRS ist ein negativer Unterschiedsbetrag sofort ergebniswirksam zu vereinnahmen (IFRS 3.56).

Auch bei der Quotenkonsolidierung sind die Schulden-, Aufwands- und Ertragskonsolidierung sowie die Zwischenergebniseliminierung (→ *Schuldenkonsolidierung, Prüfung*; → *Aufwands- und Ertragskonsolidierung, Prüfung*; → *Zwischenergebniseliminierung, Prüfung*) durchzuführen (§§ 303, 304, 305 i.V.m. § 310 Abs. 2 HGB, DRS 9.10, IAS 27.24 i.V.m. IAS 31.33, IAS 31.48–50). Der Prüfer hat darauf zu achten, dass diese Konsolidierungstechniken nur quotal angewendet werden. So verbleiben z.B. die anteiligen Forderungen und Schulden, die nicht auf den Konzern entfallen. Ebenso werden die Zwischenergebnisse und Aufwendungen und Erträge nur anteilig eliminiert. Der verbleibende Anteil gilt als realisiert und beeinflusst infolgedessen auch das Konzernergebnis.

IAS 31.34 erlaubt zwei Berichtsformate für quotal konsolidierte Unternehmen. Entweder werden die anteiligen Posten der jointly controlled entity mit denen der übrigen Unternehmen zusammengefasst; alternativ können die anteiligen Posten aus quotenkonsolidierten Unternehmen auch separat ausgewiesen werden. Wird die zusammengefasste Darstellung verfolgt, sind in den notes die kumulierten Beträge anzugeben (IAS 31.56).

Der Prüfer hat schließlich sicherzustellen, dass die Konsolidierungsmethodenstetigkeit (→ *Stetigkeitsprinzip*) gewahrt ist (§ 297 Abs. 3 Satz 2 HGB, DRS 9.7, IAS 8.13). Von der Stetigkeit kann nur in Ausnahmefällen abgewichen werden (§ 297 Abs. 3 Satz 3 HGB, IAS 8.14–18).

Danach muss die Konsolidierungsmethode für ein Gemeinschaftsunternehmen im Zeitablauf beibehalten werden (Stetigkeit in zeitlicher Hinsicht). Nach deutschen GoB kann das Wahlrecht zur Quotenkonsolidierung für jedes Gemeinschaftsunternehmen neu und unabhängig von vorhergehenden Entscheidungen ausgeübt werden (keine Stetigkeit in sachlicher Hinsicht). Demgegenüber gilt das Stetigkeitsgebot nach IFRS auch in sachlicher Hinsicht (IAS 8.13).

Christoph Nerlich

Literatur: *Langenbucher, G./Blaum, U.*, Konzernabschlussprüfung, in: Förschle, G./Peemöller, V.H. (Hrsg.), Wirtschaftsprüfung und Interne Revision, 2004, S. 352–461; *Rautenberg, H.G./Tillich, P.*, Quotenkonsolidierung, in: Ballwieser, W./Coenenberg, A.G./Wysocki, K.v. (Hrsg.), Handwörterbuch der Rechnungslegung und Prüfung, 2002, Sp. 1960–1970.

Realtime audit → Kontinuierliche Prüfung

Reasonable assurance → Prüfungssicherheit

Receivables → Forderungen, Prüfung

Rechnungsabgrenzungsposten, Prüfung

1 Normen

1.1 Rechnungslegungsnormen

a) Deutsche Normen: §§ 246 Abs. 2, 250, 255, 266 Abs. 2 u. 3, 298 Abs. 1 HGB; b) Internationale Normen: IAS 1.25, .33, .60, .69, 2.8, 39.

1.2 Prüfungsnormen

a) Deutsche Normen: § 317 Abs. 1 HGB, IDW PS 200, 260; b) Internationale Normen: ISA 200, 315, 330.

2 Definition

Rechnungsabgrenzungsposten (RAP) sind in die →*Bilanz* aufzunehmende Korrekturposten, die der periodengerechten Ergebnisermittlung dienen. Zu unterscheiden sind antizipative und transitorische RAP. Bei antizipativen RAP handelt es sich um Aufwendungen bzw. Erträge vor dem →*Abschlussstichtag*, die erst nach dem Bilanzstichtag zu Ausgaben bzw. Einnahmen führen. Als transitorische Posten sind dagegen Ausgaben bzw. Einnahmen vor dem Abschlussstichtag in der Bilanz auszuweisen, soweit sie Aufwendungen (aktive RAP) bzw. Erträge (passive RAP) für eine bestimmte Zeit nach diesem Tag darstellen.

3 Prüferisches Vorgehen

Die im Rahmen der →*Jahresabschlussprüfung* vorzunehmende Prüfung von RAP soll feststellen, ob die Darstellungen der Unternehmensleitung im vorläufigen →*Jahresabschluss* den Erfordernissen der anzuwendenden Rechnungslegungsnormen entsprechen (§ 317 Abs. 1 HGB i.V.m. IDW PS 200.8, ISA 200.2). Die →*Prüfungshandlungen* sind derart auszulegen, dass in Abhängigkeit von der Wahl des jeweiligen →*Prüfungsansatzes* das Risiko eines Fehlurteils des Abschlussprüfers im Hinblick auf die Ordnungsmäßigkeit des →*Prüffeldes* ein vorgegebenes Maß nicht überschreitet (→*Prüfungsrisiko*). Zunächst hat sich der Prüfer von dem Vorhandensein eines →*IKS* im Unternehmen sowie dessen Wirksamkeit zu überzeugen, um das →*Kontrollrisiko* richtig einzuschätzen (IDW PS 260, ISA 315, 330). So ist bspw. festzustellen, ob sichergestellt ist, dass die gesetzlichen Normen beachtet werden, dass Einzelaufstellungen für die abzugrenzenden Posten geführt werden, die nähere Angaben über die abzugrenzenden Zeiträume enthalten, und ob diese Einzelaufstellungen regelmäßig mit den Konten der Finanzbuchführung abgestimmt werden. Außerdem sollte er sich ein Urteil darüber bilden, inwieweit das →*Rechnungswesen* ausreichend, verständlich und zeitnah von Sachverhalten mit Auswirkungen auf RAP informiert wird, um so die generelle Wahrscheinlichkeit für das Auftreten wesentlicher Fehler im Prüffeld quantifizieren zu können (→*Inhärentes Risiko*). In diesem Zusammenhang erfordern die durch das HGB eingeräumten Abgrenzungswahlrechte die Aufmerksamkeit des Abschlussprüfers, da bestehende Wahlrechte grundsätzlich zu einer Erhöhung des inhärenten Risikos führen. Darüber hinaus trägt das bei Abgrenzungen bestehende cut-off-Problem zu einer Erhöhung des inhärenten Risikos bei. In Abhängigkeit von der Einschätzung der inhärenten und der Kontrollrisiken muss der Prüfer das →*Entdeckungsrisiko* anpassen und die für die Erlangung der geforderten →*Prüfungssicherheit* notwendigen →*aussagebezogenen Prüfungshandlungen* vornehmen. Aufgrund der i.d.R. geringeren →*materiality* des Prüffeldes, sind allerdings verhältnismäßig weniger umfangreiche Prüfungshandlungen in der Praxis zu erwarten.

Die vorzunehmenden Prüfungshandlungen ergeben sich in weiten Teilen aus den gesetzlichen Vorschriften. Im Folgenden werden die zentralen Prüfungshandlungen entlang der →*Abschlussaussagen* kategorisiert.

a. Für die Beurteilung des tatsächlichen *Vorhandenseins* bilanzierungspflichtiger Abgrenzungen hat der Abschlussprüfer zunächst unter Hinzuziehung der entsprechenden Gegenkonten den Vortrag und die Verrechnung der Abgrenzungsposten des Vorjahres zu prüfen. Diese Prüfung gibt Hinweise auf die Abgrenzungen des laufenden Geschäftsjahres. Über diese Abgrenzungen sollte sich der Prüfer eine Auflistung aller in der Bilanz ausgewiesenen Rechnungsabgrenzungen von der zu prüfenden Gesellschaft anfertigen lassen sowie die der Abgrenzung zugrunde liegenden Verträge einsehen. Die Auflistung hat er dann daraufhin zu untersuchen, ob die in den entsprechenden Posten aufgeführten Abgrenzungen die gesetzlichen Voraussetzungen zur Bilanzierung von RAP erfüllen.

Nach § 250 HGB sind ausschließlich transitorische RAP unter der Bezeichnung »RAP« zu bilanzieren. Für den Bilanzansatz ist Erfüllung des Kriteriums der »bestimmten Zeit« wesentlich. Eine lediglich bestehende Absicht zu einer ergebniswirksamen Verrechnung eines Zahlungsvorgangs nach dem Abschlussstichtag ist nicht ausreichend. Da die Konkretisierung des Begriffs »bestimmte Zeit« in der Literatur strittig ist, besteht für den Abschlussprüfer das Problem der Beurteilung des Zeitraums, bei dem es sich noch um eine hinreichende Zeitbestimmtheit handelt und ab dem die Grenze zu einer rein subjektiven Schätzung überschritten ist. Eine Bilanzierung von Rechnungsabgrenzungen, die auf einem plausibel geschätzten Zeitraum beruhen, kann der Abschlussprüfer daher weder beanstanden, noch kann er eine Bilanzierung von RAP verlangen, wenn der Zeitraum ihrer Ergebniswirksamkeit kalendermäßig nicht exakt bestimmt ist.

Die periodengerechte Abgrenzung von Aufwendungen und Erträgen nach IFRS ergibt sich aus dem accrual principle (IASB Framework.22, IAS 1.25). Ein transitorischer RAP ist dann zu bilanzieren, wenn dieser die Definition eines →*asset* oder einer →*liability* erfüllt. Das handelsrechtliche Erfordernis der »bestimmten Zeit« ist insofern nicht relevant.

b. Für die Beurteilung eines *vollständigen* Ausweises bilanzierungspflichtiger Rechnungsabgrenzungen hat sich der Abschlussprüfer zunächst davon zu überzeugen, dass das Saldierungsverbot des § 246 Abs. 2 HGB bzw. IAS 1.33 eingehalten wurde und keine Verrechnung von aktiven und passiven Rechnungsabgrenzungen bzw. assets und liabilities im Berichtszeitraum vorgenommen wurde.

Ferner sollte der Abschlussprüfer seine Prüfungshandlungen auf das Aufdecken von vorhandenen, aber vom zu prüfenden Unternehmen nicht erfassten Rechnungsabgrenzungen richten. Ausgehend von der vom Unternehmen erstellten Auflistung kann er überprüfen, ob die Summe der Auflistung mit dem Saldo des Rechnungsabgrenzungskontos übereinstimmt. Durch den Abgleich mit dem Bilanzausweis der Rechnungsabgrenzungen kann er sicherstellen, dass alle im Unternehmen buchhalterisch erfassten Abgrenzungen vollständig in die Bilanz eingegangen sind. Um die Existenz von ausweispflichtigen Sachverhalten aufzudecken, die in keiner Weise im Unternehmen erfasst wurden, sollte der Abschlussprüfer Einsicht in die entsprechenden Verträge nehmen sowie die Zahlungen auf den Konten überprüfen.

c. Um einen Nachweis hinsichtlich der *korrekten Zuordnung* der Rechnungsabgrenzungen zu erbringen, kann sich der Abschlussprüfer zunächst wiederum auf die vom Unternehmen angefertigte Auflistung stützen. Anhand der Auszahlungs- bzw. Einzahlungsbelege sowie der Saldenlisten des Unternehmens hat er sich zu vergewissern, dass nur solche Sachverhalte als RAP ausgewiesen werden, die bereits zu einer Ausgabe bzw. Einnahme vor dem Abschlussstichtag geführt haben.

Insbesondere muss der Abschlussprüfer prüfen, dass unter den RAP keine antizipativen Abgrenzungen bilanziert wurden. Diese sind, soweit sie den Charakter echter, noch nicht fälliger Forderungen (→ *Forderungen, Prüfung*) oder ähnlicher Ansprüche bzw. Verpflichtungen haben, als sonstige Vermögensgegenstände bzw. als Verbindlichkeiten (→ *Verbindlichkeiten, Prüfung*) oder Rückstellungen (→ *Rückstellungen, Prüfung*) zu bilanzieren.

Bei der Prüfung von aktiven RAP nach HGB sind zusätzliche Prüfungshandlungen erforderlich, wenn die zu prüfende Gesellschaft von den in § 250 Abs. 1 Satz 2 Nr. 1 u. 2 sowie Abs. 3 HGB genannten Wahlrechten Gebrauch macht. Für die Feststellung einer korrekten Zuordnung von Zöllen und Verbrauchsteuern zu den RAP muss der Prüfer untersuchen, ob diese nicht als Anschaffungsnebenkosten bzw. Teile der Herstellungskosten aktiviert, sondern als Aufwand verbucht wurden und auf am Abschlussstichtag auszuweisende Vermögensgegenstände des Vorratsvermögens entfallen. Hierfür wird der Abschlussprüfer auf die Ergebnisse der Prüfung der Vorräte (→ *Vorräte, Prüfung*) zurückgreifen.

Für eine korrekte Zuordnung von erhaltenen Anzahlungen zu den RAP muss sich der Abschlussprüfer von deren Existenz und ihrer Bilanzierung durch eine Belegprüfung (Kassen-, Bank-, Postbankbelege) überzeugen. Weiterhin muss er darauf achten, dass die Umsatzsteuer nicht auch unter den sonstigen Vermögensgegenständen ausgewiesen wurde.

Für die Prüfung einer korrekten Disagio-Abgrenzung sollte der Abschlussprüfer auf die entsprechenden Kreditverträge zurückgreifen.

Die handelsrechtlich eingeräumten Abgrenzungswahlrechte existieren nach IFRS nicht. Eine diesbezügliche Bildung von aktiven RAP ist nach IFRS unzulässig, so dass dem Prüfer in diesem Zusammenhang keine weiteren Prüfungshandlungen entstehen. Nicht erstattungsfähige Zölle und Verbrauchsteuern sind im Rahmen der Prüfung von Vorräten, erhaltene Anzahlungen sowie ein bestehendes Disagio sind im Rahmen der Prüfung von liabilities zu berücksichtigen.

d. Die Prüfung der *Bewertung* von RAP erfolgt ebenfalls anhand der Auflistung, aus der auch die Art der Errechnung der Abgrenzungsbeträge hervorgehen sollte. Der Abschlussprüfer hat zumindest stichprobenweise die rechnerische Richtigkeit zu untersuchen. Er kann von den belegbaren Zahlungsbeträgen sowie im Falle der noch ausstehenden Zahlungen von den gebuchten Forderungen bzw. Verbindlichkeiten ausgehen, wobei er die aus Vertragsunterlagen ggf. ersichtliche zeitliche Verteilung der Ergebniswirksamkeit abgegrenzter Beträge zu berücksichtigen hat.

In Bezug auf die in das abzuschließende Geschäftsjahr übernommenen und aufgelösten Rechnungsabgrenzungen muss der Prüfer klären, ob der betreffende Aufwand verursacht bzw. der betreffende Ertrag realisiert und zu Lasten der RAP verbucht worden ist. Bei Fortführung von RAP des vorausgegangenen Jahresabschlusses hat der Abschlussprüfer die von der Gesellschaft vorgenommene Verteilung der Einnahmen bzw. Ausgaben nach deren Ergebniswirksamkeit auf die einzelnen Geschäftsjahre und damit die periodengerechte Auflösung zu beurteilen.

Bei der Verrechnung von RAP des vorausgegangenen Jahresabschlusses muss sich der Prüfer nachweisen lassen, welcher Teil hiervon als Aufwand bzw. Ertrag im abgelaufenen Geschäftsjahr verrechnet wurde. Weiterhin muss er überprüfen, ob die entsprechenden Verrechnungen in den richtigen Posten der GuV (→ *GuV, Prüfung*) ausgewiesen worden sind.

Bezüglich der Disagio-Abgrenzung hat der Prüfer eines HGB-Abschlusses in den Folgeperioden festzustellen, ob die planmäßigen Abschreibungen vorgenommen wurden. Hierzu kann er die Kreditunterlagen heranziehen, da aus ihnen auch die Höhe und die Abwicklung des Disagios hervorgehen. Außerdem hat der Prüfer zu berücksichtigen, dass außerplanmäßige → *Abschreibungen* vorgenommen werden können. Der Prüfer eines IFRS-Abschlusses hat im Rahmen der Prüfung des Disagios festzustellen, ob die Verbindlichkeit zu den mittels der Effektivzinsmethode berechneten fortgeführten Anschaffungskosten bewertet (IAS 39.9, .47) und die Differenz zu den Anschaffungskosten der Vorperiode als Aufwand verbucht wurde.

e. Die Prüfung der *Darstellung und Offenlegung* erstreckt sich auf die Angaben zu den RAP in der Bilanz, der GuV und im Anhang (→ *Anhang, Prüfung*) (notes). Der Abschlussprüfer hat primär zu prüfen, ob die RAP dem Gliederungsschema der Bilanz entsprechend ausgewiesen werden. Im Rahmen eines HGB-Abschlusses ist zu prüfen, ob ein Ausweis entsprechend § 266 Abs. 2 C. und Abs. 3 D. HGB erfolgt. Die IFRS sehen für den Ausweis von RAP keinen eigenständigen Posten vor. Allerdings ist ein solcher Posten in der Bilanz darzustellen, wenn dieser relevant für das Verständnis der financial position des Unternehmens ist (IAS 1.69). Daher hat der Prüfer entweder auf einen Ausweis von Rechnungsabgrenzungen unter den →*current assets* bzw. current liabilities oder der non-current liabilities (IAS 1.60) oder ggf. deren Ausweis in einem gesonderten Posten zu achten. *Daniela Wiemann*

Literatur: *IDW* (Hrsg.), WP-Handbuch 2000, Band I, 2000, R 456–457, R 504; *Niemann, W.*, Jahresabschlussprüfung, 2004; *Penné, G./Schwed, F./Janßen, S.*, Bilanzprüfung, 2000.

Rechnungshöfe → Bundesrechnungshof; → Europäischer Rechnungshof; → Landesrechnungshöfe

Rechnungslegung → Rechnungswesen

Rechnungslegungs Interpretations Committee

Das Rechnungslegungs Interpretations Committee (RIC) und der Deutsche Standardisierungsrat (DSR) sind die zentralen Gremien des →*DRSC*. Ziel des RIC ist es, in enger Zusammenarbeit mit dem →*IFRIC* des →*IASB* sowie den entsprechenden Gremien anderer nationaler Liaison-Partner, die internationale Konvergenz von Interpretationen wesentlicher Rechnungslegungsfragen zu fördern und spezifische nationale Sachverhalte im Rahmen der gültigen IFRS zu beurteilen.

Die vom RIC beschlossenen Interpretationen gelten nach Auffassung des DRSC so lange als Leitlinie für die Bilanzierung der zu behandelnden Sachverhalte in einem IFRS-Abschluss, bis eine anders lautende Regelung durch das IFRIC oder IASB beschlossen wurde. Gleichwohl ist stets einzelfallbezogen zu prüfen, ob die in einer Interpretation des RIC vorgeschlagene Vorgehensweise wirklich zu sachgerechten Ergebnissen führt. Derzeit liegt mit RIC 1 eine Interpretation zur Bilanzgliederung nach Fristigkeit gem. IAS 1 sowie ein Entwurf zur Verpflichtung zur Entsorgung von Elektro- und Elektronikgeräten (E-RIC 3) vor (Stand: November 2005).

Rechnungslegungsbezogenes Kontrollsystem → IKS

Rechnungslegungsmethode

Unter Rechnungslegungsmethoden (accounting policies) sind alle Verfahren zu fassen, die ein Unternehmen bei der Aufstellung und Darstellung seiner Abschlüsse anwendet. Rechnungslegungsmethoden umfassen Bilanzansatz- und Bewertungsmethoden. Bilanzansatzmethoden beziehen sich auf die Verfahren zur Beantwortung der Frage, ob ein Posten im Abschluss anzusetzen ist (Bilanzierung dem Grunde nach). Bewertungsmethoden hingegen beziehen sich auf die Verfahren zur Bestimmung der Geldbeträge, mit denen die Abschlussposten zu erfassen und in der Bilanz und der GuV anzusetzen sind (Bilanzierung der Höhe nach).

In einem engen Zusammenhang zur Bewertungsmethode steht der Begriff des Bewertungsmaßstabs (measurement basis; in der deutschen Fassung als Bewertungsgrundlage übersetzt, vgl. IASB Framework.99). Bewertungsmaßstäbe sind z.B. die →*Anschaffungskosten* und die →*Herstellungskosten* sowie der beizulegende Zeitwert (→*Fair values, Prüfung*). Der Begriff Bewertungsmethode ist dabei weiter gefasst, da für die Bewertung eines Abschlusspostens u.U. mehrere Bewertungsmaßstäbe gelten können. Bei der handelsrechtlichen Bewertung von Vorräten (→*Vorräte, Prüfung*) sind z.B. die Anschaffungs- oder Herstellungskosten im Rahmen der Erstbewertung und der niedrigere beizulegende Wert (gem. § 253 Abs. 3 Satz 2 HGB) im Rahmen der Folgebewertung heranzuziehen.

Rechnungslegungspolitik → Abschlusspolitik

Rechnungsprüfungsamt

Das Rechnungsprüfungsamt ist eine Behörde zur Rechnungsprüfung von Gemeinden und Gemeindeverbänden. Die Vorschriften für kommunale Rechnungsprüfungsämter sind in den Gemeindeordnungen der Länder unterschiedlich. Grundsätzlich ergibt sich die Pflicht zur Einrichtung eines Rechnungsprüfungsamts für eine Gemeinde bei Überschreiten einer bestimmten Einwohnerzahl. Das Rechnungsprüfungsamt ist Teil der Gemeindeverwaltung, jedoch in seiner Tätigkeit unabhängig von anderen Organen. Die Bestellung zum Prüfer bzw. zum Leiter des Rechnungsprüfungsamts erfolgt durch die Gemeindevertretung. Zu den Aufgabengebieten des Rechnungsprüfungsamts gehören u.a. die Prüfung der Jahresrechnung von Gemeinden (z.B. Prüfung der Einhaltung des geplanten Etats, Prüfung der vorschriftsmäßigen Verbuchung) sowie die dauernde Überwachung der Kassen der Gemeinden und ihrer Sondervermögen. Die Berichterstattung über das Prüfungsergebnis erfolgt an den Bürgermeister.

Rechnungswesen

Das betriebliche Rechnungswesen (auch Unternehmensrechnung) bezeichnet sämtliche Verfahren, die dazu dienen, alle im Betrieb vorkommenden Zahlungs- und Leistungsströme mengen- und wertmäßig zu erfassen und zu überwachen. Diese Aufgabe kann sich im Einzelnen auf die Ermittlung von Beständen an einem bestimmten Zeitpunkt (z.B. die Ermittlung des Vermögens und der Schulden des Unternehmens an einem Stichtag) oder auf die Feststellung von Bestandsveränderungen im Zeitablauf (z.B. die Zu- und Abnahme von Forderungen) oder des Ergebnisses einer Zeitperiode (z.B. die Höhe von Aufwand und Ertrag einer Periode) beziehen. Sie kann sich aber ebenso auf das Errechnen von Stückkosten beziehen und damit nicht zeitbezogen, sondern auch stückbezogen sein. Das betriebliche Rechnungswesen übt demnach die Funktion eines Informationssystems aus und wird i.d.R. in das *interne* und das *externe* Rechnungswesen unterteilt. Während das externe Rechnungswesen normiert ist, ist die Unternehmensleitung in der Ausgestaltung des internen Rechnungswesens grundsätzlich frei.

Das *interne* Rechnungswesen (management accounting) umfasst alle Informationssysteme, die auf die Kontrolle der Wirtschaftlichkeit und Rentabilität der betrieblichen Prozesse und der Betriebsführung (→ *Controlling*) gerichtet sind und damit eine Grundlage für die auf die Zukunft gerichtete Planung darstellen. Adressat des internen Rechnungswesens ist daher die Unternehmensleitung.

Das *externe* Rechnungswesen (financial accounting) umfasst hingegen alle Informationssysteme, die an unternehmensexterne Adressaten, wie Investoren, Gläubiger, Kunden, Lieferanten, Wettbewerber und die Öffentlichkeit (→ *Stakeholder*) gerichtet sind. Im Wesentlichen zählen hierzu die Finanzbuchhaltung und deren Abschluss im handelsrechtlichen → *Jahresabschluss* sowie in unterjährigen Berichten (→ *Unterjähriger Bericht, Prüfung*). Darüber hinaus sind solche Systeme angesprochen, die entweder im Zusammenhang mit der Abschlusserstellung relevante Informationen generieren (externe Unternehmensrechnung i.e.S.) oder die sich auf die Generierung weiterer zu publizierender Informationen, wie z. B. im Rahmen der Ad hoc-Publizität (→ *Ad hoc-Publizität, Prüfung*) oder der Emissionspublizität zu veröffentlichende Informationen, beziehen (externe Unternehmensrechnung i.w.S.). Neben diesen gesetzlich verpflichtenden Informationen veröffentlichen Unternehmen mit zunehmender Kapitalmarktorientierung freiwillig Zusatzinformationen (business reporting bzw. value reporting), wie etwa Informationen zu den strategischen Zielen und zum Management, Wertentwicklungskennzahlen (z. B. Economic Value Added), rechnungslegungsbezogene Informationen (z. B. → *EBIT* und → *EBITDA*) oder → *Nachhaltigkeitsberichte*, die über die Pflichtpublizität (financial reporting) hinausgehen.

Red flag

Red flags (Warnsignale) sind, oft in Form von Fragebögen oder Checklisten gesammelte, Risikofaktoren oder Umstände, die Anhaltspunkte für erhöhte Risiken falscher Angaben in Abschluss und Lagebericht aufgrund von Unrichtigkeiten oder Verstößen darstellen (IDW PS 210.30, ISA 240.48–52; → *Fraud, Prüfung*). Identifizierte Risikofaktoren eines Mandanten sind zusammen mit ihren Auswirkungen zu dokumentieren (IDW PS 210.58).

Folgende Sachverhalte zeigen ein erhöhtes Risiko *falscher Angaben* an: Zweifel an der Integrität oder Kompetenz der Unternehmensleitung, z. B. wegen aggressiver → *Abschlusspolitik*, hoher Fluktuation in Führungspositionen oder einer unrealistischen Terminvorgabe für die Abschlussprüfung, kritische Unternehmenssituationen oder ungewöhnliche Geschäfte (IDW PS 210.31, ISA 240.A3).

Spezielle Anhaltspunkte für *Täuschungen* sind bspw.: Wesentliche Teile der Vergütung der Unternehmensleitung hängen von der Zielerreichung bei bestimmten Finanzkennzahlen ab; die Unternehmensleitung versäumt es, bekannte Schwachstellen im → *IKS* zu beheben; die Unfähigkeit zur Erzielung eines Zahlungsmittelüberschusses aus operativer Geschäftstätigkeit trotz ausgewiesener Erträge (IDW PS 210.33, ISA 240.A1).

Hinweise auf ein erhöhtes Risiko von *Vermögensschädigungen* signalisieren z. B. folgende Sachverhalte: Vorhandensein von Vorräten von geringer Größe und hohem Wert, behördliche Untersuchungen, ungewöhnliche Zahlungen z. B. für nicht spezifizierte Dienstleistungen (IDW PS 210.33, ISA 240.A1).

Redepflicht des Abschlussprüfers

Die Redepflicht des Abschlussprüfers ergibt sich aus § 321 Abs. 1 HGB. Danach hat der Abschlussprüfer im Rahmen der sog. Vorwegberichterstattung im → *Prüfungsbericht* darzulegen, ob bei Durchführung der Prüfung Unrichtigkeiten und Verstöße gegen gesetzliche Vorschriften sowie Tatsachen festgestellt worden sind (→ *Fraud, Prüfung*), die den Bestand des geprüften Unternehmens bzw. Konzerns gefährden oder seine Entwicklung wesentlich beeinträchtigen können (→ *Going concern-Annahme, Prüfung*) oder schwerwiegende Verstöße der gesetzlichen Vertreter oder von Arbeitnehmern gegen Gesetz, Gesellschaftsvertrag oder Satzung darstellen.

Der Abschlussprüfer hat über diese Tatsachen zu berichten und die aus seiner Sicht daraus resultierenden Konsequenzen aufzuzeigen. Hat der Abschlussprüfer keine Tatbestände festgestellt, die die Redepflicht betreffen, muss er auch dies im Prüfungsbericht angeben (Negativfeststellung). Die Zielsetzung der Redepflicht besteht darin, die Überwachungsorgane frühzeitig über derartige Tatsachen zu informieren, damit diese geeignete Gegenmaßnahmen ergreifen können.

Regressionsanalysen

Die Regressionsanalyse kommt bei → *analytischen Prüfungen* zum Einsatz. Sie erlaubt eine Spezifizierung des funktionalen Zusammenhangs zwischen einer abhängigen und einer oder mehreren unabhängigen Variablen. Das Verfahren approximiert auf der Grundlage von Beobachtungswerten die stochastische Abhängigkeit zwischen Jahresabschlussgrößen durch eine Regressionsfunktion, mit deren Hilfe die zu prüfende Jahresabschlussgröße in Abhängigkeit von den Ausprägungen der berücksichtigten Einflussfaktoren prognostiziert werden kann.

Die *Einfachregression* untersucht die zu prognostizierende Variable Y hinsichtlich der Abhängigkeit von einer einzigen Bestimmungsvariablen. Häufig wird zur Bestimmung der Regressionsfunktion, die den Zusammenhang zwischen abhängiger und unabhängiger Variable möglichst genau abbilden soll, ein linearer Zusammenhang unterstellt, so dass sich diese unter Vernachlässigung der stochastischen Zufallskomponenten mit $Y = a + b \cdot X$ ergibt. Die Schätzung der Regressionskoeffizienten erfolgt mit der Methode der kleinsten Quadrate.

Die *Mehrfachregression* berücksichtigt den Einfluss mehrerer Variablen auf die zu prüfende Jahresabschlussgröße. Unter Vernachlässigung der stochastischen Zufallskomponente und unter Annahme eines linearen Zusammenhangs ergibt sich die Regressionsfunktion mit

$$Y = a + b_1 \cdot X_1 + ... + b_n \cdot X_n.$$

Bei Anwendung der Regressionsanalyse besteht die Möglichkeit, für den Prognosewert Sicherheits- und Genauigkeitsgrade vorzugeben, so dass dem Abschlussprüfer ein eindeutiger und objektivierter Maßstab für die Beweiskraft von → *Prüfungsnachweisen* zur Verfügung steht. Die Regressionsanalyse selbst ist ein objektives Verfahren. Allerdings fließt das subjektive Urteil des Abschlussprüfers bei der Auswahl des Zusammenhangs zwischen der zu prüfenden Jahresabschlussgröße und einer oder mehreren unabhängigen Variablen ein. Zudem wird die Gültigkeit der Regressionsbeziehung bis in die geprüfte Periode unterstellt (*Zeitstabilitätsprämisse*).

Mit Hilfe der Regressionsanalyse werden Erwartungen hinsichtlich der zu prüfenden Jahresabschlussgröße entwickelt. Der Abschlussprüfer kann also bspw. mit Hilfe seiner Informationen über die Umsatzerlöse in dem zu prüfenden Jahresabschluss sowie der von ihm unterstellten Regressionsbeziehung zwischen den Umsatzerlösen und den Forderungen ermitteln, in welcher Höhe er Forderungen in der Bilanz erwartet. Diese Erwartung ist der Ausgangspunkt bei der Durchführung analytischer Prüfungen.

Related parties → Beziehungen zu nahe stehenden Personen, Prüfung

Related services

Bei den related services handelt es sich um den Oberbegriff für alle verwandten Dienstleistungen in der Systematisierung der → *IFAC* (vgl. Structure of Pronouncements → *IAASB*). Hierunter fallen sowohl die → *agreed-upon procedures* als auch die → *compilations*. Ihnen ist gemein, dass ihre Erbringung durch den WP ohne Abgabe einer → *Prüfungssicherheit* erfolgt. Künftig soll ein neuer Bezugsrahmen (geplanter ISRS 4000) die Grundsätze und wesentlichen Verfahren von related services festlegen.

Reliance test → Systemprüfung

Report → Bestätigungsvermerk; → Prüfungsbericht

Reserves → Rücklagen, Prüfung

Retrograde Prüfung

Die retrograde → *Prüfungsrichtung* ist von der → *progressiven Prüfung* zu unterscheiden. Bei einer retrograden Prüfung geht der Abschlussprüfer den Weg von der Bilanz bzw. der GuV über das Hauptbuch, die Grundbücher und den Beleg zu den erfassungspflichtigen Teilen der ökonomischen Realität, d. h. dem buchungspflichtigen wirtschaftlichen Tatbestand. Diese Vorgehensweise kann auch als retrograde Bestimmung des Soll-Objektes bei der prüferischen Urteilsbildung ausgedrückt werden. Dabei bildet der zu prüfende Jahresabschlussposten den Ausgangspunkt und der Abschlussprüfer schließt unter Verwendung der entsprechenden Normen auf den buchungspflichtigen wirtschaftlichen Tatbestand zurück, der sich in den Belegen wieder finden muss. Dieses Soll-Objekt ist dann mit dem Ist-Objekt, d.h. dem tatsächlichen Beleginhalt zu vergleichen (→ *Soll-Ist-Vergleich*; → *Messtheoretischer Ansatz*). Da bei der retrograden Prüfung auf mehreren Ebenen (Abschlussebene, Buchungsebene, Belegebene, reale Tatbestandsebene) Soll-Ist-Vergleiche vorgenommen werden, spricht man auch von retrograder → *Prüfungskette*. Durch eine retrograde Prüfung lässt sich feststellen, ob den Inhalten des Jahresabschlusses tatsächlich buchungspflichtige wirtschaftliche Tatbestände zugrunde liegen. Sie dient demnach der *Aufdeckung von fiktiven Geschäftsvorfällen*. Die vollständige Abbildung aller realen erfassungspflichtigen Tatbestände in der Rechnungslegung lässt sich durch die retrograde Vorgehensweise dagegen nicht kontrollieren.

Review → Prüferische Durchsicht

Revision → Interne Revision

Risiken der künftigen Entwicklung → Lagebericht, Prüfung

Risiko

Risiko *i.w.S.* ist die Wahrscheinlichkeit eines möglichen Verlustes oder Schadens im negativen Fall (Gefahr) bzw. eines möglichen Nutzens oder Gewinnes im positiven Fall (Chance). In der Betriebswirtschaft wird jedoch nicht von der Doppelnatur eines Risikos ausgegangen. Vielmehr ist beim Vorhandensein eines Risikos vorzugsweise die Möglichkeit eines negativen Ereignisses (Risiko *i.e.S.*) zu betrachten. Demnach kann Risiko als die Gefahr künftiger negativer Entwicklungen, die Gefahr von Fehlentscheidungen, die Gefahr von Fehlinformationen oder die auf wahrscheinlichkeitstheoretischer Basis kalkulierte Unsicherheit zukünftiger Entwicklungen bezeichnet werden. Das Risiko kann entweder aus einer *Ungewissheit* resultieren oder in einem möglichen Versagen des Entscheidenden bei der Informationsbeschaffung und Informationsverwertung begründet sein.

Im Prüfungswesen versteht man unter Risiko ebenfalls die Möglichkeit eines negativen Ereignisses. So bezeichnen die in dem → *Risikomodell* zugrunde gelegten Risikoarten, die Wahrscheinlichkeit des Auftretens eines Fehlers unter unterschiedlichen Annahmen. Mit Hilfe der → *risikoorientierten Abschlussprüfung* wird dabei versucht, die Jahresabschlussprüfung so zu gestalten, dass die Wahrscheinlichkeit der irrtümlichen Annahme nicht überschritten wird.

Risiko aus analytischen Prüfungshandlungen

Das Risiko aus analytischen Prüfungshandlungen ist definiert als die Wahrscheinlichkeit, dass der Prüfer im → *Prüffeld* vorkommende und durch interne Kontrollen (→ *IKS*) nicht rechtzeitig verhinderte oder aufgedeckte → *Fehler* im Rahmen seiner → *analytischen Prüfungen* nicht entdeckt. Ein solches Prüferversagen (→ *Erwartungslücke*) kann z.B. dadurch ausgelöst worden sein, dass der Prüfer falsche Erwartungen bezüglich einer Jahresabschlussposition entwickelt hat, so dass er keine bedeutsame Abweichung von dem im Jahresabschluss tatsächlich ausgewiesenen Positionswert feststellt und daher auch kein Fehlersignal wahrnimmt. Auch wenn es dem Prüfer misslingt, adäquate Erklärungshypothesen für festgestellte wesentliche Abweichungen zu entwickeln, wirken analytische Prüfungshandlungen nicht fehleraufdeckend.

Risikobericht → Lagebericht, Prüfung

Risikofrüherkennungssystem, Prüfung

Das Risikofrüherkennungssystem ist Teil des Risikomanagementsystems, welches gem. § 317 Abs. 4 HGB vom Abschlussprüfer im Rahmen der Abschlussprüfung zu beurteilen ist (→ *Risikomanagementsystem, Prüfung*).

Risikomanagementsystem, Prüfung

1 Normen

§ 91 Abs. 2 AktG, § 317 Abs. 4 HGB, IDW PS 340.

2 Definition

Gem. § 91 Abs. 2 AktG hat der → *Vorstand* jeder → *AG* Maßnahmen zu treffen, insbesondere ein Überwachungssystem einzurichten, damit den Fortbestand der Gesellschaft gefährdende Entwicklungen früh erkannt werden (*Risikofrüherkennungssystem*). Das Risikofrüherkennungssystem und das diesbezügliche, in § 91 Abs. 2 AktG genannte Überwachungssystem sind wichtige Bestandteile des gesamten *Risikomanagementsystems*, welches als die Gesamtheit aller organisatorischen Regelungen und Maßnahmen zur Risikoerkennung und zum Umgang mit den Risiken unternehmerischer Betätigung definiert werden kann (IDW PS 340.4 f.). Risikomanagementsysteme schließen im Unterschied zur Risikofrüherkennung auch Maßnahmen zur Risikobewältigung ein. Demnach geht es bei einem Risikomanagementsystem nicht um die Vermeidung unternehmerischer Risiken, sondern darum, der Unternehmensleitung die eingegangenen Risiken bewusst zu machen, diese Risiken zu steuern und zu kontrollieren. Umfassende – in der allgemeinen Betriebswirtschaft thematisierte – Risikomanagementsysteme haben abweichend von Früherkennungssystemen nach § 91 Abs. 2 AktG auch eine breitere Risikodefinition zum Gegenstand. Während sich die aktienrechtliche Vorschrift lediglich auf diejenigen Risiken bezieht, die den Fortbestand des Unternehmens tangieren, können über die Erfüllung der Anforderung des § 91 Abs. 2 AktG hinausgehende Risikomanagementsysteme auch nicht bestandsgefährdende Risiken und positive Ausprägungen des Risikos (bspw. im Rahmen eines strategischen oder wertorientierten Risikomanagements) mit einschließen. Für die sich aus § 91 Abs. 2 AktG ergebenden Pflichten (Früherkennungssystem und Überwachungssystem) wird im Folgenden der Begriff Risikomanagementsystem verwendet.

3   Prüfungsobjekt und prüferisches Vorgehen

Die im Rahmen der Abschlussprüfung bei börsennotierten AG gem. § 317 Abs. 4 HGB zu beurteilenden Prüfungsobjekte des Risikomanagementsystems sind:

- **Risikoidentifikation**
Die Risikoidentifikation umfasst eine strukturierte Sammlung aktueller, zukünftiger und potenziell denkbarer Risiken. Da die Risikoidentifikation die Gesamtunternehmenssicht widerspiegeln soll, liegt es nahe, die Risiken zunächst top down-gerichtet zu ermitteln. Diese erste Identifikation potenzieller Risiken auf Ebene der Unternehmensleitung sollte durch ein bottom up-gerichtetes Vorgehen ergänzt werden, um die vorhandenen Risiken möglichst vollständig und systematisch zu erfassen. Hier bietet sich an, die in den einzelnen Bereichen des Unternehmens am Wertschöpfungsprozess beteiligten Personen in Workshops einzubinden (Risiko-Brainstorming). Besonderes Augenmerk ist auf die Erfassung kumulativer Risiken zu richten, deren volle Auswirkung sich jeweils erst entlang der gesamten Wertschöpfungskette entfaltet. Bei den Risiken kann es sich um allgemeine externe (z. B. Naturgewalten, Technologiesprünge), leistungswirtschaftliche und finanzwirtschaftliche sowie um Risiken im Bereich der Unternehmensführung (z. B. Fluktuationsraten, Führungsstil) handeln.

- **Risikoanalyse/-bewertung**
Die Übergänge zwischen Risikoidentifikation und -analyse sind fließend. Ziel der Risikoanalyse ist es, das durch die identifizierten Risiken ausgelöste Gefährdungspotenzial zu bewerten. Dabei geht es u. a. um die qualitative Bewertung und die quantitative Messung von Einzelrisiken, die Aggregation von Einzelrisiken (die isoliert betrachtet von nachrangiger Bedeutung sind), die Eintrittswahrscheinlichkeit eines Risikos, die wechselseitige Beeinflussung von Risiken sowie um den Versuch einer Analyse von Ursache-Wirkungsbeziehungen.

Hilfreich kann die Erstellung eines Risikoportfolios sein, welches darauf abstellt, die Gesamtrisikosituation durch eine Darstellung der Einzelrisiken bspw. entlang der Dimensionen Ereigniswahrscheinlichkeit und Intensität der Auswirkung darzustellen. Die Entwicklung der im Portfolio abgebildeten Risiken lässt sich zudem anhand von Simulations- oder Szenariotechniken untersuchen (z. B. Monte Carlo-Simulation oder worst case-Szenarien). Sollten sich Risiken ausnahmsweise nicht angemessen bewerten lassen, so bietet es sich an, diese als high priority risk zu kennzeichnen und unmittelbar der Geschäftsleitung zu melden.

- **Risikokommunikation**
Die zuvor identifizierten Risiken müssen zeitnah weitergegeben werden. Dies setzt eine funktionierende Kommunikationsstruktur voraus. Obgleich die Risikokommunikation im Rahmen des Risikomanagementsystems intern ausgerichtet ist, bestehen zahlreiche Parallelen zu den Erfordernissen einer externen Risikokommunikation.

- Die (unternehmens-)*interne* Risikokommunikation umfasst das Vorhandensein geeigneter Informationskanäle, die Vorgabe interner Risikorichtlinien sowie die Zuordnung von Verantwortlichkeiten. Eine Kommunikationsbereitschaft der involvierten (berichtspflichtigen) Personen wird vorausgesetzt; dabei muss auch eine Bereitschaft zur Kommunikation von schlechten Nachrichten (bad news) bestehen. Erfordern indes bedeutsame oder nicht bewältigte Risiken rasche Entscheidungen, ist eine Überwindung der formalen Berichtsstrukturen dahingehend sicherzustellen, dass die Geschäftsleitung hiervon direkt Kenntnis erlangt (interne Ad hoc-Berichterstattung).
- Die *externe* Risikokommunikation umfasst zum einen die periodische Berichterstattung der Risikomanagementziele und -methoden sowie der Chancen und Risiken des Unternehmens im Lagebericht (→ *Lagebericht, Prüfung*) (§§ 289, 315 HGB). Zum anderen müssen börsennotierte Unternehmen feststellen, ob ein identifiziertes Risiko geeignet ist, den Börsenkurs erheblich zu beeinflussen. In diesem Fall trifft das Unternehmen eine Pflicht zur (externen) Ad hoc-Publizität (→ *Ad hoc-Publizität, Prüfung*) gem. § 15 Abs. 1 WpHG. Des Weiteren hat die Unternehmenspraxis gezeigt, dass es i. S. der Vermeidung schwer wiegender Vertrauens- und Reputationsverluste ratsam ist, bestehende Risiken sowie Maßnahmen der Risikobewältigung zeitnah freiwillig an die stakeholder zu kommunizieren.

- **Überwachungssystem**

Die Einrichtung eines internen Überwachungssystems zielt auf die Überwachung des Risikofrüherkennungssystems ab (z. B. Aufdecken von Schwachstellen). Hierzu zählen neben diesbezüglich relevanten prozessintegrierten Überwachungsmaßnahmen des → *IKS* (z. B. Überwachung der Einhaltung von Toleranzgrenzen im Rahmen der Risikoidentifikation) auch prozessunabhängige Prüfungen der Maßnahmen gem. § 91 Abs. 2 AktG durch die → *Interne Revision* (IDW PS 340.15 f.).

Die *Prüfung* des Risikomanagementsystems zielt darauf ab, festzustellen, ob das System der Risikoidentifizierung, -analyse und -kommunikation sowie die entsprechenden Überwachungsmaßnahmen zweckentsprechend sind und während des gesamten zu prüfenden Zeitraums eingehalten wurden.

Die Reaktion des Vorstands auf erkannte Risiken (Risikosteuerung) ist indes formal nicht Gegenstand der Prüfung; demnach handelt es sich hier nicht um eine → *Geschäftsführungsprüfung* (IDW PS 340.6, .19, .26).

Die Prüfung selbst lässt sich in die Phasen → *Prüfungsplanung*, -durchführung und Berichterstattung einteilen.

- **Prüfungsplanung**

Die Prüfungsplanung folgt wiederum dem risikoorientierten Prüfungsansatz (→ *risikoorientierte Abschlussprüfung*), d. h., es sind z. B. anhand einer ersten Einschätzung der wirtschaftlichen Lage des Unternehmens und seines Umfelds die inhärenten Risiken des Unternehmens und anhand einer ersten Beurteilung des Überwachungssystems die internen Kontrollrisiken vorläufig einzuschätzen. Für die Prüfungsplanung ist auch bedeutsam, ob und inwieweit im Unternehmen ein Risiko- und Kontrollbewusstsein vorhanden ist (IDW PS 340.22).

- **Prüfungsdurchführung**

Kernproblem der Prüfungsdurchführung ist das Fehlen eines klar definierten Soll-Objektes. Die als Eignungsprüfung bzw. Wirksamkeitsprüfung angelegte Prüfung setzt vor allem an der Funktionsweise des Systems sowie seiner Effizienz hinsichtlich des Aufspürens bestandsgefährdender Risiken an. Insofern muss der Prüfer zunächst eine *Bestandsaufnahme* des vorhandenen Risikomanagementsystems vollziehen, um auf dieser Basis die *Eignung* dieses Systems sowie die Einhaltung der vorgesehenen Maßnahmen (*Wirksamkeit* des Systems) zu prüfen (IDW PS 340.24–31). Die nachstehenden Ausführungen geben einen Überblick über wesentliche Aspekte der Prüfungsdurchführung.

Die Bestandsaufnahme des Ist-Systems kann sich u.a. auf eine vom Unternehmen erstellte Dokumentation (z.B. Risikomanagement-Handbuch) stützen. Die Beurteilung der Eignung des Systems muss sich an den einzelnen zuvor genannten Elementen des Risikomanagementprozesses orientieren. Dabei geht es u.a. darum, ob geeignete Beobachtungsbereiche festgelegt wurden, ob Frühwarnsignale bestimmt wurden und inwieweit diese als Frühwarnindikatoren geeignet sind. Es muss ein Gesamtsystem vorliegen, welches die Signale vollständig und rechtzeitig bereitstellt sowie eine zusammenfassende Gesamtbeurteilung von Einzelrisiken erlaubt (Kumulation sowie Wechselwirkungen). Das gewählte Vorgehen muss vom Prüfer intersubjektiv nachvollziehbar sein.

Stößt der Prüfer auf Probleme oder Indizien für eine unzureichende Eignung, muss er i.S. des risikoorientierten Prüfungsansatzes den Umfang der Einzelfallprüfungen ausweiten: Dies kann bedeuten, dass er einzelne vermutlich als wesentlich einzustufende Risiken im Hinblick auf ihr Bedrohungspotenzial näher untersuchen muss. Gelingt dem Prüfer keine abschließende Beurteilung, kommt nach IDW PS 340.30 ggf. auch eine Verwendung von Urteilen anderer Sachverständiger in Betracht (z.B. im Bereich der Umweltrisiken). In ähnlicher Weise ist der Umfang der Einzelfallprüfungen mit abnehmender Güte des internen Überwachungssystems auszuweiten.

Um die für die Beurteilung des Risikomanagementsystems erforderliche Prüfungssicherheit zu erlangen, sind auch Plausibilitätsprüfungen einsetzbar. In diesem Fall kann der Prüfer auf bereits vorhandene mandantenspezifische Vorkenntnisse und die Prüfungsnachweise, die er im Zuge der laufenden Abschlussprüfung erlangen wird, zurückgreifen.

Der Prüfer muss die vom Unternehmen vorgenommene Risikobewertung nachvollziehen und auf Plausibilität sowie Widerspruchsfreiheit prüfen. Dabei ist insbesondere festzustellen, ob sich auf Basis der vom Unternehmen zugrunde gelegten Prämissen auf das prognostizierte Gefährdungspotenzial schließen lässt. Für diese Zwecke kann der Prüfer auf ISAE 3400 zurückgreifen, der die Prüfung zukunftsorientierter Informationen behandelt.

Die seitens der Unternehmensleitung getroffenen Maßnahmen sind in Stichproben auf ihre Wirksamkeit und kontinuierliche Anwendung im Prüfungszeitraum zu prüfen (IDW PS 340.31).

- **Berichterstattung**

Das Ergebnis der Prüfung ist in einem besonderen Teil des intern ausgerichteten →*Prüfungsberichts* darzustellen (§ 321 Abs. 4 HGB i.V.m. IDW PS 340.32f., 450.85–88).

Mängel bei den vom Vorstand nach § 91 Abs. 2 AktG getroffenen Maßnahmen haben als solche keine Auswirkung auf den an die externen Adressaten gerichteten →*Bestätigungsvermerk* (IDW PS 340.32). Ein nicht uneingeschränkt erteiltes Testat kommt nur dann in Betracht, wenn die unzureichende Erfüllung der Maßnahmen dazu führt, dass der Nachweis über die Unternehmensfortführung nicht erbracht werden kann. Gleiches gilt, wenn die unzureichende Erfüllung zugleich die Ordnungsmäßigkeit der Buchführung in Frage stellt oder sich aus diesem Grunde die Risiken der künftigen Entwicklung im Lagebericht nicht zutreffend oder nur unzureichend darstellen lassen (IDW PS 400.72).

Die Maßnahmen zum Risikomanagement sind *konzernweit* anzulegen, sofern von Tochterunternehmen den Fortbestand des Mutterunternehmens gefährdende Entwicklungen ausgehen können. Dies bedeutet, dass eine Risikoanalyse auch bei Tochterunternehmen vorzunehmen ist, die Risiken entsprechend zu kontrollieren sind und eine entsprechende Berichterstattung (reporting) zur Konzernspitze erfolgen muss. Risikoerfassung und -kommunikation können durch konzerneinheitliche Risikorichtlinien und ein funktionsfähiges Beteiligungscontrolling unterstützt werden (IDW PS 340.34–37). *Guido Neubeck*

Literatur: Giese, R., in: Die Wirtschaftsprüfung 1998, S. 451–458; *IDW* (Hrsg.), WP-Handbuch 2000, Band I, 2000, P 2–152; *Neubeck, G.*, Prüfung von Risikomanagementsystemen, 2003.

Risikomodell

1 Definition und Nutzen von Risikomodellen

Prüfungsrisikomodelle bilden den Zusammenhang zwischen dem →*Prüfungsrisiko* des Abschlussprüfers und dessen einzelnen Komponenten in vereinfachter Form ab und dienen der prüfungszieladäquaten Beachtung des Prüfungsrisikos. Der wesentliche Nutzen von Risikomodellen liegt in der Möglichkeit, verschiedene, im Verlauf des Prüfungsprozesses gewonnene Informationen einerseits konzeptionell zu trennen, andererseits in ihrer Wirkung auf die Güte des Prüfungsurteils gemeinsam zu analysieren. Darüber hinaus liegt der Wert der Modelle vor allem in ihrem Beitrag zu verbesserten Entscheidungen. Die den Risikomodellen immanente Zerlegung des Prüfungsrisikos resultiert in der Vereinfachung eines komplexen Beurteilungsprozesses. Zudem zwingt die Dekomposition den Abschlussprüfer, explizit Informationselemente zu betrachten, die er ohne Betrachtung einzelner Risikokomponenten übersehen könnte (→ *Risikoorientierte Abschlussprüfung*).

2 Aufbau des Prüfungsrisikomodells

2.1 A priori-Risikomodelle

Die grundsätzliche Struktur eines Risikomodells verdeutlicht nachfolgender in SAS 47 enthaltener Zusammenhang: $AR = IR \cdot CR \cdot DR$ mit folgenden Komponenten:

- das Prüfungsrisiko (AR) = Wahrscheinlichkeit dafür, dass der Abschlussprüfer ein Prüffeld für normenkonform befindet, obwohl es wesentliche Fehler enthält,
- das → *inhärente Risiko* (IR) = Wahrscheinlichkeit für das Auftreten wesentlicher Fehler unter der Annahme, dass keine internen Kontrollen existieren,
- das → *Kontrollrisiko* (control risk, CR) = Wahrscheinlichkeit, dass existierende wesentliche Fehler nicht rechtzeitig durch das → *IKS* verhindert oder aufgedeckt werden,
- das → *Entdeckungsrisiko* (detection risk, DR) = Wahrscheinlichkeit dafür, dass der Abschlussprüfer existierende und vom IKS nicht rechtzeitig verhinderte oder aufgedeckte wesentliche Fehler nicht aufdeckt.

Das Risikomodell aus SAS 47 lässt sich durch die *Wasserhahn-Sieb-Analogie* erläutern (Abb. 7).

Die Möglichkeit, dass in einem → *Prüffeld* wesentliche Fehler auftreten (inhärentes Risiko), wird durch den Wasserhahn bzw. den Wasserstrahl dargestellt. Die Siebe symbolisieren Maßnahmen des Mandanten und des Prüfers zur Aufdeckung wesentlicher Fehler. Zunächst besteht für den Mandanten die Möglichkeit, ein IKS zu installieren, durch das aufgetretene Fehler entdeckt und korrigiert werden können. Das erste Sieb stellt das IKS des Mandanten dar. Es besteht jedoch die Gefahr, dass wesentliche Fehler das IKS unentdeckt durchlaufen oder es umgehen. Deshalb liegt es in der Verantwortung des Prüfers, Prüfungshandlungen einzusetzen, mit denen er wesentliche Fehler mit angemessener Sicherheit aufdeckt, und die es vermeiden, dass wesentliche Fehler in den Jahresabschluss eingehen. Diese Prüfungshandlungen sind durch das zweite Sieb symbolisiert. Wegen der Möglichkeit, dass ein wesentlicher Fehler existiert, er nicht durch das IKS des Mandanten aufgedeckt wird und es auch dem Prüfer misslingt, ihn zu entdecken, besteht immer ein gewisses Prüfungsrisiko.

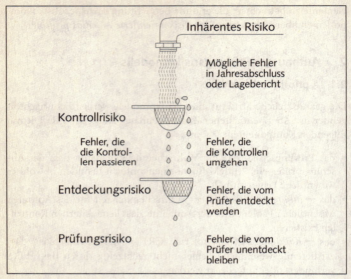

Abb. 7: Risikomodell

Ein leicht modifiziertes Risikomodell sieht SAS 39 vor, nach dem sich das Prüfungsrisiko wie folgt bestimmt:

$$AR = CR \cdot ARR \cdot TR$$

Es unterscheidet sich vom Modell aus SAS 47 zum einen durch die fehlende explizite Berücksichtigung des inhärenten Risikos und zum anderen durch die Untergliederung des Entdeckungsrisikos in die Komponenten Risiko aus →*analytischen Prüfungen* (ARR) und Testrisiko (TR, Risiko aus →*Einzelfallprüfungen*).

2.2 Kritik

Risikomodelle werden unter verschiedenen Aspekten kritisiert. Zunächst wird ihnen mangelnde Unabhängigkeit vorgeworfen, denn die Anwendung des *Multiplikationssatzes der Wahrscheinlichkeitsrechnung* verlangt, dass die einzelnen Teilrisiken unabhängig voneinander sind, was nicht der Realität entspricht. Des Weiteren müssen die meisten Komponenten der Risikomodelle vom Prüfer *subjektiv geschätzt* werden, so dass es an Objektivität fehlt. Außerdem *erfassen* Risikomodelle das Risiko *nicht vollständig*. Zum einen lassen sie regelmäßig das *Nicht-Stichprobenrisiko* außen vor, da es durch eine adäquate → *Prüfungsplanung*, die Zuordnung kompetenten Personals, eine sorgfältige Überwachung der Prüfungsdurchführung und Maßnahmen zur Qualitätskontrolle zu kontrollieren ist. Zum anderen wird das *Risiko der irrtümlichen Ablehnung* eines normenkonformen Jahresabschlusses bzw. Prüffeldes nicht in die Risikomodelle einbezogen. Risikomodelle sind zudem diskreter Natur und unterscheiden lediglich zwischen den Zuständen *kein Fehler* und *Fehler in Höhe der materiality-Grenze* (→ *Materiality*). Mit dieser Dichotomie wird die Realität grob vereinfacht. Als weiterer Kritikpunkt an den Risikomodellen wird angeführt, dass die Teilrisiken eine Gleichgewichtung erfahren. Das zulässige Niveau des Prüfungsrisikos lässt sich durch verschiedene Kombinationen aus inhärentem Risiko, Kontrollrisiko und Entdeckungsrisiko einhalten, d.h., eine *wechselseitige Kompensation der Risikokomponenten* ist zulässig. Daraus folgt, dass die Risikomodelle in bestimmten Situationen einen vollständigen Verzicht auf → *ergebnisorientierte Prüfungen* signalisieren. Schließlich fällt auf, dass Risikomodelle das tatsächliche Verhalten des Abschlussprüfers bei der Verarbeitung der Risikokomponenten nicht korrekt abbilden. Empirische Studien haben gezeigt, dass Prüfer zwar den Prüfungsumfang ausweiten, sofern sich aus den Risikomodellen ein niedriges zulässiges Entdeckungsrisiko ergibt. Signalisiert die Risikoanalyse hingegen ein hohes zulässiges Entdeckungsrisiko, so folgen die Prüfer nicht den Implikationen des Modells, d.h., sie nehmen keine Reduktion des geplanten Prüfungsumfanges vor.

2.3 Posterior-Risikomodelle

Die bisher vorgestellten Modelle aus SAS 47 und SAS 39 gehören zu den Jointrisiko-Modellen, die vom → *AICPA* präferiert werden. Sie betrachten das Prüfungsrisiko a priori, d. h. im *Planungsstadium*. A priori kann sich der Prüfer für eine (korrekte oder irrtümliche) Annahme oder für eine (korrekte oder irrtümliche) Ablehnung der Grundgesamtheit entscheiden. Das Prüfungsrisiko bemisst sich deshalb mit

$$AR = \frac{\text{Wahrscheinlichkeit für die irrtümliche Annahme}}{\text{Wahrscheinlichkeit für die Annahme} + \text{Wahrscheinlichkeit für die Ablehnung}}$$

Da der Nenner des obigen Ausdrucks alle möglichen Ergebnisse umfasst, beträgt die Gesamtwahrscheinlichkeit 1, so dass sich vereinfacht die bereits vorgestellte AICPA-Formel ergibt:

AR = *Wahrscheinlichkeit für die irrtümliche Annahme* = $IR \cdot CR \cdot DR$.

Das → *CICA* empfiehlt seinen Mitgliedern das Posterior-Risikomodell. Dieses berechnet das Prüfungsrisiko a posteriori, d.h. unter der Annahme, dass der Abschlussprüfer die Grundgesamtheit angenommen hat:

$$AR = \frac{\text{Wahrscheinlichkeit für die irrtümliche Annahme}}{\text{Wahrscheinlichkeit für die Annahme}}$$

Eine Annahmeentscheidung kann korrekt oder falsch sein, so dass sich die Wahrscheinlichkeit für die Annahme als die Summe aus der Wahrscheinlichkeit für die irrtümliche Annahme und der für die korrekte Annahme ergibt. Die Wahrscheinlichkeit für die irrtümliche Annahme beträgt IR · CR · DR. Für die Wahrscheinlichkeit für die korrekte Annahme setzt das CICA (1-IR) an. Daraus ergibt sich

$$AR = \frac{IR \cdot CR \cdot DR}{IR \cdot CR \cdot DR + (1-IR)}$$

bzw. als Bestimmungsgleichung für das maximal zulässige Entdeckungsrisiko

$$DR = \frac{AR \cdot (1-IR)}{(1-AR) \cdot IR \cdot CR}.$$

Es fällt auf, dass die Wahrscheinlichkeit für die korrekte Annahme nur ungenau – mit der Wahrscheinlichkeit, dass ein wesentlicher Fehler vorkommt (1-IR) – geschätzt wird. Eine korrekte Annahme der Grundgesamtheit erfolgt aber bspw. auch dann, wenn interne Kontrollen wesentliche Fehler aufdecken (IR · (1-CR)). Verfeinerte Modelle versuchen, diesen Mangel des CICA-Modells zu vermeiden.

Modellvergleiche zeigen, dass Posterior-Risikomodelle normalerweise zu einem niedrigeren Entdeckungsrisiko und damit zu strengeren Anforderungen an die Prüfungsplanung führen als die Jointrisiko-Modelle. Es stellt sich somit die Frage, ob die Posterior-Risikomodelle zu konservativ sind, oder ob die Jointrisiko-Modelle einseitig eine Steigerung der Wirtschaftlichkeit im Auge haben und die Notwendigkeit eines vertrauenswürdigen Prüfungsurteils aus dem Blick verlieren. Die in der Praxis verbreiteten Prüfungsansätze basieren jedoch auf dem Jointrisiko-Modell.

Reiner Quick

Literatur: *Cushing, B.E./Loebbecke, J.K.*, in: Auditing: A Journal of Practice & Theory 1983, S. 23–41; *Kinney, W.R.*, in: Auditing: A Journal of Practice & Theory, Supplement 1989, S. 67–84; *Quick, R.*, Die Risiken der Jahresabschlußprüfung, 1996.

Risikoorientierte Abschlussprüfung

Die risikoorientierte Abschlussprüfung verlangt, die → *Prüfungsstrategie* und das → *Prüfungsprogramm* derart zu gestalten, dass ein vorgegebenes → *Prüfungsrisiko*, d. h. die Wahrscheinlichkeit der irrtümlichen Annahme, nicht überschritten wird. Der dem risikoorientierten Prüfungsansatz zugrunde liegende Zusammenhang zwischen dem Prüfungsrisiko (AR) und seinen Komponenten → *inhärentes Risiko* (IR), → *Kontrollrisiko* (CR) und → *Entdeckungsrisiko* (DR) wird durch → *Risikomodelle* abgebildet. Ein gängiges Risikomodell enthält SAS 47: $AR = IR \cdot CR \cdot DR$.

Die Beurteilung des *inhärenten Risikos* ist eine vergleichsweise unstrukturierte und komplexe Aufgabe und verlangt die Integration einer großen Anzahl quantitativer und qualitativer Faktoren, die sich in allgemeine (makroökonomische Faktoren wie die konjunkturelle Lage, branchenspezifische Faktoren wie die Wettbewerbsintensität, mandantenspezifische Faktoren wie die wirtschaftliche Lage oder die Integrität und Qualität des Managements) und prüffeldspezifische (z. B. Art und Verwertbarkeit des Vermögensgegenstandes, komplexe Berechnungen, Schätzungen, Ermessensspielräume, Art der Transaktionen) unterteilen lassen. Das inhärente Risiko besteht unabhängig vom Prüfungsprozess. Der Prüfer kann es schätzen, aber nicht beeinflussen oder kontrollieren.

Das *Kontrollrisiko* ist eine Funktion der Wirksamkeit der internen Kontrollen des Mandanten bezüglich des Vermeidens oder des Aufdeckens wesentlicher Fehler. Der Abschlussprüfer muss ein Verständnis über die Kontrollstruktur des zu prüfenden Unternehmens gewinnen. Hierzu sollte er spezifische interne Kontrollen identifizieren und bewerten. Existieren in dem zu untersuchenden → *Prüffeld* interne Kontrollen und ist es die beabsichtigte Prüfungsstrategie, auf diese zu vertrauen (alternativ könnte der Prüfer auch auf eine Beurteilung der internen Kontrollen verzichten und das Kontrollrisiko auf 100 % setzen, weil der Aufwand zur Beurteilung der Wirksamkeit interner Kontrollen voraussichtlich höher ist als die Ersparnis bei den nachfolgenden Prüfungshandlungen), werden systemorientierte Prüfungshandlungen (→ *Systemprüfung*) vorgenommen, um die Wirksamkeit solcher internen Kontrollen zu bewerten. Wirksame interne Kontrollen in einem Prüffeld reduzieren das Kontrollrisiko, wohingegen unwirksame interne Kontrollen es erhöhen (Kontrollschwächen liegen bspw. bei unangemessener Dokumentation, beim unbeschränkten Zugriff auf leicht verkäufliche Vermögensgegenstände oder beim Fehlen einer Lagerbuchführung vor).

Das Kontrollrisiko kann nie gleich null sein, denn die internen Kontrollen vermögen nie, vollständige Sicherheit zu liefern, dass alle wesentlichen Fehler verhindert oder aufgedeckt werden. Selbst bei der Anwendung wirksamer interner Kontrollen besteht wegen inhärenter Systembeschränkungen immer ein gewisses Kontrollrisiko. Diese Systembeschränkungen liegen darin begründet, dass Kontrollen z. B. infolge unverständlicher Kontrollanweisungen oder aufgrund menschlichen Versagens durch mangelnde Sorgfalt, durch Ablenkungen und durch Ermüdung unwirksam sein können. Des Weiteren lassen sich Kontrollen, die auf →*Funktionstrennung* beruhen, durch betrügerisches Zusammenwirken von Angestellten umgehen (→*Fraud, Prüfung*). Daneben gibt es immer die Möglichkeit, dass sich das Management über die internen Kontrollen hinwegsetzt, wenn es bewusst Fehler begehen will (management override). Wie das inhärente Risiko besteht auch das Kontrollrisiko unabhängig vom Prüfungsprozess. Es liegt in der Verantwortung des Mandanten, das Kontrollrisiko zu kontrollieren. Der Prüfer kann es zwar schätzen, keineswegs aber seine Höhe beeinflussen.

Das *Prüfungsrisiko* ist vorzugeben. Die Prüfungspraxis sieht häufig ein Prüfungsrisiko von 5 % als angemessen an und erachtet Variationen bis zu maximal 10 % als gerechtfertigt. Bisweilen wird für das Prüfungsrisiko auch eine Bandbreite von 1–5 % vorgeschlagen. Der Prüfer hat das inhärente Risiko und das Kontrollrisiko zu schätzen. Danach lässt sich das maximal zulässige Entdeckungsrisiko durch Umformung obiger Gleichung ermitteln:

$$DR = \frac{AR}{IR \cdot CR}$$

Das *Entdeckungsrisiko* stellt demnach die vom Prüfer zu kontrollierende Variable dar. Es ist so anzupassen, dass das Prüfungsrisiko das vorgegebene Niveau nicht übersteigt. Zwischen dem inhärenten Risiko und dem Kontrollrisiko auf der einen Seite und dem Prüfungsrisiko auf der anderen Seite besteht eine inverse Beziehung. Zu einem gegebenen Prüfungsrisiko kann eine Erhöhung des inhärenten Risikos bzw. des Kontrollrisikos durch ein geringeres Entdeckungsrisiko kompensiert werden. Ein niedriges inhärentes Risiko bzw. Kontrollrisiko erlaubt dagegen ein höheres Entdeckungsrisiko.

Die Kontrolle des Entdeckungsrisikos erfolgt durch eine *Modifikation des Prüfungsprogramms*, d.h. insbesondere durch eine Anpassung von Art und Umfang der geplanten →*Prüfungshandlungen*. Ein niedriges Entdeckungsrisiko erfordert zuverlässigere Prüfungshandlungen, d.h., der Prüfer hat mehr →*Einzelfallprüfungen* durchzuführen und darf sich weniger auf analytische Prüfungshandlungen (→*Analytische Prüfungen*) verlassen, da Einzelfallprüfungen im Vergleich zu analytischen Prüfungshandlungen einen höheren Sicherheitsbeitrag zu leisten vermögen. Ist das zulässige Entdeckungsrisiko gering, sind zudem umfangreichere Prüfungshandlungen notwendig, d.h., der Stichprobenumfang muss erhöht werden (ISA 330.18–63). Neben dem Prüfungsprogramm werden aber auch zeitliche und personelle Aspekte der Prüfung beeinflusst. Ein niedriges maximal zulässiges Entdeckungsrisiko limitiert die Möglichkeiten für →*Zwischenprüfungen* (d.h. die Vornahme von Prüfungshandlungen vor Aufstellung des Jahresabschlusses), da diese im Vergleich zur Hauptprüfung einen geringeren Sicherheitsbeitrag leisten. Schließlich bedingt ein niedriges Entdeckungsrisiko einen erhöhten Zeit- und Personalbedarf und es erfordert den Einsatz von qualifizierterem Personal.

Risikoorientierter Prüfungsansatz → Risikomodell; → Risikoorientierte Abschlussprüfung

Risikoüberwachungssystem → Risikomanagementsystem, Prüfung

Rotationsprinzip → Prüferrotation

Rücklagen, Prüfung

1 Rechnungslegungsnormen

a1) Deutsche Normen in Bezug auf den →*Einzelabschluss*: §§ 264c Abs. 2, 266 Abs. 3, 269, 270, 272 Abs. 2–4, 274 Abs. 2, 275 Abs. 4 HGB;
a2) Deutsche Normen in Bezug auf den →*Konzernabschluss*: Gem. § 298 Abs. 1 HGB sind die o.g. Regelungen zum Einzelabschluss im Konzernabschluss entsprechend anzuwenden; zusätzlich relevant: §§ 302, 309 HGB.

Darüber hinaus sind folgende Normen einschlägig: § 337 Abs. 2 u. 3 HGB, §§ 29 Abs. 4, 42 Abs. 2, 57e Abs. 1 i.V.m. § 57d Abs. 1, 57d Abs. 2 u. 3, 58a–e GmbHG, §§ 58 Abs. 1, 2, 2a u. 3, 59 Abs. 3, 150, 152 Abs. 2, 158 Abs. 1, 173 Abs. 2, 207, 208, 229–234, 237, 240, 243, 254, 256 Abs. 1 Nr. 4, 300, 324 AktG.

b) Internationale Normen: IASB Framework, IAS 1, 16, 21, 38, 39, IFRS 7.

2 Definition

Die Rücklagen eines Unternehmens sind Bestandteil des Eigenkapitals und dienen in ihrer Eigenschaft als finanzielle Reserven insbesondere als internes Finanzierungsinstrument und im Falle von nach Handelsrecht bilanzierenden Unternehmen dem Ziel des Gläubigerschutzes; sie ermöglichen darüber hinaus unabhängig vom Periodenergebnis gleich bleibende Gewinnausschüttungen an die Anteilseigner.

3 Prüferisches Vorgehen

3.1 Grundsätzliche Vorgehensweise

Die im Rahmen der Jahresabschlussprüfung vorzunehmende Prüfung der Rücklagen erfolgt i. Allg. bereits im Rahmen der Vorprüfung im Zusammenhang mit der Bearbeitung des →Prüffeldes »Eigenkapital« (→Eigenkapital, Prüfung). In Abhängigkeit von der Wahl des jeweiligen →Prüfungsansatzes sind die Prüfungshandlungen derart auszurichten, dass das Risiko eines Fehlurteils des Abschlussprüfers im Hinblick auf die Ordnungsmäßigkeit des Prüffeldes ein vorgegebenes Maß nicht überschreitet (→Prüfungsrisiko).

Der Abschlussprüfer sollte somit zunächst die organisatorische Gestaltung des Unternehmens im Hinblick auf den innerbetrieblichen Aufbau und die Abläufe mit Auswirkungen auf die korrekte Darstellung der Rücklagen beurteilen. Dabei sollte in aller Regel die Ausgestaltung des →IKS besondere Aufmerksamkeit genießen, da so das →Kontrollrisiko adäquat beurteilt werden kann. Im Rahmen einer Beurteilung der allgemeinen Ablauforganisation sollte der Prüfer sich außerdem ein Urteil darüber bilden, inwieweit das Rechnungswesen ausreichend, verständlich und zeitnah von Sachverhalten mit Auswirkungen auf die Rücklagen des Unternehmens informiert wird. Auf diese Art und Weise kann er dann die generelle Wahrscheinlichkeit für das Auftreten wesentlicher Fehler im Prüffeld quantifizieren (→Inhärentes Risiko). Da die Rücklagen regelmäßig keinen komplexen Berechnungen, Schätzungen oder Ermessensentscheidungen unterliegen, mithin nur wenige prüffeldspezifische Faktoren das inhärente Risiko beeinflussen, hat der Prüfer insbesondere auch auf branchen- und mandantenspezifische Faktoren wie bspw. personelle Ressourcen oder die Eignung der Kommunikationswege zu prüfen. In Abhängigkeit von der Einschätzung der inhärenten und Kontrollrisiken muss der Prüfer das →*Entdeckungsrisiko* anpassen und die für die Erlangung der geforderten →*Prüfungssicherheit* notwendigen →*aussagebezogenen Prüfungshandlungen* vornehmen.

3.2 Prüfungshandlungen entlang der Abschlussaussagen

Die vorzunehmenden Prüfungshandlungen ergeben sich in weiten Teilen aus den gesetzlichen Vorschriften sowie aus der Satzung. Im Folgenden werden zentrale Prüfungshandlungen entlang der →*Abschlussaussagen* kategorisiert und die o.g. Interdependenzen aufgezeigt.

Bei der Prüfung der Rücklagen hat sich der Abschlussprüfer primär auf die Art der *Darstellung* und *Offenlegung* der Rücklagen im Jahresabschluss zu konzentrieren, somit also primär eine Ausweisprüfung durchzuführen. Dabei ist zunächst darauf zu achten, dass den handelsrechtlichen Vorschriften über die Bezeichnung der Rücklagen und deren Ausweis innerhalb des vorgegebenen Bilanzgliederungsschemas (→*Bilanzgliederung*) gem. § 266 HGB Genüge getan wird. So haben Kapitalgesellschaften auf der Passivseite der Bilanz als Bestandteil des Eigenkapitals und unter dem gezeichneten Kapital die Kapitalrücklagen und anschließend die Gewinnrücklagen auszuweisen. Die Pflicht zur weiteren Aufgliederung der Kapitalrücklagen im Rahmen des Bilanzausweises wird in der Literatur teilweise kontrovers diskutiert. Da dem Gesetzeswortlaut jedoch keine weitere Aufgliederungspflicht für Kapitalrücklagen zu entnehmen ist, kann der Abschlussprüfer regelmäßig auch nicht darauf bestehen. Einen Sonderfall hingegen enthält § 42 Abs. 2 Satz 2 GmbHG. Demzufolge ist für auf der Aktivseite der Bilanz ausgewiesene eingeforderte Nachschüsse der Gesellschafter ein entsprechender Gegenposten unter den Kapitalrücklagen in gesonderter Form auszuweisen.

Für haftungsbeschränkte →*Personenhandelsgesellschaften* i.S.d. § 264a HGB (→*Kapitalgesellschaften & Co.*) ergibt sich gem. § 264c Abs. 2 Satz 1 HGB insofern eine weniger detaillierte Offenlegungspflicht, als dass Kapital- und Gewinnrücklagen nicht als separate Posten, sondern vielmehr in aggregierter Form unter der Bezeichnung »Rücklagen« ausgewiesen werden. Der Prüfer muss sich im Falle dieser Gesellschaften weiter davon überzeugen, dass gem. § 264c Abs. 2 Satz 8 HGB unter der Position Rücklagen nur solche Beträge ausgewiesen werden, die aufgrund einer gesellschaftsrechtlichen Vereinbarung gebildet wurden. Auch für eingetragene Genossenschaften gelten individuelle Ausweispflichten. Im Falle der Prüfung von eingetragenen Genossenschaften (→*Genossenschaftsprüfung*) hat der Prüfer auf die Einhaltung der Sonderregelung des § 337 Abs. 2 HGB hinsichtlich des Ausweises und der Bezeichnung der Rücklagenposten zu bestehen.

Im Gegensatz zum Fall der Kapitalrücklagen haben mittelgroße und große → *Kapitalgesellschaften* die Gewinnrücklagen weiter in die Posten Rücklage für eigene Anteile, satzungsmäßige Rücklagen sowie andere Gewinnrücklagen zu untergliedern. Mittelgroße und große AG sowie → *KGaA* haben darüber hinaus unter den Gewinnrücklagen den Posten gesetzliche Rücklage gesondert auszuweisen. Dabei ist darauf zu achten, dass gemäß § 272 Abs. 3 HGB unter den Gewinnrücklagen nur Beträge ausgewiesen werden dürfen, die aus dem Ergebnis des aktuellen oder eines vergangenen Geschäftsjahres gebildet worden sind. Entsprechendes gilt auch für die Gewinnrücklagen eines Jahresabschlusses gem. IFRS. Kleine Kapitalgesellschaften i. S. d. § 267 Abs. 1 HGB müssen die ausgewiesenen Gewinnrücklagen nicht weiter aufgliedern.

Wurden im Berichtsjahr eigene Anteile zwecks Einziehung erworben, hat der Prüfer darauf zu achten, dass eine Anpassung der Gewinnrücklagen in Höhe des Unterschiedsbetrags zwischen dem Kaufpreis und dem Nennwert bzw., sofern ein Nennwert nicht vorhanden ist, dem rechnerischen Wert vorgenommen wurde.

Weiter hat sich der Prüfer davon zu überzeugen, dass zu den Kapital- und Gewinnrücklagen entweder im Anhang oder in Form eines gesonderten Ausweises in der Bilanz weitere Angaben gemacht wurden. So müssen zur Kapitalrücklage weitergehende Angaben hinsichtlich des Betrages, der während des Geschäftsjahres eingestellt oder für das Geschäftsjahr entnommen wird, gemacht werden. Hinsichtlich der Gewinnrücklagen sind die Beträge anzugeben, die

- die Hauptversammlung aus dem Bilanzgewinn des Vorjahres eingestellt hat;
- aus dem Jahresüberschuss des Geschäftsjahres eingestellt wurden;
- für das Geschäftsjahr entnommen wurden.

Ferner hat sich der Prüfer einer Kapitalgesellschaft durch geeignete Maßnahmen über eventuelle Kapitalerhöhungen bzw. -herabsetzungen im Berichtsjahr in Kenntnis zu setzen. Sofern derartige Maßnahmen durchgeführt wurden, sind im Falle einer zu prüfenden → *GmbH* insbesondere auch die Einhaltung der Regelungen der §§ 57c, 57d GmbHG sowie §§ 58a, 58b GmbHG bzw. im Falle einer → *AG* die Regelungen der §§ 207, 208 AktG sowie §§ 229–232 AktG zu prüfen. Im Rahmen der Prüfung eines Konzernabschlusses hat sich der Abschlussprüfer darüber hinaus davon zu überzeugen, dass sich im Rahmen der Kapitalkonsolidierung bei Interessenzusammenführung ergebende Unterschiedsbeträge in Übereinstimmung mit den §§ 302, 309 HGB in den Rücklagen ausgewiesen werden.

Im Rahmen der Rechnungslegung nach IFRS existieren zwar keine detaillierten Gliederungsvorschriften hinsichtlich des Eigenkapitals und damit auch der Rücklagen, dennoch gibt IAS 1.68 eine Mindestgliederungstiefe dahingehend, dass zumindest das gezeichnete Kapital und die Rücklagen (issued capital and reserves) auszuweisen sind. Der Generalnorm der fair presentation folgend ist im IASB Framework.65 jedoch die generelle Sinnhaftigkeit einer weiteren Untergliederung der Rücklagen fixiert. So werden im Framework bspw. die den handelsrechtlichen Gewinnrücklagen entsprechenden *retained earnings* beschrieben. Aus anderen Standards ableitbar ist die weitere Untergliederung der Rücklagen in Neubewertungsrücklagen aus Sachanlagen (→ *Sachanlagen, Prüfung*) (IAS 16.39) und immateriellen Vermögensposten (→ *Immaterielle Vermögensposten, Prüfung*) (IAS 38.85) sowie Rücklagen resultierend aus ergebnisneutral erfassten Gewinnen und Verlusten im Rahmen der Bewertung zum beizulegenden Zeitwert von available-for-sale → *financial assets* (IAS 39.55b) oder im Rahmen der Absicherung von → *CF* (IAS 39.95). Ferner haben nach IFRS bilanzierende Unternehmen Rücklagen für ergebnisneutral erfasste Währungsumrechnungsdifferenzen gem. IAS 21.32 zu bilden (→ *Währungsumrechnung, Prüfung*). Der Abschlussprüfer hat sich im Rahmen seiner Prüfung von einer für die Jahresabschlussadressaten zweckmäßigen Offenlegung der Rücklagen in der oben beschriebenen Weise zu überzeugen. Zusätzlich verlangt IAS 1.76b, dass Angaben zu Art und Zweck der Rücklage entweder im Anhang oder als Vermerk in der Bilanz gemacht werden. Weiter hat sich der Abschlussprüfer zu vergewissern, dass die gem. IAS 1.96 verpflichtend aufzustellende Eigenkapitalveränderungsrechnung (→ *Eigenkapitalveränderungsrechnung, Prüfung*) im Rahmen einer Überleitungsrechnung die Veränderungen aller Rücklagen vom Beginn bis zum Ende des betrachteten Berichtszeitraums enthält. Im Gegensatz zur Möglichkeit nach HGB, nicht zur Einziehung erworbene Aktien durch eine Rücklage für eigene Anteile zu berücksichtigen, ist gem. IAS 32.33 der Rückkauf eigener Anteile direkt vom Eigenkapital abzusetzen und insofern bilanziell nicht wie ein Vermögensposten zu behandeln.

Das tatsächliche *Vorhandensein* der im Jahresabschluss ausgewiesenen Rücklagen lässt sich für den Abschlussprüfer i. Allg. einfach nachweisen. Den Ausgangspunkt der Prüfung bildet dabei der Abgleich der im Jahresabschluss ausgewiesenen Rücklagen mit den in den Hauptbuchkonten geführten Beständen. Weiter hat sich der Prüfer einen Überblick über die in der Satzung oder dem Gesellschaftsvertrag geregelten und die

Rücklagen betreffenden Sachverhalte zu verschaffen und anhand von Einzahlungs- und Zeichnungsunterlagen geeignete Prüfungsnachweise aushändigen zu lassen.

Die Beurteilung des Ausweises der Rücklagen im Hinblick auf das Kriterium der *Vollständigkeit* orientiert sich in erster Linie an der Einhaltung der gesetzlichen Vorschriften sowie den in der Satzung oder dem Gesellschaftsvertrag festgelegten Regelungen. Der Abschlussprüfer hat sich entsprechend der im Gesetz vorgenommenen Unterteilung der offenen Rücklagen in Kapital- und Gewinnrücklagen davon zu überzeugen, dass den Anforderungen des § 272 Abs. 2 Nr. 1–4 HGB genügt wird. So ist als Kapitalrücklage in der Bilanz auszuweisen:

- der Betrag, der bei der Ausgabe von Anteilen einschließlich von Bezugsanteilen über den Nennbetrag oder, falls ein Nennbetrag nicht vorhanden ist, über den rechnerischen Betrag hinaus erzielt wird;
- der Betrag, der bei der Ausgabe von Schuldverschreibungen für Wandlungsrechte und Optionsrechte zum Erwerb von Anteilen erzielt wird;
- der Betrag von Zuzahlungen, die Gesellschafter gegen Gewährung eines Vorzugs für ihre Anteile leisten;
- der Betrag von anderen Zuzahlungen, die Gesellschafter in das Eigenkapital leisten.

Mangels detaillierter Vorgaben bietet sich eine an die Vorschriften des HGB angelehnte Abgrenzung der Kapitalrücklage auch nach IFRS an. An dieser Stelle hat sich der Abschlussprüfer auch davon zu überzeugen, dass bei der Ausgabe von Anteilen lediglich das Agio in voller Höhe ausgewiesen wird und nicht etwaige andere Positionen wie etwa Ausgabekosten verrechnet wurden. Ferner hat der Abschlussprüfer eine weite Auslegung des § 272 Abs. 2 Nr. 2 HGB durch die Gesellschaft dahingehend zu überprüfen, dass auch nicht in Form von Geldzahlungen gewährte Gegenleistungen berücksichtigt werden.

Weiter ist bei AG zu prüfen, ob die gem. § 150 Abs. 1 AktG verpflichtende gesetzliche Rücklage als Bestandteil der Gewinnrücklagen auch tatsächlich gebildet und die in § 150 Abs. 2 AktG vorgeschriebene Mindestzuführung zur gesetzlichen Rücklage aus dem Jahresüberschuss vorgenommen wurde. Der Regelung entsprechend haben AG mindestens 5 % des um einen möglichen Verlustvortrag aus dem Vorjahr gekürzten Jahresüberschusses einzustellen, sofern die gesetzliche Rücklage zusammen mit der Kapitalrücklage nicht mindestens 10 % oder einen in der Satzung bestimmten höheren Anteil des Grundkapitals erreichen. Sofern es im Berichtszeitraum zu Herabsetzungen der Rücklagen gekommen ist, sollte sich der Abschlussprüfer ebenfalls einen Eindruck vom Verwendungszweck der besagten Beträge machen, um so die Einhaltung des § 150 Abs. 3 u. 4 AktG zu beurteilen. Abweichungen von den gesetzlich normierten zulässigen Verwendungszwecken hat der Abschlussprüfer zu monieren. Ausnahmen in der Bemessung der Höhe der Rücklagenzuführung ergeben sich jedoch insofern, als das zu prüfende Unternehmen einen Gewinn- oder Teilgewinnabführungsvertrag oder einen Beherrschungsvertrag abgeschlossen hat. Ist dies der Fall, hat der Abschlussprüfer sich von der Einhaltung des § 300 AktG zu überzeugen.

Sofern im Falle einer GmbH von der Aktivierung von eingeforderten Nachschüssen der Gesellschafter gem. § 42 Abs. 2 GmbHG Gebrauch gemacht wird, hat der Abschlussprüfer zudem auf Bildung eines Gegenpostens auf der Passivseite als Kapitalrücklage in entsprechender Höhe zu bestehen. Hat eine zu prüfende GmbH eine Kapitalherabsetzung durchgeführt und sind die Voraussetzungen für die Verwendung der so gewonnenen Beträge gem. § 58b Abs. 1 GmbHG a posteriori nicht erfüllt, so hat sich der Abschlussprüfer von der Einstellung des sich daraus ergebenden Unterschiedsbetrags in die Kapitalrücklagen gem. § 58c GmbHG zu überzeugen. Mit den §§ 232, 237 Abs. 5 AktG existiert eine entsprechende Regelung auch für AG.

Weiter muss sich der Abschlussprüfer davon überzeugen, dass gem. § 272 Abs. 1 HGB für auf der Aktivseite der Bilanz ausgewiesene eigene Anteile, Anteile eines beherrschenden Unternehmens oder eines mehrheitlich beteiligten Unternehmens in gleicher Höhe eine Rücklage für eigene Anteile aus freien Mitteln gebildet wurde. Wurden derartige Rücklagen im Berichtsjahr aufgelöst, hat der Prüfer sich vom Vorliegen einer der in § 272 Abs. 1 Nr. 2 HGB genannten Gründe für die Auflösung zu überzeugen.

Die Beurteilung der korrekten *Zuordnung* der Rücklagen ist i.d.R. unproblematisch.

Auch die Prüfung der *Abgrenzung* ist im Zusammenhang mit den Rücklagen eines Unternehmens eher zweitrangig. Zeitliche Aspekte spielen allenfalls insoweit eine Rolle, als dass sich der Abschlussprüfer davon zu überzeugen hat, dass das zu prüfende Unternehmen den §§ 270 Abs. 1 u. 2 HGB genügt. Demzufolge sind Einstellungen in die Kapitalrücklagen und deren Auflösung bereits bei Aufstellung der Bilanz, und nicht etwa erst nach Ergebnisverwendungsbeschluss, vorzunehmen (§ 270 Abs. 1 HGB). Sofern die Bilanz gem. § 268 Abs. 1 HGB unter Berücksichtigung der vollständigen oder teilweisen Verwendung des Jahresergebnisses aufgestellt wird, sind auch die Einstellungen in und Entnahmen aus den Gewinnrücklagen gem. § 270 Abs. 2 HGB bereits bei Aufstellung der Bilanz zu berücksichtigen.

Aufgrund der Tatsache, dass sich Rücklagenerhöhungen und -auflösungen stets auf Nominalbeträge beziehen, ist die *Bewertung* der Rücklagen wenig fehleranfällig und rechtfertigt somit in aller Regel eine weniger intensive Prüfung. Der Prüfer hat jedoch darauf zu achten, dass es für GmbH und AG gem. § 58e GmbHG bzw. § 234 Abs. 1 AktG grundsätzlich zulässig ist, Kapital- und Gewinnrücklagen im letzten vor Beschlussfassung über eine Kapitalherabsetzung abgelaufenen Geschäftsjahr in der Höhe auszuweisen, in der sie nach der Kapitalherabsetzung bestehen sollen.

Ferner sollte der Abschlussprüfer im Rahmen der Bewertungsprüfung der Rücklagen darauf achten, dass Rücklagen für Wertaufholungen gem. § 58 Abs. 2a Satz 1 AktG bzw. § 29 Abs. 4 Satz 1 GmbHG nur in der Höhe des Eigenkapitalanteils gebildet werden dürfen. Ausdrücklich nicht berücksichtigungsfähig hingegen ist der jeweilige Fremdkapitalanteil derartiger Rücklagen. Wurden im Berichtsjahr Rücklagen für Wertaufholungen gebildet, sollte der Abschlussprüfer in engem Zusammenhang hierzu gleichfalls prüfen, ob die entsprechenden Beträge im Anhang ausgewiesen oder in der Bilanz gesondert dargestellt wurden.

Martin Knocinski

Literatur: *Buchner, R.*, Rechnungslegung und Prüfung der Kapitalgesellschaft, 1996; *Farr, W.-M.*, Die offenen Rücklagen der Kapitalgesellschaften, in: Wysocki, K.v./Schulze-Osterloh, J./Hennrichs, J./Kuhner, C. (Hrsg.), Handbuch des Jahresabschlusses, 2005, Abt. III/2; *Selchert, F.W.*, Jahresabschlußprüfung der Kapitalgesellschaften, 1996.

Rücknahme der Bestellung zum Wirtschaftsprüfer → Zugang zum Beruf des WP

Rückstellungen, Prüfung

1 Normen

1.1 Rechnungslegungsnormen

a1) Deutsche Normen in Bezug auf den → *Einzelabschluss*: §§ 249, 253 Abs. 1 Satz 2, 266 Abs. 3 B., 274 Abs. 1 Satz 1, 284 Abs. 2, 285 Nr. 12 HGB, IDW RS HFA 4; a2) Deutsche Normen in Bezug auf den → *Konzernab-*

schluss: § 303 Abs. 1 HGB, nach § 298 Abs. 1 HGB sind die Regelungen zum Einzelabschluss im Konzernabschluss entsprechend anzuwenden; b) Internationale Normen: IAS 1, 12, 19, 37, IFRIC 1.

1.2 Prüfungsnormen

a) Deutsche Norm: IDW PS 314; b) Internationale Normen: ISA 540, IAPS 1010.

2 Definition

Rückstellungen stellen Passivposten für Vermögensminderungen oder Aufwandsüberschüsse dar, die Aufwand vergangener Rechnungsperioden sind, durch künftige Handlungen des Unternehmens entstehen und keinen Einfluss auf den Bilanzansatz bestimmter Aktivposten nehmen. Rückstellungen sind immer dann zu bilden, wenn es sich um Verpflichtungen eines Unternehmens handelt, die am Abschlussstichtag dem Grund und/oder der Höhe nach ungewiss sind und deren zugehöriger Aufwand der Periode zugerechnet werden soll bzw. muss.

Der Begriff der Rückstellungen erfährt in der deutschen Rechnungslegung weder im Handels- noch im Steuerrecht eine Definition. Lediglich § 249 HGB gibt einen abschließenden Katalog der wirtschaftlichen Anlässe vor, für die Rückstellungen gebildet werden müssen (obligatorische Rückstellungen) oder können (fakultative Rückstellungen). Dabei können sowohl Außen- als auch Innenverpflichtungen zur Bildung von Rückstellungen führen.

	Außenverpflichtung (§ 249 Abs. 1 HGB i.V.m. Art. 28 EGHGB)	Innenverpflichtung (§ 249 Abs. 1 u. 2 HGB)
Obligatorisch	ungewisse Verbindlichkeiten; drohende Verluste aus schwebenden Geschäften; Gewährleistung ohne rechtliche Verpflichtung; neue Pensionszusagen.	Unterlassene notwendige Instandhaltung, die innerhalb der ersten drei Monate des folgenden Geschäftsjahres nachgeholt wird; Abraumbeseitigung innerhalb des nächsten Geschäftsjahres.
Fakultativ	Alte bzw. mittelbare Pensionsverpflichtungen; ähnliche unmittelbare bzw. mittelbare Verpflichtungen.	Unterlassene notwendige Instandhaltung, die nach den ersten drei Monaten des folgenden Geschäftsjahres nachgeholt wird.

Anderweitige Rückstellungen dürfen gem. § 249 Abs. 3 HGB nicht gebildet werden.

Gemäß den →*IFRS* stellen Rückstellungen (provisions) eine Unterposition der →*liabilities* dar und werden vor allem durch IAS 37 normiert. Gem. IAS 37.14 sind Rückstellungen für Außenverpflichtungen immer dann passivierungspflichtig, wenn das Unternehmen aus einem vergangenen Ereignis eine rechtliche oder faktische Verpflichtung hat, die Erfüllung dieser Verpflichtung und der daraus resultierende Ressourcenabfluss mit wirtschaftlichem Nutzen wahrscheinlich ist und darüber hinaus eine verlässliche Schätzung der Verpflichtungshöhe möglich ist. Zu den passivierungspflichtigen Rückstellungen gem. IAS 37 gehören rechtliche (Verpflichtungen privater und öffentlich-rechtlicher Art) und faktische (etwa Kulanzleistungen) Verbindlichkeitsrückstellungen, nicht aber Aufwandsrückstellungen. Neben den Verbindlichkeitsrückstellungen enthält IAS 37 Regelungen zu einigen besonderen Anwendungsfällen. Der Ansatz künftiger betrieblicher Verluste ist demnach gem. IAS 37.63 verboten. Anders verhält es sich bei einem belastenden Vertrag gem. IAS 37.68, bei dem die unvermeidbaren Erfüllungskosten der eingegangenen Verpflichtung den erwarteten wirtschaftlichen Nutzen des Geschäftes übersteigen. In diesem Fall ist der Verpflichtungsüberhang der gegenwärtigen vertraglichen Verpflichtung gem. IAS 37.66 als Drohverlustrückstellung anzusetzen. Des Weiteren können gem. IAS 37.71 Rückstellungen für Restrukturierungsmaßnahmen gebildet werden, wenn die in IAS 37.14 angegebenen allgemeinen Ansatzkriterien für Rückstellungen erfüllt sind. Bewertungsänderungen bestehender Rückstellungen für Entsorgungs-, Wiederherstellungs- und ähnliche Verpflichtungen sind in IFRIC 1 normiert.

Darüber hinaus sind Pensionsrückstellungen (→*Pensionsrückstellungen, Prüfung*) gem. IAS 19 und Steuerschulden gem. IAS 12.12 zu berücksichtigen. Rückstellungswahlrechte, wie sie das HGB normiert, existieren nach den IFRS nicht.

3 Prüferisches Vorgehen

Im Rahmen der →*Jahresabschlussprüfung* obliegt dem →*Abschlussprüfer* bei der Prüfung der Rückstellungen die Überwachung der Einhaltung der relevanten Rechnungslegungsnormen durch die Unternehmensleitung (§ 317 Abs. 1 HGB i.V.m IDW PS 200.8–15 sowie ISA 200.2).

Die Prüfung von Rückstellungen ist bereits im Zuge der →*Prüfungsplanung* zu berücksichtigen. Hierfür gilt es i.S.d. →*risikoorientierten Abschlussprüfung* zunächst, die inhärenten Risiken zu identifizieren. Da es sich bei den Rückstellungen um Verpflichtungen handelt, die dem Grund und/oder der Höhe nach ungewiss sind, ist hierbei insbesondere auf die Möglichkeit von Fehlprognosen sowie gewollten Abschlussmanipulationen abzustellen. Bezüglich der Kontrollrisiken ist zu prüfen, ob hierfür ein IKS eingerichtet wurde und wirksam ist (IDW PS 260, ISA 400). Dessen Prüfung richtet sich vorrangig auf die Organisation der Rückstellungsbildung und die Erfassung der Rückstellungen. Hierbei sind insbesondere Soll-/Ist-Abweichungen zu würdigen und die Angemessenheit der vorgesehenen Kontrollen zu beurteilen. Hinsichtlich der Erfassung sind hauptsächlich Erklärungen der Abteilungen Einkauf, Verkauf, Personal und Recht sowie Aufstellungen über bis zum Bilanzstichtag von keiner Seite erfüllte Verträge relevant. Nach Abschätzung des inhärenten sowie des Kontrollrisikos durch den Abschlussprüfer erfolgt die Ermittlung des Entdeckungsrisikos, aus welchem sich – in Abhängigkeit von der erforderlichen Prüfungssicherheit – die relevanten → *Prüfungshandlungen* ableiten lassen.

Konkrete Prüfungshandlungen sollten insbesondere danach ausgerichtet werden, ob die Ansatzkriterien für Rückstellungen erfüllt sind und die Bewertung entsprechend den zugrunde liegenden Vorschriften erfolgt ist. Die Darstellung der zentralen Prüfungshandlungen orientiert sich hierbei an den → *Abschlussaussagen*:

a. Der Nachweis des *Vorhandenseins* und der *Vollständigkeit* der erfassten Verpflichtungen erfordert eine Überprüfung der in Betracht kommenden Geschäftsvorfälle, schwebenden Geschäfte und innerbetrieblichen Maßnahmen (progressive Prüfung) anhand eines von der Gesellschaft vorzulegenden Bestandsnachweises, welcher horizontal in der Form eines Rückstellungsspiegels zu gliedern ist. Hierzu gehören der Vortrag am Stichtag der Eröffnungsbilanz, die Inanspruchnahme während des Geschäftsjahres, die Auflösung nicht benötigter Rückstellungen sowie Neuzuführungen für das Geschäftsjahr. Zur Feststellung der Inanspruchnahme ist eine Durchsicht der entsprechenden Buchungsunterlagen angezeigt; Gegenkonten sollten in Stichproben geprüft werden. Für nicht in Anspruch genommene Rückstellungen ist festzustellen, ob der Rückstellungsgrund grundsätzlich noch besteht und die Höhe weiterhin angemessen erscheint. Ist der Rückstellungsgrund entfallen, ist eine Auflösung der Rückstellung vorzunehmen.

b. Im Zusammenhang mit der *Zuordnung* der Verpflichtungen zum Unternehmen hat der Abschlussprüfer zu verifizieren, ob sich das Unternehmen die Verpflichtungen tatsächlich zurechnen lassen muss.

Die Prüfung der Erfüllung relevanter Ansatzkriterien unterscheidet sich im deutschen Handelsrecht je nach Rückstellungsart. Zu prüfende Wesensmerkmale der Verbindlichkeitsrückstellungen sind zum einen das Vorliegen einer Verpflichtung gegenüber Dritten und zum anderen die Ungewissheit über Bestehen, Entstehen und/oder Höhe der Schuld. Drohverlustrückstellungen dürfen nur bei Vorliegen eines schwebenden Geschäftes angesetzt werden (IDW RS HFA 4.18). Hierfür ist zu prüfen, ob gegenseitige und auf einen Leistungsaustausch gerichtete Verträge vorliegen, deren Sachleistung noch nicht erbracht wurde. Des Weiteren muss festgestellt werden, ob die Wahrscheinlichkeit eines Verlusteintritts besteht, d.h. ob der Wert der (Sach-)Leistungsverpflichtung des Bilanzierenden den Wert seines Gegenleistungsanspruchs übersteigt (IDW RS HFA 4.15). An Aufwandsrückstellungen ist ein besonders strenger Maßstab anzulegen. Neben einer genauen Umschreibung der Aufwendungen müssen diese dem abgelaufenen Geschäftsjahr zuzurechnen sein. Darüber hinaus muss der Prüfer feststellen, ob es sicher oder zumindest wahrscheinlich ist, dass die Aufwendungen zu Ausgaben führen.

Gem. IAS 37.14 hängt der Ansatz einer *provision* grundsätzlich von drei Bedingungen ab. Zum einen muss eine gegenwärtige rechtliche oder faktische Verpflichtung des Unternehmens vorliegen, die aus einem Ereignis der Vergangenheit resultiert. Ihre Erfüllung kann entweder rechtlich durchgesetzt werden oder wird von Dritten aufgrund des Ereignisses (dazu gehören auch Handlungen des Unternehmens) erwartet. Zum anderen muss der Abfluss von Ressourcen mit wirtschaftlichem Nutzen wahrscheinlich sein. Zu prüfen ist hierbei gem. IAS 37.15f., ob unter Berücksichtigung aller substanziellen Hinweise mehr für das Bestehen einer gegenwärtigen Verpflichtung als dagegen spricht. Andernfalls darf keine provision angesetzt werden. Darüber hinaus ist zu beurteilen, ob eine verlässliche Schätzung der Verpflichtungshöhe möglich ist. Hierfür sollte ein Unternehmen in der Lage sein, zumindest eine Bandbreite möglicher Erfüllungsbeträge anzugeben. Zusätzliche Ansatzkriterien, deren Erfüllung durch den Abschlussprüfer festzuhalten ist, ergeben sich für Drohverlustrückstellungen, Rückstellungen für Restrukturierungsmaßnahmen sowie Pensionsrückstellungen. Drohverlustrückstellungen sind gem. IAS 37.66f. im Fall eines belastenden Vertrages zu bilden, wenn dieser nicht ohne Entschädigungszahlungen storniert werden kann, nicht aber für künftige betriebliche Verluste, die bspw. aus Wertminderungen von Vermögenswerten resultieren (IAS 37.63). Rückstellungen für Restrukturierungsmaßnahmen dürfen gem. IAS 37.72 nur gebildet werden, wenn das Unternehmen einen detaillierten Restrukturierungsplan aufgestellt hat und aufgrund seiner Bekanntgabe vor dem Bilanzstichtag bei den Betroffenen die gerechtfertigte Erwartung zur Durchführung der Restrukturierung geweckt hat. Provisions sind gem. IAS 37 explizit von contingent liabilities (→ *Contingent liabilities, Prüfung*) abzugrenzen, deren Angabe an andere Voraussetzungen geknüpft ist.

c. Bei der Prüfung der (Perioden-)*Abgrenzung* ist insbesondere festzustellen, ob der Aufwand der als Rückstellung passivierten Verpflichtung tatsächlich der Verursachungsperiode zugerechnet wurde.

d. Die Prüfung der *Bewertung* stellt besondere Ansprüche an den Abschlussprüfer, da es sich um die Prüfung von geschätzten Werten (→ *Geschätzte Werte, Prüfung*) handelt. Um ihre Angemessenheit festzustellen, muss der Abschlussprüfer beurteilen können, ob die Werte plausibel sind und in angemessener Weise erläutert wurden (IDW PS 314.9, ISA 540.8). Hierfür kann er sich verschiedener Prüfungshandlungen bedienen (IDW PS 314.12). In einem ersten Schritt sollte sich der Abschlussprüfer einen Überblick über das verwendete Schätzverfahren verschaffen. Wurden sachverständige Dritte zur Überprüfung der geschätzten Werte vom Abschlussprüfer herangezogen (IDW PS 314.11) bzw. um Auskunft gebeten (IDW PS 314.15), sind deren Ergebnisse bzw. Aussagen mit den von der Unternehmensleitung angegebenen zu vergleichen.

Zusätzlich sollten Ereignisse nach dem Abschlussstichtag untersucht werden, welche die Schätzung bestätigen können. Zuletzt können Erfahrungswerte vergangener Geschäftsjahre herangezogen werden, indem ihre Schätzwerte mit den tatsächlich eingetretenen Ereignissen abgeglichen werden, z. B. im Fall von Kulanzleistungen.

Zur Prüfung der Bewertung einzelner Rückstellungsarten kann der Prüfer z. B. Verträge heranziehen, welche ungewisse Verbindlichkeiten begründen; bei Rechtsstreitigkeiten sollte er darüber hinaus Auskünfte der beauftragten Anwälte einholen. Im Fall von Aufwandsrückstellungen für Instandhaltung ist der zurückgestellte Betrag mit den effektiven Aufwendungen innerhalb der Nachholfrist abzugleichen. Die Prüfung der Drohverlustrückstellungen hat getrennt nach Absatz- und Beschaffungsgeschäften bzw. Dauerschuldverhältnissen zu erfolgen. Der Ansatz muss jedoch in jedem Fall zu dem niedrigeren Betrag aus Erfüllungskosten und Ausstiegskosten vorgenommen werden.

Hinsichtlich des allgemeinen Wertansatzes von Rückstellungen ist nach § 253 Abs. 1 Satz 2 HGB grundsätzlich die vernünftige kaufmännische Beurteilung relevant. Rückstellungen sind demnach mit dem Betrag anzusetzen, mit dem das Unternehmen voraussichtlich in Anspruch genommen wird oder den es zur Risikoabdeckung benötigt; dabei ist das → *Vorsichtsprinzip* zu beachten. Existiert eine größere Anzahl dem Grunde nach ungewisser Verbindlichkeiten, kann die Wahrscheinlichkeit, nur aus einem Teil dieser Verbindlichkeiten in Anspruch genommen zu werden, berücksichtigt werden. Selbst wenn die Ungewöhnlichkeit des Risikos oder die Ungewissheit eines Prozessausgangs zu Schwierigkeiten bei der Bewertung führt, muss eine Rückstellung gebildet werden. Eine Abzinsung von Rückstellungen ist gem. § 253 Abs. 1 Satz 2 HGB nur möglich, soweit die ihnen zugrunde liegenden Verbindlichkeiten einen Zinsanteil enthalten.

Nach IAS 37.36 erfolgt die Bewertung zum best estimate (bester Schätzwert). Die Ermittlung des best estimate sollte auf Erfahrungswerte oder Gutachten gestützt werden. Dabei ist gem. IAS 37.37 auf den Betrag abzustellen, zu dem die Schuld abgelöst oder auf einen Dritten übertragen werden könnte; der niedrigere dieser Werte ist anzusetzen. Des Weiteren ist zu prüfen, ob der gewählte Wertansatz dem wahrscheinlichsten entspricht. Auch wenn dies der Fall ist, sollte jedoch gem. IAS 37.40 die Möglichkeit anderer Ergebnisse in Betracht gezogen werden, d.h., liegen andere mögliche Ergebnisse größtenteils über bzw. unter dem wahrscheinlichsten Ergebnis, ist der best estimate ein höherer bzw. niedrigerer Betrag. Umfasst die zu bewertende Rückstellung eine große Anzahl an Positionen, wird die Verpflichtung durch Gewichtung aller möglichen Ergebnisse mit den damit verbundenen Wahrscheinlichkeiten geschätzt (Erwartungswertmethode). Darüber hinaus bestimmt IAS 37.39, dass bei gleichen Wahrscheinlichkeiten der Erfüllungsbeträge grundsätzlich ein Mittelwert zu bilden ist.

e. Im Konzernabschluss (→ *Konzernabschluss, Prüfung*) sind gem. § 303 Abs. 1 HGB bzw. IAS 27.17 f. Rückstellungen zwischen den in den Konzernabschluss einbezogenen Unternehmen Gegenstand der Schuldenkonsolidierung (→ *Schuldenkonsolidierung, Prüfung*). Hiervon ausgenommen sind Aufwandsrückstellungen, da diese Verpflichtungen eines Unternehmens gegenüber sich selbst darstellen und auch aus Konzernsicht zu passivieren sind. Darüber hinaus sind gem. § 298 Abs. 1 HGB die Regelungen des Einzelabschlusses auch auf den Konzernabschluss anzuwenden.

f. Die Prüfung der *Darstellung* und *Offenlegung* von Rückstellungen beinhaltet die Prüfung dieser Position in der Bilanz, der GuV und im

Anhang (→ *Anhang, Prüfung*) (notes). Für Kapitalgesellschaften sind die Gliederungsvorgaben des § 266 Abs. 3 B. HGB relevant. Gesonderte Angabe- und Erläuterungspflichten finden sich außerdem in §§ 274 Abs. 1 Satz 1 und 285 Nr. 12 HGB. Eine dem HGB ähnliche Gliederung findet sich in IAS 1.66. Bei den Angaben im Anhang ist insbesondere die Einhaltung der Angabepflichten des § 284 Abs. 2 HGB zu prüfen. Notwendige Angaben in den notes sind in IAS 37.84 f. normiert.

Einen beispielhaften Katalog von Prüfungshandlungen im Sonderfall von Rückstellungen für umweltbezogene Sachverhalte gibt IAPS 1010. appendix 2.18 f. (→ *Umweltbezogene Sachverhalte, Prüfung*).

Jessica Donato/Matthias Wolz

Literatur: *IDW* (Hrsg.), WP-Handbuch 2000, Band I, 2000, E 81–191, R 474–478 u. 482–486; *Niemann, W.,* Rückstellungen, Prüfungstechnik, in: Pelka, J./Niemann, W. (Gesamtverantwortung), Beck'sches Steuerberater-Handbuch 2004/2005, 2004, B 1298, 1430–1433, 1442–1444, 1462–1467, 1485–1487 u. 1493–1496.

Rüge, berufsrechtliche

Gem. § 57 WPO hat die → *WPK* die Aufgabe, die Aufsicht über die berufliche Tätigkeit ihrer Mitglieder zu führen (→ *Berufsaufsicht*). Im Rahmen dieser *Aufsichtsfunktion* hat die WPK gem. § 63 WPO das Recht und die Pflicht, das Verhalten eines Mitglieds zu rügen, wenn es die ihm obliegenden beruflichen oder außerberuflichen Pflichten verletzt hat und die Pflichtverletzung zu gering ist, um ein berufsgerichtliches Verfahren (→ *Berufsgerichtsbarkeit*) zu beantragen und einzuleiten. Die Erteilung einer Rüge erfordert ein förmliches Verfahren. Sie kann, um eine dem Einzelfall angemessene Sanktionierung vornehmen zu können, mit einer *Geldbuße* von maximal 10.000 € verbunden werden. Vor Ausspruch der Rüge ist dem Mitglied die Möglichkeit der Stellungnahme zu geben. Gegen den *Rügebescheid* kann der betroffene Berufsangehörige binnen eines Monats nach der Zustellung des Bescheids Einspruch erheben, über den wiederum der Vorstand der WPK entscheidet. Weist dieser den Einspruch zurück, so besteht zudem die Möglichkeit, bei der Kammer für WP-Sachen am LG Berlin eine gerichtliche Entscheidung zu beantragen (§ 63a WPO). Diese ist endgültig. Die Staatsanwaltschaft erhält eine Abschrift des Rügebescheids und kann diesen aufgreifen und ein berufsgerichtliches Verfahren einleiten. Die Erteilung einer Rüge stellt einen aufsichtsrelevanten Vorgang dar, so dass der → *APAK* eine Letztentscheidungsbefugnis zukommt.

Sachanlagen, Prüfung

1 Normen

1.1 Rechnungslegungsnormen

a1) Deutsche Normen in Bezug auf den Einzelabschluss: §§ 240, 246, 247, 253 Abs. 1, 2, 4 u. 5, 254 i.V.m. 279 Abs. 2, 255, 266 Abs. 2 A. II., 268 Abs. 2, 280, 284 Abs. 2 HGB; a2) Deutsche Norm in Bezug auf den Konzernabschluss: Nach § 298 Abs. 1 HGB sind die Regelungen zum Einzelabschluss im Konzernabschluss entsprechend anzuwenden; b) Internationale Normen: IAS 1.75a, 16, 36.

1.2 Prüfungsnormen

a) Deutsche Normen: IDW PS 260, 300; b) Internationale Normen: ISA 500, ISRE 2400.appendix 2.51–60.

2 Definition

Sachanlagen sind alle materiellen Vermögenswerte, die dazu bestimmt sind, dem Geschäftsbetrieb langfristig zu dienen und den in § 266 Abs. 2 A. II. HGB festgelegten Unterpositionen Grundstücke, grundstücksgleiche Rechte und Bauten einschließlich der Bauten auf fremden Grundstücken, technische Anlagen und Maschinen, andere Anlagen, Betriebs- und Geschäftsausstattung und geleistete Anzahlungen und Anlagen im Bau zuzuordnen sind. Die Definition von Gegenständen des Sachanlagevermögens gemäß IFRS erfolgt in IAS 16.6. Demgemäß sind Sachanlagen als sämtliche materiellen Vermögenswerte zu verstehen, die zum Zwecke der Herstellung oder Lieferung von Gütern oder Dienstleistungen, zur Vermietung an Dritte sowie zu administrativen Zwecken eingesetzt werden. Dabei müssen sie für mindestens eine Berichtsperiode genutzt werden.

3 Prüferisches Vorgehen

Im Rahmen der Jahresabschlussprüfung ist bei der Prüfung der Sachanlagen festzustellen, ob die Darstellungen der Unternehmensleitung im vorläufigen Jahresabschluss den Erfordernissen der angewandten Rechnungslegungsnormen entsprechen (§ 317 Abs. 1 HGB i.V.m. IDW PS 200.8 sowie ISA 200.2). Das im Rahmen der risikoorientierten

Prüfungsdurchführung (→ *Risikoorientierte Abschlussprüfung*) gewählte Vorgehen muss eine geeignete Grundlage für die Durchführung →*aussagebezogener Prüfungshandlungen* darstellen (IDW PS 260.37). Das Vorgehen kann sich dabei an der Systematik der Rechnungslegung (→ *Abschlusspostenorientierte Prüfung*), den betrieblichen Funktionsbereichen des Mandanten (→ *Tätigkeitskreisorientierte Prüfung*) oder den Geschäftsrisiken und den hiermit in einem engen Zusammenhang stehenden Geschäftsprozessen (→ *Geschäftsrisikoorientierte Prüfung*) orientieren.

Eine übliche Vorgehensweise ist es, zunächst die → *inhärenten Risiken* zu identifizieren. Die Einschätzung der inhärenten Risiken ergibt sich dabei insbesondere aus der Analyse der Geschäftstätigkeit und des wirtschaftlichen Umfeldes des Unternehmens. Faktoren, die beim Sachanlagevermögen zur Beurteilung der inhärenten Risiken herangezogen werden können, sind insbesondere der Umfang bestehender Gestaltungs- und Bewertungsspielräume, die Komplexität von zugrunde liegenden Berechnungen sowie Zusammensetzung und Größe der einzelnen Posten des Sachanlagevermögens. Um die → *Kontrollrisiken* einzuschätzen, muss der Prüfer einen Überblick darüber erlangen, inwieweit das Unternehmen ein geeignetes → *IKS* eingerichtet hat und ob dieses System wirksam ist (IDW PS 260, 301.7, ISA 400). Die dabei durchzuführenden → *Prüfungshandlungen* haben sich insbesondere auf die Führung der Anlagenkartei sowie deren regelmäßige Abstimmung mit den Konten der Finanzbuchhaltung zu beziehen. Ferner ist zu untersuchen, inwieweit ein Genehmigungsverfahren für Anlagenzugänge, Anlagenabgänge und den Abschluss von Leasingverträgen existiert. Ebenso ist die → *Funktionstrennung* im Hinblick auf bearbeitende, verwaltende und buchhalterische Arbeitsbereiche zu überprüfen.

In Abhängigkeit von der Einschätzung der inhärenten und der Kontrollrisiken muss der Prüfer das → *Entdeckungsrisiko* beurteilen und die für die Erlangung der geforderten → *Prüfungssicherheit* notwendigen aussagebezogenen Prüfungshandlungen vornehmen. Im Folgenden werden zentrale Prüfungshandlungen entlang der → *Abschlussaussagen* kategorisiert.

a. Ziel der Nachweisprüfung ist die Sicherstellung des tatsächlichen *Vorhandenseins* und der *Vollständigkeit* der Sachanlagen. Im Rahmen der Prüfung des Vorhandenseins und der Vollständigkeit der Zugänge ist zu prüfen, ob die Anlagenzugänge genehmigt wurden und auch tatsächlich erfolgt sind. Die wesentlichen Zugänge sind hierbei anhand von Unterlagen, wie Kaufverträgen, Rechnungen, Lieferscheinen sowie Wareneingangsmeldungen zu überprüfen. Bei Grundstückszugängen erfolgt eine Prüfung anhand der Grundbuchauszüge und der Kaufverträge. Die Nachweisprüfung bei Anlagen im Bau erfolgt anhand der Inaugenscheinnahme entsprechender Unterlagen sowie einer körperlichen Bestandsaufnahme. Die Prüfung des Vorhandenseins von geleisteten Anzahlungen kann unter Heranziehung von → *Saldenbestätigungen* erfolgen. Bei den Abgängen ist zu prüfen, ob der Anlagenabgang genehmigt und die Buchhaltung von dem Abgang in Kenntnis gesetzt wurde. Die wesentlichen Abgänge sind hierbei anhand von Unterlagen, wie Ausgangsrechnungen oder Verschrottungsbelegen zu überprüfen.

b. In einem engen Zusammenhang zu den zuvor genannten Abschlussaussagen steht auch die *Zuordnung* der Sachanlagen zum Unternehmen. Dazu ist insbesondere bei den Zugängen des Sachanlagevermögens im betrachteten Geschäftsjahr der rechtliche bzw. wirtschaftliche Eigentumsübergang zu überprüfen.

Hinsichtlich des richtigen *Ausweises* der Zugänge ist zu prüfen, ob alle als Zugang des Anlagevermögens erfassten Posten tatsächlich dazu bestimmt sind, dauernd dem Geschäftsbetrieb zu dienen (§ 247 Abs. 2 HGB) und ob sie jeweils der korrekten Unterposition der Sachanlagen zugeordnet wurden. Dies erfolgt bei den wesentlichen Zugängen durch Einsichtnahme in die entsprechenden Unterlagen, wie Kaufverträge oder Lieferscheine. Liegt ein Zugang geringwertiger Wirtschaftsgüter des Anlagevermögens vor, so ist zu prüfen, ob diese auch als Zugänge erfasst wurden. Im Rahmen der Prüfung der Umbuchungen ist festzustellen, ob bei den vorgenommenen Umbuchungen des Sachanlagevermögens die Zuordnung zu den korrekten Anlageposten erfolgt ist. Nach IFRS sind die Regelungen zum Ansatz der Sachanlagen in IAS 16.7–14 zu beachten. Für zu veräußerndes Anlagevermögen und einzustellende Bereiche (*non-current assets held for sale and discontinued operations*) hat gem. IFRS 5 ein gesonderter Ausweis in der Bilanz zu erfolgen. Bei der Zuordnung von Grundstücken und Gebäuden, die vorrangig als Kapitalanlage gehalten werden, ist sicherzustellen, dass diese gem. IAS 40.5–7 nicht in den Sachanlagen, sondern im Rahmen der Finanzanlagen (→ *Finanzinstrumente, Prüfung*) als *long-term investment* auszuweisen sind.

c. Im Rahmen der Prüfung der korrekten (Perioden-)*Abgrenzung* der Zugänge der Sachanlagen ist zu prüfen, ob der Zugangszeitpunkt im betrachteten Geschäftsjahr liegt. Bei den ausgewiesenen Abgängen ist ebenfalls sicherzustellen, dass der Zeitpunkt des Abgangs im betrachteten Geschäftsjahr liegt. Bezüglich der Umbuchungen ist sicherzustellen, dass sie zeitgerecht vorgenommen wurden. So ist bspw. für Umbuchungen von Anlagen im Bau auf fertige Sachanlagen der maßgebliche Zeitpunkt die Fertigstellung des Anlagegegenstandes, d.h. die Herstellung der Betriebsbereitschaft.

d. Bei der Prüfung der *Bewertung* der Sachanlagen ist festzustellen, ob die Vorgaben in den Rechnungslegungsnormen zu den →*Anschaffungs-* oder →*Herstellungskosten* eingehalten wurden. Weiterhin ist die Angemessenheit von →*Abschreibungen* sowie →*Wertaufholungen* zu überprüfen. Ebenfalls sicherzustellen ist die Beachtung der →*Bewertungsstetigkeit*.

Zur Prüfung der Bewertung der Sachanlagen sind zunächst die unternehmensinternen *Bewertungsrichtlinien* zu prüfen. Dabei muss festgestellt werden, ob die dort zu den entsprechenden Wertansätzen der Sachanlagen fixierten Vorgaben den angewandten Rechnungslegungsnormen entsprechen und ob die Bewertenden die Richtlinien erhalten, verstanden und angewandt haben. Die handelsrechtlichen Regelungen für die Anschaffungs- oder Herstellungskosten finden sich in § 253 Abs. 1 u. 2 sowie § 255 HGB. Bei den Anschaffungskosten ist zu prüfen, ob sämtliche Anschaffungsnebenkosten, nachträglichen Anschaffungskosten sowie Anschaffungspreisminderungen ordnungsgemäß berücksichtigt wurden. Die korrekte Bewertung ist durch Einsichtnahme in die entsprechenden Unterlagen, wie z.B. Eingangsrechnungen, Kaufverträge oder Lieferscheine, zu prüfen. Bei den Herstellungskosten ist zu prüfen, ob neben den aktivierungspflichtigen Einzelkosten die Gemeinkosten in Übereinstimmung mit den Vorschriften des HGB aktiviert wurden. Grundlage der Prüfung bilden hier die entsprechenden Kalkulationsunterlagen. Hinsichtlich der Bewertungsstetigkeit ist zu prüfen, ob im Rahmen der bestehenden Bewertungsspielräume eine Änderung der entsprechenden Wertansätze vorgenommen wurde. Bei der Bildung von Festwerten gem. § 240 Abs. 3 HGB ist deren Zulässigkeit zu prüfen. Für die Anschaffungs- oder Herstellungskosten nach IFRS ist IAS 16.16–22 einschlägig. Ferner sind bei der erstmaligen Bewertung von Sachanlagen die Regelungen des IAS 16.15–28 einzuhalten. Demgemäß zählen zu den Anschaffungskosten der Kaufpreis sowie alle direkt zurechenbaren Kosten, die anfallen, um den Vermögenswert (→*Asset*) an den Standort und in einen betriebsbereiten Zustand zu bringen. Herstellungskosten sind nach IFRS als produktionsbezogene Vollkosten definiert. D.h. sämtliche Einzel- und Gemeinkosten mit Bezug zur Produktion sind grundsätzlich einzubeziehen. Die Bildung von Festwerten ist nach IFRS nicht vorgesehen.

Im Rahmen der Folgebewertung sind die Anschaffungs- oder Herstellungskosten nach § 253 Abs. 2 Satz 1 HGB planmäßig über die voraussichtliche Nutzungsdauer abzuschreiben. Handelsrechtlich zulässig sind neben der leistungsbedingten die nutzungsdauerbedingten Abschreibungsmethoden, welche sich in lineare, degressive und progressive Abschreibungen differenzieren lassen. Geringwertige Wirtschaftsgüter können gem. § 6 Abs. 2 Satz 1 EStG im Zugangsjahr voll abgeschrieben werden. Bei voraussichtlich dauernder Wertminderung ist bei Vermögensgegenständen des Anlagevermögens zwingend eine außerplanmäßige Abschreibung vorzunehmen, um den niedrigeren Wert anzusetzen (§ 253 Abs. 2 Satz 3 HGB). Bei nur vorübergehender Wertminderung besteht für Nicht-Kapitalgesellschaften ein Abschreibungswahlrecht während für Kapitalgesellschaften gem. § 279 Abs. 1 Satz 2 HGB ein Abschreibungsverbot besteht. Ausnahme hiervon bilden lediglich Abschreibungen des Finanzanlagevermögens bei nur vorübergehender Wertminderung, die auch bei Kapitalgesellschaften vorgenommen werden dürfen.

Bei der Folgebewertung nach IFRS stehen alternativ das *cost model* (IAS 16.30) oder das *revaluation model* (IAS 16.31–42) zur Verfügung. Im Rahmen des cost model erfolgt nach dem erstmaligen Ansatz als Vermögenswert des Sachanlagevermögens der Ansatz zu Anschaffungskosten abzüglich der kumulierten Abschreibungen und kumulierten Wertminderungsaufwendungen. Bei dem revaluation model erfolgt eine Neubewertung auf den *fair value* (→ *Fair values, Prüfung*) zum Zeitpunkt der Neubewertung. In den auf die Neubewertung folgenden Perioden ist der Neubewertungsbetrag um kumulierte planmäßige Abschreibungen zu mindern. Ggf. kommt auch ein erneut festzustellender Neubewertungsbetrag in Betracht. Neubewertungen sind in regelmäßigen Abständen durchzuführen. Im Rahmen eines Wertminderungstests ist nach jeder Neubewertung zu prüfen, ob der im Rahmen der Neubewertung ermittelte beizulegende Zeitwert auf einen niedrigeren erzielbaren Betrag (*recoverable amount*) abzuwerten ist. Demnach kommt es zu einer Wertminderung eines Vermögenswertes, wenn der beizulegende Zeitwert über dem erzielbaren Betrag liegt, wobei der erzielbare Betrag eines Vermögenswertes definiert ist als der höhere Betrag aus beizulegendem Zeitwert abzüglich der Verkaufskosten und Nutzungswert (IAS 36.6). Hinsichtlich der Behandlung von Neubewertungsdifferenzen ist danach zu differenzieren, ob es sich um eine Buchwerterhöhung oder -minderung handelt. Bei einer aus der Neubewertung resultierenden Buchwerterhöhung ist der Unterschiedbetrag ergebnisneutral in eine Neubewertungsrücklage einzustellen. Ergebnis erhöhend ist eine Buchwerterhöhung nur dann, wenn zuvor bereits eine Ergebnis mindernde Wertminderung durchgeführt wurde (IAS 16.39). Bei einer Buchwertminderung ist der Unterschiedsbetrag Ergebnis mindernd zu erfassen, es sei denn, es wurde in Vorperioden bereits eine Neubewertungsrücklage gebildet. Dann ist der Unterschiedsbetrag ergebnisneutral mit der Rücklage zu verrechnen (IAS 16.40).

Bei der Prüfung der planmäßigen Abschreibungen sind die Angemessenheit und die handelsrechtliche bzw. nach IFRS geltende Zulässigkeit der zugrunde liegenden Abschreibungsmethoden und der jeweiligen Nutzungsdauer zu untersuchen. In diesem Zusammenhang ist auch der Abschreibungsplan zu überprüfen. Im Rahmen der Prüfung der Bewertungsstetigkeit ist insbesondere festzustellen, ob ggf. gegenüber dem Vorjahr Veränderungen der Abschreibungsmethode oder der Nutzungsdauer vorgenommen wurden. Die außerplanmäßigen Abschreibungen sind auf ihre Angemessenheit der Höhe und dem Grunde nach zu überprüfen. In diesem Zusammenhang ist bei den Wertminderungsfaktoren zu beurteilen, ob die Gründe voraussichtlich dauerhaft oder nur vorübergehend sind. Neben der Prüfung vorgenommener Abschreibungen ist im Einzelabschluss festzustellen, ob weiterer Wertminderungszwang besteht. Etwaige vorgenommene Sonderabschreibungen sind darauf hin zu überprüfen, ob sie den Regelungen der §§ 253 Abs. 4, 254 sowie 279 Abs. 2 HGB entsprechen.

Gem. § 280 Abs. 1 HGB besteht ein Zuschreibungsgebot für Kapitalgesellschaften, soweit die Gründe für eine zuvor vorgenommene außerplanmäßige Abschreibung entfallen. Für Nicht-Kapitalgesellschaften besteht gem. § 253 Abs. 5 HGB ein Zuschreibungswahlrecht. Die Regelungen für Aufhebung von Wertminderungen nach IFRS finden sich in IAS 36. So ist gem. IAS 36.110 nach Durchführung einer außerplanmäßigen Wertminderung zu jedem Bilanzstichtag eine Überprüfung dahingehend vorzunehmen, ob der Wertverlust immer noch besteht. Bei der Prüfung der Wertaufholungen sind die vorgenommenen Wertaufholungen auf ihre Angemessenheit der Höhe und dem Grunde nach zu überprüfen.

Nach § 298 Abs. 1 HGB sind die Regelungen in Bezug auf den Einzelabschluss im → *Konzernabschluss* entsprechend anzuwenden. Im Konzernabschluss sind die Sachanlagen zu Konzernanschaffungs- bzw. -herstellungskosten anzusetzen. Weichen diese bzw. die in der IFRS-Bilanz nach dem revaluation model in der Konzernbilanz anzusetzenden Beträge von den Wertansätzen in der HB II (→ *HB I/II*) ab, so sind gem. § 304 HGB bzw. IAS 27.25 Zwischenergebnisse zu eliminieren (→ *Zwischenergebniseliminierung, Prüfung*).

e. Die Prüfung der *Darstellung und Offenlegung* erstreckt sich auf die Angaben zum Sachanlagevermögen in der Bilanz, der GuV und im Anhang. Kapitalgesellschaften haben beim Ausweis der Sachanlagen die Gliederungsvorgaben des § 266 Abs. 2 A. II HGB zu beachten. Bei den Angaben im Anhang des Einzelabschlusses ist insbesondere zu prüfen, ob die Angabepflichten der §§ 265 Abs. 1–4, 7, 280 Abs. 3, 281 Abs. 2 sowie 284 Abs. 2 HGB beachtet wurden. Im Rahmen des Konzernanhangs ist insbesondere DRS 4 zu beachten. Die gemäß IFRS im Anhang anzugebenden Angaben finden sich in IAS 16.73–79.

Achim Wittich

Literatur: *Menn, B.-J./Wahl, C.*, Sachanlagen, in: Ballwieser, W./Coenenberg, A.G./Wysocki, K.v. (Hrsg.), Handwörterbuch der Rechnungslegung und Prüfung, 2002, Sp. 2137–2148; *Niemann, W./Peusquens, H./Wohlgemuth, M.*, Sachanlagen, in: Pelka, J./Niemann, W. (Gesamtverantwortung), Beck'sches Steuerberater-Handbuch 2004/2005, 2004, B 241–367.

Sacheinlagenprüfung → Gründungsprüfung

Sachliche Planung → Prüfungsplanung

Sachlogische Programmprüfung

Die sachlogische Programmprüfung als Methode der →*Programmfunktionsprüfung* dient der Überprüfung von Aufbau und Funktionsweise des eingesetzten IT-gestützen Rechnungslegungsprogramms. Bei der sachlogischen Programmprüfung versucht der Prüfer, die einzelnen Programmierschritte anhand der Programmdokumentation nachzuvollziehen. Bei unzulänglicher Dokumentation muss der Prüfer durch Rückübersetzungsprogramme (*Flowcharting software*) den Quellcode (sofern dieser zugänglich ist) in einen aktuellen Programmablaufplan umsetzen. Dieser ist dann wiederum auf seine Sachlogik zu prüfen. Die Durchführung der sachlogischen Programmprüfung setzt gesicherte Programmierkenntnisse in der jeweiligen Programmsprache sowie Informatikkenntnisse voraus. In der Praxis werden aus Wirtschaftlichkeitsgründen oftmals nur ausgewählte Programmteile überprüft.

Sachverständiger

→ *WP* und → *vBP* sind gem. § 2 Abs. 3 Nr. 1 bzw. § 129 Abs. 3 Nr. 1 WPO befugt, unter Berufung auf ihren → *Berufseid*, auf den Gebieten des betrieblichen → *Rechnungswesens* sowie der wirtschaftlichen Betriebsführung als Sachverständige aufzutreten. Dies erfolgt insbesondere in den Fällen, in denen die Entscheidung eines Rechtsstreites von der Klärung von Sachverhalten abhängt, die nur mit speziellen Kenntnissen auf diesen Gebieten gelöst werden kann. Grundlage der Sachverständigentätigkeiten sind die §§ 402–414 ZPO, da die einschlägigen verwaltungs-, sozial- und finanzgerichtlichen Bestimmungen auf die Regelungen der ZPO verweisen. Geringfügige Abweichungen von diesen Verfahrensregelungen finden sich in den §§ 72–85 ZPO.

Gem. § 407 ZPO und § 75 StPO besteht eine Verpflichtung für bestimmte Personen, als Sachverständiger tätig zu werden. Dies gilt für Personen, die sich dem Gericht gegenüber allgemein bereit erklärt haben, als Sachverständige aufzutreten, sowie für Personen, welche die Wissenschaft, die Kunst oder das Gewerbe, deren Kenntnis Voraussetzung für die → *Begutachtung* ist, öffentlich zum Erwerb ausüben. Zu diesem Personenkreis zählen im Rahmen ihrer erlaubten und ausgeübten Tätigkeiten auch die Angehörigen der Berufsstände des wirtschaftlichen Prüfungswesens. In der Praxis werden WP als Sachverständige entweder im Geltungsbereich des § 404 ZPO von einer Partei bzw. sämtlichen streitenden Parteien bestimmt oder aber durch das Gericht oder eine Behörde bestellt. Die Tätigkeit als Sachverständiger besteht dann i. d. R. in der unparteilichen Beurteilung rechnungswesensspezifischer Sachverhalte in Form eines schriftlichen Gutachtens.

Tritt ein WP als vereidigter Sachverständiger auf, ist er durch den berufsrechtlichen Grundsatz (→ *Ethische Prüfungsnormen*) der → *Verschwiegenheit* zur Verweigerung dieser Gutachtertätigkeit verpflichtet, sofern ein solches Gutachten ihm im Rahmen seiner beruflichen Tätigkeit anvertraute oder bekannt gewordene, fremde Angelegenheiten berührt (§ 9 Berufssatzung), es sei denn, er wird durch denjenigen von der Verpflichtung zur Verschwiegenheit entbunden, zu dessen Gunsten diese Bindung besteht (§ 10 Berufssatzung). Der WP verfügt folglich über eine gesetzliche Befugnis zur Gutachtenverweigerung in Fällen von Kollisionen dieser Tätigkeit mit seiner Verschwiegenheitspflicht (§ 408 ZPO i. V. m. § 383 ZPO). Darüber hinaus wird die Gutachtertätigkeit eines WP dann eingeschränkt, wenn persönliche Interessen am Ausgang eines Rechtsstreits mit der Pflicht zur Gutachtenerstattung kollidieren, denn ein Sachverständiger darf die Erstattung eines Gutachtens verweigern, wenn er mit einer streitenden Partei verlobt, verheiratet, nahe verwandt oder verschwägert ist. Weiterhin braucht ein WP seiner Gutachterpflicht nicht nachzukommen, sofern es um Sachverhalte geht, deren Beantwortung für ihn oder nahe Angehörige vermögensrechtliche Nachteile oder die Gefahr strafrechtlicher Verfolgung nach sich ziehen würde.

Saldenbestätigungen

1   Prüfungsnormen

a) Deutsche Normen: IDW PS 300, 302; b) Internationale Normen: ISA 501.19–30, 505.

2   Definition und Kategorisierung

In der Terminologie des IDW PS 302 fallen Saldenbestätigungen unter die Kategorie der Bestätigungen Dritter. Saldenbestätigungen sind ein Instrument zur Prüfung des Bestehens, der Höhe und der zeitlichen Abgrenzung (→ *Abschlussaussagen*) von Forderungen (→ *Forderungen, Prüfung*) und Verbindlichkeiten (→ *Verbindlichkeiten, Prüfung*) im Rahmen der → *Jahresabschlussprüfung* (z.B. gegenüber Kunden, Lieferanten oder Kreditinstituten). Sie sind nach IDW PS 300.40 sowie nach ISA 501.20 für Prüfungszwecke heranzuziehen, sofern die Forderungen oder Verbindlichkeiten wesentlich (→ *Materiality*) für den → *Jahresabschluss* sind. Die Einholung von Saldenbestätigungen ist der Gruppe der Detail- bzw. → *Einzelfallprüfungen* (→ *Ergebnisorientierte Prüfungen*) zuzurechnen, wobei sich der Umfang der Saldenbestätigungsaktion nach den → *GoA* idealtypisch nach der Einschätzung des → *inhärenten Risikos* durch den Prüfer, den Ergebnissen der Prüfung des → *IKS* sowie den Ergebnissen der → *analytischen Prüfungen* richtet (IDW PS 302.7). Eine stichprobenweise Einholung von Saldenbestätigungen ist grundsätzlich ausreichend. Für die bewusste Stichprobenauswahl (→ *Bewusste Auswahl*) kommen vornehmlich die folgenden Kriterien in Betracht (IDW PS 302.25): Höhe der einzelnen Forderung/Verbindlichkeit lt. Saldenliste, Umfang des Geschäftsverkehrs, Überschreitungen von Zahlungszielen, (Alters-)Struktur und Ordnungsmäßigkeit des Kontokorrents.

3 Methoden

Es lassen sich zwei Methoden für die Einholung von Saldenbestätigungen unterscheiden, die einzeln oder kombiniert angewandt werden können (IDW PS 302.17–24, ISA 501.20–24): Die *positive Methode* existiert in zwei Ausprägungen: a) Saldenbestätigung i. e. S.: Der Geschäftspartner wird um schriftliche Bestätigung oder Ablehnung des mitgeteilten Bilanzstichtagssaldos gebeten; b) Der Geschäftspartner wird um schriftliche Mitteilung der Höhe des Bilanzstichtagssaldos gebeten. Bei der *negativen Methode* erfolgt eine Rückmeldung nur bei Nichtübereinstimmung mit dem mitgeteilten Bilanzstichtagssaldo. Die positive Methode erfordert in jedem Fall eine Beantwortung durch den Adressaten. Die resultierenden Prüfungsnachweise sind von größerer Beweiskraft als die der negativen Methode, da bei Letzterer eine ausbleibende Rückmeldung nicht als ein sicheres Indiz für eine Zustimmung des Geschäftspartners gewertet werden kann und ggf. ergänzende Prüfungshandlungen vorzunehmen sind (IDW PS 302.21, ISA 505.22). Die Praxis verwendet daher auch vornehmlich die positive Methode.

4 Sonstige vom Prüfer zu beachtende Aspekte

Auswahl, Versand und Rücklauf der Saldenbestätigungen müssen stets unter Kontrolle des Prüfers erfolgen (IDW PS 302.39). Bei nicht erfolgter Rücksendung einer Bestätigungsanfrage entsteht das Erfordernis zur Durchführung alternativer Prüfungshandlungen (z. B. Einsichtnahme in die Frachtpapiere). Kommt einem Geschäftspartner des zu prüfenden Unternehmens eine besondere wirtschaftliche Bedeutung für dieses Unternehmen zu, muss der Abschlussprüfer beurteilen, ob es erforderlich ist, über die Saldenbestätigung hinaus weitere Prüfungsnachweise einzuholen, um das tatsächliche Bestehen der Geschäftsverbindung zu verifizieren (IDW PS 302.11) (z. B. durch Einsichtnahme in den Schriftverkehr und die geschlossenen Verträge). Personaldebitoren sollten grundsätzlich lückenlos durch Einholen von Saldenbestätigungen geprüft werden. Ebenso sind Forderungskonten, die am Bilanzstichtag eine Verbindlichkeit aufweisen (→ *Kreditorische Debitoren*), sowie Verbindlichkeitskonten, die am Stichtag eine Forderung aufweisen (→ *Debitorische Kreditoren*), lückenlos zu prüfen, um das Zustandekommen der Positionen zu klären. Auch für ausgeglichene Konten sind Saldenbestätigungen einzuholen. Werden Saldenbestätigungsaktionen auf einen vom Bilanzstichtag abweichenden Stichtag durchgeführt, hat der Prüfer den Saldo bis zum Bilanzstichtag fortzuschreiben (sog. roll forward) bzw. zurückzurechnen; dies steht dem Prüfer jedoch nur dann offen, wenn er ein angemessenes IKS in diesem Bereich nachweisen konnte (IDW PS 302.28, ISA 501.29, .37). Die vorliegenden Saldenbestätigungen hat der Abschlussprüfer mit der auf den entsprechenden Stichtag aufgestellten Saldenliste abzustimmen. Auf die Einholung von Saldenbestätigungen durch den Abschlussprüfer kann dann verzichtet werden, wenn nach Art der Erfassung, Verwaltung und Abwicklung der Forderungen/Verbindlichkeiten ihr Nachweis in anderer Weise einfacher, aber dennoch mit mindestens gleicher Zuverlässigkeit erbracht werden kann (IDW PS 302.26, ISA 505.10) (z.B. durch Prüfung der Zahlungsein- bzw. -ausgänge in Kombination mit einer Prüfung des den Zahlungsverkehr betreffenden Teils des IKS).

Literatur: *Heinrich, D.,* in: Der Betriebswirt, 2/2003, S. 22–24; *Köbrich, M./Schöffel, H.R.,* in: Betrieb und Wirtschaft 2000, S. 477–482.

Satzungsmäßige Rücklagen → Eigenkapital, Prüfung

Satzungsmäßigkeitsprüfung

Gem. § 317 Abs. 1 Satz 2 HGB hat sich die Prüfung des →*Jahresabschlusses* darauf zu erstrecken, ob die gesetzlichen Vorschriften (→*Gesetzmäßigkeitsprüfung*) und die sie ergänzenden Bestimmungen des Gesellschaftsvertrages oder der Satzung beachtet worden sind. Die →*Jahresabschlussprüfung* ist somit neben einer Gesetzmäßigkeits- und Ordnungsmäßigkeitsprüfung auch eine Satzungsmäßigkeitsprüfung. Durch die Satzungsmäßigkeitsprüfung soll festgestellt werden, ob das →*Prüfungsobjekt* den Bestimmungen von Gesellschaftsvertrag oder Satzung entspricht. Dabei hat sich die Prüfung lediglich auf solche Bestimmungen zu beziehen, die das Prüfungsobjekt betreffen. Hierunter fallen u.a. Regelungen der Vergütung und Tantieme von Vorstands- und Aufsichtsratsmitgliedern, die →*Wahl des Abschlussprüfers* oder die Verwendung des Jahresüberschusses. Die Bestimmungen von Gesellschaftsvertrag oder Satzung dürfen dabei die gesetzlichen Vorschriften lediglich ergänzen, nicht jedoch mindern oder abändern. Die Übereinstimmung der Rechnungslegung mit den Bestimmungen des Gesellschaftsvertrags oder der Satzung muss vom Abschlussprüfer bestätigt werden (→*Bestätigungsvermerk*).

Schadensersatzpflicht → Haftung des Abschlussprüfers

Schätzstichproben → Schätzverfahren

Schätzverfahren

Schätzverfahren sind mathematisch-statistische Verfahren, die im Rahmen der Abschlussprüfung eingesetzt werden, um ein →*Prüfungsurteil* zu ermitteln. Bei der Anwendung eines Schätzverfahrens wird zunächst mittels geeigneter *Auswahlverfahren* eine *Schätzstichprobe* gezogen, die das zu beurteilende →*Prüffeld* möglichst repräsentativ widerspiegelt. Auf Grundlage dieser →*Stichprobe* wird danach die stichprobenbezogene Fehlerstruktur ermittelt und auf das gesamte Prüffeld hochgerechnet.

Das klassische Verfahren im Rahmen der Schätzverfahren ist die *einfache Mittelwertschätzung*, bei der zur Beurteilung der Angemessenheit des Buchwertes X eines Prüffeldes eine Schätzstichprobe vom Umfang n gezogen wird, für deren Elemente der tatsächlich anzusetzende Wert y (Sollwert) erhoben wird. Zur Auswertung der Stichprobe wird das arithmetische Mittel der Sollwerte $\bar{y}$ gebildet und auf den Umfang des Prüffeldes $\hat{Y} = N \cdot \bar{y}$ hochgerechnet: Dieser Schätzwert $\hat{Y}$ wird zur Beurteilung des Buchwertes des Prüffeldes herangezogen. Da nicht zu erwarten ist, dass der geschätzte Sollwert mit dem tatsächlichen Sollwert Y übereinstimmt, ist das Prüffeld immer dann zu akzeptieren, wenn die Abweichung des Schätzers für den tatsächlichen Sollwert Y vom ausgewiesenen Buchwert X hinreichend klein ist. Um beurteilen zu können, ob die Abweichung zwischen X und $\hat{Y}$ akzeptabel ist, legt der Prüfer ein Konfidenzintervall fest, indem er eine Bandbreite um den Schätzer $\bar{y}$ ermittelt, in der der wahre Sollwert mit hinreichender Sicherheit liegt. Liegt in dieser Bandbreite auch der ausgewiesene Buchwert X, so akzeptiert der Prüfer den Wertansatz für dieses Prüffeld. Ein solches Intervall besitzt die Form

$$\left[\bar{y} - t_{(1-\alpha/2)} \cdot \sigma_{\bar{y}}, \bar{y} + t_{(1-\alpha/2)} \cdot \sigma_{\bar{y}} \right]$$

mit α: gewünschter Sicherheitsgrad; $t_{(1-\alpha/2)}$: $(1-\alpha/2)$-Quantil der Standardnormalverteilung; $\sigma_{\bar{y}}$: Standardabweichung des durchschnittlichen Sollwertes in der Stichprobe.

Der Abschlussprüfer muss weiterhin gewährleisten, dass die Schätzung hinreichend genau ist, d.h., das Konfidenzintervall um den geschätzten durchschnittlichen Sollwert $\bar{y}$ darf nicht zu breit ist. Dabei wird die Breite des Konfidenzintervalls über die Anzahl der Elemente in der Stichprobe n gesteuert. Diese ergibt sich gemäß der Beziehung

$$n \geq \frac{t_{(1-a/2)}^2 N\sigma^2}{t_{(1-a/2)}^2 \sigma^2 + Ne^2}$$

Zur Bestimmung des Stichprobenumfangs hat der Prüfer die gewünschte Schätzgenauigkeit vorzugeben. Dies erfolgt durch Festlegung der maximalen Konfidenzbreite e (z. B. 5 % des geschätzten durchschnittlichen Sollwertes). Die in die Festlegung des Stichprobenumfangs einfließende Varianz σ^2 der durchschnittlichen Sollwerte in der Grundgesamtheit ist unbekannt und daher geeignet zu schätzen. Als Verfahren hierzu bieten sich an:

- *Verwendung der Varianz der Buchwerte*. Sofern die Buchführung als bestandszuverlässig anzunehmen ist, stellt die Varianz der Buchwerte den bestmöglichen Schätzer für die Varianz der Sollwerte dar. Als bestandszuverlässig gilt die Buchführung häufig, wenn der Fehler nicht 2 % des Gesamtwertes übersteigt.
- *Verwendung der Varianz der geprüften Vorjahresdaten*. Gilt die Buchführung dagegen als bestandsunzuverlässig und haben sich die Struktur und die Werte der erfassten Vermögensposten seit der letzten Prüfung nicht wesentlich verändert, kann die Varianz der *geprüften Vorjahreswerte* verwendet werden.
- *Erhebung einer Pilotstichprobe*. Stehen keine plausiblen Annahmen bezüglich der Varianz der Sollwerte zur Verfügung, kann eine Vorabstichprobe mit einem zunächst willkürlichen Stichprobenumfang zur Schätzung der Varianz der Sollwerte erhoben werden. Dieser Stichprobenumfang ist jedoch als vorläufig anzusehen und im Laufe der weiteren Prüfung zu verifizieren.

Diese Vorgehensweise ist jedoch nur relativ grob, da bspw. der durchschnittliche Sollwert der Stichprobe implizit mit dem durchschnittlichen Buchwert der Grundgesamtheit verglichen wird, woraus Schätzungenauigkeiten resultieren. Eine Verfeinerung ist mit Hilfe der *gebundenen Hochrechnung* möglich:

- Aus der Betrachtung des durchschnittlichen Buchwertes sowie des durchschnittlichen Sollwertes der Stichprobenelemente wird der durchschnittliche Stichprobenfehler bestimmt und auf die Grundgesamtheit hochgerechnet (*Differenzenschätzung*).
- Aus der Betrachtung des durchschnittlichen Sollwertes der Stichprobe im Verhältnis zum durchschnittlichen Buchwert der Stichprobe wird ein Faktor ermittelt, mit dem der Gesamtbuchwert multipliziert wird, um den Gesamtsollwert des Prüffeldes zu ermitteln (*Verhältnisschätzung*).

- Buchwerte und Sollwerte der Stichprobe können auch in Form einer → *Regressionsanalyse* in eine lineare Beziehung zueinander gesetzt werden, mit deren Hilfe der Sollwert auf Prüffeldebene ermittelt wird (*Regressionsschätzung*).

Diese Verfahren versprechen eine deutlich gesteigerte Effizienz (d. h. geringere Varianz der Schätzer) und damit wesentlich geringere notwendige Prüfungsumfänge als die einfache Hochrechnung.

Schiedsgutachter → Begutachtung

Schlussbesprechung

Die Schlussbesprechung ist bis auf wenige Ausnahmen (z. B. § 57 GenG) nicht gesetzlich vorgeschrieben. Gleichwohl gilt es als berufsüblich, dass zwischen Vertretern der WP-Praxis (hauptverantwortlicher Prüfer, mit problematischen oder beanstandeten → *Prüffeldern* betraute Prüfer und eventuell eine Person aus der Geschäftsleitung der WP-Praxis) und Vertretern der geprüften Gesellschaft (eine Person oder mehrere Personen der Geschäftsleitung sowie mit der Rechnungslegung betraute Personen) nach Abschluss der → *Prüfungshandlungen*, jedoch noch vor Erteilung des → *Bestätigungsvermerks* eine Schlussbesprechung stattfinden sollte, wenn nicht bereits durch einen permanenten Kontakt dieser Personen zueinander ein weiteres Treffen überflüssig ist. Inhalt und Zweck dieser Besprechung ist es, die Geschäftsleitung der zu prüfenden Gesellschaft u. a. über wichtige → *Prüfungsfeststellungen*, die Ordnungsmäßigkeit (→ *Gesetzmäßigkeitsprüfung*) des → *Jahresabschlusses* und des Lageberichts (→ *Lagebericht, Prüfung*) sowie des → *Konzernabschlusses* und des Konzernlageberichts, die Angemessenheit des Risikomanagementsystems (→ *Risikomanagementsystem, Prüfung*) und den Inhalt des Bestätigungsvermerks zu informieren. Um dem Erfordernis des § 321 Abs. 5 HGB nachzukommen, wonach der Geschäftsleitung, wenn diese nicht Adressat des Prüfungsberichts ist, Gelegenheit zur Stellungnahme zu geben ist, ist es üblich, auch den Entwurf des Prüfungsberichts zum Gegenstand dieser Besprechung zu machen.

Schulden

Der Begriff Schulden ist im HGB nicht explizit definiert. Aus § 247 Abs. 1 HGB lässt sich jedoch ableiten, dass er alle Posten der Passivseite der Bilanz umfasst, bei denen es sich nicht um Eigenkapital (→ *Eigenkapital, Prüfung*) oder Rechnungsabgrenzungsposten (→ *Rechnungsabgrenzungsposten, Prüfung*) handelt. Er beinhaltet somit neben Verbindlichkeiten (→ *Verbindlichkeiten, Prüfung*) auch Rückstellungen (→ *Rückstellungen, Prüfung*). Aus den üblichen Definitionen von Verbindlichkeiten und Rückstellungen lässt sich insofern eine Definition des Begriffs Schulden als eine wirtschaftliche Belastung, die auf einer rechtlichen oder wirtschaftlichen Leistungsverpflichtung eines Unternehmens basiert, selbständig bewertbar ist und deren Höhe entweder eindeutig quantifizierbar oder im Rahmen einer Bandbreite bestimmbar ist, ableiten. Bezüglich der Passivierungsfähigkeit ist zwischen *Außenverpflichtungen*, die gegenüber Dritten bestehen und denen sich das Unternehmen entweder aus rechtlichen oder wirtschaftlichen Gründen nicht entziehen kann, und *Innenverpflichtungen*, die beim bilanzierenden Unternehmen gegenüber sich selbst bestehen und denen sich das Unternehmen aus wirtschaftlichen Gründen nicht entziehen kann, zu unterscheiden. Der handelsrechtliche Schuldenbegriff umfasst sowohl Innen- als auch Außenverpflichtungen.

Positionen mit Schuldcharakter bezeichnen die IFRS als → *liabilities*. Nach IFRS wird eine Schuld allerdings nur durch Außenverpflichtungen begründet. Nach IAS 37.20 unterliegen Eigenverpflichtungen des Unternehmens grundsätzlich einem Passivierungsverbot.

Schuldenkonsolidierung, Prüfung

1 Normen

§§ 297 Abs. 3 Satz 1, 303 HGB, IAS 27.24 f., ED ISA 600.

2 Definition

Die Schuldenkonsolidierung umfasst die Eliminierung sämtlicher Bilanzposten, die durch Schuldverhältnisse zwischen Konzernunternehmen entstanden sind.

3 Prüferisches Vorgehen

3.1 Einführung

Die →*Abschlussaussagen* nach ISA 500.17 bilden die Prüfkategorien für den Prüfer. Bei der Prüfung der Schuldenkonsolidierung sind im Wesentlichen die Aussagen Vollständigkeit (completeness), Richtigkeit (accuracy), Periodenabgrenzung (cut-off) und Zuordnung (classification) zu überprüfen.

Sofern umfangreiche Geschäfte zwischen den Konzerngesellschaften getätigt werden, sind im Rahmen der Schuldenkonsolidierung zahlreiche Salden aufzurechnen. Regelmäßig hat der Mandant für diesen Prozess ein entsprechendes IT-gestütztes System (→*IT-gestützte Rechnungslegung*) eingerichtet. Aus Effizienzgründen bietet es sich für den Prüfer daher an, dieses System zu prüfen (→*Systemprüfung*) und insbesondere eine →*Programmfunktionsprüfung* und →*Programmidentitätsprüfung* durchzuführen. In erster Linie gilt es sicherzustellen, dass das vom Mandanten eingesetzte System die zu konsolidierenden Salden vollständig identifiziert (Vollständigkeit, Periodenabgrenzung, Zuordnung), korrekt aufrechnet (Richtigkeit) und entstehende Aufrechnungsdifferenzen normenkonform verarbeitet (Richtigkeit, Periodenabgrenzung, Zuordnung). Dabei sind diese Prüfungshandlungen teilweise bereits auf Einzelabschlussebene durchzuführen.

3.2 Prüfungshandlungen auf Einzelabschlussebene

Bereits auf Einzelabschlussebene muss sichergestellt werden, dass sämtliche schuldenkonsolidierungspflichtige Posten als solche identifiziert werden (Vollständigkeit). Regelmäßig erfolgt dies durch zusätzliche Kontierungen, die eine automatische Trennung für Konsolidierungszwecke ermöglichen. Der Prüfer muss hierauf bereits im Rahmen der Prüfung des →*IKS* achten (ED ISA 600.appendix 2.2–4). Auch die Bilanzgliederung bzw. Anhangangaben gem. § 266 Abs. 2 u. 3 HGB sowie § 42 Abs. 3 GmbHG geben Aufschluss über den Umfang der zu konsolidierenden Posten. Dies liegt daran, dass Forderungen gegen verbundene Unternehmen, gegen den Gesellschafter und gegen Unternehmen, mit denen ein Beteiligungsverhältnis besteht, ebenso wie Verbindlichkeiten gegenüber verbundenen Unternehmen, gegenüber den Gesellschaftern und gegenüber Unternehmen, mit denen eine Beteiligungsverhältnis besteht, gesondert ausgewiesen bzw. angegeben werden müssen. Die korrekte Zuordnung ist bereits bei der Prüfung des Einzelabschlusses sicherzustellen.

Häufig erfolgt innerhalb des Konzerns eine Abstimmung sämtlicher innerkonzernlicher Salden (Richtigkeit). Differenzen muss der Prüfer nachgehen, um festzustellen, ob ggf. ein grundsätzlicher Fehler im System der Erfassung der Forderungen und Verbindlichkeiten vorliegt.

Ist der Konzernabschlussprüfer nicht auch Abschlussprüfer der jeweiligen einzubeziehenden Einzelabschlüsse, muss er durch entsprechende → *Prüfungsanweisungen* den Einzelabschlussprüfer auf die notwendigen Prüfungshandlungen hinweisen. Gleichwohl ist bei der → *Verwendung von Urteilen Dritter* IDW PS 320 zu beachten. Alternativ kann sich der Konzernabschlussprüfer auf sein Auskunftsrecht gem. § 320 Abs. 3 Satz 2 HGB gegenüber den Tochterunternehmen stützen.

3.3 Prüfungshandlungen auf Konzernabschlussebene

Ausgangspunkt für die Prüfung auf Konzernabschlussebene sollte eine vom Mandanten erstellte Übersicht sämtlicher schuldenkonsolidierungspflichtiger Vorgänge darstellen. Diese sollte zunächst hinsichtlich der rechnerischen Richtigkeit geprüft werden. Zentrale sachliche Fragestellungen lassen sich folgendermaßen beschreiben:

- Gem. § 303 Abs. 2 HGB sowie gem. IASB Framework.29 f. u. .44 kann auf die Schuldenkonsolidierung verzichtet werden, wenn die zu eliminierenden Beträge unwesentlich (→ *Materiality*) sind. Unwesentlich sind die Beträge dann, wenn deren Nicht-Eliminierung nicht zu anderen ökonomischen Entscheidungen der Abschlussadressaten führt. Falls der Mandant diese Ausnahme in Anspruch nimmt, ist zu prüfen, ob die Voraussetzungen dafür vorliegen.
- Weiterhin muss der Abschlussprüfer sicherstellen, dass sämtliche schuldenkonsolidierungspflichtige Bilanzposten erfasst wurden (Vollständigkeit). Dabei ist auf Konzernabschlussebene zu bedenken, dass der Umfang der zu konsolidierenden Posten über die Aufzählung in § 303 Abs. 1 HGB hinausgeht. So sind z.B. grundsätzlich auch geleistete und erhaltene Anzahlungen schuldenkonsolidierungspflichtig. Ferner sind auch Eventualverbindlichkeiten und Haftungsverhältnisse einzubeziehen. Hierbei sind insbesondere auch die → *Prüfungsfeststellungen* auf Einzelabschlussebene zu berücksichtigen.
- Der Abschlussprüfer muss auch sicherstellen, dass entstandene Aufrechnungsdifferenzen plausibel begründet werden und nicht etwa auf einen systematischen Fehler bei der Durchführung der Schuldenkonsolidierung zurückzuführen sind. Aufrechnungsdifferenzen entstehen durch zu konsolidierende Aktiva und Passiva, die sich nicht

wertgleich gegenüber stehen. Sie werden in »unechte« und »echte« Aufrechnungsdifferenzen unterteilt. Erstere entstehen durch buchungstechnische Probleme und sollten bereits im Rahmen des Einzelabschlusses (→ *HB I/II*) beseitigt werden. Echte Aufrechnungsdifferenzen entstehen durch zwingende oder wahlweise anzuwendende Ansatz- und Bewertungsvorschriften.

- Schließlich muss der Abschlussprüfer die korrekte Verarbeitung der Aufrechnungsdifferenzen in der Konzernbuchführung sicherstellen. Grundsätzlich gilt, dass ergebniswirksam verursachte Aufrechnungsdifferenzen ebenfalls ergebniswirksam rückgängig gemacht werden. Ergebnisneutral verursachte Aufrechnungsdifferenzen müssen analog ergebnisneutral rückgängig gemacht werden. Weiterhin ist der Grundsatz der periodenanteiligen Verrechnung zu beachten (Abgrenzung). Demnach sind Aufrechnungsdifferenzen nur in der Periode ergebniswirksam zu korrigieren, in der sie entstanden ist. Beides muss der Prüfer sicherstellen.

In der Praxis erfolgt die Eliminierung der Aufrechnungsdifferenzen regelmäßig IT-gestützt. Der Prüfer führt aus diesem Grund eine Aufbau- und Funktionsprüfung durch, um sicherzustellen, dass die Aufrechnungsdifferenzen korrekt verarbeitet werden (Richtigkeit).

Securities and Exchange Commission

Die Securities and Exchange Commission (SEC; http://www.sec.gov) ist die 1934 gegründete nationale US-Börsenaufsichtsbehörde. Ihre Aufgabe ist die Kapitalmarktaufsicht, d.h. neben der Sicherung des Anlegerschutzes auch die Erhaltung der Funktionsfähigkeit der Wertpapiermärkte. Zur Erfüllung dieser Aufgabe ist die SEC mit umfangreichen exekutiven, judikativen und legislativen Kompetenzen ausgestattet. So entscheidet die SEC z.B. über die Registrierung von Wertpapieren und kann bei Verdacht des Verstoßes gegen gesetzliche Vorschriften im eigenen Ermessen Nachweise verlangen, Unterlassungsverfügungen einklagen, die Staatsanwaltschaft einschalten oder Sanktionsmaßnahmen ergreifen. Durch den SOA wurde u.a. das Recht der SEC für die Herausgabe von → *fachtechnischen Prüfungsnormen*, → *ethischen Prüfungsnormen* und Qualitätssicherungsnormen (→ *Qualitätskontrolle, externe*, → *Qualitätssicherung, interne*) in Bezug auf die Prüfungstätigkeit auf das neu gegründete PCAOB übertragen (Sec. 101 SOA). Der SEC obliegt jedoch die Aufsicht über das PCAOB. Weiterhin muss jede Norm, die das PCAOB herausgeben will, vorher durch die SEC genehmigt werden. Überdies ist die SEC befugt, Regelungen für die laufenden Berichtspflichten und Rechnungslegungsnormen zu erlassen. Zum Teil hat die SEC diese Befugnis jedoch an fachkundige Dritte delegiert, wie z. B. das →*FASB*, um deren spezialisiertes Wissen zu nutzen und hierdurch die Akzeptanz der Normen zu erhöhen.

Segment reporting → Segmentberichterstattung, Prüfung

Segmentberichterstattung, Prüfung

1 Normen

a) Deutsche Normen: §§ 297 Abs. 1, 315a HGB, DRS 3; b) Internationale Norm: IAS 14.

2 Definition

Sind Unternehmen in verschiedenen Branchen oder Regionen tätig, so stellt eine unternehmensweit aggregierte Berichterstattung im Jahresabschluss keine befriedigende Informationsquelle dar. Eine eventuell in einzelnen Segmenten stark voneinander abweichende Vermögens-, Finanz- und Ertragslage (→ *Vermögenslage, Prüfung*; → *Finanzlage, Prüfung*; → *Ertragslage, Prüfung*) könnte durch eine aggregierte Darstellung nivelliert und so für den Außenstehenden verdeckt werden. Darüber hinaus ist die Vergleichbarkeit eines diversifizierten Unternehmens mit Wettbewerbern durch eine aggregierte Darstellung im Jahresabschluss nur bedingt möglich. Die Darstellung von Segmentrechnungen stellt hier eine wertvolle Ergänzung zur Erfüllung der Informationsfunktion des Jahresabschlusses dar.

Deutsche Unternehmen, die verpflichtend oder wahlweise einen befreienden IFRS-Konzernabschluss erstellen (§ 315a HGB), müssen für die Zwecke der Segmentberichterstattung IAS 14 beachten.

Segmentierte Angaben lassen sich gem. IAS 14.51–67 sowohl zur Bilanz (Segmentvermögen/Segmentschulden) als auch zur GuV (Segmenterträge/Segmentaufwendungen) darstellen.

Zur Definition von Segmentierungsebenen bedarf es der individuellen Beurteilung durch das jeweilige Unternehmen. Als Segmentierungsebenen finden gem. IAS 14.9 unterschiedliche produktorientierte Geschäftsfelder (*business segments*) oder geographische Bereiche (*geographical segments*) Anwendung, wobei die geographische Zuordnung gem. IAS 14.13 f. in Abhängigkeit davon erfolgt, ob der Standort der Produktionsstätten (*location of its operations*) oder der Absatzmarkt der Produkte und Dienstleistungen (*location of its markets*) am ehesten für die Chancen-Risiken-Struktur maßgebend ist. Produktorientierte Geschäftsfelder sowie geographische Bereiche lassen sich anhand der in IAS 14.9 genannten Kriterien abgrenzen.

In Bezug auf die Abgrenzung von Segmenten lässt sich zwischen dem *Risiko- und Chancen-Ansatz* (*risk and reward approach*) und dem *Management-Ansatz* (*management approach*) unterscheiden.

- *Risiko- und Chancen-Ansatz*. Ein Segment ist nach dem *Risiko- und Chancen-Ansatz* dann abgrenzbar, wenn die derartig zusammengefassten Aktivitäten in Relation zu ihrem Erfolgsbeitrag bzw. ihren Risiken vergleichbar erscheinen.
- *Management-Ansatz*. Orientiert man sich bei der Abgrenzung von Segmenten an den Bereichen, nach denen die Geschäftsleitung das Unternehmen maßgeblich steuert, so wird diese Form der Abgrenzung als *Management-Ansatz* bezeichnet.
- Steuert die Unternehmensführung nach Aktivitätsgruppen, die eine vergleichbare Chancen-Risiken-Struktur aufweisen, so wird die Segmentberichterstattung somit sowohl dem *Risiko- und Chancen-Ansatz* als auch dem *Management-Ansatz* gerecht.

Gem. IAS 14.26 ist zwischen einer primären und einer sekundären Segmentierungsebene zu unterscheiden, wobei zur primären Segmentierungsebene in einem deutlich größeren Umfang Angaben offen zu legen sind als zur sekundären Ebene. Die Festlegung der primären bzw. sekundären Ebene erfolgt hierbei nach IAS 14.26–30 in Abhängigkeit davon, ob die Chancen und Risiken eines Unternehmens vorrangig durch seine produktorientierten Geschäftsfelder oder durch seine geographischen Bereiche bestimmt werden. Da nach IAS 14.28 jedoch üblicherweise die interne Organisations- und Berichtsstruktur die Risikostruktur zwischen den Segmentierungsdimensionen widerspiegelt, ist die primäre Segmentierungsebene i. d. R. anhand der internen Organisations- und Berichtsstruktur festzulegen. Gem. IAS 14.32b ist festzustellen, ob die oberste interne Berichtsebene den Kriterien eines produktorientierten Geschäftsfeldes bzw. geographischen Bereiches entspricht. Ist dies nicht der Fall, ist die nächstniedrigere Berichtsebene zugrunde zu legen, so lange bis eine Abgrenzung der Segmente anhand der Definitionskriterien des IAS 14.9 möglich ist. Folgt die interne Organisations- und Berichtsstruktur jedoch auf keiner Ebene einer Segmentierung nach Geschäftsbereichen bzw. geographischen Bereichen, muss von der Segmentierung nach internen Organisations- bzw. Berichtsmerkmalen abgewichen werden. Sowohl nach DRS 3 als auch nach IAS 14 kommt somit, wenn auch in unterschiedlichem Maße, der *Management-Ansatz* zur Anwendung.

Grundsätzlich sind die einzelnen Segmente so weit zu untergliedern, dass das kleinste Segment noch für die Beurteilung des Unternehmens relevant ist. Bei einer Gleichartigkeit verschiedener Segmente hinsichtlich der in DRS 3.8 bzw. IAS 14.9 aufgeführten Definitionskriterien können einzelne Segmente zusammengefasst werden. Werden die intern berichteten Segmente weder separat noch zusammengefasst in die Segmentberichterstattung einbezogen, sind sie nach DRS 3.8 bzw. IAS 14.37 in einem Sammelsegment auszuweisen, so lange nicht der Anteil der derartig zusammengefassten kleinen Segmente für sich wiederum wesentlich ist.

3 Prüferisches Vorgehen

Aus der Prüfungspflicht des Konzernabschlusses gem. § 316 Abs. 2 HGB resultiert auch die Prüfungspflicht der Segmentberichterstattung unabhängig davon, ob verpflichtend oder freiwillig ein befreiender IFRS-Konzernabschluss gem. § 315a HGB aufgestellt wurde. Nicht der Jahresabschlussprüfung unterliegen freiwillig erstellte und nicht in Anhang oder Lagebericht veröffentlichte Segmentberichte. Der Abschlussprüfer ist jedoch zur kritischen Durchsicht dieser nicht prüfungspflichtigen Segmentberichterstattung verpflichtet (IDW PS 202.6 f.).

Die Hauptziele der Prüfung von Segmentberichten (Feststellung der Vollständigkeit der Segmente, Beurteilung der Segmentabgrenzung sowie Richtigkeit und Stetigkeit (→ *Stetigkeitsprinzip*) der Informationen) leiten sich grundsätzlich aus DRS 3 bzw. IASB Framework.25 f. sowie den spezifischen Anforderungen des IAS 14 ab.

Zur Erlangung von → *Prüfungsnachweisen* für die Prüfung von Segmentberichten sind ausreichende und angemessene Prüfungsnachweise einzuholen, falls Segmentinformationen wesentlich für die Aussage des Jahresabschlusses oder des Lageberichts sind (IDW PS 300.44). Die Wesentlichkeit (→ *Materiality*) von Segmentinformationen ist in Bezug auf den Jahresabschluss als Ganzes zu beurteilen (IDW PS 250). Unter qualitativen Gesichtspunkten können Segmentinformationen wesentlich sein, wenn z. B. die den Segmentinformationen zugrunde liegenden Sachverhalte für das Unternehmen unabhängig von der Größe des Segments von besonderer Bedeutung sind oder wenn sich Auswirkungen auf andere Informationen der Segmentberichterstattung (z.B. Auswirkung auf →*Kennzahlen*) ergeben. So kann z.B. eine fehlerhafte Umsatzangabe für ein relativ kleines Segment, das jedoch für die Zukunft als wichtig erachtet wird, von größerer Bedeutung sein als ein entsprechender Fehler in einem relativ großen Segment. Unter qualitativen Gesichtspunkten kann somit ein quantitativ nicht wesentlicher Fehler für die Segmentberichterstattung bzw. den Jahresabschluss als Ganzes wesentlich sein. Falls Segmentinformationen unter den aufgezeigten Gesichtspunkten wesentlich sind, hat der Abschlussprüfer zu prüfen, ob die Informationen entsprechend den gesetzlichen Vorschriften (§ 314 Abs. 2 HGB) sowie DRS 3 bzw. IAS 14 ausgewiesen sind.

Der Abschlussprüfer hat bei der Prüfung der Segmentinformationen zunächst festzustellen, welche Rechnungslegungsnorm beim Mandanten bei der Erstellung der Segmentberichterstattung angewendet wurde.

Der Prüfungsablauf (→*Prüfungsprozess*) kann sich an der Vorgehensweise der Erstellung des Segmentberichtes orientieren und in die folgenden Teilbereiche eingeteilt werden: a) Ermittlung des →*inhärenten Risikos*, b) Feststellung und Analyse der internen Organisations- und Berichtsstruktur und Ermittlung des →*Kontrollrisikos*, c) Prüfung der Segmentabgrenzung, d) Prüfung der Zusammenfassung der Segmente, e) Prüfung der Einhaltung der Größenkriterien, f) Prüfung der Richtigkeit und Vollständigkeit der angabepflichtigen Segmentinformationen und weiterer Angaben sowie Prüfung der Stetigkeit und Vergleichbarkeit der Segmentberichterstattung.

a) Ermittlung des inhärenten Risikos

Der Abschlussprüfer hat zunächst das mit der Prüfung der Segmentberichterstattung verbundene inhärente Risiko zu bestimmen, da das inhärente Risiko neben dem Kontrollrisiko Einfluss auf die Festlegung der Art, des Zeitpunktes und des Umfangs der Prüfungshandlungen hat. Der Ermittlung des inhärenten Risikos sind die Kenntnisse des Abschlussprüfers über Art und Ausmaß der Zentralisierung, Integration sowie Einheitlichkeit des Rechnungswesens in dem zu prüfenden Unternehmen zugrunde zu legen. Weiterhin hat das Vorhandensein bedeutender Abnehmer im Ausland sowie das Bestehen ausländischer Unternehmenseinheiten ebenso Einfluss auf das inhärente Risiko wie Veränderungen der Vermögens-, Umsatz- oder Aufwandsstruktur sowie der Produktstruktur bzw. des Dienstleistungsangebots.

b) Feststellung und Analyse der internen Organisations- und Berichtsstruktur und Ermittlung des Kontrollrisikos

Der Abschlussprüfer hat u. a. bestehende Unterschiede zwischen den Informationssystemen zur Bereitstellung und Verarbeitung interner Daten und den Informationssystemen zur Bereitstellung und Verarbeitung externer Daten festzustellen und zu beurteilen. Hierzu bietet sich die Einsichtnahme in Organisationshandbücher, Organigramme, Verfahrensanweisungen zum Berichtswesen sowie Berichte an Vorstand und Aufsichtsrat über verschiedene Geschäftsbereiche an. Weiterhin sind die Prozesse der Berichterstattung nachzuvollziehen und zu beurteilen.

Der Prüfer sollte die vorhandenen Kontrollen zur Sicherstellung eines funktionierenden Informationsflusses identifizieren und hinsichtlich ihrer Effektivität testen, um das Kontrollrisiko zu bestimmen und unter Berücksichtigung des ermittelten inhärenten Risikos die hinsichtlich der Erlangung der geforderten →*Prüfungssicherheit* durchzuführenden →*aussagebezogenen Prüfungshandlungen* festlegen zu können. So können identifizierte Kontrolltechniken u. a. daraufhin beurteilt werden, ob sie im Hinblick auf den Kontrollgrund der Verhinderung oder Aufdeckung einer unvollständigen Erfassung der Segmente sowie einer fehlerhaften Abgrenzung der Segmente zweckmäßig und effektiv sind. Weiterhin ist zu prüfen, inwiefern die der Unternehmensleitung zur Verfügung stehenden Informationsgrundlagen im Zeitablauf konstant geblieben sind.

c) Prüfung der Segmentabgrenzung

Anhand der Aufbau- und Ablauforganisation der Geschäftsbereiche sowie des internen Berichtswesens hat der Abschlussprüfer die Festlegung der operativen (primären) Segmente und die Abgrenzung der Segmente zu prüfen, wobei darauf zu achten ist, dass die Segmentabgrenzung anhand der Kriterien des DRS 3.8 bzw. IAS 14.9 vorgenommen wurde.

Zur Beurteilung hat sich der Abschlussprüfer u. a. über die Charakteristika, den Erstellungsprozess, die typischen Abnehmer und die Vertriebsmethoden der Produkte zu informieren. Hilfreiche Unterlagen sind in diesem Zusammenhang Dokumentationen der Aufbau- und Ablauforganisation der Geschäftsbereiche des Mandanten. Weiterhin ist zu beurteilen, inwiefern die Geschäftstätigkeit des Unternehmens sich auf Länder mit unterschiedlichen wirtschaftlichen und politischen Rahmenbedingungen erstreckt. Hierbei gehört u. a. die Beurteilung des Währungsrisikos unter Berücksichtigung allgemeiner Länderanalysen zu den Aufgaben des Abschlussprüfers. Bei der Prüfung der Segmentabgrenzung sind folglich in hohem Maße Ermessensspielräume vorhanden.

d) Prüfung der Zusammenfassung der Segmente

Sind produktorientierte Geschäftsbereiche oder geographische Bereiche mit homogener Chance-Risiko-Struktur identifiziert worden (DRS 10 bzw. IAS 14.9), können diese Segmente gem. DRS 3.13 bzw. IAS 14.34 zusammengefasst werden, wenn dadurch die Klarheit und Übersichtlichkeit verbessert wird. Zur Beurteilung der Homogenität der zusammenzufassenden Segmente sind die Homogenitätskriterien des DRS 3.8 bzw. IAS 14.9 heranzuziehen. Gem. IAS 14 müssen die zusammenzufassenden Segmente eine langfristig vergleichbare Vermögens-, Finanz- und Ertragslage aufweisen und hinsichtlich sämtlicher Kriterien des IAS 14.9 ähnlich sein. Daher ist die Einhaltung der Kriterien des DRS 3.8 bzw. IAS 14.9 bei der Zusammenfassung der Segmente zu prüfen und ggf. ein Zeitvergleich wichtiger Segmentgrößen wie Segmentumsatzerlöse, Segmentergebnis, Segmentvermögen und Segmentschulden durchzuführen.

e) Prüfung der Einhaltung der Größenkriterien

Über Segmente werden gem. DRS 3.15 sowie IAS 14.35 grundsätzlich nur dann Informationen offen gelegt, sofern bestimmte Größenkriterien (z. B. Segmentumsatz ≥ 10 % des Gesamtumsatzes) erfüllt werden. Die richtige Anwendung dieser Größenkriterien sowie die entsprechend ausgewiesenen Beträge sollte der Abschlussprüfer u. a. durch vorliegende Unterlagen und → *analytische Prüfungen* (z. B. Vergleich der Verteilung der gesamten Umsatzerlöse auf die Segmente im Berichtsjahr mit denen der Vorperioden) nachvollziehen. Weiterhin ist zu prüfen, ob gem. DRS 3.12 bzw. IAS 14.37 insgesamt mindestens 75 % der gesamten Umsatzerlöse durch die anzugebenden Segmente erklärt werden. Ist dies nicht der Fall, bedarf es der Identifizierung weiterer originär nicht berichtspflichtiger Segmente, bis die Umsatzerlöse der offen gelegten Segmente insgesamt mindestens 75 % der gesamten Umsatzerlöse darstellen.

f) Prüfung der Richtigkeit, Vollständigkeit, Stetigkeit und Vergleichbarkeit der Segmentberichterstattung

In Bezug auf den Inhalt und die Darstellung der Segmentinformationen besteht die Aufgabe des Abschlussprüfers in der Beurteilung der *Vollständigkeit* und *Richtigkeit*, der *Stetigkeit* und *Vergleichbarkeit* der Angaben sowie der *Darstellung und Offenlegung* der Segmentinformationen entsprechend den anzuwendenden Rechnungslegungsgrundsätzen. Hinsichtlich der *Vollständigkeit* der Segmentinformationen ist zunächst durch den Abschlussprüfer festzustellen, ob für sämtliche operative bzw. primäre und sekundäre Segmente die angabepflichtigen Informationen im Segmentbericht dargestellt wurden. Für operative bzw. primäre Segmente sind nach DRS 3.31–36 bzw. IAS 14.51–67 u. a. betragsmäßige Angaben zu den Segmentumsatzerlösen (mit separatem Ausweis der Erlöse aus Geschäften mit externen Kunden und aus intersegmentären Geschäften), dem Segmentergebnis, den Buchwerten der → *assets* (bzw. → *Vermögensgegenständen*) des Segments, den Segmentinvestitionen, den Segmentschulden sowie dem Gesamtbetrag der wesentlichen nicht zahlungswirksamen Aufwendungen, die im Segmentergebnis enthalten sind, offen zu legen. Außerdem hat nach DRS 3.37 bzw. IAS 14.67 eine Überleitung der Segmentdaten zu den Angaben im Abschluss zu erfolgen. Für sekundäre Segmente sind nach IAS 14.69 f. lediglich Angaben zu den Segmentumsatzerlösen mit externen Kunden, den Buchwerten der Vermögensgegenstände des Segments sowie zu den Segmentinvestitionen zu tätigen.

Hinsichtlich der zusätzlich darzustellenden qualitativen Informationen zur Erläuterung bestimmter Positionen des Segmentberichts (z.B. Definition des Segmentergebnisses, Informationen zu Verrechnungspreisen) hat der Prüfer sicherzustellen, dass die Informationen nicht zu einer Verfälschung des Gesamteindrucks des Segmentberichts führen.

Durch die Analyse von Berichten an die Unternehmensleitung sowie Protokollen von Vorstands- und Aufsichtsratssitzungen lässt sich überprüfen, inwiefern die Angaben im Segmentbericht den intern berichteten Angaben entsprechen. Bei Anwendung des Disaggregationsansatzes lässt sich die Richtigkeit der Umsatzerlöse z.B. anhand der konsolidierten Gesamtumsatzerlöse prüfen, da die Summe aller Segmentumsätze, korrigiert um ggf. ausgewiesene intersegmentäre Umsätze und zuzüglich der sonstigen zusammengefassten Segmentumsätze, den geprüften konsolidierten Umsätzen entsprechen muss.

Die in beiden Rechnungslegungsnormen geforderte Überleitungsrechnung (DRS 3.37 bzw. IAS 14.67), in der die relevanten Angaben aus GuV sowie Bilanz in die Segmentberichterstattung überführt werden, bietet sich für diesen Prüfungsschritt als Arbeitspapier an.

Weiterhin hat sich der Prüfer mittels ausgewählter Positionen der Überleitungsrechnung von der korrekten Zuordnung der Umsatzerlöse zu den Segmenten zu überzeugen. Als Auswahlverfahren für die Ermittlung der Stichprobe erscheint hierbei eine → *bewusste Auswahl* der Stichprobe geeignet. Auch der Ansatz der tatsächlich verwendeten Verrechnungspreise, die den intersegmentären Umsätzen zugrunde gelegt wurden, ist im Hinblick auf die Angemessenheit der Verrechnungspreise zu prüfen. Für die Beurteilung der Stetigkeit der Segmentberichterstattung hat der Prüfer die Arbeitspapiere der Vorjahre heranzuziehen. Weiterhin ist sicherzustellen, dass die Normen des DRS 3 bzw. IAS 14 zur Darstellung und Offenlegung eingehalten wurden. Insgesamt sind die in der Segmentberichterstattung und im Lagebericht (→ *Lagebericht, Prüfung*) getroffenen Aussagen kritisch zu lesen und auf Konsistenz zu prüfen.

Die Ergebnisse der Prüfung der Segmentberichterstattung durch den Abschlussprüfer sind in den → *Arbeitspapieren* zu dokumentieren und haben unmittelbare Auswirkung auf den → *Prüfungsbericht* und den → *Bestätigungsvermerk*, wobei gem. § 321 Abs. 1 Satz 3 HGB im Prüfungsbericht festgestellte Verstöße gegen Rechnungslegungsvorschriften oder Unrichtigkeiten bei der Segmentberichterstattung darzustellen sind (IDW PS 450.42–50). Auf Besonderheiten im Ausweis sowie wesentliche Veränderungen gegenüber dem Vorjahr ist im Prüfungsbericht gem. IDW PS 450.70 gesondert einzugehen. Ebenfalls sind die der Erstellung der Segmentberichterstattung zugrunde liegenden Rechnungslegungsstandards (z. B. DRS 3, IAS 14) im Prüfungsbericht zu benennen sowie das Fehlen von Pflichtangaben bezüglich der Segmentberichterstattung festzuhalten. Falls wesentliche nicht korrigierte Unrichtigkeiten und Verstöße oder wesentliche → *Prüfungshemmnisse* im Rahmen der Prüfung der Segmentberichterstattung gem. IDW PS 400.50–56 festgestellt wurden, ist der Bestätigungsvermerk einzuschränken.

Torsten Pütz

Literatur: *Geiger, T.*, in: Betriebs-Berater 2002, S. 1903–1909; *Lenz, H./Focken, E.*, Prüfung von Kapitalflussrechnung und Segmentberichterstattung nach § 297 Abs. 1 HGB bei börsennotierten Muttergesellschaften, in: Lachnit, L./Freidank, C.-C. (Hrsg.), Investororientierte Unternehmenspublizität, 2000, S. 495–526; *Lenz, H./Focken, E.*, in: Die Wirtschaftsprüfung 2002, S. 853–863.

Selbstprüfungsverbot

Ein → *WP* darf nicht → *Abschlussprüfer* sein, wenn er oder eine Person, mit der er seinen Beruf gemeinsam ausübt, eine der in § 319 Abs. 3 Nr. 3 Bst. a, b u. d HGB aufgezählten Dienstleistungen neben der → *Jahresabschlussprüfung* für das zu prüfende Unternehmen erbringt und diese nicht von untergeordneter Bedeutung sind. Hierzu zählen u. a.

die Mitwirkung bei der →*Buchführung* und Erstellung des Jahresabschlusses (→*Compilations*), Übernahme der →*Internen Revision* oder Erbringung eigenständiger versicherungsmathematischer Bewertungsleistungen. Eine derartige Mitwirkung liegt bspw. dann vor, wenn der Abschlussprüfer die Bewertung von Rückstellungen (→*Rückstellungen, Prüfung*) selbst vornimmt oder wenn er den Lagebericht (→*Lagebericht, Prüfung*) selbst erstellt. Bei zu prüfenden Unternehmen, die einen organisierten Kapitalmarkt i.S.d. § 2 Abs. 5 WpHG in Anspruch nehmen (→*Kapitalmarktorientierte Unternehmen*), wird der Kreis der nicht mit einer Jahresabschlussprüfung zu vereinbarenden Dienstleistungen um die in § 319a Abs. 1 Satz 1 Nr. 2 u. 3 HGB genannten Tätigkeiten erweitert. Hierzu gehören über das Aufzeigen von Gestaltungsalternativen hinausgehende Rechts- und →*Steuerberatungen*, die sich auf die Darstellung der Vermögens-, Finanz- und Ertragslage unmittelbar und nicht unwesentlich auswirken, und die Mitwirkung bei der Entwicklung, Einrichtung und Einführung von Rechnungslegungsinformationssystemen, wenn diese nicht von untergeordneter Bedeutung ist. Ein Verstoß gegen das Selbstprüfungsverbot führt gem. § 134 BGB zur Nichtigkeit des →*Prüfungsauftrags* und für den Abschlussprüfer zum Verlust seines Vergütungsanspruches (→*Prüfungsgebühren*) und bewirkt gem. § 316 Abs. 1 HGB die →*Nichtigkeit des festgestellten Jahresabschlusses*.

Selffulfilling prophecy

Eine selffulfilling prophecy (selbsterfüllende Prophezeiung) liegt vor, wenn das Bekanntwerden der Voraussage ursächlich ist für das Eintreten des vorhergesagten Ereignisses. Das Phänomen der selffulfilling prophecy steht in engem Zusammenhang mit einem Hinweis auf Unsicherheiten in Bezug auf die Unternehmensfortführung (→*Going concern-Annahme, Prüfung*) im →*Bestätigungsvermerk* (nach internationalen Normen im Bestätigungsbericht). Mit dem Argument, dieser Hinweis bewirke einen Vertrauensschwund bei den Abschlussadressaten und beschleunige somit die negative Unternehmensentwicklung, sprach sich die deutsche Literatur bislang gegen einen Hinweis auf diese Unsicherheiten im Bestätigungsvermerk aus.

Jedoch haben empirische Studien gezeigt, dass mit einem Hinweis auf going concern-Unsicherheiten testierte Krisenunternehmen nicht häufiger zusammenbrechen als vergleichbare Krisenunternehmen mit einem Bestätigungsvermerk ohne diesen Hinweis. Vielmehr gilt die Kompensation eines möglichen Vertrauensschwundes bei den Abschlussadressaten durch das erhöhte Bewusstsein der Existenzgefährdung und die damit verbundene Bereitschaft zur Krisenbewältigung als wahrscheinlich. So sprechen sich sowohl die nationalen wie die internationalen →*Prüfungsnormen* grundsätzlich dafür aus, im Bestätigungsvermerk über den Fortbestand des Unternehmens gefährdende Risiken zu berichten (IDW PS 270.36, ISA 570.33).

Sequentialtest

Der Sequentialtest ist ein statistisches →*Testverfahren*, das im Rahmen von →*Prüfungshandlungen* verwendet wird, um die Toleranz des Fehleranteils in einem →*Prüffeld* zu beurteilen. Zudem existieren modifizierte Formen des Sequentialtests für die Überprüfung der Fehlerhöhe. Ein praxisrelevantes Anwendungsgebiet dieses Testverfahrens ist auch die Stichprobeninventur (→*Inventur, Prüfung*).

Der Sequentialtest beruht auf einem *Wahrscheinlichkeitsvergleich*, d.h., ist die Wahrscheinlichkeit dafür, dass die beobachtete →*Stichprobe* bei Gültigkeit einer Hypothese H_0 (der Fehleranteil P im Prüffeld ist tolerabel, z.B. H_0: P_0=0,02) vorliegt, im Vergleich zu der Wahrscheinlichkeit, die sich bei Gültigkeit einer Hypothese H_1 (der Fehleranteil P im Prüffeld ist nicht mehr tolerabel, z.B. H_1: P_1=0,05) ergibt, ausreichend groß, so entscheidet man sich für die Hypothese H_0, während bei einem umgekehrten Verhältnis die Hypothese H_1 zu wählen ist. Sind die beiden Wahrscheinlichkeiten dagegen ungefähr gleich, so ist die Entnahme weiterer Stichprobenelemente erforderlich. Der Grundgedanke des Sequentialtestverfahrens besteht darin, dass der Stichprobenumfang nicht bereits vor der Stichprobenziehung feststeht, sondern sich erst während der Entnahme in Abhängigkeit von den Merkmalsausprägungen der gezogenen Stichprobenelemente ergibt. Dazu erfolgt die Stichprobenentnahme nach dem Modell *Ziehen ohne Zurücklegen* einzeln und nacheinander. Nach jeder Ziehung eines Stichprobenelementes wird dann überprüft, ob eine Aussage über die Grundgesamtheit bzw. das Prüfungsurteil mit der gewünschten Sicherheit abgegeben werden kann oder ob eine weitere Stichprobenziehung erforderlich ist. Folglich stellt der Stichprobenumfang beim Sequentialtestverfahren selbst eine *Zufallsvariable* dar, die von den Merkmalsausprägungen der gezogenen Stichprobenelemente abhängt. Die Vorgehensweise des Sequentialtests veranschaulicht folgende Abbildung:

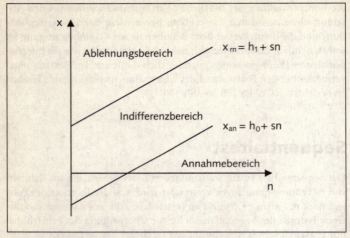

Abb. 8: Vorgehensweise des Sequentialtests

Auf der Ordinate ist die Anzahl der festgestellten Fehler x, auf der Abszisse die Anzahl der geprüften Elemente n abgetragen. Determinanten der *Annahmegrenze* x_{an} und der *Rückweisungsgrenze* x_{rn} sind H_0, H_1, der →*Alpha-Fehler*, d.h. die Wahrscheinlichkeit, ein normenkonformes Prüffeld abzulehnen, und der →*Beta-Fehler*, d.h. die Wahrscheinlichkeit, ein fehlerhaftes Prüffeld anzunehmen. Solange die Anzahl der bislang festgestellten Fehler innerhalb des durch die Annahme- und Rückweisungsgrenze begrenzten Bereichs verläuft, sind weitere Stichprobenziehungen erforderlich. Unterschreitet die Fehleranzahl die Annahmegrenze, wird das Prüffeld angenommen, überschreitet sie die Rückweisungsgrenze, ist das Prüffeld inakzeptabel fehlerhaft und es wird abgelehnt.

Der Vorteil des Sequentialtestverfahrens besteht darin, dass der durchschnittliche Stichprobenumfang wesentlich geringer ist als bei einstufigen Testverfahren. Dieser Vorteil wird dabei umso größer, je kleiner der tatsächliche Fehleranteil in einem Prüffeld im Vergleich zum tolerablen Fehleranteil oder je größer der tatsächliche Fehleranteil im Prüffeld im Vergleich zum nicht mehr tolerablen Fehleranteil ist. Der Vorteil ist am geringsten, wenn der tatsächliche Fehleranteil zwischen dem tolerablen und dem nicht tolerablen Fehleranteil liegt. In diesem Fall kann der Stichprobenumfang sogar größer sein als beim einstufigen Verfahren, wobei im Extremfall der Indifferenzbereich selbst bei vollständiger Prüfung des Prüffeldes nicht verlassen wird. Ein weiterer Nachteil ist darin zu sehen, dass der Stichprobenumfang eine Zufallsvariable darstellt. Dies beeinträchtigt die →*Prüfungsplanung*. Schließlich basiert der Sequentialtest auf der →*Binomialverteilung*, der das Modell *Ziehen mit Zurücklegen* zugrunde liegt. Dem prüferischen Vorgehen entspricht jedoch das Modell *Ziehen ohne Zurücklegen* und damit die →*hypergeometrische Verteilung*. Eine Approximation der hypergeometrischen Verteilung durch die Binomialverteilung ist nur zulässig, sofern der Auswahlsatz 10 % nicht überschreitet. Der Auswahlsatz ist aber vor der Durchführung des Tests unbekannt, so dass sich im Laufe des Sequentialtests ergeben kann, dass gegen die Approximationsbedingung verstoßen wurde und die Ergebnisse damit hinfällig sind.

Shareholder → Aktionär

Short form report → Bestätigungsvermerk

Sicherheitsäquivalenzmethode → Unternehmensbewertung

Sicherungsmaßnahmen

Eine wesentliche Aufgabe der IT-Infrastruktur als Element des →*IT-Systems* ist die Integrität und Verfügbarkeit der →*IT* im Unternehmen. Die dabei umzusetzenden Sicherungsmaßnahmen umfassen die physischen Sicherungsmaßnahmen, die logischen Zugriffskontrollen sowie die Datensicherungs- und Auslagerungsverfahren (IDW RS FAIT 1.80–84):

- Die *physischen Sicherungsmaßnahmen* beziehen sich auf den Schutz von Hard- und Software sowie gespeicherten Daten. Diese Maßnahmen konzentrieren sich auf die Schaffung eines sicheren räumlichen Umfeldes des IT-Systems.
- Die *logischen Sicherungskontrollen* bezeichnen den Schutz gespeicherter Daten vor unberechtigtem Zugriff durch die eindeutige Identifizierung und Autorisierung von Benutzern. Hierzu zählt u.a. die zeitnahe Einrichtung, Änderung und Entziehung von passwortgeschützten Berechtigungen für relevante Anwendungsbereiche, einschließlich der systemseitigen Dokumentation aller Aktivitäten

im Rahmen der Berechtigungsverwaltung. Durch Zugriffskontrollen muss sichergestellt werden, dass nur berechtigte Personen in dem ihrem Aufgabenbereich entsprechenden Umfang auf Programme und Daten zugreifen können (IDW RS FAIT 1.23).
- Die *Datensicherungs- und Auslagerungsverfahren* beziehen sich auf den Schutz von Daten vor Verlust durch Zerstörung, Beschädigung und Manipulation. Vorhandene Daten sind (möglichst täglich) durch Sicherungskopien (backup) vor Verlust zu schützen. Dabei sind wichtige Daten außerhalb des Rechnerbereiches zu lagern. Ebenso müssen organisatorische Regelungen zur Wiederherstellung der Betriebsbereitschaft vorhanden sein, um bei eingetretenen Störungen die Daten vollständig und innerhalb eines angemessenen Zeitraums wiederherstellen zu können.

Siegel

→ *WP* und → *WPG* müssen gem. § 48 Abs. 1 Satz 1 WPO und § 18 Abs. 1 Berufssatzung ein Siegel verwenden, wenn sie im Rahmen von Tätigkeiten, die WP/vBP gesetzlich vorbehalten sind, Erklärungen abgeben. Sie können ein Siegel führen, sofern sie Erklärungen über sonstige Prüfungsergebnisse, etwa bei Erklärungen über Ergebnisse gesetzlich vorgeschriebener Prüfungen, die nicht dem WP/vBP gesetzlich vorbehalten sind, abgeben oder Gutachten erstellen (§ 48 Abs. 1 Satz 2 WPO, § 18 Abs. 2 Berufssatzung). Voraussetzung für die Siegelführung ist allerdings, dass der WP selbst bzw. ein zeichnungsberechtigter WP einer WPG unterzeichnet. Die Führung eines Siegels ist untersagt bei Beratungsleistungen sowie im Rahmen von allgemeinem Schriftverkehr. WP und WPG mit Prüfungsaufträgen, bei denen das Siegel geführt wird, sind der externen Qualitätskontrolle (→ *Qualitätskontrolle, externe*) zu unterziehen.

Signalling

Die als Signalling bezeichnete Verhaltensweise von Vertragspartnern ist in den Kontext von Vertragsbeziehungen, die durch Informationsasymmetrie gekennzeichnet sind, eingebettet (→ *Agencytheoretischer Ansatz*). Dabei signalisiert der Agent vor Vertragsabschluss (precontractual) seine Bereitschaft zur Erbringung eines bestimmten, vertraglich festzulegenden Arbeitseinsatzes, d.h., nicht einem moral hazard zu unterliegen.

Er grenzt sich damit von anderen Agenten, die für den Prinzipal potenzielle Vertragspartner darstellen, ab.

Das Signalling ist nur effektiv, wenn es für den Agenten Kosten verursacht, die er im Falle seiner Absicht zum moral hazard nicht zu tragen bereit wäre. Ein Beispiel hierfür ist die Bereitschaft, den berichteten Arbeitseinsatz oder Gewinn freiwillig durch einen unabhängigen Dritten prüfen zu lassen. Folglich stellt auch die Inanspruchnahme freiwilliger Prüfungsleistungen durch das Management eine Signalling-Maßnahme dar.

Single purpose test

Der single purpose test kommt bei der → *Systemprüfung* zum Einsatz. Dort dient er im Rahmen der → *Funktionsprüfung* der Transformationsprüfung, d. h., er geht der Frage nach, ob das gewollte → *IKS* tatsächlich umgesetzt wurde. Überprüft wird insbesondere das tatsächliche Vorhandensein von Kontrollvermerken, welche eine Dokumentation der Durchführung von Kontrollen sicherstellen sollen. Es kommt also darauf an, festzustellen, ob vorgesehene Kontrollfunktionen nachweislich durchgeführt werden. Single Purpose Tests sind im Gegensatz zu → *dual purpose tests* lediglich für die Systemprüfung, nicht jedoch für den Zweck der Vornahme von → *Einzelfallprüfungen* geeignet. Bei Verarbeitungs- und Kontrollschritten, die aufgrund fehlender Dokumentationspflicht keinen sichtbaren → *Prüfungspfad* hinterlassen, gestaltet sich die Transformationsprüfung schwieriger (ISA 530.16). Der Prüfer ist in diesen Fällen gezwungen, sich auf Beobachtungen zu stützen.

Societas Europaea → Europäische Aktiengesellschaft

Softwarebescheinigung

Die Softwarebescheinigung (*Software-Testat*) bestätigt dem Softwarehersteller oder -anwender vor Implementierung im jeweiligen Unternehmensumfeld, dass die Software bei sachgerechter Anwendung eine Rechnungslegung ermöglicht, die den → *GoB* entspricht. Die Softwarebescheinigung wird vom WP als Ergebnis der Softwareprüfung erteilt, sofern sich im Rahmen dieser Verfahrensprüfung (→ *Systemprüfung*) keine Beanstandungen ergeben. Im Rahmen der Softwareprüfung werden die notwendigen Verarbeitungsfunktionen festgestellt, die Richtigkeit der Programmabläufe und der programmierten Regeln zu den Verarbeitungsfunktionen geprüft; zudem werden die Softwaresicherheit und Dokumentation beurteilt. Der Abschlussprüfer kann die Softwarebescheinigung als Arbeitsergebnis eines sachverständigen Dritten berücksichtigen (→ *Verwendung von Urteilen Dritter*), sofern ein aussagefähiger Bericht über die Softwareprüfung vorliegt und diese durch den Abschlussprüfer kritisch gewürdigt wird (IDW PS 880).

Soll-Ist-Vergleich

Der Begriff »Soll-Ist-Vergleich«, der auch in der Unternehmensplanung sowie Kostenrechnung verwendet wird, bezeichnet allgemein die Gegenüberstellung eines tatsächlich vorhandenen Ist-Objektes mit dem an einer Zielvorstellung oder Norm ausgerichteten Soll-Objekt.

Die → *Jahresabschlussprüfung* kann grundsätzlich als Soll-Ist-Vergleich aufgefasst werden. Als *Ist-Objekt* fungieren der vom Mandanten vorgelegte, vorläufige Jahresabschluss sowie die zugrundeliegende Buchführung. Die Aufgabe des Abschlussprüfers besteht darin, die Normenkonformität des Ist-Objektes festzustellen (§ 317 Abs. 1 HGB, IDW PS 200.8, ISA 200.2). Da der Jahresabschluss durch eine hohe Komplexität gekennzeichnet ist, wird er vom Prüfer in einzelne → *Prüffelder* oder → *Prüfungsobjekte* eingeteilt. Auf dieser Ebene ist der Abschlussprüfer in der Lage, die Ausprägungen des Ist-Objektes zu erfassen und das dazugehörige Soll-Objekt zu konstruieren. Als *Soll-Objekt* bezeichnet man die gedachten Merkmalsausprägungen des Ist-Objektes für den Fall, dass sämtliche Normen, insbesondere Rechnungslegungsnormen, beachtet wurden.

Die Durchführung des Soll-Ist-Vergleichs auf der Ebene des einzelnen Prüfungsobjektes wird als *einfache Prüfung* bezeichnet. Die aus der Gegenüberstellung von Soll- und Ist-Objekt resultierenden Abweichungen bilden die Grundlage für den → *Urteilsbildungsprozess* sowie die Auswahl weiterer → *Prüfungshandlungen* (→ *Messtheoretischer Ansatz*). Da das Ziel der Prüfung ein *Gesamturteil* über den Jahresabschluss ist, müssen die Teilurteile über einzelne Prüffelder bis zu den Jahresabschlusspositionen aggregiert werden. Dabei sind die verschiedenen Einzelurteile zu gewichten (IDW PS 400.9).

Soll-Objekt → Soll-Ist-Vergleich

Sonderprüfungen

Sonderprüfungen umfassen sämtliche Formen von Prüfungen, die durch zeitliche Unregelmäßigkeit in der Wiederkehr des Anlasses bzw. durch die Einmaligkeit der Prüfung gekennzeichnet sind (→ *Aperiodische Prüfungen*). Sie sind gesondert durchzuführen und knüpfen an bestimmte Rechtsformen, Einzeltatbestände und Tätigkeitsbereiche an. Gesetzlich vorgeschriebene Sonderprüfungen sind zwingend durchzuführen, sofern die Tatbestände, an die der Gesetzgeber die Prüfungspflicht knüpft, erfüllt sind (z. B. → *Gründungsprüfung*, → *Umwandlungsprüfung* und → *Verschmelzungsprüfung* oder Prüfung bei Kapitalerhöhung gem. §§ 184, 188, 195, 206 AktG). Gesetzlich vorgesehene Sonderprüfungen sind auf Veranlassung durchzuführen (z. B. unzulässige Unterbewertung nach § 258 AktG, Vorgänge bei Gründung und der Geschäftsführung nach § 142 AktG). Ziel freiwilliger Sonderprüfungen ist die Bereitstellung von Informationen über betriebswirtschaftlich relevante Sachverhalte, die der Auftraggeber einer Sonderprüfung für den unternehmerischen Entscheidungsfindungsprozess benötigt (z. B. → *Kreditwürdigkeitsprüfung* und → *Unterschlagungsprüfung*).

Sonstige Normenverstöße → Fraud, Prüfung

Sonstige Vermögensgegenstände → Forderungen, Prüfung

Sorgfaltspflicht

Die Sorgfaltspflicht des WP bzw. des vBP ergibt sich aus § 43 WPO, aus den §§ 4–8, 37–39 Berufssatzung und aus § 323 Abs. 1 HGB. Unter Sorgfaltspflicht wird allgemein die aufgrund von gesetzlichen Vorschriften oder Rechtsgeschäften bestehende Verpflichtung zur Auftragsdurchführung im Interesse Dritter verstanden. In Abgrenzung zur subjektiven Sorgfaltspflicht unterliegen WP und vBP als Freiberufler der objektiven Sorgfaltspflicht mit den Unterpflichten der im Verkehr erforderlichen Sorgfalt, der Sorgfalt eines ordentlichen Kaufmanns und der Sorgfalt einer freiberuflichen Tätigkeit. Die Sorgfaltspflicht beinhaltet insbesondere das Bemühen um Erledigung übernommener Aufgaben mit → *Gewissenhaftigkeit* und Sachkenntnis. Der Grundsatz der Sachkenntnis verlangt, dass WP sich fortdauernd weiterbilden (→ *Fortbildung des*

WP) und für eine angemessene Aus- und Fortbildung aller Mitarbeiter sorgen. Der WP hat den neuesten Stand sowohl der betriebswirtschaftlichen Forschung als auch der höchstrichterlichen Entscheidungen sowie aller anderen Rechtsprechungen und Normenentwicklungen in Rechts- und Steuersachen zu kennen.

Sozietät → WP-Sozietät

Sparkassen- und Giroverbände

Die regionalen Sparkassen- und Giroverbände sind mehrheitlich Körperschaften des öffentlichen Rechts entsprechend dem jeweiligen Landesrecht. Sie unterhalten Prüfungsstellen, die weisungsunabhängig von den Organen der Verbände Prüfungen bei den angeschlossenen Sparkassen durchführen.

Öffentlich-rechtliche Sparkassen- und Giroverbände unterliegen landes- und bundesrechtlichen Vorschriften, insbesondere dem Sparkassengesetz des jeweiligen Landes sowie dem →*KWG* und dem →*WpHG*. Für den Jahresabschluss von Sparkassen sind die für große Kapitalgesellschaften geltenden HGB-Vorschriften unter Berücksichtigung der §§ 340a–340j HGB und die RechKredV maßgebend. Gem. § 340k Abs. 3 HGB dürfen neben WP und WPG auch die Prüfstellen der Sparkassen- und Giroverbände Jahresabschluss- und Konzernabschlussprüfungen bei Sparkassen durchführen, wodurch berücksichtigt wird, dass sich das Organisationsrecht der Sparkassen, für das die Länder zuständig sind, auch auf Sparkassenprüfungen bezieht. Maßgebend für die Prüfungsdurchführung sind die von den Landesgesetzgebern jeweils beschlossenen Sparkassengesetze, die auch Regelungen zum Jahresabschluss und zur Prüfung enthalten, sowie ergänzende Prüfungserlasse, die von der Sparkassenaufsicht der einzelnen Bundesländer herausgegeben werden.

Alle Prüfungsstellen der regionalen Sparkassen- und Giroverbände sind gem. § 58 Abs. 2 WPO freiwillige Mitglieder der WPK und nehmen gem. § 57h WPO am Verfahren der Qualitätskontrolle (→*Qualitätskontrolle, externe*) teil.

Sparkassen, Prüfung → Kreditinstitute, Prüfung

Speicherbuchführung → IT-gestützte Rechnungslegung

Squeeze-out

Bei einem squeeze-out (hinausdrängen) gem. §§ 327a–327f AktG kann die Hauptversammlung (→ *Hauptversammlung, Teilnahme des Abschlussprüfers*) einer → *AG* oder → *KGaA* auf Verlangen eines Hauptaktionärs die Übertragung der Aktien von Minderheitsaktionären auf den Hauptaktionär gegen Barabfindung beschließen. Voraussetzung ist, dass der Hauptaktionär mittelbar oder unmittelbar zu mindestens 95 % am Kapital der Gesellschaft beteiligt ist. Der Hauptaktionär hat der Hauptversammlung einen schriftlichen Bericht vorzulegen, in dem er die Voraussetzungen für die Übertragung darstellt und die Angemessenheit der Barabfindung begründet. Die Angemessenheit der Barabfindung ist durch einen sachverständigen Prüfer zu prüfen; dies setzt regelmäßig eine → *Unternehmensbewertung* voraus. Der Bericht des Hauptaktionärs, der → *Prüfungsbericht*, der Übertragungsbeschluss sowie die → *Jahresabschlüsse* und Lageberichte (→ *Lagebericht, Prüfung*) der letzten drei Geschäftsjahre sind den Aktionären vom Zeitpunkt der Einberufung der Hauptversammlung an zugänglich zu machen oder zuzusenden.

Staff → Prüfungsassistent

Stakeholder

Unter stakeholder wird eine Gesamtheit von Personen oder eine Gruppe von Personen (Institutionen) mit gleichartigen Interessen an der Tätigkeit eines Unternehmens verstanden. Sie haben gemeinsam, dass für sie mit der Existenz des Unternehmens etwas »auf dem Spiel steht« (to be at stake) und dass sie die Ziele eines Unternehmens beeinflussen können oder dass sie in Abhängigkeit vom Erfolg des Unternehmens beeinflusst werden. Stakeholder können im Unternehmen oder außerhalb des Unternehmens stehen, wie z. B. Mitarbeiter und Kunden. Weiterhin können sie direkt auf die Tätigkeit des Unternehmens einwirken oder indirekt, wie z. B. Eigen- und Fremdkapitalgeber sowie Gewerkschaften und Verbände. Die von den stakeholdern verfolgten Ziele sind vielfältig und lassen sich in monetäre Ziele, wie z. B. Gewinnmaximierung und hohe Löhne, und nicht monetäre Ziele, wie z. B. Arbeitsplatzschutz oder Steigerung des Kundennutzens, klassifizieren. Neben den bereits genannten zählt die Literatur üblicherweise Lieferanten, Wettbewerber und den Staat (einschließlich Aufsichts- und Finanzbehörden) zu den stakeholdern.

Stammkapital → Eigenkapital, Prüfung

Stand alone-Systeme

Stand alone-Systeme sind eigenständig lauffähige → *IT-Systeme* zur Unterstützung abgegrenzter Arbeitsbereiche ohne Datenaustausch oder Datennutzung durch andere Bereiche (sog. Insellösungen). In Bezug auf die → *IT-gestützte Rechnungslegung* unterstützen stand alone-Systeme isoliert den gesamten Bereich der Rechnungslegung oder auch nur Teilbereiche (wie z. B. die Anlagenbuchführung).

Standard setting process → Due process

Standardprogramme, prüfungsspezifische

Prüfungsspezifische Standardprogramme, wie z. B. AuditAgent und BIGManager, dienen der IT-gestützten → *Parallelsimulation* des Jahresabschlusses. Ausgangspunkt ist der Import der Saldenlisten des Mandanten in das Standardprogramm. Anschließend erfolgt durch die Zuweisung der Konten zu den Abschlussposten und die Eingabe von Abschlussbuchungen nebst Korrekturbuchungen eine vom Mandantensystem unabhängige Erstellung des Jahresabschlusses. Eine solche Parallelsimulation darf die Erstellung des Jahresabschlusses des Mandanten nicht ersetzen (vgl. § 319 Abs. 3 Nr. 3 Bst. a HGB), sondern dient vielmehr dem Vergleichszweck, um die Ordnungsmäßigkeit des vom Unternehmen eingesetzten Buchführungssystems beurteilen zu können. Darüber hinaus lassen sich mittels prüfungsspezifischer Standardsoftware entsprechende Auswertungen für die Berichterstattung und Dokumentation generieren sowie abschlussanalytische Berechnungen durchführen.

Statement of Membership Obligations

Bei den Statements of Membership Obligations (SMO) handelt es sich um Verlautbarungen des Board der →*IFAC*. Die SMO beinhalten Richtlinien, deren Beachtung gegenwärtige und potenzielle Mitgliedsorganisationen der IFAC dabei unterstützen soll, qualitativ hochwertige Dienstleistungen der ihnen angehörigen WP und WPG zu gewährleisten. Neben der Verpflichtung der Mitgliedsorganisationen, die Arbeit der IFAC und des →*IASB* zu unterstützen, umfassen die SMO Auflagen bezüglich Qualitätskontrolle (→*Qualitätskontrolle, externe*), Sonderuntersuchungen und →*Berufsaufsicht*. Die SMO bilden die Grundlage für das IFAC Member Body Compliance Program. Danach sind die Mitgliedsorganisationen dazu angehalten, eigenständig zu bewerten, inwieweit die Pflichten aus den SMO Beachtung finden, wobei auch eine Beurteilung der gegenwärtig geltenden nationalen Standards im Vergleich zu den entsprechenden IFAC-Standards zu erfolgen hat.

Die SMO verlangen von den IFAC-Mitgliedsorganisationen, alle im Rahmen ihrer Möglichkeiten stehenden Maßnahmen zu ergreifen (best endeavors), um den aus ihnen erwachsenden Verpflichtungen gerecht werden zu können. Kommt eine Mitgliedsorganisation einer Verpflichtung nicht nach, so kann dies zu einer vorübergehenden Aussetzung oder Beendigung der IFAC-Mitgliedschaft führen. Die SMO gelten sowohl für Voll- als auch für assoziierte Mitglieder der IFAC, nicht hingegen für affiliate members. Von Letzteren wird jedoch erwartet, dass sie die Entwicklung und Umsetzung der SMO fördern.

Gegenwärtig (November 2005) existieren sieben SMO, die alle im April 2004 erlassen und im November 2004 vom IFAC-Board ratifiziert wurden. Das zum 31.12.2005 außer Kraft tretende IPPS 1 wird durch SMO 1 (Quality Assurance) ersetzt.

Statistische Stichprobenverfahren

Statistische Verfahren werden im Prüfungswesen verwendet, um einerseits die im Rahmen von →*Einzelfallprüfungen* zu prüfenden Sachverhalte auszuwählen (Auswahlverfahren) und andererseits das Prüfungsurteil über diese Sachverhalte zu ermitteln (Auswertungsverfahren).

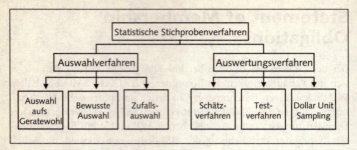

Abb. 9: Statistische Stichprobenverfahren

Da die Zielsetzung der Abschlussprüfung kein →*Prüfungsurteil* mit maximaler, sondern lediglich mit hinreichender →*Prüfungssicherheit* erfordert, muss der Abschlussprüfer nicht zwingend eine lückenlose Prüfung durchführen. Er kann sich vielmehr auf eine →*Auswahlprüfung* beschränken, sofern mit dieser die hinreichende Prüfungssicherheit gewährleistet wird. Als Auswahlverfahren kommen in diesem Fall folgende Verfahren in Betracht:

- Die Auswahl aufs Geratewohl (→*Willkürauswahl*) greift rein willkürlich, d.h. ohne jede sachbezogene Überlegung, eine Anzahl von Elementen aus einem →*Prüffeld* heraus.
- Bei der →*bewussten Auswahl* wird die Auswahl der in die →*Stichprobe* einzubeziehenden Elemente einer Grundgesamtheit vom Prüfer subjektiv aufgrund seines Sachverstandes, d.h. seiner persönlichen Kenntnisse und Erfahrungen, getätigt. Dabei lässt sich die Auswahlwahrscheinlichkeit für die einzelnen Elemente der Grundgesamtheit nicht angeben.
- Ein wesentliches Kennzeichen einer →*Zufallsauswahl* (Stichprobenauswahl) ist, dass jedes Element die gleiche bzw. eine bestimmte, berechenbare, von null verschiedene Wahrscheinlichkeit besitzt, in die Stichprobe zu gelangen (ISA 530.42).

Wendet der Abschlussprüfer statistische Auswertungsverfahren zur Gewinnung des Prüfungsurteils an, kommen grundsätzlich die im Folgenden skizzierten Vorgehensweisen in Betracht:

- Bei der Anwendung eines →*Schätzverfahrens* wird zunächst mittels einer Zufallsauswahl eine Stichprobe gezogen, die ein möglichst repräsentatives Abbild des zu beurteilenden Prüffeldes, der Grund-

gesamtheit, darstellt. Diese Stichprobe wird auf ihre Fehlerstruktur untersucht. Da eine Stichprobe als verkleinertes Abbild des Prüffeldes angesehen werden kann, wird die Fehlerstruktur einfach auf die Grundgesamtheit hochgerechnet. Die klassischen Verfahren im Rahmen der Schätzverfahren stellen die Mittelwertschätzung und die gebundene Hochrechnung dar.
- Im Rahmen eines → *Testverfahrens* verwendet der Abschlussprüfer eine Hypothese zum Fehleranteil (homograde Fragestellung) oder zur Fehlerhöhe (heterograde Fragestellung), um die Ordnungsmäßigkeit eines Prüffeldes zu beurteilen.
- Eine Sonderstellung im Rahmen der Auswertungsverfahren nimmt das → *DUS* ein, da es die Schätzung der Fehler*höhe* mit der Schätzung des Fehler*anteils* vereint.

Stetigkeitsprinzip

Aus dem Grundsatz der Vergleichbarkeit von Jahresabschlüssen leitet sich das Prinzip der Stetigkeit ab. Dieses Prinzip ist ein zentraler → *GoB*. Auch die IFRS folgen grundsätzlich dem Stetigkeitsprinzip (IASB Framework.40 f., IAS 1.36–41). Die Stetigkeit umfasst die formelle Stetigkeit und die materielle Stetigkeit (→ *Bewertungsstetigkeit*).

Formelle Stetigkeit verlangt die Beibehaltung der Darstellung und des Ausweises von Posten im Jahresabschluss (§§ 243 Abs. 2, 265 Abs. 1 HGB, IAS 1.27 f.). Auch die Bilanzidentität, nach der die Schlussbilanz des alten Geschäftsjahres mit der Eröffnungsbilanz des neuen Geschäftsjahres identisch sein muss, wird der formellen Stetigkeit zugerechnet (§ 252 Abs. 1 Nr. 1 HGB). Die formelle Stetigkeit darf nur durchbrochen werden, wenn aufgrund besonderer Umstände Abweichungen erforderlich sind. Dies ergibt sich für die deutschen Normen insbesondere aus dem Grundsatz der Klarheit und Übersichtlichkeit des Jahresabschlusses (§ 243 Abs. 2 HGB) und für die internationalen Normen aus der Nachrangigkeit des Stetigkeitsgebots gegenüber den Primärgrundsätzen der Relevanz und Verlässlichkeit (IASB Framework.41).

Materielle Stetigkeit fordert die Anwendung gleicher Bewertungsmethoden (HGB) respektive gleicher Bilanzansatz- und Bewertungsmethoden (accounting policies; IFRS) (→ *Rechnungslegungsmethode*) für aufeinander folgende Jahresabschlüsse (§ 252 Abs. 1 Nr. 6 HGB, IAS 8.14 f.). Somit umfasst die materielle Stetigkeit nach internationalen Normen nicht nur die Bewertung, sondern auch den Bilanzansatz.

Die materielle Stetigkeit unterteilt sich in eine zeitliche Dimension, welche die Anwendung gleicher Methoden für ein und denselben Bilanzposten in aufeinander folgenden Berichtsperioden fordert, sowie eine sachliche Dimension, wonach art- und funktionsgleiche Vermögensposten und Schulden ebenfalls gleich zu behandeln sind.

Eine Durchbrechung der materiellen Stetigkeit ist bspw. nach IFRS nicht nur zulässig, sondern auch notwendig, wenn sie aufgrund eines Standards oder einer Interpretation gefordert wird (IAS 8.14a) oder dazu führt, dass der Abschluss zuverlässigere und relevantere Informationen vermittelt (IAS 8.14b). Die deutschen Normen sehen eine Durchbrechung der materiellen Stetigkeit gleichfalls nur für begründete Ausnahmefälle, z.B. bei einer Gesetzesänderung, vor (§ 252 Abs. 2 HGB). Nach internationalen Normen erfordert die Durchbrechung des Stetigkeitsprinzips unabhängig von der Rechtsform eine Angabe in den notes (IAS 8.28 f.), nach deutschen Normen ist diese nur bei Kapitalgesellschaften bzw. Kapitalgesellschaften & Co. erforderlich (§§ 265 Abs. 1 Satz 2, 284 Abs. 2 Nr. 3 HGB).

Das Stetigkeitsprinzip besitzt nur Bedeutung, sofern Methodenwahlrechte bestehen. Zur Beschränkung einer möglichen → *Abschlusspolitik* sowie im Interesse einer Vergleichbarkeit im Zeitablauf sind diese einheitlich auszuüben. Ist dagegen nur eine Bilanzierungsweise zulässig, bedarf es für die Stetigkeit keiner besonderen Regelungen. Der Wechsel von einer unzulässigen zu einer zulässigen Bilanzierung wäre demzufolge kein Methodenwechsel, sondern eine Bilanzberichtigung (→ *Änderung des Jahresabschlusses*).

Steuerabgrenzung, Prüfung

1 Rechnungslegungsnormen

a) Deutsche Normen in Bezug auf den → *Einzelabschluss:* §§ 274, 284, 285 Nr. 6 HGB; deutsche Normen in Bezug auf den → *Konzernabschluss:* Nach § 298 Abs. 1 HGB sind die Regelungen im Konzernabschluss entsprechend anzuwenden, § 306 HGB, DRS 10; b) Internationale Normen: IAS 12, SIC-21 und 25.

2 Definition

Ziel der handelsrechtlichen Steuerabgrenzung ist es, in der handelsrechtlichen GuV den Ertragsteueraufwand einer Periode in der Höhe auszuweisen, die dem handelsrechtlichen und nicht dem steuerrechtlichen Periodenergebnis entspricht. Es soll so ein erklärbarer Zusammenhang zwischen Ertragsteueraufwand und handelsrechtlichem Ergebnis hergestellt und der Steueraufwand periodengerecht verteilt werden. Vielfach weichen jedoch handels- und steuerrechtliche Ergebnisse aufgrund unterschiedlicher Behandlung verschiedener Sachverhalte (z.B. Abschreibungen) voneinander ab. Als Folge ließe sich im handelsrechtlichen Abschluss kein erklärbarer Zusammenhang zwischen Ertragsteueraufwand und Jahresergebnis mehr herleiten. Um dies jedoch zu ermöglichen, sind aktive bzw. passive latente Steuern zu bilden. Bei den IFRS werden darüber hinaus noch latente Steuern auf ergebnisneutrale Buchungen (z.B. Neubewertungen des Sachanlagevermögens) gebildet.

3 Prüfung

3.1 Erfordernisse aus der Normenkonformitätsprüfung

Die nationale und die internationale Rechnungslegung verfolgen unterschiedliche Ansatzkonzepte. Im HGB-Abschluss wird das timing-Konzept verwandt, welches GuV-orientiert ist. Demnach sind nur Ergebnisunterschiede zwischen HGB-Abschluss und Steuerbilanz zu berücksichtigen, welche sich in den Folgejahren wieder ausgleichen. Dabei lassen sich drei Arten von Ergebnisdifferenzen unterscheiden: Zeitlich begrenzte Differenzen, permanente Differenzen und quasi-permanente Differenzen. Lediglich bei zeitlich begrenzten Differenzen kommt nach überwiegender Literaturmeinung ein Bilanzansatz in Betracht, da nur bei diesen Differenzen erkennbar ist, wann sie sich im Zeitablauf wieder umkehren (§ 274 HGB). Demgegenüber ist der Zeitpunkt des Ausgleichs bei quasi-permanenten Differenzen nicht absehbar (vielfach erst bei Verkauf des Vermögensgegenstandes) und bei permanenten Differenzen niemals gegeben. DRS 10.5 fordert demgegenüber auch eine Abgrenzung von quasi-permanenten Differenzen im Konzernabschluss.

Die IFRS-Regelungen beruhen auf dem temporary-Konzept, welches bilanzorientiert ist. Demnach sind grundsätzlich die Differenzen zwischen dem Ansatz in der IFRS-Bilanz und der Steuerbilanz zur Ermittlung der latenten Steuern heranzuziehen. Als Folge dieser Vorgehensweise führen neben ergebniswirksamen auch ergebnisneutrale Wertveränderungen (z.B. Neubewertung), welche nicht auch in der Steuerbilanz erfolgen, zur Bildung von latenten Steuern. Gegenüber dem timing-Konzept ergibt sich als weiterer Unterschied, dass im temporary-Konzept sowohl zeitlich begrenzte wie auch quasi-permanente Differenzen zum Ansatz kommen. Durch die unterschiedlichen Ansatzkonzepte ergeben sich zum Teil unterschiedliche Prüfungshandlungen des WP, wie nachfolgend gezeigt wird.

3.2 Prüferisches Vorgehen

Im Rahmen der Jahresabschlussprüfung ist bei der Prüfung der Steuerabgrenzung festzustellen, ob der vorläufige Jahresabschluss des Unternehmens den jeweiligen Rechnungslegungsnormen entspricht (§ 317 Abs. 1 HGB i.V.m. IDW PS 200.8–13 sowie ISA 200.2; → *Soll-Ist-Vergleich*). Zunächst hat der Abschlussprüfer im Rahmen einer Risikoanalyse die → *inhärenten Risiken* (z. B. aktuelle steuerliche Entwicklungen) zu identifizieren. Weiterhin muss die Eignung des → *IKS* überprüft werden (→ *Systemprüfung*). Er sollte bspw. sicherstellen, dass

- eine regelmäßige Erfassung aller Sachverhalte erfolgt, die zu Ansatz- bzw. Ergebnisdifferenzen führen,
- die Entwicklung der Differenzen anhand eines Differenzenspiegels nachvollziehbar sind,
- plausible und nachvollziehbare Prognosen für die Auflösung der latenten Steuern bestehen und diese regelmäßig überprüft werden.

Abhängig von der Einschätzung der inhärenten und der → *Kontrollrisiken* muss der Abschlussprüfer geeignete → *aussagebezogene Prüfungshandlungen* vornehmen. Hierbei kann grundsätzlich zwischen Prüfungshandlungen zur Überprüfung des Ansatzes, der Bewertung und des Ausweises differenziert werden.

Bei der Prüfung des Ansatzes hat der Abschlussprüfer die Existenz und die Vollständigkeit zu überprüfen (→ *Abschlussaussagen*). Einerseits hat er zu prüfen, ob die zu berücksichtigenden Differenzen überhaupt vorhanden (→ *Retrograde Prüfung*), andererseits ob alle relevanten Differenzen berücksichtigt worden sind (→ *Progressive Prüfung*). Die Prüfung des Vorhandenseins der jeweiligen Bilanzposition (und damit unweigerlich verbunden der ggf. entstandenen Differenz) erfolgt bereits bei der Prüfung der Position durch den WP (z. B. Maschinen), so dass grundsätzlich keine gesonderte Prüfung im Rahmen der Prüfung latenter Steuern erfolgen muss.

Die korrekte Berücksichtigung der Differenzen muss jedoch überprüft werden, da hierfür spezifische Ansatzvorschriften bestehen. Die IFRS sehen eine Pflicht zum Ansatz von aktiven (IAS 12.24) wie auch von passiven (IAS 12.15) latenten Steuern vor. Auch für steuerliche Verlustvorträge sind gem. IAS 12.34 aktive latente Steuern zu bilden, sofern eine Verrechnung in zukünftigen Perioden wahrscheinlich ist. Demgegenüber besteht im HGB-Einzelabschluss für aktive latente Steuern ein Ansatzwahlrecht (§ 274 Abs. 2 Satz 1 HGB) und für passive latente Steuern eine Ansatzpflicht (§ 274 Abs. 1 HGB). Im Falle der Prüfung eines HGB-Einzelabschlusses muss der Prüfer die Gleichbehandlung ähnlicher Tatbestände, die zu aktiven latenten Steuern führen, überprüfen. Dies kann mittels aussagebezogener Prüfungshandlungen geschehen.

Zudem hat der WP die konzernspezifischen Besonderheiten zu beachten. Zum einen können latente Steuern durch Anpassungen der HB I auf die HB II (→ *HB I/II*) und die damit verbundene konzerneinheitliche Ausübung von Ansatz- und Bewertungswahlrechten entstehen bzw. in ihrer Höhe modifiziert werden. Der WP muss die entstehenden Differenzen bei der Überführung der HB I auf die konzerneinheitlichen Ansatz- und Bewertungsgrundsätze (HB II) (→ *Konsolidierungsvorbereitende Maßnahmen, Prüfung*) abstimmen. Ggf. muss dies unter Zuhilfenahme des Abschlussprüfers des Tochterunternehmens geschehen (→ *Verwendung von Urteilen Dritter*).

Weiterhin müssen die Differenzen aus der Währungsumrechnung der HB II überprüft werden (→ *Währungsumrechnung, Prüfung*). Hier besteht ein erhöhtes Fehlerrisiko, da vor der Einführung des DRS 10 die Mehrheit der HGB-rechnungslegenden Unternehmen hierfür keine latenten Steuern angesetzt hat. Diese Differenzen sind jedoch quasi-permanenter Natur, da sie erst bei Verkauf der Beteiligung realisiert werden. DRS 10.5 fordert die Abgrenzung von quasi-permanenten Differenzen; insofern ist sowohl nach HGB wie auch nach IFRS eine Abgrenzung erforderlich. Auch bei der ggf. nach § 299 Abs. 2 HGB bzw. IAS 27.26 f. erforderlichen Anpassung von Einzelbilanzen an den konzerneinheitlichen Stichtag entstehen latente Steuern, da das Ergebnis des hierzu aufzustellenden Zwischenabschlusses noch nicht der Besteuerung unterliegt. Der WP sollte daher zunächst das IKS des Unternehmens darauf überprüfen, ob dieses eine regelmäßige Erfassung dieser Sachverhalte gewährleistet.

Sollte das Unternehmen für bestimmte Tochterunternehmen einen Zwischenabschluss zur Überleitung auf den konzerneinheitlichen Stichtag vornehmen (→ *Unterjähriger Bericht, Prüfung*), so hat der Abschlussprüfer auch die hieraus resultierenden Differenzen zu prüfen. Weiterhin sind die Differenzen, die infolge von Konsolidierungsmaßnahmen (→ *Konzernabschluss, Prüfung*) auftreten, zu untersuchen (→ *Kapitalkonsolidierung, Prüfung*; → *Zwischenergebniseliminierung, Prüfung*; → *Aufwands- und Ertragskonsolidierung, Prüfung*; → *Schulden-*

konsolidierung, Prüfung). Die latenten Steuern entstehen dadurch, dass der Konzern nicht auf Basis einer Konzernsteuerbilanz, sondern nach den Steuerbilanzen der einzelnen Konzernunternehmen besteuert wird und somit der Fiktion eines ganzheitlichen Unternehmens steuerlich nicht gefolgt wird. Auch hier ergibt sich bei handelsrechtlichen Konzernabschlüssen ein erhöhtes Fehlerrisiko, da erst seit Verabschiedung des DRS 10 latente Steuern im Zuge der Zwischenergebniseliminierung und Kapitalkonsolidierung angesetzt werden müssen. Auch hier hat der WP wiederum zunächst das IKS des Unternehmens zu überprüfen, ob dieses bereits die regelmäßige Erfassung gewährleistet. Abschließend sind auch die Differenzen aus der Equity-Bewertung zu prüfen (→ *Equity-Methode, Prüfung*).

Werden gem. DRS 10.11 aktive latente Steuern aus steuerlichen Verlustvorträgen angesetzt, so muss der Abschlussprüfer sicherstellen, dass eine hinreichende Wahrscheinlichkeit hinsichtlich der Realisierung des Verlustvortrages gegeben ist. Hierbei kann der Prüfer bspw. auf interne Planungen oder externe Wachstumsprognosen zurückgreifen (→ *Prognoseprüfung*).

Die Berechnung der Höhe der latenten Steuern kann durch eine Einzel- oder eine Gesamtdifferenzenbetrachtung erfolgen. Bei einer Einzeldifferenzenbetrachtung wird jeder Geschäftsvorfall daraufhin untersucht, ob er zur Bildung bzw. Auflösung von latenten Steuern führt. Demgegenüber wird bei der Gesamtdifferenzenbetrachtung das handelsrechtliche dem steuerlichen Ergebnis gegenübergestellt. § 274 HGB sieht keine explizite Regelung für eine der beiden Methoden vor. Allerdings fordert DRS 10.36 ebenso wie IAS 12.69 einen unsaldierten Ausweis der latenten Steuern. Zudem besteht ungeachtet dieser Norm vielfach auch für den HGB-Einzelabschluss aufgrund von Steuersatzänderungen und der hieraus notwendigen Betrachtung der zeitlichen Struktur der latenten Steuern eine faktische Notwendigkeit zur Einzeldifferenzenbetrachtung. Der WP hat darauf zu achten, dass die Berechnung der latenten Steuern nach der Einzeldifferenzenbetrachtung erfolgt.

Im Rahmen der Verifizierung der Bewertung latenter Steuerposten muss der Abschlussprüfer die angewandten Steuersätze überprüfen. Latente Steuern errechnen sich vereinfacht durch die Multiplikation der zeitlich begrenzten Differenzen mit einem Steuersatz. Bei der Wahl des Steuersatzes für die latenten Steuern im Konzernabschluss stellt sich die Frage, ob der Steuersatz des Mutterunternehmens, des jeweils betroffenen Tochterunternehmens oder aber ein durchschnittlicher Konzernsteuersatz gewählt werden soll. DRS 10.22 verbietet grundsätzlich die Bewertung mit einem konzerneinheitlichen Steuersatz. Ausnahmen können sich lediglich unter Kosten-Nutzen-Abwägungen bei der Zwischenergebniseliminierung (DRS 10.23) sowie der Schuldenkonsolidierung (DRS 10.24) ergeben. IAS 12 enthält dagegen keine ausdrückliche Regelung bezüglich des zu verwendenden Steuersatzes. Allerdings sollte im Hinblick auf die Regelung in IAS 12.11 konsequenterweise auch der Steuersatz des jeweils besteuernden Staates zugrunde gelegt werden.

§ 274 HGB bezieht sich ebenso wie DRS 10.20 und IAS 12.47 auf die Steuersätze, die zum Zeitpunkt der Auflösung der latenten Steuern zu erwarten sind. Aus Objektivitätsgründen wird nach beiden Rechnungslegungssystemen zunächst auf die aktuellen Steuersätze abgestellt; erst bei beschlossenen Steuergesetzänderungen wird auf die künftigen Steuersätze Bezug genommen. Eine Abzinsung von latenten Steuern ist sowohl nach IAS 12.53 f. wie auch nach DRS 10.27 unzulässig.

Gemäß den IFRS erscheint es sachgerecht bzw. wird es vom DRS 10 grundsätzlich gefordert, jeweils den für das einbezogene Unternehmen gültigen Steuersatz zu verwenden. Weiterhin müssen etwaige Steuersatzänderungen für zukünftige Perioden der jeweils einbezogenen Unternehmen berücksichtigt werden. Hierdurch ergibt sich im Falle eines multinational agierenden → *Konzerns* für den → *Konzernabschlussprüfer* ein → *Prüfungsobjekt* mit hoher Komplexität, da er für sämtliche ausländischen Tochtergesellschaften die jeweiligen Steuersätze und künftigen Steuergesetzänderungen bei der Überprüfung berücksichtigen muss. Vielfach wird er daher auf die Hilfe der Steuerabteilung der WPG bzw. der jeweiligen Einzelabschlussprüfer der Tochterunternehmen zurückgreifen müssen. Sollte das Unternehmen aus Kosten-Nutzen-Aspekten einen durchschnittlichen Steuersatz bei der Zwischenergebniseliminierung und der Schuldenkonsolidierung verwenden (DRS 10.23 f.), so hat der Prüfer auch die Herleitung des Durchschnittssteuersatzes nachzuvollziehen. Auch hierbei muss der WP die Gültigkeit der angenommenen länderspezifischen Steuersätze und deren Gewichtung im Durchschnittssteuersatz überprüfen. Zur Überprüfung der Gewichtung sollte die Bilanzsumme der jeweiligen Tochterunternehmen herangezogen werden.

Im Rahmen der Ausweisprüfung hat der Abschlussprüfer zu überprüfen, ob das Unternehmen die rechnungslegungsspezifischen Angabeerfordernisse erfüllt hat (→ *Anhang, Prüfung*). IAS 12.79–88 enthält umfangreiche Angabepflichten für die latenten Steuern. Gem. § 274 Abs. 1 Satz 1 u. Abs. 2 Satz 2 HGB besteht eine allgemeine Erläuterungspflicht für die latenten Steuern im Anhang. DRS 10.39–44 enthält ebenfalls umfangreiche Angabepflichten, die denen der IFRS ähneln. *Thorsten Seidel*

Literatur: *Karrenbrock, H.*, Latente Steuern, in: Wysocki, K.v./Schulze-Osterloh, J./Hennrichs, J./Kuhner, C. (Hrsg.), Handbuch des Jahresabschlusses, 2005, Abt. I/13; *Langenbucher, G./Blaum, U.*, Konzernabschlussprüfung, in: Förschle, G./Peemöller, V.H. (Hrsg.), Wirtschaftsprüfung und Interne Revision, 2004, S. 408–410; *Niemann, W.*, Latente Steuern, Prüfungstechnik, in: Pelka, J./Niemann, W. (Gesamtverantwortung), Beck'sches Steuerberater-Handbuch 2004/2005, 2004, B 976–980.

Steuerberatung

Gem. § 2 Abs. 2 WPO sind WP zur Steuerberatung befugt. Auch § 3 Nr. 1 u. 3 StBerG weist ausdrücklich darauf hin, dass WP, WPG, vBP und BPG zur unbeschränkten Hilfeleistung in Steuersachen befugt sind. Die Beratung oder Vertretung in steuerlichen Angelegenheiten ist dabei auch grundsätzlich mit einer Prüfungstätigkeit durch denselben WP vereinbar (BGH-Urteil vom 21.4.1997, Az. II ZR 317/95-Allweiler). Bei der Prüfung von Unternehmen i. S. d. § 319a HGB ist die Steuerberatung nach § 319a Abs. 1 Nr. 2 HGB und § 23a Abs. 7 Satz 1 Berufssatzung *unzulässig*, sofern sie über das Aufzeigen von Gestaltungsempfehlungen hinausgeht und sich unmittelbar und wesentlich auf die Darstellung der wirtschaftlichen Lage in dem zu prüfenden Jahresabschluss auswirkt. In dieser Situation wird die Besorgnis der Befangenheit (→ *Unabhängigkeit*) unwiderleglich vermutet (→ *Beratung und Prüfung*). Eine Unabhängigkeitsbedrohung durch Beratung in steuerlichen Angelegenheiten liegt i. Allg. nicht vor (Ethics Sec. 290.180).

Steuerliche Außenprüfung

Die steuerliche Außenprüfung gem. §§ 193–207 AO (auch steuerliche Betriebsprüfung genannt) ist ein spezielles Verwaltungsverfahren zur Erfüllung der den Finanzbehörden in § 85 AO gesetzten Aufgaben, die Steuern nach Maßgabe der Gesetze *gleichmäßig* festzusetzen und zu erheben sowie eine *gerechte* Vollziehung der Steuergesetze zu verwirklichen. Im Rahmen der steuerlichen Außenprüfung werden die für die Besteuerung maßgebenden tatsächlichen und rechtlichen Verhältnisse des Steuerpflichtigen ermittelt. Diese umfassende finanzbehördliche Sachaufklärungsmaßnahme dient der Aufklärung aller steuerlichen Verhältnisse eines Zeitraums oder mehrerer bestimmter Zeiträume und Steuerarten und unterscheidet sich hierdurch von Einzelermittlungsmaßnahmen i. S. d. §§ 93–100 AO.

Die steuerliche Außenprüfung ist eine außerhalb der zu prüfenden Einrichtungen angesiedelte Prüfungsinstanz der Finanzverwaltung und daher den (öffentlich-rechtlichen) externen Prüfungsinstitutionen zuzuordnen.

Ob eine steuerliche Außenprüfung durchgeführt wird, liegt im Ermessen der Finanzbehörde, die im Zuge ihrer Ermessensausübung die Betriebsprüfungsordnung zu beachten hat. Den Gegenstand und den Umfang der Prüfung bestimmt die Finanzbehörde in der schriftlich zu erteilenden Prüfungsanordnung, die durch eine Erweiterung des Prüfungsumfangs ergänzt werden kann, wenn sich dies später als zweckmäßig herausstellt.

Die steuerliche Außenprüfung ist gem. § 193 Abs. 1 AO bei Steuerpflichtigen zulässig, die einen gewerblichen oder land- und forstwirtschaftlichen Betrieb unterhalten oder die freiberuflich tätig sind. Die Auswahl von Unternehmen für eine steuerliche Außenprüfung erfolgt in Abhängigkeit der vier Größenklassen Groß-, Mittel-, Klein- und Kleinstbetriebe (§ 3 Betriebsprüfungsordnung). Bei Großbetrieben soll ein Prüfungszeitraum an den vorherigen Prüfungszeitraum anschließen, während eine Anschlussprüfung bei anderen Betrieben nur zulässig ist, wenn ein sachlicher Grund besteht. Der Prüfungszeitraum soll i. d. R. nicht mehr als drei zusammenhängende Besteuerungszeiträume umfassen.

Die steuerliche Außenprüfung ist auf das notwendige Maß zu beschränken. Sie hat sich in erster Linie auf solche Sachverhalte zu erstrecken, die zu endgültigen Steuerausfällen, Steuererstattungen, Steuervergütungen und/oder Gewinnverlagerungen führen können (§ 7 Betriebsprüfungsordnung). Der Steuerpflichtige ist während der Prüfung über die festgestellten Sachverhalte und die möglichen steuerlichen Auswirkungen laufend zu unterrichten, wenn damit der Zweck der Prüfung und ihr Ablauf nicht beeinträchtigt werden.

Über das Ergebnis der Prüfung ist grundsätzlich eine Schlussbesprechung abzuhalten, bei der strittige Sachverhalte, die rechtliche Beurteilung der Prüfungsfeststellungen sowie steuerliche Auswirkungen erörtert werden. Über das Ergebnis ist außerdem ein schriftlicher Prüfungsbericht mit der Darstellung der steuerrelevanten Prüfungsfeststellungen in tatsächlicher und rechtlicher Hinsicht sowie der Änderungen der Besteuerungsgrundlagen zu erstellen (§ 202 Abs. 1 AO). Der Prüfungsbericht ist kein Verwaltungsakt und für die Finanzbehörden nicht bindend. Er bildet die unverbindliche Grundlage für die Änderung eines Steuerbescheids durch die Veranlagungsstelle des zuständigen Finanzamts.

Im handelsrechtlichen Jahresabschluss sind Betriebsprüfungsrisiken zu berücksichtigen und, soweit die Risiken hinsichtlich Ursache und Höhe begründbar sind, entsprechende Rückstellungen gem. § 249 Abs. 1 Satz 1 HGB zu bilden.

Angaben über den Stand einer steuerlichen Außenprüfung werden in der Anlage zum Prüfungsbericht des Abschlussprüfers innerhalb der rechtlichen Verhältnisse dargestellt.

Stichprobe

Eine Stichprobe ist eine endliche Teilmenge aus einer endlichen oder unendlichen Gesamtheit von Elementen mit identischen Merkmalseigenschaften. Auf Basis von Stichproben sollen Rückschlüsse auf die Gesamtheit gezogen und aufgestellte Hypothesen über bestimmte Eigenschaften der Gesamtheit widerlegt bzw. bestätigt werden. Eine Stichprobe sollte folglich die Gesamtheit möglichst *repräsentativ* widerspiegeln. Stichproben können über Verfahren der →*bewussten Auswahl* oder über →*Zufallsauswahlen* gewonnen werden. Bei Letzteren existieren neben der einfachen Zufalls-Stichprobe, bei der sämtliche Elemente die gleiche vom Umfang der Stichprobe abhängige Auswahlwahrscheinlichkeit besitzen, auch mehrstufige Auswahlverfahren wie die →*geschichtete Auswahl* und die →*Klumpenauswahl* sowie größenproportionale Auswahlverfahren wie das →*DUS*.

ISA 530.28 differenziert bei den Zufallsauswahlen (audit sampling) zwischen statistischen und nicht statistischen Verfahren. Bei *statistischen Verfahren* sollte die Ermittlung des Stichprobenumfanges den Grundsätzen der Wahrscheinlichkeitstheorie genügen oder zumindest auf der Urteilsfähigkeit des Prüfers (professional judgement) beruhen (ISA 530.29). Werden die Anforderungen nicht erfüllt, so liegt ein *nicht statistisches Verfahren* vor. ISA 530.28 nennt hier etwa Analysen in Bezug auf Ursachen und Auswirkungen von →*Fehlern*. Streng genommen stellt nur der statistische Ansatz auf Basis der Wahrscheinlichkeitstheorie eine Zufallsauswahl dar.

Stichprobeninventur → Inventur, Prüfung

Stichtagsinventur → Inventur, Prüfung

Stiftungen, Prüfung

1 Normen

1.1 Rechnungslegungsnormen

IDW RS HFA 5; teilweise enthalten auch die StiftG der Länder Vorschriften zur Rechnungslegung von Stiftungen.

1.2 Prüfungsnormen

IDW PS 740, Landes-StiftG.

2 Definition

Stiftungen sind juristische Personen, die durch ein sog. Stiftungsgeschäft (§ 81 BGB) und die Anerkennung durch die zuständige Behörde des Landes entstehen (§ 80 BGB). Soweit keine speziellen Vorschriften (insbesondere BGB und StiftG) bestehen, kommen für Stiftungen bestimmte bürgerlich-rechtliche Vorschriften (§ 86 BGB) des rechtsfähigen Vereins zur Anwendung. StiftG werden nicht vom Bund, sondern von den Ländern erlassen. Dementsprechend existieren keine bundeseinheitlichen – über die Regelungen des BGB hinausgehenden – Vorschriften für Stiftungen.

3 Rechnungslegung

Die Rechnungslegung der Stiftung wird in den meisten Landes-StiftG als Jahresrechnung bzw. Jahresabrechnung bezeichnet und kann neben der Buchführungspflicht eine Pflicht zur Aufstellung einer Vermögensrechnung sowie einer Einnahmen-/Ausgabenrechnung umschließen. Aufgrund der Größe oder Komplexität der Stiftung kann eine Jahresabschlusserstellung auf Basis der handelsrechtlichen Rechnungslegungsvorschriften sachgerecht sein. Ausführungen zur Rechnungslegung einer Stiftung bürgerlichen Rechts finden sich in IDW RS HFA 5.

4 Prüfung

Grundsätzlich obliegt die Prüfung der Einhaltung der Stiftungsvorschriften den Stiftungsaufsichtsbehörden der Länder. Die in den Landes-StiftG enthaltenen Prüfungsvorschriften unterscheiden sich in den einzelnen Bundesländern. Eine Pflicht zur Prüfung des Jahresabschlusses durch einen Abschlussprüfer ist z.B. gem. § 10 Abs. 1 StiftG Nordrhein-Westfalen und § 12 Abs. 1 StiftG Brandenburg enthalten, sofern die Stiftung ein erwerbswirtschaftliches Unternehmen betreibt. Auch ohne dass die letzte Voraussetzung erfüllt ist, ist die Rechnungslegung bspw. gem. Art. 25 StiftG Bayern zu prüfen, wobei grundsätzlich die Aufsichtsbehörde das Prüfungsorgan ist, diese aber ohne das Vorliegen weiterer Voraussetzungen die Prüfung durch einen WP (bzw. eine WPG) verlangen kann. Teilweise sind in den jeweiligen StiftG fakultative Prüfungsvorschriften enthalten.

Beauftragt wird der WP (bzw. die WPG) dementsprechend entweder durch den Stiftungsvorstand (§ 86 i.V.m. § 26 BGB) oder durch die Stiftungsaufsichtsbehörde. Der WP (bzw. die WPG) hat unabhängig davon, ob er einen → *Bestätigungsvermerk* oder eine Bescheinigung erteilt, IDW PS 740 zu beachten. In den IFAC-Prüfungsnormen gibt es hierzu kein Äquivalent.

Stiftungen, die auch ein Gewerbe betreiben und unter das PublG fallen, unterliegen grundsätzlich über die Prüfungsvorschriften des § 6 Abs. 1 bzw. § 14 Abs. 1 PublG (i.V.m. §§ 316–320 HGB) der Prüfungspflicht (IDW PS 740.7). Auch die Satzung der Stiftung kann festschreiben, dass die Rechnungslegung der Stiftung von einem WP periodisch im Rahmen einer Abschlussprüfung zu beurteilen ist.

Der Prüfungsgegenstand ist dem jeweiligen StiftG zu entnehmen und ggf. entsprechend den Ausführungen der Stiftungssatzung zu erweitern. Er kann im Vergleich zu einer handelsrechtlichen → *Jahresabschlussprüfung* enger oder weiter definiert sein. Die Definitionsweite ergibt sich u.a. daraus, inwiefern z.B. ein Jahresabschluss zu erstellen und zu prüfen ist und inwiefern die StiftG oder die Satzung bestimmte Prüfungsgegenstandserweiterungen vorsehen. Diese kommen insbesondere in Betracht im Hinblick auf

- die Erhaltung des Stiftungsvermögens,
- die satzungsgemäße Verwendung der Stiftungsmittel,
- die Ordnungsmäßigkeit der Geschäftsführung (→ *Geschäftsführungsprüfung*) und
- die Einhaltung der steuerrechtlichen Vorschriften der AO.

Enthalten die Landes-StiftG keine Ausführungen zum Prüfungsgegenstand und macht die Stiftungsaufsicht auch keine weiteren Auflagen, kann der Prüfungsgegenstand zwischen dem Stiftungsvorstand und dem WP (bzw. der WPG) frei vereinbart werden.

Informationen, die vom Stiftungsvorstand in ein dem Umfang der Prüfung unterliegendes Rechnungslegungswerk (z.B. Lagebericht, Anhang) aufgenommen werden, haben – unabhängig davon, ob eine entsprechende → *Prüfungspflicht* vorliegt – eine Erweiterung des Prüfungsgegenstands auf die entsprechenden Informationen zur Folge. Dies ist insbesondere im Hinblick darauf relevant, dass Stiftungen regelmäßig über den Stiftungszweck und dessen Erfüllung im Lagebericht (Stiftungsbericht) informieren. Werden solche Informationen dem Abschluss lediglich beigelegt, sind diese zusätzlichen Informationen nicht zu prüfen, sondern kritisch zu lesen (IDW PS 202).

Schließt die auftraggebende Stiftung gesetzlich vorgeschriebene Prüfungsinhalte aus, darf keine Abschlussprüfung durchgeführt werden, die mit einem Bestätigungsvermerk abgeschlossen wird, sondern nur eine Bescheinigung über die geprüften Sachverhalte ausgestellt werden (IDW PS 740.9).

Der Umfang der anzuwendenden → *Prüfungsnormen* hängt vom Prüfungsgegenstand ab. Eine Anwendung der jahresabschlussbezogenen Prüfungsnormen ist dann verbindlich, wenn ein Bestätigungsvermerk erteilt werden soll oder der Prüfungsauftrag keine Angaben über den Gegenstand und Umfang der Prüfung enthält. In diesen Fällen sind auch die §§ 316–320 HGB zu beachten. Grundsätzlich sind vom WP (bzw. von der WPG) die Hinweise in IDW RS HFA 5 als Beurteilungsmaßstab heranzuziehen.

Regelungen zur Prüfungsberichterstattung finden sich in IDW PS 450. Inhaltliche Erweiterungen der diesbezüglichen Berichterstattung ergeben sich aus ggf. erfolgten Erweiterungen des Prüfungsgegenstands. Im Rahmen der Redepflicht des Abschlussprüfers sind insbesondere Verstöße gegen die Stiftungssatzung und eine im Rahmen der Prüfungstätigkeit entdeckte Gefährdung der steuerlichen Anerkennung als steuerbegünstigte Körperschaft relevant. Die Angaben zur rechtlichen Struktur sollten sich z.B. auf die Stiftungsgenehmigung, den wesentlichen Inhalt des StiftG sowie der Stiftungssatzung, die Stiftungsorgane und Art und Umfang ihrer Vertretungsbefugnis sowie besondere Beschlüsse der Stiftungsorgane beziehen (ausführlicher siehe IDW PS 740.42). Wesentliche Stiftungsaktivitäten, Mittelverwendungsrechnungen und Tätigkeitsberichte der Stiftungsorgane sind mögliche Prüfungsberichtsangaben, um die wirtschaftlichen Verhältnisse darzulegen (ausführlicher IDW PS 740.44).

Im Rahmen der Erstellung des Bestätigungsvermerks hat der Prüfer auch bei einer Stiftungsprüfung die Grundsätze des IDW PS 400 zu beachten. Grundsätzlich ist der Vermerk nur auf die Rechnungslegung der Stiftung zu beziehen. Nur wenn aufgrund der Landes-StiftG eine Erweiterung des Prüfungsgegenstands zu beachten ist, sind im Bestätigungsvermerk diese Erweiterungen zu berücksichtigen (IDW PS 740.46). Ungeachtet dessen kann ein umfassenderes Gesamturteil bezüglich derjenigen Erweiterungen formuliert werden, die in einem anderen Bundesland zum Gegenstand der Abschlussprüfung gemacht worden sind (IDW PS 740.47).

Ggf. sind die wertenden Formulierungsempfehlungen des IDW PS 450 anzupassen, um die Besonderheiten der sich auf Stiftungen beziehenden Rechnungslegungs- und Prüfungsvorschriften zu verdeutlichen. Auf die Satzung der Stiftung wird nur verwiesen, wenn diese Regelungen zum Abschluss, zur Kapitalerhaltung oder zur Mittelverwendung enthält (IDW PS 740.51).

Literatur: *Gronemann, J.*, in: Stiftung & Sponsoring, 5/2000, S. 1–27; *Merl, F.*, Die Rechnungslegung der Stiftung, in: IDW (Hrsg.), Stiftungen, 1997, S. 95–125.

Stillschweigender Auskunftsvertrag → Haftung des Abschlussprüfers

Strafrechtliche Inanspruchnahme des Abschlussprüfers

Abschlussprüfer unterliegen nicht nur den allgemeinen strafrechtlichen Vorschriften des StGB, sondern zusätzlich auch speziellen strafrechtlichen Vorschriften des HGB. Eine strafrechtliche Inanspruchnahme des Abschlussprüfers kommt demnach bei einer Verletzung der Berichtspflicht (→ *Berichtspflicht, Verletzung der*) nach § 332 HGB und bei einer Verletzung der Geheimhaltungspflicht (→ *Geheimhaltungspflicht, Verletzung durch den Abschlussprüfer*) nach § 333 HGB in Betracht. Unter der Verletzung der Berichtspflicht fasst § 332 Abs. 1 HGB die unrichtige Berichterstattung, das Verschweigen erheblicher Umstände im → *Prüfungsbericht* und die Erteilung eines unrichtigen → *Bestätigungsvermerks* zusammen. Der § 333 HGB subsumiert unter der Verletzung der Geheimhaltungspflicht zum einen den Tatbestand des unbefugten

Offenbarens von Geheimnissen (§ 333 Abs. 1 HGB) und zum anderen den Tatbestand des unbefugten Verwertens von Geheimnissen (§ 333 Abs. 2 Satz 2 HGB).

Stufengesetz der Prüfung

Das Stufengesetz der Prüfung verlangt, dass bei der *Reihenfolge* der Prüfungsaktivitäten sachliche Abhängigkeiten zwischen → *Prüffeldern* zu berücksichtigen sind, d.h., dass die Bearbeitung eines bestimmten Prüffeldes die Vornahme von Prüfungshandlungen in einem anderen Prüffeld und die Kenntnis über das jeweilige Prüfungsergebnis erfordern kann. So müssen z.B. den ergebnisorientierten Prüfungshandlungen (→ *Ergebnisorientierte Prüfung*) die systemorientierten Prüfungshandlungen (→ *Systemprüfung*) vorangestellt werden, denn das im Rahmen der Systemprüfung festgestellte → *Kontrollrisiko* beeinflusst Art und Umfang der ergebnisorientierten Prüfungshandlungen. Zu beachten ist, dass die Reihenfolge der Bearbeitung einzelner Prüffelder auch durch weitere Faktoren determiniert wird, wie z.B. Zweckmäßigkeitsüberlegungen oder Vorgaben der Personaleinsatzplanung (→ *Personalzuordnungsmodelle*). So ist es zweckmäßig, Prüfungshandlungen mit größerem oder unsicherem Zeitbedarf, wie etwa die Einholung von → *Saldenbestätigungen*, möglichst früh einzuplanen. Soll ein Mitarbeiter mehrere Prüffelder prüfen, so dürfen diese nicht zeitlich parallel geplant werden.

Subject matter → Prüfungsdienstleistungen, freiwillige; → Prüfungsobjekt

Substantive procedures → Aussagebezogene Prüfungshandlungen

Suchprozess

In komplexen Entscheidungssituationen wie der Jahresabschlussprüfung ist es nicht möglich, alle → *Prüfungshandlungen* ex ante vollständig zu planen. Vielmehr ist es Ausdruck der → *begrenzten Rationalität*, dass der Prüfer aufgrund von Vorinformationen → *Urteilshypothesen* bildet und so lange nach neuen → *Prüfungsnachweisen* sucht, bis diese ausreichen, um das Prüfungsurteil zu formulieren (→ *Urteilsbildungsprozess*; → *Informationsverarbeitungsansatz*).

Der Suchprozess orientiert sich stark an den Vorinformationen und der auf dieser Basis formulierten Urteilshypothese sowie den Anforderungen in den Prüfungsnormen (insbesondere der geforderten → *Prüfungssicherheit*) und den Rechnungslegungsnormen. Um die notwendigen Prüfungsnachweise effizient zu erlangen, setzt der Prüfer verschiedene, oftmals auf Heuristiken beruhende Suchstrategien ein. *Heuristiken* sind zumeist auf Erfahrungen beruhende Suchstrategien, von denen begründet vermutet werden kann, dass diese zu einer akzeptablen Lösung führen. Wesensmerkmal heuristisch orientierter Suchstrategien ist, dass der Prüfer zunächst nur erste Schritte zur Problemlösung (Erlangung eines weiteren Prüfungsnachweises) unternimmt und die Rückkopplungsprozesse (Ausprägung des erlangten Prüfungsnachweises) abwartet, bevor er weitere Problemlösungsschritte (Suche nach weiteren Prüfungsnachweisen) tätigt.

Dabei konzentriert sich die Suche regelmäßig auf jene Prüfungsnachweise, die erfahrungsgemäß die Urteilshypothese am stärksten beeinflussen oder auf jene Informationen, welche die vorhandenen Informationen (Prüfungsnachweise) zu einem typischen Muster ergänzen: Bspw. lassen sich in Bezug auf die → *Abschlussaussage* »Bewertung« Muster von Informationen identifizieren, die typisch sind für einen Kunden, der verspätet zahlt (Muster 1), oder für einen Kunden, der gar nicht zahlt (Muster 2). Weiterhin belegen empirische Studien (→ *Empirische Prüfungsforschung*), dass aufgabenspezifisches Wissen (z. B. im Hinblick auf einen bestimmten Abschlussposten oder die Beurteilung der Annahme der Unternehmensfortführung) in hohem Maße die Suchstrategien beeinflusst.

Der Suchprozess ist bei Erreichen des *Abbruchkriteriums* (z. B. hinreichende Prüfungssicherheit) zu beenden. Der Abbruch erfolgt z. B. dann, wenn keine beurteilungsrelevanten Prüfungsnachweise mehr ausstehen oder die ausstehenden Prüfungsnachweise (unabhängig von ihrer Ausprägung) das Prüfungsurteil nicht mehr wesentlich zu beeinflussen vermögen.

Der Suchprozess kann *Verzerrungen* (Problemlösungsanomalien) unterliegen. Diese Anomalien beruhen nicht nur auf der Handhabung einer hohen Komplexität (im Sinne einer Heuristik), sondern sind auch motivational, emotional und durch andere Einflüsse im Prüfungsumfeld bedingt (→ *Empirische Prüfungsforschung*). Als mögliche suchspezifische Verzerrungen sind zu nennen: Tendenz zur Suche alleine nach Prüfungsnachweisen, welche die zuvor formulierte Urteilshypothese bestätigen (Bestätigungseffekte) oder die Konzentration auf leichter verfügbare Prüfungsnachweise (Verfügbarkeitseffekte).

Literatur: *Ruhnke, K.*, Normierung der Abschlußprüfung, 2000, S. 290–314.

Sustainability report → Nachhaltigkeitsbericht

SWOT-Analyse

Die SWOT-Analyse (Analysis of Strenghts, Weaknesses, Opportunities and Threats) dient der Analyse, Beurteilung und Gegenüberstellung der unternehmensexternen Chancen und Risiken (→ *PEST-Analyse;* → *Five-Forces-Modell*) sowie der unternehmensinternen Stärken und Schwächen (→ *Benchmarking*). Die strategische Position des Unternehmens soll ermittelt und Aussagen über die zukünftige Entwicklung getroffen werden. Der Einsatz der SWOT-Analyse bietet sich insbesondere im Rahmen der → *geschäftsrisikoorientierten Prüfung* an. Vorrangiges Ziel der Anwendung der SWOT-Analyse im Rahmen dieser Prüfung ist es, durch die systematische Erfassung von Stärken, Schwächen, Chancen und Risiken zur *Analyse der Unternehmensstrategie* beizutragen.

Systembeurteilung → Systemprüfung

Systemerfassung → Systemprüfung

Systemkontrollprogramme

Systemkontrollprogramme (wie z. B. SMF) als Bestandteil des Betriebssystems, aber auch als Dienstprogramme (*utilities*), ermöglichen eine laufende Aufzeichnung (Logbücher) über das Verhalten des → *IT-Systems* des Mandanten. Bspw. generieren Systemkontrollprogramme die folgenden Aufzeichnungen: Informationen über Laufzeit und Aufrufhäufigkeit von Programmen, das Öffnen und Schließen von Dateien, Logon-Versuche, abgewiesene Zugriffe sowie genutzte und gelöschte Dateien. Damit ermöglichen Systemkontrollprogramme auch eine permanente Überprüfung der Programmidentität (→ *Programmidentitätsprüfung*) und sind insofern aussagekräftiger als ein zeitpunktbezogener → *Programmvergleich*.

Systemorientierte Prüfung → Systemprüfung

Systemprüfung

1 Prüfungsnormen

a) Deutsche Normen: IDW PS 260, 300, 400; b) Internationale Normen: ISA 315, 330.

2 Definitionen

Eine Systemprüfung (systemorientierte Prüfung) soll ebenso wie die →*Einzelfallprüfung* dem Abschlussprüfer Informationen darüber liefern, ob und inwieweit die bilanzierungsfähigen und -pflichtigen Geschäftsvorfälle ordnungsgemäß im Jahresabschluss des bilanzierenden Unternehmens abgebildet werden. Dabei liegt der Systemprüfung die Annahme zugrunde, dass im Unternehmen implementierte und funktionierende Erfassungs-, Verarbeitungs- und Kontrollprozesse grundsätzlich ordnungsgemäße Verarbeitungsergebnisse und damit auch eine ordnungsgemäße Abbildung der Geschäftsvorfälle im Jahresabschluss des bilanzierenden Unternehmens gewährleisten. Die Systemprüfung ist insofern eine →*indirekte Prüfung*, da nicht die konkreten Geschäftsvorfälle, sondern die diese Geschäftsvorfälle erfassenden und verarbeitenden Unternehmensprozesse und -systeme Gegenstand der Prüfungshandlungen sind. Allerdings darf die Systemprüfung die Einzelfallprüfungen nicht vollständig ersetzen (IDW PS 300.14), so dass der Abschlussprüfer unabhängig vom Ergebnis der Systemprüfung zumindest in den wesentlichen und fehleranfälligen →*Prüffeldern* weiterhin →*aussagebezogene Prüfungshandlungen* durchzuführen hat. Es gilt jedoch, dass sich mit zunehmender Stabilität und Zuverlässigkeit der Unternehmensprozesse und -systeme der erforderliche Umfang der aussagebezogenen Einzelfallprüfungen reduziert.

Die Prüfung der implementierten Erfassungs-, Verarbeitungs- und Kontrollsysteme erfordert die Einbeziehung und Prüfung des →*IKS* (IDW PS 260), das sämtliche von der Unternehmensleitung festgelegten Grundsätze, Maßnahmen und Verfahren umfasst, die auf die organisatorische Umsetzung der Entscheidungen der Unternehmensführung gerichtet sind und dadurch u. a. die Ordnungsmäßigkeit und Verlässlichkeit der internen und externen Rechnungslegung und die Einhaltung der für das Unternehmen maßgeblichen rechtlichen Vorschriften gewährleisten sollen. Das IKS besteht aus Regelungen zur Steuerung der Unternehmensaktivitäten (internes Steuerungssystem) und Regelungen zur Überwachung der Einhaltung dieser Regelungen (internes Überwachungssystem). Beim internen Überwachungssystem (→ *Internal control*) ist zwischen prozessintegrierten Überwachungsmaßnahmen (organisatorische Sicherungsmaßnahmen, Kontrollen) und prozessunabhängigen Überwachungsmaßnahmen, die im Wesentlichen von der → *Internen Revision* durchgeführt werden, zu unterscheiden.

Der Abschlussprüfer hat sich im Rahmen der Abschlussprüfung allerdings nur insoweit mit dem IKS zu befassen, als es für die Abschlussprüfung und das Rechnungslegungssystem relevant ist (IDW PS 400). Die Relevanz leitet sich aus folgenden Zielen der internen Kontrollmaßnahmen des Rechnungslegungssystems ab:

- Abwicklung von Geschäftsvorfällen in Übereinstimmung mit der generellen oder speziellen Ermächtigung der Unternehmensleitung,
- vollständige und zeitnahe Erfassung aller Geschäftsvorfälle u. a. Sachverhalte in der richtigen Höhe, auf den richtigen Konten und in der zugehörigen Abschlussperiode, um die Erstellung des Abschlusses in Übereinstimmung mit dem bestimmten Rechnungslegungskonzept zu gewährleisten,
- Vollständigkeit und Richtigkeit der Buchführungsunterlagen,
- Durchführung von Inventur (→ *Inventur, Prüfung*) in angemessenen Zeitabständen und Einleitung entsprechender Maßnahmen bei festgestellten Abweichungen,
- Zeitnahe und vollständige Bereitstellung verlässlicher und relevanter Informationen.

Der Abschlussprüfer muss nun feststellen, ob das beim bilanzierenden Unternehmen eingerichtete IKS geeignet ist, → *inhärente Risiken* aufzudecken sowie angemessen auf die identifizierten Risiken zu reagieren. Ein IKS ist als wirksam zu klassifizieren, wenn es mit hinreichender Sicherheit verhindert, dass sich die Unternehmensrisiken wesentlich auf die Normenkonformität des Jahresabschlusses oder des Lageberichtes auswirken. Zur Prüfung dieser Wirksamkeit ist im Rahmen der Systemprüfung das IKS sowohl hinsichtlich seines Aufbaus (→ *Aufbauprüfung*) als auch seiner Funktionsweise (→ *Funktionsprüfung*) zu untersuchen.

3 Vorgehensweise

3.1 Aufbauprüfung

3.1.1 Umfang der Aufbauprüfung

Die Aufbauprüfung dient der Einhaltung der Grundsätze der internen Kontrolle, die für die Erfüllung der Kontrollaufgaben von wesentlicher Bedeutung sind. Im Rahmen der Aufbauprüfung sollte sich der Abschlussprüfer an der konkreten Ausgestaltung des IKS durch die Unternehmensführung orientieren und folgende Komponenten des IKS untersuchen:

- **Kontrollumfeld**

Das Kontrollumfeld ist zu beurteilen, da sich mit einem ungünstigen Kontrollumfeld die Gefahr erhöht, dass die Mitarbeiter des Unternehmens die Regelungen des IKS nicht oder nur unzureichend beachten und anwenden. Ein günstiges Kontrollumfeld ist insofern notwendige, aber keine hinreichende Bedingung für die Wirksamkeit des IKS. Das Kontrollumfeld umfasst die Einstellungen, das Verhalten und das Problembewusstsein der Unternehmensführung sowie der mit Überwachungsaufgaben und -pflichten betrauten Mitarbeiter und wird bestimmt durch die Bedeutung von Integrität und ethischen Werten im Unternehmen, die im Unternehmen vorhandene fachliche Kompetenz, die Unternehmenskultur und -philosophie, den Führungsstil und die Wertvorstellungen der Unternehmensleitung sowie die Zuordnung von Weisungsrechten und Verantwortung und die Personalentwicklungsgrundsätze im Unternehmen.

- **Risikobeurteilung**

Risikobeurteilungen dienen dazu, sämtliche Risiken zu identifizieren und zu analysieren, die das Erreichen der Unternehmensziele gefährden können und bilden somit die Entscheidungsgrundlage für den Umgang mit diesen Risiken. Zur Prüfung der Angemessenheit dieser Risikobeurteilung durch das Unternehmen hat der Abschlussprüfer alle wesentlichen Regelungen zu hinterfragen, die auf der Feststellung und Analyse von für die Rechnungslegung relevanten Risiken gerichtet sind. Insbesondere muss der Abschlussprüfer ein Verständnis dafür entwickeln, wie im Unternehmen Risiken identifiziert werden, die sich auf die Ordnungsmäßigkeit und Verlässlichkeit der Rechnungslegung auswirken können.

- **Kontrollaktivitäten**
Kontrollaktivitäten sind Grundsätze und Verfahren, die gewährleisten sollen, dass die Entscheidungen der Unternehmensführung beachtet werden. Durch die Beurteilung der Kontrollaktivitäten durch den Abschlussprüfer soll festgestellt werden, ob und inwieweit diese geeignet sind, wesentliche Fehler in der Rechnungslegung zu verhindern bzw. aufzudecken und zu korrigieren. Für die Ordnungsmäßigkeit und Verlässlichkeit der Rechnungslegung besonders bedeutsame Kontrollaktivitäten sind die Analyse von Geschäftsvorfällen und Entwicklungen sowie die Kontrolle der Sicherung von Vermögenswerten und Funktionstrennung.

- **Information und Kommunikation**
Die Ordnungsmäßigkeit und Verlässlichkeit der Rechnungslegung setzt voraus, dass alle rechnungslegungsrelevanten Informationen durch ein funktionierendes Informationssystem in geeigneter und zeitgerechter Form erfasst und verarbeitet werden. Kenntnisse über dieses Informationssystem ermöglichen dem Abschlussprüfer, festzustellen, welche Arten von Geschäftsvorfällen im Unternehmen auftreten, wie diese erfasst und verarbeitet werden, welche Buchführungsunterlagen und Konten geführt werden und wie der Rechnungslegungsprozess organisiert ist. Durch die Prüfung der Kommunikationsprozesse kann der Abschlussprüfer Erkenntnisse darüber gewinnen, wie den Mitarbeitern ein Verständnis für ihre Aufgaben und Verantwortlichkeiten in Bezug auf die Erfassung und Verarbeitung von Geschäftsvorfällen vermittelt wird.

- **Überwachung des IKS**
Der Abschlussprüfer hat in der Aufbauprüfung weiterhin zu untersuchen, inwieweit die Funktionsfähigkeit und Wirksamkeit des IKS systematisch oder spontan durch Mitarbeiter des Unternehmens überwacht wird. Solche Überwachungsmaßnahmen können zum einen in den Unternehmensprozess integriert sein oder zum anderen von der Internen Revision durchgeführt werden.

3.1.2 Systemerfassung und vorläufige Systembeurteilung
Die prüferische Beurteilung der Aufbauorganisation und der einzelnen Komponenten des IKS erfordert eine *Systemerfassung* und führt zu einer vorläufigen Systembeurteilung. Die Systemerfassung erfolgt in der Prüfungspraxis i. d. R. mit Hilfe von *Fragebögen*, die der Abschlussprüfer in Form einer →*Checkliste* selbst ausfüllt. Die zum Ausfüllen erforderlichen →*Prüfungsnachweise* kann der Prüfer entweder durch

eigene Beobachtungen von Aktivitäten und Systemabläufen oder aber durch Befragung von Mitgliedern der Unternehmensleitung, Personen mit Überwachungsfunktion oder sonstigen Mitarbeitern (Interview) erlangen. Für die Zusammenstellung des Fragenkatalogs wird für das IKS zunächst ein Soll-System konstruiert, wobei die Existenz jeder in diesem Sollsystem vorhandenen Kontrolleinrichtung abgefragt wird. Die einzelnen Fragen sind letztendlich so formuliert, dass die Bejahung einer Frage eine Übereinstimmung mit dem Soll-System signalisiert, während eine Verneinung auf eine Systemschwäche hinweist. Durch die abschließende Auswertung des Fragebogens kann der Abschlussprüfer dann die Systemstärken und -schwächen identifizieren und eine vorläufige Beurteilung der erwarteten Zuverlässigkeit des IKS vornehmen (*reliance test*).

Nach der *vorläufigen Systembeurteilung* wird eine vorläufige → *Prüfungsstrategie* entwickelt, wobei die identifizierten Systemschwächen und -stärken in die Planung der anzuwendenden Prüfungsmethode, der Art (z. B. Einholung von Fremdbestätigungen), des Umfangs (z. B. Erfordernis der Durchführung → *aussagebezogener Prüfungshandlungen*) und des Zeitpunkts (z. B. im Rahmen der → *Zwischenprüfung*) einfließen. Stellt der Abschlussprüfer bei Durchführung der Aufbauprüfung fest, dass das IKS ganz oder in Teilen als unzuverlässig einzuschätzen ist, ist in den betreffenden Prüffeldern von einem hohen → *Kontrollrisiko* auszugehen, mit der Konsequenz, dass der Abschlussprüfer zur Sicherstellung der Ordnungsmäßigkeit den Umfang der aussagebezogenen Prüfungshandlungen auszuweiten hat. Lässt die Aufbauprüfung dagegen die Einschätzung eines geringen Kontrollrisikos zu, muss der Abschlussprüfer für die abschließende Beurteilung der Kontrollrisiken nur noch die Funktionsweise des IKS auf Basis von durch Funktionsprüfungen eingeholten Prüfungsnachweisen bestätigen.

3.2 Funktionsprüfung

Die Funktionsprüfung umfasst eine Transformationsprüfung, eine Funktionsfähigkeitsprüfung und die abschließende Systembeurteilung und dient der Feststellung, ob eine wirksam konstruierte Systemausgestaltung auch tatsächlich geeignet ist, wesentliche Verstöße gegen Rechnungslegungsnormen zu verhindern bzw. aufzudecken und zu korrigieren. Zu diesem Zweck wird mit Hilfe einer Stichprobenauswahl festgestellt, ob das IKS auch kontinuierlich praktiziert wird (*Transformationsprüfung*) und ob die implementierten Kontrollen auch effektiv sind (*Funktionsfähigkeitsprüfung*). Die erforderlichen Prüfungshandlungen zur Durchführung von Transformations- und Funktionsfähigkeitsprüfungen bezeichnet man als *compliance test*. Die Erkenntnisse aus der Funktionsprüfung stellen letztendlich die Grundlage für die *abschließende Systembeurteilung* dar, in der die Ergebnisse der Transformations- und Funktionsfähigkeitsprüfung zusammengefasst und mit der vorläufigen Systembeurteilung abgestimmt werden. Auf Grundlage der Ergebnisse der abschließenden Systembeurteilung hat der Abschlussprüfer nun die weiterhin anzuwendende Prüfungsmethode sowie die Art und den Umfang der verbleibenden aussagebezogenen Prüfungshandlungen zu bestimmen, wobei gilt: Lässt die Systemprüfung ein wirksames IKS und folglich geringe Kontrollrisiken in Prüffeldern vermuten, so kann der Abschlussprüfer den Umfang der aussagebezogenen Prüfungshandlungen reduzieren. Deckt die systemorientierte Prüfung des IKS dagegen wesentliche Schwächen des Systems auf, ist der Prüfungsumfang zumindest in den Prüffeldern mit hohem Kontrollrisiko auszudehnen.

3.3 Aspekte einer heuristisch orientierten Systemprüfung

In der Praxis ist der Prüfer regelmäßig nicht in der Lage, ex ante ein normenkonformes Soll-System zu entwerfen. Dies liegt vor allem darin begründet, dass das Soll-System zu komplex ist und es aufgrund der weitgehenden Freiheiten bei der Systemgestaltung eine Vielzahl zulässiger Soll-Systeme gibt. Aus diesem Grunde stellt die Systemprüfung fast ausnahmslos keinen traditionellen → *Soll-Ist-Vergleich* dar. Vielmehr bildet der Prüfer das Ist-System zunächst gedanklich ab. Anschließend bildet er Fehlerhypothesen (z.B. vermutete Schwachstellen aufgrund von Erfahrungen aus der Vorjahresprüfung oder aufgrund von Reaktionen des Systems auf die Eingabe schwieriger Geschäftsvorfälle). Das Ist-System wird durch den Einsatz geeigneter Prüfungshandlungen im Hinblick auf die Existenz dieser Fehler untersucht. Dieses Vorgehen wird solange fortgesetzt, bis der Prüfer die für die Systembeurteilung erforderliche Urteilssicherheit erreicht hat (→ *Suchprozess*, → *Informationsverarbeitungsansatz*). Das Ist-System ergibt sich hier durch die sukzessive Systemerfassung und das Soll-System stellt das um die identifizierten Schwachstellen korrigierte Ist-System dar.

Reiner Quick

Literatur: *Knop, W.*, in: Die Wirtschaftsprüfung 1984, S. 313–319, S. 348–355; *Quick, R.*, Die Risiken der Jahresabschlußprüfung, 1996.

SysTrust

Seit Anfang der 90er-Jahre bemüht sich die Berufsorganisation der US-amerikanischen WP (→ *AICPA*) um die Sicherung der Bedeutung des eigenen Berufsstandes auf dem Markt für Unternehmensinformationen. Im Fokus stehen dabei die Identifikation potenzieller neuer Geschäftsfelder für WP und die Herleitung neuer sowie die Weiterentwicklung bestehender Dienstleistungen. Wird durch Dienstleistungen von WP die Entscheidungsnützlichkeit von Informationen erhöht, so wird von assurance services (→ *Prüfungsdienstleistungen, freiwillige*) gesprochen, unter welchen auch SysTrust einzuordnen ist.

Immer mehr Unternehmen sind in wesentlichem Umfang auf Kommunikationstechnik angewiesen. Die Sicherheit und Verfügbarkeit der → *IT-Systeme* ist somit zunehmend eine notwendige Voraussetzung für den geordneten Geschäftsbetrieb. Auch bei E-Business sind durch Outsourcing, Kooperationen und Joint-Ventures die Systeme verschiedener Unternehmen untereinander verzahnt. Damit wird die Vertrauenswürdigkeit von Systemen für das Zustandekommen derartiger Geschäftsbeziehungen erforderlich. Mit SysTrust haben die US-amerikanische und die kanadische Berufsorganisation der WP (AICPA und → *CICA*) einen assurance service entwickelt, der auf die Prüfung von Systemen hinsichtlich ihrer Ausfallsicherheit (reliability) abzielt. Als System wird der organisatorische Verbund von Software, Infrastruktur, Mitarbeitern, Prozeduren und Daten mit dem Ziel der Informationsverarbeitung in einem Unternehmen verstanden. Die SysTrust-Prüfung wurde bisher in Deutschland nicht spezifisch normiert.

Zur Software zählen sowohl Programme als auch Betriebssysteme. In Unternehmen werden Programme z.B. zur Optimierung der Ressourcenallokation (ERP) oder zur Ermittlung und Verarbeitung von Rechnungslegungsdaten eingesetzt. Die Anwendung solcher Programme bedingt die Kombination verschiedener Hardwarekomponenten (z.B. Server, Großrechner, Netzwerkkomponenten). Die Organisation dieser Hardwarekomponenten wird als Infrastruktur beschrieben. Darüber hinaus gehören die mit der Administration und Programmierung sowie der Nutzung betrauten Mitarbeiter zum IT-System. Die Organisation des Arbeitsablaufes wird durch Prozesse beschrieben. Dabei wird zwischen manuellen (z.B. Dateneingabe) und automatisierten Prozessen (z.B. Datensicherung) unterschieden. Die dazu notwendigen Daten werden in Datenbanken abgelegt. Zur Beurteilung der Datenstruktur gehört auch der Datenfluss bei der Realisierung von Prozessen.

Eine einheitliche Definition für system reliability findet sich in der Literatur nicht. Das AICPA beschreibt Systeme als ausfallsicher, sofern sie ohne wesentliche Fehler während einer bestimmten Zeit in einer genau spezifizierten Umgebung arbeiten. Die Ausfallsicherheit von Systemen soll durch die Einhaltung von vier Prinzipien beurteilt werden, die durch zugehörige Kriterien konkretisiert wurden.

Diese Prinzipien lauten:

- Verfügbarkeit (availability),
- Sicherheit (security),
- Integrität (integrity) und
- Eignung zur Instandhaltung (maintainability).

Die zugehörigen Kriterien lassen sich in drei Kategorien einteilen:

- Es existieren zweckmäßige Richtlinien (bei »Sicherheit« z. B. »es existiert eine zweckmäßige Sicherheitsrichtlinie«).
- Diese Richtlinien wurden korrekt implementiert (bei »Sicherheit« z. B. »es existieren Systemfunktionen und Prozeduren, die die Einhaltung der Richtlinien gewährleisten«).
- Die Einhaltung der Richtlinien wird überwacht.

Systeme sind als verfügbar zu erachten, sofern sie innerhalb vordefinierter Zeitfenster für bestimmte Operationen eingesetzt werden können. Der Umfang der notwendigen Funktionalität wird in sog. service level agreements bestimmt. Die Sicherheit von Systemen ist gewahrt, sofern der physische oder logische Zugriff durch unautorisierte Personen ausgeschlossen werden kann. Kann davon ausgegangen werden, dass die Prozesse vollständig, fehlerfrei, autorisiert und pünktlich realisiert werden, so ist die Integrität als gewahrt zu erachten. Darüber hinaus muss sichergestellt sein, dass diese drei Kriterien auch zukünftig durch das System eingehalten werden können. Dazu ist die Instandhaltung und in mittlerer Perspektive auch die Aktualität des Systems (z. B. durch Einspielen von sog. updates) zu gewährleisten. Diese Prinzipien können einzeln oder zusammen geprüft werden.

Tag der Veröffentlichung → Ereignisse nach dem Abschlussstichtag

Tätigkeitsbereiche des Wirtschaftsprüfers

1 Definition und Überblick

Die zulässigen Tätigkeiten eines → *WP* lassen sich aus § 2 WPO ableiten. Bei den dort aufgeführten Tätigkeiten kann zunächst differenziert werden nach betriebswirtschaftlichen Prüfungen (§ 2 Abs. 1 WPO) und sonstigen Tätigkeiten (§ 2 Abs. 2, 3 WPO). Erstere wiederum können unterschieden werden in gesetzlich vorgeschriebene Prüfungen (→ *Prüfungsdienstleistungen, gesetzliche*) und Prüfungen, die vom Mandanten auf freiwilliger Basis in Auftrag gegeben werden (→ *Prüfungsdienstleistungen, freiwillige*). Die Wahrnehmung einer der im Folgenden beschriebenen Tätigkeiten setzt im konkreten Einzelfall voraus, dass der WP die allgemeinen Berufspflichten des § 43 WPO sowie im speziellen Fall der Abschlussprüfung die Unabhängigkeitsanforderungen der §§ 319, 319a HGB erfüllt (→ *Unabhängigkeit*).

2 Gesetzliche Prüfungsleistungen

2.1 Abschlussprüfungen

Das zentrale und originäre Tätigkeitsfeld eines WP besteht in der Durchführung von handelsrechtlichen → *Abschlussprüfungen* nach den §§ 316–324a HGB. Dabei handelt es sich um eine für bestimmte wirtschaftliche Unternehmen vom Gesetzgeber vorgeschriebene Prüfung, die nach § 319 Abs. 1 Satz 1 HGB → *Vorbehaltsaufgabe des WP* bzw. von → *WPG* ist. Die Abschlussprüfung von mittelgroßen → *GmbH* und mittelgroßen haftungsbeschränkten Personenhandelsgesellschaften i. S. d. § 264a Abs. 1 HGB (→ *Kapitalgesellschaften & Co.*) kann gem. § 319 Abs. 1 Satz 2 HGB auch von → *vBP* oder → *BPG* durchgeführt werden. Das Ziel der Abschlussprüfung besteht darin, die Verlässlichkeit der in den geprüften Abschlüssen und Lageberichten (→ *Lagebericht, Prüfung*) enthaltenen Informationen zu bestätigen und sicherzustellen, dass der Mandant die gesetzlichen und durch die Satzung vorgegebenen Bilanzierungsregeln eingehalten und bestehende Spielräume bei der Rechnungslegung nicht überschritten hat. Das →*Prüfungsurteil* gibt der Prüfer in Form eines →*Bestätigungsvermerks* bzw. eines Vermerks über dessen Versagung und eines ausführlichen →*Prüfungsberichts* ab.

2.2 Weitere gesetzliche Prüfungsleistungen

Neben die Abschlussprüfung treten Prüfungen von besonderen Vorgängen, bei denen durch gesetzliche Vorschriften eine Prüfung verlangt wird. Zu nennen sind hier insbesondere die Anlässe Gründung (→*Gründungsprüfung*), Umwandlung (→*Umwandlungsprüfung*), Verschmelzung (→*Verschmelzungsprüfung*) oder →*squeeze-out*. Des Weiteren kann der WP →*Wirtschaftlichkeits-*, →*Funktions-* (z.B. Prüfung des →*IKS*) und →*Geschäftsführungsprüfungen* vornehmen.

3 Freiwillige Prüfungsleistungen

Unter die freiwilligen Prüfungsleistungen fallen bspw. Prüfungen von Abschlüssen von Unternehmen, für die vom Gesetzgeber keine Abschlussprüfung vorgeschrieben ist (z.B. kleine Kapitalgesellschaften und Personenhandelsgesellschaften, die nicht unter das →*PublG* fallen). Ebenfalls zu den freiwilligen Prüfungsleistungen rechnet man die Durchführung sog. →*prüferischer Durchsichten* (*reviews*) von Quartals- oder Zwischenberichten (→*Unterjähriger Bericht, Prüfung*).

4 Sonstige Betätigungsfelder

Ein weiteres wesentliches Betätigungsfeld eines WP liegt in der betriebswirtschaftlichen Beratung (§ 2 Abs. 3 Nr. 2 WPO). Hierunter fällt bspw. die Beratung in Bezug auf Organisations- und IT-Fragen, interne Frühwarnsysteme, Strategiekonzepte, Management-Informationssysteme sowie Sanierungsfragen (→*Unternehmensberatung*).

Ebenfalls zu den wichtigen Tätigkeitsgebieten eines WP gehört die Beratung in sämtlichen steuerlichen Angelegenheiten (§ 2 Abs. 2 WPO i.V.m. §§ 3, 12 StBerG) (→*Steuerberatung*). Berufsangehörige besitzen auch das Recht, Steuerpflichtige vor den Finanzgerichten und dem BFH zu vertreten.

Ferner zählt die Übernahme von Gutachteraufgaben wie die Tätigkeit als unabhängiger →*Sachverständiger* in Fragen der wirtschaftlichen Betriebsführung, die Tätigkeit als Gutachter in Schiedsverfahren (→*Begutachtung*) oder auch die umfassende Bewertung von Unternehmen oder von Unternehmensteilen (→*Unternehmensbewertung*) unter Beachtung des IDW S 1 n.F. zu den Betätigungsfeldern eines WP. Schließlich räumt § 2 Abs. 3 Nr. 3 WPO dem WP das Recht zur Wahrnehmung von Treuhandaufgaben gesetzlich ein (→ *Treuhandwesen*). Darunter fallen Aufgaben wie z. B. Vermögens-, Insolvenz-/Vergleichs-, Nachlassverwaltung sowie Liquidationen oder auch die sog. Domizilgewährung.

Literatur: *WPK* (Hrsg.), Die Tätigkeit der Wirtschaftsprüfer und vereidigten Buchprüfer, 2004.

Tätigkeitskreisorientierte Prüfung

1 Grundzüge einer tätigkeitskreisorientierten Prüfung

Bei der tätigkeitskreisorientierten Prüfung (transaction cycle approach) handelt es sich gem. IDW PS 260.37 wie bei der → *abschlusspostenorientierten Prüfung* und der → *geschäftsrisikoorientierten Prüfung* um einen möglichen Ansatzpunkt für die Ausgestaltung des risikoorientierten Prüfungsansatzes (→ *Risikoorientierte Abschlussprüfung*). Zentrales Merkmal einer tätigkeitskreisorientierten Prüfung ist die Abgrenzung wesentlicher Tätigkeitskreise (Transaktionskreise, sog. transaction cycles), die homogene Vorgänge im Sinne einer geeigneten Prüfbarkeit darstellen. Ein Tätigkeitskreis umfasst zusammenhängende Geschäftsvorfälle, Abschlussposten sowie damit verbundene Verarbeitungs- und Kontrollsysteme (→ *IKS*). Durch die Abgrenzung von Geschäftsvorfällen nach Tätigkeitskreisen sollen, wie auch bei der geschäftsrisikoorientierten Prüfung, nicht einzelne Geschäftsvorfälle oder Abschlussposten isoliert voneinander betrachtet werden. Ziel ist vielmehr, *zusammengehörige* Prozesse, Geschäftsvorfälle sowie die zugehörigen Abschlussposten zu untersuchen. Für ein solches Vorgehen spricht auch, dass die internen Kontrollen und Kontrollrisiken in Bezug auf den einzelnen Tätigkeitskreis zumeist relativ homogen sind.

2 Abgrenzung der Tätigkeitskreise

Die Abgrenzung von Tätigkeitskreisen ist in Abhängigkeit von der jeweiligen Unternehmenssituation vorzunehmen. Folgende Unterteilung ist üblich: 1) Beschaffung: Beschaffungsvorgänge und Beschaffungsausgaben (acquisition and payment cycle), 2) Löhne, Gehälter und Personal (payroll and personnel cycle), 3) Produktion und Lagerhaltung (inventory and warehousing cycle), 4) Absatz: Verkauf und Verkaufseinnahmen (sales and collection cycle), 5) Kapitalaufnahme und Rückzahlung (capital acquisition and repayment cycle).

Die einzelnen Tätigkeitskreise weisen neben der inneren Prozessperspektive auch zwischen den einzelnen Tätigkeitskreisen einen Zusammenhang auf. Bspw. ist eine Erweiterung des Produktionsprozesses mit einem Anstieg der Beschaffung von Produktionsmitteln sowie der Entlohnung der Beschäftigten verbunden. Die fertigen Produkte werden innerhalb der Lagerhaltung erfasst und führen beim Verkauf zu Einnahmen, wodurch der Produktionsprozess finanziert bzw. Kapitalkosten gedeckt werden können. Die genannten Geschäftsvorfälle betreffen einen oder mehrere der genannten Tätigkeitskreise und lösen entsprechende Kontenbewegungen aus. Demnach berücksichtigt die tätigkeitskreisorientierte Prüfung auch einzelne Konten und die dahinter stehenden → *Abschlussaussagen*. Bei der Auswahl der zu prüfenden Tätigkeitskreise sollten unter Berücksichtigung von geschäftsrisikoorientierten Überlegungen jene Tätigkeitskreise verstärkt geprüft werden, denen aus Sicht des jeweiligen Unternehmens eine besondere Bedeutung zukommt.

3 Prüferisches Vorgehen

Folgende Vorgehensweise, die sich an der risikoorientierten Abschlussprüfung orientiert, bietet sich bei der Prüfung eines Tätigkeitskreises an: 1) Analyse eines Tätigkeitskreises, 2) Feststellung des → *inhärenten Risikos*, 3) Abschätzung des → *Kontrollrisikos*, 4) Durchführung → *aussagebezogener Prüfungshandlungen*, 5) Evaluation und Aggregation der → *Prüfungsnachweise*.

Das prüferische Vorgehen zielt letztendlich darauf ab, eine Beurteilung der hinter dem Tätigkeitskreis stehenden Abschlussposten im Jahresabschluss vornehmen zu können. Die Beurteilung aller geprüften Tätigkeitskreise und der dahinter stehenden Abschlussposten soll schließlich ein Gesamturteil über den Jahresabschluss ermöglichen (→ *Urteilsbildungsprozess*).

Literatur: *Arens, A.A./Elder, R.J./Beasley, M.S.*, Auditing and Assurance Services, 2005.

Tax assets → Steuerabgrenzung, Prüfung

Tax liabilities → Steuerabgrenzung, Prüfung

Teilurteil → Urteilsbildungsprozess

Test of control → Systemprüfung

Testat → Bestätigungsvermerk

Testdatenmethode

Als Methode der →*Programmfunktionsprüfung* dient die Testdatenmethode der Überprüfung von Aufbau und Funktionsweise des eingesetzten Rechnungslegungsprogramms. Bei der Testdatenmethode konstruiert der Prüfer *außerhalb des allgemeinen Geschäftsablaufs* fiktive Geschäftsvorfälle und lässt diese anstelle von Originaldaten durch die beim Mandanten eingesetzte Software verarbeiten. Beim Testen wird ein Programm mit dem Ziel ausgeführt, Fehlfunktionen sichtbar zu machen. Dabei sind *verarbeitungsorientierte* (dem Geschäftsverlauf entsprechende Geschäftsvorfälle) und *kontrollorientierte Geschäftsvorfälle* (fehlerhafte Datensätze) zu unterscheiden.

Testrisiko

Das Testrisiko wird auch als Risiko aus →*Einzelfallprüfungen* bezeichnet. Dabei handelt es sich um die Wahrscheinlichkeit, dass der Prüfer im →*Prüffeld* vorkommende, durch interne Kontrollen (→*IKS*) nicht rechtzeitig verhinderte oder aufgedeckte und durch →*analytische Prüfungen* nicht wahrgenommene →*Fehler* im Rahmen seiner Einzelfallprüfungen nicht entdeckt. Im Zusammenhang mit den →*Risikomodellen* umfasst das Testrisiko lediglich das Stichprobenrisiko, d.h. die Gefahr, dass der Prüfer bei der Untersuchung einer →*Stichprobe* zu einem anderen Schluss kommt, als wenn er sämtliche Elemente der Grundgesamtheit untersucht hätte. Das Stichprobenrisiko basiert auf dem Stichprobenfehler und resultiert aus der Möglichkeit, dass eine Stichprobe nicht genau die Grundgesamtheit repräsentiert, aus der sie gezogen wird. Dagegen abstrahieren die Risikomodelle vom sog. Nicht-Stichprobenrisiko, d.h. die nicht auf Stichproben zurückzuführende Gefahr, Fehler zu übersehen. Dieses Problem entsteht z.B. bei Anwendung unangemessener Prüfungshandlungen, bei unsorgfältiger Anwendung angemessener Prüfungshandlungen oder bei der Fehlinterpretation von Prüfungserkenntnissen.

Testverfahren

Statistische Testverfahren werden im Prüfungswesen verwendet, um die Ordnungsmäßigkeit eines →*Prüffeldes* zu untersuchen. Dabei ist zwischen einstufigen Testverfahren (*einfacher Hypothesentest*), bei denen die →*Stichprobe* in einem Durchgang gezogen wird, und sequentiellen Testverfahren (→*Sequentialtest*), bei denen die Stichprobenelemente einzeln nacheinander gezogen werden und nach jeder Stichprobenentnahme zu überprüfen ist, ob bereits ein hinreichend sicheres Prüfungsurteil gefällt werden kann, zu unterscheiden. Im Folgenden soll der einfache Hypothesentest näher erläutert werden, wobei der Prüfer eine Hypothese zum Fehleranteil (homograde Fragestellung) oder zur Fehlerhöhe (heterograde Fragestellung) in einem Prüffeld definiert.

Beim *homograden Hypothesentest* wird zunächst ein gerade noch akzeptabler (Annahmegrenze) sowie ein nicht mehr zu akzeptierender Fehleranteil (Ablehnungsgrenze) festgelegt und dann anhand einer Stichprobe untersucht, ob deren Merkmalsausprägungen eher die Hypothese »Annahme« oder die Hypothese »Ablehnung« plausibel erscheinen lassen. Ausgangspunkt von Testverfahren zur Beurteilung der Fehlerhöhe (*heterograde Fragestellung*) ist die Annahme, dass sich bei einem ausreichend großen Stichprobenumfang nach dem Grenzwertsatz von De Moivre und Laplace die Stichprobenparameter $\bar{y}$ (durchschnittlicher Soll-Wert der Stichprobe) bei häufiger Wiederholung einer Stichprobenziehung und -auswertung annähernd normal um den Grundgesamtheitsparameter µ (tatsächlicher durchschnittlicher Sollwert der Grundgesamtheit, d.h. des Prüffeldes) verteilen. Genauso wie beim homograden Ansatz werden dann eine *Nullhypothese* H_0 (der durchschnittliche Soll-Wert des Prüffeldes beläuft sich auf μ_0 €) und eine *Gegenhypothese* H_1 (der durchschnittliche Soll-Wert des Prüffeldes beläuft sich auf μ_1 €) formuliert.

Unter Annahme der →*Normalverteilung* ermittelt sich die *Annahmegrenze der Nullhypothese* nach der Formel

$$\bar{y}^* = \mu_0 - t_0 \frac{\sigma}{\sqrt{n}} \sqrt{\frac{N-n}{N-1}}.$$

Dabei ist t_0 vom vorgegebenen Risiko der unzutreffenden Ablehnung der Nullhypothese (→*Alpha-Fehler*) abhängig. N bezeichnet den Umfang der Grundgesamtheit, n den Stichprobenumfang und σ die (unbekannte) Standardabweichung der Grundgesamtheit, d.h. der Soll-Werte des Prüffeldes. Diese Standardabweichung ist geeignet zu schätzen, bspw. durch die Standardabweichung der Ist-Werte des Prüffeldes (dies setzt voraus, dass der Prüfer ein grundsätzlich ordnungsmäßiges Prüffeld vermutet), die Varianz des Prüffeldes aus dem Vorjahr (dies setzt voraus, dass sich die Werthöhen und -häufigkeiten nicht wesentlich verändert haben) oder durch eine Pilotstichprobe. Auf analoge Weise ermittelt sich die *Annahmegrenze der Gegenhypothese* mit

$$\overline{y}^* = \mu_1 - t_1 \frac{\sigma}{\sqrt{n}} \sqrt{\frac{N-n}{N-1}},$$

wobei t_1 vom vorgegebenen Risiko der unzutreffenden Annahme der Nullhypothese (→ *Beta-Fehler*) abhängig ist und ebenso wie t_0 aus der Vertafelung der Verteilungsfunktion der Standardnormalverteilung entnommen werden kann. Der daraus resultierende Entscheidungsbereich ist in der folgenden Abbildung dargestellt:

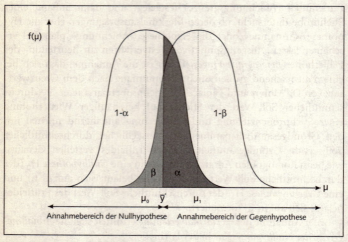

Abb. 10: Annahmebereich der Nullhypothese und der Gegenhypothese

Da beide Grenzen zusammenfallen sollen, ermittelt man den erforderlichen *Stichprobenumfang* durch Gleichsetzen der rechten Seiten der beiden Gleichungen und Auflösung nach n. Unter Vernachlässigung des Endlichkeitskorrekturfaktors $(N-n)/(N-1)$ ergibt sich

$$n = \left[\frac{\sigma(t_0 + t_1)}{\mu_1 - \mu_0} \right]^2.$$

Theorie → Prüfungstheorie

Top down-Ansatz

Merkmal einer Prüfung im Sinne des top down-Ansatzes ist, dass der Aufbau der Prüfung anhand der Unternehmensorganisation und -steuerung erfolgt. Zunächst verschafft sich der Prüfer aus Sicht der Unternehmensleitung (top) ein Gesamtverständnis für das Unternehmen und sein Umfeld. Anschließend bildet der Prüfer aus den erzielten Erkenntnissen eine Erwartungshaltung, um so eine Aussage über mögliche → *Prüfungsrisiken* und → *Abschlussaussagen* (down) treffen zu können. Insbesondere gilt es, den Schwerpunkt → *aussagebezogener Prüfungshandlungen* auf die zuvor identifizierten Prüfungsrisiken abzustimmen. Dieses Vorgehen findet Anwendung im Rahmen der → *risikoorientierten Abschlussprüfung*. Eine noch stärkere Betonung von Elementen des top down-Ansatzes ist im Zuge der → *geschäftsrisikoorientierten Prüfung* gegeben, dessen grundlegende Merkmale denen des top down-Ansatzes entsprechen.

Transaction audit → Tätigkeitskreisorientierte Prüfung

Transaction cycles → Tätigkeitskreisorientierte Prüfung

Transaktionsorientierte Prüfung → Tätigkeitskreisorientierte Prüfung

Transparenzbericht

Prüfungsgesellschaften, die bei Unternehmen des öffentlichen Interesses (→ *Kapitalmarktorientierte Unternehmen*) Abschlussprüfungen vornehmen, werden nach Umsetzung des Art. 38 der modernisierten 8. EU-Richtlinie in nationales Recht verpflichtet sein, jährlich im Rahmen ihrer Internetpräsenz einen ausführlichen Transparenzbericht zu veröffentlichen, der einen Einblick in die Prüfungsgesellschaft und deren Netzverbund ermöglicht. Als wesentliche Punkte soll dieser Bericht eine Erklärung der Prüfungsgesellschaft zu ihrer Leitungsstruktur, eine Beschreibung ihres internen Qualitätskontrollsystems (→ *Qualitätssicherung, interne*) sowie eine Erklärung des Verwaltungs- oder Leitungsorgans zu dessen Wirksamkeit enthalten. Ferner müssen im Transparenzbericht das Datum der letzten Qualitätskontrolle, die Bemessung der Vergütung der Partner sowie eine Aufschlüsselung des Gesamtumsatzes nach Honoraren für bestimmte Dienstleistungen angegeben werden.

Trendanalysen

Die Trendanalyse wird im Prüfungswesen verwendet, um festzustellen, ob bestimmte Jahresabschlussposten aufgrund ihrer Entwicklung in den vorangegangenen Geschäftsjahren plausibel erscheinen (→ *Analytische Prüfungen*). Dabei ermittelt der Prüfer durch *Extrapolation* der Entwicklung der Jahresabschlussbeträge über die letzten Perioden einen Erwartungswert, der als Vergleichsmaßstab für den zu prüfenden Jahresabschlussposten herangezogen wird.

Bei einer *graphischen Darstellung* werden die Beträge des zu prüfenden Jahresabschlusspostens zu verschiedenen Zeitpunkten in ein Streuungsdiagramm eingetragen. Darin wird freihändig eine Trendlinie eingetragen, die die Entwicklung des Postens verdeutlicht. Durch die Verlängerung der Linie wird ein Prognosewert für die zu prüfende Größe entwickelt. Der Bereich, in den die Beträge der Vorjahre gefallen sind, wird durch eine obere und untere Grenzlinie (*Konfidenzintervall*) gekennzeichnet. Es ist kein linearer Verlauf vorgeschrieben. Mit Hilfe der *Methode der kleinsten Quadrate* lässt sich die Lage der Trendlinie im Streuungsdiagramm auch mathematisch bestimmen.

Der Vorteil der Trendanalyse besteht darin, dass zufällige Schwankungen des untersuchten Jahresabschlusspostens durch die Berücksichtigung einer Vielzahl von Vorperioden nivelliert werden. Als Nachteil ist anzusehen, dass die Trendanalyse lediglich die *Zeit als alleinigen Einflussfaktor* für die Entwicklung des zu prüfenden Jahresabschlusspostens berücksichtigt und folglich unterstellt wird, dass andere Einflussfaktoren des Jahresabschlusspostens im Zeitverlauf konstant bleiben.

Treuhänder → Treuhandwesen

Treuhandwesen

Gegenstand des Treuhandwesens i.e.S. sind Treuhandschaften. Die Treuhandschaft ist ein Rechtsinstitut, bei dem der Treugeber dem Treuhänder bestimmte Rechtsbefugnisse über das Treuhandgut einräumt. Die Treuhandschaft besteht somit in der Verwaltung oder Verfügung über fremde Vermögensposten im Interesse der Eigentümer oder anderer Personen. Als wesentliche Formen der Treuhandschaft sind die Ermächtigungstreuhand und die Vollmachtstreuhand zu nennen. Treuhandwesen i.w.S. beschreibt alle Tätigkeiten zur Wahrnehmung fremder Interessen unter Zurücksetzung eigener Interessen. Es umfasst damit auch Prüfungs-, Beratungs- und Sachverständigentätigkeiten. Die Treuhandtätigkeit gehört gem. § 2 Abs. 3 Nr. 3 WPO zu den → *Tätigkeitsbereichen des WP*. Für den WP kommen als treuhänderische Funktionen insbesondere die Tätigkeit als Testamentsvollstrecker, Nachlassverwalter, Insolvenzverwalter sowie Liquidator in Betracht.

Übernahme von Ergebnissen Dritter → Verwendung von Urteilen Dritter

Übernahme von Funktionen beim Mandanten → Unabhängigkeit

Überschuldung → Going concern-Annahme, Prüfung

Überwachungssystem → Risikomanagementsystem, Prüfung

Überwachungssystem, Prüfung

Das Überwachungssystem ist Teil des Risikomanagementsystems, welches gem. § 317 Abs. 4 HGB vom Abschlussprüfer im Rahmen der Abschlussprüfung einer börsennotierten AG zu beurteilen ist (→ *Risikomanagementsystem, Prüfung*).

Umgekehrte Maßgeblichkeit → Maßgeblichkeit der HB für die Steuerbilanz

Umlaufvermögen

→ *Vermögensgegenstände* gehören zum Umlaufvermögen, wenn sie nicht → *Anlagevermögen* sind, also nicht dazu »bestimmt sind, dauernd dem Geschäftsbetrieb zu dienen« (§ 247 Abs. 2 HGB). Nach diesem Kriterium der wirtschaftlichen Zweckbestimmung liegt Umlaufvermögen vor, wenn Vermögensgegenstände zur Weiterverarbeitung oder zum Verkauf bestimmt sind. Im Zweifel ist auf den Willen des Kaufmanns abzustellen.

In der Bilanz wird das Umlaufvermögen gem. § 266 Abs. 2 B. HGB in Vorräte (→ *Vorräte, Prüfung*), Forderungen und sonstige Vermögensgegenstände (→ *Forderungen, Prüfung*), Wertpapiere (→ *Finanzinstrumente, Prüfung*) sowie Kassenbestand, Bundesbankguthaben, Guthaben bei Kreditinstituten und Schecks (→ *Zahlungsmittel und Zahlungsmitteläquivalente, Prüfung*) gegliedert. Der korrespondierende IFRS-Begriff lautet → *current assets*.

Umsatzkostenverfahren → GuV, Prüfung

Umwandlungsprüfung

Das UmwG unterscheidet mit der Verschmelzung, der Spaltung, der Vermögensübertragung und dem Formwechsel vier Arten der Umwandlung (§ 1 Abs. 1 Nr. 1–4 UmwG). Die Prüfung richtet sich nach der vorliegenden Umwandlungsart sowie Rechtsform der an der Umwandlung beteiligten Rechtsträger. Im Fall einer Verschmelzung, die durch Aufnahme oder durch Neugründung erfolgen kann, sind die allgemeinen Vorschriften über die Prüfung der Verschmelzung, die Verschmelzungsprüfer und die Berichtspflichten in den §§ 9–12 UmwG enthalten. Die Vorschrift, die die Prüfung anordnet, ist dagegen in den besonderen Vorschriften des UmwG für die unterschiedlichen Formen der Rechtsträger enthalten (→ *Verschmelzungsprüfung*). Bei der Spaltung ist nach § 123 UmwG zwischen der Aufspaltung (§ 123 Abs. 1 UmwG), Abspaltung (§ 123 Abs. 2 UmwG) und Ausgliederung (§ 123 Abs. 3 UmwG) zu unterscheiden, die analog zur Verschmelzung durch Aufnahme oder Neugründung möglich sind. Die rechtlichen Vorschriften zur Spaltungsprüfung entsprechen weitgehend denen der Verschmelzungsprüfung, so dass sowohl die allgemeinen Vorschriften (§§ 9–12 UmwG) als auch die speziellen Vorschriften für die beteiligten Rechtsträger (§ 125 UmwG) anzuwenden sind. Bei Auf- und Abspaltungen ist eine Spaltungsprüfung obligatorisch. Lediglich bei der Ausgliederung besteht keine Prüfungspflicht (§ 125 Satz 2 UmwG). Bei der Vermögensübertragung ist zwischen der Vollübertragung und der Teilübertragung des Vermögens zu unterscheiden (§ 174 Abs. 1 u. 2 UmwG). Da die Vollübertragung mit der Verschmelzung vergleichbar ist und die Teilübertragung der Spaltung entspricht, sind für die Prüfung entsprechend der Art der Vermögensübertragung deren rechtlichen Vorschriften relevant. Der Formwechsel unterscheidet sich von der Verschmelzung und Spaltung in der Weise, dass sich hierbei lediglich die Rechtsform eines Rechtsträgers ändert, dessen Identität aber gewahrt bleibt. Eine Prüfung des Formwechsels findet i. Allg. nur bei Formwechsel einer eingetragenen Genossenschaft statt (§ 259 UmwG).

Grundsätzlich können neben der Verschmelzungsprüfung weiterhin noch die → *Gründungsprüfung* und die Prüfung der Sacheinlagen im Rahmen einer Umwandlung von Bedeutung sein. Die Gründungsprüfung ist immer dann erforderlich, wenn eine Verschmelzung oder Spaltung durch Neugründung eines Rechtsträgers oder ein Wechsel auf Rechtsformen erfolgt, deren Gründung eine Gründungsprüfung voraussetzt (AG, KGaA, eG). Diese ist nach den relevanten Normen zur Gründungsprüfung durchzuführen (§§ 36 Abs. 2, 135 Abs. 2, 144, 197

Satz 1 UmwG). Gleiches gilt auch für die Nachgründungsprüfung gem. § 52 Abs. 3, 4 u. 7–9 AktG im Zusammenhang mit einer Verschmelzung. Bei einer Spaltung gelten die Vorschriften analog, wenn eine AG bzw. KGaA als übernehmender Rechtsträger an der Spaltung beteiligt ist (§ 125 i.V.m § 67 UmwG). Eine Prüfung der Sacheinlagen nach § 183 Abs. 3 AktG wird bei einer Verschmelzung (§ 69 Abs. 1 UmwG) oder Spaltung (§ 142 Abs. 1 i.V.m. § 69 Abs. 1 UmwG) relevant, wenn der übernehmende Rechtsträger in der Rechtsform einer AG oder KGaA im Zuge der Umwandlung sein Grundkapital erhöht. Da es im Rahmen eines Formwechsels nicht zu einer Vermögensübertragung kommt, entfällt die Sacheinlagenprüfung.

Umwelt-Audit → Umweltbezogene Sachverhalte, Prüfung

Umweltberichte → Umweltbezogene Sachverhalte, Prüfung

Umweltbezogene Sachverhalte, Prüfung

1 Prüfungsnormen

IDW PS 820, IAPS 1010.

2 Abgrenzung

Ein Unternehmen kann umweltbezogene Angaben im Jahresabschluss, im Lagebericht oder in eigenständig erstellten Umweltberichten bzw. als Teil eines → *Nachhaltigkeitsberichtes* tätigen. Im Jahresabschluss können umweltschutzbezogene Angaben in der Bilanz, der GuV und/oder im Anhang erfolgen (z.B. Angaben über Rekultivierungsrückstellungen). Auch kann die Erläuterung von Umweltfaktoren und Umweltschutzmaßnahmen im Lagebericht geschehen (IDW RS HFA 1.24). Hierzu wird freiwillig ein gesonderter Abschnitt aufgenommen. Daneben besteht die Möglichkeit, einen eigenständigen Umweltbericht zu erstellen. Hierbei lassen sich zwei Fallgruppen unterscheiden:

- Die Umwelterklärung kann nach den Vorschriften der EMAS II-Verordnung erstellt werden. Hierbei handelt es sich um ein EU-weites System für Umweltmanagement und Umweltbetriebsprüfung (→ *Öko-Audit*).

- Die Unternehmen können auf freiwilliger Basis einen Umweltbericht erstellen.

Darüber hinaus kann das Unternehmen über umweltbezogene Sachverhalte im Rahmen eines Nachhaltigkeitsberichtes informieren.

3 Prüfung

Je nachdem, wie das Unternehmen über umweltbezogene Angaben berichtet, ergeben sich hieraus unterschiedliche Folgen für die Prüfung der Angaben. Im Rahmen der →*Jahresabschlussprüfung* hat der →*Abschlussprüfer* die hier getätigten umweltbezogenen Angaben zu überprüfen (vgl. auch →*Anhang, Prüfung*; →*GuV, Prüfung*). Die Prüfung kann unter Bezugnahme auf IAPS 1010 erfolgen, da dieser sich explizit mit umweltspezifischen Aspekten im Rahmen des →*Prüfungsprozesses* beschäftigt. Konkretisierungen in nationalen →*Prüfungsnormen* fehlen hingegen weitestgehend. Umweltspezifische Angaben im Lagebericht sind Gegenstand der Lageberichtsprüfung (→*Lagebericht, Prüfung*). Sie sind somit auch prüfungspflichtig.

Die Prüfung von Umwelterklärungen nach der EMAS II-Verordnung stellt eine Vorbehaltsaufgabe zugelassener Umweltgutachter dar. Hingegen kann die Prüfung von auf freiwilliger Basis erstellten Umweltberichten durch den WP erfolgen (→*Prüfungsdienstleistungen, freiwillige*). Das gleiche gilt für Nachhaltigkeitsberichte.

Bei der Prüfung von auf freiwilliger Basis erstellten Umweltberichten kann sich der WP an den Vorgaben des IDW PS 820 orientieren. Der →*Prüfungsumfang* richtet sich nach dem vereinbarten →*Prüfungsauftrag* (IDW PS 820.8). Dabei kann festgelegt werden, ob der WP lediglich die Richtigkeit der Angaben oder darüber hinaus auch prüft, ob der Umweltbericht in allen wesentlichen Belangen die Auswirkungen der Unternehmenstätigkeit auf die Umwelt angemessen darstellt.

Der Prüfungsprozess bei einer Umweltberichtsprüfung folgt dem grundsätzlichen Schema bei der Jahresabschlussprüfung. Dabei sind die →*Prüfungshandlungen* an den Zielen der Prüfung auszurichten (IDW PS 820.15–33). Der WP muss prüfen, ob die Angaben im Umweltbericht richtig und vollständig sind und ob die gesetzlichen Umweltvorschriften eingehalten wurden. Ausgehend von seinen einzelnen →*Prüfungsfeststellungen* wird der WP diese zu einem Gesamturteil aggregieren und eine Beurteilung der Gesamtaussage des Umweltberichtes vornehmen (IDW PS 820.31) (→*Urteilsbildungsprozess*). Die Prüfung hat hierbei mit hinreichender (hoher) →*Prüfungssicherheit* zu erfolgen (IDW PS 820.28 u. 65).

Über die Ergebnisse der Prüfung hat der WP grundsätzlich einen →*Prüfungsbericht* zu erstellen, der eine das →*Prüfungsurteil* zusammenfassende →*Bescheinigung* enthält (IDW PS 820.40).

Unabhängigkeit

1 Definition und Gefährdung der Unabhängigkeit

Der Abschlussprüfer trifft ein Urteil über die Normenkonformität von Jahresabschlüssen und Lageberichten. Urteile, auf welche die Adressaten nicht vertrauen können, haben für diese keinen Wert. Voraussetzungen für die Abgabe vertrauenswürdiger Urteile sind Urteilsfähigkeit und Urteilsfreiheit des Urteilenden sowie eine sachgerechte Urteilsbildung (→*Urteilsbildungsprozess*). Während die *Urteilsfähigkeit* auf die fachliche Qualifikation des Abschlussprüfers abstellt, ist *Urteilsfreiheit* gegeben, wenn der Abschlussprüfer sein Urteil frei von jeglichen Einflüssen treffen, d.h. unabhängig und unbefangen abgeben kann.

Unbefangenheit (innere Unabhängigkeit) bezeichnet die innere Einstellung des Abschlussprüfers, ohne geistige Bindung unvoreingenommen tätig zu werden. Darüber hinaus muss der Prüfer nicht nur tatsächlich unabhängig und unbefangen sein, sondern auch für diejenigen, zu Gunsten derer er seine Schutz- und Ordnungsfunktion ausübt, als unabhängig erscheinen. Damit ist das Problem der Besorgnis der Befangenheit angesprochen. Sie liegt vor, falls bei einem vernünftigen vorurteilslosen Dritten ein aus einem sachlichen Grund abgeleitetes Misstrauen besteht, dass der Abschlussprüfer nicht unabhängig ist. Hiermit wird die äußere Unabhängigkeit angesprochen, die das Freisein von rechtlichen, wirtschaftlichen und faktischen Einwirkungsmöglichkeiten durch das zu prüfende Unternehmen oder durch Dritte umfasst. Die internationale Literatur unterscheidet in ähnlicher Weise zwischen independence in fact und independence in appearance. *Independence in fact* ist gegeben, wenn ausschließlich sachgerechte Erwägungen angestellt werden. *Independence in appearance* knüpft dagegen an objektivierbare Umstände an, bei deren Vorliegen die Besorgnis der Befangenheit begründet wird.

Die Möglichkeiten der Beeinträchtigung der Unabhängigkeit und Unbefangenheit sind vielgestaltig. Dabei sind folgende typische Situationen der Gefährdung der Urteilsfreiheit zu nennen:

- *Personelle Verflechtungen* (der Prüfer ist z. B. gesetzlicher Vertreter, Aufsichtsratsmitglied oder Arbeitnehmer beim zu prüfenden Unternehmen);
- *Finanzielle Interessen* (sowohl aus Beteiligungs- und Schuldverhältnissen – der Prüfer besitzt z. B. Anteile am zu prüfenden Unternehmen – als auch aus der Leistungsbeziehung zum geprüften Unternehmen – z. B. Kundenabhängigkeit, d. h. hoher Anteil der Einnahmen von dem betreffenden Mandanten an den Gesamteinnahmen des Prüfers);
- *Persönliche Beziehungen* (auf Verwandtschaft oder sozialen Bindungen beruhend);
- Verbindung von Prüfungs- und Beratungstätigkeit (→ *Beratung und Prüfung*).

2 Theoretische Erklärungsansätze für Unabhängigkeitsgefährdungen

Häufig wird die Gefährdung der Unabhängigkeit mit dem Quasi-Rentenansatz von DeAngelo erklärt. Eine Erstprüfung verursacht zusätzliche *start up-Kosten*, u. a. weil sich der Prüfer mit der Geschäftstätigkeit und dem Geschäftsumfeld des Mandanten sowie dessen Rechnungswesen und IKS vertraut machen muss. Folgeprüfungen sind kostengünstiger. Der bisherige Prüfer verfügt bei zukünftigen Prüfungen seines Mandanten über einen Informationsvorsprung und damit im Vergleich zu einem neuen Prüfer über Kostenvorteile. Für den Mandanten ist ein Prüferwechsel nachteilig, denn er löst *Transaktionskosten* aus. Aus diesen Gründen kann der bisherige Prüfer künftig Honorare verlangen, die über seinen Prüfungskosten liegen, d. h. sog. *Quasi-Renten* beziehen. Erwartete künftige Quasi-Renten lösen einen Wettbewerb um Mandanten aus, erzwingen die Vorwegnahme zukünftiger Kostenvorteile eines amtierenden Prüfers und bewirken, dass das Prüfungshonorar einer Erstprüfung unter den Prüfkosten liegt. Dieses Phänomen wird als lowballing-Effekt (→ *Lowballing*) bezeichnet. Bei einer Erstprüfung tätigt der Abschlussprüfer eine Investition, die im Rahmen von Folgeprüfungen zu Rückflüssen führt. Es lässt sich zeigen, dass der Kapitalwert der Prüfungshonorare eines Prüfers wegen des lowballing im Gleichgewicht bei vollkommenem Wettbewerb null beträgt, d. h., er erwirtschaftet in Folgeperioden keine echten, sondern nur Quasi-Renten. Wird ein Prüfungsauftrag nicht verlängert, gehen dem Prüfer künftige Quasi-Renten verloren und seine Investition hat sich nicht rentiert. Daher kann der Mandant mit der Beendigung des Vertragsverhältnisses drohen, um dem Prüfer Konzessionen hinsichtlich seines Prüfungsurteils abzuringen. Die Existenz mandantenspezifischer Quasi-Renten beeinträchtigt somit die Unabhängigkeit des Abschlussprüfers.

Eine alternative Erklärung für das Unabhängigkeitsproblem liefert der →*agencytheoretische Ansatz* von Antle. Zwischen den Eigentümern und dem Abschlussprüfer besteht eine *Prinzipal-Agenten-Beziehung*. Der Abschlussprüfer hat einen Informationsvorsprung, d.h., er hat mehr, bessere und zeitnähere Informationen. Daher ist seine Prüfungsleistung durch die Eigentümer nicht vollständig beobachtbar (*hidden action*). Unterstellt man, dass sich der Abschlussprüfer nutzenmaximierend verhält, d.h., der Prüfer berücksichtigt bei seinen Aktionen nicht nur berufsethische, sondern vor allem auch wirtschaftliche Aspekte, besteht die Gefahr eines *moral hazard*, d.h. eines opportunistischen Ausnutzens seines Informationsvorsprungs durch den Abschlussprüfer, ohne gleichzeitig i.S.d. Eigentümer zu handeln. Der Abschlussprüfer könnte zum einen seine →*Prüfungsqualität* reduzieren und damit bei gegebenem Prüfungshonorar (→*Prüfungsgebühren*) seine Aufwendungen mindern. Zum anderen könnte der Prüfer aber auch seine *Unabhängigkeit* gegenüber dem Management *aufgeben* und *Zahlungen* dafür *akzeptieren*, dass er in seinem Prüfungsbericht aufgedeckte Unregelmäßigkeiten verschweigt. Nach Antle gilt ein Abschlussprüfer dann nicht mehr als unabhängig, wenn er solche Zahlungen annimmt.

Für die Eigentümer hängen die Folgen einer fehlenden Unabhängigkeit des Abschlussprüfers von ihren Möglichkeiten ab, Fehlverhalten des Abschlussprüfers aufzudecken und zu sanktionieren. Zur Kontrolle der Unabhängigkeit des Prüfers ist es insbesondere erforderlich, Transaktionen zwischen dem Management und dem Abschlussprüfer zu überwachen. Dies spricht für eine *Offenlegung von Beratungsleistungen und -honoraren* des Prüfers.

3 Normen zur Sicherung der Unabhängigkeit

Die WPO verpflichtet den WP im Rahmen der allgemeinen Berufspflichten in § 43 Abs. 1 zur unabhängigen Berufsausübung. Da es für die Vertrauenswürdigkeit des Prüfungsurteils nicht nur darauf ankommt, dass der Prüfer innerlich tatsächlich unabhängig ist, sondern auch darauf, dass die Prüfungsadressaten den Prüfer für unabhängig halten, hat er nach § 49 WPO seine Tätigkeit zu versagen, wenn bei der Durchführung eines Auftrags die Besorgnis der Befangenheit besteht. Durch die §§ 2, 20–24 Berufssatzung werden diese allgemeinen

Regelungen der WPO konkretisiert. § 21 Abs. 2 Berufssatzung stellt klar, dass die Unbefangenheit insbesondere durch Eigeninteressen (§ 23 Berufssatzung), eine Selbstprüfung (§ 23a Berufssatzung), Interessenvertretung (§ 23b Berufssatzung) sowie persönliche Vertrautheit (§ 24 Berufssatzung) beeinträchtigt werden kann. Schutzmaßnahmen, d.h., solche Maßnahmen oder Verfahren, die geeignet sind, eine Gefährdung der Unbefangenheit soweit abzuschwächen, dass aus Sicht eines verständigen Dritten die Gefährdung insgesamt als unwesentlich zu beurteilen ist, listet § 22 Abs. 1 Berufssatzung auf. Hierzu zählen u.a. Erörterungen mit Aufsichtsgremien des Auftraggebers, Transparenzregelungen und firewalls, d.h. Maßnahmen, durch die sichergestellt wird, dass Informationen aus der zusätzlichen Tätigkeit, die zu einer Befangenheit als Abschlussprüfer führen können, den für die Abschlussprüfung Verantwortlichen nicht zur Kenntnis gelangen. Zudem wird auf die Bedeutung absoluter Ausschlussgründe i.S.d. §§ 319 Abs. 3, 319a HGB verwiesen.

Nach § 318 Abs. 1 Satz 4 HGB i.V.m. § 111 Abs. 2 Satz 3 AktG wird bei einer AG der → *Prüfungsauftrag* durch den Aufsichtsrat erteilt und nicht mehr vom Vorstand, dessen Rechenschaftslegung der Abschlussprüfer zu kontrollieren hat. Hat der Aufsichtsrat den Prüfungsauftrag erteilt, so ist der → *Prüfungsbericht* ihm vorzulegen (§ 321 Abs. 5 HGB). Daneben stärkt auch der *Schutz vor unberechtigter Abwahl* die Unabhängigkeit des Prüfers. Ein Prüfungsauftrag kann gem. § 318 Abs. 1 Satz 5 HGB nur widerrufen werden, wenn nach § 318 Abs. 3 HGB durch Gericht ein anderer Abschlussprüfer bestellt wurde. Hierzu ist ein Antrag der gesetzlichen Vertreter, des Aufsichtsrats oder von Gesellschaftern (bei AG bzw. KGaA jedoch nur, wenn diese mindestens 20% oder eine Mio. € des Grundkapitals repräsentieren) nötig. Die Abwahl ist nur aus in der Person des gewählten Prüfers liegenden Gründen möglich, insbesondere wenn die Besorgnis der Befangenheit besteht. Der Schutz vor ungerechtfertigter Abwahl wird durch die *Beschränkung des Kündigungsrechts* seitens des Abschlussprüfers ergänzt. Eine Kündigung ist nur aus wichtigem Grund möglich, wobei Meinungsverschiedenheiten über den Inhalt des Bestätigungsvermerks nicht als solcher anzusehen sind (§ 318 Abs. 6 HGB).

Nach § 319 Abs. 2 HGB ist ein WP oder ein vBP als Abschlussprüfer ausgeschlossen, wenn die Besorgnis der Befangenheit besteht, z.B. aufgrund geschäftlicher, finanzieller oder persönlicher Beziehungen. In § 319 Abs. 3 HGB werden Tatbestände genannt, bei deren Vorliegen der Prüfer unwiderlegbar als abhängig gilt und somit nicht Abschlussprüfer sein darf:

- *Besitz von Anteilen* oder anderen wesentlichen Interessen an der zu prüfenden Gesellschaft. Schädlich ist auch die Beteiligung an einem Unternehmen, das mit der zu prüfenden Kapitalgesellschaft verbunden ist oder von dieser mehr als 20 % der Anteile hält.
- *Personelle Verflechtung.* Der Prüfer ist oder war in den letzten drei Jahren vor seiner Bestellung gesetzlicher Vertreter, Aufsichtsratsmitglied oder Arbeitnehmer der zu prüfenden Gesellschaft (direkte personelle Verflechtung) oder eines anderen Unternehmens, das mit der zu prüfenden Gesellschaft verbunden ist oder von dieser mehr als 20 % der Anteile hält (indirekte personelle Verflechtung).
- *Nicht-Prüfungsdienstleistungen.* Mitwirkung an der Buchführung und der Jahresabschlusserstellung; Mitwirkung bei der Durchführung der Internen Revision in verantwortlicher Person; Erbringung von Unternehmensleitungs- oder Finanzdienstleistungen; Erbringung eigenständiger versicherungsmathematischer oder Bewertungsleistungen, die sich wesentlich auf den zu prüfenden Jahresabschluss auswirken. Diese Tätigkeiten stellen nur dann einen Ausschlussgrund dar, wenn sie über die Prüfungstätigkeit hinausgehen und bei der zu prüfenden bzw. für die zu prüfende Kapitalgesellschaft erbracht werden. Auch die indirekte Mitwirkung, d.h., der Prüfer ist gesetzlicher Vertreter, Arbeitnehmer, Aufsichtsratsmitglied, Gesellschafter oder Inhaber eines Unternehmens, welches die unvereinbare Beratungstätigkeit ausübt, stellt einen Ausschlussgrund dar.
- *Umsatzabhängigkeit.* Der Prüfer hat in den letzten fünf Jahren jeweils mehr als 30 % seiner Gesamteinnahmen aus der Prüfung und Beratung der zu prüfenden Gesellschaft und von Unternehmen, an denen diese mehr als 20 % der Anteile besitzt, bezogen und dies ist auch im laufenden Geschäftsjahr zu erwarten.

Ein Ausschlussgrund ist auch dann gegeben, wenn eine Person, mit welcher der Prüfer seinen Beruf gemeinsam ausübt, oder eine Person, die der Prüfer bei der Prüfung einsetzt, die angeführten Abhängigkeitsmerkmale erfüllen.

Prüfungsgesellschaften sind von der Prüfung ausgeschlossen, wenn sie selbst, einer ihrer gesetzlichen Vertreter, ein Gesellschafter, der über mehr als 20 % der Stimmrechte verfügt, ein verbundenes Unternehmen, ein bei der Prüfung in verantwortlicher Position beschäftigter Gesellschafter oder eine andere von ihr beschäftigte Person, die das Ergebnis beeinflussen kann, mindestens einen der angeführten Ausschlussgründe erfüllt. Gleiches gilt, falls ein Aufsichtsratsmitglied der Prüfungsgesellschaft den Tatbestand der personellen Verflechtung erfüllt, sowie falls mehrere Gesellschafter, die zusammen mehr als 20 % der Stimmrechte besitzen, jeweils einzeln oder zusammen einen der angeführten Tatbestände erfüllen (§ 319 Abs. 4 HGB).

Für Unternehmen von öffentlichem Interesse gelten die in § 319a HGB genannten zusätzlichen Ausschlussgründe:

- *Umsatzabhängigkeitsgrenze bei 15 %*;
- *Erbringung von Rechts- und Steuerberatungsleistungen*, sofern diese über die Prüfungstätigkeit und über das Aufzeigen von Gestaltungsalternativen hinausgehen und sich unmittelbar und wesentlich auf die Darstellung der Vermögens-, Finanz- und Ertragslage in dem zu prüfenden Jahresabschluss auswirken;
- *Mitwirkung an der Entwicklung, Einrichtung und Einführung von Rechnungslegungsinformationssystemen*, sofern die Tätigkeit über die Prüfungstätigkeit hinausgeht und nicht von untergeordneter Bedeutung ist;
- *Interne Rotation*. Beschäftigt die Prüfungsgesellschaft einen WP, der den Bestätigungsvermerk bereits in sieben oder mehr Fällen gezeichnet hat, so muss in dem zu prüfenden Geschäftsjahr ein anderer WP derselben Prüfungsgesellschaft für die Prüfung verantwortlich zeichnen. Ist ein WP Abschlussprüfer, muss es zu einer externen Rotation kommen. Nach einer Abkühlungsphase von drei Jahren kann der frühere WP die Verantwortung für das Mandat wieder übernehmen.

Die *EU-Kommission* hat am 16.5.2002 eine *Empfehlung zur Sicherung der Unabhängigkeit* des Abschlussprüfers herausgegeben. Diese ist aufgrund ihres Empfehlungscharakters für die Mitgliedstaaten nicht bindend. Die EU erwartet jedoch eine Anwendung ihrer Empfehlungen und behält sich legislative Maßnahmen (d.h. die Verabschiedung einer Richtlinie) vor, zu deren Umsetzung die Mitgliedstaaten dann verpflichtet wären. Bei der Empfehlung handelt es sich um einen auf Prinzipien basierenden Ansatz, der den nötigen Spielraum bietet, um rasch und wirkungsvoll auf neue Entwicklungen zu reagieren. Im Gegensatz zu einem regelbasierten Ansatz kann ein auf Prinzipien beruhendes Konzept der fast unbegrenzten Anzahl individueller Konstellationen gerecht werden, die in der Praxis und den verschiedenen Rechtssystemen innerhalb der EU auftreten.

Die Empfehlung umfasst zwei Teile. In Teil A (*framework*) wird festgelegt, welchen allgemeinen Anforderungen die Abschlussprüfer zur Gewährleistung ihrer Unabhängigkeit genügen müssen. Teil B (*specific requirements*) enthält Verhaltensregeln für spezielle Situationen. Maßstab zur Beurteilung der Urteilsfreiheit ist die Frage, ob ein vernünftiger und informierter Dritter, der über die relevanten Kenntnisse zum Prüfungsauftrag verfügt, zu dem Schluss gelangt, dass der Abschlussprüfer keinen Interessenskonflikten ausgesetzt ist und zu einem objektiven und unparteiischen Urteil gelangt. Ein System von *Sicherungsmaßnahmen* (safeguards) soll die Risiken für die Urteilsfreiheit mindern und die Unabhängigkeit des Abschlussprüfers demonstrieren. Teil B listet exemplarisch Sachverhalte auf, welche die Urteilsfreiheit in besonderem Maße beeinträchtigen können bzw. einen Ausschluss von der Prüfungstätigkeit zwingend nach sich ziehen sollen.

Die *IFAC* hat im Juni 2005 ihren neuen → *Ethics* veröffentlicht, in dem die Regeln über die Unabhängigkeit und Unbefangenheit des Abschlussprüfers neu gefasst sind (Ethics Sec. 290). Wegen der Unmöglichkeit, sämtliche Situationen zu erfassen, welche die Unabhängigkeit des Prüfers beeinträchtigen, wählt auch die IFAC einen prinzipienbasierten Ansatz, d. h. zunächst werden Rahmengrundsätze formuliert, die helfen, Bedrohungen der Unabhängigkeit zu identifizieren und entsprechende Sicherungsmaßnahmen zu ergreifen (Ethics Sec. 290.1–34). Daran schließen sich Ausführungen zur Anwendung dieser Grundsätze auf bestimmte Situationen an (Ethics Sec. 290.100–214). Aufbau und Inhalt der Sec. 290 ähneln in weiten Teilen der Empfehlung der EU-Kommission.

4 Vorschläge zur Stärkung der Unabhängigkeit

Im Rahmen der → *ethischen Prüfungsnormen* kommt dem Grundsatz der Unabhängigkeit eine herausragende Stellung zu. Insofern verwundert es nicht, dass hierzu eine breite Palette von Verbesserungsvorschlägen existiert. So wurde u. a. vorgeschlagen, ein staatliches Aktienamt einzurichten, das direkt für Abschlussprüfungen zuständig sein oder alternativ zumindest die Auswahl der Abschlussprüfer vornehmen soll. Andere Vorschläge zielen auf die Überwachung und die Sanktionierung der Prüfer ab und umfassen z. B. eine Beaufsichtigung durch eine vom Berufsstand unabhängige Instanz (public oversight) oder eine Ausdehnung der zivilrechtlichen Haftung. Im Zentrum der aktuellen Diskussion stehen aber die Untersagung von Beratungstätigkeiten (→ *Beratung und Prüfung*), die Einführung einer externen Pflichtrotation (→ *Prüferrotation*) und die Einrichtung von → *Prüfungsausschüssen*.

Reiner Quick

Literatur: *Antle, R.*, in: Journal of Accounting Research 1984, S. 1–20; *DeAngelo, L.E.*, in: Journal of Accounting and Economics 1981, S. 113–127; *Quick, R.*, Unabhängigkeit des Abschlussprüfers im Spiegel der Wissenschaft, in: Haller, A. (Hrsg.), Wirtschaftsprüfung und Corporate Governance in Österreich, 2005, S. 91–143.

Unbefangenheit → Unabhängigkeit

Unechte Zufallsauswahl → Zufallsauswahl

United States-Generally Accepted Accounting Principles

Die Grundlage der US-amerikanischen Rechnungslegung bilden weniger gesetzlich verankerte Vorschriften, als vielmehr durch Institutionen entwickelte Normen. Derzeit ist insbesondere das →*FASB* maßgeblich mit der Entwicklung der Rechnungslegungsnormen betraut. Diese sind im Unterschied zu den prinzipienbasierten handelsrechtlichen Rechnungslegungsnormen in starkem Ausmaß regelbasiert, d. h., die Normen regeln hauptsächlich die bilanzielle Behandlung konkreter Einzelfälle. Erst in ihrer Gesamtheit fügen sich die US-amerikanischen Rechnungslegungsvorschriften zu einem umfassenden Normenwerk zusammen, das unter dem Begriff US-GAAP subsumiert wird. Dessen ungeachtet besitzen die US-GAAP eine uneingeschränkte rechtliche Bindungswirkung und sind von in den USA börsennotierten Unternehmen, die bei der US-amerikanischen Börsenaufsichtsbehörde →*SEC* registriert sind, zwingend anzuwenden. Dieser Anwendungszwang resultiert aus den von der SEC erlassenen Vorschriften. Die bei der Börsenaufsicht registrierten Unternehmen haben demzufolge u. a. einen testierten Jahresabschluss einzureichen (Sec. 13 a.2. sowie i. SEA i.V. m. Rules 3-01 a., 3-02 a. Regulation S-X). Da ein →*CPA* gem. § 203.01 des vom →*AICPA* herausgegebenen Code of Professional Conduct ein entsprechendes uneingeschränktes Testat nur erteilen darf, sofern der Abschluss mit den US-GAAP übereinstimmt, besteht für die Unternehmen die dargestellte Bindungswirkung.

Die US-GAAP setzen sich neben den kodifizierten Statements u. a. auch aus Empfehlungen von Fachvertretern sowie Bilanzierungsmethoden, die sich aus langjähriger Unternehmenspraxis ergeben haben, zusammen. Die unterschiedlichen Normen lassen sich in vier hierarchisch angeordnete Ebenen (A bis D) einteilen. Dabei sind die Normen der

Ebene A von höchster Bedeutung, so dass die Bindungswirkung bis zur Ebene D abnimmt.

- Zur Ebene A zählen die vom FASB erlassenen Standards (SFAS), Interpretationen (FIN), Staff Positions (FSP) und die SFAS 133 Implementation Issues. Ferner sind der Ebene A auch die Accounting Research Bulletins (ARB) und die Accounting Principles Board (APB) Opinions zuzurechnen. Die ARB sowie die APB Opinions wurden von Unterausschüssen des AICPA erarbeitet, die inzwischen nicht mehr existieren. Die Anwendung der Normen der Ebene A ist den Unternehmen zwingend vorgeschrieben, so dass eine Nichteinhaltung negative Auswirkungen auf die Beurteilung durch den CPA nach sich zieht. Dies gilt auch für die ARB und APB Opinions, solange sie vom FASB nicht aufgehoben bzw. durch neue Normen ersetzt werden.
- Empfehlungen der Fachausschüsse von Abschlussprüfern und Standardsettern, die zur Kommentierung veröffentlicht wurden, gehören zur Ebene B. Hierzu zählen die vom Staff des FASB erlassenen Technical Bulletins, die sich auf Rechnungslegungsprobleme einzelner Unternehmen oder spezieller Branchen beziehen und damit nur für eine kleine Gruppe von Rechnungslegern relevant sind. Des Weiteren gehören die durch das AICPA entwickelten Industry Audit and Accounting Guides sowie die Statements of Position (SOP) zur Ebene B. Letztere sind Stellungnahmen zu aktuellen Problemen der Rechnungslegung. Die Bindungswirkung der aufgeführten Normen ist nur wenig schwächer als die Verpflichtung zur Anwendung der Regelungen aus Ebene A.
- Die Consensus Positions der FASB Emerging Issues Task Force (EITF) und die Practice Bulletins des dem AICPA unterstehenden Accounting Standards Executive Committee (AcSEC), die zur Ebene C zählen, sind ausschließlich aufgrund ihrer Anerkennung durch das FASB und die SEC zu beachten.
- Ebene D fasst vom FASB veröffentlichte Implementation Guides, AICPA Accounting Interpretations, branchenspezifische Normen sowie Methoden der aktuellen Bilanzierungspraxis zusammen.

Weitere Ausarbeitungen, z. B. im Hinblick auf das konzeptionelle Rahmenwerk, d. h., insbesondere die Statements of Financial Accounting Concepts (SFAC) des FASB, sowie sonstige Verlautbarungen der relevanten Institutionen komplettieren das Normenwerk der US-GAAP. Von SEC-registrierten Unternehmen sind darüber hinaus weitere von der SEC veröffentlichte Regelungen, insbesondere die Staff Accounting

Bulletins, zu beachten, die für diese Unternehmen ebenfalls den Verpflichtungsgrad der Kategorie A besitzen. Als US-GAAP i.e.S. werden lediglich die Normen der Ebene A bezeichnet. Der → *Abschlussprüfer* beurteilt nicht ausschließlich die Übereinstimmung der Rechnungslegung mit dem Wortlaut der Normen, sondern prüft zusätzlich, ob die Bilanzierung auch hinsichtlich der Zwecksetzung der US-GAAP ordnungsgemäß erfolgt ist.

Das Fundament der Rechnungslegung nach den US-GAAP besteht aus den als conceptual framework bezeichneten sieben Rahmengrundsätzen (SFAC 1 bis 7), die jedoch weder direkt als Bestandteil der US-GAAP zu sehen sind, noch explizit durch den Abschlussprüfer zu prüfen sind. Das primäre Ziel der US-GAAP besteht gemäß den Rahmengrundsätzen in der Bereitstellung von entscheidungsnützlichen Informationen für die Adressaten des Jahresabschlusses (→ *Decision usefulness*). Dabei wird zunächst die Verständlichkeit (understandability) der Informationen als eine unabdingbare Voraussetzung für deren Entscheidungsnützlichkeit angesehen. Ferner wurden Merkmale (qualitative characteristics) entwickelt, die neben der Verständlichkeit eine Erreichung des primären Ziels erleichtern und sicherstellen sollen. Zu den oberen Merkmalen zählen die Relevanz (relevance) und die Verlässlichkeit (reliability) der dargestellten Informationen. Relevanz ist gegeben, sobald die Daten die Anforderung der Zeitnähe (timeliness) erfüllen und als Grundlage für Entscheidungen über vergangene und zukünftige Sachverhalte dienen (feedback value/predictive value). Verlässlich sind Abschlüsse, wenn sie zunächst objektiv (neutral) aufgestellt werden. Zusätzlich müssen die abgebildeten Sachverhalte den tatsächlichen Verhältnissen entsprechend dargestellt (representational faithfulness) und nachprüfbar (verifiable) bzw. nachgeprüft worden sein. Weiterhin sollen nur Informationen in den Jahresabschluss aufgenommen werden, die wesentlich für die Entscheidungsfindung des Adressaten sind (→ *Materiality*). Die Jahresabschlüsse sollen darüber hinaus vergleichbar (comparable) sein, was insbesondere eine stetige Anwendung der Ansatz-, Bewertungs- und Ausweisgrundsätze (consistency) voraussetzt; die Vergleichbarkeit soll hierbei sowohl zwischen verschiedenen Abschlüssen eines Unternehmens (intertemporale Vergleichbarkeit) als auch zwischen Abschlüssen vergleichbarer Unternehmen gewährleistet werden.

Aufbauend auf diesen Merkmalen sind im Wesentlichen sechs Prinzipien zu nennen, die der Rechnungslegung zugrunde liegen. Hier ist zunächst das (1) accrual principle, d.h. die periodengerechte Ergebnisermittlung aufzuführen. Die Erfassung von Umsätzen erfolgt auf

Grundlage des (2) realization principle, demzufolge sowohl realisierte als auch realisierbare positive Erfolgsbeiträge dargestellt werden sollen. Das (3) matching principle regelt die Zuordnung von Aufwendungen zu den korrespondierenden Erträgen. Bei der Erstellung des Jahresabschlusses ist gemäß dem (4) going concern principle i.d.R. von der Fortführung des Unternehmens auszugehen (→ *Going concern-Annahme, Prüfung*). Das im Vergleich zum deutschen Verständnis deutlich schwächer ausgeprägte Vorsichtsprinzip ist in der US-amerikanischen Rechnungslegung unter dem Begriff (5) prudence/conservatism bekannt. Es ist nur dann zu beachten, wenn konkrete Umstände auf eine gebotene besondere Vorsicht hindeuten und nicht bereits aus Gründen der Risikovorsorge. Um die Bereitstellung von entscheidungsnützlichen Informationen nicht zu beeinträchtigen, besagt der Grundsatz (6) substance over form, dass der wirtschaftliche Gehalt der jeweiligen Information Vorrang vor den juristischen Vorschriften zum Ansatz und zur Bewertung genießt.

Sebastian Papst/M. Felix Weiser

Literatur: *KPMG* (Hrsg.), Rechnungslegung nach US-amerikanischen Grundsätzen, 2003; *Niehus, R.J.*, US-GAAP, in: Ballwieser, W./Coenenberg, A.G./Wysocki, K.v. (Hrsg.), Handwörterbuch der Rechnungslegung und Prüfung, 2002, Sp. 2456–2472.

United States-Generally Accepted Auditing Standards

1 Wesen und Normenquellen

Die → *Prüfungsnormen* der USA werden als United States-Generally Accepted Auditing Standards (US-GAAS) bezeichnet. Die US-GAAS sind inhaltlich den internationalen Prüfungsnormen der → *IFAC* weitgehend ähnlich.

Herausgegeben und entwickelt wurden die US-GAAS bislang durch das (privatrechtlich organisierte) → *AICPA*. Für die Gruppe der an einer US-Börse notierten Unternehmen regelt dagegen ein neues (öffentlich-rechtliches) Gremium, das PCAOB, die anzuwendenden Prüfungsnormen. Dieses Gremium wurde durch den SOA neu geschaffen und kann u.a. die anzuwendenden Prüfungsnormen durch Neuentwicklung und/oder Übernahme vorhandener Standards regeln. Der Bereich der auf diese Weise künftig geregelten Prüfungsnormen ist weit gefasst und umfasst nicht nur →*fachtechnische Prüfungsnormen*, sondern auch die Prüfungsqualität (→*Qualitätskontrolle, externe*; →*Qualitätssicherung, interne*), die →*Unabhängigkeit* und →*ethische Prüfungsnormen*.

Als weitere wichtige Organisation, die faktisch großen Einfluss auf die Entwicklung der US-GAAS nimmt, ist die US-amerikanische Börsenaufsichtsbehörde →*SEC* zu nennen, denn das PCAOB unterliegt der Aufsicht der SEC. Die SEC muss nach Sec. 107b des SOA die vom PCAOB herausgegeben Prüfungsnormen genehmigen. Da die US-GAAS auch bei der Prüfung von nicht börsennotierten Unternehmen von Bedeutung sind, beeinflussen die SEC und künftig das PCAOB faktisch die Ausgestaltung der US-GAAS insgesamt.

2 Aufbau

Zu unterscheiden sind die bisherigen US-GAAS, die vom AICPA herausgegeben wurden, sowie die vom PCAOB neu erlassenen Standards.

2.1 Standards des PCAOB

Das PCAOB hat bislang sieben eigene Prüfungsnormen herausgegeben, die sich wie folgt kategorisieren lassen:

a. Vier AS, die sich mit folgenden Themen befassen: AS 1: Verweis auf die angewandten Prüfungsnormen im Bestätigungsvermerk des Prüfers; künftig hat der Prüfer nicht mehr auf die US-GAAS, sondern auf die »standards of the PCAOB (United States)« zu verweisen; AS 2: Ausgestaltung der Prüfung des »report of management on the company's internal control over financial reporting«, den jeder Jahresabschluss mit SEC-Überwachung enthalten muss; AS 3: Arbeitspapiere des Prüfers (audit documentation); AS 4: Berichterstattung, ob ein früher festgestellter wesentlicher Mangel weiterhin besteht;
b. Diverse Rules. Bedeutsam ist dabei besonders Rule 3200T, welche die (bisherigen) US-GAAS gem. SAS 95 vorläufig weiterhin für verpflichtend erklärt, sofern sie nicht vom PCAOB geändert oder durch einen eigenen Standard ersetzt wurden. Andere Rules beschäftigen sich z.B. mit Fragen der Unabhängigkeit (Rule 3600T) oder ethischen Normen (Rule 3500T);
c. Policy Statements. Dabei handelt es sich um Interpretationen anderer Normen. So existiert bspw. ein Policy Statement, wie AS 2 zu implementieren ist.

Streng genommen bestehen die US-amerikanischen Prüfungsnormen derzeit aus den Standards des PCAOB. Die bisherigen US-GAAS haben nur insofern Bedeutung, als der dynamische Verweis in Rule 3100 (noch) auf sie verweist.

2.2 Bisherige US-GAAS

Die (bisherigen) US-GAAS bestehen gem. SAS 95 aus drei Gruppen von Prüfungsnormen mit abnehmender Bedeutung.

a) Gruppe 1: AS
Zu unterscheiden sind zwei Arten von Prüfungsnormen, die vom AICPA herausgegeben werden: die GAAS und die SAS. Die GAAS umfassen derzeit zehn einzelne Verlautbarungen:

- drei »General Standards« zu den Themen Ausbildung/Qualifikation (→ *Ausbildungsnormen*), Unabhängigkeit/Unbefangenheit des Abschlussprüfers und Sorgfalt bei der Berufsausübung;
- drei »Standards of Field Work« zu den Themen → *Prüfungsplanung* und -überwachung, → *IKS* und → *Prüfungsnachweise*;
- vier »Standards of Reporting« zu den Themen Übereinstimmung mit → *US-GAAP*, konsistente Anwendung der US-GAAP, Angemessenheit der Angaben im Jahresabschluss und Ausgestaltung des → *Prüfungsurteils* (→ *Bestätigungsvermerk*).

Diese US-GAAS werden durch SAS konkretisiert; die SAS stellen insoweit Interpretationen der GAAS dar. Sie befassen sich in zum Teil sehr detaillierter Form mit einzelnen Bereichen der Prüfung (z. B. Planung, Prüfungsnachweise, prüferisches Vorgehen, Einzelfragen zu den US-GAAP, Berichterstattung, einzelne Prüffelder). Die SAS sind zum einen nach Erscheinen durchnummeriert und werden zusätzlich inhaltlich systematisiert in Form von AU-Sections; sie tragen daher stets neben der (chronologischen) SAS-Nummer eine (inhaltliche) AU-Bezeichnung. Die AU-Sections 100–561 befassen sich mit der Abschlussprüfung, die folgenden AU-Sections 600–901 befassen sich mit sonstigen assurance services (→ *Prüfungsdienstleistungen, freiwillige*) oder Einzelfragen.

b) Gruppe 2: Interpretative publications
Diese zweite Gruppe von Prüfungsnormen umfasst die sog. Auditing Interpretations (AUI). Dabei handelt es sich um Interpretationen der SAS für bestimmte Anwendungsbereiche, bspw. einzelne Branchen, in denen das zu prüfende Unternehmen tätig ist. Die Normen in dieser

zweiten Gruppe stammen ebenfalls vom AICPA und sind thematisch der AU-Section zugeordnet, die auch den interpretierten SAS enthält.

c) Gruppe 3: Other AU publications

Dieser dritten Gruppe sind Prüfungsnormen aus verschiedenen Quellen zuzuordnen. Hierzu zählen z.B. sonstige Verlautbarungen des AICPA, die nicht in die Gruppen 1 und 2 fallen, Aufsätze in Fachzeitschriften sowie andere Prüfungsliteratur («Auditing guidance ... provided in a variety of other publications»).

3 Bindungswirkung

3.1 Unterschiede der Bindungswirkung innerhalb der Gruppen

Die Bindungswirkung innerhalb der Prüfungsnormen ist unterschiedlich. Die Standards des PCAOB sind bei der Prüfung von Unternehmen, die der SEC-Überwachung unterliegen, d.h. von börsennotierten Unternehmen, zwingend zu beachten. Neben den PCAOB-Standards sind wegen des dynamischen Verweises auf die bisherigen US-GAAS auch Letztere zu beachten. In Bezug auf diese ist wie folgt zu differenzieren:

Die Normen der US-GAAS Gruppe 1 sind bei einer US-GAAS-konformen Prüfung ebenfalls zwingend anzuwenden; der Prüfer muss über sie umfassende Kenntnisse besitzen und ein Abweichen *rechtfertigen* können. Vom Prüfer wird ebenfalls erwartet, dass er die Normen der US-GAAS Gruppe 2 kennt und sie, wenn sie relevant sind, anwendet. Die Normen der US-GAAS Gruppe 3 haben keine Bindungswirkung (authoritative status); der Prüfer muss selbst beurteilen, ob die Normen im Einzelfall relevant sind und ob er sie anwenden möchte. Wichtiges Kriterium für die Beurteilung ist u.a., ob der Autor eine »Autorität in Fragen des Prüfungswesens ist« und ob der Beitrag als »hilfreich anerkannt ist«.

3.2 Kreis der zu prüfenden Unternehmen

a) Unternehmen, welche der Überwachung durch die SEC unterliegen

Die SEC verpflichtet den Prüfer, bei der Prüfung von Unternehmensabschlüssen, die der Überwachung durch die SEC unterliegen, die Prüfungsnormen des PCAOB zu befolgen. Neben den Standards, die das PCAOB selbst herausgegeben hat, sind das durch den Verweis in Rule 3100 auch die bisherigen US-GAAS, wie sie in SAS 95 beschrieben werden. Die US-GAAS der Gruppe 1 (=GAAS und SAS) sind damit ebenfalls zwingend zu beachten. Damit haben auch die US-GAAS der Gruppe 1 weitgehend den Charakter von Rechtsnormen, sofern es um die Prüfung von börsennotierten Unternehmen geht. Missachtet der Prüfer bei einer solchen Prüfung die US-GAAS der Gruppe 1 (oder gar die PCAOB-Standards), kann er von der SEC von weiteren Prüfungen bei börsennotierten Unternehmen ausgeschlossen werden, was einem teilweisen Berufsverbot gleichkommt.

In Bezug auf die Prüfung dieser Abschlüsse vertritt die SEC bislang die Meinung, dass ausschließlich eine Prüfung nach US-GAAS die erforderliche Prüfungsqualität sicherstellt und dass Prüfungsnormen anderer Länder minderwertig sind.

b) US-amerikanische Unternehmen, die nicht der Überwachung durch die SEC unterliegen

Da die US-GAAS der Gruppen 1 und 2 vom AICPA und nicht vom US-amerikanischen Gesetzgeber erlassen werden, haben sie keine rechtliche Bindungswirkung. Zwar verpflichtet der Code of Professional Conduct des AICPA die Mitglieder dazu, die US-GAAS bei ihrer Berufsausübung zu beachten; da die Mitgliedschaft im AICPA für die US-amerikanischen Prüfer aber freiwillig ist, führt auch dies letztlich nicht zu einer höheren Bindungswirkung. Allerdings hat die zwingende Anwendung der US-GAAS Gruppe 1 bei der Prüfung von börsennotierten Unternehmen zweifelsfrei eine Ausstrahlungswirkung auch auf die Prüfung von anderen Unternehmen. Die Bindungswirkung ist folglich eine faktische. Neben den börsennotierten Unternehmen besteht eine Prüfungspflicht noch für Unternehmen bestimmter Branchen (z. B. bestimmte Banken, Versicherungen); zudem wird in Kreditverträgen und durch Gesellschaftsrecht häufig eine Prüfung der Jahresabschlüsse vereinbart.

Da SAS 95 auch die US-GAAS der Gruppe 3 anspricht und der Prüfer zur Beachtung der SAS verpflichtet ist, haben letztlich auch die US-GAAS dieser 3. Gruppe eine gewisse Bindungswirkung, deren Umfang sich allerdings nur vage vermuten lässt.

Insgesamt ist die Rolle des AICPA der des IDW ähnlich, dessen Normen ebenfalls lediglich eine faktische Bindungswirkung in Bezug auf die Prüfer haben, da die Vermutung besteht, dass diese bei Anwendung der Normen den Berufsgrundsatz der Gewissenhaftigkeit erfüllen.

c) Nicht-US-Unternehmen, die nicht der Überwachung durch die SEC unterliegen

Außerhalb der USA haben die US-GAAS keinerlei Bindungswirkung. Im Gegensatz zu den internationalen Prüfungsnormen der IFAC trifft einen deutschen Prüfer auch keine Verpflichtung, die US-GAAS zur Kenntnis zu nehmen. Dies schließt allerdings nicht aus, dass die US-GAAS bei Einzelproblemen, die weder von einer deutschen noch einer internationalen Prüfungsnorm angesprochen werden (Regelungslücke), sinnvolle Hinweise zum prüferischen Vorgehen enthalten können. In einem solchen Fall ist die Orientierung an den US-GAAS nicht ausgeschlossen.

Martin Schmidt

Literatur: *Bailey, L.*, 2005 Miller GAAS Guide, 2005; *Schrader, M.C.*, Prüfungsgrundsätze des US-amerikanischen Wirtschaftsprüfers, 2003; *Sell, K.*, US-amerikanische und internationale Prüfungsgrundsätze in: Castan, E. et al. (Hrsg.), Beck'sches Handbuch der Rechnungslegung, Band II, Loseblatt 1987/2000, Abschnitt B 601.

Unparteilichkeit

Das Gebot der Unparteilichkeit, das im § 323 Abs. 1 Satz 1 HGB und § 20 Berufssatzung normiert ist sowie in → *Ethics* Sec. 110, 120 empfohlen wird, ergibt sich aus dem Postulat der → *Unabhängigkeit*. Es verlangt die objektive, freie Beurteilung aller wesentlichen Tatbestände nach sachlichen Gesichtspunkten. Die Unparteilichkeit erfordert die neutrale Berücksichtigung aller wesentlichen Tatbestände und verbietet die Rücksichtnahme auf eigene und fremde Interessen. Der Abschlussprüfer darf demnach nicht allein die Interessen der Kapitalgesellschaft bzw. der Verwaltung der geprüften Gesellschaft im Auge haben. Das Postulat der Unparteilichkeit betrifft in erster Linie Prüfungstätigkeiten und die Erstattung von Gutachten. Insbesondere beratende Tätigkeiten (→ *Unternehmensberatung*; → *Steuerberatung*; → *Beratung und Prüfung*) beinhalten die Wahrung der Interessen des Mandanten, so dass sich die Forderung nach Unparteilichkeit nicht auf dieses Aufgabenfeld erstreckt.

Unqualified opinion → Bestätigungsvermerk

Unterjähriger Bericht, Prüfung

1 Normen

1.1 Aufstellungsnormen

a) Deutsche Normen: DRS 6, § 40 Abs. 1 BörsG, §§ 53–62 BörsZulV, § 63 Abs. 1 BörsO FWB; b) Internationale Norm: IAS 34.

1.2 Prüfungsnormen

a) Deutsche Norm: IDW PS 900; b) Internationale Norm: ISRE 2400.

2 Definition

Unterjährige Berichte sind alle periodenbezogenen Berichte, die einen Zeitraum von weniger als einem Jahr umfassen. Dabei handelt es sich zumeist um Quartals- und/oder Halbjahresberichte. Ziel einer unterjährigen Publizität ist die zeitnahe und verlässliche Information der →*stakeholder* über die Vermögens-, Finanz- und Ertragslage des Unternehmens.

3 Prüferisches Vorgehen

Weder die internationalen noch die deutschen Normen verpflichten zu einer Prüfung unterjähriger Berichte. § 63 Abs. 7 BörsO FWB sieht lediglich vor, dass Quartalsberichte einer → *prüferischen Durchsicht* unterzogen werden können. Auch DRS 6.27 verlangt lediglich Angaben über das Ergebnis einer prüferischen Durchsicht, falls eine solche stattgefunden hat.

Findet eine freiwillige Prüfung (→ *Prüfungsdienstleistungen, freiwillige*) statt, so ist zunächst zu klären, mit welcher → *Prüfungssicherheit* diese durchgeführt werden soll. Da sich eine → *prüferische Durchsicht* (mittlere Prüfungssicherheit) schneller als eine Prüfung mit hinreichender Sicherheit durchführen lässt und der Kapitalmarkt eine zeitnahe Veröffentlichung der unterjährigen Informationen fordert, liegt es nahe, die Prüfung in Form einer prüferischen Durchsicht durchzuführen. Diese hat den Anforderungen des IDW PS 900 zu genügen, welcher weitestgehend dem transformierten ISRE 2400 (früher: ISA 910) entspricht.

Der → *Prüfungsprozess* orientiert sich an der generellen Vorgehensweise bei einer prüferischen Durchsicht. Es ergeben sich allerdings bei der Prüfung von unterjährigen Berichten einige prüfungsobjektspezifische Besonderheiten (→ *Prüfungsobjekt*). Zentrales Problem ist hierbei vor allem die Frage nach der richtigen Periodenabgrenzung. Sowohl IAS 34 als auch DRS 6 folgen grundsätzlich dem eigenständigen Ansatz. Hierbei werden die unterjährigen Perioden als eine vom Jahresabschluss unabhängige Abrechnungsperiode gesehen. Die Abgrenzungen erfolgen demnach analog zum Jahresabschluss. Gleichwohl erfolgen bestimmte Abgrenzungen integrativ, d.h., bestimmte Sachverhalte, wie bspw. regelmäßig anfallende Aufwandsgrößen (z.B. Pensionsrückstellungen, Steuerrückstellungen), werden zeitanteilig auf die Perioden verteilt (DRS 6.20, IAS 34.28–36). In diesem Fall muss der → *WP* im Rahmen der prüferischen Durchsicht für die Periode durch das Unternehmen geschätzte Aufwandsgrößen überprüfen. Ebenso bedarf es für einen unterjährigen Bericht keiner Inventur; auch hier werden die Bestände geschätzt. Dabei kann er vielfach den in IDW PS 314 bzw. ISA 540 formulierten Regeln zur Prüfung von geschätzten Werten (→ *Geschätzte Werte, Prüfung*) folgen.

Ein weiteres Problemfeld ist die unterjährige Konsolidierung von einzubeziehenden Unternehmen. Die Vorgehensweise des WP ist hierbei grundsätzlich die gleiche wie bei einem → *Konzernabschluss* (→ *Konzernabschluss, Prüfung*). Dem Grundgedanken des eigenständigen Ansatzes folgend sind Unternehmen erstmals in der Periode in den unterjährigen Bericht einzubeziehen, in der der Erwerb erfolgt ist (DRS 6.16, IAS 34.28 i.V.m. IAS 27.12–21). Der WP hat dabei stets den Konsolidierungskreis zu prüfen (→ *Konsolidierungskreis, Prüfung*). Hierbei kann das Problem auftreten, dass zum Stichtag noch keine ausreichenden Daten für die Konsolidierung zur Verfügung stehen. In diesem Fall sind auch sachgerechte Schätzungen zulässig (DRS 6.17, ähnlich IAS 34.appendix C.8). Dabei ist es denkbar, dass aufgrund von Erfahrungswerten auf die zur Konsolidierung benötigten Daten geschlossen wird. Umgekehrt ist es ebenso möglich, dass man die zu eliminierenden Sachverhalte schätzt und diese entsprechend berücksichtigt.

Letztendlich wird i.Allg. aufgrund der geringeren Prüfungssicherheit bei einer prüferischen Durchsicht eine weniger detaillierte Prüfung durch den WP erfolgen als bei einer → *Jahresabschlussprüfung*.

Unternehmen des öffentlichen Interesses → Kapitalmarktorientierte Unternehmen

Unternehmensberatung

Eine Unternehmensberatung i. Allg. ist eine Dienstleistung, die durch eine unabhängige Beratungsgesellschaft für das Management eines Unternehmens erbracht wird. Sie soll einem Unternehmen in objektiver Weise helfen, unternehmerische Probleme zu erkennen und es bei der Analyse der festgestellten Probleme und deren anschließender Lösung unterstützen. Auch die Vorgehensweise bei der Implementierung erarbeiteter Lösungsalternativen ist ein bedeutendes Feld der Unternehmensberatung. Anlass für einen Beratungsauftrag ist i. d. R. das Entstehen eines Problems aus einem Bereich des Unternehmens. Ist dieses Problem unklar, kann es also nicht genau abgegrenzt werden, muss zu Beginn der Beratungstätigkeit eine umfassende und intensive Identifikation der Ursachen erfolgen. Entsprechend ist es notwendig, dass innerhalb des gesamten Beratungsprozesses ein hinreichender Informationsfluss zwischen Management des beratenden Unternehmens und Berater herrscht, der am Ende der Beratung auch für ein höheres Verständnis, eine höhere Akzeptanz sowie Durchsetzbarkeit der herausgearbeiteten und zu verwirklichenden Maßnahmen seitens des Managements sorgt.

Als Inhalt der Tätigkeit eines WP (→ *Tätigkeitsbereiche des WP*) werden neben der Abschlussprüfung (→ *Jahresabschlussprüfung*), der Beratung und Vertretung in steuerlichen Angelegenheiten (→ *Steuerberatung*), der Arbeit als → *Sachverständiger* sowie der treuhänderischen Verwaltung (→ *Treuhandwesen*) auch die Beratung in wirtschaftlichen Angelegenheiten und die Wahrung fremder Interessen genannt (§ 2 WPO). Ein → *Prüfungsurteil* beinhaltet keine Handlungsempfehlung. Gibt ein Sachverständiger neben oder im Zuge seiner Beurteilung eines Tatbestandes jedoch explizit *Empfehlungen* zur Ausgestaltung von Systemen (z. B. Aufbauorganisation der Buchhaltung eines Unternehmens) oder Prozessen (z. B. IT-gestützte Belegerfassung und -bearbeitung) ab, liegt eine Beratung vor. So zeichnet sich auch die Unternehmensberatung durch einen WP im Speziellen durch die Ermittlung von Handlungs- oder Verfahrensalternativen als Entscheidungshilfe zur Lösung von Problembereichen aus und ist oft das Ergebnis einer vorangegangenen → *Begutachtung* und Prüfung, mit der sie sich oft überschneidet. Die Unternehmensberatung durch den WP schließt neben der Personalberatung, sofern sie die fachliche Überprüfung von Bewerbern für Führungspositionen in den Bereichen Rechnungswesen, Finanzen und Steuern betrifft, auch die Beratung bei Vermögensanlage, Verträgen, Finanzierung und Unternehmensorganisation (Aufbaustruktur sowie

Organisation und Instrumentarium der Geschäftsführung, insbesondere Dokumentations-, Kosten-, Wirtschaftlichkeits-, Optimierungs-, Planungs- und Kontrollrechnungen) mit ein. Weitere Beratungsgebiete bestehen in der finanzwirtschaftlichen Beratung, insbesondere der Quantifizierung und Qualifizierung des Kapitalbedarfs für kürzere und längere Zeiträume sowie der Auswahl und Erschließung der einzelnen Finanzierungsquellen und der Bewertung von Unternehmen oder Unternehmensanteilen (→ *Unternehmensbewertung*).

Da die individuelle Situation des Auftraggebers immer den Ausgangspunkt von Empfehlungen darstellt, und diese stets unter Berücksichtigung aktueller und künftiger Entwicklungstendenzen im Umfeld des Auftraggebers erarbeitet werden, ist Beratung durch ein hohes Maß an Individualität, Flexibilität und Auftraggeberorientierung gekennzeichnet. Gleichwohl ist die Unternehmensberatung seit 1994 im Zuge der dritten WPO-Novelle den das Berufsbild prägenden Tätigkeiten (§ 2 Abs. 2 Nr. 2 WPO) zugeordnet worden.

Auch innerhalb seiner Beratertätigkeit gelten für den WP die in der → *WPO* verankerten Berufspflichten (→ *Redepflicht des Abschlussprüfers*; → *Sorgfaltspflicht*; → *Berichtspflicht, Verletzung der*; → *Geheimhaltungspflicht, Verletzung durch den Abschlussprüfer*).

Durch eine gleichzeitige Tätigkeit eines WP in der Prüfung und Beratung eines Unternehmens können verschiedene Vorteile, aber auch Probleme resultieren (→ *Beratung und Prüfung*).

Unternehmensbewertung

1 Zweck

Ein Unternehmensbewertungsverfahren dient vor allem der Ermittlung eines Entscheidungswertes für einen bestimmten Käufer/Verkäufer. Ein Entscheidungswert gibt an, welchen Geldbetrag ein Käufer für ein Unternehmen maximal bezahlen darf (Wertobergrenze) oder ein Verkäufer mindestens verlangen muss (Wertuntergrenze). Ein Unternehmenswert ist nicht eine dem Bewertungsobjekt innewohnende Eigenschaft. Ein Wert drückt aus, welchen Nutzen, angegeben durch einen Geldbetrag, das Bewertungsobjekt einem bestimmten Subjekt, z.B. einem Erwerber, zu stiften vermag. Daraus folgt, dass ein Unternehmenswert stets subjektiv in dem Sinn ist, dass der Unternehmenswert für einen konkreten Investor ermittelt wird und nur für diesen gilt. Daneben kann eine Unternehmensbewertung bspw. auch bei der Abfindung eines Gesellschafters erforderlich sein; der Prüfer hat dann eine Schiedsgutachterfunktion.

Von den Unternehmensbewertungsverfahren zu unterscheiden sind sog. Preisfindungsverfahren. Diese haben nicht den Zweck, Entscheidungswerte zu ermitteln. Sie lassen daher auch keine Aussage darüber zu, ob es für einen bestimmten Investor rational ist, einen konkreten Geldbetrag für das Unternehmen zu entrichten. Preisfindungsverfahren haben zum Ziel, den Betrag zu ermitteln, der für das zu bewertende Unternehmen tatsächlich zu zahlen ist, und sie werden daher häufig aus taktischen Gründen in (Preis-)Verhandlungen eingebracht. Bekannte Preisfindungsverfahren sind bspw. Multiplikatoren und andere Vergleichsverfahren (z.B. die similar-public-company-Methode und die recent-acquisition-Methode), die einen Preis unter Bezugnahme auf ähnliche Unternehmen/Transaktionen ermitteln.

2 Verfahren

2.1 Gesamtbewertungsverfahren

Gesamtbewertungsverfahren sind rein finanzwirtschaftlich orientierte Verfahren, die den Nutzen eines Unternehmens ausschließlich an den (diskontierten) Zahlungsströmen messen, die dem Investor zufließen. Diese Zahlungsströme sind jedoch nicht direkt und präzise messbar, weshalb in Deutschland mehrere Verfahren angewandt werden, die diese Zahlungsströme ersatzweise messen.

2.1.1 DCF-Verfahren

a) Vorbemerkungen
Mit dem DCF-Verfahren ist das »Discounted Cash Flow-Verfahren« angesprochen. Grundlage dieses traditionell im anglo-amerikanischen Raum gebräuchlichen, aber auch in Deutschland zunehmend angewandten Verfahrens sind die (diskontierten) künftigen Zahlungsströme, die dem Investor zufließen. Da diese nicht direkt erfassbar sind, werden *ersatzweise* die dem Unternehmen zur Verfügung stehenden freien Zahlungsströme (free CF) betrachtet. Bei deutschen Unternehmen ist zusätzlich zu beachten, dass die Ausschüttung auf den im Jahresabschluss ermittelten Jahresüberschuss beschränkt ist; daher ist bei der Anwendung des DCF-Verfahrens stets zu prüfen, ob sich in Bezug auf die jeweilige Periode in Höhe der ermittelten freien Zahlungsströme auch ein (handelsrechtlicher) Jahresüberschuss ergibt, was beim Ertragswertverfahren (Abschnitt 2.1.2) unterbleiben kann.

Zur Handhabung der Prognoseproblematik werden gewöhnlich zwei Phasen getrennt betrachtet. Für eine erste Phase (ca. 3–5 Jahre) werden die künftigen Stromgrößen detailliert geplant; für die zweite Phase werden die Detailplanungen im Sinne einer ewigen Rente pauschal fortgeschrieben und auf den Bewertungsstichtag diskontiert.

b) Ermittlung der Eigenkapitalkosten

Da die Prognosen naturgemäß unsicher sind, muss das einer Prognose innewohnende Risiko zusätzlich berücksichtigt werden. Hierfür gibt es zwei Vorgehensweisen:

a. Bei der sog. *Risikozuschlagsmethode* wird das Risiko durch die Höhe des Diskontierungszinssatzes berücksichtigt. Der Investor erwartet für die Übernahme des Risikos ein Entgelt (sog. Risikoprämie, Risikozuschlag) in Form einer höheren Verzinsung des investierten Kapitals. Dieser Risikozuschlag muss umso größer sein (was sich am Kapitalmarkt auch beobachten lässt), je höher das der Anlage innewohnende individuelle Risiko ist. Übertragen auf die Unternehmensbewertung folgt daraus, dass der Diskontierungszinssatz umso höher gewählt wird, je »unsicherer« die prognostizierten künftigen Zahlungsströme sind. In der Praxis der Unternehmensbewertung geht man gewöhnlich wie folgt vor: Grundlage ist der am Kapitalmarkt beobachtbare »Zinssatz für risikolose Anlagen« (manchmal auch als »risikofreier Zinssatz« bezeichnet), bspw. die Verzinsung von Bundesanleihen. Dieser Zinssatz für risikolose Anlagen wird sodann um einen Zuschlag erhöht, der dem Risiko entspricht, welches durch die Investition in das zu bewertende Unternehmen übernommen bzw. eingegangen wird.

b. Die prognostizierten Jahresergebnisse werden auf »sichere« Größen reduziert (sog. *Sicherheitsäquivalenzmethode*). Dabei wird die Frage gestellt, welchen *sicheren* Zahlungsstrom ein Investor in Relation zu dem (risikobehafteten, also unsicheren) Zahlungsstrom des zu bewertenden Unternehmens als gleichwertig empfinden würde. Dies ist wiederum von der Risikoneigung des Investors abhängig. Ein Beispiel soll dies verdeutlichen: Betrachtet sei ein Zahlungsstrom von 200 Geldeinheiten (GE), der mit einer Wahrscheinlichkeit von 0,5 fließt; mit einer Wahrscheinlichkeit von ebenfalls 0,5 fließt kein Zahlungsstrom (Alternative 1). Der Erwartungswert dieses Zahlungsstroms beträgt mithin 100 GE (0,5 · 200 GE + 0,5 · 0 GE). Als Alternative 2 diene ein sicherer Zahlungsstrom in Höhe von 100 GE. Ein risikoneutraler Investor wäre zwischen beiden Alternativen indifferent. Dagegen würde ein risikoscheuer

(= risikoaverser) Investor beide Alternativen nicht als gleichwertig betrachten; vielmehr würde er Alternative 2 wählen. Welchen »sicheren« Betrag er als gleichwertig zu Alternative 1 ansehen würde, hängt vom Maß seiner Risikoscheu ab. Ein risikoscheuer Investor würde in jedem Fall nur eine Zahlung von weniger als 100 GE als gleichwertig akzeptieren; der durch ihn als gleichwertig empfundene Betrag stellt das Sicherheitsäquivalent dar. Aus dem Beispiel folgt ebenfalls, dass die Höhe des Sicherheitsäquivalents vom Maß der Risikoneigung bzw. -scheu des Investors abhängig ist; zudem ist sie schwierig zu bestimmen.

Die Risikozuschlagsmethode hat demgegenüber den Vorteil, dass die Höhe des Zuschlags auf den risikolosen Zinssatz kapitalmarktbezogen ermittelt werden kann und nicht geschätzt werden muss. Grundlage dafür ist das sog. Capital Asset Pricing Model (CAPM). Beim CAPM wird das Risiko eines Unternehmens – stark vereinfacht formuliert – dadurch bestimmt, dass die Schwankungen der Unternehmensrendite R_i ins Verhältnis zu den Schwankungen der Rendite des gesamten Kapitalmarktes (Marktportfolio) gesetzt werden. Diese Korrelation wird durch den sog. (unternehmensindividuellen) Beta-Faktor β_i gemessen.

$$\beta_i = \frac{Cov_{i,m}}{\sigma_m}$$ (mit i = Index für Unternehmen, m = Marktportfolio)

Der Erwartungswert der Eigenkapitalrendite des individuellen Unternehmens E (R_i) lässt sich dann wie folgt berechnen:

$$E(R_i) = R_f + \left[E(R_m) - R_f \right] \cdot \beta_i$$

(mit R_f = Zinssatz für risikolose Anlageformen, R_m = Rendite des Marktportfolios)

Im Hinblick auf die Sicherheitsäquivalenzmethode sei darauf hingewiesen, dass das CAPM einen *Marktpreis* für die Risikoübernahme unterstellt. Die individuelle Risikoneigung des Investors wird ausgeblendet. Vielmehr wird *unterstellt*, dass alle Investoren risikoscheu sind und auf dieser Grundlage wird ein Marktpreis für die Risikoübernahme errechnet. Das Messproblem bei der Sicherheitsäquivalenzmethode wird bei der Risikozuschlagsmethode unter Rückgriff auf das CAPM also durch »Pauschalierung« der Risikoneigung nur *umgangen*, aber nicht gelöst.

Die Anwendung des CAPM innerhalb von DCF-Verfahren ist jedoch nicht ohne Probleme: Bspw. ist das CAPM auf nicht börsennotierte Unternehmen nur dann anwendbar, wenn sich ein börsennotiertes Unternehmen mit vergleichbarem Risiko finden lässt. Zudem kennt das CAPM in seiner Grundform keine Steuern; gleichwohl existieren besondere Ausprägungsformen des CAPM, welche steuerliche Aspekte berücksichtigen (sog. Tax-CAPM; vgl. IDW S 1.Anhang). Die CAPM-basiert ermittelten Daten lassen sich daher auf die reale Welt nicht ohne weiteres übertragen.

c) Kapitalkosten, Equity- und Entity-Methode

Wurden die Eigenkapitalkosten wie zuvor beschrieben ermittelt, kann auf dieser Grundlage der Unternehmenswert (= Wert des Eigenkapitals) auf mehreren Wegen bestimmt werden.

Zu unterscheiden sind dabei zunächst Verfahren, die zunächst den Gesamtwert des Unternehmens (Eigen- und Fremdkapital) ermitteln und dann in einem zweiten Schritt den gesuchten Wert des Eigenkapitals durch Subtraktion des Wertes des Fremdkapitals bestimmen. Diese Verfahren werden als Entity-Verfahren bezeichnet, weil sie zunächst den Wert des gesamten Unternehmens (entity) bestimmen. Die gebräuchlichsten beiden Verfahren innerhalb der Entity-Ansätze sind der Ansatz der gewogenen Kapitalkosten (WACC) und der sog. Adjusted Present Value-Ansatz (APV-Ansatz).

Beim WACC-Ansatz werden die free CF vor Fremdkapitalzinsen, die demnach unabhängig von der Finanzierungsstruktur sind, mit einem gemischten Kapitalkostensatz abgezinst. Dieser Kapitalkostensatz gewichtet die Kosten des Fremdkapitals und des Eigenkapitals gemäß der Finanzierungsstruktur, er wird daher auch als Weighted Average Cost of Capital (WACC) bezeichnet:

$$wacc = E(R_i) \cdot \frac{EK}{EK+FK} + R_{FK} \cdot \frac{FK}{EK+FK}$$

Daneben existieren auch sog. Equity-Verfahren. Diese bestimmen den gesuchten Wert des Eigenkapitals (equity) direkt. Hierzu werden die CF nach Fremdkapitalzinsen mit den Eigenkapitalkosten abgezinst.

2.1.2 Ertragswertverfahren

Grundlage des in Deutschland traditionell gebräuchlichen Ertragswertverfahrens sind die Jahresergebnisse als Saldo aus Erträgen und Aufwendungen. Die Vorgehensweise ähnelt der des DCF-Verfahrens. Im Gegensatz zum DCF-Verfahren entfällt bei diesem Verfahren das Erfordernis der Prüfung, ob gesellschaftsrechtlich Jahresüberschüsse, die ausgeschüttet werden können, vorliegen. Anstelle dieser Nebenrechnung ist aber wiederum zu prüfen, ob (mindestens) in Höhe der ausschüttbaren Jahresüberschüsse auch freie Zahlungsströme vorhanden sind. Ist dies nämlich nicht der Fall, so müsste die Ausschüttung durch Aufnahme von zusätzlichem Eigen- oder Fremdkapital finanziert werden – was beim Fremdkapital zu Aufwand führt, der wiederum den Jahresüberschuss beeinflusst.

Auch bei dieser Variante werden gewöhnlich zwei Phasen unterschieden und auch die Handhabung der Prognoseproblematik ist identisch. Bei korrekter Anwendung und identischen Ausgangsdaten führen beide Verfahren zum gleichen Ergebnis, weil sich Zahlungsüberschüsse in Jahresergebnisse umrechnen lassen und umgekehrt; dieser Zusammenhang wird als Lücke-Theorem bezeichnet.

Auch beim Ertragswertverfahren besteht die Notwendigkeit, das Risiko der künftigen Erträge bei der Bewertung zu berücksichtigen. Hierzu können beide im Zusammenhang mit dem DCF-Verfahren beschriebenen Vorgehensweisen (Sicherheitsäquivalenzmethode und Risikozuschlagsmethode) verwandt werden.

2.2 Einzelbewertungsverfahren

Im Unterschied zu den Gesamtbewertungsverfahren berechnen die Einzelbewertungsverfahren den (Gesamt-)Unternehmenswert als Summe der einzelnen Unternehmensteile (z.B. Substanzwerte, Liquidationswert). Bewertet werden die einzelnen Teile und diese anschließend zum Gesamtwert addiert.

Dabei ermittelt der Substanzwert in seiner Variante Teilreproduktionswert den Unternehmenswert durch Rückgriff auf die Wiederbeschaffungskosten der einzelnen Vermögens- und Schuldposten; der Substanzwert in der Variante Vollreproduktionswert geht insofern weiter, als auch der bilanziell nicht erfasste (= originäre) Geschäfts- oder Firmenwert (z.B. Kundenstamm, Aufbauleistungen, Prozess- und Humankapital) berücksichtigt wird und unterstellt somit einen fiktiven Nachbau des zu bewertenden Unternehmens.

Die Einzelbewertungsverfahren werden aufgrund von konzeptionellen Schwächen aus theoretischer Sicht abgelehnt, da bspw. kein subjektiver Gesamtunternehmenswert berechnet wird. Sie sind daher nur als Hilfswert zur Plausibilisierung von Unternehmenswerten, die mittels eines Gesamtbewertungsverfahrens ermittelt wurden, sinnvoll. In der Praxis erfreuen sie sich wegen der vergleichsweise einfachen Anwendung aber zumindest einer gewissen Beliebtheit.

2.3 Andere Verfahren

Zusätzlich werden die zuvor beschriebenen Verfahren in der Praxis der Unternehmensbewertung auch kombiniert eingesetzt (sog. Mittelwertverfahren). Bekannt ist insbesondere das sog. Stuttgarter Verfahren. Zudem existiert eine Reihe von Verfahren, die Ähnlichkeiten mit den zuvor beschriebenen Verfahren aufweisen, z. B. die Übergewinnkapitalisierung.

3 Steuern in der Unternehmensbewertung

Steuern beeinflussen den Unternehmenswert in zweierlei Weise. Zum einen ist die Verschuldungspolitik des zu bewertenden Unternehmens bedeutsam und daher bei der Unternehmensbewertung zu berücksichtigen. Im Gegensatz etwa zu Dividenden stellen Zinsen, die für aufgenommenes Fremdkapital zu zahlen sind, einkommen- und körperschaftsteuerlich abzugsfähige Betriebsausgaben dar. Die daraus resultierende Ertragsteuerersparnis wird auch als »tax shield« bezeichnet und erhöht den Unternehmenswert. Zum anderen sind die Ausschüttungen an die Eigenkapitalgeber auf der Ebene der persönlichen Einkommensteuer des Eigenkapitalgebers i. d. R. ebenfalls steuerpflichtig. Die persönlichen Steuerverhältnisse des Investors sind daher zu berücksichtigen. An dieser Stelle zeigt sich noch einmal, dass es sich bei einem Unternehmenswert immer um einen investorenspezifischen Wert handelt und es »den« Unternehmenswert nicht geben kann.

4 Unternehmensbewertung durch den WP

Der →WP kann in einer Reihe von Fällen mit einer Unternehmensbewertung befasst sein. Führt ein WP eine Unternehmensbewertung durch, hat er sich grundsätzlich an der vom →IDW herausgegebenen Verlautbarung IDW S 1 n. F. (Grundsätze zur Durchführung von Unternehmensbewertungen) zu orientieren.

- Im Rahmen der Abschlussprüfung kann eine Unternehmensbewertung bei der Ermittlung eines beizulegenden Zeitwertes (→ *Fair values, Prüfung*; → *Geschätzte Werte, Prüfung*) bei Beteiligungen, bei der Prüfung der Werthaltigkeit eines Geschäfts- oder Firmenwertes oder bei einem impairment-Test nach IFRS 3 (→ *Immaterielle Vermögensposten, Prüfung*) erforderlich sein.
- Daneben kann der WP als neutraler Gutachter, als Berater sowie als Schiedsgutachter tätig sein (IDW S 1.12). Als in diesem Zusammen-

hang typische Bewertungsanlässe sind z. B. zu nennen: Die Abfindung außenstehender Gesellschafter bei Abschluss eines Gewinnabführungsvertrages (§ 305 AktG) oder bei einer Eingliederung (§ 320b AktG), die Ermittlung der Höhe eine Pflichtangebots an die Minderheitsaktionäre bei einer Übernahme (§§ 14, 35 Abs. 2 WpÜG) sowie die Bestimmung der Höhe der Abfindung bei einem sog. → *squeezeout* (§§ 327a–327f AktG).

Martin Schmidt

Literatur: *Ballwieser, W.*, Unternehmensbewertung, 2004; *Drukarczyk, J.*, Theorie und Politik der Finanzierung, 1993; *Mandl, G./Rabel, K.*, Unternehmensbewertung, 1997.

Unternehmensfortführung → Going concern-Annahme, Prüfung

Unterschlagung → Fraud, Prüfung; → Unterschlagungsprüfung

Unterschlagungsprüfung

1 Definition

Der Begriff Unterschlagung wird im Folgenden weit ausgelegt: Er umfasst nicht nur die strafrechtliche Unterschlagung (§ 246 StGB), sondern u.a. auch Diebstahl (§ 242 StGB), Untreue (§ 266 StGB), Bestechung (§ 299 StGB) oder Datenveränderung (§ 303a StGB). Als Unterschlagungen im wirtschaftlichen Sinne werden bewusste Schädigungen einer Organisation bezeichnet, die von einem Defraudanten (= Schädiger) durchgeführt werden, um unberechtigte Vorteile zu erlangen. Dagegen bezieht sich der Begriff fraud i.S.v. ISA 240 auf die falsche Darstellung im Jahresabschluss (→ *Fraud, Prüfung*).

Auch wenn die → *Jahresabschlussprüfung* so anzulegen ist, dass Verstöße (z.B. Vermögensschädigungen), die sich auf den Abschluss wesentlich auswirken, vom gewissenhaften Prüfer erkannt werden (§§ 317 Abs. 1 Satz 3 HGB, 43 Abs. 1 Satz 1 WPO), ist in diesem Rahmen keine Unterschlagungsprüfung vorzunehmen. Denn bei der Abschlussprüfung ist z.B. keine Vorgehensweise unter Einsatz kriminalistischer Prüfungshandlungen (z.B. Durchsuchungen, Beschlagnahmungen) erforderlich (IDW E-IPS 240.26, IDW PS 210.14 f., ISA 240.26).

2 Prüfer und Prüfungsplanung

Bei der Unterschlagungsprüfung (auch forensische Prüfung genannt) handelt es sich um eine freiwillige Prüfung (→ *Prüfungsdienstleistungen, freiwillige*). Sie wird häufig von der → *Internen Revision* durchgeführt, die aufgrund ihrer besseren Kenntnis des Unternehmens erfolgreicher Unterschlagungen aufdeckt als externe Prüfer. Diese sind allerdings dann einzusetzen, wenn keine Interne Revision existiert oder die Besorgnis der Befangenheit besteht. Große WPG haben eigene Abteilungen eingerichtet, die forensische Prüfungen durchführen.

Der meist von der Unternehmensleitung erteilte → *Prüfungsauftrag* sollte präzise formuliert sein, weil er Umfang und Intensität der → *Prüfungshandlungen* vorherbestimmt. Da es wichtig ist, die Beseitigung von Beweismaterial zu verhindern, wird die Unterschlagungsprüfung oft überraschend anberaumt oder durch eine parallel durchgeführte Abschluss- oder → *Zwischenprüfung* (→ *Unterjähriger Bericht, Prüfung*) getarnt. Weil die Unterschlagungsprüfung einen dynamischen Prozess darstellt, in dem die gerade gewonnenen Erkenntnisse den → *Prüfungspfad* determinieren, ist lediglich eine Grobplanung möglich. Die Aufdeckung von raffiniert verschleierten Unterschlagungen ist für Außenstehende eine sehr komplizierte Aufgabe. Deswegen sind Prüfer mit ausreichender Berufs- und Lebenserfahrung sowie Fachkompetenz einzusetzen.

3 Prüfungsdurchführung

Die Ausgestaltung der Prüfung richtet sich nach ihren *Anlässen*. Es können bereits konkrete Verdachtsmomente oder lediglich allgemeine Mutmaßungen vorliegen. In diesen Fällen ist darauf zu achten, dass frühzeitig relevante interne Dokumentationen gesichert und verdächtige Personen beurlaubt werden. Weiterhin kann es bei einer Unterschlagungsprüfung um die Quantifizierung bereits aufgedeckter Schäden oder Unterschlagungsprophylaxe gehen.

Bei einer *Unterschlagungsprophylaxe* ist vor allem eine → *Systemprüfung* durchzuführen, um Veruntreuungsrisiken im Unternehmen beurteilen zu können. Bei Arbeitsvorgängen, die ein Unterschlagungsrisiko beinhalten, sollten betriebliche Aufzeichnungen vorgesehen sein, um Unterschlagungen zu erschweren. Mitarbeiter auf kritischen Personalstellen sollten bestimmte Voraussetzungen im Hinblick auf Integrität erfüllen. Weiterhin sind ggf. physische Vermögenssicherungen erforderlich. Die Grundsätze der → *Funktionstrennung* und das Vier-Augen-Prinzip sollten beachtet, ausreichende Inventurrichtlinien vorhanden sein.

Wenn lediglich *allgemeine Mutmaßungen* vorliegen, muss versucht werden, einen sachlichen oder personellen Kernbereich der Unterschlagung zu identifizieren. Mangels geeigneter Anhaltspunkte sind zunächst System- sowie globale → *analytische Prüfungen* vorzunehmen. Bspw. können betriebliche Kennzahlen (z.B. Personalfluktuation) auf Auffälligkeiten hin untersucht werden. Außerdem lassen sich eventuell Symptome von Unterschlagungen erkennen (z.B. auffälliger Lebenswandel von Mitarbeitern, häufige Vergabe von Aufträgen an denselben Lieferanten). Größere Datenbestände können effizient mittels → *IT-gestützter Prüfungstechniken* analysiert werden (→ *Benford'sches Gesetz*).

Sind bereits *konkrete Verdachtsmomente* vorhanden, müssen diese detailliert in einer → *Vollprüfung* aufgeklärt werden. Dabei sind insbesondere Befragungen, aber auch kriminalistische Methoden wie das Erkennen von Dokumentenmanipulationen, Spurensuche und -sicherung bei Diebstahl, Durchsuchungen oder Observierungen durchzuführen. Ausführliche Kontenanalysen mit Augenmerk auf atypische Konditionen, ungewöhnliche Transaktionen, Buchungsrückstände oder fehlende Belege sind erforderlich.

4   Berichterstattung

Die Ergebnisse der Prüfung sind in einen schriftlichen Bericht aufzunehmen. An die Prüfungsnachweise sind erhöhte Anforderungen zu stellen, da sie ggf. in gerichtlichen Verfahren verwendet werden. Falls sich während der Prüfung ein unmittelbarer Handlungsbedarf herausstellt, ist der Auftraggeber unverzüglich zu informieren.

Unvereinbare Tätigkeiten

Ein WP hat sich jeder Tätigkeit zu enthalten, die mit seinem Beruf oder dem Ansehen des Berufs unvereinbar ist (§ 43 Abs. 2 Satz 1 WPO, § 1 Abs. 2 Satz 1 Berufssatzung). Nach § 43a Abs. 3 WPO darf er keine gewerbliche Tätigkeit, keine Tätigkeit aufgrund eines Anstellungsvertrages und keine Tätigkeit aufgrund eines Beamtenverhältnisses oder eines nicht ehrenamtlich ausgeübten Richterverhältnisses ausüben. Von diesen Tätigkeitsverboten gibt es Ausnahmen; so darf ein WP gem. § 43a Abs. 1 WPO als zeichnungsberechtigter Angestellter im Prüfungswesen tätig sein. Zudem sind ihm weitere Angestelltentätigkeiten gestattet, wie z.B. bei der → *WPK* oder bei einschlägigen Berufsverbänden wie dem

→ *IDW*. Des Weiteren ist ein Beamtenverhältnis bei wissenschaftlichen Instituten oder als Hochschullehrer zulässig. Auch die internationalen → *ethischen Prüfungsnormen* nennen inkompatible Tätigkeiten. Einem WP sind Tätigkeiten untersagt, die seine Integrität, seine Objektivität, seine → *Unabhängigkeit* oder das Ansehen des Berufstands beeinträchtigen oder beeinträchtigen können (→ *Ethics* Sec. 200.2). Die Ausübung unvereinbarer Tätigkeiten stellt nach § 20 Abs. 2 Nr. 1 WPO einen Grund zum Widerruf der Bestellung dar. Es handelt sich darüber hinaus um eine Berufspflichtverletzung, die berufsrechtlich bestraft werden kann (→ *Berufsrechtliche Ahndung*).

Urteil → Prüfungsurteil

Urteile Dritter → Verwendung von Urteilen Dritter

Urteilsbildungsprozess

1 Traditionelle Sichtweise

Um im → *Bestätigungsvermerk* sowie → *Prüfungsbericht* Aussagen über den Jahresabschluss des geprüften Unternehmens treffen zu können, muss sich der Abschlussprüfer durch den Einsatz von → *Prüfungshandlungen* ein Urteil bilden. Grundlage der Urteilsbildung sind die im → *Soll-Ist-Vergleich* festgestellten Abweichungen zwischen vorläufigem Jahresabschluss (Ist-Objekt) und einem gedachten normenkonformen Jahresabschluss (Soll-Objekt).

Nach dem sog. → *messtheoretischen Ansatz* vollzieht sich die Urteilsbildung grundsätzlich sequenziell, d.h., zunächst wird das Ist-Objekt vollständig erfasst sowie das Soll-Objekt gedanklich abgebildet. Die aus dem dann anzustellenden Soll-Ist-Vergleich resultierenden Abweichungen werden schließlich für die Urteilsbildung ausgewertet.

2 Neuere Sichtweisen

2.1 Informationsverarbeitungsansatz

Wegen der hohen Komplexität des Prüfungsgegenstandes kann der Prüfer jedoch nur eine beschränkte Menge an Informationen gleichzeitig verarbeiten (→ *Begrenzte Rationalität*). Deswegen wird er aufgrund von Vorinformationen zunächst eine initiale → *Urteilshypothese* formulieren.

Anschließend führt der Abschlussprüfer weitere Prüfungshandlungen zur Konkretisierung von Ist- und Soll-Objekt in der Weise durch, dass seine Urteilshypothese möglichst klar unterstützt oder widerlegt wird (→ *Suchprozess*). So kann auf wirtschaftliche Weise die erforderliche → *Prüfungssicherheit* erreicht werden (IDW PS 200.9).

Bei der Einordnung der → *Prüfungsnachweise* muss der Prüfer darauf achten, dass er vielfältigen Verzerrungen wie Ankereffekten, Mandantendruck oder Rechtfertigungseffekten ausgesetzt ist. Dabei liegt ein Ankereffekt vor, wenn der zuerst erlangte Nachweis einen zu großen Einfluss auf das Urteil erlangt. Weiterhin sollte er sich dessen bewusst sein, dass seine Erfahrung und mentalen Fähigkeiten (Lernumgebung) Determinanten seiner subjektiven → *Prüfungsstrategie* sind.

Wenn der Prüfer bei einer ggf. korrigierten Urteilshypothese ausreichend Prüfungsnachweise erlangt hat, so dass die geforderte Prüfungssicherheit gewährleistet ist, kann das Urteil formuliert werden. Zunächst werden Teilurteile über einzelne → *Prüffelder* oder Prüfungsgegenstände gebildet, die dann zu Urteilen über Konten, Jahresabschlusspositionen bis zum Gesamturteil über den Jahresabschluss aggregiert werden. Dabei müssen verschiedene Einzelurteile gewichtet werden (IDW PS 400.9). Abschließend sind → *analytische Prüfungen* zur Bestätigung der Schlussfolgerungen und Überprüfung der Konsistenz der Einzelurteile durchzuführen (IDW PS 312.23, ISA 520.13).

2.2 Systemprüfung aus heuristischer Sicht

Die Vorzüge des → *Informationsverarbeitungsansatzes* zeigen sich z. B. bei der → *Systemprüfung*. Aufgrund der hohen Komplexität des Ist-Systems sowie der Vielzahl zulässiger Soll-Systeme scheint die ex ante-Ableitung des Soll-Systems kaum möglich zu sein. Vielmehr wird ein vorläufiges Ist- und Soll-System gebildet, die in einem hypothesengesteuerten, heuristischen Suchprozess konkretisiert werden. Dieser umfasst das Aufstellen und Testen von Fehlerhypothesen bis die geforderte Urteilssicherheit erreicht ist (Abbruchkriterium). Dabei können Fehlerhypothesen z. B. auf der Basis festgestellter Schwachstellen, Erfahrungswissen oder regelgebunden durch Simulierung der Verarbeitung schwieriger oder seltener Geschäftsvorfälle generiert werden.

Die mit immer größerer Sicherheit abgeleiteten Abweichungen zwischen Ist- und Soll-Objekt bestimmen das abzugebende Urteil. Der Prüfer muss z. B. einschätzen, ob der Bestätigungsvermerk bei schwerwiegenden Mängeln in abgegrenzten Teilbereichen des Systems bereits einzuschränken ist (IDW PS 400.50).

Urteilsfreiheit → Unabhängigkeit

Urteilshypothese

In komplexen Entscheidungssituationen wie der Jahresabschlussprüfung ist es nicht möglich, alle → *Prüfungshandlungen* ex ante vollständig zu planen. Vielmehr ist es Ausdruck der begrenzten Rationalität (→ *Begrenzte Rationalität*), dass der Prüfer aufgrund von Vorinformationen (z. B. Kenntnisse der Vorjahresprüfung) Urteilshypothesen bildet, in denen er seine Erwartungshaltung über ein Prüffeld zum Ausdruck bringt (z. B. »Prüffeld A ist frei von wesentlichen Falschdarstellungen.«). Die Urteilshypothese steuert den Problemlösungsprozess, d. h., der Prüfer sucht gezielt nach → *Prüfungsnachweisen*, welche die Urteilshypothese stützen oder widerlegen. Dabei geht der Prüfer zumeist heuristisch vor (→ *Informationsverarbeitungsansatz*), indem er z. B. zunächst die Prüfungsnachweise erlangt, welche den höchsten Einfluss auf die Urteilshypothese nehmen (z. B. das Einholen einer → *Saldenbestätigung* in Bezug auf eine wesentliche Forderungsposition). Der Prüfer bricht den → *Suchprozess* ab, wenn die erlangten Prüfungsnachweise für die in den Prüfungsnormen geforderte → *Prüfungssicherheit* ausreichen.

Einer risikoorientierten Steuerung (→ *Risikomodell*) des Problemlösungsprozesses entspricht es, heuristische *Fehlerhypothesen* aufzustellen. Fehlerhypothesen sind negativ formulierte Urteilshypothesen, welche zumeist auf Erfahrungswissen beruhen. Beispiele für mandantenspezifische Fehlerhypothesen sind: erwartete unzureichende Eingabekontrollen bei dem eingesetzten IT-System (→ *IT-gestützte Rechnungslegung*) aufgrund der im Vorjahr durchgeführten → *Systemprüfung* oder eine erwartete Überbewertung der Vorräte aufgrund einer wirtschaftlich angespannten Situation des Mandanten. Fehlerhypothesen sind auch im Rahmen der Anwendung → *statistischer Stichprobenverfahren* bedeutsam.

Formal zu unterscheiden von den Urteilshypothesen sind die im Rahmen der Durchführung → *analytischer Prüfungen* bedeutsamen *Erklärungshypothesen*. Identifiziert der Prüfer durch analytische Prüfungen Abweichungen, dann bringen Erklärungshypothesen die Erwartungshaltung des Prüfers über die den Abweichungen zugrunde liegenden Ursachen zum Ausdruck. Insofern besteht ein enger Zusammenhang zwischen Erklärungs- und Urteilshypothese. Die gebildete Erwartungshaltung führt wiederum zu weiteren einzelfallbezogenen Prüfungshandlungen (→ *Aussagebezogene Prüfungshandlungen*), um die für die Beurteilung des Sachverhalts notwendige Prüfungssicherheit zu erlangen.

Literatur: *Ruhnke, K.*, Normierung der Abschlußprüfung, 2000, S. 290–314.

Urteilsmitteilung

Unter Urteilsmitteilung wird die Übermittlung des Ergebnisses einer Jahresabschlussprüfung (→ *Prüfungsurteil*) an die jeweiligen Adressaten verstanden. Die Urteilsmitteilung hat gem. § 321 HGB bei Pflichtprüfungen von → *Kapitalgesellschaften* schriftlich zu erfolgen. Diese Vorschrift gilt entsprechend für andere Pflichtprüfungen. Zentrale Berichterstattungsinstrumente im Rahmen der Urteilsmitteilung sind der → *Bestätigungsvermerk* und der → *Prüfungsbericht* sowie die → *Schlussbesprechung* und der → *management letter*.

Urteilssicherheit → Prüfungssicherheit

USA, Wirtschaftsprüfung in den → Wirtschaftsprüfung in den USA

US-amerikanische Prüfungsnormen → US-GAAS

Verantwortlichkeit des Abschlussprüfers → Berufsrechtliche Ahndung; → Haftung des Abschlussprüfers

Verbindlichkeiten, Prüfung

1 Rechnungslegungsnormen

a) Deutsche Normen: §§ 246 Abs. 2, 253 Abs. 1, 264 Abs. 2, 265 Abs. 7, 266 Abs. 3, 267 Abs. 1, 268 Abs. 5, 285 Nr. 1–3 HGB sowie § 42 Abs. 3 GmbHG, §§ 160 Abs. 1 Nr. 5, 256 Abs. 5 AktG, IDW HFA 1/1994; b) Internationale Normen: IASB Framework, IAS 1, 12, 32, 37, 39.

2 Definition

Bei Verbindlichkeiten handelt es sich nach handelsrechtlichen Vorgaben um die gegenüber einem Dritten bestehenden Leistungsverpflichtungen eines Unternehmens, die eine hinreichend wahrscheinliche wirtschaftliche Belastung begründen und deren Verpflichtungsgrund als auch Höhe am Bilanzstichtag eindeutig feststehen. Den internationalen Normen folgend existiert kein exaktes Pendant zum handelsrechtlichen Begriff der Verbindlichkeiten. Den handelsrechtlichen Verbindlichkeiten entsprechende Sachverhalte bilden nach IFRS unter dem Begriff sonstige Schulden (other liabilities) neben den Rückstellungen (provisions) einen weiteren Bestandteil der → *Schulden* (liabilities; IAS 37.11).

3 Prüferisches Vorgehen

3.1 Grundsätzliche Vorgehensweise

Die im Rahmen der Jahresabschlussprüfung vorzunehmende Prüfung der Verbindlichkeiten erfolgt i. Allg. im Rahmen der Hauptprüfung. In Abhängigkeit von der Wahl des jeweiligen → *Prüfungsansatzes* sind die Prüfungshandlungen derart anzulegen, dass das Risiko eines Fehlurteils des Abschlussprüfers im Hinblick auf die Ordnungsmäßigkeit des → *Prüffeldes* ein vorgegebenes Maß nicht überschreitet (→ *Prüfungsrisiko*). Aufgrund der Komplexität des Prüffeldes »Verbindlichkeiten« und der Tatsache, dass es in aller Regel unter dem Aspekt der Wirtschaftlichkeitsbetrachtung nicht adäquat ist, sämtliche Verbindlichkeiten eines Unternehmens zu prüfen, sollte der Abschlussprüfer zunächst eine Beurteilung der Ausgestaltung des →*IKS* vornehmen, da so das →*Kontrollrisiko* adäquat beurteilt werden kann. Zu diesem Zweck kann der Prüfer sich bspw. davon einen Eindruck verschaffen, ob Eingangsrechnungen hinsichtlich der tatsächlichen Existenz des Anspruchs eines Gläubigers kontrolliert und erst nach Verifizierung der Existenz eines derartigen Anspruchs verbucht werden. Im Rahmen einer Beurteilung der allgemeinen Ablauforganisation sollte der Prüfer sich außerdem ein Urteil darüber bilden, inwieweit das →*Rechnungswesen* ausreichend, verständlich und zeitnah von Sachverhalten mit Auswirkungen auf die Verbindlichkeiten des Unternehmens informiert wird, um so die generelle Wahrscheinlichkeit für das Auftreten wesentlicher Fehler im Prüffeld quantifizieren zu können (→*inhärentes Risiko*). In Abhängigkeit von der Einschätzung der inhärenten und Kontrollrisiken muss der Prüfer das →*Entdeckungsrisiko* anpassen und die für die Erlangung der geforderten →*Prüfungssicherheit* notwendigen →*aussagebezogenen Prüfungshandlungen* vornehmen.

3.2 Prüfungshandlungen entlang der Abschlussaussagen

Die vorzunehmenden Prüfungshandlungen ergeben sich in weiten Teilen aus den gesetzlichen Vorschriften. Im Folgenden werden zentrale Prüfungshandlungen entlang der →*Abschlussaussagen* kategorisiert.

a. Für die Beurteilung des tatsächlichen *Vorhandenseins* der im Jahresabschluss ausgewiesenen Verbindlichkeiten hat sich der Abschlussprüfer insbesondere auf vom zu prüfenden Unternehmen zu erstellende Saldenlisten, von Kreditoren eingegangene →*Saldenbestätigungen* sowie die den in Frage stehenden Verbindlichkeiten zugrunde liegenden vertraglichen Dokumentationen zu stützen. Aufgrund der Vielzahl der für das Prüffeld relevanten Geschäftsvorfälle wird der Abschlussprüfer regelmäßig eine in Abhängigkeit der Ergebnisse der →*Aufbauprüfungen* und →*Funktionsprüfungen* angemessene →*Stichprobe* von Sachverhalten ziehen und diese im Rahmen von →*Einzelfallprüfungen* beurteilen. Dabei ist die →*bewusste Auswahl* im Hinblick auf ihre Größe bedeutender sowie aus verschiedenen Gründen als fehleranfällig identifizierter Positionen anzuraten. Vielfach reicht dem Abschlussprüfer eine Saldenbestätigung als Nachweis für das Vorhandensein einer Verbindlichkeit aus. Liegen für die Prüfung Saldenbestätigungen jedoch nicht vor oder können diese nicht rechtzeitig eingeholt werden oder bestehen Zweifel an der Authentizität der vorliegenden Saldenbestätigungen, so hat sich der Prüfer im Folgenden anhand relevanter vertraglicher Unterlagen vom Vorliegen der Voraussetzungen für die Passivierung einer Verbindlichkeit zu überzeugen.

Eine Verbindlichkeit darf nur dann passiviert werden, wenn der zugrunde liegende Sachverhalt für das Unternehmen eine Verpflichtung zur Erbringung einer wirtschaftlich belastenden Leistung beinhaltet, deren Erbringung zudem sicher ist und eindeutig quantifiziert werden kann. Vereinzelt kann für den Abschlussprüfer dabei die Klärung der Frage, wann für den zur Leistung Verpflichteten eine wirtschaftliche Belastung tatsächlich besteht, zu Problemen führen. Unstrittig ist regelmäßig der Umstand, dass schwebende Geschäfte i.d.R. eine Leistungsverpflichtung begründen, mangels erbrachter Gegenleistung jedoch noch keine wirtschaftliche Belastung existiert. Der Zeitpunkt, zu dem ein Geschäft nicht mehr als schwebend bezeichnet werden kann, ist für den Prüfer in besonderer Weise relevant: Besteht die Gegenleistung bspw. in Form der Lieferung einer Sache, so ist eine Verbindlichkeit erst dann auszuweisen, wenn das zu prüfende Unternehmen die wirtschaftliche Verfügungsgewalt über die gelieferte Sache besitzt, und nicht etwa, wenn es nur einen rechtlichen Anspruch besitzt. In diesem Zusammenhang hat der Prüfer den Ausweis einer Verbindlichkeit dann abzulehnen, wenn der Gläubiger des zu prüfenden Unternehmens seine Ansprüche erfahrungsgemäß nicht mehr durchsetzen kann (wenn das zu prüfende Unternehmen bspw. die Einrede der Verjährung geltend machen kann).

Weiter ist vom Prüfer zu beachten, dass für die Quantifizierbarkeit einer Leistungsverpflichtung der in Zukunft zu zahlende Betrag nicht zwingend unveränderbar sein muss. So sind Änderungen in der Höhe der Leistungsverpflichtung in Abhängigkeit von der jeweiligen vertraglichen Ausgestaltung bspw. in Form von Wechselkursschwankungen oder der Inanspruchnahme von Skonto durchaus üblich. Eine Ablehnung des Ausweises einer Verbindlichkeit infolge der Existenz derartiger Quantifizierungsproblematiken darf nicht erfolgen.

b. Für die Beurteilung, ob der Ausweis der Verbindlichkeiten seitens des zu prüfenden Unternehmens *vollständig* erfolgte, stehen dem Abschlussprüfer verschiedene Vorgehensweisen zur Verfügung. Zunächst hat er sich davon zu überzeugen, dass das Saldierungsverbot des § 246 Abs. 2 HGB eingehalten wurde, es folglich im Berichtszeitraum nicht zu einer Verrechnung von Verbindlichkeiten mit ggf. bestehenden Forderungen kam, und in diesem Zusammenhang relevante Verstöße zu beanstanden. Sofern nicht bereits bei Vertragsabschluss zwischen zwei Vertragspartnern geregelt wurde, dass die geschäftlichen Beziehungen zwischen ihnen als Abrechnungs- bzw. Kontokorrentverhältnis bestehen sollen und somit Verbindlichkeiten ohnehin nur in Höhe des Abrechnungssaldos bestehen sollen, würde eine Saldierung von Verbindlichkeiten und Forderungen ein den tatsächlichen Verhältnissen entsprechendes Bild nicht vermitteln. Ausnahmen vom Saldierungsverbot kann der Prüfer nur insofern akzeptieren, als im vorliegenden Fall Schuldner und Gläubiger zu saldierender Verbindlichkeiten und Forderungen identisch sind, beide Fälligkeitszeitpunkte annähernd identisch sind, Verbindlichkeiten und Forderungen gleichartig sind und die Aufrechnung nicht gem. § 387 BGB ausgeschlossen wurde. Im Rahmen der Prüfung der Einhaltung des Saldierungsverbots sollte die besondere Aufmerksamkeit den → *debitorischen Kreditoren* und → *kreditorischen Debitoren* gelten. Gem. IAS 1.32 ist die Saldierung von → *assets* und → *liabilities* ähnlich der Saldierung von Forderungen und Verbindlichkeiten nach HGB untersagt, sofern nicht einer der in IAS 1.32 genannten Ausnahmetatbestände vorliegt.

Ferner hat der Abschlussprüfer seine Prüfungshandlungen dahingehend auszurichten, dass das Vorhandensein vom zu prüfenden Unternehmen nicht erfasster Verbindlichkeiten soweit möglich aufgedeckt wird. Durch einen Abgleich der Kreditorenkonten mit dem Bilanzausweis der Verbindlichkeiten kann er zunächst sicherstellen, dass im Unternehmen buchhalterisch erfasste Verbindlichkeiten auch tatsächlich vollständig in die Bilanz eingegangen sind. Die Existenz ausweispflichtiger Sachverhalte, die im Unternehmen in keiner Weise erfasst wurden, ist für den Prüfer selbst bei gewissenhafter Prüfung nur sehr schwierig aufzudecken. Es bietet sich daher zunächst an, von bekannten Geschäftspartnern des Unternehmens entsprechende Saldenbestätigungen zum Bilanzstichtag (Saldenbestätigungen zu anderen Zeitpunkten sind in diesem Zusammenhang mangels Eignung abzulehnen) einzuholen und diese entsprechend mit den im zu prüfenden Unternehmen geführten Konten abzugleichen. Dass der Abschlussprüfer auf diese Art und Weise jedoch die Existenz weiterer nicht ausgewiesener Verbindlichkeiten nicht abschließend klären kann und die Bezugnahme auf die von der Geschäftsführung oder dem Vorstand zu unterzeichnende → *Vollständigkeitserklärung* nicht immer ausreichend ist, unterstreicht die herausragende Bedeutung der → *Systemprüfung*.

c. Um einen Nachweis hinsichtlich der korrekten *Zuordnung* der Verbindlichkeiten zu erbringen, muss sich der Abschlussprüfer vergewissern, dass nur solche Sachverhalte als Verbindlichkeiten ausgewiesen werden, denen eine bereits vor dem Bilanzstichtag (→ *Abschlussstichtag*) rechtlich begründete Leistungsverpflichtung des zu prüfenden Unternehmens zugrunde liegt. Darüber hinaus hat er zu prüfen, dass die

Leistungsverpflichtung am Bilanzstichtag noch bestand, also nicht etwa durch vor dem Bilanzstichtag eingetretene Ereignisse wie bspw. Gläubigerverzicht bereits erloschen war. Ausnahmsweise hat der Abschlussprüfer auch den Ausweis solcher Verbindlichkeiten zu akzeptieren, die wirtschaftlich bereits vor dem Bilanzstichtag entstanden sind, rechtlich jedoch am Bilanzstichtag noch keinen Anspruch des Leistungsempfängers begründen. Dafür ist es jedoch erforderlich, dass das zu prüfende Unternehmen dem Abschlussprüfer zweifelsfrei darlegt, dass die Nichterfüllung des Leistungsversprechens zu Nachteilen für das Unternehmen führen würde und die Leistung vom Unternehmen auch tatsächlich erbracht werden kann und wird. Ferner hat gem. § 268 Abs. 5 Satz 3 HGB in diesem Falle eine Erläuterung bedeutender Beträge im Anhang zu erfolgen.

d. Die *Darstellung* und *Offenlegung* der handelsrechtlich ausweispflichtigen Verbindlichkeiten hat der Prüfer primär daraufhin zu prüfen, ob die Verbindlichkeiten gemäß dem Gliederungsschema des § 266 Abs. 3 HGB korrekt ausgewiesen und weitergehende Angabepflichten eingehalten wurden.

e. Bei der Prüfung des Postens »Anleihen« hat der Abschlussprüfer bspw. durch Einsichtnahme in Emissionsunterlagen darauf zu achten, dass nur solche Instrumente ausgewiesen werden, deren Emission an einem öffentlichen Kapitalmarkt erfolgte. Schuldscheindarlehen hingegen werden mangels Börsennotierung nicht unter den Anleihen, sondern unter den sonstigen Verbindlichkeiten ausgewiesen, sofern sie nicht einer der anderen Kategorien zuzuordnen sind. Bezüglich des Ausweises von Genussrechtskapital sollte der Abschlussprüfer die SN HFA 1/1994 des IDW beachten. Wurden Anleihen zurück erworben, so darf der Abschlussprüfer eine Absetzung von den Verbindlichkeiten nur insofern akzeptieren, als eine Wiederbegebung der Anteile ausgeschlossen werden kann. Abschließend hat der Prüfer zu beurteilen, ob der Gesamtbetrag der konvertiblen Anleihen wie Wandelobligationen oder Optionsanleihen gesondert ausgewiesen wurde.

Im Falle von unter dem Posten »Verbindlichkeiten gegenüber Kreditinstituten« ausgewiesenen Verbindlichkeiten hat der Prüfer anhand geeigneter Unterlagen zu beurteilen, ob es sich bei dem Gläubiger der in Frage stehenden Verbindlichkeit um ein Kreditinstitut i.S.v. § 1 Abs. 1 KWG handelt. Ist dies nicht der Fall, hat ein Ausweis unter den sonstigen Verbindlichkeiten zu erfolgen. An dieser Stelle hat der Prüfer sich insbesondere zu vergewissern, dass lediglich tatsächlich in Anspruch genommene Kredite und nicht etwa bestehende Kreditlinien ausgewiesen werden.

Ein Ausweis als »Verbindlichkeit aus erhaltenen Anzahlungen auf Bestellungen« ist nur insofern sachgemäß, als es sich um Anzahlungen handelt, die zukünftig auch zu Umsatzerlösen führen. Unzulässig ist bspw. der Ausweis von Anzahlungen auf Vermögensgegenstände des Anlagevermögens. Ferner ist ein Ausweis derartiger Verbindlichkeiten nur dann gestattet, wenn der Betrag nicht auf der Aktivseite der Bilanz von den Vorräten abgesetzt wurde.

Im Rahmen der Prüfung des Ausweises von Verbindlichkeiten aus Lieferungen und Leistungen hat sich der Prüfer davon zu überzeugen, dass nur solche Verbindlichkeiten ausgewiesen werden, für die das zu prüfende Unternehmen noch keine Gegenleistung erbracht hat. Dabei hat der Prüfer ferner darauf zu achten, dass das vereinbarte Zahlungsziel allgemein üblich ist. Im Falle von Stundungen von Verbindlichkeiten durch den Gläubiger hat ein Ausweis unter den sonstigen Verbindlichkeiten zu erfolgen.

Da es sich bei den sonstigen Verbindlichkeiten um einen Residualposten handelt, hat der Abschlussprüfer sich zu vergewissern, dass sich hier keine in den anderen Verbindlichkeitsposten auszuweisenden Verbindlichkeiten befinden. Üblicherweise werden hier von Nichtbanken erhaltene Darlehen, die vom Unternehmen selbst geschuldeten Steuern, im Rahmen des Quellenabzugsverfahrens einbehaltene, aber noch nicht abgeführte Steuern sowie geschuldete Sozialabgaben ausgewiesen. Die vom Unternehmen gesondert auszuweisenden Steuerverbindlichkeiten und Verbindlichkeiten im Rahmen der sozialen Sicherheit hat der Abschlussprüfer mit den entsprechenden Aufwandskonten abzugleichen.

Abweichungen vom Bilanzgliederungsschema des § 266 Abs. 3 HGB sind vereinzelt zulässig, wenn dies für die Vermittlung eines den tatsächlichen Verhältnissen entsprechenden Bildes unerheblich ist oder die Klarheit der Darstellung erhöht. In diesem Falle hat der Abschlussprüfer jedoch das Vorhandensein entsprechender Anhangangaben gem. § 265 Abs. 7 Nr. 2 HGB zu prüfen.

Weiterhin hat sich der Prüfer – bspw. durch Einsichtnahme in den Verbindlichkeitenspiegel – zu vergewissern, dass mittelgroße und große Kapitalgesellschaften gem. § 285 Nr. 1, 3 HGB den Gesamtbetrag der Verbindlichkeiten mit einer Restlaufzeit von mehr als fünf Jahren, den Gesamtbetrag der durch Grundpfandrechte gesicherten Verbindlichkeiten sowie den Gesamtbetrag der sonstigen finanziellen Verpflichtungen, sofern diese Angabe für die Beurteilung der Finanzlage des Unternehmens erforderlich ist, ausweisen. Ferner hat der Abschlussprüfer auf die Aufgliederung der Gesamtbeträge auf die gem. § 266 Abs. 3 HGB zu bildenden Untergruppen zu bestehen, sofern diese nicht bereits aus der Bilanz ersichtlich sind. Für kleine Kapitalgesellschaften i. S. v. § 267 Abs. 1 HGB gelten die genannten Angabepflichten gem. § 288 Satz 1 HGB nicht.

Ferner haben alle Unternehmen gem. § 268 Abs. 5 HGB zum Zwecke einer Beurteilung ihrer Liquiditätslage Verbindlichkeiten mit einer Restlaufzeit von weniger als einem Jahr gesondert anzugeben.

Der Abschlussprüfer eines IFRS-Abschlusses hat den getrennten Ausweis von kurzfristigen (current liabilities) und langfristigen Schulden (non-current liabilities) in Anlehnung an die Vorschrift des IAS 1.55 zu akzeptieren. Nimmt das zu prüfende Unternehmen dieses Wahlrecht für sich in Anspruch, so hat sich der Abschlussprüfer davon zu überzeugen, dass als current liabilities nur solche Schulden ausgewiesen werden, die entweder innerhalb des gewöhnlichen Geschäftsverlaufes erfüllt werden oder die innerhalb von zwölf Monaten ab Bilanzstichtag fällig sind (IAS 1.60). Ist keine der beiden Anforderungen erfüllt, hat der Prüfer auf einen Ausweis als non-current liability zu bestehen, sofern nicht einer der Sonderfälle gem. IAS 1.61–67 einschlägig ist. Unabhängig von der Unterteilung in kurzfristige und langfristige Schulden gibt IAS 1.68 eine Mindestgliederung der Bilanzposten eines IFRS-Abschlusses vor. Somit hat der Abschlussprüfer die Mindestangabe folgender Posten zu prüfen:

- Verbindlichkeiten aus Lieferungen und Leistungen sowie sonstige Verbindlichkeiten (trade and other payables),
- Steuerschulden (tax liabilities as required by IAS 12),
- langfristige verzinsliche Schulden (non-current interest-bearing liabilities).

Zur ersten Position zählen neben Verbindlichkeiten aus Lieferungen und Leistungen, Darlehensverbindlichkeiten u. a. Schulden auch die gemäß Handelsrecht gesondert auszuweisenden Wechselverbindlichkeiten und Verbindlichkeiten gegenüber Kreditinstituten. IAS 1.72c sieht darüber hinaus ggf. eine weitere Untergliederung der liabilities in Abhängigkeit ihrer Höhe, Beschaffenheit und ihres zeitlichen Verlaufs vor. Zudem hat der Abschlussprüfer im Hinblick auf die Darstellung und Offenlegung von financial instruments (→ *Finanzinstrumente, Prüfung*) die Einhaltung der zahlreichen Vorschriften des IAS 32 zu prüfen.

f. Dem Gesetzeswortlaut des § 253 Abs. 1 Satz 2 HGB folgend hat der Abschlussprüfer bei der Prüfung der *Bewertung* der Verbindlichkeiten zwischen Verbindlichkeiten im Sinne einmalig auftretender Zahlungsverpflichtungen und Rentenverpflichtungen im Sinne mehrmalig und ggf. auch unregelmäßig auftretender Zahlungsverpflichtungen zu unterscheiden. Während erstere grundsätzlich mit ihrem Rückzahlungsbetrag auszuweisen sind, hat das zu prüfende Unternehmen Rentenverpflichtungen mit ihrem Barwert anzusetzen. Im Rahmen einer Stichprobenauswahl hat sich der Abschlussprüfer daher von der korrekten Wertermittlung zu überzeugen und zu diesem Zweck im Zweifel auch anhand der entsprechenden vertraglichen Dokumentationen die korrekte Bewertung zu überprüfen.

Insbesondere bei Verbindlichkeiten, deren Rückzahlungsbetrag Änderungen unterliegen kann, hat der Abschlussprüfer immer auch die Beachtung des → *Vorsichtsprinzips* zu prüfen. So kann bspw. eine Fremdwährungsverbindlichkeit bei erstmaligem Ausweis mit einem für das Unternehmen günstigeren als dem am Bilanzstichtag gültigen Wechselkurs bewertet worden sein. In diesem Falle hat der Prüfer darauf zu achten, dass im Rahmen der Folgebewertung der Verbindlichkeit der ungünstigere, am Bilanzstichtag gültige Wechselkurs herangezogen wurde.

Für die Prüfung der Bewertung von Rentenverpflichtungen hat der Abschlussprüfer regelmäßig Unterlagen über die Höhe der einzelnen noch ausstehenden Zahlungen, des verwendeten Zinssatzes sowie über den Zeitpunkt, an dem die jeweiligen Zahlungen fällig sind, einzuholen und kritisch zu würdigen.

Im Zusammenhang mit der Prüfung eines IFRS-Abschlusses hat der Prüfer die Anwendung der im Framework (IASB Framework.100) dargestellten Bewertungsmaßstäbe zu akzeptieren, sofern keine abweichenden spezifischen Einzelstandards existieren. Im Falle der Bewertung von financial instruments hat das zu prüfende Unternehmen gem. IAS 39.9 grundsätzlich die Wahl, das in Frage stehende Instrument der Kategorie »fair value through profit and loss« zuzuordnen und damit den Bewertungsmaßstab fair value (→ *Fair values, Prüfung*) sowohl bei Erstbewertung als auch bei Folgebewertungen anzusetzen. Wurde von diesem Wahlrecht Gebrauch gemacht, hat der Abschlussprüfer die korrekte Ermittlung des fair value gem. IAS 39.48 f. zu überprüfen und darauf zu achten, dass derartige Finanzinstrumente während der Haltedauer nicht mehr in andere Kategorien von Finanzinstrumenten umgewidmet werden. Der Abschlussprüfer hat in diesem Zusammenhang jedoch die Einhaltung existierender Restriktionen im Hinblick auf die sog. fair value-Option zu prüfen. So gilt das besagte Wahlrecht bspw. nicht für Finanzinstrumente mit eingebetteten Derivaten oder financial liabilities, deren CF an die Wertentwicklung eines →*financial assets* geknüpft ist (z. B. bei credit linked notes). Wurde von dem Wahlrecht hingegen kein Gebrauch gemacht, hat der Abschlussprüfer bei der Erstbewertung zwar ebenfalls die Verwendung des fair value zu prüfen, im Gegensatz zur vorgenannten Kategorie ist jedoch die Berücksichtigung von direkt zurechenbaren Transaktionskosten gem. IAS 39.43 zulässig. Die Folgebewertung von Verbindlichkeiten, die nicht der Kategorie »fair value through profit and loss« zugeordnet wurden, hat gem. IAS 39.47 zu fortgeführten Anschaffungskosten (amortized cost) unter Berücksichtung der Effektivzinsmethode (effective interest method) gem. IAS 39.9 zu erfolgen. Sollte das zu prüfende Unternehmen bestimmte Verbindlichkeiten zum Zwecke der Absicherung anderer Geschäfte getätigt haben, hat der Prüfer hinsichtlich der korrekten Bewertung des Sachverhalts die Einhaltung der IAS 39.85–102 zu beachten.

Martin Knocinski

Literatur: *IDW* (Hrsg.), WP-Handbuch 2000, Band I, 2000, R 487–503; *Penné, G./ Schwed, F./Janßen, S.*, Bilanzprüfung, 2000; *Selchert, F.W.*, Jahresabschlußprüfung der Kapitalgesellschaften, 1996.

Vereidigter Buchprüfer

Die vereidigten Buchprüfer (vBP) und →*BPG* sind, wie die WP, der →*WPK* angeschlossen. Auch für sie gelten die Bestimmungen der →*WPO*, wobei die *Sonderbestimmungen* für diesen Berufsstand in den §§ 128–130 WPO geregelt sind.

Nach § 129 WPO sind vBP zu den gleichen Tätigkeiten befugt wie WP (→ *Tätigkeitsbereiche des WP*), mit der Ausnahme, dass handelsrechtliche Pflichtprüfungen nur bei *mittelgroßen GmbH* durchgeführt werden dürfen (§ 319 Abs. 1 HGB).

Bisher wurde Steuerberatern und Rechtsanwälten, die fünf Jahre tätig waren und drei Jahre Prüfungstätigkeiten ausgeübt hatten, der Zugang zum Beruf des vBP durch eine schriftliche und mündliche Prüfung eröffnet. Mit der *fünften WPO-Novelle* wurde der Zugang zum Beruf geschlossen, um die *Einheitlichkeit des Prüferberufs* wiederherzustellen, wobei den bestellten vBP die Berufsausübung in vollem Umfang erhalten bleibt.

Den vBP wird gem. § 13a WPO die Möglichkeit gegeben, eine *verkürzte Prüfung* für einen Übergang zum WP abzulegen, in der für diejenigen, die Steuerberater sind, die schriftliche und mündliche Prüfung im Steuerrecht, in Angewandter Betriebswirtschaftslehre und Volkswirtschaftslehre, und für diejenigen, die Rechtsanwälte sind, die schriftliche und mündliche Prüfung im Wirtschaftsrecht, in Angewandter Betriebswirtschaftslehre und Volkswirtschaftslehre *entfällt*. Anträge auf Zulassung zur verkürzten Prüfung, die nicht für eine Wiederholungsprüfung gestellt werden, müssen bis spätestens 31.12.2007 formgerecht eingereicht werden und die Prüfungen bis spätestens 31.12.2009 abgelegt sein.

Vereidigung des Wirtschaftsprüfers → Berufseid

Vereinbare Tätigkeiten des Wirtschaftsprüfers

WP haben die berufliche Aufgabe, *betriebswirtschaftliche Prüfungen* durchzuführen (§ 2 Abs. 1 WPO). Weitere Tätigkeitsinhalte sind nach § 2 Abs. 2 u. 3 WPO die *Beratung* und Vertretung in *steuerlichen Angelegenheiten*, das Auftreten als *Sachverständiger*, die *Wirtschaftsberatung* und die *treuhänderische Verwaltung* (→ *Tätigkeitsbereiche des WP*).

Dagegen hat sich der WP gem. § 43 Abs. 2 Satz 1 WPO jeder Tätigkeit zu enthalten, die mit seinem Beruf oder mit dem Ansehen des Berufs *unvereinbar* ist. § 43a Abs. 3 WPO *untersagt* es dem WP, eine gewerbliche Tätigkeit, eine Angestelltentätigkeit (die Tätigkeit als Angestellter einer WPG ist davon nicht betroffen) und eine Tätigkeit aufgrund eines Beamtenverhältnisses oder eines nicht ehrenamtlich ausgeübten Richterverhältnisses auszuüben. Darüber hinaus darf ein WP nach § 44a WPO seinen Beruf *nicht ausüben*, wenn er ein öffentlich-rechtliches Dienstverhältnis als Wahlbeamter auf Zeit oder ein öffentlich-rechtliches Amtsverhältnis eingegangen ist, sofern er die ihm übertragene Aufgabe nicht ehrenamtlich wahrnimmt. Allerdings kann die WPK in diesem Fall dem WP gestatten, seinen Beruf weiterhin auszuüben, wenn die Einhaltung der allgemeinen Berufspflichten (→ *Ethische Prüfungsnormen*) dadurch nicht gefährdet ist.

Über die in § 2 WPO definierten Haupttätigkeiten hinaus sind WP nach § 43a Abs. 4 WPO befugt, nachfolgende Tätigkeiten auszuüben, da sie mit dem Beruf des WP *vereinbar* sind:

- Ausübung eines freien Berufs auf dem Gebiet der Technik und des Rechtswesens und eines nach § 44b Abs. 1 WPO sozietätsfähigen Be-

rufs (d.h. Berufsaufsicht durch eine Berufskammer und Berufsangehörige haben ein Zeugnisverweigerungsrecht);
- Tätigkeit an wissenschaftlichen Instituten und als Lehrer an Hochschulen;
- Tätigkeit als Angestellter der WPK;
- Tätigkeit als Angestellter einer nicht gewerblich tätigen Personenvereinigung, deren Zweck in der Vertretung der Belange der wirtschaftsprüfenden Berufsstände liegt (z.B. IDW);
- Tätigkeit als Geschäftsführer einer Europäischen wirtschaftlichen Interessenvereinigung (EWIV), deren Mitglieder ausschließlich sozietätsfähige Personen sind;
- Durchführung von Lehr- und Vortragsveranstaltungen zur Vorbereitung auf einschlägige Berufsexamina (WP, Steuerberater, vBP) und zur Fortbildung der Mitglieder der WPK;
- Freie schriftstellerische, wissenschaftliche und künstlerische Tätigkeit und freie Vortragstätigkeit.

Verfahrensprüfung → Systemprüfung

Vergleichsangaben, Prüfung

Gem. § 265 Abs. 2 HGB sind in Jahresabschlüssen die Vergleichszahlen des Vorjahres für Bilanz und GuV anzugeben. Maßgebend sind die Zahlen des festgestellten Jahresabschlusses (HFA SN 5/1988.2 i.d.F. von 1998). Nach IAS 1.36 sind darüber hinaus grundsätzlich für sämtliche Zahlenangaben des Jahresabschlusses Vergleichszahlen der Vorperiode anzugeben.

Freiwillig können zusätzliche Vorjahresangaben im Jahresabschluss oder im Anhang (notes; → *Anhang, Prüfung*) getätigt werden. In seltenen Fällen können auch ganze Vorjahresabschlüsse im Jahresabschluss oder im Lagebericht angegeben werden.

Durch die Einbeziehung in den Jahresabschluss werden die Angaben prüfungspflichtig (IDW PS 318.7, .9 u. .25). Die Prüfung gestaltet sich indes einfach, da die Angaben mit dem Vorjahresabschluss im Sinne eines einfachen → *Soll-Ist-Vergleichs* geprüft werden können. Sofern sie außerhalb des Jahresabschlusses oder des Lageberichts veröffentlicht werden, hat der Abschlussprüfer diese Angaben kritisch zu lesen, um wesentliche Inkonsistenzen festzustellen (IDW PS 202.6–10).

Vergütung des Wirtschaftsprüfers → Prüfungsgebühren

Verletzung des Berufsgeheimnisses → Geheimhaltungspflicht, Verletzung durch den Abschlussprüfer

Verlustvortrag → Steuerabgrenzung, Prüfung

Vermögensgegenstand

Vermögensgegenstände im Sinne der → *GoB* sind Sachen, Rechte oder sonstige Güter, die selbständig verwertbar sind. Selbständige Verwertbarkeit ist gegeben, wenn das Gut durch Verkauf, Einräumung eines Nutzungsrechts oder auf andere Weise in Geld umgewandelt werden kann. Damit ist auch vorausgesetzt, dass das Objekt vom Geschäfts- oder Firmenwert abgegrenzt werden kann; bloße Verbundeffekte scheiden aus. Kennzeichen des Begriffes Vermögensgegenstand ist demnach die Schuldendeckungsfähigkeit; dagegen besitzt der Begriff → *asset* einen dynamischeren Charakter. Die Zuordnung erfolgt nach wirtschaftlichen Gesichtspunkten (z. B. Leasing).

Wenn ein Vermögensgegenstand vorliegt, ist definitionsgemäß die abstrakte Aktivierungsfähigkeit gegeben. In der Bilanz werden Posten ausgewiesen, die konkret aktivierungsfähig sind. Abstrakte und konkrete Aktivierungsfähigkeit können in zwei Fällen auseinanderfallen: Entweder das Gut ist abstrakt aktivierungsfähig und es existiert ein konkretes Aktivierungsverbot (z. B. Verbot der Bilanzierung von nicht entgeltlich erworbenen immateriellen Vermögensgegenständen des Anlagevermögens; § 248 Abs. 2 HGB) oder es besteht eine konkrete Aktivierungspflicht bzw. ein Aktivierungswahlrecht auch ohne abstrakte Aktivierungsfähigkeit (z. B. Rechnungsabgrenzungsposten § 250 HGB; Bilanzierungshilfen §§ 269, 274 Abs. 2 HGB).

Vermögenslage, Prüfung

1 Normen

1.1 Rechnungslegungsnormen

a) Deutsche Normen: §§ 264 Abs. 1, 298 Abs. 1 HGB, DRS 15; b) Internationale Norm: IAS 1.

1.2 Prüfungsnormen

a) Deutsche Normen: IDW PS 200, 400, 450; b) Internationale Normen: ISA 200, 260, 700R, 701.

2 Definition

Die Vermögenslage stellt neben der Finanzlage (→ *Finanzlage, Prüfung*) und Ertragslage (→ *Ertragslage, Prüfung*) einen Teilbereich der wirtschaftlichen Lage eines Unternehmens dar. Gemeinsam sollen die drei Teilbereiche Aufschluss darüber geben, ob das Unternehmen in seinem *Fortbestand gesichert* bzw. *gefährdet* ist. Der Vermögenslage kommt dabei insbesondere die Funktion zu, dem Adressaten einen Einblick in die *Bestandsfestigkeit* der Gesellschaft zu geben. Der Begriff der Vermögenslage bezieht sich nicht ausschließlich auf die Aktivseite der → *Bilanz*, die als das Vermögen der Gesellschaft bezeichnet wird, sondern umfasst auch das auf der Passivseite der Bilanz ausgewiesene Eigen- und Fremdkapital. Ein Einblick in die Vermögenslage setzt demnach voraus, dass die Zusammensetzung des Vermögens und des Kapitals in seinen wesentlichen Posten offen gelegt wird.

3 Pflicht zur Prüfung der Vermögenslage

Der Jahresabschluss und Lagebericht von → *Kapitalgesellschaften* sowie → *Kapitalgesellschaften & Co.* (§ 264a HGB) sind gem. § 316 Abs. 1 HGB von einem Abschlussprüfer zu prüfen. Dabei ist der Prüfer verpflichtet, sowohl im → *Prüfungsbericht* (§ 321 Abs. 2 Satz 2 HGB) als auch im → *Bestätigungsvermerk* (§ 322 Abs. 1 und 3 HGB) darüber zu berichten, ob ein den *tatsächlichen Verhältnissen* entsprechendes Bild der *Vermögens-, Finanz- und Ertragslage* vermittelt wurde. Weiterhin hat er im Prüfungsbericht (IDW PS 450.41, ISA 700.31, 701.6) und Bestätigungsvermerk (IDW PS 400.77) Angaben darüber zu machen, ob *Bestandsgefährdungen*, also Gefährdungen der Bestandsfestigkeit der Gesellschaft, vorliegen. Demnach umfasst eine ordnungsmäßige Abschlussprüfung die gewissenhafte Prüfung der Vermögenslage.

4 Prüfungsgegenstände

Im Rahmen der Prüfung der Vermögenslage sind insbesondere die Angaben in der Bilanz heranzuziehen. Darüber hinaus ist dem Anhang (→ *Anhang, Prüfung*) ebenfalls eine wesentliche Rolle beizumessen, da hier wesentliche Angaben zu den einzelnen Jahresabschlusspositionen gegeben werden. Weitere prüfungsrelevante Angaben zur Vermögenslage, die nicht dem Jahresabschluss entnommen werden können, befinden sich im Lagebericht (→ *Lagebericht, Prüfung*), da dieser die im Jahresabschluss enthaltenen Informationen verbal verdichten bzw. in sachlicher und zeitlicher Hinsicht ergänzen soll.

5 Prüferisches Vorgehen

Zur Prüfung der Vermögenslage stehen dem Prüfer → *Kennzahlen* zur Beurteilung der Vermögenslage zur Verfügung. Kennzahlenanalysen (→ *Jahresabschlussanalyse*) ermöglichen es dem Prüfer, Entwicklungen im Zeitablauf (Zeitvergleich) oder im Vergleich zu Sollwerten (→ *Benchmarking*) zu identifizieren, die auf eine Gefährdung der Vermögenslage und somit auch auf eine Gefährdung des Unternehmensbestandes hinweisen. Mittels der Kennzahlenbildung können etwa im Bereich der Sachanlagen (→ *Sachanlagen, Prüfung*) Rückschlüsse auf das Alter der Anlagen geschlossen werden. Durch die Berechnung des Anlagenabnutzungsgrades können Erkenntnisse in Bezug auf den aktuellen Stand der Technik und den zukünftigen Investitionsbedarf gewonnen werden. Im Bereich der Vorräte (→ *Vorräte, Prüfung*) kann z. B. eine geringe Umschlagshäufigkeit auf Absatzprobleme oder auf Überbestände, Altwaren und unverkäufliche Bestände hinweisen. Interessante Informationen im Zusammenhang mit Forderungen (→ *Forderungen, Prüfung*) können etwa der prozentuale Anteil zweifelhafter oder uneinbringlicher Forderungen, Altersanalysen oder Umschlagshäufigkeiten der Forderungen sein. Sollte der Prüfer der Ansicht sein, dass sich im abgelaufenen Geschäftsjahr wesentliche Änderungen des Vermögens ergeben haben, sollte er prüfen, ob deren Auswirkungen auf die Vermögenslage im Lagebericht erläutert wurden (DRS 15.78).

Darüber hinaus sollte geprüft werden, ob die dargestellte Vermögenslage ein den tatsächlichen Verhältnissen entsprechendes Bild der Gesellschaft vermittelt (§ 264 Abs. 2 Satz 2 HGB, IAS 1.13). Hierzu sollte der Prüfer insbesondere eine Analyse der angewandten Bilanzierungsgrundsätze vornehmen, um abschlusspolitische Maßnahmen (→ *Abschlusspolitik*) und bilanzielle Risiken identifizieren zu können. Eine unterschiedliche Ausübung von Bilanzierungsmethoden im Rahmen der eingeräumten → *Bewertungswahlrechte* bzw. Ermessensspielräume könnte Auswirkungen auf die Vermögenslage mit sich bringen und zum Zwecke der Verdeckung von Vermögensverschlechterungen und möglichen Bestandsgefährdungen durchgeführt worden sein. Beim

Vorratsvermögen ist besonders auf die zugrunde gelegte Bewertung und auf die Angemessenheit einzugehen. Risiken können sich im Zusammenhang mit dem Vorratsvermögen daraus ergeben, dass Überbewertungen stattgefunden haben. Bei den Rückstellungen (→ *Rückstellungen, Prüfung*) sollte sich der Prüfer insbesondere mit der Höhe und mit der verwendeten Ermittlungsmethodik befassen. Zu niedrig bewertete Rückstellungen führen zu sog. stillen Lasten. Im Rahmen der Durchsicht des Rückstellungsspiegels sollte sich der Prüfer insbesondere mit wesentlichen Schwankungen in der Höhe kritisch auseinander setzen. Eine Auflösung von Rückstellungen könnte einen Hinweis auf eine beabsichtigte Verschleierung von Vermögensverschlechterungen darstellen. Gelangt der Prüfer durch die Analyse der Bewertungsmethoden zur Auffassung, dass die Gesellschaft abschlusspolitisch motivierte Maßnahmen ergriffen hat, die zu einer wesentlichen Beeinflussung der Jahresabschlusswerte führen, so ist zu überprüfen, ob diese im Anhang angegeben wurden (IAS 1.113).

Um ein abschließendes Urteil (→ *Prüfungsurteil*) über die Vermögenslage des Unternehmens bilden zu können, sollte der Abschlussprüfer schließlich auch alle nicht bilanzierungsfähigen Sachverhalte, wie etwa selbsterstellte immaterielle Vermögensposten (→ *Immaterielle Vermögensposten, Prüfung*), Bürgschaften, Eigentumsvorbehalte, langfristige Lieferverträge oder nicht ausgeschöpfte Kreditlinien sowie Haftungsverhältnisse und sonstige finanzielle Verpflichtungen (→ *Haftungsverhältnisse und sonstige finanzielle Verpflichtungen, Prüfung*) und nicht in Anspruch genommene Bilanzierungshilfen, berücksichtigen. In diesem Zusammenhang sollte auch überprüft werden, ob (mögliche) Vermögensauswirkungen von Veränderungen bei außerbilanziellen Finanzierungsinstrumenten sowie von bestehenden Verträgen im Lagebericht ausgeführt und erläutert wurden (DRS 15.79).

Literatur: *Baetge, J./Zülch, H.*, Vermögenslage, in: Ballwieser, W./Coenenberg, A.G./Wysocki, K.v. (Hrsg.), Handwörterbuch der Rechnungslegung und Prüfung, 2002, Sp. 2518–2539; *IDW* (Hrsg.), WP-Handbuch 2000, Band I, 2000.

Vermögenswert → Asset

Verprobungen → Analytische Prüfungen

Versagungsvermerk → Bestätigungsvermerk

Verschmelzungsprüfung

1 Definition

Der Begriff Verschmelzung (auch Fusion) bezeichnet allgemein den Zusammenschluss von zwei oder mehreren rechtlich selbständigen Unternehmen zu einer wirtschaftlichen und rechtlichen Einheit. Als wesentliches Merkmal der Verschmelzung ist die Übertragung des Vermögens und der Schulden des übertragenden auf das übernehmende Unternehmen im Wege der Gesamtrechtsnachfolge anzusehen. Dabei lassen sich zwei Arten von Verschmelzungen unterscheiden (§ 2 UmwG). Zum einen die *Verschmelzung durch Aufnahme*, bei der das gesamte Vermögen der übertragenden Gesellschaften auf eine andere bestehende Gesellschaft unter Auflösung ohne Abwicklung gegen die Gewährung von Anteilen oder Mitgliedschaften an der übernehmenden Gesellschaft übergeht, und zum anderen die *Verschmelzung durch Neugründung*, bei der eine neue Gesellschaft gegründet wird, auf die das gesamte Vermögen der sich vereinigenden Gesellschaften gegen die Gewährung von Anteilen oder Mitgliedschaften übertragen wird. Als verschmelzungsfähige Gesellschaften kommen die in § 3 Abs. 1 u. 2 UmwG abschließend aufgezählten Rechtsträger in Frage, die sowohl als übertragende als auch als übernehmende oder neue Gesellschaft beteiligt sein können, sofern sie ihren Sitz im Inland haben.

Mit der Verschmelzungsprüfung ist ein *Präventivschutz* für die Anteilsinhaber der an der Verschmelzung beteiligten Unternehmen geschaffen worden. Diese bekommen dadurch vor der Beschlussfassung über die Verschmelzung ein Gutachten zur Verfügung gestellt, um ihr Stimmrecht in der beschlussfassenden Versammlung sachgemäß und verantwortlich ausüben zu können.

2 Prüfungspflicht und Prüfer

Nach Maßgabe des § 9 Abs. 1 UmwG ist die Prüfung der Verschmelzung durch einen sachverständigen Prüfer vorzunehmen, soweit sich dies aus den Bestimmungen der einzelnen rechtsformbezogenen Abschnitte des zweiten Teils des zweiten Buches des UmwG ergibt. Grundsätzlich bestehen danach drei Möglichkeiten:

- die Antragsprüfung,
- die Pflichtprüfung mit Verzichtsmöglichkeit und
- die Pflichtprüfung ohne Verzichtsmöglichkeit.

Die Verschmelzungsprüfung als *Antragsprüfung* findet nur auf Verlangen eines Gesellschafters statt und ist häufig bei personalistisch strukturierten Gesellschaften und Verschmelzungen unter Beteiligung von Gesellschaften mit beschränkter Haftung (§ 48 UmwG) vorzufinden. Die Möglichkeit, auf eine *Pflichtprüfung* zu *verzichten*, eröffnet § 9 Abs. 3 i.V.m. § 8 Abs. 3 UmwG, wonach die Prüfungspflicht mit einer Zustimmung sämtlicher Anteilsinhaber zu der Verschmelzung und deren notarieller Erklärung entfällt. Sie ist bspw. in Fällen unter Beteiligung einer AG (§ 60 Abs. 1 UmwG) bzw. KGaA (§ 78 UmwG) anzutreffen. Die *Pflichtprüfung ohne Verzichtsmöglichkeit* liegt hingegen für eG vor, für die zwingend das Gutachten durch den genossenschaftlichen Prüfungsverband erforderlich ist (§ 81 UmwG). Wird den Anteilsinhabern im Rahmen der Verschmelzung eine Barabfindung angeboten, was immer dann erforderlich ist, wenn die übernehmende Gesellschaft eine andere Rechtsform als die übertragenden Gesellschaften besitzt oder die Anteile an der übernehmenden Gesellschaft einer Verfügungsbeschränkung unterliegen, so wird dadurch unabhängig von der Rechtsform der beteiligten Gesellschaften eine Prüfungspflicht ausgelöst.

Verschmelzungsprüfer können grundsätzlich → *WP* und → *WPG* sein. Bei Vorliegen einer mittelgroßen GmbH oder mittelgroßen Personenhandelsgesellschaft i.S.d. § 264a Abs. 1 HGB oder einer kleinen oder mittelgroßen Gesellschaft, für die eine → *Jahresabschlussprüfung* nicht gesetzlich vorgeschrieben ist, kommen auch → *vBP* und → *BPG* als Verschmelzungsprüfer in Betracht. Ist eine eingetragene Genossenschaft an der Verschmelzung beteiligt, so gilt die ausschließliche Zuständigkeit des genossenschaftlichen Prüfungsverbandes (§ 81 UmwG) (→ *Genossenschaftsprüfung*).

3 Prüfungsgegenstände

Gegenstand der Verschmelzungsprüfung ist der *Verschmelzungsvertrag* oder dessen Entwurf (§ 9 Abs. 1 UmwG), der auf Vollständigkeit und Richtigkeit zu prüfen ist. Die Prüfungshandlungen beziehen sich dabei auf die in § 5 UmwG geforderten Mindestangaben bezüglich des Inhalts des Verschmelzungsvertrags.

Das vorgeschlagene Umtauschverhältnis der Anteile bildet den Mittelpunkt der Prüfung (§ 12 Abs. 2 UmwG), wobei der Verschmelzungsprüfer dessen Angemessenheit zu prüfen hat. Das UmwG enthält selbst keine Hinweise zur Beurteilung der Angemessenheit. Als angemessen ist das Umtauschverhältnis grundsätzlich dann zu bezeichnen, wenn ein Gleichgewicht zwischen der aufgegebenen Beteiligung an dem übernehmenden

Rechtsträger und den gewährten Anteilen an dem übernehmenden Rechtsträger hergestellt ist, d.h. wenn der Wert der zu gewährenden Anteile nicht unter bzw. über dem Wert der untergehenden Anteile liegt. Als Grundlage der Angemessenheitsprüfung dient dem Prüfer dabei die Unternehmensbewertung der an der Verschmelzung beteiligten Gesellschaften. Erforderlich ist aber nicht, dass der Prüfer diese selbst durchführt. Vielmehr hat er die vorliegende Bewertung dahingehend zu untersuchen, ob die zur Unternehmensbewertung angewandten Methoden mit den Grundsätzen ordnungsgemäßer → *Unternehmensbewertung* (IDW S 1 n.F.) in Einklang stehen, die zugrunde gelegten Daten fachgerecht abgeleitet sind und Zukunftseinschätzungen plausibel erscheinen (→ *Prognoseprüfung*). Bei umfangreichem Zahlenmaterial, dessen Wertkomponenten nicht von wesentlicher Bedeutung für das Umtauschverhältnis sind, ist eine Beschränkung auf eine stichprobenweise Überprüfung gestattet.

Häufig wird die Unternehmensbewertung nach der Ertragswertmethode durchgeführt. Zulässig sind aber auch das DCF-Verfahren, welches gerade bei größeren Unternehmen zur Anwendung kommt, sowie der durchschnittliche Börsenkurs, sofern die Berechnung des Durchschnittswertes einen Zeithorizont von mindestens drei Monaten vor Bekanntwerden der Verschmelzungsabsicht berücksichtigt und der Börsenkurs den Verkehrswert der Aktie widerspiegelt, der nicht wegen Manipulation oder eines zu engen Marktes verfälscht wird. Der Prüfer hat allerdings darauf zu achten, dass bei allen an der Verschmelzung beteiligten Unternehmen die gleiche Bewertungsmethode angewendet und im Rahmen der ausgewählten Methode von einheitlichen Grundsätzen z.B. bei der Schätzung der Zukunftserträge, der Festlegung des Kalkulationszinsfußes und des Zeithorizontes sowie der Behandlung von Unternehmensrisiken ausgegangen wird, um einen Interessensausgleich zwischen den Gesellschaftern der fusionierenden Gesellschaften zu erreichen. In Ausnahmefällen kann allerdings die Anwendung von abweichenden Grundsätzen sinnvoll sein, wie z.B. bei unterschiedlich strukturierten Unternehmen. Allerdings sollte ein derartiger Fall den Verschmelzungsprüfer dazu veranlassen, die angewandten Grundsätze auf ihre Angemessenheit zu überprüfen.

Ausgehend von den ermittelten Unternehmenswerten wird anschließend der Wert eines einzelnen Anteils des übertragenden als auch des übernehmenden Rechtsträgers errechnet. Aus dem Verhältnis beider Anteilswerte ergibt sich dann das Umtauschverhältnis. Da der wirtschaftliche Grund für eine Verschmelzung i.d.R. in der Realisierung von Synergiepotenzialen, wie z.B. der Ergänzung des Produktionsprogramms, der Verbesserung der Kapazitätsauslastung oder dem Zuwachs von

Know-how liegt, sind derartige Effekte als Grundsatz ordnungsgemäßer Unternehmensbewertung in der Ermittlung des Umtauschverhältnisses zu berücksichtigen (IDW S 1 n.F.). Sie bemessen sich aus der Differenz zwischen der Summe der Zukunftserfolge der verschmelzenden Rechtsträger ohne Fusion und dem Zukunftserfolg des übernehmenden Rechtsträgers nach Übernahme des anderen Rechtsträgers. Sofern die Synergieeffekte im Verhältnis der jeweiligen Unternehmenswerte auf die einzelnen Gesellschafter aufgeteilt werden, ist keine gesonderte Ermittlung erforderlich. Werden sie jedoch in einem anderen Verhältnis aufgeteilt, sind sie für jede an der Verschmelzung beteiligte Gesellschaft separat zu ermitteln. In diesem Fall unterliegt sowohl der Ertragswert der jeweiligen Synergieeffekte als auch deren Verteilung auf die Gesellschaften der Verschmelzungsprüfung. Bei der Verteilung der Synergieeffekte wird den Geschäftsführungsorganen der beteiligten Gesellschaften allerdings ein Spielraum zugesprochen, so dass der Verschmelzungsprüfer gegen die Zuordnung der Synergieeffekte nur dann Einwende erheben kann, wenn diese zu Ergebnissen führt, die nicht zu akzeptieren sind. Liegt das Umtauschverhältnis zwischen den zu ermittelnden Mindest- bzw. Höchstumtauschverhältnissen, ist es als angemessen zu beurteilen. Das Mindestumtauschverhältnis gibt an, wie viele Aktien des übertragenden Rechtsträgers für eine neue Aktie des übernehmenden Rechtsträgers verlangt werden. Das Höchstumtauschverhältnis bezeichnet hingegen die höchsten für eine neue Aktie vom übernehmenden Rechtsträger hinzugebenden Aktien des übertragenden Rechtsträgers. Weil sich Synergieeffekte nicht verursachungsgerecht aufteilen lassen, sind alle Aufteilungsverfahren, die innerhalb beider Umtauschverhältnisse liegen, vom Verschmelzungsprüfer zu akzeptieren.

4 Berichtspflichten

Der → *Prüfungsbericht* dient den Informationsbedürfnissen der Anteilsinhaber, da der Prüfer hierin über das Ergebnis der Prüfung schriftlich berichtet (§ 12 Abs. 1 Satz 1 UmwG). Die wichtigsten Bestandteile des Berichtsinhalts ergeben sich dabei aus § 12 Abs. 2 UmwG. Im Mittelpunkt steht auch hier die Angemessenheit des vorgeschlagenen Umtauschverhältnisses. Der Verschmelzungsprüfer hat in seinem Bericht anzugeben, nach welchen Methoden das vorgeschlagene Umtauschverhältnis ermittelt worden ist (§ 12 Abs. 2 Satz 2 Nr. 1 UmwG) und aus welchen Gründen die Anwendung dieser Methoden angemessen ist (§ 12 Abs. 2 Satz 2 Nr. 2 UmwG). Sofern verschiedene Methoden angewandt wurden, ist anzugeben, welches Umtauschverhältnis oder welcher

Gegenwert sich jeweils ergeben würde; zugleich ist darzulegen, welches Gewicht den verschiedenen Methoden bei der Bestimmung des vorgeschlagenen Umtauschverhältnisses oder des Gegenwerts und der ihnen zugrunde liegenden Werte beigemessen worden ist und welche besonderen Schwierigkeiten bei der Bewertung der Rechtsträger aufgetreten sind (§ 12 Abs. 2 Satz 2 Nr. 3 UmwG). Der Prüfungsbericht schließt mit der Erklärung darüber ab, ob das vorgeschlagene Umtauschverhältnis der Anteile als Gegenwert angemessen ist (»Testat«).

Daniela Wiemann

Literatur: *Bühner, R./Träger, T.*, Verschmelzung, in: Ballwieser, W./Coenenberg, A.G./Wysocki, K.v. (Hrsg.), Handwörterbuch der Rechnungslegung und Prüfung, 2002, Sp. 2546–2555; *Hölters, W.*, Handbuch des Unternehmens- und Beteiligungskaufs, 2005; *IDW* (Hrsg.), WP-Handbuch 2002, Band II, 2002, D 1–114.

Verschwiegenheit

Verschwiegenheit ist einer der wesentlichen Grundsätze für die Ausübung des Berufes des WP. Bereits bei seiner öffentlichen Bestellung (→ *Zugang zum Beruf des WP*) wird der WP auf Verschwiegenheit vereidigt (§ 17 Abs. 1 WPO). Nach § 43 Abs. 1 Satz 1 WPO, § 1 Abs. 1 Satz 1 Berufssatzung und → *Ethics* Sec. 140 hat der WP seinen Beruf verschwiegen auszuüben. Tatsachen und Umstände, die ihm bei seiner Berufstätigkeit anvertraut oder bekannt werden, darf er nicht unbefugt offenbaren. Der WP hat dafür Sorge zu tragen und entsprechende Vorkehrungen zu treffen, dass solche Informationen nicht bekannt werden (§ 9 Berufssatzung). Eng mit der Pflicht zur Verschwiegenheit verknüpft ist das *Verwertungsverbot* gem. § 10 Berufssatzung und Ethics Sec. 140.1. Erlangt der WP im Rahmen seiner Berufsausübung Kenntnisse von Tatsachen und Umständen, insbesondere geschäftlichen Entschlüssen oder Transaktionen, die seinen Auftraggeber oder Dritte betreffen, so darf er diese Kenntnisse nicht unbefugt für eigene oder fremde Vermögensdispositionen nutzen. Die Verpflichtung zur Verschwiegenheit gilt zeitlich unbegrenzt, d.h. auch über die Beendigung des Auftragsverhältnisses hinaus (§§ 9 Abs. 3, 10 Satz 2 Berufssatzung, Ethics Sec. 140.6). Sie ist personell grundsätzlich gegenüber jedermann zu wahren. Ein Abschlussprüfer ist gem. § 323 Abs. 1 HGB explizit zur Verschwiegenheit verpflichtet; eine unbefugte Verwertung von Geschäfts- oder Betriebsgeheimnissen ist ihm untersagt. Verletzungen seiner Geheimhaltungspflicht (→ *Geheimhaltungspflicht, Verletzung durch den Abschlussprüfer*) werden mit Geld- oder Freiheitsstrafe bestraft (§ 333 HGB). Der WP hat auch seine Mitarbeiter und Gehilfen zur Verschwiegenheit zu verpflichten (§ 50 WPO, Ethics Sec. 140.5). Die Verschwiegenheitspflicht des WP soll bewirken, dass dieser von seinen Mandanten mit allen für die Prüfungsdurchführung notwendigen Informationen versorgt wird. Damit trägt die Verschwiegenheit zum Erreichen einer hinreichenden → *Prüfungsqualität* bei.

Versicherungsaufsichtsgesetz

Das Versicherungsaufsichtsgesetz (VAG) ist das Gesetz über die Beaufsichtigung der Versicherungsunternehmen (→ *Versicherungsunternehmen, Prüfung*). Es enthält neben dem Gesellschaftsrecht, dem Insolvenzrecht, dem Straf- und Ordnungswidrigkeitsrecht und Bestimmungen über die Zusammenarbeit der Versicherungsaufsichtsbehörden auf europäischer Ebene, alle nationalen Bestimmungen über die Versicherungsaufsicht. Somit ist es die wichtigste Rechtsquelle zur Versicherungsaufsicht durch die → *BaFin*. Diese materielle Staatsaufsicht beginnt bei der Zulassung von Versicherern in Deutschland (Konzession) und reicht bis zur Möglichkeit, bei Schieflagen gegen Tarife und Geschäftsgebaren der Versicherer einzuschreiten. Eine solche besondere Art der Überwachung der Individualversicherungen ist, analog zur Bankenaufsicht, damit zu erklären, dass Missbräuche im privaten Versicherungswesen große soziale und volkswirtschaftliche Schäden nach sich ziehen würden. Versicherungsunternehmen sind auf dem Kapitalmarkt sehr aktiv. Die Versicherungswirtschaft ist nach der Kreditwirtschaft das zweitgrößte Kapitalsammelbecken der deutschen Volkswirtschaft. Sie bedarf aufgrund der vereinbarten Leistung, die grundsätzlich ein Versprechen des Versicherungsunternehmens auf Zahlungen im Versicherungsfall in der Zukunft ist, einer sorgfältigen Aufsicht. Ziel der Versicherungsaufsicht ist die ausreichende Wahrung der Belange der Versicherten und die dauernde Erfüllbarkeit der Verträge.

Versicherungsstelle

Gem. § 54 Abs. 1 Satz 1 WPO haben WP und WPG eine → *Berufshaftpflichtversicherung* abzuschließen. Diese Pflicht gilt über § 130 Abs. 1 Satz 1, Abs. 2 Satz 1 WPO auch für vBP und BPG. Neben einigen weiteren Versicherungsgesellschaften bietet insbesondere eine spezielle, als BGB-Gesellschaft organisierte Versicherungsstelle mit Sitz in Wiesbaden solche Berufshaftpflichtversicherungen an. Diese Versicherungsstelle für das wirtschaftliche Prüfungs- und Treuhandwesen nutzt durch den Zusammenschluss von sechs Versicherungsunternehmen mögliche Vorteile hinsichtlich der Verteilung des hohen Berufsrisikos und der Bündelung von fachspezifischem Wissen. Der Versicherungsstelle steht ein Ausschuss vor, der paritätisch mit Angehörigen des Berufsstandes sowie der Versicherungsunternehmen besetzt ist, so dass Unabhängigkeit und Neutralität zwischen Berufsstand und Versicherern gewahrt bleibt.

Versicherungsunternehmen, Prüfung

1 Normen

1.1 Rechnungslegungsnormen

§§ 238–315a, 341a–341j HGB, §§ 55–56a VAG, §§ 2–62 RechVersV, IDW RS VFA 1–3.

1.2 Prüfungsnormen

§§ 316–324a (mit Ausnahme von § 319 Abs. 1 Satz 2), 341k HGB, §§ 57–60, 64 VAG, § 61 RechVersV, PrüfV, IDW PS 560.

2 Prüfungspflicht und Prüfer

Nach § 341k Abs. 1 HGB haben *alle Versicherungsunternehmen*, d.h. Unternehmen, die den Betrieb von Versicherungsgeschäften zum Gegenstand haben und nicht Träger der Sozialversicherung sind, unabhängig von ihrer Größe den Jahresabschluss (unter Einbeziehung der Buchführung) und den Lagebericht sowie den Konzernabschluss und den Konzernlagebericht prüfen zu lassen. Dabei sind grundsätzlich die allgemeinen Prüfungsvorschriften der §§ 316–324 HGB anzuwenden. Für nach Landesrecht errichtete und der Landesaufsicht unterliegende öffentlich-rechtliche Versicherungsunternehmen gelten zusätzlich landesrechtliche Bestimmungen zur Prüfung ihrer Jahresabschlüsse (§ 60 VAG).

Von der Prüfungspflicht befreit sind die in § 61 RechVersV genannten Unternehmen (§ 64 VAG). Die Entscheidung über die Befreiung wird durch das von diesen Versicherungsunternehmen betriebene Geschäft und bestimmte Größenmerkmale determiniert.

Abschlussprüfer von Versicherungsunternehmen dürfen *ausschließlich* → *WP* und → *WPG* sein. Auch bei mittelgroßen Gesellschaften sind → *vBP* und → *BPG* von der Abschlussprüfertätigkeit ausgeschlossen.

Der Abschlussprüfer ist der → *BaFin* gem. § 58 Abs. 2 VAG unverzüglich anzuzeigen. Bei Bedenken kann die BaFin innerhalb einer angemessenen Frist die Bestellung eines anderen Abschlussprüfers verlangen. Geschieht dies nicht oder bestehen auch gegen den neuen Prüfer Bedenken, hat die BaFin den Prüfer selbst zu bestimmen.

3 Prüfungsgegenstände

Bei der Prüfung handelt es sich um eine Ordnungsmäßigkeitsprüfung, die sich auf die *Einhaltung der gesetzlichen Rechnungslegungsnormen* sowie ergänzender Bestimmungen des Gesellschaftsvertrags oder der Satzung erstreckt. Grundsätzlich gelten für Versicherungsunternehmen die Rechnungslegungsvorschriften für große Kapitalgesellschaften. Diese werden jedoch durch die besonderen Rechnungslegungsvorschriften für Versicherungsunternehmen (§§ 341a–341j HGB, §§ 55, 55a, 56a VAG) ergänzt bzw. ersetzt. Darüber hinaus haben Versicherungsunternehmen die RechVersV zu beachten. Sind Wertpapiere eines Versicherungsmutterunternehmens zum Handel an einem organisierten Markt zugelassen oder ist eine solche Zulassung beantragt worden, so ist der Konzernabschluss nach internationalen Rechnungslegungsnormen aufzustellen; nicht kapitalmarktorientierte Mutterunternehmen haben ein Wahlrecht zur Anwendung der IFRS (§ 315a HGB).

Die Prüfung von Rückstellungen für noch nicht abgewickelte Versicherungsfälle gem. § 341g HGB (Schadenrückstellungen) ist aufgrund der betragsmäßigen Bedeutung des Postens für die Bilanz des Versicherungsunternehmens ein wesentlicher Bestandteil der Jahresabschlussprüfung. Für die Prüfung von Schadenrückstellungen bei Schaden-/Unfallversicherungsunternehmen im Rahmen der Abschlussprüfung existiert mit IDW PS 560 eine spezielle Norm. Im Rahmen der Prüfungsdurchführung ist eine angemessene Kombination aus → *Systemprüfungen* und → *aussagebezogenen Prüfungshandlungen* anzuwenden. Die Systemprüfung beschäftigt sich mit den Schadenregulierungsprozessen und liefert Anhaltspunkte für die Art und den Umfang aussagebezogener Prüfungshandlungen. → *Analytische Prüfungen* können z. B. die Schadenhäufigkeit, Durchschnittsschäden, die Abwicklungsgeschwindigkeit, Relationen wie Abwicklungsergebnis zu Ursprungsschadenrückstellung oder Schadenrückstellung bzw. Gesamtschadenaufwand zu verdienten Beiträgen als benchmark oder Kennzahlen verwenden (IDW PS 560.34). Bei wesentlichen Posten, insbesondere bei potenziellen Großschäden, sind → *Einzelfallprüfungen*, d. h. die Prüfung einzelner Schadenereignisse anhand der Schadenakten, unerlässlich. Für die Verifizierung von Einzelprüfungen noch nicht erledigter Schadensfälle kommt die Anwendung mathematisch-statistischer Verfahren in Betracht. Als hierfür geeignet sind mathematisch-statistische Verfahren anzusehen, die auf dem Chain-Ladder-Verfahren beruhen, wie z. B. das Cape-Cod- oder das Bornhuetter-Ferguson-Verfahren (IDW RS VFA 3). Beim Chain-Ladder-Verfahren handelt es sich um ein deterministisches Verfahren, bei dem aus Daten aus der Vergangenheit der zukünftige Schadensaufwand geschätzt wird (→ *Prognoseprüfung*). Die aus der Vergangenheit gewonnene Datenbasis wird dabei in Form eines Schadensdreiecks dargestellt, dessen Zeilen und Spalten die Schadensanfalljahre und die Abwicklungsjahre darstellen und in das die Schadenzahlungen eingetragen werden.

Nicht Gegenstand der Prüfung ist die interne Rechnungslegung gegenüber der BaFin gem. § 55a Abs. 1 Nr. 1 (interner jährlicher Bericht) u. Nr. 1a (interner vierteljährlicher Bericht) VAG.

Nach § 57 Abs. 1 VAG hat der Prüfer bei der Prüfung des Jahresabschlusses auch festzustellen, ob das Versicherungsunternehmen bestimmten *Anzeigepflichten gegenüber der BaFin*, den bestimmten *Anforderungen* des VAG zu Versicherungsgruppen bzw. Finanzkonglomeraten sowie den *Verpflichtungen nach § 14 des Geldwäschegesetzes* (GwG) nachgekommen ist. Dabei handelt es sich um folgende Anzeigepflichten:

- Errichtung einer Niederlassung in einem Mitgliedstaat der EU bzw. einem Vertragsstaat des EWR-Abkommens (§ 13b Abs. 1 u. 4 VAG),
- Aufnahme des Dienstleistungsverkehrs in einem Mitgliedstaat der EU bzw. einem Vertragsstaat des EWR-Abkommens (§ 13c Abs. 1 u. 4 VAG),
- Bestellung eines Geschäftsleiters (§ 13d Nr. 1 VAG),
- Ausscheiden eines Geschäftsleiters (§ 13d Nr. 2 VAG),
- Satzungsänderungen, die eine Kapitalerhöhung zum Gegenstand haben (§ 13d Nr. 3 VAG),
- Erwerb oder Aufgabe einer bedeutenden Beteiligung an Versicherungsunternehmen (§ 13d Nr. 4 VAG),
- Erreichen, Über- oder Unterschreiten von bestimmten Beteiligungsschwellen (§ 13d Nr. 4 VAG),

- Qualifizierung des Versicherungsunternehmen als Tochterunternehmen eines anderen Unternehmens (§ 13d Nr. 4 VAG),
- Halten einer bedeutenden Beteiligung am Versicherungsunternehmen (§ 13d Nr. 5 VAG),
- Anzeigepflichten von Versicherungs-Holdinggesellschaften und gemischten Finanzholding-Gesellschaften (Veränderungen in der Geschäftsführung, Änderungen in der Struktur der Unternehmensgruppe, Beteiligungen bzw. konglomeratsangehörigen Unternehmen; § 13e VAG),

Bei den Anforderungen nach VAG, deren Einhaltung vom Abschlussprüfer festzustellen ist, geht es um die zusätzliche Beaufsichtigung von Versicherungsunternehmen, die einer Versicherungsgruppe oder einem Finanzkonglomerat angehören. Im Einzelnen handelt es sich um

- bei beteiligten Erstversicherungsunternehmen: Angemessene interne Kontrollverfahren für die Vorlage von Informationen und Auskünften, die für die Durchführung der zusätzlichen Beaufsichtigung des beteiligten Versicherungsunternehmens zweckdienlich sind (§ 104d VAG),
- Berechnung einer bereinigten Solvabilität bei Erstversicherungsunternehmen (§ 104g Abs.1 VAG),
- Gewährleistung einer angemessenen Eigenmittelausstattung von Finanzkonglomeraten (§§ 104q Abs. 1 Satz 1, Abs. 2 Satz 2–4 u. Abs. 3–9 VAG),
- Vorgaben zu Risikokonzentrationen und gruppeninternen Transaktionen bei Finanzkonglomeraten (§ 104r Abs. 1, 3 u. 4 VAG).

Der § 14 GwG regelt u. a. folgende Vorkehrungen des Versicherungsunternehmens, die verhindern sollen, dass es zur Geldwäsche missbraucht werden kann:

- Benennung eines Ansprechpartners für die Strafverfolgungsbehörden und das Bundeskriminalamt,
- Sicherungssysteme und Kontrollen zur Verhinderung der Geldwäsche und der Finanzierung terroristischer Vereinigungen,
- Zuverlässigkeit der qualifizierten Mitarbeiter,
- Schulungsmaßnahmen.

Gem. § 14 Abs. 3 Satz 2 GwG dürfen die Versicherungsunternehmen diese Vorkehrungen mit Zustimmung der zuständigen Behörde auch durch andere Unternehmen oder Personen treffen lassen.

4 Berichtspflichten

Neben §§ 321 f. HGB sowie IDW PS 400, 450 hat der Abschlussprüfer insbesondere die *Prüfungsberichteverordnung des BAV* (PrüfV) zu beachten, denn dem → *Prüfungsbericht* kommt neben seiner traditionellen Funktion als Informationsinstrument die Aufgabe zu, eine Grundlage für die Beaufsichtigung durch die BaFin zu bilden. Sie basiert auf § 55a Abs. 1 Satz 1 Nr. 3 VAG, der die Ermächtigung des BMF enthält, durch Rechtsverordnung nähere Bestimmungen über den Inhalt der Prüfungsberichte zu erlassen, soweit dies zur Durchführung der Aufsicht erforderlich ist. Diese Ermächtigung wurde gem. § 55a Abs. 1 Satz 2 VAG auf die BaFin übertragen.

Der Vorstand hat eine Ausfertigung des Prüfungsberichts mit seinen Bemerkungen und denen des Aufsichtsrats unverzüglich nach Feststellung des Jahresabschlusses der Aufsichtsbehörde vorzulegen. Die Aufsichtsbehörde kann den Bericht mit dem Abschlussprüfer erörtern und, wenn nötig, Ergänzungen der Prüfung und des Berichts auf Kosten des Versicherungsunternehmens veranlassen (§ 59 VAG).

Der Abschlussprüfer muss nach § 341k Abs. 3 i.V.m. § 321 Abs. 1 Satz 3 HGB die BaFin unverzüglich unterrichten, wenn er bei der Wahrnehmung seiner Aufgaben Tatsachen feststellt,

- die den Bestand des Versicherungsunternehmens gefährden,
- die Entwicklung des Versicherungsunternehmens wesentlich beeinträchtigen können oder
- schwerwiegende Verstöße der gesetzlichen Vertreter gegen Gesetz, Gesellschaftsvertrag oder Satzung erkennen lassen.

Auf Verlangen der Aufsichtsbehörde hat der Abschlussprüfer auch sonstige bei der Prüfung bekannt gewordene Tatsachen mitzuteilen, die gegen eine ordnungsmäßige Durchführung der Geschäfte des Versicherungsunternehmens sprechen.

Reiner Quick

Literatur: *Geib, G.*, Versicherungsunternehmen, in: Ballwieser, W./Coenenberg, A.G./Wysocki, K.v. (Hrsg.), Handwörterbuch der Rechnungslegung und Prüfung, 2002, Sp. 2555–2568; *IDW* (Hrsg.), Rechnungslegung und Prüfung der Versicherungsunternehmen, 2001; *KPMG* (Hrsg.), Rechnungslegung von Versicherungsunternehmen nach neuem Recht, 1994.

Vertrag mit Schutzwirkung zugunsten Dritter → Haftung des Abschlussprüfers

Verweigerung des Bestätigungsvermerks → Bestätigungsvermerk

Verwendung von Urteilen Dritter

1 Zentrale Prüfungsnormen

a) Deutsche Normen: IDW PS 320, 321, 322; b) Internationale Normen: ISA 600, 610, 620.

2 Überblick

Der Prüfer hat in *eigener Verantwortung* die → *Jahresabschlussprüfung* zu planen (→ *Prüfungsplanung*) und durchzuführen, → *Abschlussaussagen* zu beurteilen und das → *Prüfungsurteil* zu fällen. Diesem Grundsatz der → *Eigenverantwortlichkeit* ist er durch § 43 Abs. 1 und § 44 WPO sowie § 11 Berufssatzung verpflichtet. Dieser Verpflichtung steht es nicht entgegen, wenn der Abschlussprüfer die Arbeit eines anderen externen Prüfers, der → *Internen Revision* des zu prüfenden Unternehmens oder eines Sachverständigen verwendet.

Die Bezeichnung »Verwendung von Urteilen bzw. Ergebnissen Dritter« stellt dabei einen Oberbegriff dar. Einerseits besteht die Möglichkeit der *Übernahme von Prüfungsergebnissen*, welche auf den gesetzlich geregelten Fall des § 317 Abs. 3 HGB beschränkt ist. Dieser ist dadurch charakterisiert, dass die Arbeitsergebnisse der Abschlussprüfer von in den Konzernabschluss einbezogenen Gesellschaften übernommen werden. Damit beschränken sich die eigenen Prüfungshandlungen des → *Konzernabschlussprüfers* darauf, ob die gesetzlichen Voraussetzungen der Übernahme gegeben sind. Andererseits kann eine *Verwertung in eigener Verantwortung* stattfinden. Hier wird nur die Aussage eines Dritten dem Prüfungsurteil des Abschlussprüfers zugrunde gelegt. Es sind weitergehende Prüfungshandlungen durch den Prüfer durchzuführen. Die Frage nach einer Verwendung von Urteilen Dritter kann sich bei der Prüfung von Einzelabschluss und Konzernabschluss sowie auf nationaler und internationaler Ebene stellen.

Auf das Ausmaß und die Gewichtung der Verwendung von Ergebnissen haben die fachlichen (sachliche Kompetenz, berufliche Qualifikation) und persönlichen (→ *Unabhängigkeit*, Unbefangenheit, Reputation) Voraussetzungen des Dritten erheblichen Einfluss. Ferner ist vom Abschlussprüfer abzuschätzen, ob er die Arbeit des Dritten nachprüfen kann. Abgesehen davon hat der Abschlussprüfer in diesem Zusammenhang auch immer die Frage der Wesentlichkeit (→ *Materiality*) zu beachten. Es gilt festzustellen, welche Bedeutung der von dem anderen Abschlussprüfer bzw. Sachverständigen geprüfte Sachverhalt für die Abgabe des eigenen Urteils hat.

3 Ergebnisse anderer Abschlussprüfer

Wenn andere externe Prüfer im Rahmen der Jahresabschlussprüfung Teileinheiten des Abschlusses (z.B. Abschlüsse von Tochtergesellschaften, Betriebsstätten, Niederlassungen, Gemeinschaftsunternehmen oder assoziierten Unternehmen) geprüft haben, werden regelmäßig deren Arbeitsergebnisse und Berichterstattung vom Abschlussprüfer verwendet. Dabei gelten die Regelungen des IDW PS 320 »Verwendung der Arbeit eines anderen externen Prüfers«. IDW PS 320 transformiert ISA 600. Der IDW PS 320 gilt auch für den Fall, dass ein Ersatzprüfer an die Stelle des bestellten Abschlussprüfers tritt (IDW PS 320.7).

Gem. IDW PS 320.12 bleibt die Verantwortung als Abschlussprüfer für das Prüfungsurteil von der Beteiligung eines anderen externen Prüfers unberührt. Es wird verlangt, dass sich der Abschlussprüfer bereits vor der Auftragsannahme (→ *Prüfungsauftrag*) vergewissert, dass der Anteil eigener Tätigkeiten an der gesamten Prüfung ausreicht, um zu einem eigenständigen Urteil zu gelangen. Um dieses zu gewährleisten, müssen durch die eigene Betätigung mit der Prüfung ausreichend Möglichkeiten zur Erlangung von Prüfungsnachweisen vorhanden sein. Anhand der Kriterien relative Bedeutung des selbst geprüften Teils des Abschlusses, ausreichende eigene Kenntnisse über die Geschäftstätigkeit und das wirtschaftliche Umfeld auch derjenigen Teileinheiten, die von einem anderen externen Prüfer geprüft werden, und Risiko wesentlicher falscher Angaben aus von einem anderen externen Prüfer geprüften Teileinheiten kann diese Beurteilung vom Abschlussprüfer vorgenommen werden. Eine ausreichende Beteiligung an der gesamten Prüfung kann entweder direkt durch zusätzliche eigene → *Prüfungshandlungen* in Bezug auf die Teileinheit (z.B. → *analytische Prüfungen*) oder indirekt durch Prüfungshandlungen in Bezug auf die von anderen externen Prüfern durchgeführte Arbeit (z.B. Durchsicht der → *Prüfungsberichte* und/oder der → *Arbeitspapiere*) erreicht werden (IDW PS 320.13).

Die kritische Würdigung der fachlichen Kompetenz und der beruflichen Qualifikation des anderen externen Prüfers ist eine wichtige Prüfungshandlung bei der Verwendung der Arbeitsergebnisse. Dabei muss geklärt werden, ob es sich um einen deutschen WP, einen in einem anderen Mitgliedstaat der EU in Übereinstimmung mit den Regeln der 8. EU-Richtlinie als gesetzlicher Abschlussprüfer zugelassen Prüfer oder einen Prüfer mit anderen Zulassungskriterien handelt. Nur im letzten Fall hat der Abschlussprüfer weitere Prüfungshandlungen (z.B. Kontaktaufnahme mit der Berufsorganisation des anderen externen Prüfers, Beurteilung der vorgelegten Abschlüsse und der sich auf diese beziehenden Prüfungsberichte des anderen externen Prüfers) durchzuführen. Hierdurch und durch die Bedeutung der von dem anderen Prüfer geprüften Teileinheit für das Gesamturteil werden Ausmaß und Gewichtung der Verwendung determiniert (IDW PS 320.18). Die für den bestellten Abschlussprüfer geltenden Anforderungen in Bezug auf die Unabhängigkeit, →Gewissenhaftigkeit, →Unparteilichkeit, Unbefangenheit und Eigenverantwortlichkeit aber auch der Auftrag des anderen externen Prüfers sind hierbei zu beachten (IDW PS 320.19).

Der Abschlussprüfer hat darüber hinaus auch die Qualität der Arbeit des anderen externen Prüfers zu beurteilen und muss dessen Prüfungsfeststellungen berücksichtigen, wobei Besonderheiten bei der gesetzlich geregelten Übernahme zu beachten sind. Im Prüfungsbericht sind die Verwendung und die Beurteilung wesentlicher Arbeiten anderer externer Prüfer darzustellen (IDW PS 320.31). Darüber hinaus sind weitere Angaben in den Arbeitspapieren zu machen, sofern diese nicht schon im Prüfungsbericht enthalten sind (IDW PS 320.32). Ein hinweisender Zusatz im →Bestätigungsvermerk des Abschlussprüfers wird als nicht sachgerecht angesehen.

IDW PS 320.36 beschreibt die abweichenden Regelungen des IDW PS 320 zu ISA 600.

4 Ergebnisse der Internen Revision

Im Interesse einer wirksamen und wirtschaftlichen Prüfung hat der Abschlussprüfer abzuwägen, ob und wie er die Ergebnisse der Tätigkeiten der Internen Revision bei der Festlegung der Prüfungshandlungen im Rahmen der Abschlussprüfung berücksichtigt. IDW PS 321 »Interne Revision und Abschlussprüfung« legt die Berufsauffassung dar, nach der der Abschlussprüfer unbeschadet seiner Eigenverantwortlichkeit im Rahmen der Abschlussprüfung von Jahres-, Konzern- und Zwischenabschlüssen (→Unterjähriger Bericht, Prüfung) die Feststellungen der Internen Revision verwerten kann. IDW PS 321 transformiert ISA 610.

Gem. IDW PS 321.27 ist eine Eingliederung von Mitarbeitern der Internen Revision des geprüften Unternehmens in die Prüfergruppe des Abschlussprüfers nicht zulässig. Ferner besteht ein Verbot für die vollständige Übernahme der Aufgaben der Internen Revision durch den Abschlussprüfer (IDW PS 321.28). In diesen beiden Punkten gehen die Regelungen über die des ISA 610 hinaus. Besonders aufgrund der Empfehlungen und Rechtsakte zur Unabhängigkeit des Abschlussprüfers in jüngster Zeit wird diese Trennung von Abschlussprüfung und Interner

Revision mit den Regelungen im BilReG nun explizit erwähnt. Gem. § 319 Abs. 3 Nr. 3 Bst. b HGB ist ein WP/vBP von der Abschlussprüfung ausgeschlossen, wenn dieser über die Prüfungstätigkeit hinaus in verantwortlicher Position bei der Internen Revision mitgewirkt hat. Entsprechendes gilt gem. § 319 Abs. 4 HGB für WPG und BPG.

Obwohl Aufgaben und Ziele nicht identisch sind, ist die Art und Weise der Zielerreichung bei der Abschlussprüfung und der Internen Revision vielfach ähnlich (IDW PS 321.12). Daher kann eine wirksame Interne Revision es häufig ermöglichen, Art und zeitliche Gestaltung der durch den Abschlussprüfer durchzuführenden Prüfungshandlungen an die speziellen Gegebenheiten anzupassen und deren Umfang zu verringern. Ein völliger Verzicht ist jedoch nicht zulässig. Kommt ein Abschlussprüfer nach Einschätzung der Arbeiten der Internen Revision aber zu dem Schluss, dass diese keine Bedeutung für die im Rahmen der Abschlussprüfung durchzuführenden Prüfungshandlungen haben werden, so kann er diese nicht verwerten (IDW PS 321.15). Um diese Einschätzung durchführen zu können, muss sich der Abschlussprüfer zuerst einen Überblick über die Arbeiten verschaffen. Anhand der Kriterien organisatorische Einordnung, Umfang der Tätigkeit, fachliche Kompetenz und berufliche Sorgfalt wird dann eine vorläufige Beurteilung der Wirksamkeit der Internen Revision vorgenommen (IDW PS 321.16 f.). Eine Überprüfung der Arbeiten der Internen Revision zur Validierung der vorläufigen Beurteilung entscheidet dann, ob und in welchem Maße Ergebnisse verwertet werden können. Dabei bilden → *inhärentes Risiko* und Wesentlichkeit eines Prüffeldes, die vorläufige Einschätzung der Internen Revision und die Beurteilung durch den Abschlussprüfer die Entscheidungsgrundlage (IDW PS 321.24). Das Ergebnis ist in den Arbeitspapieren festzuhalten.

Das Ziel einer wirksamen Zusammenarbeit sollte dadurch unterstützt werden, dass in angemessenen Zeitabständen Besprechungen mit der Internen Revision durchgeführt werden (IDW PS 321.19). Das gegenseitige Verständnis für die gemeinsamen Zielsetzungen kann damit erhöht werden und möglicherweise dazu führen, dass sich die Arbeit der Internen Revision stärker an die Prüfungsanforderungen des Abschlussprüfers anpasst.

5 Ergebnisse externer Sachverständiger

Die Ausführungen des IDW PS 322 »Verwertung der Arbeit von Sachverständigen« finden Anwendung, wenn ein Abschlussprüfer im Zusammenhang mit der Prüfung von Abschlüssen auf die Arbeit von Sachverständigen zurückgreift. Ferner gelten diese Regelungen entsprechend für die Verwertung der Arbeit von Sachverständigen bei Aufträgen außerhalb der Abschlussprüfung (z.B. due diligence-Prüfungen). IDW PS 322 transformiert ISA 620.

Im Verlauf der Prüfung wird der Abschlussprüfer möglicherweise darauf angewiesen sein, im Zusammenwirken mit dem Unternehmen oder davon unabhängig, Prüfungsnachweise in Form von Gutachten, Berichten, Urteilen oder Bewertungen eines Sachverständigen einzuholen, weil er für bestimmte Spezialbereiche das notwendige Fachwissen nicht besitzt (IDW PS 322.7). Hierbei kann es sich z.B. um die Bewertung bestimmter Vermögensposten, die Bestimmung des Umfangs und der physikalischen und chemischen Beschaffenheit von Vermögensposten, die Bewertungen auf der Grundlage von finanzwirtschaftlichen Bewertungsmodellen oder versicherungsmathematischen Methoden, die Auslegung technischer Anforderungen, Vorschriften oder Vereinbarungen sowie die Bestimmung des Fertigstellungsgrades von unfertigen Arbeiten handeln (IDW PS 322.8). Dabei sind bereits im Rahmen der Prüfungsplanung gem. IDW PS 322.9 u. a. die Bedeutung des zu beurteilenden Sachverhaltes für das Gesamturteil und das Risiko einer falschen Angabe oder Aussage in Abhängigkeit von Art und Komplexität des zu beurteilenden Sachverhaltes in Betracht zu ziehen. Der Abschlussprüfer hat vor der Verwertung weiterhin die berufliche Qualifikation und fachliche Kompetenz und die Unparteilichkeit und Unbefangenheit, die Art und den Umfang der Tätigkeiten sowie die Arbeitsergebnisse zu beurteilen. Hiervon hängt das Ausmaß der Verwertung der Arbeiten des Sachverständigen ab.

In den Arbeitspapieren sind Vorgehensweise und Schlussfolgerungen zu dokumentieren, die sich mit der Person, der Objektivität, den Annahmen, Methoden und Feststellungen des Sachverständigen befassen (IDW PS 322.22). Des Weiteren sind der Gegenstand und der Umfang der Verwertung einschließlich der Würdigung der Arbeitsergebnisse im Prüfungsbericht zu dokumentieren (IDW PS 322.23). Eine hierauf verweisende Angabe im Bestätigungsvermerk ist nicht zulässig (IDW PS 322.24).

Michael Mathea

Literatur: *Philipps, H.*, in: Wirtschaftsprüferkammer-Mitteilungen 1998, S. 279–288; *Klein, G.*, Ergebnisse Dritter, in: Ballwieser, W./Coenenberg, A.G./Wysocki, K.v. (Hrsg.), Handwörterbuch der Rechnungslegung und Prüfung, 2002, Sp. 678–685.

Verwertung von Feststellungen Dritter → Verwendung von Urteilen Dritter

VO 1/1995 → Qualitätssicherung, interne

VO 1/2005 → Qualitätssicherung, interne

Vollprüfung

Prüfungsmethoden können nach dem Unterscheidungskriterium der → *Prüfungsintensität* in Vollprüfungen (auch lückenlose Prüfungen) und → *Auswahlprüfungen* unterteilt werden. Bei einer Vollprüfung werden *sämtliche Elemente* eines → *Prüffeldes* (z. B. sämtliche Vorratspositionen eines Lagers) untersucht. Da Prüfungen i. d. R. darauf ausgerichtet sind, ein Prüfungsurteil mit hinreichender und nicht mit maximaler Aussagesicherheit (→ *Zielgrößen im Prüfungsprozess*) zu treffen, ist es durchaus normenkonform wenn sich der Prüfer auf *Stichproben* beschränkt. Dabei ist zu berücksichtigen, dass auch bei Vollprüfungen *keine* absolute Urteilssicherheit zu erreichen ist. Neben dem den Auswahlprüfungen immanenten Stichprobenfehler kann auch der sog. Nicht-Stichprobenfehler anfallen, der auf menschlichen Unzulänglichkeiten beruht und z. B. durch die Anwendung ungeeigneter Prüfungsmethoden oder Fehlern in der Interpretation von Prüfungsergebnissen verursacht wird. Vollprüfungen sind nur *ausnahmsweise* geboten, so etwa wenn ein Prüffeld aus *wenigen Elementen* besteht und jedes einzelne Element für sich die Wesentlichkeitsgrenze (→ *Materiality*) überschreitet. Auch die gesetzlich vorgesehene → *Sonderprüfung* nach § 142 AktG fordert eine lückenlose Aufklärung der einzelnen Sachverhalte. Des Weiteren sind → *Unterschlagungsprüfungen* als Vollprüfungen konzipiert.

Vollständigkeit → Abschlussaussagen

Vollständigkeitserklärung

Der → *Abschlussprüfer* ist verpflichtet, vom geprüften Unternehmen eine Vollständigkeitserklärung (representation letter) einzuholen. Dies ist eine umfassende Versicherung der gesetzlichen Vertreter des geprüften Unternehmens (z. B. → *Vorstand*) über die Vollständigkeit der im Rahmen der Abschlussprüfung erteilten Erklärungen und Nachweise. Die Vollständigkeitserklärung ist kein Ersatz für eigene Prüfungshandlungen. Sie wird zeitnah zum Datum des → *Bestätigungsvermerks*, d. h.

vor dessen Erteilung eingeholt und datiert. Die Vollständigkeitserklärung ist von den gesetzlichen Vertretern nach bestem Wissen abzugeben und in vertretungsberechtigter Zahl zu unterschreiben. Als Vollständigkeitserklärung sind die vom →*IDW* herausgegebenen Muster zu verwenden. Entsprechende Regelungen zur Vollständigkeitserklärung finden sich im IDW PS 303.

Vor- und nachverlegte Stichtagsinventur → Inventur, Prüfung

Vorbehaltsaufgaben des Wirtschaftsprüfers

Innerhalb der prüfenden Berufe nimmt der Berufsstand der →*WP* eine besondere Stellung ein, da bestimmte Arten von Prüfungen nur durch den WP bzw. von →*WPG* durchgeführt werden dürfen. Prüfungen, die aufgrund gesetzlicher Bestimmung durchgeführt werden (→*Prüfungsdienstleistungen, gesetzliche*), können unterteilt werden in die Nicht-Vorbehaltsprüfungen und die Vorbehaltsprüfungen. Während die Nicht-Vorbehaltsprüfung, z. B. die →*Gründungsprüfung* gem. § 33 AktG, von allen Personen mit hinreichender Sachkenntnis durchgeführt werden kann, dürfen die Vorbehaltsprüfungen nur durch gesetzlich autorisierte Prüfer vorgenommen werden. In vielen Fällen sind diese Prüfungen auf WP und WPG beschränkt. Zu den wichtigsten dem Berufsstand vorbehaltenen Prüfungen zählen die Prüfung von mittelgroßen bzw. großen →*Kapitalgesellschaften*, welche die Tatbestandsmerkmale des § 267 Abs. 2 u. 4 bzw. § 267 Abs. 3 u. 4 HGB erfüllen (Ausnahme: die mittelgroße GmbH, die auch von →*vBP* geprüft werden darf), gem. § 316 Abs. 1 HGB, von →*Konzernen* gem. § 316 Abs. 2 HGB (→*Konzernabschluss, Prüfung*), von Kreditinstituten (→*Kreditinstitute, Prüfung*) gem. § 340k HGB inkl. der →*Depotprüfung* gem. § 29 KWG (Ausnahmen: Sparkassen können auch von Prüfungsstellen eines →*Sparkassen- und Giroverbandes*, Kreditinstitute in der Rechtsform einer →*Genossenschaft* bzw. eines rechtsfähigen wirtschaftlichen Vereins durch einen genossenschaftlichen Prüfungsverband geprüft werden; →*Genossenschaftsprüfung*), von Versicherungsunternehmen (→*Versicherungsunternehmen, Prüfung*) gem. § 341 k HGB und die Prüfung gem. § 53 HGrG (Ausnahme: Eigenbetriebe können auch durch länderspezifische öffentlich-rechtliche Einrichtungen geprüft werden). Weitere Vorbehaltsprüfungen sind auch die Prüfung bei Kapitalerhöhung aus Gesellschaftsmitteln, bei

Liquidation oder Unterbewertung. Dabei ist der WP bzw. die WPG gem. § 48 WPO i.V.m. § 18 Berufssatzung befugt und verpflichtet, ein → *Berufssiegel* zu führen, was er bzw. sie grundsätzlich bei der Erteilung des Bestätigungsvermerks gem. § 322 HGB verwenden muss.

Vorbehaltsprüfungen → Vorbehaltsaufgaben des WP

Vorhandensein → Abschlussaussagen

Vorjahrespapiere → Arbeitspapiere des Abschlussprüfers

Vorprüfung → Zwischenprüfung

Vorräte, Prüfung

1 Normen

1.1 Rechnungslegungsnormen

a) Deutsche Normen: §§ 240 f., 253, 254 i.V.m. 279 Abs. 2; 255 f., 266 Abs. 2 B. I., 280, 284 Abs. 2 HGB; HFA 1/1981 i.d.F. 1990 (ohne Abschnitt 5); nach § 298 Abs. 1 HGB sind die zuvor genannten einzelabschlussspezifischen Normen im Konzernabschluss entsprechend anzuwenden; b) Internationale Normen: IAS 1.68g, .75c, 2, 41.

1.2 Prüfungsnormen

a) Deutsche Normen: IDW PS 301; b) Internationale Normen: ISA 501.4–18, ISRE 2.400.A2.34–45 (in Zusammenhang mit der → *prüferischen Durchsicht* von Abschlüssen).

2 Definition

Vorräte sind → *Vermögensgegenstände* des → *Umlaufvermögens* bzw. → *assets*, die entweder zum Verbrauch oder zur Weiterveräußerung angeschafft oder hergestellt worden sind.

3 Prüferisches Vorgehen

Im Rahmen der → *Jahresabschlussprüfung* ist bei der Prüfung der Vorräte festzustellen, ob die Darstellungen der Unternehmensleitung im vorläufigen Jahresabschluss den Erfordernissen der angewandten Rechnungslegungsnormen entsprechen (§ 317 Abs. 1 HGB i.V.m. IDW PS 200.8–15 sowie ISA 200.2). Die Prüfung der Vorräte ist bereits im Rahmen der →*Prüfungsplanung* zu berücksichtigen. Die risikoorientierte Prüfungsdurchführung (→*Risikoorientierte Abschlussprüfung*) kann sich an der Systematik der Rechnungslegung (→*Abschlusspostenorientierte Prüfung*), den betrieblichen Funktionsbereichen des Mandanten (→*Tätigkeitskreisorientierte Prüfung*; in Zusammenhang mit den Vorräten sind vor allem die Tätigkeitskreise »Beschaffung« sowie »Produktion und Lagerhaltung« relevant) oder den Geschäftsrisiken und den hiermit in einem engen Zusammenhang stehenden Geschäftsprozessen (→*Geschäftsrisikoorientierte Prüfung*) orientieren. Es muss gewährleistet sein, dass das gewählte Vorgehen eine geeignete Grundlage für die Durchführung →*aussagebezogener Prüfungshandlungen* darstellt (IDW PS 260.37).

Eine mögliche Vorgehensweise ist es, zunächst die →*inhärenten Risiken* (z.B. die Anfälligkeit gelagerter Waren für Diebstahl oder mögliche Motive der Unternehmensleitung, auf den Ansatz und die Bewertung der Vorräte Einfluss zu nehmen) zu identifizieren. Um die →*Kontrollrisiken* einzuschätzen, muss der Prüfer sich davon überzeugen, ob das Unternehmen ein geeignetes →*IKS* eingerichtet hat und ob dieses System wirksam ist (IDW PS 260, 301.7, ISA 315.20–99, 330.22–47). Die Prüfungshandlungen müssen sich dabei auf den Wareneingang und -ausgang (z.B. Eingangskontrolle, Autorisation von Warenrücksendungen und Kontrolle der Eingangsrechnungen) und die Lagerhaltung (z.B. Sicherheitsmaßnahmen zur Verhinderung von Unterschlagungen und Diebstählen, Existenz von Anforderungsscheinen für die Lagerentnahmen, ausreichende Kontrolle über Materialien in Lagern außerhalb des Unternehmens) beziehen. In Abhängigkeit von der Einschätzung der inhärenten und der Kontrollrisiken muss der Prüfer das →*Entdeckungsrisiko* beurteilen und die für die Erlangung der geforderten →*Prüfungssicherheit* notwendigen aussagebezogenen Prüfungshandlungen vornehmen.

Im Folgenden werden zentrale Prüfungshandlungen entlang der →*Abschlussaussagen* kategorisiert. Einzelheiten zur langfristigen Auftragsfertigung werden gesondert behandelt (→*Auftragsfertigung, Prüfung*).

a. Der Nachweis des tatsächlichen *Vorhandenseins* und der *Vollständigkeit* der Vorräte setzt eine Inventur (→*Inventur, Prüfung*) voraus. Sind die Vorräte absolut oder relativ von Bedeutung, muss der Prüfer – soweit durchführbar – bei der körperlichen Bestandsaufnahme anwesend sein (IDW PS 301.7, ISA 501.5). Dabei hat sich der Prüfer u.a. davon zu überzeugen, dass die in den Inventurrichtlinien dargestellten Aufnahmeverfahren tatsächlich angewandt werden (IDW PS 301.15). Der Prüfer wird das Ergebnis der körperlichen Bestandsaufnahme nicht vollständig, sondern in → *Stichproben* (→ *Zufallsauswahl;* → *Statistische Stichprobenverfahren*) nachprüfen (IDW PS 301.12). Arbeitet das Unternehmen bei der Inventur mit Stichproben (§ 241 Abs. 1 HGB), so hat sich der Prüfer u.a. davon zu überzeugen, dass ein anerkanntes mathematisches Stichprobenverfahren zur Anwendung gelangt (IDW PS 301.29, HFA 1/1981 i.d.F. 1990). Die Prüfung des Vorhandenseins von geleisteten Anzahlungen (Unterposition im Rahmen der Vorräte) erfolgt anhand von Saldenlisten, ggf. unter Heranziehung von → *Saldenbestätigungen*.

b. In einem engen Zusammenhang zu den zuvor genannten Abschlussaussagen steht auch die *Zuordnung* der Vorräte zum Unternehmen. Hier ist der Grundsatz der wirtschaftlichen Zugehörigkeit zu beachten, wonach z.B. unter Eigentumsvorbehalt gelieferte Waren mit in das Inventar aufzunehmen sind. Weiterhin sind für Vorräte, die von Dritten verwahrt werden, Bestätigungen einzuholen, sofern diese nicht von dem Unternehmen selbst körperlich aufgenommen wurden (IDW PS 301.32, ISA 501.18). Geht es um die Erstellung eines → *Konzernabschlusses*, so sind die Konzernbestände gesondert festzustellen (→ *Zwischenergebniseliminierung, Prüfung*).

c. Die Prüfung der (Perioden-)*Abgrenzung* (cut-off-Prüfung) soll u.a. sicherstellen, dass zu jedem Wareneingang kurz vor dem Abschlussstichtag auch eine entsprechende Verbindlichkeit (→ *Verbindlichkeiten, Prüfung*) gebucht wurde und dass keine Doppelerfassungen unter den Vorräten und den Forderungen aus Lieferungen und Leistungen (→ *Forderungen, Prüfung*) erfolgen. Besonders größere Wareneingänge und -ausgänge in Bezug auf einen Zeitraum von mehreren Wochen um den → *Abschlussstichtag* sind auf die richtige Abgrenzung hin zu untersuchen. Bei der Abgrenzungsprüfung ist auch bedeutsam, ob die Inventur auf den Abschlussstichtag vorgenommen wurde oder ob es sich um eine vor- oder nachgelagerte Stichtagsinventur oder um eine permanente Inventur handelt. In diesem Fall ist auch die Ordnungsmäßigkeit der Wertfortschreibung bzw. -rückrechnung oder der mengenmäßigen Fortschreibung der Bestände zu beurteilen.

d. Bei der Prüfung der *Bewertung* der Vorräte ist festzustellen, ob die Vorgaben in den Rechnungslegungsnormen zu den →*Anschaffungskosten* und →*Herstellungskosten* eingehalten wurden. Hiervon muss sich der Abschlussprüfer in Stichproben überzeugen. Relevant für die Erstbewertung der Vorräte sind besonders § 253 Abs. 1 Satz 1 i.V.m. § 255 Abs. 1, 2 u. 3 sowie IAS 2. Als Unterlagen für die Prüfung dienen u.a. Eingangsrechnungen, Preislisten und Auftragsbestätigungen. Die Existenz von unternehmensinternen *Bewertungsrichtlinien* ist zu prüfen. Dabei ist festzustellen, ob die dort fixierten Vorgaben den angewandten Rechnungslegungsnormen entsprechen und ob die Bewertenden die Richtlinien erhalten, verstanden und angewandt haben. Weiterhin muss der Prüfer sich davon überzeugen, ob die vom Unternehmen angewandten Bewertungsvereinfachungen zulässig sind. Dabei ist festzustellen, ob die Anwendungsvoraussetzungen vorliegen und ob das Verfahren richtig angewandt wurde. Nach deutschen Normen kommen als *Bewertungsvereinfachungsverfahren* gem. § 256 HGB insbesondere das Lifo-, Fifo- und Hifo-Verfahren in Betracht; die *Festbewertung* ist gem. § 256 Satz 2 i.V.m. § 240 Abs. 3 HGB und die *Gruppenbewertung* (Ansatz zum gewogenen Durchschnittswert) ist gem. § 256 Satz 2 i.V.m. 240 Abs. 4 HGB anwendbar. Die Anschaffungs- oder Herstellungskosten können bei Vorliegen der in IAS 2.24 genannten Anwendungsvoraussetzungen nach dem Fifo-Verfahren oder der Durchschnittsmethode (IAS 2.25–27) ermittelt werden. Andere Verfahren sind nach IFRS grundsätzlich unzulässig; entspricht die tatsächliche Verbrauchsfolge dem Lifo-Verfahren ist die Anwendung dieses Verfahrens gleichwohl zulässig (IAS 2.BC19).

Bei der Folgebewertung ist nach § 253 Abs. 3 Satz 1 HGB zwingend auf einen niedrigeren Börsen- oder Marktpreis abzuschreiben; ist ein solcher nicht ermittelbar, ist der niedrigere beizulegende Wert anzusetzen (§ 253 Abs. 3 Satz 2 HGB). Nach IAS 2.9 ist zum niedrigeren Nettoveräußerungswert (net realisable value) zu bewerten. Dabei muss der Prüfer die Angemessenheit der Wertabschläge beurteilen; eine Wertminderung kommt z.B. aufgrund von Veralterung oder Rückgängen der Verkaufspreise in Betracht (IAS 2.28). Bei den geleisteten Anzahlungen kommen Wertminderungen in Betracht, sofern der Empfänger der Anzahlung die Lieferung oder Leistung nicht mehr erbringen kann. Demnach ist die Bonität des Empfängers zu prüfen; insofern bestehen Ähnlichkeiten zur Prüfung der Forderungen (→*Forderungen, Prüfung*). Eine Wertaufholung ist nach IAS 2.33 und in Bezug auf Kapitalgesellschaften unter den Voraussetzungen des § 280 HGB zwingend.

Im →*Konzernabschluss* (→*Konzernabschluss, Prüfung*) sind die Vorräte zu Konzernanschaffungs- bzw. -herstellungskosten anzusetzen. In der Konzernbilanz sind Zwischengewinne und -verluste zu eliminieren. Die korrespondierenden Korrekturen in der Konzern-GuV betreffen die Konsolidierung von Aufwendungen und Erträgen (→*Aufwands- und Ertragskonsolidierung, Prüfung*). IAS 2 besitzt sowohl im Einzel- als auch im Konzernabschluss Gültigkeit. Nach § 298 Abs. 1 HGB sind die Regelungen in Bezug auf den Einzelabschluss im Konzernabschluss entsprechend anzuwenden. Beachtenswert ist, dass nach deutschen Normen weitere konzernspezifische Bewertungsvereinfachungsverfahren, wie z.B. das Kifo-Verfahren und das Kilo-Verfahren, als zulässig angesehen werden. Diese Verfahren sind nach internationalen Normen nicht anwendbar.

e. Die Prüfung der *Darstellung und Offenlegung* erstreckt sich auf die Angaben zu den Vorräten in der Bilanz, der GuV und im Anhang (notes) (→*Anhang, Prüfung*). Kapitalgesellschaften müssen beim Ausweis der Vorräte in der Bilanz die Gliederungsvorgaben des § 266 Abs. 2 B. I. HGB beachten; demnach sind die Vorräte in die Unterpositionen Roh-, Hilfs- und Betriebsstoffe, unfertige Erzeugnisse und Leistungen, fertige Erzeugnisse und Waren sowie geleistete Anzahlungen zu untergliedern. Diese Gliederung ist grundsätzlich auch nach IFRS zulässig (IAS 1.75c, 2.37). Bei den Angaben im Anhang ist insbesondere zu prüfen, ob die Angabepflichten des § 284 Abs. 2 HGB beachtet wurden. Die in den notes zu tätigenden Angaben finden sich in IAS 2.36–39.

Klaus Ruhnke

Literatur: *Graumann, M.*, BBK – Betrieb und Rechnungswesen 2005, Fach 9, S. 2197–2210, S. 2211–2224; *IDW* (Hrsg.), WP-Handbuch 2000, Band I, 2000, R 389–420; *Kleekämper, H./Angermayer, B./Oser, P.*, Vorräte, in: Ballwieser, W./Coenenberg, A.G./Wysocki, K.v. (Hrsg.), Handwörterbuch der Rechnungslegung und Prüfung, 2002, Sp. 2591–2606; *Niemann, W.*, Umlaufvermögen (Vorräte), Prüfungstechnik, in: Pelka, J./Niemann, W. (Gesamtverantwortung), Beck'sches Steuerberater-Handbuch 2004/2005, 2004, B 571–585, 609–614, 630, 640–643.

Vorsichtsprinzip

Die Forderung nach einer im Interesse der Eigentümer und der Gläubiger »vorsichtigen« Rechnungslegung, welche keinen zu optimistischen Eindruck von der Lage des Unternehmens vermittelt, wird als Vorsichtsprinzip bezeichnet. Dabei dient das Vorsichtsprinzip zumeist als Auslegungsregel für Ermessensspielräume. Unvermeidlich auftretende Ungewissheiten bei der Bilanzierung sollen durch eine entsprechend vorsichtige Vorgehensweise berücksichtigt werden. So ist bei Schätzungen, welche notwendiger Bestandteil der Rechnungslegung sind, wenn keine exakte Wertermittlung möglich ist, das Vorsichtsprinzip zu beachten. Sofern sich Schätzungen nur innerhalb einer bestimmten Bandbreite tätigen lassen, besteht das Problem der Wertfindung innerhalb dieser Bandbreite (→ *Geschätzte Werte, Prüfung*). So fordern die deutschen → *GoB* z. B. bei Rückstellungen den Betrag anzusetzen, der sich bei einer Bandbreite gleichwahrscheinlicher Werte für eine zukünftige Belastung eher am oberen Ende der Bandbreite orientiert (hohe Vorsicht); dagegen ist die Rückstellung nach IAS 37.39 grundsätzlich mit dem arithmetischen Mittel von oberer und unterer Bandbreite anzusetzen (mittlere Vorsicht).

Handelsrechtlich ist das Vorsichtsprinzip einer der wesentlichen gesetzlich kodifizierten GoB. Gem. § 252 Abs. 1 Nr. 4 HGB sind Vermögensgegenstände und Schulden vorsichtig zu bewerten, namentlich sind alle vorhersehbaren Risiken und Verluste, die bis zum Abschlussstichtag entstanden sind, zu berücksichtigen. Ausprägungen des Vorsichtsprinzips sind das Realisations- und das Imparitätsprinzip. Das Realisationsprinzip fordert, dass ausschließlich sichere Gewinnbestandteile in das Periodenergebnis einfließen dürfen und das Imparitätsprinzip, dass erwartete negative Ergebnisbeiträge bereits im Verursachungszeitpunkt gewinnmindernd zu berücksichtigen sind. Aus dem Imparitätsprinzip ergeben sich z. B. für die Aktivseite das Niederstwertprinzip (§ 253 Abs. 2 u. 3 HGB) und für die Passivseite die Pflicht zur Bildung von Rückstellungen für drohende Verluste aus schwebenden Geschäften (§ 249 Abs. 1 HGB). Eine Konkretisierung des Realisationsprinzips stellt die Bewertungsobergrenze der Anschaffungs- oder Herstellungskosten dar (→ *Anschaffungskostenprinzip*, § 253 Abs. 1 HGB). Eine weitere Ausprägung des Vorsichtsprinzips ist das Verbot des Ansatzes von selbsterstellten immateriellen Vermögensgegenständen des Anlagevermögens (§ 248 Abs. 2 HGB).

Auch die IFRS enthalten ein dem handelsrechtlichen Vorsichtsprinzip entsprechendes, jedoch schwächer ausgeprägtes, »prudence«-Gebot (IASB Framework.37). Das Vorsichtsprinzip nimmt insbesondere gegenüber einer periodengerechten Ergebnisermittlung eine nachgeordnete Stellung ein. So sind bspw. Erträge aus einem Dienstleistungsgeschäft nach Maßgabe der Fertigstellung am Bilanzstichtag zu erfassen, wenn das Ergebnis des Dienstleistungsgeschäftes zuverlässig geschätzt werden kann. Es wird damit die Realisierbarkeit vor die tatsächliche Realisierung gestellt (IAS 18.20). Explizit ausgeschlossen werden die Bildung stiller Reserven und die überhöhte Bewertung von Rückstellungen sowie der bewusst niedrige Ansatz von Vermögenswerten bzw. der bewusst hohe Ansatz von Schulden oder Aufwendungen, da dadurch der Abschluss nicht neutral und das Kriterium der Zuverlässigkeit nicht erfüllt wäre (IASB Framework.37).

Vorstand

Nach § 76 Abs. 1 AktG i.V.m. § 78 Abs. 1 AktG hat der Vorstand die →*AG* unter eigener Verantwortung zu leiten und sie gerichtlich und außergerichtlich zu vertreten. Grundsätzliche originäre Vorstandsaufgaben sind das Führen, Delegieren, Entscheiden und Überwachen. Nach § 161 Satz 1 AktG hat der Vorstand einer börsennotierten Gesellschaft jährlich zu erklären, dass den Empfehlungen des →*DCGK* entsprochen wurde und wird oder welche Empfehlungen nicht angewendet wurden oder werden. Bei Gesellschaften mit einem Grundkapital von mehr als drei Mio. € sind nach § 76 Abs. 2 Satz 2 AktG mindestens zwei Vorstandsmitglieder zu bestellen, sofern die Satzung nicht bestimmt, dass ein Vorstand ausreichend ist. Ein Vorstandsmitglied kann nur eine natürliche sowie unbeschränkt geschäftsfähige Person sein. Sofern der →*Aufsichtsrat* mehrere Vorstandsmitglieder bestellt hat, sind alle nur *gemeinschaftlich* zur Geschäftsführung befugt (§ 77 Abs. 1 Satz 1 AktG). Gem. § 84 Abs. 2 AktG kann der Aufsichtsrat bei mehreren Personen ein Mitglied zum Vorsitzenden des Vorstands ernennen. Die Bestellung der Vorstandsmitglieder darf gem. § 84 Abs. 1 Satz 1 AktG nur auf höchstens fünf Jahre erfolgen, wobei die Wiederbestellung zulässig ist.

Wahl des Abschlussprüfers

1 Normen

§§ 318, 319, 319a HGB, §§ 119 Abs. 1 Nr. 4, 124 Abs. 3 Satz 1 AktG, § 46 Nr. 6 GmbHG.

2 Bestellung des Abschlussprüfers

Die Bestellung eines →*Abschlussprüfers* erfordert eine Wahl sowie eine anschließende Erteilung eines →*Prüfungsauftrages* (§ 318 Abs. 1 HGB). Im Fall einer →*AG* hat der →*Aufsichtsrat* den Abschlussprüfer vorzuschlagen (§ 124 Abs. 3 AktG). Zuvor hat der Aufsichtsrat bzw. der Prüfungsausschuss gem. Ziffer 7.2.1 des →*DCGK* jedoch eine Erklärung des Prüfers einzuholen, die Aufschluss über dessen Unabhängigkeit geben soll. In Abhängigkeit von der Rechtsform des Unternehmens ist entweder die Hauptversammlung auf Vorschlag des Aufsichtsrates für die Wahl zuständig (AG: §§ 119 Abs. 1 Nr. 4, 124 Abs. 3 Satz 1 AktG) oder die →*Gesellschafterversammlung*, wenn der Gesellschaftsvertrag nichts anderes bestimmt (GmbH: § 46 Nr. 6 GmbHG, § 318 Abs. 1 Satz 2 HGB; Personenhandelsgesellschaften i.S.d. § 264a HGB: § 318 Abs. 1 Satz 2 HGB), oder die Gesellschafter, soweit nichts anderes bestimmt ist (§ 6 Abs. 3 PublG). Der Abschlussprüfer eines Konzerns ist von den Gesellschaftern des Mutterunternehmens zu wählen. Dieser soll vor Ablauf des Geschäftsjahres, auf das sich der Prüfungsauftrag bezieht, gewählt werden. Andernfalls hat das Gericht auf Antrag der gesetzlichen Vertreter, des Aufsichtsrats oder eines Gesellschafters einen Abschlussprüfer zu bestellen (§ 318 Abs. 4 HGB). Unverzüglich nach der Wahl haben die gesetzlichen Vertreter bzw. bei Zuständigkeit des Aufsichtsrates dieser den Prüfungsauftrag zu erteilen.

3 Personenkreis der Abschlussprüfer

Abschlussprüfer können allein →*WP* bzw. →*WPG* sein (§ 319 Abs. 1 Satz 1 HGB), für die Prüfung der →*Jahresabschlüsse* und der Lageberichte mittelgroßer GmbH (§ 267 Abs. 2 HGB) oder mittelgroßer Personenhandelsgesellschaften i.S.d. § 264a Abs. 1 HGB auch →*vBP* bzw. →*BPG* (§ 319 Abs. 1 Satz 2 HGB).

4 Ausschlussgründe

In § 319 Abs. 3 HGB ist ein Katalog von Tatbeständen aufgeführt, die einen WP bzw. einen vBP von der Abschlussprüfung ausschließen. Diese sog. konkreten Ausschlussgründe bestehen zum einen aus personellen und finanziellen Verflechtungen (§ 319 Abs. 3 Nr. 1 u. 2 HGB) und zum anderen aus leistungsbezogenen Verflechtungen (§ 319 Abs. 3 Nr. 3 HGB) des Abschlussprüfers mit dem Mandantenunternehmen (→ *Beratung und Prüfung*). Die personellen und finanziellen Verflechtungen zwischen Mandantenunternehmen und WPG bzw. BPG sind in § 319 Abs. 4 HGB geregelt. Für WP, die i.S.d. § 2 Abs. 5 WpHG →*kapitalmarktorientierte Unternehmen* prüfen, gelten restriktivere Ausschlussgründe (§ 319a HGB). Einen weiteren Ausschlussgrund stellt die Besorgnis der Befangenheit dar (§ 319 Abs. 2 HGB) (→ *Unabhängigkeit*).

Währungsumrechnung, Prüfung

1 Normen

1.1 Rechnungslegungsnormen

a) Deutsche Normen: §§ 244, 284 Abs. 2 Nr. 2, 313 Abs. 1 Nr. 2, 340h HGB, DRS 14; b) Internationale Normen: IAS 21, SIC-7.

1.2 Prüfungsnormen

a) Deutsche Norm: § 316 Abs. 2 HGB; b) Internationale Norm: ED ISA 600 n.F.

2 Definition

Die Währungsumrechnung betrifft zwei Sachverhalte: Zum einen müssen die auf fremde Währung lautenden Geschäftsvorfälle eines Unternehmens in die Landeswährung des abschlusserstellenden Unternehmens umgerechnet werden. Zum anderen sind bei der Erstellung eines →*Konzernabschlusses* einzubeziehende Abschlüsse, die in fremden Währungen aufgestellt wurden, in die Konzernberichtswährung zu überführen. Die Prüfungserfordernisse lassen sich im Wesentlichen aus der Normenkonformitätsprüfung ableiten. Daher werden zunächst zentrale Rechnungslegungsnormen dargestellt.

3 Grundlegende Bilanzierungsregelungen

In Bezug auf die *Erstbewertung* von Fremdwährungsgeschäften nach *deutschem Bilanzrecht* ist lediglich normiert, dass der Jahresabschluss in Euro aufzustellen ist (§ 244 HGB) sowie die Grundlagen der Währungsumrechnung im Anhang anzugeben sind (§ 284 Abs. 2 HGB). Die Richtigkeit dieser Anhangangaben ist zu prüfen. Es existieren jedoch unkodifizierte Vorgehensweisen. So ist bei Bargeschäften der Zu- bzw. Abfluss in inländischer Währung maßgeblich. Bei Zielgeschäften sollte grundsätzlich für Forderungen der Geld- und für Verbindlichkeiten der Briefkurs im Einbuchungszeitpunkt gewählt werden. Aus Vereinfachungsgründen wird häufig der Mittelkurs aus den beiden genannten Kursen herangezogen.

Nach den *internationalen Normen* werden Geschäftsvorfälle mit dem Kurs zum Zeitpunkt ihres Auftretens in die *funktionale Währung* umgerechnet (IAS 21.21). Der Abschlussprüfer muss untersuchen, ob die gewählte funktionale Währung die Währung des ökonomischen Umfeldes darstellt, in dem das Unternehmen hauptsächlich agiert (IAS 21.8). Für ihre Bestimmung sind diverse Kriterien maßgeblich, z. B. welche Währungen den größten Einfluss auf Verkaufs- oder Einkaufspreise haben (IAS 21.9–14). Hinsichtlich der Verwendung von Geld-, Brief- oder Mittelkursen gelten die Ausführungen zum deutschen Bilanzrecht analog.

Bei der *Folgebewertung* nach *deutschem Bilanzrecht* sind die allgemeinen Bewertungsgrundsätze analog anzuwenden. Der Abschlussprüfer muss die Einhaltung des Niederstwertprinzips überprüfen. Aufgrund des Vorsichts- sowie Realisations- und Imparitätsprinzips kommt für Aktivposten kein über sowie für Passivposten kein unter dem ursprünglichen Wertansatz liegender Wert in Frage. Dabei sind für das →*Umlaufvermögen* die mit historischen Kursen umgerechneten Anschaffungskosten mit den zum niedrigeren Stichtagskurs umgerechneten aktuellen Werten zu vergleichen; es ist zwingend der niedrigere Wert anzusetzen (strenges Niederstwertprinzip, § 253 Abs. 3 HGB). Dies ist beim →*Anlagevermögen* nur bei einer dauerhaften Wertminderung der Fall; ansonsten besteht für Nicht-Kapitalgesellschaften (außer Kapitalgesellschaften gem. § 264a HGB gleichgestellten Gesellschaften) ein Wahlrecht zur Abwertung (gemildertes Niederstwertprinzip, § 253 Abs. 2 HGB). Für Kapitalgesellschaften (und gem. § 264a HGB gleichgestellte Gesellschaften) besteht dieses Wahlrecht nur für Finanzanlagen; ansonsten darf bei einer nicht dauernden Wertminderung nicht abgewertet werden (§ 279 Abs. 1 Satz 2 HGB). Für Verbindlichkeiten

(→ *Verbindlichkeiten, Prüfung*) und Rückstellungen (→ *Rückstellungen, Prüfung*) gilt analog zum Umlaufvermögen das strenge Höchstwertprinzip.

Grundsätzlich dürfen Währungsgewinne und -verluste nicht saldiert werden (§ 252 Abs. 1 Nr. 5 HGB). Eine Saldierung erfolgt bei geschlossenen Positionen. Der Prüfer untersucht, ob die Voraussetzungen für geschlossene Positionen erfüllt sind. Es müssen Ansprüche und Verpflichtungen in derselben Währung vorliegen und annähernd die gleiche Laufzeit haben. Bei geschlossenen Positionen besteht kein Währungsrisiko. Übersteigende Beträge werden nach den Grundsätzen für offene Positionen behandelt.

Die *internationalen Normen* unterscheiden für die Folgebewertung drei Kategorien. Monetäre Posten sind Zahlungsmittel und Ansprüche, die auf Geldbeträge lauten, sowie Verpflichtungen, die mit einem festen oder bestimmbaren Geldbetrag beglichen werden müssen (IAS 21.8). Sie sind mit dem Stichtagskurs umzurechnen. Nicht monetäre Posten, die zu Anschaffungs- oder Herstellungskosten bewertet werden, werden mit dem historischen Kurs umgerechnet. Dagegen sind nicht monetäre Posten, die mit ihrem beizulegenden Zeitwert bewertet wurden (z.B. aufgrund einer außerplanmäßigen Wertminderung), mit dem Kurs zum Zeitpunkt der Ermittlung des Wertmaßstabs umzurechnen (IAS 21.23). Die Prüfung konzentriert sich darauf, ob die einzelnen Posten den richtigen Kategorien zugewiesen wurden und die Kategorien mit den entsprechenden Kursen umgerechnet wurden.

Hinsichtlich der entstehenden *Umrechnungsdifferenzen* wird zwischen monetären sowie nicht monetären Posten unterschieden. Der Abschlussprüfer hat insbesondere festzustellen, ob der Ausweis der Umrechnungsdifferenzen korrekt erfolgt ist. Grundsätzlich können Umrechnungsdifferenzen in der GuV erfasst oder direkt in einen Posten im Eigenkapital eingestellt werden. Bei nicht monetären Posten werden die Umrechnungsdifferenzen wie die zugrunde liegenden Bewertungsänderungen behandelt. Wenn z.B. das Sachanlagevermögen gem. IAS 16.31–42 neu bewertet wird, sind Umbewertungsgewinne, die keine vorherige Abwertung ausgleichen, direkt im Eigenkapital zu erfassen (IAS 16.39). Wenn die Bewertungsänderung ergebniswirksam vorgenommen wurde, muss auch die Umrechnungsdifferenz ergebniswirksam erfasst werden (IAS 21.30 f.). Umrechnungsdifferenzen bei monetären Posten werden dagegen generell in der GuV erfasst (IAS 21.28). Eine Ausnahme bilden lediglich Nettoinvestitionen in wirtschaftlich selbständige ausländische Teileinheiten im Konzernabschluss (IAS 21.15). Umrechnungsdifferenzen bei diesen monetären Posten werden dort direkt im Eigenkapital erfasst und gelangen erst bei Veräußerung in die GuV (IAS 21.32, .48). Nach deutschem Bilanzrecht können Umrechnungsdifferenzen in der GuV oder direkt im Eigenkapital erfasst werden. Währungsumrechnungsdifferenzen können zu latenten Steuern führen (→ *Steuerabgrenzung, Prüfung*).

Neben der Umrechnung von Geschäftsvorfällen in ausländischen Währungen müssen in den *Konzernabschluss* einzubeziehende Abschlüsse ggf. in die grundsätzlich frei wählbare Berichtswährung (IAS 21.18, DRS 14.26) umgerechnet werden. Es ist vor allem zu prüfen, ob für die Umrechnung Kurse mit korrektem Zeitbezug verwendet wurden. Sämtliche Bilanzposten mit Ausnahme des Eigenkapitals sind zum Stichtagskurs sowie die Posten der GuV zum Kurs am Transaktionstag umzurechnen (IAS 21.39, DRS 14.28). Das Eigenkapital ist zu historischen Kursen umzurechnen (DRS 14.29). Die Posten der GuV dürfen aus Vereinfachungsgründen zu Durchschnittskursen umgerechnet werden, wenn »das Gesamtbild der wirtschaftlichen Verhältnisse nicht beeinträchtigt wird« (DRS 14.31, analog IAS 21.40). Dabei stellt ein Durchschnittskurs einen Mittelwert aus Kursen während des Geschäftsjahres dar. Sämtliche Umrechnungsdifferenzen werden direkt im Eigenkapital erfasst (IAS 21.39c, DRS 14.32).

4 Prüferisches Vorgehen

Im Rahmen der Systemprüfung muss der Prüfer untersuchen, wie die Währungsumrechnung organisatorisch abgewickelt wird (→ *Aufbauprüfung*) sowie ob die vorgesehenen Richtlinien tatsächlich eingehalten werden und wie ihre Einhaltung sichergestellt wird (→ *Funktionsprüfung*). Dabei müssen die internen Richtlinien zur Währungsumrechnung insbesondere im Einklang mit den angewendeten Rechnungslegungsnormen stehen. Die Prüfung umfasst auch die Umsetzung in Arbeitsabläufe und Formblätter sowie die Bereitstellung notwendiger Daten. Der Prüfer hat im Einzelnen darauf zu achten, ob die Parametereinstellungen des IT-Systems die in der Konzernrichtlinie verlangte und normenkonforme Vorgehensweise tatsächlich umsetzen. Demnach muss insbesondere untersucht werden, ob die Zuweisung der richtigen Kurse zu den einzelnen Kursnummern, die differenzierte Zuweisung der Kursnummern zu den betreffenden Valutapositionen und die Angabe der Positionen für die automatische Verbuchung der Umrechnungsdifferenzen korrekt sind. Dabei dienen die Kursnummern der Verschlüsselung der einzelnen Währungen, die umzurechnen sind.

Je nach Ergebnis der Systemprüfung sind in einer Stichprobe ausgewählte Währungsumrechnungen im Einzelfall zu untersuchen (→ *Einzelfallprüfung*). Dabei können die vom Mandanten durchgeführten Währungsumrechnungen mit Hilfe manueller Arbeitswiederholung anhand einzelner Positionen untersucht werden (→ *IT-gestützte Rechnungslegung*; → *IT-gestützte Prüfungstechniken*). Es muss auch auf Übertragungs- und Erfassungsfehler geachtet werden. Währungsumrechnungsdifferenzen sind vom Prüfer auf ihre Ursachen hin zu analysieren, um mögliche Fehler aufzuspüren; dies gilt auch für nicht wesentliche Differenzen. Wenn ein Methodenwechsel bei der Währungsumrechnung vorgenommen wurde, muss ein zulässiger Grund vorliegen (§ 252 Abs. 2 HGB, IAS 8.14, → *Stetigkeitsprinzip*).

Bei der Fremdwährungsumrechnung im Rahmen der Konzernabschlusserstellung (→ *Konsolidierungsvorbereitende Maßnahmen, Prüfung*) ergeben sich verschiedene Durchführungsmöglichkeiten. So kann die Währungsumrechnung bereits dezentral bei den Tochterunternehmen oder von der zentralen Konsolidierungsstelle abgewickelt werden. Während die dezentrale Variante den Nachteil hat, dass die konzernweiten Richtlinien zur Währungsumrechnung (→ *Konzernrichtlinie, interne*) eventuell nicht einheitlich umgesetzt werden, entsteht bei der zentralen Lösung das Problem, dass die Konsolidierungsstelle mit den zugrunde liegenden Sachverhalten nicht vertraut ist. Wird die Währungsumrechnung dezentral durchgeführt, ist der → *Prüfungsauftrag* des lokalen Abschlussprüfers, der den Einzelabschluss des einzubeziehenden Unternehmens prüft, zweckmäßigerweise um die Prüfung der Währungsumrechnung für den Konzernabschluss zu erweitern. Gleichwohl hat sich der → *Konzernabschlussprüfer* mit der Qualifikation und Arbeitsweise des lokalen Prüfers auseinanderzusetzen (→ *Verwendung von Urteilen Dritter*).

Kay Lubitzsch

Literatur: Gebhardt, G., Währungsumrechnung im Konzernabschluss, in: Ballwieser, W./Coenenberg, A.G./Wysocki, K.v. (Hrsg.), Handwörterbuch der Rechnungslegung und Prüfung, 2002, Sp. 1360–1371; *Uhlig, B.*, Währungsumrechnung im Einzelabschluss, Prüfung der, in: Coenenberg, A.G./Wysocki, K.v. (Hrsg.), Handwörterbuch der Revision, 1992, Sp. 2145–2154.

Warnfunktion des Abschlussprüfers → Krisenwarnfunktion des Abschlussprüfers

WebTrust-Prüfungen

1   Prüfungsnormen

IDW PS 890, AICPA/CICA Privacy Framework.

2   Grundlagen

Die Bestellung von Waren über das Internet birgt spezifische Risiken: Zum einen hat der Kunde keine Möglichkeit, die Ware vorab in Augenschein zu nehmen oder zu erproben. Er muss sich folglich auf die Angaben auf den Internetseiten des Anbieters verlassen. Zum anderen besteht die Gefahr, dass der Anbieter die persönlichen Daten der Kunden (z.B. Kreditkarteninformationen) missbraucht. Der Kunde kann auch nicht sicher sein, dass der potenzielle Anbieter überhaupt in der angegebenen Form existiert. Die zuvor genannten Risiken hemmen den Handel im Internet. Um das Vertrauen in die angebotenen Dienstleistungen eines Anbieters für die Kunden zu erhöhen, haben das →*AICPA* und das →*CICA* eine Prüfungsdienstleistung entwickelt, welche die Sicherheit und die Ordnungsmäßigkeit der Geschäftsabwicklung überprüft. Bei einem positiven →*Prüfungsurteil* mit hoher →*Prüfungssicherheit* (→*Examination*) wird ein Vertrauenssiegel vergeben. Diese Dienstleistung nennt sich WebTrust und wurde durch das AICPA mittlerweile zu einer Produktfamilie ausgebaut (z.B. WebTrust Consumer Protection oder WebTrust Online Privacy).

Die WebTrust-Prüfung wird in einer Vielzahl von Ländern angeboten. Auch das IDW hat mit dem AICPA eine Lizenzvereinbarung geschlossen. Der IDW PS 890 regelt neben den amerikanischen Normen die Durchführung einer WebTrust-Prüfung. IDW PS 890.15 beinhaltet hierbei einen dynamischen Verweis auf die jeweils aktuelle Fassung der US-amerikanischen Prinzipien und Kriterien. Ab dem 01.04.2004 ist verpflichtend das AICPA/CICA Privacy Framework anzuwenden. Dieses Framework normiert die unabhängig voneinander erbringbaren Prüfungsdienstleistungen (→*Prüfungsdienstleistungen, freiwillige*) WebTrust und →*SysTrust* in einem Standard. Er beinhaltet einen vereinheitlichten Satz von zehn Komponenten (»management«, »notice«, »choice and consent«, »collection«, »use and retention«, »access«, »disclosure«, »security«, »quality« und »monitoring and enforcement«), welche die Grundlage für die Prüfung bilden. Jede der einzelnen Komponenten wird wiederum durch verschiedene Kriterien konkretisiert. Dabei wird unterstellt, dass sich über eine Prüfung der Kriterien ein Urteil über die

Einhaltung der Komponenten und das Prüfungsobjekt insgesamt gewinnen lässt.

3 Prüfungsprozess

Die folgenden Ausführungen konzentrieren sich auf IDW PS 890. Mit der Durchführung von WebTrust-Prüfungen dürfen nur WP betraut werden, die hierfür zertifiziert worden sind (IDW PS 890.16). Hierfür muss der WP neben seinem Wissen im Bereich der Informationstechnologie auch an einer anerkannten Schulung teilgenommen haben. Erst dann ist er zur Auftragsannahme (→ *Prüfungsauftrag*) berechtigt. Die Regelungen des IDW PS 220 sind entsprechend anzuwenden. Bei der → *Prüfungsplanung* und → *Prüfungsdokumentation* bestehen keine wesentlichen Unterschiede zu einem audit.

Im Rahmen der Prüfungsdurchführung muss der WP ausreichende und geeignete → *Prüfungsnachweise* einholen, welche die Grundlage für seine → *Prüfungsfeststellungen* und sein → *Prüfungsurteil* bilden (IDW PS 890.29). Um einen ersten Eindruck zu erhalten, hat der WP einen Fragebogen als Selbstauskunft durch die gesetzlichen Vertreter der Gesellschaft beantworten zu lassen (IDW PS 890.30). Zusätzlich muss das Unternehmen eine WebTrust-Erklärung gem. IDW PS 890.31 abgeben, in der es erklärt, dass im betreffenden Zeitraum die jeweiligen Geschäftspraktiken eingehalten, ein wirksames Kontrollsystem (→ *IKS*) eingerichtet und die WebTrust-Kriterien beachtet wurden.

Der Gegenstand und der Umfang der Prüfung ergeben sich aus den dem Auftrag zugrunde liegenden WebTrust-Kriterien (IDW PS 890.12). Soll bspw. das WebTrust-Produkt Consumer Protection erbracht werden, sind bei einer Prüfung die im Internet veröffentlichten Angaben des Auftraggebers zu den Geschäftspraktiken und zu den Verfahren zur Wahrung der Vertraulichkeit sowie das IKS des Auftraggebers, soweit es die Abwicklung des elektronischen Geschäftsverkehrs und den Schutz von Kundeninformationen gewährleisten soll, mit einzubeziehen (Ist-Objekt). Insofern handelt es sich um eine → *Systemprüfung*. Das Soll-Objekt ergibt sich aus den in den WebTrust-Kriterien formulierten Mindestanforderungen. Werden diese eingehalten, besteht annahmegemäß eine Identität von Soll- und Ist-Objekt (→ *Soll-Ist-Vergleich*).

Sollte es zu keinen wesentlichen Abweichungen (→ *Materiality*) bei der Überprüfung der Einhaltung der Kriterien kommen, erteilt der WP eine → *Bescheinigung* über die WebTrust-Prüfung. Gefordert wird, dass die Beurteilung mit hinreichender Sicherheit (→ *Prüfungssicherheit*) erfolgen kann (IDW PS 890.26 i.V.m. Anlage 2). Andernfalls ist als Zwischenergebnis der Prüfung ein Mängelbericht zu erteilen (IDW PS 890.37).

Nach Erteilung der Bescheinigung erfolgt die Einrichtung des Web-Trust-Siegels auf der Internetseite des Mandanten. Dieses Siegel hat eine Gültigkeit von einem Jahr. Der WP ist verpflichtet, innerhalb dieses Zeitraumes aktualisierende Prüfungshandlungen vorzunehmen (IDW PS 890.38 f.).

Wechsel des Abschlussprüfers → Prüferwechsel

Werbung → Kundmachung und Werbung

Wertaufhellende Ereignisse → Ereignisse nach dem Abschlussstichtag

Wertaufholung

1 Rechnungslegungsnormen

a) Deutsche Normen: §§ 253, 280 HGB, DRS 12.23; b) Internationale Normen: IAS 2.33, 36.109–125, 39.65.

2 Definition

Unter Wertaufholung wird die Zuschreibung zum Buchwert eines → *Vermögensgegenstandes* oder Vermögenswertes (→ *Asset*) verstanden, die bei Wegfall der Gründe erfolgt, die zu einer außerplanmäßigen Wertminderung geführt haben.

3 Wertaufholung nach deutschen Normen

Voraussetzung für eine Wertaufholung ist eine tatsächliche Werterhöhung durch den Wegfall der Gründe, die zu der vorangegangenen außerplanmäßigen → *Abschreibung* geführt haben. Als Wertobergrenze sind dabei, im Falle des vollständigen Wegfalls der Gründe für die Wertminderung, die → *Anschaffungs-* oder → *Herstellungskosten*, bei abnutzbaren Vermögensgegenständen unter Berücksichtigung der in der Zwischenzeit ursprünglich angefallenen planmäßigen Abschreibungen (sog. fortgeführte Anschaffungs- oder Herstellungskosten) zu beachten. Fallen die Gründe für die außerplanmäßigen Abschreibungen lediglich teilweise weg, so ist auf den aktuellen niedrigeren beizulegenden Wert abzustellen. I. d. R. ist nach einer Wertaufholung der Abschreibungsplan anzupassen, da die planmäßige Abschreibung in den Folgeperioden auf Basis eines höheren Buchwertes erfolgt. Im deutschen Handelsrecht bestehen unterschiedliche Vorschriften für (1) Einzelkaufleute, → *Personenhandelsgesellschaften* sowie eingetragene → *Genossenschaften* und (2) → *Kapitalgesellschaften*. Gem. § 253 Abs. 5 HGB haben Einzelkaufleute und Personenhandelsgesellschaften ein Wahlrecht zur Beibehaltung eines niedrigeren Wertansatzes nach Wegfall des Abschreibungsgrundes. Kapitalgesellschaften unterliegen dagegen einem in § 280 Abs. 1 HGB kodifizierten Wertaufholungsgebot bei Wegfall der Gründe für einen niedrigeren Wertansatz. Hieraus resultiert die Verpflichtung, die Wertaufholung in dem Geschäftsjahr durchzuführen, in dem der Wegfall der Gründe für die Wertminderung bekannt geworden ist. In diesem Zusammenhang stellt sich der Höchstbetrag der Wertaufholung gleichzeitig als Mindestbetrag dar. Die in § 280 Abs. 2 u. 3 HGB genannten Ausnahmen zur Wertbeibehaltung aus steuerrechtlicher Motivation sind durch die Einführung eines generellen Wertaufholungsgebotes im Steuerrecht quasi gegenstandslos geworden.

4 Wertaufholung nach internationalen Normen

Nach → *IFRS* bestehen keine rechtsformabhängigen Unterschiede im Hinblick auf die Wertansätze der Vermögenswerte und kein Beibehaltungswahlrecht eines niedrigeren Wertansatzes. Gem. IAS 2.33, 36.114 u. 39.65 besteht ein Wertaufholungsgebot, sofern die Gründe für eine in früheren Perioden durchgeführte außerplanmäßige Wertminderung nicht mehr bestehen. In IAS 36.111 sind Anzeichen aufgeführt, die das bilanzierende Unternehmen im Rahmen der Beurteilung, ob diese Gründe nicht mehr bestehen, mindestens zu beachten hat. Liegen die Umstände für eine vorherige Wertminderung nur noch teilweise vor oder sind diese vollständig weggefallen, ist der sog. erzielbare Betrag (recoverable amount) des Vermögenswertes zu bestimmen. Dieser ergibt sich aus dem höheren Betrag aus Nutzungswert (value in use) und beizulegendem Zeitwert abzüglich Veräußerungskosten (fair value less cost to sell) (IAS 36.18). Liegt der aktuell ermittelte recoverable amount lediglich aufgrund der Barwertberechnung im Rahmen der Bestimmung des value in use über dem letztmalig ermittelten recoverable amount, so ist nach IAS 36.116 nicht von einer Erhöhung des Leistungspotenzials des Vermögenswertes auszugehen und somit keine Wertaufholung vorzunehmen. Hat sich das Leistungspotenzial jedoch tatsächlich erhöht, so ist der Buchwert des Vermögenswerts auf den aktuellen erzielbaren Betrag zuzuschreiben. Als Höchstgrenze der Wertaufholung gilt hier der Wert, der sich ohne die außerplanmäßige Wertminderung unter Berücksichtigung der planmäßigen Abschreibungen ergeben hätte. Die Wertaufholung wird analog zur außerplanmäßigen Wertminderung bei Vermögenswerten, die zu amortised cost bewertet werden, ergebniswirksam erfasst. Wertaufholungen bei Vermögenswerten, deren Folgebewertung auf Grundlage des Neubewertungsmodells (revaluation-Modell) erfolgt, bspw. bei Sachanlagen, deren beizulegender Zeitwert verlässlich bestimmt werden kann (IAS 16.31), oder bei immateriellen Vermögenswerten (IAS 38.75), stellen rein formal betrachtet Neubewertungen dar. Letztlich ergibt sich jedoch im Ergebnis kein Unterschied zwischen einer Wert erhöhenden Neubewertung und einer Wertaufholung. Die Unterschiedsbeträge sind im Rahmen des revaluation-Modells ergebnisneutral durch die Erhöhung der entsprechenden Neubewertungsrücklage zu erfassen; wurde für den im Rahmen des Neubewertungsmodells bewerteten Vermögenswert jedoch zuvor eine ergebniswirksame Wertminderung erfasst, so hat auch die Wertaufholung in entsprechender Höhe zunächst ergebniswirksam zu erfolgen (IAS 36.119 f.). Nach einer erfolgten Wertaufholung ist der für die planmäßige Abschreibung aufgestellte Plan für die noch zu betrachtende Restnutzungsdauer des Vermögenswertes an den geänderten Buchwert anzupassen (IAS 36.121). Im Falle eines in vorangegangenen Berichtsperioden erfassten Wertminderungsaufwands für eine Zahlungsmittel generierende Einheit ist das Vorgehen im Rahmen der Wertaufholung nach IAS 36.122 f. wie folgt: Der Betrag, um den der recoverable amount den Buchwert (carrying amount) der Einheit übersteigt, wird auf die einzelnen Vermögenswerte, nicht aber den Geschäfts- oder Firmenwert, entsprechend ihrer Buchwertanteile am Gesamtbuchwert der Zahlungsmittel generierenden Einheit verteilt. Die Obergrenze für den Buchwert eines einzelnen Vermögenswertes wird durch das Minimum aus recoverable amount und dem Buchwert, der sich ergeben hätte, wenn in früheren Berichtsperioden kein Wertminderungsaufwand für diesen Vermögenswert erfasst worden wäre, festgelegt. Der darüber hinausgehende Betrag der Wertaufholung ist anteilig den anderen Vermögenswerten der Zahlungsmittel generierenden Einheit, mit Ausnahme des Geschäfts- und Firmenwertes, zuzuordnen. Ein in früheren Berichtsperioden erfasster Wertminderungsaufwand für den Geschäfts- und Firmenwert darf unter keinen Umständen aufgeholt werden (IAS 36.124). Dies geht einher mit den Regelungen des IAS 38, welcher den Ansatz eines selbst geschaffenen Geschäfts- oder Firmenwerts verbietet, denn gem. IAS 36.125 handelt es sich bei einer

Erhöhung des recoverable amount des Geschäfts- oder Firmenwertes eher um einen selbst geschaffenen Geschäfts- oder Firmenwert als um eine Wertaufholung.

Wertbestimmende Ereignisse → Ereignisse nach dem Abschlussstichtag

Werthonorar → Prüfungsgebühren

Wertpapierdienstleistungsgeschäft, Prüfung

Die Prüfung des Wertpapierdienstleistungsgeschäftes nach § 36 WpHG regelt IDW PS 521. Weiterhin sind bei der Prüfung die Wertpapierdienstleistungs-Prüfungsverordnung (WpDPV) sowie weitere von der →*BaFin* erlassene Verlautbarungen zu beachten.

Eine →*Prüfungspflicht* nach § 36 WpHG knüpft an die Qualifikation eines Unternehmens als Wertpapierdienstleistungsunternehmen (WDU) an. WDU können gem. § 2 Abs. 4 WpHG Kreditinstitute (→*Kreditinstitute, Prüfung*), Finanzdienstleistungsinstitute (→*Finanzdienstleistungsinstitute, Prüfung*) oder andere Unternehmen sein, die Wertpapierdienstleistungsgeschäfte gewerbsmäßig oder in einem Umfang erbringen, der einen in kaufmännischer Weise eingerichteten Geschäftsbetrieb erfordert. Das Wertpapierdienstleistungsgeschäft ist jährlich zu prüfen.

Fachliche Voraussetzungen für die Eignung als *Prüfer* ist die ausreichende Kenntnis über die einschlägigen gesetzlichen und aufsichtsrechtlichen Regelungen sowie die Geschäftstätigkeit und das wirtschaftliche Umfeld des WDU. Die Bestellung des Prüfers liegt in der Verantwortung des WDU und ist der BaFin anzuzeigen. Unter der Voraussetzung, dass der Prüfungszweck es verlangt, kann die BaFin innerhalb eines Monats nach Zugang der Anzeige die Bestellung eines anderen Prüfers verlangen (IDW PS 521.13).

Die Prüfung bezieht sich auf die Einhaltung bzw. Beachtung der Meldepflichten bei Transaktionen (§ 9 WpHG), der allgemeinen und besonderen Verhaltensregeln (§§ 31 f. WpHG), der Organisationspflichten (§ 33 WpHG), der Aufzeichnungs- und Bewahrungspflichten (§ 34 WpHG), der Pflicht zur getrennten Vermögensverwahrung (§ 34a WpHG) sowie der Verbote bestimmter Formen der Werbung (§ 36b WpHG).

Der Prüfer hat gem. § 36 Abs. 1 Satz 5 WpHG einen → *Prüfungsbericht* zu erstellen, der in formeller und materieller Hinsicht den allgemeinen (§ 5 WpDPV) und bestimmten Anforderungen (§ 6 WpDPV) zu entsprechen hat.

Wertpapiere → Finanzinstrumente, Prüfung

Wertpapierhandelsgesetz

Das Wertpapierhandelsgesetz (WpHG) wurde 1994 im Rahmen des *zweiten Finanzmarktförderungsgesetzes* eingeführt. *Ziel* des WpHG ist der Schutz und die Stärkung des Vertrauens der Anleger in die Ordnungsmäßigkeit, Fairness und Integrität der Kapitalmärkte. Es soll der Gefahr vorgebeugt werden, dass sich bei einer Erschütterung dieses Vertrauens enttäuschte Anleger vom Finanzmarkt der Bundesrepublik abkehren und diesem die notwendige Liquidität entziehen, d. h., die Attraktivität und internationale Wettbewerbsfähigkeit des Finanzplatzes Deutschland soll verbessert werden. Das WpHG will durch Einführung bestimmter *Verhaltens- und Informationspflichten* vertrauensbildende Maßnahmen schaffen. Es ist auf die Erbringung von Wertpapierdienstleistungen und Wertpapiernebendienstleistungen (→ *Wertpapierdienstleistungsgeschäft, Prüfung*), den börslichen und außerbörslichen Handel mit Wertpapieren, Geldmarktinstrumenten, Derivaten und Finanztermingeschäften, den Abschluss von Finanztermingeschäften sowie auf Veränderungen der Stimmrechtsanteile von Aktionären an börsennotierten Gesellschaften anzuwenden (§ 1 WpHG).

Wichtige *Inhalte* des WpHG sind zum einen die Ad hoc-Regelungen (→ *Ad hoc-Publizität, Prüfung*), d. h., jegliche Insiderinformationen mit der Eignung zur Kursbeeinflussung müssen *unverzüglich* bekannt gegeben werden (§ 15 Abs. 1 WpHG i. V. m. § 13 Abs. 1 WpHG), und zum anderen die Bestimmungen zu den Insidergeschäften. Insider ist gem. § 13 Abs. 1 WpHG jeder, der über Insiderinformationen, d. h. Wissen verfügt, welches bei öffentlicher Bekanntgabe kursbeeinflussend wirken kann (→ *Agencytheoretischer Ansatz*). Einem Insider ist es nach § 14 Abs. 1 WpHG *verboten*, unter Ausnutzung seiner Kenntnis von einer Insidertatsache Insiderpapiere für eigene oder fremde Rechnung oder für einen anderen zu erwerben oder zu veräußern, einem anderen eine Insidertatsache unbefugt mitzuteilen oder zugänglich zu machen, und einem anderen auf der Grundlage seiner Kenntnis von einer Insidertatsache, den Erwerb oder die Veräußerung von Insiderpapieren zu empfehlen.

Die Einhaltung der Bestimmungen des WpHG unterliegt der Überwachung der → *BaFin* (geregelt in den §§ 3–11 WpHG). Die BaFin setzt durch, dass Insiderinformationen aus börsennotierten Unternehmen *sofort* veröffentlicht werden und verfolgt Insider-Verstöße. Sie überwacht die Einhaltung der sog. Wohlverhaltensregeln der Marktteilnehmer und sorgt für Publizität beim Erwerb wesentlicher Beteiligungen bei börsennotierten Unternehmen.

Wertproportionale Auswahl → DUS

Wesentlichkeit → Materiality

Widerruf der Bestellung zum Wirtschaftsprüfer → Zugang zum Beruf des WP

Widerruf des Bestätigungsvermerks

Der → *Bestätigungsvermerk* bringt das Ergebnis einer nach den → *Prüfungsnormen* durchgeführten Prüfung der Öffentlichkeit gegenüber zum Ausdruck. Erkennt der Abschlussprüfer nach Erteilung des Bestätigungsvermerks, dass die Voraussetzungen der Erteilung nicht vorgelegen haben, so hat er gem. IDW PS 400.111 zu prüfen, ob ein Widerruf des Bestätigungsvermerks geboten ist. Dies ist insbesondere dann der Fall, wenn der Abschlussprüfer nachträglich Erkenntnisse darüber erhält, dass die Übereinstimmung von → *Buchführung*, Jahresabschluss, Lagebericht (→ *Lagebericht, Prüfung*) sowie bei börsennotierten Unternehmen des Risikofrüherkennungssystems (→ *Risikomanagementsystem, Prüfung*) mit den für das geprüfte Unternehmen geltenden Normen in wesentlichen Teilen nicht gegeben ist. Nach erfolgtem Widerruf kann eine Einschränkung oder Versagung des Bestätigungsvermerks vorgenommen werden. Der Widerruf des Bestätigungsvermerks ist dem Auftraggeber gem. IDW PS 400.115 schriftlich mitzuteilen und zu begründen. Wenn der Bestätigungsvermerk bereits nach § 325 HGB offen gelegt ist und die Gesellschaft die Bekanntmachung des Widerrufs ablehnt, so hat der Abschlussprüfer den Widerruf selbst in geeigneter Weise bekannt zu machen. Dies kann dadurch geschehen, dass Aufsichtsgremien und ggf. das Registergericht sowie andere Parteien, die Kenntnis vom Bestätigungsvermerk haben, über den Widerruf informiert werden. Aufgrund der erheblichen Rechtswirkung empfiehlt IDW PS 400.115 die Einholung rechtlichen Rats.

Willkürauswahl

Die Willkürauswahl, die auch als *Auswahl aufs Geratewohl* bezeichnet wird, greift rein willkürlich, d.h. ohne jede sachbezogene Überlegung, eine Anzahl von Elementen aus einem → *Prüffeld* heraus. Eine Willkürauswahl ist z. B. gegeben, wenn der Prüfer im Rahmen der Inventurbeobachtung (→ *Inventur, Prüfung*) aus Bequemlichkeitsgründen nur solche Vorratspositionen für Kontrollzählungen auswählt, die *leicht zugänglich* sind. Da eine solche subjektive Entscheidung des Prüfers nicht nach dem pflichtgemäßen Ermessen erfolgt bzw. nicht auf sachlichen Gesichtspunkten basiert, widerspricht sie den → *Prüfungsnormen*. Bei der Willkürauswahl wird der Zusammenhang zwischen dem angewandten Auswahlkriterium und dem angestrebten Schlussverfahren nicht beachtet. Entsprechend erhält der Prüfer bei diesem Auswahlverfahren weder eine repräsentative → *Stichprobe*, noch filtert er bedeutende Elemente bzw. solche mit einem hohen Fehlerrisiko aus der Grundgesamtheit heraus. Die Willkürauswahl kann daher nicht als → *bewusste Auswahl* verstanden werden. Ebenso wenig erfüllt sie die Anforderungen der → *Zufallsauswahl*.

Wirtschaftlichkeitsprüfung

Die Überprüfung ganzer Unternehmen, einzelner Funktionsbereiche oder isolierter Unternehmensprozesse unter dem Gesichtspunkt der Wirtschaftlichkeit wird als Wirtschaftlichkeitsprüfung bezeichnet. Dabei bedeutet Wirtschaftlichkeit mit möglichst geringem Mitteleinsatz einen vorgegebenen Zweck bzw. mit gegebenen Mitteln den größtmöglichen Erfolg zu erzielen. Die Wirtschaftlichkeitsprüfung kann somit als eine Untersuchung durch eine vom → *Prüfungsobjekt* unabhängige Person bezeichnet werden, die von Fall zu Fall unterschiedlich ist. Aufgrund der Bandbreite und der Vielschichtigkeit der möglichen zu behandelnden Sachverhalte ist sie ihrem Wesen nach umfassend und bietet mehr Raum für Ermessensentscheidungen und Interpretationen als die → *Jahresabschlussprüfung*. Die Wirtschaftlichkeitsprüfung muss daher auf eine breite Palette von Untersuchungs- und Bewertungsmethoden zurückgreifen. Sie ist zu einem Hauptbetätigungsfeld der →*Internen Revision* eines Unternehmens geworden.

Während bei der Jahresabschlussprüfung feststehende →*Prüfungsnormen* zur Anwendung kommen, erfordert die Wirtschaftlichkeitsprüfung einen flexibleren Ansatz bei der Auswahl von Prüfungsobjekt, Prüfungszielen, den Methoden und Beurteilungen sowie der Form des →*Prüfungsurteils*. Sie erfolgt zumeist nicht regelmäßig und weist daher auch – stärker als bei der Jahresabschlussprüfung – eine Reihe von nicht klar abgrenzbaren Maßnahmen, Arbeitshandlungen und Unterprozessen auf. Daher ist die Wirtschaftlichkeitsprüfung auch keine Prüfung mit einem formalisierten →*Bestätigungsvermerk*. Da keine eindeutig formulierten Vorgaben für diese Prüfung möglich sind, gehört die Erarbeitung geeigneter Soll-Objekte (→*Soll-Ist-Vergleich*) zu den schwierigsten Aufgaben des Prüfers. Dabei können sie sich einer großen Vielfalt von Methoden und Verfahren der Informationserfassung und -verarbeitung (so z. B. Akteneinsicht, Sekundäranalyse und Literaturrecherche, Erhebungen oder Fragebögen, Interviews oder Beobachtungen) einzeln und kombiniert bedienen. Gewöhnlich werden Informationen gesammelt, um den Prüfungsgegenstand verstehen und beschreiben sowie das Ergebnis bewerten und messen zu können. Ebenso können sie aber auch dazu dienen, Mängel aufzuzeigen, den Zusammenhang von Ursache und Wirkung darzustellen und zu analysieren, Hypothesen zu testen sowie die Wirtschaftlichkeit zu erklären. Letzteres soll aufzeigen, ob der durch ein bestimmtes Investitionsprojekt geschaffene Nutzen die Kosten überwiegt bzw. ob bei gegebenen Kosten der größte Nutzwert geschaffen wurde. Stößt der Prüfer bei der Durchführung seiner Prüfungshandlungen auf Abweichungen zum erarbeiteten Soll-Objekt (z. B. im Rahmen von Vergleichsanalysen zum Industriedurchschnitt), so wird er diesen nachgehen.

Die Wirtschaftlichkeitsprüfung lässt sich auch als eine Zweckmäßigkeitsprüfung verstehen. Hierbei soll überprüft werden, ob die eingesetzten Mittel geeignet waren, um den umgesetzten Unternehmenszweck zu erreichen bzw. ob der Einsatz anderer Mittel möglicherweise effizienter gewesen wäre. Zu diesem Zweck kann eine Vergleichsanalyse (→*Benchmarking*) eingesetzt werden. Darüber hinaus kann die Vergleichsanalyse dazu genutzt werden, eine objektivierte Überprüfung bedeutender Prozesse, Praktiken und Systeme in Gang zu setzen oder Kriterien zu entwickeln und potenzielle Verbesserungen der Geschäftsabläufe aufzuzeigen.

Da es sich bei Wirtschaftlichkeitsprüfungen nicht um gesetzlich vorgeschriebene Prüfungen handelt, können diese z. B. als →*assurance en-*

gagements oder → *agreed-upon procedures* ausgestaltet werden. Die Ausgestaltung richtet sich nach der mit der Prüfung verfolgten Zielsetzung.

Teilaspekte einer Wirtschaftlichkeitsprüfung sind auch bei der Prüfung der wirtschaftlichen Verhältnisse im Rahmen einer Pflichtprüfung nach dem HGrG (→ *HGrG, Prüfung nach dem*) von Bedeutung. Zusammen mit der Prüfung der Ordnungsmäßigkeit der Geschäftsführung (→ *Geschäftsführungsprüfung*) erweitert diese die in §§ 317–324a HGB angesprochenen Prüfungsinhalte. Bei Unternehmen, die primär einen öffentlichen Zweck und nur nachrangig erwerbswirtschaftliche Ziele verfolgen, gestaltet sich die Wirtschaftlichkeitsprüfung oftmals schwierig. Hier kann keine Beurteilung nach allgemeinen Rentabilitätskriterien, wie sie für ein rein privatwirtschaftliches Unternehmen gelten, erfolgen. Vielmehr ist vom Abschlussprüfer zu ermitteln, ob die Erfüllung des öffentlichen Zwecks im Sinne des *Wirtschaftlichkeitsprinzips* erreicht wurde.

Wirtschaftsbericht → Lagebericht, Prüfung

Wirtschaftsprüfer

WP ist derjenige, der als solcher in der Bundesrepublik Deutschland gem. § 15 WPO öffentlich bestellt wurde (§ 1 WPO). Die Bestellung zum WP setzt den Nachweis der persönlichen (§ 10 WPO) und fachlichen Eignung (§ 9 WPO) im Prüfungsverfahren (→ *Wirtschaftsprüfungsexamen*) voraus.

Der WP übt einen freien Beruf aus. Unvereinbar mit der Tätigkeit als WP (→ *Unvereinbare Tätigkeiten*) sind die in § 43a Abs. 3 Nr. 3 WPO normierten Tätigkeiten. Hierzu zählen die Ausübung einer gewerblichen Tätigkeit, grundsätzlich die Tätigkeit in einem Angestelltenverhältnis sowie die Anstellung im Beamtenverhältnis. § 43a Abs. 4 WPO normiert allerdings Tätigkeiten, die mit dem Beruf des WP vereinbar sind (→ *Vereinbare Tätigkeiten des WP*). Hierzu zählen insbesondere die Beschäftigung als Angestellter in einer → *WPG* (§ 43a Abs. 4 Nr. 3 WPO). Auch die Tätigkeit als Hochschullehrer ist mit der Tätigkeit des WP vereinbar (§ 43a Abs. 4 Nr. 2 WPO). International bezeichnet die → *IFAC* diese Personen als → *professional accountants in public practice*.

Personen, die einen gem. §§ 42 Abs. 2, 43a Abs. 3 WPO genannten Beruf (z. B. Angestellter in der Industrie) ausüben, dürfen nicht den Titel WP tragen (→ *Zugang zum Beruf des WP*). In diesem Fall ist die

Bestellung zum WP zu widerrufen (§ 20 WPO). Eine Wiederbestellung ist jedoch gem. § 23 WPO möglich, sofern die Gründe für den Widerruf der Bestellung entfallen sind (§ 23 Abs. 1 Nr. 3 WPO). Dies ist bspw. dann gegeben, wenn ein vormals in der Industrie angestellter ehemaliger WP wieder eine Beschäftigung bei einer WPG aufnimmt. Demgegenüber darf ein amerikanischer → *CPA* seinen Titel auch als Angestellter in einem Industrieunternehmen weiter tragen. International bezeichnet die → *IFAC* diese Personen als employed professional accountants. Diese bilden zusammen mit den professional accountants in public practice die → *professional accountants*. Hierunter werden alle Berufsangehörigen der IFAC-Mitgliedsorganisationen verstanden.

Die Aufgaben des WP (→ *Tätigkeitsbereiche des WP*) sind vielfältig. Den Schwerpunkt bildet die Prüfungstätigkeit und hier insbesondere die → *Jahresabschlussprüfung*.

Wirtschaftsprüferausbildung → Fortbildung des WP; → Zugang zum Beruf des WP

Wirtschaftsprüfer-Handbuch

Das WP-Handbuch ist eine vom → *IDW* herausgegebene Publikation. Insbesondere aufgrund der fortlaufenden Änderungen in Gesetzgebung und Rechtsprechung ist das WP-Handbuch seit 1945 mittlerweile in zwölfter Auflage erschienen. Der Kreis der Verfasser setzt sich aus Mitarbeitern verschiedener WPG, Mitarbeitern der → *WPK* und des IDW zusammen. Die grundlegenden Themen, mit denen Rechnungsleger und WP regelmäßig befasst sind, werden in Band I des WP-Handbuchs 2000 im Rahmen eines berufsrechtlichen und eines fachlichen Teils abgehandelt. Band II des WP-Handbuchs 2002 beschäftigt sich mit ergänzenden Ausführungen zu Sonderthemen. Im Januar 2006 wird Band I des WP-Handbuchs in 13. Auflage erscheinen.

Wirtschaftsprüferkammer

Die WPK wurde gem. § 4 Abs. 1 WPO zur Erfüllung der beruflichen Selbstverwaltung des Berufsstandes der → *WP* gebildet. Sie ist eine Körperschaft des öffentlichen Rechts (§ 4 Abs. 2 WPO) mit Hauptsitz in Berlin und bundesweit tätig. Mit der Verabschiedung des APAG (6. WPO-Novelle) am 1.9.2004 wurde die Einführung einer öffentlichen Aufsicht über den Berufsstand der WP beschlossen, d.h., neben der Rechtsaufsicht durch das BMWi ist der WPK die → *APAK* übergeordnet. Alle WP, WPG, vBP und BPG sind zur Mitgliedschaft bei der WPK verpflichtet. Organe der WPK sind gem. § 59 WPO die → *WP-Versammlung*, bestehend aus allen Mitgliedern der WPK, der Beirat, der Vorstand, dem die Leitung der WPK obliegt, und die KfQK. Die WPK vertritt die beruflichen Belange der Gesamtheit der Mitglieder gegenüber Politik und Öffentlichkeit und ist Ansprech- und Informationspartner für ihre Mitglieder. Die der Kammer per Gesetz (§ 4 WPO) übertragenen Aufgaben liegen in der Ausübung der → *Berufsaufsicht*, der Durchführung des Qualitätskontrollverfahrens (→ *Qualitätskontrolle, externe*) sowie der Bestellung von WP und vBP (→ *Zugang zum Beruf des WP*). Seit dem 1.1.2004 ist die WPK auch für die Durchführung des → *Wirtschaftsprüfungsexamens* zuständig. Als Publikationsmedium dienen der WPK insbesondere die unter »http://www.wpk.de« abrufbare Homepage sowie das quartalsmäßig erscheinende → *WPK Magazin*.

Wirtschaftsprüferkammer-Mitteilungen → WPK Magazin

Wirtschaftsprüferordnung

Das erstmals am 24.7.1961 in Kraft getretene Gesetz über die Berufsordnung der WP (Wirtschaftsprüferordnung (WPO)) regelt bundeseinheitlich das Berufsrecht der WP und → *vBP* sowie der → *WPG* und → *BPG*. Zur Erfüllung der beruflichen Selbstverwaltungsaufgaben wurde die → *WPK* gebildet (§ 4 Abs. 1 WPO). Gleichzeitig erfolgte eine bundesweite Vereinheitlichung des Zulassungs-, Prüfungs- und Bestellungsverfahrens für WP. Die Zuständigkeit für das Zulassungs- und Prüfungsverfahren wurde jedoch erst im Jahr 2004 auf die WPK übertragen und vereinfacht. Zur Umsetzung ist bei der WPK eine → *Prüfungsstelle für das Wirtschaftsprüfungsexamen* eingerichtet, die das Zulassungs- und Prüfungsverfahren selbständig und unabhängig von Weisungen Dritter durchführt. Die WPO wurde zuletzt am 27.12.2004 durch das APAG geändert. Zentraler Bestandteil des APAG ist die Einrichtung einer → *APAK* gewesen, welche eine öffentliche fachbezogene Aufsicht über die Aufgaben der WP ausübt. Die Schaffung einer öffentlichen Aufsicht über den Berufsstand ist wesentlicher Bestandteil der modernisierten

8. EU-Richtlinie und wurde vom deutschen Gesetzgeber schon im Vorfeld umgesetzt.

Die WPO gliedert sich in elf Teile. Die allgemeinen Vorschriften zum Beruf des WP, zum Inhalt der Tätigkeit und zur WPK enthält der erste Teil (§§ 1–4). Der zweite Teil regelt die Voraussetzungen für die Berufsausübung, insbesondere das Zulassungs-, Prüfungs- und Bestellungsverfahren (→ *Wirtschaftsprüfungsexamen*) (§§ 5–42). Im dritten Teil werden die Rechte und Pflichten der WP, insbesondere die Berufsgrundsätze (→ *Ethische Prüfungsnormen*) definiert (§§ 43–56). Die Vorschriften zur Organisation des Berufstandes, insbesondere die Aufgaben der WPK, und zur Durchführung der Qualitätskontrolle (→ *Peer Review*) enthält der vierte Teil (§§ 57–61). Der fünfte Teil umfasst die Vorschriften zur → *Berufsaufsicht*, insbesondere zur APAK (§§ 61a–66a). Im sechsten Teil ist die → *Berufsgerichtsbarkeit* geregelt, welche durch drei Instanzen bei den ordentlichen Gerichten (Kammer für WP-Sachen beim Landgericht, Senat für WP-Sachen beim KamG in Berlin und Senat für WP-Sachen beim BGH) gekennzeichnet ist (§§ 67–127). Der siebte Teil enthält Vorschriften zum Beruf des vBP (§§ 128–130). Der achte Teil wurde aufgehoben. Die Teile neun bis elf umfassen die Vorschriften zur Eignungsprüfung für Staatsangehörige eines Mitgliedstaates der EU oder eines anderen Vertragsstaates des Abkommens über den Europäischen Wirtschaftsraum oder der Schweiz (§§ 131g–131m), Straf- und Bußgeldvorschriften (§§ 132–133b) sowie Übergangs- und Schlussvorschriften (§§ 134a–141).

Die WPO ist neben den §§ 316–324a, 332 und 333 HGB die einzige gesetzliche Quelle für → *Prüfungsnormen*. Bedeutsam ist insbesondere der dritte Teil der WPO zu den Rechten und Pflichten des WP. Da die WPO eher punktuelle und wenig konkrete Regelungen enthält, wird diese durch berufsständische Normen, insbesondere die → *Berufssatzung*, welche auf Basis der Ermächtigungsgrundlage in § 57 Abs. 3, 4 WPO erlassen wurde, konkretisiert.

Wirtschaftsprüferprüfungsverordnung

Die Wirtschaftsprüferprüfungsverordnung (WiPrPrüfV), die am 20.7.2004 erlassen wurde, regelt die Einzelheiten des → *Wirtschaftsprüfungsexamens* und der Eignungsprüfung als → *WP* nach den §§ 131g–131m WPO. Sie ist eine Rechtsverordnung, die aufgrund der

§§ 14 und 131l WPO vom BMWi erlassen wird. Insgesamt besteht sie aus drei Teilen:

- Der erste Teil beinhaltet die Regelungen zum Prüfungsverfahren für das Wirtschaftsprüfungsexamen,
- der zweite Teil umfasst die Regelungen zum Prüfungsverfahren für die Eignungsprüfung als WP nach den §§ 131g–131m WPO,
- der dritte Teil enthält Schlussvorschriften bezüglich des Inkrafttretens der WiPrPrüfV sowie die Übergangsregelung für Wiederholungsprüfungen.

Bezogen auf das *Prüfungsverfahren für das Wirtschaftsprüfungsexamen* beinhaltet die WiPrPrüfV gem. § 14 WPO im Einzelnen Vorschriften über die Einrichtung und den Zuständigkeitsbereich der → *Prüfungskommission für das Wirtschaftsprüfungsexamen*, der Aufgabenkommission und der Widerspruchskommission sowie über die Zusammensetzung und Berufung ihrer jeweiligen Mitglieder. Des Weiteren normiert sie die dem Antrag auf Zulassung zur Prüfung beizufügenden Unterlagen, die Prüfungsaufgabenfindung, die Einzelheiten über den Ablauf der Prüfung, wie bspw. die Gliederung der Prüfung, die Aufsicht über die Prüfung, oder die Niederschrift der Prüfungskommission über die mündliche Prüfung, als auch die → *Prüfungsgebiete des Wirtschaftsprüfungsexamens*. Außerdem enthält sie gesonderte Bestimmungen über die schriftliche und mündliche Prüfung, den Rücktritt und Ausschluss von der Prüfung, die zu vergebenden Prüfungsnoten, die Bewertung der Prüfung, die Ermittlung der Gesamtnote sowie die Ergänzungsprüfung, die Wiederholung der Prüfung und die Mitteilung des Prüfungsergebnisses.

Die Regelungen der WiPrPrüfV über die *Eignungsprüfung als WP* nach §§ 131g–131m WPO betreffen die Prüfung der beruflichen Kenntnisse von Staatsangehörigen eines Mitgliedstaates der EU, für Staatsangehörige eines anderen Vertragsstaates des Abkommens über den Europäischen Wirtschaftsraum oder der Schweiz, die dort ein Diplom über die Erfüllung der beruflichen Voraussetzungen, die ihn zur Pflichtprüfung von Jahresabschlüssen zulassen, erlangt haben und die den Beruf des WP in Deutschland ausüben wollen. Nach Maßgabe des § 131l WPO beinhaltet der zweite Teil der WiPrPrüfV analog zu den Regelungen bezüglich des Prüfungsverfahrens für das Wirtschaftsprüfungsexamen ebenfalls Bestimmungen über die Zusammensetzung der Prüfungskommission und die Berufung ihrer Mitglieder, die Einzelheiten der Prüfung, der Prüfungsgebiete und das Prüfungsverfahren und verweist insbesondere auf die Berücksichtigung der in § 14 WPO bezeichneten Angelegenheiten. Darüber hinaus regelt die WiPrPrüfV den Erlass von

Prüfungsleistungen und die Zulassung zur Eignungsprüfung von Bewerbern, die die Voraussetzungen des Art. 3 Bst. b der Richtlinie (§ 131g Abs. 2 Satz 1 WPO) erfüllen.

Die Regelungen, die das BMWi durch die Rechtsverordnung erlässt, und Änderungen, die ggf. zu einem späteren Zeitpunkt vorzunehmen sind, bedürfen nicht der Zustimmung des Bundesrates (§§ 14 Satz 2, 131l Satz 2 WPO).

Wirtschaftsprüfersozietät

WP können ihren Beruf sowohl im Anstellungsverhältnis als auch selbständig ausüben (§ 43a Abs. 1 WPO). Im Rahmen der *selbständigen Tätigkeit* ist es gestattet, dass sich WP örtlich oder überörtlich in einer Gesellschaft bürgerlichen Rechts (Sozietät) für eine *gemeinschaftliche Berufsausübung* zusammenschließen (§ 44b Abs. 1 WPO). Der Umfang der Zusammenarbeit richtet sich nach den vertraglichen Vereinbarungen, so dass es möglich ist, neben der Tätigkeit in der Sozietät auch noch eine Einzelpraxis zu betreiben, solange die gesamte selbständige Tätigkeit unter derselben Anschrift ausgeübt wird. Eine gemeinsame Berufsausübung setzt nicht zwingend auch eine gemeinschaftliche Auftragsübernahme voraus.

Möglich ist eine Sozietät mit natürlichen und juristischen Personen sowie mit Personengesellschaften, wenn diese der *Berufsaufsicht einer Berufskammer eines freien Berufs* in Deutschland unterliegen und ein *Zeugnisverweigerungsrecht* nach § 53 Abs. 1 Nr. 3 StPO besitzen (§ 44b Abs. 1 WPO). Mit Rechtsanwälten, die zugleich Notare sind, darf eine Sozietät nur in ihrer Eigenschaft als Anwalt eingegangen werden. Eine gemeinsame Berufsausübung mit ausländischen sachverständigen Prüfern i. S. d. § 28 Abs. 3 WPO sowie mit Rechtsanwälten, Steuerberatern und Patentanwälten anderer Staaten ist ebenfalls zulässig (§ 44b Abs. 2 WPO), sofern die genannten Personen nach Ausbildung und Befugnissen den Vorschriften der WPO im Wesentlichen entsprechen.

Die WPK hat das Recht, *Einsicht* in die Verträge der gemeinschaftlichen Berufsausübung *zu nehmen* sowie erforderliche *Einkünfte einzuholen* (§ 44b Abs. 3 WPO).

Eine Sozietät ist zu *beenden*, sobald sie durch das Verhalten eines ihrer Mitglieder ihren beruflichen Pflichten nur noch eingeschränkt nachkommen könnte (§ 44b Abs. 5 WPO).

Wirtschaftsprüferversammlung

Die WP-Versammlung ist neben dem Beirat, dem Vorstand und der KfQK ein weiteres Organ der → *WPK* (§ 59 WPO) und wird aus allen der derzeit 19.819 Mitglieder (Stand: 1.7.2005) der Kammer gebildet. Zu den Aufgaben der WP-Versammlung gehören gem. § 6 Abs. 1 Satz 2 der Organisationssatzung der WPK die Wahl der Mitglieder des Beirates und die Durchführung von Satzungsänderungen der WPK. Wenigstens alle drei Jahre finden sich alle Mitglieder der WPK in der WP-Versammlung zusammen (§ 6 Abs. 3 Satz 1 Organisationssatzung der WPK).

Wirtschaftsprüferverzeichnis

Das Wirtschaftsprüferverzeichnis (WP-Verzeichnis) ist ein vom Hoppenstedt-Verlag herausgegebenes Buch (einschließlich CD-ROM), welches letztmalig in der 16. Auflage in 2000 erschien. Es dokumentiert den *Berufsstand der WP*, wobei die Daten auf den Einträgen im berufsständischen Register (→ *Berufsregister*) der → *WPK* beruhen.

Das WP-Verzeichnis umfasst neben einer Einleitung einen alphabetischen Teil und einen Ortsteil. Die *Einleitung* bietet eine Vielzahl von statistischen Merkmalen über den Berufsstand. Im *alphabetischen Teil* sind öffentlich bestellte → *WP*, → *vBP*, anerkannte → *WPG*, → *BPG*, freiwillige Mitglieder sowie Sozietäten (→ *WP-Sozietät*) und Partnerschaften, in denen WP und/oder vBP beschäftigt sind, in gesonderten Abschnitten in alphabetischer Reihenfolge aufgeführt. Der *Ortsteil* umfasst den gesamten Berufsstand nach dem Ort der beruflichen Niederlassung bzw. dem Sitz der Gesellschaft in alphabetischer Reihenfolge, wobei darauf hingewiesen wird, ob der Beruf in eigener Praxis und/oder als Tätigkeit bei einer WPG, BPG oder Steuerberatungsgesellschaft, bei genossenschaftlichen Prüfungsverbänden oder Prüfungsstellen von → *Sparkassen- und Giroverbänden* ausgeführt wird.

Das WP-Verzeichnis steht mittlerweile auf den Internet-Seiten der WPK als *Online-Version* zur Verfügung und wird täglich aktualisiert. Laut einer Pressemitteilung der WPK vom 26.11.2003 soll die Buchversion mit Blick auf die zeitgemäße Präsentation im Internet nicht mehr neu aufgelegt werden.

Wirtschaftsprüfung in den USA

1 Historische Entwicklung

Ihren Ursprung fand die Wirtschaftsprüfung in den USA bereits während der Kolonialzeit im Laufe des letzten Quartals des 19. Jahrhunderts. Der damalige starke Einfluss der Briten auf die Rechnungslegung zeigte sich darin, dass die ersten Prüfungsunternehmen mit mehreren Partnern teilweise von Briten gegründet wurden. Mit dem Institute of Accounts wurde im Jahr 1882 eine erste Organisation gegründet, die »public accountants«, Buchhalter und Geschäftsleute mit Interesse an Rechnungslegungsfragen vereinte. Im Jahr 1887 wurde im Bundesstaat New York die rivalisierende American Association of Public Accountants (AAPA) als erster Berufsverband gegründet. Im Jahr 1896 wurde dort das erste Gesetz »to regulate the profession of public accountants« verabschiedet. Bereits im Zuge dieses Gesetzes wurde die Berufsbezeichnung → *CPA* geschützt. Zahlreiche weitere Bundesstaaten folgten dem Beispiel New Yorks und verabschiedeten Gesetze ähnlichen Inhalts. Im Laufe der Zeit gründeten sich in den einzelnen Bundesstaaten zahlreiche sog. State CPA Societies – die erste in New York im Jahr 1897. Die State CPA Societies schlossen sich im Jahr 1902 zur Federation of Societies of Public Accountants zusammen. Im Jahr 1905 fusionierten die AAPA und die Federation of Societies of Public Accountants; die entstehende Organisation wurde zunächst unter dem Namen AAPA weitergeführt. Schließlich wurde im Jahr 1916 die AAPA in das American Institute of Accountants (AIA) überführt. Im Jahr 1921 hatte sich zwischenzeitlich die American Society of CPAs gegründet, welche sich im Jahr 1936 mit dem AIA vereinigte.

Vor den 30er-Jahren existierten in den USA keinerlei Gesetze oder Vorschriften, die Unternehmen dazu verpflichteten, ihre Abschlüsse einer Prüfung unterziehen zu lassen. Erst infolge diverser Bilanzskandale im Zusammenhang mit der Weltwirtschaftskrise und dem Einbruch des Aktienmarktes im Jahr 1929 wurde durch die US-amerikanische Bundesregierung im Jahr 1933 der SA und ein Jahr später der SEA verabschiedet, die börsennotierte Unternehmen dazu verpflichteten, ihre Abschlüsse mit einem → *Bestätigungsvermerk* eines CPA (auditor's opinion) bei der → *SEC* einzureichen. Die Zuständigkeit für die Erstellung von Rechnungslegungsnormen wurde durch die SEC an die Berufsvereinigung der US-amerikanischen WP delegiert. Der SA und der SEA gelten nach wie vor als die zentralen Kapitalmarktgesetze in den USA; ihre Verabschiedung kann als Geburtsstunde des Berufs des modernen

WP in den USA angesehen werden. Im Jahr 1957 wurde das AIA in →*AICPA* umbenannt.

Aufgrund der wachsenden Kritik an der Vereinigung der Zuständigkeit für den Erlass von sowohl Rechnungslegungs- als auch →*Prüfungsnormen* im AICPA sowie der Tatsache, dass die Arbeit des Accounting Principles Board (APB) als bisherigem Standard-Setter von Rechnungslegungsnormen (APB Opinions) im Zeitablauf zunehmend zum Spielball politischer Interessen wurde, wurde im Jahr 1973 auf Empfehlung einer Arbeitsgruppe des AICPA und aufsetzend auf Vorarbeiten der →*American Accounting Association* das →*Financial Accounting Standards Board* (FASB) als ein vom AICPA unabhängiger Ausschuss gegründet; damit wurde der Gefahr einer Übernahme der Rechnungslegungsregulierung durch staatliche Stellen vorgebeugt. Mit der Gründung des FASB verlor der Berufsstand der CPA erstmals die Zuständigkeit für das Standard-Setting bezüglich der Rechnungslegung.

Im Jahr 1978 wurde beim AICPA die sog. Division for CPA Firms (bestehend aus der SEC Practice Section (SECPS) und Private Companies Practice Section (PCPS)) gegründet sowie das Public Oversight Board (POB) installiert, dem die Überwachung der Aktivitäten der SECPS sowie die Etablierung eines →*Peer Review*-Systems oblag.

In Reaktion auf zahlreiche Aufsehen erregende Bilanzskandale wurde im Juli 2002 der SOA erlassen. Der SOA wird gemeinhin als das den Kapitalmarkt betreffende Gesetz angesehen, das nach dem SA und dem SEA aus den 30er-Jahren die weitreichendsten Auswirkungen zeitigt. Das Gesetz betrifft u.a. alle WP oder WPG, die ein bei der SEC registriertes Unternehmen prüfen und verschärft die Vorschriften und die Überwachung der WP teilweise deutlich. Einer der Kernpunkte hierbei ist die Einsetzung des PCAOB und dessen Ausstattung mit weitreichenden Kompetenzen. Lag bis zur Verabschiedung des SOA die Zuständigkeit zum Erlass von Prüfungsnormen, die bei der Prüfung aller Unternehmen zu beachten sind, maßgeblich beim AICPA bzw. dessen Unterausschuss ASB – also dem Berufsstand selbst –, so wurde im Zuge des SOA dem Berufsstand die Befugnis zur Herausgabe von Standards, die bei der Prüfung SEC-registrierter Unternehmen zu beachten sind, entzogen und stattdessen dem PCAOB übertragen. Das ASB ist seither nur noch befugt, solche Prüfungsstandsards zu erlassen, deren Anwendbarkeit auf die Prüfung nicht SEC-registrierter Unternehmen beschränkt ist.

Eingeführt wurden durch den SOA ferner auch zahlreiche direkte Vorschriften für die WP wie z.B. Unabhängigkeitsanforderungen, Registrierung der WP beim und Inspektionen durch das PCAOB, Aufbewahrungspflichten für Arbeitspapiere und verschärfte Sanktionsmöglichkeiten sowie Strafen.

2 Organisation des Berufsstandes

Da in den USA fast sämtliche Sphären des Privat-, Wirtschafts- und Gesellschaftsrechts einschließlich der Regelungen für reglementierte Berufe sowie für das Wertpapier- und Börsenrecht in der rechtlichen Verantwortung der einzelnen Bundesstaaten liegen, gelten für den Berufsstand der CPA die jeweiligen bundesstaatlichen Accountancy Acts. Obwohl zur Harmonisierung der einzelnen Accountancy Acts das AICPA gemeinsam mit der NASBA einen sog. Uniform Accountancy Act verabschiedet hat, besitzt Letzterer lediglich Empfehlungscharakter. Auf Grundlage der Accountancy Acts wurden in sämtlichen Bundesstaaten sog. State Boards of Accountancy eingerichtet. Diese sind als öffentlich-rechtliche Institutionen der einzelnen Bundesstaaten für die Verwaltung und Durchsetzung der Accountancy Acts verantwortlich. Die 54 State Boards of Accountancy haben sich im Rahmen der National Association of State Boards of Accountancy (NASBA; http://www.nasba.org) zusammengeschlossen.

In jedem einzelnen Bundesstaat gibt es neben dem State Board of Accountancy zudem eine sog. State CPA Society (privat organisierte eingetragene Vereine der CPA-Berufsangehörigen), die die Interessen des CPA-Berufsstandes in den einzelnen Bundesstaaten wahrnimmt. Insbesondere geben sie Informationen über den CPA-Berufsstand an die breite Öffentlichkeit, fungieren als Quelle der fachlichen Informationen für Mitglieder, stellen einige Ausschüsse für Facharbeit auf der Ebene der einzelnen Bundesstaaten und sind bemüht, die Einhaltung der professional standards zu fördern.

Auf Bundesebene hat sich der Berufsstand der CPA unter der nationalen Dachorganisation des AICPA zusammengeschlossen.

3 Ausbildung

Um in den USA als CPA anerkannt zu werden, muss ein CPA-Examen erfolgreich abgelegt und anschließend in den Bundesstaaten zusätzlich eine öffentliche Zulassung zum CPA beantragt werden. Die Zulassungsbestimmungen zum Examen sind nicht einheitlich geregelt, sondern werden auf bundesstaatlicher Ebene von den jeweiligen State Boards of Accountancy oder den Accountancy Acts festgelegt. Somit existieren teilweise sehr unterschiedliche Zulassungsvoraussetzungen.

In den meisten Bundesstaaten wird eine universitäre Vorbildung von mindestens 150 Semesterwochenstunden verlangt. Das State Board of Accountancy des jeweiligen Bundesstaates ist für die formale Zulassung zum CPA-Examen sowie für die Durchführung des sog. uniform exams zuständig. Verantwortlich für die Stellung und Korrektur der Prüfungsaufgaben ist das board of examiners des AICPA. Obwohl das uniform exam in allen Bundesstaaten als Voraussetzung für die Zulassung zum CPA gilt, spielt das AICPA keine direkte Rolle bei der Zulassung und Lizenzierung. Das Examen selbst wird seit April 2004 in autorisierten Prüfungszentren auf einem computer-basierten Format (CBT, computer-based test) durchgeführt und jeweils in den ersten zwei Monaten eines Quartals, dem sog. testing window, angeboten. Die wesentlichen Inhalte des Examens sind in vier Bereiche unterteilt: »Auditing and Attestation«, »Business Environment and Concepts«, »Financial Accounting and Reporting« und »Regulation«. Über jeden dieser vier Bereiche muss in beliebiger Reihenfolge eine Prüfung unterschiedlichen zeitlichen Umfangs abgelegt werden, wobei das gesamte Examen nicht mehr als 14 Stunden in Anspruch nehmen darf. Nach Bestehen des uniform exam und der Erfüllung der in dem jeweiligen Bundesstaat geltenden weiteren Voraussetzungen, wie bspw. praktische Erfahrung, wird eine Befugnis zur Führung der CPA-Berufsbezeichnung bzw. zur Tätigkeit als public accountant vergeben. In einigen Bundesstaaten besteht des Weiteren die Verpflichtung zur Einhaltung der jeweilig gültigen Berufsgrundsätze, dem sog. Code of Ethics. Bei Nichtbestehen des Examens kann die Prüfung beliebig oft wiederholt werden.

4   Berufsgrundsätze und Qualitätssicherung

Bei der Ausübung seiner Tätigkeit hat jeder CPA, der Mitglied im AICPA ist, Berufsgrundsätze, die im Code of Professional Conduct des AICPA geregelt sind, zu beachten. Die Berufsgrundsätze geben die fachlich fundierte Auffassung des Berufsstandes, die auch durch einen → *due process* unter Einbeziehung der Öffentlichkeit gewonnen wurde, wieder. Sie werden daher von den Gerichten in den USA grundsätzlich als prima facie evidence der sachgerechten Berufsausübung für sämtliche Mitglieder des CPA-Berufsstandes gewertet. Der Code of Professional Conduct wurde mit dem Ziel entwickelt, den Berufsangehörigen Leitlinien und Regelungen für eine sachgerechte Berufsausübung zur Verfügung zu stellen. Er gliedert sich in die Bereiche Principles und Rules, wobei die Principles das Framework für die Rules darstellen. Neben den Berufsgrundsätzen des AICPA gelten in einigen Bundesstaaten für den CPA-Berufsstand spezielle gesetzliche Berufsgrundsätze, die in den Accountancy Acts bzw. Accountancy Act Regulations oder in den Accountancy Act Rules festgelegt sind. In einigen Fällen wird im Rahmen von Vorschriften zur Einhaltung der Berufsgrundsätze auf Professional Standards verwiesen, womit die Professional Standards des AICPA Anwendung finden, sofern diesen keine Bestimmungen in den Accountancy Acts bzw. Accountancy Act Regulations oder den Accountancy Act Rules entgegenstehen. Neben der Erarbeitung von Berufsgrundsätzen obliegt es dem AICPA, zur Sicherung einer hohen beruflichen Qualifikation der CPA beizutragen. So gibt das AICPA in Abstimmung mit der NASBA neben Grundsätzen, wie das Wissen auf den Gebieten Rechnungslegung, Prüfung, Beratung und Steuern aktualisiert werden kann, Qualitätskontrollstandards zur Qualitätssicherung heraus. In Übereinstimmung mit der internationalen Norm ISQC 1 regeln im nationalen Normentext die Statements on Quality Control Standards (SQCS) die Anforderungen an das Qualitätssicherungssystem einer CPA-Praxis. Aus SQCS No. 2 sind fünf Aspekte ableitbar, die der Qualitätssicherung im Speziellen Rechnung tragen: *Independence, Integrity and Objectivity*; *Personnel Management*; *Acceptance and Continuance of Clients and Engagements*; *Engagement Performance* sowie → *Monitoring*. Die genannten Aspekte stehen in einer Wechselbeziehung zueinander. *Independence, Integrity and Objectivity* zielt auf eine Beachtung der Berufspflichten ab und kann zur Erreichung von independence in fact und independence in appearance in der CPA-Praxis beitragen. *Personnel Management* bezieht sich auf die Beschäftigung von Mitarbeitern in der CPA-Praxis, die über die für die Berufsausübung erforderlichen persönlichen und fachlichen Eignungen und Fähigkeiten verfügen, und schließt eine Überwachung der Mitarbeiter, abhängig von ihrer beruflichen Qualifikation und Erfahrung, ebenso wie berufliche Weiterqualifizierung und Fortbildung ein. *Unter Acceptance and Continuance of Clients and Engagements* ist die Feststellung von Entscheidungskriterien, ob eine Mandatsbeziehung aufgenommen oder aufrechterhalten wird, zu verstehen. Weiterhin fällt in den Bereich der Qualitätssicherung der Aspekt der *Engagement Performance*, d.h. das Erfordernis, dass die von der CPA-Praxis übernommenen Aufträge ordnungsgemäß, normenkonform und mandatsspezifisch erfüllt werden. Durch ein funktionierendes Monitoring soll die Einhaltung der geltenden Qualitätsnormen sichergestellt werden. Das monitoring steht u. a. in Bezug zur Größe der Praxis, den eingesetzten Guidance Materials und Practice Aids sowie der Einhaltung der Berufsgrundsätze. Ein Monitoring im Bereich der Auftragserfüllung wird durch pre-issuance und post-issuance engagement reviews umgesetzt.

Pre-issuance engagement reviews werden unterjährig bei der Erstellung des Jahresabschlusses für ausgewählte Prüfungsaufträge vorgenommen. Post-issuance engagement reviews, die zu einem bestimmten Zeitpunkt im Jahr durchgeführt werden, beziehen sich auf eine Auswahl von Aufträgen, für die die Jahresabschlüsse bereits erstellt sind. Sowohl beim pre-issuance als auch post-issuance engagement review werden sämtliche Berichte, der Jahresabschluss und die Arbeitspapiere durchgesehen und auf Übereinstimmung mit den Berufsgrundsätzen und berufsständischen Vorschriften überprüft.

5 Externe Qualitätskontrolle

Grundsätzlich ist auch die externe Qualitätskontrolle (→ *Qualitätskontrolle, externe*) von WP-Praxen in den USA auf Ebene der einzelnen Bundesstaaten geregelt. In den meisten Bundesstaaten verlangt das jeweilige State Board of Accountancy die Durchführung eines Peer Review. WP-Praxen, die Mitglied des AICPA sind, unterliegen darüber hinaus dessen Peer Review-Programm, wobei dieses oftmals von den State Boards of Accountancy anerkannt wird, um die auf Ebene des Bundesstaates geforderte Pflicht zur externen Qualitätskontrolle zu erfüllen. Erbringt eine WP-Praxis Prüfungsdienstleistungen für bei der SEC registrierte Unternehmen, so hat sie sich einer Qualitätskontrolle durch das PCAOB zu unterwerfen.

Das Peer Review-Programm des AICPA differenziert in Abhängigkeit von der Tätigkeit der zu prüfenden WP-Praxis. Führt diese – neben anderen Tätigkeiten – auch Abschlussprüfungen durch, so erfolgt die Qualitätskontrolle als *system review*. Ziel des system review ist die Überprüfung der Normenkonformität des Qualitätssicherungssystems (→ *Qualitätssicherung, interne*) der Praxis in Bezug auf die Normen des AICPA sowie der Einhaltung der Grundsätze und Maßnahmen zur internen Qualitätssicherung durch die Praxismitarbeiter. Für Praxen, die lediglich Jahresabschlüsse ohne Pflichtangaben im Anhang erstellen, greift mit dem *report review* die schwächste Form der Qualitätskontrolle. Diese ist auf eine Unterstützung der Praxis bei der Qualitätsverbesserung der Berufsausübung ausgerichtet, wobei dieses Ziel durch Anmerkungen und Hinweise des Qualitätskontrollprüfers zur Normenkonformität der erstellten Abschlüsse und Berichte erreicht werden soll. Eine dritte Ausprägungsform stellt der *engagement review* dar, der bei Praxen zur Anwendung kommt, für die zwar ein system review nicht vorgeschrieben, aber auch ein report review nicht ausreichend ist. Dies ist u. a. dann der Fall, wenn keine Abschlussprüfungen, jedoch prüferische Durchsichten von Abschlüssen vorgenommen werden. Im Rahmen des engagement review erfolgt – in Abgrenzung zum report review – auch eine Einsichtnahme in die Arbeitspapiere der zu prüfenden Praxis sowie eine Befragung des bei dem Auftrag eingesetzten Personals. Im Unterschied zum system review handelt es sich aber nicht um eine Beurteilung des Qualitätssicherungssystems der Praxis.

Eine wesentliche Aufgabe des PCAOB ist die Durchführung von Qualitätskontrollen (*inspections*) bei WP-Praxen mit SEC-registrierten Mandanten mit dem Ziel, Normenverstöße der Praxis und ihrer Mitarbeiter zu identifizieren. Praxen, welche mehr als 100 SEC-registrierte Mandate besitzen, haben sich jährlich, solche mit weniger als 100 SEC-registrierten Mandaten mindestens alle drei Jahre einer Qualitätskontrolle durch das PCAOB zu unterziehen. Diese umfasst einerseits ausgewählte Prüfungsaufträge sowie Aufträge zur prüferischen Durchsicht, andererseits auch die Überprüfung der Angemessenheit und Wirksamkeit des internen Qualitätssicherungssystems der Praxis. Im Falle von festgestellten Normenverstößen kann – nach eigenem Ermessen des PCAOB – eine Berichterstattung an die SEC erfolgen. Darüber hinaus können weitere Untersuchungen angeordnet und Disziplinarmaßnahmen ergriffen werden. Disziplinarmaßnahmen werden nach Sec. 105 (d) SOA unter Nennung des Sanktionierten, der Sanktion sowie des Sanktionsanlasses grundsätzlich publiziert.

6 Disziplinar- und Durchsetzungsmaßnahmen

Die Durchsetzung der Anforderungen, welche in den Accountancy Acts bzw. den Accountancy Act Regulations, den Accountancy Act Rules und dem Code of Professional Conduct festgelegt werden, ist eine der Hauptaufgaben der State Boards of Accountancy. Die Sanktionen, die im Rahmen eines Disziplinarverfahrens verhängt werden können, reichen von der Rüge bis zum Berufsausschluss. Neben den State Boards of Accountancy verfügt auch das AICPA in Form der Professional Ethic Division über eine Abteilung, die mit Disziplinarverfahren gegenüber seinen Mitgliedern betraut ist. Entscheidungen über eventuelle Maßnahmen, die von einer Rüge bis zum Ausschluss des Mitgliedes reichen können, obliegen einem eigens dafür eingerichteten Untersuchungsausschuss, dem Joint Trial Board.

Bei SEC-registrierten Prüfungsgesellschaften hat das PCAOB gem. Sec. 104 SOA nicht nur die Pflicht, sondern auch jederzeit das Recht, Inspektionen durchzuführen. Dabei kann das PCAOB, bei gleichzeitiger Wahrung der Vertraulichkeit, die Herausgabe von notwendigen

Unterlagen verlangen. Kommt die betroffene Prüfungsgesellschaft diesem Verlangen nicht nach oder wird im Rahmen der Untersuchungen ein Verstoß gegen Vorschriften des SOA oder die Berufsgrundsätze festgestellt, kann das PCAOB Sanktionen gegen den einzelnen Prüfer oder die jeweilige Prüfungsgesellschaft veranlassen. Diese können bei erstmalig fahrlässigem Verhalten bis zum vorübergehenden oder endgültigen Berufsverbot für den einzelnen Abschlussprüfer führen. Weiterhin kann ein Verstoß bei natürlichen Personen mit einer Geldstrafe von bis zu 100.000 $ und bei juristischen Personen bis zu 2.000.000 $ geahndet werden. Der betroffenen WPG kann auch eine öffentliche Rüge erteilt werden oder sie wird zu zusätzlichen Aus- und Weiterbildungsmaßnahmen verpflichtet. Bei absichtlichem oder wiederholt fahrlässigem Handeln kann durch das PCAOB die vorübergehende oder endgültige Aufhebung der Registrierung ausgesprochen werden. Eine Geldstrafe kann in diesen Fällen bei natürlichen Personen bis zu 750.000 $ und bei juristischen Personen bis zu 15.000.000 $ betragen (Sec. 105 b (4) u. (5) SOA). Derartige Sanktionen sind auch für Fälle vorgesehen, in denen ein mit der Überwachung der Prüfungstätigkeit von Mitarbeitern beauftragter Vorgesetzter dieser Qualitätskontrollaufgabe nicht im erforderlichen Maß nachkommt und die Handlungen einer ihm unterstellten Person zur Verletzung der oben genannten Vorschriften führt.

7 Haftung

Das rechtliche Umfeld in den USA birgt einige für die Haftung des CPA (→ *Haftung des Abschlussprüfers*) wichtige Aspekte. Zu nennen ist in diesem Zusammenhang die Zulässigkeit der Vereinbarung von Erfolgshonoraren bei Anwälten, die in vielen Fällen einen prozentualen Anteil des Streitwertes betragen. In gleicher Weise spielt die in der Mehrzahl der Bundesstaaten geltende gesamtschuldnerische Haftung, in deren Folge bei Unternehmenszusammenbrüchen aufgrund der besten Zahlungsfähigkeit aller Beteiligten zumeist der Prüfer verklagt wird, eine Rolle. Dieser Umstand wurde aufgrund großer Kritik jedoch in zahlreichen Bundesstaaten inzwischen abgeschafft oder gesetzlich eingeschränkt. Als weitere Aspekte kommen der Möglichkeit von Gruppenklagen (class action suits), dem Fehlen einer gesetzlichen oder vertraglichen Haftungsbegrenzung sowie der Möglichkeit der Verurteilung zur Zahlung eines über die Haftungssumme hinaus reichenden Bußgeldes an den Kläger wesentliche Bedeutung zu. Die Anspruchsgrundlagen für Schadenersatzforderungen sind im common law, in den state laws sowie im Wertpapierrecht zu finden, die in der rechtlichen Verantwortung der einzelnen Bundesstaaten liegen.

Nach dem common law kann zum einen ein Anspruch aufgrund des Vertragsrechts bestehen. Dieses erstreckt sich auf die Vertragsparteien sowie die im Prüfungsvertrag direkt berücksichtigten Personengruppen und ist auf die tatsächlichen Prüfungsgebühren begrenzt, wobei allerdings bereits leichte Fahrlässigkeit bei der Verursachung eines Schadens hinreichend ist. Des Weiteren sind Ansprüche aus dem Deliktsrecht möglich. Diese können von jedem, der einen Schaden erleidet, geltend gemacht werden, sofern eine (grob) fahrlässige Pflichtverletzung vorliegt (→ *Dritthaftung*). Zusätzlich zu den gesetzlichen Regelungen in den einzelnen Bundesstaaten haften einzelne Mitglieder und Gesellschaften des CPA-Berufsstandes für von ihnen verursachte Schäden nach wertpapierrechtlichen Bestimmungen auf Bundesebene. Zu nennen ist in diesem Zusammenhang im Rahmen des SA bspw. die Haftung des WP gegenüber Dritten für falsche oder irreführende Angaben im registration statement.

Rolf Ailinger

Literatur: *Flesher, D.L./Miranti, P.J./Previts, G.J.*, in: The Journal of Accountancy, 10/1996, S. 51–57; *Quick, R.*, in: Betriebswirtschaftliche Forschung und Praxis 2000, S. 525–548; *Zeff, S.A.*, in: Accounting Horizons 2003, S. 189–205 u. S. 267–286.

Wirtschaftsprüfungsexamen

Die Zulassung als WP wird vom Bestehen eines besonderen Zulassungsexamens abhängig gemacht, das den Nachweis der *fachlichen Befähigung* i.S.v. § 1 Abs. 1 WPO, den Beruf des WP ordnungsgemäß auszuüben, erbringen soll. Zum Wirtschaftsprüfungsexamen kann nur zugelassen werden, wer bestimmte persönliche und fachliche Zulassungsvoraussetzungen erfüllt (→ *Zugang zum Beruf des WP*). Die Prüfung soll eine *Verständnisprüfung* sein, die sich an den Aufgabenstellungen der beruflichen Tätigkeit orientiert. Sie wird vor einer Prüfungskommission abgelegt. Den Vorsitz der Prüfungskommission hat jeweils eine Person inne, die eine für Wirtschaft zuständige oder eine andere oberste Landesbehörde vertritt. Dadurch wird der Einfluss des Staates gesichert. Folgende Mitglieder gehören nach § 2 Abs. 1 der → *WiPrPrüfV* der Prüfungskommission an: ein Vertreter der obersten Landesbehörde als Vorsitzender, ein Hochschullehrer der Betriebswirtschaftslehre, ein Mitglied mit der Befähigung zum Richteramt, ein Vertreter der Finanzverwaltung, ein Vertreter der Wirtschaft und zwei WP.

Die Prüfung gliedert sich in einen schriftlichen und einen mündlichen Teil (§ 12 Abs. 2 WPO, § 5 WiPrPrüfV) und umfasst vier Prüfungsgebiete (§ 4 WiPrPrüfV): Wirtschaftliches Prüfungswesen, Unternehmensbewertung und Berufsrecht; Angewandte Betriebswirtschaftslehre/Volkswirtschaftslehre; Wirtschaftsrecht; Steuerrecht (→ *Prüfungsgebiete des Wirtschaftsprüfungsexamens*).

Der *schriftliche Prüfungsteil* besteht aus sieben Aufsichtsarbeiten (zwei aus Wirtschaftlichem Prüfungswesen, Unternehmensbewertung und Berufsrecht, zwei aus der Angewandten Betriebswirtschaftslehre/Volkswirtschaftslehre, eine aus dem Wirtschaftsrecht sowie zwei aus dem Steuerrecht), für die jeweils vier bis sechs Stunden zur Verfügung stehen (§ 7 Abs. 2 WiPrPrüfV). Für die Bestimmung der schriftlichen Prüfungsaufgaben wird nach § 8 WiPrPrüfV bei der Prüfungsstelle eine Aufgabenkommission eingerichtet. Dieser gehören ein Vertreter einer obersten Landesbehörde als Vorsitzender, der Leiter der Prüfungsstelle, ein Vertreter der Wirtschaft, ein Mitglied mit Befähigung zum Richteramt, zwei Hochschullehrer für Betriebswirtschaft, zwei WP und ein Vertreter der Finanzverwaltung an. Sie werden i.d.R. für die Dauer von drei Jahren berufen. Zur Beurteilung der Aufsichtsarbeiten steht ein Notenspektrum von sehr gut (wird ausschließlich bei einem Notendurchschnitt von 1,00 erteilt) bis ungenügend (5,01–6,00) zur Verfügung. Für die schriftliche Prüfung wird eine Gesamtnote ermittelt. Falls nicht mindestens die Gesamtnote 5,00 erzielt wurde oder die Aufsichtsarbeiten aus dem Gebiet Wirtschaftliches Prüfungswesen, Unternehmensbewertung und Berufsrecht im Durchschnitt nicht mindestens mit der Note 5,00 bewertet sind, wird der Kandidat gem. § 13 WiPrPrüfV von der mündlichen Prüfung ausgeschlossen. Er hat die Prüfung nicht bestanden.

Die *mündliche Prüfung* (§ 15 WiPrPrüfV) beginnt mit einem Kurzvortrag des Bewerbers über einen Gegenstand aus der Berufsarbeit des WP, dessen Dauer zehn Minuten nicht überschreiten soll. An den Vortrag schließen sich fünf Prüfungsabschnitte (zwei zum Prüfungsgebiet Wirtschaftliches Prüfungswesen, Unternehmensbewertung und Berufsrecht und je einer zu Angewandte Betriebswirtschaftslehre/Volkswirtschaftslehre, Wirtschaftsrecht und Steuerrecht) an. Für die mündliche Prüfung wird eine Gesamtnote festgelegt.

Für die Prüfung wird nach § 17 WiPrPrüfV eine *Gesamtnote* ermittelt, indem die Gesamtnote der schriftlichen Prüfung mit 0,6 und die Gesamtnote der mündlichen Prüfung mit 0,4 gewichtet wird. Die Prüfung ist *bestanden*, wenn auf jedem Prüfungsgebiet mindestens die Note 4,00 erzielt wurde (§ 18 WiPrPrüfV). Hat der Bewerber eine

Prüfungsgesamtnote von mindestens 4,00 erzielt, aber auf einem oder mehreren Prüfungsgebieten eine mit schlechter als 4,00 bewertete Leistung erbracht, so ist auf diesen Gebieten eine *Ergänzungsprüfung* abzulegen. Gleiches gilt, falls der Bewerber eine Prüfungsgesamtnote von mindestens 4,00 nicht erzielt, aber nur auf einem Prüfungsgebiet eine mit geringer als 4,00 bewertete Leistung erbracht hat. Eine Ergänzungsprüfung gliedert sich in eine schriftliche und eine mündliche Prüfung ohne Kurzvortrag (§ 19 WiPrPrüfV). Der Kandidat muss sich innerhalb eines Jahres nach Mitteilung des Prüfungsergebnisses zur Ergänzungsprüfung anmelden und auf jedem abzulegenden Prüfungsgebiet eine mindestens mit 4,00 zu bewertende Leistung erbringen. Andernfalls hat er die gesamte Prüfung nicht bestanden. Tritt der Bewerber von der Prüfung zurück, so gilt gem. § 21 Abs. 1 WiPrPrüfV die gesamte Prüfung als nicht bestanden. Gem. § 22 Abs. 1 WiPrPrüfV kann der Bewerber die Prüfung zweimal wiederholen.

Für bestimmte Kandidaten gibt es *Prüfungserleichterungen*. So können nach § 13 WPO Steuerberater und Bewerber, die das Steuerberaterexamen bestanden haben, die Prüfung in verkürzter Form ablegen, d.h. die schriftliche und mündliche Prüfung im Steuerrecht entfällt. Auch für →*vBP* sind Möglichkeiten der Examensverkürzung vorgesehen (§ 13a WPO). Für vBP, die Steuerberater (→*Steuerberatung*) sind, entfallen die Prüfungen in Angewandte Betriebswirtschaftslehre/Volkswirtschaftslehre und Steuerrecht; für vBP, die Rechtsanwalt sind, entfallen die Prüfungen in Angewandte Betriebswirtschaftslehre/Volkswirtschaftslehre und Wirtschaftsrecht. Des Weiteren besteht die Möglichkeit zur *Anrechnung* von bestimmten, bereits erbrachten Studienleistungen. Liegen als gleichwertig anerkannte Prüfungsleistungen vor, die im Rahmen einer Hochschulausbildung erbracht wurden, so entfällt die schriftliche und mündliche Prüfung in dem angerechneten Prüfungsgebiet. Anrechnungsfähige Prüfungsgebiete sind Angewandte Betriebswirtschaftslehre/Volkswirtschaftslehre und Wirtschaftsrecht (§ 13b WPO). Schließlich können nach § 8a WPO Hochschulausbildungsgänge (Masterstudiengänge) als zur Ausbildung von Berufsangehörigen besonders geeignet anerkannt werden, sofern sie alle Wissensgebiete des Wirtschaftsprüfungsexamens umfassen, mit einer Hochschulprüfung oder einer staatlichen Prüfung abschließen und die Prüfungen in Inhalt, Form und Umfang dem Wirtschaftsprüfungsexamen entsprechen. Leistungsnachweise der Hochschulausbildung ersetzen dann die entsprechenden Prüfungen im Wirtschaftsprüfungsexamen in Angewandter Betriebswirtschaftslehre/Volkswirtschaftslehre und in Wirtschaftsrecht. Die Zulassung zu den Hochschulausbildungsgängen nach § 8a WPO bedingt nach § 3 Nr. 2 der Wirtschaftsprüfungsexamens-Anrechnungsverordnung (WPAnrV) eine einjährige Tätigkeit in der Prüfungspraxis, die auf die für die Zulassung zum Wirtschaftsprüfungsexamen geforderte Praxiszeit anrechenbar ist. Zudem können Absolventen anerkannter Hochschulausbildungsgänge zum Wirtschaftsprüfungsexamen auch zugelassen werden, wenn sie die dreijährige praktische Tätigkeit zum Zeitpunkt der Zulassung noch nicht erfüllt haben (§ 9 Abs. 6 WPO).

Wirtschaftsprüfungsgesellschaft

Vergleichbar mit der Bestellung zum WP ist die *Anerkennung* als Wirtschaftsprüfungsgesellschaft (WPG) ein öffentlich-rechtlicher Verwaltungsakt. Die *Voraussetzungen* für eine Anerkennung als WPG sind im § 28 WPO geregelt:

- **Unternehmensleitung durch WP**

Grundsätzlich müssen alle eine WPG leitende Personen WP sein (§ 1 Abs. 3 Satz 2 WPO). Davon gibt es zwei Ausnahmen. Zum einen können auch vBP, Steuerberater, Rechtsanwälte und – nach Genehmigung durch die WPK – andere, besonders befähigte Personen, die einen mit dem Beruf des WP vereinbaren Beruf ausüben, Leitungsfunktionen übernehmen. Zum anderen kann die WPK auch genehmigen, dass in einem ausländischen Staat zugelassene Prüfer Vorstandsmitglieder, Geschäftsführer, persönlich haftende Gesellschafter oder Partner einer WPG werden, sofern ihre Befähigung der eines WP entspricht. In der Unternehmensleitung müssen jedoch mehr WP als andere Personen tätig sein. Bei nur zwei Geschäftsführern muss mindestens einer WP sein.

- **Residenzpflicht**

Mindestens ein WP, der Mitglied der Unternehmensleitung ist, muss seine berufliche Niederlassung am Sitz der Gesellschaft haben (§ 19 Abs. 2 Berufssatzung).

- **Gesellschafterverhältnisse**

Gesellschafter einer WPG können WP und WPG sein. Des Weiteren können vBP, Steuerberater, Steuerbevollmächtigte, Rechtsanwälte, Personen, mit denen eine gemeinsame Berufsausübung nach § 44b Abs. 2 WPO zulässig ist, oder Personen, deren Tätigkeit in der Unternehmensleitung von der WPK genehmigt worden ist, Gesellschafter sein, sofern mindestens die Hälfte dieser Personen in der Gesellschaft tätig ist. Bei →*Kapitalgesellschaften* müssen solche nicht in der Gesellschaft tätige Personen weniger als 25% der Anteile am Nennkapital halten. Sie dürfen also weder eine qualifizierte Mehrheit, noch eine Sperrminorität an Stimmen bzw. Anteilen halten. Anteile einer WPG dürfen nicht für Rechnung eines Dritten gehalten werden. WP und WPG müssen die Mehrheit der Anteile und Stimmrechte innehaben. Schließlich können nur Gesellschafter zur Ausübung von Gesellschafterrechten bevollmächtigt werden, die WP sind.

- **Vinkulierte Namensanteile**

Bei Kapitalgesellschaften müssen die Anteile auf den Namen lauten und ihre Übertragung muss an die Zustimmung der Gesellschaft gebunden sein. Diese Regelung ist im Zusammenhang mit § 38 i. V. m. § 40 WPO zu sehen, wonach WPG eine Gesellschafterliste bei dem von der WPK zu führenden →*Berufsregister* einzureichen haben.

- **Haftungsbasis**

Kapitalgesellschaften müssen nachweisen, dass der Wert der einzelnen Vermögensgegenstände abzüglich der Schulden mindestens dem gesetzlichen Mindestbetrag des Grund- oder Stammkapitals entspricht.

- **Berufshaftpflichtversicherung**

Ohne Nachweis einer →*Berufshaftpflichtversicherung* ist die Anerkennung einer WPG zu versagen.

Zulässige *Rechtsformen* für eine WPG sind nach § 27 Abs. 1 WPO die Kapitalgesellschaft (AG, KGaA, GmbH), die Personenhandelsgesellschaft (OHG, KG) und die Partnerschaftsgesellschaft. Die Anerkennung von Personenhandelsgesellschaften, die gem. §§ 105, 161 HGB das Betreiben eines Handelsgewerbes bedingen, setzt voraus, dass sie wegen ihrer Treuhandtätigkeiten (→*Treuhandwesen*) als Handelsgesellschaften in das Handelsregister eingetragen worden sind. Unzulässig sind dagegen bürgerlich-rechtliche Gesellschaften, weil es an der Rechtsfähigkeit fehlt, und Mischformen aus Personenhandelsgesellschaft und Kapitalgesellschaft (also AG & Co. und GmbH & Co.), weil nicht alle gesetzlichen Vertreter natürliche Personen sind (→*Kapitalgesellschaften & Co.*). Darüber hinaus sind auch die Europäische Wirtschaftliche Interessenvereinigung, denn der Zweck dieser Rechtsform darf nicht auf die Berufstätigkeit, sondern nur auf Hilfsgeschäfte gerichtet sein, und die stille Gesellschaft nicht anerkennungsfähig.

Bei der Wahl der *Firma* ist zu beachten, dass die Bezeichnung »Wirtschaftsprüfungsgesellschaft« in die Firma aufzunehmen ist (§ 31 WPO, § 29 Abs. 1 Berufssatzung). Die Firmierung oder der Name darf keine Hinweise auf berufsfremde Unternehmen oder Unternehmensgruppen enthalten (§ 29 Abs. 2 Berufssatzung).

Für die *Beendigung* der Anerkennung als WPG sind das Erlöschen, die Rücknahme und der Widerruf vorgesehen. Nach § 33 Abs. 1 WPO erlischt die Anerkennung durch Verzicht, der schriftlich von den gesetzlichen Vertretern zu erklären ist, und durch Auflösung der Gesellschaft (durch Verschmelzung, Spaltung, Vermögensübertragung, Liquidation). Die Anerkennung muss gem. § 34 WPO zurückgenommen oder widerrufen werden, wenn nachträglich Anerkennungsvoraussetzungen entfallen sind (z.B. weil die Gesellschaft durch das Ausscheiden von gesetzlichen Vertretern mit WP-Qualifikation nicht mehr ordnungsmäßig besetzt ist oder weil sich die Kapitalbeteiligung in unzulässiger Weise verändert hat). Des Weiteren ist die Anerkennung zu widerrufen, falls die Gesellschaft in Vermögensverfall geraten ist, es sei denn, dass dadurch die Interessen der Auftraggeber oder anderer Personen nicht gefährdet sind.

Wirtschaftsprüfungsorganisation → WPG

Wissensbasierte Systeme

Wissensbasierte Systeme (synonym findet auch der Begriff Expertensysteme Verwendung) können das prüferische Vorgehen unterstützen. Dabei handelt es sich um eine →*IT-gestützte Prüfungstechnik*, welche im Unterschied zu konventionellen Programmen nicht deterministisch vorgeht. Vielmehr ergibt sich der Lösungspfad im Zuge der Problemlösung durch die im Dialog mit dem Benutzer erlangten Informationen (prozessuales Vorgehen). Insofern zeigen sich Ähnlichkeiten zum tatsächlichen prüferischen Vorgehen bei der Lösung schwach strukturierter Probleme (→*Suchprozess*). Ziel ist es, nicht eine optimale, sondern eine zufriedenstellende Problemlösung herzuleiten.

Die Grundarchitektur solcher Systeme ist durch die folgenden Komponenten gekennzeichnet: Wissensbasis, Inferenz-, Erklärungs-, Dialog- sowie Wissensakquisitionskomponente. Wissensbasierte Systeme können den Prüfer z.B. bei der Beurteilung des →*IKS*, der going concern-Annahme (→*Going concern-Annahme, Prüfung*) und der Werthaltigkeit von Forderungen sowie der Anwendung des →*materiality*-Grundsatzes unterstützen. Obwohl solche Systeme bereits in der Praxis eingesetzt werden, haben sie insgesamt noch keine nennenswerte Verbreitung erlangt.

Working papers → Arbeitspapiere

WPg → Die Wirtschaftsprüfung

WPK Magazin

Herausgeber des WPK Magazins ist die →*WPK*. Das WPK Magazin wurde bis Ende 2003 unter dem Titel WPK-Mitteilungen herausgegeben. Die WPK nutzt das WPK Magazin als zentrales Publikationsmedium (§ 17 Satzung der WPK). Es erscheint vierteljährlich und wird allen Mitgliedern der WPK im Rahmen ihrer Mitgliedschaft kostenlos zugestellt. Das WPK Magazin liefert regelmäßig aktuelle Informationen über Entwicklungen, die für den Berufsstand von Bedeutung sind und informiert über die Arbeit der WPK. Darüber hinaus enthält das WPK Magazin Verlautbarungen des Vorstandes und Veröffentlichungen ausgewählter Rechtsprechung zu berufsständischen Fragen sowie Aufsätze zu aktuellen Themen der beruflichen Praxis und Berichte über die Gesetzgebung.

WPK-Mitteilungen → WPK Magazin

Wurzelstichprobe

Bei der Wurzelstichprobe werden die prüfungspflichtigen Sachverhalte in der *entgegengesetzten Folge* des chronologischen Ablaufs ihrer Erfassung in den Handelsbüchern geprüft, d. h., es wird ausgehend vom Jahresabschluss über Buchung und Beleg auf den wirtschaftlichen Sachverhalt *zurückgegangen*. Im Rahmen der Wurzelstichprobe wird somit eine Buchung bis zu ihrer Entstehungsursache (der Wurzel) möglichst genau zurückverfolgt. Diese Vorgehensweise wird nicht bei allen Buchungen, sondern nur bei einer →*Stichprobe* angewendet. Aus den Stichprobenergebnissen wird auf die Richtigkeit sämtlicher Buchungen geschlossen.

Damit entspricht die Vorgehensweise bei einer Wurzelstichprobe einer →*retrograden Prüfung*. Während »retrograde Prüfung« das entsprechende prüferische Vorgehen i. Allg. bezeichnet, wird mit »Wurzelstichprobe« das spezielle prüferische Vorgehen im Rahmen einer stichprobengestützten Überprüfung umschrieben.

XBRL → Extensible Business Reporting Language

Zahlungsmittel und Zahlungsmitteläquivalente, Prüfung

1 Rechnungslegungsnormen

a) Deutsche Normen: §§ 240 Abs. 1 u. 2, 253 Abs. 1, 3, 4 u. 5, 266 Abs. 2 B. IV., 280, 284 Abs. 2, 298 Abs. 1 HGB, DRS 2; b) Internationale Normen: IAS 1.68i, 7.

2 Definition

Zahlungsmittel und Zahlungsmitteläquivalente (cash and cash equivalents) sind → *Vermögensgegenstände* des Umlaufvermögens bzw. → *assets*, die eine hohe Liquidierbarkeit aufweisen. Zahlungsmittel und Zahlungsmitteläquivalente umfassen im Wesentlichen den Kassenbestand, Schecks sowie Bankguthaben jeglicher Art.

3 Prüferisches Vorgehen

3.1 Grundsätzliche Vorgehensweise

Von zentraler Bedeutung für die Durchführung → *analytischer Prüfungen* und → *Einzelfallprüfungen* ist die Beurteilung der vorhandenen Kontrollen in Bezug auf den Zahlungsverkehr (→ *Systemprüfung*). Werden die Kontrollen (z. B. Abgleich der Zahlungsvorschlagsliste mit den entsprechenden Kreditoren, Zeichnungsberechtigung der Zahlungsliste, Zahlungsfreigabe) im Bereich des Zahlungseingangs sowie des Zahlungsausgangs vom Prüfer als wirksam beurteilt (→ *Aufbauprüfung*) und die Effektivität der Kontrollen getestet (→ *Funktionsprüfung*), kann der Umfang analytischer und Einzelfallprüfungen reduziert werden, wobei in der Folge insbesondere ungewöhnliche Transaktionen zu prüfen sein werden. Dabei ist mandantenspezifisch zu beurteilen, in welchem Fall es sich um eine ungewöhnliche Transaktion handelt. Der Prüfer hat hierzu ein Verständnis von der Art der getätigten Transaktionen zwischen verbundenen Unternehmen, den Auszahlungen an leitende Angestellte sowie den Bank- und Bargeldtransaktionen zu entwickeln.

Im Rahmen analytischer Prüfungen ist die Zusammensetzung der einzelnen Positionen der Zahlungsmittel und Zahlungsmitteläquivalente mit den Vorperioden (z. B. Anstieg/Rückgang wesentlicher Banksalden) zu vergleichen, wobei unerwartete Veränderungen sowie das Ausbleiben erwarteter Veränderungen zu klären sind. Durch eine weitere analytische Prüfung ist daraufhin auch das Verhältnis der Zinserträge zum durchschnittlichen Bestand an Zahlungsmitteln und Zahlungsmitteläquivalenten in der betrachteten Periode auf Plausibilität zu untersuchen.

3.2 Prüfungshandlungen entlang der Abschlussaussagen

Im Folgenden werden wesentliche Einzelfallprüfungen, kategorisiert entsprechend der → *Abschlussaussagen*, aufgezeigt.

a. Der Nachweis des tatsächlichen *Vorhandenseins* und der *Vollständigkeit* der Zahlungsmittel und Zahlungsmitteläquivalente umfasst u. a. eine Inventur (→ *Inventur, Prüfung*) der Schecks zum Bilanzstichtag, wobei das Ergebnis der Inventur dem Prüfer in Form eines unterzeichneten Aufnahmeprotokolls vorzulegen ist. Schecks, die am Bilanzstichtag zur Einlösung bei der Bank vorgelegt worden sind, sind durch Scheckeinreichungsbelege der Bank nachzuweisen. Zur Feststellung des Vorhandenseins des Kassenbestandes (→ *Kassenprüfung*) am Abschlussstichtag ist ein Kassenaufnahmeprotokoll zu erstellen, das vom Kassenverwalter sowie einem prozessunabhängigen Aufnehmenden zu unterzeichnen ist. Der Bestand laut Kassenaufnahmeprotokoll muss mit dem Saldo des Kassenbuches und des Hauptbuchkontos übereinstimmen. Zur Prüfung des Bestandes bei Kreditinstituten sowie der Bundesbank sind Bankauszüge sowie Bankbestätigungen einzuholen und mit den Buchungen und Salden auf den Geldkonten abzustimmen. Bankbestätigungen geben zudem Auskunft über gestellte Sicherheiten, Avale und sonstige Gewährleistungen, Termingeschäfte sowie Unterschriftsberechtigungen.

b. Die wirtschaftliche *Zuordnung* der Zahlungsmittel und Zahlungsmitteläquivalente ist durch die Prüfung eingeholter → *Saldenbestätigungen* und Bankbestätigungen über die von Dritten verwahrten Bestände zu beurteilen.

c. Bei der Prüfung der *Bewertung* der Zahlungsmittel und Zahlungsmitteläquivalente ist insbesondere festzustellen, ob Beträge in fremder Währung zum Abschlussstichtag mit dem Kurs zum Abschlussstichtag umgerechnet wurden. Dabei ist bei einer Bilanzierung gemäß HGB das strenge Niederstwertprinzip zu beachten, wohingegen die Währungsumrechnung gem. IAS 21.23a stets mit dem Stichtagskurs zu erfolgen hat. Weiterhin ist sicherzustellen, dass erfasste Zahlungseingänge mit der Bankgutschrift und Zahlungsausgänge mit den gezahlten Beträgen übereinstimmen.

d. Die Prüfung der *Abgrenzung* soll u. a. sicherstellen, dass die Zinsen und Spesen der betrachteten Periode auch periodengerecht gebucht wurden. Beurteilungsgrundlage sind hierbei wiederum die vom Prüfer einzuholenden Salden- und Bankbestätigungen. Hierbei ist die Übereinstimmung der Gutschriften und Belastungen auf Bankauszügen sowie Überweisungsträgern unter Einbezug zugehöriger Anlagen mit den Buchungen auf den Geldkonten hinsichtlich Datum, Herkunft, Betrag und Kontierung festzustellen.

e. Im Rahmen der Prüfung der *Darstellung* und *Berichterstattung* soll sichergestellt werden, dass die Zahlungsmittel und Zahlungsmitteläquivalente im Jahresabschluss den zugrunde liegenden Rechnungslegungsnormen entsprechend dargestellt, ausgewiesen und erläutert sind.

Literatur: *Fuchs, H./Popp, M.*, Zahlungs- und Kontokorrentverkehr, in: Ballwieser, W./Coenenberg, A.G./Wysocki, K.v. (Hrsg.), Handwörterbuch der Rechnungslegung und Prüfung, 2002, Sp. 2711–2721.

Zahlungsunfähigkeit → Going concern-Annahme, Prüfung

Zeitgebühr → Prüfungsgebühren

Zeitliche Planung → Prüfungsplanung

Zeitreihenanalyse

Eine Zeitreihe stellt eine zeitabhängige Folge von Datenpunkten dar. Typische Beispiele für Zeitreihen sind etwa Aktienkurse oder Wetterbeobachtungen. Bei der Zeitreihenanalyse handelt es sich um mathematisch-statistische Verfahren zur Analyse von Daten aufeinander folgender Perioden und der Vorhersage ihrer künftigen Entwicklung. Hierzu bedient sich die Zeitreihenanalyse vor allem der Muster im Datenmaterial, wobei zwischen *systematischen Komponenten*, wie etwa Trends, saisonalen oder konjunkturellen Schwankungen, und *irregulären Komponenten*, wie etwa Zufallsschwankungen, unterschieden werden kann. Zeitreihenanalysen können in traditionelle Methoden einerseits – hierzu zählt etwa die Box-Jenkins-Analyse – und neuere Methoden andererseits klassifiziert werden. *Traditionelle Ansätze* betrachten Zufallsschwankungen als strukturneutral und fassen die systematischen Komponenten als deterministische Funktionen der Zeit auf. Bei den *neueren Ansätzen* nehmen die Zufallsschwankungen eine dominierende Rolle bei der Modellierung der systematischen Komponenten ein. Damit wird die Zeitreihe durch einen stochastischen Prozess modelliert.

Im Bereich der Jahresabschlussprüfung können Zeitreihenanalysen im Rahmen von →*analytischen Prüfungen* zur Anwendung kommen. Hier dienen sie der Ermittlung von Soll- bzw. Erwartungswerten.

Zeitschrift Interne Revision

Die Zeitschrift Interne Revision (ZIR) wurde 1966 vom →*Deutschen Institut für Interne Revision e.V.* (IIR) gegründet (http://www.esv.info/zeitschriften.php?z=zir). Die ZIR erscheint alle zwei Monate im Erich Schmidt Verlag, Berlin, und veröffentlicht Beiträge zur →*Internen Revision* für Wissenschaft und Praxis sowie Arbeitsergebnisse der IIR-AK.

Zielgrößen im Prüfungsprozess

Abschlussprüfungen sollen dem Prüfer die Abgabe eines Urteils (→*Prüfungsurteil*) darüber ermöglichen, ob der Abschluss mit den relevanten Rechnungslegungsnormen in Einklang steht (IDW PS 200.8–10). Aus diesem Zweck ergibt sich als erste Zielgröße des →*Prüfungsprozesses* die Wirksamkeit (*Effektivität*), d.h. die Erlangung eines Urteils mit der geforderten Urteilssicherheit (→*Prüfungssicherheit*). Die →*Prüfungsnormen* legen das Anspruchsniveau und damit die geforderte Mindesturteilssicherheit fest. Aufgrund der Notwendigkeit, das Ermessen einzusetzen, der Anwendung von →*Stichproben*, der rechnungslegungs- und →*IKS*-immanenten Grenzen und der begrenzten Aussagekraft vieler →*Prüfungsnachweise* kann das Urteil des Abschlussprüfers darüber, dass der Abschluss keine wesentlichen falschen Aussagen enthält, nicht absolut, sondern lediglich hinreichend sicher sein (IFAC Framework.52, ISA 200.8–12). Als zweite Zielgröße ist die Wirtschaftlichkeit (*Effizienz*) der durchzuführenden Prüfung (ISA 300.2 f.) zu nennen, wobei im

Rahmen von Abschlussprüfungen das Minimalprinzip zur Anwendung kommt. Somit ist ein *Urteil über die Ordnungsmäßigkeit der Prüfung mit hinreichender Qualität*, d.h. hinreichend sicher und genau, *zu minimalen Kosten zu gewinnen*.

ZIR → Zeitschrift Interne Revision

Zivilrechtliche Haftung → Haftung des Abschlussprüfers

Zufallsauswahl

Die Zielsetzung der Abschlussprüfung erfordert fast ausnahmslos keine lückenlose Prüfung, denn das Prüfungsurteil soll nicht mit maximaler, sondern mit hinreichender Urteilssicherheit ermittelt werden (IDW PS 200.24, IFAC Framework.42–46, .51–53, ISA 200.8–11), wobei international die hinreichende Urteilssicherheit in Abhängigkeit vom Prüfungsobjekt festzulegen ist (IFAC Framework.11). Daher kann sich der Prüfer auf eine → *Auswahlprüfung* beschränken. Für die Auswahl der zu überprüfenden Elemente steht ihm dabei neben der → *bewussten Auswahl* auch die Zufallsauswahl zur Verfügung. Wesentliches Kennzeichen einer Zufallsauswahl ist, dass jedes Element die gleiche bzw. eine bestimmte, berechenbare, von null verschiedene Wahrscheinlichkeit besitzt, in die Stichprobe zu gelangen (ISA 530.42).

Die *Techniken der Zufallsauswahl* sollen die Zufälligkeit der Auswahl gewährleisten. Hierzu ist am ehesten die *echte Zufallsauswahl* geeignet, die meist mit Hilfe von Zufallszahlentafeln erfolgt. Eine Zufallszahlentafel besteht aus einer Reihe von Ziffern von 0 bis 9, die durch eine Folge unabhängiger Versuche nach dem Modell »Ziehen mit Zurücklegen« gewonnen wurden. Zufallszahlentafeln sind nur anwendbar, wenn die Elemente einer Grundgesamtheit mit den Ziffern 1, 2, ..., N (N: Umfang der Grundgesamtheit) durchnummeriert sind. Ist die Nominalzahl N eine k-stellige Zahl, so fasst der Prüfer, um eine Stichprobe vom Umfang n zu bestimmen, ausgehend von einer beliebigen Stelle der Zufallszahlentafel, die ersten k Ziffern zu einer k-stelligen Zahl zusammen, die nächsten k zu einer zweiten etc. In den Fällen, in denen die k-stellige Zufallszahl $Z < N$ ist, bezeichnet sie ein Stichprobenelement, sofern sie noch nicht vorgekommen ist. Das Verfahren endet, wenn n Zufallszahlen gefunden worden sind. Alternativ zur echten Zufallsauswahl können auch die Techniken der sog. *unechten Zufallsauswahl* angewandt werden, von denen vor allem die systematische Auswahl bedeutsam ist.

Die *Verfahren der Zufallsauswahl* werden in einfache (uneingeschränkte) und komplexe (eingeschränkte) Zufallsauswahl unterteilt. Bei dem Verfahren der *einfachen Zufallsauswahl* hat jedes Element der Grundgesamtheit die gleiche, berechenbare, von null verschiedene Wahrscheinlichkeit, in die Stichprobe zu gelangen. Gemeinsames Kennzeichen der *komplexen Zufallsauswahl* ist nicht mehr die gleiche, sondern eine berechenbare, von null verschiedene Wahrscheinlichkeit, in die Stichprobe einbezogen zu werden. Hier wären insbesondere die mehrstufigen Auswahlverfahren, bei deren Anwendung die Grundgesamtheit hierarchisch zerlegt wird, und das Zufallsstichprobenverfahren mit größenproportionaler Auswahlwahrscheinlichkeit zu nennen.

Im Rahmen des *mehrstufigen Auswahlverfahrens* findet häufig das zweistufige Auswahlverfahren Anwendung, das eine Zerlegung der Grundgesamtheit in mehrere Teilbereiche (L) vorsieht, aus denen l Bereiche ausgewählt werden. Aus der Anzahl der Elemente dieser ausgewählten Teilbereiche N_h (h = 1, 2, ..., l) wird dann eine einfache Zufallsstichprobe n_h entnommen (ISA 530.36–39). Spezialfälle der zweistufigen Auswahl bilden die →*geschichtete Auswahl* und die →*Klumpenauswahl*. Beim Zufallsstichprobenverfahren mit größenproportionaler Auswahlwahrscheinlichkeit erfolgt die Auswahl proportional zum Wert der Elemente (→*DUS*).

Die *Hauptvorteile der Zufallsauswahl* sind darin zu sehen, dass die Wahrscheinlichkeit dafür, dass die Elemente der Grundgesamtheit in die Stichprobe gelangen, angegeben werden kann. Die Stichprobe bildet ein verkleinertes, aber wirklichkeitsgetreues Abbild der Grundgesamtheit, und diese Repräsentanz ist beweisbar. Die intersubjektive Nachprüfbarkeit der Repräsentanz vereinfacht die Exkulpation des Abschlussprüfers im Regressfall (→*Haftung des Abschlussprüfers*). Des Weiteren erlaubt der der Zufallsauswahl zugrunde liegende Zufallsmechanismus die Anwendung wahrscheinlichkeitstheoretischer Gesetze, so dass Aussagen über Sicherheit und Genauigkeit der Stichprobenergebnisse abgeleitet werden können. Bei vorgegebener Aussagesicherheit und Aussagegenauigkeit erlaubt die zufallsgesteuerte Auswahl eine Quantifizierung des erforderlichen Stichprobenumfangs. Die Berechenbarkeit des erforderlichen Stichprobenumfangs ist für die Zeitplanung der Prüfung von Interesse. Ein weiterer Vorteil der Zufallsauswahl liegt in der Unvorhersehbarkeit. Weder der Prüfer selbst noch das zu prüfende Unternehmen können die Zusammensetzung der Stichprobe abschätzen. Schließlich werden bei der Zufallsauswahl subjektive Einflüsse des Prüfers auf die Zusammensetzung der Stichprobe größtenteils eliminiert.

Ein *Nachteil der Zufallsauswahl* ist darin zu sehen, dass der Prüfer von seinen Erfahrungen und Kenntnissen abstrahieren muss und die Einbeziehung von Vorwissen nur in einem sehr beschränkten Umfang möglich ist. Zudem existieren für die auf der Zufallsauswahl beruhenden Stichprobenverfahren restriktive Anwendungsvoraussetzungen, durch die ihre Anwendungsmöglichkeiten beschränkt werden. Hierbei sind insbesondere die Forderung nach Homogenität der Grundgesamtheit und das Vorliegen sog. statistischer Massenerscheinungen, d.h. einer bestimmten Mindestgröße der Grundgesamtheit, zu nennen. Außerdem erfordert die Auswahl der Stichprobenelemente Vorarbeiten, benötigt der Prüfer Kenntnisse über mathematisch-statistische Verfahren und erfordert die Ermittlung des notwendigen Stichprobenumfangs und die Formulierung des Prüfungsurteils einen zusätzlichen analytischen Arbeitsaufwand.

Zugang zum Beruf des Wirtschaftsprüfers

1 Normen

a) Deutsche Normen: §§ 5–23, 131g–131m WPO, WiPrPrüfV, WPAnrV;
b) Internationale Normen: IES 1–6, IEG 9.

2 Zulassungsverfahren

Der Berufszugang setzt grundsätzlich das Bestehen des → *Wirtschaftsprüfungsexamens* voraus. Das Zulassungsverfahren zum Examen hat die Aufgabe, die fachliche Auslese zu sichern, und wird durch einen Antrag des Bewerbers auf Zulassung zur Prüfung eingeleitet. Über diesen Antrag entscheidet nach § 5 WPO die bei der WPK eingerichtete Prüfungsstelle für das Wirtschaftsprüfungsexamen. Die Zulassung eines Bewerbers hängt von der Erfüllung persönlicher und fachlicher Voraussetzungen ab.

3 Persönliche Zulassungsvoraussetzungen

Die mit dem Prüferberuf verbundene Verantwortung setzt eine besondere persönliche *Eignung* für diesen Beruf voraus. Durch die Versagung der Zulassung zum Examen müssen bzw. können solche Bewerber vom Beruf ferngehalten werden, die aufgrund ihres bisherigen Verhaltens oder in ihrer Person festgestellter Umstände für den Beruf des WP persönlich ungeeignet erscheinen. Die Zulassung zum Examen muss versagt werden, wenn erkennbar ist, dass die Berufsausübung aus rechtlichen bzw. tatsächlichen Gründen unmöglich sein wird, was in folgenden Situationen der Fall ist (§ 10 Abs. 1 WPO):

- Infolge strafrechtlicher Verurteilung besitzt der Bewerber nicht die Fähigkeit zur Bekleidung öffentlicher Ämter;
- der Bewerber hat sich eines Verhaltens schuldig gemacht, das die Ausschließung aus dem Beruf rechtfertigen würde;
- der Bewerber ist aus gesundheitlichen Gründen dauerhaft unfähig, den Beruf des WP ordnungsgemäß auszuüben;
- der Bewerber befindet sich nicht in geordneten wirtschaftlichen Verhältnissen.

Die Zulassung zum Examen kann versagt werden, wenn sich der Bewerber so verhalten hat, dass die Besorgnis begründet ist, er werde den Berufspflichten (→ *Ethische Prüfungsnormen*) als WP nicht genügen (§ 10 Abs. 2 WPO).

Werden nach erfolgter Zulassung, aber vor vollendeter Prüfung o.a. Tatsachen bekannt, so muss bzw. kann die Zulassung nach Anhörung des Bewerbers zurückgenommen bzw. widerrufen werden (§ 11 WPO).

4 Fachliche Zulassungsvoraussetzungen

Fachliche Anforderungen betreffen die Vorbildung und die bisherige praktische Tätigkeit des Bewerbers. Die *Vorbildungsvoraussetzungen* enthält § 8 WPO. Im Hinblick auf die Fülle und die Schwierigkeit der beruflichen Anforderungen geht dieser grundsätzlich von einer akademischen Vorbildung aus, d.h., vom Bewerber wird eine *abgeschlossene Hochschulausbildung* verlangt; auch die IFAC empfiehlt einen Universitätsabschluss (IEG 9.26). Es existiert kein Fakultätsvorbehalt, so dass es Absolventen sämtlicher Studiengänge möglich ist, sich um die Zulassung zum Wirtschaftsprüfungsexamen zu bewerben. In Anbetracht der zunehmenden Komplexität und Internationalisierung des Wissens wird damit auch Quereinsteigern, wie z.B. Mathematikern oder Informatikern, die Chance gegeben, den Beruf des WP zu ergreifen. Universitäts- und Fachhochschulstudium werden als gleichrangig angesehen.

Auf den Nachweis des abgeschlossenen Hochschulstudiums kann in folgenden Fällen verzichtet werden:

- Bewährung in mindestens zehnjähriger Tätigkeit bei einem zur Vornahme von Pflichtprüfungen Berechtigten;
- mindestens fünfjährige Ausübung des Berufs als vBP oder Steuerberater.

Die *Tätigkeitsvoraussetzungen* enthält § 9 WPO. Nach § 9 Abs. 1 WPO hat ein Bewerber mindestens drei Jahre Tätigkeit bei einer wirtschaftsprüfenden Stelle i.S.v. § 8 Abs. 2 Nr. 1 WPO nachzuweisen (IEG 9.49 und IES 5.11 empfehlen ebenfalls mindestens drei Jahre). Beträgt die Regelstudienzeit der Hochschulausbildung weniger als acht Semester, verlängert sich die Tätigkeit auf vier Jahre. Wenigstens zwei Jahre muss ein Bewerber überwiegend *Prüfungstätigkeiten* verrichtet haben (§ 9 Abs. 2 WPO). Während dieser Zeit soll der Bewerber überwiegend an gesetzlich vorgeschriebenen Prüfungen teilgenommen und bei der Abfassung von →*Prüfungsberichten* mitgewirkt haben. Unter Prüfungstätigkeit wird dabei die Durchführung materieller Buch- und Bilanzprüfungen nach betriebswirtschaftlichen Grundsätzen in fremden Unternehmen verstanden. Sie muss nach § 9 Abs. 3 WPO bei einer Person, Gesellschaft oder Institution, die zur Durchführung von Pflichtprüfungen berechtigt ist, abgeleistet worden sein.

Auf die Tätigkeit i.S.v. § 9 Abs. 1 WPO kann eine Tätigkeit als Steuerberater (→*Steuerberatung*), Revisor in größeren Unternehmen (→*Interne Revision*), beim Prüfungsverband deutscher Banken, als Prüfer im öffentlichen Dienst oder Mitarbeiter der WPK oder einer Interessenvereinigung zur Vertretung der Belange wirtschaftsprüfender Berufsstände (z.B. IDW) bis zur Höchstdauer von einem Jahr angerechnet werden (§ 9 Abs. 5 WPO). Wird eine Tätigkeit bei einer wirtschaftsprüfenden Stelle im Rahmen einer besonderen Hochschulausbildung nachgewiesen, so kann dies nach § 9 Abs. 6 WPO ebenfalls bis zu einer Höchstdauer von maximal einem Jahr angerechnet werden. In diesem Fall kann die Zulassung zur Prüfung zudem abweichend von § 9 Abs. 1 WPO bereits zu einem früheren Zeitpunkt erfolgen.

Der Tätigkeitsnachweis entfällt für Bewerber, die seit mindestens 15 Jahren den Beruf als Steuerberater oder vBP ausgeübt haben. Eine Berufstätigkeit als Steuerbevollmächtigter ist hierauf mit bis zu zehn Jahren anrechenbar (§ 9 Abs. 4 WPO).

5 Wirtschaftsprüfungsexamen

Die Prüfung zum WP ist praxisorientiert (so auch IES 6). Sie umfasst sieben schriftliche Aufsichtsarbeiten (je zwei Klausuren in den Bereichen »Wirtschaftliches Prüfungswesen, Unternehmensbewertung und Berufsrecht«, »Angewandte Betriebswirtschaftlehre, Volkswirtschaftslehre« und »Steuerrecht« sowie eine Klausur im Bereich »Wirtschaftsrecht« über je vier bis sechs Stunden (→ *Prüfungsgebiete des Wirtschaftsprüfungsexamens*) und einen mündlichen Prüfungsteil. Der mündliche Prüfungsteil umfasst zunächst den Kurzvortrag. Dazu erhält der Bewerber eine halbe Stunde vor der mündlichen Prüfung vier Themen aus den → *Tätigkeitsbereichen des WP*, wovon er eines auswählen und anschließend vortragen muss. Anschließend stellt sich der Kandidat den Fragen der Prüfungskommission für das Wirtschaftsprüfungsexamen, die aus allen in § 4 WiPrPrüfV genannten Gebieten entnommen werden. Alle Bewerber haben unabhängig ihres beruflichen Werdegangs die gleichen Anforderungen zu bewältigen (§ 12 Abs. 3 WPO).

6 Erleichterte Prüfung

Neben der Vollprüfung besteht die Möglichkeit, eine verkürzte Prüfung abzulegen. Dies wird gem. §§ 13 u. 13a WPO zugelassenen *Steuerberatern* und *vBP* zugestanden. Für Steuerberater entfällt die Prüfung im Steuerrecht, während bei vBP das Fach Angewandte Betriebswirtschaftslehre/Volkswirtschaftslehre und Steuerrecht (sofern der Kandidat Steuerberater ist) bzw. Wirtschaftsrecht (sofern der Kandidat Rechtsanwalt ist) nicht geprüft wird.

Ein Kandidat, der in einem Mitgliedstaat der EU, einem anderen Vertragsstaat des Abkommens über den Europäischen Wirtschaftsraum oder der Schweiz ein Diplom erlangt hat, das zur Pflichtprüfung von Jahresabschlüssen befugt, kann gem. § 131g WPO nach Ablegung einer *Eignungsprüfung* als WP bestellt werden. Beruht der Befähigungsnachweis auf einer Ausbildung, die nicht überwiegend in der EU stattgefunden hat, so besteht nur dann eine Berechtigung zur Ablegung der Eignungsprüfung, wenn der Bewerber eine dreijährige Berufserfahrung als gesetzlicher Abschlussprüfer nachweisen kann. Die Eignungsprüfung umfasst ausschließlich die beruflichen Kenntnisse des Bewerbers und soll dessen Fähigkeit beurteilen, den Beruf eines WP in Deutschland auszuüben. Sie muss dem Umstand Rechnung tragen, dass der Kandidat bereits im Ausland die beruflichen Voraussetzungen für die Zulassung zu Pflichtprüfungen erfüllt hat. Der schriftliche Teil der Eignungsprüfung beinhaltet Wirtschaftsrecht und Steuerrecht (§ 27 WiPrPrüfV). Gebiete der mündlichen Eignungsprüfung sind das wirtschaftliche Prüfungswesen, das Berufsrecht der WP und ein vom Bewerber zu bestimmendes Wahlfach (z. B. Insolvenzrecht).

Des Weiteren besteht die Möglichkeit zur *Anrechnung von* bestimmten, bereits erbrachten *Studienleistungen*. Liegen als gleichwertig anerkannte Prüfungsleistungen vor, die im Rahmen einer Hochschulausbildung erbracht wurden, entfällt die schriftliche und mündliche Prüfung in dem angerechneten Prüfungsgebiet. Anrechnungsfähige Prüfungsgebiete sind Angewandte Betriebswirtschaftslehre/Volkswirtschaftslehre und Wirtschaftsrecht (§ 13b WPO).

Schließlich können nach § 8a WPO *Hochschulausbildungsgänge* als zur Ausbildung von Berufsangehörigen besonders geeignet anerkannt werden, sofern sie alle Wissensgebiete des Wirtschaftsprüfungsexamens umfassen, mit einer Hochschulprüfung oder einer staatlichen Prüfung abschließen und die Prüfungen in Inhalt, Form und Umfang dem Wirtschaftsprüfungsexamen entsprechen. Leistungsnachweise der Hochschulausbildung ersetzen dann die Prüfungen in den Bereichen Angewandte Betriebswirtschaftslehre/Volkswirtschaftslehre und Wirtschaftsrecht im Wirtschaftsprüfungsexamen. Anerkennungsfähige Studiengänge müssen Kenntnisse und Fähigkeiten vermitteln, die dem Berufsprofil des WP entsprechen. Wesentliche Elemente von Ausbildungsprogrammen für angehende WP finden sich in IES 1–4, die auch für die Gestaltung der angesprochenen Hochschulausbildungsgänge herangezogen werden können.

Die WPAnrV regelt die Anerkennung von Hochschulausbildungsgängen nach § 8a WPO sowie die Anrechnung von Prüfungsleistungen aus Hochschulausbildungsgängen nach § 13a WPO.

7 Bestellung

Die Bestellung als WP erfolgt gem. § 15 WPO nach bestandener Prüfung auf Antrag durch Aushändigung einer von der WPK ausgestellten Urkunde. Die Bestellung ist ein Verwaltungsakt, durch den der Bewerber die mit dem Beruf des WP verbundenen Rechte und Pflichten übernimmt. Nach § 16 Abs. 1 WPO muss die *Bestellung versagt* werden, wenn

- in der Person des Bewerbers liegende Gründe eingetreten oder bekannt geworden sind, aufgrund derer seine Zulassung zur Prüfung hätte versagt werden müssen;
- der Bewerber, der nicht ausschließlich angestellt ist, keine → *Berufshaftpflichtversicherung* nachweist;
- der Bewerber eine Tätigkeit ausübt, die mit dem Beruf nach § 43 Abs. 2 und § 43a Abs. 3 WPO unvereinbar ist;
- im Zeitpunkt der Bestellung keine berufliche Niederlassung zum → *Berufsregister* angegeben wird.

Die Bestellung

- kann beim Vorliegen von Gründen *versagt werden*, aus denen die Zulassung zur Prüfung hätte versagt werden können (§ 16 Abs. 2 WPO). Nach § 17 WPO haben die Bewerber vor Aushändigung der Urkunde den → *Berufseid* zu leisten;
- *erlischt* gem. § 19 WPO durch Tod, Verzicht oder durch eine im berufsgerichtlichen Verfahren ausgesprochene rechtskräftige Ausschließung aus dem Beruf;
- ist mit Wirkung für die Zukunft *zurückzunehmen*, wenn nachträglich Tatsachen bekannt werden, bei deren Kenntnis die Bestellung hätte versagt werden müssen (§ 20 Abs. 1 WPO). Sie muss nach § 20 Abs. 2 WPO *widerrufen* werden, wenn der WP
  - nicht eigenverantwortlich (→ *Eigenverantwortlichkeit*) tätig ist oder eine mit dem Beruf unvereinbare Tätigkeit ausübt;
  - infolge strafrechtlicher Verurteilung die Fähigkeit zur Bekleidung öffentlicher Ämter verloren hat;
  - aus gesundheitlichen Gründen dauerhaft unfähig ist, den Beruf des WP ordnungsgemäß auszuüben;
  - eine Berufshaftpflichtversicherung nicht oder nicht im erforderlichen Umfang unterhält oder die vorgeschriebene Berufshaftpflichtversicherung innerhalb der letzten fünf Jahre wiederholt nicht aufrechterhalten hat und diese Unterlassung auch zukünftig zu befürchten ist;
  - sich nicht in geordneten wirtschaftlichen Verhältnissen befindet;
  - keine berufliche Niederlassung unterhält.

Über die *Rücknahme* und den *Widerruf* entscheidet gem. § 21 WPO die WPK.
Reiner Quick

Literatur: Baetge, J./Ballwieser, W./Böcking, H.-J., in: Die Wirtschaftsprüfung 2001, S. 1138–1152; *Kaiser, S.*, in: Deutsches Steuerrecht 2003, S. 995–998; *Marten, K.-U./ Köhler, A.G./Klaas, H.*, in: Die Wirtschaftsprüfung 2001, S. 1117–1138.

Zulässige Alternative → Allowed alternative treatment

Zulassung zum Wirtschaftsprüfungsexamen → Wirtschaftsprüfungsexamen

Zulassungsverfahren → Zugang zum Beruf des WP

Zusammenarbeit Abschlussprüfer und Interne Revision → Verwendung von Urteilen Dritter

Zweigniederlassung

WP und WPG dürfen Zweigniederlassungen begründen (§ 3 Abs. 3 WPO). Bei einer Zweigniederlassung handelt es sich um eine *organisatorisch selbständige Einheit*, die durch Kundmachung einer beruflichen Anschrift (z. B. durch Briefbogen oder Türschilder) begründet wird (§ 19 Abs. 1 Satz 1 u. 2 Berufssatzung). Die *Anschrift* der Zweigniederlassung ist der WPK anzuzeigen, da diese in das →*Berufsregister* einzutragen ist. Aus den Berufspflichten der →*Eigenverantwortlichkeit* und der →*Gewissenhaftigkeit* ergibt sich in Bezug auf Zweigniederlassungen eine *Residenzpflicht*. Nach § 47 WPO und § 19 Abs. 3 Berufssatzung müssen Zweigniederlassungen von wenigstens einem WP *geleitet werden*, der seine berufliche Niederlassung am Ort der Zweigniederlassung hat. Nur dadurch ist eine *verantwortliche Leitung* gewährleistet. Für Zweigniederlassungen von in eigener Praxis tätigen WP kann die WPK in begründeten Fällen *Ausnahmen* zulassen. Eine befristete Ausnahme ist z. B. dann möglich, wenn eine Praxis an anderem Ort übernommen wird und die örtliche Zusammenführung mit der eigenen Praxis nicht unverzüglich durchführbar ist.

Zweigniederlassungsbericht → Lagebericht, Prüfung

Zwischenbericht → Unterjähriger Bericht, Prüfung

Zwischenergebnis → Zwischenergebniseliminierung, Prüfung

Zwischenergebniseliminierung, Prüfung

1 Normen

§ 304 HGB, IAS 27.24 f., ED ISA 600 (revised) (The Audit of Group Financial Statements).

2 Definition

Die Zwischenergebniseliminierung ist eine der Konsolidierungsmaßnahmen für die Aufstellung eines →*Konzernabschlusses*. Sie betrifft die in der Konzernbilanz ausgewiesenen →*Vermögensgegenstände* bzw. →*assets*, die auf Lieferungen und Leistungen zwischen Konzernunternehmen zurückzuführen sind und sich am Abschlussstichtag noch im wirtschaftlichen Eigentum eines Konzernunternehmens befinden. Die darin enthaltenen (Zwischen-)Ergebnisanteile werden eliminiert, um die Vermögenslage (→ *Vermögenslage, Prüfung*) des →*Konzerns* so auszuweisen, als ob die einbezogenen Unternehmen insgesamt ein einziges Unternehmen darstellten (§ 297 Abs. 3 Satz 1 HGB, IAS 27.22). Die Eliminierung der korrespondierenden Posten in der GuV (→ *GuV, Prüfung*) ist hingegen Aufgabe der Aufwands- und Ertragskonsolidierung (→ *Aufwands- und Ertragskonsolidierung, Prüfung*).

3 Prüferisches Vorgehen

3.1 Einführung

Der Prüfer richtet seine Prüfung auf die →*Abschlussaussagen* nach ISA 500 aus, die die Prüfkategorien bilden. Für die Zwischenergebniseliminierung sind insbesondere die Aussagen Vollständigkeit (completeness), Richtigkeit (accuracy), Periodenabgrenzung (cut-off), Zuordnung (classification) und Bewertung (valuation and allocation) zu überprüfen. Dazu kommt die Überprüfung der Einhaltung spezifischer Normen (z.B. Überprüfung der Pflicht zur Durchführung der Zwischenergebniseliminierung), die sich nicht in das System der Aussagen nach ISA 500 einordnen lässt.

Weder die handelsrechtlichen Vorschriften noch die IFRS geben in § 304 HGB bzw. IAS 27.24 f. detaillierte Hinweise bezüglich der Ausgestaltung der Zwischenergebniseliminierung. Demnach ist die Zwischenergebniseliminierung unter Bezugnahme auf die allgemeinen Prinzipien und Regeln durchzuführen. Zu nennen ist die Einheitstheorie (§ 297 Abs. 3 HGB, IAS 27.22), die das Realisationsprinzip (→ *GoB*) sowie die Bewertungsgrundsätze für Aktiva für Konzernabschlusszwecke modifiziert bzw. vereinheitlicht. Sofern der Umfang nicht unwesentlich ist, muss der Konzernabschlussersteller daher zunächst intern Regelungen (→ *Konzernrichtlinie, interne*) über die Ausgestaltung der Zwischenergebniseliminierung im konkreten Fall treffen und diese durch geeignete Prozesse implementieren.

Der Abschlussprüfer muss ein Verständnis für die konzernweiten Anforderungen für die Durchführung der Zwischenergebniseliminierung gewinnen (ED ISA 600.appendix 2.2). I.d.R. erfolgt dies durch Lesen der internen Konzernrichtlinie. Zudem hat er zu beurteilen, ob die Vorgaben der internen Konzernrichtlinie den Anforderungen der Rechnungslegungsnormen sowie den spezifischen Gegebenheiten des Konzerns entsprechen. Die Zwischenergebniseliminierung ist häufig durch IT-Systeme gestützt (→ *IT-gestützte Rechnungslegung*). Im Sinne einer effizienten Prüfung sollten daher → *Programmfunktionsprüfungen* und → *Programmidentitätsprüfungen* des IT-Systems durchgeführt werden.

3.2 Prüfung der Zulässigkeit des Verzichts auf Durchführung einer Zwischenergebniseliminierung

§ 304 Abs. 2 HGB sowie IASB Framework.29, .44, IAS 1.29 f. lassen den Verzicht auf die Zwischenergebniseliminierung aus Gründen der Wesentlichkeit (→ *Materiality*) zu. Dies ist grundsätzlich dann der Fall, wenn die Nichtdurchführung die Entscheidungen der Abschlussadressaten nicht beeinflusst. Häufig werden daher Auswirkungen auf die Ergebnisgröße sowie Bilanzkennziffern (→ *Kennzahlen*) als Beurteilungsmaßstab herangezogen. Indes setzt das bereits Kenntnis über die zu eliminierenden Zwischenergebnisse voraus. Daher stellt die Literatur auch auf den wertmäßigen Umfang der betroffenen Vermögensgegenstände insgesamt im Vergleich zur Bilanzsumme und zum Jahresergebnis ab. Auf die Zwischenergebniseliminierung kann danach z. B. verzichtet werden, wenn die Zwischenergebnisse im Vergleich zum Konzernergebnis weniger als 5 % ausmachen.

Eine weitere Ausnahme enthält § 312 Abs. 5 Satz 3 HGB für die Zwischenergebniseliminierung assoziierter Unternehmen. Danach darf auf die Zwischenergebniseliminierung verzichtet werden, wenn die zur Beurteilung maßgeblichen Sachverhalte nicht bekannt oder zugänglich sind.

Der Prüfer hat sich davon zu überzeugen, dass der Verzicht auf die Zwischenergebniseliminierung sachgerecht erfolgt. Insbesondere im Fall des Verzichts bei assoziierten Unternehmen sind vergebliche Anfragen des Mutterunternehmens beim assoziierten Unternehmen als Prüfungsnachweise einzuholen.

3.3 Prüfung der Technik der Zwischenergebniseliminierung

Der Begriff Zwischenergebnis ist definiert als Differenz zwischen den → *Anschaffungskosten* oder → *Herstellungskosten* eines Vermögenspostens in der HB II (→ *HB I/II*) und den Anschaffungs- oder Herstellungskosten in der Konzernbilanz. Es können sowohl Zwischengewinne wie auch Zwischenverluste entstehen. Sie betreffen indes nur Vermögensposten, die aus konzerninternen Lieferungen oder Leistungen resultieren und am Abschlussstichtag noch im wirtschaftlichen Eigentum eines Konzernunternehmens stehen. Diese Transaktionen haben noch keine Bestätigung am Markt gefunden, da sie aus Konzernsicht als Lieferung bzw. Leistung zwischen unselbständigen Abteilungen im Konzern gesehen werden. Demnach dürfen entstandene Zwischenergebnisse das Konzernergebnis noch nicht beeinflussen (Modifikation des Realisationsprinzips).

In diesem Zusammenhang hat der Prüfer zu beachten, dass Zwischenergebnisse aus Transaktionen mit Zwischenschaltung eines nicht konsolidierten oder konzernfremden Unternehmens (sog. »Dreiecksgeschäfte«) grundsätzlich nicht Gegenstand der Zwischenergebniseliminierung sind. Gleichwohl sind missbräuchliche Sachverhaltsgestaltungen zu eliminieren; ggf. sind diese sachverhaltsgestaltenden Maßnahmen gem. § 321 Abs. 2 Satz 4 HGB im → *Prüfungsbericht* zu erläutern.

Bereits auf Ebene des Einzelabschlusses muss sichergestellt werden, dass sämtliche innerkonzernlichen Transaktionen als solche identifiziert werden (Vollständigkeit). Regelmäßig erfolgt dies durch zusätzliche Kontierungen, die eine datentechnische Verarbeitung ermöglichen. Der Prüfer muss hierauf bereits im Rahmen der Prüfung des → *IKS* achten.

Ein besonderes Problem entsteht, wenn der Konzernabschlussprüfer nicht gleichzeitig Abschlussprüfer des Einzelabschlusses ist, weil ihm notwendige Informationen für die Prüfung der Zwischenergebniseliminierung fehlen. Der Konzernabschlussprüfer kann dabei entweder das Auskunftsrecht gem. § 320 Abs. 3 Satz 2 HGB gegenüber den Tochterunternehmen in Anspruch nehmen, um entsprechende Informationen einzuholen. Alternativ kann der Konzernabschlussprüfer auch den Prüfer des Einzelabschlusses durch adäquate → *Prüfungsanweisungen* auf die erforderlichen Prüfungshandlungen hinweisen. Sofern sich der Konzernabschlussprüfer auf Prüfungshandlungen des Einzelabschlussprüfers verlässt, muss er IDW PS 320 und die Vorgaben für die → *Verwendung von Urteilen Dritter* beachten.

Ausgangspunkt für die Prüfung auf Konzernabschlussebene sollte eine vom Mandanten erstellte Übersicht sämtlicher zwischenergebniseliminierungspflichtiger Vorgänge darstellen. Diese sollte zunächst hinsichtlich der rechnerischen Richtigkeit geprüft werden. Zentrale sachliche Fragestellungen lassen sich folgendermaßen beschreiben:

a. Liegt aus Konzernsicht ein Vermögensposten vor (Ansatzproblematik) und wie berechnen sich die Konzernanschaffungs- bzw. -herstellungskosten (Bewertungsproblematik)?

b. Sind alle zwischenergebniseliminierungspflichtigen Transaktionen erfasst?
c. Wie werden die Zwischenergebnisse in der →*Konzernbuchführung* behandelt?
d. Sind Vereinfachungsverfahren sachgerecht angewendet worden?

Zu a.: Während Ansatz und Bewertung der Vermögensposten aus der HB II bereits vorliegen, muss für den Konzernabschluss zunächst überprüft werden, ob überhaupt ein Vermögensgegenstand aus Konzernsicht vorliegt. Der Konzernabschluss soll den Konzern so darstellen, als ob er insgesamt eine Einheit bildet (Einheitstheorie, § 297 Abs. 3 Satz 1 HGB, IAS 27.15). Erstellt bspw. ein Konzernunternehmen einen zuvor nicht aktivierten immateriellen Vermögensposten selbst und veräußert diesen an ein anderes Konzernunternehmen, muss das andere Konzernunternehmen diesen Vermögensgegenstand im Einzelabschluss aktivieren. Aus Konzernsicht hingegen gilt dieser aufgrund der fiktiven Einheit weiterhin als selbst erstellt. Entsprechend ist die Aktivierung (ggf. auch Abschreibungen) handelsrechtlich gem. § 248 Abs. 2 HGB in Gänze zurückzunehmen.

Ähnliche Sachverhalte können sich auch hinsichtlich der Abschlussaussage Bewertung ergeben. Die Bewertungsmaßstäbe Anschaffungs- und Herstellungskosten entsprechen grundsätzlich den Definitionen aus dem Einzelabschluss. Allerdings können Komponenten der Anschaffungs- bzw. Herstellungskosten aus Konzernsicht aktivierungspflichtig bzw. mit einem Aktivierungsverbot belegt sein. Bspw. sind Transportkosten aus Einzelabschlusssicht Vertriebskosten, aus Konzernsicht jedoch aktivierungsfähige (deutsche GoB) bzw. -pflichtige (IFRS) innerbetriebliche Transportkosten und damit Fertigungsgemeinkosten. Kritisch für die Prüfung der korrekten Ermittlung der Konzernbewertungsmaßstäbe ist der Informationsfluss zwischen den Konzernunternehmen. Die Kalkulationsunterlagen der Geschäfte sollten daher Grundlage der Prüfung sein; ggf. fehlende Kostenbestandteile sind kritisch zu hinterfragen (Bewertung).

Die üblichen Verbrauchsfolgeverfahren für Vorräte (→ *Vorräte, Prüfung*) sind für den Konzernabschluss um konzernspezifische Verfahren zu erweitern. Handelsrechtlich vorstellbar ist die Bewertung nach den Methoden Konzern in-first out (Kifo) oder Konzern in-last out (Kilo). Diese sind nach den IFRS indes nicht zulässig (IAS 2.25).

Zusätzlich zur Zwischenergebniseliminierung ist ebenfalls die verlustfreie Bewertung zu beachten. Dementsprechend können etwaig zu eliminierende Zwischenverluste Hinweise auf einen niedrigeren Wert im Sinne der verlustfreien Bewertung liefern.

Erfolgen Lieferungen ins Anlagevermögen eines Konzernunternehmens, ist auch die richtige Verarbeitung der Zwischenergebniseliminierung im Anlagespiegel (→ *Anlagespiegel, Prüfung*) zu prüfen (Richtigkeit).

Im Übrigen besteht aufgrund der Unterschiede zwischen Einzel- und Konzernabschluss ggf. die Pflicht, latente Steuern im Konzernabschluss zu berücksichtigen (→ *Steuerabgrenzung, Prüfung*).

Zu b.: Prüfungssicherheit hinsichtlich der Vollständigkeit muss bereits durch Aufnahme und Kontrolle des IKS gewonnen werden. Denn nur durch die zusätzliche Kontierung ist eine Erfassung für die Zwecke der Zwischenergebniseliminierung möglich (Vollständigkeit).

Gleichwohl lässt sich die Prüfung der Vollständigkeit der Zwischenergebniseliminierung auch plausibilisieren. So können z.B. in Stichproben die Jahresverkehrszahlen der Umsätze mit Konzernunternehmen mit den entsprechenden Vorratsbeständen per Abschlussstichtag verglichen werden, wobei eine Annahme über die Verteilung der Geschäfte über das Geschäftsjahr getroffen werden muss. Der Aussagegehalt dieser analytischen Prüfungshandlung kann allerdings stichtagsbedingt gering sein.

Zu c.: Bei der Behandlung der Zwischenergebnisse ist zwischen der Behandlung im Entstehungsjahr und der Behandlung in Folgejahren zu unterscheiden (Richtigkeit, Abgrenzung). Im Entstehungsjahr ist der Wertansatz der Vermögensgegenstände entsprechend der Zwischenergebnisse ergebniswirksam, d.h. unter Korrektur des Konzernergebnisses, anzupassen, da es auch das Ergebnis in der HB II des entsprechenden Konzernunternehmens beeinflusst hat. Zu achten ist in diesem Zusammenhang auch auf die Organisation der Aufwands- und Ertragskonsolidierung, da diese grundsätzlich konzerninterne Geschäfte innerhalb der GuV eliminiert.

In den Folgejahren sind die aus den Vorjahren resultierenden Eliminierungen ergebniswirksam aufzulösen, falls die Realisation im Zeitablauf auch aus Konzernsicht stattgefunden hat. Andernfalls sind die Zwischenergebnisse erfolgsneutral zu eliminieren, da sie auch nicht das Ergebnis in der HB II des entsprechenden Konzernunternehmens beeinflusst haben. Hierbei kommt insbesondere ein gesonderter Ausgleichsposten innerhalb des Eigenkapitals in Frage. Es können aber auch die Gewinnrücklagen oder der Ergebnisvortrag angepasst werden. Sofern konzerninterne Lieferungen oder Leistungen zu abnutzbarem Anlagevermögen geführt haben, sind die Abschreibungen in den Folgejahren um den Zwischenergebnisanteil zu korrigieren und der Anlagespiegel anzupassen.

Zu d.: Aufgrund der hohen Komplexität der Zwischenergebniseliminierung kann anstatt der individuellen Berechnung der Zwischenergebnisse bei Massengeschäften auch vereinfachend eine Durchschnittsbetrachtung erfolgen. Aufgabe des Prüfers ist es, festzustellen, ob diese Vereinfachung der Realität ausreichend Rechnung trägt. Werden bspw. durchschnittliche Margen entsprechend dem vorhandenen Mengengerüst abgezogen, müssen Prüfungsnachweise über diese Margen im Einzelfall eingeholt werden. In kritischen Fällen bietet sich auch die Kontaktaufnahme mit den Abschlussprüfern des jeweiligen Konzernunternehmens an.

3.4 Prüfung der Zwischenergebniseliminierung bei Anwendung der Quotenkonsolidierung und der Equity-Methode

Grundsätzlich sind bei quotal konsolidierten (→ *Quotenkonsolidierung, Prüfung*) und at equity (→ *Equity-Methode, Prüfung*) einbezogenen Unternehmen bei der Prüfung der Zwischenergebniseliminierung dieselben Prüfungshandlungen durchzuführen wie bei vollkonsolidierten Unternehmen. Allerdings bestehen jeweils Besonderheiten, deren Einhaltung der Prüfer sicherzustellen hat.

Gem. §§ 310 Abs. 2 i. V. m. 304 Abs. 1 HGB, DRS 9.10 sowie IAS 27.17 i. V. m. IAS 31.33, .48–50 ist die Zwischenergebniseliminierung auch für quotenkonsolidierte Konzernunternehmen durchzuführen. Allerdings sind die Zwischenergebnisse quotal zu eliminieren. Dies gilt unabhängig von der Richtung der Lieferung und Leistung (»upstream« bzw. »downstream«).

Gleichfalls ist bei »at equity« einbezogenen Unternehmen eine Zwischenergebniseliminierung durchzuführen (§ 312 Abs. 5 Satz 4 HGB, DRS 8.30, IAS 28.22). Während DRS 8 und IAS 28 eindeutig eine quotale Eliminierung der Zwischenergebnisse unabhängig von der Richtung der Lieferung und Leistung fordern, ist in der handelsrechtlichen Literatur umstritten, ob eine vollständige oder quotale Eliminierung geboten ist. Gleiches gilt für die Eliminierung bei »downstream«-Lieferungen. Aufgrund der für die deutschen GoB nicht eindeutigen Rechtslage sind alle Alternativen zulässig. Indes darf die Übereinstimmung mit den DRS nicht testiert werden, sofern DRS 8 in diesem Punkt nicht beachtet wird.

Christoph Nerlich

Literatur: *Langenbucher, G./Blaum, U.,* Konzernabschlussprüfung, in: Förschle, G./Peemöller, V.H. (Hrsg.), Wirtschaftsprüfung und Interne Revision, 2004, S. 352–461; *Ruhnke, K./Radde, J.,* Zwischenergebniseliminierung, in: Ballwieser, W./Coenenberg, A.G./Wysocki, K.v. (Hrsg.), Handwörterbuch der Rechnungslegung und Prüfung, 2002, Sp. 2774–2783.

Zwischengewinn → Zwischenergebniseliminierung, Prüfung

Zwischenprüfung

Als Zwischenprüfung (auch *Vorprüfung* genannt) wird die Gesamtheit aller → *Prüfungshandlungen* bezeichnet, die *vor Aufstellung des Jahresabschlusses durchgeführt* werden. Ihre *gesetzliche Grundlage* ist in § 320 HGB zu finden. Nach § 320 Abs. 1 HGB ist dem Abschlussprüfer der Jahresabschluss und der Lagebericht unverzüglich nach der Aufstellung vorzulegen. Ihm ist es gestattet, die Bücher und Schriften der Kapitalgesellschaft sowie die Vermögensposten und Schulden zu prüfen. Der Abschlussprüfer kann von den gesetzlichen Vertretern alle Aufklärungen und Nachweise verlangen, die für eine *sorgfältige Prüfung* notwendig sind (§ 320 Abs. 2 Satz 1 HGB). Gem. § 320 Abs. 2 Satz 2 HGB stehen dem Abschlussprüfer die genannten Rechte auch schon *vor der Aufstellung des Jahresabschlusses* zu, sofern es die Vorbereitung der Abschlussprüfung erfordert. Für die Konzernabschlussprüfung gilt dies analog (§ 320 Abs. 3 HGB). Gegenstand einer Zwischenprüfung können alle betrieblichen Sachverhalte sein, die bis zur Aufstellung des Jahresabschlusses keiner besonderen Veränderung unterliegen, wie z. B. die rechtlichen Verhältnisse, das → *IKS* oder die Inventuren (→ *Inventur, Prüfung*). Aus der Sicht des Prüfers ergibt sich durch die Zwischenprüfung eine Reduzierung der Spitzenbelastung, eine verringerte Gefahr, Prüfungsaufträge aufgrund fehlender Kapazitäten nicht annehmen zu können, eine Erhöhung der Prüfungseffizienz und eine verbesserte Planung (→ *Prüfungsplanung*) der Hauptprüfung. Für den Mandanten ermöglicht sie die Aussicht auf eine frühere Beendigung der Prüfung des Jahresabschlusses (→ *Fast close*).

Zwischenverlust → Zwischenergebniseliminierung, Prüfung